U0895860

1998年9月，中共中央总书记、国家主席江泽民在安徽省五河县屈台河村考察村民自治工作时，和当地村干部座谈。

1998年7月，全国人大常委会委员长李鹏在吉林省梨树县考察村民自治工作。

国务院总理朱镕基和湖南农民在一起。

国家副主席胡锦涛在河北农村视察时，翻看当地村委会的工作记录。

美国卡特基金会主席、美国前总统卡特先生与江苏省昆山市周庄镇全旺村新当选村主任朱小林交谈。

欧盟 19 国外交使节观摩河北省固安县柳泉乡韩一村第四届村委会换届选举。

1980年，广西壮族自治区宜州市合寨村成立了全国第一个村民委员会。图为第一届村委会成员。

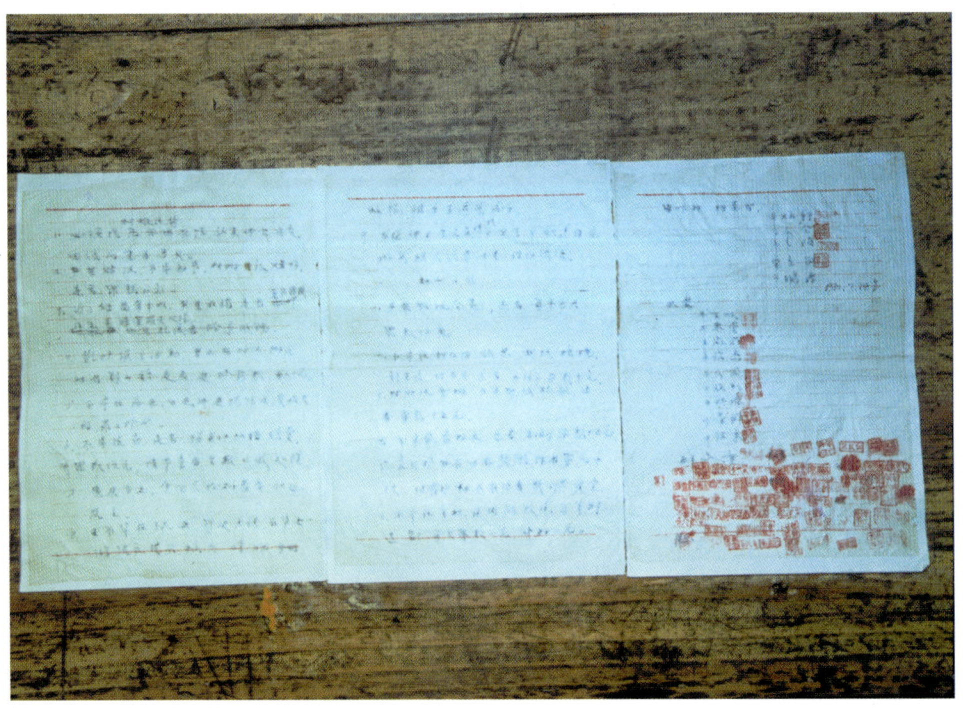

合寨村当时的村规民约。

全国村民自治模范县(市)

安徽省五河县

1.1998年9月23日，江泽民总书记以及温家宝、曾庆红等中央领导专程前往五河县视察村民自治工作，与县、乡、村负责同志和村民代表共话村民自治。图为江总书记到达五河县屈台河村的情景。

2.五河县委、县政府对村民自治工作高度重视，图为县委书记王勇(左二)在村委会换届选举现场向美国朋友(戴镜者)和前来采访的记者介绍选举情况。

3.五河县第四届村委会换届选举全部实行“直选”，充分体现民意，达到公开、公平、公正。图为长滩乡选举一角。

4.五河县第四届村委会换届选举中，36万选民到现场参加选举，参选率达90%以上。图为长滩乡83岁老人王从善在现场填写选票。

5.省委书记王太华近几年先后多次深入五河县检查村民自治工作。图为王书记(左三)在省民政厅厅长李宏塔(左二)陪同下在五河县检查村民自治工作情况。

1

2

3

4

5

全国村民自治模范县(市)

山东省莱西市

在村委会建设的探索中，山东省莱西市以点带面，典型引路，尊重群众的首创精神，善于总结推广群众创造的好做法。1989年，莱西建立起12项村民自治制度，探索出“村务公开、民主管理、群众监督”的村民自治路子，总结出村级组织建设“三配套”经验，即：以党支部为核心，搞好村级组织配套建设，强化整体功能；以村民自治为基础，搞好民主政治配套建设，启动内部活力；以集体经济为依托，搞好服务体系配套建设，增强村级的凝聚力。这一探索，被称为“伟大的起步”。1990年，莱西市被民政部确定为全国第一个村民自治模范县。

1.1990年4月中旬，美国福特基金会项目官员何杰森先生、印度农业部部长助理萨达姆先生在莱西考察中国农村民主建设。

2.村民理财制度进一步完善。

3.村民“民主日”活动会场。

4.四簿一册一档。

5.开展民政法律法规宣传咨询活动。

全国村民自治模范县(市)
吉林省梨树县

吉林省梨树县1989年春普遍实行了第一次村委会换届选举。至今，全县村民自治示范乡镇已发展到26个，示范村发展到312个。农村基层民主政治建设出现了可喜的局面。

1. 村民在选举中投出神圣的一票。
2. 计票场面。
3. 秘密划票室。
4. 村委会换届选举大会。

全国村民自治模范县(市)

江苏省太仓市

1.1994年7月，美国“联合导报”记者李苏姗女士在考察江苏省太仓市村委会民主选举时，称赞中国基层民主选举：OK。

2.1993年，太仓市通过民主选举产生了第一届村委会，至2000年，全市已进行了七次换届选举。围绕候选人的产生，从第一届上级指定，到2000年“一次直选”，每一届都有新的发展。得到民政部、省、市以及国外有关组织的肯定。图为归庄镇渠泾村选民正在为新的村委会成员划票、唱票。

3.2001年，江苏省村民自治工作实行动态管理。图为江苏省民政厅在太仓市双凤镇泥泾村检查村民自治工作，查看村务公开情况。

4.村民自治，调动了广大农民群众的积极性，实现了农村群众的自我管理、自我教育、自我服务，大大激发了农民群众的主动性、创造性和当家作主的责任感。图为岳王镇向阳村村民小组部分村民代表商议管水问题。

2

4

3

全国村民自治模范县(市)

广东省台山市

1999年，广东省台山市进行了首届村委会选举工作。三年来，该市坚持以民主选举、民主决策、民主管理、民主监督为核心，全面推进村民自治，有力地促进了全市基层民主政治建设和“两个文明建设”的发展。

1.台山市端芬镇海阳村第四届村委会民主选举的现场。

2.台山市台城镇石村村民踊跃投票。

3.台山市都斛镇圆美村委会民主理财小组的同志正在审核村委会的理财收支情况。

4.台山市都斛镇圆美村委会的村务、财务公开栏。

1

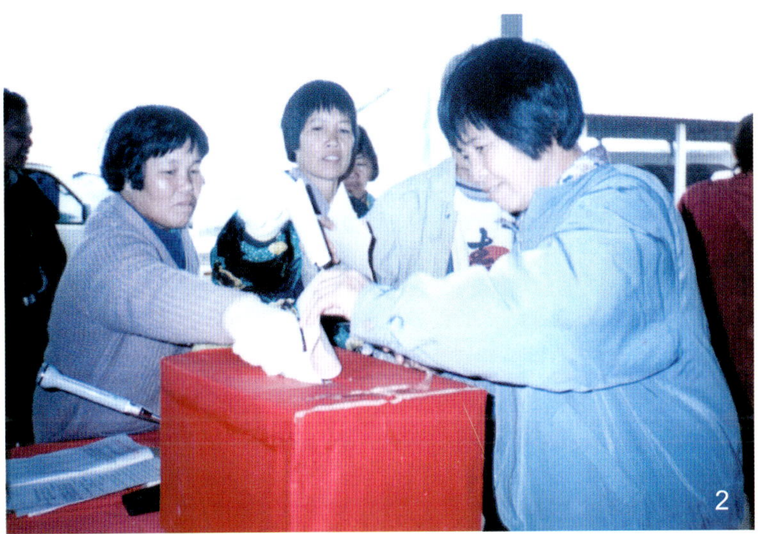
2

3

4

全国村民自治模范县(市)
河南省许昌市

1. 村民代表在听取村务公开上栏内容。
2. 将官池镇高楼陈村第三届村委会换届选举中心会场。
3. 许昌县第三届村委会换届选举时水道杨村秘密划票间。
4. 村民们敲锣打鼓欢庆村委会选举。
5. 高楼陈村第三届村委会选举得票情况。

全国村民自治模范县(市)

山西省临猗市

1997年4月5日，山西省临猗市角杯乡西齐永村进行了第四届村委会换届选举。

1. 选举人出示选民证，领取选票。
2. 外国记者采访新当选的村委会主任。
3. 一位老人在公共代笔处划写选票。
4. 乡西齐永村村委会选举大会主席台。
5. 检查票箱。

全国村民自治模范县(市)

福建省古田市

1. 美国卡特中心客人在参观村务公开栏。
2. 计票。
3. 新丰村村民代表会议会场。
4. 西溪村村务公开栏。

1

2

3

4

全国村民自治模范县(市)

河北省赵县

1.傅家庄村选举大会会场。

2.民政部原副部长阎明复（前排中）与选民亲切交谈。

3.阎明复(前排左一)及河北省副省长陈立友(前排左三)考察村委会选举。

4.东王庄村选举大会会场。

全国村民自治模范县(市)

大连市金州区

1.大连市金州区海头村选民在选举会场签证、领取选票。

2.金州区民政局局长孙永平（中）陪同美国友人（右一、二）考察海头村选举情况。

3.海头村选举工作人员在整理选票。

4.海头村选举工作人员在统计选举结果，姜广民以1926票当选村主任。

5.海头村第六届村委会换届选举会场。

DEMOCRATIC

YEARBOOK OF
DEMOCRATIC AND POLITICAL GRASS
ROOTS CONSTRUCTION IN CHINA

2001 中国农村基层民主政治建设年鉴

《中国农村基层民主政治建设年鉴》编委会

中国社会出版社
CHINA SOCIETY PRESS

《中国农村基层民主政治建设年鉴》编委会名单

顾　　　问：多吉才让
编委会主任：李学举
主　　　编：张明亮　米有录　詹成付
编辑部主任：詹成付(兼)
编辑部副主任：王金华　范　瑜　张　佳　徐付群

编委会成员：(以姓氏笔画为序)

马军生　王石奇　王仲田　王先胜　王在水　王守俭　王杰秀　王金华　王爱平　王增泉
邓敏杰　仝志辉　史卫民　伊佩庄　刘启云　刘振军　刘晓航　刘喜堂　刘登高　刘毓东
刘　锋　吉立民　江建中　许乃斌　邹春举　余维良　佟宝贵　张宇联　张自力　张福山
李建国　杨作清　陈云开　陈斯喜　周炳泉　林　苍　范　瑜　范玉卯　郑燕翔　姚皇辉
贺雪峰　赵树凯　项继权　徐　勇　徐付群　索　南　贾　虹　郭正文　高小科　曹国英
黄培生　温　健　董礼胜　董竹林　蒋昆生　赖朝平　臧杰斌　潘烈青　黎汝标

Editor's Note
编辑说明

我国是工人阶级领导的、以工农联盟为基础的人民民主专政的社会主义国家。共产党执政，就是领导和支持人民掌握和行使管理国家的权力，实行民主选举、民主决策、民主管理、民主监督，保证人民依法享有广泛的权利和自由，尊重和保护人权。中国的基本国情决定了我们不能盲目照搬外国的政治制度模式，必须从中国实际出发，把代表制民主和基层直接民主有机结合起来，建设有中国特色的社会主义民主政治。农村基层民主是社会主义民主政治的重要方面。做好这项工作，对于巩固社会主义的政治制度，保证亿万农民群众在基层的经济、政治、文化和其他社会事务中当家做主，充分发挥他们建设社会主义新农村的积极性、主动性、创造性，加强和改进党对农村的领导，促进农村两个文明建设，确保农村长治久安，都具有十分重要的意义。

建国以后，特别是党的十一届三中全会以来，我们党为推进农村基层民主进行了坚持不懈的努力，取得了显著成就，赢得了亿万农民的衷心拥戴。世纪之交，党的十五届三中全会做出了扩大农村基层民主，全面推进村民自治的战略部署。九届全国人大常委会第五次会议颁布了修订后的《村民委员会组织法》，为扩大农村基层民主，全面推进村民自治提供了法制保障。目前，以民主选举、民主决策、民主管理、民主监督为基本内容的村民自治已深入开展起来，自治活动步入规范，自治组织不断加强，自治制度日益完善，自治权利不断扩大，农民群众正在党的领导下，直接行使着管理自治事务的权力，创造着自己幸福美好的生活。具有中国特色的农村基层民主，日益显示出巨大的政治优势。为弘扬社会主义制度的优越性，展示党领导农民群众建设农村基层民主的光辉成就，推动农村基层民主政治健康有序发展，我们组织有关方面的专家学者和实际工作者，共同编撰了《2001中国农村基层民主政治建设年鉴》，比较全面地反映了改革开放以来农村基层民主建设的成就。全书正文内容由十部分组成：第一部分是综述，主要反映《中华人民共和国村民委员会组织法》试行十年期间、正式颁布后的两年里农村村委会选举情况，以及2000年全国村民自治总体情况；第二部分是政策法规，主要反映从改革开放到2000年年底，党中央、全国人大及其常委会、国务院，以及省级人大常委会颁布的与农村基层民主建设有关的政策、法律和法规；第三部分是部门规章；第四部分是重要言论；第五部分是专题与案例，不仅有"中国农村的村务公开制度"、"村民自治与中国农村稳定"、"海选故乡的选举历程"，以及《村委会组织法》立法、修订过程的全程研究等专题，还编辑了许多正反两方面的事例；第六部分是来自村民自治模范县（市）的报告，共编辑了十县（市）实行农村民主的情况；第七部分是研究动态，反映了国内外学者研究思考的问题及研究现状；第八部分是统计资料；第九部分是1980-2000年农村基层民主政治建设大事记；第十部分是文献索引。需要说明的是，上述所有资料、数据均不包括香港、澳门特别行政区和台湾省。

十二亿多人口，八亿多在农村。进一步建设好有中国特色的农村社会主义民主政治，是新世纪初全面建设小康社会，加快推进社会主义现代化的必然要求，是贯彻落实江泽民总书记"三个代表"重要思想的必然要求。如果编辑的这本《年鉴》能够对正在发生或将要发生的事情有所裨益，对后人研究农村基层民主发展的历史有所帮助的话，我们就很满足了。

CONTENTS
目录

第一部分:综述

第二部分:政策法规

第三部分:部门规章

第四部分:重要言论

第五部分:专题与案例

专题:

案例：

第六部分:来自村民自治模范县(市)的报告

第七部分:研究动态

会议:

Yearbook of Democratic and Political Grass Roots Construction In China

2001 中国农村基层民主政治建设年鉴

第一部分
综　　述

Chapter One
General Introduction

2000年中国农村村民自治发展报告

詹成付

处于世纪之交的2000年，是村民自治工作力度加大，并向十五届三中全会确定的目标继续整体推进的重要一年。以江泽民同志为核心的党中央，提出了我们党必须“始终代表中国先进生产力的发展要求、中国先进文化的前进方向、中国最广大人民的根本利益”的重要思想。党中央做出部署，在农村开展“三个代表”重要思想学习教育活动；在全国乡镇政权机关和派驻乡镇的站所全面推行政务公开制度。各级党委、政府认真贯彻执行中央的决策和部署，加大了推行村民自治的工作力度。经过全社会的共同努力，村民自治工作取得新的进展。

一、取得的新进展

(一)村民自治地方法规建设迈出新步伐

辽宁、内蒙古、甘肃、福建、上海、宁夏、山东等7省、自治区、直辖市相继制定了本行政区域实施《村委会组织法》办法，使完成该法规立法的省份达到了17个。辽宁、福建、湖南、江苏、北京、吉林等6省、直辖市也相继制定了本行政区域的村委会选举办法，使完成该法规立法的省份达到了22个。比起1999年、2000年出台的地方法规，除了具有以往的相同之处外，也有许多新颖、独到的地方。如，《福建省实施〈村委会组织法〉办法》第八条第二款规定：“换届选举前，村民选举委员会应当将评议村民委员会及其成员工作情况和审计村级财务的结果向村民公布”。这是很好的制度设计，有利于将民主选举、民主决策、民主管理和民主监督一体化推进。许多经验表明，村委会选举中的纷争，多因村级财务不清而起。从选举组织工作的角度来说，选举前不对村级财务进行审计，或届满的村委会干部不向村民交待明白任期内的财务问题，一旦老百姓说财务不明白或指责某候选人经济上有说不清的情况时，选举工作的正常进行就面临着两难的境地：假如立即清账、公布财务，那就会中止正在进行的选举程序，延误选举时间；假如不把财务弄清楚，老百姓就会疑心重重，选举同样也难以顺利进行下去。因此，账账清、事事明，把经常性民主建设做好，及时公布财务等重大村务，等到任期届满时再来个任期审计，使村民关心的事情都清清楚楚地摆在那里，这样就会有利于村委会选举的顺利进行。又如，《福建省〈实施村委会组织法〉办法》第十五条规定，村民会议讨论具体问题时，不仅可以开会讨论表决，同时“也可以将方案交全体村民征求意见，由村民投票表决。”这就在村民会议之外，为村民直接民主决策提供了新的实现途径。再如，《湖南省村委会选举办法》和《内蒙古实施〈村委会组织法〉办法》规定：村民委员会成员在任期内，有被决定劳动教养或者被依法追究刑事责任的，自决定或者人民法院判决生效之日起，其村民委员会成员职务自行终止。这一规定是对特定领域国家权力与村民自治权力的明确的划分，解决了一些罢免会议开不起来的地方的实际问题。《北京市村委会选举办法》第二十九条第二款规定：“乡、民族乡、镇人民政府对严重违反国家法律、法规受到处罚的村民委员会成员，可以向村民委员会提出罢免建议。”这一规定对于那些对村委会干部敢怒不敢言的村民来说，无疑具有扶持和保护意义。另外，《辽宁省实施〈村委会组织法〉办法》明确规定，村民代表会议应在150户以上或居住分散的村设立，吉林在《村委会选举办法》中设专章规范村民代表的选举，都是很好的制度设计。总的来看，经过2000年的努力，实施《村委会组织法》办法和村委会选举办法这两个地方法规的任务已经完成过半。

(二)村民自治的技术和程序创新初现端倪

在现有直接民主制度框架内，一些地方在完善村民自治的程序和技术上，有所探索和创新。比如，有的地方由村民一人一票直接选举村民委员会，有的在村民小组内一人一票直接选举村民小组长，有的在5-15户内一人一票直接选举村民代表，这些都比现行法律规定的“推选”要严格得多，民主化程度也高得多。一些选举工作基础好，村民对选举比较熟悉的农村，在村委会选举中将提名和正式选举这两个环节合二为一，实行“无候选人”选举。凡在提名时，依法获得某一职务过半数提名票后，就为当选。如某一职务的被提名者，都没有获得法定的当选票数，应当确定获得提名票最多者为候选人进行再次选举，再次选举时就是“有候选人”的选举了。一些地方提倡村民亲自投票，限制或取消委托投票，外出打工、经商者可以“函投”。河北省迁西县制订的《迁西县第五届村委会换届选举治村演说规则》，对发表治村演说的时间、形式、参加演说人员、演说内容、演说秩序、演说所用时间、如何回答选民提问、治村演说会议的主持等等问题进行了规范，对约束候选人的参选行为，保证选举的公平、公正进行发挥了积极作用。河南省新乡县、广东省吴川市分别制定了罢免村委会成员的具体办法，对罢免议案的提出、受理、调查、议案的撤销、罢免会议的确定和召开、罢免案的投票表决等问题进行了详细规范，为农民表达意愿提供了制度化的渠道。广东省吴川市提出了规范村委会成员辞职的具体办法，对辞职的提出、受理和辞职的表决程序进行了规定。山东省日照市涛雒镇提出并实施的“村务大事村民公决”的制度，为当今人口流动加剧、个人事务繁忙、不容易召开村民大会的村庄，提供了直接民主决策的制度范例和实现形式。

(三)部分省份完成了新一届村委会的选举工作

从1999年下半年开始到2000年上半年，天津、河北、山西、湖北、内蒙古、黑龙江等6个省、自治区、直辖市完成了《村委会组织法》正式颁布后和本省、自治区村委会选举办法修订后的第一次选举，共涉及148823个村委会，占全国731659个村委会总数的20.3%。下半年，福建、北京、辽宁、吉林、云南也开始了新一届村委会换届选举，随着这五省(市)58534个村委会换届选举任务的完成，全国农村普遍完成了《村委会组织法》正式颁布后的第一次选举。从实践来看，2000年的村委会选举呈现以下特点：一是村委会选举的法制化程度有新的提高。天津、河北、黑龙江、湖北、福建、辽宁、吉林、北京、云南等9省(市)人大常委会专门制定了本行政区域的村委会选举办法，山西、内蒙古两省(区)虽然没有颁布专门的村委会选举办法，但在实施村委会组织法办法中设了专章予以规范。先定游戏规则后作游戏，这是上述省份本次选举所共有，而上届选举少有的特点。二是选举的规范化程度有新的提高。绝大多数农村的选举都是按照《村委会组织法》和本地的选举办法进行的，基本做到了法律、法规规定的程序、步骤一个都不能少，法律、法规规定的农民民主权利一点都不能截留。直接提名产生村民选举委员会、直接提名候选人、直接选举村委会成员、有组织竞选、秘密划票、无记名投票、当场唱票、当场宣布选举结果等等保障选民民主权利的措施，已经被绝大多数农村普遍采纳。三是选举的民主化程度有新的提高。利益关切度的加大和对村委会选举认知程度的提高，促使前几届存在的“要我选举”逐渐为“我要选举”所取代。河北省共有选民3750万，而直接参选的达3410万人，参选率达90%以上。内蒙古全区登记选民932.2万人，参加投票的选民838.7万人（其中，直接投票的选民为799.9万人），参选率为90%。山西省登记选民1426万人，其中1252万人参选，参选率为87.8%。黑龙江的参选率达到了91%。四是选举竞争激烈。指选、派选现象大为减少。在新当选的村委会成员中，黑龙江省的连选连任率为47%(其中，村主任的连选连任率为61%)，内蒙古为58.7%，上海为59.2%，山西为58%。五是农民的诉求意识不断增强，反映选举违法或不按程序进行的来信、来访比上届有了大量增加。如河北省各级接待咨询、上访人员42716人(次)，处理来信3528件，查处违法案例360起。山西省各级民政部门共接待群众169740人(次)，收到信件4910余封。内蒙古民政厅在2000年1-11月共收到选举方面的来信52封，接待咨询和投诉电话200多人次，而该区赤峰市民政局共接待来访村民4000多人(次)。在换届选举期间，黑龙江民政厅受理了各类上访852人(次)，各级人大责成民政部门办理的申述达400余件，全省各级共纠正违法选举1760件，其中，推翻选举结果、重新选举的达234件。

(四)加强了村民自治的组织和服务工作

一是积极开展培训，为村民自治提供服务。民政部会同辽宁、江苏、湖南、福建、云南、陕西、北京等省、市开展了村委会选举工作骨干和新任村委会干部培训班，使1430人得到培训。山西省在这次村委会换届选举中推行“全方位、分层次、有步骤”的战略，省民政厅负责培训民政系统指导骨干140人，地(市)负责培训县乡领导2659人，县乡负责培训乡指导骨干和村民选举委员会主要成员213515人，换届选举培训工作力度之大，范围之广，人数之多，都是山西省历史上空前的。内蒙古在换届选举期间共举办各种培训班3120余期，培训选举骨干20多万人。河北省在选举期间共举办各类培训班2210期，培训人员278466人。在村委会选举结束后，陕西、河北等省及时发出通知，要求各地做好新任村委会干部的培训工作，一些省(市)还编写了本地的培训教材。二是民政部就建立村委会选举统计报表制度发出通知，从2000年7月11日本通知下发之日起，执行国家统计局批准的《村民委员会选举情况统计报表制度》，从而统一了选举的统计报表制度。三是村民自治模范县(市)评选表彰有新进展。河北、湖北、江苏、浙江、湖南、广东、广西、新疆、四川等省先后命名表彰了一批村民自治模范县、市。

(五)村务公开与乡镇政务公开有了协调发展

多年来，在推行村民自治的过程中，各地农村积极开展了村务公开，受到了农村干部群众的欢迎。但是，村务公开的发展急需乡镇政务公开的配套支持。因为在村务中公开的一些事情，并不都是由村里自己决定的，村务公开只能解决村民们负担或分配比较公平的问题，但解决不了合理性问题，这样的公开村民仍然是知其然，不知其所以然，久而久之，就会对村务公开失去信心。2000年7月25日，中央纪委、监察部在京召开了“全国乡镇政务公开经验交流电视电话会议”，党中央、国务院领导同志出席会议，并发表了重要讲话。会议专题部署了乡镇政务公开工作,要求今年全国乡镇政权机关都要推行政务公开。同年12月6日,中共中央办公厅、国务院办公厅发出《关于在全国乡镇政权机关全面推行政务公开制度的通知》(中办发〔2000〕25号),对乡镇政务公开的指导思想、基本原则、基本要求、主要内容、工作方法、监督保障,以及组织领导等问题,做了进一步明确规定。党中央、国务院的大力推动,使乡镇政务公开工作获得了长足发展,截至12月底,全国已有86%的乡镇政权机关实行了政务公开制度。由于乡镇政务公开的带动,村务公开也进入了与乡镇政务公开衔接、配套发展的新时期:一是在公开内容上逐渐达到了对应,乡镇政务公开和村务公开相同的部分,基本保持一致,相互对应,做到群众不论是从乡镇了解到的,还是在村中了解到的,都应上下一致,真实可信;二是公开的目标逐渐一致,不论乡镇政务公开,还是村务公开,都是将公共权力的运行置于群众和社会的监督之下,做到公事公办,实事实办,"还群众一个明白,给干部一个清白";三是对公开的评议逐渐集中,各地在听取群众意见、开展民主评议时,既征求对乡镇政务公开工作的意见,也听取了群众对村务公开的意见和建议,有利于发现问题,找到解决办法;四是在对乡镇政务公开和村务公开进行部署时,逐渐从整体上予以考虑,做到一并部署,一并督促检查,统一领导,分层实施,形成了以乡镇政务公开来带动和推动村务公开,以村务公开促进乡镇政务公开这样上下联动、协调发展、整体推进的局面。

二、当前村民自治工作中亟待研究解决的若干问题

(一)村委会选举中的问题

村委会选举是实践中展开得比较充分的民主形式,因此,暴露的问题也相对较多,主要有:

1. 选民资格问题。近年来,在经济比较发达的沿海地区,以及内地城市化进程较快的地方如城乡结合部、小城镇等地,在村委会选举中遇到了选民资格界定的问题。如原是本村村民,现居住在本村,只是因为土地被征用后成了农转非人员,这些人还能否参加村委会选举?长期居住在本村的外来经商、打工人员能否参加村委会选举?原是本村人员,农转非后离开村子,但离退休后又回到村里居住,这些人能否参加村委会选举?挂靠户口的人能否参加村委会选举?小城镇综合体制改革中蓝印户口人员能否参加村委会选举?等等。对于如何处理这些问题,有两种意见。一种是允许这些人员参加村委会选举,理由主要有:一是村民自治有地域自治的含义,既然这些人经常生活、工作在村里,甚至还履行村民的义务,那就应当允许他们参与村庄的自治事务;二是目前我国有近亿的农村流动人口,如果不允许这些人员参加经常生活地的村委会选举,这些人的民主权利就没有履行的条件。另一种意见与之相反。理由主要有:一是村民自治讲的是本村的村民自治,不是本村的村民不能参加本村的村民自治。《村委会组织法》尽管没有给"村民"下定义,但从法的第十四、十六、十七条,多次使用"本村"一词来看,村民自治也是指本村的村民自治。二是我国的村民自治主要是以集体经济为背景的,村民自治权利不同于公民权利,村民自治权利与一定的集体经济利益紧密联系,而集体经济利益是有边界的,不是任何人都可以分享的。选民资格的凸现,是社会转型期的积极现象,表明了村民权利意识的觉醒。但如何既能照顾集体经济上的村民的既得利益,又能使更多的外来人员有参与基层自治的机会和权利,确实是需要很好地研究解决的问题。

2. 关于候选人资格。这是在各地都有争议的问题,也有两种意见。一种是要定资格。理由有:一是村委会干部就那么几个,是村民中的佼佼者,选举时应是普通中选优秀,优中选优,既然是优,就应当有一个标准。二是给村委会成员候选人定资格符合党的政策。党的十五届三中全会指出:村委会要"由村民按期进行直接选举,真正把群众拥护的思想好、作风正、有文化、有本领、真心实意为群众办事的人,选进领导班子。"三是《村委会组织法》也讲到了"村委会成员应当遵守《宪法》、法律、法规和国家的政策,办事公道,廉洁奉公,热心为村民服务"。四是给村委会成员候选人定资格,有利于实际工作和村民自治的健康发展,有了资格限定,就能够把一些违法乱纪的人挡在村委会班子的门外。另一种意见认为不要定资格。理由有:一是《村委会组织法》已对村民的选举权和被选举权做出了明确规定,该法第12条规定:"年满十八周岁的村民,不分民族、种族、性别、职业、家庭出身、宗教信仰、教育程度、财产状况、居住期限,都有选举权和被选举权;但是,依照法律被剥夺政治权利的人除外。"《村委会组织法》的这一规定是源于《宪法》的,如果在法律规定之外,再搞一些具体的限制,如年龄、文化的限制,恐怕就会与《村委会组织法》,乃至《宪法》相矛盾。二是《村委会组织法》第23条的规定,是指当选以后的办事原则,不是选举时的当选资格。三是给村委会成员候选人定资格,就会带来更为复杂的问题,如:由谁来定这个资格?谁来审查和执行?在《村委会组织法》

中增加这一内容,不大可能。如果是让村民自己定资格和执行,那是多此一举,而如果是让乡镇组织定资格和审查,就难免会有乡镇干涉村民自治事务的现象发生。这又是一个要很好研究的问题。

3. 关于竞选。过去,我们对"竞选"一词很忌讳,一般不用这个词,而用"介绍",胆子大一些就用"竞争"或"竞争选举"。现在我们搞明白了"竞选"是个中性词,既能为资本主义所用,也能为社会主义所用。因为有差额就有竞争,有竞争就存在候选人与选民的互动和选择,就有竞选。问题的关键在于怎样竞选上。有两种意见,一种主张有组织地竞选,即由村民选举委员会统一组织候选人进行竞选活动,不同意候选人自己私下拉票或由拥护某一候选人的人搞助选活动。认为,非正规组织进行的竞选活动容易导致不公平竞选或贿选发生。另一种意见认为,在村民选举委员会组织候选人竞选的同时,也应当允许候选人自己搞一些竞选活动,如登门拜访选民等。随着村委会选举的日益激烈,如何让候选人与选民之间很好地沟通,使选民做出更好的选择,同时又不产生违法现象,这也是一个需要认真研究的问题。

4. 关于贿选。贿选是民主政治的副产品,与选举相伴相随。近年来,村委会选举中也出现了类似贿选的行为。但在对村委会选举贿选这一概念的内涵和外延界定上,还没有一个明确的说法。给钱,给多少算贿选,给物,给多少、给什么算贿选?如果不给钱或物,而是请吃饭、喝酒、抽烟算不算贿选?如果在选举过程中不送钱、物或请吃、请喝,但选举前夕进行这些活动算不算贿选?选举过程中承诺办某一件事,以若干现金或房产抵押,有没有贿选的嫌疑?这些问题需要我们尽快做出处理。

5. 关于罢免。近年来,罢免村委会干部的现象逐渐多起来。修订后的《村委会组织法》对罢免做出了比《试行法》要明确得多的规定,但仍然不解渴。现实提出的问题是:如果罢免的对象是全体村委会干部或村委会主任,村委会拒绝召开村民会议表决罢免建议,怎么办?从村民依法提出罢免要求到启动罢免程序需要多长时间?被罢免者是多人,在罢免会议上每个人都需要申辩吗?如果是,能否也给罢免方代表一个相对合理的时间。如果罢免要求没有被通过,就同一个问题,是否允许村民再提出罢免要求?

6. 关于新、旧村委会班子交接工作问题。这是《村委会组织法》贯彻过程中出现的新情况。表现形式多种多样,主要有:有的新村委会班子产生以后,旧的村班子不交村委会的办公室钥匙、公章、办公家具、财务账目;有的新村委会班子产生后,旧班子依然在那里行使职权,出现了一村之内"两个村委会班子并存"的现象;有的村党支部开会研究村内事务,不通知村委会干部参加,使村委会只是个摆设,等等。新、旧村委会班子交接工作问题,实际是一个要不要尊重民意、尊重民选结果的大问题,也涉及《村委会组织法》的严肃性问题。

(二)村民会议向村民代表会议授权问题

《村委会组织法》把村民会议架构成村民自治体内的最高权力机构,也允许村委会召集村民代表开会讨论村民会议授权的问题。但在实践中出现的两种倾向值得注意,一种是村民会议管得太多、太细,从而使运行困难、成本加大,村民对此产生了厌恶情绪;另一种是有些地方村民会议向村民代表会议授权无度,授权过多,一些本属于村民会议的职权也授予了村民代表会议,从而使村民会议徒有其名,背离了《村委会组织法》的立法宗旨。在实践中合理设计二者的职权,并使它们都能有效运转,这是关系经常性民主建设的大问题。

(三)村"两委"关系问题

村党支部与村委会的领导和被领导关系,本来早已有明文规定,但在村民自治的实践过程中,这个问题却一次又一次成为"焦点",实在耐人寻味。从一些村庄的实例来看,村"两委"的矛盾甚为激烈,有的村党支部书记把党的领导简单理解为村支部的领导,甚至是支部书记的个人领导,把村委会作为村党支部的一个部门,对村委会的工作大加干预和包揽,从而使村民自治成了党员自治、党支部自治甚至支部书记个人自治,支部书记成了为所欲为、不受监督的"土皇帝"。有的村委会产生后,以为自己是村中大多数人选举出来的,有群众基础,腰杆子硬,因此不把党支部放在眼里,重大事情不向党支部请示报告,有的民主选举出来的村委会主任也像党支部书记那样,喜欢自己说了算,渐渐背离了村民自治,把村民自治搞成了村委会自治,甚至村主任自治。在如何判断、处理村"两委"矛盾上,存在着三种不同的思路。一种思路是:村委会是主要矛盾,认为正是因为村民自治或村民自治中出了问题,所以才导致村"两委"矛盾尖锐。顺着这种思路,就是要强化党支部的领导和对村民自治的全面控制,村委会有职无权。第二种思路是:党支部是主要矛盾,村委会不是向党支部争权、要权,而是履行法律规定的自身职权。顺着这一思路,就是要改善党支部的领导方式,建立起村民自治背景下党支部领导村委会的新的体制。第三种思路是:对党支部和村委会各打五十大板,即对双方都提出要求,党支部要增强民主法制观念，尊重村委会的法律地位，村委会要服从党支部的领导，增强党的观念。理顺村民自治背景下的村“两委”关系，对村民自治的深化关系重大。

（四）农村工业化对村民自治的影响问题

改革开放以来，农民群众通过创办各种企业，推进了工业化进程，并对传统的村民自治提出了挑战。在集体工业经济发达的农村，越来越多的村民进入村办企业工作，村民和村庄日益企业化，村民开始按照工厂、车间来划分和进行活动，原有的基于地域划分的村民小组失去其存在的意义。村委会的功能不同程度地被社区企业组织所取代，村委会只承担农业服务、治安调解、社会保障等带有服务性质的组织和管理工作。在这些地方，村民自治将以何种组织形式存在和发展？企业经济组织与村民自治组织的关系如何协调？企业经济组织能否成为村民自治的组织载体？这是需要认真讨论研究的问题。在依靠个体私营经济的发展推动经济繁荣和社区工业化的农村，普遍存在着村穷民富的现象，村委会的凝聚力下降，村民自治的运作缺乏经济能力的支持，一些先富起来的村民，用金钱和其他经济手段影响村民自治的运作。因此，在这些农村，如何能够既保持农村个体私营经济的正常发展，又提高村委会的组织和社会凝聚力，解决公共服务和经济能力不足的矛盾，防止个人财富和经济因素对村民自治的过度干预，这也是一个非常现实的问题。

（五）村民自治权利的保障问题

目前有两件事需要引起重视。一是法律规定的程序还是太原则，不具体；二是法律只讲了应当怎么办，而没有讲不这样办会有什么处罚措施。前一个问题可以通过地方制定实施办法和选举办法等地方法规加以完善、补充；但后一个问题，地方就不好办了。有的地方在村委会选举中，曾多次发生过选民阻挠计票、砸坏票箱、强迫他人选自己的现象，造成选举中断。有的选民把选票抢过来撕毁了，使其他选民的劳动化为乌有。村民选举委员会就此告到法院后，法院表示因无法可依，不予受理。目前，我国《刑法》没有把村民自治权利纳入保护范围。《民事诉讼法》、《刑事诉讼法》、《行政诉讼法》、《行政复议法》也侧重公民的财产权和人身权的保护，村民自治权利也不在其调节之内。《村委会组织法》也仅仅把村民自治权利的保障机制，界定在群众举报、县乡政府、人大及有关部门的调查处理、批评教育、自觉改正上。因此，对村委会选举违法行为，难以做到违法必究。造成违反《村委会组织法》的行为屡见不鲜，而行政、司法部门查无依据，无可奈何。如何健全村民自治权利的保障机制也是一个大问题。

（六）村民自治的推动机制问题

村民自治是农村经常性的基础工作，涉及方方面面，决不是民政部门一家能够做好的工作。只有各部门、各单位依法行政，共同支持，村民自治才能茁壮成长。目前，有的部门或地方从局部利益出发，对农村经济和社会发展要求过高过急，甚至用“百分制”、“千分制”、“一票否决”以及“末位淘汰制”等政绩考核办法迫使乡镇干部去侵犯农民的利益，干涉本属于村民自治范围内的事务；有的部门在制定农村有关政策时，很少考虑农村已经实行村民自治这一现实。比如，有的地方和部门不是积极推行村务公开、民主理财、民主管理，而是上收农民的权利，走回头路，把“村财乡管”作为制度强制推行。这种部门与部门之间、政策与法律之间的相互掣肘，不仅使党和政府的推动力量彼此消耗，难以形成合力，更为严重的是搞得基层的同志左右为难，无所适从。另外，村民自治的物质保障也是推动机制的重要方面，应当引起重视。截至2000年底，在全国2800多个县级单位中，从事村民自治工作的同志都是兼职的，开展工作的经费也不正常。一个县几百个村委会，几十万农民，面对如此浩大的工程，我们的村民自治物质保障实在是很不相称，这些问题不解决，将会严重影响工作的开展。

三、今后几年村民自治的基本走向

今后几年村民自治的走向，不仅受农民群众对村民自治的参与和需求程度的影响，更会受社会宏观政治经济走向的影响。因此，要从多方面的联系分析中，才能做出较为准确的判断。

今后五到十年，是我国经济和社会发展的重要时期，是进行经济结构战略性调整的重要时期，也是基本实现社会转型的重要时期，政治稳定比任何时候都显得突出和重要。从中共中央已经公布的两份重要文件中，我们可以看出中国未来政治发展的一些趋势。一份是1998年10月14日，十五届三中全会通过的《中共中央关于农业和农村工作若干重大问题的决定》，这是一份管到2010年的文件。在这份文件中，中共中央已经把从那时到2010年的农村经济、政治、文化的发展目标、工作方针和措施规定得清清楚楚。文件的第八部分还专门就如何“加强农村基层民主法制建设”问题进行了论述。解读中共十五届三中全会的决定，我们不难看出，全面推进村民自治是未来五至十年扩大农村基层民主的主要内容，是加强农村基层民主法制建设的主要内容。第二份是2000年10月11日，十五届五中全会通过的《中共中央关于制定国民经济和社会发展第十个五年计划的建议》，这是一份管未来五年、影响十年的文件。在这份文件的最后一部分中，中共中央对未来五年的民主法制建设进行了详细规划。解读这份文件，我们不难看出，文件对国家层面的民主政治建设依然是在"坚持和完善"上做文章，而对包括村民自治在内的基层民主法制建设寄予了厚望。由此，我们是否可以得出以下论断：在未来的五到十年，村民自治仍然是我国民主政治建设领域极为活跃、备受瞩目的领域，是实际操作中的重点领域，也是应当出更多经验的领域。在多种因素和力量的共同作用下，村民自治可能会向着以下的方向发展。

一是村民自治的程序化、规范化、具体化。抽象地、一般地、原则地谈论村民自治的时代已经过去了，当前及今后的村民自治必然是具体的。像村委会选举中的提名程序、竞选规则、新旧村委会班子交接程序、罢免程序；村民会议如何向村民代表会议授权、授多少权；村党支部、村委会在民主决策、民主管理中的办事程序，等等，都会在实践的过程中日益突出，逐一提上议事日程。实践的需要、社会的需要将推动着村民自治向着程序化、规范化、具体化的方向发展。

二是村民自治的配套化、一体化。单打一地抓某一项村民自治制度建设的观念已经过时。村民对村庄自治事务的参与也不会仅仅局限于选人、用人上，他们要寻求更多的表达意志的机会。事实将使村民明白，只有四项民主权利都落实时，自己才真正算是村里的主人。因此，村民自治制度的相互配套、相互衔接、融为一体，将是必然趋势。

三是村民自治模式的多样化。严格意义上讲，村民自治是在近74万村委会中运行的，由于各个村的条件和基础不同，农民的分化和分层各异，因此，村民自治的实际运行模式也是多种多样。既有以纯大田粮食种植户为主体的自治，也有农民和居民并存的自治；既有村委会体制下的自治，也有村委会逐步处于弱势，村经济组织处于强势的自治；既有相对封闭的只有本村村民参加的自治，也有较为开放的允许外来居民参加的自治。此外，在村民自治的一些具体环节上，村与村之间也会有差异，呈现多样性。

四是村民自治运行的保障机制进一步强化。村民自治的学习、培训，以及观察、评估制度逐步确立；职能工作部门在人力配备、经费供给上将得到加强；对村民自治中违法行为进行处罚的机制将会摸索出来。为加强对村民自治的指导，农村党内民主将会进一步发展，乡级民主进一步增强，形成村民自治与村级党内民主，村民自治与乡级民主相互促进、良性互动的局面。

顺应村民自治未来的发展需要，从政府推动的角度看，在实际工作中要把握好以下三个环节。

第一，要在贯彻实施《村委会组织法》的基础上，进行制度创新。要及时总结有利于农民群众当家作主的好经验，并把它们上升为政策进行推广。村民自治领域的制度完善和创新，要以是否有利于农民群众当家作主，是否有利于巩固党和政府在农村的执政基础，是否有利于农村社会生产力的发展为最终的检验标准。允许各地在不违背《村委会组织法》的原则下，探索将村民自治具体化的实现途径和有效方法。

第二，要着眼于村民自治的运行机制创新。一是完善村民自治的违法纠错机制，在现有规定基础上，探索党纪、政纪和社会治安处罚的救济途径，最终实现司法救济；二是大力发展党内民主，用党内民主带动村民自治；三是大力发展乡级民主，用乡级民主促进村民自治；四是逐步改革农村户籍制度、土地使用制度和产权制度，为农民普遍行使民主权利创造条件；五是建立一支成熟的村民自治工作者队伍和社会各界人士自愿参加的观察者队伍。

第三，要进行民主理论创新。要结合村民自治的实践进行新的理论概括。从已有的实践来看，中国的民主建设只有分层推进才能收到实效。民主的层次可以划分为村、乡（镇）、县（市、旗）、州（盟、地级市）、省（自治区、直辖市）、中央等六个。从"分层民主"的角度看，各种政治因素在不同层次上的分布是不一样的，要逐层次分析民主建设的特点，研究每个层次的政治因素，研究每个层次之间的互动关系，研究每个层次上发展民主政治的战略与策略。目前有的同志拿间接民主的经验来剪裁直接民主，拿高层民主的做法去要求基层民主，搬用党在高层民主政治建设中的领导方式和方法于基层民主建设之中，这不符合民主建设实际，也不利于民主实践。要通过对上述问题的研究，找到切实推进中国民主政治发展的战略与策略，说明在村民自治中之所以是这样，而不是那样的道理，说明普通村民群众只要贯彻执行了党的政策、路线，就表明是坚持了党的领导的道理，从而为村民自治提供强有力的理论支撑。

《村民委员会组织法》试行期间农村村委会选举工作报告

自1987年11月24日第六届全国人民代表大会常务委员会第二十三次会议通过《中华人民共和国村民委员会组织法（试行）》(以下简称《村委会组织法（试行)》)以来,我国农村村委会民主选举工作逐步走上了法制化、规范化的轨道。总结10年来村委会选举工作的经验,研究解决存在的问题,完善选举制度,是进一步搞好村委会选举,加强农村基层民主政治建设的重要任务。现将《村委会组织法(试行)》颁布以来,全国农村村委会选举工作的有关情况综合报告如下:

一

《村委会组织法(试行)》规定,每届村委会成员任期为3年。自1988年以来,全国普遍完成了两届选举。其中,有18个省、自治区、直辖市基本完成了第三届选举。福建、河北、黑龙江、内蒙古等省、自治区已进行或正在进行第四届选举。纵观10年来的实践,村委会选举经历了一个不断发展、逐步完善的过程,开始走上规范化、制度化、民主化的轨道。社会主义民主已基本在我国最基层的农村扎下了根。村委会民主选举的推行,对促进农村的经济发展、社会稳定和基层民主政治建设,发挥了很大的作用。

(一)村委会选举,拓展和完善了农村选人、用人的渠道,使村委会干部的整体素质有了较大的提高,加强了农村基层组织和干部队伍建设

村委会选举的实践表明,凡是经过广大农民群众依法直接选举产生的村委会干部,绝大多数政治素质、工作能力、工作作风比较好,懂经济会管理,是带领村民致富奔小康,建设富裕、民主、文明社会主义新农村的带头人。据最近完成新一轮村委会换届选举省份的统计资料显示,新当选的村委会成员进一步呈现出政治素质、受教育程度不断提高,年龄结构日趋合理等特点。在新当选的村委会成员中,党员所占比例为多数,如辽宁、河南等省都在70%以上;村委会成员具有初中以上文化程度的占70%以上,一部分大专以上学历的村民被选为村委会干部;村委会成员日趋年轻化,60%左右的村委会成员年龄在30-50岁之间,如山东省新一届村委会主任的平均年龄为39岁,江苏省为40.4岁。

直接民主选举不仅优化和提高了村委会干部的结构和素质,也增强了村委会组织的战斗力、号召力。村委会选举后,通过建立健全村委会及其下属的各工作委员会,民主制定各种规章制度,使软弱涣散的村委会改变了面貌。

(二)村委会选举,为新时期正确处理人民内部矛盾,密切干群关系,保持农村社会稳定,找到了有效途径

一般来讲,村民直接选举的村干部,其群众基础比上级任命的要好。特别是村干部没有了过去任命制的铁交椅,工作中不取信于民,不走群众路线,下次就要落选。因此,他们必须信守诺言,牢记"群众选我当干部,我当群众孺子牛",主动与群众建立互相信任、互相支持的关系,做到对上负责和对群众负责的统一。群众对自己选出的村干部,也认为"他们是大家选出来的,一定要支持他们的工作,正确的事情要补台,不能拆台。"这种干部更加关心群众,群众更加理解干部的良好关系,是新时期农村完成国家各项任务,办好本村具体事务的可靠基础。

民主选举,使群众真正拥有了监督干部的权力。如果少数村干部当选后工作方法简单、粗暴,或办事不公、以权谋私,广大村民可以通过民主测评对其进行警示。问题严重的,可以通过召开村民会议,将其罢免;也可在任期届满后,通过民主选举,将其选掉,自然而然地实现新旧干部的更替。实践证明,凡是选举搞得好的地方,社会矛盾化解得好,社会政治比较稳定。

(三)村委会选举,对培育农民的民主法制意识,提高参政议政能力,发展农村基层民主政治发挥了积极作用

广大农民群众在村委会选举过程中,通过选民登记、提名候选人、预选、参加投票等实践活动,既受到了生动的民主法制教育;也得到了实实在在的民主训练,增强了他们的民主意识和法制观念。突出表现在:一是积极参与民主选举。许多村民自发地购买有关书籍,认真学习《村委会组织法(试行)》和其他法律、法规,了解选举的基本精神和具体方法。外出打工的农民,有的以"函投"形式行使自己的权利,有的踊跃回村参加选举,甚至专门乘飞机赶回家参加选举。1996年完成最新一届村委会选举的河南等12个省、自治区的参选率都在90%以上。二是选民当家做主的意识迅速提高。绝大多数村民极为珍视自己手中的选票,对于选什么样的人当村干部有自己的独立见解,愿意把那些德才兼备的人选进村委会。在选举中,许多老人都要求亲自投票,不让他人代投。在提名候选人和填写选票等关键程序中,选民都要求不受干扰地行使

自己的权利。夫妻之间、父子之间也经常各持己见。三是依法办事的习惯逐渐养成。广大农民群众在选举中，逐步学会依法保护自己的合法权益，增强了自我保护能力。当他们的民主权利受到侵害或发现选举中有违法现象时，多数人都会寻找法律、舆论等合法手段解决问题。

农村基层民主在我国社会主义民主政治建设中有着特别重要的地位和意义。全国每届村委会选举都有近6亿选民参加，这种民主实践的范围之广，参与的人数之多，是其他民主形式难以企及的。完全可以说，通过村委会选举，已使民主法制观念逐步植根于广大农村，为中国民主政治的发展提供了社会基础，这必将大大加快我国民主政治建设的进程。

(四)村委会选举，体现了我国社会主义制度的优越性，对于配合我国外交工作，进行国际人权斗争，树立中国在国际社会中的良好形象，产生了有利的影响

村委会选举使我国社会主义民主具有了广泛的群众基础。在我国，农民群众不仅可以通过各级人民代表大会来参与国家事务的管理，而且还可以通过村委会选举来管理本村事务。这种广泛的民主性是我国社会主义制度优越性的重要体现，是我国社会主义民主区别于资本主义民主的重要标志。近年来，我国的村委会选举在国际上引起了关注，产生了良好影响。许多国家的著名政治家、政府官员、驻华使节、世界各大新闻媒介的记者、研究中国问题的学者了解、考察了我国村委会选举工作。他们对我国的村委会选举都给予了客观评价，认为选举工作组织严密、程序民主、人民群众积极参与，是世界一流水平的民主选举。他们以各种方式在许多国家介绍了中国村委会选举的情况和重大进展，收到了良好的效果。我国党和政府推行的村委会民主选举，改变了许多人以前对中国民主政治建设的不正确看法及偏见，使他们认识到中国共产党是中国民主政治建设最坚定的支持者和推动者，中国的民主正在一步一步地扎实前进。村委会选举所取得的成就，是我国改革开放后加强民主法制建设的重要体现，为我国在外交工作和人权斗争中树立良好的国际形象做出了贡献。

二

10年来村委会选举工作之所以能够取得可喜的成效，这是各级党委、政府和人大充分重视的结果。党中央、国务院高度重视《村委会组织法(试行)》的贯彻实施。党的十三大和十四大，以及1990年经中央批准专题召开的全国农村基层组织建设工作座谈会、1994年中央直接召开的全国农村基层组织建设工作会议，都对如何贯彻《村委会组织法(试行)》，推行村民自治制度，做出了明确指示。特别是不久前召开的十五大，又进一步提出“扩大基层民主”和“要健全民主选举制度”的要求。从1988年起，国务院总理每年一度在全国人民代表大会上所作的《政府工作报告》，以及国家“八五”、“九五”计划中，都对贯彻《村委会组织法(试行)》，推进村民自治提出明确要求。地方党委、人大、政府，对贯彻《村委会组织法(试行)》，推行村民自治制度，也做出了很大努力。截止到目前，全国共有25个省、自治区、直辖市的人大常委会相继颁布了《村委会组织法(试行)》实施办法。福建、江苏、辽宁、贵州、湖南、河北、内蒙古等7个省、自治区还先后专门制订了《村委会选举办法》。不少地(市)、县(市)、乡(镇)还结合本地实际，制定了指导村委会选举工作的具体办法。总之，经过10年的努力，规范村委会选举的法律制度从上至下，由少到多，由概括到具体，初步形成了比较完整的体系。

各地经过实践与探索，总结积累了许多搞好村委会选举的基本做法和成功经验。主要有：

(一)精心组织，广泛宣传

目前，绝大多数地方的选举工作基本做到了以省为单位，统一部署、统一届期、统一选举报表。换届选举时，从省级到乡级相应成立了由党委、人大、政府主要领导同志挂帅的换届选举领导小组。村级也成立了选举领导小组，基本形成了层层有组织、级级有人负责的组织网络，为村委会选举的顺利进行，提供了有力的组织保证。

针对村委会换届选举涉及面广，政策性强的特点，绝大多数地方在选举期间，都把广泛深入地宣传群众、教育群众、发动群众参与选举放在突出位置，让广大基层干部群众充分了解选举的方法、步骤和重要意义，了解法律、法规的主要精神，调动广大农民群众参与选举的积极性。各地采取多种群众喜闻乐见的形式宣传、介绍村委会选举工作。广泛深入的宣传发动，大大激发了村民积极参与的热情，由“要我选”逐步转变为“我要选”，从而为搞好换届选举奠定了良好的思想基础。

(二)开展培训，抓好试点

为保证村委会选举工作的顺利进行，最近几年进行新一届村委会选举的河南、甘肃、四川、江苏、河北、山西、陕西等省，都举办了全省性的由县以上选举工作人员参加的培训班；许多地、市、县通过各种形式，对乡、村选举骨干进行了培训。山西省运城地区在

1995-1996年选举中，举办了各县(市)主管民政工作的县(市)长及各乡(镇)负责人共254人参加的村委会换届选举培训班。在1995-1996年村委会选举中，贵州省共培训各种层次的选举工作骨干242155人次。通过培训，各级选举工作骨干清楚了换届选举法律条文，掌握了具体操作方法，保证了选举质量。在每一届村委会选举全面展开之前，许多地(市、区)、县(市)都先行组织了试点，在取得成功经验后，再在面上展开。

(三)规范程序，民主选举

在村委会选举中，各地都能自觉地坚持党的领导的原则，绝大多数地方基本能够坚持充分尊重村民民主权利的原则，坚持直接、差额、无记名投票的原则，坚持公开、公平竞争的原则。为防止形式主义，保证选举不走过场，各地在实际操作中，注意规范选举程序，发扬民主，把好重要关口。一是选民登记关。每届选举，选举组织机构都严格按《村委会组织法(试行)》的规定，对年满18周岁以上具有合法选民资格的村民依法进行登记，做到不错登、不漏登、不重登，并张榜公布，接受监督。二是初步候选人提名关。普遍采取的提名方式有：①村民联名提名；②村民小组推荐；③村委会选举领导小组提名；④“海选”；⑤村民自荐；⑥党的基层组织与群众团体或联合或单独推荐。“海选”是每一个选民按照候选人的条件，用一张白纸，自主填写村委会各类职务候选人的姓名，然后采取投票方式计算每一初步候选人得票多少的提名方式。这一方式是1995年初吉林省梨树县在村委会选举中的创造。由于这种提名方式透明度高，从一产生就受到农民的广泛拥护。在1996年的村委会选举中，甘肃省采用“海选”提名初步候选人的村已占76%，河北省是40%，湖南省是18.5%。三是正式候选人确定关。由于初步候选人的数量一般都是正式候选人数量的几倍、十几倍甚至几十倍，如何公开、公平、平等地确定正式候选人是选民十分关注的事情。目前，普遍的做法有三种：一种是全体有选举权的村民都要参加投票，按照得票多少确定正式候选人；一种是村民代表通过召开会议投票确定正式候选人；再一种是由村选举领导小组在初步候选人的基础上进行筛选。正式候选人确定以后，许多村都通过各种形式，介绍正式候选人。正式候选人，尤其是村主任正式候选人，要在村民大会或村民代表会议上公布自己的治村方案。介绍时，允许选民当场提问，也允许候选人之间互相提问，以利于村民挑选。四是投票选举关。各地的投票方式主要有以下几种：选举大会加流动票箱的方式；村民小组分片进行的方式；投票站的方式。为防止农村家族、宗族势力控制选举，干扰选民自主表达意志，在1994年以后的村委会选举中，全国绝大多数农村在选举大会的中心会场、分会场、投票站都设立了秘密划票场所，选民有序地进入秘密划票间，无记名划票。投票结束后的程序一般都是当日当众开箱、检票、唱票、记票、公布选举结果、并颁发当选证书。

(四)加强督查，及时验收

每一届村委会产生后，绝大多数都在规定的时间内召开村委会第一次全体会议，明确职责，进行建章立制，制定发展规划等工作。目前，全国60%以上的村庄都初步建立了村民自治制度。近年来，各级党委、人大、政府及有关部门加强了对村委会选举的监督检查工作。在1996年度的村委会选举中，湖南、江西、辽宁、江苏、四川、河南等省分别组织人大代表或政协委员对村委会选举进行视察，提出了许多建设性的意见。国内的新闻媒体高度重视村委会选举工作，宣传介绍了一些好的经验，披露了一些村委会选举中的违法事件，较好地发挥了舆论监督作用。作为主管村委会选举工作的各级民政部门，在党委、人大、政府的领导下，在每届村委会选举中，都积极克服困难，抽调人力，及时指导、督查和验收。

三

回顾10年来村委会选举所走过的历程，我们认为，村委会选举工作确实取得了不少成绩，但也要清醒地看到，仍然还存在着一些不可忽视的问题。突出表现在：在每届村委会选举中总有一些地方搞“指选”、“派选”，侵犯村民的合法民主权利；有的地方村委会选举还不规范，选举质量不高，群众不很满意；有些地方对破坏或干扰村委会选举的违法行为，对侵犯村民合法民主权利的违法行为查处不力；有些地方不经村民会议讨论同意，随意调整、撤换经村民选举产生的村委会干部，等等。产生这些问题的主要原因：一是贯彻实施《村委会组织法(试行)》，推行直接民主选举村委会的时间还不长，一些农民群众还没有真正养成民主的习惯，特别是一些基层领导干部依然习惯于过去对村干部行政任命的做法，还不善于运用民主法制的手段来解决农村的一些矛盾；二是村委会选举的程序性规范在许多地方还不完善。1987年制订的《村委会组织法(试行)》，限于当时的历史条件，对村委会选举的规定较原则。目前仍有5个省、直辖市没有颁布村委会组织法实施办法。大多数省份还没有制订出省一级的《村委会选举办法》用于规范村委会选举工作。三是具体负责指导村委会选举工作的各级民政部门，特别是绝大多数地（市）、县（市）民政部门，由于没有专门的工作经费、没有专职人员来负责村委会建设工作，导致指导村委会选举工作不力。这也是村委会选举工作产生这样或那样问题的一个重要原因。

党的十五大提出："扩大基层民主，保证人民群众直接行使民主权利，依法管理自己的事情，创造自己的幸福生活，是社会主义民主最广泛的实践。城乡基层政权机关和基层群众性自治组织，都要健全民主选举制度，实行政务和财务公开，让群众参与讨论和决定基层公共事务和公益事业，对干部实行民主监督。"进一步搞好村委会选举工作，是亿万农民群众的共同心愿，是社会主义民主政治建设的客观要求。随着我国经济体制改革的深入和社会主义现代化建设跨世纪的发展，我们必须在坚持四项基本原则的前提下，继续推进政治体制改革，进一步扩大社会主义民主，建立社会主义法制，依法治国，建设社会主义法治国家。作为社会主义民主最广泛实践形式之一的农村村委会选举，必将为我国社会主义民主政治建设提供全面的巩固的群众基础。按照十五大报告关于进一步扩大社会主义民主的要求，我们确定以进一步建立健全村委会选举法律、法规为基础，以巩固和完善村委会选举具体制度和程序为关键，以提高广大农民群众民主法制观念、推进基层民主政治建设为目标，以促进村民自治整体水平的提高，进而促进农村经济发展、社会稳定和全面进步为方向，开创农村村委会选举工作的新局面。为此，今后农村村委会选举主要应做好以下几个方面的工作。

（一）进一步建立健全村委会选举的法律制度

目前，《村委会组织法（试行）》还是一部试行法律，有些内容滞后于实践发展的需要，有关选举工作的规定方面表现得更为明显，亟待丰富与充实。民政部于1995年7月提交给国务院审定的《村委会组织法（修订草案）》，专门增加了对选举的规定，明确了候选人的提名方式、正式候选人的确定、投票程序和法律责任等非常必要的问题，建议国务院尽快将《村委会组织法（修订草案）》提交全国人大审议，及早正式颁布。省、自治区、直辖市要制定本行政区域的村委会选举法规。已经制定的，要进一步修订、完善。地（市）、县（市）、乡（镇）要制定和完善关于村委会选举的具体制度，使选举工作在各级都有章可循。

（二）进一步规范村委会选举的实际操作步骤和程序

把法律、法规规定的村委会民主选举的精神，化为广大农民群众的实际行动，需要规范村委会选举的实际操作步骤和组织程序予以保证。各地应当坚持加强领导，成立各级村委会选举领导小组的做法；坚持和完善目前以省为单位，对村委会选举进行统一部署、统一届期、统一选举工作的做法；坚持和完善对各级选举工作骨干，尤其是乡、村选举工作骨干进行培训的做法；坚持和完善各种行之有效的有利于选民教育、选民发动的做法。要总结和完善在初步候选人提名、正式候选人确定、正式候选人介绍、选举日投票等重要环节上，各种有利于扩大民主、有利于村民直接行使民主权利的程序和做法。通过进一步规范村委会选举的实际操作步骤和组织程序，保证村民直接行使民主权利，保证村委会选举的顺利进行。

（三）进一步加强对村委会选举的监督检查工作

要加强对村委会选举的监督检查，坚决制止和纠正有法不依、以言代法、压制民主的错误做法。及时查处和纠正选举中出现的家族、派性干扰和以不正当手段拉取选票以及各种破坏选举的行为。要发挥人大、政协的监督作用，加强对村委会选举的执法检查；要重视人民群众的监督，做好村委会选举中的群众来信来访工作，及时化解社会矛盾；要加强新闻舆论的监督作用，通过报纸、刊物、电台、电视台等新闻媒体经常进行村委会选举法律、法规知识的宣传介绍，教育广大干部群众牢固树立民主法制观念、依法办事观念。通过行政监督、司法监督、群众监督和新闻舆论的监督，维护《村委会组织法（试行）》和有关法律、法规的尊严，维护村委会选举工作的严肃性。

1998—2000年全国部分省、自治区、直辖市村委会选举工作报告

宁夏回族自治区（1998年度）

宁夏回族自治区村委会第四次换届选举工作从1998年10月开始至1999年3月底圆满结束。这次换届选举的特点是领导重视，群众热情高，进展顺利，发展健康，程序规范。现将情况总结如下：

一、基本情况

宁夏回族自治区现有三市，一地，24个县（市、区），297个乡镇，2570个村委会。这次全区完成换届的20个县（市、区）2556个村委会中，共有选民2259906名，实际参加投票选举2054423名，平均参选率为

91.9%，共选举产生村委会主任2459名，副主任1084名,委员7857名。新一届村委会成员平均年龄37.3岁，比上届降低2岁,初中以上文化程度占76.6%,比上届提高12.4%,中共党员占58.5%,比上届提高2.3%;村委会成员连选连任的占63.9%，其中村委会主任占14.9%,与上届相比提高1.9%;选民直接提名当选的占33.4%,其中村委会主任占7.7%,与上届相比提高3%;选举一次成功率达93.7%。

二、这次换届选举的主要做法和特点

(一)各级党委高度重视

这次村委会换届选举适逢全区上下认真贯彻落实党的十五届三中全会精神,各级党委和政府都把这次换届工作作为贯彻落实精神,推动全区农村基层组织建设工作上台阶的重要举措,摆上了议事日程。自治区党委副书记韩茂华在1998年11月2日召开的全区乡镇人大换届选举工作会议上的讲话中,就村委会换届选举与乡镇人大换届工作的统一安排作了明确要求。之后韩茂华副书记经常过问、专门听取民政部门领导有关村委会换届选举工作的汇报,对于换届选举中出现的问题及时批示处理;自治区副主席马骏廷多次主动听取民政厅领导的汇报,亲自指导部署全区村委会换届选举工作,专门召集民政厅和宁夏电视台的负责同志,就做好全区村委会换届选举新闻宣传报道工作做了明确指示;地、市、县(区)级以上领导亲自蹲点指导换届选举工作。全区村委会换届选举工作形成了县、乡党委书记、副书记亲自抓,人大主任、政协主席专门抓,其他领导分片抓,乡镇干部和工作队员一起抓的组织领导网络。全区各县(市、区)共抽调干部4878名,深入乡、村、组,狠抓落实。可以说,这次换届选举重视程度和领导规格之高，工作队力量之强,各部门配合之默契是前所未有的,为全区村委会换届选举工作顺利开展奠定了组织基础。

(二)早动手,早安排,充分做好选举准备工作

为确保村委会换届选举工作依法顺利进行,宁夏回族自治区地、市、县事先都做了大量充分的准备工作。自治区民政厅于1998年上半年就全区村委会换届选举工作进行多次专门研究,明确将村委会换届选举工作作为1998年冬1999年春民政部门一项中心工作去抓,在认真总结前三次全区村委会换届选举经验的基础上,上报了《关于一九九八年度村委会换届选举工作的意见》,经自治区人民政府同意,以政府办公厅名义转发全区各地执行。与此同时,为了便于各地组织学习宣传《村委会组织法》等换届选举的相关法律、法规,民政厅及时组织编印了包括新《村委会组织法》在内的《村委会组织法学习材料汇编》12000多本,《村委会换届选举工作宣传提纲》7000多份,发到县、乡、村。在全区乡镇人大换届选举工作会议上,民政厅就全区村委会第四次换届选举工作做了具体部署。为了指导搞好全区换届选举工作,自治区民政厅1998年10月份与银川市民政局组成村委会换届选举试点工作组,在贺兰县进行了试点工作,并将试点工作的全过程制作成题为《珍惜民主权利,投好庄严一票》的专题片,于1998年12月在宁夏电视台播出。该片的播出为各地村委会换届选举提供了可资借鉴的经验。

试点经验顺利推开后,各县、市都及时召开了县委常委会进行专题研究,制定了第四次换届选举的计划,县、乡、村三级成立了换届选举领导小组或选举委员会,形成上下一体,齐抓共管的选举领导网络。各地普遍以县为单位召开了县、乡、村干部参加的换届选举动员大会，并采取以会代训、集中培训的办法,对县、乡抽调的工作人员进行了培训,使他们掌握了换届选举的方法、步骤和具体操作程序。总之,这次换届选举由于准备工作充分、扎实、有效,做到了“五个到位”,即安排部署到位、组织领导到位、宣传发动到位、思想政治工作到位、干部培训到位。从而大大激发了全区干部群众的广泛关注和积极参与意识,村民表现出前所未有的政治热情,使这次换届选举处处体现出浓厚的民主气氛。

(三)严格法定程序,狠抓关键环节,认真解决选举中遇到的难题

这次换届选举,宁夏回族自治区各地注意借鉴往届选举的经验,把严格法定程序,狠抓关键环节,有针对性地解决选举中可能遇到的问题,看成是扩大推进农村社会主义民主政治建设的一个重要内容,下大力去抓,为选举工作的顺利开展扫清了障碍。

一是选民登记认真、细致、准确。对村民依法享有选举权和被选举权资格的确认，是一项非常严肃慎重的工作。各地在选民登记之前,大都以乡镇为单位对选民登记工作人员进行了业务培训，明确了选民资格界定的时间、认定标准及注意事项。在登记中坚持把好“三关”,即户口关、年龄关、政策关,认真核对,做到不错登、不漏登、不重登,选民、表册、榜示名单三统一。对于外出经商、劳务输出的村民，各地也都采取积极措施,做了大量艰苦细致的工作,尽可能使这部分村民依法行使自己的民主权利。为提高参选率奠定了基础。

二是在提名推荐初步候选人之前先对现任村委会班子及其成员进行考评。这是本次换届选举出现的

一个新特点。为了选出群众满意的领头人，郊区、中宁、降德等县，在酝酿推荐新一届村委会初步候选人之前，通过召开党员大会或村民代表会议，在听取现任村委会班子及其成员工作述职后，进行民主测评，评出优秀、称职、不称职，并当场公布评议结果，这种做法使群众和党组织对现任村干部有了一个全面的了解，为推荐候选人提供了可信依据。

三是充分发扬民主，放手让村民提名推荐初步候选人。按照《村委会组织法》第十四条，"选举村民委员会，由本村有选举权的村民直接提名候选人"的要求，宁夏各地坚持以村民直接提名推荐为主，组织推荐为辅。郊区把初步候选人提名权交给村民，不定调子，不划框子，不提名推荐候选人，完全由村民自主直接提名候选人，凡提出的初步候选人一律张榜公布，群众对此非常满意。据统计，全郊区57个村委会共提名推荐村委会主任候选人97名，副主任候选人79名，委员候选人404名，其中村委会主任初步候选人提名最多的村达6名，这在历届选举中是不多见的。

四是预选确定正式候选人，增强民主性和透明度。这次选举，宁夏部分县（市、区）引入竞争机制，采取召开村民代表会议或户派代表会议，让村委会成员候选人，特别是主任候选人在预选会议上发表治村演说，回答代表提出的问题，最后组织无记名秘密划票的形式，按照得票多少确定正式候选人。村民普遍反映，预选公道、民主、透明度高、效果好。通过让候选人演讲，回答代表问题的方式，让选民进一步了解了候选人的人格及其治村方略，使选民投出的一票不仅包含着对某一候选人的信任，而且还包含着对其治村方案的赞同和对本村未来几年发展的期望。

五是选前准备工作充分。这次选举，全区统一规定采取差额和无记名投票的方法进行。各地为确保选举顺利进行，在选前做了大量周密、细致、扎实的工作。县、乡抽调的工作人员和驻村干部一律不准请假，认真做好选举的各项准备工作，对一些可能会出现问题的村，进行重点分析、研究，制定预防措施。在选前一两天，县、乡、村工作人员走村串户进行最后的总动员。盐池、隆德、固原、永宁、贺兰、郊区等县还专门成立了督导检查组，由人大、政府、组织、民政等部门负责人组成，采取分片巡回检查的方式发现问题，及时研究解决，确保了选举工作的顺利进行。各地为方便选民投票，因地制宜设立投票站，对老、弱、病、残和孕妇，由3名以上选举工作人员带流动票箱登门接收投票。全区大部分县（市、区）都统一规定了投票选举日。郊区、中卫、中宁、固原等县按照新《村委会组织法》要求，普遍设立了秘密划票室，这一做法，既有效地防止了宗族、家族和帮派势力采取不正当手段，干扰选举，又能保证每个选民能够独立、自主地行使民主权利，真实地表达个人意愿，选民们对此反映很好。

六是加强对选举工作的检查指导，发现问题及时查处。这次选举，各地加强了对选举工作的检查指导。民政部门作为村委会换届选举的主管部门，主动挑重担，唱主角，全力以赴，精心指导。为了指导全区搞好村委会换届选举工作，自治区民政厅专门创办了《全区村民委员会第四次换届选举工作简报》，发至各乡镇，该简报及时介绍交流全区各地换届选举的动态、经验，指出存在的问题，对指导各地换届选举工作起到了积极的促进作用。各地民政部门积极履行职责，与有关部门紧密配合，抓好换届选举的检查指导，发现问题及时查处。中宁县长山头乡花豹湾村，大部分村民属南部山区吊庄搬迁户，人员复杂，在投票选举时，个别不法分子殴打计监票工作人员，扰乱选举现场。县民政局在检查中得知情况后，立即赶到现场，与乡干部和公安干警一起对当事人依法进行了处罚和教育，并责令当事人当众检讨、认错，从而平息了事态，保证了选举工作顺利进行，群众拍手称快。对于群众来信来访工作，各级领导十分重视，除亲自过问、批示外，督促有关部门作好耐心的解释、调处工作。

七是认真抓好检查验收。换届选举工作结束后，各地按照自治区的统一要求，普遍进行了检查验收。采取村自查、乡（镇）普查、县（市、区）抽查的办法进行。经验收，全区选举成功的2543个村委会，其选举程序规范、合法，村民参选率都超过了83%以上，村民代表会议和村委会下属各委员会以及村民小组机构健全，责任明确，能有效发挥作用；各项规章制度健全、完善、可行。验收中，各地对少数村委会选举失败的原因也进行了分析、研究。检查验收后，凡选举合法的村委会主任、副主任和委员，由乡镇人民政府统一颁发了当选证书。

三、这次换届选举工作中存在的主要问题

个别县、市领导观念滞后，法律意识淡薄，对村委会的性质缺乏认识，在换届选举中制定的一些办法严重地与《宪法》、《村委会组织法》相违背，限制了选民的民主权利，引发了村民群众的不满，给换届选举工作带来了很多不利的影响，致使群众上访告状的现象屡屡发生。

有的县、市对村委会成员候选人的条件要求不够严格，一些超计划生育等违背国家政策的人被选为村干部，群众对此意见很大，也给村委会的工作带来很多困难。

有的地方家族、宗教、帮派势力盛行,给换届工作造成了很大障碍。这次换届选举未成功的村,大部分与之有关,有的家族间多年的矛盾积怨在这次换届中激化,造成械斗伤人事件。

有的地方在投票选举时,为了方便选民,提高参选率,采取以流动票箱为主的投票形式,这种做法既不合法,又给一些别有用心的人以可乘之机。对于委托投票,有些地方缺乏严格的管理规定和健全的委托手续,委托人和被委托人之间没有委托授权书或委托协议,只要是亲戚,任何人都可以委托,造成了发票、投票混乱,影响了选举的成功率。

有法不依现象依然存在。有的乡党委和政府为了确保"信得过"的人当选,不发动选民提名,搞内定,实行人为等额选举,有的候选人为了达到自己当选的目的,采取拉选票、搞贿选等手段,出现了联名推荐候选人不实事求是,弄虚作假等现象。新《村委会组织法》第十五条虽对以威胁、贿赂等不法行为的处罚做出了规定,但在实际操作中往往难度很大。民政部门作为城乡基层政权和自治组织建设的主管部门,负有指导村委会组织和制度建设的任务。但作为一个政府职能部门,对肆意践踏选举法律法规的行为处理上显得势单力薄,权威不够,效果不好。

河南省(1998年度)

河南省从1998年初开始,进行了第三届村委会换届选举工作。在各级党委、政府的高度重视和精心组织下,按照民主、平等、直接、公开、无记名的原则,经过宣传发动、选民登记、依法确定候选人、直接选举、检查验收和建章立制等阶段,至1998年底基本结束。

与上届相比,河南省此次换届选举在规范化程度上有了很大提高。具体表现在:(1)候选人提名方式上由过去的组织提名为主,转向组织提名和村民提名并重。正式候选人全部由预选产生,民主程度大大提高。(2)普遍实行了直接选举,采取中心会场投票的办法,有条件的地方设立分会场,坚决杜绝了户代表选举。(3)要求选举必须设立秘密写票处,直接保障了选民依法行使民主权利。(4)换届选举工作实现了选举程序统一、选票统一、当选证书制作统一、报表统一、检查验收统一。

一、基本做法

(一)加强领导,周密部署

1998年3月22日,河南省政府以政府令形式发布了《河南省村民委员会选举暂行办法》(以下简称《选举暂行办法》)。4月9日,省政府办公厅下发通知,转发了省民政厅《关于做好全省第三届村民委员会换届选举工作的报告》,要求各级政府认真贯彻党的十五大、全国农村基层组织建设工作座谈会精神,严格按照《村委会组织法》和河南省《选举暂行办法》,切实做好第三届村委会换届选举工作。各级党委、政府在省委省政府的要求下,将村委会换届选举作为近期农村中心工作,切实做到了"三个到位"。一是组织到位。市、县两级都普遍召开了选举工作会议,成立了由党委、政府主要领导任组长,人大、组织、民政、司法等部门参加的换届选举领导小组,领导小组下设办公室,各部门抽调骨干参加,民政部门具体负责选举的组织、指导、协调等日常工作。二是领导到位。选举中,无论是试点工作会,还是面上铺开会,各地党委、政府主要领导都亲自到会讲话,给予支持。选举期间,许多市(地)、县(市、区)主要负责人亲自到村实地考察,现场指导选举,并多次听取有关部门的汇报,发现问题及时予以协商解决,保证了选举工作的顺利进行。为做好选举,多数地方建立了领导责任制:主要领导亲自抓,分管领导具体抓,县区"四大班子"领导和有关单位分包乡镇,分级负责,层层落实。不少地方还明确了乡镇党委书记是第一责任人,将选举工作列入了年度目标考核内容。三是措施到位。各市地下发通知,制定了具体方案,对换届选举工作方法步骤、程序要求及时间安排等进行了全面的规范。各县(市、区)也结合实际,制定了详细的工作方案和操作规程,对换届工作做了周密的安排、部署。

(二)广泛宣传,培训骨干(略)

(三)精心组织,加强指导(略)

(四)严格程序,依法选举

选举中,河南各地严格按照省选举暂行办法的规定,坚持按法定程序选举。一是依法制定详细的实施方案。各地具体制定出本辖区的实施方案、试点村换届实施细则以及换届选举工作日程安排,明确了换届的指导思想、实施步骤、时间安排,并将选举工作中产生的选举工作小组、选民登记、初步候选人提名、正式候选人产生、投票选举等多种程序编制成选举程序图,做到了工作思路清、安排细、落实快。二是依法做到"五统一"。即统一选举程序、统一选票、统一制作当选证书、统一报表、统一检查验收。三是切实抓好关键环节。各地把选举工作分为8个步骤:即选举部署、选举发动、选民登记、建立村民代表会议、产生候选人、正式选举、建立村委会下属机构、建章立制。具体工作中着重抓了以下几个环节:首先,坚持公正、公平、民主的原则,严格依法确定村选举小组成员和正式候选人。坚决杜绝指定。其次,认真组织选举大会,坚决制止违法操作。第三,抓好直接选举。重点是提高选民参选率和一次选举成功率。各地在选举投票前,将选票放大,在黑板上详细讲解填票方法,增加了有效投票数,提高了一次选举成功率。第四,要求选举中心会场和分会场必须设立秘密划票间,切实保障选民真正行使自己的民主权利。在选举实施过程中,绝大多数地方都能严格按照省选举暂行办法的规定,制定选举方案和操作规程,坚持规范操作,依法选举。对选举中个别地方不能依法选举、违反程序的,坚决予以纠正。

(五)健全组织,建章立制

新的村委会班子成立后,各地抓住有利时机,及时转入建章立制阶段。一是健全了村级组织,对新一届村委会成员进行分工,建立健全了村委会下属的治安保卫、人民调解、民政福利、计划生育等工作委员会及村民小组。二是依法选举产生了村民小组长、村民代表。三是建立、健全了"一会两组",即村民代表会议、民主理财组、村务监督组。四是组织群众对原有的村民自治各项规章制度进行了修订、补充和完善,重点加强了以民主决策、民主管理、民主监督为主要内容的村级民主政治建设。不少地方还在选举结束后,适时开展了对新当选干部的培训工作,教政策,教工作方法,教党在农村的方针、政策、有关法律法规,强调了农村基层党组织在农村工作中的领导核心地位,使他们对村委会职责、村委会和乡镇政府的关系、村委会和村党支部的关系有了明确认识,增强了他们认真履行职责、干好工作的信心。郑州、焦作、洛阳、南阳、漯河、濮阳等市地,在选举结束后,都先后对新任村委会成员进行了培训,有的还对部分村民代表进行培训,为村民自治的深入开展打下了良好的基础。

(六)严格检查验收,巩固选举结果

选举结束后,河南省及时下发了检查验收方案和市(地)、县、乡、村四级的量化验收标准,实行村自查、乡普查、县抽查、市(地)组织重点互查。在此基础上,河南省民政厅在今年4月底到5月中旬,组织人员分成3组随机抽查,对每个市地各抽查1个县、2个乡、4个村,采取听、看、问、访的方式,进行了检查验收。重点检查了五个方面:一是宣传发动是否充分。二是选举程序是否合法,有无违背或简化法律程序的问题。三是选举组织、机构、制度是否健全,责任是否明确。四是选举资料是否齐全,群众信访是否得到及时解决。五是村民自治组织是否健全,各项制度是否完善等。检查中还对发现的问题及时纠正,进一步巩固了选举成果。从检查的结果看,各地在这次村委会换届选举中,宣传发动充分,选举组织、机构健全,选举中基本上都能够严格程序、依法办事,选举资料较齐全。整个选举措施到位,整体上是成功的,达到了预定的目标,收到了较好的效果。

二、取得的主要成效

(一)村委会班子得到优化,村委会组织建设得到加强

民主选举,使一大批懂经营、会管理、群众拥护的农村致富能手脱颖而出,成为农村发展的带头人。有具体数字表明,本届村委会成员综合素质比上届有明显提高。当选干部中,党员126016人,占总数的59.2%,比上届提高了2.2%。文化层次上,大专以上的3322人,占村干部总数的1.6%,比上届增加1246人;初、高中人数189188人,占总数的88.4%,比上届提高了5.1%。年龄结构上,30岁以下的38933人,占总数的18.3%,比上届提高了2.7%;50岁以上的26760人,占12.6%,比上届降低了6%。村委会成员中,懂经营、会管理的有134304人,占总数的63.1%,比上届提高了19.6%。另外,这次选举最突出的一点就是,群众不满意的干部下来了,群众拥护的人上去了。乡镇干部普遍反映,好班子没有选差的,差班子一大批选好了。选举后,新一届村委会按照《村委会组织法》的要求,普遍建立、健全了治保、民调、文卫等下属工作委员会,建立、健全了村民代表会议制度、村务公开、民主管理制度等一系列规章制度,做到有章可循,按章办事。通过换届,村级组织进一步健全,村委会班子结构更趋合理。原来好的村委会得到巩固,一般的得到提高,软弱涣散的得到了整顿、加强。

(二)广大村民和村干部的法制观念、民主意识得到了提高

民主选举的过程,既是一个学法、懂法、用法的过程,也是一次提高村民民主政治素质的具体实践。通过学习《村委会组织法》和《河南省选举暂行办法》等法律法规,广大村民受到了社会主义民主与法制教育,增强了主人翁责任感,参政议政的积极性大大提高。选举中,许多外出打工的选民发信委托家人代为投票,有的请假回村参加选举或竞选。商城县观庙乡邬庙村78岁选民余清秀老太太,本人不识字,她给代写选票的人说出要选的五个人的名字后,又坚持让代写人再念两遍才放心。漯河市源汇区龙台村在选举日

当天，先后三次组织选举，工作延续到深夜，多数选民坚持到选举结果出来后才离开选举会场，场面感人。据统计，全省选民参选率达到88.3%，有的村达到100%。通过选举，群众民主决策、民主管理、民主监督的意识也大大增强，关心集体的多了，积极献计献策的多了，与干部对着干的少了，村民遵纪守法的自觉性有了较大的提高。有的村多年没有解决的提留、征购、集资修路、建学校等老大难问题，很快得到了解决。当选村干部也受到了一次深刻的民主意识和群众观念教育。通过选举，取消了“任命制”、“太平官”，是否当选由群众直接投票决定，上台下台由群众说了算，对村干部震动很大，懂得要当好村官，就必须为群众着想，为群众办事，要既对上负责，又对下负责。因此，许多人一上任，就走访群众，征求意见，积极为村民办好事，办实事。

（三）促进了农村社会政治稳定

一是干群关系更加密切。由村民直接选举出来的村干部有着较强的能力，群众基础牢固，威信比较高，深受群众拥护。干群之间相互信任，相互支持。漯河市舞阳县部分村换届选举刚刚结束，就遇到历史上同期罕见的暴雨灾害。新任村委会成员立即投入抢险救灾工作。有的在大水中三天三夜没有睡觉，组织人员乘坐小木筏，来往检查危房，转移被大水围困的群众和财产；有的把自己投资一万余元的鱼塘挖开，以供排水，保住了村民生命财产的安全。一位老农诚恳地说：“当时没有投他一票，我真后悔！”二是农村许多矛盾得到了化解。过去，村干部工作方法简单，作风不民主，村务不公开，群众不信服。通过民主选举，干部是自己选的，群众信得过。郾城县裴城乡潘王村，民主选举后，村民给乡政府送去了一块“心想事成”的牌匾。三是一些后进村、乱村，通过选举，达到了以选治乱的效果，不稳定因素得到消除。清丰县柳格乡西赵店村1996年以来，先后6次组建村两委班子，都未能很好地开展工作。这次换届，该村在县乡党委、政府的重视下，依法选举产生了村委会班子，使这个老大难村班子得以健全，各项工做出现良好的发展势头，由乱到治。

（四）促进了农村经济发展

新一届村委会班子上任后，普遍结合本村实际，制定了三年任期目标和年度工作计划，带领群众，为村里经济发展办实事、办好事。郑州新密市岳村镇司家门村村主任李新枝上任伊始，就和村委会一班人研究决定兴办一座村办瓷砖厂。他积极筹借资金50多万元，建起了厂子，年创利润可达10多万元。漯河市临颍县城关镇西街村新任村委会成员当选后，在村里筹建了“皮鞋加工一条街”，大力兴办村办企业。

三、选举中存在的问题和建议

河南省第三届村委会换届选举，虽然取得了明显成绩，但是也存在不少问题，主要是：

有的乡镇领导对村委会换届选举工作认识跟不上，重视程度不够，宣传发动不到位，组织工作不得力，选举工作进展缓慢。个别地方选举工作到1999年5、6月份还没有完成选举任务，直接影响了全省的选举进度。有的对选举工作顾虑重重，怕选乱、怕“乱选”，直接干预选举，选民不能自由行使选举权和被选举权。有的甚至直接任命村委会成员，使村民无法正常行使民主权利，引起部分群众不满。西平县重渠乡下发文件，直接指定村委会成员，引起群众上访。

个别地方出现不按程序选举的现象。一是选举中程序不规范。个别领导私自指定、委派候选人及工作人员，选举时不按人头发票，或办理委托票过多；有的不在选举中心会场设立秘密写票处；有的不公开计、唱票，不当场公布选举结果等等。二是选举中个别候选人为达到当选目的，利用不正当手段拉选票，甚至弄虚作假，极个别地方由于组织不好，措施不力，出现伤亡事件。

宗族、宗派势力干扰选举的现象在个别地方也有发生。我省农村一些地方的宗族、宗派斗争由来已久，造成村风不正，人心涣散。在换届选举过程中，双方矛盾进一步公开化，干扰了选举。有些村由于宗族、宗派势力比较大，造成选举不成功，或者把不具备候选人条件者选为村委会成员。

有的地方对群众来信来访处理不及时、不认真，造成群众多次越级上访。灵宝市故县镇神底村群众曾十几次上访，反映该村违法选举问题，虽然民政部、省、市领导多次给予批示，但至今仍得不到解决。

一些地方对选举后的培训工作不重视，导致村委会与村党支部不协调，工作上相互支持配合不够，一定程度上影响了选举后村里各项工作正常开展。

陕西省（1999年度）

陕西省第四次村委会换届选举从1999年5月开始，至2000年3月结束。全省除安康地区在此之前已经结合乡镇换届进行了村委会选举外，共有9个市（地）及杨陵区的共27786个村统一进行了选举，占应换届村数的99%。

一、基本情况

这次村委会换届选举，是《村委会组织法》正式颁布后，陕西省进行的首次民主选举，也是十几年来在村一级进行的一次最为广泛的民主实践，各级政府给予了高度重视，省政府及时下发了《关于做好村民委员会第四次换届选举工作的通知》，成立了由省委副书记、常务副省长贾治邦任组长，组织、宣传、纪检（监察）、农业、司法、公安、财政、民政等部门负责同志为成员的换届选举工作指导小组，负责全省换届选举的统一领导和组织协调，下设办公室，具体工作由民政厅承办。省委、省政府还于9月份召开了全省村委会第四次换届选举工作会议。

在换届选举工作全面开展期间，省换届选举指导小组先后5次召开会议，分析工作形势，解决有关问题。各成员单位积极履行职责，密切协作，齐抓共管，形成了整体合力。省民政厅更是把换届选举作为全年第一项重点工作，抽调11名干部加强办公室工作，组织编写了《村民自治法律法规知识读本》和《村民自治常识问答》等二十余万字的学习辅导资料，下发到基层。并不定期编写换届选举简报，指导这项工作。

各市（地）按照省上要求，层层成立了换届选举指导小组，设立了专门办公室，制定了实施方案，多次召开会议进行认真部署和落实，做到领导认识到位，安排部署到位，群众发动到位，组织力量到位，法律宣传到位。宝鸡、汉中、商洛、榆林、延安、铜川6市（地）实行指导小组成员单位包县（市、区）。县一级普遍实行了县领导包乡镇，乡镇领导包村组的工作责任制。全省在这次换届选举中，共抽调56929名干部下乡驻村，进行具体指导，从而保证了工作的顺利进行。在工作方法上，陕西省特别注意抓宣传培训和选举试点工作。省民政厅会同省委组织部、宣传部、省司法厅、法制局联合发文，在全省展开了声势浩大的《村委会组织法》学习宣传活动；乡、村普遍召开党员会、干部会、村民代表会和村民大会进行动员和发动；充分利用广播、电视、报纸、资料、简报、板报、标语、宣传车等多种形式进行宣传；省换届办还与陕西日报、省电视台、省广播电台、华商报等新闻媒体协作，举办热线咨询、专题节目、新闻报道等，做好宣传工作。汉中、西安、商洛、延安、铜川等市（地）还采取举办专题讲座、召开干部群众座谈会等方式，进行广泛宣传。全省在换届选举中，共印发各种宣传资料74.8万册，举办电视讲话、讲座20474期（次），新闻媒体报道3857篇（次），办板报、专栏36964期，在全省形成了强大的、全方位的宣传舆论声势，使90%以上的基层干部和群众受到了教育。

陕西省民政厅于选举前举办培训班，对市、地民政局主管局长、基政科长和县（市、区）民政局长进行了《村委会组织法》、省选举办法辅导，重点宣讲民主选举原则、选民登记、候选人的产生、选举大会的组织等。各市（地）采取多种方式，层层培训了选举骨干。西安、汉中等市（地）的部分县（市、区）还统一组织，对县、乡、村三级干部分期分批进行了集中培训。据统计，省、市（地）、县三级共举办培训班4058期，培训干部和村选举工作人员245787人（次）。各级对换届选举的操作实施都有“明白人”。

为了确保村委会换届选举依法顺利进行，在陕西省政府的统一部署下，按照“先行试点，探索路子，典型引导，逐步展开”的工作方针，全省有组织、有步骤地开展了村委会换届选举试点工作。省换届办于1999年6月30日召开了各市（地）和8个县（市、区）民政局长参加的村委会换届选举试点工作会议，对试点工作进行了具体研究和安排。要求各个市（地）选择1~2个县的若干不同类型乡镇，每个县（市、区）选择1~2个村开展试点，摸索经验。省换届办从关中、陕南、陕北选择扶风、华阴、榆林、丹凤、宝塔、柞水等6个有代表性的县（市、区）作为试点联系单位，以此指导各地试点工作。全省分别选择了不同类型的370个乡镇的2528个村，依据法律、法规的规定，结合本地实际，进行试点和探索。对带有普遍性、倾向性的问题，研究制定解决办法和措施。

陕西省依据《村委会组织法》及该省两个办法的规定，做到“三个坚持”，严把“四个环节”，使村委会民主选举制度真正落在实处。

“三个坚持”：

一是坚持党的领导不动摇。各地在选举中，充分发挥基层党组织的领导核心作用和党员的先锋模范作用，普遍由群众民主推选产生了以党支部书记为主任的村民选举委员会，选举中党员带头遵法守法，依法参选，为换届选举的顺利进行起到了有力的保证作用。

二是坚持尊重民意不动摇。在选举中充分发扬民主，把提名权、投票权、表决权真正交给群众。普遍设立秘密划票间，由群众完全按照自己的意愿行使民主权利，进行民主选举。

三是坚持依法办事不动摇。省换届办按照法律法规的规定，从村民选举委员会的设立、选民登记、村委会候选人的提名和确定、选举大会的召开及整个投票选举过程，都制定了规范、明确、具体的操作程序，村一级还制定了更为详细的选举办法。全省在换届选举中基本达到了"三个统一",即:统一选举步骤、统一选举程序、统一选票格式,极大地提高了民主选举的规范化程度,有效防止和避免了选举中可能出现的随意性,真正体现了"公平、公正、公开"的原则和精神。

"四个关键环节":

一是村民选举委员会推选关。普遍以村民会议或村民小组会议形式,由村民提名,按得票多少推选产生了村民选举委员会。村委会候选人不得担任选委会成员,防止和纠正了由有关组织指定、指派、授意的习惯做法。

二是选民登记关。严格按照法律法规规定的选民条件,由选举工作人员上门入户登记,提前20天张榜公布,接受选民监督,做到不错、不漏,合法、准确。新城、碑林、未央、华阴、潼关等县(市、区)还对人户分离,在村不在户,在户不在村的村民,依据法律规定,结合本地实际,做出了具体规定。

三是村委会候选人提名确定关。普遍召开村民会议或村民小组会议,由村民直接提名后,按得票多少分别确定出不同职务的适当人选,再进行预选确定正式候选人。宝鸡市金台区金星村主任候选人在初次提名时多达三百余人,经多次预选才差额确定了2名正式候选人。

四是投票选举关。普遍召开了选举大会,会场布置热烈隆重,彩旗飘场,喇叭嘹亮,标语醒目,不少村还敲锣打鼓,鸣放鞭炮,表演文艺节目,营造出节日气象,体现了农民群众当家作主,选好当家人的庄重喜庆气氛。选举大会严格按照"秘密写票,无记名投票,公开计票和当场公布选举结果"的原则办事;对外出经商打工,不能回村参加选举的村民办理了委托投票手续;绝大多数村在选举会场设立代填处、咨询站,为无能力填写选票或不了解选举政策的选民提供服务和帮助;不少村还在选举前组织候选人发表治村演说,使村民能够更好地挑选自己满意的人。吴旗县洛源乡杨青村89岁的杨三娃与88岁的老伴刘兰,由于同儿子在选举上意见不一致,就请人用架子车将其拉到会场,老两口各自投了自己认为满意的人。宝鸡县天王镇八庙村近几年村级经济发展较快,群众对选干部竞争激烈。选举中,村上严格按照法律程序办事,全村2279名选民,参选人数达2100名,成功选出了群众信得过的带头人。不少村民感慨地说:"过去选干部幕后策划,少数人说了算,现在是公开进行,由大家挑选。像这样的选举场面还是头一回见到。"

在换届选举中,陕西省还把做好信访接待,及时督察和纠正选举中的违法行为,确保农民群众的民主政治权利与换届选举的顺利进行,作为一项至关重要的工作来抓。省换届办先后接待群众来访1660人次,处理群众来信210封,接受电话咨询及反映问题两千余次,并与省信访局联合接待30-150人的群体上访14次,均及时督促有关部门,使反映的问题基本得到了妥善处理。全省在村委会换届选举中接待和办理群众来访10155人(次),来信6292件(封),查处和纠正选举违法行为678起。各地还对一些严重干扰和破坏选举工作的违法行为进行了依法处理。

二、选举成效

(一)村委会班子得到明显加强

通过换届选举,各地普遍选出了政治素质好、文化程度高、年富力强,各级党委、政府满意,广大群众拥护支持的村委会班子。在当选的村委会干部中,党员43465人,占村委会干部总数的38.10%;妇女11279人,占村委会干部总数的10%。村委会主任中初中以上文化程度的23948人,占主任人数的86.76%;平均年龄40.54岁,其中40岁以下的14465人,占村主任人数的52.40%。副主任和委员中初中以上文化程度的67731人,占副主任和委员人数的78.30%;平均年龄40.37岁,其中40岁以下42320人,占副主任和委员人数的48.94%。新当选的村委会主任15804人,占主任人数的57.25%;新当选的副主任和委员50776人,占副主任和委员人数的58.72%。新一届村委会干部中,具有一定专业知识或一技之长的"能人"达三分之二以上,给村委会班子增添了生机与活力,使以党支部为核心的村级组织整体建设得到加强,凝聚力、号召力大大提高。

(二)基层干部和群众的民主法制观念普遍增强,推进了依法治省的进程

通过换届选举,使《村委会组织法》及该省两个办法的宣传、学习和贯彻深入到全省农村的各个角落,普及到村组和广大群众之中,在全省形成了空前的干部群众学法、知法、依法办事的热潮。广大基层干部不但进一步加深了对村委会民主选举,实行村民自治,发展基层民主政治建设重大意义的理解和认识,消除了担心、误解和疑虑。而且积极带头学习宣传,依法指导换届选举工作,在亲身经历中受到了一次民主与法制的再教育,执法水平大大提高。不少乡镇干部对村委会民主选举的法律法规和政策达到了"一口清"。许多基层干部深有感触地说,过去总认为村民自治不符合农村实际,不利于政府各项工作的开展,其实是我们的认识不到位。今后"治民"的作风要转变,"民治"

的思想要加强。广大群众在学习法律法规中，在活生生的选举实践中，对实行依法自治的认识有了明显提高，不但焕发出极大的热情和积极性，而且学会了正确行使自己的民主权利，维护自身的合法权益。他们把民主选举当成自己当家作主的重要体现，把选出一个能够带领自己治穷致富的好班子作为头等大事。许多村民主动到省、市、县民政部门购买《村委会组织法》及省上两个办法的学习资料，咨询法律法规和政策，甚至有的村民把《村委会组织法》的条文背得滚瓜烂熟。许多外出经商务工的村民放弃生意和工作，纷纷回村参加选举。洛川县朱牛乡张牛珍村苹果专业户张满才在广州经商，接到村上通知后，专门返回村里参加选举。宝塔区桥沟镇杨家岭村村民刘茂祥，其父病故后，出殡恰遇选举，他坚持投了自己神圣的一票后扶灵柩上山。在这次换届选举中，全省有一千四百多万农民参加了民主选举，平均参选率达到90%，有的县、乡高达95%以上。

（三）"四个民主"制度进一步落实，为发展农村基层民主政治建设奠定了坚实的基础

各地普遍针对农村实际和群众反映强烈的问题，深入、扎实地开展了村务和政务公开，把群众关心什么、重视什么、要求什么就公开什么作为基本原则。进一步细化了公开的内容，规范了公开的程序和形式，各项村务在公开前和公开后基本做到广泛听取群众意见，让群众参与公开的全过程，使公开的结果达到群众满意。在换届选举中，仅商洛地区新建成的村务公开栏就达7485个，全区乡镇普遍实行了政务公开，98%的村实行了村务公开，60%的村民小组实行了组务公开。各地在换届选举过后，普遍建立和健全了村民自治的各项制度。如村委会向村民会议报告工作制度，民主评议村干部制度，村组财务管理制度，村民会议和村民代表会议议事制度，村民自治章程或村规民约等。全省共选举产生村民代表73.6万人，有90%的村建立了村民会议和村民代表议事会制度，成立了民主理财和民主监督小组。村民群众参与村务管理，实行依法自治的整体功能得到明显增强。

（四）干群关系得到明显改善，形成了齐心协力发展农村经济的良好局面

通过换届选举，不但进一步增强了广大基层干部的群众观念，使他们树立了为民办事的服务意识，而且也使广大群众真正体会到自己当家作了主。他们积极支持村干部的工作，关心村委会的建设，形成了大家事大家议、大家干的良好局面。从而减少了怨气，理顺了心气，增加了干劲，使农村的大量矛盾得到化解，干群关系进一步融洽，不少地方呈现出多年少有的干群一心思谋发展的红火景象。广大群众反映，这次选举，把人心选得热乎乎的。各地在村委会选举过后，普遍发动群众制定、完善了村级经济、社会发展三年规划，进行产业结构调整。子长县余家坪乡郝家川村新班子上任后，积极带领村民调整产业结构，搞山川秀美工程，在较短时间内就抓了5件大事，一是退耕还林400亩，二是恢复农田水利灌溉面积600亩，三是新修农田100亩，四是新建大棚菜四棚，五是解决了130670人和一千多头（只）牲畜的饮水问题。

三、存在的主要问题

陕西省村委会换届选举虽然取得了明显成效，但还存在一些不容忽视的问题，主要有以下几个方面：

个别地方对村委会换届选举重视不够，抓指导、落实不力，工作进展缓慢。截至2000年5月上旬，仍有168个村选举工作没有完全结束。蒲城县罕井镇到2000年3月底，16个村委会只选了6个村，后在市、县换届办多次督促下，其余10个村才顺利完成。

有的乡、村对法律、法规学习、宣传的力度不够大。个别地方虽进行了宣传，但不够广泛，不够深入，群众对法律、法规没有真正了解和掌握。

个别乡镇干部以不合法的方式，引导群众按自己的意图提名，当群众提名候选人与他们的意图不符时，不能妥善处理。个别乡镇领导为了让原村委会成员继续留任，以某些借口为由，对新当选的村委会成员不予认可，致使新当选村委会成员多次到区、市、省上访，经上级多次督促才作了纠正。

少数村在选举中存在不严格按程序选举的现象。如有的村选委会不召开村民会议进行民主推选候选人，而是由村党支部指定；有的在提名和确定村委会候选人时，不是全体选民直接提名，而是由选举工作人员上门按户发提名表，由户提名产生正式候选人；有的在召开选举大会时，不按程序办事，秘密划票间形同虚设，致使个别人私填选票，暗箱操作；有的不召开选举大会，全部实行流动票箱投票；有的不当场公布选举结果等。

个别地方宗族、宗派势力闹事、干扰，致使选举工作难以正常进行。少数村在选举中宗族、宗派势力聚众闹事，操纵选举，有的侮辱、打骂选举工作人员；有的当众撕毁票箱，干扰、破坏选举秩序；有的伪造选票，收买、贿赂选民；一些不法之徒以种种手段威胁、恐吓甚至伤害候选人和选民；有的已进行选举的村，原任村干部以各种借口不办移交手续，使新一届村委会难以正常开展工作；极个别村甚至发生在选举中群

体斗殴事件。

山东省(1999年度)

山东省第六届村委会换届选举从1998年12月1日开始,至1999年6月底结束,历时7个月。通过这次选举,全省86699个村委会中,有85750个村顺利选出了新一届领导班子,占村委会总数的99%;选出村委会成员30.5万人,比上届减少了3.9万人;成员中党员18.9万人,占总数的61.6%。新一届村委会班子成员的平均年龄比上届下降了3岁,其中具有大专以上文化程度的占1.5%,有一技之长的占43.9%。这次换届,还选出了新一届村民代表185.7万人,村民小组长40.7万人,选出村委会各下属委员会36.6万个。

此次选举是山东省第一次全面实行村民直接推选村委会、直接提名候选人、直接选举村委会成员,全省"海选"率达100%。为组织好选举工作,山东省专门成立了"村委会换届选举办公室",共编发《村委会换届选举工作简报》63期,接待来访100多批400多人次,处理群众来信300多封,回复上访电话1000多个,使大多数问题得到了及时解决。省人大常委会6位副主任带队,对《村委会组织法》和省《村委会选举办法》的贯彻落实情况进行了两次执法检查。共检查了济南、青岛等15个市地,莱西、章丘等37个县市区,召开了127个座谈会,查阅了大量村委会换届选举原始档案资料,走访了180多个农户,同近千名村民进行了座谈交流。

一、组织选举情况

(一)领导重视,精心组织

山东省委、省人大、省政府高度重视此次村委会选举工作。选举期间,省委、省政府领导先后在有关文件材料上作了25次批示,要求各级党委、政府和省有关部门一定要把村委会换届选举当作推进基层民主政治建设、确保全省农村稳定和发展的一件大事,认真抓紧抓好。省人大常委会打破常规,一审审议通过了《山东省村民委员会选举办法》,这是在新的《村委会组织法》颁布后,全国首家出台的村委会选举办法,为全省第六届村委会换届选举提供了具体的法律依据。在这次村委会选举过程中,山东省、市、县、乡普遍成立了由党政主要领导任组长,有关部门领导为成员的村委会换届选举工作领导小组,下发文件、召开会议,进行专门部署;各级都把这项工作摆到了重要位置,精心组织,充分准备,制定了详细的工作方案;市、县、乡三级还抽调了大批干部组成换届选举工作组,进村入户进行具体指导。同时县、乡还普遍建立了领导干部责任制,明确党委书记是第一责任人,并列入了乡镇干部年度考核内容。选举期间,许多市县主要负责人亲自进村入户进行实地考察,现场指导,并及时了解情况,听取有关部门的汇报,针对发现的问题研究解决办法。选举结束后,从省到乡都能按照省委、省政府的统一部署,及时认真地组织检查验收工作。通过检查验收,发现和纠正了在选举过程中出现的问题,总结推广了典型经验,确保了整个换届选举工作的圆满完成。

(二)广泛宣传,培训骨干

为让广大农村干部群众了解《村委会组织法》和山东省《村委会选举办法》的基本内容,充分认识村委会换届直选的重大意义,增强村民的民主参选意识,珍惜和使用好手中的民主权利。各级党委、政府始终把宣传教育和思想发动工作摆在突出位置,并使之贯穿于整个换届选举的全过程。各地充分利用黑板报、村务公开栏、宣传标语、集会宣讲和入户宣传等群众喜闻乐见的方式,在全省农村掀起了学习宣传"两法"的热潮。宣传工作的广泛深入,极大地提高了广大干部群众知法、用法和依法办事的自觉性。使广大农村干部群众明白了这次村委会直选的目的意义、方法步骤、法定程序,打消了"乡镇干部怕乱选,村干部怕落选,群众怕假选"等顾虑,有力地推动和保障了选举工作的顺利展开。基层干部群众反映,从来没有一部法律像《村委会组织法》这样宣传到位,人人明白。在做好宣传发动的同时,各地都十分重视对换届选举工作骨干的培训,采取集中办班,以会代训等多种形式,层层培训,形成了一支业务素质过硬的骨干队伍。据统计,全省各级共培训换届选举骨干六十多万人,有力地保证了这次村委会换届选举工作依法顺利进行。

(三)严格程序,依法选举

能否做到"法律规定的程序一步不少,《宪法》赋予村民的民主权利一点不留",真正选出群众满意的好班子,是搞好这次村委会换届选举的关键。这次选举,不论是村民直接推选村民选举委员会,还是直接提名候选人和直接选举村委成员,不论是秘密写票、公开投票、公开计票,还是当场公布选举结果,当场颁发当选证书,各个环节都能严格按照"两法"规定的程序依法组织。同时,各地结合实际采取了多种措施,确保换届选举的依法进行。临清市纪委、市监察局印发了《关于村民委员会换届期间严肃党纪政纪的通知》。高密市公、检、法、司联合发出依法严厉打击破坏选举违法犯罪的通告，对违反法定程序的做法，一经查实，严肃批评，及时纠正，并通报全市。有的地方明确提出了“保法不保人”。对选举过程中图省事、怕麻烦或故意违反法律程序，截留选民民主权利，“代民做主”，包办操纵，搞指选派选的，一经发现坚决推倒重来。对阻挠和破坏选举，妨害选民依法行使民主权利的，追究当事人的责任。淄博市共推倒重来60起，其中桓台县新城镇洼子村被推倒重来两次。青岛市有7个村支部书记因选举中组织不力或未履行职责而被撤职。各地这些举措弘扬了正气，打击了歪风，保护和调动了群众参与、支持选举的积极性，有力地维护了法律的严肃性。

(四)建章立制，配套建设

选举工作结束后，山东省各地按照《村委会组织法》的有关规定，组织群众对原有的规章制度进行修订、补充和完善，重点加强对以民主选举、民主决策、民主管理、民主监督为内容的村级民主制度的建设。95%的村建立健全了以村民代表会议为主要形式的民主决策制度。除按法律规定及时选出村民代表外，还明确规范了村民代表会议的主要职责、议事内容和议事程序。98%的村制定完善了村民自治章程或村规民约，实行民主管理，使村民的行为有了规范，村干部开展工作、处理村务有了依据，农村的社会秩序也有了明显好转。各地普遍把村务、财务公开和民主评议村干部等监督措施摆到重要位置，使村民关心的财务收支等涉及村民切身利益的热点问题能及时公开上墙，接受群众监督。据统计，选举后，按时公开村务、财务的村已占到90%以上。这些制度的建立和实行，有效地化解了矛盾，进一步密切了党群、干群关系，维护了农村的稳定，促进了经济和社会各项事业的发展。

(五)加强培训，提高素质

换届后的村委会新成员多，面临着新的形势和任务，需要尽快熟悉业务，进入角色。山东省各地根据这一情况，适时开展了对村委会成员的培训工作。如费县在选举结束后，分层次重点抓了三部分人的培训和学习。在对村党支部书记的培训中，要求村支书积极支持村委会主任依法履行职责，管理好属于村民自治范围内的事务。“两委”间出了矛盾，先找支部书记的责任。在对村委会主任的培训中，要求他们在依法开展村民自治时，必须接受党的领导，实现党的领导下的自治。在为选举中落选者组织的学习班上，要求他们正确对待群众的选择，做到落选不落志，不“打横炮”，不出难题，要把自己的经验和才智用到支持新一届村委会的工作上。

二、选举效果

首次由村民直接提名候选人的选举，在山东省引起很大反响，受到了社会各界的广泛关注，取得了非常明显的效果。

(一)极大地激发了农民的积极性、创造性

广大农民十分珍惜自己手中的民主权利，他们以高度的主人翁精神和政治责任感，积极参选。费县新桥乡马续村全村三分之二以上的村民在外地打工，得知要民主选举村干部时，在北京打工的一百多村民自己出钱租车返回村里参加选举。许多年老体弱的选民坚持到选举会场，投上自己神圣的一票。全省平均参选率达89.7%。许多基层干部反映，选举前担心群众不热心、不参与，担心选不出好干部、好班子，没想到群众的政治热情这样高，素质这样好。新一届村委班子产生后，村干部干劲足、热情高，普遍从本地资源和优势出发，制定了经济发展的近期目标和三年规划，决心在任期内大干一番事业。

(二)村委会班子的整体素质有了很大提高

与往届相比，直选产生的村委班子结构优化，作风务实，能力增强。一是政治素质较好。当选的村委会成员中，党员占61.6%，其中村主任是党员的占村主任总数的77.2%。二是年龄比上届有所降低。新一届村委会成员的平均年龄比上届下降了3岁。三是文化程度有较大提高。高中以上文化程度的比上届提高了13%，其中大专以上学历占1.5%。四是体现了精减原则和保持了村委会工作的连续性。村委会成员连选连任的占50%。这届村委会成员平均每村3.5职，总人数比上届减少了3.9万人，减轻了农民负担。五是新班子整体素质好。新当选的村委会成员中，许多是群众公认的致富能手，班子中有一技之长的占44%。一批有经济头脑，年富力强，有文化会管理的人被选为村主任，为发展农村经济打下了良好基础。

(三)村干部受到了一次群众路线和反腐倡廉教育，干群关系得到了进一步密切

通过直选，使村干部清楚地认识到，凡是廉洁公正、作风正派、村务公开、政绩突出、真正为民办事的，就能得到群众的拥护和信任；而那些一心谋私利，无心干事业，只顾自己发家致富，不管群众疾苦，或账目不公开，多吃多占，作风不民主的，就得不到群众的信任。许多新当选的村主任深有体会地说，干好干坏群众看得清，上台下台群众说了算，肩上的担子更重了，责任更大了，应该不辜负群众的信任，真心实意对群

众负责。

（四）促进了政府的职能转变

过去选拔村干部，大多数是乡镇说了算，乡镇政府习惯于靠行政命令开展工作，村干部也往往只对上负责。现在不同了，村委会干部是群众直接选出来的，他们不仅要对上级负责，更要代表群众的利益，向群众负责，为村民服务。这就决定了乡镇政府必须彻底转变行政命令式的工作方式，充分尊重民意，学会在新形势下做好农村工作的方法，把工作的出发点和落脚点放在群众满意不满意、拥护不拥护、赞成不赞成上，否则在群众中就会失去感召力，就无法担负起领导新时期农村工作的重要职责。

（五）化解了当前农村中的一些难点热点问题，为后进村转化注入了活力

通过村委会直选，一是把一些办事不公，为政不廉，作风粗暴的村干部选了下去，消除了矛盾的对立面；二是在选举过程中通过村务公开，竞选演说，使村民对村务和干部有了全面客观的了解，改变了部分村民对干部的误解，化解了矛盾；三是通过直选，村民们把自己信得过的人、能带领群众致富的人选进了村委会班子，增强了凝聚力，为后进村的治理整顿注入了活力。

三、存在的问题

山东省此次村委会换届选举工作在取得大量成果的同时，也存在着一些不容忽视的问题。一是有的领导干部对村委会实行直选认识不足，依法选举的意识不强，不能认真贯彻三中全会精神和《村委会组织法》，甚至认为"实行村委会直选超前了"；部分村党支部对扩大基层民主的形势要求还不适应，仍习惯于包揽村委会的工作，个别的村形成了"两张皮"现象。二是有的村由于党内矛盾、干群矛盾、家庭矛盾干扰，影响了村委会选举工作的顺利进行。从检查验收情况看，凡没有选出村委会班子的，多数是因为党内矛盾、干群矛盾和家族矛盾较深，难以调和解决，使选举大会开不成，候选人数不过半，造成选举失败的。

上海市（1999年度）

1999年，上海市郊十个区县和长宁、徐汇、普陀、闸北四个区都进行了第五届村委会换届选举。整个村委会换届选举工作自1998年12月开始试点，至1999年底全部结束。据1999年12月31日统计，全市共有村委会2801个，完成换届选举的村有2697个，其中实行"海选"的村有1165个，占43.2%；由5人以上联名提名候选人的村有1020个，占37.8%；另有512个村采取了10人联名提名候选人的方法。一次选举成功率为80.4%，二次选举成功率为19.2%，进行第三次选举的村有10个。共选举产生村委会成员9846人，其中村委会主任2634人，副主任2165人，委员5047人。上一届村委会主任连选连任的有1559人，占新一届村委会主任总数的59.2%；落选的有443人。新一届村委会成员中党员占了81.2%，比上一届提高了7.7个百分点；高中以上文化程度占了38.9%，比上一届提高了7.9个百分点；妇女占了25.6%，比上一届提高了1.1个百分点；年龄在40岁以下的占了35.0%，比上一届下降了7.2个百分点。

这次村委会换届选举，是新《村委会组织法》颁布实施后，全市第一次全面推行由村民直接提名选举村委会成员，具有民主程度高、法律规范强、组织强度大的特点，同时也遇到了不少新情况、新问题。

一、组织选举情况

在本次村委会换届选举工作中，上海各区县、乡镇、村认真贯彻执行《村委会组织法》和《市选举办法》，较好地处理了严格依法办事、充分尊重民意和切实加强领导的关系，不仅村委会换届选举进展顺利，而且为该市深化村民自治、全面加强村委会建设奠定了良好的基础。

（一）党委政府加强领导，形成民政指导，有关部门齐抓共管，区、镇、村三级配套联动的领导体系

根据市政府部署和《上海市选举办法》的规定，上海市各区县、乡镇都成立了由党委、政府分管领导或"一把手"为正副组长，有关部门领导为成员的村委会换届选举领导（指导）小组，建立了小组成员分乡镇包干负责指导制度。一些区县还从组织、人大、农委、司法等有关部门抽调工作人员，在民政局合署办公，负责选举日常工作。不设合署办公室的区县，组织部、民政局两家密切配合，协力工作，深入乡镇指导。部署区县的选举工作计划都由党委常委会议讨论决定。嘉定区委还将开展好村委会换届选举工作列为区委二届四次全会重要议程，通过全会讨论，把区、镇两级党政负责人的思想统一到党中央的要求上来。各区县都召开了由各乡镇党政领导、组织和民政干部、村党支部书记和村委会主任参加的选举动员大会，规模之大，为历次村委会换届选举所未有。乡镇全体机关干部都被安排到各村担任联络员，指导、监督各村的选举工作。青浦区赵屯镇做到了每个投票站都派有联络员。

各村则由村民推选产生村民选举委员会，负责本村的村委会选举具体工作。党政领导亲自挂帅，层层都有工作机构，为搞好本次村委会换届选举工作提供了坚强有力的组织保证。

(二)法规、规章建设配套，明确民主、有序、规范选举的工作准则

新的《村委会组织法》对由村民直接民主选举村委会的总体程序作了规定，但考虑到全国各地情况不同，因此规定各省、直辖市、自治区应根据当地实际制定选举办法。据此，上海市民政局配合市人大及时制定了市选举办法。该办法明确村委会民主选举的方向是“海选”，并对“海选”的程序作了具体的规定。考虑到从组织考察提名、确定候选人的传统做法一下子转到由村民直接提名选举村委会成员，弯子较大，干部群众都要有个适应期，又在立法说明里明确：也可以采取5人以上联名提名候选人的方式。但规定有了初步候选人名单后，还得经过预选来确定正式候选人。市选举办法还根据上海农村人口状况比较复杂的特点，对“村民”作了界定。上海市民政局按照立法说明的要求，编制了《上海市村民委员会选举工作规程》，对选举的操作全程进行了规范。区县、乡镇和村根据市选举办法和选举工作规程，又分别制定了选举工作方案或计划，特别是村的选举工作方案(选举工作规则)，把选举操作中可能会遇到问题的处理办法都作了规定，并经村民代表会议认可。

(三)宣传教育广泛深入，激发广大村民积极参选、慎重投票的政治热情

《村委会组织法》一颁布，上海市民政局即翻印了1万册单行本，发给各区县、乡镇、村学习。市选举办法在市人大常委会讨论通过后，立即见报。市级电视台、报刊抓住市人大、市政府领导和在沪全国人大代表视察村委会选举工作的机会，先后掀起四次宣传村委会“海选”的高潮。各区县在选举期间，更是运用电视、广播、报刊和印刷宣传材料，召开会议，贴标语等各种手段，向社会、村民广泛、深入地介绍村委会选举的意义、做法、要求和注意事项，并做到每个阶段均有宣传重点。松江区小昆山镇专门制作了“两法”宣传板块，到各村巡回宣传。崇明县合作镇专门开出宣传车到各村巡回宣传，把宣传材料发到户。在广泛开展宣传的同时，乡镇党委和村党支部十分重视思想政治工作，努力从正面引导村民正确对待选举，行使好民主权利。各乡镇党委在选举工作开展前，对各村村委会班子及其工作进行全面考评。通过民主评议、个别访谈，广泛听取村民意见，综合分析党支部战斗力、村委会班子的向心力、村经济发展状况和村风民俗，找出有可能出现的社会不安定因素苗子，做到选举时心中有数，并明确党支部书记是第一责任人。村党支部则充分发挥村民代表和党员的作用，一起做好村民的思想政治工作。在村委会选举前，按照有一定文化、相对年轻、有一定代表性的条件，对村民代表先进行改选。金山区朱行镇14个村及松江区新桥镇春申村采取“海选”的方法，无记名投票提名选举产生了新一届的村民代表。凡法规规定须村民代表会议讨论决定的选举事项，都由村民代表会议讨论决定。选举期间，各村一般都召开4-6次村民代表会议。村民代表们在选举中不仅是参与决策者，还是上传下达的联络者，承担所在村民小组具体选举事务的工作者。党支部通过村民代表会议和党员大会，正面宣传上一届村委会班子的工作实绩，请大家提意见，帮助做工作；嘉定区还把村委会选举工作纳入党员双向汇报内容，动员党员在责任区内逐户上门做群众工作。深入宣传，正确引导，较好地启发了广大村民的民主参与意识、依法办事意识、当家作主意识。

(四)精心指导培训，培养一支依法选举的骨干队伍

换届选举是一个严肃的执法过程，只有依照法律、法规做好每一环节的工作，才能保证选举质量。为此，各区县对指导选举工作人员和选举工作人员进行了分层次、分阶段的培训。通过培训，使指导选举工作人员明确这次换届选举的指导思想、实施办法及相应的工作要求。区县还精心设计了各种公告、表格、宣传提纲、具体操作参考资料等，对村委会换届选举中的具体工作和操作程序作了统一规范，使镇、村两级工作人员熟练掌握换届选举的法定程序和基本环节，明确工作纪律，严格在法律法规的范围内开展工作。宝山区动员大会一结束，区委组织部和民政局即对乡镇组织委员和民政助理进行选举工作业务培训。选举工作中期，他们又针对选举操作过程中暴露出的问题再次进行培训，各乡镇组织的培训都在四至五次，村级最多的达十多次。反复培训，精心指导，使全体指导选举工作人员和具体参加选举工作人员熟悉《村委会组织法》、市选举办法和市选举规程，为严格依法选举打下了良好的基础。

二、选举效果

上海市这次村委会换届选举，由于领导重视，措施有力，做到了严格依法办事，充分发扬民主，使广大干部群众受到了一次生动的民主政治教育。

（一）领导干部思想发生了质的变化，对实行村民自治有了较高的认识

在开展村委会换届选举之初，不少农村领导干部，尤其是乡镇领导干部，对由村民直接提名候选人顾虑重重，担心这么做选举质量难以保证，党管干部的原则难以体现，农村的改革、发展和稳定要受到影响。基于这种思想，在市、区县选择"海选"的试点时，大多数乡镇能推则推。经过学习宣传，他们逐步转变了思想观念。下半年开展工作的7个区县，"海选"率达到61.9%。事后，乡镇领导都认为，用这种方法选举村委会好。南汇县书院镇党委书记说，选举产生的结果比组织上预料的更理想。浦东新区川沙镇党委副书记认为，这次村委会选举对党组织的震动不小，带来了深层次的思考，一些长期困扰的老大难问题，如干部的管理问题、工作方法问题、干群关系问题，都可能通过"四个民主"得到解决或缓解。只有实行村民自治，民主决策、民主管理、民主监督紧紧跟上，才能巩固民主选举村委会的成果，这已成为广大乡镇领导的共识。为了提高村委会干部素质，改进工作方法，进一步推进村民自治，各区县、乡镇都对新一届村委会成员进行了培训。

（二）村委会由民主选举产生，权力来自于村民，村干部增强了民主意识和为民服务的思想

当选的村干部亲身经历了换届选举的全过程，又经过激烈竞争选上来，他们既有荣誉感，又有紧迫感、压力感，普遍感到肩上的担子重了，责任大了。用他们的话说，这次选举对我们的教育太深刻了，今后工作不仅要对上负责，而且要对群众负责，要与村民心贴心，廉洁奉公，多做村民拥护的实事，要努力发展村级经济，让农民先富起来，对得起村民选我们的这一票。各村在区县、乡镇的指导下，逐步建立健全了村民代表会议制度、村务公开制度、民主评议村干部制度和村民自治章程或村规民约，并纷纷召开了新班子上任后的第一次村民代表会议，共同商讨新三年的发展规划。嘉定区华亭镇联华村经村民代表会议讨论，制定了农村电网改造、村级集体企业、控股企业建设基建项目、村民自留地调整分配、违章建筑的管理、影响环境的处罚等十几种规章制度，实行依法治村、民主管理。

（三）广大村民经受了一次广泛而深刻的民主法制实践锻炼，参与村务管理的自觉性明显提高

由村民无记名投票，直接提名、选举村委会成员，让广大村民认识到这次不是以往那样上面定调子，群众划圈子，而是让村民按照自己的心愿选自己满意的人，是一次真正的民主选举。因此，表现出了前所未有的关注和热情。一些可登记可不登记的村民几乎全部要求登记。金山区朱行镇共和村全村设一个登记站，让村民自己来登记，全村1037人，登记1033人，登记率达到99.6%。闵行区七宝镇、诸翟镇各村都采取了以选民登记为主、登记选民为辅的方法，登记率都在95%以上。这次选举不仅登记率高，而且村民逐步从为拿误工补贴而被动参选转向为充分行使民主权利，选出满意的村委会干部而主动参选。闵行区七宝镇9个村、诸翟镇陈家角村、奉贤县郧桥镇15个村、崇明县港西镇双泾村选举时不发误工补贴，参选率都达到95%以上。村民认真学法，严格监督选举中的每个环节是否合法。宝山区月浦镇先锋二村和浦东新区龚路镇海潮村等，在选举前由正式候选人发表治村竞选演说，然后再进行选举。浦东新区黄楼镇新春村近1100名选民集中在一个没有电风扇、温度高、条件差的厂房里，自带凳子参加选举，一直坚持到选举结果出来。"既然选他们当村委会干部，就应该支持他们工作。"民主选举把村干部与群众之间的距离拉近了，大家的事情大家做，工作顺利了。闵行区诸翟镇村委会选举一结束，就开展文明村创建活动，结果开展活动的5个村全部达标。奉贤县村民拖欠集体资金、农业税问题长期以来一直困扰着基层干部，选举结束后，在依法治村过程中，村民明确了权利与义务的关系，"清欠"工作进展顺利。松江区新桥镇春申村在新三年里开展评选"十佳创优者"、"十佳村民"、"十佳学子"、"十佳好孝子"、"十佳好媳妇"活动，评选方法像选举村委会一样由村民无记名投票提名选举。

三、存在的问题

上海市此次村委会换届选举工作，从总体上讲，领导重视，宣传到位，组织周密，措施有力，严格依法，取得了比较圆满的成功，但也存在一些问题，主要是：

有些乡镇领导对由村民直接提名选举村委会缺乏充分认识和准备，不能正确处理尊重民意与正确引导的关系。如少数镇、村在选举过程中，存在着既怕好人落选，不三不四的人当选的顾虑，又缺乏正确有力的引导措施的矛盾。突出表现在提名初步候选人时，没有充分发挥党组织、党员和村民代表的作用，实施正确的宣传引导，而是简单地强调领导和组织意图。为了体现组织意图，甚至出现了选举中走近路，劝候选人退出竞选等违规现象，引起村民不满。有的对选举中可能出现的问题估计不足，对反映出的疑难问题答复不及时、不准确，对突发事件处理不果断，在一定

程度上造成工作上的被动。

一些乡镇对法律、法规条文的规定理解不够,执行上有欠缺。比较突出的是在村民的选民资格和村委会候选人条件确认的问题上,各乡镇、村理解不一,做法各异,因而引发了一些矛盾。如在选民资格的问题上,村民在外资企业工作及改制后企业工作,其身份怎么界定,18岁以上的学生算不算村民?由于法律、法规都没有明确规定,区县、乡镇感到不好把握。再如村委会候选人条件由于没有作法律规定,有的村把威信很高,但年龄偏大,能力不行或身体不行的人选上了,使得工作难以胜任。

有些村在选举工作中没有严格按照法律和上级有关规定办事。如部分村的村民选举委员会不是由村民会议推选产生,而是由村民代表会议或村民小组长推选产生;有些村提名时发动不够充分,操作过于简单,使联名提名的面很窄;有的村村民联名推荐初步候选人后,由村民代表会议代替村民进行预选;有的村以流动票箱代替投票站;有的村不是让村民填好票后自己去投票箱投票,而是由工作人员收票。个别村出现了撕毁票箱,选举被迫中止,部分村民到市政府集体上访的问题,经各级领导及有关部门再三做工作,才得以解决。此外,少数工作人员责任心不强,造成选举中个别环节操作不够规范。如在委托投票的办理、选票发放、检票唱票环节上不够规范,引起群众颇多疑义,对选举结果持怀疑态度。

个别镇让下派干部参加村委会选举,并当选为村委会干部。

湖南省(1999年度)

湖南省第三届村委会到1998年底任期届满。按照省政府统一部署,自1999年1月1日起,全省进行了第四次村委会换届选举。至当年10月30日,除5个村的选举因故推迟外,其他村的换届选举任务全部完成。

一、基本情况及主要成效

湖南省现有2352个乡镇,47463个村,人口6400多万,其中农业人口5200多万,占总人口数的83%。这次村委会换届选举,全省符合参选资格的村民3329万人,实际参选3039万人,参选率为91.2%,与上届基本持平;直投人数2346万,直投率为77.2%,比上届高出2.1%;共选出村委会成员180268名,其中村委会主任47458人,连选连任32935人,连选连任的比例为69.4%;选出村委会副主任、委员132810人,连选连任89115人,连选连任的比例为67.1%。新一届村委会与上届相比,有如下5个方面的变化:一是村委会成员总数减少,有利于减轻农民负担,提高工作效率。二是平均年龄降低。平均年龄为40.6岁,较上届下降0.5岁。三是文化程度提高。村委会新班子中具有初、高中以上文化的占70.1%,较上届增长3.7%。四是党员和妇女在村委会成员中所占比例增大。村委会成员中有党员113920人,占63.2%,较上届增长0.3%;有妇女45576人,占24.8%,较上届增长3.7%。五是一大批热心村务的经济能人被选进了村委会班子。衡阳市村委会新班子中有经济能人5025人,占村委会成员总数的26.4%,较上届增长10.1%。

二、做法和经验

湖南省第四次村委会换届选举工作,在民政部的精心指导和省委、省人大、省政府的高度重视与正确领导下,通过全省各级民政部门的共同努力,广大基层干部和村民群众的积极参与,各项工作的力度都大大超过了以往三届。主要做法和经验是:

(一)加强领导,狠抓各项措施的落实

1998年10月,依照《湖南省村委会选举办法》规定,湖南省委办公厅、省政府办公厅下发文件,成立了湖南省第四次村委会换届选举领导小组,由省委副书记胡彪同志任组长,省人大常委会副主任罗桂求、副省长庞道沐任副组长。12月,省委、省人大、省政府召开了有各市州党政负责人和组织、纪检、农村工作、民政等部门负责同志参加的村委会换届选举工作会议。根据省委、省政府的要求,各地迅速完成了村委会换届选举的部署和准备工作。一是成立机构,下发文件,召开工作会议。至1998年年底,全省14个市州全部以政府名义下发了文件,以党委、人大、政府名义召开了村委会换届选举工作会议,大多数市州召开了市长办公会议,听取了民政局的工作汇报。益阳市、郴州市、湘潭市、张家界市、湘西自治州党委召开常委会议,对选举工作进行了研究。其中,益阳市新的常委班子组成后,研究的第一件事就是第四次村委会换届选举工作。二是组织换届选举工作队伍。全省参加本次村委会换届选举的干部人数达112312人。湘西自治州从县乡两级抽调干部2万多人下村指导选举。该州龙山县从县机关抽调276人,从乡镇机关抽调1009人,组成26个工作组进村入户抓选举。湘潭市所属的湘乡市从市直机关抽调35人组成专门的村委会选举办公室,自去年12月至今年9月选举结束,所有人员全部与原单位临时脱钩,到选举办集中办公,全力以赴抓选举。三是落实选举工作经费。据统计，全省市、县两级共筹集选举经费720多万元。其中，仅有33个村的长沙市岳麓区，区乡两级共安排选举经费70万元。

（二）深入宣传发动，调动村民的参选积极性

这次村委会换届选举，正值全国人大常委会颁布修订后的《村委会组织法》。这部法律的正式颁布，在湖南全社会，特别是农村基层引起了极大反响。各地结合选举工作全面推动《村委会组织法》的贯彻实施，迅速掀起了学习《村委会组织法》和省《村委会选举办法》的热潮。一是利用广播、电视、报纸、标语、墙报等形式进行大张旗鼓的宣传。二是从省到村逐级召开了选举工作会议，学习法律精神和政策规定。三是走村入户进行宣传。四是印发资料分发到村。此外，各地还根据本地的实际，开展了一些有特色的宣传活动。如临澧、望城、双峰等县，由县级领导在电视台发表了电视讲话，湘西土家族自治州组织山歌、苗歌队，利用赶集进行宣传演出等，都收到了好的效果。广泛深入的宣传发动，极大地调动了广大村民参与村委会换届选举的积极性，不少地方出现了外出打工村民集体回村参与选举的情形。益阳市回村参加选举的外出打工人员达到6.8万人，另有1万多人寄回了函投选票。新田县陶岭乡溪子脚村32名村民在广东打工，选举日当天，有28人专程回村参加了投票，另外4人也办理了委托投票。

（三）规范选举程序，提高选举质量和水平

随着新《村委会组织法》的颁布实施，农村群众的民主意识和法律保护意识明显增强。为此，湖南省以省村委会换届选举领导小组名义，为此次选举制定了详尽的实施方案和实施日程安排，明确规定任何一个村的选举都必须经过组织准备、选举发动、正式选举、建章立制四个阶段，不允许以任何理由省略选举的任何一道程序。他们还统一设计了选票和选举所需的报表、归档资料清单，以及选举中必须张贴的6张公告，即推选成立村民选举委员会公告、选举日公告、选民名单公告、最初候选人公告、正式候选人公告、选举结果公告。同时规定，必须依法在省政府确定的期限之内进行选举，既不能提前，也不能拖后，做到步调一致，全省一盘棋；各村在进行村委会换届选举前，必须首先进行村级财务任期清理，并在村务公开栏向全体村民公开；必须当场颁发当选证书，依法建立好村委会各下属委员会，建立健全各项规章制度和三年任期规划；必须建立村级档案，所有的选举资料都要存档备查。在选举过程中，要求认真搞好选民登记工作，不错登、不漏登，确保每个选民的参选、当选权利，体现公平的原则；全面采用村民个人提名（即海选）方式产生村委会成员最初候选人，由村民会议或者村民代表会议对最初候选人进行预选，杜绝指定正式候选人现象，体现直接的原则；全面实行差额选举，废止等额选举，体现差额的原则；引入竞争机制，组织村委会主任正式候选人在选举大会上发表竞职演说，阐述治村规划，体现竞争的原则；在选举会场和各投票站设立秘密写票处，任何人都不得干扰选民自由表达自己意愿，体现无记名的原则；在选举会场当场唱票，当场公布选举结果，体现公开和公正的原则。由于程序具体规范，便于操作，各地选举工作秩序正常，进展比较顺利。

从湖南省这次选举的结果看，有85.4%的村在选举时设立了中心会场；97.1%的村实行了海选；95.4%的村设立了秘密划票间；99.5%的村实行了当场唱票，公开计票，当场公布选举结果；100%的村实行了差额选举；100%的乡镇在选举前培训了选举工作人员；95.7%的新一届村委会成员接受了上岗前培训；100%的村如期制定了三年任期规划。上述数字，都较上届有很大的提高，表明湖南省村委会选举工作在规范化方面取得了重大进展。此外，特别值得一提的是选举资料的建档工作成效显著。过去，各地对村级档案，特别是选举档案的管理不够重视，资料遗失现象严重。这次选举后，各村普遍建立了选举专项档案，大多数的村建起了档案室或者添置了档案柜，选举资料装订成册，整齐美观，有的村级档案室还通过了县级档案部门的评级验收。

（四）强化检查督促，确保选举顺利进行

在选举中，湖南省把强化检查督促作为一件大事来抓。省民政厅李定坤厅长、高家余副厅长等先后5次带领有关工作人员深入地市，对选举工作进行检查。地市党政负责同志也亲自带队下乡督察村委会选举工作，帮助解决存在的问题。长沙市人大常委会的负责同志带领由市人大和民政局组成的督察组，先后97次深入到36个乡镇的108个村进行检查，纠正违法行为94起。衡阳市、常德市所属每个区县都成立了由县级领导任组长，科局级干部为成员的督察联络组，选举期间除对每个乡镇派出一名督察联络员常驻负责督察外，还定期到各乡镇巡回督察。

（五）认真处理村民来信来访，坚决查处各类违法行为，维护农村基层的稳定

湖南省这次村委会换届选举中，村民来信来访量较上届有明显增加。今年1—10月，湖南省民政厅共收到村民有关选举方面的上访材料152件，接待村民来

访33次。厅党组规定,对村民的来信来访必须做到接待有登记,批转有去处,查处有结果;对违法行为必须发现一起纠正一起,决不允许有法不依,该重选的坚决依法重选,该推倒重来的坚决依法推倒重来。选举期间,省厅在对全部来信来访及时做出批转的基础上,还16次深入基层进行调查,21次约请有关市、县政府、民政局负责同志来厅研究情况。株洲市荷塘区荷塘乡宋家桥村宗族、派别势力较大,部分村民因怀疑有人在提名和预选过程中拉选票,多次到省、市有关部门上访。在省民政厅的督促下,该市市、区两级组成联合调查组入村调查,弄清了事实真相。在此基础上,市、区两级派出近百人的选举工作队进村宣传《村委会组织法》和《湖南省村委会选举办法》,逐户与村民进行面对面的谈心,指导该村依法选举,排除宗族和派别干扰,使选举最终获得了成功。

三、存在的问题及下一步的工作打算

湖南省第四次村委会选举获得了圆满的成功,但也反映出了一些问题。这其中既有干部的问题,也有群众自身的问题,但主要是干部的问题。一是部分基层干部的思想还没有完全统一到法律的精神上来。有的同志对由村民自己来选举村干部心存疑虑,认为村民还缺乏自治能力,对村民选出来的干部不放心。因此选举中仍然有个别村出现了指定、指派村委会成员的现象,侵犯了村民的民主权利。二是少数地方没有严格按照法定程序进行选举。有的不经"海选"和预选确定候选人;有的不召开选举大会,不设立秘密写票处;有的强行要求选民按个别领导的意图进行划票,等等。这些违法行为,虽然大都经查处得到了纠正,但表明,要完全做到依法办事还有相当长的路要走。三是个别地方正面宣传引导不够,把关不严。有的村没有按照省里的要求进行任期财务清理就匆匆换届,不能给村民一个明白,使一些有经济问题的人成了正式候选人,造成工作被动;有的村不宣传候选人的条件,不组织候选人开展竞选活动,放任自流,致使部分村民不能坚持正确的选人标准,影响了班子质量。四是对选举中一些严重违法行为的打击力度不够。如株洲市石峰区发生抢选票、砸票箱等违法行为为7起,但由于《村委会组织法》对上述行为的处理罚则不够明确,基层感到执法中有较大难度,使一些问题没有得到及时的处理。此外,部分村民民主意识不够强,参与热情不够高,以及少数地方出现封建宗族、宗派势力的干扰等,也在选举过程中有所反映。

安徽省(1999年度)

安徽省于1999年上半年组织进行了全省第四届村委会换届选举。截至6月底,全省30312个村委会中有30248个村委会换届结束,占村委会总数的99.8%。剩下的64个村主要因财务不清、宗族宗派势力影响和选举违法需重新选举。同年7月份,省民政厅组织对全省村委会换届选举工作进行了检查验收。9月底,全省新的村委会主任培训和村委会的建章立制工作也已结束,新村委会班子开始工作。

一、主要做法

(一)高度重视,加强领导

安徽省各级党委政府都能把这次村委会换届选举工作作为深入贯彻落实党的十五大和十五届三中全会精神,实施《村委会组织法》,推进农村基层民主政治建设,促进农村改革、稳定和发展的大事来抓。省领导对这项工作非常重视,多次听取汇报,实地检查指导,亲自抓落实。全省所有市地县均以党委、政府或两办名义下发文件,成立了换届选举领导小组,由分管党政领导任正副组长。所有乡镇都由书记、乡镇长具体组织实施。各级领导小组均设立了换届选举工作办公室,由民政局长任办公室主任,抽调专门人员集中办公,负责换届选举日常工作。在换届选举进行到关键阶段,省政府又及时召开电视电话会议,对选举提出具体要求,保证选举顺利进行。换届期间,省民政厅先后十多次向省委、省人大、省政府汇报换届选举情况。通过电传、电话、信函等形式解答选举中的问题2000多件次,接待处理来访80多人次,编印各种材料十几万份、专题简报二十一期,以加强指导。全省各地普遍组织了换届选举工作组(队),深入农村,逐村抓落实。淮北市从机关抽调了1500人组成工作队,分片包干,责任到人。阜阳市成立了万人工作团,吃住乡村,抓村委会换届选举。全省30312个村平均每个村都有1至2名机关干部驻村蹲点,具体指导村委会换届选举,发挥了强有力的组织领导作用。

(二)广泛宣传,深入发动

为了加大宣传工作力度,统一思想,安徽省民政厅先后邀请了人民日报、新华社安徽分社、中国青年报、农民日报、安徽日报、省广播电台、电视台等十几家新闻单位,广泛宣传《村委会组织法》和省出台的"两个办法",宣传在农村直接民主选举村委会的重大意义，宣传具体操作程序和要求，并到凤阳县小岗村和江总书记视察过的五河县屈台村等村委会选举现场观摩采访报道选举情况。省民政厅会同省委组织部、宣传部、司法厅、省政府法制局联合发文，要求各地组织学习宣传《村委会组织法》。省“两个办法”出台后，省民政厅又及时编印了37000多册单行本发至村，方便农民群众学法、用法，维护自己的民主权利。为搞好宣传发动，很多县(市、区)召开了千人动员大会、万人广播大会。电台、电视台、报纸杂志专门设立专栏、专刊，集中报道选举情况，做到了每天电台有声，电视有形，报纸有文章。不少县乡还成立了村委会换届选举宣讲团，走街串户，深入田间地头广泛宣传。通过宣传发动，统一了思想，提高了认识，激发了广大农民群众的政治热情，调动了农民群众的参选积极性。广大农村干部群众普遍反映：“这普法那普法，都没有这次村委会换届选举的法律法规在农村这么普及，这么深入人心。”

(三)形成合力，齐抓共管

这次村委会换届选举与过去相比，不是民政部门唱“独角戏”，而是上下左右一起动，齐心协力抓换届。各级党委、人大、政府、政协、纪委几大班子领导均参加了换届选举领导组，除各级民政部门负责日常工作外，组织、宣传、司法、公安、监察、农经等部门都抽出精干力量参加换届选举工作，各部门主动配合，密切协同，齐抓共管。6至10月，省人大常委会先后三次组织对全省17个市地的换届选举执法情况进行检查，有力地保证了村委会依法选举。很多县(市、区)的几大班子领导和工作组人员一起吃驻乡村，分片包干，抓村委会换届。有的县(市、区)为了强化部门作用，专门制定了齐抓共管责任制，确保了换届选举的顺利进行。

(四)培训抓点，稳步推进

1998年11月份，安徽省民政厅在巢湖市举办了全省第四届村委会换届选举骨干培训班，有180多名市地、县(市、区)民政局分管局长、科股长参加了培训。通过培训，提高了认识，规范了程序，奠定了基础。培训班结束后，各地根据省政府[1998]40号文件要求，层层抓培训，层层抓试点，学习法律法规，学习操作程序，组织现场演示，提高了组织指导水平。全省每个县市均抓了1至3个试点乡(镇)，每个乡(镇)抓了1至2个试点村。不少市地还把县(市、区)作为试点，大面积实践，取得经验，指导面上选举。通过骨干培训和选举试点，探索了路子，积累了经验，为全省村委会换届选举的全面展开和稳步推进发挥了积极的示范作用。

(五)严格程序，依法选举

为保证选举依法进行，我们始终坚持直接选举的原则，差额选举的原则，无记名投票原则，公正、公开、公平的原则和竞争选举的原则。指导各地严把“三关”：即选民登记关，候选人的提名、确定关，投票选举关。主要坚持四点：(1)必须是由选民直接投票，不允许户代表或村民代表投票；(2)需委托投票者必须按规定办理委托证。安徽省规定每一选民只能接受一人委托；(3)必须坚持差额选举的原则；(4)必须召开选举大会或设中心会场投票选举，必须在选举大会会场当场当众唱票、计票、宣布选举结果。颍上县祁元村有位90多岁的老人周文礼，在接受美国友人采访时说：“我活了90多岁，第一次看到这么认真，这么公正地选村干部。”

二、取得的初步成效

(一)优化了村委会班子结构，提高了整体素质

新当选的村委会班子，政治素质、年龄结构、文化程度、工作水平等较过去都有明显改善。据不完全统计，安徽省新当选的村委会成员中，新人选的占37.5%，其中新当选的村委会主任占37%；村委会成员中党员占67.6%；初中以上文化程度占91.7%，高中比例上升9个百分点；45岁以下的占90.6%，平均年龄下降6岁。同时还选出一批具有大专以上学历的村干部。一大批有文化、懂技术、会管理、善致富、年富力强的村民被选进了村委会，增强了班子的生机和活力。广大干部群众反映，这次村委会换届选举，乡镇党委政府满意，农民群众满意，当选人本人也满意。繁昌县组织部和民政局对213个村新当选的84名村委会主任逐一进行考查证实，素质都不错，乡镇都比较满意。

(二)强化了干部群众的民主意识，推进了农村基层民主政治建设

通过直接民主选举村委会，使广大农民群众受到了生动实际的民主法制教育，极大地激发了农民群众的政治热情。乡镇干部普遍反映，这次民主选举村委会班子有“两个没想到”：一个是没想到广大农民群众的选举热情这么高，民主意识这么强，关心村委会选举胜过关心所有的选举活动；再一个没想到是选举结果这么理想，绝大多数村的选举结果与乡镇干部预料的基本一致。据统计，全省村委会换届选举参选率均在90%以上。阜阳市颍东区有一个村绝大多数人都在阜阳市做小生意，拉三轮车。选举日那天，大多数人都放弃营业，回村参加选举。五河县安淮乡八山村正式

选举时，该村在南京、温州等地打工的100多名选民自费租车按时赶回参加选举大会。有很多残疾村民和年迈老人行动不便，硬要家人搀扶着或用架子车推到选举现场，投上自己神圣的一票。涡阳县朱裕、大史两个村从上午一直选举到深夜一点多钟，村民们坚持着不愿离开现场。村民们普遍反映，包产到户二十年来，村里从未开过这样的大会，没有看到过这样的场面。这次选举不仅仅是选几个村干部，而是激发了农民的政治热情，调动了农民的民主积极性。灵璧县虞姬乡傅道村有几户村民把春联写成："民主直选村民带头人，村务公开明白群众心"，并把《村委会组织法》和安徽省出台的"两个办法"用红纸镶边贴在墙上，以表达拥护直选村委会的心情。选举前，有些乡镇干部担心村民素质低，选不成功。选举结束后，他们感慨地说：只要把道理跟村民讲清楚，他们会从全村人的利益出发选好人，选准人。东至县龙泉镇松田村原来宗派势力严重，村班子软弱涣散。1997年县里工作组前往处理问题时，村民们把县里来的车子掀翻，该村一直处于瘫痪状态。这次选举，村民们选一个很有才能的姓龚的小户村民为村委会主任，没有受到宗族宗派的影响。利辛县有一个村干部知道自己过去不得民心，选举前请选民们吃饭拉选票，结果还是没选上。村民们说："谁好谁歹我们心里有一杆秤，不是当家人，我们不会选他的。"过去很多村干部习惯于个人或少数人决定村里事情。通过民主选举村委会，使他们增强了民主意识，有事能主动找村民商量。很多新班子上任后，认真建立和完善村民自治的各项制度，积极开展村民自治活动。

(三)密切了干群关系，促进了农村稳定

直接民主选举村委会，不仅农民群众拥护，广大基层干部也尝到了甜头。过去有的乡镇干部担心直选会造成不稳定因素，影响农村稳定和发展。实践证明这些顾虑是多余的。凤阳县刘府镇一个村有一家兄弟六人，过去对村干部有意见，从不交提留款。民主选出村委会班子后，他们主动找村干部交齐税费，记者问他们为什么这样做，他们说："党和政府把民主权利交给我们，村干部是我们大家亲手选出来的，我们没有理由不支持他们的工作。"五河县头卜乡大刘村村民反映，过去村干部吃喝玩乐不办实事，走在大街上我们真想一杠子把他夯倒。现在自己选的当家人，又为我们办好事，办实事，我们越看越顺眼。今年春节前，凤阳县有三名过去经常上访的农民，敲锣打鼓走进县委大院，把新当选的村干部办的几件实事写在红纸上，贴在县委大院里，请求县里给予表彰。选举前，有些村干部担心过去工作中得罪过人，这次选举可能要落选。结果出乎他们的意料，被连选连任。这些村干部感慨地说："现在看来这种担心是多余的，干部不怕得罪人，就怕办事不民主，不公平，有了公心即使得罪了人，群众也会信任你。"通过民主选举，化解了干群矛盾，促进了农村稳定。很多县委书记感慨地说："是民主选举村委会给农村带来了安定团结，今后只要一如既往地这样抓下去，农村将会更加稳定。"

(四)调动了村干部的积极性，增强了他们的光荣感和责任感

很多新班子上任后，立即召开村民代表会议，发动群众献计献策，研究制定本村发展规划和目标；有的组织全村骨干到外地考察取经，寻求致富门路；有的调整农业产业结构，充分发挥本地优势发展经济；有的带领村民修路、架桥、兴修水利、改造电网电灌站，兴办公益事业，并取得了初步成效。有的上任不到两个月，就解决了本村多年想解决而未能解决的问题，受到农民群众的高度赞扬。东至县张溪镇葛仙村1958年就想修一条两公里的引水渠，解决农作物灌溉和人畜用水问题，但一直没修成。新的村委会班子上任后，积极做工作，发动村民每人集资30元，再出义务工，结果很快动工修成了水渠。村民们说，还是民主选举当家人好，要不，这40年的"引水梦"还不知哪一天才能实现。利辛县春店乡杨大楼村过去是全县有名的瘫痪村，多年来不交提留，不搞计划生育，不办公益事业，人称"小台湾"。通过民主选举村委会，新班子上任后抓税费交纳，抓计划生育，抓公益事业的发展，使该村面貌发生了明显变化。还投资十几万元建教学楼，修环村砂石路，促进了村级经济发展。来安县复兴集乡练山村电费长期居高不下，群众意见大。新的村委会班子上任后，立即整改，使全村当月每度电费下降0.3元，老百姓很快用上了"公平电"、"明白电"，村民们非常满意。

(五)拓宽了选拔村干部的渠道，有利于任贤选能

习惯上过去总认为农村缺乏人才，村干部难选，致使村里一些年富力强的"小能人"很难有用武之地。通过民主选举村委会，一方面极大地增强了农民群众的参政意识、竞争意识，使农村的"小能人"有了当村干部的机会，看到了希望，增强了信心。另一方面，通过民主选举有利于发现人才，使组织上在培养农村后备干部方面拓宽了渠道，开阔了选人用人的视野。很多县市组织和乡镇领导深深感到，这次选举，不仅当选的村干部多数是我们组织上过去培养的，而且也给组织上选拔乡镇干部提供了更多的人才资源。同时，

也促使农村广大青年积极追求上进，向组织靠拢，赢得群众信任，创造竞选村干部、乡镇干部的条件，有利于农村人才的脱颖而出。

三、存在的问题

(一)少数乡镇干部认识不到位，行动不够自觉

有的怕直选村干部出乱子，怕选出的村干部不听话，难管理；担心农民素质低，选举不成功，组织选举时放不开手脚，往往习惯于让村民围绕自己的意图转，充当"导演"的角色。特别是在提名候选人时还有干涉现象，引起群众上访。对纠正违法选举问题，有的乡镇党委政府态度不积极，对农民群众反映的选举违法问题不重视，不处理。甚至在主管部门对选举违法提出处理意见的情况下，乡镇也顶着不纠正。

(二)依法选举还有一些薄弱环节

有的没有依法推选产生村民选举委员会；有的在提名候选人时，参加人数过少，没有充分发扬民主；在省出台"两个办法"之后，有的村仍然采取"流动票箱"选举，发生一些舞弊现象；有的不设中心会场分散投票；还有的委托投票人数过多，影响直接民主效果；个别地方选举中还出现过拉帮结派、徇私舞弊、贿选现象。

(三)地方性政策法规还有待于进一步完善

《村委会组织法》和省出台的"两个办法"总体上符合安徽省农村实际。但在实际操作中，依然反映出一些难以把握的问题。比如有的地方性政策与法律条文在执行中发生矛盾时，不好处理；有的选举违法现象难以认定，有的选举违法问题处理没有明确的法律依据，处理困难。

上述问题都需要从法律的角度做出新的补充完善。

青海省(1999年度)

青海省村(牧)民委员会第四次换届选举工作从1999年1月开始，至7月中旬基本结束。

此次选举是在认真落实党中央提出的"扩大基层民主，全面推进以民主选举、民主决策、民主管理、民主监督"的指示精神，以"公开、平等、竞争、择优"为原则进行的。全省4121个村(牧)委会，1732059人参加选举，选出第四届村(牧)委会干部18809人，参选率达88.2%，投票一次成功率达98%，为历次换届选举中最高的。新一届村(牧)委会干部中，党员人数占63.7%，妇女干部占14.6%，初中文化程度的占38.8%，高中、中专文化程度的占13.5%，初中以上文化程度所占比例比上一届上升了2个百分点。年龄在30岁以下的占9.8%，31至40岁的占38.8%，41至50岁的占36.7%，50岁以上的仅占14.7%，平均年龄比上一届降低了4岁。少数民族干部占58.5%。

一、具体做法

(一)工作细致、科学指导

在选举总体部署上，青海省一般采取先易后难的办法，即对班子团结，干群关系较为融洽的村，先行一步，从中总结经验，吸取教训，预见可能发生的问题，然后有针对性地制定详细的操作程序，最后集中精力对个别带有历史遗留问题以及村级班子长期不团结的"老大难"村重点解决。在工作方法上，他们采取成立由县(区)、乡(镇)主要领导参与工作组，进驻村子，挨门逐户征求意见的方法，把工作做细，做深，摸清村民所想所盼，有的放矢地制定具体工作程序。在具体选举时，充分尊重村民的意愿，严格依法，公开、公平、公正选举，大大避免了一些突发事件的发生，提高一次选举的成功率。选举过程当中，每一个选举点至少安排1名县级干部和1名科级干部在场，随时做好服务、协调工作。市、区(县)主要领导逐一巡视每个选举点，随时掌握选举动态。

(二)正确处理选举当中民族、家族、宗教矛盾

在处理民族、家族、宗教教派矛盾干扰选举时，青海省循化撒拉族自治县积石镇的做法是，组织全镇干部将法律法规和政策深入细致地宣传到家到人，了解群众对村委会候选人的推荐意见，动之以情，晓之以理，教育村民正确行使民主权利，不受民族、家族、宗教教派势力的干扰，要出于公心，真正把优秀的人才选进村委会班子，收到了很好的效果。

(三)正确处理乡镇政府与村委会的关系

乡镇政府在选举中做到引导而不干涉，指导而不指责。在换届选举工作中，指导村民严格按照"三步法"依法进行选举。即按照"海选(先由村民广泛推选候选人，不限人数)——筛选(张榜公布后征求村民意见的同时进行预选)——竞选（最后实行正式差额选举)"的步骤进行选举，并要求候选人发表竞职演说，在村务公开栏上向全村公布，充分发扬民主，由村民评说，效果非常好；在引导村民开展村民自治工作中，乡党委、政府制定全乡政治经济发展规划和目标，将指标量化分解到村，然后由村委会根据乡发展规划广

泛征求村民意见，制定村发展规划和目标，这样既有效行使了政府的指导职能，防止和避免了村委会工作的盲目性，又充分尊重了村民自治的大原则。同时教育村民树立四种意识，即：干大事意识，解放思想意识，更新观念意识，团结拼搏意识。乡政府和村委会之间关系融洽，处理得当，工作蒸蒸日上。

(三)慎重答复群众来信来访

青海省在接待有关村委会选举的群众来信来访时，区分问题性质对待，对于一般政策性咨询的问题，予以当场答复；对于情况复杂需要经过核实的问题，在全面调查了解事实真相，与下一级民政部门沟通情况后给予答复。对于新闻媒体的采访亦然。

二、存在的主要问题

(一)对《村委会组织法》的学习、宣传不够深入全面

有的地方对法律法规吃得不透，拿得不准，选举中出现仍然沿用老习惯，采取户代表选举或搞指选、派选，随意否定村民按程序选举出来的法定人选等违法现象；个别乡镇以村级组织整顿代替换届选举，引起群众不满；有的基层党委政府对群众来信来访问题或是重视不够，调查处理不及时，或是对法律学习不够，不知如何处理，导致群众逐级或越级上访。

(二)村(牧)委会选举受到家族、教派势力的干扰

特别在青海省一些多民族聚居地区，全民信教，村(牧)委会的选举往往被教派之间的纷争干扰，村民的意愿被教派左右，导致选举要么不能按期进行，要么不能真正体现民意。而宗教问题在多民族地区又是比较敏感的问题，处理不好会引发其他矛盾，因而各级政府在处理这类问题时往往比较慎重，多以宣传、教育、引导等冷处理方法为主，彻底扭转这种现象需要一个较长的过程。

(三)村民选举委员会的组成不规范

有的地方村民选举委员会不经过村民会议或村民小组会议推选，而是由党支部指定人选或干脆由党支部包办代替，而且错误地将其理解为在党支部的领导下开展村(牧)委会换届选举。

(四)委托投票和流动票箱的设置不规范

有的地区在选举中委托投票手续不严格。有的借口群众不好组织，不设中心会场或虽然设了固定投票箱，但形同虚设。流动投票监督机制不完善，透明度不高，极易使选举产生舞弊行为，失去公正性。

(五)现行乡镇政府机构职能设置与村民自治原则不相符

许多乡镇政府设有经管站或农经站这一机构，行使着代管村资金的职能，这个现象从村民自治这个角度讲是不合法的，但从青海省农村牧区还有相当一部分村干部理财能力欠缺甚至根本不懂财务管理这个实际情况看，暂行允许村账乡管也是个过渡办法。

(六)两个关系处理不好

一是乡镇政府与村委会的关系不好处理。乡镇片面地认为，村委会“依法选举，依法自治”，于是对选举中出现的问题不知所措；村委会片面地认为乡镇对我是指导不是领导，我可以不受其左右。

二是村委会与党支部的关系不好处理。虽然《村委会组织法》已经对二者的关系作了明确规定，但在实际工作中，由于农村工作很难明确分工，村委会强调依法自治，而党支部强调发挥领导核心作用，二者往往产生矛盾。

(七)《组织法》一些规定过于原则

1. 对贿选行为缺乏明确规定。对贿选的认定和处罚依据、手段缺乏明确的规定。如有的候选人在选举前到处私下散布“我当上村主任后，可以免去全村的农业税和小学生的学杂费”，并且真的个人拿出1万多元为全村的孩子交上了学杂费，结果如意当选，能否认定他具有贿选嫌疑。

2. 罢免程序缺乏明确规定。基层干部和部分村民普遍反映选举和罢免条件不对等。当选需“两个过半数”，而罢免却需要“全体选民的过半数”，实际上形成村干部当选容易，罢免难。另外罢免程序规定得过于粗，实际工作中很难操作。如西宁市城中区南园村是今年罢免村干部影响最大的一个村。这个村有选举权的村民有418名。第一次召开村民大会，到会233名村民，过半数，但同意罢免的只有150票，不同意的71票，弃权10票，废票2张。如何计算弃权票和废票？第一次罢免不成功，中间需间隔多长时间举行第二次罢免会议？如果连续两次罢免不成功，能否继续进行下去？找不到具体规定。

(八)候选人资格缺少限制条件

对候选人资格应有一定的限制。如年龄条件(超过60岁原则上不宜再担任村委会实职)、文化程度(低于初中文化水平的原则上不宜担任村干部)、政治条件(有前科的原则上不宜担任村干部)、亲属回避(同村直系亲属或亲戚、姻亲关系的两人原则上不宜在村党支部和村委会同时任职)、身体状况等条件。西宁市

在此次换届选举中就遇到这样的问题。市政府在《关于加强村民委员会建设工作的通知》中提出，村委会成员的条件“年龄一般在55岁以下”。可是有某村非要选一个60岁以上的老人当村主任，而《组织法》对此又没有明确的规定，形成合法但不合理的事实。

（九）《村委会组织法》缺乏一定的刚性

正如民政部李宝库副部长在接受《乡镇论坛》记者采访时所说：“《刑法》把选举各级人大代表和政府领导的选举权以及被选举权纳入了保护范围之内，但没有把村级民主权利列入保护之列。《行政诉讼法》、《行政复议法》也主要侧重于公民的财产权和人身权的保护，村级民主权利也不在它们的调节范围之内。这样，村民的村级民主权利全部被排斥在我国目前司法实践和政府行政复议制度之外，从而造成纠错渠道单一、纠错机制软弱。《村委会组织法》仅仅把村级民主权利的纠错渠道界定在群众举报，县乡政府、人大及有关部门的调查处理上。”这一点青海省民政部门在此次选举中感触颇深：民政部门缺乏必要的执法处罚手段，而违法者往往又都是一些基层领导干部，有时找民政部门还不如找新闻单位。可以说这是许多村民多次上访、越级上访的重要原因，也是造成选举工作中有法不依、违法不究的主要原因。

贵州省（1999年度）

贵州省第四届村（居）民委员会换届选举工作，从1998年9月开始，到1999年4月结束，历时8个月。

全省25739个村民委员会中，共选出村民委员会主任25458名，占应选人数的98.9%；村民委员会成员78281名，其中，中共党员44050人，占42.5%，妇女10953人，占10.6%，少数民族40699人，占39.2%。

本届当选村（居）委会成员的年龄结构比往届有了进一步的改善，30岁以下的16611人，占16%；31岁到40岁的38580人，占37.2%；41岁到50岁的35453人，占34.2%；50岁以上的10309人，占12.6%；中青年干部合计90644人。基本做到了村委会班子年轻化的要求，一大批年富力强的农村骨干选进了村民委员会的班子，增强了村委会班子的凝聚力和战斗力。

村民委员会成员的文化素质也较上届有了较大提高。小学文化程度25806人，占24.9%；初中文化程度61775人，占59.5%；高中文化程度15898人，占15.3%；大专以上文化程度260人，占0.3%。具有大专以上文化程度的村（居）民委员会成员比上届增加了0.16%。一批有一定文化知识，掌握了农村实用技术和勤劳致富的带头人被选进了村委会，增强了村委会班子在农村两个文明建设中的力量。

本次换届选举较好地实现了保持连续性的指导思想。新当选的村民委员会成员中连选连任51192人，占村民委员会成员的49.3%，有利于新一届村民委员会更好地履行职责，完成各项工作任务。

一、主要做法

（一）各级党政领导重视，把指导换届选举工作纳入重要议事日程

做好全省第四届村（居）民委员会换届选举工作，是1998-1999年贵州省城乡人民政治生活中的一件大事，省委、省人大、省政府对此项工作十分重视。1998年5月，省人民政府办公厅转发《省民政厅关于认真做好全省第四届村（居）民委员会换届选举工作意见的通知》；省政府成立了由一位副省长任组长的省第四届村（居）委会换届选举工作指导小组；同年9月，省政府召开全省第四届村（居）民委员会换届选举工作电视电话会议，莫时仁副省长作了重要讲话。省民政厅厅长郭猛对全省村（居）委会换届选举作了具体工作安排和部署；省、地、县三级财政在经费极为困难的情况下，都挤出了换届选举专项经费，并保证了经费的及时到位。确保了换届选举工作顺利进行。

（二）严格依法选举，使选举工作逐步走上规范化、制度化的轨道

贵州省在此次村民委员会换届选举中，重点把好“四个环节”，即选民登记、候选人提名推荐、投票选举、检查验收。采取“六公告”，即村（居）民委员会换届选举公告，选民登记公告，第一、二榜初步候选人公告，第三榜正式候选人公告，选举结果公告。

（三）以换届选举为契机，带动农村各项工作，促进农村经济的发展

贵州各级党委、政府把换届选举工作与其他农村工作紧密结合，相互促进，做到换届选举与其他农村工作有机结合。安顺地区把村（居）委会换届选举同乡镇党代会、人代会、村级组织建设和村民自治示范活动相结合，既减少了经费投入，又节省了广大村民参加会议和投票的时间，受到广大基层干部和群众的拥护和支持，推动了村级组织建设工作的开展。各地结合村（居）委会换届选举工作实际，深入贯彻实施《中共中央办公厅、国务院办公厅关于在农村普遍实行村务公开和民主管理制度的通知》（中办发［1998］9号

文）和《中共贵州省委办公厅、贵州省人民政府办公厅关于在全省农村全面实行村务公开和民主管理制度的意见》（省办发［1998］43号文），在农村25739个村中普遍建立了村务公开和民主管理制度，一些地、县把实行村务公开、民主管理制度列入县、乡党委和政府责任制，并作为考核县、乡镇、村领导干部和评选先进的重要内容。各地在认真总结开展村务公开以来工作经验的基础上，对本地村务公开和民主管理进一步进行规范和完善。同时健全村（居）委会组织机构和规章制度，完善村委会下设的人民调解、民政福利、妇女、青年等村级配套组织，建立健全各项规章制度。进一步理顺乡镇政府、街道办事处与村（居）委会的关系。

发展农村集体经济，带领广大农村群众脱贫致富，是村民委员会的重要职责和任务。新当选的村（居）委会干部，都把发展村级经济作为上任后的一件大事来抓，因地制宜认真制定任期目标、发展规划，积极寻找农村经济发展新路子。贵阳市白云区56个村当选的新一届村民委员会，积极完成村民会议讨论决定的发展集体经济的大事；乌当区朱昌镇豆关村的村委会班子带领全村广大村民群众修通和改善公路18公里。全省换届后的村委会，生机勃勃，为民办实事劲头大增，有力地促进了农村经济发展和两个文明建设。

二、存在的主要问题

贵州省第四届村（居）委会换届选举于1998年9月开始，新的《村委会组织法》于1998年11月颁布实施，由于该省的《村委会组织法实施办法》和《选举办法》来不及修改和补充，在指导换届选举工作的具体实施过程中，缺乏操作上的依据。

少数地方宣传动员不广泛，指导不力，工作粗糙，未及时解决存在的问题和矛盾。农村家族、宗族势力，拉帮结派等问题较为突出，造成一次投票不成功或应选人员落选等现象。

学习、宣传、贯彻《村委会组织法》不够。尽管贵州省各级民政部门做了很大的努力，抓紧印发《村委会组织法》的宣传资料。但由于有的地方重视不够，或对《村委会组织法》在某种程度上不理解。个别乡镇领导对《村委会组织法》缺乏深入学习，在换届选举中因循守旧，过多干预村委会换届选举工作，不严格依法办事，不尊重群众的民主权利，指定候选人等。由于不能依法正确引导，以及在村务公开工作中存在的诸多问题，引起群众不满，致使群众上访较多。

换届选举工作结束后，农村中一批能人进入村级领导班子。但有的干部能力不强，缺乏带领村民致富的能力；有的干部不知道如何正确行使自治权，缺乏对国家负责和对村民负责一致性的认识；有的干部接受新观念慢，开拓性不强，还不适应新时期的发展需要。

一些地方财政困难或对换届选举重要性认识不足，换届选举经费迟迟不能及时到位，影响了换届选举工作进行。选举结束后，又无培训经费，不能做到对新当选的村干部进行上岗前的培训。

广西壮族自治区（1999年度）

广西壮族自治区第二届村委会换届选举工作从1999年1月开始，至1999年9月30日基本完成。全区14816个村委会中，完成选举的有14812个村委会，占村委会总数的99.9%。全区参加选民登记的2768.2万人，参加投票的2632.6万人，参选率95.1%。共选出村委会主任14812人，副主任19255人，委员37030人；原村委会干部连选连任的45218人，占63.6%。新当选村干部25879人，占36.4%；妇女干部9598人，占13.5%。在选举新一届村委会班子的同时，全区有240875个村民小组也进行了换届，占村民小组总数的99.9%；有14812个村建立了村民代表会议，选举产生村民代表666543人。14530个村按新颁布的《村委会组织法》的规定，制定了村委会工作制度，村务公开、财务审计监督制度和三年任期目标责任制，修订了《村规民约》或《村民自治章程》等。

与上届相比，广西此次村委会换届选举无论是组织领导还是规范化程度都有很大提高。一是在候选人提名方式上，完全由选民提名；二是所有村委会都实行选民直接投票选举；三是村委会主任、副主任、委员三个层次都实行差额，杜绝了等额选举；四是全区有87.3%的村委会选举时都设有中心会场，当场公开唱票、计票，当场公布选举结果，增加了选举的透明度。

一、基本做法

（一）严密部署，强化领导

自治区党委办公厅、自治区人民政府办公厅于1998年12月联合下发了《关于做好我区第二届村委会换届选举的通知》。1999年1月，自治区党委、自治区人民政府在玉林召开了全区第二届村委会换届选举工作会议，对全区村委会选举工作作了部署。随后自治区各级党委、人大、政府将村委会换届选举列入了议事日程，作为1999年农村的中心工作，建立了工作机构，落实了责任制，制定了具体实施方案，同时保证经费到位，据初步统计，仅县（市、区）财政为此支出就达

819.6万元,大体每个县8至17万元。

(二)深入宣传发动,层层培训骨干

为调动广大农民参选的积极性,确保农民群众依法进行选举,根据自治区的统一部署,各地利用各种会议、广播、电视、报刊、宣传车、墙报、黑板报、山歌、标语、文艺演出和印发工作简报等多种形式,大张旗鼓地宣传《村委会组织法》,宣传换届选举的目的、意义、方法、步骤和程序要求,营造良好的舆论氛围。宣传工作家喻户晓,干部群众消除了疑虑,强化了参与意识,为村委会换届选举的顺利进行赢得了主动权。在做好宣传发动的同时,自治区地、市、乡,都分别对有关领导和选举工作人员进行了培训。据初步统计,全区共举办各种培训班5536期,参加培训的县乡干部和村民骨干共43.6万人。由于领导和干部掌握了选举的有关知识和操作方法,有力地保证了换届选举依法有序地进行。

(三)抓好试点,加强指导

为摸索直接选举的经验和方法,区民政厅于1998年11月就组织力量到玉林市玉州区进行村委会换届选举的试点。之后,各地、市、县也仿效自治区的做法,选择一批县、乡、村,按照选举步骤、程序进行试点,在试点取得成功的基础上,再全面铺开。选举中,全区共抽调3.85万名县乡干部组成选举工作队,深入村屯指导选举工作,保证每个村有两名以上国家干部驻村指导。区民政厅编印选举简报10期发到各地、市、县,以供互相交流参考,同时还针对选举中出现的问题,下发4份传真电报,对选举程序、如何酝酿候选人、注意选拔妇女干部等问题,进一步提出明确的要求,保证了选举的健康发展。为加强督察,选举中,自治区和各地、市、县多次派出工作组,深入到村委会,发现偏差或问题及时纠正,使整个选举依法进行。

(四)严格程序,依法选举

一是依法制定详细的实施方案。各地、市、县、乡都依法制定出本辖区的选举实施方案,明确换届选举的指导思想、实施步骤和时间安排。各村委会都将选举工作中村民选举委员会产生、选民登记、选举村民代表、选举村民小组长、初步候选人提名、正式候选人确定、投票选举、建立村委会下属机构、建章立制、验收与总结多种程序编制成图表,工作中按方案组织实施,前后衔接,便于操作。二是切实抓好关键环节。首先抓好选民登记,做到不重不错不漏,保证每个选民的选举权和被选举权。第二,坚持公平、公正、公开的原则,依法确定正式候选人,坚决杜绝任何组织或个人指定、圈定、内定的现象。第三,在中心会场和分会场设立秘密写票处,保证选民能真正按照自己的意愿填写选票。第四,认真组织选举大会,确保选民直接投票选举,制止违法操作。三是认真处理群众来信来访。

(五)健全组织,抓紧建章立制和培训

新的村委会班子产生后,各地都抓住有利时机,及时进行建章立制和培训。一是建立健全了村委会下属的治安保卫、人民调解、公共卫生委员会。二是对新一届的村委会成员进行分工,制定了三年任期目标责任制。三是按照新颁布的《村委会组织法》,重点对以民主选举、民主决策、民主管理、民主监督为主要内容的村民自治制度进行修订、补充和完善,特别是健全村民会议和村民代表会议制度,规范村务公开制度。四是抓紧新当选村委会干部的培训工作。区民政厅举办了村委会主任培训示范班两期,共220人参加培训。各地普遍以县(市、区)为单位,对新当选的村干部进行了普遍培训。全区共举办村委会干部培训班215期,培训村主要干部36558人,学习时间3至5天。重点学习邓小平理论和党的方针政策、《村委会组织法》、村民自治和农业实用科技,使他们明确职责,正确处理村委会与乡镇政府,与党支部的关系,学会村民自治的基本方法,适应新岗位的需要。

二、取得的初步成效

(一)村委会班子得到优化,村委会干部整体素质明显提高

民主选举,使一大批素质较好、群众拥护的农村骨干分子进了新一届村委会班子,干部综合素质比上届有明显提高。全区当选村干部中,中共党员47990人,占总数的67.5%,比上届提高了2.4个百分点;文化结构上,高中以上文化程度的27941人(其中大专155人),占39.3%,比上届增加3995人;年龄结构上,村委会班子平均年龄41.3岁,比上届下降2.1岁,其中40岁以下的占48.5%。这次选举,实际上是对所有村委会进行一次全面的思想和组织上的整顿,优胜劣汰,使绝大多数村委会整体素质有了明显提高,带领群众脱贫致富奔小康的能力得到增强,村民自治的水平有了新的发展。

(二)干部群众的民主意识明显增强

民主选举村委会干部,对广大干部群众是一次最生动最实际的民主训练,使他们学会运用民主这个武器维护自己的合法权益。通过学习《村委会组织法》,广大村民受到了社会主义民主与法制的教育,增强了主人翁责任感,参政议政的积极性空前高涨。选举中,

广大村民积极踊跃参选，横县云表镇飘竹村92岁的选民宁妙娟也拄着拐杖，和全家5代13人一起来到会场参加投票。许多外出打工的选民有的请假回村参加选举或竞选，有的采取“函投”方式或委托家人代为投票，据统计，全区选民参选率达到95.1%。广大村民学会正确运用民主权利，能站在全局利益上评价干部，县乡干部担心的宗族、宗派情绪，以及坚持原则的干部受排斥的现象很少发生。通过参加选举，广大群众“自我管理、自我教育、自我服务”的意识增强，更加关注村干部的行为，更加关心村里的事务，积极为建设社会主义新农村而献计献策。

(三)党群干群关系更加融洽

广大农民群众直接选举村委会干部，不仅有利于基层干部树立全心全意为人民服务，对人民负责的观念，而且大大增强了群众对干部的信任感，干群关系更加融洽，村委会的号召力、影响力大大增强。原来一些后进村也发生很大变化。宾阳县古辣镇新胜村委会原属三类村，干群关系紧张，干部说话无人听，造成计生工作阻力大，夏粮入库、优抚金统筹年年完不成任务，是全镇有名的“老大难”。新村委会班子上任后，新人新班子新面貌，不负选民的重托，群众拥护支持，村干部大胆工作，仅用半年多时间，该村各项工作任务都能按时完成了。

(四)促进了农村经济和社会事业的发展

由村民直选的村委会班子，普遍都有一种责任感和危机感。因此，新一届村委会班子上任后，都十分热心为村民谋利益，千方百计为村里的经济发展办实事、办好事，用实际行动取信于民。天等县把荷乡吉兰村委会主任黄植兰上任后，带领一班人发动群众抓紧修筑村级公路，集资修建村卫生室142平方米，安装了闭路电视，兴建沼气池600多座，改善了群众的生产生活条件。并在搞好粮食生产的基础上，大搞农业综合开发，发动群众种指天椒、生姜等，到11月底，全村人均收入1435元，比去年同期增长312元。隆安县那桐镇那门村新一届班子上任后，扎扎实实地抓了几件群众称道的实事：全村12个自然村的村道全部“硬化”。发动户户种花种草，美化环境。修建沼气池86座，修筑三面光水渠8.5公里，种植“两高一优”示范田100亩，开发荔枝园100亩，开通程控电话，安装闭路电视等。

三、选举中存在的主要问题

广西壮族自治区第二届村委会换届选举，也存在不少问题，主要是：

有些乡镇干部对村民直接选举村委会干部认识不足，顾虑重重，不敢大胆放手让选民按照自己的意愿直接投票选举，怕优秀人才选不上，因而采取引导、暗示的手段，群众很有意见。

个别地方选举不够规范。有的村委会选举投票时没有召开选举大会，而只是采用设投票站和流动票箱两种方式，投票、唱票、计票、监票等透明度不够，给一些人作弊以可乘之机，造成违规，只好重选，浪费了人力、物力、财力；有的中心会场和投票站没有设秘密写票间，或设了也没有使用，选民不能很好地行使民主权利。

新疆维吾尔自治区(1999年)

新疆维吾尔自治区境内87个设有农村村民委员会的县、市、区，自1998年12月至1999年7月中旬，全部按自治区人民政府的统一部署(新政办〔1998〕164号文)，认真开展了第四届村民委员会换届选举工作，并基本达到了预期的工作目的。

一、主要成果

(一)各族干部群众通过依法选举的社会实践，提高了法律意识，规范了组织村民参与直接民主选举的行为，进一步掌握了实行直接民主选举的法律程序

自治区第四届村民委员会换届选举是在九届人大五次会议通过的《中华人民共和国村民委员会组织法》之后进行的，虽然当时自治区的地方性法规尚未出台，但这部法律对村民直接行使民主选举的权利已做出明确的规定，如：村民委员会换届选举，应由本村村民选举委员会主持，候选人的产生要由有选举权的村民直接提名，正式投票时要设立秘密划票间等等。对于新的《中华人民共和国村民委员会组织法》中的这些规定，各族村民一看就明白，一学就懂，于是，对没有按照法律规定的选举，他们进行了坚决的抵制。从1998年12月至1999年6月底，仅自治区人大常委会选举办公室和自治区民政厅基层政权建设处就接待了因村民委员会换届选举问题而上访告状的村民群众达220人次以上，并直接调查处理村民委员会换届选举中的违法问题30多起。类似情况在昌吉州所辖米泉市、阜康市、昌吉市和乌鲁木齐县等地也很多。这是过去历次村民委员会换届选举中很少发生的现象。从各地的工作汇报看，多数村民群众反映的问题是属实的。由于历史的和客观的原因，各地在村民委员会换届选举中，确实存在违法行为和不依法办事的现象，

而这些问题正是由于各族村民的反映，矛盾才被最后揭露出来，然后在当地人大和政府主管部门的直接督促下，依法得到了纠正。在这样不断揭露矛盾和解决矛盾的过程中，广大干部群众逐渐熟悉和掌握了《中华人民共和国村民委员会组织法》，逐渐学会了用法律维护村民自己的合法权益。

(二)坚持依法民主选举，促进了村民委员会成员的优化组合和村级组织整体水平的提高

新疆全区15个地州市中有8882个村依法进行了村民委员会换届选举，约占全区村总数的98.8%。这是自1990年以来全区统一进行村民委员会换届选举的最高比例。据各地对第四届村民委员会成员的调查统计，40岁以下的村民委员会成员有24521人，约占新一届村民委员会成员总数的60.9%；文盲已经消失，小学文化程度的大大减少，而具有初中、高中文化水平的达到28381人，约占新一届村民委员会成员总数的70.5%；政治面貌为共产党员的有23084人，约占新一届村民委员会成员总数的57.4%；新一届村民委员会中有妇女成员8499人，约占村民委员会成员总数的21.2%。从以上全区15个地州市的选举结果不难发现，经过第四届村民委员会换届选举，各地的村民委员会班子结构比前几届更趋合理，特别是村民委员会成员中充实了一大批年富力强、懂经济、会管理、政治素质好、热心为村民服务的能人。这就为发展农村经济、稳定社会、早日实现小康目标，奠定了比较坚实的村级组织基础。

除此之外，许多地州市县在努力完成第四届村民委员会换届选举任务之后，都及时对新一届村民委员会成员进行了上岗培训，并重新建立健全了人民调解、治安保卫、文教卫生、计划生育、宗教管理等村民委员会下属的组织机构，重新修订了村规民约或村民自治章程、任期目标管理及有关工作制度。这无疑将有力地增强村级组织的战斗力和凝聚力，有力地促进村级组织整体水平的提高。

(三)依法按时进行第四届村民委员会换届选举，进一步密切了党群关系和干群关系，有力地促进了全区社会政治稳定

通过第四届村民委员会换届选举，新疆区绝大多数村级组织的党群关系和干群关系得到了成功的“调整”：优秀的年轻干部从村民拥护中脱颖而出，称职、合格的村级干部实现了连选连任，以权谋私，不能秉公办事者为村民群众所淘汰。特别可喜的是，在村民委员会选举中，继续出现了许多跨越民族界限选举村民委员会成员的生动事例。这反映出民族关系的融洽和村民群众政治觉悟的提高。干群关系密切了，党群关系改善了，民族关系融洽了，我们的基层政权也就稳固了。正像吐鲁番地区一位农民说的那样：“过去的村干部是上面委派指定的，有时我们不支持还对着干。现在(的村干部)是我们自己选出来的，他能为咱老百姓办实事，我们就拥护他，支持他的工作。”吐鲁番这位农民所表达的心声，代表着广大农民群众的希望和要求。

二、此次换届选举的基本法律程序

为切实搞好第四届村民委员会换届选举，自治区各地普遍按照《中华人民共和国村民委员会组织法》规定和自治区人民政府的统一部署，分四步组织实施：

(一)成立村民委员会换届选举领导机构

《中华人民共和国村民委员会组织法》第十三条规定：“村民委员会的选举，由村民选举委员会主持。村民选举委员会成员由村民会议或者各村民小组推选产生。”根据上述规定，在自治区第四届村民委员会换届选举中，各地农村普遍依法成立了村民选举委员会，并由它来主持本村的选举工作。这就彻底改变了以往那种由乡镇工作组或党支部包办代替的做法。这是一个历史性的进步。虽然如此，有些地方仍然存在不按照法律规定程序办事的现象。

(二)依法进行选民登记

全区各地在选举工作中，普遍派人逐家逐户地进行了选民登记，基本上做到了不错登、不漏登、不重登，并在选举日20日前，以村民选举委员会的名义，张榜公布。

(三)民主推荐候选人

候选人的推荐是搞好村民委员会换届选举的一个关键。在以往前几届选举中，不少地方的乡镇领导喜欢运用自己手中的权力，为村民民主选举划框框，定调调，甚至有指定候选人的现象。在自治区第四届村民委员会换届选举中，这种现象大大减少了。大多数地方都采用了直接民主提名或联名的方式推荐候选人。巴音郭楞蒙古自治州的焉耆回族自治县和昌吉回族自治州的玛纳斯县，则普遍采用了“海选”的方式，按照“直接、平等、差额”的原则，公开、民主地推荐候选人，根据村民群众拥护的程度确定正式候选人，这就真正做到了“村民群众无意见，基层干部无怨言”。

(四)严格按照法律规定程序，组织村民进行投票选举

在村民委员会正式候选人确定并张榜公布后即

公布正式选举日。在选举当天,各地普遍组织召开了村民委员会选举大会,严格实行无记名投票并设立秘密划票间。投票结束后当场唱票、计票,按照“两个过半数”的法律规定当场宣布选举结果。

由于自治区第四届村民委员会换届选举严格依法办事,因此基层干部群众反映热烈,许多地方选村委会主任比选乡长、选县长还热烈、认真。不仅农村村民反映强烈,连许多国营农牧团场的职工也深受地方基层民主选举的影响,纷纷来人来信上访,强烈要求按照《中华人民共和国村民委员会组织法》规定,民主选举他们那里的基层领导人。

三、存在的主要问题

虽然新疆维吾尔自治区第四届村民委员会换届选举取得了一定的成绩,基本达到了预期的目的,但是也还存在不少问题,其中比较突出的问题一是自治区关于村民委员会选举的地方性法规没有及时出台,给基层选举工作带来了许多操作上的困难(现已出台);二是宣传《中华人民共和国村民委员会组织法》不够深入,有个别乡村甚至不事先组织村民群众学习《中华人民共和国村民委员会组织法》,集合起来就要大家选举;三是有些乡镇领导干部民主法制观念淡薄,不按法律规定程序办事,有的还划框框,定调调,结果引起村民的不满,造成群众上访不断;四是宗教、宗族、家族势力干扰村民委员会的换届工作。

黑龙江省(2000年度)

按照《中华人民共和国村民委员会组织法》和《黑龙江省村民委员会选举办法》的有关规定,黑龙江省第五届村委会换届选举于1999年12月1日至2000年4月30日进行。

一、基本情况

黑龙江省在此次村委会选举中坚持了“公开、公平、公正”和“直接、差额、无记名”的选举原则,在选举具体操作中达到了统一时间、统一步骤、统一规范、统一验收、统一发证、统一归档“六个统一”。重点抓了五个关键环节:一是把好推选村民选举委员会关。村民选举委员会是否依法产生,是村委会选举能否依法、公正进行的关键。各地严格依照有关法律规定,由村民会议或各村民小组推选村民选举委员会。二是把好选民登记关。各地在选民登记中努力做到不重登、不漏登、不错登,保证村民的民主权利,提高选民的参选率。三是把好推荐候选人关。按照《村委会组织法》的规定,本次村委会成员候选人的产生采取选民直接提名(即人们通常所说的“海选”)为惟一方式,各地在推荐候选人时绝对禁止过去的诸如“组织推荐”、“指选”、“派选”等做法,切实保障村民的提名权。四是把好委托投票关。各村在受理委托投票时,严格依照法定程序,一律实行书面委托,杜绝口头委托、电话委托。在保证外出选民行使选举权利的同时,有效地防止个别人作弊,滥用委托权。五是把好投票选举关。为保证选民在填写选票时不受干扰,选举会场或投票站都设立了秘密划票间,除填写选票的人以外,绝对禁止任何人进入秘密划票间。发票、投票、唱票、计票、监票等都在选民的监督下公开进行。截止到2000年4月30日,除有少数村因各种原因正在进行重新选举外,全省共有13190个村完成了第五届村委会换届选举工作。广大村民群众踊跃参加,参选率达到了91%。共选举产生了村委会成员53395人。其中,村委会主任13190人,村委会副主任7815人,村委会委员32390人。在新当选的村委会成员中,连选连任的占47%。其中,村委会主任的连选连任率是61%。在新一届村委会成员中,妇女占9.6%,少数民族占2.3%。新一届村委会成员的年龄构成为:35岁以下的占42.1%,35-45岁的占31.0%,45-60岁的占22.8%,60岁以上的占4.1%。新一届村委会成员政治面貌的构成是:中共党员占62.3%,共青团员占24.3%,群众占13.4%。新一届村委会成员文化构成为:大专以上的占17.9%,高中(中专)占45.6%,初中占21.8%,小学占11.1%,小学以下占3.6%。此次换届选举还推选产生了新一届村民代表共31.4万人,选举产生新一届村民小组长61279人。

二、主要特点

此次黑龙江省村委会换届选举是新修订的《村委会组织法》和该省《选举办法》颁布实施以来的首次换届选举,也是第一次候选人全部由村民直接提名、普遍实行“海选”的选举。对于扩大农村基层民主政治建设,全面推进村民自治、促进农村两个文明建设都具有十分重要的意义。因此,本次选举得到了各级领导的高度重视,受到了全社会的广泛关注,广大农民群众参与选举的热情空前高涨。与往届村委会换届选举相比,本次村委会换届选举呈现出以下特点:

(一)领导重视

1. 各级党委、政府领导有力。黑龙江省领导对本次村委会换届选举非常重视，宋法棠省长、杨光洪副书记、赵林茂副主任、王东华副省长、申立国副省长等省领导多次对群众反映的换届选举中的问题做出批示，责成有关部门认真查处。王东华副省长还就全省村委会换届选举的总体进展及有关问题的处理情况听取了省民政厅的专题汇报，提出了具体要求和重要指示。省民政厅沈玉成厅长对村委会换届选举的收尾和总结工作提出了明确要求，对处理好选举中的遗留问题提出了具体的要求。省民政厅主管副厅长杜临涛在全省村务公开工作会议、全省地、市、县民政局长会议和换届选举培训班上，分别对全省第五届村委会换届选举工作做了动员和部署，并多次批复上访信件，对越级上访案件提出明确的指导意见。各市(地)、县、乡镇普遍把第五届村委会换届选举作为当地去冬今春农村工作的头等大事来抓，列入各级领导的工作日程。为搞好换届选举，各地普遍成立了村委会换届选举领导小组，由党委或政府的主要领导任组长，其中县委书记、乡镇党委书记任组长的约占40%。党委、人大、政府主管领导任副组长，纪检、组织、宣传、民政、农业等部门为成员，办公室设在民政部门。各地大都以党政联合文件的形式印发选举工作方案，审慎部署选举工作。克东县为搞好村委会换届选举，在一个月内4次召开县委常委会，有针对性地研究解决村委会选举中出现的具体问题。各地普遍从党政机关抽调骨干，组成工作队，进驻乡村指导选举工作，并将本次工作情况列为干部个人年度考核内容。

2. 各级人大监督到位。省人大十分关注本次村委会换届选举工作，内务司法委员会、农林委两次听取省民政厅关于村委会换届选举中执行《村委会组织法》和黑龙江省《选举办法》情况的专题汇报，并多次参与海林市、哈尔滨市道外区等地在选举中出现的疑难问题的司法解释，直接受理村民集体上访两起，责成省民政厅处理的个人上访和信访11起，纠正了选举中的违法行为，维护了农村基层的稳定。各市、县人大都把村委会换届选举工作纳入重要日程，牡丹江、鸡西等地的人大常委会组织了部分人大代表、专门委员会成员对本地的村委会换届选举工作进行全面的执法检查，检查的重点是民政部门、乡镇政府的执法情况，认真受理村民在选举中的申诉。各级人大常委会在此期间受理了大量关于村委会选举方面的申诉，仅责成各级民政部门办理的就有四百多件，提高了各级民政部门的执法水平。各级人大代表也充分发挥了执法监督的作用。在全省第五届村委会换届选举期间，仅省民政厅就接到省人大代表关于村委会选举方面的建议5条。据不完全统计，全省各级人大代表共提出关于村委会选举方面的建议、议案180条，有力地推动了村委会换届选举工作依法、有序地进行。

3. 各级民政部门指导具体。各级民政部门作为主管此项工作的政府职能部门，都把村委会换届选举作为近期民政工作的首要任务、中心工作。与历届村委会选举相比，各级民政部门加大了指导工作的力度。一是部署严密。省民政厅统一规定了《村委会选举报告》等与村委会选举有关的规范性文件式样，具体到村民选举委员会在选举各个阶段的公告内容，提名票、预选票、正式选票的式样，选举报告单的式样等等。各县(市、区)都制定了选举方案，对本地村委会选举的时间、步骤做了详实、周密的安排。齐齐哈尔市下属的县(市、区)都绘制了村委会选举工作安排流程表，将每一阶段、每一天的工作内容安排得清清楚楚。许多地方对省《选举办法》做了进一步的细化，制定了本地的《实施细则》。大多数地方参照省厅式样，印制了一整套规范文本。鸡西市编制了《第五届村委会换届选举操作规程》，从选民登记、提名候选人到上报选举结果、颁发当选证书等，每一步骤都做了详细的规定。许多县(市、区)甚至把选举大会会序、主持人的主持词都统一进行了规范，有的印发到村，便于基层干部群众的操作。二是严格按标准检查、验收。各地严格依照有关法律、法规进行检查验收，不走过场。在检查验收中采取“听、看、访、评”的方法：听，就是召开座谈会，听取县、乡领导小组的工作汇报；看，就是查看选民登记簿、选票、选举报告单等原始资料；访，就是入户对村民进行走访，调查了解选举中的有关情况，征求意见；评，就是对村委会的换届选举进行汇总评析，做出综合评估。鸡西市对下属县(市、区)实行百分考核制，从九个大方面、三十五个小方面制定量化指标，对村委会选举进行综合考评。

(二)严格执法

1. 及时制定政策法规，做到有法可依。为保证全省第五届村委会换届选举的顺利实施，黑龙江省民政厅从1999年上半年起就依据《中华人民共和国村民委员会组织法》和该省的实际情况，着手起草《黑龙江省村民委员会选举办法(草案)》，于1999年10月20日由省九届人大常委会第十二次会议通过，1999年11月1日起施行。《黑龙江省村委会选举办法》有如下特点：一是在选民登记上有新突破，增加了选民可以在经常居住地登记的规定，扩大了基层民主；二是对候选人条件进行了细化，使提名候选人更具可操作性；三是增加了村委会成员严重违法违纪自动终止职务的几种规定，完善了村委会组织的自身优化机制；四是加大了对破坏村委会选举行为的制裁、处罚力度。这些规定都从根本上保证了本次村委会换届选举的严肃性和科学性。各市、县(市、区)也都以党委、政府文件的形式,依据《黑龙江省村民委员会选举办法》,结合当地实际,制定出指导性、针对性、操作性强的地方性政策,保证了《村委会组织法》和省《选举办法》在选举工作中的正确运用。如海伦、克东等市、县对村委会成员候选人条件依法进行了细化,对优化村委会干部队伍起到了很好的促进作用。

2. 广泛进行宣传教育,把政策法规交给基层干部、群众。新闻媒体的密切关注是黑龙江省此次村委会换届选举又一显著特点。省电台《法制经纬》、《早餐前后》等栏目请省民政厅有关人员解答与村委会选举有关的问题;省电视台在《走进千万家》栏目中以《村委会大选》为题,真实记录了海伦市村委会选举的全过程,引起强烈的反响。省电视台《今日话题》栏目播出了《选举尚未结束》的新闻特写,披露了该省某地一个村委会成员候选人在选举中进行贿选的情况,引起了有关部门的高度重视。

为搞好本届换届选举,1999年年底,省民政厅与省人大内司委、省政府法制局联合编写了《黑龙江省村民委员会选举办法条文释义》,印发到乡村干部手中。各市、县都印发了《村委会组织法》和该省《选举办法》,有的印发到村、组,有的发到户。全省共印发宣传材料500万份。1999年11月17日–19日,省民政厅举办了换届选举培训班,直接培训市、县民政局长。各地也都举办了形式多样的培训班,直接培训到乡镇。通过层层培训,黑龙江省各地深入宣传和普及了《村委会组织法》及省《选举办法》。为高质量地完成第五届村委会换届选举奠定了基础。

3. 全面实施依法选举,做到违法必究。黑龙江省这次换届选举的一个主要特点就是,选举过程的每一环节、每一步骤、每一细节都严格依据法律程序进行,决不走样,做到了执法必严,违法必究。为保证选举工作依法进行,各地都加大了执法监督力度。各级党委、政府开通了首长热线电话,各级信访和民政部门设专人或专门机构受理基层干部群众的来信来访。对他们提出的问题及时解答,经调查确有违法选举行为的坚决予以纠正。在换届选举期间,仅省级就受理各类上访852人次。在这852人次的各类上访中,政策咨询的473人次;举报干部作风腐败,偏亲向友的54人次;反映选举中存在问题的324人次,共举报204个问题。对群众反映强烈的问题,做到了事事有结果,件件有回音。据统计,全省各级共纠正违法选举1760件,其中,推翻选举结果、重新选举的234件,维护了法律的严肃性。对此,基层干部感慨地说:“这次换届选举,就是我亲兄弟求我帮忙,面对严密的法律程序和群众监督,我也毫无办法”。连绝大多数上访群众也承认:“这次选举虽然存在一些问题,但这是我们村有史以来最严肃、最规范、最认真的一次选举。”

(三)依靠群众

实行民主选举是农村基层民主政治建设的关键。这次换届选举的又一个突出特点就是相信和依靠广大农民群众,充分尊重农民群众的自主权、自决权,体现真正意义上的村民直接民主选举。

1. 农民群众主持选举。《村委会组织法》和黑龙江省《选举办法》都规定:“村民委员会选举由村民选举委员会主持。”村民选举委员会由本村有选举权的村民直接推选产生,改变了以往个别地方由乡镇干部参与主持、包办代替的现象。这次换届选举,全省各村都是由村民推荐的村民选举委员会主持本村的选举,乡镇干部和民政部门只能进行法律、政策的咨询服务以及业务指导。从调查看,村民选举委员会把选举工作组织得非常科学、有序、公开、公平、公正,使农民群众不仅享有投票表决权,而且享有主持选举、参与选举工作全过程的权利,使选举工作充分体现了民意。对于个别乡镇干部直接参与主持选举工作,帮助唱票、计票等引起群众不满的行为,一经查实,都依法及时给予纠正。

2. 农民群众参与监督选举。此次村委会换届选举中,黑龙江省广大农民表现出了空前的民主参与意识和监督意识。在农村外出经商、外出打工人员较多的情况下,全省的参选率仍在90%以上。更值得一提的是参与竞争村干部的人越来越多。被提名人数最多的一个村,候选人达91人,其中有42人明确表示愿意参加下一轮角逐。据统计,全省平均每村确定的初步候选人在25人以上,这在该省村委会选举的历史上是空前的。本届换届选举自始至终都在广大农民群众的监督之下,从各村的选民名单公布开始,就得到了村民的监督和审查,提出一些可疑的问题找村民选举委员会解答,及时纠正错登、漏登、重登的问题。选举的每一个环节都必须向村民公布。特别是在选举日的当天,绝大多数投完票的选民都不离开选举现场,等待监督唱票、计票工作。一些村型大、选民多的村,计票费时,到深夜出结果时,还有上百人在监督观看,直到选举结果公布生效为止。这种民主监督村委会选举的场面,在黑龙江省农村比比皆是。

3. 农民群众最终决定选举。本届选举充分尊重民意,主要体现以下几点:一是群众决定选举结果。村民选举委员会是由村民会议直接推选产生,候选人由村民直接提名、直接预选,最终以得票多少来确定。村委会选举的结果,以取得法定有效票数多者当选。任何组织和个人都不能改变选举结果,必须尊重民意。二是当地指导性意见和群众选举结果相矛盾时,以群众选举结果为准。一些县(市)把省《选举办法》中候选人条件加以细化,规定长期拖欠统筹、提留款,受到党纪处分、行政处罚不满一年的,不宜被提名为候选人,由村民选举委员会以此为参照,对候选人资格进行审查。这些地方的指导性意见对优化村委会成员队伍起到了一定的积极作用。对一些因不符合上述条件而未被列为正式候选人的选民,在另选栏中得票过半且票数领先者,只要当选人有选举权和被选举权,各级民政部门都认定选举结果有效。三是在选举中出现法律未作具体规定的新情况时,交由村民群众公决。例如,海林市海南乡沙虎村、尚志市尚志镇南平村,都在一些"能人"是否有资格在该村参选产生分歧。其中,沙虎村部分村民多次到省民政厅、省人大上访。省人大内司委、省民政厅在深入调查、充分听取各方面意见的基础上,依据省《选举办法》的有关规定,把权利不加保留地交给村民选举委员会,让村民选举委员会召集村民会议进行村民公决,很好地解决了这两起上访事件。

三、选举效果

(一)强化了村委会干部队伍建设

从本届村委会选举结果看,该省第五届村委会班子的整体素质有了明显提高。新一届村委会成员的平均年龄为41.2岁,比上一届降低了1.3岁;文化程度在初中以上的占85.3%,其中,大专以上的17.9%,党员62.3%。一大批政治坚定、作风正派、办事公道、奉公守法。组织能力强、文化水平高、热心为村民服务,有带领村民致富本领的农民骨干走上了村委会领导的岗位。许多优秀人才脱颖而出。在53395名新一届村委会成员中,有6320位退伍军人,1130位乡村企业负责人,470位私营企业主,5480位养殖种植大户;而具有农民技术员、农技师等各种技术职称的有5890人。与上届相比,村委会干部职数减少了近8760个,村委会干部开支每年比上届减少了近800万元。

新一届村委会上任伊始,就制定了三年任期目标和年度发展规划,农村经济出现了好的发展势头。各村普遍建立健全了一整套村民自治的规章制度,特别是完善了村务公开、村民代表会议、民主理财等项制度,修订完善了村民自治章程和村规民约,做到了有章可循,按章办事,有力地推动了农村基层民主政治建设。

(二)村委会选举是对基层干部、群众进行的一次深刻的基层民主法制教育

本届村委会选举是全省农村群众政治生活中的一件大事,民主选举是村民自治的核心,是农村基层群众最广泛、最直接的民主实践。群众普遍反映,这次选举"选出了热情,选出了活力,选出了干劲"。村民对选举的认识由过去的"选谁都一样"转变为现在的"选谁不一样";村民参加选举的态度由过去的"要我选"转变为现在的"我要选"。广大村民的民主意识和主人翁精神普遍增强,对自己享有的权利和应尽的义务有了更清晰的认识。当自己的民主权利受到侵犯时,村民已经学会运用法律武器保护自己。他们有的手拿法律法规条文到上级执法部门上访,有的甚至聘请律师作为代言人进行申诉。作为村干部,通过此次换届选举,对于"主权在民"含义有了更深一层的认识,懂得了自己的权利是人民给的,自己的工作不但要对上负责,更要让村民满意。乡镇干部也普遍受到了教育,感到必须彻底改变行政命令式的工作方式。

(三)村委会选举促进了党在农村各项方针、政策的落实

由于实行"海选",让村民直接提名候选人,对村民综合素质进行了一次大考核。那些办事公道、管理水平高、热心为村民服务的农民骨干在提名中脱颖而出;那些想参加竞选而平日里有违法违纪行为的村民在提名时普遍受到教育。为进一步保证优秀人才被提名,各级制定的政策、法规对候选人的提名条件进行了细化。黑龙江省《选举办法》明确规定:"违反计划生育政策法规的,3年内不得被提名为村民委员会成员候选人";有的县(市)对拖欠税费情节严重的,对平时为非作歹横行乡里且受到党纪政纪处分的,以及有其他严重违法违纪行为的,在提名候选人时均做了相应的限制。据初步统计,全省有近80人因违反计划生育政策,有110人因拖欠农业税、统筹提留等合理税费款,有近360人因嫖娼、赌博、乱砍滥伐、贩卖假冒伪劣商品等劣迹,被取消了候选人资格,保障了村委会组织的先进性、纯洁性。这些措施不论是对影响提名的村民还是对其他村民都是一个很大的触动和教育,使每一个村民都能认真反思一下自己平日的行为,今后更加自觉地遵纪守法。通过村委会换届选举,使计划生育、"四收"、社会治安等难点问题在黑龙江省农村基层得到了进一步的落实。据不完全统计,在此次换届选举中,有近390个因长年不接受超生处罚的村民

主动到有关部门接受了处罚；有近2.4万村民主动结清了拖欠多年的乡统筹、村提留，总金额在3400万元以上。

（四）规范了村干部的行为，加强了农村基层干部队伍的廉政、勤政建设

本次选举是村民对村干部工作、行为的一次全面、系统的评议和检验。通过对部分落选的上届村委会成员做原因分析，发现他们都不同程度地存在着贪占集体财物，偏亲向友，巧立名目增加村民负担，不按章办事，村务不公开，工作平庸，碌碌无为等诸多问题。而新当选的村委会成员目睹他们的落选，普遍有了压力感，纷纷表示今后“干好干坏群众看得清，上台下台群众说了算”，肩上的担子更重了，只有努力工作，廉洁自律，秉公办事，坚持民主决策、村务公开，才能不辜负群众的信任。因此，许多人一上任就走访群众，征求意见，积极为村民办好事，办实事。

四、选举中存在的问题

与以往的历次村委会换届选举相比，本次选举的成效是极其显著的，但也存在着一些突出的问题。一是一些地方选举不按程序，任意简化、删改法定步骤，工作偏粗。一些村的选举委员会不是按法律规定由村民会议或各村民小组推选，而是由村民代表和党员推选；个别村采取封闭计票，逃避村民的监督；个别乡镇规定不允许另选他人，选票中候选人以外不留空格。二是一些地方对村委会换届选举指导不力，处理群众上访问题不及时，不耐心，造成越级上访。个别乡镇在指导村委会选举时，把一次重新选举误认为是另行选举，把几名本不该当选的候选人认定当选有效（重新选举与另行选举当选的条件是不同的），发现后予以纠正时，引起村民极大的抵触情绪，造成工作上的被动。三是个别村由于受宗族、派性势力的干扰，影响了村委会选举的顺利进行。通过对全省尚未完成选举村的分析表明，除肇源县因调整农村产业结构，全县推迟选举外，其余的村大都是因多次选举参选不过半，或候选人得票达不到法定票数所致，其主要是宗族、派性势力在作怪，一些人采取罢选的方式阻挠选举，一些人采取使得票分散的方法，致使无人当选。

存在上述问题的原因是多方面的，其中最主要的一点就是认识问题。一些领导干部，特别是乡镇领导干部认为村委会选举“超前”，怀疑村民的民主参政议政能力，不相信群众的眼光，怕选举“失控”，担心“好干部”落选，仍习惯于用行政命令式的手段指导村委会选举。其次是村民要求民主的强烈愿望与其自身法律观念淡薄的矛盾，有待于进一步解决。特别是有一部分村民没有摆正国家、集体与个人的关系，从个人、家庭、小团体的利益出发参加选举，干扰了选举的正常进行。第三是按照《村委会组织法》、省《选举办法》的规定，本次村委会换届选举的方式、方法与以往差异很大，一些新出台的政策、法规原则性较强，操作难度加大，在实际工作中不易把握。

内蒙古自治区（2000年度）

内蒙古自治区现有101个旗县（市、区），1505个苏木乡镇，13506个嘎查村委会，人口2361.9万，其中农业人口1553.7万，占总人口的65.8%。2000年4至11月，全区13415个嘎查村委会顺利完成了第四次换届选举，占全区嘎查村委会总数的99.3%。其中一次选举成功的嘎查村10616个，另行选举的2155个，重新选举的383个，分别占总数的79.1%、16.1%和2.9%。全区共登记选民932.2万人，参加投票的选民838.7万人（含委托投票），参选率为90%；直接投票的选民799.9万人，直投率为85.8%。全区共选出嘎查村委会成员59495人，其中连选连任的34937人，非候选人当选的1400人，妇女干部11076人，分别占总数的58.7%、2.4%和21.8%。全区通过预选确定正式候选人的嘎查村12981个，设中心会场集中投票的嘎查村13096个，设秘密写票处的嘎查村12505个，分别占总数的96.1%、97%和92.6%。

内蒙古自治区此次嘎查村委会选举，是在新的《村委会组织法》颁布之后，第一次全面推行由嘎查村民直接提名候选人，实行“海选”为特征的直接民主选举，与前几届相比，在规范选举程序上有了很大提高。一是在主持选举工作上，由过去的苏木乡镇政府主持，改为由嘎查村民会议或小组会议推选出的选举委员会主持。二是在候选人提名方式上，由过去组织提名为主，改为由选民通过预选产生正式候选人。三是在投票选举上，普遍实行了直接选举，采取在中心会场集中投票的方式，设立了秘密写票处，杜绝了户代表选举，保证了选民依法行使民主权利。四是换届选举工作实现了统一选举程序、统一选票样式、统一文书报表、统一当选证书。

一、组织选举情况

1999年12月28日，内蒙古自治区政府下发了《关于做好全区第四届嘎查村（居）委会换届选举工作意见的通知》，对换届选举工作作了全面安排部署，并提出了具体要求。2000年4月7日，自治区九届人大常委

会第十五次会议通过颁布了《内蒙古自治区实施〈村委会组织法〉办法》(以下简称《实施办法》),为全区换届选举工作提供了法律保障。各级党委和政府按照自治区的统一部署,把依法搞好嘎查村委会的换届选举作为近期农村牧区的中心工作来抓,摆上了重要议事日程,采取了有效措施,切实加强组织领导,做到了“三个到位”:一是组织到位。各盟市、旗县(市、区)、苏木乡镇普遍成立了由党政主要领导任组长,人大、纪检、组织、宣传、民政、农经、司法等部门参加的村(嘎查)委会选举领导小组,领导小组下设办公室,明确了工作职责。民政部门具体负责选举工作的组织、指导、协调等日常工作。二是措施到位。各盟市通过召开换届选举工作会议,下发有关文件,研究制定实施意见,对换届选举工作的指导思想、方法步骤、时间安排及选举要求等进行了全面部署。各旗县(市、区)结合本地实际制定了具体实施方案,各苏木乡镇也都制定了详细工作方案,对换届选举工作做了周密安排。三是落实到位。选举中,各旗县(市、区)、苏木乡镇抽调大批机关干部组成换届选举工作指导组,由领导带队深入基层,包乡驻村,责任到人,一包到底,对选举工作进行全程指导督查。多数地方建立了领导责任制,党政主要领导亲自到选举现场实地考察,现场指导选举,听取有关部门的汇报,发现问题及时协调解决。不少地方还明确了苏木乡镇党委书记是换届选举工作的第一责任人,并把这项工作作为年终考核的一项重要内容。全区上下形成了各级领导亲自抓、民政部门专门抓、其他部门配合抓、苏木乡镇具体抓的选举工作网络,确保选举工作层层有人负责,事事有人抓落实。

为了使广大农村牧区干部群众了解《村委会组织法》和自治区《实施办法》的基本内容,充分认识嘎查村换届选举的重大意义,增强嘎查村民的参选意识,选举组织者加强了宣传和培训工作。一是印发各种宣传材料。自治区民政厅及时编印了《嘎查村委会选举工作手册》2万多册;以图文并茂、蒙汉两种文字编辑出版了自治区实施《村委会组织法》办法宣传挂图4万多份;统一印制了嘎查村委会干部《当选证书》。将“一册一图一证”下发到苏木乡镇和嘎查村,深受基层选举工作人员和干部群众的欢迎。许多地方把有关法律法规、选举方案、宣传提纲等编印成小册子下发到嘎查村、组。据不完全统计,各级共印发各种宣传材料100多万份。二是充分利用广播、电视、报纸、墙报、公开栏、标语、宣传车、文艺演出等形式进行大张旗鼓的宣传。不少地方通过电视台举办专题讲座、电视讲话、答记者问,播放民政部录制的《四个民主一套车》专题片,为换届选举营造良好的舆论氛围。据统计,全区各级在选举期间共进行广播宣传10万余次,电视宣传3500余次,报纸报道一千余篇,出宣传板报16700期,张贴标语13万条,出动宣传车3600次。宣传发动工作的广泛深入,极大地提高了广大干部群众学法、知法、用法和依法办事的自觉性,为依法选举奠定了群众基础。三是各地在做好宣传发动的同时,十分重视培训工作,普遍采取了集中办班、以会代训等多种形式,利用一本书——《嘎查村委会选举工作手册》、一幅图——《自治区实施办法》、一部片子——《四个民主一套车》,对各级领导、工作人员进行培训,使他们了解有关法律法规,熟悉选举工作程序,掌握具体操作方法,为依法指导换届选举提供了骨干队伍。全区共举办各种培训班3120期,培训选举骨干达二十多万人,有力地保证了这次换届选举工作依法顺利进行。

坚持依法按选举程序进行,是确保换届选举工作合法有效的重要环节。选举中,自治区各地严格按照《实施办法》的规定,具体制定本辖区实施方案及选举工作日程安排,明确了每一阶段的任务,使整个选举工作有计划、按步骤统一进行。具体工作中,着重抓了以下几个环节:一是必须成立嘎查村换届选举委员会,主持选举工作。选举委员会成员都由嘎查村民会议或嘎查村民小组会议推选产生,选举委员会负责人多数由嘎查村党支部委员担任,苏木乡镇政府指导、帮助、支持选举委员会主持选举工作,依法履行职责。二是必须依法进行选民登记。按照年龄条件、户籍条件和政治条件确定选民资格,在户口所在地的嘎查村进行登记,做到不错登、漏登、重登,并在选举日二十日前张榜公布选民名单,发放选民证,保证每个嘎查村民享有法律赋予的民主权利。三是必须经过预选产生正式候选人。全区普遍采取“海选”的方式,由嘎查村民直接提名嘎查村委会主任、副主任、委员候选人,通过预选,按得票多少确定正式候选人,并在选举日五日前张榜公布。候选人一经依法产生,任何组织或个人均不得调整、撤换。改变了过去由组织提名、指定、内定的做法。四是必须召开选举大会集中投票。对个别居住分散、交通不便、选民难以集中的嘎查村可增设投票站,原则上不设立流动票箱,确需设流动票箱的由选举委员会集体研究决定,从严控制,有效地杜绝了投票时的舞弊现象。五是必须设立秘密写票处。无论是选举大会中心会场和投票站都必须设立秘密划票间,保证选民真正按照自己的意愿填写选票。六是必须在投票结束后,当场公开验票、唱票、计票,当场公布选举结果,并统一颁发当选证书,增加了选举的真实性和透明度。由于各地在整个选举过程中,坚持依法按程序进行，充分体现了直接、差额、无记名、秘密划票、公开计票的原则，广大基层干部和群众对这次选举结果普遍感到满意。

民政部门的督察、指导是嘎查村委会选举顺利开展的重要因素。内蒙古自治区各级民政部门在此次换届选举中，一是抓好业务指导。各地在选举前通过调查摸底，认真做好各项准备工作，制定选举工作方案，培训选举工作骨干，开展选举工作试点，规范选举程序和方法。为了集中精力搞好选举，许多地方在认真调查的基础上，研究制定了详细的工作日程表，统一选举日期、统一选举大会程序、统一选票样式、统一当选证书、统一公告报表、统一检查验收，提高了一次选举成功率。通辽市科尔沁区民政局在组织指导选举工作期间，将局机关全体干部分成秘书、宣传、材料和信访四个工作组，全力以赴抓换届选举。他们根据《村委会组织法》和自治区《实施办法》，规定了选举中的12个法定时间、10个法定操作程序，严格把好五关：即培训关、选委会成立关、选民登记关、候选人提名关、正式选举关。全区25个苏木乡镇统一在规定的选举日内完成选举，一次成功率达99%以上。二是加强督促检查。各地在加强业务指导的同时，在选举的各个阶段，抽调干部组成督检组，深入换届选举问题比较多的地区进行执法检查，帮助解决选举中的突出问题。2000年6月，自治区民政厅分东西两个督检组，由厅领导带队，先后通过对9个盟市的执法检查，及时提出了需要引起重视的问题和解决意见。自治区政府批转下发了民政厅《关于解决当前农村牧区嘎查村委会换届选举工作中存在问题意见的通知》，要求加大督检力度，依法搞好选举。呼市、包头、赤峰、通辽、呼盟、兴安盟等地针对个别宗派势力严重、村内矛盾复杂的重点、难点嘎查村，提前派工作组调查摸底，集中力量，驻村指导，重点监控，确保选举工作依法进行。三是认真处理群众来信来访，确保选举公正公开。随着农村牧区基层民主选举进程的不断推进，嘎查村民的民主法律意识进一步增强，要求依法办事的呼声越来越强烈，来信来访量较上届嘎查村委员选举中有明显增加。2000年1-11月，民政厅共收到有关选举方面的来信52封，接待咨询和投诉电话两百多人次。对群众的来信来访，自治区领导非常重视，及时批转当地民政部门要求认真调查核实，对违法行为该纠正的依法纠正，该重选的依法重选。民政厅和信访部门一起，查处和纠正了一些重点上访案件。各级民政部门主动配合人大、信访、监察、政法机关等有关部门深入基层，依法处理嘎查村民来信来访案件，选举期间还组织警力到社会治安较差的嘎查村维护选举现场秩序，有力地保证了选举工作的顺利进行。赤峰市针对因选举引发群众上访较多的问题，加大查处的力度，共接待来访村民四千多人次，组织联合调查组十多次，实地处理选举中的问题二十余起。四是在选举结束后，各地按照检查验收的标准，普遍进行了自查、抽查。民政厅于12月中旬组织4个验收组，采取听、看、问、访的方式分别对12个盟市换届选举工作进行了随机抽查。

二、选举结果

(一)提高了嘎查村委会班子的整体素质

新当选的嘎查村委会干部在政治素质、文化程度、年龄结构等方面较上届都有明显改善。据各地统计，全区新当选的嘎查村委会成员中，党员28637人，占总数的48.1%；高中以上文化程度21738人（其中大专763人），占36.5%，比上届提高了9.8个百分点；嘎查村委会新班子平均年龄为41.3岁，比上届下降了2.1岁。新一届嘎查村委会的产生，把一大批有文化、懂经营、会管理、群众拥护的致富带头人选进嘎查村委会班子，为基层组织建设注入了新鲜血液，增强了生机和活力。

(二)增强干部群众的民主法制意识

实行直接选举嘎查村委会，让群众真正选择自己满意的“当家人”，大大激发了农牧民群众参政议政的积极性和当家作主的责任感。选举中，嘎查村民学法、用法，参选意识空前高涨，许多群众放下农活赶往会场投票，不少外出打工的嘎查村民也陆续回嘎查村参加选举。巴盟杭锦后旗红星火村选举日正赶上放水浇地，但村民们放下手中活纷纷到主会场投票，参选人数多达712人，占选民总数的95%以上。一位老农激动地说：我们误了农活是误一天，可误了选举一误就是三年啊！包头市九原区古城湾乡在组织投票选举时担心有几个村参选人少，准备多设几个流动票箱，当村民们得知后马上拒绝，全部采用到中心会场集中投票的方式，选举结果使乡村干部群众都比较满意。呼市新城区毫沁营乡麻花板村在选举时采用按主任、副主任、委员的次序三次组织投票，工作一直进行到深夜，多数选民坚持到选举结果出来后才离开选举会场。据统计，全区选民参选率达到90%，个别嘎查村达到100%。

(三)密切了党群干群关系

通过直选出来的嘎查村干部深受群众的拥护，从而极大地调动了他们的工作热情。多数新当选的嘎查村干部在谈到今后的打算时都严肃表示：这次选举不同以往，群众选了咱，咱就得为群众多办好事、实事，否则对不住大家。巴盟磴口县公地乡黎明村新当选主任盛巨才，上任后做的第一件事是针对农民卖瓜难的困难，先后16次到外地找销路，联系60家买瓜客户，销售密瓜200万斤，深受群众的称赞。选举不仅大大增强了群众对干部的信任感，干群关系更加密切，而且工作也顺了，关心集体的人多了，嘎查村民遵纪守法的自觉性有了较大提高。有的嘎查村多年没有解决的提留、征购、计划生育等老大难问题，很快得到了解决。

(四)促进了嘎查村委会的规范化建设

新一届嘎查村委会产生后，按照《村委会组织法》的要求，普遍建立健全了治保、调解、文卫、计生等下属委员会，制定三年发展规划和干部任期责任制，修订完善了嘎查村民代表会议制度、嘎查村务民主管理公开制度、嘎查村民自治章程等一系列规章制度，使嘎查村委会工作有章可循，按章办事，进一步促进了民主决策、民主管理、民主监督的制度化、规范化。

三、存在的问题

(一)认识不足，重视程度不够

有的旗县、苏木乡镇领导干部对嘎查村委会换届选举工作认识不足，重视程度不够，导致工作中宣传发动不到位，组织措施不得力，选举工作进展缓慢。有的认为嘎查村民还缺乏自治的能力，对群众直选干部顾虑重重，怕引起“麻烦”，怕“选乱”；有的怕群众选出的嘎查村干部不听话，失去权威，在指导选举时搞“指选”、“派选”，引起部分群众不满，甚至上访。

(二)选举中的违法问题依然存在

一是有的地方没有依法推选产生嘎查村换届选举委员会成员；有的随意扩大或限定选民登记范围；有的不经“海选”和预选确定候选人，缺乏群众基础，出现全部或部分落选的情况。二是个别地方不召开选举大会，不设立秘密写票处，以流动票箱代替中心会场投票，发生舞弊现象；有的委托投票过多，造成发票、投票混乱；有的不公开计、唱票，不当场公布选举结果。三是少数地方搞暗地活动，请客送礼拉选票；有的承诺上任后不收提留统筹款，不搞计划生育等。

(三)宗族、家族、帮派势力干扰选举的现象在少数地区比较严重

在选举过程中，双方明争暗斗，互拉选票，甚至操纵选民投票，造成选举多次不成功，或选出的嘎查村委会班子办事不公道，群众意见大。

(四)纠查力度不够

有的地方对选举中出现的一些严重违法行为纠正查处的力度不够，对群众的来信来访处理态度不积极，推诿应付，甚至在主管部门提出处理意见的情况下，仍顶着不纠正，造成群众多次越级上访。

(五)有关法律法规还有待于进一步完善

尤其是在嘎查村民资格界定、候选人条件等方面，与农村牧区出现的新情况发生矛盾时，现有法律法规条文中又没有具体规定，操作起来很难把握；对出现的少数家族、宗族、帮派势力、拉票贿选等现象取证认定难，处理起来很困难。对上述问题都需要从法律、法规、政策上认真研究，补充完善。

山西省(2000年度)

山西省现有村民委员会32256个，截至2000年6月底，共有29705个村完成了换届选举。选出村委会干部118967名。其中，村委会主任29107名，副主任28560名，委员61300名。其中，党支部书记兼村委会主任的2244名，占村委会主任总数的7.7%；村委会委员中党员54892名，占村委会干部总数的46.1%；妇女委员10411名，占村委会干部总数的8.8%。当选村委会主任中，连选连任的16869名，占总数的58%；新当选的12238名，占总数的42%。非候选人当选1121名，占总数的3.9%。

一、组织选举情况

此次山西省村委会换届选举是实施《村委会组织法》多年来最认真的一次，选举程序是最规范的一次，选民参选率是最高的一次。1999年10月，山西省政府办公厅转发省民政厅关于做好全省第五届村民委员会换届选举工作的意见，标志着全省村委会换届选举工作全面铺开。根据省政府意见，各地市、县(市、区)、乡镇层层安排部署，或召开电视电话会，或召开现场观摩会，或召开有关人员参加的大会。据不完全统计，各级各地召开形式不同的换届选举部署会议达两千多个，参加人数超过8万人，领导重视程度、工作要求之严都是空前的。为使《村委会组织法》对村委会选举的原则性规定更具可操作性，山西省加强了制订选举方法的工作。一是根据省人大立法计划，《村委会组织法》一颁布，省民政厅即成立《山西省实施村委会组织法办法》起草小组。在省人大内务司法委员会、省政府法制局参与指导下，先后赴省内四地、市、十县(区)、三十余村进行调查，赴福建、安徽等省进行考察。《办

法》草稿多方征求意见，多次修改。1999年5月10日经省政府常务会议讨论后报省人大常委会。省人大常委会将《办法》草案在《山西日报》公布于众，广泛征求社会各界意见，经过常委会三审，同年9月26日通过并颁布实施。二是省民政厅为规范选举程序，更好地指导选举，在进行大量调查研究和学习外省区市做法的基础上，制订下发了《山西省村民委员会选举规程》，民政厅还将《村委会组织法》、《山西省实施村委会组织法办法》和《村委会选举规程》等编成小册子，印发45000本，具体指导换届选举工作，受到广大干部群众的欢迎。许多县、乡领导和民政部门同志手不离册，许多村民没有小册子，自费复印。三是全省11个地市也都相继出台了本地的选举方案或办法，临猗、平定等四十多个县也制定了自己的选举办法。从而初步形成法律法规体系，保证了全省第五届村委会换届选举依法有序进行。深入宣传《村委会组织法》及《山西省实施〈村委会组织法〉办法》，是搞好村委会选举的前提，为此，山西省委组织部、宣传部、省民政厅、司法厅、法制局首先及时转发了中央、国家五部委《关于学习宣传和贯彻执行〈村委会组织法〉的通知》，提出了明确要求。二是加强自身学习。作为职能部门，全省民政系统不断掀起学法热潮。省民政厅举行专题法制讲座，厅、处级干部集中学习了《村委会组织法》。地市民政局同志分期参加了全国人大、民政部、国务院法制局举办的培训班。各县、市区分别以讲座、自学、看录像等形式学法，收到良好效果。三是广泛深入地宣传。在宣传层次上，坚持三个面向，即面向领导宣传，面向广大群众宣传，面向社会宣传；在宣传方法上，坚持灵活多样，实用的原则，采取电视讲座，召开座谈会，印发材料，出动宣传车，咨询解答，板报刊登，知识竞赛等形式。据不完全统计，全省举办各类电视讲座1200多次，召开较大型座谈会300多次，印刷宣传材料81万份，下发各种学习资料13.5万册。在宣传活动中，最显著的特点是领导干部带头学习法律、宣传法律。许多领导同志亲自登台讲解法律，上电视宣传法律，在学法、讲法、用法过程中，各级领导干部，特别是相当数量的县、乡两级主要领导提高了贯彻《村委会组织法》的自觉性，取得了指导换届选举工作的主动权。

培训选举官员，是搞好村委会选举的基础。山西省总结前几届换届选举工作的经验教训，省政府在工作指导中特别要求做好培训工作，切实做好指导人员、选举工作骨干的培训。未经培训，没有合格的选举指导人员，不能匆忙组织大面积选举。按照这一要求，各地扎实有效地开展了培训工作。这次换届选举培训活动是全方位、多层次、有步骤地进行的。省民政厅负责培训民政系统指导骨干，受训人员140名，地（市）负责培训县乡领导，受训人员2659人，县乡负责培训乡指导骨干和村选举委员会主要成员，受训人员达213515人。这次换届选举工作培训力度之大，范围之广，人数之多都是空前的。其显著特点是各地党委、人大、政府的主要领导非常重视培训工作，比如运城、临汾、吕梁、忻州的地委、人大工委、行署的主要领导，既动员安排，又甘当小学生，仔细听、认真学，使培训班办得非常成功。

选举开始后，山西省民政厅以阳泉市平定县做试点，对其经验及时召开会议予以推广。各地市也先行试点，树立了一批典型，为全面铺开选举起到了很好的示范作用。比如晋城市在全市进行了8个乡22个村的试点，在高平召开现场会总结推广试点经验；运城地区先后推出县、乡、村三个层面十大典型，在全区示范推广；临汾地区在洪洞县试点，召开全区现场观摩会，推动面上工作等等，通过以点带面，起到了很好的作用。同时，各地普遍采取先易后难，分类指导的办法推进换届选举，做到成熟一个，换届一个。对问题较多的村、大村和后进村，实行重点帮助和指导，及时化解矛盾，引导群众正确行使民主权利，使整个换届选举工作有秩序、有计划、有步骤地顺利进行。

在换届选举中，各地普遍严格按照《村委会组织法》、《山西省实施〈村委会组织法〉办法》和《山西省村委会选举规程》，坚持直接推选村民选举委员会，直接提名村委会成员候选人，直接选举村委会成员和秘密划票，差额选举原则，堵塞了许多过去选举中的漏洞，使该省村委会选举程序逐渐走向规范。围绕选举的重要环节，各地普遍注意严把“五关”。一是严把选举委员会产生关，即坚持依法由村民会议或村民小组推选选举委员会，并积极引导群众，使选委会内有党支部代表、村民小组长代表、村民代表，以及有威信的老党员和老干部代表，使选举委员会具有广泛代表性，尽力防止选委会被家族势力或宗派势力把持。二是把好选举办法制定关。各地在选举的具体办法上不搞一刀切。比如运城、长治的一些地方在村委会候选人产生上，采取自荐职位，竞选演讲，“海选”确定，效果很好。三是严把选民登记关。各地在选民登记这一环节上都非常认真，对适龄的选民逐人登记，张榜公布，不错登，不漏登，及时发放选民证。四是严把候选人产生关。全省普遍采用村民直接投票提名的办法，并制定候选人资格条件，积极引导，教育群众正确行使民主权利，选好自己的领头人。不选庸庸碌碌的“老好人”，更不选势大气粗，不讲民主的“霸道人”，要选思想好，有魄力的“能干人”。五是把好选举投票关。为使投票选举程序规范，秩序井然，体现民意，各地普遍制定了操作流程图，着重抓了三点：一抓以证换票，即用选民证换票，保证一人一票，选票发放不乱；二抓秘密划票。各个选举会场设立秘密划票间，保证选民不受外界干扰，自主填写选票；三抓当场唱票、计票。当场宣布当选结果，当场颁发当选证书。这次选举，各地对流动票箱和委托代选实行严格控制，从而堵塞了漏洞。

山西省在此次村委会换届选举中，注意加强领导，依法办事。针对不同的地区，进行分类指导。据不完全统计，各级共接待群众169740人次，收到信件4910封，接电话不计其数。其中，有咨询法律的，有求购资料的，有状告不依法办事的……广大人民群众的积极参与，以及在参选过程中提出的一个又一个问题，推动着村民自治的深入进行。

二、选举成效

（一）改善了农村干部结构，加强了村委会组织建设

一是农村干部年轻化、知识化，富有朝气，充满活力。从这次换届选举结果看，村委会干部的文化层次比上届明显提高，年龄比上届明显下降。在当选的村主任中，小学文化程度的3100名，初中的17583名，高中的7889名，大专以上的148名；在当选的副主任、委员中，小学文化程度的16139名，初中的53363名，高中的23578名，大专以上的243名。概括起来说，本届村委会成员中具有初中文化程度以上的占到总数的86.4%，约比上届提高4个百分点。在当选的村主任中，30岁以下的2304名，31至40岁的12375名，41至50岁的11183名，51岁以上的4047名；在当选的副主任、委员中，30岁以下的12472名，31岁至40岁的38857名，41岁至50岁的30969名，51岁以上的15873名。由此看来，村委会成员中40岁以下的占到总数的55.5%，通过这次换届，村委会干部平均年龄普遍下降3.5岁左右。二是村委会干部中能干的人多了。这次换届选举出来的村委会干部，特别是村委会主任，多数见识宽广，思维活跃，在发展经济方面有点子，发家致富方面有办法，并在市场经济中闯出了自己的路子。三是经过选举，村干部有了绝大多数群众的信任基础，办事有人跟，腰杆硬了。经过选举，确实改善了干部结构，加强了村委会建设。

（二）进一步提高了广大干部群众的民主法制意识

一是群众对党的民主选举政策和《村委会组织法》衷心拥护，积极参选。据统计，全省14268011位选民中，参加选举的有12520489人，参选率高达87.8%，少数村参选率达到100%。二是群众对法律、法规学得细，对选举的程序抠得严。在这次选举中，只要程序有一点同法律规定不一致，群众就要求有关人员讲个清楚或到各级民政部门问个明白。三是一些农村基层干部法制观念淡薄的现象有了明显的转变。特别是多数乡镇干部通过这次村委会换届选举，受到了一次真切生动的法制教育。许多亲历选举的基层干部深有感触，充分认识到依法则安，违法则乱，今后“治民”的作风要彻底改变，“民治”的思想要切实加强。

（三）初步形成了上下齐心协力促发展的良好局面

在这次村委会换届选举中，各级组织充分发动群众，依靠群众搞好选举，还抽调数万名干部下乡到村，而且深入农家户院，察民情，听民意，帮助解决许多群众关注的热点难点问题，密切了党群干群关系，不少地方呈现出多年少有的干群共谋发展的动人景象。一是一批“老大难”村面貌开始发生变化。经过选举，村民的情绪好了，心气顺了，自己选的干部自己信任，这些村开始由乱到治，由治到进；二是民主选举极大地调动了群众的积极性。群众对选出的干部抱有很高的期望，觉得在新当选干部带领下，能干出个样子，实现自己致富的愿望。因而，群众建设新农村，改变家乡面貌，改善生活条件，共同致富的热情高，劲头足。三是干部的事业心和责任感增强。一方面，他们得到了群众的信任，深感责任重大，使命神圣；另一方面，选举中他们在群众面前有公开承诺。这对他们既是压力，也是动力，使他们的事业心和责任感大大增强。

（四）为全省农村发展奠定了坚实基础

经过换届选举，比较普遍地选出了各级党委政府满意，广大群众拥护支持的村委会班子，使以党支部为核心的村级组织整体建设得到加强，凝聚力、号召力大大提高。换届选举基本结束后，大部分村党支部、村委会普遍发动群众修订、完善了村级各项制度和经济社会发展规划、带领群众搞好农村各项工作。许多村争相建学校，调结构，修道路，打水井，改善基础设施，从全省各地看，短短几个月，办了许多群众多年期盼的事。

三、存在的主要问题

（一）领导方面存在的问题

极少数县在村委会换届选举中，动手迟，进度慢。主要原因在于这些县主要领导对村委会换届工作极不重视，认识有偏差，误将村委会选举与农村稳定对立起来，怕“乱”不敢选，造成选举工作整体落后。在少数乡、村，主要领导或认识模糊，或组织不力，或执法

不严，或自身不正，使这些地方的选举，或不能如期进行，或被宗派宗族等势力钻了空子，或违法违纪，强奸民意，或几经选举不得成功，造成秩序混乱，人心涣散，甚至导致恶性事件发生，群众屡屡上访，严重影响了当地的稳定和经济的发展。

(二)选举程序方面存在的问题

具体表现在：一些地方不经过村民推选，而是由党支部指定村选举委员会；少部分村不设秘密划票间；工作人员失误或人为造成多发选票或错发选票情况；委托投票把关不严，违规多代现象严重；个别地方仍有组织或个人指定候选人；个别乡镇领导发现候选人不中意，就随意中断选举。更有甚者，还出现了选委会要求村民签名投票的情况，致使矛盾激化，选举中断。造成这些问题的原因：一是一些选举组织者没有很好地学习《村委会组织法》和省《实施办法》，存在不懂不会的问题；二是个别指导选举人员不负责任；三是有一些基层干部工作不细，凭想当然办事，守法意识淡薄。

(三)政策、法规方面的问题

主要反映在：一是超生村民当选问题。乡镇领导普遍反映这个问题难处理，而山西省民政部门接待为此问题上访的群众也为数不少。一些超生村民在当地特定条件下，往往有多数人支持，也有相当数量的村民反对。有些地方在候选人资格确认时取消了其候选人资格，但正式选举时又在另选他人栏当选。对立的一方开始上访告状，要求罢免，乡镇党委、政府感到进退两难；二是罢免时间问题。由于宗派家族势力干扰等因素，一些村刚刚选出村委会成员没几天，就要求罢免。由此，新当选村委会成员任职多长时间能罢免？村委会不组织罢免程序，由谁来组织？什么样的罢免理由能够成立？这些问题，县、乡、村三级选举组织普遍感到难以解决。三是关于《实施办法》第三十八条先审计后选举的规定，在实际操作中，由于审计机构、力量方面的因素，有些地方很难做到既按时完成换届，又做到先审后选，因此只好定些当地政策，边选边审，或先选后审，这又造成一些村民以不符合法定条款为由上访。四是对不按时选举和破坏选举的行为无制约办法，惩处又无法可依。

(四)村委会与党支部关系不够协调的问题

从选举后的情况看，一些村存在村委会主任与党支部书记关系不协调，有的甚至对着干的情况。主要原因是有的村主任误以为自己是多数村民选的，可以不要党支部的领导；也有的村支书习惯于自己一个人说了算，甚至把住村委会的“公章”不交，财务由自己审批，这都反映了一个素质问题。有些支部书记法制观念不强，不能依法支持村委会行使应有的职权，有些村主任自身素质不高，党的观念淡薄，不能维护党组织核心领导地位，尤其是一些新当选的村委会主任不懂如何做村委会工作，如何摆正与党支部的关系。

河北省(2000年度)

河北省严格按照《中华人民共和国村民委员会组织法》的规定，从1999年12月到2000年9月，开展了第五届村委会换届选举工作。全省49935个村委会中，已经完成换届选举的村有47637个，占应换届选举村总数的95.4%。共选出村委会主任、副主任83840名，委员102530名，村委会干部共计186370名。每村平均选出村委会干部3.8人。其中，中共党员有115354名，占61.8%；有一技之长的农民企业家、专业户57829名，占33.5%。村委会成员的平均年龄45.1岁，比上届下降2.1岁。村委会成员的文化素质也比上届提高：大专以上文化程度的有1061名，初中以上文化程度的有164166名，占95.7%，比上届提高2.7%。

此次河北省村委会换届选举有以下几个特点：一是实行了村民直接选举，突破了旧的选举模式，真正实现了由任命制和村民间接选举到直接选举的重大转变。二是广大农民群众的民主意识和参政意识空前高涨。全省共有选民3750多万人，直接参加选举的3410多万人，选民参选率达90%以上。三是农村广大干部群众学法、用法的自觉性大大增强，广大村民做到了依法行使自己的民主权利。四是各级领导高度重视这项工作。全省形成了党委统一领导，人大监督检查，政府组织实施，部门协调配合的村委会换届选举新格局。

一、组织选举情况

2000年度河北省村委会换届选举，是在总结前四届选举工作基础上，根据新颁布的《村委会组织法》、《河北省村民委员会选举办法》进行的。为做好换届选举工作，省委、省政府发出《关于认真做好全省第五届村民委员会换届选举工作的通知》，作了全面部署。整个换届选举工作大体分为宣传发动、选举实施、建章立制、检查验收四个阶段。

(一)广泛宣传《村委会组织法》，努力提高干部群众的思想认识

1998年11月4日《村委会组织法》颁布后，河北省

各级党委、政府高度重视，根据省人大意见，省政府与省人大联合召开了宣传、贯彻《村委会组织法》电视电话会议。民政厅还会同组织、宣传、司法、法制办五部门联合下发通知，就全省宣传贯彻《村委会组织法》以及如何发挥部门的职能作用作了具体安排。选举工作开始后，各地根据当地实际，把宣传贯彻《村委会组织法》和河北省"两个办法"与党的十五届三中全会决定结合起来，与"三五"普法教育结合起来，与农村思想工作实际结合起来，效果显著。各地充分利用电视、广播、板报、宣传材料、标语口号等形式大张旗鼓地宣传有关选举的法律、法规、政策，有的地方还利用文艺演出、知识竞赛等群众喜闻乐见的形式向社会广泛宣传，在社会上形成了人人了解、关心、支持村民民主选举的良好氛围。在宣传法规政策的基础上，各地针对农村基层干部群众思想中存在的模糊观念，积极进行正面教育，引导大家正确认识民主选举与加强党的领导的关系，乡镇政府、党支部与村委会的关系，行使民主权利与依法履行义务的关系，消除了各种担心和疑虑，增强了搞好民主选举的自觉性。

(二)切实加强对换届选举工作的领导

实行村委会直接选举是广大村民直接参与民主政治建设的伟大实践，各级党委、人大、政府都非常重视。省、市、县(市、区)分别成立了以党委、人大、政府主要负责同志为组长，以组织、宣传、农工、民政、公安、司法、妇联、财政等有关单位为成员的换届选举领导机构和办事机构。乡、村普遍成立了换届选举委员会。为加强基层党组织对选举工作的领导，省委、省政府要求，农村党支部书记要依法进入村民选举委员会。唐山市开平区99.2%的村党支部书记依法进入了村民选举委员会。1999年12月，省委、省人大、省政府召开了有各市主管副书记、副市长等参加的全省第五届村委会换届选举工作会议，对村委会选举作了全面部署。各市、县也随之召开了会议，专门安排部署换届选举工作。唐山、承德、廊坊等市召开市委常委会，专题研究换届选举工作的原则、思路、方法、步骤。邢台、沧州等市把换届选举工作作为今年农村工作的大事列入重要工作日程。同时，各级党委、政府还建立了换届选举工作领导责任制。石家庄、唐山、邢台3个市的市委书记担任换届选举领导小组组长；各地县委书记是"第一责任人"，乡镇党委书记是"直接责任人"，实行干部包村负责制。邯郸市从各级党政机关抽调12000余人，组成5400个工作组包村指导选举。秦皇岛海港区五套班子领导全部包乡包村指导选举工作。乐亭县包村干部自带行李，吃住在乡村，选举不结束不返回。

(三)充分发扬民主，严格依法办事

搞好换届选举关键在于充分发扬民主，严格依法办事，该给群众的权利一点不能留，法律规定的程序一步不能少。在选举工作中，各地充分把选举的法律、政策全部交给村民，最大限度地调动广大村民参与选举的积极性，严格依法办事。一是在选举过程中，始终把干部、选民的思想认识统一到《村委会组织法》和省《选举办法》上，不简化程序，严把"选委会产生"、"选民登记"、"候选人推选"、"候选人资格审查"、"选举大会组织"等五个关键环节。二是对选举中拉帮结派、威胁利诱、抢砸票箱、蓄意制造事端的，依法严厉打击，发现一起，处理一起。全省共制止破坏选举事件296起，拘捕滋事扰乱选举的61人(次)，打击了歪风邪气，伸张了正气，保证了选举工作的正常进行。三是对选举过程采取行之有效的监督措施。张家口市采取了人大、公证部门、新闻舆论和群众监督四种监督形式，效果显著。四是加大了对违法选举的查处力度，发现问题该纠正的纠正，该处理的依法严肃处理。据统计，在这次选举中查处违法选举的个案360起。

为严格依法办事，认真执行政策，各地下大力抓了群众来信来访工作。有的成立了选举咨询站，与选民面对面对话；有的开通了咨询电话，24小时值班，为村民解答换届选举问题；有的建立了政策咨询服务队，深入到农户为选民解难释疑。民政厅制订下发了二十多万字的《河北省村民委员会选举办法条文释义》，并编写了《选举工作手册》发放各地。据不完全统计，全省各级接待咨询、上访人员42716人(次)，处理来信3528件，解决来信来访反映的问题13012件，保证了选举工作的正常进行。

(四)精心指导，认真做好选举的具体工作

一是抓好选举试点工作。1999年4月民政厅召开会议，对试点工作进行部署，要求各地结合实际，分门别类组织好选举试点。按照要求，廊坊市采用全程试点的方法，选择好、中、差三个不同类型的县、乡、村进行试点。张家口市采取阶段试点办法，一步一步进行示范引导，大大缩短了换届选举时间。据统计，全省共抓试点532个。二是加强分类指导。省委、省政府对换届选举工作统一部署，统一届次，统一各类文书。各级选举办深入选举第一线，围绕"三个直选"，在推选选委会、产生候选人、组织正式选举等重要环节上具体指导，并通过召开现场观摩会等形式进行典型示范。各地从实际出发，遵循因村制宜，分类指导，分期分批，先易后难的原则，逐步推进。冀州市对412个村逐一摸底，按“好、中、差”分类排队，有针对性地做好工作，取得了满意效果。三是加强调度，整体推进换届选举工作。针对换届选举中出现的各种问题，各级选举领导小组及时召开调度会，通报进度，交流经验，提出要求。省委、省人大、省政府召开了三次调度会，交流情况，探讨问题，提出了依法规范选举、依法组织选举、依法保障选举的重要指导意见，研究解决了许多带有普遍性、倾向性的问题。据统计，全省召开各类换届选举工作调度会共计561次，有力地推动了换届选举工作的进展。

(五)积极做好换届选举后的建章立制和检查、验收工作

2000年2月，河北省民政厅召开了专门会议，推广了鹿泉市档案规范化管理的经验。要求各地结合本地实际，认真研究修订本届村委会任期内开展村民自治，带领村民脱贫致富奔小康的发展规划和工作目标，发动村民依法修订《村民自治章程》和《村规民约》。按照要求，唐山市出台了《村民委员会成员任职期间考核办法》。秦皇岛市规范了村委会换届选举档案和干部档案管理制度，全市有90%以上的村重新制定了村规民约和村民自治章程。廊坊市召开了建章立制现场会，会后各县对新当选的村委会干部、村民代表、村民小组长制订了“约法三章”。全省共修改、完善了《村民自治章程》和《村规民约》共67849份，还制订、修改了其他各种规章制度，扩大了基层民主，密切了干群关系。选举工作基本结束的市县对换届选举工作进行了回头看。邯郸、邢台、唐山、承德、保定等市已经完成了检查验收工作。秦皇岛、廊坊、衡水等市把检查验收与经验交流相结合，与解决选举遗留问题相结合，收到了较好效果。对还未进行选举或选举不成功的难点村和情况复杂的村，各市、县、乡都认真进行了研究分析，加强思想政治工作，采取有效措施，逐村组织选举。

(六)加强培训，建立一支素质较高的选举工作骨干队伍

为搞好选举，民政厅组织有关专家、学者及从事基层政权建设的实际工作者，编写了一部三十多万字的《村委会干部培训教材》。选举铺开前，省第五届村委会换届选举工作领导小组办公室在石家庄、承德、秦皇岛三地直接组织举办了4期培训班，培训市、县(区)领导及换届选举工作骨干1100多人。各市以党校为依托，对各县的主管副书记、副县长、民政局长、政权科股长以及换届选举试点乡镇的乡镇长，进行了党的十五大精神、《村委会组织法》、《省选举办法》、选举程序、村民直选办法的培训。各县、乡主要对村支部书记、村委会主任、村选举委员会成员以及在村党员，重点进行换届选举程序和选举方法的培训，使他们不仅掌握法律、法规和有关政策，而且熟练地掌握选举程序和选举办法。据统计，全省共举办各类培训班2210期，培训人数278466人次，为换届选举工作的健康发展提供了组织保证。

二、选举效果

河北省此次村委会换届选举，对该省农村社会政治、经济、文化等各方面产生了广泛、积极的影响，为农村改革发展稳定注入了勃勃生机与活力，给全省广大农村带来了前所未有的可喜变化，出现了团结、向上、民主、和谐的政治局面。一是它使农村广大干部群众经受了一次深刻的民主法制教育和民主实践的锻炼，有力地促进了基层民主政治建设。通过民主选举村委会，农民群众掌握了自己的民主权利，懂得了如何运用法律去维护权益和履行义务，极大地调动了参政议政的积极性，提高了民主意识和法制观念。基层干部深深感到，满足农民的政治愿望，尊重农民的民主权利，是解决农村发展稳定的治本之策，提高了依法行政、民主管理的自觉性。二是加强了村委会班子建设，提高了农村干部的整体素质。这次换届选举使全省村委会班子结构得到优化，素质得到加强，领导、管理能力、文化程度、年龄结构、科技专业水平等方面普遍得到提高。特别是一大批政治上强、懂经济、会管理、有专业知识技能的勤劳致富的带头人脱颖而出。新的村委会认真实行民主管理、民主决策、民主监督，增强了村委会班子的战斗力。据统计，在已当选的村委会成员中，有一技之长的致富带头人占33.5%以上，使党支部为核心的村级组织建设得到了加强，这就为农村的改革、发展、稳定提供了强有力的组织保证。三是密切了干群关系，化解了农村矛盾，促进了农村社会稳定。通过这次换届选举，极大地调动了村民当家做主的积极性，使他们更加信任和支持自己选出来的干部，相互之间有了认同感和信任感。同时，选举的过程也教育了村干部，有效地制约了干部的行为，使他们增强了公仆观念、责任感和自律意识，促进了廉政建设，增强了干部群众互相负责的义务观念，农村中的诸多热点、难点问题得到了较好解决。徐水县辛庄村曾一度因村干部不廉洁行为，导致班子分裂，群众不满，有人利用群众的不满情绪挑起家族矛盾，组织一百多人集体上访，并抢占村委会办公室，拒交村提留、乡统筹，成为当地有名的穷村、乱村。换届选举中，乡党委不定调子、不划框框，坚持相信群众，充分发扬民主，平等竞争，村民直接公开选举，严格按法定程序组织选举，终于选出了群众拥护的村委会

班子。新班子上任后不负重望,自己掏钱解决了过去集体拖欠群众的债务,收清了三年的“提留统筹”尾欠,组织群众调整农业结构,发展大棚菜百余亩,使这个村的面貌很快发生了变化。四是大大推动了农村经济、社会公益事业的发展和精神文明建设。通过民主选举,干部和群众双方都受到了教育和鞭策,特别是村委会干部要兑现竞职演说的承诺,从而增强了使命感和责任意识,把压力变成带领群众发展经济的动力,已经选出的大多数村委会都制定了依法治村方案和发展规划,在村民的支持和监督下,实行决策民主化和科学化,有的已开始着手调整农村产业结构,发展经济作物、设施农业、牲畜饲养和村镇企业,大力发展农村经济。同时,通过修订《村民自治章程》和《村规民约》解决了大量如三提五统、计划生育、民间纠纷、婚丧改革、公共公益事业等问题,促进了农村的社会主义精神文明建设。

三、存在的问题

河北省此次村委会换届选举,从总体上看是好的,发展是比较健康的,进展是比较顺利的,并创造、总结了一些好经验、好做法。但由于是在新的《村委会组织法》颁布后第一次搞直接选举,涉及村村户户的民主权利和经济利益,牵涉到社会的各个方面,工作中也存在着一些问题,需引起重视。

(一)有些干部,特别是少数基层干部民主意识差,对推进农村基层民主政治建设的重要性认识不足,没有严格按《村委会组织法》和《选举办法》组织选举,出现了一些违法违规问题

从调查情况看,有些领导干部至今对推进农村基层民主政治建设的重要性认识不足,特别是不能正确对待农民群众日益增长的民主意识和依法维护自己合法权益的强烈愿望,甚至认为民主政治建设搞得过早了。相当一部分农村基层干部,特别是少数乡镇干部低估了农民群众的民主觉悟和自治能力,不能正确对待直接民主选举。一是不依法组织选举。个别地方没有直接选举村委会,而是或采取户代表选举,或“换届不换人”,或不发选民证,不设选举主会场、秘密划票间,采取流动票箱进行选举等等,直接违背了法律法规的规定。二是有些乡镇干部凭个人好恶,主观内定村委会人选。少数乡镇领导不尊重广大村民的民主权利,违背民意,内定村主任、副主任、委员人选,甚至暗箱操作,侵犯农民的民主权利,造成集体上访,影响社会稳定。三是有些乡镇干部存有单纯任务观点,盲目追求选举数量,把选举工作简单化,在一些村情复杂的地方工作不到位,不做深入细致的宣传发动工作,单纯赶进度,图省事,“抄近路”,简化民主选举程序。造成选举质量不高,甚至有的多次选举不成功,有的出现不稳定问题。四是个别地方以村情复杂,矛盾突出为借口,行动迟缓,等待观望,久拖不选。五是极少数乡镇领导,无视国家的法律法规,当选举不遂自己心愿时,不让宣布选举结果,不颁发《当选证书》,甚至撕烧选票,直接干扰了换届选举工作。

(二)部分农民群众法制观念淡薄,违法违规问题在一些村比较突出,干扰了换届选举工作的正常进行

一是农村的家族、宗派势力干扰选举。在换届选举中,他们没有大局观念、整体利益、往往以家族、宗派的利益为核心,明争暗斗,互相拆台,互拉选票,操纵、干扰、破坏选举。二是部分村民随意放弃法律赋予自己的民主权利。这些村民有的不参加换届选举;有的不负责任地投票;甚至有的被选上也不上任。三是有的村民为了争权,以不正当的方式拉选票。有的请客送礼拉选票,也有冒名顶替投票的。更有甚者,有的一看选举结果不合自己心愿,就采用暴力手段,砸票箱,撕选票,烧选票,聚众闹事,搅乱会场,破坏选举,使选举无法进行。

(三)相当一部分干部,特别是有的乡镇干部思想观念、领导方法和工作作风与日益增长的民主意识不适应,对选举工作领导不力

个别农村基层党组织核心作用发挥不够,“两委”关系不够协调。村委会实行直接民主选举,是在广大农村进行的一场民主政治建设。少数基层领导对这场变革的重要性、长期性认识不足,责任感、紧迫感不强,工作主动性、自觉性不高,领导乏力,致使一些地方选举出现问题。少数农村党支部没有按党章的规定发挥领导核心作用,严重影响了换届选举工作。一是个别村党支部处于瘫痪状态,没有能力领导换届选举。二是少数村党支部班子软弱无力,在群众中威信差,党支部书记未能依法进入村民选举委员会,不能把握选举局势,造成选举失败。有的个别村党支部民主作风差,喜欢少数人说了算,选举带有倾向性,选民有意见,造成选举工作无法进行。三是个别村党支部成员和原村委会成员经济不清,千方百计维护原班子,不敢进行选举,一些村民坚持不查清经济问题不能进行选举,因此造成村委会选举不能正常进行,影响了农村的稳定和经济发展。村委会选举后,个别地方出现了两种不良倾向:一种倾向是党支部包办代替或过多地干预村委会正当行使职权,忽视了村委会及其他村级组织的作用。另一种倾向是村委会主要成员

素质差,政治觉悟低,不能自觉接受村党支部的领导,认为村委会是全体村民选出来的,党支部是“少数人”选的,不愿接受党支部的领导。在一些农村中出现了村委会和党支部互相争权,互比高下的现象,存在着严重的不协调、不团结问题。有的县两委班子闹不团结的竟占3%。

(四)有些村委会成员素质不高,难以胜任所肩负的责任

由于在村委会换届选举中方方面面因素的干扰,有一部分村新选出的村委会成员结构不够优化,素质较低,突出表现在以下几个方面:一是文化程度低;二是成员年龄老化严重;三是工作能力差和政策水平低;四是依靠宗族和派性势力被选进村委会的,党性不强,素质差,不能代表绝大多数村民的利益;五是当选动机不纯,上任后想乘机捞一把或泄私愤;六是妇女委员偏少,党员比重较低。

天津市(2000年度)

2000年1至12月,天津市根据《中华人民共和国村民委员会组织法》、《天津市村民委员会选举办法》的规定,组织了该市第四届村委会换届选举工作。全市3829个村委会,已完成换届选举的3741个村委会,占应换届选举村委会总数的97.7%,实现了全市“村官”由上级任命到村民直接选举的历史性转变。

一、组织情况

此次选举是《中华人民共和国村民委员会组织法》和《天津市村民委员会选举办法》正式颁布实施后,天津市村委会的首次换届选举。天津市委、市政府对这项工作非常重视,把它作为2000年全市农村工作的一件大事来抓。为加强领导,批准成立了天津市第四届村委会换届选举工作领导小组,市纪检委、组织部、农工委、民政局、公安局、司法局、信访办、妇联等有关部门为成员单位,选举办公室设在民政局,全面负责全市的村委会换届选举工作。各区县、乡镇都成立了村委会换届选举工作领导小组,组长由党委、政府的主要领导担任,具体组织实施本地区村委会换届选举工作,各级领导重视程度之高是前几届未有的。

为确保换届选举工作的顺利进行,各区县实行了领导包片、包村责任制,多数区县还采取了“三集中”的办法,即集中精力、集中时间、集中人员。每个乡镇均组建了由30-40名机关干部参加的换届选举工作推动组,包村入户,指导换届选举工作,仅武清区就抽调1100多名机关干部参加选举工作。各有关部门抽调得力人员,专项负责换届选举工作,切实做到了各尽其职,各负其责,通力协作,齐抓共管。全市上下形成了层层有人管,一级抓一级,一级对一级负责的村委会换届选举工作网络。在具体组织村委会选举的过程中,天津市主要做了以下工作。

(一)认真充分准备,积极稳妥推进

1. 广泛深入发动,激发民主意识。各区县、乡镇采取农民群众喜闻乐见的形式,通过有线电视、广播、报刊、宣传材料、标语、黑板报、知识竞赛、入村入户宣讲等多种形式,对“两法”和这次选举的目的、意义进行了广泛深入的宣传,力求做到家喻户晓,人人皆知。使广大干部和农民群众掌握了“两法”的基本精神,并做到“三个明确”:一是指导思想、方法步骤、日程安排明确;二是选民的权利义务明确;三是法律规定和操作程序明确。增强了广大干部和农民的民主意识和法制观念,形成了上下关注,支持换届选举,积极参与换届选举的良好社会氛围。宝坻县在宣传发动中下发《村委会组织法》读本和《天津市村委会选举手册》1620本,其他宣传材料2780多份,张贴标语16700条,抽调县乡干部418人,入户宣讲2700次。

2. 分级培训骨干,提高执法水平。针对本届选举工作的新特点和新要求,市换届办编写了《天津市村委会选举手册》,对选举工作的各个具体环节做了详细的规定,并下发到各乡镇、村,作为培训的基本教材和选举工作的参考依据。蓟县结合本县实际编写了《村委会培训教材》和《村委会换届选举百题问答》,为解决选举中的实际问题起到了较好的指导作用。为提高各级选举骨干的执法水平,市换届办举办了全市“两法”培训班,集中培训了各区县的民政局长和建政科长,对贯彻“两法”和选举中可能出现的问题进行了讲解和研讨。各区县普遍采取办培训班、专题讲座、以会代训等方式,对乡镇村主要领导、各级选举领导小组成员、选举工作人员、选举委员会成员、村民代表、村民小组长等有关人员进行了培训,全市共培训各级骨干十多万人,使受训者熟悉了“两法”,掌握了具体的操作方法,提高了选举工作的执法水平。如津南区各级共举办培训班104期,培训24004人次。

3. 深入调查,摸清情况。为确保换届选举工作顺利进行,天津市各区县乡镇抽调力量对所辖乡镇村进行了深入细致的调查研究,基本摸清了所辖村的村情、民情和经济状况,在此基础上制定出符合实际的选举措施方案。对可能发生的问题,制定了相应的预

案和措施，以取得工作上的主动权。西青区要求各村做到“四清”，即村情清、班子情况清、候选人目标清、选举预案清。宁河、宝坻在选举前，普遍对原村委会班子成员进行离任审计，对村里的资产、财务进行全面核查，审计核查结果向全体村民公开。对存在突出问题的村，先集中力量进行整顿，解决存在的问题和矛盾后，再进行换届选举，并提出没有准备充分的不急于选举，有不稳定因素的不急于选举，热点问题没处理好的不急于选举。

4. 抓好试点，以点带面。天津市在大规模选举前，选择300个不同类型的村进行了试点，以取得经验，总结教训，指导面上的工作。静海县为搞好30个村的试点工作，成立了村委会选举试点工作领导小组，并组织相邻的村到试点村参观学习，现场观摩，为全县村委会的换届选举工作顺利进行奠定了良好的基础。宝坻县认真总结试点工作的经验教训，编印了《选举中十道程序，十个环节》一书，为规范全县选举工作起到了积极作用。

(二)充分发扬民主，严格依法办事

选举工作法律性、程序性、技术性强，稍有疏忽，就可能前功尽弃，或影响选举的质量。选举中，天津各区县、乡镇把充分发扬民主，严格依法办事作为一条重要原则，不怕麻烦，不图省事，坚持依照“两法”严格操作，在遵循普遍选举、平等选举、直接选举、当场公布结果和公平、公开、公正的基本原则下，严把“四关”，基本做到群众享有的民主权利一点不能少，法律规定的选举程序一步不能差。这“四关”一是严把村选举委员会产生关。村选举委员会的产生改变了过去支部决定或上面指定村委会干部的做法。由村民选举或村民小组推选产生；二是严把选民登记关。针对当前村民从业广、流动性大的特点，各区县在选民登记中注意掌握户口、年龄、政策。做到依法搞好选民登记，确保有选举权和被选举权的村民不重登、不错登、不漏登，对个别漏登、错登的，给予及时纠正。据统计，全市选民登记准确率达99%；三是严把候选人提名关。各区县基本做到了候选人提名充分尊重民意，不划框，不定调，不搞指选派选，而是由村民直接提名。为防止不具备条件的人进入候选人范围，津南区率先提出七种人不宜提名为候选人，其他区县也陆续出台了相应措施；四是严把正式选举关。在正式选举前做好各项准备工作，培训工作人员，布置中心会场，设立领票处、秘密写票间、代书处、投票处、咨询处和监督处等，保证村民自主地行使民主权利，实行公开、直接、差额和无记名投票，并当场唱票、计票、公布结果。

(三)加强指导督察，确保选举质量

为确保换届选举质量，使民主选举真正落到实处，市、区县、乡镇各级都加强了对换届选举工作的督察指导。

1. 深入基层，加强具体指导。在换届选举工作的各个阶段，各级领导小组在加强宏观指导的同时，注意深入基层调查了解真实情况，听取村民的反映，及时研究解决存在的问题，推动换届选举工作健康发展。市换届选举办公室经常派人深入各区县、乡镇进行现场指导。各区县领导小组成员定期深入到各乡镇巡回指导，并深入到村，特别是难点村进行现场指导。津南区委书记何荣林和民政局局长邢景成几乎跑遍了全区164个村，对难点村多次上门做工作，化解矛盾。宁河县领导小组成员带头深入基层，摸情况，解难题，做思想工作，并组织专项督察推动组，对全县22个乡镇逐个督察指导，对四个重点乡镇进驻指导，逐村分析。

2. 深入研究，加强法规政策指导。换届选举法律性、政策性强，法律以外的技术性问题不少。各级换选办在吃透“两法”精神的前提下，在研究解决相关政策上下工夫。一年来，研究出一整套解决选举程序上技术难题的方法和政策性问题，下发各地参照执行，确保了选举的统一、规范，提高了选举质量。

3. 沟通信息，加强针对性指导。市及各区县都创办了“村委会换届选举工作简报”，通过简报把上级的有关精神，各区县、乡镇好的做法，疑难问题的解决，选举进度，信访情况等及时传到基层，市、区县两级换届办共出简报200多期。各级换届办都设立了咨询室或咨询电话，对换届选举中出现的问题有专人进行解答。据不完全统计，选举期间仅市、区县两级换届办共接到咨询电话两万多个，及时解决了选民的疑难问题。

4. 认真处理来信来访，及时纠正偏差。信访是群众情绪的“晴雨表”，也是了解选举工作真实状况的一个重要渠道。为了做好信访工作，各级选举办都设专人负责接待来信来访，并定期研究有关疑难问题，对群众反映的问题，大多能认真、及时处理。仅市换届办就接到上访信96件、上访咨询电话2000多个、来人上访1000多人次。武清区从来信来访中发现30多个村在选举中有违法违规操作现象，全部推倒重来，个别村三次重新选举。

二、主要成效

由于天津市精心准备，稳扎稳打，此次村委会换届选举收到了十分明显的效果。

(一)村委会班子的整体素质明显提高

通过民主选举上来的新一届村委会班子,特别是村委会主任,整体素质和结构得到明显提高和改善。一是政治素质好。村委会成员中党员6551名,占59%;村委会主任中党员2390名,占83.3%;村党支部成员担任村主任的1734人,占60.4%。二是文化程度明显提高。新一届村委会成员中,高中文化程度以上的4164人,占37.5%;村委会主任高中以上文化程度的1486人,占51.8%。三是年龄结构更趋合理。新一届村委会成员平均年龄44.6岁,村委会主任年龄平均45.05岁,其中40岁以下的村委会成员3833人,占34.5%,村主任1186人,占41.4%。四是一批素质好、办事公道、作风民主、懂经济、会管理、热心为农民群众服务的能人被选入村委会班子。由复员退伍军人、企业职工、个体私营业主等人员担任村委会主任的915人,占31.9%。由于新一届村委会成员、村委会主任整体素质的提高和结构的改善,使我市村委会的理论水平、法律意识和依法推进村民自治的能力得到加强,对促进农村经济发展、社会进步将产生积极作用。

(二)农民群众的民主法制观念进一步增强

通过这次贯彻实施"两法"和村委会民主选举的实践,全市农民群众的民主法制观念明显增强。其表现:一是农民学法、用法的热情高涨。农民自费购买有关选举的法律书籍和音像制品,自发学习有关法律条文,有的为了买书和有关资料,跑到市里甚至北京。一些乡镇干部说:"农民对法律条文的熟悉程度比干部们还要高。"二是农民参政议政热情高涨。在选举期间,民主选举成了农村的一大热门话题,田间地头,家里村里,到处都在议论选举之事。很多农民为了参加选举不惜放弃在外经商赚钱的机会,从外地赶回来投票,连在外国打工的村民也寄回了委托书,要委托信任的人投上神圣的一票。一些老弱病残人员也积极参加选举。全市有选举资格的村民共有269万人,其中,参加投票的选民230多万人,占选民总数的86%,一部分村达100%。一次选举成功的村达3031个,占81%。三是珍惜民主权利。在选举中父子、夫妻、亲属之间互不代替投票,都要自己行使自己的民主权利,为信得过的人投上一票。四是维权意识增强。当出现违法选举现象时,村民们立即到有关部门咨询上访或举报上告,坚决捍卫自己的民主权利。本次选举信访量的增加,从一个侧面反映了农民群众民主法律意识、维权意识明显提高。

通过民主选举,激发了广大农民极大的政治热情和主人翁责任感,在农民群众中出现了"三多三少"现象,即学法、懂法、用法的多了,法盲少了;按法律办事的人多了,遇事蛮干的人少了;维护法律,宣传"两法"的多了,对法不管不问的少了。

(三)各级民政部门和基层干部的执法能力和执法水平有所提高

民主选举不仅是广大农民学习民主政治的大学校,也使主管基层政权建设的民政部门和农村基层干部经受了一次民主的洗礼。针对广大群众来信来访反映的宗族、派性操纵选举,个别干部暗箱操作,违法选举等问题,市选举办就先后20余次到问题较多的区县、乡镇、村了解情况,帮助解决群众反映强烈的问题。本届村委会选举,民政部门还配合各级人大加强执法监督,配合纪检、公安部门加大对破坏选举事件的查处力度。各级民政部门勇于挑重担、唱主角,严格依法办事,执法能力和执法水平有了明显的提高。

为搞好选举工作,乡村干部自觉学习"两法"和《天津市村委会选举工作手册》,主动研究讨论有关条文细节,在选举中严格程序,依法办事。一些乡镇干部感慨地说:"这次村委会选举是动真格的了,程序一步不能少,偏差一点不能有,否则,农民要告你,领导要批你。过去的老办法行不通了,必须学法、用法,严格依法办事才行!"

(四)村民自治深入发展,农村基层民主政治建设步入轨道

通过这次认真贯彻落实"两法",民主选举村委会已基本实现。农民群众高兴地说:"这次村委会换届选举,才是真正的民主选举,村干部由农民自己选,真正体现了人民群众是国家的主人。"新一届村委会班子产生后,普遍健全了下属组织,进行了建章立制工作,制定了三年任期目标,重新修订完善了《村民自治章程》或《村规民约》,建立健全了村民代表会议制度、村务公开制度、民主管理村务和经济制度等,促使民主决策、民主管理、民主监督进一步落实,为加强农村基层民主政治建设奠定了良好的基础。

(五)为天津农村的改革、稳定、发展奠定了基础

通过民主选举村委会,换掉了一批不称职的干部,选出了一批思想好、作风正、有文化、有能力,真心实意为群众办事,带领群众走共同致富道路的人,不少村委会软弱涣散的状况有了明显改观,为天津农村的改革、稳定、发展和率先基本实现农业现代化提供了坚强有力的组织人才保证。同时,在这次选举中,通过干部离任审计、财务核查和村务全面公正,暴露了

一些村多年存在的问题,引起各级领导和有关部门的关注,一些长期积累的矛盾得到了化解,消除了农村的一些深层次矛盾和不稳定因素,理顺了农民群众的情绪,激发了广大农民建设社会主义新农村的政治热情,促进了农村的社会稳定。

三、存在的问题

本届村委会换届选举虽然取得了比较显著的成绩,但也存在一些不容忽视的问题,主要是:

(一)思想认识尚有差距

经过《村委会组织法》试行十多年来的实践和这次换届选举对"两法"深入的宣传、培训,绝大多数干部的思想认识已经统一到中央的政策上来了。但还有一些人,特别是一些乡镇干部至今仍对"两法"持不同看法,如:有的认为农民整体素质不高,村委会直选搞早了;有的认为乡镇不能任命村委会干部,实际上削弱了乡镇党委和政府的权威;有的村党支部认为,由村民直选村委会成员削弱了党在农村的领导地位……思想认识上的偏差,导致行动上消极甚至违法现象发生。如在这次选举中,有的乡镇不是积极领导和指导民主选举,而是消极无作为;有的对群众举报或上级有关部门责成处理的违法现象久拖不决;有的不依法办事,搞变相的行政干预;有的不支持民选村委会的工作,甚至设置障碍。

(二)个别地区和乡镇换届选举前期准备工作不细

其表现:一是对"两法"的宣传不深入不广泛,培训工作力度不够,还留有死角,致使一些基层干部和村民思想准备不足。二是对村情,特别是难点村的村情缺乏真实细致的了解,对可能出现的问题缺乏必要的处理措施,致使个别村的选举工作失控和不能按期完成。三是对选举前的干部离任审计、财务核查和村务公开,不认真不彻底,致使村民集体多次上访或重大事件的发生。

(三)有些地方选举程序不严格,不能依法办事

如选举委员会不能依法产生,投票选举不设主会场,而全部采用流动票箱,随意变更选举日期等。其主要原因是有的乡镇干部怕麻烦,图省事,有的是为了避开某些程序,而达到操纵选举的目的。

(四)个别村宗族势力、派性矛盾突出

干扰了选举工作,影响了选举质量。 甚至出现贿选,拉选票,乱承诺,砸票箱,干扰唱票,哄闹会场等违法现象。

(五)有的地方"两委"关系不协调

有的村委会成员不能正确处理村民自治与党的领导的关系,认为自己是多数村民选出来的,只要执行村民会议的决定就行了,接受党支部领导的自觉性不够。有的党支部成员对村民自治和民主选举,不敢领导,不会领导,甚至放弃领导;有的对民主选举的村委会不信任,不支持;有的认为党支部是领导核心,就要包办一切,一切由党支部说了算,不注意发挥村委会作用,使村委会形同虚设。由于两委关系不协调,影响了民主选举的成果和农村的稳定及经济发展。

乡镇政务公开全面推行,逐步走上规范化的轨道

——全国乡镇政务公开工作情况综述

80年代末,一些地方和部门开展了"两公开一监督"(公开办事程序、公开办事结果、加强群众监督)工作。党的十四大以后,特别是江泽民同志在党的十五大提出"城乡基层政权机关和基层群众性自治组织,都要健全民主选举制度,实行政务和财务公开,让群众参与讨论和决定基层公共事务和公益事业,对干部实行民主监督"的要求后,从1997年到1999年,绝大多数省、自治区、直辖市开始在不同范围推行政务公开工作。经党中央同意,2000年,中纪委第四次全会提出,要在全国乡镇政权机关全面推行政务公开。目前,全国乡镇政务公开工作发展势头良好。

一、乡镇政务公开已全面推行

2000年中纪委第四次全会提出要在全国乡镇政权机关全面推行政务公开。2000年7月25日召开了全国乡镇政务公开经验交流电视电话会议,这次会议以党的十五大和中央纪委第四次全会精神为指导,总结交流了各地推行乡镇政务公开好的经验和做法,对今后一个时期的乡镇政务公开工作做了部署、提出了要求。在这次会议上,中央政治局常委、书记处书记、中央纪委书记尉健行同志根据江泽民同志"三个代表"的重要思想,从政治和全局的高度,深刻阐述了推行政务公开的重大意义,并对进一步抓好这项工作提出了明确要求。国务委员、国务院秘书长王忠禹同志从政府工作的角度,提出了推行政务公开的近期目标和具体要求。2000年12月6日,中共中共办公厅、国务院办公厅下发了《关于在全国乡镇政权机关全面推行政

务公开制度的通知》，对政务公开的指导思想、基本原则和基本要求，乡镇政务公开的主要内容和工作方法、监督保障制度和组织领导体制等作了明确规定。

去年全国乡镇政务公开电视电话会议和两办《通知》下发后，各地认真贯彻落实会议和《通知》精神，积极推行乡镇政务公开。截至目前，全国有23个省区市已普遍推行，其余绝大多数的推行面也达到90%以上。主要特点如下：

(一)加强领导，各级政府充分发挥作用

截至目前，全国有28个省区市设立了政务公开领导机构，党委或政府的领导同志亲自负责。为使两办《通知》中确定的"党委统一领导，政府主抓，政府办公厅(室)协调组织，纪检监察机关监督检查"的领导体制落到实处，湖北、湖南等地在工作中坚持做到：各级各部门各单位行政主要领导担任政务公开领导小组组长，对政务公开工作负总责；政务公开工作的有关政策、制度以政府文件下发；动员部署、检查督办等重大活动由政府出面组织，由政府主要领导作主题讲话；将政务公开工作作为党风廉政建设和党政领导干部年度考核的一项重要内容严格考核。一些地方还按照两办《通知》的精神，对政务公开的各项工作进行了分解，明确了各部门的责任。如湖南省明确提出，政府办公厅协助政府领导承担对推行政务公开工作的牵头主抓责任；组织、民政部门重点抓好乡镇政务公开的规范化工作；人事部门负责对公务员实施政务公开的评估、考核和奖惩；宣传部门负责实施政务公开的舆论宣传工作；法制部门负责指导和促进政务公开的法制化、规范化建设；纪检监察机关负责对整个政务公开的监督检查和有关组织协调工作。一年多来，各地党委、政府切实把乡镇政务公开工作作为农村工作的一件大事来抓，尤其是县(市)级党委政府都切实地加强了对这项工作的领导和具体指导，对工作中出现的问题及时加以研究和解决，保证了乡镇政务公开的顺利开展。

(二)主管部门加强指导，派驻乡镇各基层站所在所在乡镇统一组织下积极推行政务公开工作

"七站八所"的公开是乡镇政务公开的重点，也是工作初期的薄弱环节。2000年电视电话会议后，中央国家机关普遍加强了对本系统基层站所政务公开工作的指导。民政部、农业部、国土资源部、财政部、国家税务总局和国家工商管理局在2000年分别下发了文件，对本系统的政务公开工作做出安排部署，要求设在乡镇的基层站所要积极配合乡镇作好政务公开工作。公安部在1999年就下发了实行警务公开的文件。农业部还召开了本系统的全国乡镇政务公开经验交流电视电话会议。同时，各地也按照两办《通知》的要求，加强了对"七站八所"政务公开工作的领导。各地各部门普遍要求双重管理单位要服从所在乡镇政务公开的总体部署，同步进行；服从当地党委、政府的督促、检查和指导。目前，各地的派驻基层站所基本上纳入了所在乡镇的政务公开工作之中。

(三)求实创新，在深度和广度上不断深化和拓展

一年多来，各地采取有效措施，下功夫抓好乡镇政务公开工作。在公开的内容上，抓住群众关心的热点、难点和重点问题，既公开事关本乡镇经济和社会发展的重大问题，也公开计划生育、宅基地审批、乡村税费的收缴使用、救灾救济款物发放以及乡镇企业承发包、租赁、拍卖等事关群众切身利益的事项。同时，各地不断总结经验，探索出多种多样的简便有效的公开形式。如设立政务公开栏、宣传橱窗；印发宣传资料、办事手册、信息专刊；通过广播、电视等新闻媒体进行公开等。为使公开的内容更加符合群众的要求，不少地方还实行了"点题公开"，即群众想知道什么就公开什么；有的还在公开栏中设立"回音壁"，即对群众提出的问题做出公开答复。天津市今年提出，乡镇政务公开工作要做到"两深化，一健全"，即实现从给群众一个明白、还干部一个清白向干部依法行政、群众依法维权上深化；实现从公开办事制度、办事程序、方便群众向公开决策过程、保证公开结果公正可信上深化；健全监督保障机制、落实责任、强化监督，保证政务公开的效果。

(四)着重建立有效的监督保障机制，确保政务公开取得实效

推行政务公开，核心是加强监督，建立起一套便利、管用、有约束力的监督制约机制。在这方面，湖南、湖北、天津、河北、山西等做了有益的探索。这些地方在工作中坚持做到：第一、坚持严格的工作程序。首先是科学地设置公开栏目，突出公开重点，明确公开时间。其次是严格审批程序，每次正式公开之前，都实行"预公开"，即公开方案在一定范围内征求意见，充实完善后，再向社会公开。再次是加强事后反馈工作。公开后由政务公开办公室负责收集整理社会反映，由政府督查部门协调承办部门落实，并将落实情况予以公开，接受群众监督。在规定时间内不能落实的，纪检监察机关按照党风廉政建设责任制规定追究有关部门领导责任。第二、建立完善的考评机制。不少地方把政务公开工作纳入整体工作考核和党风廉政建设责任制考核的体系之中，细化责任内容，量化责任目标，完善

责任环节，做到年初有布置，年中有检查，年底有考核，全年有总结。第三、强化监督检查。定期组织人大代表、政协委员和群众代表对政务公开工作进行专项检查和评议。

（五）在工作安排上，把政务公开与相关的治本抓源头工作结合起来抓，形成合力

政务公开与治本抓源头的许多工作有着紧密的联系，把这些工作捆在一起抓，形成合力，能更有效地推动工作的开展，这是各地在工作中的切身体会。湖北、湖南、福建、吉林、上海、四川等地把政务公开和村务公开、厂务公开、收支两条线、会计委派、零户统管、村账站审、政府采购、建立有形建筑市场、行政审批制度改革和人事制度改革等等源头治理的各项工作紧紧结合起来，整体推进，既把政务公开工作渗透到其他各项工作中去，抓好其他各项工作的对外公开和内部监督制约机制的建立，又注意运用其他各项工作的成果推动政务公开工作的深入，确实保证政务公开的内容真实、可信、公正。这样，凡权力触及的部位都有具体的公开项目，机关干部的施政行为置于广大群众的监督之下，发挥了综合效应。

二、乡镇政务公开取得明显成效

一年多来，全国乡镇政务公开工作取得了明显的成效。

（一）提高了政府工作透明度，密切了党群、干群关系

推行政务公开后，干部群众普遍反映，干部的工作作风转变了，党群、干群关系密切了，群众对党和政府的信任增强了。湖北省同风县在1998年7月长江流域发生特大洪涝灾害后，率先实现移民建镇，比中央有关决策出台提前了一个多月，当年国庆节就有60户灾民搬进了新村。但随后的一段时间，灾民因不了解有关政策，多次到省、市越级上访。县政府及时派出工作组，向群众宣讲国家有关政策，公布移民建镇补偿标准，核算灾民实际所得补助。由于实行了公开，灾民心服口服，很快平息了事态。通过政务公开，拆掉了干群之间的“隔心墙”，架起了政府与人民的“连心桥”，许多过去难以解决的矛盾得到了化解。

（二）提高了机关工作效率，促进了政府机关工作作风转变

实行政务公开后，各地普遍实行公开办事，有效地遏制了吃、拿、卡、要等不正之风，办事效率也明显提高。陕西省秦都区在推行政务公开过程中，群众反映很多政府机关服务意识差，群众很多亟待解决的问题不知道找谁来办。为此该区成立了为民应急服务指挥中心，下设医疗卫生、公安、农机、电力等25个为民应急分队，12个乡镇都设立了分支机构，群众无论有什么“急、难、险、重”的事，只要拨一个电话，就能解决问题。同时，该区在14个窗口部门及其基层站所推行服务承诺，公开服务项目，规范工作内容，明确办结时限，简化办事程序，优化了服务质量，有效地解决了机关工作人员服务意识差、遇事推诿扯皮、办事效率低等问题。

（三）增强了领导干部民主决策、科学决策意识，提高了决策水平

实行政务公开后，乡镇政府将重大的经济决策、社会事务及和群众切身利益相关的决策过程公开，让人民群众参与决策、管理和监督，大大提高了决策水平。吉林省东辽县椅山乡为加快经济发展步伐、减轻农民负担，决定合并行政村。镇政府将这项动议公开，让群众参与决策，发出11700张征求意见表，收回10960张，其中赞成的10640张，反对的320张，提出有关意见和建议70余条，镇政府根据群众意见对原有方案修改后，报市委、市政府同意，将44个村合并成18个，减少村干部180人，农民人均减负26元。

（四）增强了人民群众的民主意识，拓宽了群众参政议政渠道

实行政务公开，广大人民群众能够更多地参与到基层的经济、政治和社会事务管理中来，真正地实行民主管理、民主决策和民主监督，进一步调动和发挥了广大群众的积极性、创造性。湖北省钟祥市的同志称他们的公开是“撕出来的公开”。钟祥市在推行政务公开初期，公布出来的内容先后两次被群众撕掉，这种情况引起了市委、市政府领导的重视，公开本应当受到群众的欢迎，为什么群众要将公开栏上的内容撕掉呢？经过调查才知道，原来一些单位搞形式主义，将一些无关痛痒，甚至虚假的东西公布上墙，群众对此很不满意，认为这是敷衍、糊弄老百姓，因此以撕掉公开栏上的内容来表达他们的不满。找到原因后，钟祥市对前段工作认真检查，重新安排部署，加大监督管理力度，采取有效措施保证公开内容的真实、可信，受到了广大人民群众的欢迎，调动了群众参政议政的积极性。

（五）规范了广大干部的行政行为，提高了政府依法管理的水平

湖南省浏阳市推行政务公开后，具有行政执法、经济管理职能的部门把涉及农民、个体工商户和企业

的收费项目和标准逐一在当地报纸上公开,并规定了各执法部门收费时,一律出示"两证两卡一书",否则企业、个体工商户、农民有权拒绝交费。这不仅加强了人民群众对国家工作人员的监督,而且也提高了国家工作人员依法行政的意识、规范了他们的行为。

(六)强化了对权力运作的监督制约,促进了廉政建设

推行政务公开,提高了权力运行的透明度,逐步建立起一套有约束力的权力运行机制,为广大群众直接对政府权力进行监督开通了一条渠道,为防止暗箱操作、滥用权力提供了制度上的保证。今年在很多省进行的撤乡并镇工作中,许多地方采取全程公开的方式,公开撤并方案,公开乡镇干部的安排使用情况,公开乡镇财务和物资的情况,从而堵塞了漏洞,防止了问题的发生,保证了乡镇撤并工作的顺利进行。

经过近年来的实践,很多基层干部尝到了政务公开的甜头。一些基层干部说:"政务公开,能让干净务实的人甩开膀子干,能让老实巴交的人获得心理平衡,能让以权谋私的人无空可钻,能让搬弄是非的人没有市场。过去是上边的人逼我们推行政务公开,现在就是不让我们搞了,我们还是要搞。""乡镇政务公开既是最管用的思想政治工作,又是最有效的工作方法,还是解决基层工作中诸多问题的药方。"在一些工作开展较好的地方,政务公开已逐步成为乡镇政权机关的一项基本工作制度。

三、进一步巩固乡镇政务公开成果

一年多来,政务公开工作虽然取得了明显的成效,但也还存在着一些问题,主要有:一是认识不到位,对政务公开工作存在片面认识。一些领导干部存在着畏难、抵触情绪,可以归结为"三怕",怕引火烧身,怕失去权力,怕增加工作负担。因此工作被动,消极应付。这些认识在政务公开推行的初期比较普遍,现在在少数领导干部身上仍然存在。一些领导干部对政务公开的重要意义理解不全面,认识存在偏差。如有的认为政务公开的主要目的就是提高工作效率,方便群众办事。由于存在上述错误或片面的认识,使得一些地方的工作进展缓慢,或者在工作方向上产生偏差。二是工作发展不平衡。经过一年多的努力,大部分地区的政务公开工作已基本进入规范化的轨道。但有的工作不够扎实,只是停留在形式上的公开。三是领导体制和工作机制还没有完全理顺,缺乏及时的、强有力的工作指导。少数地方没有按照两办《通知》的精神建立党委统一领导,政府主抓,政府办公厅(室)组织协调,纪检监察机关督促检查的领导体制。针对存在的问题,今后一段时间要进一步提高认识,在狠抓乡镇政务公开的巩固、规范、提高上下功夫。

(一)以"三个代表"重要思想为指导,结合贯彻十五届六中全会《关于加强和改进党的作风建设的决定》,进一步提高各级领导干部对政务公开重大意义的认识

从各地情况来看,思想认识问题仍是目前工作中存在的一个带有普遍性的主要问题。由于对政务公开工作的重大意义缺乏深刻的认识,导致一些地方工作滞后,进展缓慢。因此,进一步提高各级领导干部对政务公开工作重要性的认识,是搞好政务公开工作的前提条件,这在当前显得尤为重要和紧迫。

推行政务公开是实践"三个代表"重要思想的具体体现;是加强社会主义民主政治建设的重要途径;是提高政府工作效率,转变职能,促进依法行政的重要一环;是加强党风廉政建设,从源头上预防和治理腐败的治本之策;是营造经济发展的良好环境,促进社会主义市场经济发展的重要措施;是政府主动适应加入WTO需要的改革举措。

在今后的一段时间里,应结合"三个代表"理论的学习,结合贯彻落实十五届六中全会《关于加强和改进党的作风建设的决定》,进一步加大舆论宣传力度,为政务公开工作创造良好的工作氛围,通过深入细致的思想教育工作,使广大干部进一步提高对政务公开重要意义的认识,增强工作的自觉性。

(二)乡镇政务公开主要是抓巩固、规范、提高

目前,我国乡镇政务公开已在全国全面推行,并且取得了明显成效。今后的主要任务是继续贯彻落实两办《通知》精神,在抓巩固、抓规范、抓提高上下功夫。

抓巩固就是要巩固已经取得的成果。各地区各部门特别是县级党委和政府要调查了解本地推行乡镇政务公开过程中存在的问题,认真分析原因,有针对性地采取措施,加以解决,努力实现乡镇政务公开的制度化、经常化,防止出现反复。

抓规范就是要进一步抓好乡镇政务公开的内容规范、形式规范、时间规范。一是规范乡镇政务公开的内容,不仅要全面落实两办《通知》要求,而且要根据实际情况的变化及时公开群众关心的新热点;不仅公开结果,而且要公开决策程序和过程,从而不断充实、扩展公开的内容。二是规范乡镇政务公开的形式,除公开栏等主要形式外,还要根据公开内容的需要,采取灵活多样的公开形式。三是规范乡镇政务公开的时

间，坚持做到经常性工作定期公开，阶段性工作逐段公开，临时性工作随时公开。

抓提高就是要不断提高乡镇政务公开的整体水平。要真正把乡镇政务公开落到实处，并取得实实在在的效果，关键在于要建立起一套便利、管用、有约束力的监督制约机制。今后各地要在建立健全内部监督机制上下功夫。

Yearbook of Democratic and
Political Grass Roots Construction In China

2001 中国农村基层民主政治建设年鉴

第二部分
政策法规

Chapter Two
Policies and Codes

中国共产党第十一届中央委员会第三次全体会议公报（节选）

（1978年12月22日）

为了迎接社会主义现代化建设的伟大任务，会议回顾了建国以来经济建设的经验教训。会议认为，毛泽东同志1956年总结我国经济建设经验的《论十大关系》报告中提出的基本方针，既是经济规律的客观反映，也是社会政治安定的重要保证，仍然保持着重要的指导意义。实践证明，保持必要的社会政治安定，按照客观经济规律办事，我们的国民经济就高速度地、稳定地向前发展，反之，国民经济就发展缓慢甚至停滞倒退。现在，我们实现了安定团结的政治局面，恢复和坚持了长时期行之有效的各项经济政策，又根据新的历史条件和实践经验，采取一系列新的重大的经济措施，对经济管理体制和经营管理方法着手认真的改革，在自力更生的基础上积极发展同世界各国平等互利的经济合作，努力采用世界先进技术和先进设备，并大力加强实现现代化所必需的科学和教育工作。因此，我国经济建设必将重新高速度地、稳定地向前发展，这是毫无疑义的。

全会讨论和原则同意1979、1980两年的国民经济计划安排，建议国务院在修改后提交明年召开的全国人民代表大会第二次会议讨论通过。会议认为，这个计划安排是积极的可行的。会议指出，粉碎“四人帮”以后，我国国民经济恢复和发展的步子很快。1978年的工农业总产值和财政收入都有较大幅度的增长。但是必须看到，由于林彪、“四人帮”的长期破坏，国民经济中还存在不少问题。一些重大的比例失调状况没有完全改变过来，生产、建设、流通、分配中的一些混乱现象没有完全消除，城乡人民生活中多年积累下来的一系列问题必须妥善解决。我们必须在这几年中认真地逐步地解决这些问题，切实做到综合平衡，以便为迅速发展奠定稳固的基础。基本建设必须积极地而又量力地循序进行，要集中力量打歼灭战，不可一拥而上，造成窝工和浪费。

会议指出，现在我国经济管理体制的一个严重缺点是权力过于集中，应该有领导地大胆下放，让地方和工农业企业在国家统一计划的指导下有更多的经营管理自主权；应该着手大力精简各级经济行政机构，把它们的大部分职权转交给企业性的专业公司或联合公司；应该坚决实行按经济规律办事，重视价值规律的作用，注意把思想政治工作和经济手段结合起来，充分调动干部和劳动者的生产积极性；应该在党的一元化领导之下，认真解决党政企不分、以党代政、以政代企的现象，实行分级分工分人负责，加强管理机构和管理人员的权限和责任，减少会议公文，提高工作效率，认真实行考核、奖惩、升降等制度。采取这些措施，才能充分发挥中央部门、地方、企业和劳动者个人四个方面的主动性、积极性、创造性，使社会主义经济的各个部门各个环节普遍地蓬蓬勃勃地发展起来。

会议深入讨论了农业问题，同意将《中共中央关于加快农业发展若干问题的决定（草案）》和《农村人民公社工作条例（试行草案）》发到各省、市、自治区讨论和试行。

全会认为，全党目前必须集中主要精力把农业尽快搞上去。因为农业这个国民经济的基础，这些年来受了严重的破坏，目前就整体来说还十分薄弱。只有大力恢复和加快发展农业生产，坚决地、完整地执行农林牧副渔并举和“以粮为纲，全面发展，因地制宜，适当集中”的方针，逐步实现农业现代化，才能保证整个国民经济的迅速发展，才能不断提高全国人民的生活水平。为此目的，必须首先调动我国几亿农民的社会主义积极性，必须在经济上充分关心他们的物质利益，在政治上切实保障他们的民主权利。从这个指导思想出发，全会提出了当前发展农业生产的一系列政策措施和经济措施。其中最重要的是：人民公社、生产大队和生产队的所有权和自主权必须受到国家法律的切实保护；不允许无偿调用和占有生产队的劳力、资金、产品和物资；公社各级经济组织必须认真执行按劳分配的社会主义原则，按照劳动的数量和质量计算报酬，克服平均主义；社员自留地、家庭副业和集市贸易是社会主义经济的必要补充部分，任何人不得乱加干涉；人民公社要坚决实行三级所有、队为基础的制度，稳定不变；人民公社各级组织都要坚决实行民主管理、干部选举、账目公开。会议认为，在今后一个较长时间内，全国粮食征购指标继续稳定在1971年到1975年“一定五年”的基础上不变，绝对不许购过头粮。为了缩小工农业产品交换的差价，全会建议国务院做出决定，粮食统购价格从1979年夏粮上市的时候起提高百分之二十，超购部分在这个基础上再加价百分之五十，棉花、油料、糖料、畜产品、水产品、林产品等农副产品的收购价格也要分别情况，逐步作相应的提高。农业机械、化肥、农药、农用塑料等农用工业品的出厂价格和销售价格，在降低成本的基础上，在1979年和1980年降低百分之十到十五，把降低成本的好处基本上给农民。农产品收购价格提高以后，一定要保证城市职工的生活水平不致下降。粮食销价一律不动;群众生活必需的其他农产品的销价,也要坚决保持稳定;某些必须提价的,要给予消费者以适当补贴。会议还讨论了加强农业科学教育、制定发展农林牧业的区域规划、建立现代化的农林牧渔业基地、积极发展农村社队工副业等重要问题,决定采取相应的措施。

全会指出,城乡人民的生活必须在生产发展的基础上逐步改善,必须坚决反对对人民生活中的迫切问题漠不关心的官僚主义态度。同时,我国经济目前还很落后,生活改善的步子一时不可能很大,必须把有关的情况经常告诉人民,并在人民和青年中继续加强自力更生、艰苦奋斗的革命思想教育,各级领导同志必须以身作则。

中国共产党中央委员会关于建国以来党的若干历史问题的决议(节选)

(1981年6月27日)

历史的伟大转折

(26) 党在1979年4月召开的中央工作会议上提出对整个国民经济实行"调整、改革、整顿、提高"的方针,坚决纠正前两年经济工作中的失误,认真清理过去在这方面长期存在的"左"倾错误影响。党指出经济建设必须适合我国国情,符合经济规律和自然规律;必须量力而行,循序前进,经过论证,讲求实效,使生产的发展同人民生活的改善密切结合;必须在坚持独立自主、自力更生的基础上,积极开展对外经济合作和技术交流。在这些方针指导下,轻工业的发展加快了,工业内部结构正朝着合理的协调的方向发展;包括扩大企业自主权、恢复职工代表大会制度和加强企业的民主管理、财政分级管理等在内的经济管理体制的改革,正结合经济调整有步骤地进行。党认真补救农业合作化后期以来农村工作上的失误,提高农副产品价格,推行各种形式的联产计酬责任制,恢复并适当扩大自留地,恢复农村集市贸易,发展农村副业和多种经营,极大地调动了农民的积极性。这两年的粮食产量是建国以来最高的,经济作物和农副产品的生产都获得了迅速的发展。由于农业和整个国民经济的发展,人民生活有了改善。

各级人民代表大会的工作得到加强,省、县两级人代会增设了常设机构,县级和县级以下人民代表由选民直接选举的制度正在普遍实行。党和国家的集体领导和民主集中制正在健全。地方和基层组织的权力正在逐步扩大。取消了不利于发扬社会主义民主的所谓"大鸣、大放、大字报、大辩论"。恢复、制订和施行了一系列重要的法律、法令和条例,包括建国以来一直没有制订的刑法、刑事诉讼法。加强了司法、检察和公安机关的工作。打击了各种严重的刑事犯罪分子。依法公开审判了林彪、江青反革命集团10名主犯。

团结起来,为建设社会主义现代化强国而奋斗

(32)我们党在新的历史时期的奋斗目标,就是要把我们的国家,逐步建设成为具有现代农业、现代工业、现代国防和现代科学技术的,具有高度民主和高度文明的社会主义强国。我们还要实现台湾回归祖国,完成祖国统一的大业。我们总结建国以来32年历史经验的根本目的,就是要在坚持社会主义道路,坚持人民民主专政即无产阶级专政,坚持共产党的领导,坚持马克思列宁主义、毛泽东思想这四项基本原则的基础上,把全党、全军和全国各族人民的意志和力量进一步集中到建设社会主义现代化强国这个伟大目标上来。四项基本原则,是全党团结和全国各族人民团结的共同的政治基础,也是社会主义现代化建设事业顺利进行的根本保证。一切偏离四项基本原则的言论和行动都是错误的,一切否定和破坏四项基本原则的言论和行动都是不能容许的。

(33)只有社会主义才能救中国。这是中国各族人民从一百多年来的切身体验中得出的不可动摇的结论,也是建国32年来最基本的历史经验。尽管我们的社会主义制度还是处于初级的阶段,但是毫无疑问,我国已经建立了社会主义制度,进入了社会主义社会,任何否认这个基本事实的观点都是错误的。我们在社会主义条件下取得了旧中国根本不可能达到的成就,初步地但又有力地显示了社会主义制度的优越性。我们能够依靠自己的力量战胜各种困难,同样也是社会主义制度具有强大生命力的表现。当然,我们的社会主义制度由比较不完善到比较完善,必然要经历一个长久的过程。这就要求我们在坚持社会主义基本制度的前提下,努力改革那些不适应生产力发展需要和人民利益的具体制度,并且坚决地同一切破坏社会主义的活动作斗争。随着我们事业的发展,社会主义的巨大优越性必将越来越充分地显示出来。

(35)五、逐步建设高度民主的社会主义政治制度,是社会主义革命的根本任务之一。建国以来没有重视这一任务,成了"文化大革命"得以发生的一个重要条件,这是一个沉痛教训。必须根据民主集中制的原则加强各级国家机关的建设,使各级人民代表大会及其

常设机构成为有权威的人民权力机关,在基层政权和基层社会生活中逐步实现人民的直接民主,特别要着重努力发展各城乡企业中劳动群众对于企业事务的民主管理。必须巩固人民民主专政,完善国家的宪法和法律并使之成为任何人都必须严格遵守的不可侵犯的力量,使社会主义法制成为维护人民权利,保障生产秩序、工作秩序、生活秩序,制裁犯罪行为,打击阶级敌人破坏活动的强大武器。决不能让类似“文化大革命”的混乱局面在任何范围内重演。

十、根据“文化大革命”的教训和党的现状,必须把我们党建设成为具有健全的民主集中制的党。一定要树立党必须由在群众斗争中产生的德才兼备的领袖们实行集体领导的马克思主义观点,禁止任何形式的个人崇拜。一定要维护党的领袖人物的威信,同时保证他们的活动处于党和人民的监督之下。在高度民主的基础上实行高度的集中,坚持少数服从多数、个人服从组织、下级服从上级、全党服从中央。执政党的党风问题是关系到党的生死存亡的问题。各级党组织和全体党员干部必须深入群众,深入实际,谦虚谨慎,和群众同甘共苦,坚决克服官僚主义。必须正确运用批评和自我批评的武器,克服离开党的正确原则的各种错误思想,根除派性,反对无政府主义和极端个人主义,纠正特殊化等不正之风。必须整顿党的组织,纯洁党的队伍,清除那些欺压人民的腐化变质分子。党在对国家事务和各项经济、文化、社会工作的领导中,必须正确处理党同其他组织的关系,从各方面保证国家权力机关、行政机关、司法机关和各种经济文化组织有效地行使自己的职权,保证工会、共青团、妇联、科协、文联等群众组织主动负责地进行工作。党要加强同党外人士的合作共事,发挥人民政协的作用,在国家事务的重大问题上同民主党派和无党派人士认真协商,尊重他们和各方面专家的意见。党的各级组织同其他社会组织一样,都必须在宪法和法律的范围内活动。

中共中央、国务院关于实行政社分开建立乡政府的通知

(1983年10月12日)

随着农村经济体制的改革,现行农村政社合一的体制显得很不适应。《宪法》已明确规定在农村建立乡政府,政社必须相应分开。为了有领导、有步骤地搞好这一改革,现将有关问题通知如下:

一、当前的首要任务是把政社分开,建立乡政府。同时按乡建立乡党委,并根据生产的需要和群众的意愿逐步建立经济组织。要尽快改变党不管党、政不管政和政企不分的状况。

政社分开、建立乡政府的工作要与选举乡人民代表大会代表的工作结合进行,大体上在1984年底以前完成。

二、乡的规模一般以原有公社的管辖范围为基础,如原有公社范围过大的也可以适当划小。

在建乡中,要重视集镇的建设,对具有一定条件的集镇,可以成立镇政府,以促进农村经济、文化事业的发展。

三、乡的编制要力求精干,不得超过现在公社的人员编制,具体由各省、市、自治区统筹安排。

乡干部要逐步从农村优秀人才中选拔,要能上能下。当选就任职,落选就回到生产中去。现有的脱产干部,包括在集体经济组织工作的,一切待遇不变,新选拔上来的经济上给以适当补贴。

过去各地选调了一些社员到公社工作,对于这部分人,适合继续工作的可以留用,不适合的应动员回到生产中去。

四、乡人民政府建立后,要按照《中华人民共和国地方各级人民代表大会和地方各级人民政府组织法》的规定行使职权,领导本乡的经济、文化和各项社会建设,做好公安、民政、司法、文教卫生、计划生育等工作。当前,应着重抓好社会治安,打击刑事犯罪活动,发动群众制定乡规民约,开展社会主义精神文明活动,促进社会治安和社会风气的根本好转。

五、政社分开以后,经济体制的改革应继续按照1983年中共中央关于印发《当前农村经济政策的若干问题》的通知精神进行。

现有社队企业要继续完善生产责任制,加强群众的民主管理,办成名副其实的合作经济企业。在改革中,要严防财产损失和个人损公肥私。

农业技术推广、林业、畜牧兽医、农业机械、经营管理等基层事业单位,供销社和信用社,都应进一步做好改革工作,扩大服务范围,提高服务质量,逐步形成一套技术、管理、流通、金融的服务体系,以利于农村多种经济形式和商品生产的发展。

六、随着乡政府的建立,应当建立乡一级财政和相应的预决算制度,明确收入来源和开支范围。有关具体事项由财政部规定。

七、村民委员会是基层群众性自治组织,应按村民居住状况设立。村民委员会要积极办理本村的公共事务和公益事业,协助乡人民政府搞好本村的行政工作和生产建设工作。村民委员会主任、副主任和委员

要由村民选举产生。各地在建乡中可根据当地情况制定村民委员会工作简则，在总结经验的基础上，再制定全国统一的村民委员会组织条例。有些以自然村为单位建立了农业合作社等经济组织的地方，当地群众愿意实行两个机构一套班子，兼行经济组织和村民委员会的职能，也可同意试行。

八、政社分开、建立乡人民政府是一件大事，各级党委必须加强领导，坚持群众路线，做好宣传工作和思想政治工作，先行试点，逐步展开，保证工作质量。凡是已经进行改革的地方，已定的规模和已设的机构应在实践中总结经验，逐步完善。

为了做好这项工作，要建立政社分开、建乡的领导机构，日常工作由民政部门办理。有关经济体制和政权建设方面的具体事项，可分别与中央书记处农村政策研究室和民政部联系。发现重大情况和问题，望及时报告党中央、国务院。

中共中央、国务院关于加强农村基层政权建设工作的通知

（中发〔1986〕22号）

各省、自治区、直辖市党委和人民政府，中央和国家机关各部委，军委总政治部，各人民团体：

全国农村人民公社政社分开、建立乡政府的工作已经全部结束。这是我国农村继普遍推行联产承包责任制以后，又一项具有深远意义的改革，这项改革已经取得了初步成效，开始改变党政不分、政企不分的状况，加强了党的领导和基层政权的建设，适应了农村经济体制改革的新形势，促进了农村经济的发展。

农村基层政权体制的改革是政治体制改革的重要组成部分。由于这项改革的时间不长，与此相关的一系列配套改革措施没有跟上去，当前农村基层政权建设中还存在不少问题，主要是党、政、企之间的关系还没有完全理顺，有些地方党政不分、政企不分的现象依然存在，少数地方乡政府还没有完全起到一级政权的作用。

基层政权是人民民主专政的基础组织，一系列的工作都要通过基层政权才能完成。我国有8亿人口在农村，把农村基层政权建设好，对于顺利推进政治体制和经济体制改革，加强社会主义民主和社会主义法制，促进社会主义精神文明建设，实现社会治安和社会风气的根本好转，实现本世纪末全国工农业年总产值翻两番的战略目标，建设有中国特色的社会主义，具有十分重要的意义。为了进一步巩固和发展已取得的改革成果，真正把农村基层政权建设成为密切联系群众、全心全意为人民服务，并且能够有效地领导和管理本行政区域的政治、经济、文化和各项事务的有活力、有权威、高效能的一级政权，特作如下通知：

一、明确党政分工，理顺党政关系

政社分开以后，有些地方仍存在党政不分、以党代政的现象，乡党委包揽行政工作。这不仅不利于加强党的自身建设，也不利于发挥乡政府的作用。

乡党委要按照党章的规定和实行党政分工的要求，集中精力抓好党的路线、方针、政策的贯彻执行，抓好基层党的思想建设和组织建设，加强对共青团、妇联和民兵的领导，抓好农民群众的政治思想教育，促进党风和社会风气的稳定好转。

乡党委政府的领导，主要是政治、思想和方针政策的领导，对干部的选拔、考核、监督，对经济、行政工作中重大问题的决策，而不是包办政府的具体工作。乡党委要监督乡政府依照宪法和法律的规定独立行使职权，支持乡长大胆地开展工作。

为了从制度上保证党政合理分工，各省、自治区、直辖市可按党章和《中华人民共和国地方各级人民代表大会和地方各级人民政府组织法》的规定，结合本地实际情况制订乡党委和乡政府暂行工作条例。中央有关部门在总结经验的基础上，分别制订《中国共产党农村基层组织工作条例》、《乡镇人民代表大会工作条例》和《乡镇人民政府工作条例》。

县级和县级以上党政机关也要解决好党政合理分工的问题，按照党政分工的正常工作渠道领导基层工作。凡属于乡政府的工作，就不要布置给乡党委。县级人民政府每年要召开几次乡长会议，研究安排政府工作。经过上下共同努力，逐步理顺关系，党政协调一致地开展工作。

二、实行政企分开，促进农村经济进一步发展

政社分开后，不少地方虽然分别建立了乡政府和乡经济组织，但实际上政企职责并没有完全分开。不少地方乡政府没有配备管理经济的人员，而把政府管理本乡经济的职权交由乡经济组织行使，仍然是政企不分。乡政府应按实际需要配备必要的专职干部，行使政府管理经济的职能。

乡政府管理经济，主要是运用经济的、法律的和行政的手段，为发展商品生产服务。其主要职责是：制订本行政区域内的经济和社会发展规划并组织实施；

协调本行政区域内各村、各经济组织间的关系;监督各经济组织和个体户认真执行国家的法律、法规和政策,保障各经济组织和个体户的合法经济权益,取缔违法经营,打击经济犯罪活动;管理乡级财政,指导和监督合作经济组织,做好财务会计、经济统计和其他经济管理工作;管理、推广科学技术成果。

乡政府要支持乡经济组织行使其自主权,不能包揽或代替经济组织的具体经营活动,更不能把经济组织变成行政管理机构。

三、简政放权,健全和完善乡政府的职能

目前,县级许多部门在乡设有分支机构,并且统得过多过死,使乡政府难以统一组织和管理本行政区域内的各项工作。这种条块分割的管理体制必须逐步改革。改革的基本原则,是简政放权。凡属可以下放的机构和职权,要下放给乡;少数必须由县集中统一领导的机构,仍要集中统一领导。在县级综合改革试点中已经把一些机构下放给乡管理的地方,要认真总结经验,做好巩固和完善工作。尚未开展试点的地方,都要根据当地实际情况,积极进行试点,上级主管部门要积极支持这项工作。

各地要尽快把乡一级财政建立起来。少数确有困难尚未建立的地方,乡政府要有专人负责抓好这项工作。已经建立乡财政的地方,要在发展商品经济的基础上为乡多开辟一些财源。乡财政超收部分,要给乡适当留一些,并尽量实行一定几年不变的办法,以调动基层聚财的积极性,加速乡村建设。乡财政收入中国家预算内部分,包括上级政府划归乡财政的乡镇企业所得税和奖金税、屠宰税、城市维护建设税、集市交易税、牲畜交易税、车船使用牌照税、契税和其他收入,其划归乡的具体范围,由各地根据实际情况确定。

随着政企分开和条块矛盾的逐步解决,要提高乡政府的工作效率,减少管理层次,凡是设了镇政府的地方,就不再设立乡政府;要坚决撤销那些不必要的临时机构;大力精简以农代干的行政人员,除边远山区、交通不便的地区以外,县以下一般不要设立区公所。

四、切实搞好乡政权的自身建设

乡政府要按照《中华人民共和国地方各级人民代表大会和地方各级人民政府组织法》的规定,按期召开人民代表大会,向人民代表大会报告工作,听取代表的建议、批评和意见,加强对政府工作的监督。乡人民代表大会会议要充分发扬民主,畅所欲言。对代表提出的意见和建议,要认真研究,做出决议,贯彻执行。要逐步改革和完善选举制度,在基层政权中实现人民的直接民主,使人民充分行使作为国家主人的权利,使乡人民代表大会成为有权威的权力机关。对于那些不称职、不能代表人民利益的乡长,乡人民代表大会有权予以罢免。依法选举产生的正副乡长,除犯有严重错误或确属不胜任工作的以外,一般不宜在任期内调动。如因工作需要必须作个别变动时,应向乡人民代表大会报告,由任免机关批准。对因故出缺的正副乡长,应召开乡人民代表大会进行补选。乡人民代表大会闭会期间,乡政府要确定一名副乡长负责人民代表大会闭会期间的工作,要安排好代表小组的活动,发挥人民代表的作用,经常听取他们的意见和建议。从农村优秀人才中聘用干部的制度要继续坚持,并不断总结经验,使之完善。基层干部应做到能上能下,能官能民。

要高度重视和解决一些地方基层政权软弱涣散的问题。乡党委和乡政府要始终坚持四项基本原则,坚决贯彻党中央既要开放、又要搞活,还要把人们的精神状态搞好的指示,加强社会主义精神文明建设,不断丰富群众的精神文化生活,反对封建迷信、铺张浪费等不良风气。要采取有力措施,加强政法工作,动员各方面的力量,经过扎扎实实的努力,使社会治安和社会风气在近几年内得到根本好转,为改革和建设创造良好的社会环境。

五、努力提高干部素质,认真改进工作作风

今后3年内,各地要把乡干部分期分批培训一遍。地区负责培训乡的正、副职干部,县负责培训乡的一般干部。培训的内容主要是:马克思主义基本理论,法律知识,科学技术和现代管理知识,党在农村的改革和发展经济的各项政策。通过培训,教育乡干部全心全意为人民服务,知法、懂法、守法、依法办事;掌握组织发展商品经济和科学管理的基本技能。地方财政要在培训经费上给予适当安排。

乡干部要切实改进工作作风。要深入群众,加强调查研究,关心群众疾苦,帮民致富,尤其要关心那些生产、生活上还比较困难的贫困户,扶持他们尽快摆脱贫困。要少说空话,多办实事,每年都能扎扎实实为群众办几件事,取信于民。要妥善处理人民内部矛盾,坚持启发疏导,多做思想政治工作,防止简单化的强迫命令。

县以上党政机关要组织力量,分期分批地到基层,特别是到那些较为贫困的乡村去,调查研究,帮助工作;要本着精简上层、加强基层的原则,充实乡级干部队伍;要建立、健全乡级干部岗位责任制,实行目标管理;对于那些长期坚持在贫困地区工作,对改变当

地面貌卓有成效的干部,以及扶助贫困地区成果优异的干部,要大力进行表彰,并给以奖励。

六、搞好村(居)民委员会的建设

目前,有相当一部分地方,特别是经济困难地区的村(居)民委员会组织不健全,甚至无人负责,处于瘫痪、半瘫痪状态。这个问题必须引起各级党委和政府的高度重视。

各地要采取措施,认真整顿农村基层组织。要把思想整顿放在首位,教育基层干部全心全意为人民服务,积极带领群众勤劳致富,遵纪守法,抓好物质文明和精神文明建设。其次是组织整顿,要帮助村(居)民委员会建立健全人民调解、治安保卫、公共卫生、社会福利等工作委员会(组)和各项工作制度,妥善解决村(居)民委员会工作人员的经济补贴和工作中遇到的困难。经济特别困难的地方,地方财政要帮助解决村(居)民委员会工作人员的经济补贴。补贴面可以小一些,但一定要落实。

村(居)民委员会要进一步完善村规民约,大力开展创建文明村、评选五好家庭等活动,发动广大村(居)民积极参加社会生活的民主管理,以进一步发挥群众自治组织的自我教育、自我管理、自我建设、自我服务的作用。

七、加强对农村基层政权建设工作的领导

各级党委和政府,首先是县级党委和政府,必须充分认识进一步加强和完善农村基层政权建设,是我国政治体制改革的重要组成部分。做好这项工作,对于巩固人民民主专政,保证社会安定,促进农村经济和社会事业的全面发展具有十分重要的意义。要把这项工作列入重要议事日程,注意总结经验,及时解决存在的问题。要积极推进县级综合改革,做到经济体制改革同政治体制改革互相配合,同步进行,县级以上的体制改革同基层体制改革配套进行,上下左右协调动作,健全和完善基层政权体制。

党中央、国务院责成民政部门负责城乡基层政权建设的日常工作,其主要职责是:调查了解基层政权的现状和存在的问题,提出改进和加强基层政权建设的意见;总结交流经验;组织先进乡镇和先进村(居)民委员会的评比、表彰活动;培训乡镇长和村(居)民委员会主任;指导村(居)民委员会的组织建设和制度建设;制订和修改有关的条例和规章制度。各级党委和政府要支持和监督民政部门做好这项工作,民政部门要把基层政权建设工作列为自己的重要任务,切实抓好。

各级党委和政府接到本通知后,都要认真研究一次农村基层政权建设工作,做出贯彻本通知的具体部署。民族自治地方农村基层政权建设问题,有关省区可根据当地特点和实际需要,参照民族区域自治法的有关规定和本通知的精神,做出具体规定。杂散居地区民族乡的政权建设,大体按本通知要求执行,上级有关部门要注意到这些地区的民族特点,从政策上体现出对少数民族的照顾。各地农村基层政权建设工作中的重大情况和问题,望及时报告党中央、国务院。

中共中央关于批转《全国村级组织建设工作座谈会纪要》的通知

(1990年12月13日)

各省、自治区、直辖市党委,各大军区党委,中央和国家机关各部委,军委各总部、各军兵种党委,各人民团体党组:

中央同意《全国村级组织建设工作座谈会纪要》,现转发给你们,请结合本地区、本部门的实际情况,认真贯彻执行。

加强以党支部为核心的村级组织建设,是当前农村工作中一项重要而紧迫的任务。做好这项工作,对于加强和改善党对农村工作的领导,密切党和政府同农民群众的血肉联系,引导农民群众坚定地走社会主义道路,保证农村以至全国的稳定和发展,具有重要意义。各级党委要高度重视,加强领导,采取有力措施,把村级组织建设工作搞好。要根据我国地域辽阔、农村情况千差万别的实际,进行分类指导,务求实效。

全国村级组织建设工作座谈会纪要

(1990年8月10日)

中央组织部、中央政策研究室、民政部、共青团中央、全国妇联于8月5日至10日联合召开了全国村级组织建设工作座谈会。会议围绕在新形势下按照党的基本路线的要求,进一步加强以党支部为核心的村级组织建设,密切党和政府同农民群众的血肉联系,团结和带领广大农民发展经济,走共同富裕的社会主义道路这一主题,分析了全国村级组织建设工作的现状,交流了经验,研究了今后工作。宋平同志到会讲了话。

会议对进一步加强村级组织建设提出了以下意见：

一、加强村级组织建设是当前农村工作的一项重要而紧迫的任务

我国是工人阶级领导的、以工农联盟为基础的人民民主专政的社会主义国家，我国政权的基础在基层。农业是国民经济的基础，也是社会主义现代化建设的基础。全国11亿人口，8亿多在农村。现阶段的农业问题、农村工作问题，归根到底是农民问题，是按照新时期党的基本路线的要求，教育、引导、团结和组织农民坚定不移地走社会主义道路，不断提高农业生产力，发展农村经济，促进农村社会全面进步的问题。村级组织是党和国家在农村的基础组织。进一步建设好村级组织，对于把党的路线、方针、政策贯彻落实到农民群众中去，密切党和政府同农民群众的联系，保证农业迈上一个新台阶，巩固和加强农村社会主义阵地，稳定全国大局，实现国民生产总值在九十年代再翻一番的战略目标，具有十分重要的意义。

我国农村村级组织总的状况是好的，村干部大多数是努力工作的，农村形势是稳定的。但同时也要看到，由于前几年对农村基层组织建设工作的领导有所削弱，对新情况、新问题缺少研究，某些改革措施不够配套，当前村级组织建设中还存在不少问题。相当数量的村级组织的凝聚力、吸引力和战斗力不强；部分村干部的思想作风和工作水平与新形势、新任务不相适应；一些地方干群关系不融洽，有的比较紧张；思想政治工作和精神文明建设薄弱；少数村级组织软弱涣散，工作无人负责，个别村秩序混乱，治安状况不好。对此必须引起高度重视，认真加以解决。

二、加强村级组织建设的指导思想和工作目标

加强村级组织建设的总的指导思想和工作布局是：(一) 着眼于加强和改善党对农村工作的领导，密切党同农民群众的联系，加强工农联盟，带领农民治穷致富，坚定地走社会主义道路。(二)紧紧围绕经济建设这一中心，密切结合深化农村改革和加强两个文明建设来进行。(三)以党支部建设为重点，同时搞好村民委员会、村合作经济组织和团支部、妇代会、民兵等组织的配套建设。(四)在党委和政府统一领导下，有关部门和组织通力合作，齐抓共管。

村级组织建设的基本目标是：(一)有一个得力的领导班子，党支部、村民委员会和共青团、妇代会、民兵等组织健全，制度落实。(二)村里的事情有人负责管理，工作能够有秩序地进行。(三)正确执行允许一部分人先富起来的政策，带领群众共同致富，并使精神文明建设得到加强。(四)党和政府下达到村的任务能够按期完成。这四条是最基本的要求。要抓紧有利时机，脚踏实地工作，集中解决突出问题，经过二三年的努力，使软弱涣散的村级组织的面貌有根本的转变，处于一般状态的村级组织迈上新台阶，比较先进的村级组织工作做得更好，从而使全国村级组织建设的整体水平有较大的提高。

三、村级组织要把带领群众深化农村改革，发展经济，走共同富裕的道路作为中心任务

提高农业生产力，发展商品生产，壮大集体经济，实现共同富裕，是广大农民的根本利益和共同愿望，也是村级组织增强凝聚力和吸引力的物质基础。党支部要切实把它作为中心任务，村级其他组织也要围绕这个中心开展活动。

当前，带领农民群众深化农村改革，最重要的是稳定完善以家庭联产承包为主的责任制，健全双层经营体制，发展农业社会化服务体系，把农户家庭经营的积极性同集体经营的优越性有机地结合起来。

在村级集体经济实力薄弱的地方，要从实际出发，因地制宜地稳步发展，不能急于求成，更要防止“一平二调”。要从群众最需要、当地又办得到的事情做起，选好起步的路子。可采取以下具体做法：(一)根据本地资源和市场需要，逐步发展村办企业，开发利用山水资源，兴办林场、果园、渔场、畜牧养殖等集体企业。(二)建立劳动积累制度，利用农村丰富的劳动力资源，兴修水利，改良农田，植树造林，筑路修桥。(三)保证集体提留中公积金占有适当比例。(四)办好不以赢利为目的的合作基金会，管好用好集体资金。(五)有关部门采取小额贷款、集中使用扶贫资金等办法，帮助发展集体经济。(六)管好集体财产，加强财务管理，清理回收各种欠款。对于自然条件差、干部力量弱、致富门路少的村，特别是老少边穷地区，上级党委和政府要具体帮助。集体经济已有一定基础的地方，应加强管理，提高水平，使双层经营体制逐步由低级向高级发展。

在发展集体经济过程中，要逐步建立健全乡村合作经济组织。合作经济组织的管理人员，可与党支部、村民委员会干部交叉任职。村党支部领导村合作经济组织的工作，村民委员会要支持村合作经济组织的活动。

四、把村党支部进一步建设成为坚强的、充满活力的领导核心

党支部是村级各种组织和各项工作的领导核心。其主要职责是:(一)贯彻执行党的路线、方针、政策和上级决议,带领群众发展农村经济,坚持社会主义方向,走共同富裕的道路。(二)领导精神文明建设,做好村民的思想政治工作,用社会主义思想占领农村阵地。(三)抓好党支部自身的思想、组织和作风建设,教育管理好党员。(四)负责村、组和村办集体企业干部的教育、培养、选拔、推荐、考核和监督。(五)领导村民委员会、村合作经济组织、共青团、妇代会、民兵等组织,支持和帮助它们依照法律和各自的章程,独立负责地开展工作。

加强党支部建设,增强党支部活力,关键是要有一个好的领导班子。要逐步把村党支部建设成为政治坚定、作风正派、密切联系群众、团结战斗、充满活力、能够带领群众进行社会主义物质文明和精神文明建设的坚强领导核心。加强党支部领导班子建设的首要问题,是要有一个好的党支部书记。其条件是:(一)有理想,执行党的路线、方针、政策坚决、认真。(二)廉洁奉公,不谋私利,不怕吃亏,有献身精神。(三)能带领群众勤劳致富,共同致富,有干劲和真本事。在干部问题上,要开阔视野,注意在改革和建设实践中发现、培养和造就人才。要注意从退伍军人、回乡知识青年和乡镇企业职工中挑选好苗子,有计划地重点培养。对一时找不到党支部书记人选的村,可从上级机关选派一些同志去任职或帮助工作。

党支部领导班子要带头实行民主集中制,活跃和健全党内民主生活。党支部委员会要按期改选,选举应尊重党员的民主权利,体现选举人的意志。支委召开民主生活会,要听取党内外群众的意见,开展批评与自我批评,及时解决存在的问题。党支部领导班子要实行任期目标责任制,把两个文明建设和支部自身建设等项工作的具体目标和要求落实到个人,并把执行情况作为考评领导成员工作的主要依据,同报酬挂钩。今明两年,要抓紧把党员大会、党小组会、支委会和党课制度、党员联系群众制度、民主评议党员制度等普遍建立健全起来。上级党组织要定期检查执行制度的情况,防止形式主义。

要按照从严治党的方针,加强对党员的教育和管理,充分发挥党员的先锋模范作用。乡、村党组织要坚持每年轮训党员的制度和组织党员学习的制度。要向党员适时提出应完成的任务和做群众工作、社会工作的要求,注意给没有担任职务的党员交任务,为他们发挥作用创造条件。要指定专人负责外出党员的管理。党员必须按照规定参加党组织的活动。党员参加村内党的生活会议、听党课不能索取报酬。要对党员进行民主评议,表彰优秀党员,及时清除腐败分子,严肃处理其他违纪党员,妥善处置不合格党员。发展党员必须坚持标准,保证质量,有领导、有计划地进行。要加强对入党积极分子的教育、培养和考察,及时吸收具备条件的优秀分子特别是青年农民中的优秀分子入党。有些村党员队伍严重老化,领导班子后继乏人,县、乡党委领导成员要深入下去,具体指导发展党员的工作。

五、认真实施《村民委员会组织法(试行)》,加强基层民主政治建设

村民委员会是在党的领导下,在国家法律规定的范围内,由村民自我管理、自我教育、自我服务的基层群众性自治组织。加强村民委员会建设,要认真实施《村民委员会组织法(试行)》。这项工作,要从当地实际情况出发,有领导、有计划、有步骤地进行,保证工作质量。当前要着重做好:(一)尊重村民意志,由村民充分酝酿,依法选举产生村民委员会领导班子。乡党委、乡政府和村党支部要加强对选举工作的领导,教育村民正确行使民主权利。村党支部领导成员通过选举可兼任村民委员会主任。(二)健全村民会议制度。涉及全村村民利益和全村工作的大事,由村民会议讨论决定。要增加村务公开程度,接受村民对村民委员会工作的监督。(三)根据需要,建立、健全治保、调解、公共卫生等自治组织,或由村民委员会成员分工负责这些工作。发动村民制订村规民约,及时解决群众中出现的问题,把矛盾解决在基层。(四)要把村民小组建设好,推选好村民小组长,并使其切实负起责任,防止村户之间工作断层。每个县都要选择几个或十几个村,开展村民自治示范活动,摸索经验,树立典型。

党支部要加强对村民委员会的领导。这主要体现在:(一)提出全村经济发展与精神文明建设的意见,通过村民委员会的工作,把党的方针政策和党支部的意图变为群众的自觉行动。(二)讨论村民委员会的重要工作,支持和帮助村民委员会按照法律独立负责地开展活动。(三)协调村民委员会同其他组织的关系。(四)对在村民自治组织中工作的党员和干部进行考核和监督。党支部要认真改进领导方法和工作方法,放手让村民委员会干部发挥作用,不要包办代替他们的工作。

村民委员会是基层群众性自治组织,乡政府应当尊重其法律地位,支持其工作。乡政府是农村基层政权组织,承担着依法对本行政区域内各项工作实施行

政管理的职能,有权布置有关行政任务。村民委员会应当协助乡政府开展各项工作,教育和推动村民履行依法应尽的义务,完成乡政府布置的任务。

六、加强村团支部、妇代会的建设，充分发挥它们在农村两个文明建设中的作用

党组织要按照《中共中央关于加强和改善党对工会、共青团、妇联工作领导的通知》(中发〔1989〕12号)的精神,帮助团支部、妇代会切实加强自身建设,健全组织,经常开展活动,发挥他们的职能作用。

党支部要帮助团支部、妇代会搞好民主选举领导成员的工作,经常听取他们的工作汇报,研究有关重要工作,帮助解决实际问题。团支部、妇代会的主要负责人,经村民选举可以进入村民委员会领导班子；没有进入的,可列席村民委员会会议。他们中是党员的,经选举可以进入党支部领导班子;未进入的,可列席党支部委员会会议。党支部、村民委员会要支持团支部、妇代会组织青年、妇女自力更生、因地制宜地适当从事生产性开发,筹集活动经费,创办活动阵地,推动工作的开展。

团支部和妇代会要围绕党的中心工作，根据青年和妇女的特点,积极地、创造性地开展活动,努力做到丰富多彩、富有实效。共青团组织要当好党的助手,加强对青年的思想教育,在学用科学技术、发展商品生产和办好社会公益事业等方面发挥青年的突击队、生力军作用,在实践中培育“四有”新人。妇代会要维护妇女、儿童的合法权益,加强对妇女的自尊、自信、自立、自强的教育,发动和组织妇女在学文化、学技术、移风易俗、拥军优属、计划生育、爱国卫生和发展农村经济等方面充分发挥作用。团支部、妇代会要做好向党支部推荐要求入党的优秀青年、妇女积极分子的工作。

七、关心爱护村干部,提高素质，稳定队伍,密切干群关系

广大村干部长年坚持在第一线,任务繁重,工作难度大,非常辛苦。各级党委和政府要关心、爱护他们,了解他们的疾苦,听取他们的意见,支持他们的工作,帮助他们进步。

县委和县政府要以党校、干校为阵地,培训村党支部书记和村民委员会主任,每年至少1次,每次一般不少于7天。地(市)委和政府可选训一些特别优秀的村主要干部。培训的主要内容是:马克思主义常识和党的基础知识;党的基本路线,党在农村的方针政策,有关法律知识和党风党纪知识;群众路线的工作方法和管理知识。通过培训,提高他们的思想政策水平,确立公仆意识,增强群众观念,提高依法办事的自觉性和解决实际问题的能力。培训工作要做出规划,由县委组织部和民政局共同负责组织实施。培训经费由各地根据财力予以安排。对村级组织的其他干部,有关部门、组织和乡也要有计划地进行培训。

党委和政府每一二年要表彰一批先进村级组织和优秀村干部。宣传、文化、新闻、出版部门要大力宣传先进村级组织和优秀村干部的事迹。党组织和政府要为努力工作、坚持原则的村干部撑腰。对于蓄意诬陷村干部的人和事,有关部门必须及时查处;拖着不办的,应追究有关领导和人员的责任。

县或乡政府应对本地区村干部的报酬做出必要的规定,并且保证兑现。这个问题的根本解决,主要靠发展乡、村集体经济。贫困地区村干部的报酬,支付确有困难的,地方政府可酌情补贴一部分。对于长期担任村里主要领导职务因年老体弱退下来的干部,生活有困难的,可根据具体情况给予一定的生活补贴。有条件的地方,可逐步实行村干部养老保险制度。对贡献突出的,还可颁发荣誉证书或授予荣誉称号。

乡镇以上党政机关补充干部,经地市以上领导机关批准,可在控制指标内,从工作一贯表现好、实绩突出的村干部中择优录用或聘用。乡镇领导干部,要注意从特别优秀的村干部中选拔。各地应根据实际情况,建立和健全村干部的选拔、培训、使用、考核、奖惩、监督等制度。

密切村干部同群众的关系是加强党同农民群众血肉联系的一个重要方面。解决这个问题,一方面,要逐步发展壮大村级集体经济，完善农村有关政策、法规,加强经济管理部门、公用事业部门、政法部门的廉政建设,为村干部联系群众、开展工作创造条件。另一方面,村干部本身要严于律己,切实做到全心全意为群众服务，决不利用职权为自己和亲朋好友牟取私利;扎扎实实地帮助群众解决困难,特别是帮助贫困户脱贫致富;发扬民主,坚持群众路线,村里的财务开支、农用生产资料的分配、计划生育指标、宅基地的划分等群众关心的问题,应张榜公布,接受群众的监督。上级布置工作任务时,要交政策、交方法,使村干部明了该怎么做,不该怎么做。在他们遇到困难时,要予以帮助。对只顾个人、不管村里工作、经教育不改的,应及时调整。对以权谋私、违法乱纪、引起群众强烈不满的,要查清事实,分别情况进行严肃处理。

八、坚持对农民进行社会主义、爱国主义、集体主义教育,加强精神文明建设

村党支部要切实加强对本村思想政治工作的领

导，组织各方面的力量，紧密结合农村改革和建设的实践，宣传党的路线、方针、政策，进行社会主义、爱国主义、集体主义以及法制的教育，帮助广大农民坚定社会主义信念，正确处理国家、集体、个人三者之间的关系。要教育农民抵制和摆脱宗族思想、封建迷信、资产阶级腐朽思想和其它落后观念的影响，用社会主义思想和健康、文明、进步的风尚占领农村阵地。在少数民族聚居地区和宗教活动比较普遍的地区，要进行马克思主义的民族观、宗教观的教育，加强对宗教活动的管理。宣传教育的方式要多种多样，加强针对性和说服力，注重实际效果，避免形式主义。党支部每年要根据上级党委的部署，结合本地实际，确定教育计划并认真加以实施。上级党委和政府要有计划地派出干部，深入农村，帮助党支部开展社会主义思想教育活动。

近几年，一些农村依靠群众组织建立了道德评议会、妇女禁赌会、红白事理事会等，对于社会主义精神文明建设起到了很好的作用，应当继续坚持和完善。各地要认真研究、总结群众创造的好经验，逐步探索出一套农民喜闻乐见、丰富多彩的教育方式，使思想教育形象直观、生动活泼、入情入理、有吸引力。

要量力而行地建立农村文化阵地，活跃农村文化生活。广播、电影、电视、文化、教育、新闻、出版、科技等部门都要重视为农村服务，经常想着八亿多农民，从各方面给予积极支持，多提供反映农村新人新事的好作品，为加强农村精神文明建设做出努力。当前，应尽快把有线广播等设施恢复起来，使农民能及时听到党和政府的声音。

九、继续坚决、认真地整顿软弱涣散的村级组织

县、乡党委和政府要选派得力干部，进驻基层组织软弱涣散的村，在调查研究、摸清情况、找准原因的基础上，对症下药，制订方案，进行整顿。领导班子问题多的，应首先解决领导班子问题。对于自然条件差、长期贫穷落后的，上级有关部门要在财力、物力、科技等方面给予帮助，增强“造血功能”。对于治安状况不好的，由政法部门负责抓紧治理。在整顿中，要从解决最突出的矛盾入手，广泛发动群众，依靠群众的力量解决矛盾。

选派得力干部下村，帮助整顿村级组织，是一种行之有效的办法，应当形成制度，长期坚持下去。干部到基层组织软弱涣散的村的主要任务，一是帮助培养干部，建立一个好的领导班子，特别是要选好党支部书记和村民委员会主任。二是到农民中听意见，交朋友，宣传政策，发动群众，帮助发展经济，解决突出问题，改变落后面貌。对下派干部的工作要有布置、有检查。工作好的要表彰，不负责任的要批评教育。

地、县党委和政府每年都要对本地村级组织的状况进行一次分析研究，并采取有效措施对软弱涣散的村组织及时进行整顿。必要时可以对这些村的干部集中培训，由县领导直接帮助他们解决问题。

十、各级领导要面向基层、为基层服务，切实加强对村级组织建设工作的领导

各级党委和政府都要高度重视农村基层工作。地、县两级党委、政府要把抓好农村基层建设列入重要议事日程，及时解决存在的问题。要建立抓基层的制度，如定期讨论基层工作的例会制度、汇报制度、检查制度、领导干部联系点的制度等。各级领导机关要牢固树立面向农村、面向基层的思想，真心实意地为农村服务、为农民服务。要坚持实事求是，注重调查研究，实行分类指导，善于点面结合，防止和克服主观主义、官僚主义、形式主义。要把抓基层工作的实绩作为考核县、乡领导干部的主要内容之一。各级党委要指定一名领导同志负责，组织各方面力量，协调各部门工作，共同抓好村级组织配套建设。重大问题要统一研究，统一部署。各有关部门、群众团体要各负其责，各司其职，通力合作，齐抓共管。

加强村级组织建设工作，必须加强乡党委的建设，健全乡政府的职能。各地要继续贯彻落实《中共中央、国务院关于加强农村基层政权建设工作的通知》（中发〔1986〕22号）的精神，积极进行改革条块管理体制的试点。上级有关部门要支持这项改革。县有关部门设在乡的分支机构，可以下放到乡的应当下放；少数必须实行垂直领导的，党的关系由乡党委管理，干部的考察、任免、升降、奖惩应征求并尊重乡党委、乡政府的意见。乡党委和政府要把村级组织建设作为一项经常性的工作，一个村一个村地认真抓，发现问题及时解决，使所辖村级组织保持良好的状态，充分发挥作用。

中共中央关于加强农村基层组织建设的通知

（1994年11月5日）

各省、自治区、直辖市党委，各大军区党委，中央各部委，国家机关各部委党组（党委），军委各总部、各军兵种党委，各人民团体党组：

为了贯彻落实党的十四届四中全会的决定，大力加强农村以党组织为核心的基层组织建设，推进农村

的改革、发展、稳定和全面进步,特作如下通知。

一、实现新时期党在农村的历史任务,必须大力加强农村基层组织建设

1. 我国的改革开放和现代化建设正处在关键时期。全党全国人民正在为本世纪末初步建立起社会主义市场经济体制和实现人民生活达到小康水平的目标努力奋斗。农业是国民经济和整个社会主义现代化建设的基础。农民是建设有中国特色社会主义的一支基本依靠力量。在今后几年中,我国农业要登上新台阶,农村改革要有新进展,农村社会面貌要有新变化,全国大多数农村要达到小康标准,任务十分艰巨。必须动员各方面的力量,做出艰苦的努力,其中最重要的一项基础工作,就是加强农村基层组织建设。进一步建设好全国农村基层组织,才能保证党的基本路线和各项方针政策的贯彻落实,把亿万农民紧密团结在党的周围,凝聚成建设社会主义新农村的强大力量,推进农村改革的深化、经济的发展和社会的进步。全党同志必须从全局的战略的高度,充分认识加强农村基层组织建设的重大意义。

2. 几年来,特别是邓小平同志视察南方重要谈话和党的十四大以来,各级党委按照中央的部署,积极推进以党支部为核心的村级组织建设,做了大量工作,收到了明显成效。我国农村的深刻变化和巨大进步,与农村基层组织和广大基层干部、共产党员的辛勤工作是分不开的。对此,必须充分肯定。同时应当清醒地看到,随着社会主义市场经济的发展,农村基层组织面临着许多新情况,程度不同地存在一些同新形势不相适应的问题。主要是:相当一部分基层组织领导班子整体功能不强,尤其缺少带领农民群众发展社会主义市场经济、加快奔小康步伐的本领;年富力强的基层干部和青年党员普遍偏少;随着二、三产业的迅速发展,各种形式的新的经济组织大量出现,外出流动的党员越来越多,基层党组织的设置和工作内容、工作方式亟待调整和改进;不少村双层经营体制不健全,集体经济实力薄弱,无力为农户提供必要的服务,缺乏凝聚群众的物质基础;特别是还有一部分基层组织软弱涣散,有的甚至处于瘫痪状态。这些问题的存在,同有些地方领导机关忽视基层组织建设有着密切的关系,必须引起高度重视,认真加以解决。否则,不仅难以完成新时期党在农村的历史任务,而且将严重削弱甚至动摇党在农村的工作基础。

当前,我国农村总的形势是好的。农村的改革和建设面临着良好的机遇。各级党委务必认清形势,抓住有利时机,下真功夫、苦功夫,大力加强农村基层组织建设,使这方面的工作取得新的进展,务必收到明显效果。

二、加强农村基层组织建设的主要目标和指导思想

3. 农村基层组织建设,包括乡(镇)、村两级,重点是村。今后几年,要努力实现以下五项目标:一是建设一个好领导班子,尤其要有一个好书记,能够团结带领群众坚决贯彻执行党的路线方针政策。二是培养锻炼一支好队伍,共产党员能够发挥先锋模范作用,干部能够发挥示范带头作用,共青团员能够发挥助手和后备军作用。三是选准一条发展经济的好路子,充分发挥当地优势,加快农民脱贫致富奔小康的步伐。四是完善一个好经营体制,把集体统一经营的优越性和农户承包经营的积极性结合起来,增强经济发展的活力,引导和帮助农民走共同富裕的道路。五是健全一套好的管理制度,体现民主管理原则,保证工作有效运转,使村级各项工作逐步走上制度化、规范化的轨道。

4. 省(自治区、直辖市)、地(市)、县(市)都要在调查研究的基础上,按照"五个好"的目标,制订今后几年加强农村基层组织建设的具体规划,并按年度组织实施。对不同情况的基层组织,要提出不同的要求,实行分类指导。当务之急,是力争在3年内把处于软弱涣散和瘫痪状态的基层组织整顿和建设好,真正解决阻碍改革、发展、稳定的突出问题。尤其对由于领导班子的原因经济长期落后的村,社会治安状况严重混乱的村、干群关系特别紧张的村,宗族、宗教干预和把持村务的村,邪恶势力横行乡里的村,要选派得力干部下去,依靠当地党员、干部和群众,逐个进行整顿。对贯彻党的路线方针政策得力、经济发展快、社会风气好的先进村,要对领导班子建设提出更高的要求,对经济发展提出新的目标,使各方面工作更上一层楼,充分发挥其示范、辐射、帮带作用。对中间状态的村,要加强领导班子建设,加快经济发展步伐,搞好精神文明建设,如期实现小康目标。

5. 农村基层组织建设的全部工作,必须以邓小平同志建设有中国特色社会主义理论和党的基本路线为指导,坚持解放思想和实事求是相统一,坚持从群众中来到群众中去,认真贯彻以下指导思想和工作方针。

——加强农村基层组织建设,要着眼和落脚于保证党的基本路线和农村政策的有效贯彻执行,团结带领广大农民群众为实现农村发展的宏伟目标努力奋斗。始终坚持以经济建设为中心,以奔小康、建设社会主义新农村为目标,使搞好农村基层组织建设与推动

农村改革、发展、稳定结合起来，相互促进。既要防止脱离经济建设这个中心就基层组织抓基层组织的倾向，也要防止就经济抓经济，忽视基层组织建设的倾向。

——抓住党组织建设这个关键，贯彻从严治党的方针，从思想上、组织上、作风上全面加强农村基层党组织建设，增强解决自身问题的能力，以充分发挥党组织在带领农民群众实现共同富裕和共同进步中的核心领导作用。

——把农村基层组织建设作为一个系统工程，配套地抓好以党支部为核心的村级组织建设，同时抓好以增强服务功能为重点的经营体制建设，以民主管理为主要内容的工作制度建设。这几项建设是相互联系的整体，要全面搞好，不能单打一。

——要在改革和发展中研究新情况，解决新问题。总结推广已有的成功经验，并在实践中丰富、完善、提高，同时随着形势的发展，大胆探索，勇于试验，创造和积累新的经验，把基层组织建设工作提高到新的水平。

三、村党支部和其他组织都要把贯彻执行党的基本路线、团结带领农民群众奔小康作为根本任务

6. 全面发展农村经济，保证农产品有效供给，增加农民收入，是党在农村的中心任务，也是广大农民群众的愿望和要求。农村基层党组织要紧紧抓住这个中心，按照市场需求，发挥本地优势，拓宽致富门路，加快经济发展的步伐。要坚持以公有制为主体，多种经济成分共同发展的方针。要树立大农业、大市场、大流通的观念，保持粮食、棉花稳定增产，积极发展多种经营。大力发展乡镇企业，逐步走贸工农一体化、产供销一条龙的路子。要有计划地组织农村劳动力，投入农田基本建设，发展二、三产业，建设小城镇。先富的乡村要带动帮助贫困乡村共同致富。经济落后的乡村，要自力更生，艰苦奋斗，挖掘本地潜力，加强同发达地区的互利合作，加快脱贫致富步伐。

7. 家庭联产承包为主的责任制、统分结合的双层经营体制，是我国农村的基本经济制度。家庭承包经营要长期稳定，在此基础上，要充实集体统一经营的内容，逐步壮大集体经济实力，增强服务功能，使集体经济内部统一经营和家庭承包分散经营两个层次都得到发展。壮大集体经济的主要途径是：搞好清理财务工作，把集体资产管理好、利用好；完善各业承包责任制，按照合同合理提取承包金；充分利用本地资源，积极组织开发性生产，兴办经济实体，大力发展乡村工业和第三产业，等等。对贫困地区发展乡村企业和多种经营，要加大扶持力度。

8.农村基层党组织必须认真贯彻“两手抓，两手都要硬”的方针，紧紧抓住发展农村生产力这个中心，同时加强社会主义精神文明建设，提高广大农民的思想道德水平和科学文化水平。深入开展创建文明村镇、文明农户活动。针对农民特别是青年农民的思想状况，采取他们易于接受的方式，加强经常性的思想政治工作，坚持爱国主义、集体主义、社会主义教育，加强法制教育，大力提倡艰苦奋斗、勤劳致富、互助互爱的精神。要丰富农村文化生活，推动移风易俗，同时加强对农村文化市场的管理和监督，坚决打击印制、扩散内容反动、色情淫秽书刊和音像制品及其他非法出版物等违法活动，坚定不移地用健康、文明、进步的思想和风尚占领农村阵地。

四、加强农村基层党组织建设，增强凝聚力和战斗力

9. 党支部建设要重点抓好领导班子建设，选好支部书记，形成能带领农民群众奔小康的坚强集体。要解放思想，按照德才兼备原则，选拔认真贯彻党的路线方针政策、公正廉洁、年富力强、能带领群众致富的人，担任支部书记。尤其要注意选用那些尊重知识和人才、善于聚才用才的人。对经过实践考验，胜任工作，群众拥护的现任支部书记，要给予支持。确实难以胜任的，要及时调整。有的村一时没有适合担任支部书记的人选，可采取从党政机关、乡镇企业挑选优秀分子到村任职等办法解决。要开阔视野，拓宽渠道，有计划地从在乡知识青年、退伍军人、乡村企业骨干，外出务工经商的优秀分子中，发现人才、精心培养，经过几年努力，使每个县、乡形成既能带领群众实现本世纪末的奋斗目标，又能在进入21世纪后发挥骨干作用的村级干部群体。

10. 根据新的情况合理调整基层党组织设置，改进领导方式和工作方法。适应农村产业结构、劳动力就业结构以及党员分布情况的变化，党组织要及时调整设置形式。党支部、村委会、集体经济组织主要领导成员可以适当交叉兼职，保持精干，注重工作效率。经济发展比较快、党员比较多的村，可以酌情成立村党委或村总支。农工商各业都比较发达的村，可改变单纯以行政村或居住区域建立党组织的格局，根据需要在某些行业和规模较大、党员较多的企业建立党组织。各种所有制的经济组织，凡是有党员3人以上的，都应建立党组织；不足3人的，可与其他单位联合建立

党组织。所有基层党组织都要严格执行民主集中制，建立健全工作制度，积极主动地开展活动，加强党内监督。

11. 加强和改进对农村党员的教育和管理，帮助党员全面提高素质、增强党性。从现在起，用3年左右时间，有计划有步骤地组织全体农村党员开展学习建设有中国特色社会主义理论和学习党章的活动。学习要联系实际，开展批评与自我批评，促进农村基层组织的“五个好”建设，推动后进乡村的转化。这项工作，主要由县(市)委负责组织实施。要坚持、完善党员教育管理工作的目标责任制。把必要的集中教育与经常教育结合起来，思想教育与解决实际问题结合起来，发扬积极因素与克服消极因素结合起来，坚持党的民主生活会制度与坚持民主评议党员结合起来，增强基层党组织的活力。要用各种生动活泼的形式，开展争创先进党支部、争当优秀党员的活动，使教育管理与两个文明建设相互促进。对优秀党员要大力表彰，不合格的党员应分别情况妥善处理，证据确凿的腐败分子必须坚决清除。要加强对离乡外出做工经商的党员的教育管理，抓紧研究和试行对农村外出党员实行统一的流动党员活动证制度，使他们能及时参加外出所在地区党组织的生活，既接受教育和监督，又能得到必要的帮助和关心。

12. 认真做好在优秀青年积极分子中培养和发展党员的工作。要采取有效措施，尽快扭转农村青年党员绝对数量下降的趋势。对那些长期没有发展党员，以致党员队伍严重老化的乡村，要抓紧帮助解决存在的问题。要加强在妇女中培养和发展党员的工作。发展新党员，必须把工作基础放在切实加强对积极分子的培养教育上，严格执行党章及有关规定，坚持标准，保证质量。共青团组织要做好推荐优秀团员作党员发展对象的工作。

五、健全村民自治组织、集体经济组织和群团组织，促进村级各项工作的制度化、规范化

13. 要认真贯彻执行《村民委员会组织法（试行)》，健全村民委员会和村民小组，完善村民自治制度，更好地发挥基层群众自治组织自我管理、自我教育、自我服务的作用。党支部要加强对村民委员会的领导，支持村民委员会依法开展工作。村民委员会必须把自己置于党支部领导之下，积极主动地做好职责范围内的工作。乡镇政府应当尊重村民委员会的法律地位，支持其工作；村民委员会应当积极取得乡镇政府的指导、支持和帮助，在履行村民自治职能的同时，积极完成乡镇政府布置的工作任务。要广泛开展依法建制、以制治村、民主管理活动，调动农民群众当家作主的积极性。继续开展村民自治示范活动。当前应着重抓好：(1)村民选举制度。村委会成员，坚持由民主选举产生。选举要依法办事，加强引导，尊重村民的民主权利，坚决反对和纠正选举中的违法违章活动。(2)村民议事制度。村里的大事，包括经济和社会发展的规划、公益事业的兴办以及群众普遍关切的热点问题的处理等，都必须依据有关法规由村民代表会议或村民大会讨论，按照民主集中制的原则做出决定，不能由个人或少数人说了算。(3)村务公开制度。凡涉及全村群众利益的事情，特别是财务收支、宅基地审批、当年获准生育的妇女名单及各种罚款的处理等，都必须定期向村民张榜公布，接受群众监督。(4)村规民约制度。按照国家法律、法规和政策，根据当地情况，从本村群众迫切要求解决的问题入手，经村民代表会议或村民民主讨论，制定包括本村干部在内的全体村民都必须遵守的章程，规范大家的行为，并逐步充实内容，完善实施办法。

14. 建立健全集体经济组织，充分发挥其生产服务、协调管理、资产积累、资源开发、兴办企业等职能作用。要充实懂经营、会管理的骨干力量，充实服务内容，积极开展服务活动，提高服务质量。根据经济发展的需要，可逐步发展各种专业性服务组织，为农户提供产前、产中、产后服务，引导和帮助农民更有成效地进入市场。集体经济组织内部活动和对外交往，要建立必要的制度。重大事项必须经过民主讨论决定。各业承包要按有关的规定办事，认真签订和履行合同。加强财务管理，实行民主理财，定期公布收支，接受服务监督。

15. 加强青年、妇女、民兵等组织的建设。党组织要把共青团的建设放在重要位置上，支持团组织的工作，用适合青年特点的方式，把农村中最活跃、最有生气的力量团结起来，充分发挥他们在改革和建设中的生力军作用。要重视、关心农村妇女组织的建设和工作，进一步发挥其联系妇女群众的桥梁和纽带作用。要重视和加强民兵组织建设。要支持群团组织从各自的特点出发，紧紧围绕党的中心工作开展活动，为发展经济、共奔小康建功立业。所有的群团组织，都要根据所联系群众的职业分布和流动趋势的变化，调整自身的组织设置和工作方式，构建新形势下团结、联系本组织成员的新型纽带。对于不能正常开展活动的村级群团组织，党支部和乡镇党委、群团组织要切实负起责任，逐一分析原因，分别采取措施进行整顿，帮助解决问题。

16. 要建立健全村、组治保组织和人民调解组织，培养骨干力量，及时调解民事纠纷，化解人民内部矛盾。要发动、组织和依靠群众，搞好群防群治，强化社会治安综合治理，反对封建迷信，严禁赌博，制止非法的宗教、宗族活动，惩治违法犯罪行为，维护和保持农村社会的稳定。今明两年，首先要把邪恶势力横行、社会治安混乱的村坚决整治好，做到整治一个村，就巩固一个村。

六、抓好农村基层干部队伍建设，全面提高基层干部素质

17. 全国农村几百万基层干部，是贯彻党在农村的方针政策，完成各项任务，团结带领广大农民建设社会主义新农村的骨干力量。这支队伍的主流是好的。但是，相当一部分干部的素质同所担负的任务还不适应。要采取有效措施，加大培训力度，帮助他们学习邓小平同志建设有中国特色社会主义理论，学习社会主义市场经济知识，学习科技和文化。各地都应根据本地情况制定规划、对村级主要干部分期分批地进行培训。每年至少培训10天，每次解决几个最急需解决的问题。可以组织村干部轮流到县、乡党校学习，也可以组织到奔小康示范村实地考察，交流经验，互帮互助。

18. 要保护和调动农村基层干部的积极性。广大基层干部处在农村工作第一线，肩负的任务重，面临的矛盾多，工作非常辛苦。各级党委、政府和各部门，要满腔热情地关心、帮助、支持他们的工作。(1)政治上关心爱护。对那些公正清廉，奋力工作，为农村发展和进步做出了突出贡献的优秀村干部，要充分肯定成绩，宣传他们的精神风貌，在社会上形成尊重基层干部的风气。(2)建立适合农村基层特点的激励机制，使村干部干有所为，退有所安，老有所养。提倡干部报酬同工作实绩挂钩，并保证兑现。对群众公认有突出贡献的干部要给以奖励。积极创造条件，建立村干部养老保险制度。或者对离任村干部根据任职时间和贡献给以适当补贴。对一些贫困村中本来很低的干部报酬补贴尚不能兑现的问题，所在县、乡要积极设法解决。特别困难的地方，上级组织应给予必要的帮助。(3)支持村干部依法行使职权，大胆进行工作。要实事求是地评价基层干部的功过是非，公道正派地对待每一个干部。对坚持原则、努力工作的干部要给予支持，有了缺点要从爱护出发耐心进行帮助，属于与上级工作有关的问题，领导要主动承担责任。对于打击报复村干部的行为，要旗帜鲜明地坚决制止，构成违法犯罪的要依法严惩。(4)要把从优秀村干部中招聘录用乡镇干部作为一项重要制度长期坚持下去，并在实践中加以完善。

19. 抓好农村基层干部的思想作风建设。着重教育他们坚持解放思想、实事求是的思想路线，牢记全心全意为人民服务的宗旨，努力学会在工作中走群众路线，发扬艰苦奋斗、任劳任怨的精神，自觉抑制拜金主义、个人主义和腐朽生活方式的侵蚀，克服简单粗暴的工作作风，反对弄虚作假。对思想作风有问题的干部，要及时批评教育。对违纪犯法的，要及时查处。

七、加强乡镇党委和乡镇政权建设，使其切实担负起加强村级组织建设的责任

20. 乡镇党委、政府对村级组织建设负有直接的责任，必须用足够的精力，扎扎实实、坚持不懈地抓好这项工作。要实行严格的责任制。从党政主要负责干部做起，每个乡镇干部都要分工负责，定期驻村工作，确保实现村级组织建设“五个好”的目标。县委考察乡镇干部政绩，要把这项工作作为主要内容。

21. 所有乡镇机关都应制定本乡镇两个文明建设的发展目标，并落实到每个村和乡镇机关每个单位、每个干部。每年组织村干部和人民代表，对乡镇机关和干部完成任务的情况进行评议，并将评议结果作为决定升降奖惩的依据。县级领导班子成员要注重从优秀的乡镇领导干部中选拔。

22. 增强乡镇的管理和协调功能，理顺条块关系。乡镇党委是乡镇各项工作的领导核心，要尽职尽责，充分发挥作用。要围绕中心任务，组织动员县(市)直驻乡镇单位的力量，共同贯彻落实上级党委、政府布置的工作，为村级组织建设服务，为发展农村经济、促进农村进步服务。要抓好县(市)直各部门特别是执法部门驻乡镇单位党的建设，帮助他们认真执行“两公开一监督”制度，加强党风和廉政建设，坚决纠正行业不正之风。县(市)有关部门设在乡镇的机构，要区别不同情况，有的放到乡镇管理，有的由乡镇和县直主管部门双重领导。实行双重领导的机构，干部的调动、任免、奖惩必须征得乡镇党委的同意。

八、各级党委要切实加强和改进对农村基层组织建设的领导

23. 省(自治区、直辖市)、地(市)、县(市)委要把农村基层组织建设工作列入重要日程常抓不懈。党委领导同志要直接联系不同类型的村，经常深入到群众中去，发现和解决问题。在党委领导下，各有关职能部

门要分工负责，密切配合，齐抓共管。由常委组织部门或农村工作部门牵头，及时沟通情况，协调工作。省、地、县三级党政机关，要实行部门负责包村，领导干部带头，每年抽出一批干部，以各种形式到乡驻村入户，掌握实情，多办实事，既帮助基层工作，又培养锻炼干部，促进机关作风的转变，这要作为一项制度，长期坚持下去。

24. 加强农村基层组织建设，县(市)委是关键。县(市)委要切实履行以下职责：制定加强全县(市)农村基层组织建设的工作规划，确定每年组织实施的目标和措施；掌握农村基层组织的情况，抓住重点，实行分类指导；督促乡镇党委抓好村级组织建设；搞好村主要干部的培训；研究建立和实施有关乡村干部的激励机制。上级党委应按照这些职责来考核县(市)委抓农村基层组织建设工作的政绩。县(市)委书记是本县(市)抓农村基层组织建设工作的第一负责人，要全面负责。县级领导班子成员每人要联系二、三个村，包括后进村，确定工作目标，经常深入下去，进行具体指导。

25. 各级党委对农村基层组织建设工作，要及时进行督促检查。督促检查的方法，不要只是听汇报，而要深入到乡、村，直接听取基层干部和群众的意见，掌握第一手材料，研究新情况，解决新问题，总结新经验，把工作不断推向前进。

以上通知，请认真贯彻执行。各省、自治区、直辖市党委，每年要将农村基层组织建设工作的进展情况向党中央写出报告。

高举邓小平理论伟大旗帜，把建设有中国特色社会主义事业全面推向21世纪（节选）

（1997年9月12日）

六、政治体制改革和民主法制建设

我国经济体制改革的深入和社会主义现代化建设跨越世纪的发展，要求我们在坚持四项基本原则的前提下，继续推进政治体制改革，进一步扩大社会主义民主，健全社会主义法制，依法治国，建设社会主义法治国家。

发展社会主义民主政治，是我们党始终不渝的奋斗目标。没有民主就没有社会主义，就没有社会主义现代化。社会主义民主的本质是人民当家作主。国家一切权力属于人民。我国实行的人民民主专政的国体和人民代表大会制度的政体是人民奋斗的成果和历史的选择，必须坚持和完善这个根本政治制度，不照搬西方政治制度的模式，这对于坚持党的领导和社会主义制度、实现人民民主具有决定意义。

发展民主必须同健全法制紧密结合，实行依法治国。依法治国，就是广大人民群众在党的领导下，依照宪法和法律规定，通过各种途径和形式管理国家事务，管理经济文化事业，管理社会事务，保证国家各项工作都依法进行，逐步实现社会主义民主的制度化、法制化，使这种制度和法律不因领导人的改变而改变，不因领导人看法和注意力的改变而改变。依法治国，是党领导人民治理国家的基本方略，是发展社会主义市场经济的客观需要，是社会文明进步的重要标志，是国家长治久安的重要保障。党领导人民制定宪法和法律，并在宪法和法律范围内活动。依法治国把坚持党的领导、发扬人民民主和严格依法办事统一起来，从制度和法律上保证党的基本路线和基本方针的贯彻实施，保证党始终发挥总揽全局、协调各方的领导核心作用。

推进政治体制改革，必须有利于增强党和国家的活力，保持和发挥社会主义制度的特点和优势，维护国家统一、民族团结和社会稳定，充分发挥人民群众的积极性，促进生产力发展和社会进步。当前和今后一段时间，政治体制改革的主要任务是：发展民主，加强法制，实行政企分开，精简机构，完善民主监督制度，维护安定团结。

（一）健全民主制度

共产党执政就是领导和支持人民掌握管理国家的权力，实行民主选举、民主决策、民主管理和民主监督，保证人民依法享有广泛的权利和自由，尊重和保障人权。发展社会主义民主，制度更带有根本性、全局性、稳定性和长期性。坚持和完善人民代表大会制度，保证人民代表大会及其常委会依法履行国家权力机关的职能，加强立法和监督工作，密切人民代表同人民的联系。要把改革和发展的重大决策同立法结合起来。逐步形成深入了解民情、充分反映民意、广泛集中民智的决策机制，推进决策科学化、民主化，提高决策水平和工作效率。坚持和完善共产党领导的多党合作和政治协商制度。坚持“长期共存、互相监督、肝胆相照、荣辱与共”的方针，加强同民主党派合作共事，巩固我们党同党外人士的联盟。继续推进人民政协政治协商、民主监督、参政议政的规范化、制度化，使之成为党团结各界的重要渠道。巩固和发展广泛的爱国统一战线。全面贯彻党的民族政策，坚持和完善民族区域自治制度，切实加强民族工作，巩固和发展平等、团结、互助的社会主义民族关系，促进各民族共同繁荣进步。认真贯彻党的宗教政策、侨务政策。工会、共青团、妇联等群众团体要在管理国家和社会事务中发挥民主参与和民主监督作用，成为党联系广大人民群众的桥梁和纽带。

扩大基层民主，保证人民群众直接行使民主权利，依法管理自己的事情，创造自己的幸福生活，是社会主义民主最广泛的实践。城乡基层政权机关和基层群众性自治组织，都要健全民主选举制度，实行政务和财务公开，让群众参与讨论和决定基层公共事务和公益事业，对干部实行民主监督。坚持和完善以职工代表大会为基本形式的企事业民主管理制度，组织职工参与改革和管理，维护职工合法权益。坚持纠正压制民主、强迫命令等错误行为。

(二)加强法制建设

坚持有法可依、有法必依、执法必严、违法必究，是党和国家事业顺利发展的必然要求。加强立法工作，提高立法质量，到2010年形成有中国特色社会主义法律体系。维护宪法和法律的尊严，坚持法律面前人人平等，任何人、任何组织都没有超越法律的特权。一切政府机关都必须依法行政，切实保障公民权利，实行执法责任制和评议考核制。推进司法改革，从制度上保证司法机关依法独立公正地行使审判权和检察权，建立冤案、错案责任追究制度。加强执法和司法队伍建设。深入开展普法教育，增强全民的法律意识，着重提高领导干部的法制观念和依法办事能力。法制建设同精神文明建设必须紧密结合，同步推进。

(三)推进机构改革

机构庞大、臃肿，政企不分，官僚主义严重，直接阻碍改革的深入和经济的发展，影响党和群众的关系。这个问题亟待解决，必须通盘考虑，组织专门力量，抓紧制定方案，积极推进。要按照社会主义市场经济的要求，转变政府职能，实现政企分开，把企业生产经营管理的权力切实交给企业；根据精简、统一、效能的原则进行机构改革，建立办事高效、运转协调、行为规范的行政管理体系，提高为人民服务水平；把综合经济部门改组为宏观调控部门，调整和减少专业经济部门，加强执法监管部门，培育和发展社会中介组织。深化行政体制改革，实现国家机构组织、职能、编制、工作程序的法定化，严格控制机构膨胀，坚决裁减冗员。深化人事制度改革，引入竞争激励机制，完善公务员制度，建设一支高素质的专业化国家行政管理干部队伍。

(四)完善民主监督制度

我们的权力是人民赋予的，一切干部都是人民的公仆，必须受到人民和法律的监督。要深化改革，完善监督法制，建立健全依法行使权力的制约机制。坚持公平、公正、公开的原则，直接涉及群众切身利益的部门要实行公开办事制度。把党内监督、法律监督、群众监督结合起来，发挥舆论监督的作用。加强对宪法和法律实施的监督，维护国家法制统一。加强对党和国家方针政策贯彻的监督，保证政令畅通。加强对各级干部特别是领导干部的监督，防止滥用权力，严惩执法犯法、贪赃枉法。

(五)维护安定团结

随着改革开放的深入和经济关系的调整，经济和社会生活中的各种矛盾，出现了不少新情况和新变化，其中一些涉及群众切身利益的矛盾比较突出。各级党委和政府必须认真负责，满腔热情地解决人民群众生活和工作中的实际问题。对人民内部矛盾，要深入实际，调查研究，做好思想政治工作，区别不同情况，正确运用经济、行政和法律等手段加以处理，防止矛盾激化。

搞好社会治安，是关系人民群众生命财产安全和改革、发展、稳定的大事。要加强政法工作，依法严厉打击各种犯罪活动，坚决扫除黄赌毒等社会丑恶现象。加强社会治安综合治理，打防结合，预防为主，加强教育和管理，落实责任制，创造良好的社会治安环境。

建设社会主义民主政治，是逐步发展的历史过程，需要从我国的国情出发，在党的领导下有步骤、有秩序地推进。社会主义愈发展，民主也愈发展。我们要在实践中积极探索规律，不断推进有中国特色社会主义民主政治的发展，使它在21世纪展现出更加蓬勃的生命力。

中共中央办公厅、国务院办公厅关于在农村普遍实行村务公开和民主管理制度的通知

(1998年4月18日)

各省、自治区、直辖市党委和人民政府，中央和国家机关各部委，军委总政治部，各人民团体：

为了贯彻落实党的十五大关于扩大基层民主，保证人民群众直接行使民主权利的精神，推进农村基层

民主建设,密切党群干群关系,促进农村的改革、发展和稳定,中央认为,有必要在全国农村普遍实行村务公开和民主管理制度。为此,特通知如下:

一、重要意义和指导思想

党的十五大指出,发展社会主义民主政治,是我们党始终不渝的奋斗目标。扩大基层民主,保证人民群众直接行使民主权利,依法实行民主管理,是健全社会主义民主制度的重要内容。农民是我们党在农村的依靠力量,也是我们国家政权最广泛、最深厚的群众基础。保护和发挥农民的积极性,历来是我们党取得革命和建设胜利的重要保证,也是推进社会主义现代化建设事业顺利进行的必要条件。实行村务公开和民主管理,使农村工作逐步走上规范化和制度化的轨道,有利于发展农村基层民主,活跃农村基层民主生活,保障农民群众直接行使民主权利,进一步扩大人民民主;有利于充分调动广大农民群众建设社会主义现代化的积极性和创造性;有利于加强农村基层组织和党风廉政建设,强化党员和群众对干部的监督,密切党群干群关系;有利于引导农村干部依法建制、以制治村,正确执行党的群众路线和党的政策,按章办事,做好工作。

实行村务公开和民主管理的指导思想是:以邓小平理论和党的基本路线为指导,正确贯彻落实党在农村的各项方针政策,以推行村务公开为基础,坚持实行民主选举、民主决策、民主管理和民主监督,推进农村的民主、法制建设,促进农村的改革、发展和稳定,推动农业、农村经济与农村社会的全面发展和进步。

二、村务公开的内容和方法

村务公开要从农民群众普遍关心的和涉及群众切身利益的实际问题入手,凡属群众关心的热点问题,以及村里的重大问题都应向村民公开。如新上的经济项目,村里的财产和财务收支,征用土地和宅基地审批,计划生育指标,提留统筹方案及其他农民负担(包括劳动积累工和义务工),集体土地和经营实体的承包,救灾救济款物的发放,村干部年度工作目标、工资奖金和功绩过失情况及其他公共事务等等。要随着形势的发展变化和村民的要求,及时调整、充实村务公开的内容,真正做到凡涉及群众切身利益的大事,都以一定形式向村民公开,接受群众的监督。

村务公开的重点是财务公开。村级财务公开的内容,主要包括财务计划及其执行情况、各项收入和支出、各项财产、债权债务、收益分配、代收代缴费用、水电费、以资代劳情况以及群众要求公开的其他财务事项。村集体经济组织要认真执行各项财务制度。

公开的内容要简洁明了,便于群众了解。公开的形式和方法可以根据实际情况因地制宜、灵活多样,如采用张榜公布,有线广播,召集村民公议或村民代表会议等方式。各村都应在本村适当的地方,建立专门的公开栏,进行张榜公布。

公开的时间要及时。需要公开的事项要尽早向村民公开,也可以采取定期公开的形式。一般一个月或两个月一次,至多不得超过3个月。有些时限较长的事项,可以每完成一个阶段,即公布一次进展情况。每一件较大事项完成之后,要及时向群众公布结果。

要善于运用村务公开这种有效形式,切实加强民主监督。村务公开的目的是:让群众参与管理和监督村里的公共事务和公益事业。每一次村务公开后,党支部和村委会要及时召开党员大会、村民会议或村民代表会议,广泛听取群众的反映和意见。对群众提出的疑问,要及时做出解释;对群众提出的要求,要及时予以答复;对大多数群众不赞成的事情,应坚决予以纠正。要真正让村民参与公共事务的管理,实行有效的民主监督,不走过场,不搞形式主义。

三、民主管理的基本要求

实行民主管理,首先要坚持和完善村民会议或村民代表会议制度。人口少且居住集中的村,应定期召开村民会议;人口多且居住分散的村,可定期召开村民代表会议。要明确规定村民代表会议的人员组成及其条件、职责、权利,制定议事内容和议事规则,确定活动方式、活动程序和活动时间,并按规定严格执行。

要按照国家法律、法规和政策,结合本地实际,明确规定民主议事的内容,凡属村务管理的重大事项以及农民关注的热点、难点问题的处理,都应先召集党员大会讨论,再分别提交村民会议或村民代表会议讨论,征求党内外群众意见,按大多数人的意见实行民主决策,坚决纠正不顾群众意愿而由几个干部自行其是的做法。

要切实加强群众对村干部的民主监督。村委会班子及其成员的工作,都要由村民会议或村民代表会议进行民主评议或民主测评。对于党支部班子及其成员,应由村支部党员大会并吸收部分村民代表进行民主评议。评议或测评可结合年终工作总结每年进行一次。评议中,村党支部班子成员和村委会班子成员都要作述职报告,在此基础上,由评议者评出称职或不称职,由乡镇党委考核认定。两年被评为不称职的村党支部班子成员和村委会班子成员,要进行组织调整。

村党支部、村民委员会以及其他需要选举产生的村级组织负责人，要根据国家有关法律以及党内法规的规定，按期实行民主选举。未经县(市、区)委批准，无故拖延选举的，要追究乡镇党委和村党支部、村委会主要负责人的责任。在选举中，要做到候选人条件、选举程序、选举办法、选举结果公开，充分发扬党内民主和人民民主，尊重选民意志，任何人不得指定选举某人或不选举某人，任何人不得以不正当方式拉选票。要坚决杜绝各种“贿选”行为的发生，一经发现，要严肃查处。

四、建立健全规章制度

建立健全村务公开和民主管理制度，实现村务公开和民主管理的规范化、制度化，使工作有序，办事有据，真正做到“有章理事”，这是做好农村工作的治本之策，也是使村干部适应新形势的需要、切实改进工作方法的重要措施。因此，要以法律、法规和政策为依据，以实际、实用、实效为原则，建立健全村民会议、村民代表会议和党员议事会制度；村党支部、村民委员会按期换届选举制度；村党支部、村民委员会年终总结报告制度；民主评议党员、干部制度；财务管理、财务审计制度；财务公开、财务监督制度；村干部任期、离任审计制度等等。总之，凡是需要公开的村务工作和被列入民主管理范围的工作，都要依法建制，有制可依，按制办事。

各项制度建立以后，要严格按制度办事，不得随意更改，更不允许违反制度规定。为此，各地可根据实际情况，建立村务公开、民主管理的监督评议组织并授予必要的监督权和评议权，定期或不定期地对有关村务公开和民主管理的各项制度的执行情况进行评议，评议结果要张榜公布。需要改进的，党支部和村委会应及时提出改进意见，公布于众并认真执行。

五、加强领导和督促检查

各级党委和政府要从农村改革、发展和稳定的大局出发，把实行村务公开和民主管理作为农村工作的一项重要任务和农村基层组织建设的一项重要内容，列入重要议事日程，加强领导，精心部署，采取得力措施，帮助和指导村级组织把有关制度建立健全起来，并经常检查督促各项制度的贯彻落实。各乡镇要制订规划，搞好试点，总结推广好的经验，实行分类指导，逐步完善。要将村务公开和民主管理纳入乡村干部岗位目标责任制，把责任制度的执行情况，作为考核乡村干部政绩的重要内容，并将考核结果记入个人档案，作为评选先进和奖惩的依据。

村务公开和民主管理工作，由组织、民政部门牵头，纪检监察、人事、农业等有关部门积极配合，各司其职，各负其责，齐抓共管，使村务公开和民主管理有计划、有步骤地全面推开。已实行村务公开和民主管理制度的，完善、充实、巩固、提高；没有建立的，要尽快建立起来，并长期坚持下去。

要采取多种措施，加强推行村务公开和民主管理的宣传教育工作，使乡村干部增强民主意识和法制观念，树立群众观点，澄清各种疑虑和模糊认识，提高自觉性，增强主动性，认真负责地搞好这项工作。要总结推广这方面的成功经验，运用典型引路的方法，分类指导，全面推开，不断完善。要把发扬民主同依法办事统一起来，既要保证农民群众依法享有广泛的民主权利，又要加强民主法制教育，引导他们在实践中学会正确行使民主权利。要防止宗族势力和非法宗教活动干扰农村基层民主的健康发展。

要在推行村务公开和民主管理的同时，积极探索在乡镇机关建立政务公开的途径，先行试点，培植典型，逐步推广，要以乡镇机关的政务公开，促进村务公开和民主管理的广泛深入发展。

各地可根据本通知精神，结合实际，制定具体实施办法。

中共中央关于农业和农村工作若干重大问题的决定（节选）

(1998年10月14日)

一、农业和农村跨世纪发展的目标和方针

我国社会主义初级阶段是不发达的阶段，农村尤其不发达。表现在：生产力落后，主要靠手工劳动；市场化程度低，自给半自给经济占相当比重；农业人口多，就业压力大；科技教育文化落后，文盲半文盲数量较大；农民生活水平比较低，还有几千万人没有解决温饱；城乡差别大，农村发展也很不平衡。这些特点决定了，必须始终把发展农村经济、提高农业生产力水平作为整个农村工作的中心，一切政策都要有利于增强农村经济活力，放手依靠农民改变落后面貌，不断提高农民的物质文化生活水平。

十五大提出党在社会主义初级阶段的基本纲领和下世纪第一个十年的奋斗目标，为我国农业和农村走向现代化指明了方向。从现在起到2010年，建设有中国特色社会主义新农村的目标是：

——在经济上,坚持以公有制为主体、多种所有制经济共同发展,不断解放和发展农村生产力。基本建立以家庭承包经营为基础,以农业社会化服务体系、农产品市场体系和国家对农业的支持保护体系为支撑,适应发展社会主义市场经济要求的农村经济体制;农业科技、装备水平和综合生产能力有显著提高,农产品更好地满足国民经济发展和人口增长、生活改善的需求;农村产业结构进一步优化,城镇化水平有较大提高;农民收入不断增加,农村全面实现小康,并逐步向更高的水平前进。

——在政治上,坚持中国共产党的领导,加强农村社会主义民主政治建设,进一步扩大基层民主,保证农民依法直接行使民主权利。全面推进村民自治,完善乡镇人民代表大会制度;乡镇机构精干,以党支部为核心的村级组织健全,干群关系密切;加强法治,保持农村良好的社会秩序和治安环境。

——在文化上,坚持全面推进农村社会主义精神文明建设,培养有理想、有道德、有文化、有纪律的新型农民。加强思想道德教育,倡导健康文明的社会风尚;发展教育事业,普及九年制义务教育,扫除青壮年文盲,普及科学技术知识;发展农村卫生、体育事业,使农民享有初级卫生保健;建设农村文化设施,丰富农民的精神文化生活。

实现我国农业和农村跨世纪发展目标,必须坚持以下十条方针:

(一)始终把农业放在国民经济发展的首位

农业是国民经济的基础。大力发展农业不仅是保障人民生活的要求,也是发展工业和第三产业的需要。调整国民收入分配格局,加大对农业的投入。加强农业立法和执法,支持和保护农业。

(二)长期稳定农村基本政策

以公有制为主体、多种所有制经济共同发展的基本经济制度,以家庭承包经营为基础、统分结合的经营制度,以劳动所得为主和按生产要素分配相结合的分配制度,必须长期坚持。在这个基础上,按照建立社会主义市场经济体制的要求,深化农村改革。

(三)不放松粮食生产,积极发展多种经营

必须稳定发展粮食生产,同时又要调整农村产业结构,实行农林牧副渔并举,并且把发展多种经营同支持和促进粮食生产结合起来,确保农产品有效供给和农民收入持续增长。

(四)实施科教兴农

农业的根本出路在科技、在教育。实行农科教结合,加强农业科学技术的研究和推广,注重人才培养,把农业和农村经济增长转到依靠科技进步和提高劳动者素质的轨道上来。

(五)实现农业可持续发展

必须加强以水利为重点的基础设施建设和林业建设,严格保护耕地、森林植被和水资源,防治水土流失、土地荒漠化和环境污染,改善生产条件,保护生态环境。

(六)大力发展乡镇企业,多渠道转移农业富余劳动力

立足农村,向生产的深度和广度进军,发展二、三产业,建设小城镇。开拓农村广阔的就业门路,同时适应城镇和发达地区的客观需要,引导农村劳动力合理有序流动。

(七)切实减轻农民负担

这是保护农村生产力,保持农村稳定的大事。坚持多予少取,让农民得到更多的实惠。农村各项建设都要尊重群众意愿,量力而行。

(八)实行计划生育基本国策

控制人口过快增长的重点和难点在农村。大力提倡少生优育,使农村人口同经济、社会发展相适应。

(九)推进农村基层民主政治建设

经济体制改革要求政治体制改革相配合。坚持和改善农村基层党组织的领导,加强乡镇政权和村民自治组织建设,依法保障农民当家作主的权利。

(十)物质文明建设和精神文明建设两手抓

两个文明都搞好,农村经济、社会协调发展,才是有中国特色社会主义的新农村。

二、加强农村基层民主法制建设

扩大农村基层民主,实行村民自治,是党领导亿万农民建设有中国特色社会主义民主政治的伟大创造。为了更好地调动广大农民的积极性和主动性,促进农村各项改革和建设事业的全面发展,必须进一步扩大农村基层民主。

——全面推进村级民主选举。村民委员会要严格依照法律法规,坚持公平、公正、公开原则,由村民按期进行直接选举,真正把群众拥护的思想好、作风正、有文化、有本领、真心实意为群众办事的人,选进领导班子。

——全面推进村级民主决策。凡是涉及村民利益的重要事项,如村提留的收缴和使用,村干部享受误工

补贴的人数和标准，从村集体经济所得收益和使用，村办公益事业需要村民负担的事项，土地承包、宅基地使用和集体经济项目承包的方案等，都须提请全体村民或村民代表会议讨论，按多数人的意见做出决定。

——全面推进村级民主管理。依据党的方针政策和国家的法律法规，结合本地实际，全体村民讨论制定村民自治章程和村规民约，把村民的权利和义务，村级各类组织之间的关系和工作程序，以及经济管理、社会治安、村风民俗、婚姻家庭、计划生育等方面的要求，规定得明明白白，加强村民的自我管理、自我教育、自我服务。

——全面推进村级民主监督。凡是村里的重大事项和群众普遍关心的问题，都应向村民公开。村务公开的重点是财务公开。村民委员会要广泛听取群众意见，大多数群众不赞成的事情，应予纠正。经村民民主评议不称职的村干部，应按照规定程序进行调整。

搞好村民自治，制度建设是根本。重点是建立健全村民委员会的民主选举制度，以村民会议或村民代表会议为主要形式的民主议事制度，以村务公开、民主评议和村民委员会定期报告工作为主要内容的民主监督制度。村务活动要照章办事，推进村民自治的制度化、规范化。

乡级民主建设是农村基层民主的重要组成部分。要坚持和完善乡镇人民代表大会代表的直接选举制度。乡镇人民代表大会要认真履行法律规定的各项职权。乡镇政府要切实转变职能，精简机构，裁减冗员，目前先要坚决把不在编人员精简下来，做到依法行政，规范管理。乡镇政权机关都要实行政务公开，方便群众办事，接受群众监督。

发展农村基层民主，必须贯彻依法治国方略，同健全法制紧密结合。坚持有法可依，有法必依，执法必严，违法必究。要完善保障农民直接行使民主权利的法律法规。对压制和破坏民主、侵犯农民民主权利的行为，要坚决查处。加强法制教育和宣传，使农村干部增强法制观念和依法办事能力，使广大农民知法守法，履行应尽义务，用法律保护自己的合法权益。加强农村社会治安综合治理，严厉打击各种刑事犯罪和恶势力，为农民的生产和生活创造良好的治安环境。正确处理新时期农村人民内部矛盾，善于运用法律的、行政的、经济的和思想教育的手段，化解矛盾，解决纠纷，促进安定团结。

扩大农村基层民主，要在党的统一领导下有步骤、有秩序地进行，充分发挥乡（镇）、村基层党组织的领导核心作用。要及时总结和推广有利于农民群众当家作主的好经验，精心组织，分类指导，推动农村基层民主政治建设健康发展。

中共中央办公厅关于在农村开展“三个代表”重要思想学习教育活动的意见

（2000年11月30日）

为了深入贯彻落实江泽民同志“三个代表”的重要思想，加强和改进党对农村工作的领导，切实解决当前农村存在的突出问题，确保党的十五大和十五届三中、五中全会及中央经济工作会议提出的农业和农村各项工作任务的落实，中央决定，从今冬明春开始，用两年左右的时间，在全国县（市）部门、乡镇、村领导班子和基层干部中，有计划、有步骤地开展“三个代表”重要思想学习教育活动。

一、开展学习教育活动的重要性和必要性

江泽民同志关于中国共产党始终代表中国先进社会生产力的发展要求、代表中国先进文化的前进方向、代表中国最广大人民的根本利益的重要思想，是新形势下加强党的建设的伟大纲领和推进各项工作的行动指南。通过学习教育活动，把“三个代表”的要求贯彻落实到农村基层，对于推动农村经济发展和社会全面进步，具有重大而深远的意义。

从新世纪开始，我国将进入全面建设小康社会，加快推进现代化的新的发展阶段。进一步加强农业，积极推进农业和农村经济结构的战略性调整，提高农业、农村经济的素质和效益，努力增加农民收入，是新阶段农业和农村工作的中心任务。当前农业和农村经济的结构性矛盾突出，一些地方农村经济发展缓慢，农民增收困难。解决这些问题，必须把发展作为主题，把结构调整作为主线，把改革开放和科技进步作为动力，把提高人民生活水平作为根本出发点。开展学习教育活动，把广大干部的思想进一步统一到“三个代表”的要求上来，通过深化农村改革、调整经济结构，加快农村经济发展，这是解决农村所有问题的关键。

加强农村社会主义精神文明建设，全面提高农民的思想道德素质和科学文化素质，为农村经济和社会发展提供强大的思想保证、精神动力和智力支持，是全面建设小康社会、加快推进现代化的重要保证。在改革日益深入，开放不断扩大，各种思想、文化相互激荡的背景下，农村精神文明建设面临大量新情况、新问题。一些地方封建迷信活动抬头，腐朽思想蔓延，宗族势力干扰村务，少数地方非法宗教活动猖獗、邪恶

势力横行、黄赌毒等社会丑恶现象沉渣泛起。加强农村精神文明建设的任务非常艰巨。开展学习教育活动,增强广大干部"两手抓、两手都要硬"的责任感和自觉性,对于切实加强农村精神文明建设,促进农村经济和社会协调发展,建设有中国特色社会主义新农村,具有十分重要的作用。

代表最广大人民的根本利益,不仅要靠正确的理论和路线方针政策,而且要靠广大党员干部以良好的思想作风和工作作风,真心实意地为群众谋利益。农村基层干部队伍总体上是好的,他们长期工作在第一线,为农村改革和发展做出了巨大的贡献。但一些基层干部素质不适应新形势新任务的要求,存在着一些不符合甚至损害农民群众利益的问题。有的宗旨观念淡薄,方法简单粗暴;有的弄虚作假,加重农民负担;有的以权谋私,违法乱纪等等。在少数地方,这些问题导致干群关系紧张,甚至诱发群体性事件。开展学习教育活动,使广大基层干部更加自觉地坚持全心全意为人民服务的宗旨和党的群众路线,必将进一步密切党群干群关系,巩固党的执政基础。

总之,在农村开展"三个代表"重要思想学习教育活动,是实现党的十五届五中全会确定的发展目标,加快农村发展的需要;是巩固和扩大县(市)"三讲"教育成果,解决当前农村存在的突出问题的需要;是在农村基层组织连续六年集中整顿和建设的基础上,进一步提高农村基层干部素质和基层组织建设水平的需要;同时,也是推动全党深入贯彻党要管党、从严治党的方针,推进党的建设新的伟大工程的需要。各级党委一定要提高认识,统一思想,把这次学习教育活动作为事关改革、发展、稳定全局的一件大事抓紧抓好。

二、学习教育活动的指导思想和应把握的原则

开展学习教育活动的指导思想是:以马列主义、毛泽东思想、邓小平理论为指导,按照"三个代表"的要求,深入贯彻落实党的十五大和十五届三中、五中全会及中央经济工作会议精神,紧紧围绕农村改革、发展和稳定的大局,着力解决当前农村存在的突出问题,努力创建"五个好"村党支部、"六个好"乡镇党委和农村基层组织建设先进县,进一步提高农村基层干部素质,增强农村基层党组织的凝聚力和战斗力,为做好农业和农村工作提供坚强有力的思想和组织保证。

这次学习教育活动要把握以下原则:

(一)坚持学习教育与推动农村工作相结合

学习教育活动要紧密联系思想和工作实际,围绕农村经济建设的中心任务,切实解决农村存在的突出问题,把学习理论与总结经验、推动工作结合起来,把解决思想问题与解决实际问题统一起来。不能脱离农村的各项工作就学习教育抓学习教育,也不能简单地用解决具体问题来代替学习教育。

(二)坚持正面教育、自我教育为主

学习教育活动重在提高农村干部的思想和政策水平。要通过学习教育,加强领导班子建设,增强贯彻落实"三个代表"重要思想的自觉性,总结经验教训,明确努力方向,进行自我改进、自我提高。同时,要认真开展批评与自我批评,并以多种方式听取群众的意见,接受群众的监督。

(三)坚持从实际出发,分类指导

各地要根据本地农村经济和社会发展的实际情况以及县(市)部门、乡镇、村不同层次干部的状况,在学习教育的时间、内容、方法等方面,提出不同要求,有什么问题就解决什么问题,什么问题突出就重点解决什么问题,不搞一刀切。

(四)坚持上下结合,综合治理,标本兼治

对农村存在的突出问题要进行深入分析,找出原因,研究根治这些问题的措施。属于县(市)的问题,县(市)委要承担责任并认真加以解决;属于县(市)部门的问题,县(市)主管领导要协调解决;属于乡镇的问题,县(市)委和政府要督促、帮助他们解决。对所有问题,都不能推诿扯皮、敷衍了事。对情况复杂、涉及面大、一个乡镇或一个部门难以解决的问题,上级党委要组织力量,采取配套措施进行综合整治。

三、学习教育活动要达到的基本要求

(一)推动农村经济发展,增加农民收入要有新进展

贯彻落实"三个代表"的要求,要体现在发展农村生产力、积极推进农业和农村经济结构的战略性调整上。按照党的十五届五中全会的要求,结合本地实际,落实各项措施。以优化品种、提高质量、增加效益为中心,大力调整农产品结构。加快发展畜牧、水产业,提高农产品加工水平和效益。加快推进农业产业化经营,培育和支持龙头企业的发展,大力推广公司加农户、订单农业等经营形式。加快乡镇企业的结构调整和技术进步,积极稳妥地发展小城镇。大力发展农村集体经济,支持、鼓励和引导农村个体、私营等非公有制经济的发展,千方百计增加农民收入。

在学习教育活动中,县、乡、村领导班子要深入研

究当地农业和农村经济结构的突出矛盾，摸清情况，找准问题，理清思路，因地制宜地制定和完善规划。要抓好一批示范乡镇、示范村、示范户，发挥他们在调整经济结构中的带头作用。抓好以科技服务和信息服务为重点的农业社会化服务体系建设。县(市)部门要明确职责任务，运用资金投入、技术指导、市场拓展、教育培训、信息咨询等方式，积极为调整经济结构提供有效服务。

(二)减轻农民负担要切实见到成效

充分认识减轻农民负担的重要性和紧迫性，进一步提高执行减轻农民负担各项政策措施的自觉性。要按照中央的部署，加快推进农村税费改革，建立规范的农村税收制度，从根本上减轻农民负担，调动农民积极性，进一步解放农村生产力。已经实行农村税费改革的地方，除征收国家规定的税收外，要取消其他各种名目的税费。还没有实行农村税费改革的地方，要严格执行国家农业税收政策，严格控制提留统筹费，坚决制止向农民乱收费、乱集资、乱罚款和各种摊派，严格加强对农民义务工的管理，严格控制乡镇、村开支，严禁在粮食收购时代扣代缴各种款项，严禁强迫农民借款、贷款缴纳各种税费，严禁各种形式的达标升级活动。要严肃查处加重农民负担的违法违纪行为。

在学习教育活动中，县(市)、乡镇党委和政府要对减轻农民负担政策的执行情况进行认真检查，针对农村中小学乱收费、报刊征订中乱摊派、电网改造中搭车收费和乱收电费等问题，开展专项治理，对清理出来的问题坚决予以纠正。要在各级党委、政府的统一领导下，积极稳妥地进行乡镇机构改革，精简人员编制，清退不在编人员，压缩财政供养人员。提倡村干部及村、组干部交叉兼职，减少享受补贴的人数。

(三)基层干部思想和工作作风要有明显改进

广大农村干部要按照“三个代表”的要求，牢固树立全心全意为人民服务的思想，始终维护农民群众的根本利益。要转变作风，深入群众，帮助群众解决生产、生活中的实际困难和问题。要善于用说服教育、示范引导和提供服务的方法开展工作，尊重农民群众的意愿和生产经营自主权。正确处理新时期的人民内部矛盾，密切党群干群关系。

在学习教育活动中，县(市)委要对各级干部思想作风情况进行深入检查，并作为落实“三个代表”教育整改措施的重要内容。要对乡镇和县(市)部门领导干部下基层的时间做出明确规定，认真落实。乡镇党委要重点解决有的干部作风不实、方法简单粗暴、不安心在基层工作等问题，坚决纠正虚报浮夸、强迫命令、用公款大吃大喝、铺张浪费等不良风气。县(市)部门要端正服务思想，重点解决“门难进、脸难看、事难办”和“吃、拿、卡、要”等问题，真心实意地为基层和农民办实事。

(四)精神文明建设和民主法制建设要进一步加强

要把“三个代表”重要思想的学习教育同党的基本理论和基本路线教育结合起来，同贯彻中央思想政治工作会议精神结合起来，弘扬爱国主义、集体主义和社会主义精神，培养有理想、有道德、有文化、有纪律的新型农民。加强和改进农村思想政治工作，提倡自力更生、艰苦奋斗的创业精神，破除封建迷信，移风易俗，提倡科学文明健康的生活方式，促进社会风气好转。加强计划生育工作，发展教育、卫生、体育事业。加强农村文化设施建设，丰富农民的精神文化生活。进一步扩大农村基层民主，切实尊重和维护农民群众的民主权利，在党的领导下有步骤、有秩序地全面推进以民主选举、民主决策、民主管理、民主监督为主要内容的村民自治。

在学习教育活动中，县(市)和乡镇党委要以创建文明户、文明村镇为主要形式，加强精神文明建设。开展科技知识培训，大力推广先进适用技术。普遍实行乡镇政务公开和村务公开，方便群众办事，接受群众监督。加强法制教育和宣传，增强农村干部的法制观念和依法办事的能力。依法打击利用宗教进行非法活动，坚决取缔各种邪教。落实社会治安综合治理措施，严厉打击危害社会治安的刑事犯罪和各种恶势力，维护农村社会稳定。

要认真总结六年来农村基层组织集中整顿和建设的经验，开拓创新，乘势而上。深入开展创建“五个好”村党支部、“六个好”乡镇党委和农村基层组织建设先进县活动，制定、完善“三级联创”的规划和实施意见，形成常抓不懈的工作机制。要适应农村经济和社会发展的需要，改进农村基层党组织的设置、活动方式和工作方法。大力推进村党支部领导班子成员选拔任用制度的改革，实行“两推一选”和“公示制”。加大教育培训工作力度，全面提高农村基层干部素质。加强以党支部为核心的村级组织配套建设，正确处理村党支部和村民委员会的关系。加强农村党员教育管理，充分发挥农村党员在两个文明建设中的先锋模范作用。

四、学习教育活动的方法步骤

这次学习教育活动的重点是乡镇和县(市)部门。今冬明春首先在这一级开展,逐步扩大到村一级班子和部门驻乡镇单位。已经进行"三讲"集中教育试点的乡镇,要进一步完善和落实整改措施,重点抓好村级学习教育活动。

县(市)委应集中力量抓好乡镇、村和县(市)部门的学习教育活动。同时,要结合"三讲"教育"回头看",对解决当前农村存在的突出问题的整改措施进行充实完善,认真抓好落实。

今冬明春开始的乡镇和县(市)部门学习教育活动,大体可分三个阶段:

(一)学习培训

集中学习与个人自学相结合。县(市)委要举办乡镇和县(市)部门主要领导干部培训班,进行思想动员、学习辅导、讨论交流,时间一般不少于7天。市(地)委、县(市)委的主要领导同志要到培训班讲课。乡镇、县(市)部门领导班子要组织集体学习,时间10天左右。注意发挥理论教育讲师团和县、乡党校的作用。要把学习"三个代表"重要思想同学习党的十五届三中、五中全会精神紧密结合起来。中央组织部选编的《农村干部学习"三个代表"重要思想文件汇编》作为必读教材。《邓小平理论通俗读本》、《农村政策简明读本》和《农村基层干部读本》可作为学习辅助材料。

(二)对照检查

在学习提高的基础上,乡镇和县(市)部门干部要采取个别谈话、召开座谈会、进村入户调查等形式,认真听取群众意见,了解群众想什么、盼什么,要求干部做什么。对照"三个代表"的要求,检查党的十五届三中全会以来思想和工作方面存在的问题,总结反思,形成书面材料。领导班子成员之间要开展谈心,经过充分准备,召开民主生活会,开展批评与自我批评,并在适当范围通报民主生活会的情况。

(三)整改提高

乡镇和县(市)部门领导班子要从发展农村经济、增加农民收入、减轻农民负担、转变干部作风等方面,制定具体整改方案,明确责任,抓好落实,并以适当方式让群众都知道。对群众反映的问题和提出的要求,能够解决的要尽快解决。应该解决但一时解决不了的要向群众说明情况,并采取措施,逐步加以解决。县(市)委要对整改方案的落实情况进行督促检查。

村级和部门驻乡镇单位的学习教育活动可参照上述方法步骤进行。对村一级更应突出正面教育,注重效果,以利稳定。乡镇党委要切实抓好村级的学习教育活动。乡镇"站、所"的学习教育活动要在乡镇党委统一领导下进行,上级部门党组织要积极支持和协助。

五、切实加强对学习教育活动的领导

各级党委要把这次学习教育活动列入重要议事日程,精心部署,周密安排。党委书记要亲自抓,领导班子成员分工抓。在党委统一领导下,党委组织部门牵头,纪检、宣传、农业、民政、财政、教育、编办、共青团、妇联、科协等有关方面,要通力协作,齐抓共管。为了加强对学习教育活动的具体领导和指导,各级党委要有专门工作机构。

各省、自治区、直辖市党委要从实际出发,根据本意见对学习教育活动做出全面安排,并制定年度计划,召开专门会议进行部署。省级党委常委、政府的党员领导干部要确定一个县(市)作为联系点,作学习教育动员,并经常深入实际,调查研究,进行指导。

市(地)委要加强对学习教育活动的领导和指导。市(地)委常委(委员)、政府(行署)的党员领导干部要具体抓好一个乡镇或一个县(市)部门的学习教育活动。市(地)委要组织检查组,分阶段对学习教育活动进行督促检查。

县(市)委要制定学习教育活动的具体安排意见,有部署、有检查、有总结。县(市)委书记要认真履行"第一责任人"的职责。县(市)级党员领导干部要联系一个乡镇或一个县(市)部门,对学习教育活动进行指导。乡镇党委书记、县(市)部门党员主要负责同志要切实履行直接责任人的职责。对群众意见大、严重不团结、暂不具备条件开展学习教育活动的领导班子,首先进行组织调整,然后再开展活动。县(市)委要组织督查组,及时进行检查指导。要把这次学习教育活动同对干部的考察、考核结合起来,从中发现、培养和选拔优秀干部,对不称职的按有关规定做出组织调整。对于在学习教育活动中暴露出来的违法违纪问题,由有关方面按照规定程序处理。

开展学习教育活动务必注重实效,坚持标准,确保质量,克服形式主义,防止走过场。要加强对学习教育活动的宣传,总结推广典型经验,形成良好的舆论氛围。学习教育活动结束后,省、自治区、直辖市党委要向中央写出报告。

中共中央办公厅、国务院办公厅关于在全国乡镇政权机关全面推行政务公开制度的通知

(2000年12月21日)

各省、自治区、直辖市党委和人民政府,中央和国家机关各部委,军委总政治部,各人民团体:

为贯彻落实党的十五大关于扩大基层民主、保证人民群众直接行使民主权利的精神,推进依法治国的进程,加强对行政权力运行过程的监督,密切党和政府同人民群众的联系,党中央、国务院决定,在全国乡镇政权机关和派驻乡镇的站所全面推行政务公开制度。现就有关问题通知如下:

一、指导思想、基本原则和基本要求

乡镇政权机关是国家政权机关的基层组织,派驻站所是政府有关部门派驻乡镇的工作机构。在乡镇政权机关和派驻站所全面推行政务公开制度,有利于加强农村基层政权建设、党组织建设和干部队伍建设,提高乡镇政权机关依法行政的水平,增强权力运行的透明度,促进廉政勤政建设,推动党在农村各项政策的落实。各级党委、政府要按照江泽民同志关于"三个代表"的要求,充分认识在乡镇政权机关和派驻站所全面推行政务公开制度的重大意义,切实抓好这项工作。

推行政务公开制度的指导思想是:以邓小平理论、党的基本路线和十五大精神为指导,围绕加强基层民主政治建设和依法行政,以公正、便民和廉政、勤政为基本要求,切实加强对行政权力的监督,进一步密切党群、干群关系,促进农村的改革、发展和稳定。

推行政务公开制度的基本原则是:

1. 依法公开。乡镇政权机关和派驻站所政务公开工作应当依照国家法律、法规和有关政策规定进行。

2. 真实公正。公开的内容应当真实可信,办事的结果应当公平公正。

3. 注重实效。从实际出发,突出重点,循序渐进,讲求实效,不搞形式主义。

4. 有利监督。要方便群众办事,便于群众知情,有利于人民群众行使监督权。

推行政务公开制度的基本要求是:

1. 提高工作效率。方便群众和企业、事业单位办事。

2. 提高依法行政水平,严格依法管理。

3. 强化对行政权力运行的监督,有效遏制消极腐败现象。

4. 进一步落实民主决策、民主管理、民主监督制度。

要通过扎实工作和不懈努力,使政务公开制度成为乡镇政权机关和派驻站所的一项基本工作制度。

二、主要内容和工作方法

乡镇政务公开要从人民群众普遍关心和涉及群众切身利益的实际问题入手,对群众反映强烈的问题、容易出现不公平、不公正甚至产生腐败的环节以及本乡镇经济和社会发展的重大问题,都应当公开。其中,重点是财务公开。政务公开包括对群众、企事业单位公开和对本机关干部职工公开。

对群众、企事业单位公开的主要内容是:

1. 乡镇政府行政管理、经济管理活动的事项。主要包括:乡镇政府及有关部门的年度工作目标及执行情况;乡镇年度财政预算及执行情况;上级政府或政府部门下拨的专项经费及使用情况;乡镇的债权债务情况;乡镇集体企业及其他经济实体承发包、租赁、拍卖等情况;乡镇工程项目招投标及社会公益事业建设情况等。

2. 与村务公开相对应的事项。主要包括:乡、村税费的收缴、使用情况;计划生育情况;征用土地及土地补偿费、安置补助费的发放、使用情况;各村宅基地审批情况;救灾救济款物发放、优待抚恤情况;水电费的收缴情况等。

3. 乡镇政府各部门和派驻站所公开的事项。主要包括:工作职责、办事依据、办事条件、办事程序、办事纪律、办事期限、监督办法和办事结果;执收执罚部门的收费、罚款标准和收缴情况;上级主管部门明确要求必须公开的其他事项。

对本机关干部职工公开的主要内容是:领导干部廉洁自律情况;机关内部财务收支情况;招待费、差旅费的开支使用情况;干部交流、考核、奖惩情况以及机关干部职工关心的其他重要事项。

公开要采取相应的形式。各乡镇和派驻站所必须设立固定的便于群众观看的政务公开栏,及时将应公开的内容张榜公布。各地还可以根据实际情况,通过会议、广播、电视、便民手册、电子触摸屏等有效形式,予以公开。

公开的时间要与公开的内容相适应。经常性工作定期公开,阶段性工作逐段公开,临时性工作随时公开。

对于涉及群众切身利益的重要事项,每次公开后,都要认真听取群众的意见。对群众提出的合理建

议，要积极采纳；对群众反映的问题，要及时加以解决，暂时无法解决的，要做好说明解释工作。

三、监督保障制度

推行政务公开制度，核心是加强监督。要建立健全乡镇政权机关和派驻站所内部的监督制度，以保证公开内容的真实性。要把办事结果公开与事前、事中民主决策和民主监督结合起来，把内部监督与外部监督结合起来，建立起一套便利、管用、有约束力的监督制约机制。

乡镇人民政府要自觉接受乡镇人民代表大会的监督。政务公开的重要内容要向人大报告。乡镇当年的经济和社会发展计划、财政预算决算等，要经乡镇人民代表大会审议通过后公开。

要实行重大事项集体讨论决定制度。重大决策、重要干部任免、重要项目安排和大额度资金的使用，必须在广泛征求意见的基础上，乡镇党委、政府集体讨论做出决定后公开。

要实行预公开制度。乡镇机关和派驻站所在决定或办理与群众利益密切相关的重要事项时，应当在正式决定或办理之前将方案公布。在充分听取群众意见并进行调整、修改后，再予以正式公布。

要实行定期审计制度。县(市)级政府审计机关要对乡镇财政预算的执行情况和决算以及政府部门管理和政府委托社会团体代管的各类基金、资金的收支情况，依法进行审计监督，并将审计结果公开。

乡镇要成立政务公开监督小组，由乡镇人大、纪委、村党支部、村民委员会、企业事业单位等方面的人员组成，乡镇人大主席或纪委书记任组长。监督小组要定期或不定期地开展民主评议活动，广泛听取群众意见和要求，及时提出工作建议。

要通过设立举报电话、政务监督信箱等渠道，认真收集群众意见，鼓励干部群众积极参与监督；对群众举报的问题，应及时调查处理。

要充分发挥舆论监督的作用。对乡镇政务公开工作的成功经验要广泛宣传报道，对消极抵制、弄虚作假的典型事例要予以曝光。

在坚持上述制度的同时，各地要从实际出发，积极探索，大胆实践，不断完善监督制约机制。

四、组织领导

乡镇政务公开政策性强、涉及部门多、公开的内容广，必须切实加强领导。乡镇政务公开工作由党委统一领导，政府主抓，人大监督实施。纪检监察机关要协助政府加强督促检查，政府办公厅(室)要加强组织协调工作。

各级党委、政府要把在乡镇推行政务公开制度作为农村工作的一件大事，列入重要工作日程，切实加强领导。要明确牵头部门，认真落实责任制。县(市)级党委、政府在推行乡镇政务公开制度工作中起至关重要的作用，必须加强组织领导和具体指导，狠抓落实。乡镇党委、政府负责组织实施本乡镇的政务公开工作。各乡镇都要成立以乡(镇)长为第一责任人的政务公开领导小组，按照谁主管、谁负责的原则，切实把这项工作落到实处。

各地要把派驻站所政务公开纳入所在乡镇政务公开工作全局之中，派驻站所要自觉接受所在乡镇党委、政府的统一领导。同时，上级主管部门要对基层站、所的政务公开工作提出要求，针对本部门业务工作实际，制定有关规范，加强督促和指导。

推行乡镇政务公开，要同乡镇党的建设、政权建设以及村务公开相结合，同各项基础管理工作相结合，综合治理，整体推进。要及时发现和处理倾向性、苗头性问题，保证政务公开制度的顺利推进，确保社会稳定。

要把政务公开作为党风廉政建设责任制和党政领导干部年度工作考核的一项重要内容，并将考核结果作为干部奖惩的重要依据。对在推行政务公开制度中工作不力或不称职的领导干部，要批评教育，情节严重的要调整其工作岗位或免去其所任职务；对拒不推行政务公开制度或在政务公开中有弄虚作假、打击报复、侵犯群众民主权利等违纪行为的干部，纪检监察机关要追究其党纪政纪责任。

在推行政务公开制度时，必须加强思想政治工作和宣传教育工作。要教育广大干部尤其是基层干部增强民主意识，树立群众观念，自觉维护人民群众的民主权利和合法权益。同时，要教育和引导广大人民群众依法行使民主权利，维护国家的根本利益。

城市街道办事处要参照本通知的规定，做好政务公开工作。

在推行乡镇政务公开的同时，县(市)级以上政权机关也要积极探索实行政务公开的有效途径，逐步推行政务公开制度。

各省、自治区、直辖市和中央、国家机关有关部门应根据本通知精神，结合实际，制定具体实施办法。

中华人民共和国宪法（节选）

（1982年12月4日）

第三章　国家机构

第一百一十一条　城市和农村按居民居住地区设立的居民委员会或者村民委员会是基层群众性自治组织。居民委员会、村民委员会的主任、副主任和委员由居民选举。居民委员会、村民委员会同基层政权的相互关系由法律规定。

居民委员会、村民委员会设人民调解、治安保卫、公共卫生等委员会，办理本居住地区的公共事务和公益事业，调解民间纠纷，协助维护社会治安，并且向人民政府反映群众的意见、要求和提出建议。

中华人民共和国村民委员会组织法

（1998年11月4日）

中华人民共和国主席令第九号

《中华人民共和国村民委员会组织法》已由中华人民共和国第九届全国人民代表大会常务委员会第五次会议于1998年11月4日修订通过，现将修订后的《中华人民共和国村民委员会组织法》公布，自公布之日起施行。

中华人民共和国主席　江泽民

一九九八年十一月四日

第一条　为了保障农村村民实行自治，由村民群众依法办理自己的事情，发展农村基层民主，促进农村社会主义物质文明和精神文明建设，根据宪法，制定本法。

第二条　村民委员会是村民自我管理、自我教育、自我服务的基层群众性自治组织，实行民主选举、民主决策、民主管理、民主监督。

村民委员会办理本村的公共事务和公益事业，调解民间纠纷，协助维护社会治安，向人民政府反映村民的意见、要求和提出建议。

第三条　中国共产党在农村的基层组织，按照中国共产党章程进行工作，发挥领导核心作用；依照宪法和法律，支持和保障村民开展自治活动、直接行使民主权利。

第四条　乡、民族乡、镇的人民政府对村民委员会的工作给予指导、支持和帮助，但是不得干预依法属于村民自治范围内的事项。

村民委员会协助乡、民族乡、镇的人民政府开展工作。

第五条　村民委员会应当支持和组织村民依法发展各种形式的合作经济和其他经济，承担本村生产的服务和协调工作，促进农村生产建设和社会主义市场经济的发展。

村民委员会应当尊重集体经济组织依法独立进行经济活动的自主权，维护以家庭承包经营为基础、统分结合的双层经营体制，保障集体经济组织和村民、承包经营户、联户或者合伙的合法的财产权和其他合法的权利和利益。

村民委员会依照法律规定，管理本村属于村民集体所有的土地和其他财产，教育村民合理利用自然资源，保护和改善生态环境。

第六条　村民委员会应当宣传宪法、法律、法规和国家的政策，教育和推动村民履行法律规定的义务，爱护公共财产，维护村民的合法的权利和利益，发展文化教育，普及科技知识，促进村和村之间的团结、互助，开展多种形式的社会主义精神文明建设活动。

第七条　多民族村民居住的村，村民委员会应当教育和引导村民加强民族团结、互相尊重、互相帮助。

第八条　村民委员会根据村民居住状况、人口多少，按照便于群众自治的原则设立。

村民委员会的设立、撤销、范围调整，由乡、民族乡、镇的人民政府提出，经村民会议讨论同意后，报县级人民政府批准。

第九条　村民委员会由主任、副主任和委员共3至7人组成。

村民委员会成员中，妇女应当有适当的名额，多民族村民居住的村应当有人数较少的民族的成员。

村民委员会成员不脱离生产，根据情况，可以给予适当补贴。

第十条　村民委员会可以按照村民居住状况分设若干村民小组，小组长由村民小组会议推选。

第十一条　村民委员会主任、副主任和委员，由村民直接选举产生。任何组织或者个人不得指定、委派或者撤换村民委员会成员。

村民委员会每届任期3年，届满应当及时举行换届选举。村民委员会成员可以连选连任。

第十二条　年满18周岁的村民，不分民族、种族、性别、职业、家庭出身、宗教信仰、教育程度、财产状况、居住期限，都有选举权和被选举权；但是，依照法律被剥夺政治权利的人除外。

有选举权和被选举权的村民名单，应当在选举日的20日以前公布。

第十三条 村民委员会的选举，由村民选举委员会主持。村民选举委员会成员由村民会议或者各村民小组推选产生。

第十四条 选举村民委员会，由本村有选举权的村民直接提名候选人。候选人的名额应当多于应选名额。

选举村民委员会，有选举权的村民的过半数投票，选举有效；候选人获得参加投票的村民的过半数的选票，始得当选。

选举实行无记名投票、公开计票的方法，选举结果应当当场公布。选举时，设立秘密写票处。

具体选举办法由省、自治区、直辖市的人民代表大会常务委员会规定。

第十五条 以威胁、贿赂、伪造选票等不正当手段，妨害村民行使选举权、被选举权，破坏村民委员会选举的，村民有权向乡、民族乡、镇的人民代表大会和人民政府或者县级人民代表大会常务委员会和人民政府及其有关主管部门举报，有关机关应当负责调查并依法处理。以威胁、贿赂、伪造选票等不正当手段当选的，其当选无效。

第十六条 本村五分之一以上有选举权的村民联名，可以要求罢免村民委员会成员。罢免要求应当提出罢免理由。被提出罢免的村民委员会成员有权提出申辩意见。村民委员会应当及时召开村民会议，投票表决罢免要求。罢免村民委员会成员须经有选举权的村民过半数通过。

第十七条 村民会议由本村18周岁以上的村民组成。

召开村民会议，应当有本村18周岁以上村民的过半数参加，或者有本村三分之二以上的户的代表参加，所作决定应当经到会人员的过半数通过。必要的时候，可以邀请驻在本村的企业、事业单位和群众组织派代表列席村民会议。

第十八条 村民委员会向村民会议负责并报告工作。村民会议每年审议村民委员会的工作报告，并评议村民委员会成员的工作。

村民会议由村民委员会召集。有十分之一以上的村民提议，应当召集村民会议。

第十九条 涉及村民利益的下列事项，村民委员会必须提请村民会议讨论决定，方可办理：

(一)乡统筹的收缴方法，村提留的收缴及使用；

(二)本村享受误工补贴的人数及补贴标准；

(三)从村集体经济所得收益的使用；

(四)村办学校、村建道路等村公益事业的经费筹集方案；

(五)村集体经济项目的立项、承包方案及村公益事业的建设承包方案；

(六)村民的承包经营方案；

(七)宅基地的使用方案；

(八)村民会议认为应当由村民会议讨论决定的涉及村民利益的其他事项。

第二十条 村民会议可以制定和修改村民自治章程、村规民约，并报乡、民族乡、镇的人民政府备案。

村民自治章程、村规民约以及村民会议或者村民代表讨论决定的事项不得与宪法、法律、法规和国家的政策相抵触，不得有侵犯村民的人身权利、民主权利和合法财产权利的内容。

第二十一条 人数较多或者居住分散的村，可以推选产生村民代表，由村民委员会召集村民代表开会，讨论决定村民会议授权的事项。村民代表由村民按每5户至15户推选一人，或者由各村民小组推选若干人。

第二十二条 村民委员会实行村务公开制度。

村民委员会应当及时公布下列事项，其中涉及财务的事项至少每6个月公布一次，接受村民的监督：

(一)本法第十九条规定的由村民会议讨论决定的事项及其实施情况；

(二)国家计划生育政策的落实方案；

(三)救灾救济款物的发放情况；

(四)水电费的收缴以及涉及本村村民利益、村民普遍关心的其他事项。

村民委员会应当保证公布内容的真实性，并接受村民的查询。

村民委员会不及时公布应当公布的事项或者公布的事项不真实的，村民有权向乡、民族乡、镇人民政府或者县级人民政府及其有关主管部门反映，有关政府机关应当负责调查核实，责令公布，经查证确有违法行为的，有关人员应当依法承担责任。

第二十三条 村民委员会及其成员应当遵守宪法、法律、法规和国家的政策，办事公道，廉洁奉公，热心为村民服务。

第二十四条 村民委员会决定问题，采取少数服从多数的原则。

村民委员会进行工作，应当坚持群众路线，充分发扬民主，认真听取不同意见，坚持说服教育，不得强迫命令，不得打击报复。

第二十五条 村民委员会根据需要设人民调解、治安保卫、公共卫生等委员会。村民委员会成员可以兼任下属委员会的成员。人口少的村的村民委员会可以不设下属委员会,由村民委员会成员分工负责人民调解、治安保卫、公共卫生等工作。

第二十六条 村民委员会应当协助有关部门,对被依法剥夺政治权利的村民进行教育、帮助和监督。

第二十七条 驻在农村的机关、团体、部队、全民所有制企业、事业单位的人员不参加村民委员会组织,不属于村办的集体所有制单位的人员可以不参加村民委员会组织。但是,他们都应当遵守有关村规民约。所在地的村民委员会、村民会议或者村民代表讨论和处理同这些单位有关的问题,应当与他们协商解决。

第二十八条 地方各级人民代表大会和县级以上地方各级人民代表大会常务委员会在本行政区域内保证本法的实施,保障村民依法行使自治权利。

第二十九条 省、自治区、直辖市的人民代表大会常务委员会可以根据本法,结合本行政区域的实际情况,制定实施办法。

第三十条 本法自公布之日起施行。《中华人民共和国村民委员会组织法(试行)》同时废止。

最高人民法院关于村民小组组长利用职务便利非法占有公共财物行为如何定性问题的批复

(1998年6月25日)

四川省高级人民法院:

你院川高法〔1998〕224号《关于村民小组组长利用职务便利侵吞公共财物行为如何定性的问题的请示》收悉。经研究,答复如下:

对村民小组组长利用职务上的便利,将村民小组集体财产非法占为己有,数额较大的行为,应当依照刑法第二百七十一条第一款的规定,以职务侵占罪定罪处罚。

此复

全国人大常委会关于《刑法》第九十三条第二款的解释

(2000年4月29日)

全国人民代表大会常务委员会讨论了村民委员会等村基层组织人员在从事哪些工作时属于刑法第九十三条第二款规定的"其他依照法律从事公务的人员",解释如下:

村民委员会等村基层组织人员协助人民政府从事下列行政管理工作,属于刑法第九十三条第二款规定的"其他依照法律从事公务的人员":

(一)救灾、抢险、防汛、优抚、扶贫、移民、救济款物的管理;

(二)社会捐助公益事业款物的管理;

(三)国有土地的经营和管理;

(四)土地征用补偿费用的管理;

(五)代征、代缴税款;

(六)有关计划生育、户籍、征兵工作;

(七)协助人民政府从事的其他行政管理工作。

村民委员会等村基层组织人员从事前款规定的公务,利用职务上的便利,非法占有公共财物、挪用公款、索取他人财物或者非法收受他人财物,构成犯罪的,适用刑法第三百八十二条和第三百八十三条贪污罪、第三百八十四条挪用公款罪、第三百八十五条和第三百八十六条受贿罪的规定。

现予公告。

山东省村民委员会选举办法

——1998年11月21日山东省第九届人民代表大会常务委员会第五次会议通过

第一章 总 则

第一条 为了保障村民依法行使民主权利,完善村民委员会直接选举制度,加强村民委员会建设,根据《中华人民共和国村民委员会组织法》,结合本省实际,制定本办法。

第二条 村民委员会由主任、副主任和委员共3至7人组成,其成员的具体职数由村民会议根据本村实际情况讨论决定。

第三条 村民委员会主任、副主任和委员由选民直接选举产生。

村民委员会每届任期3年,届满应当举行换届选举。村民委员会成员可以连选连任。任何组织或者个人不得指定、委派或者撤换村民委员会成员。

第四条 中国共产党在农村的基层组织,在村民委员会换届选举工作中,充分发挥领导核心作用。

第二章　选举工作机构

第五条　村民委员会的换届选举工作由各级人民政府组织实施，同级民政部门负责日常工作。村民委员会的换届选举时间由省人民政府统一规定。

第六条　各级人民政府成立村民委员会换届选举领导小组，其成员由同级人民政府和有关机关负责人组成。

乡镇人民政府成立的村民委员会换届选举领导小组的主要职责是：

(一)宣传有关换届选举的法律法规；

(二)制定并组织实施换届选举工作计划；

(三)确定选举日期；

(四)培训换届选举工作人员；

(五)指导村民委员会、下属委员会、村民小组长、村民代表的选举和推选工作；

(六)承办换届选举工作中的其他事项。

第七条　村成立村民选举委员会，在乡镇人民政府村民委员会换届选举领导小组指导下，主持村民委员会的换届选举工作。村民选举委员会成员经村民会议或者各村民小组推选产生，由5至9人组成。村民选举委员会成员推选一人主持村民选举委员会工作。

第三章　选民登记

第八条　年满18周岁的村民，不分民族、种族、性别、职业、家庭出身、宗教信仰、教育程度、财产状况、居住期限，都有选举权和被选举权；但是，依照法律被剥夺政治权利的人除外。

选民的年龄计算以选举日为截止日期。

第九条　村民选举委员会负责审查选民资格，对有选举权和被选举权、户籍在本村的村民应当在选举日前进行选民登记。

第十条　村民选举委员会应当在选举日的20日前张榜公布选民名单。

村民对公布的选民名单有异议的，可以向村民选举委员会提出，村民选举委员会应当在3日内做出解释或者纠正。

第四章　候选人的产生

第十一条　选举村民委员会，由选民直接提名候选人。

选民应当推选奉公守法、办事公道、廉洁勤政、年富力强、热心为村民服务的选民为村民委员会成员候选人。

对选民依法提出的村民委员会成员候选人，任何组织或者个人不得调整或者变更。

第十二条　村民委员会成员候选人通过预选产生。预选时，由村民选举委员会设立投票站和秘密写票处，并推选出监票人、计票人，在规定的时限内组织选民进行无记名投票。选民在选票上填写的候选人名额不得超过应选名额。投票结束后，应当公开唱票和计票，根据得票多少的顺序，确定并当场公布候选人名单。候选人的名额应当多于应选名额1至2人。

第十三条　候选人产生后村民选举委员会应当按候选人姓名笔画顺序张榜公布，同时公布选举地点和选举时间，并在5日内举行选举。

第五章　选举程序

第十四条　选举村民委员会时，由村民选举委员会主持召开选举大会。候选人不得参与选举大会的组织工作。

选举大会应当当场推选出监票人、计票人。监票人、计票人负责核对投票人数和票数，监督投票。

选举时，设立秘密写票处。

第十五条　选举时，可以在村民委员会成员候选人中一次投票选举出村民委员会主任、副主任和委员；也可以先选举出村民委员会成员，再由选民从其中选举主任、副主任。

村民委员会成员的选举形式，由村民选举委员会从前款规定的两种形式中确定一种。

第十六条　选举实行无记名投票的方法。选票由选民本人填写。选民是文盲或者因残疾不能填写选票的或者选民在选举期间外出的，由本人申请，经村民选举委员会同意，可以委托除候选人以外的选民代为填写选票和投票。代写选票不得违背委托人的意愿。每一选民接受的委托不得超过3人。

每一选民在一次选举中只有一个投票权。选民对候选人可以投赞成票，可以投反对票，可以另选其他选民，也可以弃权。

第十七条　对确无行走能力不能到选举大会会场投票的选民，可以设立流动投票箱，由村民选举委员会成员带领监票人到其住所进行投票。流动投票应当在选举日进行并完成。

第十八条　每次选举所投的票数，等于或者小于投票人数的，选举有效；多于投票人数的，选举无效。

每一选票所选人数，等于或少于应选人数的有效，多于应选人数的作废。选票全部无法辨认的，经监票人认定，作废票处理。废票计人选票总数。

第十九条　投票结束后，由监票人、计票人将所有票箱当众开箱，公开唱票和计票，当场公布选举结果，由监票人进行记录、签字，村民选举委员会负责封存选票。

第二十条 选举村民委员会，选民过半数投票，选举有效。候选人获得参加投票的选民的过半数的选票，始得当选。获得过半数选票的人数多于应选人数时，以得票多的当选。得票数相等不能确定当选人时，应当就得票相等的候选人再次投票，以得票多的当选。

当选人数达到3人，但是仍不足应选人数时，不足的名额可以暂缺。当主任暂缺时，由副主任代理主任工作；当主任、副主任都暂缺时，由当选的村民委员会成员在委员中推荐1人代理主任工作。

当选人数不足3人，不能组成村民委员会时，应当按得票多少的顺序补至3人，暂时履行村民委员会职责，但是，应当在6个月内另行选举。另行选举时，原当选的村民委员成员资格有效。

第二十一条 村民委员会选举结果由村民选举委员会报乡镇人民政府备案。县级人民政府民政部门和乡镇人民政府向当选人颁发当选证书。

村民委员会产生后，村民选举委员会即行解散。

第二十二条 村民委员会一经产生，应当在10日内组织选民推选或者选举产生下属委员会成员、村民小组长、村民代表。

村民委员会需要设立下属委员会的，其成员可以兼任下属委员会的成员；村民委员会成员不兼任下属委员会成员的，下属委员会成员由村民委员会提名，经村民代表会议表决，以获得过半数通过。

村民小组长由村民小组会议选举产生。

人数较多或者居住分散的村，可以推选产生村民代表。

村民代表由选民按每5户至15户推选1人，或者由各村民小组推选若干人，总数由村民委员会确定，但是不得少于20人。

村民委员会的下属委员会成员、村民小组长、村民代表的任期与村民委员会任期相同。

第六章 罢免和补选

第二十三条 村民委员会成员受村民监督。村民对违法乱纪或者严重失职的村民委员会成员，有权检举或者提出罢免意见。

第二十四条 本村五分之一以上的选民联名，可以要求罢免村民委员会成员。罢免要求应当以书面形式向村民委员会和所在乡镇人民政府提出，并写明罢免理由。村民委员会应当在接到罢免要求一个月内召开村民会议，进行投票表决。

村民委员会拒绝召开村民会议表决罢免要求的，可以由乡镇人民政府召集村民会议，由村民会议进行投票表决。

第二十五条 村民会议在讨论表决罢免要求时，被提出罢免的村民委员会成员有权出席会议并提出申辩意见。

罢免村民委员会成员，须经选民过半数通过。表决的程序和方法适用本办法规定的选举程序和方法。表决结果由村民委员会报乡镇人民政府和县级人民政府民政部门备案。

第二十六条 村民委员会成员被依法追究刑事责任的，自人民法院判决书生效之日起，其村民委员会成员职务相应终止。

第二十七条 村民委员会成员要求辞去职务的，应当以书面形式向村民会议或者村民代表会议提出，由村民会议或村民代表会议按照少数服从多数的原则讨论决定。

第二十八条 村民委员会成员出现缺额时，应当在3个月内补选。补选村民委员会成员的程序和方法，适用本办法规定的选举程序和方法。补选的村民委员会成员，其任期到本届村民委员会任期届满为止。

第七章 监督管理

第二十九条 对有下列行为之一的，村民有权向乡镇人民代表大会和人民政府或者县级人民代表大会常务委员会和人民政府及其有关主管部门举报，有关机关应当负责调查并依法处理，对直接责任人员给予纪律处分；对构成违反治安管理处罚条例的，由公安机关依法给予处罚；对构成犯罪的，由司法机关依法追究刑事责任。

（一）以威胁、贿赂、伪造选票等不正当手段，妨害选民行使选举权和被选举权，破坏村民委员会选举的；

（二）违反本办法，调整、变更村民委员会成员候选人或者指定、委派、撤换村民委员会成员的；

（三）对检举村民委员会选举中违法行为的村民或者提出要求罢免村民委员会成员的村民进行压制、报复的；

（四）破坏村民委员会选举的其他违法行为，以威胁、贿赂、伪造选票等不正当手段当选的，其当选无效。

第三十条 对指定、委派或者撤换村民委员会成员的行为，由行为人的所在单位或者上级机关予以纠正。

第三十一条 村民委员会任期届满后拖延换届选举超过3个月的，由乡镇人民政府召集村民会议，由村民会议推选出村民选举委员会，依法举行换届选举。

第三十二条 村民对选举程序或者选举结果有异议的，可以向乡镇人民政府或者县级人民政府民政部门提出书面申诉，乡镇人民政府或者县级人民政府民政部门应当在接到申诉后15日内，做出书面处理决定。当事人对处理决定不服的，可以向上一级民政部门提出书面申诉。

第八章 附 则

第三十三条 本办法自公布之日起施行。

广东省村民委员会选举办法

——1998年11月27日广东省第九届人民代表大会常务委员会第六次会议通过

第一章 总 则

第一条 为规范村民委员会选举工作，保障村民依法行使民主权利，根据《中华人民共和国村民委员会组织法》和有关法律规定，结合我省实际，制定本办法。

第二条 村民委员会由主任、副主任和委员共三至七人组成，由本村有选举权的村民（以下简称选民）直接选举产生。任何组织或者个人不得指定、委派或者撤换村民委员会成员。

村民委员会成员中，妇女应当有适当的名额；多民族村民居住的村，应当有人数较少的民族的成员；几个自然村联合设立村民委员会的，其成员分布应当照顾村落状况；村民委员会成员之间不得有配偶和直系亲属关系。

第三条 村民委员会的换届选举由省人民政府统一部署，设区的市和不设区的市、市辖区，县、自治县（以下简称县级）人民政府组织实施。乡、民族乡、镇（以下简称乡级）成立村民委员会选举工作指导小组，受上级人民政府指导。

第四条 各级人民政府组织指导村民委员会选举工作所需经费，分别由本级财政列支。村民委员会的选举经费由村的经济收益解决，乡级财政给予适当补助。

第二章 选举工作机构

第五条 村民选举委员会主持村民委员会的选举。村民选举委员会由主任、副主任和委员共七至九人组成，人口特多的村，不得超过十一人。

村民选举委员会成员由村民会议或者各村民小组推选产生，报乡级村民委员会选举工作指导小组备案。

第六条 村民选举委员会履行下列职责：

（一）宣传选举的目的、意义和有关法律、法规。解答选民提出的有关选举方面的问题；

（二）制订选举工作实施方案；

（三）确定和培训选举工作人员；

（四）登记并公布选民名单，受理对选民名单不同意见的申诉；

（五）组织选民酝酿提名候选人，依法确定、公布候选人名单；

（六）准备村民委员会成员候选人提名表、选票和其他表格，确定选举的具体时间和地点；

（七）推选计票人、监票人，组织投票选举、公布选举结果，并报乡级村民委员会选举工作指导小组备案；

（八）总结和上报选举工作情况，建立选举工作档案。

村民选举委员会行使职责至新一届村民委员会召开第一次会议为止。

第七条 乡级村民委员会选举工作指导小组履行以下职责：

（一）宣传和执行《中华人民共和国村民委员会组织法》、《广东省实施〈中华人民共和国村民委员会组织法〉办法》和本办法；

（二）部署、指导和监督选举工作，引导村民依法搞好选举；

（三）培训选举工作人员；

（四）受理选举工作中的有关申诉、检举和控告；

（五）总结和组织交流换届选举工作经验；

（六）建立选举工作档案；

（七）确定和公布村民委员会选举日，并报县级人民政府主管部门备案。

第三章 选民登记

第八条 年满18周岁的村民，不分民族、种族、性别、职业、家庭出身、宗教信仰、教育程度、财产状况、居住期限，都有选举权和被选举权。但是，依照法律被剥夺政治权利的人除外。

第九条 具有选民资格的选民一般在户口所在地村进行选民登记。选民的年龄计算到选举日为止。

第十条 无法行使选举权和被选举权的精神病患者和无法表达意志的痴呆人员，经村民选举委员会确认，不列入选民名单。

外出两年以上的选民，在选举日未能回村参加选举又未委托其他选民代其行使选举权的，不计算在本届选民数内。

第十一条 经登记确认的选民资格长期有效。每次选举前，应当对上届选民登记以后新满18周岁、新迁入本村具有选民资格或者恢复政治权利的村民，予以补充登记;对迁出本村、死亡和依照法律被剥夺政治权利的人员,予以除名。

第十二条 选民名单应当在选举日的二十日以前以村民小组为单位张榜公布。村民如果对选民名单有不同意见,可以在选举日的五日以前向村民选举委员会提出,村民选举委员会应当在选举日前及时依法做出处理。

第十三条 因故不能按期进行选举,由村民选举委员会重新确定选举日,并报乡级村民委员会选举工作指导小组批准。

推迟时间不得超过三个月。推迟选举超过一个月的,应当对选民名单进行核实并重新公布。

第四章 候选人的产生

第十四条 村民委员会成员候选人由本村选民直接提名,提名时须填写"村民委员会成员候选人提名表,"每一选民提出的候选人人数不得超过应选人数。

初步候选人名单由村民选举委员会依法审查后,于选举日的十日以前公布。

第十五条 村民委员会主任、副主任候选人应当分别比应选名额多一人,委员候选人应当比应选名额多一至三人。提名的村民委员会某项职务候选人人数超过规定的差额时,应当召开村民会议或者召集村民代表大会,以无记名投票方式进行预选,按照得票多少的顺序排列。

第十六条 一人同时被提名为两项以上职务的候选人时,都应当列入候选人名单,分别进行选举。

第十七条 正式候选人确定后,由村民选举委员会按照平等、客观、公开的原则向村民介绍正式候选人的情况,也可以组织候选人发表治村演说并回答村民的询问。

选举日必须停止对候选人的介绍。

第五章 选举程序

第十八条 投票选举的准备工作:

(一)核实拟参加选举的人数,办理委托投票事项;

(二)提前五日公布投票选举的具体时间、地点;

(三)准备票箱和选票,布置选举大会会场和投票站;

(四)培训选举工作人员。

第十九条 投票选举时,应当召开选举大会。村民选举委员会应当根据选民居住状况和便于组织选举的原则,设立中心投票会场和若干投票站。对不便到会场或投票站投票的,可以设流动投票箱。每个投票站或流动票箱必须有三名以上监票人员负责。村民委员会成员候选人及其配偶和直系亲属不得担任监票和计票工作。

第二十条 村民委员会选举采取无记名投票方式,选举会场应当设立秘密写票处和公共代写处。文盲或因其他原因不能填写选票的,可以委托代写处或除候选人以外的人代写,代写人不得违背选民的意愿。

选民在投票选举时,可以对候选人投票赞成,可以投反对票,可以弃权,也可以另选他人。

第二十一条 选民在选举期间外出的,可以书面委托其他选民代为投票,但每一选民接受委托投票不得超过三人。

第二十二条 投票结束后,所有投票箱应当于当日集中到中心会场,并当众开箱,由监票、计票人员公开核对、计算票数,做出记录,并由监票人签字。

第二十三条 村民委员会选举,可以先选主任,再选副主任,最后选委员;也可以一次性投票选举主任、副主任和委员。

第二十四条 全体选民的过半数参加投票,选举有效。每次选举所投的票数多于投票人数的,选举无效;等于或少于投票人数的有效。选票上所选的每项职务人数多于应选人数的无效,等于或少于应选人数的有效。

书写模糊无法辨认或者不按规定符号填写的无效。

第二十五条 候选人获得参加投票的村民的过半数的选票,始得当选。获得半数以上选票的候选人人数多于应选名额时,以得票多的当选,如果票数相同,不能确定当选人时,应当就票数相同的候选人再次投票,以得票多的当选。

获得过半数选票的候选人人数少于应选名额时,不足的名额应当在没有当选的候选人中另行选举。另行选举时,根据第一次选举得票多少的顺序,按照本法第十五条规定的差额数,确定候选人名单,如果只选一人,候选人应为二人。候选人以得票多的当选,但得票数不得少于三分之一。

一人同时当选两项以上职务的,确定其担任最高一项职务,其余职务做出缺处理。缺额可由获得该项职务当选资格的候选人递补。

第二十六条 经过多次投票选举,当选人仍不足应选名额,而当选人已达三人以上的,不足的名额可以暂缺,但应当在三个月内召开村民会议另行选举。

当选人数不足三人,不能组成新一届村民委员会的,应当在十日之内就不足的名额另行选举。

第二十七条 村民选举委员会确认选举有效后,当场公布选举结果,并报乡级村民委员会选举工作指导小组和县级人民政府主管部门备案。县级人民政府主管部门应当于十日内颁发统一印制的村民委员会主任、副主任和委员的当选证书。

第六章 罢免、辞职与补选

第二十八条 村民委员会成员受村民监督。村民会议有权罢免村民委员会成员。

第二十九条 本村五分之一以上的选民联名，可以对村民委员会成员提出罢免要求。罢免要求应当提出罢免理由。

乡级人民政府对触犯刑律，或者严重违反国家法律法规，或者连续六个月以上无正当理由不参加村民委员会工作的村民委员会成员，可以提出罢免建议。

对提出的罢免要求或罢免建议，村民委员会应当及时召开村民会议进行投票表决。罢免村民委员会成员须经选民过半数通过。

第三十条 村民会议在讨论对村民委员会成员的罢免要求或罢免建议时，提出者应到会做出说明并回答有关询问，被提出罢免的人有权出席会议和提出申辩意见。

第三十一条 当选的村民委员会成员之间有配偶和直系亲属关系的，一方应当辞职。

对迁出本村或提出辞职的村民委员会成员，应当召开村民会议或者召集村民代表开会，及时履行免职手续。

第三十二条 村民委员会成员出现缺额时，应当及时补选。补选工作由村民委员会主持。

补选的候选人应当根据多数选民的意见确定，候选人人数可以多于或等于应选名额，补选方法由村民委员会根据多数选民的意见确定。补选时，过半数的选民投票，选举有效；候选人获得过半数选票，始得当选。补选结果应当报乡级人民政府和县级人民政府主管部门备案。

第七章 处 罚

第三十三条 对错登或漏登选民、漏发选票、遗失选票的直接责任人，给予批评教育或纪律处分。

第三十四条 凡有下列行为之一的，由上一级人民政府责令改正，并对直接责任人给予纪律处分：

(一)指定村民委员会候选人；

(二)指定、委派村民委员会成员；

(三)违反法律规定撤换村民委员会成员；

(四)无正当理由拖延村民委员会换届选举。

第三十五条 以威胁、贿赂、伪造选票等不正当手段，妨害选民行使选举权和被选举权，村民有权向乡级人民代表大会和人民政府或者县级人民代表大会常务委员会和人民政府及其有关主管部门举报，有关机关应当负责调查并依法处理。

以威胁、贿赂、伪造选票等不正当手段当选的，其当选无效。

第八章 附 则

第三十六条 本办法自1999年1月1日起施行。

甘肃省村民委员会选举办法

——1998年12月11日甘肃省第九届人民代表大会常务委员会第七次会议通过

第一条 为了保障村民依法民主选举，促进农村基层群众性自治组织建设，根据《中华人民共和国村民委员会组织法》，结合本省实际，制定本办法。

第二条 村民委员会的选举，应当充分发扬民主，严格依照法定程序进行。

第三条 村民委员会由主任、副主任和委员共3至7人组成，具体名额由村民会议或村民代表会议讨论决定。村民委员会成员中，至少要有1名妇女成员，多民族村民居住的村应当有人数较少的民族的成员。

第四条 村民委员会主任、副主任和委员由村民直接选举产生。任何组织或者个人不得指定、委派或者撤换村民委员会成员。村民委员会每届任期3年；其成员可以连选连任。

第五条 村民委员会的选举工作由省人民政府统一部署，各级人民政府组织实施。各级民政部门要做换届选举的指导工作。

第六条 村民委员会换届时，县、自治县、不设区的市、市辖区和乡、民族乡、镇人民政府，分别成立村民委员会选举工作领导小组，履行下列职责：

(一)宣传和执行《中华人民共和国村民委员会组织法》和本办法。

(二)指导和监督村民委员会选举工作；

(三)制定选举工作方案；

(四)培训选举工作人员；

(五)受理村民在选举中的来信来访；

(六)印制选票、村民选举证、委托书；

(七)总结交流选举工作经验，组织检查验收；

(八)承办选举工作中的其他事项。

第七条 村成立村民选举委员会，主持村民委员会的选举，成员由村民会议或者各村民小组推选产生。

村民选举委员会由5至7人组成，要有一定比例的不担任村干部的村民参加。村民选举委员会组成之后，要向全体村民公布。

第八条 村民选举委员会履行下列职责：

（一）组织村民学习有关选举的法律、法规；

（二）确定选举工作人员；

（三）登记、审查、公布有选举权和被选举权的村民名单；

（四）组织有选举权的村民提名、推荐候选人，确定公布正式候选人名单；

（五）确定选举日期、地点和投票方法；

（六）制作票箱，设置秘密写票处；

（七）解答村民提出的有关选举方面的问题；

（八）组织选举投票，公布选举结果并上报备案；

（九）总结选举工作，建立选举工作档案；

（十）承办选举工作中的其他有关事项。

村民选举委员会的工作职责至新一届村民委员会召开第一次会议为止。

第九条 村民委员会的换届选举经费由县、乡财政解决。

第十条 年满18周岁的村民，不分民族、种族、性别、职业、家庭出身、宗教信仰、教育程度、财产状况、居住期限都有选举权和被选举权。但是，依照法律被剥夺政治权利的人除外。

第十一条 有选举权的村民应当在户口所在地的村民选举委员会进行登记。由于婚姻、家庭等关系住进本村超过半年，承担村民义务，其户口尚未迁入的，应予登记；离开本村超过半年，未承担村民义务，其户口尚未迁出的，不予登记。

第十二条 不能表达自己意愿的精神病患者和智力残疾人经村民选举委员会确认，不予登记。

第十三条 有选举权和被选举权的村民名单应当在投票选举日前20日公布，并发放村民选举证、村民对公布的名单有异议或者有错登、漏登等情况的，可在选举日前10日向村民选举委员会提出，村民选举委员会应当在选举日前进行调查，并做出明确的答复或者予以纠正。

第十四条 因故不能按期进行选举，由村民选举委员重新确定选举日期，并报乡、民族乡、镇选举工作领导小组批准。但是，延期时间不得超过3个月。

第十五条 村民委员会主任、副主任和委员候选人条件：

（一）遵守宪法、法律、法规和国家的政策；

（二）廉洁奉公，作风正派；

（三）办事公道，热心为村民服务；

（四）有一定的工作能力，能带领群众共同致富。

第十六条 村民委员会主任、副主任、委员采取差额选举产生。主任、副主任正式候选人数应当比应选名额各多1人，委员正式候选人数应当比应选名额多1至2人。

第十七条 村民委员会主任、副主任、委员候选人由本村有选举权的村民直接提名。提名时，可以采取全体有选举权的村民集中提名；也可以以村民小组为单位，组织有选举权的村民提名。候选人名单，于选举日前5日公布。

第十八条 候选人名单公布后，村民选举委员会应当广泛征求村民的意见，并召开村民会议投票预选，以得票多少确定主任、副主任、委员的正式候选人。

正式候选人名单应当于选举日前3日公布。

第十九条 村民选举委员会在选举日前，召开村民会议，由正式候选人回答村民提出的问题，或者进行竞选演说。

第二十条 村民委员会选举实行无记名投票、公开记票的方式。根据多数村民意愿，可以一次性投票选举主任、副主任和委员；也可以先选主任、副主任，后选委员。

第二十一条 村民选举委员会主持召开选举大会，集中投票；居住分散、交通不便的村民，可以分设若干投票点投票；年老、病残不便到会的村民，可以设流动票箱投票。

第二十二条 投票选举前，由村民推选产生监票人、计票人。村民委员会的正式候选人及其直系亲属不得担任监票人、计票人。

第二十三条 选举会场和投票点设立秘密写票处。

村民凭村民选举证领取选票后，可以进入秘密写票处填写选票，文盲等不能填写选票的，可以委托他人代写。

第二十四条 村民在投票选举时因故不能参加投票的，可以委托正式候选人以外的村民代为投票，但每一村民接受委托投票不得超过3人。

第二十五条 村民对正式候选人可以投赞成票，可以投反对票，可以另选他人，也可以弃权。

第二十六条 投票结束后，应当将票箱密封后于当日集中到中心会场，监票人当众打开票箱，计票人清点选票，并报告大会主持人。

第二十七条 每次选举所投的票数等于或少于投票人数的，选举有效。多于投票人数的，选举无效，应当重新投票。每一选票所选的名额，等于或少于应选名额的有效，多于应选名额的作废。选票无法辨认或者不按规定符号填写的无效，但可以辨认的部分有效。

在一次性投票选举中，委员候选人的得票数，可以将其获得主任、副主任、委员的票数累计相加,计算为所得票数;副主任候选人的得票数,可以将其获得主任、副主任的票数累计相加,计算为所得票数;主任只计算主任得票数。

第二十八条 有选举权的村民过半数投票,选举有效。候选人获得投票村民过半数的投票,始得当选。

获得半数以上选票的候选人多于应选名额时,以得票多的当选。

如票数相等不能确定当选人时,应当就得票数相等的候选人重新投票,以得票多的当选。

当选人数少于应选名额时,不足的名额应当在没有当选的候选人中另行选举,以得票多的当选。但是,得票数不得少于选票的三分之一。

第二十九条 村民选举委员会确认选举有效后,当场公布选举结果,并报乡、民族乡、镇人民政府备案,颁发当选证书。

第三十条 擅自改变候选人、指派候选人或者以威胁、贿赂、伪造选票等不正当手段当选的村民委员会成员,其当选无效。对妨害、破坏村民委员会选举的,村民有权向乡、民族乡、镇的人民代表大会和人民政府或者县级人民代表大会常务委员会和人民政府及其有关主管部门举报,有关机关应当负责调查并依法处理。

第三十一条 少数民族聚居村,制定和公布有关选举的文件、证件和名单时,应当同时使用当地通用的民族文字。

第三十二条 本办法实施中的具体问题,由省民政行政主管部门负责解释。

第三十三条 本办法自公布之日起施行。

湖北省村民委员会选举办法

——1999年1月22日湖北省第九届人民代表大会常务委员会第七次会议通过

第一章 总 则

第一条 为保障村民依法行使民主权利,完善村民委员会选举制度,促进村民委员会建设,根据宪法和《中华人民共和国村民委员会组织法》,结合本省实际,制定本办法。

第二条 年满18周岁的村民,不分民族、种族、性别、职业、家庭出身、宗教信仰、教育程度、财产状况、居住期限,都有选举权和被选举权;但是,依照法律被剥夺政治权利的人除外。

第三条 村民委员会由主任、副主任和委员共3至7人组成,具体组成人数由村民会议或者村民代表会议讨论决定。

村民委员会成员中,妇女应当有适当的名额,多民族村民居住的村应当有人数较少的民族的成员。

民族村的村民委员会,以建立民族村的少数民族村民为主组成。

村民委员会每届任期3年,其成员可以连选连任。村民委员会任期届满,应当及时举行换届选举。因特殊情况需要提前或者延期换届的,须经县级人民政府批准。

第四条 村民委员会主任、副主任和委员由村民采取差额和无记名投票方式直接选举产生。任何组织或者个人不得指定、委派或者撤换村民委员会成员。

选举村民委员会,有选举权的村民过半数投票,选举有效;候选人获得参加投票的村民的过半数的选票,始得当选。以威胁、贿赂、伪造选票等不正当手段当选的,其当选无效。

第五条 中国共产党在农村的基层组织,对村民委员会选举工作,依照法律、法规,支持和保障村民直接行使民主选举权利。

第六条 村民委员会换届选举工作由省人民政府统一部署,由县级和乡级人民政府组织实施。

各级人民政府民政部门负责指导本行政区域内村民委员会选举的日常工作。

第七条 各级人民政府组织选举工作所需经费,由各级财政拨付。村民委员会的选举工作经费在村提留的管理费中列支,乡级财政对经济困难的村给予适当补助。

第二章 选举工作机构

第八条 村民委员会换届选举时,县级和乡级人民政府分别成立村民委员会选举工作指导组。

第九条 村民委员会选举工作指导组履行下列职责:

(一)宣传有关法律、法规;

(二)制定选举工作计划,规范选举文书、选票式样,确定选举日期;

(三)培训选举工作人员;

(四)指导村民委员会选举;

(五)接受和处理有关选举的来信来访;

(六)总结交流选举工作经验;

(七)承办选举工作中的其他事项。

第十条 村民委员会的选举,由村民选举委员会主持。村民选举委员会成员经村民会议或者各村民小组推选产生，由5至9人组成。村民选举委员会成员推选其中1人主持工作。

村民选举委员会成员及主持人报乡级人民政府村民委员会选举工作指导组备案。

第十一条 村民选举委员会履行下列职责：

(一)宣传有关法律、法规；

(二)制订选举工作实施方案；

(三)确定和培训选举工作人员；

(四)登记选民，审查选民资格并公布名单，接受村民咨询；

(五)组织选民推选候选人，公布候选人名单；

(六)公布选举日期和投票地点；

(七)做好选举准备工作，组织投票选举，公布选举结果，并报乡级人民政府备案；

(八)整理选举工作档案；

(九)办理选举工作中的其他事项。

村民选举委员会行使职责从组成之日起至新一届村民委员会召开第一次会议时止。

第三章 选民登记及推选村民代表

第十二条 凡有选举权和被选举权的村民都应当在户口所在地的村民委员会进行选民登记。

计算选民年龄的时间，以选举日为准。村民出生日期以身份证为准，未办理身份证的以户口登记为准。

第十三条 选民名单应当在选举日的20日以前张榜公布，并发给选民证。

对公布的选民名单有异议的，可以向村民选举委员会提出，村民选举委员会应当在选举之日前依法做出纠正或者解释。

第十四条 选民名单公布后5日以内，依法推选村民代表。村民代表由村民按每5户至15户推选1人，或者由各村民小组推选若干人。村民代表总人数不少于25人，一般不超过50人。村民代表的任期，与村民委员会任期相同。

第四章 候选人的产生

第十五条 村民委员会成员候选人必须是本村有选举权和被选举权的村民，应当遵守宪法、法律、法规和政策，具有一定的组织领导能力，廉洁奉公，作风民主，办事公道，身体健康，热心为村民服务。

第十六条 村民委员会主任、副主任、委员的正式候选人数应当分别比应选人数至少多1人，具体名额由村民选举委员会确定。

第十七条 村民委员会主任、副主任、委员的正式候选人由本村选民直接提名产生，于选举日的10日以前按提名职务和姓氏笔划顺序张榜公布。

被提名村民委员会成员候选人多于正式候选人名额时，由村民选举委员会召开村民会议或者经村民会议授权召开村民代表会议进行预选，按照得票多少确定正式候选人。

正式推选人名单在选举日的5日以前公布。村民选举委员会成员被推选为正式候选人的，不再参与村民选举委员会的工作，其缺额由村民会议或者各村民小组推选。

第十八条 正式候选人确定后，村民选举委员会负责向选民介绍正式候选人的有关情况。

投票选举前，正式候选人应向选民宣讲任期目标，并应当回答选民提出的问题。

第五章 投票与当选

第十九条 在投票选举村民委员会成员之前，村民选举委员会应当做好下列准备工作：

(一)公布投票选举的具体时间、地点、投票方式，准备票箱、选票和选举结果报告单，布置选举大会会场和投票站，设立秘密写票处，培训选举工作人员；

(二)办理委托投票手续。

第二十条 村民委员会主任、副主任、委员可以分次投票选举，也可以一次性投票选举。具体选举方式由村民选举委员会确定，但不能由当选的委员推选主任、副主任。

投票选举由村民选举委员会主持召开选举大会。为便于居住分散的选民投票选举，可以增设投票站。对因老、弱、病、残和其他原因不便到选举大会会场或投票站投票的选民，应当设立流动票箱投票。每个投票箱由3名以上选举工作人员负责。

选举大会投票选举前，核实参选人数；由村民选举委员会提名监票人、唱票人、计票人，并经选举大会通过。村民委员会成员候选人不得担任监票人、唱票人、计票人。

第二十一条 每一选民在一次选举中只有一个投票权。选民不能亲自参加投票的，可以委托其他选民投票。但每一选民接受的委托不得超过2人，且不能违背委托人的意愿。村民委员会成员候选人不得接受委托。

选举一律采用无记名投票的方式。选民对候选人可以投赞成票，可以投反对票，可以另选本村其他选民，也可以弃权。

投票的选民凭选民证和委托投票证领取选票，独立填写选票，投入票箱。选民因故不能填写选票的，可以委托他人代写。

第二十二条 投票结束后，所有投票箱应当加封，集中到选举大会会场开封检票，由监票人、唱票人、计票人核对投票人数和票数，并当众唱票、计票，做出记录，监票人、唱票人、计票人应当分别签字。

第二十三条 每次选举所投的票数等于或者少于投票人数的，选举有效；多于投票人数的，选举无效。

每一选票所选的人数等于或者少于应选名额的，选票有效；多于应选名额的，选票无效。

全部书写模糊无法辨认的选票或者不按照规定符号填写的选票无效；部分书写模糊无法辨认的选票，可以辨认的部分有效，无法辨认的部分无效。

第二十四条 获得过半数选票的候选人或者另选人的人数超过应选名额时，以得票多的当选。如果得票相等不能确定当选人时，应当场就得票数相等的候选人再次投票，以得票多的当选。

第二十五条 经投票选举，当选人数不足应选名额、但已达3人或者3人以上时，组成新一届村民委员会，不足名额可以暂缺。主任暂缺时，由当选得票多的副主任暂时主持工作；主任、副主任都暂缺时，由当选得票多的村民委员会委员暂时主持工作；直至下一次补选出主任为止。

当选人数少于3人时，不足的名额应当在选举日之后的15日以内另行选举，直至选足3人为止。

因各种原因造成选举无效、需要重新选举的，应当在3个月以内进行选举。选民名单须重新核实公布。

另行选举和重新选举适用本办法规定的选举程序和方法。

第二十六条 选举结果由村民选举委员会根据本办法确定是否有效，当场公布，并报乡级人民政府和县级人民政府民政部门备案。

新当选的村民委员会主任、副主任和委员，由乡级人民政府颁发省人民政府统一印制的当选证书。

新一届村民委员会第一次会议应当在选举结果公布之日后的5日以内召开。

第二十七条 村民委员会成立后，由村民小组会议推选村民小组长。村民小组长的任期与村民委员会任期相同。

第六章 罢免与补选

第二十八条 本村五分之一以上有选举权的村民联名，可以要求罢免村民委员会成员。罢免要求应当以书面形式向村民委员会和乡级人民政府提出，并写明罢免理由。被提出罢免的村民委员会成员有权对罢免要求提出申辩意见。

村民委员会应当在接到罢免要求一个月内召开村民会议，投票表决罢免要求；村民委员会在一个月内拒绝召开村民会议，乡级人民政府应当召集村民会议投票表决罢免要求。罢免村民委员会成员须经有选举权的村民过半数通过，报乡级人民政府和县级人民政府部门备案。

村民委员会成员在任期内被依法追究刑事责任或者被强制劳动教养的，其村民委员会成员职务终止。

第二十九条 村民委员会成员经投票选举，当选人数达到3人或者3人以上，仍不足应选名额时；或者因辞职、调离、罢免、职务终止、死亡、户口迁出等原因造成缺额时，应当在3个月以内进行补选。补选由村民委员会主持，适用本办法规定的选举程序和方法。

第七章 法律责任

第三十条 对有下列行为之一的，村民有权向乡级人民代表大会和人民政府或者县级人民代表大会常务委员会和人民政府及其有关主管部门举报，有关机关应当负责调查，依法处理：

(一)违反本办法规定提前或者延期换届选举的；

(二)不按照本办法的规定确定候选人的，或者指定、委派撤换村民委员会成员的；

(三)伪造选票、虚报选举票数或者有其他弄虚作假行为的；

(四)对控告、检举选举中违法行为的人或者对提出要求罢免村民委员会成员的人进行压制、报复的；

(五)用暴力、威胁、贿赂、毁坏选票和票箱等手段妨害村民依法行使选举权和被选举权，破坏村民委员会选举的。

第八章 附 则

第三十一条 本办法具体应用中的问题，由省人民政府民政部门负责解释。

第三十二条 本办法自公布之日起施行。

安徽省村民委员会选举办法

——1999年1月27日安徽省第九届人民代表大会常务委员会第八次会议通过

第一章 总 则

第一条 为了保障村民依法直接选举村民委员会，根据《中华人民共和国村民委员会组织法》，结合本省实际，制定本办法。

第二条　村民委员会由主任、副主任和委员共3至7人单数组成。其具体人数由村民选举委员会根据本村实际确定。

第三条　村民委员会的选举,坚持公平、公正、公开的原则。

村民委员会主任、副主任和委员由选民直接选举产生。任何组织或者个人不得指定、委派或者撤换村民委员会成员。

第四条　村民委员会每届任期3年,届满应当及时换届选举。村民委员会成员可以连选连任。

第五条　村民委员会换届选举工作由省人民政府统一部署,各级人民政府组织实施。

民政部门负责指导本行政区域内村民委员会的选举工作。

第六条　各级人民政府组织指导村民委员会选举工作所需经费,由本级财政列支。

村民委员会选举所需费用一般由本村解决。

第二章　选举工作机构

第七条　县(市、区)、乡(镇)成立村民委员会选举工作领导机构,负责本行政区域村民委员会换届选举工作。其主要职责是:

(一)宣传有关法律、法规;

(二)制定村民委员会换届选举工作计划,并组织实施;

(三)指导村民委员会选举工作;

(四)培训换届选举工作人员;

(五)受理有关选举的来信来访;

(六)承办换届选举工作中的其他事项。

第八条　村成立村民选举委员会,主持村民委员会选举工作。村民选举委员会由主任、副主任和委员共7至9人组成,人口特多的村,不得超过11人。村民选举委员会成员由村民会议或各村民小组推选产生。

村民选举委员会的主要职责是:

(一)做好选举的宣传发动工作;

(二)依法制定选举工作方案,并报乡(镇)村民委员会选举工作领导机构备案;

(三)组织选民登记,审查选民资格,公布选民名单,发放选民证;

(四)组织村民委员会成员候选人的提名,审查村民委员会候选人的资格,公布正式候选人名单;

(五)确定并公布选举日期、投票时间、地点、投票方法;

(六)做好投票选举前的准备工作;

(七)主持召开选举大会,组织投票选举,公布并上报选举结果;

(八)处理选举中出现的问题;

(九)总结选举工作,整理、建立选举工作档案。

村民选举委员会成员被确定为村民委员会成员正式候选人的,应退出村民选举委员会。

村民选举委员会履行职责至新一届村民委员会召开第一次会议时止。

第三章　选民登记

第九条　在选举日前已满18周岁的村民,不分民族、种族、性别、职业、家庭出身、宗教信仰、教育程度、财产状况、居住期限,都有选举权和被选举权。依照法律被剥夺政治权利的人除外。

计算村民的年龄以身份证为依据;无身份证的,以户籍登记为依据。

第十条　有选举权和被选举权的村民应当在户籍所在地的村进行选民登记。有下列情形之一的,经村民选举委员确认,在经常居住地进行选民登记:

(一)结婚后居住在配偶所在地的村,户口未迁移的;

(二)转为非农业户口的人员,仍在原村居住并履行该村村民义务的;

(三)因其他原因,不能在户籍所在地的村进行选民登记的。

精神病患者不能行使选举权利的,经村民选举委员会确认,不列人选民名单。

第十一条　村民选举委员会应当在选举的20日前张榜公布选民名单。村民对公布的选民名单有异议,可在选举日3日前向村民选举委员会提出,村民选举委员会应当在选举日前做出解释或者纠正。

第四章　候选人的产生

第十二条　村民委员会主任、副主任、委员候选人分别由本村有选举权的村民按下列方式之一直接提名:

(一)由村民选举委员会召集过半数的有选举权的村民投票,按得票多少确定正式候选人;

(二)以村民小组为单位召集过半数的有选举权的村民投票提名候选人,然后在村民选举委员会主持下集中计票,按得票多少确定正式候选人。

提名村民委员会候选人应当有适当的妇女名额;多民族居住的村应当有人数较少的民族的人员。

提名村民委员会候选人,不得委托他人投票。

第十三条　村民委员会实行差额选举。村民委员会主任、副主任和委员候选人数应分别比应选人数多1至2人。

对依法确定的村民委员会成员候选人，任何组织或者个人不得调整或变更。

第十四条 村民委员会成员候选人应具有遵纪守法，办事公道，廉洁奉公，有一定文化程度和较强工作能力，热心为人民服务的素质。

第十五条 候选人产生后，村民选举委员会应当在选举日5日前按候选人得票多少的顺序张榜公布。

第五章 选举程序

第十六条 选举村民委员会，由村民选举委员会召开选举大会。人口较多或者居住分散的村，可设若干个投票站。投票站的票箱必须集中到选举大会主会场开箱、计票。

第十七条 选举大会应当当场推选唱票人、计票人、监票人，负责核对投票人数、唱票、计票、监票。

投票前，村民选举委员会应当介绍大会选举办法，提出具体要求。

第十八条 选举采取无记名投票的方式进行。

每一选民在一次选举中只有一个投票权。选民对候选人可以投赞成票，可以投反对票，可以另选其他选民，也可以弃权。

第十九条 选举现场设发票处、秘密写票处。选民凭选民证依次领取选票，由选民本人到秘密写票处填写选票，然后投票。

选民是文盲或者因残疾不能填写选票的，可以由他人按该选民意愿代为填写选票。

不能到场直接投票的选民，应当在选举日3日前向村民选举委员会提出书面委托申请并指明受托人，经村民选举委员会同意后办理委托投票证。每一选民接受的委托不得超过1人。委托投票的人数不得超过选民总数的五分之一。

第二十条 投票结束后，由唱票人、计票人、监票人当众开箱，公开唱票、计票，宣布选票统计结果。村民选举委员会应当当场公布选举结果，并当众封存选票。

每次选举所投的票数等于或少于投票人数的，选举有效；多于投票人数的，选举无效。选票无法辨认的，经监票人认定，作废票处理。废票计入选票总数。

第二十一条 选举村民委员会，由本村有选举权的村民过半参加投票，选举有效。候选人获得参加投票的村民过半数的选票，始得当选。获得半数以上选票的候选人人数多于应选名额时，以得票多的当选，如果票数相同，不能确定当选人时，应当就票数相同的候选人再次投票，以得票多的当选。

当选人数达到3人，但是仍不足应选人数时，不足的名额可以暂缺。若主任暂缺，由得票多的副主任临时主持村民委员会工作；若主任、副主任都暂缺，由村民选举委员会指定一名村民委员会委员临时主持村民委员会工作。

当选人数不足3人，不能组成村民委员会的，不足的名额应当另行差额选举。另行选举以得票多的当选，但得票数需超过参加投票村民的三分之一。另行选举可当场举行，也可在第一次选举日后5日内进行。

第二十二条 村民委员会选举结果由村民选举委员会报县级民政部门和乡（镇）人民政府备案。乡（镇）人民政府向当选人颁发省统一印制的当选证书。

第二十三条 村民选举委员会在不违背直接选举规定的前提下，可以根据本村实际，制定选举村民委员会的具体实施方案。

第六章 罢免、辞职和补选

第二十四条 村民委员会成员接受村民监督。

本村五分之一以上有选举权的村民联名，可以要求罢免村民委员会成员。罢免要求应当以书面形式向村民会议和所在乡（镇）人民政府提出，并写明罢免理由。村民委员会应当在接到罢免要求之日起30日内召开村民会议，进行投票表决。

村民会议在讨论表决罢免要求时，被提出罢免的村民委员会成员有权提出申辩意见。

罢免村民委员会成员，须经有选举权的村民过半数通过。表决结果由村民委员会报乡（镇）人民政府和县级人民政府民政部门备案。

村民委员会逾期不召开村民会议投票表决罢免要求的，由乡（镇）人民政府召集村民会议投票表决。

第二十五条 村民委员成员要求辞去职务的，应当以书面形式向村民会议或者村民代表会议提出，由村民会议或者村民代表会议按照少数服从多数的原则讨论决定。

第二十六条 村民委员会成员被依法追究刑事责任的，自人民法院判决书生效之日起，其村民委员会成员职务自行终止。

第二十七条 村民委员会成员缺额，应当在6个月内召开村民会议补选。

补选的村民委员会成员的任期，到本届村民委员会届满为止。

第七章 监督管理

第二十八条 对有下列行为之一的，村民有权向

乡(镇)人民代表大会和人民政府或者县级人民代表大会常务委员会和人民政府及其有关主管部门举报:

(一)以威胁、贿赂、伪造选票等不正当手段,妨害选民行使选举权和被选举权,破坏村民委员会选举的;

(二)违反本办法规定调整、变更村民委员会成员候选人或者指定、委派、撤换村民委员会成员的;

(三)对检举村民委员会选举中违法行为的村民或者提出要求罢免村民委员会成员的村民打击报复的;

(四)破坏村民委员会选举的其他违法行为。

有关机关应当在接到举报之日起30日内负责调查,根据事实和情节,依法处理。以威胁、贿赂、伪造选票等不正当手段当选的,其当选无效。

第二十九条 村民对选举程序或者选举结果有异议的,可以向乡(镇)人民代表大会和人民政府或者县级人民代表大会常务委员会和人民政府及有关部门提出书面申诉,有关部门应当在接到申诉之日起15日内调查处理。

第八章 附 则

第三十条 本办法自1999年2月1日起施行。

青海省村(牧)民委员会选举办法

——1999年4月2日青海省第九届人民代表大会常务委员会第七次会议通过

第一章 总 则

第一条 为了完善村(牧)民委员会的选举制度,保障村(牧)民依法行使民主权利,根据《中华人民共和国村民委员会组织法》和有关法律、法规,结合本省实际,制定本办法。

第二条 本办法适用于全省行政区域村(牧)民委员会选举工作。

第三条 村(牧)民委员会由主任、副主任和委员共3至7人组成,具体名额由村(牧)民会议或村(牧)民代表会议讨论决定。

村(牧)民委员会成员中,妇女应当有适当的名额,多民族村(牧)民居住的村应当有人数较少的民族的成员。

由几个自然村联合成立村(牧)民委员会的,其成员组成应当考虑村落分布情况。

第四条 村(牧)民委员会主任、副主任和委员,由村(牧)民直接选举产生。任何组织或个人不得指定、委派或者撤换村(牧)民委员会成员。

村(牧)民委员会每届任期3年,届满应当及时换届选举。村(牧)民委员会成员可以连选连任。

第五条 村(牧)民委员会换届选举工作由省人民政府统一部署,各级人民政府负责组织实施。民政部门负责本行政区域内村(牧)民委员会换届选举的有关具体工作。

第六条 村(牧)民委员会换届选举工作所需经费在村提留的管理费中列支。各级人民政府组织实施的选举工作的经费,在地方财政中列支。

第二章 选举工作机构

第七条 村(牧)民委员会换届选举时,不设区的市、市辖区、县、自治县、乡、民族乡、镇设立村(牧)民委员会选举工作指导小组,村设立村(牧)民选举委员会。

第八条 村(牧)民委员会选举工作指导小组的职责是:

(一)宣传有关法律、法规;

(二)制定选举工作方案;

(三)培训选举工作人员;

(四)指导村(牧)民委员会的选举工作;

(五)办理选举工作中的其他事项。

第九条 村(牧)民选举委员会由5至9人组成,其成员由村(牧)民会议或村(牧)民小组推选产生,报乡、民族乡、镇人民政府村(牧)民委员会选举工作指导小组备案。村(牧)民选举委员会的职责是:

(一)登记有选举权村(牧)民,审查其资格并公布名单;

(二)组织村(牧)民酝酿、协商候选人,确定并公布正式候选人名单;

(三)公布选举日期和地点;

(四)主持选举大会,组织投票选举;

(五)确定选举结果是否有效,公布选举结果;

(六)总结选举工作,整理、建立选举工作档案;

(七)办理选举工作中的其他事项。

第三章 选举登记

第十条 凡年满18周岁的村(牧)民,不分民族、种族、性别、职业、家庭出身、宗教信仰、教育程度、财产状况、居住期限,都有选举权和被选举权,但依照法律被剥夺政治权利的人除外。

第十一条　有选举权的村(牧)民由户籍所在地的村(牧)民选举委员会进行登记。

村(牧)民登记后户口迁出本村或死亡的,从登记名单上注销。

对外出村(牧)民,应事先发出通知,在选举日前未回村又未委托其他村(牧)民代其行使选举权的,不计入参加选举的村(牧)民总数。

村办企业和其他经济组织中的非本村村(牧)民不予登记。

第十二条　下列人员在选举中予以登记:

(一)被判处有期徒刑、拘役、管制而没有附加剥夺政治权利的;

(二)被羁押,正在受侦查、起诉、审判,人民检察院或者人民法院没有决定停止行使选举权利的;

(三)正在取保候审或者被监视居住的;

(四)正在被劳动教养的;

(五)正在受拘留处罚的;

(六)被宣告缓刑、假释,而没有判处附加剥夺政治权利的。

上列人员参加选举,由村(牧)民选举委员和执行监禁、羁押、拘留或者劳动教养的机关共同决定,可以在流动票箱投票,也可以委托有选举权的亲属或其他有选举权的村(牧)民代为投票。被判处拘役、受拘留处罚或者被劳动教养的人,可以在选举日回村参加选举。

第十三条　村(牧)民的年龄以户籍登记或身份证为准。

第十四条　有选举权的村(牧)民名单应当在选举日的20日以前公布。对公布的名单有不同意见的,可以在选举日的10日以前向村(牧)民选举委员会提出,村(牧)民选举委员会应在3日内做出处理决定。对处理决定仍有不同意见的,可以在选举日的5日以前向人民法院起诉,人民法院应在选举日以前做出判决。人民法院的判决为最后决定。

第十五条　因故推迟选举30日以上的,应对有选举权的村(牧)民资格重新核实,并根据变动情况予以调整,重新公布。

第四章　候选人产生

第十六条　村(牧)民委员会主任、副主任和委员候选人应当符合下列条件:

(一)认真贯彻执行和遵守国家法律、法规和政策;

(二)廉洁公正,作风民主,联系群众,热心为村(牧)民服务;

(三)身体健康,有一定文化知识,工作认真负责,有较强的组织领导能力;

第十七条　村(牧)民委员会成员候选人可采取下列方式产生:

(一)由有选举权的村(牧)民10人以上联名提出;

(二)村(牧)民自荐,并由9名以上有选举权的村(牧)民附议;

(三)由村(牧)民会议直接推选候选人;

有选举权的村(牧)民联合提名候选人的人数,不得超过候选名额。

第十八条　村(牧)民委员会主任、副主任候选人数应分别比应选名额多1人;委员候选人人数应当比应选名额多1至3人。

所有被提名的候选人名单,由村(牧)民选举委员会汇总,于选举日的10日前按姓氏笔画公布。少数民族聚居的村使用民族语言文字的,可以按照本民族习惯排列被提名的候选人名单。

第十九条　候选人提名名单公布后,如果提名的候选人多于差额比例,由村(牧)民选举委员会召开村民会议进行预选,按得票多少确定正式候选人。

正式候选人名单应当在选举日的3日以前公布。

村(牧)民选举委员会成员被推荐为正式候选人的,不得再参与村(牧)民选举委员会的工作。

第二十条　正式候选人确定后,由村(牧)民选举委员会向村(牧)民介绍候选人的有关情况,但在选举日应当停止介绍。

投票选举前,村(牧)民委员会成员候选人可以向村(牧)民宣讲任期目标。

第二十一条　经有选举权的村(牧)民或户代表的过半数同意,候选人比较集中并符合本办法规定的差额比例,可由村(牧)民直接投票选举。

第五章　选举程序

第二十二条　村(牧)民委员会进行选举时,选票由村(牧)民选举委员会制发。选票上主任、副主任、委员正式候选人名单分别按姓氏笔画排列。少数民族聚居的村使用民族语言文字制发选票的,可以按照本民族习惯排列候选人名单。

第二十三条　村(牧)民委员会主任、副主任、委员的选举可以一次同时投票产生,也可以先选主任、副主任,后选委员。

第二十四条　村(牧)民选举委员会应根据村(牧)民居住情况和便于选举的原则,可以在选举大会上集中投票,也可以设立若干投票站进行投票,在投票场所设立秘密写票处。

对居住分散或因病残不能到会场或投票站投票

的，可以设立流动票箱，并由3名以上监票、计票人员负责接受投票。

第二十五条 选举实行无记名投票、公开计票的方法。村（牧）民对候选人可以投赞成票，可以投反对票，可以另选他人，也可以弃权。

选票由村（牧）民本人填写，本人不能填写的，可以委托他信任的人代写。受委托人填写选票时，不得违背委托人的意愿。

村（牧）民因故不能参加投票的，可以委托他信任的人代为投票，但每一村（牧）民接受委托不得超过3人。

第二十六条 选举时，由村（牧）民选举委员会推荐监票人、计票人若干名，经村（牧）民会议通过，负责监督投票和计票工作。

村（牧）民委员会候选人不得担任监票人、计票人，不得主持投票和选举会议。

投票结束后，应于当日集中选票，由监票人、计票人同村民选举委员会当众核对投票人数和票数，做出记录；也可以在监票人监督下，由计票人当众唱票。选举结果由监票人签字后当场宣布。

第二十七条 参加投票的村（牧）民超过本村有选举权的全体村（牧）民过半数的，选举有效。

收回选票等于或者少于投票人数的，选举有效，多于投票人数的，选举无效。

每张选票所选人数等于或者少于应选名额的有效，多于应选名额的无效。

无法辨认、不按规定填写符号以及有不严肃文字、图案的选票，经村（牧）民选举委员会确认视为废票。

第二十八条 候选人获得参加投票的村（牧）民过半数赞成票的，始得当选。

获得过半数赞成票的候选人人数多于应选名额的，以得票多的当选。如果票数相等不能确定当选人时，应当就票数相等的候选人再次投票，以得票多的当选。

当选人数少于应选名额时，不足的名额另行选举。另行选举时，根据第一次投票时得票多少顺序确定候选人，也可以酝酿协商候选人。

另行选举，按照本办法第十八条规定确定差额比例。如果只选1人，候选人应为2人。

依照前款规定另行选举时，候选人以得票多的当选，但是得票数不得少于选票的三分之一。

第二十九条 经过投票选举，当选人数达到3人以上但不足应选名额时，应当在3个月内就不足的名额另行选举；当选人数不足3人，无法组成新一届委员会的，应当在3日之内就不足的名额另行选举。

选举结束后，主任未选出的，由当选的副主任主持工作，直至选出主任；主任、副主任未选出的，由当选的委员推举1人主持工作，直至选出主任、副主任。

第三十条 新当选的村（牧）民委员会主任、副主任和委员，由乡、民族乡、镇人民政府颁发当选证书。

第六章 罢免和补选

第三十一条 村（牧）民有权罢免村（牧）民委员会成员。罢免村（牧）民委员会成员须由村（牧）民会议决定。

第三十二条 村（牧）民委员会成员有下列情形之一的，村（牧）民会议有权罢免：

（一）严重失职的；

（二）违法犯罪，受到劳教处分和刑事处罚的；

（三）违反计划生育政策的；

（四）连续6个月以上无故不参加村（牧）民委员会工作的。

第三十三条 本村五分之一以上有选举权的村（牧）民联名，可以要求罢免村（牧）民委员会成员。罢免要求应当提出罢免理由。被提出罢免的村（牧）民委员会成员有权提出申辩意见。

罢免要求提出后，村（牧）民委员会应当及时召开村（牧）民会议，投票表决罢免要求。罢免村（牧）民委员会成员须经有选举权的村（牧）民过半数通过。

第三十四条 村（牧）民委员会应当将罢免决议书面报乡、民族乡、镇人民政府备案。

第三十五条 被罢免的村（牧）民委员会成员对罢免决议不服的，可以向乡、民族乡、镇人民政府提出申诉意见。乡、民族乡、镇人民政府接到被罢免人的申诉意见后10日内，应当对申诉意见所陈述的理由和村（牧）民会议的罢免决议进行调查核实。如果罢免理由不能成立或罢免程序不符合法律规定的，应建议村（牧）民委员会召开村（牧）民会议进行复议，以无记名投票的方式对罢免重新表决。如果仍有参加投票的过半数的村（牧）民赞成罢免的，维持罢免决议；不过半数的，应当恢复被罢免人的村（牧）民委员会成员资格。

第三十六条 村（牧）民委员会成员可以书面提出辞职要求，由村（牧）民委员会召开村（牧）民会议，决定是否接受辞职。

村（牧）民委员会成员在任期内迁出本村的，其职务自行终止。

村（牧）民委员会成员在任期内因故出缺的，由村（牧）民委员会召开村（牧）民会议进行补选。补选程序适用本办法规定的选举程序。

第七章 法律责任

第三十七条 对村（牧）民委员会选举工作中的

违法行为,村(牧)民有权向乡、民族乡、镇的人民代表大会和人民政府或者县级人民代表大会常务委员会和人民政府及其有关主管部门举报,有关机关应当负责调查并依法处理。

第三十八条 县级以上人民政府指导村(牧)民委员会换届选举的工作人员及乡、民族乡、镇人民政府的工作人员有下列行为之一的,由县级以上人民政府责令改正,并对直接责任人员给予批评教育或行政处分:

(一)不按法定任期和程序换届选举的;

(二)在选举工作中搞指选、派选的;

(二)指定、委派村(牧)民委员会成员的;

(四)不经法定程序罢免或者以行政手段撤换村(牧)民委员会成员的。

第三十九条 有下列行为之一的,由县级人民政府及其主管部门给予批评教育或者警告;违反治安管理的,由公安机关依照《中华人民共和国治安管理处罚条例》予以处罚;构成犯罪的,由司法机关依法追究刑事责任。

(一)对控告、检举选举中的违法行为或者对提出要求罢免村(牧)民委员会成员的人压制、报复的;

(二)以暴力、威胁、贿赂、欺骗等不正当手段或者利用宗族势力破坏选举,妨害村(牧)民依法行使选举权和被选举权的;

(三)伪造选票、虚报选举票数或者有其他违法行为的。

以威胁、贿赂、伪造选票等不正当手段当选的,当选无效。

第八章 附 则

第四十条 本办法的具体应用问题由省民政厅负责解释。

第四十一条 本办法自1999年4月15日起施行。《青海省实施〈中华人民共和国村民委员会组织法(试行)〉办法》中有关村(牧)民委员会选举的条款同时废止。

新疆维吾尔自治区村民委员会选举办法

——1999年5月31日新疆维吾尔自治区第九届人民代表大会常务委员会第九次会议通过

第一章 总 则

第一条 为完善村民委员会直接选举制度,保障村民依法行使民主权利,促进村民委员会组织建设,根据《中华人民共和国村民委员会组织法》(以下简称《村民委员会组织法》),结合自治区实际,制定本办法。

第二条 村民委员会的选举,应当按照公平、公正、公开的原则,严格依照法定程序进行。

村民委员会主任、副主任和委员由本村有选举权和被选举权的村民直接选举产生,可以连选连任。任何组织或者个人不得指定、委派或者撤换村民委员会成员。

第三条 村民委员会由主任、副主任和委员共3至7人单数组成,具体职数按村民人口数由村民会议或村民代表会议确定。村民人口在500人以下的村一般为3人;村民人口在500人以上2000人以下的村一般不超过5人;村民人口在2000人以上的村不超过7人。村民委员会组成人员中应有妇女成员;多民族居住的村,应当考虑民族成分。

第四条 村民委员会每届任期3年,届满应当举行换届选举。遇有特殊情况,由村民会议讨论决定,经乡、民族乡、镇(以下简称乡级)人民政府报县、市(以下简称县级)人民政府批准,可以提前或推后进行,但提前或推后的时间不得超过3个月。

第五条 中国共产党在农村的基层组织,在村民委员会选举工作中,充分发挥领导核心作用;依照宪法和有关法律、法规,支持和保障村民直接行使民主选举权利。

第六条 村民委员会选举工作由自治区人民政府统一部署,州、市人民政府,地区行政公署进行安排,由县级和乡级人民政府组织实施。

各级人民政府组织选举工作所需经费由本级财政列支。村民委员会的选举经费从村的经济收益中支出,乡级财政给予适当补助。

第七条 自治区县级以上地方各级人民代表大会常务委员会和乡级人民代表大会主席团对村民委员会换届选举进行监督、检查,采取审议村民委员会换届实施方案,听取工作汇报,受理村民的申诉、检举、控告,纠正违法行为等方式,保证《村民委员会组织法》和本办法在本行政区域的贯彻实施。

第八条 村民委员会选举中公布的选举文件、选民名单、选民证、候选人名单、选票等应当使用当地通用语言文字。

第二章 选举工作机构及职责

第九条 县级、乡级成立村民委员会选举工作领导机构,负责本行政区域内村民委员会选举工作,其主要职责是:

(一)宣传宪法和有关法律、法规;

(二)部署、指导本行政区域的选举工作;

(三)培训选举工作人员;

(四)受理选举工作中的申诉、检举和控告;

(五)确定和公布村民委员会选举日;

(六)总结和组织交流选举工作经验;

(七)给当选的村民委员会成员颁发当选证书;

(八)建立选举工作档案;

(九)承办选举中的其他事项。

第十条 村民委员会的选举,由村民选举委员会主持。村民选举委员会成员由上届村民委员会召集村民会议或村民代表会议推选产生,由5至9人组成。村民选举委员会成员推选1人主持选举工作。

村民选举委员会成员应当遵守宪法、法律和国家政策,维护祖国统一和民族团结,代表村民利益,办事公道,作风正派,有一定的组织能力。

村民选举委员会成员报乡级村民委员会选举工作领导机构备案。

第十一条 村民选举委员会履行下列职责:

(一)宣传和执行《村民委员会组织法》和本办法;

(二)制定选举工作实施方案;

(三)确定和培训选举工作人员;

(四)组织选民登记,审查选民资格,公布选民名单,发选民证,受理对选民名单不同意见的申诉;

(五)准备村民委员会成员候选人提名表、选票、委托书和其他材料,确定选举的具体时间、地点和投票方法;

(六)组织选民酝酿提名候选人,并根据多数选民的意见,依法确定,公布候选人名单;

(七)依照法律、法规拟定选举大会具体选举办法;

(八)做好选举准备工作,主持选举大会,组织投票选举,公布并上报选举结果;

(九)总结、上报选举工作情况,建立选举工作档案;

(十)承办选举工作中的其他有关事项。

村民选举委员会履行职责从组成之日起至新一届村民委员会召开第一次会议时止。

第三章 选民登记

第十二条 在选举日年满18周岁的村民,不分民族、种族、性别、职业、家庭出身、宗教信仰、教育程度、财产状况、居住期限,都有选举权和被选举权。但是依照法律被剥夺政治权利的人除外。

第十三条 选民应当在户口所在地的村进行选民登记。计算村民的年龄,以身份证为准;未办身份证的以户籍登记为准。

第十四条 有下列情况之一的选民,经村民选举委员会确定,不列入选民名单。

(一)无法表达自己意愿的精神病患者和痴呆人员;

(二)外出后无法联系,在选举日又未能回村参加选举的。

第十五条 选民名单应当在选举日的20日以前公布,并发给选民证。村民对于公布的选民名单有异议或者发现有错登、漏登、重登等情况的,可在选举日10日前向村民选举委员会提出,村民选举委员会应当在选举日前进行调查,并做出明确的答复或者予以纠正。

第四章 候选人的产生

第十六条 村民委员会成员候选人应当具备下列条件:

(一)遵守宪法、法律、法规和国家政策,维护祖国统一和民族团结;

(二)办事公道,廉洁奉公,作风正派,有群众威信,热心为村民服务,维护村民的合法权益;

(三)有一定的文化素质和工作能力,身体健康,能带领群众发展生产,共同致富,完成国家任务,建设社会主义新农村。

第十七条 村民委员会主任、副主任、委员采取差额选举方式产生。村民委员会主任、副主任的正式候选人数应比应选人数各多1人,村民委员会委员的正式候选人数应比应选人数多1至3人。

第十八条 村民委员会主任、副主任、委员候选人,由村民选举委员会组织选民直接提名,也可召开村民会议或村民小组会议提名。提名时,由选民本人填写"村民委员会成员候选人提名表",每一选民提出的候选人人数不得超过应选人数。初步候选人名单,由村民选举委员会汇总后,于选举日10日前张榜公布。

第十九条 初步候选人名单公布后,村民选举委员会应当广泛征求选民的意见,并以预选的方式确定正式候选人。预选时,由村民选举委员会设立投票站和秘密写票处,并推选出监票人、计票人,在规定的时限内组织选民进行无记名投票。选民在选票上填写的候选人名额不得超过应选名额。投票结束后,应当公开计票,根据得票多少顺序,确定正式候选人名单。

正式候选人名单应当按照得票多少的顺序在选

举日5日前张榜公布。对选民提出的初步候选人或依法确定的正式候选人，任何组织或者个人不得取消、调整或者变更。

第二十条 一人同时被提名为两项以上职务的候选人，都应当列入候选人名单，分次投票选举。

村民选举委员会成员被确定为村民委员会成员正式候选人的，不再参与村民选举委员会的工作，其缺额由村民会议或村民代表会议推选。

第二十一条 村民选举委员会应按照平等、客观、公开的原则，向选民介绍正式候选人的情况。可以在选举日前召开村民会议或村民代表会议，让候选人发表治村演说，并回答选民提出的问题，但在选举日必须停止对候选人的介绍。

候选人发表治村演说，回答选民提出的问题，必须在法律、法规和政策规定的范围内进行。向候选人提出的问题，应当是村政建设、经济发展等方面的问题，不得进行人身攻击。

第五章 选举程序

第二十二条 选举村民委员会，由村民选举委员会主持召开选举大会。个别边远、分散、交通不便的村可以设立投票站，对老弱病残不能至选举大会或投票站投票的选民，可以设立流动票箱。每个投票站和流动票箱应分别由选举委员会成员和两名监票人负责。

投票站和流动票箱的投票应在选举日规定时间内进行并完成。

投票站的票箱和流动票箱在投票结束后，应立即密封，集中到选举大会主会场开箱、计票。

选举大会和投票站设立发票处、秘密写票处。选民凭选民证和委托书领取选票，到秘密写票处填写选票，可以委托他信任的人代写，代写人必须按照被代写人的意愿填写选票。

选民在选举日外出，不能到场直接投票，应当在选举日前到村民选举委员会领取委托书，委托除候选人以外的本村选民代为投票。每一选民接受委托的人数不得超过3人。

第二十三条 投票前，由村民会议或村民代表会议通过大会选举办法，推选监票人、计票人。

村民委员会成员候选人及其配偶和直系亲属不得主持选举大会，不得担任监票人、计票人。

第二十四条 选举采用无记名投票方式进行。选民对于确定的候选人可以投赞成票，可以投反对票，可以另选其他选民，也可以弃权。每一选民在一次选举中只有一个投票权。

投票结束后，由监票、计票人员将所有票箱当众开箱，对投票人数和票数加以核对，做出记录，并由监票人签字。每次选举所投的票数，多于投票人数的无效，等于或者少于投票人数的有效。确定选举有效后，应当场公开计票。

计票结束后，由监票人宣布计票结果；大会主持人宣布选举结果。

第二十五条 选举村民委员会主任、副主任、委员，可以按职务分次投票，也可以一次性投票。一次性投票选举时，每一选票所选的人数，哪项多于规定的应选人数的，哪项作废，等于或者少于应选人数的有效；书写模糊无法辨认或者不按规定符号填写的，属于哪项，哪项无效。无效票计入选票总数。

全体选民的过半数参加投票，选举有效；候选人获得参加投票的选民的过半数的选票，始得当选。

获得过半数选票的候选人的人数超过应选名额时，以得票多的当选；如遇票数相同不能确定当选人时，应当就得票相等的候选人再次投票，以得票多的当选。

获得过半数选票的当选人数少于应选名额时，不足的名额应当在没有当选的候选人中另行选举。另行选举时，根据第一次选举得票多少的顺序，按照本办法规定的差额数，确定候选人名单，进行选举。

第二十六条 经过两次投票选举，当选人数仍不足应选名额，如当选人数已达到3人以上的，不足名额可以暂缺。当主任暂缺时，由副主任代理主任工作，直至选出主任为止。

当选人数不足3人，但已选出村民委员会主任的，由村民委员会主任主持工作，在3个月内依法选举补齐。

第二十七条 村民委员会选举结果，由村民选举委员会报乡级村民委员会选举工作领导机构备案。

第二十八条 村民委员会一经产生，应当在10日内组织选民推选村民小组长、村民代表。

村民小组长由村民委员会主持召开村民小组会议推选产生。

村民代表按每5户至15户推选1人，或者由村民小组推选若干人。村民代表总数不少于25人，一般不超过50人。

第六章 罢免 辞职与补选

第二十九条 村民委员会成员受村民监督。

村民对违法乱纪或者严重失职的村民委员会成员，有权检举或者提出罢免要求。罢免要求必须有本村五分之一以上选民联名，以书面形式提出，并写明罢免理由。

乡级人民政府对违法乱纪、严重失职,或者连续3个月以上无正当理由不参加村民委员会工作的村民委员会成员,可以提出罢免建议。

对提出的罢免要求或罢免建议,村民委员会应当在1个月内召开村民会议进行投票表决。罢免村民委员会成员须经全体选民过半数通过。

村民委员会未按规定时间对罢免要求和罢免建议召开村民会议进行投票表决的,乡级人民政府应当召集村民会议投票表决。

村民会议在讨论、表决罢免要求罢免建议时,被提出罢免的村民委员会成员有权出席会议和提出申辩意见。

第三十条 村民委员会成员要求辞去职务的,应当以书面形式向村民委员会提出,村民委员会应当接受其辞职。

当选的村民委员会成员之间有配偶和直系亲属关系的,一方应当辞职。

第三十一条 村民委员会成员因辞职、罢免、死亡、户口迁出等原因空缺时,应当在3个月内补选。补选由村民委员会主持,乡级人民政府指导。

补选的村民委员会成员候选人应当根据多数选民的意愿确定,候选人人数可以多于也可以等于应选名额。补选的程序和方法由村民会议或村民代表会议讨论确定。补选时,过半数选民投票,选举有效;候选人获得参加投票的选民过半数的选票,始得当选。

第七章 法律责任

第三十二条 对有下列行为之一的,村民有权向乡镇人民代表大会主席团和人民政府或者县级以上地方各级人民代表大会常务委员会和人民政府及其有关主管部门举报,有关机关应当在15日内组织调查并依法处理。对直接责任人员给予纪律处分;对违反《中华人民共和国治安管理处罚条例》的,由公安机关依法给予行政处罚;对构成犯罪的,由司法机关依法追究刑事责任:

(一)擅自取消、调整、变更村民委员会成员候选人或者指定、委派、撤换村民委员会成员;无正当理由拖延村民委员会换届选举的;

(二)扰乱选举会场秩序,煽动选民拒绝投票,辱骂、诽谤选举人或工作人员或有其他不良行为的;

(三)对控告、检举选举中违法行为的人或者对提出罢免村民委员会成员的人进行追究、压制、报复的;

(四)伪造选票、虚报选举结果或者有其他弄虚作假行为的;

(五)用暴力、威胁、贿赂、毁坏选票或票箱等手段妨害选民行使选举权和被选举权,破坏村民委员会选举的。

以暴力、威胁、贿赂、弄虚作假等手段当选的,其当选无效。

第八章 附 则

第三十三条 本办法由自治区人大常委会负责解释。

第三十四条 本办法自公布之日起施行。

上海市村民委员会选举办法

——1999年6月1日上海市第十一届人民代表大会常务委员会第十次会议通过

第一条 为了规范村民委员会选举工作,保障村民依法行使民主权利,根据《中华人民共和国村民委员会组织法》,结合本市实际,制定本办法。

第二条 村民委员会主任、副主任和委员,由本村有选举权的村民直接选举产生。任何组织或者个人不得指定、委派或者撤换村民委员会成员。

村民委员会由主任、副主任和委员共3至7人组成,其成员的具体职数由村民会议或村民代表会议决定。

村民委员会成员中,妇女应当有适当的名额。村民委员会成员之间不得有夫妻关系或者亲属关系。

第三条 年满18周岁的村民,不分民族、种族、性别、职业、家庭出身、宗教信仰、教育程度、财产状况、居住期限,都有选举权和被选举权;但是,依照法律被剥夺政治权利的人除外。

第四条 村民委员会每届任期3年,届满应当举行换届选举。因特殊原因不能按时举行换届选举的,应当报区、县人民政府批准。

村民委员会的换届选举由市人民政府统一部署。区、县人民政府应成立选举工作领导小组,领导本行政区域内的村民委员会换届选举工作。

市和区、县民政部门负责指导村民委员会换届选举工作。

第五条 村民委员会换届选举期间,乡、镇人民政府应当设立选举工作指导小组,具体指导、帮助村民选举委员会工作,其主要职责:

(一)制定本乡、镇村民委员会的换届选举工作计划,确定选举日程;

(二)宣传村民委员会选举的有关法律、法规;

(三)组织培训选举工作人员;

(四)受理有关选举工作的举报和来信来访;

(五)承办换届选举工作的其他事项。

第六条 村民委员会的选举,由村民选举委员会主持。村民选举委员会由7至9人组成,其成员应当有一定的代表性。村民选举委员会成员由村民会议或者各村民小组推选产生。如村民小组推选的村民选举委员会成员人数超过规定名额,其成员是由村民代表会议确定。

村民选举委员会的主要职责:

(一)依法拟订选举工作方案,提请村民会议或者村民代表会议讨论通过;

(二)开展选举的宣传、发动工作;

(三)确定和培训选举工作人员;

(四)确定选举日并予以公布;

(五)组织村民登记,审查村民的选举资格,并公布有选举权和被选举权的村民名单;

(六)组织村民提名村民委员会成员候选人,并公布候选人名单;

(七)主持投票选举,公布选举结果,并报乡、镇人民政府备案;

(八)受理有关选举工作的群众来信来访;

(九)总结选举工作,整理、建立选举工作档案。

村民选举委员会履行职责,自组成之日起至新一届村民委员会召开第一次会议为止。

第七条 有选举权和被选举权的村民的年龄以户口登记的出生日期为依据。村民年满18周岁的计算以本村的选举日为准。

有选举权和被选举权的村民应当在其户口所在地的村进行登记。

结婚后居住在配偶所在村,但户口未迁入,本人要求在配偶所在村登记的,经村民选举委员会确认,可以予以登记,但不得在户口所在地的村重复登记。

已经转为非农业户口的原本村村民,仍履行村民义务,本人要求登记的,经村选举委员会确认,可以予以登记。

第八条 有选举权和被选举权的村民名单,应当在选举日的20日以前公布。

村民对公布的名单有异议的,可以在选举日的10日以前向村民选举委员会提出,村民选举委员会应当在选举日的5日以前做出解释或者补正。

第九条 村民委员会主任、副主任和委员候选人的名额应当分别多于应选名额。具体差额数由村民选举委员会在拟订选举工作方案时规定。

第十条 选举村民委员会,由本村有选举权的村民直接提名候选人。

村民通过投票直接提名村民委员会主任、副主任和委员候选人,均以得票多的为正式候选人。

村民委员会成员正式候选人名单应当在选举日的5日以前,按照得票多少的顺序张榜公布。

第十一条 村民选举委员会应当帮助村民了解村民委员会成员候选人,可以组织村民委员会成员候选人与村民见面,回答村民提出的问题。但是在选举日应当停止对候选人的介绍。

第十二条 村民选举委员会在选举日以前,应当做好以下准备工作:

(一)确定监票人和发票、计票工作人员;

(二)公布投票时间,印制选票;

(三)设立选举会场、投票站;

(四)核实有选举权的外出村民委托的投票人;

(五)其他选举事务工作。

村民委员会成员正式候选人及其配偶或者直系亲属不得担任监票人和发票、计票工作人员。

第十三条 选举村民委员会,采取无记名投票方法。可以由有选举权的村民一次投票选举主任、副主任和委员;也可以分次投票选举主任、副主任和委员。主任、副主任不得由当选的委员推选产生。

第十四条 有选举权的村民外出或者其他特殊原因,不能参加投票的,经村民选举委员会同意,可于选举日以前书面委托其他有选举权的村民代为投票。每一选举权的村民可以接受1至2人的委托投票。

第十五条 选举会场和投票站应当设立秘密写票处和公共代写处,文盲或者因残疾不能写选票的,可以和委托他信任的人代写。

有选举权的村民对村民委员会成员候选人可以投赞成票,可以投反对票,可以另选他人,也可以弃权。

第十六条 投票结束后,投票站的选举工作人员应当立即将投票箱集中到选举会场统一开箱、公开计票。选举结果由村民选举委员会当场向村民公布。

第十七条 选举村民委员会,有选举权的村民的过半数投票,选举有效。所投的票数,等于或者少于投票人数的有效,多于投票人数的无效。

每一选票所选的人数,等于或者少于规定应选名额的为有效票,多于规定应选的为废票。

第十八条 候选人获得参加投票的村民的过半数的赞成票,始得当选。

获得过半数赞成票的候选人的人数超过应选名额时,以得票多的当选。如遇票数相等,不能确定当选人时,应当就得票数相等的候选人再次投票,以得票多的当选。

第十九条 获得过半数赞成票的当选村民委员会成员的人数少于应选名额时，当选人数达到3人以上的，不足的名额可以另行选举，也可以暂缺；当选人数未达3人的，不足的名额，应当另行选举，直至村民委员会成员人数不少3人。

村民委员会主任暂缺的，由当选的副主任临时主持村民委员会工作；村民委员会主任、副主任都暂缺的，由村民代表会议讨论，确定一名委员临时主持村民委员会工作。

第二十条 选举结果由村民选举委员会报乡、镇人民政府，并由乡、镇人民政府颁发村民委员会主任、副主任和委员的当选证书。

第二十一条 村民委员会及其成员应当遵守宪法、法律、法规和国家的政策，办事公道，廉洁奉公，热心为村民服务。

第二十二条 村民委员会应当接受村民监督。

本村五分之一以上有选举权的村民联名，可以要求罢免村民委员会成员。

乡镇人民政府对严重违反国家法律、法规受到处罚，或者连续6个月以上无正当理由不参加村民委员会工作的村民委员会成员，可以向村民委员会提出罢免建议。

罢免要求和罢免建议应当提出罢免理由。被提出罢免的村民委员会成员有权提出申辩意见。村民委员会应当在接到罢免要求和罢免建议后30日内召开村民会议投票表决。罢免村民委员会成员须经有选举权的村民过半数通过。

村民委员会逾期不召开村民会议表决罢免要求，乡、镇人民政府可以召开村民会议投票表决罢免要求。

第二十三条 村民委员会成员要求辞去职务的，应当以书面形式向村民会议或者村民代表会议提出，由村民会议或者村民代表会议讨论决定。

第二十四条 村民委员会成员因故出缺，村民委员会应当在6个月内按照本办法的规定补选。补选的村民委员会成员的任期，到本届村民委员会届满为止。村民委员会成员满3人的，经村民代表会议同意也可以不补选。

补选村民委员会成员，村民委员会应当事先向乡、镇人民政府报告。

第二十五条 对有下列行为之一的，村民有权向乡、镇的人民代表大会或人民政府或者区、县人民代表大会常务委员会和人民政府及其主管部门举报，有关部门应当负责调查并依法处理，对直接责任人员给予行政处分；违反治安管理处罚条例的，由公安机关依法给予处罚；构成犯罪的，依法追究刑事责任：

（一）以威胁、贿赂、伪造选票等不正当手段，妨害选民行使选举权、被选举权，破坏村民委员会选举的；

（二）指定、委派、撤换村民委员会成员的；

（三）对检举村民委员会选举中违法行为的村民或者提出要求罢免村民委员会成员的村民进行压制、报复的；

（四）其他破坏村民委员会选举的行为。

第二十六条 村民对选举程序或者选举结果有异议的，可以向区、县或者乡、镇人民政府提出申诉，区、县或者乡、镇人民政府应当及时调查处理。

第二十七条 本办法自1999年6月15日起施行。

陕西省村民委员会选举办法

——1999年9月8日陕西省第九届人民代表大会常务委员会第十一次会议通过

第一章 总 则

第一条 为了规范村民委员会的直接选举，保障村民依法行使民主权利，根据《中华人民共和国村民委员会组织法》，结合本省实际，制定本办法。

第二条 村民委员会选举坚持公平、公正、公开和直接选举、差额选举的原则。

第三条 村民委员会由主任、副主任和委员共3至7人组成。具体职数按照《陕西省实施〈中华人民共和国村民委员会组织法〉办法》第六条的规定，由村民会议根据本村实际情况讨论决定。

第四条 村民委员会主任、副主任和委员，由本村有选举权的村民直接选举产生。任何组织或者个人不得指定、委派或者撤换村民委员会成员。

村民委员会每届任期3年，任期届满应当及时进行换届选举。村民委员会成员可以连选连任。

第五条 村民委员会的换届选举由省人民政府统一部署，各级人民政府组织实施，民政部门负责日常工作。

第六条 各级人民政府指导村民委员会选举工作所需的经费，由本级财政解决。

第二章 选举工作机构

第七条 村民委员会换届时，县（市、区）、乡（镇）成立村民委员会选举工作指导小组，成员由同级人民政府和有关机关负责人组成。其主要职责：

(一) 宣传贯彻有关村民委员会选举的法律、法规；

(二)制定村民委员会选举工作方案，确定选举日期；

(三)培训选举工作人员；

(四)指导村民选举委员会的推选工作；

(五)指导村民委员会、村民小组长、村民代表的选举和推选工作；

(六)受理选举工作的有关申诉、检举和控告；

(七)总结交流选举工作经验；

(八)承办选举工作中的其他事项。

第八条 村成立村民选举委员会。村民选举委员会主持本村村民委员会的选举工作。

村民选举委员会由主任、副主任和委员共五至九人组成。村民选举委员会应当由有威望、有能力、熟悉情况、热心为村民服务的村民担任。村民选举委员会成员构成要合理，乡(镇)村民委员会选举工作指导小组对村民选举委员会成员构成可以提出建议。

村民选举委员会成员，由上届村民委员会或者乡(镇) 村民委员会选举工作指导小组召集主持村民会议或者各村民小组会议推选产生，并向村民公告。

村民选举委员会成员被确定为村民委员会主任、副主任或者委员正式候选人的，应当辞去村民选举委员会成员职务。

第九条 村民选举委员会的职责：

(一)宣传选举的目的、意义和有关法律、法规，为村民提供选举咨询；

(二)制订选举办法，并经村民会议通过；

(三)确定和培训选举工作人员；

(四)进行选民登记和资格审查，公布选民名单，听取和办理对选民名单的意见；

(五)组织选民酝酿、提名候选人，确定和公布候选人名单；

(六)印制选票和有关表格，确定和公布投票时间、地点；

(七)主持投票选举，确认选举是否有效，公布和上报选举结果；

(八)总结和上报选举工作情况，建立选举工作档案。

村民选举委员会履行职责至新一届村民委员会召开第一次会议时止。

第十条 因故不能按规定的选举日进行投票选举的村，由村民选举委员会提出意见，经乡(镇)村民委员会选举工作指导小组同意，可以推迟投票选举，推迟选举日的时间不得超过30日。

第三章 选民登记

第十一条 年满18周岁的村民，不分民族、种族、性别、职业、家庭出身、宗教信仰、教育程度、财产状况、居住期限，都有选举权和被选举权；但是，依法被剥夺政治权利的人除外。

选民的年龄计算到本村选举日为止。

第十二条 具有选民资格的村民在户籍所在地的村进行选民登记。有下列情形之一的，经村民选举委员会确认，在取得户籍所在地选民资格的证明后，可以在居住地进行选民登记：

(一)结婚后居住在配偶所在地的村，户口未迁移的；

(二)转为非农业户口的人员，仍在原村居住并履行该村村民义务的；

(三)因受聘在居住地工作，不能在户籍所在地的村进行选民登记的。

在居住地进行选民登记后，不得在户籍所在地再行登记。

第十三条 精神病患者不能行使选举权利的，经村民选举委员会确认，不列入选民名单。

外出两年以上的选民，经通知在选举日未回村参加选举、又未委托其他选民代行其选举权的，不计算在本次选举选民数内。

第十四条 经登记确认的选民资格长期有效。每次选举前应对上次选民登记以后新满18周岁、新迁入本村具有选民资格和恢复政治权利的村民，予以补充登记；对迁出本村、死亡和依法被剥夺政治权利的人，予以注销或者除名。

第十五条 选民名单应当在选举日的20日前张榜公布。村民对公布的选民名单有异议的，可以在选举日10日前向村民选举委员会提出，村民选举委员会应当在选举日前依法做出解释或者纠正。

第四章 候选人的产生

第十六条 选举村民委员会，由选民直接提名候选人。选民可以单独提名候选人，也可以联名提名候选人。

候选人应当具备的条件：

(一)遵守宪法、法律、法规和国家政策；

(二)公正廉洁，作风正派；

(三)办事公道，热心为村民服务；

(四)有较强的组织领导能力，懂经济、会管理，能带领村民共同致富；

(五)身体健康,能胜任工作。

对候选人的具体要求,村民会议根据本村情况可以在选举办法中做出规定。

第十七条 提名候选人应当召开村民会议或者村民小组会议进行。提名时应当填写村民委员会主任、副主任、委员候选人提名表,每一提名表填写的候选人人数不得超过应选人数。

第十八条 村民委员会实行差额选举。村民委员会主任、副主任候选人应当分别比应选名额多1人,委员候选人应当比应选名额多1人至2人。

所提名的候选人人数多于规定的正式候选人人数时,由村民选举委员会召集村民会议,以无记名投票、公开计票的方式进行预选,按得票多少确定正式候选人。

第十九条 村民委员会主任、副主任和委员正式候选人确定后,应当在选举日的5日前分别按得票数多少的顺序张榜公布。

依法确定的正式候选人,任何组织或者个人不得调整或者变更。

第五章 选举程序

第二十条 村民选举委员会应当在选举日的5日前公布投票选举的具体时间和地点。

第二十一条 投票选举时,由村民选举委员会主持召开选举大会。选举大会通过选举办法,推选监票人、计票人。候选人及其配偶、直系亲属不得担任监票人、计票人。投票选举前,应当组织候选人向村民表态、发表治村演说,回答村民的提问。人口较多或者居住分散的村,可设分会场和投票站。对不便与参加选举大会的选民可以设立流动投票箱,在其住所进行投票,每个投票站,流动投票箱应当有3名以上的监票人。

第二十二条 选举村民委员会可以分次投票选举主任、副主任和委员;也可以一次性投票选举主任、副主任和委员。具体选举形式,由村民选举委员会根据多数选民意愿在选举办法中确定。

第二十三条 选举采取无记名投票方式。选举会场应当设立秘密写票处和代写处,自己不能填写选票的选民,可以委托其他选民或者代填写处代写,代写人不得违背委托人的意愿。每一选民在一次选举中只有一次投票权,选民对候选人可以投赞成票,可以投反对票,也可以投弃权票。

第二十四条 在选举日不能参加投票选举的选民,可以书面委托其他选民代为投票。每一选民接受的委托不得超过3人。选举工作人员应当在投票选举前为其办理委托手续,并在投票时查验委托书。

第二十五条 投票选举采取公开计票的方法。投票结束后,由监票人、计票人将所有票箱集中到选举大会会场当众开箱,公开核票,公开唱票,公开计票,做出记录,并由监票人签字存档。

第二十六条 有选举权的村民过半数参加投票,选举有效。每次选举所投的票数,等于或者少于投票人数的该次投票有效;多于投票人数的该次投票无效。每一选票所选人数,等于或者少于应选人数的选票有效;多于应选人数的选票无效。全部书写模糊无法辨认或者不按规定符号填写的选票无效;部分书写模糊的选票,可以辨认的部分有效,无法辨认的部分无效。

第二十七条 候选人获得参加投票的选民的过半数选票,始得当选。获得过半数选票的候选人人数多于应选名额时,以得票多者当选。如果票数相同不能确定当选人时,应当就票数相同的候选人再次投票,得票多者当选。获得过半数选票的当选人人数少于应选名额时,不足名额应当在没有当选的候选人中另行选举。另行选举时,根据第一次选举得票多少的顺序,按照本办法第十八条规定的差额比例,确定候选人。候选人获得参加投票的选民的过半数的选票,始得当选。

第二十八条 经过两次投票选举,当选人数达到3人以上但仍不足应选名额时,不足名额可以暂缺。若主任暂缺,由得票多的副主任临时主持村民委员会工作;若主任、副主任都暂缺的,有村民选举委员会指定一名村民委员会委员临时主持村民委员会工作。所缺名额应当在两个月内召开村民会议进行选举。当选人数不足3人的,应当在30日内就不足名额另行选举。

第二十九条 村民选举委员会确认选举有效后,当场公布选举结果,并以书面形式予以公告。村民选举委员会应当将选举结果报乡、镇人民政府和县(市、区)民政部门备案。

第三十条 村民委员会成立后,应当按照《陕西省实施〈中华人民共和国村民委员会组织法〉办法》第十一条、第十九条规定,在15日内组织村民推选村民小组长、村民代表。

第六章 罢免、辞职和补选

第三十一条 村民委员会成员受村民监督。本村五分之一以上有选举权的村民联名,可以要求罢免村民委员会成员。罢免要求应当以书面形式向村民委员会或者所在乡(镇)人民政府提出,村民委员会应当在30日内召开村民会议进行投票表决。村民会议在讨论表决罢免要求时,被提出罢免的村民委员会成员有权提出申辩意见。罢免村民委员会成员须有选举权的村民的过半数通过。

第三十二条 村民委员会成员要求辞去职务的，应当以书面形式提出，由村民会议或者村民代表议事会决定。

第三十三条 村民委员会成员出现缺额时，应当及时补选，补选工作由村民委员会根据多数选民的意见确定。补选时，过半数的选民投票，选举有效；候选人获得参加投票的选民的过半数选票，始得当选。补选的村民委员会成员，其任期到本届村民委员会任期届满为止。

第三十四条 村民委员会成员被依法追究刑事责任的，自人民法院判决生效之日起，其村民委员会成员职务自行终止。

第三十五条 因罢免、辞职、补选或者其他原因，村民委员会成员职务变动的，应当报乡（镇）人民政府和县（市、区）人民政府民政部门备案。

第七章 法律责任

第三十六条 违反本办法规定，调整、变更村民委员会成员候选人，或者指定、委派、撤换村民委员会成员，由行为人所在单位或者上一级人民政府予以纠正，直接责任人为行政机关工作人员的，由其所在的单位或者行政监察机关给予行政处分。

第三十七条 以威胁、贿赂、伪造选票等不正当手段或者未经村民会议依法选举，成为村民委员会成员的，由乡（镇）人民政府或者县（市、区）人民政府民政部门宣布其任职无效；并视情节，由有关机关对违法行为人依法处理。

第三十八条 在选举中，妨害公共安全、威胁他人安全和伤害他人，公然侮辱他人或者捏造事实诽谤他人，故意损害选举设施、扰乱选举公共秩序、破坏村民委员会选举的，由公安机关依照《中华人民共和国治安管理处罚条例》予以处罚，构成犯罪的，由司法机关依法追究刑事责任。

第三十九条 对举报选举违法行为或者提出罢免要求的村民打击报复的，乡（镇）人民政府或者有关主管部门应当予以制止；造成严重后果，构成犯罪的，由司法机关依法追究刑事责任。

第四十条 当事人对乡（镇）人民政府或者有关主管部门处理决定不服的，可以向上一级人民政府或者有关主管部门投诉，上一级部门应当予以制止，造成严重后果，构成犯罪的，由司法机关依法追究刑事责任。

第四十一条 对违反本办法的行为，村民有权向乡（镇）人民政府或者县（市、区）人民政府有关主管部门举报。乡（镇）人民政府或者县（市、区）人民政府有关主管部门应当在接到举报之后30日内负责处理，逾期不处理的，举报人可以向乡（镇）人民代表大会和县（市、区）人民代表大会常务委员会反映。

第四十二条 乡（镇）人民代表大会和县级以上的人民代表人会常务委员会对村民委员会选举的有关法律、法规的实施依法监督，保障村民依法行使自治权力。

第八章 附 则

第四十三条 城市街道办事处所辖的村，适用本办法。

第四十四条 本办法具体应用中的问题，由省人民政府民政部门负责解释。

第四十五条 本办法自公布之日起施行。

天津市村民委员会选举办法

——1999年9月20日天津市第十三届人民代表大会常务委员会第十一次会议通过

第一章 总 则

第一条 为了保障村民委员会实行民主选举和村民依法行使民主权利，促进农村基层群众性自治组织建设，根据《中华人民共和国村民委员会组织法》，结合本市实际情况，制定本办法。

第二条 村民委员会由主任、副主任和委员3至7人组成，具体名额由村民会议或者村民代表会议讨论决定。

村民委员会成员中，妇女应当有适当的名额；多民族村民聚居的村，应当有人数较少民族的成员。

几个自然村联合设立村民委员会的，其成员分布应当照顾村落状况。

第三条 村民委员会每届任期3年，届满后应当在3个月内换届选举。因特殊原因不能及时换届选举的，由乡、民族乡、镇人民政府报区、县人民政府批准，可以延期换届。延期不得超过3个月。

村民委员会成员可以连选连任。

第四条 村民委员会主任、副主任和委员，采取差额选举和无记名投票的方法，由村民直接选举产生。任何组织或个人不得撤换、指定或委派村民委员会成员。

第五条 中国共产党在农村的基层组织，在村民委员会换届选举工作中，应当发挥领导核心作用，依照宪法和有关法律、法规，支持和保障村民行使民主权利。

第六条 村民委员会换届选举工作由市人民政府统一部署，区、县和乡、民族乡、镇人民政府负责组织实施。

市和区、县民政部门负责指导、协调本办法在本行政区域内的贯彻实施。

第七条 各级人民政府组织实施村民委员会换届选举工作所需经费，由同级财政拨付。村民委员会的选举经费在村提留的管理费中列支。选举经费支出确有困难的村，乡、民族乡、镇人民政府应当给予适当补助。

第二章　选举工作机构

第八条 村民委员会换届选举时，区、县和乡、民族乡、镇应当成立村民委员会选举工作领导小组。

区、县和乡、民族乡、镇村民委员会选举工作领导小组行使下列职权：

(一)宣传和贯彻有关村民委员会选举工作的法律、法规和政策；

(二)制定村民委员会选举工作计划，并且组织实施；

(三)领导村民委员会选举工作；

(四)培训选举工作人员；

(五)受理选举工作中的申诉、投诉；

(六)印制选票、选民证、委托书；

(七)总结、交流换届选举工作经验；

(八)整理、建立选举工作档案；

(九)承办选举工作中的其他事项。

第九条 村民选举委员会主持村民委员会选举。村民选举委员会成员由村民会议或者各村民小组推选产生。推选村民选举委员会的工作由村基层党支部组织主持，村民委员会予以配合；必要时也可以由乡、民族乡、镇村民委员会选举工作领导小组派人主持。村民选举委员会成员由5至9人单数组成。村民选举委员会推选主任1人，负责主持村民选举委员会工作。

村民选举委员会产生后，应当将名单报乡、镇的村民委员会选举工作小组备案。村民选举委员会受区、县和乡、民族乡、镇的村民委员会选举工作领导小组的领导。

第十条 村民选举委员会决定事项，实行少数服从多数的原则。

村民选举委员会的成员应当遵守法律、法规和政策，代表村民利益，倾听村民意见，办事公道，作风正派，热心为村民服务。

第十一条 村民委员会选举工作领导小组行使下列职权：

(一) 宣传和贯彻有关村民委员会选举工作的法律、法规和政策；

(二) 制定选举工作方案，确定选举日和选举地点；

(三)组织提名、推选和培训选举工作人员；

(四)组织选民登记，审查选民资格，公布选民名单；

(五)宣传候选人应当具备的条件，组织提名、预选候选人；

(六)公布正式候选人名单；

(七)组织投票选举；

(八)确认、公布选举结果；

(九)建立选举工作档案；

(十)承办选举工作中的其他事项。

村民选举委员会职责行使至新一届村民委员会召开第一次会议时止。

第三章　选民登记

第十二条 年满18周岁的村民，不分民族、种族、性别、职业、家庭出身、宗教信仰、教育程度、财产状况、居住期限，都有选举权和被选举权；但是，依照法律被剥夺政治权利的人除外。

第十三条 有选举权和被选举权的村民应当在户口所在地的村进行选民登记。有选举权和被选举权的村民年龄的计算，从出生日到选举日。出生日以其身份证或者户口登记为依据。

第十四条 经登记确认的选民资格长期有效。每次选举前应当对上届选民登记以后新满18周岁的、户口新迁入本村具有选举和被选举权的和被剥夺政治权利期满后恢复政治权利的村民，予以补充登记。对选民登记后迁出本村(不含本办法第十五条规定的人员)、死亡和依照法律被剥夺政治权利的，从选民名单上除名。

精神病患者不能行使选举权利的，在征得其监护人同意或者取得县级以上医院证明后，经村民选举委员会确认，不列入本届选民名单。

第十五条 符合下列条件，本人要求登记的，经村民选举委员会讨论决定，可以予以选民登记：

(一)户口已迁出本村或者转为非农业户口，人在本村居住或者工作并且尽村民义务的；

(二)户口已迁入本村，在本村居住并尽村民义务的。

第十六条　村民选举委员会应当在选举日的20日以前公布选民名单，并发放选民证。

村民对公布的选民名单有不同意见的，可以在选民名单公布后的5日内向村民选举委员会提出申诉。村民选举委员会应当在接到申诉之日起3日内做出解释或者纠正。

第四章　候选人的产生

第十七条　村民委员会成员候选人，由本村有选举权的村民直接提名产生。直接提名候选人的方式，可以采取选民5人联合提名的方式。提名方式由村民选举委员会按照多数选民的意见决定。每个选民提出的村民委员会主任、副主任和委员候选人的人数，不得超过应选名额。村民选举委员会对选民提出的各项候选人名单，应当在选举日的7日以前按提名人数多少的顺序公布。

第十八条　村民委员会成员候选人应当具备下列条件：

(一)贯彻执行法律、法规和政策，不搞封建迷信活动；

(二)清正廉洁，能够联系广大村民，不搞宗族派性；

(三)勤奋敬业，工作认真，办事公道，热心为村民服务；

(四)身体健康，年富力强，有一定的文化水平和组织、管理能力。

第十九条　村民委员会主任、副主任的候选人数应当比应选名额各多1人。委员的候选人数应当比应选名额多1至2人。

第二十条　由选民直接提名的村民委员会各项候选人，均以提名人数多的为正式候选人。如果提名的人数相等，正式候选人难以确定的，应当召开村民会议对提名人数相等的初步候选人进行无记名投票，按照得票多少的顺序确定正式候选人。

第二十一条　村民选举委员会应当向选民介绍正式候选人的基本情况，可以组织正式候选人进行竞选演说并接受村民的询问，但选举日应当停止对正式候选人的介绍和竞选。

第五章　选举程序

第二十二条　选举村民委员会，可以采取有选举权的村民一次投票选举主任、副主任和委员的方式，也可以采取分次投票选举主任、副主任和委员的方式。主任、副主任不得由当选的委员推选产生。

第二十三条　村民选举委员会在选举前应当作好下列选举准备工作：

(一)公布投票选举的时间、地点；

(二)核实参选人数和外出选民的委托投票人；

(三)确定监票、计票、唱票及其他选举工作人员；

(四)准备票箱和选票，布置选举大会会场和投票站，设立发票处和秘密写票处。

第二十四条　村民委员会选举，由村民选举委员会向选民发放统一的选票，选票上正式候选人名单应当以提名人数多少的顺序排列。

第二十五条　投票选举时，应当召开选举大会。选举大会由村民选举委员会主持。根据村民居住状况和便于投票的原则，设置投票站进行投票。投票站应当设立秘密写票处。

老、弱、病、残或者因其他原因不能到选举大会会场或者投票站投票的选民，可以在流动票箱投票。由3名以上选举工作人员携带流动票箱，在监票人员的监督下登门接受投票。

村民委员会主任、副主任、委员的正式候选人不得主持投票选举，也不得担任监票、计票、唱票等选举工作人员。

第二十六条　选民在选举期间因外出或者其他特殊原因不能直接投票的，经村民选举委员会确认，可以在选举日以前委托除各项正式候选人之外的其他选民代为投票。每一选民接受委托投票不得超过3人。

第二十七条　选票由选民单独填写。因文盲或者其他原因不能填写选票的，可以委托除各项正式候选人之外的人员代写。代写人不得违背选民的意志。

选民对选票上所列的正式候选人可以投赞成票，可以投反对票，可以弃权，也可以另选本村其他选民。

第二十八条　投票结束后，所有投票箱应当于当日集中在选举大会会场现场开启，公开唱票、计票。由唱票、计票人员在两名监票人员的监督下，认真核对，计算票数，当场公布选举结果，并由主持人和监票人做出记录。

第二十九条　每次选举收回的选票数，等于或者少于投票人数的选举有效；多于投票人数的选举无效。每一选票所选的人数，等于或者少于应选名额的选票有效，多于应选名额的选票无效。

选票填写的内容全部无法辨认和不按规定符号填写的选票无效；部分无法辨认和不按规定填写的选票，可以辨认和按规定符号填写的部分有效，无法辨认和不安规定符号填写的部分无效。

第三十条　全体选民的过半数参加投票，选举有效，正式候选人或者另选人获得参加投票的选民过半数的选票,始得当选。

获得过半数选票的候选人或者另选人的人数超过应选名额时,以得票多的当选。如果票数相等不能确定当选人时,应当对得票数相等的候选人或者另选人再次投票,以得票多的当选。

获得过半数选票的当选人数少于应选名额时,应当在3日内就不足的名额另行选举。

另行选举时,根据上次投票时得票多少的顺序,按照本办法的差额数确定候选人名单。候选人以得票多的当选,但是得票数不得少于选票的三分之一。

第三十一条 另行选举后,当选人数仍少于应选名额时,不足的名额可以暂缺。主任暂缺的,由1名得票多的副主任临时主持村民委员会的工作;主任和副主任都暂缺的,由1名得票多的委员临时主持村民委员会的工作,直至选出主任为止。

村民委员会成员暂缺的名额,应当在3个月内,依照本办法规定的选举程序进行补选。已经当选的主任、副主任、委员的资格有效。村民委员会的成员满3人的,经村民会议或者村民代表会议决定,可以不补选。

第三十二条 选举结果经村民选举委员会确认有效后,报乡、民族乡、镇人民政府和区、县民政部门备案。当选的村民委员会成员由区、县民政部门颁发当选证书。当选证书由市民政部门统一监制。

第三十三条 村民委员会的任期,从每届举行第一次会议开始,到下届举行第一次会议为止。

新一届村民委员会第一次会议应当在选举结果公布后10日内召开。

第六章 罢免和补选

第三十四条 村民委员会成员应当接受村民监督。村民会议有权罢免村民委员会成员。

本村五分之一以上有选举权的村民联名,可以要求罢免村民委员会成员。罢免要求应当以书面形式向村民委员会提出,并说明罢免理由,并报乡、民族乡、镇人民政府。乡、民族乡、镇人民政府对严重违反国家法律、法规受到处罚,或者连续6个月以上无正当理由不参加村民委员会工作的村民委员会成员,可以向村民委员会提出罢免建议。村民委员会应当在接到罢免要求或者罢免建议的30日内召开村民会议,投票表决罢免要求或者罢免建议。被提出罢免的村民委员会成员有权出席讨论、表决其罢免问题的村民会议,并在会上进行申辩。被提出罢免的村民委员会成员还可以向有关国家机关提出申辩意见。

村民委员会成员拒绝召开村民会议表决罢免要求或者罢免建议的,乡、民族乡、镇人民政府可以召集村民会议,由村民会议投票表决。

罢免村民委员会成员须经有选举权的村民半数通过。罢免表决结果,报乡、民族乡、镇人民政府和区、县民政部门备案。

第三十五条 村民委员会成员要求辞去职务的,应当以书面形式向村民会议或者村民代表会议提出,由村民会议或者村民代表会议讨论决定。

第三十六条 村民委员会成员在任期内被依法追究刑事责任或者劳动教养的,其村民委员会职务从判决书和决定书生效之日起终止。

第三十七条 村民委员会成员在任期内因罢免、辞职等原因缺额时,应当进行补选。如果补选村民委员会主任,或者补选2名以上村民委员会成员,应当依照本办法规定的选举程序进行。如果补选村民委员会个别成员,可由村民委员会主持,候选人的提出和确定以及选民的投票等程序仍适合用本办法有关规定。村民委员会成员满3人的,经村民会议或者村民代表会议决定,可以不补选。

第七章 监督和管理

第三十八条 村民对选举结果有异议的,可以向乡、民族乡、县人民政府或者区、县民政部门提出书面举报,有关机关应当在接到举报后30日内,做出书面处理决定。当事人对处理决定不服的,可以向上一级民政部门提出书面申诉。

第三十九条 违反本办法,妨碍村民依法行使选举权和被选举权,或者采取不正当手段破坏村民委员会选举工作的,村民有权向乡、民族乡、镇人民代表大会和人民政府或者区、县人民代表大会常务委员会和人民政府及其有关主管部门举报。有关机关应当负责调查,并依法处理。

第四十条 有下列行为之一的,由上一级人民政府予以纠正,并视情节轻重给予批评教育或者行政、纪律处分:

(一)无正当理由拖延村民委员会换届选举超过本办法规定的时限3个月的;

(二)擅自调整、变更村民委员会候选人的;

(三)虚报选票数或者有其他弄虚作假行为的;

(四)未经村民会议通过,罢免村民委员会成员的;

(五)未经依法选举,指定、委派村民委员会成员的。

第四十一条 有下列行为之一的,各级人民政府及有关部门应当予以制止、纠正并依法处理。违反治安管理规定的，由公安机关依法处理；构成犯罪的，依法追究刑事责任：

(一)对控告、检举选举中违法行为的检举人或者对提出罢免村民委员会成员要求的村民进行压制、报复的；

(二)用暴力、威胁、欺骗、贿赂、伪造选票、毁坏选票或者票箱等手段破坏选举工作或者妨碍选民依法行使选举权利的；

(三)以其他不正当方式干扰、妨碍选举工作正常进行的。

第四十二条 以威胁、贿赂、伪造选票等不正当手段当选的，其当选无效。

第八章 附 则

第四十三条 本办法自公布之日起实行。

河北省村民委员会选举办法

——1999年9月24日河北省第九届人民代表大会常务委员会第十一次会议通过

第一章 总 则

第一条 为了保障村民依法行使民主权利，做好村民委员会的选举工作，根据《中华人民共和国村民委员会组织法》的有关规定，结合本省实际，制定本办法。

第二条 村民委员会由主任、副主任和委员共3至7人组成。

村民委员会成员中，妇女应当有适当的名额，多民族村民居住的村应当有人数较少的民族的成员。

第三条 村民委员会主任、副主任和委员由选民直接选举产生。任何组织和个人不得指定、委派或者撤换村民委员会成员。

村民委员会每届任期3年，届满应当举行换届选举。村民委员会成员可以连选连任。

第四条 中国共产党在农村的基层组织，在村民委员会换届选举工作中发挥领导核心作用，支持和保障村民依法行使民主权利。

第五条 村民委员会换届选举工作由省人民政府统一部署，设区的市以下各级人民政府组织实施，各级民政行政主管部门负责指导本行政区域村民委员会的选举工作。

第二章 选举工作机构

第六条 村成立村民选举委员会，在乡(含民族乡，下同)、镇村民委员会换届选举委员会指导下，主持村民委员会选举工作。

村民选举委员会由5至9人组成，其成员由村民会议或者各村民小组推选产生。

第七条 村民选举委员会的职责：

(一)制定选举工作方案；

(二)确定和培训选举工作人员；

(三)负责选民登记，公布选民名单；

(四)组织选民学习有关选举的法律、法规；

(五)组织选民酝酿、提名、确定候选人；

(六)负责候选人资格审查，公布候选人名单；

(七)草拟选举办法，确定并公布选举日期、地点；

(八)解答选民询问，受理选民的申诉和意见；

(九)主持召开选举大会，组织投票选举，公布选举结果。

(十)总结上报选举情况，整理建立选举工作档案；

(十一)承办选举工作中的其他事项。

村民选举委员会履行职责，从组成之日起至新一届村民委员会召开第一次会议时止。

第三章 选民登记

第八条 年满18周岁的村民，不分民族、种族、性别、职业、家庭出身、宗教信仰、教育程度、财产状况、居住期限，都有选举权和被选举权；但是，依照法律被剥夺政治权利的人除外。

选民的年龄以身份证或者户籍登记为准，计算年龄的时间截止到选举日。

第九条 有选举权和被选举权的村民，一般应当在户籍所在地的村进行选民登记。

无法行使选举权和被选举权的精神病患者和无法表达意志的痴呆人员，经村民选举委员会确认，可不列入选民名单。

外出两年以上的选民，在选举日未能回村参加选举又未委托其他选民代其行使选举权的，经村民选举委员会确认，可不计算在本届选民数内。

第十条 村民选举委员会应当在选举日的20日前张榜公布选民名单。

村民对公布的选民名单有异议的，可以向村民选举委员会提出。村民选举委员会应当在选举日的10日前做出解释或者纠正。

村民选举委员会应当在选举日前给选民发放《选

民证》。

第四章 候选人的产生

第十一条 候选人应当具备下列条件：

（一）遵守宪法、法律、法规和国家的政策，带头履行村民义务；

（二）办事公道，热心为村民服务；

（三）廉洁奉公，作风正派；

（四）身体健康，年富力强；

（五）有一定的科学文化知识和工作能力，能带领村民共同致富。

第十二条 村民委员会成员候选人由本村选民直接提名，按照下列方式中的一种方式予以确定：

（一）由村民选举委员会召集全体选民投票。参加投票的选民应当超过本村全体选民的半数，按得票多少的顺序确定正式候选人；

（二）以村民小组为单位召集选民投票，参加投票的选民应当超过本组全体选民的半数，在村民选举委员会成员主持下集中计票，按得票多少的顺序确定正式候选人。

如果一人同时被提名为两种以上职务的候选人，其高职务得票不能确定为正式候选人时，应当把高职务得票加到低职务得票中。

提名村民委员会成员候选人，不得委托他人投票。

第十三条 候选人产生后，村民选举委员会应当在选举日的5日前，按得票多少的顺序张榜公布候选人名单。

依法确定的村民委员会成员候选人，任何组织或者个人不得调整或者变更。

第五章 选举程序

第十四条 村民委员会主任、副主任和委员，实行差额选举。

第十五条 选举村民委员会成员时，可以一次投票分别选举主任、副主任和委员；也可以先选举村民委员会成员，再从中选举主任、副主任。

第十六条 举行选举时，由村民选举委员会主持召开选举大会，通过选举办法，提出具体要求，推选唱票人、计票人和监票人；介绍候选人的情况，由候选人发表治村演说，并回答村民的询问。

候选人不得参与选举大会的组织工作。候选人及其直系亲属不得担任唱票人、计票人、监票人。

第十七条 人口较多或者居住分散的村，可以分设几个投票站。每个投票站的工作人员不得少于3人。

第十八条 选举采取无记名投票的方式进行。每一选民在一次选举中只有一次投票权。选民对候选人可以投赞成票，可以投反对票，可以另选其他选民，也可以弃权。

第十九条 选举现场应当设立发票处和秘密写票处。选民凭《选民证》依次领取选票，由选民本人到秘密写票处填写选票，然后投票。

选民是文盲或者因残疾不能填写选票的，可以由他人按照该选民的意志代为填写选票。

不能到场直接投票的选民，应当在选举日的3日前向村民选举委员会提出书面委托申请并指明委托人，经村民选举委员会同意后领取《委托投票证》。受委托人凭《委托投票证》进行投票。每一选民接受的委托不得超过2人。

第二十条 投票结束后，集中所有票箱，由唱票人、计票人、监票人当时当众开箱，公开唱票、计票，当场公布选举结果，并当众封存选票。

第二十一条 每次选举所投的票数，等于或者少于投票人数的，选举有效；多于投票人数的，选举无效。

每一选票所选的人数，等于或者少于应选人数的，选票有效；多于应选人数的，选票无效。

选票全部无法辨认的，经监票人或者村民选举委员会认定，全票无效；选票部分无法辨认的，可以辨认的部分有效，无法辨认的部分无效。

无效票和部分无效票均计人选票总数。

第二十二条 选举村民委员会主任、副主任和委员使用一张选票的，对同一候选人只能投一次赞成票。

同一候选人如果高职务未能当选，应当把高职务得票计入低职务得票中。

第二十三条 选举村民委员会成员，有选举权的村民的过半数投票，选举有效。

候选人获得参加投票的选民的过半数选票，始得当选。

获得半数以上选票的候选人人数多于应选名额时，以得票多的当选；如果票数相同，不能确定当选人时，应当就票数相同的候选人再次投票，以得票多的当选。

第二十四条 当选人数达到3人，但是仍不足应选名额时，不足的名额可以暂缺。如果主任暂缺，由得票多的副主任临时主持村民委员会工作；如果主任、副主任都暂缺，由村民代表会议推选一名村民委员会委员临时主持村民委员会工作。暂缺的名额应当在3

个月内另行选举。

当选人数不足3人，不能组成村民委员会的，不足的名额应当另行选举。另行选举，可以当场举行，也可以在第一次选举日后的10日内举行。

另行选举时，根据第一次投票时得票多少的顺序确定候选人，进行投票选举，以得票多的当选，但是得票数不得少于选票的三分之一。

第二十五条 村民委员会成员的选举结果，由村民选举委员会报乡、镇人民政府和县级人民政府民政部门备案。

乡、镇人民政府和县级人民政府民政部门应当向当选人颁发省人民政府统一印制的《当选证书》。

第二十六条 村民委员会产生后，应当在一个月内推选或者选举人民调解、治安保卫、公共卫生等下属委员会成员。

村民委员会下属委员会成员由村民委员会提名，经村民会议或者村民代表会议表决，以村民会议到会人员过半数通过，或者三分之二以上村民代表通过。村民委员会成员可以兼任下属委员会的成员。

村民委员会的下属委员会成员的任期与村民委员会任期相同。

第六章 罢免、辞职和补选

第二十七条 村民委员会成员必须接受村民监督。村民对违法乱纪或者严重失职的村民委员会成员，有权检举或者提出罢免要求。

第二十八条 本村五分之一以上的选民联名，可以要求罢免村民委员会成员。罢免要求应当以书面形式向村民委员会和所在乡、镇人民政府提出，并写明罢免理由。乡、镇人民政府应当在一个月内对罢免理由进行调查核实。罢免理由成立，村民委员会应当及时召开村民会议，进行投票表决；要求罢免村民委员会主任时，乡、镇人民政府应当派人列席会议。村民委员会拒不召开村民会议表决罢免要求的，由乡、镇人民政府督促村民委员会召开村民会议，进行投票表决。

第二十九条 村民会议在讨论表决罢免要求时，被提出罢免的村民委员会成员有权出席会议并提出申辩意见。

罢免村民委员会成员，须经有选举权的村民过半数通过。表决结果由村民委员会报乡、镇人民政府和县级人民政府民政部门备案。

第三十条 村民委员会成员被依法追究刑事责任的，自人民法院判决书生效之日起，其村民委员会成员职务相应终止。

第三十一条 村民委员会成员要求辞去职务的，应当以书面形式向村民会议或者村民代表会议提出，由村民会议或者村民代表会议讨论确认。

村民委员会成员不履行职责或者有违法行为，经乡、镇人民政府教育不改的，由乡、镇人民政府劝其辞职。辞职程序适用前款规定。

第三十二条 村民委员会成员出现空缺时，应当在3个月内补选。

补选村民委员会成员，依照本办法规定的有关选举程序进行。

补选的村民委员会成员，其任期到本届村民委员会任期届满为止。

第七章 监督管理

第三十三条 有下列行为之一的，村民有权向乡、镇人民代表大会和人民政府或者县级人民代表大会常务委员会和人民政府及其有关主管部门举报，有关机关应当负责调查并依法处理：

（一）以威胁、贿赂、伪造选票等不正当手段，妨害选民行使选举权和被选举权，破坏村民委员会选举的；

（二）违反本办法，调整、变更村民委员会成员候选人或者指定、委派、撤换村民委员会成员的；

（三）对检举村民委员会选举中违法行为的村民或者提出要求罢免村民委员会成员的村民进行压制、报复的；

（四）破坏村民委员会选举的其他违法行为。

第三十四条 违反本办法，以威胁、贿赂、伪造选票等不正当手段当选的村民委员会成员，其当选结果无效。

第三十五条 指定、委派或者撤换村民委员会成员的，由行为人的所在单位或者上级机关予以纠正，并追究行为人的行政责任。

第三十六条 村民委员会任期届满后拖延换届选举超过3个月的，由乡、镇人民政府依照本办法推选产生村民选举委员会，举行换届选举。

第三十七条 村民对选举程序或者选举结果有异议的，可以向乡、镇人民政府或者县级人民政府民政部门提出书面申诉，乡、镇人民政府或者县级民政部门应当及时受理，并依法做出书面处理决定。当事人对处理决定不服的，可以依法申请行政复议。

第八章 附 则

第三十八条 各级人民政府组织村民委员会选

举所需经费,分别由各级财政列支。

村民委员会的选举经费,在村提留中的管理费中列支,乡、镇人民政府可给予适当补贴。

第三十九条 本办法具体应用中的问题,由省人民政府民政行政主管部门负责解释。

第四十条 本办法自公布之日起施行。

黑龙江省村民委员会选举办法

——1999年10月20日黑龙江省第九届人民代表大会常务委员会第十二次会议通过

第一章 总 则

第一条 为完善村民委员会选举制度,保障村民依法行使民主权利,根据《中华人民共和国村民委员会组织法》,结合本省实际,制定本办法。

第二条 年满18周岁的村民,不分民族、种族、性别、职业、家庭出身、宗教信仰、教育程度、财产状况、居住期限,未被依法剥夺政治权利的,均有选举权和被选举权。

第三条 村民委员会成员由村民直接、差额、无记名投票选举产生。村民委员会每届任期3年,届满应当及时换届选举。村民委员会成员可以连选连任。

第四条 村民委员会的换届选举工作由省人民政府统一部署,市(行署)、县(市、区)、自治县、乡(镇)、民族乡(镇)人民政府负责组织实施。各级人民政府民政部门负责指导村民委员会选举的日常工作。

第五条 乡级以上的人民政府组织村民委员会换届选举工作所需经费由同级财政部门列支。村民委员会的选举经费在村提留中列支,不足部分由乡(镇)财政给予补助。

第二章 选举工作机构

第六条 村民委员会换届选举时,乡级政府应当成立换届选举工作领导小组,指导村民委员会选举工作。

第七条 村民委员会换届选举时,村设立村民选举委员会。村民选举委员会由5至9人单数组成,其成员由村民会议或各村民小组推选产生,并从中推选1人主持工作。

第八条 村民选举委员会履行下列职责:

(一)宣传有关法律、法规;

(二)制定具体换届选举实施方案;

(三)公布选举日期;

(四)审查选民资格,登记并公布选民名单;

(五)依法组织产生候选人、公布候选人名单;

(六)推选总监票人、计票人和唱票人等工作人员;

(七)组织投票选举,公布选举结果;

(八)上报有关村民委员会换届选举情况;

(九)办理换届选举中的其他事项。

第三章 选民登记

第九条 年满18周岁的村民应当在户籍所在地的村民选举委员会进行登记;在非户籍所在地连续居住1年以上的,经户籍所在地村民委员会出具选民资格证明和未在户籍所在地登记的证明,可以在非户籍所在地登记。

对于本村特殊需要的非户籍所在地人员,经村民选举委员会确认不受连续居住1年以上的限制。

丧失行为能力的精神疾病患者不列入选民名单。

第十条 选民年龄的计算时间以选举日为准。选民的出生日期以身份证为准,年满18周岁尚未办理身份证的,以户籍簿为准。

第十一条 选民名单应当在选举日的20日以前公布。村民对公布的选民名单有异议的,可以向村民选举委员会提出,村民选举委员会应当在3日内做出解释或调整;距选举日不足3日的,应当在选举日以前做出解释或调整。

第四章 候选人的产生

第十二条 村民委员会由主任、副主任、委员共3至7人的单数组成。具体人数由村民会议或村民代表会议决定。村民委员会成员中,妇女应当有适当的名额,多民族村民居住的村应当有人数较少的民族的成员。

第十三条 村民委员会成员候选人应当遵守宪法、法律、法规和国家政策,身体健康,具有一定的组织领导能力和科学文化知识,办事公道,奉公守法,作风正派,热心为村民服务。违反计划生育政策法规的,3年内不得被提名为村民委员会成员候选人。

第十四条 村民委员会成员的候选人由有选举权的村民直接提名。每一村民提名的候选人不得多于应选人数。当被提名的候选人过多时,应当进行预选,确定正式候选人。村民委员会主任、副主任正式候选人人数应当比应选人数多一倍以上;村民委员会委员正式候选人人数应当比应选人数多二分之一以上。

第十五条 候选人产生后,由村民选举委员会确定正式候选人，并在选举日的5日以前按姓氏笔划张榜公布。

第十六条 村民选举委员会成员被确定为正式候选人的，其在村民选举委员会中的职务自行终止，其缺额人选由村民会议或村民小组推选。

第十七条 村民选举委员会可以通过各种公开方式向选民介绍候选人的情况。候选人应当发表竞选演说，回答村民提出的问题，但其内容不得违背法律、法规和国家政策。

第五章 选举程序

第十八条 村民选举委员会应当在选举日的10日前张榜公布选举时间和投票地点。村民选举委员会应当做好下列投票选举的准备工作：

(一)制定选举工作方案；

(二)培训选举工作人员；

(三)核实参选人数；

(四)制作投票箱，印制选票；

(五)布置中心会场、设立投票站和流动票箱。

第十九条 选票由候选人名单和填写选票注意事项两部分组成。候选人名单，按姓氏笔画为序。候选人名单后应当留有空格。

选票分主任票、副主任票、委员票，三种选票采取一次性投票的方式进行。

第二十条 选举应当召开选举大会。居住分散的村可以设立中心投票站和分投票站。投票站应当设有供选民填写选票的秘密划票处。

每村可以设立1至2个流动票箱。流动票箱仅限于确无行走能力不能到选举中心会场或投票站投票的选民使用，由3名以上工作人员到其住所接受投票。

第二十一条 村民委员会选举由村民选举委员会主持。投票选举前，由村民选举委员会提名监票人、唱票人、计票人，并经选举大会通过。候选人及其配偶、直系亲属不得担任监票人、唱票人、计票人以及其他选举工作人员。

第二十二条 选举采取无记名投票的方法，选票由选民本人填写。每个选民在一次选举中只有一次投票权。选民对候选人可以投赞成票，可以投反对票，可以投弃权票，也可以另选其他选民。选民在填写选票时，任何人不得擅自接近秘密划票处或以任何方式干扰、影响选民填写选票。

第二十三条 选民不能填写选票的，由本人申请，经村民选举委员会同意，可以委托除了候选人以外的选民代为填写选票。代写选票不得违背委托人的意愿。每个选民最多只能为3人代写选票。

选民在选举期间外出的，可以采取邮寄选票的方式参加选举。在选举日计票结束前收的选票有效。

外出选民由本人申请，经村民选举委员会同意，可以书面形式委托候选人以外的选民代为投票。每个选民接受的委托不得超过1人。

第二十四条 每张选票所选的人数等于或少于应选名额的有效，多于应选名额的无效；选票中无法辨认和不按规定填写的部分无效。

每次选举收回的选票等于或少于投票人数的，选举有效；多于投票人数的，选举无效。

第二十五条 投票结束后，所有票箱应于当日集中，当众同时开箱，公开唱票和计票，当场公布选举结果，由监票人、唱票人、计票人签字。

第二十六条 选举村民委员会，有选举权的村民过半数投票，选举有效；候选人或另选人获得参加投票村民的过半数的选票，始得当选。

获得过半数选票的候选人或另选人多于应选名额时，以得票多者当选；如果得票相等不能确定当选人时，应当对得票相等的候选人或另选人重新投票，得票多者当选。

当选人数少于应选名额的，不足的名额另行选举。另行选举应当在当日或15日内举行。另行选举时，按未当选人得票的多少顺序确定候选人。另行选举以得票多者当选，但得票数不得少于参加投票村民的三分之一。

第二十七条 经过3次投票选举，当选人数仍不足应选名额时，当选人数已达3人以上的，不足名额可以暂缺。主任暂缺的，由当选的副主任临时主持工作，直至选出主任为止。当选人数不足3人，无法组成新一届村民委员会的，其当选资格有效，暂由原村民委员会主持工作，直到组成新的村民委员会为止。

第二十八条 选举结果经村民选举委员会确认有效后，应当在选举日正式张榜公布，并于3日内形成书面的选举报告，上报乡(镇)人民政府保管，期限3年。

县级人民政府民政部门应在收到选举报告的15日内，向当选的村民委员会成员颁发全省统一印制的《当选证书》。

第二十九条 村民对选举中违反本办法的行为可以向乡(镇)人民政府或县级人民政府民政部门提出申诉，乡(镇)人民政府或县级人民政府民政部门应当在15日内给予答复。村民对答复仍有异议的，可以向上一级人民政府民政部门反映。

第三十条 村民委员会根据需要可以设立人民调解、治安保卫、公共卫生、民政福利等下属委员会。

村民委员会成立后应当在15日内产生下属委员会成员和村民小组长、村民代表。

下属委员会成员由村民委员会提名,经村民代表会议表决通过。

村民小组长由村民小组会议选举产生。

村民代表由村民按每5户至15户推选1人,或者由各村民小组推选若干人。村民代表的总数由村民会议确定。

第三十一条 本村五分之一以上的有选举权的村民联名,可以要求罢免村民委员会成员。罢免要求应当以书面形式向村民委员会提出,并写明罢免理由。村民委员会应当在收到罢免要求30日内召开村民会议,投票表决。村民委员会在30日内不召开村民会议的,乡(镇)人民政府应当召集村民会议投票表决。村民委员会或乡(镇)人民政府应当至少提前15日公布罢免投票时间、地点,并保证外出选民有效的行使罢免权。

第三十二条 村民会议在讨论表决罢免要求时,被提出罢免的村民委员会成员有权出席会议并提出申辩意见。罢免村民委员会成员,须经有选举权的村民过半数通过。表决的程序和方法适用本办法的有关规定。

第三十三条 村民委员会成员因当选人数不足、辞职、被罢免或其他原因出现缺额时,应当在3个月内进行补选。补选的程序、方法适用本办法的有关规定。

第三十四条 村民委员会成员有下列行为之一的,其职务自行终止:

(一)被依法追究刑事责任的;

(二)违反计划生育政策法规的;

(三)连续3个月不履行或不能履行职务的。

第六章 法律责任

第三十五条 村民有下列情形之一的,情节轻微的,由村民选举委员会或村民委员会制止、批评教育;情节严重的,由乡(镇)人民政府予以警告;违反《中华人民共和国社会治安管理处罚条例》或构成犯罪的,由公安机关或司法机关依法处理:

(一)以威胁、暴力、欺骗、贿赂、伪造选票等不正当手段妨害选民行使选举权和被选举权,破坏村民委员会选举的;

(二)对检举村民委员会选举中违法行为的村民或提出罢免村民委员会成员的村民进行打击报复的;

(三)破坏村民委员会选举的其他违法行为。

第三十六条 单位和个人有本办法第三十五条规定的情形之一的,由单位或其上级机关予以制止,并对有关责任人给予批评教育或行政处分;违反《中华人民共和国社会治安管理处罚条例》或构成犯罪的,由公安机关或司法机关处理。

第三十七条 单位或个人有下列行为之一的,由单位或其上级机关予以制止,并对有关责任人给予行政处分:

(一)擅自调整、变更村民委员会成员候选人;

(二)擅自停止村民委员会成员工作的;

(三)指定、委派、撤换村民委员会成员的。

第七章 附 则

第三十八条 本办法由省人民政府民政部门负责解释。

第三十九条 本办法自1999年11月1日施行。

浙江省村民委员会选举办法

——1999年10月22日浙江省第九届人民代表大会常务委员会第十六次会议通过

第一章 总 则

第一条 为了规范村民委员会选举工作,保障村民依法行使民主权利,根据《中华人民共和国村民委员会组织法》的规定,结合本省实际制定本办法。

第二条 村民委员会由主任、副主任和委员共3至7人组成,具体职数根据村的规模大小确定。村民委员会成员中,妇女应当有适当的名额;多民族居住的村应当有人数较少的民族的成员。若干自然村联合设立村民委员会成员组成应当兼顾村落分布状况。

第三条 村民委员会主任、副主任和委员由有选举权的村民(以下简称选民)以无记名投票的方式直接选举产生。直接选举可以实行有候选人的差额选举,也可以实行无候选人的选举。任何组织和个人不得指定、委派或者撤换村民委员会成员,不得停止村民委员成员履行职务。村民委员会每届任期3年,其成员可以连选连任。村民委员会任期届满,应当及时举行换届选举,遇特殊情况需要提前或者延期的,须经县级人民政府批准。

第四条 中国共产党在农村的基层组织,在村民委员会选举工作中发挥领导核心作用;依照宪法和法律、法规,支持和保障村民直接行使民主权利。

第五条 村民委员会换届选举工作由省人民政府统一部署,各级人民政府组织实施。民政部门负责指导本行政区域内村民委员会选举的日常工作。

第六条 各级人民政府组织指导村民委员会选举工作所需经费，由本级财政列支。村民委员会选举所需经费由本村承担，乡、镇人民政府可以给予适当补助。

第二章 选举工作机构

第七条 村民委员会换届选举时，县级人民政府和乡、镇人民政府成立村民委员会选举工作指导小组。村民委员会选举工作指导小组履行下列职责：

(一)宣传有关法律、法规；

(二)制定选举工作计划并组织实施；

(三)培训选举工作人员；

(四)受理有关选举的申诉、检举和控告；

(五)办理选举工作中的其他事项。

第八条 村民委员会的选举，由村民选举委员会主持。村民选举委员会由主任、副主任、委员共3至9人组成，由村民会议、村民代表会议或者村民小组推选产生，名单应当及时公布并报乡、镇的村民委员会选举工作指导小组备案。村民选举委员会成员被确定为村民委员会成员正式候选人的，其村民选举委员会的职务自行终止；村民选举委员会成员不足3人的，所缺名额应当及时增补。村民选举委员会行使职责至新一届村民委员会召开第一次会议时止。

第九条 村民选举委员会履行下列职责：

(一)宣传有关法律、法规；

(二)制定选举工作方案；

(三)拟定具有选举办法，并提交村民会议或者村民代表会议讨论通过；

(四)确定、培训选举工作人员；

(五)组织选民登记，审查选民资格，公布选民名单，发放选民证；

(六)组织选民提名候选人，公布候选人名单；

(七)确定并公布选举日期；

(八)做好选举的各项准备工作，组织和主持投票选举；

(九)总结和上报选举工作情况，建立选举工作档案；

(十)办理选举工作中的其他事项。

第三章 选民登记

第十条 年满18周岁的村民，不分民族、种族、性别、职业、家庭出身、宗教信仰、教育程度、财产状况、居住期限，都有选举权和被选举权；但是，依照法律被剥夺政治权利的人除外，选民的年龄计算时间，以本村选举日为准。选民出生日期以居民身份证为准；无居民身份证的，以户籍登记为准。

第十一条 选民应当在户籍所在地的村进行登记。有特殊情况，户籍不在本村的人员，是否在本村进行选民登记，由本村具体选举办法按有关规定确定。

第十二条 选民名单应当在选举日的20日以前张榜公布。对公布的选民名单有不同意见的，应当在选民名单公布之日起5日内向村民选举委员会提出，村民选举委员会应当在选举日10日前依法做出处理。

第四章 候选人产生

第十三条 选举村民委员会，实行有候选人差额选举的，由选民直接提名候选人。选民应当推选遵纪守法、办事公道、廉洁奉公、具有一定文化水平、热心为村民服务的选民为村民委员会成员候选人。村民委员会主任、副主任的正式候选人应分别比应选名额多1人，委员的正式候选人比应选名额多1至3人。

第十四条 每一选民所提名的候选人人数，不得超过应选村民委员会主任、副主任和委员的职数。每一选民不得提名同一人为两项以上职务的候选人。

第十五条 村民委员会成员正式候选人按下列方式产生：

(一)由过半数选民参加投票提名的，按得票多少直接确定正式候选人；

(二)由选民提名初步候选人的，经过半数选民参加投票预选，按得票多少确定正式候选人。

按前款第(一)项方式提名候选人的，在投票的场所设立秘密写票处。正式候选人的名单应当在选举日的5日以前按得票多少顺序张榜公布。

第十六条 村民选举委员会应当按照平等、客观、公正的原则向选民介绍候选人的情况，可以组织正式候选人发表治村演说，并回答村民的询问。正式候选人发表治村演说不得违法宪法、法律、法规和国家政策的规定。

第五章 选举程序

第十七条 选举村民委员会一律采取无记名投票的方式。实行有候选人差额选举的，选民对候选人可以投赞成票，可以投反对票，可以投弃权票，也可以另选其他选民。选举时，可以一次性投票选举主任、副主任和委员，也可以先选举主任，再选举副主任，最后选举委员。

第十八条 村民选举委员会应当在选举日的5日以前确定并公布投票选举的时间、地点、方式和监票人、计票人。村民委员会成员正式候选人及其配偶和直系亲属不得担任监票人、计票人。

第十九条　选举村民委员会，可以召开选举大会集中投票或者设立中心投票会场和若干投票站分散投票，必要时可以设立流动票箱。在集中投票和分散投票的场所设立秘密写票处；设立的流动票箱必须有3名以上监票人。

第二十条　选票由选民本人填写。因文盲和病残不能填写选票的，可以委托候选人之外的人代写。投票期间因外出不能投票的选民可以书面委托候选人之外的选民代为投票。每一选民接受的委托不得超过3人。代写人和受委托人不得违背选民本人意愿。

第二十一条　投票结束后，应当封存收回的选票，并于当日集中在选举大会会场或者选举中心投票会场，由监票人、计票人当众核对、统计票数，做出记录，由监票人签字后报告村民选举委员会。

第二十二条　参加投票的选民超过全体选民半数的，选举有效。每次选举所投的票数，等于或者少于投票人数的有效，多于投票人数的无效。每张选票所选的人数，等于或者少于应选人数的有效，多于应选人数的无效。无法辨认、不按规定填写的选票无效。对无法确认是否有效的选票，由监票人提交村民选举委员会决定。

第二十三条　候选人或者其他选民获得参加投票的选民的过半数选票，始得当选。获得过半数选票的人数超过应选名额时，以得票多的当选；如果遇到票数相等不能确定当选人时，应当就得票数相等的候选人再次投票，以得票多的当选。

第二十四条　当选不足3人不能组成新一届村民委员会或者主任、副主任都未选出的，应当就不足的名额进行另行选举。另行选举应当实行差额选举，正式候选人按未当选人得票多少确定。另行选举以得票多的当选，但得票数不得少于参加投票选民的三分之一。另行选举应当在选举日当日或者在选举日后的5日内举行。

第二十五条　主任未选出的，由副主任主持工作。主任、副主任经另选举都未选出的，由当选的委员推选其中1人主持工作。

第二十六条　选举结果经村民选举委员会确认有效后，当场公布选举结果，并报乡、镇人民政府和县级人民政府民政部门备案。

第二十七条　实行无候选人的直接选举，适用本章规定。

第六章　罢免、辞职和补选

第二十八条　本村五分之一以上选民联名，可以要求罢免村民委员会成员。罢免要求应当书面向村民委员会提出，写明罢免理由，并报乡、镇人民政府备案。村民委员会应当在接到罢免要求之日起一个月内召集村民会议投票表决。提出罢免要求的选民应当推选代表到会说明罢免理由，被提出罢免的村民委员会成员有权提出申辩意见。罢免村民委员会成员须经全体选民过半数通过，并报乡、镇人民政府和县级人民政府民政部门备案。村民委员会在接到罢免要求之日起一个月内不召集村民会议投票表决的，乡镇人民政府应当及时帮助召集村民会议投票表决。

第二十九条　村民委员会成员要求辞去职务的，由村民会议或者村民代表会议决定。

第三十条　村民委员会成员被依法追究刑事责任的，停止履行职务。

第三十一条　村民委员会成员因故出缺的，可以根据需要进行补选；村民委员会成员不足3人的，应当补选。补选工作由村民委员会主持，按本办法规定实行差额选举。补选的村民委员会成员，其任期到本届村民委员会任期届满止。

第七章　法律责任

第三十二条　以威胁、贿赂、伪造选票等不正当手段，妨害村民行使选举权、被选举权，破坏村民委员会选举的，村民有权向乡、镇人民代表大会和人民政府或者县级人民代表大会常务委员会和人民政府及其有关主管部门举报，有关机关应当负责调查并依法处理。以威胁、贿赂、伪造选票等不正当手段当选的，其当选无效。选举中有违反治安管理行为的，由公安机关依照《中华人民共和国治安管理处罚条例》予以处罚；构成犯罪的，由司法机关依法追究刑事责任。

第三十三条　县级人民政府和乡、镇人民政府的村民委员会选举工作指导小组成员和乡、镇人民政府及其工作人员，有下列行为之一的，应当责令改正，并对直接责任人员给予行政处分：

(一)指定村民委员会候选人的；

(二)指定、委派村民委员会成员的；

(三)停止村民委员会成员履行职务、违反法律规定撤换村民委员会成员的；

(四)其他违反本办法的行为。

第八章　附　则

第三十四条　本办法自公布之日起施行。

贵州省村民委员会选举办法

——1999年11月28日贵州省第九届人民代表大会常务委员会第十二次会议通过的《贵州省村民委员会选举办法修正案》修正

第一章 总 则

第一条 为了保障农村村民依法行使民主权利，规范村民委员会的选举工作，根据《中华人民共和国村民委员会组织法》和《贵州省实施〈中华人民共和国村民委员会组织法〉办法》，结合我省实际，制定本办法。

第二条 村民委员会由主任、副主任和委员共3至7人组成，具体名额由乡、民族乡、镇人民政府根据村的规模大小和经济发展等情况提出建议，经村民会议或村民代表会议讨论决定。

村民委员会成员中，妇女应当有适当的名额，多民族居住的村应当有人数较少的民族的成员，几个自然村寨联合设立村民委员会的，其成员分布应当照顾村寨状况。

第三条 年满18周岁以上的村民都有选举权和被选举权，但是依照法律被剥夺政治权利的人除外。每一选民在一次选举中只有一个投票权。

第四条 村民委员会的选举，坚持公平、公正、公开的原则。

村民委员会主任、副主任和委员，由本村选民直接选举产生。任何组织或者个人不得指定、委派或者撤换村民委员会成员。村民委员会每届任期3年，届满应当及时换届选举。村民委员会成员可以连选连任。

第五条 村民委员会换届选举工作由省人民政府统一部署，各级人民政府组织实施，同级民政部门负责日常工作。

第六条 中国共产党在农村的基层组织，依照法律、法规，支持和保障村民直接行使民主选举权利。

第七条 村民委员会的选举经费，由各地方财政给予补助。

第二章 选举工作机构

第八条 各级人民政府成立村民委员会选举工作指导组，负责本行政区域内村民委员会的换届选举工作，其主要职责是：

(一)宣传和执行《中华人民共和国村民委员会组织法》《贵州省实施〈中华人民共和国村民委员会组织法〉办法》和本办法；

(二)部署、指导和监督村民委员会选举工作；

(三)培训选举工作人员；

(四)解答选举中的有关问题；

(五)总结交流选举工作经验；

(六)建立选举工作档案。

第九条 村成立村民选举委员会，主持选举工作，村民选举委员会由主任和委员共5至7人组成，其成员由上届村民委员会召集村民会议或者村民小组会议推选。

村民选举委员会的主要职责是：

(一)做好选举的宣传、发动工作；

(二)制定选举工作方案并组织实施；

(三)确定并公布选举日、投票地点、投票方法；

(四)确定和培训选举工作人员；

(五)组织选民登记，审查选民资格，公布选民名单，发放选民证，处理选民提出的申诉；

(六)组织选民对候选人的提名，审查候选人资格，公布候选人名单，酝酿、协商、确定并公布正式候选人；

(七)主持召开选举大会，组织投票选举，确认选举、选票是否有效，公布选举结果；

(八)处理选举中出现的问题；

(九)总结选举工作和整理档案，报乡、民族乡、镇人民政府和县级民政部门备案；

(十)办理选举工作中的其他事项。

村民选举委员会行使职权从组成之日起，至新一届村民委员会召开第一次会议时止。

第三章 选民登记

第十条 具有选民资格的村民都应当在户籍所在地的村进行选民登记，经登记确认的选民资格长期有效。

每次选举前对上一次选民登记以后满18周岁的，新迁入本村具有选民资格的和被剥夺政治权利期满后恢复政治权利的选民，予以登记；对迁出本村的、死亡的和依法被剥夺政治权利的人，从选民名单上除名。

选民的年龄计算时间，以选举日为准；出生日期，以身份证或户籍登记为准。

第十一条 在选举日的20日以前，因婚姻、家庭关系住进本村具有选民资格，其户口尚未迁入的，应给予登记。

转为非农业户口的人员，仍在原村居住并履行该村村民义务的，应给予登记。外出的村民，应进行选民登记。

第十二条 村民选举委员会应在选举日的20日前公布选民名单，并发放选民证。

村民对公布的选民名单有异议的，应在选举日的7日前向村民选举委员会提出申诉，村民选举委员会应在选举日的3日前做出处理决定。

第四章 候选人的提出

第十三条 村民委员会主任、副主任和委员候选人应符合下列条件：

(一)认真贯彻执行宪法、法律、法规和政策；

(二)遵纪守法，作风正派，办事公道，联系群众，热心为村民服务；

(三)工作认真负责，有办事能力，能完成任务和带领群众共同致富；

(四)身体健康，有一定的文化知识。

第十四条 村民委员会成员候选人，由选民直接提名。村民选举委员会对所有提名的村民委员会成员候选人名单，在选举日的15日前公布。

第十五条 村民委员会成员实行差额选举。提名推荐的村民委员会成员候选人名单公布后，经各选民小组充分酝酿、讨论、协商，由村民选举委员会根据较多数选民的意见，确定正式候选人。主任、副主任的候选人应当分别比应选人数多1人，委员的候选人人数应当比应选人数多1至2人。正式候选人名单确定后，应当按照候选人的姓氏笔画为序在选举日的5日以前公布。

对依法确定的候选人，任何组织和个人不得调整或变更。

第五章 选举程序

第十六条 在选举村民委员会成员之前，村民选举委员会应当做好投票选举的准备工作：

(一)核实参选人数，落实选民的委托投票人，每一选民接受的委托不得超过3人，但候选人不能接受委托；

(二)公布投票时间、地点，准备票箱、选票和选举结果报告单，布置选举大会会场和投票站，设立秘密写票处；

(三)召开村民小组长和村民代表会议，推选监票人、计票人，村民委员会成员候选人和其直系亲属不得担任监票人、计票人。

第十七条 投票选举前，不能参加投票的选民，应委托其他选民代其行使选举权。

投票选举时，由村民选举委员会主持召开选举大会，为便于居住分散的选民投票选举，可以设立投票站、流动票箱。

村民委员会主任、副主任、委员可以一次性投票选举，也可以分别投票选举，但不能由当选的委员推选主任、副主任。

选举一律采用无记名投票方法。选民因故不能写选票的，可以委托他信任的人代写。

选举人对于候选人可以投赞成票，可以投反对票，可以另选本村其他选民，也可以弃权。

第十八条 设立投票站、流动票箱的，投票结束后，收回的选票应封存并于当日集中在选举大会会场，由监票人、计票人当众将投票人数和票数加以核对，做出记录，并由监票人、计票人签字。选举结果应当场公布，上报乡、民族乡、镇人民政府和县级民政部门备案。

第十九条 每次选举所投的票数，多于投票人数的选举无效，等于或少于投票人数的选举有效。

每一选票所选的人数，多于应选名额的选票无效，等于或少于应选名额的选票有效。

全部书写模糊无法辨认的选票，全票作废。部分书写模糊无法辨认的选票，可以辨认的部分有效，无法辨认的部分无效。选票应用蓝黑墨水笔填写。

第二十条 全村选民过半数参加投票，选举有效。候选人或另选人获得参加投票的选民过半数的赞成选票时，始得当选。

第二十一条 经过投票选举，当选人已达到3人以上的，不足名额可以暂缺。主任暂缺的，由当选的一名副主任暂时主持工作，主任和副主任暂缺的，由当选的一名委员暂时主持工作，直至下一次补选出主任为止。当选人不足3人、无法组成新一届委员会的，由上一届村民委员会暂时主持工作，直至组成新一届委员会为止。依法补选缺额时，已当选的村民委员会成员资格有效。

缺额补选的时间应在换届选举后2个月以内举行。

第二十二条 新当选的村民委员会主任、副主任和委员，由县级民政部门颁发省民政厅统一印制的当选证书。新一届村民委员会第一次会议应当在选举结果公布后5日内召开。

第二十三条 在村民委员会选举期间推选村民小组长和村民代表。推选村民小组长和村民代表工作，应在选民登记结束后、村民委员会成员候选人提名前进行。

村民小组长由村民小组会议推选。村民代表由村民按每户至15户推选1人，或者由各村民小组推选若干人。村民小组长和村民代表的任期,与村民委员会任期相同。

第六章 罢免、辞职和补选

第二十四条 村民委员会成员的工作受村民监督。村民对违法违纪或严重失职的村民委员会成员,有权提出罢免意见。

本村五分之一以上选民联名,可以要求罢免村民委员会成员。罢免要求应以书面形式向村民委员会和乡、民族乡、镇人民政府提出,并写明罢免理由。

村民委员会应在接到罢免要求1个月内召集村民会议,进行投票表决。

村民会议在讨论表决罢免要求时,被提出罢免的村民委员会成员有权出席会议并提出申辩意见。

罢免村民委员会成员,表决的程序和方法适用于本办法规定的选举程序和方法。罢免村民委员会成员,须经过有选举权的村民过半数通过,表决结果由村民委员会报乡、民族乡、镇人民政府和县级民政部门备案。

第二十五条 村民委员会成员在任期内,被依法追究刑事责任、劳动教养的,其职务自行终止。违反计划生育法规和政策的,或连续6个月以上不参加村民委员会工作的,经乡、民族乡、镇人民政府确认,由村民会议或村民代表会议决定免除其职务。

第二十六条 村民委员会成员可以向村民会议书面提出辞职,辞职被接受的,其职务终止,缺额另行补选。村民委员会成员在任期内调离或者迁出本村的,其职务自行终止,缺额另行补选。

第二十七条 村民委员会成员缺额,应及时补选。补选工作由村民委员会主持,按本办法规定的选举程序进行。村民委员会成员因故缺额情况和补选结果,应报乡、民族乡、镇人民政府和县级民政部门备案。

第七章 法律责任

第二十八条 对有以下违法行为的,由有关机关负责调查并依法处理:

(一)违反本办法规定调整、变更村民委员会成员候选人或者指定、委派、撤换村民委员会成员,以及阻止依法当选的村民委员会成员就职的;

(二)伪造选票、虚报选票数或者有其他弄虚作假行为的;

(三)对控告、检举选举中违法行为或者对提出要求罢免村民委员会成员的村民进行压制、打击报复的;

(四)用暴力、威胁、贿赂等手段妨害村民依法行使选举权和被选举权,毁坏选票和票箱等破坏村民委员会选举的。

第八章 附 则

第二十九条 本办法的具体应用问题由贵州省民政厅负责解释。

第三十条 本办法自公布之日起施行。

云南省村民委员会选举办法

——1999年12月28日云南省第九届人民代表大会常务委员会第十三次会议通过

第一章 总 则

第一条 为了规范村民委员会选举工作,保障村民依法行使民主权利,根据《中华人民共和国村民委员会组织法》的规定,结合本省实际制定本办法。

第二条 村民委员会的选举,坚持公开、公平、公正的原则。

第三条 村民委员会的选举工作由省人民政府统一部署,各级人民政府组织实施,民政部门负责日常工作。

第四条 各级人民政府组织指导村民委员会选举工作所需经费,由本级财政列支。村民委员会选举经费由本村解决,确有困难的由当地财政给予适当补助。

第二章 选举工作机构

第五条 各级人民政府成立村民委员会选举工作领导小组,负责本行政区域内村民委员会选举工作。其主要职责是:

(一)宣传有关选举的法律、法规;

(二)制定和实施村民委员会选举工作计划;

(三)指导村民委员会、村民小组长、村民代表的选举和推选工作;

(四)培训选举工作人员;

(五)受理有关选举工作的来信来访;

(六)承办选举工作中的其他事项。

第六条 村民委员会的选举,由村民选举委员会主持。村民选举委员会由主任、副主任和委员共5至9人组成。村民选举委员会成员由村民会议或者各村民小组推选产生。

第七条　村民选举委员会履行职责至新一届村民委员会选举产生时止。村民选举委员会成员被确定为村民委员会成员候选人的，应当自被确定之日起退出村民选举委员会，由此产生的缺额可从原推选的候选人中以得票多的递补。

第八条　村民选举委员会领导、组织村民委员会的选举工作，其主要职责是：

（一）宣传有关法律、法规；

（二）制定选举工作方案，并报乡（镇）人民政府村民委员会选举工作领导小组备案；

（三）组织选民登记，审查选民资格，公布选民名单，发放选民证；

（四）组织村民委员会成员候选人的提名，确认村民委员会候选人的资格，公布候选人的名单；

（五）确定并公布选举日期和投票时间、地点、方法；

（六）主持召开选举大会，组织投票选举，公布选举结果；

（七）报告选举结果，总结选举工作，整理、建立选举工作档案。

第三章　选民登记

第九条　有选举权和被选举权的村民应当在户籍所在地的村进行选民登记。有下列情形之一的，经村民选举委员会确认，可在经常居住地进行选民登记：

（一）结婚后居住在配偶所在地，但户口未迁移的；

（二）转为非农业户口，仍在原村居住并履行该村村民义务的。

第十条　计算选民的年龄，以选举日为截止日期。选民出生日期以身份证为准，未办理身份证的以户口登记为准。精神病人经医院证明，村民选举委员会确认不能行使选举权利的，不列入选民名单。

第十一条　村民选举委员会应当在选举日的20日前张榜公布选民名单。村民对公布的选民名单有异议的，可在选举日7日前向村民选举委员会提出，村民选举委员会应当在选举日前做出解释或者纠正。

第四章　候选人的产生

第十二条　村民委员会成员候选人由本村选民直接提名，按照下列方式之一选举产生：

（一）由村民选举委员会设立主会场或者以村民小组设立投票站，组织有选举权的村民投票，按得票由多至少确定候选人；

（二）村民采取自荐、联名推荐等形式，提出初步候选人，由村民选举委员会张榜公布，并按照前项的规定产生候选人。每一选民提名的候选人人数不得超过应选人人数。

第十三条　村民委员会候选人中应当有适当的妇女名额；多民族居住的村应当有人数较少的民族的候选人。

第十四条　村民委员会主任、副主任和委员的候选人人数应当分别多于应选人人数。依照本办法第十二条规定选举产生的村民委员会成员候选人，任何组织或者个人不得调整或者变更。

第十五条　候选人产生后，村民选举委员会应当在选举日7日以前，按照候选人得票多少的顺序张榜公布。

第十六条　候选人主动放弃被选举权的，应当在候选人名单公布后3日内向村民选举委员会书面提出。因候选人放弃被选举权，造成候选人差额不足时，应当在原提名的候选人中按得票多的递补，并在选举日3日前张榜公布。

第五章　选举程序

第十七条　选举前，村民选举委员会应当向村民介绍候选人的情况，并组织候选人发表治村演说和回答村民的询问。

第十八条　选举村民委员会，由村民选举委员会主持召开选举大会。人口较多或者居住分散的村，可以村民小组设投票站投票，老、弱、病、残者不能到会到站投票可在流动票箱投票，投票站和流动票箱的票必须集中到选举大会主会场开箱、计票。每个投票站或者流动投票箱必须由3名以上监票人负责。监票人不得是同一村民小组的村民。村民委员会成员候选人及其近亲属不得担任监票、唱票和计票工作。

第十九条　选民对候选人可以投赞成票、反对票或者另选他人，也可以弃权。每一选票所投赞成票人数与另选他人人数之和不得多于应选人数，否则选票无效。

第二十条　选举现场设发票处、秘密写票处。选民凭选民证领取选票，由选民本人填写选票和投票。选民不能填写选票的，可以由他人代为填写。不能到选举现场直接投票的选民，可以书面委托其他选民代为领取、填写选票并投票，每一选民接受的委托不得超过3人。代写选票不得违背委托人的意愿。

第二十一条　村民选举委员会在投票结束后，组织唱票人、计票人、监票人当众开箱。公开唱票、计票、宣布选票统计结果。村民选举委员会应当当场公布选举结果，并当众封存选票。每次选举所投的票数等于或者少于实际发出的选票时，选举有效；多于实际发出的选票数的，选举无效。经监票人认定，选票部分无法辨认的，该部分无效；整张选票无法辨认的，作废票处理，废票计入选票总数。

第二十二条 选举村民委员会，由本村有选举权的村民的过半数参加投票，选举有效。候选人获得参加投票的村民的过半数的选票，始得当选。获得过半数选票的候选人人数多于应选名额时，以得票多的当选；票数相等、不能确定当选人时，应当就票数相等的候选人再次投票，以得票多的当选。

当选人数少于应选人数时，不足的名额应当另行差额选举。另行选举的候选人应当从第1次选举未当选的人员中按得票多少产生。另行选举以得票多的当选，但得票数须超过参加投票选民的三分之一。另行选举可以当日举行，也可以在第1次选举日后3日内进行。

另行选举后，当选人数仍少于应选人数的，不足的名额可以暂缺。若主任暂缺，由得票多的副主任临时主持村民委员会的工作；若主任、副主任都暂缺，由得票多的村民委员会委员临时主持村民委员会的工作。前款暂缺的名额，由村民委员会在3个月内组织补选。

第二十三条 村民委员会的选举结果由村民选举委员会报乡（镇）人民政府和县级人民政府民政部门备案。乡（镇）人民政府应当于5日内向当选人颁发当选证书。村民委员会成员当选证书由省民政部门统一印制。

第六章 罢免、辞职和补选

第二十四条 本村五分之一以上有选举权的村民联名要求罢免村民委员会成员的，应当以书面形式向村民委员会提出罢免理由。村民委员会应当在接到罢免要求之日起30日内召开村民会议，进行无记名投票表决。但须获得过半数的选民同意，始得生效。罢免结果由村民委员会报乡（镇）人民政府和县级人民政府民政部门备案。

第二十五条 村民委员会逾期不召开村民会议投票表决罢免要求的，村民有权向乡（镇）人民政府举报。乡（镇）人民政府在接到举报10日内，应当调查核实。举报属实的，应当在核实后10日内责令村民委员会召开村民会议，投票表决罢免要求；拒不执行的，由乡（镇）人民政府召开村民会议投票表决。

第二十六条 村民委员会成员被依法追究刑事责任或者送劳动教养的，自判决书或者劳动教养决定书生效之日起，其村民委员会成员职务随即终止。

第二十七条 村民委员会成员要求辞去职务的，应当提出书面申请，村民会议或者村民代表会议应当在2个月内同意辞职，并补选新的村民委员会成员。但是，在同意辞职前撤回辞职书的除外。

第二十八条 村民委员会成员出现缺额时，应当在2个月内召开村民会议补选。补选的村民委员会成员的任期，到本届村民委员会届满为止。

第七章 监督管理

第二十九条 有下列行为之一的，村民有权向乡（镇）的人民代表大会主席团和人民政府或者县级人民代表大会常务委员会和人民政府及其有关主管部门举报，有关机关应当在15日内组织调查并依法处理。

（一）以威胁、贿赂、伪造选票等不正当手段，妨害选民行使选举权或被选举权，破坏村民委员会选举的；

（二）违反本办法规定，调整、变更村民委员会成员候选人或者指定、委派、撤换村民委员会成员的；

（三）对检举村民委员会选举中违法行为的村民或者提出要求罢免村民委员会成员的村民打击报复的；

（四）无正当理由拖延村民委员会换届选举的；

（五）破坏村民委员会选举的其他违法行为。

第三十条 村民对选举程序或者选举结果有异议的，可以向乡（镇）的人民代表大会主席团和人民政府或者县级人民代表大会常务委员会和人民政府及其有关主管部门提出书面申诉，有关机关应当在30日内调查并依法处理。

第八章 附 则

第三十一条 本办法自公布之日起施行。

辽宁省村民委员会选举办法

——2000年7月28日辽宁省第九届人民代表大会常务委员会第十七次会议通过

第一章 总 则

第一条 为了规范村民委员会选举工作，保障村民依法行使民主权利，根据《中华人民共和国村民委员会组织法》,结合我省实际,制定本办法。

第二条 村民委员会选举应当依法进行,坚持公开、公平、公正的原则。

村民委员会成员由村民以无记名投票方式直接选举产生。任何组织或者个人不得指定、委派或者撤换村民委员会成员。

第三条 村民委员会由主任、副主任和委员共3至7人组成。具体人数由村民会议或者村民代表会议根据本村实际情况讨论决定。

村民委员会成员中,妇女应当有适当的名额,多民族村民居住的村应当有人数较少的民族的成员。

第四条 村民委员会每届任期3年,届满应当及时举行换届选举。村民委员会成员可以连选连任。

第五条 年满18周岁的村民,不分民族、种族、性别、职业、家庭出身、宗教信仰、教育程度、财产状况、居住期限,都有选举权和被选举权;但是,依照法律被剥夺政治权利的人除外。

第六条 中国共产党在农村的基层组织,按照中国共产党章程进行工作,发挥领导核心作用;依照宪法、法律、法规支持和保障村民行使民主选举权利。

第七条 村民委员会的选举工作由省人民政府统一部署,市、县(含县级市、区,下同)、乡(含民族乡、镇,下同)人民政府组织实施。各级民政部门负责指导村民委员会选举工作。

第八条 县以上人民代表大会及其常务委员会和乡人民代表大会,依法加强监督,保障村民委员会选举工作顺利进行。

第二章 选举机构

第九条 村民委员会的选举,由村民选举委员会主持。村民选举委员会由7人或者9人组成。村民选举委员会成员推选1人主持村民选举委员会工作。

村民选举委员会成员由村民会议、村民代表会议或者村民小组会议从有原则性,办事认真,有一定组织能力的村民中推选产生。其中担任村领导职务的不得超过半数。

村民选举委员会履行职责,从组成之日起至本次村民委员会选举工作完成之日止。

第十条 村民选举委员会履行下列职责:

(一)宣传、执行并组织村民学习有关选举的法律、法规;

(二)制定选举实施方案,提请村民会议或者村民代表会议讨论通过;

(三)负责选民登记,审查选民资格,公布选民名单;

(四)组织选民直接推选候选人,公布候选人名单;

(五)提名和培训监票人、计票人;

(六)确定选举日期、投票方法和选举地点;

(七)组织投票选举,公布选举结果;

(八)解答选民询问,受理选民申诉;

(九)总结上报选举情况,整理建立选举工作档案;

(十)办理选举工作的其他事项。

第三章 选民登记

第十一条 有选举权和被选举权的村民的出生日期以身份证或者户籍登记为准,计算年龄的时间截止到选举日。

第十二条 具有选举权和被选举权的村民,一般应当在户籍所在地的村进行选民登记。

对于户籍不在本村但在本村居住并未在户籍所在地的村参加选举的村民。由村民选举委员会视其在本村承担村民义务情况,决定是否给予选民登记。

精神病患者不能行使选举权的,经村民选举委员会确认,不列入选民名单。

第十三条 选民名单应当在选举日的20日前公布。村民对公布的选民名单有异议的,可以向村民选举委员会提出,村民选举委员会应当在3日内做出解释或调整。

第十四条 选举日期确定后,推迟选举的,在推迟时间内取得选民资格的村民应当列入选民名单。

第四章 候选人的产生

第十五条 村民委员会成员候选人应当从奉公守法,廉洁正派,办事公道,带头履行村民义务,热心为村民服务的村民中推选。

第十六条 村民委员会主任、副主任的候选人人数应当分别比应选名额多1人;村民委员会委员候选人人数应当比应选名额多1至3人。

第十七条 有选举权的村民在村民会议或者村民小组会议上以投票的形式直接提名村民委员会成员候选人。每一选民提名的村民委员会成员候选人不得多于应选名额。选民不得委托他人提名村民委员会成员候选人。

村民委员会成员候选人按得票多少确定,并在正式选举5日前,按得票多少的顺序排列张榜公布。

第十八条 村民选举委员会成员被确定为候选人的,应当辞去其在村民选举委员会中的职务。其缺额需要补充的,由村民会议、村民代表会议或者村民小组会议另行推选。

第五章　选举程序

第十九条　村民选举委员会在选举日的5日前张榜公布选举时间和投票地点。

因故不能按期进行选举的，村民选举委员会可以重新确定选举日期，但推迟时间不得超过3个月。

第二十条　选举村民委员会，可以由有选举权的村民一次投票选举主任、副主任和委员；也可以分次投票选举主任、副主任和委员。

第二十一条　选举村民委员会时，应当召开选举大会。居住分散的村可以同时设立中心投票站和分投票站。投票站设立秘密写票处。

不便到投票站投票的选民，可以在流动投票箱投票。每个投票箱，必须有3名以上监票人。

第二十二条　投票选举前，由村民选举委员会提名监票人、计票人，并经选举大会通过。村民委员会成员候选人及其近亲属不得担任选举工作人员。

第二十三条　选民对候选人可以投赞成票，也可以投反对票或者投弃权票，还可以另选他人。

任何人不得干扰、影响选民填写选票。

第二十四条　选民自己不能填写选票的。可以委托他信任的人代写。选民如果在选举期间外出，经村民选举委员会同意，可以书面委托其他选民代为投票。每一选民接受的委托不得超过3人。

第二十五条　投票结束后，村民选举委员会应当将所有投票箱于当日集中到中心会场，并当众开箱，由监票人、计票人认真核对选票，计算票数。

第二十六条　本村有选举权的村民的过半数投票，选举有效；候选人获得参加投票的村民的过半数的选票，始得当选。

获得半数以上选票的候选人人数多于应选名额时，以得票多者当选；如票数相等，不能确定当选人时，应当就获得相等票数的候选人重新投票。

获得过半数以上选票的候选人人数少于应选名额时，不足的名额应当在没有当选的候选人中另行选举。

第二十七条　经过两次投票选举，当选人数仍不足应选名额时，当选人数已达到3人以上的，不足名额可以暂缺。主任暂缺，由村民会议或者村民代表会议，从当选的副主任或者委员中确定1人临时主持工作，在一年内进行补选。

第二十八条　每次选举所投的票数，多于投票人数的无效，等于或者少于投票人数的有效；每一张选票所选的人数，多于规定应选人数的作废，等于或者少于规定应选人数的有效。

第二十九条　村民选举委员会确认选举有效后，当场公布选举结果，向当选的村民委员会成员颁发当选证书，并报乡人民政府备案。选票由乡人民政府保管，保管期限为3年。

第六章　罢免、辞职与补选

第三十条　本村五分之一以上有选举权的村民联名，可以要求罢免村民委员会成员。罢免要求应当提出罢免理由。村民委员会接到罢免要求后，应当在30日内召开村民会议，投票表决。罢免村民委员会主任或者多数成员以及村民委员会拒不召开村民会议表决罢免要求的，由乡人民政府指导召开村民会议投票表决罢免要求。罢免村民委员会成员须经有选举权的村民过半数通过。

村民会议在表决罢免要求时，被要求罢免的村民委员会成员有权出席会议提出申辩意见。

第三十一条　村民委员会成员因居住变迁、工作变动或者其他原因要求辞去职务的，应当以书面形式向村民会议或者村民代表会议提出，由村民会议或者村民代表会议讨论决定。

第三十二条　村民委员会成员出现缺额需要补选时，由村民委员会依照本办法规定的有关选举程序组织补选。

第七章　监督与处罚

第三十三条　对有下列行为之一的，村民有权向乡人民代表大会和乡人民政府或者县人民代表大会常务委员会和县人民政府及其有关主管部门举报，有关机关应当负责调查并依法处理：

(一)以威胁、贿赂、伪造选票等不正当手段，妨害选民行使选举权和被选举权，破坏村民委员会选举的；

(二)对检举村民委员会选举中违法行为的村民或者对提出罢免村民委员会成员要求的村民进行压制、打击、报复的；

(三)破坏村民委员会选举的其他违法行为。

以威胁、贿赂、伪造选票等不正当手段当选的，由查处机关宣布其当选无效。

第三十四条　村民对选举程序或者选举结果有异议的，可以向乡人民代表大会和乡人民政府提出书面申诉，乡人民代表大会和乡人民政府应当调查核实，并在接到申诉后的30日内做出书面处理决定。当事人对处理决定不服的，可以向县人民代表大会常务委员会和县人民政府及其主管部门提出申诉。

第三十五条　有下列情形之一的，由所在单位或者其上级机关予以制止，并对有关责任人给予行政处分：

（一）违反法定程序调整村民委员会成员候选人的；

（二）指定、委派或者违反法定程序撤换村民委员会成员的。

第八章 附 则

第三十六条 本办法自2001年1月1日施行。1994年11月25日辽宁省第八届人民代表大会常务委员会第十一次会议通过的《辽宁省村民委员会选举条例》同时废止。

福建省村民委员会选举办法

——根据2000年7月28日福建省第九届人民代表大会常务委员会第二十次会议《关于修改〈福建省村民委员会选举办法〉的决定》修正

第一条 为了保障村民依法行使民主权利，实行民主选举，根据《中华人民共和国村民委员会组织法》，结合我省实际，制定本办法。

第二条 村民委员会主任、副主任和委员，由村民采取差额和无记名投票的方法直接选举产生。

第三条 村民委员会每届任期3年，届满后应当及时选举，其成员可以连选连任。选举工作由省人民政府统一部署，受县（市、区）、乡、民族乡、镇人民政府和民政部门的指导。

第四条 村民委员会由主任、副主任和委员共3至7人组成，具体名额由村民会议或者村民代表会议讨论决定。

几个自然村联合设立村民委员会的，其成员分布应当照顾村落状况。

第五条 村民委员会选举工作由村民选举委员会主持。村民选举委员会成员由5至7人组成，在成员中推选产生主任1人，副主任1人。

村民选举委员会成员由村民会议、村民代表会议或者各村民小组推选产生。

村民选举委员会成员被确定为村民委员会成员正式候选人的，应当自被确定之日起，不再担任村民选举委员会成员。

第六条 村民选举委员会成员应当遵守法律、法规和国家政策，代表村民利益，倾听村民意见，办事公道，作风正派，热心为村民服务。

村民选举委员会负责确定选举工作人员，开展选民登记，审查选民资格，公布选民名单，组织候选人提名和预选，确定并公布正式候选人名单，组织投票选举，公布选举结果。

村民选举委员会行使职责至新一届村民委员会产生时止。

第七条 县（市、区）、乡、民族乡、镇成立村民委员会选举指导组。县（市、区）指导组由同级党委、人大常委会、政府及有关部门人员组成。乡、民族乡、镇指导组由同级党委、人大主席团、政府及有关部门人员组成，受县（市、区）指导组的领导。

第八条 县（市、区）、乡、民族乡、镇村民委员会选举指导组的职责：

（一）宣传和执行《中华人民共和国村民委员会组织法》、《福建省实施〈中华人民共和国村民委员会组织法〉办法》和本办法；

（二）部署、指导和监督村民委员会选举工作，引导村民依法搞好选举；

（三）开展选举试点和培训选举工作人员；

（四）受理选举工作中的有关申诉；

（五）确定村民委员会的选举日；

（六）总结交流换届选举工作经验；

（七）整理建立选举工作档案。

第九条 县（市、区）、乡、民族乡、镇指导选举工作所需经费分别由县、乡财政开支。

第十条 年满18周岁的村民，不分民族、种族、性别、职业、家庭出身、宗教信仰、教育程度、财产状况、居住期限，都具有选民资格；但是，依照法律被剥夺政治权利的人除外。

计算年龄的时间，以选举日为准。村民出生日期以身份证为准。

第十一条 凡具有选民资格的村民可以在户籍所在地的村民选举委员会进行选民登记。

符合下列条件，本人选择在居住地的村民选举委员会进行选民登记的，经过调查核实，也可以予以登记，但不得重复登记：

（一）户口已迁出本村，但仍在本村居住且尽村民义务的；

（二）户口未迁入本村，在本村居住且尽村民义务的。

第十二条 经登记确认的选民资格长期有效。每次选举前应当对上届选民登记以后新满18周岁的、新迁入本村具有选民资格的和被剥夺政治权利期满后恢复政治权利的选民，予以补充登记。对选民登记后迁出本村、死亡和依照法律被剥夺政治权利的人，从选民名单上除名。

第十三条 选民登记日应当确定在选举日的25日以前。选民登记日前，因故离开本县、市的选民，村民选举委员会应当及时通知其回村参加选举，未能回村选举的，不计算在本届选民数内。

第十四条 选民名单应当在选举日的20日以前公布。

对公布的选民名单有不同意见的，可以向村民选举委员会提出。村民选举委员会应当依法做出调整或者解释。

第十五条 村民委员会成员候选人，由有选举权的村民以单独或者联合的方式直接提名。每一选民提名的人数不得多于应选人数。对选民依法直接提出的候选人或者依法确定的正式候选人，任何组织或者个人非经法定程序不得取消、调整或者变更。

所有的提名名单应当于选举日的15日以前按姓氏笔画顺序公布。

第十六条 村民委员会主任、副主任的正式候选人人数应当分别比应选名额多1人，委员的正式候选人人数应当比应选名额多1至3人。所提的候选人人数超过正式候选人人数的，均要以秘密划票方式进行预选，产生正式候选人。预选时，可以召开全体选民或者每户派一名代表参加的预选大会，也可以召开村民代表会议，具体形式由村民选举委员会确定。全体选民的过半数、户代表或者村民代表的三分之二以上投票，预选有效，以得票多少顺序确定正式候选人。正式候选人名单确定后，应当在选举日的2日以前按姓氏笔画顺序公布。

候选人自愿放弃候选人资格的，应当向村民选举委员会提出书面申请，因此造成正式候选人差额不足时，应当在原提名的候选人中按预选时得票多少的顺序递补。

第十七条 村民选举委员会应当向选民介绍候选人的情况，也可以组织候选人发表治村演说并回答村民询问；选民和候选人可以在村民小组会议、村民代表会议或者村民会议上介绍候选人的情况，但选举日必须停止对候选人的介绍。

第十八条 投票选举的准备工作：

(一)培训工作人员；

(二)统计实参选人数；

(三)宣布投票选举的时间、地点，准备票箱和选票，布置选举大会会场和投票站。

第十九条 投票选举时，应当召开选举大会。根据村民居住状况和便于投票的原则，可以设立中心投票站和若干投票分站进行投票。选举大会和投票站由村民选举委员会主持。对于老、弱、病、残不便到选举大会会场或者投票站投票的选民，由3名以上选举工作人员随带流动票箱，登门接受投票。

候选人及其配偶和直系亲属不得担任选举工作人员。

第二十条 选举方式应当根据较多数选民的意愿，由村民选举委员会确定，可以一次性投票选举主任、副主任、委员，也可以先选举主任、副主任，后选举委员。

第二十一条 选举时，设立秘密写票处。因文盲或者其他原因不能写选票的，可以委托自己信任的人或者村民选举委员会指定的人员代写，代写人不得违背选民的意志。

第二十二条 投票结束后，所有投票箱应当于当日集中在选举大会会场或者中心投票站开票。由唱票、计票人员在两名监票人的监督下，认真核对、计算票数，当场公布选举结果，并由主持人和监票人做出记录。

第二十三条 每次选举所投的票数，多于投票人数的无效，等于或者少于投票人数的有效；每一选票所选的人数多于规定应选名额的无效，等于或者少于应选名额的有效。无法辨认、不按规定符号填写的选票无效。

第二十四条 全体选民的过半数参加投票，选举有效。候选人或者另选人获得参加投票的选民过半数的选票时，始得当选。

获得参加投票的选民过半数选票的人数超过应选名额时，以得票多的当选；如票数相等不能确定当选人时，应当就得票数相等的候选人或者另选人重新投票，以得票多的当选。当选人数少于应选名额时，不足的名额应当于15日内另行选举。另行选举时，按未当选人得票多少的顺序确定正式候选人。全体选民的过半数投票，另行选举有效，以得票数多的当选。

第二十五条 选举结果经村民选举委员会确认有效后，在投票的当日或者次日正式公布，同时上报乡、民族乡、镇人民政府和县(市、区)民政部门备案，并由县(市、区)民政部门颁发省统一印制的主任、副主任和委员当选证书。

新一届村民委员会第一次会议应当在选举结果公布后10日内召开。

第二十六条 村民委员会成员受村民监督。村民会议有权罢免村民委员会成员。

本村五分之一以上有选举权的村民联名要求罢免村民委员会成员的，罢免要求在提交村民委员会的同时，报乡、民族乡、镇人民政府和县级人民政府民政部门备案。村民委员会在接到罢免要求的1个月内，应当召开有选举权的村民参加的村民会议，进行投票表决；乡、民族乡、镇人民政府和县级人民政府民政部门应当予以指导。有选举权的村民过半数通过，罢免有效。表决结果应当报乡、民族乡、镇人民政府和县级人民政府民政部门备案。

村民委员会不按本条规定期限召集村民会议表决罢免要求的，由乡级人民政府在1个月内主持召集。

第二十七条 村民委员会成员出现缺额时，应当在2个月内依法补选。候选人由村民代表会议提出，人数可以多于或者等于应补选名额。

补选时，全体选民的过半数投票，补选有效。候选人或者另选人获得参加投票的选民过半数的选票，始得当选。

经补选，仍出现缺额的，另行补选。全体选民的过半数投票，另行补选有效，以得票多的当选。

第二十八条 村民小组长和村民代表的选举与村民委员会选举结合进行。

村民小组长和村民代表由村民小组会议推选或者直接选举产生。直接选举时，候选人由本小组选民直接提名，小组有选举权的村民过半数或者三分之二以上户的代表投票，选举有效，获得多数选票的当选。

第二十九条 对用暴力、威胁、贿赂、伪造选票、虚报选举票数等手段，扰乱、破坏选举工作，违反治安管理处罚条例的，由公安机关依法给予处罚；构成犯罪的，由司法机关依法追究刑事责任。

对指定、委派、撤换村民委员会成员和违反本办法规定拖延村民委员会选举的行为，由上级人民政府或者有关部门依照有关规定对有关直接责任人给予处分。

第三十条 本选举办法自公布之日起施行。

湖南省村民委员会选举办法

——根据2000年7月29日湖南省第九届人民代表大会常务委员会第十七次会议《关于修改〈湖南省村民委员会选举办法〉的决定》修正

第一章 总 则

第一条 为保障农村村民依法行使民主权利，完善村民委员会选举制度，促进村民委员会建设，根据《中华人民共和国村民委员会组织法》，结合本省实际，制定本办法。

第二条 本行政区域内村民委员会的选举适用本办法。

第三条 村民委员会是村民自我管理、自我教育、自我服务的基层群众性自治组织。

村民委员会一般由主任、副主任和委员共3至5人组成；人数较多、居住分散或者经济发达的村，可以由7人组成。具体数额由村民会议或者村民代表会议确定。

村民委员会成员中至少应当有1名妇女，多民族居住的村应当有人数较少的民族的成员。

第四条 村民委员会成员由选民以无记名投票方式直接选举产生。

村民委员会每届任期3年，届满应当及时举行换届选举，其成员可以连选连任。

村民委员会成员应当遵守宪法和法律，具有一定的组织和领导能力，廉洁公道，作风民主，热心为村民服务。

第五条 村民委员会换届选举工作由省人民政府统一部署，县级以上人民政府民政部门和乡、民族乡、镇人民政府（包括辖有村民委员会的街道办事处，下同）负责组织实施。

第六条 各级人民政府指导村民委员会换届选举工作所需经费，由财政拨付。村民委员会的选举经费在村提留中的管理费中列支，乡、民族乡、镇财政给予适当补助。

第七条 中国共产党在农村的基层组织，按照中国共产党章程进行工作，发挥领导核心作用，依照宪法和法律，支持和保障村民开展自治活动、直接行使民主权利。

第二章 选举工作机构

第八条 村民委员会换届选举时，各级人民政府设立村民委员会选举工作领导小组，村设立村民选举委员会。

村民选举委员会由主任一人、委员若干人组成。

第九条 村民委员会选举工作领导小组履行下列职责：

（一）宣传有关法律、法规；

（二）制定选举工作方案；

（三）培训选举工作人员；

（四）指导村民委员会选举；

（五）承办选举工作中的其他事项。

第十条 村民选举委员会成员由村民会议或者各村民小组推选产生，报乡、民族乡、镇人民政府备案。

村民选举委员会主持村民委员会选举工作，依法履行下列职责：

(一)宣传有关法律、法规;

(二)制定选举工作实施方案;

(三)通知外出的村民参加选举;

(四)登记选民并公布选民名单;

(五)公布选举日期、选举大会地点和投票站地点;

(六)组织村民提名候选人并公布候选人名单;

(七)主持召开选举大会和投票活动,组织推选计票人、监票人,公布选举结果;

(八)整理、建立选举工作档案;

(九)办理选举工作中的其他事项。

村民选举委员会履行职责,自组成之日起至新一届村民委员会召开第一次会议为止。

第三章　选民登记

第十一条　凡年满18周岁的村民都有选举权和被选举权,但依照法律被剥夺政治权利的除外。

第十二条　有选举权和被选举权的村民由户籍所在地的村民选举委员会进行选民登记;有下列情形之一的,可以由经常居住地的村民选举委员会进行登记,但不得重复登记:

(一)户口迁出本村但仍在本村居住并履行村民义务的原本村村民;

(二)结婚后居住在配偶所在地的村,但户口尚未迁入,本人同意在配偶所在地的村进行选民登记的;

(三)因其他原因不在户籍所在地登记的。

精神病患者不能行使选举权利的,经村民选举委员确认,不列入选民名单。

第十三条　选民名单应当在选举日的20日以前公布。对公布的名单有不同意见的,可以向村民选举委员会提出。村民选举委员会应当在选举日以前做出解释或者调整。

第十四条　因故推迟选举30日以上的,应当对选民名单进行核实,并根据具体情况予以调整,重新公布。

第四章　候选人的产生

第十五条　村民委员会主任、副主任、委员实行差额选举,各项职务的候选人人数应当比应选人数至少多1人。具体数额由村民选举委员会确定。

第十六条　村民委员会主任、副主任、委员候选人,分别由村民选举委员会召集本村过半数的选民以无记名投票方式提名,或者以村民小组为单位召集本组过半数的选民以无记名投票方式提名,以得票多少确定。因票数相等不能确定时,应当就得票相等的人再次投票,得票多的列为候选人。每个选民提名的候选人人数,不得超过应选人数。

村民选举委员会召集选民提名的,应当在提名当日公开计票,当场宣布提名结果;以村民小组为单位召集选民提名的,提名结束后,由选民推荐3名以上代表当众密封票箱,并随即将票箱护送至村民选举委员会指定的计票地点,于提名当日集中公开计票,当场宣布提名结果。

第十七条　候选人名单应当在选举日的7日前公布。本人不愿意被列为候选人,候选人的缺额按照提名结果依次递补。调整后的候选人名单应当在选举日的3日前公布。

村民选举委员会成员被推荐为候选人的,不再参加村民选举委员会的工作。其缺额按照本办法第十条规定的程序补充。

第十八条　村民选举委员会应当向选民介绍候选人情况,并组织候选人与选民见面、发表任职演讲、回答选民提问。

没有被列为候选人的选民自荐的,应当在选举日的5日前以书面形式向村民选举委员会提出自荐的申请。村民选举委员会应当在选举日的3日前公布自荐人名单。村民选举委员会可以向选民介绍自荐人的情况,可以组织自荐人与选民见面、发表任职演讲、回答选民提问。

候选人和自荐人演讲的内容,不得违反宪法、法律、法规和国家政策,不得对其他参加竞争的选民进行诋毁和人身攻击。

第五章　投票选举

第十九条　村民委员会选举,由村民选举委员会向选民发给统一的选票。选票上正式候选人的排列以姓氏笔画为序。

第二十条　村民委员会主任、副主任和委员的选举可以一次同时投票产生,也可以先选举主任、副主任,后选举委员。

村民委员会主任、副主任、委员应当由选民直接选举产生,主任、副主任不得从当选的委员中推选,主任不得从当选的副主任中推选。

第二十一条　村民委员会选举,由村民选举委员会主持召开选举大会集中投票,也可以设立若干投票站分散投票。集中投票和分散投票的场所设立发票处和秘密写票处。

选民不能到投票现场投票的,可以书面委托其他选民投票,但每一个选民只能接受一个选民的委托,被委托的人不得违背委托人的意志。被列为候选人的选民和自荐人不能接受委托。

选民因健康原因不能到投票站投票，又不愿意委托其他选民投票的，经村民选举委员会确认，可以使用流动票箱投票。村民选举委员会应当将使用流动票箱的选民名单于选举日前张榜公布。不属于使用流动票箱的选民，不得使用流动票箱投票。

选民凭选民证和书面委托投票证明领取选票。

每个投票站和流动票箱应当有3名以上的工作人员。

第二十二条 选票由选民本人填写，不得串通。选民不识字或者因残疾不能填写选票的，可以委托他人代写，被委托人不得违背委托人的意志。被列为候选人的选民和自荐人不能接受委托。

选民对候选人可以投赞成票，可以投反对票，可以另选本村其他选民，也可以弃权。

第二十三条 参加投票的选民超过全体选民半数的，选举有效。选举投票结束后，应当于当日集中选票，由计票人、监票人当众核对投票人数和票数，做出记录，并由监票人签字。

第二十四条 每张选票所选的人数，等于或者少于应选名额的有效，多于应选名额的无效。

书写模糊不能辨认的选票或者不按规定符号填写的选票作废。

第二十五条 候选人或者另选人获得参加投票的选民过半数的选票，始得当选。

获得过半数选票的候选人或者另选人超过应选名额时，以得票多的当选。如果因票数相等不能确定当选人时，应当就得票相等的人再次投票，以得票多的当选。

第二十六条 经投票选举，当选人数不足3人，不能组成新一届村民委员会的，应当在10日内就不足的名额另行选举。另行选举应当按照本办法第十五条的规定设置差额。

经投票选举，当选人数达到3人以上但是不足应选人数的，应当在3个月内补选缺额。主任暂缺的，由当选的1名副主任主持工作，直至选出主任为止；主任、副主任暂缺的，由当选的委员推选1人主持工作，直至选出主任、副主任为止。

另行选举和补选缺额时，可以按照未当选人得票多少顺序确定候选人，也可以重新确定候选人进行投票，以得票多的当选，但是得票数不得少于选票数的三分之一。

第二十七条 村民委员会选出后，村民选举委员会应当在选举当日予以公布，并报乡、民族乡、镇人民政府和县级人民政府民政部门备案。选票及其他选举资料由村民选举委员会整理建档。

新当选的村民委员会主任、副主任和委员，由乡、民族乡、镇人民政府颁发当选证书。

第六章　罢免与补选

第二十八条 村民委员会成员受村民监督。村民会议有权罢免村民委员会成员。罢免村民委员会成员应当经过有选举权的村民过半数通过，并报乡、民族乡、镇人民政府和县级人民政府民政部门备案。

村民委员会成员在任期内，任何组织或者个人不得撤换；未经村民会议决定，不得罢免。

第二十九条 罢免村民委员会成员，应当由全村五分之一以上有选举权的村民联名提出。

对提出的罢免案，村民委员会应当在2个月内召开村民会议进行表决。村民委员会不按规定时间召开村民会议进行表决的，乡、民族乡、镇人民政府应当督促召开村民会议进行表决。

第三十条 村民委员会成员在任期内，有被决定劳动教养或者被依法追究刑事责任的，自决定或者人民法院判决书生效之日起，其村民委员会成员职务自行终止。

第三十一条 村民会议在讨论村民委员会成员罢免案时，提案人应当到会说明理由，被提出罢免的人有权出席会议并申述意见。

第三十二条 村民委员会成员要求辞去职务的，应当书面向村民会议或者村民代表会议提出辞呈。村民委员会应当召开村民会议或者村民代表会议讨论表决，获过半数通过方可同意其辞职，并报乡、民族乡、镇人民政府和县级人民政府民政部门备案。

第三十三条 因村民委员会成员辞职或者被罢免等原因出现缺额时，应当在3个月内补选。补选的候选人应当根据多数选民的意见确定，候选人的名额可以多于或者等于应选名额。补选结果应当报乡、民族乡、镇人民政府和县级人民政府民政部门备案。

第七章　法律责任

第三十四条 对有下列行为之一的，村民有权向乡、民族乡、镇的人民代表大会和人民政府或者县级人民代表大会常务委员会和人民政府及其有关主管部门举报：

(一)不按照法定的任期进行换届选举的；

(二)违反本办法规定取消、变更村民委员会成员候选人或者指定、委派、撤换村民委员会成员的；

(三)用暴力、威胁、欺骗、贿赂、冲击会场、毁坏选票和票箱等手段破坏选举或者妨害选民依法行使选举权和被选举权的；

(四)伪造选票、虚报选举票数或者有其他弄虚作假行为的;

(五)对控告、检举选举中违法行为的人,或者对提出要求罢免村民委员会成员的人进行压制、报复的;

(六)破坏村民委员会选举的其他违法行为。

有关机关应当在接到举报之日起30日内依法调查处理。

第三十五条 违反本办法规定程序的选举无效;以威胁、贿赂、伪造选票等不正当手段当选的,其当选无效。

村民对选举程序或者选举结果有异议的,可以向乡、民族乡、镇的人民代表大会和人民政府或者县级人民代表大会常务委员会和人民政府及其民政部门提出书面申诉,有关机关应当在接到申诉之日起30日内调查处理。

第八章 附 则

第三十六条 本办法自公布之日起施行。

江苏省村民委员会选举办法

——2000年8月26日江苏省第九届人民代表大会常务委员会第十八次会议通过

第一章 总 则

第一条 为了规范村民委员会选举程序,保障村民依法行使民主选举权利,根据《中华人民共和国村民委员会组织法》,结合本省实际,制定本办法。

第二条 村民委员会选举工作应当坚持公平、公正、公开的原则。任何组织或者个人不得干扰选举工作,侵犯村民民主选举权利。

第三条 村民委员会由主任、副主任和委员共3至7人组成,由村民直接选举产生。成员的具体职数由村民代表会议决定。村民委员会成员中,妇女应当有适当的名额。

村民委员会每届任期3年,届满应当及时进行换届选举。因特殊原因需要提前或者延期换届选举的,必须经县级以上人民政府批准。提前或者延期换届选举的时间,不得超过6个月。因区划调整需要重新组建村民委员会的,应当在6个月内进行选举。

第四条 村民委员会换届选举工作由省人民政府统一部署,市、县(市、区)、乡(镇)人民政府组织实施。日常工作由地方各级人民政府民政部门承担。

第五条 地方各级人民政府组织实施村民委员会选举工作所需经费,由各级财政列支。村的选举工作费用在村级经费中列支,乡(镇)人民政府对经济困难的村应当给予适当补助。

第二章 选举工作机构

第六条 村民委员会换届选举期间,市、县(市、区)、乡(镇)应当分别成立村民委员会换届选举工作指导小组,主要职责是:

(一)宣传有关法律、法规和政策;

(二)具体部署和指导村民委员会选举工作;

(三)培训选举工作骨干;

(四)受理本行政区域内关于村民委员会选举方面的来信来访;

(五)处理、上报选举工作中出现的重大问题;

(六)办理选举工作中的其他事项。

县级以上村民委员会换届选举工作指导小组下设办公室,办公室设在民政部门。

第七条 村成立村民选举委员会,由5至9人组成,经村民会议或者各村民小组推选产生。村民选举委员会推选一名成员为选举委员会主任,主持选举委员会工作。

村民选举委员会成员应当遵守法律、法规,办事公道,作风正派,有一定的组织能力。

村民选举委员会成员名单报乡(镇)村民委员会换届选举工作指导小组备案。

第八条 村民选举委员会成员被确定为村民委员会成员候选人的,不再参与村民选举委员会工作,由村民会议或者各村民小组另行推选人员,补足缺额。

第九条 村民选举委员会主持村民委员会选举工作,履行下列职责:

(一)组织村民学习有关选举的法律、法规,做好选举的宣传发动工作;

(二)制定选举工作方案,确定选举工作人员;

(三)组织选民登记,审查选民资格,公布选民名单,发放选民证、委托投票证,接受村民有关选举问题的咨询;

(四)组织有选举权的村民提名候选人,确认候选人资格,公布候选人名单、选举日期、投票时间及地点、方法;

(五)向选民介绍候选人基本情况,组织候选人发表治村演说;

(六)主持召开选举大会,组织投票选举,确定选举是否有效,公布选举结果;

（七）总结选举工作，建立健全选举工作档案；

（八）办理选举工作中的其他事项。

村民选举委员会履行职责从组成之日起至新一届村民委员会召开第一次会议止。

第三章　选民登记

第十条　年满18周岁的村民，不分民族、种族、性别、职业、家庭出身、宗教信仰、教育程度、财产状况、居住期限，都有选举权和被选举权，但是依照法律被剥夺政治权利的人除外。

选民的年龄计算自出生日到选举日。选民出生日期以居民身份证为依据；暂无居民身份证的，以户籍登记为依据。

第十一条　有选举权和被选举权的村民应当在户籍所在地的村进行选民登记。

因为婚嫁、征地等原因户籍不在本村，但生产、生活在本村并履行村民义务的公民，提交户籍所在地选民资格证明后，经村民选举委员会讨论决定，可以进行选民登记，但不得在户籍所在地重复登记。

第十二条　选民名单应当在选举日的20日前张榜公布。村民对公布的名单有异议的，可以在选举日的10日前向村民选举委员会提出，村民选举委员会应当在选举日的7日前做出解释或者予以纠正。

村民选举委员会应当在村民委员会成员候选人提名前向选民发放选民证。

第四章　候选人的产生

第十三条　村民委员会成员候选人应当是遵守宪法、法律、法规和国家的政策，办事公道，廉洁奉公，热心为村民服务，有一定的文化知识，能够带领群众共同致富的村民。

第十四条　村民委员会主任、副主任、委员候选人，经选民一人一票直接提名，由村民选举委员会确定按下列方式之一进行：

（一）由村民选举委员会召开提名大会，组织本村过半数的选民按照村民委员会主任、副主任、委员职数，等额填写候选人提名表，当场公开监票、唱票、计票；

（二）以村民小组为单位召开提名会议，组织本组过半数的选民按照村民委员会主任、副主任、委员职数，等额填写候选人提名表，汇总后，由村民选举委员会主持并在过半数的村民代表监督下集中监票、唱票、计票。

村民委员会主任、副主任、委员候选人名额应当分别多于应选名额1人，候选人名单按照被提名得票多少确定，并于选举日的5日前张榜公布。

第五章　投票选举

第十五条　选举村民委员会主任、副主任和委员，由选民对候选人直接进行差额选举。

第十六条　选举村民委员会，由村民选举委员会召开大会集中进行投票选举。

选民较多或者居住分散的村，可以设置若干投票站。每个投票站监票人及工作人员不得少于3人。

第十七条　选举现场应当设领票处、秘密写票处、代写处。选民凭选民证和委托投票证到领票处领取选票。

选民因文盲、残疾等原因不能填写选票的，可以由他人按照该选民意愿代为填写选票。

第十八条　选民因外出、生病等原因不能亲自参加投票的，经村民选举委员会确认，可以填写委托投票证，委托其他选民投票。被委托选民接受委托不得超过3人，不得违背委托人的意愿。村民委员会成员候选人及其配偶、直系亲属不得接受家庭成员以外选民的委托。

第十九条　选举大会投票前，应当核实参加选举的选民人数，本村选民过半数参加，选举始得进行。

村民选举委员会提名的监票人、唱票人、计票人，应当经过选举大会举手表决通过。村民委员会成员候选人及其配偶、直系亲属不得担任监票人、唱票人、计票人。

投票前，村民选举委员会应当宣布选举有关规定，提出选票填写的具体要求。

第二十条　村民委员会选举采取无记名投票方式。选民可以投赞成票，可以投反对票，可以另选其他选民，也可以弃权。

第二十一条　投票箱应当当众验箱，加贴封条。多余选票，予以销毁。投票结束后，所有投票箱应当于当日内集中到选举大会会场当众开封，核对票数，并当众唱票、计票，做出记录，由监票人签字。

第二十二条　每次选举所投票数等于或者少于投票人数并超过全体选民半数的，选举有效；投票数多于投票人数或者未超过全体选民半数的，选举无效，应当重新投票。

每一选票所选人数等于或者少于应选名额的，为有效票；多于应选名额的、无法辨认的、不同职位填写同一姓名的或者未按照规定符号填写的选票，为无效票；有效票、无效票累计总数为选民投票数。

第二十三条　村民委员会主任、副主任、委员候选人及另选的其他选民必须获得选民所投票数的过半数赞成票，始得当选。获得半数以上赞成票的人数，多于应选名额时，以得票多的当选；如果得票数相等不能确定当选人时，应当对得票数相等的候选人再次投票，以得票多的当选。

第二十四条 当选人数少于应选人数，但已达到3人的，组成新一届村民委员会，不足名额可以暂缺。主任暂缺的，由得票多的当选副主任主持工作；不设副主任的，由得票多的当选委员主持工作。对暂缺的主任应当在两个月内另行选举。

当选人数少于3人，不能组成村民委员会的，不足名额应当在两个月内另行选举。

另行选举时，候选人以得票多的当选，但是得票数不得少于选民所投票数的三分之一。

第二十五条 选举结果由村民选举委员会当场公布，并报乡(镇)村民委员会换届选举工作指导小组备案。

新一届村民委员会第一次会议应当在选举结果公布之日后的5日内召开。

第六章 罢免、辞职和补选

第二十六条 本村五分之一以上有选举权的村民联名，可以要求罢免村民委员会成员。罢免要求应当向村民委员会提出，并写明罢免理由。村民委员会应当在接到罢免要求之日起两个月内进行调查，并召开村民会议进行投票表决。

村民会议在讨论表决罢免要求时，被提出罢免的村民委员会成员有权出席会议和提出申辩意见。

罢免村民委员会成员，必须经有选举权的村民过半数通过。表决结果由村民委员会报乡(镇)人民政府和县(市、区)人民政府民政部门备案。

要求罢免村民委员会主任的，由副主任主持村民会议投票表决；不设副主任的，由委员推选一人主持村民会议投票表决。

第二十七条 村民委员会成员在任期内被依法追究刑事责任或者被劳动教养的，由村民会议或者村民代表会议讨论通过终止其村民委员会成员职务。

第二十八条 村民委员会成员要求辞去职务的，应当以书面形式向村民委员会提出，并经村民会议或者村民代表会议按照少数服从多数的原则讨论决定。

第二十九条 村民委员会成员因罢免、辞职、职务终止等原因造成主任出缺或者少于3人时，应当按照本办法规定在两个月内由村民委员会主持召开村民会议进行差额或者等额补选，获得选民所投票数的过半数的赞成票，始得当选。

第七章 法律责任

第三十条 违反本办法规定进行选举的，村民有权向乡(镇)人民代表大会和人民政府或者县级人民代表大会常务委员会和人民政府及其有关主管部门举报。有关机关应当负责调查，并依法处理。

第三十一条 有下列违法行为之一的，由上一级主管机关予以纠正，并视情节轻重对直接责任人给予批评教育或者行政、纪律处分：

(一)拖延村民委员会选举超过规定时限的；

(二)擅自调整、变更村民委员会候选人的；

(三)未经村民会议通过，罢免村民委员会成员的；

(四)指定、委派、撤换、调离村民委员会成员的。

第三十二条 有下列行为之一的，各级人民政府及其有关部门应当依法予以制止、纠正；违反治安管理规定的，由公安机关依法处理；构成犯罪的，由司法机关依法追究刑事责任：

(一)以违反国家法律、法规和政策的许诺竞争候选人、拉拢选民的；

(二)对控告、检举选举中的违法行为或者提出罢免要求的村民进行压制、报复的；

(三)用暴力、威胁、欺骗、贿赂、伪造选票、毁坏选票或者票箱等手段破坏选举工作或者妨碍选民行使选举权的；

(四)以其他不正当方式阻碍选举工作正常进行的。

以威胁、贿赂、伪造选票等不正当手段当选的，其当选无效。

第八章 附 则

第三十三条 本办法自2000年9月1日起施行。1992年10月27日江苏省第七届人民代表大会常务委员会通过的《关于村民委员会选举工作的若干规定》同时废止。

北京市村民委员会选举办法

——2000年9月22日北京市第十一届人民代表大会常务委员会第二十一次会议通过

第一章 总 则

第一条 为规范村民委员会选举，保障村民依法行使民主权利，根据《中华人民共和国村民委员会组织法》，结合本市实际，制定本办法。

第二条 村民委员会主任、副主任和委员，由本村有选举权的村民直接选举产生。任何组织或者个人不得指定、委派或者撤换村民委员会成员。

第三条 村民委员会由主任、副主任和委员共3至7人组成，具体人数由村民会议或者村民会议授权村民代表会议决定。

第四条 村民委员会每届任期3年，届满应当进行换届选举。村民委员会成员可以连选连任。

第五条 村民委员会换届选举工作由市人民政府统一部署。区、县和乡、民族乡、镇人民政府负责组织和指导选举工作的具体实施。

第六条 中国共产党在农村的基层组织，按照中国共产党章程进行工作，发挥领导核心作用；在村民委员会选举工作中，依照宪法和有关法律、法规，支持和保障村民直接行使民主权利。

第七条 村民委员会的选举经费由村自行解决。选举经费支出确有困难的村，乡、民族乡、镇人民政府应当给予适当补助。各级人民政府组织指导村民委员会选举工作所需经费由同级财政专项拨付。

第二章 选举工作机构

第八条 村民委员会的选举工作由村民选举委员会主持。村民选举委员会成员经村民会议或者村民小组推选产生，由5至9人组成。村民选举委员会成员推选1人主持工作。

村民选举委员会成员名单应当报乡、民族乡、镇人民政府备案。

第九条 村民选举委员会履行下列职责：

(一)宣传选举的目的、意义和有关法律、法规；

(二)制定选举工作实施方案；

(三)确定和培训聘请的选举工作人员；

(四)组织选民登记，审查选民资格，公布选民名单；

(五)组织选民提名村民委员会成员候选人，并公布候选人名单；

(六)确定并公告选举日期、投票地点；

(七)主持选举大会，公布选举结果，并报乡、民族乡、镇人民政府备案；

(八)受理有关选举工作的申诉；

(九)总结选举工作，整理、建立选举工作档案；

村民选举委员会履行职责至新一届村民委员会召开第一次会议止。

第三章 选民登记

第十条 年满18周岁的村民，不分民族、种族、性别、职业、家庭出身、宗教信仰、教育程度、财产状况、居住期限，都有选举权和被选举权，但是依照法律被剥夺政治权利的人除外。

选民的年龄计算到选举日为止。

第十一条 具有选民资格的村民一般在户口所在地的村进行选民登记。

现居住地与户口所在地不一致，要求在居住地参加选举的，经居住地所在村的村民选举委员会确认，可以进行选民登记，但不得在户口所在地重复登记。

第十二条 选民名单应当在选举日的20日前张榜公布，并发给选民证。村民对公布的名单有不同意见的，可以在选民名单公布后的10日内向村民选举委员会提出申诉；村民选举委员会应当在接到申诉之日起3日内做出书面处理决定。

第四章 候选人的产生

第十三条 村民委员会成员候选人，由选民直接提名产生。村民委员会主任、副主任、委员正式候选人人数应当分别多于应选名额1至2人，按照获得选民提名的票数多少确定。

每个选民提出的村民委员会成员候选人的人数不得超过应选名额。

第十四条 村民选举委员会应向选民介绍候选人情况。可以组织村民委员会成员候选人与选民见面，回答选民提出的问题。

第十五条 选民提名村民委员会成员候选人，应当推荐遵守宪法、法律、法规和国家政策，公正廉洁，作风正派，热心为村民服务，身体健康，有一定文化水平和组织、管理能力的村民。

第十六条 村民委员会成员正式候选人名单应当在选举日的5日前，按照获得选民提名的票数多少的顺序张榜公布。

第五章 投票选举

第十七条 村民选举委员会应当在选举日前做好以下准备工作：

(一)公布投票选举的具体时间和地点；

(二)准备选票和票箱，布置选举大会会场和投票站，设立发票处和秘密写票处；

(三)确定监票人、唱票人、计票人及其他选举工作人员；

(四)其他选举事务工作。

村民委员会成员正式候选人及其配偶、直系亲属不得担任监票人、唱票人、计票人和其他选举工作人员。

第十八条 选举村民委员会，可以采取选民一次投票选举主任、副主任和委员的方式；也可以采取分次投票选举主任、副主任和委员的方式。具体选举方式，由选民选举委员会根据多数选民的意见在选举方案中确定。

第十九条 投票选举时，应当由村民选举委员会主持召开选举大会。村民选举村民委员会应当根据选民居住状况和便于组织选举的原则，设立中心投票会场和若干投票站。对不便到会场或者投票站投票的，可以设立流动投票箱。每个投票站或者流动投票箱必须有3名以上监票人负责。

第二十条 选举现场应当设立秘密写票处和公共代写处。

投票时，选民自己不能填写选票的，可以请他人代写。代写人不得违背委托人的意愿。

第二十一条 选举日不能参加投票选举的选民，可以书面委托除正式候选人之外的其他选民代为投票。每一选民接受委托投票不得超过3人。村民选举委员会应当在投票选举日前办理委托投票手续，并在发票时查验委托书。

第二十二条 村民委员会选举采取无记名投票方式。选民对正式候选人可以投赞成票、反对票或者另选他人，也可以弃权。

第二十三条 投票选举前，村民选举委员会应当核实参加选举的人数；投票结束后，所有投票箱应立即集中到选举大会会场，当众开箱，公开唱票、计票，当场公布选举结果。

第二十四条 全体选民的过半数参加投票，选举有效；每次选举所投的票数，等于或者少于投票人数的有效，多于投票人数的无效；每一选票所选的人数，等于或者少于应选名额的有效，多于应选名额的无效。选票无法辨认的，经村民选举委员会认定，作废票处理。废票计入选票总数。

第二十五条 候选人获得参加投票选民的过半数选票，始得当选；获得过半数选票的候选人人数多于应选名额时，以得票多者当选；如遇票数相同，无法确定当选人时，应当就得票数相同的候选人再次投票，以得票多者当选。

第二十六条 当选的村民委员会成员人数少于应选名额时，应当在15日内就不足的名额另行选举。

另行选举时，根据第一次投票时得票多少的顺序，差额确定候选人。候选人以得票多者当选，但得票数不得少于参加投票选民的三分之一。

另行选举后，当选人数超过3人并已选出村民委员会主任，但仍不足应选名额时，经村民会议决定，可以不再另行选举。

第二十七条 村民选举委员会确认选举有效后，应当报乡、民族乡、镇人民政府备案。

第二十八条 以威胁、贿赂、伪造选票等不正当手段当选的，其当选无效。

第六章 罢免、辞职和补选

第二十九条 村民委员会成员受村民监督。

本村五分之一以上有选举权的村民联名，可以对村民委员会成员提出罢免要求。罢免要求应当以书面形式向村民委员会提出，并写明罢免理由。村民委员会应当在接到罢免要求之日起30日内召开村民会议，进行投票表决。

乡、民族乡、镇人民政府对严重违反国家法律、法规受到处罚的村民委员会成员，可以向村民委员会提出罢免建议。

第三十条 村民委员会逾期不召集村民会议投票表决罢免要求的，乡、民族乡、镇人民政府可以召集村民会议投票表决。

第三十一条 村民会议在讨论表决罢免要求时，被提出罢免的村民委员会成员有权出席会议并提出申辩意见。罢免村民委员会成员，必须经有选举权的村民过半数通过。表决的程序和方法适用本办法规定的选举程序和方法。表决结果报乡、民族乡、镇人民政府备案。

第三十二条 村民委员会成员要求辞职的，应当以书面形式向村民委员会提出，由村民委员会召集村民会议或者村民代表会议讨论决定，并予以公告。

第三十三条 村民委员会成员出现缺额时，应当及时补选。补选村民委员会的主任或者2名以上村民委员会成员，按照本办法规定的选举程序和方法进行；补选村民委员会个别成员，补选方法由村民委员会根据多数选民的意见确定。

补选的村民委员会成员，其任期到本届村民委员会任期届满为止。

第七章 监督管理

第三十四条 本市区、县、乡、民族乡、镇人民代表大会和市、区、县人民代表大会常务委员会对村民委员会换届选举进行监督、检查，保证《中华人民共和国村民委员会组织法》和本办法在本行政区域内的贯彻实施。

第三十五条 村民对选举有异议的，可以向乡、民族乡、镇人民代表大会和人民政府或者区、县人民代表大会常务委员会和人民政府及其有关主管部门提出。有关机关应当负责调查并依法处理。

第三十六条　对有下列行为之一的，由上一级人民政府责令改正，并视情节轻重给予批评教育或者行政、纪律处分；违反治安管理规定的，由公安机关依法处理；构成犯罪的，依法追究刑事责任：

（一）用暴力、威胁、贿赂等不正当手段破坏选举或者妨碍选民自由行使选举权和被选举权的；

（二）擅自调整、变更村民委员会候选人或者指定、委派、撤换村民委员会成员的；

（三）伪造选举文件、虚报选举票数的；

（四）对控告、检举村民委员会选举中违法行为或者提出罢免村民委员会成员要求的人进行压制、报复的；

（五）无正当理由拖延村民委员会换届选举的；

（六）未经村民会议通过，罢免村民委员会成员的；

（七）以其他不正当方式干扰、妨碍选举工作正常进行的。

第八章　附　则

第三十七条　本办法自2000年10月1日起施行。

宁夏回族自治区村民委员会选举办法

——2000年11月17日自治区第八届人大常委会第十六次会议通过

第一章　总　则

第一条　为了加强村民委员会建设，保障村民依法行使民主权利，完善村民委员会选举制度，根据《中华人民共和国村民委员会组织法》，结合自治区实际，制定本办法。

第二条　村民委员会选举工作，应当有利于社会稳定，有利于调动村民参与民主管理的积极性，有利于促进农村经济发展和社会进步。

第三条　村民委员会每届任期3年，其成员可连选连任。

第四条　年满18周岁的村民，除依法被剥夺政治权利的外，均有选举权和被选举权。

每一选民在一次选举中只有一个投票权。

第五条　村民委员会由主任、副主任和委员共3至7人组成。

村民委员会成员中，妇女应当有适当的名额，多民族村民居住的村应当有人数较少的民族的成员。

第六条　村民委员会采取差额和无记名投票方式直接选举产生。任何组织或者个人不得指定、委派、撤换村民委员会成员。

第七条　村民委员会换届选举由自治区人民政府统一部署，由县、不设区的市、市辖区、乡、镇人民政府组织实施。

各级民政部门具体指导村民委员会的换届选举工作。

第八条　村民委员会选举工作经费，由乡、镇财政给予补助。

第二章　选举工作机构及其职责

第九条　村民委员会换届选举时，县、不设区的市、市辖区、乡、镇人民政府，分别成立村民委员会选举工作指导组。选举工作指导组履行下列职责：

（一）宣传有关法律、法规；

（二）制定选举工作计划和实施方案；

（三）培训选举工作人员；

（四）指导和监督村民委员会选举工作；

（五）受理选民对选举中违法行为的检举和控告；

（六）总结交流选举工作经验；

（七）检查验收并总结选举工作；

（八）承办选举工作中的其他事务。

第十条　村成立村民选举委员会，主持村民委员会的选举。村民选举委员会由上届村民委员会召开村民会议或者村民小组推选产生，由5至7人组成，并推选主任、副主任各1人，主持村民委员会选举工作。村民选举委员会成立后，应当向全体村民公布并报乡、镇村民委员会选举工作指导组备案。

村民选举委员会的职责是：

（一）宣传有关法律、法规和选举的目的、意义；

（二）实施选举工作计划和方案；

（三）登记选民，审查选民资格并公布名单；

（四）组织选民推选候选人，确定公布正式候选人名单；

（五）确定选举日期、地点和程序；

（六）主持选举大会和投票站的选举，公布选举结果；

（七）解答和处理村民提出的有关选举方面的问题；

（八）总结选举工作，整理选举工作档案，报乡、镇人民政府备案。

村民选举委员会成员被确定为村民委员会成员正式候选人的，应当退出村民选举委员会；空缺的村民选举委员会成员由村民会议或者村民小组推选增补。

村民选举委员会的工作职责履行至新一届村民委员会召开第一次会议为止。

第三章　选民登记

第十一条　年满18周岁以上有选举权和被选举权的村民应当在户籍所在地的村进行选民登记。选民登记按村民小组进行并公布名单。

经村民选举委员会确认，有下列情形之一的，在居住地进行选民登记：

(一)结婚后现居住在配偶所在地的村，户口未迁移的；

(二)转为非农业户口的人员，仍在原村居住并履行该村民义务的；

(三)因故离开户籍所在地并在现居住地居住1年以上的。

选民登记后迁出本村、死亡和依法被剥夺政治权利的，从选民名单上除名。

不能行使选举权利的精神病患者和智力残疾者，经村民选举委员会确认，不列入选民名单。

第十二条　对外出的村民，应当事先发出通知，在选举日前未能回村又未委托其他选民代其行使选举权的，不计算在本届选民总数内。

第十三条　选民的年龄以户籍登记或身份证为准。选民的年龄计算以选举日为止。

第十四条　选民名单应当在选举日的20日前公布。村民对公布的选民名单有异议的，可以在选举日的15日前向村民选举委员会提出，村民选举委员会应当在选举日前依据本章的有关规定做出解释或者纠正。

第四章　候选人的产生

第十五条　村民委员会主任、副主任和委员候选人应符合下列条件：

(一)认真贯彻执行《宪法》、法律、法规和国家政策；

(二)作风正派，办事公道，联系群众，热心为村民服务；

(三)工作认真负责，有办事能力，能完成任务和带领群众共同致富；

(四)身体健康；

(五)有一定文化知识。

第十六条　村民委员会主任、副主任、委员候选人由本村有选举权的村民直接提名。提名时，全体有选举权的村民可以集中提名；也可以以村民小组为单位，组织有选举权的村民提名。

提名村民委员会候选人应当有适当的妇女名额；多民族居住地村应当有人数较少的民族的人员。

所有被提名的候选人名单，应当在选举日10日前按姓名笔画顺序公布。

第十七条　村民委员会主任、副主任候选人名额应当分别比应选名额多1人；委员候选人名额比应选名额多1至2人。

如果提名的候选人数多于前款规定的人数，村民选举委员会应当召开村民会议，以无记名投票方式进行预选，按照得票多少和前款规定的人数确定正式候选人。

第十八条　村民委员会正式候选人确定后，应当在选举日5日前按照姓名笔画顺序公布。经过预选的，应按得票多少顺序公布。

第十九条　正式候选人公布后，由村民选举委员会按照公平、公正、公开的原则向村民介绍正式候选人的情况，也可以组织候选人发表治村演说并回答村民的询问。

第五章　选　举

第二十条　村民委员会选举采用无记名投票的方式进行。

第二十一条　选民对候选人可以投赞成票、反对票或者弃权票，也可以另选他人。

第二十二条　投票选举时，应当召开选举大会。

村民选举委员会应当根据便于组织选举的原则，设立中心投票会场和若干投票站。对不便到会场或者投票站投票的，可以设流动投票箱。每个投票站或者流动票箱必须有3名以上监票人员负责。

投票站的票箱和流动投票箱必须集中到选举大会主会场开箱、计票。

第二十三条　选举现场设发票处和秘密写票处。选民凭选民证领取选票，由选民本人填写选票后投票。

选民因故不能参加投票的，经村民选举委员会同意，可以书面委托其他选民代为投票，但是每一选民接受委托不得超过3人。

选民如果是文盲或者其他原因不能自写选票的，可以委托他人代写。代写选票不得违背委托人的意愿。

第二十四条　选举时，由选民推选出监票、计票人员若干人，监督投票和计票工作。

村民委员会候选人不得担任监、计票人。

第二十五条　投票结束后，监票、计票人员同村民选举委员会将所有票箱当众开箱，核对投票人数和票数，公开唱票和计票，做出记录，并由监票人签字后当场宣布选举结果。

第二十六条 收回选票等于或者少于投票人数的，选举有效，多于投票人数的选举无效。

每一选票所选的人数，等于或者少于应选人数的有效，多于应选人数的无效。选票书写模糊无法辨认的部分或者不按规定填写的部分无效。

第二十七条 在一次性投票选举中，委员候选人的得票数，将其获得的主任、副主任、委员的票数相加，计算为所得票数；副主任候选人的得票数，将其获得的主任、副主任的票数相加，计算为所得票数；主任候选人的得票数，只计算主任的得票数。

第二十八条 全村选民过半数参加投票的，选举有效。

第二十九条 候选人获得参加选举的过半数赞成票的，始得当选。

获得过半数赞成票的候选人人数多于应选名额时，以得票多的当选。如果票数相等不能确定当选人时，应当就票数相等的候选人再次投票，以得票多的当选。

当选人数少于应选名额时，不足的名额应当在没有当选的候选人中另行选举。另行选举时，根据第一次选举得票多少的顺序，按照本办法第十七条规定的差额数确定候选人名单。如果只选1人，候选人应当为2人。选举以得票多的当选，但得票数不得少于选票的三分之一。

第三十条 另行投票选举，当选名额仍不足应选名额，而当选人已达3人或者3人以上时，不足的名额可以暂缺。主任暂缺时，由副主任代理主任工作；主任、副主任都暂缺时，由当选得票较多的村民委员会委员暂主持工作，直至下一次补选出主任为止。

另行选举当选人数不足3人，不能组成村民委员会时，应当按得票多少的顺序补至3人，暂时履行村民委员会的职责。

经两次选举还不足的名额应当在6个月内再行选举。再行选举时，原当选的村民委员会成员资格有效。

第三十一条 村民委员会选举结果由村民选举委员会报乡、镇政府备案。新当选的村民委员会主任、副主任和委员，由乡、镇人民政府颁发当选证书。

第三十二条 村民委员会选举产生后，应当在5日内组织选民推选或者选举产生下属委员会成员、村民小组长、村民代表。

第三十三条 村民对选举程序或者选举结果有异议的，可以向乡、镇人民政府或者县级人民政府民政部门提出书面申诉。乡、镇人民政府或者县级人民政府民政部门应当在接到申诉后15日内，做出解释或书面处理决定。当事人对处理决定不服的，可以向上一级民政部门提出书面申诉。

第三十四条 以威胁、贿赂、伪造选票等不正当手段，妨害村民行使选举权、被选举权的，破坏村民委员会选举的，村民有权向乡、镇人民代表大会和人民政府或者县级人民代表大会常务委员会和人民政府及其有关主管部门举报，有关机关应当负责调查并依法处理。以威胁、贿赂、伪造选举等不正当手段当选的，其当选无效。

第六章 罢免、辞职和补选

第三十五条 村民委员会成员受村民监督。

村民会议有权罢免村民委员会成员。

第三十六条 村民委员会成员有下列情形之一的，村民会议有权罢免：

(一)不称职；

(二)严重失职；

(三)违法犯罪；

(四)违反计划生育法规超生的；

(五)连续3个月以上无故不参加村民委员会工作的。

第三十七条 经村民代表会议或者本村五分之一以上有选举权的村民联名，可以要求罢免村民委员会成员。罢免要求应当以书面形式向村民委员会和乡、镇人民政府提出，并写明罢免理由。

村民委员会应当在接到罢免要求1个月内召开村民会议，投票表决罢免要求；村民委员会在1个月内拒绝召开村民会议的，可以由乡、镇人民政府召集村民会议投票表决。

罢免村民委员会主任，应当由乡、镇人民政府协助村民委员会召集村民会议，由村民会议进行投票表决。

第三十八条 村民会议在讨论表决罢免要求时，被提出罢免的村民委员会成员有权出席会议并提出申辩意见。

罢免村民委员会成员，采取无记名投票的方式表决，经有选举权的村民过半数通过并当场宣布表决结果。

表决结果由村民委员会报乡、镇人民政府和县级人民政府民政部门备案。备案材料应当包括罢免议案的提出、罢免理由及事实依据、参加表决的人数、表决结果等内容。

第三十九条 被罢免的村民委员会成员对罢免决议不服的，可以向乡、镇人民政府提出申辩意见。乡、镇人民政府接到被罢免人的申辩意见后10日内，应当对申辩意见和村民会议的罢免决议进行调查核实,如果被罢免者不符合本办法第三十六条规定情形之一的,建议村民委员会召开村民会议进行复议,以无记名投票的方式对罢免决议重新表决。如果过半数的村民仍赞成罢免的维持罢免决议;不过半数的,应当恢复被罢免人的村民委员会成员资格。

第四十条 村民委员会成员因故要求辞去职务的,应当书面向村民会议提出,由村民会议按照少数服从多数的原则讨论决定。

第四十一条 村民委员会成员出现缺额时,应当在6个月内补选。补选村民委员会成员,适用本办法规定的选举程序和方法。

补选的村民委员会成员,其任期到本届村民委员会任期届满为止。

第七章 附 则

第四十二条 本办法自公布之日起施行。1997年12月3日自治区第七届人民代表大会常务委员会第二十八次会议通过的《宁夏回族自治区村民委员会选举办法》同时废止。

吉林省村民委员会选举办法

——2000年11月24日吉林省第九届人大常委会第二十次会议通过

第一章 总 则

第一条 为了完善村民委员会选举制度,保障村民依法行使民主选举权利,根据宪法和《中华人民共和国村民委员会组织法》,结合本省实际,制定本办法。

第二条 本办法适用于本省行政区域内村民委员会的选举工作。

第三条 村民委员会的选举,应当坚持公平、公正、公开的原则。

第四条 村民委员会由主任、副主任和委员共3至7人组成。村民委员会成员的具体数额由村民代表会议或者村民会议决定。

村民委员会成员中,妇女应当有适当名额,多民族村民居住的村应当有人数较少的民族的成员。

第五条 村民委员会主任、副主任和委员,由本村有选举权的村民直接选举产生。任何组织或者个人不得指定、委派或者撤换村民委员会成员。

村民委员会每届任期3年,届满应当及时举行换届选举。村民委员会成员可以连选连任。

第六条 人民政府指导村民委员会换届选举工作所需的经费,由本级财政列支。村民委员会换届选举工作所需经费,在本村的管理费中列支,乡、民族乡、镇人民政府对经济困难的村给予适当的经济支持。

第二章 选举工作机构

第七条 县、不设区的市、市辖区,乡、民族乡、镇成立村民委员会换届选举工作指导小组,负责指导本行政区域内村民委员会的换届选举工作,其职责是:

(一)宣传有关法律、法规;

(二)制定换届选举工作方案;

(三)培训换届选举工作组织人员;

(四)指导村民委员会换届选举工作;

(五)受理有关选举工作的举报、来信来访;

(六)办理换届选举工作中的其他事项。

民政部门在村民委员会换届选举工作指导小组的领导下,负责指导村民委员会换届选举的日常工作。

第八条 村民委员会换届选举工作指导小组在本行政区域村民委员会换届选举工作前成立,履行职责至本行政区域内村民委员会换届选举工作全部完成之日终止。

第九条 村民委员会换届选举工作开始前,村成立村民选举委员会,主持本村的选举工作。

村民选举委员会由5人或者7人组成,由上届村民委员会主持召开村民代表会议或者村民会议投票选举产生。村民选举委员会推选其中1人主持工作。

村民选举委员会中妇女应当有适当名额,多民族村民居住的村应当有人数较少的民族的成员。

第十条 村民选举委员会履行下列职责:

(一)开展换届选举的宣传工作;

(二)拟定换届选举实施方案;

(三)登记选民,审查选民资格,公布选民名单;

(四)组织选举村民代表;

(五)组织候选人提名,公布候选人名单;

(六)主持村民委员会的投票选举,公布选举结果;

(七)总结换届选举工作,建立选举档案。

第十一条 村民选举委员会成员被确定为村民委员会成员候选人的,应当退出村民选举委员会,其缺额按照本办法第九条规定的选举办法补选。

村民选举委员会履行职责至新一届村民委员会召开第一次会议时终止。

第三章 选民登记

第十二条 年满18周岁的村民，不分民族、种族、性别、职业、家庭出身、宗教信仰、教育程度、财产状况、居住期限，都有选举权和被选举权。依照法律被剥夺政治权利的人除外。

选民的年龄计算以选举日为截止日期，出生日期以居民身份证记载的日期为准，无身份证的以户口簿记载的日期为准。

第十三条 具有选民资格的村民，应当在户籍所在地的村进行登记；有下列情形之一的，经村民选举委员会确认，可予以登记，但是应当及时通知其户籍所在地的村，其户籍所在地的村不再对其进行选民登记：

(一)结婚后，在配偶所在地的村居住1年以上，户口尚未迁入的；

(二)已经转为非农业户口，仍在原村居住并履行村民义务的；

(三)其他户籍不在本村，但已经居住3年以上，履行村民义务，本人提出申请的。

第十四条 具有大专以上学历或者中级以上专业技术职称以及其他优秀人才，自愿到农村工作和生活并竞选村民委员会成员的，经村民代表会议讨论同意，可以对其进行选民登记。

第十五条 有下列情形之一的，经村民选举委员会确认，不予选民登记：

(一)不能辨认自己行为的精神病患者；

(二)具有选民资格的村民，在选民名单公布之日前未能回村进行选民登记的。

第十六条 村民选举委员会应当在选举的20日前将选民名单张榜公布。

村民对公布的选民名单有异议的，应当在选民名单公布之日起7日内向村民选举委员会提出。村民选举委员会应当在该异议提出之日起3日内做出处理决定。

村民选举委员会应当在选举日的7日以前确定选民名单，并向选民发放选民证。

第四章 选举村民代表

第十七条 选民名单确定后，由村民选举委员会组织村民选举村民代表，组成新一届村民代表会议。

村民代表每届任期3年。村民代表出现缺额时，按照村民代表的原选举办法补选。

村民代表中妇女应当有适当的名额，多民族村民居住的村应当有人数较少的民族的代表。

第十八条 村民代表根据户数多少，按下列名额选举产生：

(一)600户以上的村选举代表50人至60人；

(二)300户以上不足600户的村选举代表40人至50人；

(三)100户以上不足300户的村选举代表30人至40人。

不足100户的村不选代表，由村民会议履行相应的职责。

第十九条 村民代表会议在换届选举期间，履行下列职责：

(一)讨论决定换届选举实施方案；

(二)审议上届村民委员会工作报告和财务审计报告；

(三)监督村民委员会选举工作；

(四)通过监票人、计票人、唱票人、发票人、登记人等选举工作人员名单；

(五)讨论决定是否在选举会场之外另设投票站；

(六)讨论通过本村村民委员会换届选举工作经费预决算；

(七)讨论决定村民选举委员会提请审议的其他事项。

第五章 提名候选人

第二十条 村民委员会成员候选人，由本村有选举权的村民直接投票提名产生。

村民委员会成员候选人的名额应当多于应选名额。主任、副主任的候选人应当比应选人数各多一人，委员的候选人应当比应选人数多2至3人。

第二十一条 提倡选民投票提名具备下列条件的人作为候选人：

(一)遵守宪法、法律、法规和国家的政策；

(二)年富力强、有文化、有组织领导能力；

(三)办事公道、廉洁奉公、能够热心为村民服务、维护村民的合法权益。

第二十二条 提名村民委员会成员候选人，有选举权的村民过半数以上投票，提名有效。

提名实行无记名投票、公开计票的方法，提名结果当场公布，以得票多者为候选人。

投票提名时，设立秘密写票处。

第二十三条 候选人自愿放弃被选举权的，本人应当向村民选举委员会提出书面申请，村民选举委员会根据提名得票多少的顺序，递补得票多者为候选人。

村民选举委员会应当在选举日的3日前张榜公布村民委员会成员候选人名单，并公布选举地点和时间。

第六章　选举村民委员会

第二十四条　选举村民委员会，由村民选举委员会主持召开选举大会，以投票的方式进行。

第二十五条　投票在选举大会会场进行。村民小组距离选举大会会场较远的，经村民代表会议决定，可以设立投票站。每一投票站设发票人、登记人各1人，监票人2人。

第二十六条　选举前，候选人可以向选民作竞选演讲，并回答选民提出的问题。竞选演讲可以在选举大会上进行，也可以在选举大会之前进行。在选举大会上作竞选演讲的，竞选同一职务的演讲顺序，按照姓氏笔画顺序排列。

第二十七条　选举投票前，村民选举委员会应当向选民讲明划票方法和其他有关注意事项；公布监票人、计票人、唱票人、发票人和登记人名单；公开检验票箱，粘贴封条。村民委员会成员候选人不得担任监票人、计票人、唱票人、发票人和登记人。

第二十八条　选票由乡、民族乡、镇的村民委员会换届选举工作指导小组按照全省统一样式印制，加盖村民选举委员会印章。选票上的候选人姓名，按照姓氏笔画顺序排列。

第二十九条　选举实行无记名投票的方法，选举会场和各投票站应当设立秘密写票处。

选票应当由选民本人填写。选民是文盲或者因残疾不能填写选票的，可以委托他信任的人代写选票。选民在选举期间，因外出或者其他特殊原因，不能参加投票的，经村民选举委员会同意，可以在选举日以前以书面形式委托候选人以外的选民代为投票，每一选民只能接受1人委托。

选民对候选人可以投赞成票，可以投反对票，可以弃权，也可以另选其他选民。

第三十条　选举所投的票数，等于或者少于投票人数的，投票有效；多于投票人数的，投票无效。

每一选票所选人数，等于或者少于应选人数的，选票有效；多于应选人数的，选票无效。选票内容无法辨认的，经村民选举委员会确认，按无效票处理，无效票计入选票总数。

第三十一条　选举村民委员会，有选举权的村民过半数投票，选举有效；候选人获得参加投票的村民的过半数的选票，始得当选。获得过半数选票的人数多于应选人数时，以得票多者当选。

得票数相等不能确定当选人时，应当在5日内对得票数量相等的候选人再次投票选举，以得票多者当选。

当选人数少于应选人数时，不足的名额，应当在5日内再次进行投票选举，以得票多者当选。再次投票选举，参照本办法第二十条第二款规定的差额选举比例，从第一次投票未当选者中依次选取得票多的人作为候选人。

第三十二条　投票结束后，投票箱应当加封，由投票站的监票人将所有票箱集中到选举会场，公开开封检票。由监票人、唱票人、计票人核对选票，公开唱票和计票。经村民选举委员会确认，当场公布选举结果，向当选人颁发全省统一印制的当选证书。

第三十三条　选举结束时，村民选举委员会应当封存选票，建立包括封存的选票、选民名单和选举结果报告单在内的选举档案，交村民委员会保存至下一届村民委员会选举产生时止。并将选举结果报告单（副本）报乡（民族乡、镇）人民政府备案。

第三十四条　村民委员会选举产生后，村民委员会主任应当在3日内主持召开新一届村民委员会第一次会议，确定村民委员会各成员的职责，由村民委员会成员分工负责生产经营、财务管理、治安保卫、文教卫生、计划生育、人民调解等工作。

规模较大的村需要设立下属委员会的，村民委员会成员应当兼任下属委员会的主任。

第三十五条　村民委员会产生后，应当在10日内主持召开村民小组会议，在本组村民中直接投票选举产生村民小组长。具体选举办法参照村民委员会的选举办法执行。

村民小组长的任期与村民委员会成员的任期相同。

第七章　村民委员会成员的罢免、辞职和补选

第三十六条　村民委员会成员受村民监督。本村五分之一以上有选举权的村民联名，可以要求罢免村民委员会成员。

罢免要求应当写明罢免理由，以书面形式向村民委员会提出，同时送乡（民族乡、镇）人民政府。

第三十七条　村民委员会应当在接到罢免要求之日起30日内主持召开村民会议，投票表决罢免要求。

村民委员会逾期未主持召开村民会议的，乡、民族乡、镇人民政府应当自逾期之日起30日内负责召集村民会议投票表决罢免要求。

第三十八条　在村民投票表决罢免要求时，被要求罢免的村民委员会成员有权出席会议，并提出申辩意见。

第三十九条　罢免村民委员会成员，须经有选举权的村民过半数通过。表决结果由村民委员会报乡（民族乡、镇）人民政府备案。

第四十条 村民委员会成员辞职的，以书面形式向村民委员会提出，并由村民委员会向村民公告。

第四十一条 村民委员会成员有下列情形之一的，其职务自行解除，由村民委员会向村民公告：

（一）被依法追究刑事责任的；

（二）连续3个月以上无正当理由不履行职务的。

第四十二条 村民委员会成员出现缺额时，应当在30日内按照本办法的规定补选。补选的村民委员会成员，其任期到本届村民委员会任期届满为止。补选结果报乡（民族乡、镇）人民政府备案。

第八章 对违反本办法行为的处理

第四十三条 村民认为选举违法的，有权向上级人民代表大会常务委员会或者人民政府及其有关部门举报，有关机关应当负责调查核实，并在30日内依法处理。

第四十四条 对有下列行为之一的主要责任者，依法应当给予行政处分的，由其所在单位、上级机关或者有关主管部门给予行政处分；违反中华人民共和国治安管理处罚条例的，由公安机关依法处罚；构成犯罪的，由司法机关依法追究刑事责任：

（一）用暴力、威胁、贿赂、伪造选票等不正当手段妨害村民行使选举权和被选举权，破坏村民委员会选举的；

（二）擅自调整、变更村民委员会成员候选人，指定、委派、撤换村民委员会成员或者停止其工作的；

（三）对检举村民委员会选举中的违法行为，或者对村民委员会成员提出罢免要求的村民压制、打击报复的；

（四）无故拖延村民委员会换届选举时间的；

（五）人民政府及其所属的有关部门违反本办法第四十三条规定的；

（六）具有其他干扰村民委员会选举工作正常进行行为的。

第四十五条 以威胁、贿赂、伪造选票等不正当手段当选的，其当选无效。

第九章 附 则

第四十六条 本办法自公布之日起施行。

第四十八条 区、县（自治县、市）人民政府，可根据本办法的规定，结合本地区实际，制定村民小组和村民代表选举的具体办法。

第四十九条 本办法自2001年9月1日起施行。

广东省实施《村民委员会组织法》办法

（1998年11月27日）

第一条 为发展农村基层民主，保障农村依法实行村民自治，根据《中华人民共和国村民委员会组织法》，结合我省农村实际情况，制定本办法。

第二条 村民委员会是村民自我管理、自我教育、自我服务的基层群众性自治组织，实行民主选举、民主决策、民主管理、民主监督。

第三条 乡、民族乡、镇（以下简称乡级）人民政府指导、支持和帮助村民委员会开展工作，但不得干预依法属于村民自治范围内的事务。

第四条 中国共产党在农村的基层组织，按照中国共产党章程进行工作，发挥领导核心作用；依照宪法、法律和法规，支持和保障村民开展自治活动，直接行使民主权利。

第五条 村民委员会的主要职责：

（一）依照法律规定管理本村属于村农民集体所有的土地和其他财产，编制并实施本村经济、文化教育与科技卫生、社会保障的发展规划和年度计划，管理村级财务，教育村民爱护公共财物和设施，珍惜土地，合理开发利用自然资源，保护和改善生态环境。

（二）巩固和壮大村集体经济，支持和组织村民发展各种形式的合作经济和其他经济；维护以家庭承包经营为基础、统分结合的双层经营体制，尊重集体经济组织和其他经济组织独立进行经济活动的自主权，保障集体经济组织和村民、承包经营户、联户或者合伙者的合法的财产及其他合法的权利和利益；承担本村生产的服务和协调工作，促进本村经济发展。

（三）编制并实施本村建设规划，按照规划修建村路、指导村民建设民房，整顿村容，发展公益事业，搞好公共卫生，改善居住环境，提高村民健康水平。

（四）促进村民团结和家庭和睦，照顾五保户和困难户，依法调解民间纠纷；多民族村民居住的村，应当教育村民加强民族团结，互相帮助、互相尊重；代表本村处理与邻村的纠纷，维护村与村之间的团结；维护社会治安和生产生活秩序。

（五）开展多种形式的精神文明活动，提高村民思想道德素质和科学文化水平，移风易俗，树立社会主义新风尚。

（六）宣传贯彻宪法、法律、法规和国家的政策，教育和推动村民履行纳税、服兵役等依法应尽的义务，执行计划生育的基本国策。

（七）协助乡级人民政府开展工作；向人民政府反映村民的意见、要求和提出建议，维护村民的合法权益和利益。

（八）召集村民会议和村民代表会议，并报告工作；执行村民会议和村民代表会议的决定、决议。

第六条 村民委员会由主任、副主任和委员共3至7人组成，各村的具体职数由乡级人民政府根据村的规模大小和工作任务确定。

村民委员会成员中，妇女应当有适当的名额；多民族村民居住的村应当有人数较少的民族的成员；几个自然村联合设立村民委员会，其成员分布应当照顾村落状况；村民委员会成员之间不得有配偶和直系亲属关系。

村民委员会成员应当遵守宪法、法律、法规和国家政策，有一定的文化知识和领导能力，廉洁正派，办事公道，作风民主，热心为村民服务。

第七条 村民委员会主任、副主任和委员由本村有选举权的村民依照法定程序直接选举产生，每届任期3年，可以连选连任。任何组织或者个人不得指定、委派或者撤换村民委员会成员。

第八条 村民委员会任期届满应当及时举行换届选举。换届选举工作由经村民会议或者各村民小组推选的村民选举委员会主持，接受县和乡级人民政府的指导。

选举前由村民选举委员会召集村民会议或村民代表会议对村民委员会及其成员的工作进行评议，对村级财务进行审议。

第九条 村民委员会候选人由本村有选举权的村民直接提名。

村民委员会主任、副主任候选人应当分别比应选名额多1人，委员候选人应选名额多1至3人。提名的候选人人数超过规定的差额数时，应当召开村民会议或村民代表会议以无记名投票方式进行预选，按照得票多少确定正式候选人。

选举村民委员会，有选举权的村民过半数投票，选举有效；候选人获得参加投票的村民的过半数选票，始得当选。

选举实行无记名投票、公开计票的方法，选举结果当场公布。选举时，设立秘密写票处。

第十条 村民委员会成员实行任期职务补贴。补贴方案由村民会议或村民代表会议根据本村经济状况和村民委员会成员的工作情况讨论决定。经费由村办经济的收益和村民统筹解决，县乡两级财政予以适当补贴。

第十一条 村民委员会根据需要设人民调解、治安保卫、公共卫生、经济管理、计划生育等委员会，主要林区可以设护林防火委员会，主要侨区可以设归侨侨眷委员会；下属委员会成员由村民委员会提名，村民会议或村民代表会议通过，可以由村民委员会成员兼任；人口少的村，可以不设下属委员会，由村民委员会成员分工负责有关工作。

第十二条 各村可以根据本村的规模、生产生活的实际情况和村民的意见分设若干村民小组。村民小组在村民委员会领导下开展工作，村民小组长由本村民小组有选举权的村民选举或推选产生，与村民委员会任期相同，可以连选连任。

第十三条 村民委员会进行工作应当坚持群众路线，充分发扬民主，认真听取不同意见，不得强迫命令，不得打击报复。决定问题时，采取少数服从多数的原则。

第十四条 村民委员会实行村务公开制度。对以下事项，应当及时公布，接受村民监督；其中涉及财务的事项至少每6个月公布1次。

（一）财务收支；

（二）村土地、集体企业和财产的承包、租赁；

（三）村公共基建项目的投资和招标；

（四）农民负担；

（五）水电费的收缴；

（六）宅基地分配；

（七）计划生育指标的安排和计划生育费的征、管、用；

（八）征用土地各项补偿费的收支；

（九）村干部年度工作目标执行情况；

（十）优抚、救灾救济款物的发放；

（十一）华侨以及境内外其他团体、个人捐赠款物的使用情况；

（十二）村民会议和村民代表会议认为应当公开的其他事项。

第十五条 村民委员会向村民会议负责，村民会议由本村18周岁以上的村民的过半数参加，或者由本村各户的代表组成。在遵守法律、法规和国家政策的原则下，村民会议对本村事务具有最高决策的权力。

第十六条 村民会议一般每半年举行一次。有十分之一以上的村民提议，应当召集村民会议。召开村民会议，应当有本村18周岁以上的村民的过半数参加，或者有本村三分之二以上的户代表参加；所作决定，应当经到会人员的过半数通过。

第十七条 村民会议行使下列职权：

（一）选举、罢免和补选村民委员会成员；审议决定村民委员会成员的辞职请求。

(二)听取并审议村民委员会的工作报告、财务收支情况报告;审议决定本村建设规划、经济社会发展和年度计划,以及有关公共事务、公益事业的重大事项。

(三)审议决定本村集体经济项目的立项、承包方案及本村公益事业的建设承包方案,决定村集体经济收益的使用。

(四)审议决定乡统筹款的收缴办法、村提留款的收缴和兴办公益事业的经费的筹集办法。

(五)审议决定征用土地各项补偿费的使用和宅基地分配、计划生育指标安排方案。

(六)评议村民委员会成员的工作,决定本村享受补贴人员及补贴标准。

(七)制定本村村民自治章程、村规民约等规章制度。

(八)审议决定村民会议认为应当由其决定的其他事项。

第十八条 人数较多或者居住分散的村,可以设立村民代表会议。村民代表会议讨论决定村民会议授权的事项。

村民代表会议由村民代表、村民委员会成员和居住在本村的各级人大代表组成。

村民代表由村民按每5户至15户推选1人,或者由各村民小组推选若干人产生。村民代表中妇女应当有适当的名额;多民族村民居住的村,应当有人数较少的民族的代表。

第十九条 村民代表会议一般每季度举行的一次。特殊情况或有三分之一以上村民代表会议成员提议,可以临时召集村民代表会议。

村民代表会议议事必须遵守《宪法》、法律、法规和国家政策;村民代表会议的决定,不得与村民会议的决定、决议相抵触。

第二十条 县级民政部门和乡级人民政府负责制定和实施村民委员会成员的培训计划,每届村民委员会主任、副主任、委员任期内至少应当培训一次。培训经费由县级人民政府解决。

第二十一条 城镇街道办事处属下的村,适用本办法。

第二十二条 《中华人民共和国村民委员会组织法》和本实施办法由各级人民政府组织实施,民政部门负责日常工作。各级人民政府应当根据当地实际情况,制订规划,全面开展村民自治活动。

第二十三条 各级人民代表大会和县级以上各级人民代表大会常务委员会在本行政区域内保证《中华人民共和国村民委员会组织法》和本法的实施,保障村民依法行使自治权利。

第二十四条 本办法自1999年1月1日起施行。

安徽省实施《村民委员会组织法》办法

(1999 年 1 月 27 日)

第一条 为了保障村民实行自治,由村民群众依法办理自己的事情,发展农村基层民主,促进农村社会主义物质文明和精神文明建设,根据《中华人民共和国村民委员会组织法》(以下简称《村民委员会组织法》),结合本省实际,制定本办法。

第二条 村民委员会是村民自我管理、自我教育、自我服务的基层群众性自治组织,实行民主选举、民主决策、民主管理、民主监督。

第三条 中国共产党在农村的基层组织,按照中国共产党章程进行工作,发挥领导核心作用;依照宪法和法律,支持和保障村民开展自治活动、直接行使民主权利。

第四条 乡、民族乡、镇人民政府指导、支持和帮助村民委员会开展工作。但是不得干预依法属于自治范围内的事项。村民委员会协助乡、民族乡、镇人民政府开展工作。

第五条 村民委员会的主要职责:

(一)支持和组织村民依法发展各种形式的合作经济和其他经济,承担本村生产的服务和协调工作,促进农村生产建设和社会主义市场经济的发展;

(二)尊重集体经济组织依法独立进行经济活动的自主权,维护以家庭承包经营为基础、统分结合的双层经营体制,保障集体经济组织和村民承包经营户、联户或者合伙的合法财产权及其他合法的权力和利益;

(三)依照法律规定,管理本村属于村民集体所有的土地和其他财产,管理本村财务;

(四)编制并实施本村建设规划,办理本村的公共事务和公益事业;

(五)教育村民爱护公共财产,依法合理开发利用自然资源,保护和改善生态环境;

(六)宣传宪法、法律、法规和国家政策,教育和推动村民履行法律规定的义务,督促村民遵守村民自治章程、村规民约,维护村民合法权益;

(七)发展文化教育,普及科技知识,开展多种形式的精神文明建设活动；

（八）调解民间纠纷，促进村民之间、村与村的团结和家庭和睦；

（九）协助维护社会治安，促进社会稳定；

（十）召集村民会议、村民代表会议；执行村民会议、村民代表会议的决定、决议；

（十一）向人民政府反映村民意见、建议和要求；

（十二）法律、法规规定的其他职责。

第六条 村民委员会根据村民居住状况，人口多少，按照便于群众自治的原则设立。

村民委员会的设立、撤销、范围调整，由乡、民族乡、镇人民政府提出，经村民会议表决通过后，报县级人民政府批准。

第七条 村民委员会由主任、副主任和委员共3至7人单数组成，由村民直接选举产生。任何组织或个人不得指定、委派或撤换村民委员会成员。

村民委员会每届任期3年，届满应当及时举行换届选举。村民委员会成员可以连选连任。村民委员会成员中，妇女应当有适当的名额，有两个或两个以上民族村民居住的村应当有人数较少的民族的成员。村民委员会的选举，按照《安徽省村民委员会选举办法》进行。

第八条 村民委员会可以按照村民居住状况、人口数量、历史沿革分设若干村民小组，小组长由村民小组会议推选、撤换。

第九条 本村五分之一以上有选举权的村民联名，可以要求罢免村民委员会成员。罢免要求应当提出罢免理由。被提出罢免的村民委员会成员有权提出申辩意见。村民委员会应当在30日内召开村民会议，投票表决罢免要求。罢免村民委员会成员须经有选举权的村民过半数通过。村民委员会逾期不召开村民会议投票表决罢免要求的，由乡、民族乡、镇人民政府召集村民会议投票表决。

第十条 村民会议由本村18周岁以上的村民组成。召开村民会议，应当有本村18周岁以上村民的过半数参加，应当有本村三分之二以上的户代表参加，所作决定应当经到会人员的过半数通过，村民会议可以邀请驻在本村的企业、事业单位和群众组织派代表列席。村民会议每年应至少召开二次。有十分之一以上的村民或者有二分之一以上的村民代表提议，应当召集村民会议。

第十一条 村民会议行使下列职权：

（一）制定、修改村民自治章程、村规民约；

（二）讨论决定本村发展规划和年度计划；

（三）审议村民委员会工作报告、村财务收支情况报告，评议村民委员会成员的工作；

（四）讨论决定计划生育指标安排的方案；

（五）罢免、补选村民委员会成员；

（六）撤销或者改变村民委员会不适当的决定；

（七）撤销或者改变村民代表会议不适当的决定；

（八）讨论决定涉及村民利益的重大事项。

第十二条 涉及村民利益的下列事项，村民委员会必须提请村民会议讨论决定，方可办理：

（一）乡统筹的收缴方法，村提留的收缴及使用；

（二）本村享受误工补贴的人数及标准；

（三）从村集体经济所得收益的使用；

（四）村办学校、村建道路等村公益事业的经费筹集方案；

（五）村集体经济项目的立项、承包方案以及村公益事业的建设承包方案；

（六）村民的承包经营方案；

（七）宅基地的使用方案；

（八）村民会议认为应当由村民会议讨论决定的涉及村民利益的其他事项。

第十三条 人数较多或居住分散的村，可以推选产生村民代表。村民代表由村民按每5户至15户推选1人，或者由各村民小组推选若干人。村民代表总人数不得少于30人。村民代表每届任期3年。村民代表由原来推选的户或村民小组撤换。其他任何组织和个人不得指定、委派或者撤换村民代表。

第十四条 本办法第十一条第一、五、七项规定外的职权及第十二条规定外的事项，村民会议可以授权村民代表会议行使或讨论决定；对村民会议未授权的事项，村民代表会议可以进行讨论提出意见，但不做决定。召开村民代表会议，必须由三分之二的代表参加，所作决定应当经全体代表的过半数通过，且不得与村民会议的决议、决定相抵触。

第十五条 村民自治章程、村规民约以及村民委员会、村民会议或者村民代表会议讨论决定的事项应当符合法律、法规和国家政策，不得有侵犯村民的人身权利、民主权利和合法财产权利的内容。

第十六条 村民委员会实行村务公开制度。

村民委员会应当设立村务公开栏，及时公布下列事项，其中涉及财务的事项至少每3个月公布1次：

（一）村民会议、村民代表会议讨论决定的事项及其实施情况；

（二）村财务收支详细情况；

（三）救灾救济款物的发放情况；

（四）国家投入的扶贫、农业开发、以工代赈等资金的使用情况；

（五）征用土地和宅基地审批情况；

（六）农民承担费用和劳务情况；

（七）水、电等费用收缴情况；

（八）计划生育政策执行情况；

（九）涉及本村村民利益和村民普遍关心的其他事项。

村民委员会应当保证公布内容的真实性，并接受村民的查询。

第十七条 村民委员会不及时公布应当公布的事项或者公布事项不真实的，村民有权向乡、民族乡、镇人民政府或者县人民政府及其有关主管部门反映，有关政府机关应当负责调查核实，责令改正；经查证确有违法行为的，有关人员应当依法承担责任。

第十八条 村民委员会决定问题时，采取少数服从多数的原则。村民委员会进行工作，应当坚持群众路线，充分发扬民主，认真听取不同意见，坚持说服教育，不得强迫命令，不得打击报复。

第十九条 村民委员会成员应当遵守《宪法》、法律、法规和国家政策，办事公道，作风民主，廉洁奉公，热心为村民服务。

第二十条 村民委员会根据需要设人民调解、治安保卫、文教卫生、计划生育等委员会，并确定其组成人员。人口较少的村，可以不设下属委员会，由村民委员会成员分工负责有关工作。

第二十一条 《村民委员会组织法》和本办法由各级人民政府组织实施，民政部门负责日常工作。

第二十二条 各级人民代表大会和县级以上人民代表大会常务委员会保证《村民委员会组织法》和本办法在本行政区域内实施，保障村民依法行使自治权力。

第二十三条 本办法自1999年2月1日起施行。《安徽省实施〈村民委员会组织法（试行）〉办法》同时废止。

江西省实施《村民委员会组织法》办法

（1999年6月30日）

第一章 总 则

第一条 为了保障农村村民实行自治，由村民群众依法办理自己的事情，发展农村基层民主，促进农村社会主义物质文明和精神文明建设，依据《中华人民共和国村民委员会组织法》，结合本省实际，制定本办法。

第二条 村民委员会是村民自我管理、自我教育、自我服务的基层群众性自治组织，依法管理本村事务，实行民主选举、民主决策、民主管理、民主监督。

第三条 中国共产党在农村的基层组织，按照中国共产党章程进行工作，发挥领导核心作用，依照宪法和法律，支持和保障村民开展自治活动、直接行使民主权利。

第四条 乡、民族乡、镇人民政府对村民委员会的工作给予指导、支持和帮助，但不得干预依法属于村民自治范围内的事项。村民委员会协助乡、民族乡、镇人民政府开展工作。

第二章 村民会议和村民代表会议

第五条 村民会议由本村18周岁以上的村民组成。召开村民会议，应当有本村18周岁以上村民的过半数参加，或者有本村三分之二以上的户的代表参加，所作决定应当经到会人员的过半数通过。村民会议由村民委员会召集，每年至少举行一次，有十分之一以上的村民提议，应当召集村民会议；村民委员会认为必要，可以召集村民会议。召开村民会议时，如果村民委员会认为必要，可以邀请驻村的企业、事业单位和群众组织的代表列席。

第六条 村民会议讨论决定下列事项：

（一）本村经济、文化、教育、卫生及其他公共建设事业的发展规划和年度计划；

（二）依法制定和修改村民自治章程、村规民约；

（三）撤销或者改变村民代表会议、村民委员会的决定；

（四）村民委员会的年度工作报告和财务收支情况报告，村集体经济所得收益的使用方案，本村享受定额补贴和误工补贴的人数及补贴标准；

（五）本村基本农田保护方案和宅基地的使用方案；

（六）乡统筹的收缴方法，村提留的收缴及使用，义务工和积累工的使用；

（七）村集体经济项目的立项、承包方案以及村集体所有土地、山林、水面等承包方案；

（八）本村实施计划生育和社会治安综合治理的方案；

（九）农田水利基本建设、村办学校、村建道路等公益事业的经费筹集和建设承包方案；

（十）村民会议认为应当由其讨论决定的涉及村民利益的其他事项。

第七条 600个选民以上的村或者居住分散的村，可以设立村民代表会议。村民代表会议讨论决定村民会议授权的事项。村民代表会议由村民代表、村民委员会成员、村民小组组长和住村的各级人大代表组成。出席村民代表会议的村民代表人数，不得少于村民代表会议成员的三分之二。

村民代表由每5户至15户推选1人或者由各村民小组推选若干人，其中应当有适当数量的妇女代表。多民族村民居住的村，各民族都应有代表。

村民代表的任期与村民委员会成员的任期相同。村民代表任期内的罢免和补选，按原推选方式进行。村民代表会议成员名单，应当报乡、民族乡、镇人民政府备案。

第八条 村民代表会议由村民委员会召集，至少每6个月举行1次，有五分之一以上村民代表会议成员提议，应当召集村民代表会议；村民委员会认为必要，可以召集村民代表会议。召开村民代表会议，村民委员会应当至少提前2日将讨论的事项通知村民代表，村民代表应当征求所代表的村民的意见和建议，并在村民代表会议上如实反映。

村民代表会议的决定，由村民代表会议全体成员过半数通过。

第三章 村民委员会的设置和职责

第九条 村民委员会根据村民居住状况、人口多少，按照便于村民自治和乡、民族乡、镇人民政府指导的原则设立。村民委员会的设立、撤销、范围调整，由乡、民族乡、镇人民政府提出，经村民会议讨论同意后，报县级人民政府批准。

第十条 村民委员会向村民会议和村民代表会议负责并报告工作，其主要职责是：

(一)宣传贯彻宪法、法律、法规和国家的政策；

(二)执行村民会议和村民代表会议的决定、决议，主持日常村务，保障村民自治章程、村规民约的实施；

(三)提出和实施本村经济、文化、教育、卫生及其他公共建设事业的发展规划和年度计划；

(四)支持和组织村民依法发展各种形式的合作经济和其他经济，巩固和发展村级集体经济，承担本村生产的服务和协调工作；

(五)尊重集体经济组织依法独立进行经济活动的自主权，维护以家庭联产承包经营为基础、统分结合的双层经营体制，维护集体经济组织和村民、承包经营户、联户或者合伙人的合法的财产权和其他合法的权益；

(六)依法管理本村属于村集体所有的土地、山林、水面、水利设施和其他财产，教育村民合理利用自然资源，保护和改善生态环境；

(七)教育和推动村民依法履行纳税、上交统筹和提留、完成义务工和积累工、实行计划生育、接受义务教育及其他依法应当履行的义务；

(八)组织村民开展社会治安群防群治，调解民间纠纷，预防和制止非法宗教宗族活动及械斗，促进村际、村民团结和家庭和睦，协助公安等有关机关对依法被判处管制、被剥夺政治权利以及被宣告缓刑、假释的村民进行教育、帮助和监督；

(九)开展多种形式的社会主义精神文明建设活动，扫除青壮年文盲，普及文化科学知识和法律知识，组织健康的文体活动，防止发生贩毒吸毒、私种毒品源植物、拐卖妇女儿童、卖淫嫖娼、赌博、传播淫秽物品和封建迷信活动，树立尊老爱幼、拥军优属，扶贫助残、婚事新办、丧事简办的新风尚；

(十)办理本村的其他公共事务和公益事业；

(十一)完成国家下达的各项任务，向人民政府反映村民的意见、要求和提出建议。

第十一条 村民委员会由主任、副主任和委员共3人至7人组成，由村民直接选举产生。

职数少的村民委员会可以不设副主任。具体职数，根据人口、地域、工作任务及经济条件等实际情况，由村民会议或者村民代表会议讨论决定，报乡、民族乡、镇人民政府备案。

村民委员会成员中，妇女应当有适当的名额，多民族村民居住的村应当有人数较少的民族的成员。村民委员会成员应当遵守《宪法》、法律、法规和贯彻执行国家政策，办事公道，廉洁奉公，热心为村民服务。村民委员会成员不脱离生产，给予适当补贴。补贴经费从提留和村集体经济收入开支。确实有困难的，县(市、区)和乡、民族乡、镇人民政府可以给予适当补贴。村民委员会每届任期3年，其成员可以连选连任。

第十二条 村民委员会应当建立和健全学习、工作、会议、财务等各项规章制度。村民委员会决定问题，实行少数服从多数的原则。村民委员会开展工作，应当坚持群众路线，充分发扬民主，认真听取不同意见，坚持说服教育，不得强迫命令、打击报复。

第十三条 村民委员会实行村务公开制度。下列事项应当及时公布：

(一)本办法第六条规定的由村民会议讨论决定的事项及其实施情况；

(二)救灾救济款物的发放情况；

(三)水电费的收缴情况；

(四)征(占)用土地及各项补偿费、安置补助费的收支情况；

(五)涉及本村村民利益、村民普遍关心的其他事项。

村民委员会应当设置村务公开栏公开村务并保

证公布内容的真实性。村民委员会应当建立村务公开档案并妥善保管，保存期不少于5年。

第十四条 村民委员会按照村民居住状况分设若干村民小组。村民小组组长由新一届村民委员会组织召开村民小组会议推选产生，任期与村民委员会相同，可以连选连任。村民小组组长在村民委员会的领导下，贯彻执行村民会议和村民代表会议及村民小组会议的决定，办好本村民小组的各项事务，及时反映村民的意见和要求。

第四章 村民委员会的选举

第一节 选举组织机构

第十五条 乡、民族乡、镇人民政府组织实施，各级人民政府民政部门负责日常工作。县(市、区)、乡、民族乡、镇应当成立村民委员会换届选举工作指导小组。

县(市、区)、乡、民族乡、镇村民委员会换届选举工作指导小组的职责是：

(一)宣传和执行《中华人民共和国村民委员会组织法》和本办法；

(二)部署、指导和监督村民委员会换届选举工作，引导村民依法开展换届选举；

(三)培训换届选举工作人员；

(四)受理换届选举工作中的有关申诉；

(五)承办换届选举工作中的其他事项；

(六)总结、交流换届选举工作经验。

第十六条 村民选举委员会主持村民委员会的换届选举。村民选举委员会由主任、副主任和委员共5人至7人组成，在村民委员会主持下，由村民会议或者由各村民小组推选产生，也可以由村民代表会议推选产生，报乡、民族乡、镇村民委员会换届选举工作指导小组备案。

村民选举委员会配备选举工作人员若干人。村民选举委员会成员应当具备政治思想素质好、责任心强、办事公道、有较强组织协调能力等条件。村民选举委员会成员和工作人员不得是村民委员会成员正式候选人，若被提名为正式候选人，即不得再担任村民选举委员会的成员或者工作人员。

第十七条 村民选举委员会履行下列职责：

(一)制定选举方案；

(二)进行选民登记，审查选民资格，公布选民名单并发放选民证，受理对于选民名单不同意见的申诉，并做出决定；

(三)组织村民推选村民委员会成员候选人；

(四)审查候选人资格，依法确定并公布正式候选人；

(五)确定选举的具体时间和地点；

(六)推荐唱票人、计票人、监票人，主持选举大会，确认选举是否有效，宣布选举结果，并报乡、民族乡、镇村民委员会换届选举工作指导小组和县级人民政府民政部门备案；

(七)总结和上报选举工作情况，建立选举工作档案。

第十八条 各级人民政府组织指导村民委员会选举工作所需经费，由各级财政列支。村民委员会的选举工作经费由本村解决，乡、民族乡、镇财政对经济困难的村可以给予适当补助。

第二节 选民登记

第十九条 年满18周岁的村民，不分民族、种族、性别、职业、家庭出身、宗教信仰、教育程度、财产状况、居住期限，都有选举权和被选举权；但是，依照法律被剥夺政治权利的人除外。有选举权和被选举权的村民名单，应当在选举日的20日前登记造册，张榜公布。

第二十条 村民对公布的选民名单有异议的，应当在选举日的3日前向村民选举委员会提出，村民选举委员会应当在选举日前做出解释或者纠正。

第三节 候选人的产生

第二十一条 村民委员会主任、副主任、委员候选人由村民选举委员会或者以村民小组为单位召集选民填写候选人提名票。填写候选人提名票必须有过半数选民参加。统计候选人提名票应当在村民选举委员会主持下集中进行。提名村民委员会成员候选人应当按职务提名，但每一选民提出的候选人人数不得超过应选人数。

提名村民委员会成员候选人应当有适当的妇女名额；多民族村民居住的村应当有人数较少的民族的成员。村民选举委员会对被提名的候选人进行资格审查后，按主任、副主任正式候选人人数分别比应选人数多1人、委员正式候选人人数比应选人数多1人至2人的数额，将得票多的候选人确定为正式候选人。如果遇到被提名的候选人票数相等，致使村民委员会的某项职务候选人人数超过规定的差额数时，应当就票数相等的候选人由选民进行第二轮提名，按得票多少的顺序依次确定正式候选人。正式候选人名单应当在选举日的5日前按不同职务和得票多少的顺序张榜公布。

第四节 选举程序

第二十二条 村民委员会选举应当召开选举大会进行。为便于居住偏远的选民投票，可以增设若干投票站。对因老、弱、病、残和其他原因不便到选举大会会场或者投票站投票的选民，应当设立流动票箱投票。每个投票箱必须有3名以上选举工作人员负责。

第二十三条 选举村民委员会主任、副主任和委员，可以采用一次性投票方式，也可以采用分次投票方式。具体投票方式，由村民选举委员会确定。采用分次投票方式进行选举的可以先选出主任，再选副主任和委员；也可以先选出主任、副主任，再选委员。

第二十四条 村民委员会选举一律实行无记名投票、公开计票的方法。选举会场应当设立选票发放处、秘密写票处、选票代写处和投票处。文盲或者因其他原因不能写选票的，可以委托选票代写处或者除候选人以外的人代写，代写人不得违背选民的意愿。选民在投票选举时因故不能参加投票的，可以委托正式候选人以外的选民代为投票，但每一选民接受的委托不得超过3人。

第二十五条 正式投票前，村民选举委员会应当在选举大会会场组织正式候选人发表演讲，回答选民提出的问题。正式投票前，村民选举委员会应当在选举大会会场提出监票人、唱票人、计票人的人选，经选民举手表决通过，但村民委员会成员正式候选人及其配偶和直系亲属不得担任。

第二十六条 选民对村民委员会正式候选人可以投赞成票，可以投反对票，可以另选其他选民，也可以弃权。

第二十七条 投票结束后，各投票站的票箱和流动票箱应当分别由3名以上选举工作人员护送到选举大会会场，与选举大会会场的票箱同时当众开箱验票。

第二十八条 选举村民委员会，有选举权的村民的过半数投票，选举有效。每次选举所投的票数多于投票人数的，选举无效；等于或者少于投票人数的，选举有效。每一选票的人数，多于应选人数的作废，等于或者少于应选人数的有效；选票无法辨认或者不按规定符号填写的无效，但可以辨认的部分有效。采用一次性投票选举村民委员会成员的，每一选票不得选同一候选人或者其他选民担任两种以上的职务。

第二十九条 一次性投票选举村民委员会成员的委员候选人的得票数，应当将其获得主任、副主任和委员的票数相加，计算为所得票数；副主任候选人的得票数，应当将其获得主任、副主任的票数相加，计算为所得票数。

第三十条 村民委员会主任、副主任、委员正式候选人或者其他选民，获得参加投票的选民的过半数的选票，始得当选。

获得过半数选票的人数超过应选人数时，以得票多的当选；如果票数相等不能确定当选人时，应当就票数相等的人员当场或者在3日内重新投票。

当选人数不足应选名额，不足名额应当于10日内在未当选的候选人中进行第二次投票；如遇到未当选的候选人没有达到规定的差额人数，不足人数可以从被提名的得票多的候选人中一次补足。第二次投票以得票多的当选，但得票数不得少于参加投票的选民的三分之一。

经过两次投票，当选人数仍不足应选名额，当选人已达到3人以上的，缺额人数可以在3个月之内另行选举产生。主任暂缺的，由副主任代理主任工作；主任、副主任都暂缺的，由当选的村民委员会委员推举1人代理主任工作。当选人数不足3人，不能组成村民委员会的，应当在1个月内就不足的名额另行选举。

第三十一条 选举结果由村民选举委员会当场宣布。对当选的村民委员会成员由乡、民族乡、镇人民政府和县级人民政府民政部门颁发省人民政府制发的当选证书。

乡、民族乡、镇人民政府应当将新当选的村民委员会成员名单予以公告。

第五节 村民委员会成员的辞职、罢免和补选

第三十二条 村民委员会成员要求辞职的，应当向村民会议或者村民代表会议提交书面辞呈，并由其决定是否接受辞职；在村民会议或者村民代表会议闭会期间，可以向村民委员会提交书面辞呈，由村民委员会在15日内决定是否接受辞职。村民委员会主任辞职的，由副主任代理主任工作；主任、副主任都辞职的，在委员中推举1人代理主任工作。

第三十三条 本村五分之一以上有选举权的村民联名或者二分之一以上的村民代表会议成员联名，可以书面形式向村民会议要求罢免村民委员会成员，并提出罢免理由。被提出罢免的村民委员会成员有权提出申辩意见。

村民委员会应当在罢免要求提出后30日内召开村民会议投票表决。罢免村民委员会成员须经有选举权的村民过半数通过。

第三十四条 村民委员会成员有下列情形之一的，村民会议应当予以罢免：

(一)被依法追究刑事责任的；

(二)以权谋私，在村民中造成较坏影响的；

(三)玩忽职守，给村民的生产、生活造成较大损失的；

(四)违反法律、法规的规定造成严重后果的；

(五)不按计划生育法规和政策规定生育的；

(六)无正当理由连续3个月不参加村民委员会工作的;

(七)其他原因不宜再担任村民委员会成员的。

第三十五条 村民委员会成员被罢免或者被批准辞职后,由村民委员会报乡、民族乡、镇人民政府和县级人民政府民政部门备案,并由乡、民族乡、镇人民政府收回其当选证书。

第三十六条 村民委员会成员因辞职、罢免、亡故、户口迁移等出缺的,应当在3个月内予以补选。补选由村民委员会成员的任期至本届村民委员会届满为止。

第六章 监 督

第三十七条 村民委员会成员受村民监督。

村应当设立由3人或者5人组成的村务监督小组。其成员应当由具有一定文化和财务专业知识的村民担任,经村民会议或者村民代表会议推选产生。村民委员会成员及其配偶和直系亲属不得担任。村务监督小组具体负责监督财务等村务工作,并向村民会议和村民代表会议报告情况。村民委员会应当将拟公开的内容交村务监督小组审核签署意见后予以公布。财务收支至少每6个月公布1次。

第三十八条 违反本办法规定,有下列行为之一的,村民有权提出询问,并向乡、民族乡、镇人民政府或者县级以上的人民政府及其有关主管部门反映。有关机关应当负责调查核实,责令纠正,并依法追究有关人员的责任:

(一)应当经过村民会议讨论决定的事项未经村民会议讨论就做出决定或者处理的;

(二)无正当理由不执行村民会议决议的;

(三)村务公开不及时或者内容不真实的。

第三十九条 违反本办法规定,以威胁、贿赂、伪造选票等不正当手段当选的,其当选无效。有下列行为之一的,村民有权向有关机关和组织举报,有关机关和组织应当负责调查并依法处理:

(一)村民委员会成员候选人或者其他选民以不正当的方式当选的;

(二)村民选举委员会或者乡、民族乡、镇有关人员、其他人员利用不正当方式使某人当选,或者阻碍某人当选的;

(三)以暴力或者毁坏选票、投票箱等手段破坏村民委员会选举的;

(四)违反无记名投票方法,侵犯村民民主选举权利的;

(五)对提出罢免村民委员会成员要求的人员进行打击报复的。

第四十条 违反本办法规定,指定、委派、撤换村民委员会成员的,由其所在单位或者上级机关予以纠正,有关机关可以对直接负责的主管人员给予行政处分。

第四十一条 各级人民代表大会和县级以上各级人民代表大会常务委员会保证本办法在本行政区域的实施,保障村民依法行使自治权力,监督政府组织实施村民委员会换届选举工作,听取政府及其有关部门贯彻本办法的工作报告,开展执法检查,受理村民及有关方面的举报,总结推广实施本办法的经验。

第七章 附 则

第四十二条 国有场、矿和城市街道办事处所辖的村民委员会,适用本办法。

第四十三条 本办法由各级人民政府组织实施,各级民政部门负责日常工作。

第四十四条 本办法自公布之日起施行。1994年10月24日江西省第八届人民代表大会常务委员会第十一次会议通过的《江西省实施〈中华人民共和国村民委员会组织法〉(试行)》同时废止。

陕西省实施《村民委员会组织法》办法

(1999年9月8日)

第一条 为了保障农村村民实行自治,发展农村基层民主,促进农村社会主义物质文明和精神文明建设,根据《中华人民共和国村民委员会组织法》,结合本省实际,制定本办法。

第二条 村民委员会是村民自我管理、自我教育、自我服务的基层群众性自治组织,实行民主选举、民主决策、民主管理和民主监督。

第三条 中国共产党在农村的基层组织,按照中国共产党章程进行工作,发挥领导核心作用;依照《宪法》和法律、法规,支持和保障村民开展自治活动、直接行使民主权利。

第四条 乡(镇)人民政府指导、支持和帮助村民委员会依照《宪法》、法律、法规和国家政策履行职责,但不得干预依法属于村民自治范围内的事项。

村民委员会协助乡(镇)人民政府开展工作。

第五条 村民委员会的主要职责:

(一)支持和组织村民依法发展各种形式的合作经济和其他经济,承担本村生产的服务和协调工作;

(二)尊重集体经济组织依法独立进行经济活动的自主权,维护以家庭承包经营为基础、统分结合的双层经营体制，保障集体经济组织和村民、承包经营户、联户或者合伙人的合法的财产权和其他合法的权利；

(三)依法管理本村属于村民集体所有的土地和其他财产，管理村级财务；

(四)编制并实施本村发展规划和年度计划，办理本村的公共事务和公益事业；

(五)组织村民兴修水利，植树造林，保护植被，合理开发利用自然资源，保护和改善生态环境；

(六)宣传《宪法》、法律、法规和国家政策，维护村民的合法的权利和利益，教育和推动村民履行纳税、服兵役、计划生育、抗洪救灾、森林防火等法定义务；

(七)发展文化教育事业，普及科技卫生知识，推广生产实用技术，教育村民爱护公共财产，崇尚科学，破除迷信，树立社会主义新风尚；

(八)教育和督促村民遵守村民自治章程、村规民约，调解民间纠纷，促进村民之间、村与村之间、各民族之间的团结互助和家庭和睦；

(九)协助维护社会治安，促进社会稳定；

(十)召集村民会议、村民代表议事会，执行村民会议、村民代表议事会的决定、决议；

(十一)向人民政府反映村民的意见、要求和提出建议；

(十二)法律、法规规定的其他职责。

第六条 村民委员会由主任、副主任和委员共3至7人组成。人口在1000人以下的村，村民委员会一般设3人；1000人至3000人的村，设3至5人；3000人以上的村，设5至7人。具体职数由村民会议根据本村实际情况讨论决定。

村民委员会成员中，妇女应当有适当的名额，多民族村民居住的村应当有人数较少的民族的成员。村民委员会系几个自然村联合设立的，成员构成应当照顾村落情况。

村民委员会成员之间不得有配偶及直系亲属关系。

第七条 村民委员会及其成员应当遵守《宪法》、法律、法规和国家政策，办事公道，廉洁奉公，热心为村民服务，带领村民共同致富。

第八条 村民委员会主任、副主任和委员，由本村有选举权的村民直接选举产生。任何组织或者个人不得指定、委派或者撤换村民委员会成员。

村民委员会每届任期三年，任期届满应当及时进行换届选举。村民委员会成员可以连选连任。村民委员会因特殊情况需要提前或者延期换届的，由乡(镇)人民政府提出，经村民会议讨论同意后，报县(市、区)人民政府批准。

村民委员会的选举依照《陕西省村民委员会选举办法》进行。

新一届村民委员会产生后，上一届村民委员会应当在7日内向新一届村民委员会移交公章、办公设施、财务账目、经营资产、资料档案以及其他工作事项。

第九条 村民委员会成员不脱离生产，实行定额补贴或者误工补贴。补贴的标准和办法，乡(镇)人民政府可以提出指导性意见，由村民会议讨论决定。

第十条 村民委员会根据需要设人民调解、治安保卫、文教卫生、计划生育等委员会，并确定其人员。村民委员会成员可以兼任下属委员会的成员。人口少的村的村民委员会可以不设下属委员会，由村民委员会成员分工负责有关工作。

第十一条 村民委员会可以按照村民居住状况、集体土地所有权关系和村民意见，分设若干村民小组。村民小组在村民委员会领导下开展工作。

村民小组长由村民小组会议推选产生。推选的方式，先由本村民小组有选举权的村民推荐候选人，然后由村民小组会议投票表决。村民小组会议应当有本村民小组有选举权的村民过半数参加，候选人获得参加投票的村民过半数的选票始得当选。村民小组长任期与村民委员会相同，可以连选连任。

村民小组会议可以撤换村民小组长。撤换村民小组长应当有本村民小组五分之一以上有选举权的村民联名提出，依照前款规定，由村民小组会议投票决定。

村民小组长的推选、撤换在村民委员会的主持下进行。

第十二条 村民小组长负责组织本组村民对本村民小组集体所有的土地、企业和其他财产依法进行经营管理，办理本村民小组的公共事务和公益事业，执行村民会议、村民代表议事会和村民委员会的决议、决定。

第十三条 村民委员会设会计、出纳。村民小组根据需要可以设会计、出纳，也可以由村民委员会的会计、出纳兼管村民小组财务。

会计、出纳人员与村民委员会主任、副主任、村民小组长之间不得有配偶和直系亲属关系。

第十四条 村民委员会决定问题，实行少数服从多数的原则。

村民委员会进行工作，应当坚持群众路线，充分发扬民主，认真听取不同意见，坚持说服教育，不得强迫命令，不得打击报复。

村民小组长决定重要问题，应当听取在本村民小组的村民代表的意见，对涉及本村民小组村民利益的重大事项，应当召集村民小组会议讨论决定。

村民委员会成员、村民小组长不得利用职务便利侵占集体财物。

第十五条 村民委员会、村民小组实行村务公开、组务公开制度。村民委员会、村民小组应当及时公布下列事项，其中财务事项至少每半年公布一次，重大事项完成后应当立即公布，接受村民的监督和查询：

(一)财务收支；

(二)农民承担的各项税、费和劳务；

(三)宅基地分配；

(四)水电费收缴；

(五)计划生育指标安排；

(六)征用土地各项补偿费收支；

(七)土地、集体企业和财产的承包、租赁及收益；

(八)公共基建项目的投资方案和资金使用；

(九)救灾救济款物、扶贫资金和捐赠财物的发放使用；

(十)年度工作目标执行情况和有关人员的补贴；

(十一)涉及村民利益、村民普遍关心的其他事项。

第十六条 村民会议由本村18周岁以上的村民组成。村民委员会向村民会议负责并报告工作。

村民会议对本村事务具有最高决策权，但其决定的事项不得与《宪法》、法律、法规和国家政策相抵触，不得有侵犯村民的人身权利、民主权利和合法财产权利的内容。

第十七条 村民会议由村民委员会召集，一般每半年举行一次。根据需要或者有十分之一以上本村18周岁以上的村民提议，应当召开村民会议。召开村民会议应当有本村18周岁以上村民的过半数参加，或者有三分之二以上的户的代表参加，所作决定应当经到会人员的过半数通过。

召开村民会议，必要时可以邀请驻本村的企业、事业单位和群众组织派代表列席村民会议。

第十八条 村民会议行使下列职权：

(一)选举、罢免和补选村民委员会成员；

(二)审议村民委员会的工作报告、财务收支情况报告，审议决定本村发展规划、年度计划；

(三)制定和修改本村村民自治章程、村规民约等规章制度；

(四)审议决定乡统筹的收缴办法、村提留的收缴使用和村办学校、村建道路等公益事业的经费筹集方案；

(五)审议决定本村集体经济项目的立项、承包方案及村公益事业的建设承包方案；

(六)审议决定村集体经济所得收益的使用办法；

(七)审议决定征用土地各项补偿费的使用方案；

(八)评议村民委员会成员的工作，决定本村享受补贴人员、补贴标准及办法；

(九)改变或者撤销村民委员会、村民代表议事会不适当的决定；

(十)村民会议认为应当由其决定的其他事项。

第十九条 在人口较多或者居住分散的村，可以建立村民代表议事会制度。

村民代表由村民按每5户至15户推选一人，可以自愿联户推选，也可以按居住地划分户数推选；或者由各村民小组推选若干人。村民代表任期与村民委员会相同。村民代表总人数一般不少于20人。村民委员会成员、村民小组长不得兼任村民代表。

第二十条 村民代表议事会由村民委员会召集。村民委员会对涉及村民利益、村民普遍关心的重要事项和村民会议授权的事项，应当召集村民代表议事会进行讨论决定。

村民代表议事会一般每季度召开一次。根据需要或者5名以上村民代表提议，村民委员会应当召集村民代表议事会议。

本条第一款村民会议授权的事项不包括本办法第十八条(一)、(二)、(三)、(九)项规定的事项。

第二十一条 村民委员会、村民小组对应当公布的事项不予公布，或者公布的事项不及时、不真实，以及违反本办法的其他行为，村民有权向乡(镇)人民政府或者县(市、区)人民政府及其有关主管部门反映，有关政府和主管部门应当负责调查核实，责令公布或者改正；经查证确有违法行为的，有关人员应当依法承担责任。

村民委员会成员、村民小组长利用职务便利侵占集体财物构成犯罪的，由司法机关依法追究刑事责任。

第二十二条 村民会议、村民委员会做出的决议、决定违反《宪法》、法律、法规和国家政策的，由乡(镇)人民政府或者县(市、区)人民政府有关部门责令限期改正，对造成违法后果的，依照有关法律、法规的规定处理。

第二十三条 县(市、区)人民政府和乡(镇)人民政府负责对村民委员会成员进行村民自治有关法律、法规和业务知识的培训。每届新当选的村民委员会主任、副主任、委员在任期内，至少接受培训一次。培训经费由本级人民政府解决。

第二十四条 《中华人民共和国村民委员会组织法》和本办法由各级人民政府组织实施，民政部门负责日常工作。

第二十五条 乡(镇)人民代表大会和县级以上各级人民代表大会常务委员会在本行政区域内保证《中华人民共和国村民委员会组织法》和本办法的实施,保障村民依法行使自治权利。

第二十六条 城市街道办事处所辖的村,适用本办法。

第二十七条 本办法具体应用中的问题,由省人民政府民政部门负责解释。

第二十八条 本办法自公布之日起施行。《陕西省实施〈中华人民共和国村民委员会组织法(试行)〉办法》同时废止。

河北省实施《村民委员会组织法》办法

(1999年9月24日)

第一条 为了发展农村基层民主,保障农村依法实行村民自治,根据《中华人民共和国村民委员会组织法》,结合本省实际,制定本办法。

第二条 村民委员会是村民自我管理、自我教育、自我服务的基层群众性自治组织,依照《宪法》和法律,实行民主选举、民主决策、民主管理、民主监督。

第三条 村民委员会应当在中国共产党农村基层组织的领导下开展工作。

第四条 乡(含民族乡,下同)、镇的人民政府指导、支持和帮助村民委员会开展工作,但不得干预依法属于村民自治范围内的事项。

村民委员会应当协助乡、镇人民政府开展工作。

第五条 村民委员会的职责:

(一)支持和组织村民依法发展各种形式的合作经济和其他经济,承担本村生产的服务和协调工作,促进农村生产建设和社会主义市场经济的发展;

(二)尊重集体经济组织依法独立进行经济活动的自主权,维护以家庭承包经营为基础、统分结合的双层经营体制,保障集体经济组织和村民、承包经营户、联户或者合伙的合法的财产权和其他合法的权利和利益;

(三)依法管理本村集体所有的土地、林木、水利设施和其他财产,管理村级财务,教育村民合理利用自然资源,保护和改善生态环境;

(四)宣传《宪法》、法律、法规和国家的政策,教育和推动村民履行依法应尽的义务,落实国家计划生育指标,爱护公共财物和设施;

(五)发展本村的教育、文化、卫生、体育等事业,普及科技知识,办理其他的公共事务和公益事业;

(六)对村民进行爱国主义、社会主义、集体主义教育,促进邻里之间、村与村之间、民族之间的团结互助,开展破除迷信、移风易俗等各种形式的社会主义精神文明建设活动;

(七)调解民间纠纷,协助维护社会治安,维护本村的稳定;

(八)向人民政府及其职能部门反映村民的意见、要求和提出建议;

(九)办理村民会议或者村民代表会议决定的事项。

第六条 村民委员会根据村民居住状况、人口多少和村民的意愿,按照便于村民自治和有利于发展经济的原则设立。

村民委员会的设立、撤销、调整,由乡、镇人民政府提出,经村民会议讨论同意后,报县级人民政府批准。

村民委员会的规模应当保持相对稳定。

第七条 村民委员会由主任、副主任和委员共3至7人组成。

村民委员会成员中,妇女应有适当的名额,多民族村民居住的村应当有人数较少的民族的成员。

村民委员会成员不脱离生产,根据本村实际情况和经济发展水平,给予适当补贴。

第八条 村民委员会根据需要设人民调解、治安保卫、公共卫生等委员会。

村民委员会成员可以兼任下属委员会的成员。人口少的村的村民委员会可不设下属委员会,由村民委员会成员分工负责人民调解、治安保卫、公共卫生等工作。

第九条 村民委员会成员的选举,依照《河北省村民委员会选举办法》进行。

第十条 村民委员会及其成员应当遵守《宪法》、法律、法规和国家的政策,办事公道,廉洁奉公,带头履行村民义务,热心为村民服务,带领村民共同致富。

第十一条 村民委员会实行民主集中制,按照少数服从多数的原则决定问题。村民委员会进行工作,应当坚持群众路线,充分发扬民主,认真听取不同意见,坚持说服教育,不得强迫命令,不得打击报复。

第十二条 村民应当支持村民委员会的工作,履行依法应尽的义务。村民在行使权力时,不得损害国家、集体和其他公民的合法权益。

第十三条 村民委员会向村民会议负责并报告工作。每年至少向村民会议报告一次工作。

第十四条 村民委员会按照《河北省村务公开条例》的规定实行村务公开。

第十五条 村民会议由本村18周岁以上的村民组成。

召开村民会议,应当有本村18周岁以上村民的过半数参加,或者有本村三分之二以上的户的代表参加,所作决定应当由到会人员过半数通过。必要的时候,可以邀请驻在本村的企业、事业单位和群众组织派代表列席村民会议。

第十六条 村民会议由村民委员会召集和主持,每年至少召开一次。有十分之一以上的村民书面提议,应当及时召开村民会议。

第十七条 村民会议行使下列职权:

(一)制定、修改村民自治章程、村规民约;

(二)讨论决定本村发展规划和年度计划;

(三)审议村民委员会工作报告、村财务收支情况报告,评议村民委员会成员的工作;

(四)选举、罢免、补选村民委员会成员;

(五)撤销或者改变村民委员会不适当的决定;

(六)撤销或者改变村民代表会议不适当的决定;

(七)讨论决定涉及村民利益的重大事项。

前款除(一)、(四)、(六)项外,村民会议可以授权村民代表会议讨论决定。

第十八条 涉及村民利益的下列事项,村民委员会必须提请村民会议讨论决定,方可办理:

(一)乡统筹的收缴方法,村提留的收缴及使用;

(二)本村享受误工补贴的人数及补贴标准;

(三)从村集体经济所得收益的使用;

(四)村办学校、村建道路等公益事业的经费筹集方案;

(五)村集体经济项目的立项、承包方案及村公益事业的建设承包方案;

(六)村民的承包经营方案;

(七)宅基地的使用方案;

(八)计划生育指标安排方案;

(九)涉及村民利益的其他事项。

第十九条 人数较多或者居住分散的村,可以推选产生村民代表。村民代表由村民按每5户至15户推选1人,或者由各村民小组推选若干人。

第二十条 村民代表任期与村民委员会相同,可以连选连任。村民代表的撤换须经原推选户或者村民小组同意。

第二十一条 村民代表会议由村民委员会负责召集。

村民代表会议一般每季度召开一次,遇有特殊情况或者有三分之一以上的代表提议,可以临时召开。

第二十二条 村民代表会议讨论决定村民会议授权的事项,必须由三分之二以上的代表通过,且不得与村民会议的决议、决定相抵触。

第二十三条 村民会议和村民代表会议决定的事项,任何组织和个人不得擅自改变,确需变更时,必须提请下次村民会议或者村民代表会议决定。

第二十四条 村民委员会可以按照村民居住状况、经济组织形式和人口多少分设若干村民小组,小组长由村民小组会议推选,任期与村民委员会相同。

村民小组长的职责是收集并向村民委员会反映本组村民的建议、意见,向本组村民传达村民委员会做出的有关决定,协助村民委员会办理本村的公共事务和公益事业。

第二十五条 县级民政部门和乡、镇人民政府负责制定和实施村民委员会成员的培训计划,每届村民委员会主任、副主任、委员任期内至少应当培训一次,但对新当选的村民委员会成员应在当选后的三个月内培训。培训经费由县、乡级人民政府解决。

第二十六条 本办法具体应用中的问题,由省人民政府民政行政主管部门负责解释。

第二十七条 本办法自公布之日起施行。《河北省村民委员会组织条例》同时废止。

山西省实施《村民委员会组织法》办法

(1999年9月26日)

第一条 为了保障《中华人民共和国村民委员会组织法》(以下简称村民委员会组织法)的实施,结合本省实际,制订本办法。

第二条 村民委员会是村民自我管理、自我教育、自我服务的基层群众性自治组织,实行民主选举、民主决策、民主管理、民主监督。

第三条 中国共产党在农村的基层组织,按照中国共产党章程进行工作,发挥领导核心作用;依照宪法和法律,支持和保障村民开展自治活动、直接行使民主权利。

第四条 各级人民政府应当把贯彻村民委员会组织法和本办法纳入社会发展总体规划,采取措施,组织协调各有关部门和单位实施村民委员会组织法和本办法。

第五条 县级以上人民政府的民政部门负责贯彻执行村民委员会组织法和本办法的日常工作,主要职责是:

(一)组织宣传村民委员会组织法和本办法;

（二）对村民委员会的选举、决策、管理、监督活动进行指导；

（三）对发展农村基层民主、保障村民实行自治的重大问题进行研究，向同级人民政府提出对策建议；

（四）受理对妨碍村民直接行使民主权利的举报和反映，会同有关部门调查处理。

第六条 乡（镇）人民政府对村民委员会工作给予指导、支持和帮助，但不得干预依法属于村民自治范围内的事项。

第七条 村民委员会协助乡（镇）人民政府做好环境与资源保护、土地管理、建设规划、治安保卫、公共卫生、文化教育、计划生育、优抚救济、税收、粮食收购等工作。

第八条 村民委员会有下列主要职责和任务：

（一）宣传《宪法》、法律、法规和国家政策，教育和推动村民服从政府管理，履行法律、法规规定的义务，爱护公共财产；

（二）拟定、实施本村经济和社会发展规划、年度计划，支持和组织村民发展生产，承担生产的服务和协调工作，带领村民共同致富，提高村民生活水平；

（三）办理本村的公共事务和公益事业；

（四）调节民间纠纷，促进村民之间、民族之间、村与村之间的团结和家庭和睦，处理好与驻村单位的关系；

（五）协助维护社会治安，组织村民防火、防灾、防盗，促进农村社会稳定；

（六）向人民政府反映村民意见，提出建议和要求；

（七）维护以家庭承包经营为基础、统分结合的双层经营体制，尊重集体经济组织依法独立进行经济活动的自主权，保障集体经济组织和村民、承包经营户、联户或合伙的合法财产权及其他合法权利和利益；

（八）依法管理属于村农民集体所有的土地和其他财产；

（九）教育村民合理开发利用自然资源，保护和改善生态环境；

（十）教育和推动村民实行计划生育；

（十一）发展文化教育，普及科学技术知识，开展多种形式的社会主义精神文明建设活动；

（十二）法律、法规赋予的其他职责和任务。

第九条 村民委员会由主任、副主任和委员3至7人的单数组成。人口在500人以下的村，一般为3人；500人以上的2000人以下的村，一般不超过5人；2000人以上的村，不超过7人。村民委员会成员的具体人数由乡（镇）人民政府根据村规模的大小、村民委员会承担的工作任务和有利于减轻农民负担的原则等提出建议，由村民会议或村民代表会议讨论决定。

村民委员会中应当有适当的妇女成员，多民族村民居住的村应当有人数较少的民族的成员。

村民委员会成员之间不得有夫妻关系或者直系亲属关系。

第十条 已经设立的村民小组，需要调整的，应当按照村民居住状况和便于自治、有利生产、方便生活的原则进行调整。

村民小组依法管理属于村民小组的集体土地和其他财产。

村民小组有义务协助村民委员会开展工作。

第十一条 村民小组长由村民小组会议推选产生。村民小组会议由本组18周岁以上的村民组成。

村民小组长的推选工作由村民委员会主持。推选村民小组长，由本组村民先提出人选，然后举手通过或者投票表决。本组村民对小组长工作不满意的，村民小组会议可以撤换。

第十二条 村民委员会主任、副主任和委员由村民直接选举产生，不得由户代表选举或者由村民代表选举，也不得先选出村民委员会成员，再由成员推选主任或副主任。任何组织或个人不得指定、委派或撤换村民委员会成员。

第十三条 村民委员会每届任期3年，届满应当及时举行换届选举。换届选举工作应当在上届村民委员会任期届满之日起3个月内完成。因特殊原因不能按时举行换届选举的，乡（镇）人民政府应当报县（市、区）人民政府批准。

村民委员会成员可以连选连任。

第十四条 村民委员会换届选举工作，由省人民政府统一部署。

县（市、区）和乡（镇）在村民委员会换届选举时应当成立换届选举工作指导机构，组织、指导本行政区域的村民委员会换届选举工作。

第十五条 村民委员会的选举，由村民选举委员会组织和主持。村民选举委员会由主任和委员共3至7人的单数组成，其成员应当有一定的代表性。村民选举委员会成员由村民会议或者村民小组推选产生。推选工作由上届村民委员会主持；上届村民委员会因特殊原因不能主持的，由乡（镇）人民政府在广泛征求村民意见后确定推选工作的主持者。

村民选举委员会成员被确定为村民委员会成员正式候选人的，应当辞去村民选举委员会的职务。村民选举委员会的缺额可以补足。

第十六条 村民选举委员会的主要任务是：

（一）依法拟定选举工作方案，提请村民会议或者村民代表会议讨论通过；

（二）向村民宣传有关村民委员会选举的法律、法规和选举的意义、方法和步骤；

（三）确定和培训选举工作人员；

（四）确定并公布选举日期、投票时间、地点和投票方法；

（五）组织村民登记、审查、确认村民的选举资格，公布有选举权和被选举权的村民名单；

（六）组织村民提名村民委员会成员候选人，确定并公布正式候选人的名单；

（七）主持选举工作，公布选举结果，办理当选证书，并将选举结果报乡（镇）人民政府备案；

（八）建立选举档案，并将档案移交新一届村民委员会。

村民选举委员会履行职责，自组成之日起至新一届村民委员会产生为止。

第十七条 年满18周岁的村民，不分民族、种族、性别、职业、家庭出身、宗教信仰、教育程度、居住期限，都有选举权和被选举权；但是，依照法律被剥夺政治权利的人除外。

本办法所称村民，是指户口在村以及户口不在村但在村居住、生活、劳动并履行村民义务的公民。

第十八条 村民委员会举行换届选举时，村民一般在户口所在地的村进行登记。

在配偶所在的村居住、生活、劳动、履行村民义务，但户口未迁入，本人要求在配偶所在村登记的，经过村民选举委员会确认，应当予以登记。

已经转为非农业户口的村民，仍在原户口所在村居住、生活、劳动、履行村民义务，本人要求登记的，经村民选举委员会确认，应当予以登记。

其他在本村居住、生活、劳动、履行村民义务，但户口不在本村的村民，本人要求在本村登记的，经村民选举委员会确认，可以予以登记。

任何村民不得在2个或2个以上的村重复进行登记。

年满18周岁的计算，以本村的选举日为截止日期。

第十九条 有选举权和被选举权的村民名单，应当在选举日的20日以前公布。

村民对公布的名单有异议的，可以在选举日的10日以前向村民选举委员会提出，村民选举委员会应当在选举日的5日以前做出解释或者予以纠正。

第二十条 村民选举委员会可以根据村民委员会成员应当具备遵纪守法、廉洁奉公、办事公道、热心为村民服务、能带领村民致富的条件，并按照村民的意愿，结合本村有选举权和被选举权村民的具体情况以及村民委员会的工作需要，拟定村民委员会成员候选人的资格条件，提请村民会议讨论通过，并向全体村民公布。

第二十一条 选举村民委员会由本村有选举权的村民直接投票提名候选人。村民委员会主任、副主任正式候选人的名额应当比应选名额多1人；委员正式候选人的名额应当比应选名额多1至3人。

提名的候选人人数多于正式候选人人数的，村民选举委员会应当召集过半数的有选举权的村民以无记名投票方式进行预选，按照得票多少确定正式候选人；也可以按照获得提名的票数多少直接确定正式候选人。

村民委员会成员正式候选人名单，应当在选举日的5日以前按照得票的多少顺序张榜公布。

对依法确定的村民委员会成员候选人，任何组织和个人不得调整或变更。

第二十二条 选举村民委员会成员，可以由有选举权的村民一次投票选举，也可以分次投票选举。

分次投票选举村民委员会成员，主任的正式候选人、副主任、委员正式候选人的人数不受第二十一条第一款规定的差额的限制。

第二十三条 选举村民委员会，有选举权的村民过半数参加投票，选举有效；候选人获得的赞成票超过参加投票的村民半数的，始得当选。

获得赞成票过半数的候选人的人数超过应选名额时，以得票多的当选。如遇票数相等，不能确定当选人时，应当对票数相等的候选人再次投票，以得票多的当选。

第二十四条 当选的村民委员会成员人数达到3人但不足应选名额的，不足的名额可以另行选举，也可以暂缺。当选人数不足3人的，不足的名额应当另行选举；另行选举后村民委员会成员仍不足3人的，不足名额可以暂缺。

经过选举，村民委员会主任暂缺的，由获得赞成票较多的副主任临时主持村民委员会工作；主任、副主任都暂缺的，由获得赞成票较多的委员临时主持村民委员会工作。主任暂缺的，应当在6个月内另行选举。

第二十五条 选举村民委员会，采取无记名投票方式。选举时应当设立秘密写票处和统一代写处。投票结束后应当公开计票，当场公布选举结果。

第二十六条 本村五分之一以上有选举权的村民联名，可以要求罢免村民委员会成员，罢免要求应当提出罢免理由。被要求罢免的村民委员会成员有权提出申辩意见。村民委员会应当在接到村民罢免要求之日起30日内召开村民会议，投票表决罢免要求。罢免村民委员会成员须经过有选举权的村民过半数通过。

村民委员会逾期不召开村民会议投票表决罢免要求的，乡(镇)人民政府可以督促村民委员会召开村民会议进行投票表决。

第二十七条 村民委员会成员要求辞职的，应当以书面形式向村民委员会提出，由村民委员会提交村民会议或村民代表会议决定。

第二十八条 村民委员会主任出缺，或者副主任、委员出缺成员不足3人的，应当在6个月内召开村民会议补选。补选的村民委员会成员的任期，到本届村民委员会届满为止。

第二十九条 村民会议由本村18周岁以上的村民组成。

召开村民会议，应当有本村18周岁以上的村民过半数参加或者有本村三分之二以上的户代表参加。

村民会议所做决定必须经到会人员的过半数通过方为有效。

第三十条 村民会议由村民委员会召集，每年至少召开1次。有十分之一以上的村民提议，应当召集村民会议。

村民委员会向村民会议负责并报告工作。

第三十一条 村民会议是村民直接行使民主权利的组织，是村民自治的最高决策机构，行使下列主要职权：

(一)选举、罢免、补选村民委员会成员；

(二)制定、修改村民自治章程、村规民约；

(三)审议本村经济和社会发展规划、年度计划；

(四)审议村民委员会的工作报告、村财务收支情况报告；

(五)评议村民委员会成员的工作；

(六)决定是否设立村民代表会议、村民代表推选办法，决定向村民代表会议的授权事项；

(七)撤销或改变村民代表会议和村民委员会不适当的决定；

(八)决定涉及村民利益的重大事项。

村民会议行使前款第一、二、三、七项规定的职权，必须有本村18周岁以上的村民过半数参加。

第三十二条 涉及村民利益的下列事项，村民委员会必须提请村民会议讨论决定，方可办理：

(一)乡统筹的收缴办法，村提留的收缴、使用及义务工、积累工的分担方案；

(二)本村享受误工补贴的人数及补贴标准；

(三)从村集体经济所得受益的分配和使用；

(四)村办学校、村建道路等村公益事业的经费筹集方法；

(五)村集体经济项目的立项和建设、经营方案，以及村公益事业的建设、承包、使用方案；

(六)村民的承包经营方案；

(七)宅基地的使用方案；

(八)村民会议认为应当由村民会议讨论决定的涉及村民利益的其他事项。

第三十三条 500人以上或2个以上自然村组成的村，可以推选产生村民代表。村民代表由村民按每5至15户推选1人为标准进行推选，或者由各村民小组推选若干人。村民代表总人数一般不得少于20人。村民代表每届任期3年，可以连选连任。

村民代表由原推选的户或村民小组更换。其他任何组织和个人不得指定、委派或更换村民代表。

第三十四条 村民会议可以授权村民代表会议行使村民会议的部分职权，但本办法第三十一条第一款第一、二、三、六、七项规定的职权必须由村民会议行使。

第三十五条 村民委员会召集并主持村民代表会议。议题应当在3日前通知村民代表，广泛征求村民意见。

召开村民代表会议，必须有三分之二以上的代表参加。所作决定应当由全体代表的过半数通过。

第三十六条 村民自治章程、村规民约以及村民会议和村民代表会议决定的事项，不得与《宪法》、法律、行政法规、地方法规和国家的政策相抵触，不得有侵犯村民的人身权利、民主权利和合法财产权利的内容。

村民应当遵守村民自治章程、村规民约和村民会议、村民代表会议的决定，服从村民委员会的管理，履行村民义务。

第三十七条 村民委员会实行村务公开制度。

村民委员会应当及时公布下列事项，其中涉及财务的事项至少每6个月公布一次，接受村民的监督：

(一)村民会议、村民代表会议讨论决定的事项及其实施情况；

(二)国家计划生育政策和本省计划生育法规的落实方案；

(三)救灾救济款物的发放情况；

(四)村财务计划及财务收支的详细情况；

(五)国家投放和社会资助的扶贫、农业开发及其他财政支农资金、以工代赈等专项资金的使用情况；

(六)村集体经济组织的承包经营情况；

(七)被征地的补偿安置费用的收支状况和宅基地的审批情况；

(八)农民承担费用和劳务情况；

(九)水、电等涉农价格及费用收缴情况；

(十)涉及本村村民利益和村民普遍关心的其他事项。

第三十八条 村民委员会必须保证村务公开内容的真实性，并接受村民的查询。村民委员会换届选举前，应当依照《山西省农村集体经济审计暂行条例》的规定，对本届村民委员会财务收支情况进行审计，并公开审计结果。

第三十九条 村民委员会决定问题，采取少数服从多数的原则。

村民委员会进行工作时，应当坚持群众路线，充分发扬民主，认真听取不同意见，坚持说服教育，不得强迫命令，不得打击报复。

第四十条 对违反本办法第十三条第一款规定，未经县(市、区)人民政府批准，不按期举行或者无故拖延村民委员会换届选举的，县(市、区)人民政府应当责令进行换届选举，并追究有关人员的责任。

第四十一条 有下列行为之一的，村民有权向乡(镇)人民代表大会和人民政府或县(市、区)人民代表大会常务委员会和人民政府及其民政部门举报；有关机关接到举报后，应当查明情况，依法处理：

(一)以威胁、贿赂、伪造选票和其他不正当手段干扰正常选举，妨碍村民行使选举权和被选举权，破坏村民委员会选举的；

(二)擅自变更村民委员会成员候选人或指定、委派、撤换村民委员会成员，以及对检举村民委员会成员选举中违法行为和要求罢免村民委员会成员的村民打击报复的。

以威胁、贿赂、伪造选票等不正当手段当选的，县(市、区)人民代表大会常务委员会有权决定并宣布其当选无效。

第四十二条 村民委员会不及时公布应当公布的事项或者公布的事项不真实的，村民有权向乡(镇)人民政府或者县(市、区)人民政府及其民政部门反映；有关机关应当负责调查核实，责令公布或者纠正。

第四十三条 乡(镇)人民政府、县(市、区)人民政府、县(市、区)人民政府的民政部门及其有关国家机关的工作人员应当认真履行职责，对村民有关违反村民委员会组织法和本办法的举报和反映，应当及时处理，并依法查处，不得互相推诿。有关国家机关的工作人员玩忽职守，造成严重后果的，依法追究其法律责任。

第四十四条 各级人民代表大会和县级以上人民代表大会常务委员会应当加强对村民委员会组织法和本办法实施情况的监督，保证村民委员会组织法和本办法在本行政区域内的正确实施，保障村民依法行使自治权利。

第四十五条 本办法由省人民代表大会常务委员会负责解释。

第四十六条 本办法自公布之日起施行。1991年5月12日山西省第七届人民代表大会常务委员会第二十二次会议通过的《山西省村民委员会组织实施办法》同时废止。

浙江省实施《村民委员会组织法》办法

(1999年10月22日)

第一条 为了发展农村基层民主，保障村民依法实行自治，根据《中华人民共和国村民委员会组织法》，结合本省实际，制定本办法。

第二条 村民委员会是村民自我管理、自我教育、自我服务的基层群众性自治组织，实行民主选举、民主决策、民主管理、民主监督。

第三条 中国共产党在农村的基层组织，按照中国共产党章程进行工作，发挥领导核心作用；依照《宪法》和法律、法规，支持和保障村民开展自治活动、直接行使民主权利。

第四条 乡、镇人民政府指导、支持和帮助村民委员会开展工作，但是不得干预依法属于村民自治范围内的事项。村民委员会协助乡、镇人民政府开展工作。

第五条 村民委员会依照《浙江省村民委员会选举办法》选举产生。

第六条 村民委员会的主要职责：

(一)宣传贯彻《宪法》、法律、法规和国家的政策，维护村民合法权益，教育和推动村民履行法律、法规规定的义务，发展文化教育，普及科技知识，促进村和村之间的团结、互助，开展多种形式的社会主义精神文明建设活动；

(二)依照法律规定，管理本村属于村民集体所有的土地和其他财产，教育村民合理利用自然资源，保护和改善生态环境；

(三)支持和组织村民依法发展各种形式的合作经济和其他经济，承担本村生产的服务和协调工作，促进农村生产建设和社会主义市场经济的发展；

(四)尊重集体经济组织依法独立进行经济活动的自主权，维护以家庭承包经营为基础、统分结合的双层经营体制，保障集体经济组织和村民、承包经营户、联户或者合伙人的合法的财产权和其他合法的权力和利益；

(五)兴办和管理本村的公共事务和公益事业；

(六)组织实施本村建设规划，兴修水利、道路等基础设施，指导村民建设住宅；

(七)依法调解民间纠纷，协助维护本村的社会治安，向人民政府反映村民的意见、要求和提出建议；

(八)向村民会议或者村民代表会议报告工作并接受评议，执行村民会议和村民代表会议的决议、决定；

(九)法律、法规规定的其他职责。

第七条 村民委员会决定问题，采取少数服从多数的原则。村民委员会进行工作，应当坚持群众路线，充分发扬民主，认真听取不同意见，坚持说服教育，不得强迫命令，不得打击报复。

第八条 村民委员会可以按照村民居住状况分设若干村民小组。村民小组长由村民小组会议推选产生，任期与村民委员会任期相同，可以连选连任。村民小组会议由本小组有选举权的村民或者户的代表组成。

第九条 村民会议由本村18周岁以上的村民组成。村民会议由村民委员会召集，每年至少召开一次。有十分之一以上的村民联名提议，应当及时召集村民会议。召开村民会议应当有本村18周岁以上村民过半数参加或者有本村三分之二以上的户的代表参加，所作决议、决定应当经到会人员的过半数通过。

第十条 涉及村民利益的下列事项，村民委员会必须提请村民会议讨论决定，方可办理：

(一)本村建设规划，经济和社会发展规划、年度计划；

(二)乡统筹的收缴方法，村提留的收缴及使用；

(三)本村享受误工补贴的人数及补贴标准；

(四)从村集体经济所得收益的使用；

(五)兴办学校、道路、水利等村公益事业的经费筹集方案；

(六)村集体经济项目的立项、承包方案及村公益事业的建设承包方案；

(七)村民的承包经营方案；

(八)国家计划生育政策的落实方案；

(九)宅基地的使用方案；

(十)征用土地各项补偿费用的使用方案；

(十一)村民会议认为应当由村民会议讨论决定的涉及村民利益的其他事项。

第十一条 人数较多或者居住分散的村可以设立村民代表会议。村民代表会议由村民委员会召集。村民代表由村民按每5户至15户推选1人或者由村民小组推选产生。村民代表中，妇女应当有适当名额。人口不足500人的村，村民代表人数不少于20人；人口在500人以上的村，村民代表人数不少于30人。村民代表的任期与村民委员会的任期相同，可以连选连任。

第十二条 村民代表会议对村民会议负责。经过村民会议授权，村民代表会议可以讨论决定本办法第十条规定的事项。村民代表会议至少每6个月召开1次。有三分之一以上村民代表提议，应当及时召集村民代表会议。

召开村民代表会议必须有三分之二以上的代表参加，所作决定应当经过全体代表的过半数通过，且不得与村民会议所作的决议、决定相抵触。

第十三条 村民会议有权撤销或者改变村民代表会议和村民委员会不适当的决定。

第十四条 村民会议或者村民代表会议决定的事项不得与宪法、法律、法规和国家政策相抵触，不得有侵犯村民人身权利、民主权利和合法财产权利的内容，并应当及时向村民公布，任何组织和个人不得擅自改变。

第十五条 村民委员会实行村务公开制度。

村民委员会应当设立村务公开栏，及时真实公布下列事项；其中涉及财务的事项至少每6个月公布1次：

(一)村民会议或者村民代表会议讨论决定事项的实施情况；

(二)村财务收支情况；

(三)村土地、集体企业和财产的承包、经营和租赁情况；

(四)征用土地各项补偿费用使用情况；

(五)宅基地使用审批情况；

(六)村民承担费用和劳务情况；

(七)水、电等费用的收缴情况；

(八)优抚、救灾救济款物的发放情况；

(九)国家计划生育政策的执行情况；

(十)村干部年度工作目标执行情况；

(十一)村公共设施建设项目的投资、承发包情况；

(十二)涉及村民利益和村民普遍关心的其他事项。

第十六条 村应当设立村民村务公开监督小组，对村民会议和村民代表会议负责，监督、检查村务公开情况。

村民村务公开监督小组一般由3至7人组成，其成员由村民会议或者村民代表会议从村民委员会成员以外的村民中推选产生。村民村务公开监督小组应当坚持公开、公正的原则，向村民会议或者村民代表会议报告村务公开的监督、检查情况。

第十七条 村民委员会应当保证村务公开内容的真实性，接受村民村务公开监督小组的监督、检查，并接受村民的查询。

村民委员会不及时公布应当公布的事项、公布的事项不真实或者不接受村民村务公开监督小组监督、检查和村民查询的，村民、村民村务公开监督小组有权向乡镇人民政府或者县级人民政府及其有关主管部门反映，有关政府机关必须负责调查核实，责令公布；经查正确有违法行为的，有关人员应当依法承担责任。

第十八条 县级人民政府民政部门和乡、镇人民政府负责对村民委员会成员的培训工作。每届村民委员会成员在任期内至少接受一次培训。培训经费由县级人民政府和乡、镇人民政府解决。

第十九条 村民委员会根据需要设人民调解、治安保卫、社会福利、公共卫生、计划生育等委员会。村民委员会成员可以兼任下属委员会的成员。人口少的村的村民委员会可以不设下属委员会，由村民委员会成员分工负责有关工作。

第二十条 本办法由各级人民政府组织实施，民政部门负责日常工作。

第二十一条 各级人民代表大会和县级以上各级人民代表大会常务委员会应当加强对本办法实施情况的监督、检查，保证本办法在本行政区域内的实施，保障村民依法行使自治权力。

第二十二条 本办法自公布之日起施行。1988年11月28日浙江省第七届人民代表大会常务委员会第六次会议通过的《浙江省村民委员会组织实施办法》同时废止。

贵州省实施《村民委员会组织法》办法

(1999 年 11 月 28 日)

第一条 根据《中华人民共和国村民委员会组织法》的规定，结合我省情况，制定本办法。

第二条 村民委员会是村民自我管理、自我教育、自我服务的基层群众性自治组织，实行民主选举、民主决策、民主管理、民主监督。

第三条 中国共产党在农村的基层组织，按照中国共产党章程进行工作，发挥领导核心作用；依照宪法和法律，支持和保障村民开展自治活动、直接行使民主权利。

第四条 乡、民族乡、镇人民政府对村民委员会的工作给予指导、支持和帮助，但是不得干预依法属于村民自治范围内的事项。

村民委员会协助乡、民族乡、镇人民政府开展工作。

第五条 村民委员会的职责：

(一)向村民宣传宪法、法律、法规和国家的政策，教育和推动村民履行依法应尽的义务，依法纳税，服兵役，实行计划生育，维护村民的合法权益；

(二)依法对属于村农民集体所有的土地进行承包，与承包者签订承包合同，管理属于村农民集体所有的土地、山林、草坡、水利设施。制止非法占有土地，乱砍滥伐林木、毁林开荒以及破坏公共设施、公路、文物等行为，教育村民爱护公共财物，合理利用自然资源，保护和改善生态环境；

(三)办理本村的公共事务，组织村民修整乡村道路，兴修水利，植树造林，整治村容村貌，兴办文教、科技、卫生、社会福利等公益事业，做好拥军优属工作，落实“五保”户供养；

(四)尊重集体经济组织依法独立进行经济活动的自主权，维护以家庭联产承包经营为基础、统分结合的双层经营体制，保障集体经济组织和村民、承包经营户、联户或者合伙人的合法的财产权和其他合法的权力和利益。支持和组织村民发展多种形式和合作经济和其他经济，承担本村生产的服务和协调工作，促进农村生产建设和社会主义市场经济的发展；

(五)关心儿童和青少年的教育成长，保护未成年人的合法权益，组织动员村民义务劳动或集资改善设施，提高办学效益；

(六)向乡、民族乡、镇人民政府反映群众的意见、要求和建议；

(七)召集和主持村民会议并报告工作，执行村民会议决定、决议；

(八)依法调解民间纠纷，搞好村民之间、村际之间的团结，执行民族政策，加强民族团结；

(九)组织制订和执行维护社会治安的措施，搞好综合治理，协助公安、司法部门打击各种犯罪活动，维护社会秩序、生产秩序和生活秩序；

(十)对依照法律被剥夺政治权利、管制、缓刑、假释、取保候审、监视居住、保外就医的人进行监督、教育；

(十一)教育村民发扬艰苦朴素、勤俭持家的优良传统，破除封建迷信，移风易俗，大力倡导简办婚事丧事，树立讲科学、讲文明的新风尚；

(十二)组织和监督村规民约的制订和执行，开展创建文明村寨“五好”家庭等多种形式的社会主义精神文明建设活动，教育村民爱祖国、爱人民、爱劳动、爱科学、爱社会主义；

（十三）《中华人民共和国村民委员会组织法》和其他法律、法规规定的职责。

第六条 村民委员会根据村民居住状况、人口多少，按照便于群众自治的原则设立。村民委员会的设立、撤销、范围调整，由乡、民族乡、镇人民政府提出，经村民会议讨论统一后，报县级人民政府批准。

第七条 村民委员会由主任、副主任和委员共3至7人组成，具体名额由乡、民族乡、镇人民政府根据村的规模大小、经济发展等情况提出建议，由村民会议讨论决定。

村民委员会成员中，妇女应有一定的名额，多民族居住的村应有人数较少的民族的成员，居住分散的村应考虑其成员的分布状况。

第八条 村民委员会根据工作需要，可以设立生产福利、人民调解、治安保卫、教科文卫、计划生育等委员会。

村民委员会下属委员会的设立及其成员有村民委员会决定，村民委员会成员可以兼任下属委员会的主任。

第九条 村民委员会主任、副主任和委员，由村民无记名投票直接选举产生。村民委员会每届任期三年，其成员可以连选连任。

年满十八周岁以上的村民，除依法被剥夺政治权利的以外，都有选举权和被选举权。

第十条 村民委员会的成员，应选热心为村民服务，遵纪守法，执行政策，办事公道，能带领群众依法勤劳致富的人员担任。

第十一条 村民委员会的选举，由村成立的村民选举委员会主持，乡、民族乡、镇人民政府进行指导。村民选举委员会成员由村民会议或者各村民小组推选产生。

村民选举委员会，应培训选举工作骨干，开展选举宣传教育活动，进行选民登记，做好民主提名产生村民委员会成员候选人名单、主持召开村民选举大会、组织投票选举等项工作。

第十二条 选举村民委员会，由本村有选举权的村民直接提名候选人，所提候选人应张榜公布，根据多数选民的意见确定正式候选人。候选人的名额应多于应选名额。

选举村民委员会，应实行差额选举；选举时，有选举权的村民的过半数投票，选举有效；候选人获得参加投票的村民的过半数的赞成票，始得当选。选举结果应当场公布。

第十三条 村民委员会可以按照村民居住状况分设若干村民小组，需要调整的由村民委员会征得有关村民小组的意见后，报乡、民族乡、镇人民政府批准。

村民小组设组长。组长由村民小组会议推选。村民小组组长的任期与村民委员会成员的任期相同，可以连选连任。村民委员会的成员经过村民小组会议推选，可兼任村民小组组长。

第十四条 村民委员会要制定工作、学习、会议、财务、统计等各项规章制度，明确职责，认真执行，接受村民的监督。

第十五条 村民委员会进行工作，应坚持群众路线，充分发扬民主，认真听取不同意见，村民委员会决定问题时，实行民主集中制、少数服从多数的原则。

第十六条 村民会议是村民实现民主权利，实行自治的重要途径和形式，对本村事务具有决策权。其主要职权：

（一）听取并审议村民委员会的工作报告；

（二）讨论并决定本村的发展规划；

（三）制定、修改村民自治章程和村规民约，并报乡、民族乡、镇人民政府备案。村民自治章程和村规民约不得与《宪法》、法律、法规和国家政策相抵触；

（四）补选因故出缺的村民委员会成员；

（五）罢免和补选村民委员会成员；

（六）讨论决定涉及全村村民利益的其他事项。

第十七条 村民会议由本村18周岁以上的村民组成。村民会议每年至少召开1次，由村民委员会召集和主持；有十分之一以上的村民提议，应当召集村民会议。居住分散的村，村民会议可以分片召开。

召开村民会议，应当有本村18周岁以上村民的过半数参加，或者有本村三分之二以上的户的代表参加，决定应当经到会人员的过半数通过。必要时，可以邀请驻本村的企业、事业单位和群众组织派代表列席。

人数较多或者居住分散的村，可以推选产生村民代表。村民委员会可以依法召集村民代表大会，讨论决定村民会议授权事项。村民代表由村民按每五户至十五户推选一人，或者由各村民小组推选若干人。

第十八条 涉及村民利益的下列事项，村民委员会必须提请村民会议讨论决定，方可办理：

（一）乡统筹的收缴方法，村提留的收缴及使用；

（二）本村享受误工补贴的人数及补贴标准；

（三）从村集体经济所得收益的使用；

（四）村办学校、村建道路等村公益事业的经费筹集方案；

（五）村集体经济项目的立项、承包方案及村公益事业的建设承包方案；

（六）村民的承包经营方案；

（七）宅基地的使用方案；

（八）村民会议认为应当由村民会议讨论决定的涉及村民利益的其他事项。

第十九条 村民委员会实行村务公开、民主管理制度。村民委员会应当及时公布下列事项，并接受村民监督：

（一）本办法第十八条规定的事项以及村民会议或村民代表会议认为应该公布的其他事项；

（二）财务管理，包括财务账目、集体经济收入支出、财产物资处理和固定资产增减变动情况，各种集资及其使用情况；

（三）计划生育政策落实方案；

（四）救灾救济粮、款及物资发放情况；

（五）水电费的收缴情况；

（六）村民委员会成员的工作责任目标和完成情况；

（七）评选先进包括评选文明村组、文明户和各种先进模范个人等，以及村民关注的本村治安案件、民间纠纷的处理情况；

（八）涉及本村村民利益、村民普遍关心的其他事项。

村民委员会公开事项的内容必须真实，并接受村民查询。属于日常事务性工作的，要定期公布，其中属于财务的事项，至少每6个月公布1次；属于阶段性工作的，要及时公布。村民委员会不及时公布应当公布的事项或者公布的事项不真实的，村民有权向乡、民族乡、镇人民政府或者县级人民政府及其有关主管部门反映。有关部门应负责调查核实，责令公布，并依法处理。

第二十条 村民委员会主任、副主任实行固定补贴。其他成员包括下属工作委员会的成员和村民小组担负公务的人员一般实行误工补贴，有条件的也可实行固定补贴。补贴标准及固定补贴的名额，由县级或乡、民族乡、镇人民政府根据本地情况确定。补贴经费由村集体经济收益或村民承包提留解决；比较困难的，乡、镇财政可统筹解决一部分；特别困难的，由县级以上地方财政给予适当补助。

第二十一条 本办法自公布之日起施行。

湖南省实施《村民委员会组织法》办法

（1999年11月28日）

第一条 根据《中华人民共和国村民委员会组织法》的规定，结合本省实际，制定本办法。

第二条 村民委员会是村民自我管理、自我教育、自我服务的基层群众性自治组织，履行下列职责：

（一）召集村民会议、村民代表会议并向会议报告工作；贯彻落实村民会议、村民代表会议的决定、决议；

（二）组织实施本村经济和社会发展规划，办理本村教育、文化、交通、水利、医疗卫生、社会福利等公共事务和公益事业；

（三）支持和组织村民依法发展各种形式的合作经济和其他经济，维护以家庭承包经营为基础、统分结合的双层经营体制；承担本村生产的服务和协调工作；尊重集体经济组织和村民、承包经营户、联户或者合伙人进行经济活动的自主权，保障其合法的财产权和其他合法权益；

（四）依法管理属于本村农民集体所有的土地和其他财产；教育村民爱护公共财产和合理利用土地、矿产、水、森林等自然资源，保护和改善生态环境；

（五）宣传《宪法》、法律、法规和国家的政策，教育和推动村民履行计划生育、义务教育、服兵役、拥军优属、抢险救灾、纳税等义务；督促村民依法承担法律、法规规定的费用、劳务，遵守村民自治章程和村规民约；

（六）因地制宜地开展健康有益的文化活动，普及科学技术知识，倡导移风易俗、尊老爱幼、扶贫济困的新风尚；防范和制止封建迷信、宗派、宗族势力和非法宗教活动；

（七）依法调解民间纠纷，促进村民之间、村与村之间的团结、互助和和睦，协调与驻本村的机关、团体、部队和企事业单位之间的关系；

（八）组织村民防盗、防火、防灾害事故，向有关部门反映本村的治安情况；协助有关部门对本村被判处管制、剥夺政治权利或者被判处其他刑法但被宣告缓刑、假释的罪犯进行教育、帮助和监督，协助维护社会治安和农村社会稳定；

（九）依法建立健全民主理财制度，规范财务会计行为，管理本村财务；

（十）向人民政府反映村民的建议、意见和要求；

（十一）法律、法规规定的其他职责。

第三条 中国共产党在农村的基层组织，按照中国共产党章程进行工作，发挥领导核心作用；依照宪法和法律，支持和保障村民开展自治活动、直接行使民主权利。

第四条 乡、民族乡、镇（以下简称乡镇）人民政府指导、支持和帮助村民委员会开展工作，依法支持和保障村民实行民主选举、民主决策、民主监督和民主管理，不干预依法属于村民自治范围内的事项，不得侵占属于村级的集体财产。村民委员会通过宣传、教育、动员、提供情况等形式协助乡镇人民政府做好与本村有关的各项工作，可以依法接受乡镇人民政府的委托办理有关事宜，但乡镇人民政府应当对委托的事宜承担责任。

第五条 村民委员会一般由主任、副主任和委员共3人至5人组成，人数较多、居住分散或者经济发达的村，可以由7人组成。村民委员会成员中，应当有妇女成员，多民族村民居住的村应当有人数较少的民族的成员。

第六条 村民委员主任、副主任和委员，由本村有选举权的村民以无记名投票方式直接选举产生。村民委员会每届任期3年，可以连选连任。村民委员会主任、副主任和委员的选举、罢免的具体办法，按照有关法律、法规的规定办理。

第七条 村民委员会可以根据需要下设人民调解、治安保卫、公共卫生、社会福利等委员会。村民委员会成员分工负责村民委员会有关工作，实行岗位责任制。村民委员会成员可以兼任下设的委员会职务。各委员会的成员可以交叉任职。

第八条 村民委员会决定问题，采取少数服从多数的原则。村民委员会进行工作，应当坚持群众路线，充分发扬民主，认真听取不同意见，坚持说服教育和依法办事，及时纠正工作中的失误，不得强迫命令，不得打击报复。

第九条 村民委员会向村民会议负责并报告工作。村民会议由本村18周岁以上的村民组成。在遵守《宪法》、法律、法规和国家政策的原则下，村民会议对本村事务具有最高决策的权力。村民会议行使下列职权：

(一)依法选举、罢免、补选村民委员会成员；

(二)制定、修改村民自治章程、村规民约；

(三)审议村民委员会工作报告和财务收支情况报告；评议村民委员会成员的工作；

(四)撤销或者改变村民委员会、村民代表会议不适当的决定；

(五)讨论决定村务监督小组、民主理财小组成员和村民委员会下设委员成员；

(六)讨论决定涉及村民利益的其他重大事项。

第十条 涉及下列事项，村民委员会必须提请村民会议讨论决定，方可办理：

(一)拟定的村经济和社会发展规划；

(二)乡统筹的收缴方法、村提留的收缴和使用，以及村集体经济所得收益的使用；

(三)本村享有补贴的人数及补贴的标准；

(四)兴建学校、道路、水利等村公益事业的经费筹集和承包方案，村集体经济项目的承包方案，土地承包经营方案，宅基地的使用方案；

(五)村民会议认为应当由村民会议讨论决定的涉及村民利益的其他事项。

第十一条 召开村民会议，应当有本村18周岁以上的村民过半数参加，或者由本村三分之二以上的户的代表参加，所做的决定应当经到会人员的过半数通过。必要时，可以邀请驻本村的机关、团体、部队、企事业单位派代表列席村民会议。村民会议一般每年召开2次，有十分之一以上村民提议，应当临时召开会议。

第十二条 村民会议制度和修改的村民自治章程、村规民约，以及村民会议、村民代表会议或者村民委员会所做的决定，必须符合《宪法》、法律、法规和国家有关政策的规定，符合本村的实际和大多数村民的利益和愿望。村民自治章程、村规民约应当报乡镇人民政府备案，对不符合《宪法》、法律、法规和国家政策规定的内容，乡镇人民政府应当责成村民会议修改或者纠正。

第十三条 人数较多或者居住分散的村可以推选产生村民代表。村民代表的任期与村民委员会的任期相同。村民代表和村民委员会成员、村民小组长共同组成村民代表会议。经村民会议授权，村民委员会可以召集村民代表会议讨论决定除村民委员会换届选举、罢免村民委员会成员、拟定村经济和社会发展规划、制定村民自治章程和村规民约等以外的事项，但村民代表会议全体成员的过半数人认为应当由村民会议决定的事项，应当提请村民会议决定。

第十四条 村民代表由村民按每5户至15户推选1人，或者由每个村民小组推选2人至5人。但村民代表总数不得少于村民代表会议成员总数的三分之二，2000人口以上的村民代表会议成员总数不得少于60人。村民代表会议的具体人数由村民会议决定。村民代表中应当有适当名额的妇女代表，多民族村民居住的村应当有人数较少的民族的代表。

第十五条 村民代表会议一般每季度召开一次。有三分之一以上村民代表会议成员提议，应当临时召开村民代表会议。召开村民代表会议，应当有三分之二村民代表会议成员参加。村民会议授权由村民代表会议讨论决定的事项，村民委员会应当在村民代表会议召开前3天予以公布。村民代表应当在会前就有关事项征求村民的意见。村民代表会议所作的决定应当经村民代表会议全体成员的过半数通过，并不得与村民会议所作的决定、决议相抵触。

第十六条 村务监督小组和民主理财小组向村民会议或者村民代表会议报告工作情况。村务监督小组和民主理财小组负责监督、评议村民委员会的工作，清理村民委员会的财务，对村民委员会进行离任审计等。村民委员会成员不得兼任村务监督小组和民主理财小组成员。

第十七条 村民委员会实行村务公开制度，建立村务公开栏。涉及下列事项，村民委员会应当在村务公开栏及时公布：

（一）本办法第十条规定的事项；

（二）计划生育政策的落实情况；

（三）救灾救济款物的发放情况；

（四）土地征用情况；

（五）水电费的收缴情况；

（六）涉及村民利益以及村民普遍关心的其他事项。

村民委员会应当保证公布内容的真实性，接受村民的查询。

第十八条 村民委员会不及时公布应当公布的事项或者公布的事项不真实的，村民有权向乡镇人民政府或者县级人民政府及其民政等部门反映。对公布不及时或者公布的内容不真实的，由乡镇人民政府或者县级人民政府民政等部门责令公布或者重新公布。

第十九条 村民委员会分设若干村民小组。村民小组设村民小组长。村民小组长从本组的村民中推选产生。村民小组长的任期与村民委员会的任期相同，可以连选连任。在村民委员会范围内增设、撤销或者调整村民小组，由村民委员会提出，征求有关村民小组的意见后，提交村民会议讨论通过，经乡镇人民政府同意，报县级人民政府批准。

第二十条 村民小组在村民委员会的领导下，贯彻执行村民委员会的决定，完成村民委员会交给的工作任务，依法管理属于本组农民集体所有的土地和其他财产，办理本组的公共产物和公益事业，反映本组村民的建议、意见和要求。村民小组的重大事项，应当参照本办法第十一条的规定召开村民小组会议决定。村民小组的财务，应当参照本办法第十七条的规定向组内村民公布。

第二十一条 村民委员会成员和村民小组长不脱离生产，根据工作实绩和误工情况给予适当补贴，所需经费在村集体经济的收益和村提留中解决。村民小组长的补贴经费也可以在村民小组集体经济的收益中解决。乡镇人民政府可以给村民委员会成员适当的补助。

第二十二条 县级人民政府和乡镇人民政府应当有计划地对村民委员成员进行有关法律、法规、政策和科学技术、经营管理、财务会计管理等知识培训，并负责解决所需经费。

第二十三条 城市街道办事处依照本办法的有关规定指导、支持和帮助所辖的村的村民委员会开展工作。

第二十四条 本办法由各级人民政府组织实施，县级以上人民政府民政部门负责具体工作。

第二十五条 各级人民代表大会和县级以上人民代表大会常务委员会在本行政区域内保证《中华人民共和国村民委员会组织法》和本办法的实施，保障村民依法行使自治权力。

第二十六条 本办法自2000年1月1起施行。《湖南省〈村民委员会组织法（试行）〉实施办法》同时废止。

云南省实施《村民委员会组织法》办法

（1999 年 12 月 28 日）

第一条 根据《中华人民共和国村民委员会组织法》，结合本省实际，制定本办法。

第二条 村民委员会是村民自我管理、自我教育、自我服务的基层群众自治组织，实行民主选举、民主决策、民主管理、民主监督。

第三条 村民委员会的主要职责：

（一）宣传《宪法》、法律、法规和国家的政策，教育和推动村民履行纳税、接受义务教育、服兵役等法定义务，执行计划生育的基本国策，教育村民爱护公共财产和设施，维护村民的合法权利；

（二）召集和主持村民会议、村民代表会议，执行会议的决定、决议，接受质询并报告工作，组织村民小组开展工作，督促村民遵守村民自治章程、村规民约；

（三）组织、实施本村的建设和发展规划，办理本村的公共事务和公益事业，支持和组织村民依法发展各种形式的合作经济和其他经济，承担本村生产的服务和协调工作；

（四）尊重集体经济组织依法独立进行经济活动的自主权，维护以家庭承包经营为基础、统分结合的双层经营体制，保障集体经济组织和村民、承包经营户、联户或者合伙人的合法的财产权和其他合法的权利、权益；

（五）依法管理属于本村村民集体所有的土地和其他财产，教育村民合理开发利用自然资源，珍惜土地，保护和改善生态环境；

（六）发展文化教育事业，推广科学技术知识，引导村民走科教兴农的道路；

（七）开展社会主义精神文明建设活动，教育村民热爱祖国，遵纪守法，加强民族团结，移风易俗、尊老爱幼、扶贫济困、拥军优属、团结互助，树立社会主义新风尚；

(八)调解民间纠纷，促进村民团结，家庭和睦，处理好与驻村单位和与其他村之间的关系，协助维护社会治安，配合有关部门做好禁毒、禁赌工作，坚决抵制和反对邪教组织的活动，预防和制止家族、宗族冲突，对依法被剥夺政治权利或者受到其他刑法处罚的村民进行教育、帮助和监督；

(九)协助乡、镇人民政府开展工作，向人民政府反映村民的意见、要求，提出建议；

(十)法律、法规规定的其他职责。

第四条 村民委员会会议由村民委员会主任或者由主任委托的副主任召集，村民委员会主任、副主任负责村民委员会的日常工作。

第五条 村民委员会根据需要设人民调解、治安保卫、文化教育、计划生育、公共卫生、护林防火、资源环境保护等委员会，其成员由村民委员会提名，经村民会议或者村民代表会议讨论决定。人口较少的村，村民委员会可以不设下属委员会，由村民委员会成员分工负责人民调解、治安保卫、文化教育、计划生育、公共卫生、资源环境保护等工作。

第六条 村民委员会原则上可以在原村公所（办事处）辖区范围内设立；村民小组原则上可以在原合作社或者原生产队辖区范围内设立。村民小组长、副组长由村民小组会议推选和撤换，并报村民委员会备案。

第七条 村民会议至少每年召开1次，居住分散、交通不便的，可以看情况分片召开。会议内容与主持会议的村民委员会成员有直接利害关系的，应当由村民委员会或者村民会议另行推选主持人。

第八条 村民会议的主要职权：

(一)选举、罢免、撤换、补选村民委员会成员；

(二)依法指定和修改村民自治章程、村规民约；

(三)审议和决定本村的建设和发展规划；

(四)听取和审议村民委员会的工作报告和财务收支情况报告；

(五)评议村民委员会成员的工作；

(六)改变或者撤销村民代表会议、村民委员会不适当的决定；

(七)讨论并决定《中华人民共和国村民委员会组织法》第十九条规定的涉及村民利益的事项。

第九条 村民代表由村民或者村民小组依法推选产生，每届任期3年。村民代表名额由村民会议决定。村民代表会议至少每6个月召开1次，由三分之一的村民代表提议，应当召集村民代表会议。召开村民代表会议，需有本村过半数的村民代表出席，始得举行。村民代表会议决议，以全体村民代表的过半数通过。不是村民代表的村民小组成员、居住在本村的各级人大代表和政协委员可以列席村民代表会议。

第十条 人数较多或者居住分散的村的村民委员会，可以授权村民代表会议行使除本办法第八条第(一)、(二)、(七)项规定以外的其他职权。

第十一条 村民委员会应当及时公布下列事项，其中涉及财务的事项至少6个月公布1次：

(一)村民会议、村民代表会议讨论决定的事项及其实施情况；

(二)村财务收支状况；

(三)国家计划生育政策的落实方案和情况；

(四)优抚、救灾救济款物的发放，国家投入的扶贫、农业开发、以工代赈等资金的使用情况；

(五)村民承担费用和劳务情况；

(六)涉及本村村民利益、村民普遍关心的其他事项。

村民委员会应当监督村民小组实行村务公开制度。

第十二条 村民委员会成员在任期内享受适当的定额补贴或者误工补贴。补贴的具体办法和标准，由村民委员会提出方案，提交村民会议或者村民代表会议讨论决定，并报乡、镇人民政府备案。村民委员会成员的补贴从村提留和村集体经济交给村民委员会的收益中支付；原财政定额补助不变。村民小组长、副组长在任期内享受适当的补贴。补贴从村提留和村收益中支付。

第十三条 个人或者组织有下列情形之一的，村民有权向乡、镇人民代表大会主席团、人民政府或者县级以上有关国家机关举报，有关机关应当负责处理：

(一)不依法进行村民委员会换届选举的；

(二)指定、委派或者不按照法定程序撤换村民委员会成员的；

(三)违反法律、法规和国家政策向村民乱摊派和增加村民负担的；

(四)不依法召开村民会议或者村民代表会议的；

(五)不依法公开村务或者公布的事项不真实的；

(六)其他侵犯村民自治权力的情形。

第十四条 《中华人民共和国村民委员会组织法》和本办法由各级人民政府具体组织实施，民政部门负责日常工作。

第十五条 本办法自公布之日起施行。

辽宁省实施《村民委员会组织法》办法

(2000年3月30日)

第一条 根据《中华人民共和国村民委员会组织法》,结合我省实际,制定本办法。

第二条 村民委员会是村民自我管理、自我教育、自我服务的基层群众性自治组织,实行民主选举、民主决策、民主管理、民主监督。

第三条 中国共产党在农村的基层组织,按照中国共产党章程进行工作,发挥领导核心作用;依照《宪法》和法律,支持和保障村民开展自治活动、直接行使民主权利。

第四条 乡(含民族乡、镇,下同)人民政府对村民委员会的工作给予指导、支持和帮助:

(一)指导和支持村民委员会依法履行职责;

(二)指导和帮助村民委员会开好村民会议和村民代表会议;

(三)指导和督促村民委员会实行村务公开;

(四)指导村民会议开展对村民委员会成员的民主评议活动;

(五)指导和帮助村民委员会建立和坚持村民自治的各项制度;

(六)组织培训村民委员会主任、副主任、委员。

乡人民政府不得干预依法属于村民自治范围内的事项。

第五条 村民委员会应当履行下列职责:

(一)组织村民发展生产,扩大经营,支持和组织村民发展多种形式的合作经济和其他经济,承担本村生产、经营的服务和协调工作,促进本村经济发展;

(二)尊重集体经济组织依法独立进行经济活动的自主权,维护以家庭承包经营为基础、统分结合的双层经营体制,保障集体经济组织和村民、承包经营户、联户或者合伙经营户或人的合法的财产权和其他合法的权益;

(三)编制并实施本村建设规划,整顿村容村貌,改善居住环境,办理本村的公共事务和公益事业;

(四)依法管理本村属于村民集体所有的土地和其他财产,教育村民爱护公共财物和设施,合理开发利用自然资源,保护和改善生态环境;管理本村财务;

(五)宣传《宪法》、法律、法规和国家的政策,教育和推动村民依法履行纳税、服兵役、实行计划生育、缴纳乡统筹和村提留、承担义务工,督促村民遵守村民自治章程、村规民约,维护村民合法的权益;

(六)调解民间纠纷,促进村民团结和家庭和睦,促进村和村之间的团结、互助,协助人民政府维护村民的生产、生活和社会治安秩序;

(七)发展文化教育,普及科技知识,教育村民尊老爱幼、尊重妇女,拥军优属,扶贫帮困,移风易俗,树立社会主义新风尚;

(八)组织村民参加抢险、救灾活动;

(九)支持共青团、妇女、民兵等组织开展工作;

(十)召集村民会议、村民代表会议;执行村民会议、村民代表会议的决议、决定;

(十一)接受乡人民政府指导,协助乡人民政府开展工作,向人民政府反映村民的意见、要求和提出建议;

(十二)法律、法规赋予的其他职责。

第六条 村民委员会每届任期3年,届满应当及时进行换届选举。

第七条 村民委员会根据需要可以设治安调解、公共卫生、社会福利等委员会。

村民委员会下属委员会的成员由村民委员会决定,村民委员会成员兼任下属委员会主任。

人口少于500人的村的村民委员会可以不设下属委员会,由村民委员会成员分工负责有关工作。

第八条 村民委员会可以设若干村民小组。村民小组应当贯彻落实村民会议、村民代表会议、村民委员会的决议、决定。村民小组长由村民小组会议推选产生。

第九条 村民委员会成员不脱离生产,根据情况,给予适当补贴。补贴标准和办法由村民会议讨论决定,乡人民政府给予指导。

第十条 村民会议由本村18周岁以上的村民组成。

召开村民会议,应当有本村18周岁以上村民的过半数参加,或者有本村三分之二以上的户的代表参加,所作决定应当经到会人员的过半数通过。

村民会议每年至少召开一次。有十分之一以上的村民提议,应当召集村民会议。

第十一条 村民会议行使下列职权:

(一)选举、罢免和补选村民委员会成员,审议决定村民委员会成员的辞职请求;

(二)制定、修改村民自治章程、村规民约;

(三)讨论决定本村的发展规划和年度计划;

(四)审议村民委员会工作报告、村财务收支情况报告,评议村民委员会成员的工作;

(五)撤销或者改变村民代表会议、村民委员会不适当的决定。

第十二条 涉及村民利益的下列事项,村民委员

会必须提请村民会议讨论决定,方可办理:

(一)乡统筹的收缴方法,村提留的收缴及使用;

(二)本村享受误工补贴的人数及补贴标准;

(三)本村集体经济项目的立项、承包方案,产业结构调整方案;

(四)村公益事业的经费筹集和建设承包方案;

(五)村集体经济所得收益的使用,征用土地各项补偿费的使用;

(六)土地延包、宅基地的使用方案;

(七)村订阅报刊的种类、份额及金额;

(八)村民会议认为应当由村民会议讨论决定的涉及村民利益的其他事项。

第十三条 150户以上或者居住分散的村,可以设立村民代表会议。

村民代表会议由村民代表、村民小组长和村民委员会成员参加。

村民代表会议讨论决定村民会议授权的事项。

第十四条 村民会议向村民代表会议授权的事项,在村民委员会换届选举之后,由村民委员会提出,交付村民会议投票确定。选举、罢免村民委员会成员的职权不得授权村民代表会议行使。

授权事项变更,应当随时召开村民会议讨论决定。

第十五条 村民代表会议一般每季度举行一次,特殊情况或者三分之一以上的村民代表会议成员提议,可以临时召集。召开村民代表会议应当有村民代表会议成员的过半数参加;村民代表会议的决定,由村民代表会议组成人员的过半数通过。村民代表会议的决定不得与村民会议的决定相抵触。

第十六条 村民代表按每5至15户推选1人,或者由各村民小组推选若干人。但代表的总数不得少于30人。村民代表的任期与村民委员会相同。

村民代表需要调整或者出现空缺时,随时推选。

第十七条 村民代表应当遵纪守法,廉洁正派,关心集体,联系群众,有一定的文化水平和议事能力,按时参加会议,反映村民意志,协助村民委员会开展工作。

第十八条 村民委员会实行村务公开制度。

村民委员会应当及时公布下列事项,其中涉及财务的事项一般每3个月公布1次,接受村民的监督:

(一)村经济、社会发展规划和村民委员会年度工作计划;

(二)村财务收支的具体情况;

(三)乡统筹的收缴方法,村提留的收缴及使用;

(四)村土地、山林、滩涂、水面、集体企业和财产的承包、租赁经营;

(五)村公共基建项目的投资和招标;

(六)农民承担的费用和劳务;

(七)村集体经济所得收益的使用;

(八)本村享受误工补贴的人数及补贴标准;

(九)本村水电费的收缴;

(十)宅基地分配;

(十一)计划生育指标的安排;

(十二)优抚、救灾、救济等款物的发放;

(十三)村订阅报刊的种类、份额及金额;

(十四)村民会议、村民代表会议认为应当公开的其他事项。

第十九条 村民委员会应当在方便村民观看的地方设立固定的公开栏公开村务,同时可以利用广播、印发公开信等辅助形式公开,并保证公布的内容全面、真实。

村民委员会应当采取多种形式征求村民对村务公开情况的意见,接受村民的查询;对村民提出的询问和意见及时给予答复。

第二十条 对村民委员会不实行村务公开、村务公开不及时或者公开的内容不全面、不真实的,村民有权向乡人民政府或者县级人民政府及其主管部门反映、举报。有关政府机关应当及时调查核实,并责令其限期改正。经查证确有违法行为的,有关人员应当依法承担责任。

第二十一条 本办法由各级人民政府组织实施,民政部门负责具体工作。

第二十二条 本办法自公布之日起施行。《辽宁省实施〈中华人民共和国村民委员会组织法(试行)〉办法》同时废止。

内蒙古自治区实施《村民委员会组织法》办法

(2000年4月7日)

第一章 总 则

第一条 根据《中华人民共和国村民委员会组织法》,结合自治区实际,制定本办法。

第二条 嘎查村民委员会是嘎查村民自我管理、自我教育、自我服务的基层群众性自治组织,实行民主选举、民主决策、民主管理、民主监督。

第三条 苏木、乡、镇人民政府,对嘎查村民委员会的工作给予指导、支持和帮助,但不得干预依法属于嘎查村民自治范围内的事项。

嘎查村民委员会协助苏木、乡、镇人民政府开展工作。

第四条 嘎查村民委员会根据居住状况、历史习惯、人口多少等，按照便于群众自治的原则设立。

嘎查村民委员会的设立、撤销、范围调整，由苏木、乡、镇人民政府提出，经嘎查村民会议讨论同意后，报旗县级人民政府批准。

第二章 嘎查村民委员会

第五条 嘎查村民委员会由主任、副主任和委员共3至7人组成，由嘎查村民直接选举产生，具体职数由苏木、乡、镇人民政府根据嘎查村实际情况提出，经嘎查村民会议或者嘎查村民代表会议讨论决定。

嘎查村民委员会成员中，应当有适当的妇女名额；多民族居住的嘎查村，应当有人数较少的民族的成员。

嘎查村民委员会成员之间不得有配偶和直系亲属关系；嘎查村民委员会主任和副主任不得兼任本嘎查村的财务工作；与嘎查村民委员会成员有配偶和直系亲属关系的嘎查村民不得担任本嘎查村的财务工作。

第六条 嘎查村民委员会根据需要可以设立下属委员会。人口较少的嘎查村，可以不设下属委员会，其工作由嘎查村民委员会成员分工负责。

第七条 嘎查村民委员会可以根据实际情况和嘎查村民意见，分设若干小组，组长由小组会议推选。小组在嘎查村民委员会领导下开展工作。

第八条 嘎查村民委员会向嘎查村民会议负责，其承担的主要任务是：

(一)组织农牧民发展多种形式的经济，承担本嘎查村生产的服务和协调工作；

(二)维护以家庭承包经营为基础、统分结合的双层经营体制，保障集体经济组织、嘎查村民和其他经济组织的合法权利和利益不受侵犯；

(三)依法管理、保护和合理利用属于农牧民集体所有的土地、草场、山林以及电力、水利等设施；

(四)管理本嘎查村财务；

(五)根据农村牧区经济发展需要编制并实施本嘎查村建设规划，兴办农田和草牧场、林业、水利、道路、供电、通讯、教育、科技、文化、卫生、体育、社会保障等公共事务和公益事业；

(六)教育嘎查村民爱护公共财产、保护和改善生态环境，依法合理开发利用自然资源；

(七)宣传贯彻《宪法》、法律、法规和国家政策，教育和推动嘎查村民履行纳税、服兵役、义务教育等法律规定的义务，执行计划生育的基本国策；

(八)发展文化教育，普及科技知识，开展多种形式的精神文明建设活动；

(九)调解民间纠纷，增进家庭和睦，促进嘎查村民团结和嘎查村之间的团结、互助；

(十)协助搞好社会治安，维护正常的生产和生活秩序，协助有关部门，对被依法剥夺政治权利的嘎查村民进行教育、帮助和监督；

(十一)召集嘎查村民会议和嘎查村民代表会议并报告工作，执行其决定、决议；

(十二)向苏木、乡、镇人民政府反映嘎查村民的意见、要求和建议，维护嘎查村民的合法权益。

第九条 嘎查村民委员会讨论决定问题时，必须充分发扬民主，坚持少数服从多数的原则。

第十条 嘎查村民委员会成员不脱离生产，可以享受适当的误工补贴。

第三章 嘎查村民会议和嘎查村民代表会议

第十一条 嘎查村民会议由本嘎查村18周岁以上的嘎查村民组成。

第十二条 嘎查村民会议由嘎查村民委员会召集，委员会主任主持，或者由主任委托副主任主持。

嘎查村民会议每年至少召开一次。嘎查村民会议，应当有年满18周岁的本嘎查村民的过半数参加，或者有本嘎查村三分之二以上的户的代表参加，所做决定应当经到会人员的过半数通过。有十分之一以上的嘎查村民或者有二分之一以上的嘎查村民代表提议，应当及时召集嘎查村民会议。

第十三条 嘎查村民会议讨论决定下列事项：

(一)选举、罢免和补选嘎查村民委员会成员，审议决定嘎查村民委员会成员的辞职；

(二)听取并审议嘎查村民委员会的工作报告、财务收支情况报告；审议决定本嘎查村建设规划、经济社会发展规划和年度计划，以及有关公共事务、公益事业的重大事项；

(三)审议决定本嘎查村集体经济项目的立项、承包方案及公益事业的建设承包方案，决定集体经济收益的使用；

(四)审议决定苏木、乡、镇统筹款的收缴办法、嘎查村提留款的收缴和兴办公益事业的经费的筹集办法；

(五)审议决定嘎查村民承包经营方案以及征用土地各项补偿费的使用、宅基地分配和计划生育指标安排的方案；

(六)评议嘎查村民委员会成员的工作，决定本嘎查村享受补贴人员及补贴标准；

（七）在不违背《宪法》、法律、法规和政策的前提下，制定本嘎查村民自治章程、嘎查村规民约等规章制度；

（八）改变或者撤销嘎查村民委员会不适当的决定；

（九）改变或者撤销嘎查村民代表会议不适当的决定；

（十）讨论决定涉及嘎查村民利益的其他重大事项。

第十四条 人数较多或者居住分散的嘎查村可以召开嘎查村民代表会议，讨论决定嘎查村民会议授权的具体事项。

嘎查村民代表会议由嘎查村民代表、嘎查村民委员会成员及小组长组成。

第十五条 嘎查村民代表由嘎查村民按每5户至15户推选1人，或者由小组推选若干人，其中妇女代表比例不少于百分之二十。

嘎查村民代表与嘎查村民委员会成员任期相同。嘎查村民委员会成员一般不得兼任嘎查村民代表。任何组织和个人不得指定、委派或者撤换嘎查村民代表。

第十六条 嘎查村民代表会议至少每半年举行一次，由三分之一以上嘎查村民代表提议，举行嘎查村民代表会议。嘎查村民代表会议由嘎查村民委员会召集，委员会主任主持。

召开嘎查村民代表会议，必须有三分之二以上的代表参加，所作决定需经到会代表的三分之二以上通过。

第四章 嘎查村务公开

第十七条 嘎查村民委员会实行嘎查村务公开制度，设立嘎查村务公开栏。

根据嘎查村民居住情况，可以设立若干嘎查村务公开栏，将嘎查村务活动情况及其有关账目，定期如实公布，接受群众监督。

第十八条 嘎查村民委员会应当建立由嘎查村民组成的民主理财小组。

民主理财小组由3至5人组成，成员由嘎查村民会议或者嘎查村民代表会议选举产生。嘎查村民委员会成员及其配偶、直系亲属不得担任民主理财小组成员。

民主理财小组代表群众定期查阅审核有关财务账目，对财务公开情况进行检查和监督，向苏木、乡、镇人民政府有关部门反映财务管理中的问题。

第十九条 嘎查村民委员会应当详实公开下列事项，接受嘎查村民的监督：

（一）当年人均纯收入的确认上报情况；

（二）财务收支情况；

（三）集体收益使用情况；

（四）宅基地审批情况；

（五）集体土地有偿转让和集体企业以及财产的承包、租赁、出售情况；

（六）农牧户承担费用、收费标准和劳务情况；

（七）扶贫、农牧业开发、以工代赈等资金使用情况；

（八）计划生育指标的安排和计划生育费的征收、管理以及使用情况；

（九）优抚、捐赠、救灾、救济款物的发放情况；

（十）公共基建项目的投资和招标情况；

（十一）涉及嘎查村民利益和嘎查村民普遍关心的其他事项。

第二十条 嘎查村民委员会应当在年初公布财务计划，适时公布各项收入、支出情况。嘎查村务重要事项完成之后，要及时向群众公布结果。

嘎查村民委员会公布的内容必须真实。

第五章 嘎查村民委员会的选举

第一节 选举工作机构

第二十一条 嘎查村民委员会届满时应当举行换届选举。换届选举工作由自治区人民政府统一部署，各级人民政府组织实施，民政部门负责日常工作。

嘎查村民委员会换届选举，因特殊情况需要提前或者延期举行的，须经嘎查村民会议决定，由苏木、乡、镇人民政府批准。

第二十二条 嘎查村民委员会换届选举时，旗县、苏木、乡、镇人民政府应当成立嘎查村民委员会换届选举工作机构，指导本行政区域内嘎查村民委员会换届选举工作，其主要职责是：

（一）宣传有关法律和政策；

（二）制定并组织实施选举工作计划，规范选举委托书、预选票、选票式样等选举文书；

（三）培训选举工作人员；

（四）指导和监督嘎查村民委员会选举工作；

（五）受理有关选举的来信来访；

（六）总结、交流选举工作经验；

（七）建立选举工作档案；

（八）承办选举工作中的其他事项。

第二十三条 嘎查村应当成立换届选举委员会，

主持本届嘎查村民委员会的选举工作。

嘎查村换届选举委员会，由能够代表嘎查村民利益、办事公道、作风正派、有一定组织能力的5至9名嘎查村民组成，由上届嘎查村民委员会召集嘎查村民会议或者由小组会议推选产生。

嘎查村换届选举委员会成员及主持人应当报苏木、乡、镇人民政府嘎查村民委员会换届选举工作领导机构备案。

嘎查村换届选举委员会推选一名成员主持工作。任何组织或者个人不得指定、委派或者撤换嘎查村换届选举委员会成员及主持人。

第二十四条 嘎查村换届选举委员会履行下列职责：

(一)组织嘎查村民学习有关选举方面的法律、法规和政策；

(二)依法制订嘎查村选举工作实施方案；

(三)确定和培训选举工作人员；

(四)组织选民登记，审查选民资格，公布选民名单，发放选民证；

(五)组织选民提名推荐、协商候选人，确定并公布正式候选人名单；

(六)确定并公布选举日期、投票时间、投票地点、投票方式；

(七)准备嘎查村民委员会候选人预选票、选票、委托书和票箱；

(八)主持召开选举大会，组织投票选举，公布并上报选举结果；

(九)处理选举中出现的问题；

(十)总结选举工作，建立选举工作档案。

第二十五条 嘎查村换届选举委员会成员被确定为嘎查村民委员会成员候选人的，不得参与嘎查村换届选举委员会的工作，其缺额由嘎查村民会议或者小组会议推选。

嘎查村换届选举委员会履行职责至新一届嘎查村民委员会产生为止。

第二节 选民登记

第二十六条 年满18周岁的嘎查村民，不分民族、种族、性别、职业、家庭出身、宗教信仰、教育程度、财产状况、居住期限，都有选举权和被选举权。依照法律被剥夺政治权利的人除外。

计算嘎查村民年龄时间以选举日为准；嘎查村民出生日期，以身份证为准；未办理身份证的，以户口登记为准。

第二十七条 有选举权和被选举权的嘎查村民应当在户口所在地的嘎查村进行选民登记。

无法行使选举权和被选举权的精神病患者和痴呆人员，经嘎查村换届选举委员会确认，不列入选民名单。

第二十八条 经登记确认的选民资格长期有效。每次选举前，应当对上届选民登记以后新增加的选民予以登记；对迁出的、死亡的和依照法律被剥夺政治权利的嘎查村民，从选民名单上除名。

第二十九条 选民名单应当在选举日20日前以小组为单位张榜公布，并发放选民证。嘎查村民对选民名单有异议的，可以在选举日3日前向嘎查村换届选举委员会提出。嘎查村换届选举委员会应当在选举日前做出解释或者纠正。

第三节 候选人的产生

第三十条 嘎查村民委员会成员候选人应当具备下列条件：

(一)遵守法律、法规和政策，维护嘎查村民的合法权益和民族团结；

(二)办事公道，廉洁奉公，作风正派，有群众威信，热心为嘎查村民服务；

(三)有一定文化知识和工作能力，身体健康，能带领群众共同致富。

第三十一条 嘎查村民委员会主任、副主任、委员候选人，由嘎查村换届选举委员会组织选民直接提名，通过预选产生。提名预选时，应当召集过半数的有选举权的嘎查村民按主任、副主任、委员的顺序分别投票，按得票多少确定正式候选人。

选民在提名预选票上填写的候选人名额不得超过应选名额。

第三十二条 嘎查村民委员会实行差额选举。嘎查村民委员会主任、副主任候选人数应分别比应选人数多1人，委员候选人数应比应选人数多1至2人。

第三十三条 嘎查村民委员会成员候选人产生后，嘎查村换届选举委员会应当按候选人得票多少的顺序在选举日五日前张榜公布。对选民依法确定的候选人，任何组织或者个人不得取消、调整或者变更。

第四节 选举程序

第三十四条 选举嘎查村民委员会，应当在嘎查村民委员会所在地设立中心会场，由嘎查村换届选举委员会主持召开选举大会集中投票。个别居住分散、交通不便或者难以集中投票的嘎查村可以增设投票站，老弱病残等不能到中心会场或者投票站投票的选民，可以设立流动票箱。

投票选举前，嘎查村换届选举委员会应当核实参选人数，提名监票人、唱票人、计票人，并经选举大会通过。

中心会场、投票站、流动票箱均应有嘎查村换届选举委员会成员和监票人负责投票的监督工作。

嘎查村民委员会成员候选人及其配偶和直系亲属不得参与选举大会的组织工作。

第三十五条 选举嘎查村民委员会主任、副主任和委员，可以一次性投票选举，也可以按职务分次投票选举。具体选举形式由嘎查村换届选举委员会确定。

第三十六条 中心会场和投票站应当设立发票处、秘密写票处。

选民凭选民证或者身份证领取选票。选票由选民本人填写，本人不能填写选票的，可以委托他人代写。

不能到场直接投票的选民，应当在选举日3日前向嘎查村换届选举委员会提出书面申请并指明受托人，经嘎查村换届选举委员会同意后填写委托投票证。每一选民接受的委托不得超过3人，不能违背委托人的意愿。

第三十七条 选举采取无记名投票的方式进行。每一选民在一次选举中只有一个投票权。选民对候选人可以投赞成票，可以投反对票，可以弃权，也可以另选他人。

第三十八条 投票结束后，应当将所有投票箱密封后于当日集中到选举大会会场，由唱票人、计票人、监票人当众打开票箱，核对投票人数和票数，并公开唱票、计票。选票统计结果记录，由监票人、唱票人、计票人分别签名。

计票结束后，由监票人宣布计票结果，大会主持人当场公布选举结果。嘎查村换届选举委员会当众封存选票。

第三十九条 每次选举所投的票数，等于或者少于投票人数的，选举有效；多于投票人数的，选举无效，应当重新投票。

每一选票所选的名额，等于或者少于应选人数的有效；多于应选人数的作废。填写的选票无法辨认或者不按规定符号填写的，视为无效。

第四十条 选举嘎查村民委员会，选民过半数参加投票，选举有效；候选人获得参加投票的选民的过半数的选票，始得当选。获得过半数以上选票的候选人人数多于应选人数时，以得票多的当选；如遇票数相同，不能确定当选人时，应当就票数相同的候选人当场或者在3日内再次投票，以得票多的当选。

当选人数达到3人，但是仍不足应选人数的，不足的名额可以暂缺。主任暂缺时，由当选时得票多的副主任临时主持工作；主任、副主任都暂缺时，由当选时得票多的委员临时主持工作，直至选出主任、副主任为止。

当选人数不足3人，不能组成新一届嘎查村民委员会，不足的名额应当另行差额选举。另行选举时，根据在第一次投票时得票多少的顺序，确定候选人。另行选举以得票多的当选，但得票数需超过参加投票人数的三分之一。另行选举可当场进行，如遇特殊情况，经嘎查村换届选举委员会讨论决定，也可在一个月内进行。

第四十一条 嘎查村民委员会选举结果由嘎查村换届选举委员会报苏木、乡、镇人民政府备案。

嘎查村民对选举程序或者选举结果有异议的，可以向苏木、乡、镇人民代表大会和人民政府或者旗县级人民代表大会常务委员会和人民政府及有关部门提出书面申诉，有关部门应当负责调查并依法处理。

第六章　罢免、辞职和补选

第四十二条 嘎查村民会议有权罢免嘎查村民委员会成员。

嘎查村五分之一以上有选举权的嘎查村民联名，可以对嘎查村民委员会成员提出罢免要求。罢免要求应当以书面形式向嘎查村民委员会提出，并向所在苏木、乡、镇人民政府备案，写明罢免理由。所在地的苏木、乡、镇人民政府应对罢免理由和联名签字是否属实进行调查核实，调查工作应当在3个月内完成。

第四十三条 嘎查村民委员会对符合法定联名的罢免要求应当在3个月内召开嘎查村民会议，进行投票表决。嘎查村民委员会逾期不召开嘎查村民会议投票表决的，苏木、乡、镇人民政府可以召集嘎查村民会议进行投票表决。

罢免嘎查村民委员会成员的嘎查村民会议，由嘎查村民委员会主任主持。如果提出罢免主任或者嘎查村民委员会多数成员时，可由苏木、乡、镇人民政府负责人主持。

第四十四条 嘎查村民会议在讨论表决罢免要求时，提出罢免要求的人应当派代表到会做出说明并回答有关询问，被提出罢免的人有权出席会议并提出申辩意见。

第四十五条 罢免嘎查村民委员会成员，必须经有选举权的全体嘎查村民过半数通过。投票表决的程序和方法适用本办法规定的选举程序和方法。表决结果由嘎查村民委员会报苏木、乡、镇人民政府备案。

第四十六条 嘎查村民委员会成员要求辞去职务的，应当以书面形式向嘎查村民委员会提出，嘎查村民委员会应当召开嘎查村民会议或者嘎查村民代表会议，并经到会人员的过半数通过。

当选的嘎查村民委员会成员之间有配偶和直系亲属关系的，一方应当辞职。

嘎查村民委员会成员被依法追究刑事责任或者劳动教养的，其职务相应终止。

第四十七条 嘎查村民委员会成员，因未选足名额或者因罢免、辞职、调离、职务终止、死亡、户口迁出等原因造成缺额时，应当在3个月内进行补选。补选由嘎查村民委员会主持，适用本办法规定的选举程序和方法。

第七章 监 督

第四十八条 嘎查村民委员会及其成员受嘎查村民监督。

民主理财小组具体负责监督财务工作，并向嘎查村民会议或者嘎查村民代表会议报告情况。

嘎查村民委员会应当将公开的财务项目交民主理财小组审核签署意见，由嘎查村民委员会予以公布。

第四十九条 嘎查村民委员会违反本办法规定，有下列行为之一的，嘎查村民有权提出询问，并可以向苏木、乡、镇人民代表大会和人民政府或者旗县级人民代表大会常务委员会和人民政府及其有关部门反映；有关部门调查核实后，责令纠正，并依法追究有关人员的责任：

（一）应当经嘎查村民会议和嘎查村民代表会议讨论决定的事项，未经嘎查村民会议和嘎查村民代表会议讨论就做出决定或者处理的；

（二）无正当理由不执行嘎查村民会议和嘎查村民代表会议决定的；

（三）嘎查村务公开不及时或者内容不真实的。

第五十条 违反本办法规定，以威胁、贿赂、伪造选票等不正当手段当选的，其当选无效。

有下列行为之一的，嘎查村民有权向有关机关和组织举报，有关机关和组织应当负责调查并依法处理：

（一）嘎查村民委员会成员候选人或者其他选民，利用权力或者家族势力、宗教势力、地方恶势力拉选票，或者以不正当理由欺骗利诱选民联名签字，或者煽动选民拒绝投票、虚报选举结果以及通过其他弄虚作假行为当选的；

（二）嘎查村民换届选举委员会或者苏木、乡、镇人民政府有关人员以及其他人员，利用不正当手段使某人当选，或者阻碍某人当选的；

（三）以暴力或者毁坏选票、投票箱等手段破坏选举的；

（四）违反本办法规定，指定、委派、撤换嘎查村换届选举委员会成员或者嘎查村民委员会成员候选人和嘎查村民代表以及嘎查村民委员会成员的；

（五）违反选举、罢免程序，侵犯嘎查村民民主权利的；

（六）对检举、控告选举中违法行为的人或者对依法提出要求罢免嘎查村民委员会成员的人打击报复的；

（七）破坏选举的其他违法行为。

第八章 附 则

第五十一条 本办法自公布之日起施行。1992年10月30日自治区第七届人民代表大会常务委员会第二十九次会议通过的《内蒙古自治区实施〈中华人民共和国村民委员会组织法（试行）〉办法》同时废止。

甘肃省实施《村民委员会组织法》办法

（2000年5月26日）

第一条 为发展农村基层民主，保障村民依法实行自治，根据《中华人民共和国村民委员会组织法》，结合本省实际，制定本办法。

第二条 村民委员会是村民自我管理、自我教育、自我服务的基层群众性自治组织，依照《宪法》和法律实行民主选举、民主决策、民主管理和民主监督。

第三条 村民委员会根据村民居住状况、人口多少，按照便于村民自治和有利于发展经济的原则设立。

村民委员会的设立、撤销、范围调整，由乡、民族乡、镇的人民政府提出，经村民会议讨论同意后，报县级人民政府批准。

第四条 村民委员会由主任、副主任和委员共3至5人组成。村民委员会的选举，按照《甘肃省村民委员会选举办法》执行。

第五条 村民委员会的主要职责是：

（一）制定并实施本村的发展规划；

（二）发展村集体经济，尊重集体经济组织依法独立进行经济活动的自主权，支持和组织村民依法发展各种形式的合作经济和其他经济，保障村民、承包经营户、联户或者合伙人的合法的财产权和其他合法权益，承担本村的生产服务和协调工作；

(三)依法管理本村集体所有的土地和其他财产,合理开发利用和节约自然资源,保护和改善生态环境;

(四)办理本村的公共事务和公益事业,按照规划兴修水利、植树造林、修建村路、指导建房,搞好公共卫生,改善居住环境;

(五)宣传国家法律、法规和政策,教育和推动村民遵纪守法,依法履行纳税、服兵役、计划生育、义务教育等义务。协助政府搞好拥军优属、扶贫抗灾、社会救济等工作,配合有关部门做好禁毒、禁赌工作和对被剥夺政治权利的村民进行教育、帮助和监督;

(六)调解民间纠纷,促进村民团结和家庭和睦,维护村与村之间的团结,移风易俗,破除封建迷信,活跃农村文化生活,评优表彰,开展多种形式的精神文明建设活动;

(七)发展农村职业教育,协助政府扫除文盲,宣传、推广、普及科技知识,引导村民走科教兴农的道路;

(八)组织执行村民自治章程、村规民约;

(九)召集村民会议和村民代表会议并报告工作,执行村民会议和村民代表会议做出的决定;

(十)协助乡、民族乡、镇的人民政府开展工作;向人民政府反映村民的意见、要求和提出建议;

(十一)法律法规规定的其他职责。

第六条 村民委员会进行工作,应当发扬民主,认真听取村民意见,坚持说服教育,严格依法办事,不得强迫命令和打击报复。

村民委员会应当建立健全工作制度、财务管理制度和廉洁自律制度。

第七条 村民委员会成员不脱离生产,任期内给予适当补贴。补贴形式和标准由村民会议或者村民代表会议根据本村经济状况及工作实绩讨论决定,报乡、民族乡、镇的人民政府备案。

第八条 村民委员会根据需要设人民调解、治安保卫等委员会。村民委员会成员可以兼任下属委员会的成员,不设下属委员会的,由村民委员会成员分工负责有关工作。

第九条 村民委员会可以根据本村的规模、生产生活的实际和村民的意见分设若干村民小组;村民小组的设立、撤销、范围调整,报乡、民族乡、镇的人民政府备案。

村民小组设小组长一人,由村民委员会召集村民小组会议推选、撤换。

村民小组在村民委员会领导下,贯彻执行村民委员会的决定,依法管理本组农民集体所有的土地和其他财产,协助村民委员会办理本组的公共事务和公益事业,反映本组村民的意见、建议和要求。

第十条 村民委员会成员受村民监督。村民对违法乱纪或者严重失职的村民委员会成员,有权检举或者提出罢免意见。

村民应当履行《宪法》、法律和政策规定的义务,自觉遵守村民自治章程和村规民约,接受村民委员会的管理。

第十一条 本村五分之一以上有选举权的村民联名,可以要求罢免村民委员会成员。罢免要求应当以书面形式向村民委员会或者乡、民族乡、镇的人民政府提出,并写明罢免理由。村民委员会在接到罢免要求3个月内召开村民会议,进行投票表决。

村民委员会拒绝召开村民会议表决罢免要求的,可以由乡、民族乡、镇的人民政府召集村民会议进行投票表决。

第十二条 村民会议在讨论表决罢免要求时,被提出罢免的村民委员会成员有权出席会议并提出申辩意见。

罢免村民委员会成员,须经有选举权的村民过半数通过。表决结果由村民委员会报乡、民族乡、镇的人民政府备案。

第十三条 村民委员会成员要求辞去职务的,应当以书面形式向村民委员会或者乡、民族乡、镇的人民政府提出,由村民会议决定。

村民小组长要求辞去职务的,应当以口头或者书面形式向村民委员会提出,由村民小组会议决定。

第十四条 村民委员会成员出现缺额时,按照《甘肃省村民委员会选举办法》的规定补选。补选的村民委员会成员的任期到本届村民委员会任期届满为止。

村民小组长出现缺额时,由村民委员会召集村民小组会议补选。

第十五条 村民会议由本村18周岁以上的村民组成。召开村民会议,应当有本村村民的过半数参加,或者有本村三分之二以上的户代表参加,所做决定应当经到会人员的过半数通过。必要的时候,可以邀请驻本村的企业、事业单位和群众组织派代表列席。

村民会议每年至少举行一次。有十分之一以上的村民提议,应当临时召集村民会议。

第十六条 村民会议行使下列职权:

(一)制定、修改村民自治章程、村规民约;

(二)讨论决定本村的发展规划;

(三)审议村民委员会工作报告、村财务收支情况报告,评议村民委员会成员的工作;

（四）选举、罢免和补选村民委员会成员；

（五）撤销或者改变村民委员会、村民代表会议不适当的决定；

（六）讨论决定涉及村民利益的其他事项。

第十七条 涉及村民利益的下列事项，村民委员会必须提请村民会议讨论决定，方可办理：

（一）从村集体经济所得收益的使用；

（二）村集体公益事业需要村民承担的劳务和集资方案；

（三）村集体经济项目的立项、承包方案，村公益事业的建设承包方案，集体宜林四荒地的承包、租赁和拍卖方案；

（四）村民的承包经营方案；

（五）当年宅基地的使用方案；

（六）征用土地各项补偿费的使用；

（七）本村享受误工补贴的人数及补贴形式和标准；

（八）村民委员会认为应当由村民会议讨论决定的涉及村民利益的其他事项。

第十八条 人数较多或者居住分散的村，可以设立村民代表会议。村民代表会议由村民代表、村民小组长、村民委员会成员和居住在本村的各级人大代表、政协委员组成。

村民代表由本村村民联户或者村民小组召开会议推选产生，按每5户至15户推选1人，或者由各村民小组推选2至5人。村民代表的总人数最少应当占村民代表会议组成人员的三分之二以上。

村民代表必须是本村有选举权和被选举权、具有较好的政治、文化素质和一定议事能力的村民。

第十九条 村民代表会议讨论决定的事项，必须经村民会议授权。

村民会议授权村民代表会议讨论决定的事项，村民委员会应当在村民代表会议召开前2天予以公告。村民代表应当在会前就有关事项征求村民的意见。

对村民会议未授权的事项，村民代表会议可以进行讨论，提出意见，但不得做出决定。

第二十条 村民代表会议必须有三分之二以上的组成人员参加，所做决定应当经全体组成人员的过半数通过，并不得与村民会议的决定相抵触。

村民代表会议每年至少召开两次。有三分之一的村民代表会议组成人员提议，应当临时召开村民代表会议。

第二十一条 村民委员会实行村务公开和民主监督。凡与本村村民利益相关和村民普遍关心的事务，必须公开，接受村民监督。

村级成立村务公开监督小组，其人数和成员由村民会议或者村民代表会议确定并推选产生。村民委员会成员及其直系亲属，不得担任村务公开监督小组成员。

村务公开监督小组的职责是：

（一）审查村务公开的各项内容；

（二）监督村务公开制度的执行；

（三）征求并反映村民对村务公开的意见和建议；

（四）督促村民委员会对村民提出的意见和建议及时做出答复；

（五）就村财务收支等重大村务公开事项的监督情况向村民会议或者村民代表会议提出报告。

第二十二条 村务公开的重点是财务公开。村务公开包括以下事项：

（一）村集体土地的征用、划拨、开发等情况；

（二）村集体资产的购置、拍卖、承包、租赁、抵押；

（三）上级下拨的各类专项资金的管理使用和各种农用物资的分配；

（四）扶贫、救灾、救济捐赠物资的管理发放；

（五）水价、电价及水电费的收缴和管理使用；

（六）计划生育指标安排及计划外生育的处理情况；

（七）村接待费的分项支出；

（八）本办法第十七条规定的内容；

（九）村民会议和村民代表会议认为应当公开的其他事项。

属农民负担的事项，必须公布相应的政策规定及费用收缴事项。

第二十三条 村务公开每年至少进行两次。上半年于七月底之前公开，下半年于次年一月底之前公开；村民普遍关心的涉及村民切身利益的事项应当及时公开。

村务公开采取设立固定的公开栏、召开会议、进行广播、发明白卡等形式。村民委员会必须对公开的事项存档备查。

需村民小组公开的事项，按以上规定公开。

第二十四条 村务公开的一般事项由村民委员会讨论通过后公布。涉及村级财务收支的事项，必须逐项逐笔公布，并公布村务公开监督小组的审核意见。

第二十五条 村民委员会应当保证公布内容的真实性，并接受村民的查询。村民提出查询的，村民委员会应当在3日内给予答复；15户以上的户代表联名查询的，村民委员会应当在15日内核实并重新公布。

村民委员会不及时公布应当公开的事项，或者公布内容不真实，或者对村民的查询不答复的，村民有权向乡、民族乡、镇的人民政府或者县级以上有关部门反映，有关政府机关应当负责调查核实，责令改正。

第二十六条 在村务公开中，发现有挥霍、侵占、贪污集体财物或者对提意见的村民打击报复以及其他违法行为，情节轻微的，由有关人民政府及其主管部门调查核实，进行处理；构成犯罪的，移交司法机关依法处理。

第二十七条 乡、民族乡、镇的人民政府应当尊重村民委员会自治组织的法律地位，不得干预依法属于村民自治范围内的事项。

乡、民族乡、镇的人民政府指导村民委员会的民主选举、正确贯彻国家法律和政策；支持和帮助村民委员会搞好农村经济建设，提供农业发展信息；指导和监督村民委员会的村级财务制度。

乡、民族乡、镇的人民政府可以委托村民委员会办理有关事务，并承担相应责任。

第二十八条 乡、民族乡、镇的人民代表大会和县级以上各级人民代表大会常务委员会应当组织代表视察、开展执法监督检查，保证《中华人民共和国村民委员会组织法》和本办法在本地区的实施。各级人民政府应当根据当地实际情况，制订规划，全面推动村民自治活动，民政部门负责日常工作。

第二十九条 本办法自公布之日起施行。

1989年7月20日甘肃省第七届人民代表大会常务委员会第九次会议通过的《甘肃省实施村民委员会组织法(试行)办法》同时废止。

福建省实施《村民委员会组织法》办法

(2000年7月28日)

第一条 为发展农村基层民主，保障农村依法实行村民自治，根据《中华人民共和国村民委员会组织法》，制定本办法。

第二条 中国共产党在农村的基层组织，按照中国共产党章程进行工作，发挥领导核心作用；依照《宪法》和法律，支持和保障村民开展自治活动，直接行使民主权利。

第三条 村民委员会应当承担本村生产的服务和协调工作，支持和组织村民依法发展经济，尊重集体经济组织依法独立进行经济活动的自主权，促进本村经济和社会事业的发展。村民委员会应当维护以家庭承包经营为基础、统分结合的双层经营体制，保障集体经济组织和村民、承包经营户、联户或者合伙人的合法的财产权和其他合法的权利和利益。

第四条 乡、民族乡、镇人民政府对村民委员会工作给予指导、支持和帮助，但不得干预依法属于村民自治范围内的事项。

村民委员会协助乡、民族乡、镇人民政府开展工作，可以接受乡、民族乡、镇人民政府的委托办理有关行政管理事务。乡、民族乡、镇人民政府应当给予业务上的指导，并对委托的事务依法承担责任。

第五条 村民委员会的主要职责：

(一)召集村民会议和村民代表会议，并报告工作；

(二)执行村民会议和村民代表会议的决定、决议；

(三)建立、健全开展自治活动的各项制度；

(四)编制并组织实施本村经济和社会发展规划以及年度计划；

(五)依法管理本村属于村民集体所有的土地、河滩、水面、山林、水利设施和其他财产，管理本村财务；

(六)教育村民合理利用自然资源，保护和改善生态环境；

(七)办理本村的公共事务和公益事业；

(八)宣传《宪法》、法律、法规和国家的政策，维护村民的合法权益和利益，教育和推动村民履行法律规定的义务，督促村民遵守村民自治章程和村规民约；

(九)开展社会主义精神文明建设活动，普及文化科学知识，组织健康的文化体育活动，提高村民思想道德素质和科学文化水平，移风易俗，树立社会主义新风尚；

(十)依法调解民间纠纷，促进村际、村民、民族团结和家庭和睦；

(十一)协助人民政府搞好社会治安，维护良好的社会秩序、生产秩序和生活秩序；

(十二)向人民政府反映村民意见、要求和提出建议。

第六条 村民委员会根据村民居住状况、历史习惯、人口多少，经济状况，按照便于自治的原则设立。

村民委员会建制需要调整的，应当充分尊重群众意愿并依法办理。

第七条 村民委员会由主任、副主任和委员共3至7人组成，具体名额由村民会议或者村民代表会议讨论决定。

村民委员会成员，由本村遵纪守法，办事公道，有一定科学文化知识，热心为群众服务的村民担任。村民委员会成员中，妇女应当有适当的名额，多民族村民居住的村应当有人数较少的民族的成员，归侨侨眷多的村应当有归侨侨眷的成员。

第八条 村民委员会主任、副主任和委员，由村民依照《福建省村民委员会选举办法》选举产生。任何组织和个人不得指定、委派或者撤换村民委员会成员。

换届选举前，村民选举委员会应当将评议村民委员会及其成员工作情况和审计村级财务的结果向村民公布。

第九条 村民委员会成员受村民监督。本村五分之一以上有选举权的村民联名，可以要求罢免村民委员会成员。罢免村民委员会成员须经有选举权的村民过半数通过。

第十条 村民委员会成员被依法追究刑事责任、计划外超生或者连续6个月以上不参加村民委员会工作的，经县级有关部门或者乡、民族乡、镇人民政府确认，由村民会议予以罢免。

村民委员会成员要求辞职的，应当书面向村民委员会提出，村民委员会应当在一个月内召集村民会议或者村民代表会议讨论决定。

第十一条 村民委员会成员不脱离生产，对于坚持常年工作的给予固定补贴，其他的给予适当的误工补贴。

村民委员会成员中享受补贴的人数、标准和办法，由村民会议或者村民代表会议决定，报乡、民族乡、镇人民政府备案。经费来源，除财政补贴外，由乡、民族乡、镇、村自有资金开支。

第十二条 村民委员会可以分设若干村民小组。村民小组设组长一人，根据工作需要，也可以设副组长1至2人。村民小组长由村民小组会议推选或者直接选举产生，任期与村民委员会相同，可以连选连任。本小组五分之一以上有选举权的村民对小组长工作不满意的，可以提出更换要求。更换小组长的村民小组会议由村民委员会召集，以本小组有选举权村民的过半数或者三分之二以上户代表同意始得更换。补选村民小组长，按原产生方式进行。

村民小组长的主要职责：

(一)组织本小组村民开展各种生产、生活服务，管理本小组财务；

(二)传达村民委员会做出的有关规定，组织完成村民委员会下达的各项工作任务；

(三)听取并反映本小组村民的意见、建议；

(四)召集村民小组会议讨论决定本小组的有关事项。

第十三条 村民委员会根据需要可以设人民调解、治安保卫、公共卫生等委员会，归侨侨眷多的村可以设归侨侨眷委员会，林区可以设护林委员会。

村民委员会下属委员会的成员由村民委员会提名，经村民会议或者村民代表会议表决通过。村民委员会成员可以兼任下属委员会成员。

人口少的村村民委员会可以不设下属委员会，由村民委员会成员分工负责有关工作。

第十四条 村民委员会办理有益于本村村民的公共事务和公共事业所需的费用，经村民会议或者村民代表会议讨论决定，可以向本村村民筹集，但不得巧立名目，随意摊派。

第十五条 村民会议由本村18周岁以上的村民组成。

召开村民会议，应当有本村18周岁以上村民的过半数参加，或者有本村三分之二以上的户的代表参加，所作决定应当经到会人员的过半数通过。讨论具体事项，也可以将方案印发全体村民征求意见，由村民投票决定。

村民会议每年至少举行一次，人口较多或者居住分散的村可以分片召开。有十分之一以上的村民提议，应当召集村民会议。

第十六条 村民会议讨论决定涉及村民利益的下列事项：

(一)审议决定本村发展规划和年度计划；

(二)听取并审议村民委员会的工作报告，村财务收支计划和执行情况报告，评议村民委员会和村民委员会成员的工作；

(三)制定和修改村民自治章程、村规民约；

(四)罢免和补选村民委员会成员，审议批准村民委员会成员的辞职申请；

(五)撤消或者改变村民代表会议、村民委员会不适当的决定；

(六)《中华人民共和国村民委员会组织法》规定应由村民会议讨论决定的事项。

第十七条 村民会议根据需要，可以设立村民代表会议，授权村民代表会议讨论决定属于村民会议讨论决定的事项，但罢免、补选村民委员会成员和制定村民自治章程、村规民约的事项除外。

第十八条 村民代表会议由村民代表组成。具体数额由村民选举委员会按下列规定确定：

(一)600户以上的村不得少于45人；

(二)300户以上不足600户的村不得少于35人；

(三)100户以上不足300户的村不得少于25人；

(四)不足100户且居住比较分散的村不得少于20人，也可以不选村民代表。

第十九条 村民代表以村民小组为单位推选或

者直接选举产生，任期与村民委员会成员相同，可以连选连任。

本村民小组五分之一以上有选举权的村民认为村民代表不称职的，可以提出更换要求。

更换村民代表的村民小组会议由村民小组长或者村民委员会召集，以本小组有选举权的村民过半数或者三分之二以上户代表同意始得更换。补选村民代表，按原产生方式进行。其他任何组织、个人不得指定、委派或者更换村民代表。

第二十条 村民代表会议至少每3个月举行1次，特殊情况或者有三分之一以上村民代表提议，应当召集村民代表会议。

召开村民代表会议，应当有三分之二以上的村民代表参加，所做出的决定应当经全体村民代表的过半数通过。

第二十一条 村民会议、村民代表会议讨论决定的事项以及村民自治章程、村规民约应当符合法律、法规和国家政策，不得有侵犯村民的人身权利、民主权利和合法财产权利的内容。

村民会议、村民代表讨论决定的事项涉及村镇规划、土地使用、农民负担的，村民委员会应当报乡、民族乡、镇人民政府备案。

第二十二条 村民会议可以设立由3至5人组成的村务监督小组。成员由村民会议或者村民代表会议推选产生，小组长由小组成员推选产生。小组成员中应当有具备一定文化和财会知识的村民。村民委员会成员及其配偶和直系亲属、村财会人员不得担任村务监督小组成员。村务监督小组的任期与村民委员会的任期相同，可以连选连任。

本村五分之一以上有选举权的村民对村务监督小组成员的工作不满意的，可以提出更换要求。村务监督小组成员的更换须经本村有选举权村民过半数或者三分之二以上村民代表通过。补选村务监督小组成员按原推选方式进行。

第二十三条 村务监督小组的主要职责：

(一)督促村民委员会建立、健全村民自治的各项制度；

(二)检查、督促村民委员会落实村民会议或者村民代表会议决定的事项；

(三)检查、监督村民委员会的村务公开以及财务收支情况，协助开展村集体财务审计；

(四)反映村民的合理意见、建议，督促村民委员会及时办理。

村务监督小组决定问题，采取少数服从多数的原则，每年至少两次向村民会议或者村民代表会议报告工作。

第二十四条 村民委员会依法实行村务公开制度。《中华人民共和国村民委员会组织法》第二十二条规定的事项和村民会议或者村民代表会议决定公开的其他事项，村民委员会应当及时公布，接受村民监督。涉及财务的事项至少每3个月公布1次。

村民委员会应当在便于村民观看的地点设置固定的村务公开栏公开村务，接受村民的查询和村务监督小组的监督、检查。

村民委员会应当建立村务公开档案，将村务公开的时间、内容、村务监督小组的意见以及答复村民询问等情况存档备查。村务公开档案应当妥善保管，保存期限不得少于四年。

第二十五条 村民对公布的村务内容有疑问的，可以直接向村民委员会询问或者提出意见，也可以通过村务监督小组要求村民委员会做出解答。村民委员会应当在15日内做出解答。

第二十六条 村民委员会不及时公布应当公布的事项或者公布的事项不真实的，村民有权向乡、民族乡、镇人民政府或者县级人民政府及其有关主管部门反映，有关政府机关应当负责调查核实，责令公布或者纠正；经查证确有违法行为的，有关人员应当依法承担责任。

第二十七条 《中华人民共和国村民委员会组织法》和本实施办法，由各级人民政府组织实施，民政部门负责日常工作。

县级人民政府应当根据当地实际情况，制定规划，指导村民开展自治活动，提高村民自治水平。

第二十八条 地方各级人民代表大会和县级以上地方各级人民代表大会常务委员会在本行政区域内保证《中华人民共和国村民委员会组织法》和本办法的实施，保障村民依法行使自治权利。

地方各级人民政府应当及时将换届选举和村民自治的其他重大问题向同级人民代表大会常务委员会报告。

第二十九 本实施办法自公布之日起施行。

《福建省实施〈中华人民共和国村民委员会组织法(试行)〉办法》同时废止。

上海市实施《村民委员会组织法》办法

(2000年9月22日)

第一条 根据《中华人民共和国村民委员会组织

法》第二十九条的规定,制定本办法。

第二条 本市的村民自治活动及其保障,《中华人民共和国村民委员会组织法》有规定的,依照规定执行;没有具体规定的,适用本办法。

第三条 村民委员会是村民自我管理、自我教育、自我服务的基层群众性自治组织,实行民主选举、民主决策、民主管理、民主监督。

第四条 中国共产党在农村的基层组织,按照中国共产党章程和中国共产党农村基层组织工作条例进行工作,发挥领导核心作用;依照宪法和法律,支持和保障村民开展自治活动、直接行使民主权利。

第五条 乡、镇人民政府指导、支持和帮助村民委员会开展工作,建立、健全各项自治制度,依法开展自治活动;但是不得干预依法属于村民自治范围内的事项,不得侵占或者自行处置村集体财产。

村民委员会协助乡、镇人民政府开展工作,可以接受乡、镇人民政府的委托,办理与本村有关的事项。

乡、镇人民政府委托村民委员会办理有关事项时应当给予指导,提供必要的条件或者经费,并对委托的事项依法承担责任。

区、县人民政府的有关部门确实需要村民委员会协助工作或者委托村民委员会办理有关事项的,按照前款的规定办理,但是应当通过乡、镇人民政府统一安排。

第六条 村民委员会的撤销、范围调整,由乡、镇人民政府提出,并附村的集体资产处置方案,经村民会议讨论同意,报区、县人民政府批准后实施。

村的集体资产处置方案,一般包括村集体资产的范围、分配对象和处置时限等内容,由村民委员会依据村集体资产处置办法拟定,送乡、镇人民政府审核。

村集体资产处置办法由市人民政府规定。

第七条 村民委员会主任、副主任和委员,由村民按照《上海市村民委员会选举办法》的规定选举产生。

村民委员会换届选举前,应当对本届村的财务进行审计。村民委员会主任、分管财务的村民委员会成员离任前,应当进行离任审计。审计结果按照本办法第十七条的规定公布。

第八条 村民委员会应当履行下列职责:

(一)执行村民会议、村民代表会议的决议、决定;

(二)建立、健全村民实行自治活动的各项制度;

(三)编制并实施与乡、镇区域规划相适应的村经济和社会发展规划及年度计划;

(四)组织发展多种形式的本村经济;

(五)教育、督促村民遵守村民自治章程、村规民约;

(六)规范财务会计行为,管理本村财务;

(七)妥善处理与驻地单位和邻村的关系;

(八)法律法规规定应当由村民委员会履行的其他职责。

第九条 村民委员会可以按照村民居住状况分设若干村民小组。村民小组长由村民小组会议从本组村民中推选产生,任期与村民委员会的任期相同,可以连选连任。本组的多数村民对村民小组长工作不满意的,可以予以更换。推选或者更换村民小组长的村民小组会议由村民委员会召集。

村民小组长应当向村民委员会反映本组村民的意见、建议,向本组村民传达村民委员会做出的有关规定,协助村民委员会办理本村的公共事务和公益事业。

第十条 村主要负责人的报酬或者补贴标准,可以由乡、镇人民政府提出方案,经村民会议或者村民代表会议讨论通过后实施;其他从事村务人员的报酬或者补贴标准,由村民委员会提出方案,经村民会议或者村民代表会议讨论通过后实施。

第十一条 村民会议由本村18周岁以上的村民组成。

召开村民会议,应当有本村18周岁以上村民的过半数参加,或者有本村三分之二以上的户的代表参加,所作决定应当经到会人员的过半数通过。

村民会议由村民委员会召集。有十分之一以上的村民提议,应当召集村民会议。

第十二条 涉及村民利益的下列事项,村民委员会必须提请村民会议讨论决定:

(一)村经济与社会发展规划和年度工作计划;

(二)村的财务预算、决算报告和收支情况的报告;

(三)村土地征用补偿费的使用和劳动力安置的方案;

(四)村务监督小组成员的产生;

(五)法律法规规定属于村民会议讨论决定的其他事项。

前款规定的村民会议职权,村民会议可以根据需要授予村民代表会议行使,但选举、罢免村民委员会成员和制定村民自治章程、村规民约的职权除外。

村民会议和村民代表会议的决议、决定,需要撤销或者变更的,应当提请原做出决议、决定的村民会议或者村民代表会议讨论决定。

村民代表会议或者村民委员会做出的决议、决定不适当的,村民会议有权撤销或者变更。

第十三条 200户以上的村,可以召开村民代表会议。村民代表由村民按每5户至15户推选1人，或者由各村民小组推选若干人产生。村民代表的人数不得少于35人。

村民代表应当与村民保持密切联系，及时反映村民的意见、建议和要求。

村民代表的任期与村民委员会的任期相同，可以连选连任；推选该村民代表的户或者村民小组认为该村民代表不称职的，可以予以更换。村民代表的更换、补选按原推选方式进行。任何组织、个人不得指定、委派或者更换村民代表。

第十四条 村民代表会议由村民委员会召集，至少每6个月召开1次。有三分之一以上的村民代表或者村务监督小组书面提议，应当临时召集村民代表会议。村民代表会议讨论决定村民会议授权的事项。

村民委员会应当在村民代表会议召开5日以前公布会议议题和议程，并通知村民代表。村民代表应当在会前就有关事项征求村民的意见和建议，并在村民代表会议上如实反映。

村民代表会议必须有三分之二以上的村民代表出席，才能举行。所作决议、决定应当以全体村民代表过半数通过，并不得与村民会议的决议、决定相抵触。非村民代表的村民委员会成员、村党支部成员列席村民代表会议。必要的时候，可以邀请驻在本村的单位和居住在本村的非本村村民派代表列席村民代表会议。

第十五条 村民委员会向村民会议负责并报告工作。村民会议或者村民代表会议每年审议村民委员会的工作报告，并评议村民委员会成员的工作，评议结果应当作为确定村民委员会成员报酬或者补贴的标准之一。过半数与会人员认为村民委员会成员不称职的，可以劝其辞职或者依法提出罢免要求。

第十六条 村民委员会应当组织人员拟订村民自治章程、村规民约。

村民自治章程一般包括村民组织、经济管理、社会秩序等方面的制度和行为规范。

制定、修改村民自治章程、村规民约时，应当广泛听取村民的意见，经村民会议讨论同意后，报乡、镇人民政府备案。对不符合《宪法》、法律法规和国家政策的内容，乡、镇人民政府应当督促村民委员会提请村民会议或者村民代表会议修改。

第十七条 村民委员会实行村务公开制度。村务公开应当及时，内容应当真实、完整、清楚。

村民委员会应当在便于村民观看的地点设置固定的村务公开栏，并对公开的村务采用会议、广播、公开信等辅助形式予以宣传。

村民委员会应当建立村务公开档案，将村务公开的时间、内容、村务监督小组的意见以及答复村民询问等资料存档备查，并报乡、镇人民政府备案。村务公开档案应当妥善保管，保存期不得少于五年。

第十八条 村务中下列事项必须公布：

（一）本办法第十二条规定的由村民会议、村民代表会议讨论决定的事项及其实施情况；

（二）国家计划生育政策的落实方案；

（三）村的主要财产和债权债务；

（四）村主要负责人和其他有关人员的报酬或者补贴及其他待遇、外出学习考察以及业务招待费的使用情况；

（五）农村社会养老保险投保和发放情况；

（六）救灾救济款物的发放情况；

（七）集体拖欠村民资金和村民拖欠集体资金情况；

（八）村务监督小组的工作报告；

（九）涉及本村村民利益、村民普遍关心的其他事项。

有十分之一以上村民或者三分之一以上村民代表要求公布的事项，村民委员会应当公布。

前两款规定中涉及外出学习考察费用、业务招待费的使用情况及其他财务收支事项，至少每季度公布一次。

第十九条 村民会议或者村民代表会议可以推选5至7名村民组成村务监督小组，小组长由小组成员推选产生。村务监督小组成员应当热爱集体，公道正派，坚持原则，有一定的议事能力；小组中应当有具备一定财会专业知识的成员。

村务监督小组的任期与村民委员会的任期相同，可以连选连任。村民对村务监督小组成员的工作不满意的，由村民会议或者村民代表按原推选方式予以更换。

村民委员会成员和村其他负责人及其直系亲属，不得担任村务监督小组的成员。

第二十条 村务监督小组督促村民委员会建立、健全和不断完善民主决策、民主管理、民主监督的各项制度；对村民委员会执行村民会议、村民代表会议决议、决定情况和村务公开情况进行监督；收集和反映村民的意见和建议，并督促村民委员会及时做出答复。村务监督小组组长可以列席村民委员会会议。

村民委员会的决定与村民会议、村民代表会议的决议、决定相违背或者有重大错误，经指出后不纠正的，村务监督小组可以提议召开村民代表会议。村民委员会应当自提议之日起15日内召集村民代表会议就有关事项进行讨论。

村务监督小组至少每年一次向村民会议或者村民代表会议报告工作。村务监督小组决定事项，采取少数服从多数的原则。

第二十一条 村民对公布的村务内容有疑义的，可以直接向村民委员会询问或者提出意见，也可以通过村务监督小组要求村民委员会做出解答。村民委员会可以当场解答的，应当当场解答；不能当场解答的，应当在15日内做出解答。

经村务监督小组同意，村民可以在有关部门或者专业人员的指导下查阅有关账目。

第二十二条 村民委员会应当自觉接受村民的监督，支持村务监督小组依法履行职责，对村民和村务监督小组的意见、建议应当及时做出明确答复。

第二十三条 村民委员会及其成员有下列行为之一的，村民和村务监督小组有权向乡、镇人民政府或者区、县人民政府及其有关部门反映：

(一)不及时公布应当公布的事项或者公布的事项不真实的；

(二)无正当理由不执行村民会议或者村民代表会议的决议、决定的；

(三)对应当由村民会议或者村民代表会议决议、决定的事项擅自做出决定或者处理的；

(四)对村民、村务监督小组成员打击报复的。

乡、镇人民政府或者区、县人民政府及其有关部门对村民和村务监督小组反映的前款所列行为，应当负责调查核实，经查证确实的，应当责令公布或者纠正；确有违法行为的，有关人员应当依法承担责任。

第二十四条 村民应当遵守法律法规和国家政策，遵守村民自治章程、村规民约，执行村民会议、村民代表会议的决议、决定，履行村民应尽的义务。

村民在行使权力时，不得损害国家、集体利益以及其他组织和公民的合法权益。

第二十五条 市、区、县人民代表大会及其常务委员会和乡、镇人民代表大会在本行政区域内保证《中华人民共和国村民委员会组织法》和本办法的实施，保障村民依法行使自治权利。

第二十六条 本市各级人民政府的民政等有关部门，应当在同级人民政府的领导下做好《中华人民共和国村民委员会组织法》和本办法实施中的有关工作。

第二十七条 本办法自2001年1月1日起施行。

宁夏回族自治区实施《村民委员会组织法》办法

(2000年11月17日)

第一条 为了保障《中华人民共和国村民委员会组织法》的实施，发展农村基层民主，促进农村社会主义物质文明和精神文明建设，结合自治区实际，制定本办法。

第二条 村民委员会是村民自我管理、自我教育、自我服务的基层群众性自治组织，实行民主选举、民主决策、民主管理、民主监督。

第三条 中国共产党在农村的基层组织，按照中国共产党章程进行工作，发挥领导核心作用；依照《宪法》、法律和法规，支持和保障村民开展自治活动、直接行使民主权利。

第四条 乡、镇人民政府指导、支持和帮助村民委员会开展工作，但不得干预依法属于村民自治范围内的事项。

村民委员会应当接受乡、镇人民政府的工作指导，协助乡、镇人民政府开展工作。

第五条 村民委员会根据村民的居住状况、人口多少等情况，按照便于群众自治的原则设立。

村民委员会的设立、撤销和管辖范围的调整，由乡、镇人民政府提出，经村民会议讨论同意后，报县级人民政府批准。

第六条 村民委员会工作应当坚持群众路线，充分发扬民主，决定问题坚持少数服从多数的原则。

第七条 村民委员会根据需要设人民调解、治安保卫、公共卫生等委员会。其成员由村民委员会提名，村民会议或者村民代表会议决定。

村民委员会成员可以兼任下属委员会主任。人口较少的村，可以不设下属委员会，由村民委员会成员分工负责有关工作。

第八条 村民委员会可以根据村民居住的状况、生产、生活实际，分设若干村民小组，在村民委员会领导下开展工作。

第九条 村民委员会任期届满应当举行换届选举。

村民委员会换届选举以及村民委员会成员的罢免、辞职和补选，按照有关法律、法规进行。

第十条 村民委员会的职责：

(一)宣传并教育村民遵守《宪法》、法律、法规和国家政策；

（二）支持和组织村民依法发展各种形式的合作经济和其他经济，承担本村生产的服务和协调工作；

（三）尊重集体经济组织依法独立进行经济活动的自主权，维护以家庭承包经营为基础、统分结合的双层经营体制，保障集体经济组织和村民、承包经营户、联户或者合伙人的合法的财产权及其他合法权益；

（四）依法管理本村属于村民集体所有的土地和其他财产，教育村民爱护公共财物和设施，珍惜土地，合理利用自然资源，保护和改善生态环境；

（五）编制并实施本村建设规划，办理本村的公共事务和公益事业；

（六）教育村民依法纳税、服兵役、送子女接受义务教育，完成国家规定的农产品定购任务，实行计划生育；

（七）发展文化教育事业，普及科技卫生知识，移风易俗，开展多种形式的精神文明建设活动；

（八）教育和引导村民加强民族团结，各民族之间互相尊重、互相帮助；

（九）调解民间纠纷，维护社会治安，促进村与村之间、村民之间的团结、互助和家庭和睦；

（十）协助乡、镇人民政府开展工作，向人民政府反映村民的意见、要求和建议；

（十一）召集村民会议和村民代表会议，并报告工作，执行村民会议和村民代表会议的决定、决议；

（十二）法律、法规规定的其他职责。

第十一条 村民委员会实行村务公开制度。

村民委员会应当设立固定的村务公开栏，对以下事项应当及时公布，其中涉及财务的事项至少每六个月公布一次，接受村民的监督：

（一）财务收支情况；

（二）征用土地各项补偿费的收支和宅基地审批情况；

（三）救济救灾款物的发放情况；

（四）国家投入的扶贫、农业开发、以工代赈等资金的使用情况；

（五）农民负担情况；

（六）水、电等费用收缴情况；

（七）计划生育政策、法规执行情况；

（八）村干部年度工作目标执行情况；

（九）村土地、集体企业和财产的承包、租赁情况；

（十）村公共基建项目的投资和招标情况；

（十一）村民会议和村民代表会议决定的其他事项。

村民委员会应当在换届选举前两个月内公开本村财务情况。

第十二条 村民会议由本村18周岁以上的村民组成。

召开村民会议，应当有本村18周岁以上村民的过半数参加，或者有本村三分之二以上的户的代表参加，所作决定应当经到会人员的过半数通过。

村民会议一般每半年举行一次。有十分之一以上的村民或者有二分之一以上的村民代表提议，应当召集村民会议。

村民会议可以邀请驻在本村的企业、事业单位和群众组织的代表列席。

第十三条 村民会议行使下列职权：

（一）选举、罢免和补选村民委员会成员，审议、决定村民委员会成员的辞职请求；

（二）制订、修改村民自治章程、村规民约；

（三）审议决定本村经济和社会发展规划、年度计划，以及有关公共事务、公益事业的重大事项；

（四）审议批准村民委员会工作报告、村财务收支情况报告；

（五）评议村民委员会成员的工作；

（六）决定本村享受补贴人数及补贴标准；

（七）审议决定本村集体经济项目的立项、承包方案和本村公益事业的建设承包方案、村集体各项收益的使用、村集体资金的收缴和使用；

（八）改变或者撤销村民委员会或者村民代表会议不适当的决定；

（九）审议决定村民会议认为应当由其决定的其他事项。

第十四条 村民自治章程、村规民约以及村民会议或者村民代表讨论决定的事项不得与《宪法》、法律、法规和国家的政策相抵触，不得有侵犯村民的人身权利、民主权利和合法财产权利的内容。

村民会议讨论制定和修改的村民自治章程、村规民约，报乡、镇人民政府备案。

第十五条 人口较多或者居住分散的村，可以设立村民代表会议，讨论决定村民会议授权的事项。

村民代表会议由村民代表、村民委员会成员和居住在本村的各级人大代表组成。

村民会议向村民代表会议授权的事项，在村民委员会换届选举之后，由村民委员会提出，交付村民会议确定。但选举和罢免等法律已有明确规定的事项，不能向村民代表会议授权。

第十六条 村民代表由村民按每5户至15户推选1人，或者由各村民小组推选若干人产生。村民代表成员中，妇女应当有适当名额。多民族居住的村，应当有人数较少的民族的成员。

村民代表总人数一般不少于35人。

第十七条 村民代表每届任期与村民委员会的任期相同。

村民代表由原推选户或者村民小组撤销。其他任何组织和个人不得指定、委派或者撤换村民代表。

第十八条 村民代表会议一般每季度举行一次。特殊情况或者有二分之一以上村民代表会议成员提议,可以临时召集村民代表会议,所作决定应当经全体村民代表的过半数通过,并不得与村民会议的决议、决定相抵触。

第十九条 县、不设区的市、市辖区民政部门和乡、镇人民政府负责制定和实施村民委员会成员的培训计划。每届村民委员会主任、副主任任期内至少应当培训两次,委员任期内至少培训一次。培训经费由县级人民政府解决。

第二十条 村民委员会成员实行任期职务补贴。补助方案由村民会议或村民代表会议根据本村经济状况和村民委员会成员的工作情况讨论决定。经费从村集体资金中解决。经济比较困难的村,县、乡两级财政予以适当补贴。

第二十一条 村民委员会不及时公布应当公布的事项或者公布的事项不真实的和村民有疑问的,村民有权向村民委员会查询,也可以向乡、镇人民政府或者县级人民政府及其有关主管部门反映,有关政府机关应当负责调查核实,责令公布;经查证确有违法行为的,应当依法追究有关人员的责任。

第二十二条 违反本办法规定,指定、委派、撤换村民委员会成员,或者指定、委派、撤换村民代表的,村民有权向乡、镇人民代表大会和人民政府或者县级人民代表大会常务委员会和人民政府及其有关主管部门举报,有关机关应当负责调查并依法处理。

第二十三条 各级人民代表大会和县级以上人民代表人会常务委员会保障《中华人民共和国村民委员会组织法》和本办法在本行政区域内的实施,保障村民依法行使自治权力。

第二十四条 《中华人民共和国村民委员会组织法》和本办法由各级人民政府负责组织实施,并根据本行政区域实际情况,制定规划,开展村民自治活动。民政部门负责指导村民自治活动的工作。

第二十五条 本办法自公布之日起施行。1992年2月28日自治区第六届人民代表大会常务委员会第二十三次会议通过的《宁夏回族自治区实施〈中华人民共和国村民委员会组织法办法(试行)〉》同时废止。

山东省实施《村民委员会组织法》办法

(2000年12月22日)

第一章 总 则

第一条 为了保障农村村民依法实行自治,由村民群众依法办理自己的事情,发展农村基层民主,促进农村社会主义物质文明和精神文明建设,根据《中华人民共和国村民委员会组织法》(以下简称《村民委员会组织法》),结合本省实际,制定本办法。

第二条 村民委员会是村民自我管理、自我教育、自我服务的基层群众性自治组织,实行民主选举、民主决策、民主管理、民主监督。

第三条 中国共产党在农村的基层组织,按照中国共产党章程进行工作,发挥领导核心作用;依照《宪法》和法律,支持和保障村民开展自治活动、直接行使民主权利。

村民委员会应当自觉接受中国共产党在农村的基层组织的领导,依法做好职责范围内的工作。

第四条 乡(镇)人民政府指导、支持和帮助村民委员会开展工作,指导村民委员会依照法律、法规和政策履行自己的职责;支持、保障村民依法行使民主权利;指导和帮助村民委员会依法管理好村民集体所有的土地和其他财产;指导村民委员会开展社会主义物质文明和精神文明建设活动。

乡(镇)人民政府不得干预依法属于村民自治范围内的事项。

村民委员会应当协助乡(镇)人民政府开展工作,及时反映村民的意见、建议和要求。

第二章 村民会议

第五条 村民会议由本村18周岁以上的村民组成。

村民会议除讨论决定《村民委员会组织法》第十九条所列事项外,开展下列工作:

(一)讨论决定本村经济和公益事业发展规划和年度工作计划;

(二)听取和审议村民委员会的年度工作报告、村财务收支报告;

(三)评议和监督村民委员会成员的工作;

(四)讨论、制定计划生育方案;

(五)撤销或者改变村民委员会不适当的决定;

(六)撤销或者改变村民代表开会决定的事项;

(七)行使法律、法规规定的其他职权。

第六条 村民会议由村民委员会召集。有十分之一以上的村民提议,应当在10日内召集村民会议。

召开村民会议,应当有本村18周岁以上的村民过半数参加,或者有本村三分之二以上的户的代表参加,所做决定应当经到会人员的过半数通过。

村民会议每年至少召开一次。

第七条 村民会议可以制定和修改村民自治章程、村规民约,并报乡(镇)人民政府备案。

村民自治章程应当包括下列内容:

(一)村民会议的组成及职权,村民小组长的职责,村民的权利与义务;

(二)土地管理、承包费的收缴和使用、生产服务、财务管理、村办企业管理;

(三)社会治安、邻里关系、婚姻家庭、敬老养老、计划生育及档案管理;

(四)科技文化教育、法制道德教育、移风易俗、反对邪教和封建迷信等;

(五)村民会议认为应当规范的其他内容。

村规民约的内容由村民会议依法讨论决定。

第八条 人数较多或者居住分散的村,可以推选产生村民代表。村民代表由村民按每5户至15户推选1人,或者由各村民小组推选若干人,总数由村民委员会确定,但是不得少于20人。

村民代表应当具有一定的议事能力,办事公道,热心为村民服务。

第九条 村民委员会召集村民代表开会,讨论决定村民会议授权的事项。召集村民代表开会,村民委员会应当在3日前将要讨论决定的事项通知村民代表。村民代表应当及时征求所代表的村民的意见和建议,并在村民代表开会时如实反映。

村民代表开会应当由全体代表的四分之三以上参加,所作决定须经全体代表的半数以上通过并不得与村民会议的决议、决定相抵触。

村民代表至少每季度召开一次会议。经三分之一以上村民代表提议,村民委员会应当及时召集村民代表开会。

第十条 村民自治章程、村规民约以及村民会议讨论决定的事项不得与《宪法》、法律、法规和国家政策相抵触,不得有侵犯村民的人身权利、民主权利和合法财产权利的内容。

第三章　村民委员会

第十一条 村民委员会主任、副主任和委员,由村民依照《山东省村民委员会选举办法》直接选举产生。

村民委员会成员中,应当有妇女成员;多民族村民居住的村,应当有人数较少的民族的成员;几个自然村联合设立村民委员会的,其成员分布应当照顾村落状况。

村民委员会任期届满,应当依法进行换届选举。上一届村民委员会应当自新一届村民委员会产生之日起7日内向新一届村民委员会移交公章、财务账目、档案资料及办公设施等;逾期拒不交出的,新一届村民委员会可以向人民法院提起诉讼,由人民法院依法处理。

第十二条 村民委员会成员应当具备下列条件:

(一)拥护中国共产党的领导,自觉遵守《宪法》、法律、法规和国家政策,履行公民应尽的义务;

(二)有一定的文化知识和组织领导能力,能够带领群众勤劳致富,走共同富裕的道路;

(三)廉洁奉公,作风正派,办事公道,密切联系群众;

(四)身体健康,热心为村民服务。

第十三条 村民委员会履行下列职责:

(一)召集村民会议,并向村民会议报告工作,执行村民会议的决定、决议,接受村民的评议和监督;

(二)编制本村经济和公益事业发展规划和年度工作计划草案,经村民会议讨论通过后组织实施;

(三)支持和组织村民依法发展各种形式的合作经济和其他经济,尊重集体经济组织和其他经济组织依法独立进行经济活动的自主权,维护以家庭承包经营为基础、统分结合的双层经营体制,保障集体经济组织和村民、承包经营户、联户或者合伙人的合法的财产权及其他合法的权利和利益;

(四)依法管理本村属于村农民集体所有的土地,教育村民珍惜土地,合理开发利用自然资源,保护和改善生态环境;

(五)教育村民实行计划生育;

(六)编制年度财务预算草案,管理村级财务和集体财产,提出村集体重大事项开支的草案;

(七)编制村庄建设规划草案,并按照规划进行街道建设,指导村民建设住房,改善居住环境,提高村民生活质量;

(八)调解民间纠纷,协助维护社会治安,促进村民团结和村与村之间的团结、互助,加强民族团结;

(九)向村民宣传《宪法》、法律、法规和政策,增强村民的法制观念,教育村民履行法定义务,发展科技文化教育卫生事业,组织村民开展多种形式的社会主义精神文明建设活动,提高村民的道德修养和文化素质;

(十)教育村民爱护国家和集体财产;

(十一)履行法律、法规规定的其他职责。

第十四条 涉及《村民委员会组织法》第十九条所列事项，村民委员会必须提请村民会议讨论决定，方可办理。

第十五条 村民委员会应当加强工作制度建设，制定必要的工作程序、议事规则和纪律守则。

第十六条 村民委员会会议由村民委员会主任负责召集和主持，村民委员会全体成员参加。必要时，各下属委员会主任和村民小组长可以列席会议。村民委员会会议每月至少召开一次。

第十七条 村民委员会决定问题，采取少数服从多数的原则。

村民委员会开展工作，应当坚持群众路线，充分发扬民主，认真听取群众的意见、建议和要求，坚持说服教育，不得强迫命令，不得打击报复。

第十八条 村民委员会成员可以享受误工补贴。享受的人数及标准，由村民会议讨论决定。乡（镇）人民政府可以对享受误工补贴的村民委员会成员的人数及补贴标准提出指导性意见。

第十九条 村民委员会成员有下列情形之一的，应当自行向村民会议提出辞职，由村民会议按照少数服从多数的原则讨论决定：

（一）以权谋私，在村民中造成不良影响的；

（二）玩忽职守，给村民的生产、生活造成一定损失的；

（三）违反国家计划生育法规、政策规定生育的；

（四）无正当理由连续3个月不参加村民委员会工作的；

（五）在年度评议中，半数以上村民认为不称职的；

（六）有违反法律、法规和国家政策的其他行为的。

村民委员会成员有前款所列情形之一的，村民也可以依照法律规定的程序提出罢免要求。

村民委员会成员出现缺额需要补选，应当按照有关法律、法规规定的程序和方法在三个月内进行。

第二十条 村民委员会根据需要设人民调解、治安保卫、公共卫生等委员会。下属委员会主任一般由村民委员会成员兼任。

各下属委员会在村民委员会的领导下开展工作。

第二十一条 村会计由村民委员会提名，经村民会议到会人员的过半数通过后，按照规定办理有关手续方可任用。

村民委员会成员有法定会计资格的，可以兼任会计。村民委员会主任不得兼任会计。

第二十二条 村民委员会可以根据便于生产、生活和开展活动的原则将本村村民分设若干个村民小组。

村民小组长由村民小组会议推选和撤换。村民小组长的职责是召集和主持村民小组会议，组织本组村民贯彻执行村民会议的决定，完成村民委员会交给的任务和开展各项活动，并及时向村民委员会反映村民的意见、建议和要求，办理本村民小组的有关事宜。

第二十三条 县级人民政府和乡（镇）人民政府应当有计划地对村民委员会成员进行有关法律、法规、政策和科学技术、经营管理、财务会计管理等知识培训，并负责解决所需经费。

第四章 村务公开和民主理财

第二十四条 村民委员会实行村务公开制度。

村民委员会应当通过村务公开栏、召开村民会议、发放明白纸等形式及时公开村务情况。

村民委员会应当及时公布下列事项：

（一）《村民委员会组织法》第十九条规定的由村民会议讨论决定事项的实施情况；

（二）本村财务情况和集体财产的保值、增值及处置情况；

（三）生育计划的落实情况和学龄儿童的入学情况；

（四）救灾救济款物的发放情况；

（五）水电费的收缴情况；

（六）涉及本村村民利益、村民普遍关心的其他事项。

村财务情况至少3个月公布1次。

第二十五条 村民委员会应当保证公开内容的真实性，保证村民享有广泛的知情权、参与权和监督权，并接受村民的查询与监督。

第二十六条 村民委员会应当实行民主理财制度。村民会议可以推选3至5名村民组成村民理财小组。村民理财小组对村民委员会的收支账目进行审查监督并对村民会议负责。

村民委员会成员及其配偶和直系亲属不得担任村民理财小组成员。

村民委员会的一切财务开支，由村民理财小组审查后，方能入账。

村民理财小组至少每月审查1次财务账目。

第二十七条 有十分之一以上村民提议，经村民会议到会人员过半数通过，可以对村民委员会财务收支情况进行审计。

第二十八条 村民委员会成员利用职务便利，侵占公共财物，构成犯罪的，依法追究刑事责任。

第五章 附 则

第二十九条 乡（镇）人民代表大会和县级以上人民代表大会及其常务委员会在本行政区域内保证本办法的实施，保障村民依法行使自治权利。

第三十条 本办法由各级人民政府组织实施，民政部门负责日常工作。

第三十一条 本办法自2001年1月1日起施行。1992年5月10日山东省第七届人民代表大会常务委员会第二十八次会议通过的《山东省实施〈中华人民共和国村民委员会组织法办法（试行）〉》同时废止。

河北省村务公开条例

（1999年5月27日）

第一条 为加强农村基层民主法制建设，推进村民自治，保障村民对村务的民主管理、民主监督，促进农村经济发展和社会进步，根据《中华人民共和国村民委员会组织法》及有关法律、法规的规定，结合本省实际，制定本条例。

第二条 本省行政区域内的村民委员会负责村务公开制度的实施，接受村民监督。

第三条 村务公开是指村民委员会按照法定程序、时间、形式，将涉及村民权益的重要事项如实公布于众。

第四条 乡级人民政府和县级以上人民政府及其主管部门，负责本行政区域内村务公开工作的指导、监督。

第五条 村务公开的主要内容包括：

（一）村经济社会发展规划和村民委员会年度工作计划；

（二）年度财务计划及其各项收入和支出；

（三）乡统筹费的收缴，村提留的预算方案和收缴、使用，劳动积累工、义务工的使用；

（四）招待费开支和享受村补贴的人员及其补贴标准、数额；

（五）从村集体经济所得收益和接受拨款、补偿费、捐赠款物的数额及其使用；

（六）救灾、扶贫、助残等款物的接收、发放情况；

（七）水价电价及其水电费的收缴；

（八）兴办集体经济项目和村办学校、村建道路、文化卫生等公益事业的经费筹集、招标投标、建设承包方案及其实施情况；

（九）集体资产的管理和经营情况，土地等生产资料和各项承包经营方案及其承包费的收缴；

（十）当年宅基地的申报、批准和使用情况；

（十一）被批准生育和结婚登记人员名单，计划外生育人员和计划外生育费的收缴、使用；

（十二）村民普遍关心并要求公开的其他事项。

村务公开的重点是财务公开，财务公开应当逐项逐笔公布。

第六条 村级设立村务公开监督小组，其成员由村民会议或者村民代表会议推荐产生。村主要负责人和村民委员会组成人员及其直系亲属不得担任村务公开监督小组成员。

村务公开监督小组的职责是：

（一）审查村务公开的各项内容；

（二）监督村务公开制度的执行；

（三）征求并反映村民对村务公开的意见和建议；

（四）督促村民委员会对村民提出的意见和建议及时做出答复。

按照《河北省村集体财务管理条例》规定已建立村民主理财小组的，可以不再另设村务公开监督小组，由民主理财小组行使村务公开监督小组的职责。

第七条 村务公开至少每半年1次，上半年于7月底之前公开，下半年于次年1月底之前公开；村民普遍关心的涉及村民切身利益的事项应当及时公开。

第八条 村民委员会应当在方便村民观看的地方，设立固定的公开栏，用于公开村务；同时利用有线广播、印发明白纸等多种辅助形式公开。

第九条 村民委员会应当按照本条例规定的公开内容和时间，及时制作公开内容清单，经村务公开监督小组逐项逐笔审核同意后方可公布。

第十条 村务公开后，村民委员会应当利用民主议政日、村民代表座谈会、意见箱等形式，征求村民意见。对村民提出的询问和意见，村民委员会能够当场答复的，要当场给予答复；当场解答不了的，应当于15日内做出答复。多数村民对公开事项不同意的，应当予以纠正，并重新公开。

第十一条 村民委员会应当建立村务公开档案。村务公开档案资料要真实、完整、规范，保存期限与村财务账簿相同。

第十二条 村民对村务不公开或者公开不及时、弄虚作假等问题，有权向乡级人民政府或者县级人民政府及其主管部门反映、举报。有关人民政府及其主管部门应当及时调查核实。经查证确有违法行为的，有关人员应当依法承担责任。

第十三条 乡级人民政府或者县级以上人民政

府及其主管部门对村务不公开或者公开不及时的，责令其限期公开；对弄虚作假、欺瞒村民，给予有关责任人员批评教育，并责令其改正；对拒不改正或者情节严重的，村民可以依照《中华人民共和国村民委员会组织法》的规定，罢免村民委员会主要责任人的职务。

第十四条 村务公开监督小组成员不认真履行职责的，给予批评教育；严重失职、引起群众不满的，根据多数村民的要求，村民会议或者村民代表会议可以撤换村务公开监督小组的有关成员。

第十五条 在村务公开中，发现的挥霍、侵占、贪污集体财物和对提意见的村民打击报复以及其他违法行为，情节轻微的，由有关人民政府及其主管部门调查核实，进行处理；构成犯罪的，移交司法机关依法处理。

第十六条 本条例自公布之日起施行。

广东省农村集体经济审计条例

(1999年5月21日)

第一章 总 则

第一条 为加强对农村集体经济的审计监督，保护农村集体经济组织及其成员的合法权益，巩固和发展农村集体经济，根据国家有关法律、法规，结合我省实际，制定本条例。

第二条 本条例适用于本省行政区域内农村集体经济的审计监督。

第三条 县级以上人民政府农村集体经济行政管理部门(以上简称农村经济管理部门)和乡(镇)人民政府负责本行政区域内的农村集体经济审计工作和本条例的组织实施。

农村集体经济审计(以下简称农村审计)工作接受国家审计机关的指导与监督。

第四条 农村经济管理部门和乡(镇)人民政府依照本条例规定的职权和程序对农村集体经济进行审计监督；并依照有关法律、法规和有关财务收支的规定进行审计评价、处理和处罚。

第五条 农村经济管理部门和乡(镇)人民政府应当配备与审计业务相适应的审计人员。

农村审计人员实行分级培训和考核制度，并持证上岗，上岗证由省农村集体经济行政管理部门统一颁发。

第六条 农村审计工作所需的经费，列入本级财政预算。

第七条 办理审计事项的农村审计人员与被审计单位或审计事项有利害关系的，应当回避。

第八条 农村审计人员依法行使职权，受法律保护，任何人不得打击报复。

农村经济管理部门和乡(镇)人民政府及其审计人员办理审计事项，必须客观公正，实事求是，廉洁自律，保守秘密。

对在农村审计工作中有突出贡献的单位和个人、各级人民政府应当给予表彰和奖励。

第二章 审计范围与事项

第九条 农村经济管理部门和乡(镇)人民政府对下列单位财务收支的真实、合法和效益，依法进行审计监督：

(一)农村集体经济组织或村民委员会；

(二)农村集体经济组织或村民委员会所有的企业、事业单位；

(三)使用村提留、乡镇统筹费、农村义务工、劳动积累工等农民负担费用(劳务)的单位。

第十条 农村经济管理部门和乡(镇)人民政府对下列事项进行审计监督：

(一)财务管理制度执行情况；

(二)财务预算执行情况；

(三)财务会计报表、凭证、账簿的完整性、真实性和合法性；

(四)资产、负债、损益、分配情况；

(五)土地征用补偿费收支和建设项目预算、决算情况；

(六)政府所拨资金、物资管理和使用情况；

(七)接受捐赠资金、物资的管理和使用情况；

(八)村提留、乡镇统筹费、农村义务工、劳动积累工等农民负担费用(劳务)的管理和使用情况；

(九)主要负责人任期经济责任；

(十)其他需要审计事项。

第三章 审计职责与职权

第十一条 农村经济管理部门和乡(镇)人民政府应当组织、指导农村集体经济组织或村民委员会进行年度审计、主要负责人任期经济责任审计以及其他专项审计。

第十二条 农村经济管理部门和乡(镇)人民政府应当根据下列情况确定审计任务和编制年度审计工作计划：

(一)因集体经济管理问题引起群众不满，需要审计的；

(二)需要进行重点审计调查的。

第十三条 县级农村经济管理部门负责乡（镇）一级农村集体经济的审计；乡镇人民政府负责村级集体经济的审计；上级农村经济管理部门对下级农村经济管理部门或乡镇人民政府审计管辖范围内的重大审计事项，可以直接进行审计。

第十四条 农村经济管理部门和乡（镇）人民政府在审计过程中有下列职权：

（一）要求被审计单位如实提供财务收支计划及其执行情况、财务报告、经济合同以及其他与财务收支有关的资料。被审计单位不得拒绝、拖延、谎报；

（二）就审计事项有关的问题向有关单位和个人进行调查，收集有关的证明材料。被调查的单位和个人应当如实反映情况和提供证明材料；

（三）发现被审计单位转移、隐匿、篡改、毁弃会计报表、凭证、账簿以及其他与财务有关资料的，可以采取取证措施；必要时，可暂时封存被审计单位与违反财务收支有关的账册资料。

第十五条 农村经济管理部门或乡（镇）人民政府发现被审计单位违反有关财务制度行为的，有权予以制止。对审计发现的问题，有权提出处理、处罚意见。

第四章 审计程序

第十六条 农村经济管理部门和乡（镇）人民政府应当根据审计事项组成不少于2人的审计组，于实施审计3日前向被审计单位送达审计通知书。

审计人员向有关单位和个人进行调查时，应当出示有关证件。

第十七条 审计组应当对审计结果提出审计报告，并征求被审计单位的意见。被审计单位收到审计报告之日起10日内，应将书面意见送交审计组。逾期未提出书面意见的，视同无异议。

第十八条 农村经济管理部门或乡（镇）人民政府审定审计报告，应当对审计事项做出评价，出具审计意见书。对违反规定的财务收支行为，情节轻微的，应当予以指明并责令自行纠正；对应依法给予处理、处罚的，应当在法定职权范围内做出处理、处罚的审计决定；对应由村、乡（镇）集体经济组织、村民会议或村民代表会议、乡（镇）人民代表大会处理的，应当做出审计建议书，向村、乡（镇）集体经济组织、村民会议或村民代表会议、乡（镇）集体经济组织、村民会议或村民代表会议、乡（镇）人民代表大会提出处理意见。

农村经济管理部门或乡（镇）人民政府应当在收到审计组的审计报告之日起30日内，将审计意见书或审计决定送达被审计单位。审计意见书或审计决定送达之日起生效。

农村经济管理部门或乡（镇）人民政府应当检查审计意见书或审计决定的执行情况。审计意见书或审计决定应当报上一级农村经济管理部门备案。

第十九条 农村经济管理部门和乡（镇）人民政府办理的审计事项应当建立审计档案。

第五章 法律责任

第二十条 被审计单位违反本条例规定，拒绝或者拖延提供与其审计事项有关资料的，或者拒绝、阻碍检查的，农村经济管理部门或乡（镇）人民政府责令改正，通报批评或给予警告；拒不改正的，按下列规定追究责任；

（一）对被审计单位负有直接责任的主管人员和其他直接责任人员向村、乡（镇）集体经济组织、村民会议或村民代表会议、乡（镇）人民代表大会提出处理的建议；

（二）构成犯罪的，依法追究刑事责任。

第二十一条 农村经济管理部门或乡（镇）人民政府发现被审计单位转移、隐匿违法取得的资产的，应予制止，或者申请人民法院采取财产保全措施，同时责令其退还资产并赔偿损失；对直接责任人及其他有关人员，向村、乡（镇）集体经济组织、村民会议或村民代表会议、乡（镇）人民代表大会提出处理的建议。构成犯罪的，依法追究刑事责任。

第二十二条 农村经济管理部门或乡（镇）人民政府对被审计单位违反规定的财务收支行为，责令改正，给予警告；对有违法所得的，没收违法所得；对直接责任人和其他有关人员，向村、乡（镇）集体经济组织、村民会议或村民代表会议、乡（镇）人民代表大会提出处理的建议。

第二十三条 对侵占、挪用、私分集体资产的有关人员，农村经济管理部门或乡（镇）人民政府责令其退还财产并赔偿损失。构成犯罪的，依法追究刑事责任。

第二十四条 农村经济管理部门或乡（镇）人民政府提出的处理建议，有关单位应当依法及时做出决定，并将结果书面通知农村经济管理部门或乡（镇）人民政府。

第二十五条 农村审计人员滥用职权，徇私舞弊，玩忽职守的，依法给予行政处分；其违法获得的财物，依法予以追缴、没收。构成犯罪的，依法追究刑事责任。

第六章 附 则

第二十六条 本条例自公布之日起施行。

Yearbook of Democratic and
Political Grass Roots Construction In China

2001中国农村基层民主政治建设年鉴

第三部分
部门规章

Chapter Three
Deprtment Rules and Regulations

民政部关于在全国农村开展村民自治示范活动的通知

各省、自治区、直辖市民政厅(局):

《中华人民共和国村民委员会组织法(试行)》(以下简称《村委会组织法》)自一九八八年六月一日在全国试行以来,各地在试点基础上,正在逐渐全面地贯彻实施。为进一步加强对《村委会组织法》实施工作的指导,有组织、有计划、有步骤地在农村基层逐步实现村民自治,民政部决定在全国农村开展村民自治示范活动。为此,特作如下通知:

一、村民自治示范活动,是深入贯彻《村委会组织法》的有效措施。广泛开展村民自治示范活动,对于统一思想认识,积累村民自治经验,推进《村委会组织法》的深入贯彻实施,具有重要意义。各级民政部门要选择有一定工作基础的县(市)、乡(镇)、村作为示范单位,组织示范活动。县级民政部门侧重抓示范村。有条件的也可抓示范乡(镇);地级民政部门侧重抓示范乡(镇);省级民政部门主要抓示范县。民政部决定把山东省莱西县定为全国村民自治示范县。

二、村民自治示范的基本内容,要依据《村委会组织法》和所有省级人大常委会制定的具体实施办法确定,立足于由村民群众依法办理群众自己的事情,实现村民的自我管理、自我教育、自我服务。其侧重点是:依法选举村委会干部;建立村民会议或村民代表会议制度;建立健全村委会的治保、调解、公共卫生以及村民小组等下设机构和组织;制定必要的规章制度和村规民约;完成乡(镇)政府依法布置的各项国家任务。

三、村民自治示范单位的标准。

村民自治示范村:(一)村委会干部由村民民主选举产生,村委会领导班子健全;(二)村委会各工作委员会和村民小组健全,工作职责和规章制度明确,切实发挥作用;(三)定期召开村民会议或村民代表会议,实行村民民主参与制度,坚持村务公开、民主办理、群众监督原则;(四)经济发展,安定团结,公益事业办得好,村容村貌整洁;(五)村民依法履行公民义务,全面完成国家交办的各项任务。

村民自治示范乡(镇):所辖村委会85%以上基本达到村民自治示范村标准,其余村委会班子健全,乡(镇)政府对村委会实施正确指导。

村民自治示范县:所辖乡(镇)70%以上达到村民自治示范乡(镇)标准。

四、各级民政部门要在党委、人大和政府的统一领导下,确定示范单位,制定示范方案,加强对示范工作的领导。地方各级民政部门确定的村民自治示范单位,应报上级民政部门备案,接受上级民政部门的检查和监督。上级民政部门要有目的地组织经验交流活动,加强检查指导,使村民自治示范活动扎扎实实地开展起来。

各省、自治区、直辖市民政厅(局)要尽快对本地区的村民自治示范活动做出具体安排,并将安排意见于今年年底前上报民政部。

(1990年9月26日)

民政部《关于印发全国农村村民自治示范活动指导纲要的通知》

(民基发〔1994〕5号)

各省、自治区、直辖市民政厅(局),各计划单列市民政局:

现将《全国农村村民自治示范活动指导纲要(试行)》印发给你们,请结合各地情况参照执行。

村民自治示范活动,是在贯彻《中华人民共和国村民委员会组织法〈试行〉》过程中,一些地方的创造。中共中央(1990)19号文件,对开展村民自治示范活动,提出了具体要求。目前,村民自治示范活动已在全国多数地方展开。这项活动开展的时间不长,但已对推进村民自治起到了摸索经验,树立典型的作用。实践证明,开展村民自治示范活动是贯彻落实《村委会组织法》,推进农村基层民主政治建设的好办法。各地民政部门一定要将这项活动扎扎实实地开展下去,并注意发挥典型的作用,做到点与面的有机结合,进一步推进农村村民自治和农村基层民主政治建设,促进农村两个文明建设的发展。

全国农村村民自治示范活动指导纲要(试行)

为了贯彻落实中央农村工作会议精神,进一步贯彻《中华人民共和国村民委员会组织法(试行)》(以下简称《村委会组织法》),加强村民委员会的建设,使村民委员会能够切实履行自治职能,管好本村事务,根据《中华人民共和国宪法》、《村委会组织法》以及中共中央(1990)19号文件关于"每个县都要选择几个或十几个村,开展村民自治示范活动,摸索经验,树立典型”的要求,结合各地实践经验,特制定本指导纲要。

一、村民自治示范活动的目标和任务

(一)村民自治示范活动的目标是:到本世纪末,每个省(自治区、直辖市)、每个地(市)、每个县(市)、每个乡(镇)均建有符合标准的村民自治示范单位,并逐步实现每个地(市)建成一个村民自治示范县(市),每个县(市)建成一个村民自治示范乡(镇),每个乡(镇)建成一个村民自治示范村,并能发挥其示范作用。

(二)村民自治示范单位的任务是:全面贯彻《村委会组织法》,村民委员会干部依法由村民直接选举,实行直接民主;建立村民会议或村民代表会议,村中重大事情由村民民主决策;制订村规民约或村民自治章程,村务工作由村民民主管理;建立村务公开制度和村民监督机制,实行民主监督。通过民主选举、民主决策、民主管理、民主监督的系统程序和制度,全面增强和提高村民的参政议政意识和能力,发动和依靠群众,把村委会建设成为自觉执行党的政策和国家法律、法规,履行自治职能,管好本村事务和具有较强凝聚力的群众性自治组织。

二、村民自治示范单位的标准

(三)村民自治示范村是村民自治示范活动的基础。村民自治示范村的标准是:1.村民直接选举村委会干部,村委会班子团结坚强,干部任期目标责任明确;2.村委会各下属委员会和村民小组健全,职责明确,制度落实,切实发挥作用;3.村民参与村务决策和管理,制度健全,村民会议或者村民代表会议真正成为村民发扬民主的组织制度和民主决策的组织形式,真正做到村务公开,民主管理,群众监督;4.经济发展较快,公益事业办得好,社会管理有序,社会保障工作扎实,村容村貌整洁;5.治安防范措施完备,社会秩序稳定,民间纠纷调处及时,村风民风好;6.村民依法履行公民义务,全面完成国家的各项任务。

(四)村民自治示范乡(镇)的标准是:1.所有村委会组织健全,村民自治制度完善;2.按期依法进行村委会换届选举;3. 所有的村委会都能按照民主的程序处理村务;4.乡(镇)政府对村委会实施正确指导,保障村委会依法做好各项工作;5. 所辖区域内85%以上的村委会达到村民自治示范村的标准。

(五)村民自治示范县(市)的标准是:对村民自治认识高,领导得力;建立和形成系统的领导村民自治工作的办法和措施;所辖乡(镇)70%以上达到村民自治示范乡(镇)的标准。

(六)各地可参照以上标准,制定本地区的村民自治示范单位的具体标准,但要注意在各项标准中围绕经济建设这一中心,突出村民自治的内容。

三、村民自治示范活动的工作原则和指导方针

(七)村民自治示范单位在实行村民自治中要坚持如下基本原则:

——必须在各级党组织的领导下,在党的政策和国家法律、法规允许的范围内进行。村委会要自觉接受乡(镇)政府的工作指导,积极协助乡(镇)政府开展工作。

——必须抓住村民民主选举、民主决策、民主管理、民主监督等关键环节,提高村民自治水平。

——必须坚持与农村整体工作相结合,促进农村经济发展,维护农村社会稳定,加强精神文明建设,保证国家在农村各项任务的完成。

(八)指导村民自治示范活动要坚持如下方针:

——确定村民自治示范单位。要注意选择对《村委会组织法》宣传广泛,对村民自治认识统一;工作基础较好,经济发展水平在本地区有一定代表性;领导重视,班子坚强有力;村民有一定的民主意识和自治能力的单位。

——制定村民自治示范方案。要从实际出发,紧紧围绕实现村民自治,促进农村工作的基本内容,突出重点,拟定的措施要易于操作和实施。

——开展村民自治示范工作。要建立和完善村民自治的系统法规和制度,各地要以《村委会组织法》为主要依据,省级制定贯彻实施办法;县级制定村民会议或者村民代表会议制度、村民自治章程的指导意见;乡(镇)制定指导村委会工作规则;村级建立村民会议或者村民代表会议制度,制定村规民约或者村民自治章程。

四、开展村民自治示范活动的措施

(九)检查验收。对村民自治示范单位分级进行检查验收:省级民政部门负责村民自治示范县(市)的检查验收,地(市)级民政部门负责村民自治示范县(市)的初查和村民自治示范乡(镇)的检查验收,县级民政部门负责村民自治示范乡(镇)的初查和村民自治示范村的检查验收。凡验收合格者,由省、地、县各级分别予以命名表彰。在各地命名表彰的基础上,民政部择先选优,进行全国性的命名表彰。

(十)组织观摩。各地要有计划地组织各种形式的交流、观摩,充分发挥村民自治示范单位的引导、带动和辐射作用,逐步把村民自治向面上推进。民政部可根据情况,组织观摩各省、自治区、直辖市的村民自治

示范县(市)。

(十一)培训骨干。各地要从实际出发,分期、分批、分层次培训示范县(市)、乡(镇)、村的领导干部和村民骨干以及民政系统从事基层政权和群众自治组织建设工作的干部,使全国逐步形成一批推进村民自治工作的骨干力量。

(十二)点面结合。在非示范单位,根据村民自治的工作内容,提出要求,开展村民自治活动,促进村民自治活动的全面发展。

(十三)宣传配合。要注意运用报刊、电台、电视台等新闻媒介,宣传村民自治典型。

五、村民自治示范活动的领导和指导

(十四)村民委员会的建设工作是各级党委和政府特别是县乡两级党委和政府的一项重要工作,村民自治是村委会建设的核心内容。村民自治示范工作要在各级党委和政府的统一领导下进行,主动接受各级人大常委会的检查监督,民政部门具体负责日常工作。其主要工作是:确定村民自治示范单位;帮助示范单位制定方案;依法指导村委会建设;总结推广示范单位经验;组织对示范单位进行检查验收;向党委、政府汇报工作开展情况。

(1994年2月8日)

中央社会治安综合治理委员会、公安部、民政部、农业部印发《关于加强农村治保会工作的意见》的通知

各省、自治区、直辖市社会治安综合治理委员会、公安厅(局)、民政厅(局)、农(经)委、农业厅(局):

现将中央社会治安综合治理委员会、公安部、民政部、农业部《关于加强农村治保会工作的意见》印发给你们,请结合各地实际,认真贯彻执行。

(1994年11月21日)

关于加强农村治保会工作的意见

农村的社会治安状况对于农村的稳定与发展,乃至全国的稳定与发展,都有着极其重要的影响,长期以来,农村治保会作为维护农村治安的一支重要群众力量,在维护农村社会秩序,宣传组织群众落实各项安全防范措施,教育挽救失足青少年,协助调解处理民事纠纷及打击违法犯罪等方面发挥了重要作用,为保持农村社会治安的稳定做出了重要贡献。但是,当前农村治保会建设中出现了一些亟须解决的问题:有相当一部分农村治保会处于瘫痪半瘫痪状态;现有治保人员量少质弱,年龄老化,后继无人;治保经费得不到保障,治保人员补贴难以解决。究其原因,主要是一些地方的领导对农村治保会的工作不重视,认为可有可无,没有摆上应有的位置;一些地方农村基层政权组织软弱涣散,对治保会存在的问题和困难不能认真加以解决等。这种状况,严重削弱了农村治安工作的基础,是当前部分农村地区治安形势严峻的重要原因之一。

治保会是我国宪法确定的群众性治安保卫自治组织,是党和政府动员组织群众维护社会治安秩序的桥梁和纽带,是坚持专门工作与群众路线相结合的重要形式,搞好本村的社会治安,保一方平安,是广大农民群众的强烈愿望,是农村村民自治的重要内容。多年的实践证明,加强治保会建设是推动社会治安综合治理的一项重要的治本措施。中共中央、国务院《关于当前农业和农村经济发展的若干政策措施》(中发〔1993〕11号)中关于"加强以农村治保会为主体的群防群治组织建设,搞好农村的社会治安,使农村经济社会面貌有一个较大的改观"的指示,更加明确地指出了在新形势下加强农村治保会的必要性和重要性。现就加强农村治保会工作提出以下意见:

一、进一步重视、支持农村治保会工作,切实加强领导

各地要切实把加强治保会建设作为维护农村稳定的一条重要措施,纳入社会治安综合治理工作规划和领导责任制,列为今、明两年的目标,结合目前正在进行的整治农村社会治安的斗争狠抓落实,认真检查、验收。乡镇党委、政府专抓综合治理工作的副职要将加强治保会建设作为本职工作,积极协调、落实各项措施,并作为考核其政绩和当地综合治理工作成绩的内容。各级组织、民政、农业和农村工作部门要把治保会的整顿和建设作为加强农村基层组织建设,搞好农村村民自治工作的重要内容,在政治上关心,在人、财、物方面给予必要的支持。公安机关要从实际出发,因地制宜,积极探索新形势下开展治保工作的新方法、新路子。派出所要加强对治保会工作的指导,积极支持治保人员开展工作,虚心听取他们的意见和建议,为他们撑腰说话,解除后顾之忧,并及时查处打击报复治保人员的违法犯罪分子。

二、抓好治保组织的整顿和建设

抓好组织建设是当前加强农村治保会工作的首要环节。各级综合治理委员会和公安、民政、农业及农村工作部门要充分发挥各自的职能作用，按照中央的有关要求，积极协助党委、政府做好治保会的整顿和建设工作。(一)从严整顿，务求实效。要结合中央关于加强村级组织建设的要求，把那些名存实亡，处于瘫痪状态的作为重点，做好组织重建工作；对不胜任或不适宜从事治保工作的要迅速调整；对极少数混入治保组织违法乱纪的坏人要坚决清除，依法查处。(二)严格掌握治保人员条件。治保人员应拥护党的基本路线，工作能力强，并有一定文化水平、法律知识。可以吸收一部分复员、退伍军人和表现好的农村青年及其他符合条件的人参加治保工作，治保会主任可以是专职的，也可以由村委会主任、副主任或委员兼任。治保主任候选人，由公安派出所考察，村民会议或村民代表会议民主选举产生，报乡镇政府备案。(三)合理解决治保人员的待遇和抚恤问题。专职治保主任享受同级村民委员会副村级干部待遇。对多年积极从事治保工作、现因年老体弱不能继续任职，生活困难的治保会成员，除在政治上要给予一定的待遇外，地方政府在经济上应给予适当的补助。治保人员因维护社会治安同违法犯罪分子进行斗争而致死的，应依照审批烈士的有关规定办理。对符合烈士审批条件的，授予革命烈士称号，对不符合烈士审批条件的，按照因公牺牲的有关规定办理，其家属享受革命烈士家属或因公牺牲民兵家属的有关抚恤和优待；治保人员因维护社会治安致残的，应按有关规定办理评残手续，并享受相应的伤残抚恤待遇，其医疗、生活补助费用，由当地政府拨给或从见义勇为基金中解决。各地应积极组织治保人员参加农村社会养老等保险，以解决治保人员的后顾之忧，所需费用由地方政府统筹安排。(四)各地在对村委会工作进行总结评比时，要对工作成绩突出的治保组织和个人给予表彰和奖励，颁发荣誉证书或授予荣誉称号；对工作不力的，要落实督促、整改措施。(五)治保会要建立、健全治安岗位责任制和学习例会、工作检查、总结汇报等项工作制度及群众监督制度。基层公安机关也应与治保会建立必要的制度，并抓好对治保主任和委员的培训，提高他们的政治业务素质。

三、明确任务，更好地发挥职能作用

农村治保会的根本任务是为维护农村社会稳定和发展农村经济创造良好的治安秩序。它的主要任务是：宣传、教育群众，增强法制观念和安全防范意识，组织群众开展治安巡逻、安全检查等项群防群治工作，落实防盗、防火、防破坏和防其他治安灾害事故的安全防范措施；及时向政府及公安机关反映社情动态和有可能危害社会治安的民间纠纷和闹事苗头，并协助政府和有关部门做好教育疏导工作；对有违法犯罪行为的人进行帮助、教育、监督、考察；协助公安机关保护案件现场，积极提供破案线索，对现行违法犯罪分子进行控制或扭送公安机关；向政府及公安机关反映群众对社会治安管理工作的意见、建议和要求。

四、多渠道解决治保经费来源

要想方设法切实解决治保经费，特别是治保人员的劳动报酬问题。首先，地方财政应给予最基本的保障，在条件允许的情况下，应逐步增加治保经费的投入，改变长期以来治保经费不能通过正常渠道解决的状况。在此基础上，可广开门路，在不增加农民负担的前提下，多渠道解决治保人员的经济报酬和治保会的活动经费。在基本报酬方面，除政府拨款外，治保人员的报酬可来源于村民承担的“村提留”中的“管理费”；也可以采取减免义务工和劳动积累工的办法解决；在经济状况较好的地方，乡财政和村集体经济组织应给予照顾。在增收渠道方面，可把治保主任安排在村办企业中任职，也可参与暂住人口管理站工作，在不影响治保工作开展的前提下，还可以创办与治保工作相关的小型服务网点、各级地方政府和公安、工商等部门要给予积极扶持。在治保会的活动经费方面，包括治保培训费、会议费、非脱产的治保人员参加会议和培训所需的交通、误工补贴、伙食补助、住宿、公杂费，以及慰问治保人员的费用，应根据公安部、财政部关于《公安业务费开支范围和管理办法的规定》(公发〔1991〕12号)，在所列预算中予以保证，专款专用，不得挪用和挤占。

(1994年11月)

民政部办公厅关于印发《关于全国农村村民自治示范单位命名管理工作的意见》的通知

各省、自治区、直辖市民政厅(局)，各计划单列市民政局：

为了贯彻落实全国农村基层组织建设工作会议和第十次全国民政会议精神，进一步加强对《中华人民共和国村民委员会组织法(试行)》实施工作的指导，有组织、有计划、有步骤地在农村基层逐步实现村民自治，民政部决定在开展村民自治示范活动的地方，对村民自治模范单位分级进行命名表彰。在各地命名表彰的基础上，民政部择先选优，进行全国性的命名表彰。

现将《关于全国农村村民自治示范单位命名管理工作的意见》印发给你们，请结合实际情况，参照执行。

(1994年12月13日)

民政部办公厅关于全国农村村民自治示范单位命名管理工作的意见

为贯彻落实全国农村基层组织建设工作会议和第十次全国民政会议精神，推动村民自治示范活动在全国农村广泛、深入开展，建立符合标准的村民自治模范单位，发挥其示范作用，根据民政部《关于在全国农村开展村民自治示范活动的通知》(民基发〔1990〕24号)和《全国农村村民自治示范活动指导纲要》(民基发〔1994〕5号)的精神，现就全国农村村民自治示范单位的命名管理工作，提出以下意见：

一、坚持标准，搞好命名工作

村民自治示范单位，是指各级民政部门树立的村民自治的样板。依法履行自治，达到村民自治示范标准的村民委员会，经过一定程序，被命名为村民自治模范村；所辖区域内领导村民自治示范工作成绩显著，村民自治模范村达到一定数量的乡(镇)，经过一定程序，被命名为村民自治模范乡(镇)；所辖区域内领导村民自治示范工作成绩显著，村民自治模范乡(镇)达到一定数量的县(市)，经过一定程序被命名为村民自治模范县(市)。在各地命名表彰的基础上，民政部对全国农村村民自治模范县(市)进行命名表彰。

命名村民自治模范单位，要坚持民政部《关于在全国农村开展村民自治示范活动的通知》和《全国农村村民自治示范活动指导纲要》中制定的村民自治示范单位的标准，搞好检查验收，不能走过场；要以村民自治模范村的命名为基础，扎实搞好村民自治模范乡(镇)、村民自治模范县(市)的命名工作；要以经济建设为中心，突出村民自治的基本内容，并与农村“奔小康”的目标紧密结合；要充分发挥模范单位的典型引路作用，搞好组织观摩和经验交流活动。

二、村民自治模范单位的布局

到本世纪末，每个省(自治区、直辖市)、每个地(市)、每个县(市)、每个乡(镇)都要建有符合标准的村民自治模范单位，并逐步实现每个地(市)建成一个村民自治模范县(市)，每个县(市)建成一个村民自治模范乡(镇)，每个乡(镇)建成一个村民自治模范村。各地可以对原来所确定的村民自治示范单位进行重点验收，但也不要局限于已经确定的示范单位，要允许各地依照标准，平等竞赛，争创模范。

三、命名村民自治模范单位的程序

(一)逐级申报

村民自治模范村的命名由乡(镇)人民政府向县级民政部门申报；村民自治模范乡(镇)的命名由县级民政部门向地(市)级民政部门申报；村民自治模范县(市)的命名由地(市)级民政部门向省级民政部门申报；全国村民自治模范县(市)的命名由省级民政部门向民政部申报。申报时，应附有检查验收、命名情况和开展村民自治示范活动的典型材料。

(二)每年进行分极检查验收

省级民政部门负责村民自治模范县(市)的检查验收，地(市)级民政部门负责村民自治模范县(市)的初查和村民自治模范乡(镇)的检查验收，县级民政部门负责村民自治模范乡(镇)的初查和村民自治模范村的检查验收。

全国村民自治模范县(市)的命名，由民政部全国农村村民自治模范单位评审委员会负责检查验收。

(三)命名

凡验收合格者报同级人民政府批准后由民政部门命名，分别颁发“村民自治模范县(市)”、“村民自治模范乡(镇)”、“村民自治模范村”的荣匾或证书。

全国农村村民自治模范单位评审委员会将村民自治示范县(市)的检查验收及评选结果报民政部，由民政部发布命名决定，正式授予“全国村民自治模范县(市)”的荣匾或证书。

四、加强命名后的管理工作

民政部对全国农村村民自治模范县(市)进行定期或不定期的抽查，并通报抽查情况；各级村民自治模范单位要创造和积累村民自治的新经验，提高村民自治质量，切实发挥村民自治模范单位的作用。

全国农村村民自治模范单位的命名管理工作，是深入开展村民自治示范活动的重要措施，各级民政部门要在党委、政府的统一领导下，认真做好各项日常工作，及时总结推广模范单位的经验，切实加强对模范单位的指导，使这项工作扎扎实实地开展起来。

(1994年12月)

民政部关于进一步加强村民委员会建设工作的通知

各省、自治区、直辖市民政厅(局),各计划单列市民政局:

全面落实党的十四届四中全会决定和《中共中央关于加强农村基层组织建设的通知》〔中发(1994)10号〕精神,重点抓好村民委员会的建设工作,认真整顿处于软弱涣散和瘫痪状态的村民委员会,力争在三五年内改变村民委员会的面貌,是各级民政部门的一项重要任务。为了做好此项工作,特作如下通知:

一、充分认识加强村民委员会建设工作的重要性和紧迫性

村民委员会是村民自我管理、自我教育、自我服务的基层群众性自治组织。在改革开放和现代化建设的进程中,村民委员会肩负着凝聚村民群众,推动农村改革、发展和保持农村社会稳定的重要职责。几年来,随着农村改革和社会主义市场经济的发展,村民委员会适应新的形势,不断加强农村基层民主政治建设,团结带领广大村民致富、奔小康,完成国家的各项任务,日益成为农村基层的重要组织实体。但是,必须看到,实现村民自治是一个长期的过程,各地村民委员会建设只是在实现村民自治的道路上取得了初步的成绩,许多方面还不完善,地区之间存在着较大的不平衡;少数村民委员会软弱涣散,甚至处于瘫痪状态。对于这些问题,必须引起高度重视,认真加以解决。否则,不仅难以完成新时期党在农村的历史任务,而且将严重削弱甚至动摇党在农村的工作基础。各级民政部门一定要遵照中央的要求,切实把村民委员会建设工作摆在重要议事日程。

二、明确村民委员会建设的目标、指导思想和工作重点

今后三五年,村民委员会建设要努力实现以下6个目标:

(一)通过民主选举,建立一个团结、坚强受到群众拥护的好的领导班子,特别是要选出一个好的村民委员会主任,并建立明确的干部任期目标责任制;

(二)建立、健全村民委员会下设的工作委员会和村民小组,完善工作制度,明确工作职责,切实发挥作用;

(三)建立、健全村民会议或者村民代表会议制度,切实做到村内的重大事务由村民民主决策、民主管理、民主监督;

(四)经济发展快,公益事业办得好,社会管理有序,村容村貌整洁;

(五)社会治安状况良好,民间纠纷调处及时,村风民俗好;

(六)村民依法履行公民义务,全面完成国家的各项任务。

村民委员会建设的指导思想是:坚持以经济建设为中心,以奔小康、建设社会主义新农村为目标;保证党的基本路线和国家的政策、法律的贯彻执行,在党的领导下,在国家法律和政策的范围内,进行自我管理、自我教育、自我服务;不断完善村民自治的法律、法规和各项制度,保证人民群众当家作主,扎扎实实地推进农村社会主义民主政治建设。

当前,要切实重视对软弱涣散村民委员会的整顿,把此项工作作为村民委员会建设的重点。整顿软弱涣散的村民委员会,要在党委、政府的统一领导下,和有关部门紧密配合,因地制宜,区别情况,分期分批地进行,力争在三五年内,将本地区软弱涣散的村民委员会整顿、建设好。

三、进一步建立、健全和完善村民自治的各项制度

建立村民自治制度,是把村民委员会建设纳入规范化、制度化的重要措施,是村民当家作主的制度保证。《中共中央关于加强农村基层组织建设的通知》中对于建立、健全村民自治制度作了具体规定,各地要结合本地情况,认真贯彻执行,一定要坚持不懈地抓下去。在建立、健全和完善村民自治制度中,一定要把村民直接选举制度作为重点继续抓好。要以省为单位统一部署,统一届期,加强对选举工作的指导。村民委员会主任、副主任和委员要由村民依法民主选举产生。要坚持差额选举,采取无记名投票的方式,让选民秘密填写选票,并向当选人颁发当选证书。为了搞好村民委员会的换届选举工作,各省、自治区、直辖市民政厅(局)可以根据本省(区、市)情况,制定村民委员会的选举办法。要建立、健全村民会议或者村民代表会议,建立、健全村民议事、村务公开、村规民约等制度,保证村民民主决策、民主管理、民主监督。村民委员会换届选举工作结束以后,要把工作重心放在指导各地建立、健全村民会议或者村民代表会议方面,有条件的村,都应当制定村民自治章程。各级民政部门应当认真做好指导、帮助各地农村建立村民自治章程的工作,以规范广大村民的行为,保证农村各项工作的有序进行。

在抓好村民自治制度建设的同时,要继续抓好对

村民委员会主任的培训和对先进乡镇及先进村民委员会的评比表彰活动。培训村民委员会主任，原则上以地、县两级为主，要分期分批地在3年内把村民委员会主任培训一遍，并不断探索培训的新形式。评比表彰要注重质量，形成制度，防止形式主义。

四、深入开展村民自治示范活动

要继续按照第十次全国民政会议提出的村民自治示范工作的目标和《全国农村村民自治示范活动指导纲要(试行)》(民基发〔1994〕5号)的要求，认真研究部署，切实抓好村民自治示范活动。在开展这项活动中，一定要明确各级的责任：省的重点是抓规划，抓示范县(市)的建设；地(市)的重点是抓示范乡(镇)的建设；县(市)的重点是抓示范村的建设。要总结推广示范单位的经验，真正发挥示范单位的典型示范和辐射作用，带动面上工作；要严格按照《关于全国农村村民自治示范单位命名管理工作的意见》(民办发〔1994〕11号)的要求，切实做好达标示范单位的检查验收和命名管理工作。各地可根据本地实际，制定具体的命名管理办法，并注意不断巩固示范成果。

五、加强对村民委员会建设工作的领导

加强村民委员会的建设，是各级党委和政府特别是县级党委和政府的一项重要工作。各级党委和政府一定要加强对这项工作的领导，常抓不懈，并且帮助民政部门解决工作中的困难和问题，督促民政部门认真做好这项工作。

各级民政部门是负责村民委员会建设日常工作的部门，一定要统一认识，振奋精神，理直气壮地抓好这项工作。要将村民委员会建设工作列人重要议事日程。各级民政部门的领导都要深入基层，调查研究，制定今后3年或5年加强村民委员会建设的具体规划，并按年度组织实施。在抓村民委员会建设工作的同时，要积极参与乡镇政权建设工作，调查研究乡镇政权建设工作中出现的新情况、新问题，向党委和政府提出加强和改进的意见与建议。各地要充分利用地方机构改革和各级党政抓基层组织建设的有利时机，及时反映人员不足和经费缺乏的问题，争取党委、政府和有关部门的重视和支持。省级民政厅(局)要切实负起抓基层政权建设和基层群众性自治组织建设工作的责任，并督促下属民政部门认真抓好这项工作，指导帮助他们解决工作中的困难和问题，进一步把基层政权和基层群众性自治组织建设工作做好。

(1995年2月27日)

民政部关于做好村民委员会换届选举工作的通知

各省、自治区、直辖市民政厅(局)，各计划单列市民政局：

今年，全国大部分省、自治区、直辖市正在或将要进行村民委员会的换届选举。为了加强对选举工作的指导，全面贯彻党的十四届四中、五中全会和全国农村基层组织建设工作会议精神，落实全国村民自治示范工作经验交流暨城乡基层先进集体和先进个人表彰会议部署的任务，进一步加强村民委员会的建设，现将村民委员会换届选举的有关事项通知如下：

一、充分认识村民委员会换届选举工作的重要意义

村民委员会干部由村民直接选举，是农民群众在党的领导下行使当家作主权利的充分体现，是农村政治生活中的一件大事。通过换届选举，增强村民的民主意识和法制观念，是向广大农民进行社会主义民主和法制教育的重要形式。做好村民委员会的选举工作，对于确保党和国家的各项方针、政策、任务在农村基层的贯彻落实，深化农村改革，发展农村经济，保持农村社会稳定，密切干群关系，调动农民群众的积极性，推动农村各项事业的全面发展，为胜利实现十四届五中全会确定的我国国民经济和社会发展的宏伟目标，都有十分重要的意义。各地一定要把这次换届选举工作作为进一步加强村民委员会建设的契机，认真抓紧抓好。

二、村民委员会换届选举工作的指导思想和工作目标

这次村民委员会的换届选举，要以党的十四届五中全会和全国农村基层组织建设工作会议精神为指针，认真按照全国村民自治示范工作经验交流会议的要求，深入贯彻落实《中华人民共和国村民委员会组织法(试行)》(以下简称《村委会组织法》)，充分发扬民主，严格依法办事，真正建立一个坚决贯彻执行党的路线、方针、政策和国家的法律、法规，充分代表民意，热心为村民服务的村民委员会领导班子。要在这次选举中，进一步明确规范村民委员会的直接选举制度，真正依照直接、平等、差额、无记名投票等原则进行民主选举，进一步建立、健全和完善村民委员会建设的各项制度，继续整顿软弱涣散的村民委员会，使村民委员会建设的整体水平得到较大的提高。

三、做好村民委员会换届选举的各项工作

要以省为单位对选举工作统一部署，统一届期，统一选举报表。要做好村民委员会换届选举的宣传工作，并把这项工作贯穿换届选举的全过程。各地要从实际出发，采取各种形式，大张旗鼓地宣传《村委会组织法》和各省、自治区、直辖市《村委会组织法》的实施办法以及换届选举的目的、意义和选举的有关规定，努力做到家喻户晓，人人皆知，从而使广大村民积极踊跃地参加选举。要举办培训班，认真培训选举工作骨干。要规范村民委员会主任、副主任和委员候选人的提名程序，规范确定正式候选人的办法，候选人要由本村选民采用联名推荐、自荐或者预选的方式产生。村民委员会主任、副主任和委员候选人的名额，应分别多于应选人的名额。整个选举中，要充分发扬民主，真正依法办事，采取各种措施，保障村民充分行使民主权利，严防走过场。对选举中出现的宗族派性干扰、以不正当手段拉取选票、以不正确言论蛊惑选民，以及各种破坏选举的行为及不良倾向，要坚决予以制止和纠正。各级领导一定要深入细致地做好思想政治工作，教育村民顾大体、识大局，从国家和全体村民的利益出发，排除家族、宗族、非法宗教势力的干扰，真正把办事公道、遵纪守法、热心为村民服务、能够带领村民勤劳致富的优秀人才选为村民委员会领导班子的成员。同时，也要做好落选的原村民委员会成员的思想工作，充分肯定他们的成绩，鼓励他们支持新一届村民委员会的工作，继续为村民委员会建设做出贡献。

各地在选举中，要切实重视软弱涣散村的选举工作，要派出得力干部，依靠当地党员、干部和群众，采取有力措施，搞好这些村的选举工作，帮助这些村尽快改变面貌。

四、建立健全村民委员会下属的工作机构和民主管理制度

新一届村民委员会班子产生后，要根据各村实际需要建立健全各工作委员会及村民小组。与此同时，还要健全各项规章制度，广泛开展依法建制、以制治村、民主管理活动。要建立健全村民会议或村民代表会议制度，凡涉及全体村民利益的重大事情，必须提交村民会议或村民代表会议讨论决定，不能由少数人说了算；要建立村务、财务公开制度，接受村民的监督。各地要从当地实际情况出发，在新一届村民委员会组成以后，经群众充分讨论，对制订或修订的村规民约或村民自治章程要张榜公布并印发到户，以规范村民和村干部的行为。

五、切实加强对村民委员会换届选举工作的领导

村民委员会的换届选举工作，是各级党委和政府，特别是县、乡党委和政府的一项重要任务，各地要建立选举工作领导机构，制定工作计划，切实加强领导，认真安排部署，把这件大事抓好。各级民政部门一定要积极履行职责，切实做好换届选举的日常工作，加强对村民委员会换届选举的督促、检查和信息交流工作、统计报表工作，培训新当选的村民委员会干部，及时认真地做好总结工作。要经常主动地向党委和政府汇报选举情况，提出搞好换届选举工作的意见和措施，争取党委和政府的重视和支持，当好党委和政府的参谋助手。换届选举工作结束后，要主动地向当地党委和政府写出报告。各省（区、市）的换届选举工作总结和基本情况统计表，要抄送民政部基层政权建设司。工作中的重大情况和问题，望及时报部。

（1996年2月8日）

民政部办公厅关于印发《全国村民委员会换届选举经验交流会会议纪要》的通知

各省、自治区、直辖市民政厅（局），各计划单列市民政局：

现将《全国村民委员会换届选举经验交流会会议纪要》印发给你们，请结合实际，遵照执行。

（1996年9月10日）

全国村民委员会换届选举经验交流会会议纪要

1996年8月8日至13日，民政部基层政权建设司在河北省围场满族蒙古族自治县召开了全国村民委员会换届选举经验交流会。出席会议的有各省、自治区、直辖市民政厅（局）和各计划单列市民政局基层政权建设处处长以及河北省各市、县民政局长、基层政权建设科（股）长，共280人。民政部基层政权建设司王振耀副司长主持了会议。会议交流了1995年至1996年全国部分省、自治区、直辖市村民委员会换届选举工作的经验，现场观摩了围场县棋盘山镇29号村村民委员会选举大会，并围绕村委会换届选举的有关工作，进

行了认真讨论,形成了一致意见。现纪要如下:

一、关于对1995年至1996年全国部分省、自治区、直辖市村民委员会换届选举工作的基本估价

从1995年至1996年,全国有24个省、自治区、直辖市进行了村委会换届选举。截止到今年6月底,北京、天津、辽宁、河南、四川、贵州、宁夏、湖南、青海、甘肃、江苏、山东、浙江、安徽、新疆、广西、海南等17个省、自治区、直辖市基本完成了村委会换届选举工作。上海、江西、云南、山西、湖北、陕西、河北将在今年年底或明年上半年完成。与会同志一致认为,这样大规模有组织、有领导、相对集中的村委会换届选举是建国以来第一次。通过村委会换届选举,使广大农民群众受到了生动的社会主义民主与法制教育,加强了村委会建设,密切了干群关系,促进了农村基层的改革、发展和稳定。

与会同志指出,这次村委会换届选举基本做到了以省为单位统一部署、统一届期,普遍开展了多形式、多层次的村委会选举骨干培训活动,对新当选的村委会干部普遍颁发了当选证书,增强了村委会干部的光荣感和责任感。在选举程序和选举技术方面,各地还采取了一些富有创造性的做法,值得总结、借鉴、推广,主要有:

——在提名推荐村委会初步候选人上,采用了“海选”(完全由农民提名)方式,使每一选民都享有了提名权利;

——在确定正式候选人上,实行了“预选”和村民代表无记名投票,增强了选举的透明度;

——在划选票上,设立了秘密划票间,防止了宗派、帮派势力的干扰,保障了选民按照自己的意志填写选票,行使民主权利;

——在正式候选人的介绍上,引进了竞争机制,鼓励发表“治村方案”,允许选民提问,开展平等竞争;

——在选举投票方式上,对在外经商、打工等不能在选举期间回村参加投票选举的村民实行“函投”(用信函寄选票),提高了参选率。

与会同志认为,在这次村委会换届选举中个别地方依然存在上级机关“指选”、“派选”现象,个别地方对村委会选举违法行为查处不力。产生这些问题的主要原因是一些地方在村委会选举中没有严格依法办事,图省事、怕麻烦,艰苦细致的组织工作不够,宣传发动群众不够。另外,许多地方村委会选举的法律、法规不完善,尤其是缺乏省一级对村委会选举工作的详细规范,这也是村委会换届选举中产生这样或那样问题的一个重要原因。

二、关于村委会换届选举的基本经验

与会同志一致认为,通过这次村委会换届选举,各地创造和积累了许多经验,概括起来主要有以下几点:

(一)加强领导是搞好村委会换届选举的重要保证

村委会换届选举法律性政策性强、涉及面广、任务重、难度大,没有各级党委和人大、政府的领导是不行的。这次村委会换届选举的一条成功经验就是各级党委、人大、政府加强了对换届选举工作的领导,如湖南省成立了“省第三届村委会换届选举工作领导组”,由省委、省人大、省政府分管的领导同志任组长和副组长,省有关部门负责同志为成员。各地、州、市、县也相应成立了有党委、人大、政府负责人挂帅的村委会换届领导小组,并在民政部门设立办公室负责日常工作,从而为村委会换届选举工作的顺利进行在组织上给予了强有力的保证。

(二)广泛宣传发动群众是搞好村委会换届选举的基础

村委会换届选举的实践证明,只有把宣传发动贯彻到选举的全过程,让广大基层干部和群众充分了解换届选举的方法、步骤和重要意义,了解法律、法规的基本精神,才能引起基层干部的高度重视,才能调动广大农民群众参与选举的积极性,才能保障村民群众正确行使自己的民主权利。从这次换届选举的情况看,凡是发动群众充分,宣传力度大,宣传效果好,基层干部群众对换届选举的意义和程序熟悉、认识比较明确的地方,选举工作就进行得扎实、稳妥。反之,选举中往往出现这样或那样的问题。

(三)依法办事是搞好村委会换届选举的关键

村委会选举是一个严肃执法的过程。只有依照法律、法规的规定做好每个环节的工作,才能做到依法办事,发扬民主,保证选举质量。在这次换届选举中,绝大多数地方坚持了由村民直接酝酿推选候选人,由村民直接差额选举村民委员会主任、副主任和委员,不少地方还引入了竞争机制,使大批农民群众拥护的人才脱颖而出,广大村民对自己挑选出的村干部非常信任,干群关系更加密切,社会秩序更加稳定。

(四)民政部门的精心指导是搞好村委会换届选举的重要条件

村委会换届选举是在党委、政府的直接领导下,由民政部门主管的一项重要工作。民政部门工作的好坏直接关系到本地区村委会选举工作的质量。这次换届选举表明,凡是民政部门积极争取党委、人大、政府

重视选举工作，抓好选举骨干培训，制定本地区选举实施方案，宣传发动群众深入的地方，村委会选举的质量就高，反之就低。

三、关于今后工作的意见

与会同志认为，为巩固和发展村委会换届选举的成果，进一步加强村委会建设，今后要注意抓好以下几件工作：

第一，要继续做好村委会选举的立法工作。村委会选举立法是村委会选举的依据，只有搞好立法才能保证村委会选举在法制轨道中进行。目前，大部分省、自治区、直辖市还未颁布本行政区域的《村委会选举办法》，因此，加强村委会选举的立法工作仍是当务之急，各地应继续努力，加紧进行。

第二，要加强对村委会换届选举工作的检查验收工作。已经基本完成选举的地方，要制定科学规范的检查验收标准和办法，以省为单位开展自查、互查，坚决纠正选举中的各种违法行为。正在进行选举的地方，要把检查与督查相结合，促进各地选举工作顺利进行。

第三，要加强以民主管理、民主决策、民主监督为主要内容的村民自治示范工作。各级民政部门要指导各地新一届的村委会建立健全村委会及其下属工作机构和村民小组，建立健全村民代表会议、村民自治章程、村务公开等各项制度，发挥村民代表的代用，使民主选举、民主决策、民主管理、民主监督在村民自治活动中有机地结合起来，巩固和发展村民民主选举的成果。坚定不移地开展村民自治示范活动，要巩固和提高现有的村民自治模范县(市)、乡(镇)、村的工作，积极树立本行政区域的新典型，推动村民自治示范活动向纵深发展。

第四，要做好新一届村委会干部的培训工作。要采取多种形式对新当选的村委会干部进行培训，使他们迅速掌握村务管理、村务决策等方面的方法和技能，以适应农村工作的需要。

第五，要继续做好软弱涣散村委会的整治工作。民政部门要在各级党委、政府的统一领导下，积极参与软弱涣散村级组织的整治工作，对软弱涣散村委会的选举工作更要加强指导、精心组织。要通过民主选举，选出村民满意的村委会班子，促进后进面貌的改变。

(1996年9月)

民政部关于贯彻全国农村基层组织建设工作座谈会精神，全面加强村民委员会建设的通知

各省、自治区、直辖市民政厅(局)，各计划单列市民政局：

搞好村委会建设，完成中央提出的农村基层组织三年整顿工作，促进村民自治活动全面、深入、扎实、持久地开展，是各级民政部门的重要任务。为了深入贯彻1996年10月全国农村基层组织建设工作座谈会精神，现就全面加强农村村民委员会建设工作，作如下通知：

一、提高认识，全面落实村委会建设的目标

中央确定农村基层组织建设要达到有一个好班子、一支好队伍、一条好路子、一个好体制、一套好制度的总目标。中央领导同志明确指出，要把党支部和村委会建设好，村委会要在农村改革、发展和稳定中充分发挥自我管理、自我教育、自我服务的作用。1995年我部召开的全国村民自治示范工作经验交流会议，确定了今后5年全国村委会建设工作的具体目标。实践证明，村委会建设的具体目标不仅符合农村基层组织建设总体目标的要求，也符合村委会建设的自身特点。几年来，各级民政部门在加强村委会建设中取得了很大成绩。《村委会组织法》正在得到深入贯彻，村民自治示范活动广泛展开，村委会选举工作的整体水平得到全面提高，村民代表会议制度逐步普及，村务公开深入进行，所有这些，为全面加强村委会建设奠定了良好的基础。但是，也要看到，村委会建设现状与村委会建设的目标还有很大的差距。一些地方村委会干部选举程序很不规范；有的地方村民代表会议、村务公开流于形式；有些地方开展的村民自治示范活动力度不够，发展不平衡；有些处于软弱涣散状态的村委会还没有改变面貌等等。对于这些问题，必须引起高度重视，采取有效措施，切实加以解决。各级民政部门要从战略的高度、全局的观点来认识村委会建设的重要性、紧迫性，在已有的工作基础上，进一步加强村委会建设工作。要加强分类指导，有针对性地进行工作。要从实际出发，确定具体的年度工作规划和方案，务求在解决本地区村委会建设突出问题上每年都有所进展。

二、突出重点，搞好村民代表会议制度和村务公开制度建设

村民代表会议制度和村务公开制度，是实现村民自治的重要制度保证。1996年，全国大部分地方已完成新一届的村委会选举，今后几年，要在建立和完善

村民直接选举制度、村民自治章程或村规民约制度的同时，把村民代表会议制度和村务公开制度作为村民自治制度建设的重点，狠抓落实。

要抓好村民代表会议制度的全面普及工作。凡没有建立村民代表会议的，要督促、指导基层尽快建立起来；已经建立的，要真正发挥作用，防止流于形式，切实保障广大村民参与村务决策、村务管理的权利。要结合实际，研究制定村民代表的产生办法及其职责，合理确定村民代表会议议事内容，规范村民代表会议决策程序和原则，健全村民代表会议保障和制约机制。要加强对村民代表的培训和教育，不断提高代表的素质，提高他们的议事和决策能力，使之能够更好地代表群众意愿，履行民主权利。各级民政部门尤其是县乡民政部门，要积极探索和规范指导村民代表会议工作的行政办法。

要进一步规范村务公开制度。没有实行村务公开的地方，要采取有力措施，加大工作力度，尽快推开，全面普及。已经实行村务公开的地方，要持之以恒，不断巩固和完善，确保各个环节都能够按照既定的标准运行。要在地方各级党委、人大、政府的领导下，及时总结推广各地实行村务公开的好经验、好做法，认真研究村务公开的范围、程序、形式、时限以及对村务公开的约束、监督问题，结合实际制定出规范性指导意见。要把村务公开制度建设同村民代表会议制度建设有机结合起来，使村民监督由对村务活动结果的监督，延伸到对村务决策及其整个过程的监督和参与，使村民人人关心村内事务，充分调动广大村民建设社会主义新农村的积极性。要加强对村务公开的检查工作，务求落到实处，力戒形式主义。

三、加大力度，把开展村民自治示范活动和精神文明建设有机地结合起来

要继续按照全国村民自治示范工作经验交流会议提出的村民自治示范工作的目标，加大力度，抓出更大成效。对现有村民自治模范县(市、区)、乡(镇)、村，要做好巩固和提高工作，真正发挥其典型示范作用。要积极扩大示范面并逐步在面上推开，努力改变目前工作中存在的不平衡状况。村民自治示范村、乡(镇)、县(市)的建设，重在坚持标准，全面贯彻《村委会组织法》。要积极做好示范单位的检查验收和命名管理工作。

农民是村民自治的主体，也是农村精神文明建设的主体。依靠农民群众来建设社会主义精神文明，不断提高农民素质，是村民自治的重要内容。要按照十四届六中全会精神，建立健全村民自我教育、自我管理、自我服务机制，推动农村群众性精神文明创建活动的蓬勃开展。要把村民自治示范活动同农村群众性精神文明创建活动结合起来，找好结合点，做到通过开展村民自治示范活动促进农村精神文明建设任务的落实，通过开展农村群众性精神文明建设创建活动，促进村民自治示范活动整体水平的提高，促进农村经济发展和社会全面进步。

在村民自治示范活动中，要继续做好乡村干部的培训工作，尤其是要对新当选的村委会干部及时进行培训，使他们迅速掌握村务管理、民主决策等方面的方法和技能，以适应农村工作的需要。

四、善始善终，高质量地完成后进村委会的整顿工作

抓好后进村委会的整顿仍然是村委会建设的一项重要任务。各地要对前一阶段整顿工作进行认真回顾和总结，在党委、政府的统一部署下，对村委会状况重新进行一次实事求是的分类排队，进一步摸清底数，找准症结，制定规划，抓住今冬明春的有利时机，加大整顿的力度。所有整顿过的村，都要首先在民主选举、民主决策、民主管理、民主监督上取得实效，逐步实现村委会建设的目标。要特别注意总结、推广一些地方结合换届选举，民主选举强有力的村委会领导班子、改变后进村面貌的经验，同时要积极帮助后进村建立健全村民代表会议制度、村民自治章程、村务公开等制度，发动和依靠群众，依法建制、以制治村、民主管理，把村委会工作纳入法制化、规范化的轨道，真正做到整顿一批、变化一批、巩固一批，圆满地完成后进村委会的整顿任务。

五、以乡(镇)带村，促进乡村两级组织建设的有机结合

要进一步加强乡镇政权建设，通过加强乡镇政权建设来带动和促进村委会建设。要加快省级关于乡镇人民政府组织立法的步伐，全面规范乡镇人民政府的工作。要指导乡镇制定既合常规国法、又合乡情民意，便于实际操作的各项规章，做到依法行政、规范管理。要指导乡镇制定乡镇人民政府有关村委会工作的规范性意见，使乡村两级组织的配套建设结合起来，引导农村基层组织建设向更加完善的方向发展。各级民政部门都要认真贯彻十四届六中全会精神，总结推广乡镇政府工作规范管理的经验，为创建文明村镇活动树立典型。

六、加强领导，不断提高村委会建设工作的水平

村委会建设工作是各级党委和政府的一项重要工作。民政部门作为具体负责村委会建设日常工作的部门，要充分发挥各级党委和政府的参谋、助手作用，要切实履行职责，务必使村委会建设工作落到实处。要经常研究新情况，解决新问题，善于总结和推广本地区的成功经验，学习外地经验，以求有所创造和进展。1997年是《村委会组织法》颁布十周年，各地要利用这一有利时机，采取多种形式，进一步掀起学习、宣传、贯彻《村委会组织法》的热潮，搞好村委会建设的宣传报道，促进社会各界进一步关心、重视村委会建设，推动村委会建设工作再上新台阶，为建设富裕、民主、文明的社会主义新农村打下坚实的组织基础。

(1997年1月2日)

民政部关于进一步建立健全村务公开制度，深化农村村民自治工作的通知

各省、自治区、直辖市民政厅(局)：

建立健全村务公开制度是加强农村村委会建设的重要内容。近几年来，全国各地在推行村民自治的过程中，对村务公开工作也进行了积极的探索和实践，这对提高村民自治的整体水平和质量，促进农村经济发展和社会稳定起到了很好的作用。为进一步建立健全村务公开制度，深化农村村民自治工作，特作如下通知：

一、提高认识，高度重视村务公开工作

我国农村社会主义市场经济和民主法制建设的实践证明，广大农民群众在积极发展经济的同时，要求民主决策、民主管理、民主监督农村各项事务的愿望在不断增强。切实保护农民群众的民主权利，积极发挥他们参与村务管理的积极性，是今后一个时期农村村民自治工作的一项基本任务。事实表明，一些地方由于村务不公开或公开的程度不够，造成了干群矛盾尖锐，影响了农村社会稳定。而村务公开则强化了民主监督，密切了干群关系，促进了基层廉政建设，有利于社会稳定，符合时代精神。党政领导的重视，农民群众的强烈要求以及推行村务公开的实际效果，已使村务公开工作从整个村民自治工作中突出出来。各级民政部门要从维护农村社会稳定，促进经济发展和社会主义基层民主政治建设的大局出发，深刻认识建立健全村务公开制度的重要性、紧迫性；要抓住当前党政领导重视村务公开工作的有利时机，切实把深入开展村务公开工作当作开展村民自治工作的重要内容，同开展村民自治的其他工作紧密结合起来；要通过推行村务公开促进村民自治整体工作的深化，加强农村基层政权建设；要通过村民自治示范活动的深入开展，促进村务公开工作的持久、健康发展。

二、注重实效，努力实现村务公开的规范化、制度化

推行村务公开，贵在持之以恒、讲求实效。要从农民群众普遍关心的问题入手。从现实情况看，村务公开的内容大体包括以下几个方面：一是财务管理公开；二是计划生育指标公开；三是征用土地和宅基地审批公开；四是农民负担情况公开；五是集体经济项目承包、经营情况公开；六是农用挂钩物资分配和救灾救济款物发放公开；七是村干部年度工作目标、工资报酬、功绩过失情况公开。在实际工作中，各地还可以根据本地实际情况，制定具有自身特点的村务公开内容，并随着形势的变化，不断调整、充实村务公开的内容，真正做到凡涉及农民群众切身利益的大事，都要向群众公开，接受群众监督。

要逐步建立起推行村务公开的运行机制。对村民普遍关心的问题，公开前必须提交村党员大会和村民代表会议审核，做到公开程序规范；公开的事项要全面、准确、具体，做到公开内容规范；要根据大多数村民的意见，决定公开的时间和次数，做到公开时间规范；要从方便村民了解村内事务出发，设置固定的村务公开栏，做到公开阵地规范；要在村民代表会议中建立村务公开小组，具体负责村务公开工作，做到公开管理规范。要建立健全各项村务管理制度，不断完善村务公开的运行机制和保障监督机制，规范、约束干部和群众的行为，使村务公开工作有章可循。

三、重视调整研究、分类指导，不断总结村务公开的新经验

村务公开所涉及的内容是农村群众普遍关注的问题。因此，各级民政部门一定要重视村务公开的调查研究，及时掌握情况，加强分类指导，有针对性地开展工作。没有实行村务公开的地方，要采取有力措施，加大力度，尽快推开。已经实行村务公开的地方，要持之以恒，不断巩固和完善。要抓好典型示范，不断总结新经验，以点带面，推动工作，把村务公开引向深入。

要认真总结、推广通过村务公开密切党群干群关系，维护社会稳定的经验，通过村务公开促进农村社会主义民主政治建设的经验，通过村务公开促进农村经济发展、促进社会全面进步的经验，通过村务公开促进村民自治整体推进、不断深化的经验。要认真研究总结村务公开工作自身的运行规律，结合乡镇政府规范化管理的客观要求，积极探索乡镇政务公开的路子，实现乡、村两级公开的互相促进、互相监督，实现乡村两级组织配套建设的有机结合。

四、加强领导，不断提高村务公开工作的水平

推行村务公开是一项政策性很强的工作，一定要加强领导。各级民政部门要发挥职能作用，切实把建立健全村务公开制度、推行村务公开工作当作全面加强村委会建设、深化村民自治工作的重要内容摆上议事日程，抓紧抓好。要在各级党委、政府的领导下，认真研究村务公开的内容、程序、形式和监督等问题。省一级要结合本地实际，加强指导，明确要求；县、乡两级要制定村务公开的具体实施办法，切实搞好村务公开工作。要加强推行村务公开工作的宣传、教育工作，采取多种形式，进行经常性的宣传、教育，使乡村干部增强民主意识、树立群众观点，掌握正确开展村务公开的基本知识，消除对村务公开的种种疑虑和模糊认识，积极主动地投身到村务公开、村民自治工作中去。各级民政部门在开展村民自治示范评比表彰活动中，要将村务公开作为评选村民自治模范单位的重要条件。要加强与有关部门的协调，形成整体合力。要经常深入基层，加大检查、监督力度，及时发现并解决问题，推动村务公开工作不断深入地开展下去。

(1997年8月5日)

民政部关于做好1998年村（居）委会换届选举工作的通知

各省、自治区、直辖市民政厅(局)，各计划单列市民政局：

1998年，全国许多地区将进行新一届村(居)委会换届选举。为了认真贯彻落实党的十五大提出的“要健全民主选举制度”的要求，进一步做好村(居)委会换届选举工作，推进村(居)民自治和城乡基层民主政治建设整体水平的提高，促进城乡经济发展、社会稳定和社会全面进步，现就村(居)委会换届选举的有关事项通知如下：

一、进一步提高对村(居)委会换届选举工作的认识

党的十五大指出，发展社会主义民主政治，是我们党始终不渝的奋斗目标。健全村(居)委会民主选举制度，实行村(居)委会干部由村(居)民直接选举产生，是有中国特色社会主义民主政治建设的重要内容。多年的实践反复证明，做好村(居)委会换届选举工作，对于加强村(居)委会建设，调动亿万人民群众建设富强、民主、文明的社会主义国家的积极性，具有十分重要的意义。1998年是全面贯彻落实党的十五大精神的开局之年，也是进一步推进村(居)民自治的重要之年。各地要以十五大精神为指导，抓住机遇，解放思想，在总结以往工作的基础上，早作安排，精心组织，把村(居)委会选举这一体现城乡人民群众在党的领导下行使当家作主民主权利的重要工作，认真抓紧抓实抓好。

二、进一步加强村(居)委会选举的法规制度建设

建立健全村(居)委会选举的法规制度，是搞好村(居)委会选举的基础。在这次村(居)委会换届选举中，有条件的省、自治区、直辖市，要争取制定出一部内容全面、程序清楚、操作性强的地方性法规，指导本行政区域的选举工作，暂时不能出台村(居)委会选举地方法规的，要积极制定有关的行政规章；已经制定村(居)委会选举法规的，要结合新形势、新情况、新问题，进一步进行修订、完善。要积极指导地(市)、县(市)、乡(镇)根据本地的实际情况，依法制定和完善关于村(居)委会选举的具体制度。通过新一届的村(居)委会换届选举，建立起比较完备的法规制度，保障选举工作在各级都有法可依、有章可循，把村(居)委会换届选举工作纳入法制化、制度化的轨道。

三、进一步规范村(居)委会选举的实际操作步骤和程序

在农村，要在总结前几年换届选举情况的基础上，进一步用规范的实际操作步骤和组织程序，把法律、法规规定的村委会民主选举的精神，化为广大农民群众的实际行动。为此，要坚持和完善加强领导，成立各级村委会选举领导小组的做法；坚持和完善以省为单位，对村委会选举进行统一部署、统一届期、统一选举报表的做法；坚持和完善对各级选举工作骨干，尤其是乡、村选举工作骨干进行培训的做法；坚持和完善各种有利于选民教育、选民发动的做法；坚持和

完善在选民登记、初步候选人提名、正式候选人确定和介绍、选举日投票等重要环节上，各种有利于扩大民主、有利于村民直接行使民主权利的程序和做法。积极提倡通过预选的方式确定候选人；提倡组织候选人，特别是村委会主任正式候选人公开向选民发表治村演说，并接受选民提问；提倡设立秘密划票间，保证选民独立自主地填写选票。认真依照直接、平等、差额、无记名投票等原则进行民主选举，真正把办事公道、遵纪守法、群众威信高、能够带领村民致富奔小康的优秀人才选进村委会领导班子。

在城市，应本着自治的原则，民主选举产生居委会成员。要拓宽居委会干部来源渠道，扩大选人用人范围，允许面向社会招聘居委会干部，尤其要鼓励从下岗待业人员中选聘居委会干部，逐步实现居委会主要干部职业化。各地的居委会选举要与村委会选举逐步实现统一部署、统一届期。要严格依法选举，尽快造就一支年纪轻、身体好、素质高、组织管理能力强的居委会干部队伍。

四、进一步加强对村(居)委会换届选举工作的监督检查

坚决制止和纠正有法不依、以言代法、压制民主的错误做法。对家族、宗派势力干扰选举和以不正当手段拉取选票的行为，对不经村(居)民会议讨论同意，随意撤换村(居)民选举出来的村(居)委会干部等各种违法行为，要依法严肃处理。要制定具体的选举工作检查验收标准，通过全面细致的检查验收逐步提高选举工作的质量。积极争取党委、政府、人大、政协对选举工作的重视，会同有关部门对村(居)委会选举工作进行执法检查；重视人民群众的监督，主动、负责地做好村(居)委会选举中的群众来信来访工作，及时将矛盾化解在基层；加强与新闻单位的合作，通过报纸、刊物、电台、电视台等新闻媒体进行村(居)委会选举工作的宣传介绍，教育广大基层干部群众牢固树立依法办事观念，不断扩大村(居)委会选举的影响。通过行政监督、司法监督、群众监督和新闻舆论监督，维护《村委会组织法》、《居委会组织法》和有关法律、法规的尊严，维护村(居)委会选举工作的严肃性。

五、进一步加强对村(居)委会换届选举工作的指导

村(居)委会换届选举是一项政策性很强的工作。各级民政部门要在党委和政府的领导下，切实发挥职能作用，认真做好换届选举的日常工作。要积极提出搞好换届选举工作的意见和方案，供党委和政府决策；认真掌握本行政区域的选举进度、选举动态，调查研究选举过程中出现的新情况和新问题，当好党委和政府的参谋和助手。积极指导新一届村(居)委会建立健全工作机构和民主决策、民主管理、民主监督制度。有条件的地方要积极开展新当选的村(居)委会干部的培训工作，使他们迅速掌握基层管理的知识和技能，以适应工作需要。选举工作结束后，各地应当及时将选举工作总结和基本情况统计表报当地党委和政府，并以省为单位抄送部基层政权建设司。工作中的重大情况和问题，望及时报告我部。

(1998年1月6日)

中共中央组织部、中共中央宣传部、民政部、司法部、国务院法制办公室关于学习宣传和贯彻执行《中华人民共和国村民委员会组织法》的通知

各省、自治区、直辖市党委组织部、宣传部，政府民政厅(局)、司法厅(局)、法制局(办)：

《中华人民共和国村民委员会组织法》(以下简称《村委会组织法》)已于11月4日经第九届全国人大常委会第五次会议审议通过，江泽民主席同日签署第9号主席令，颁布实施。党的十五届三中全会在《关于农业和农村工作若干重大问题的决定》中强调指出，要扩大农村基层民主，实行村民自治。《村委会组织法》的颁布施行，是我国农村基层民主政治建设发展的一件大事。宣传和贯彻好《村委会组织法》，对于贯彻落实党的十五届三中全会精神，依法保障广大农民行使当家作主的民主权利，全面推进以民主选举、民主决策、民主管理和民主监督为主要内容的村民自治活动，加快基层民主政治建设进程，推进以党支部为核心的村级组织建设，促进农村两个文明建设协调发展，具有重要的现实意义和深远的历史意义。为了深入学习宣传和贯彻落实《村委会组织法》，进一步加强村级民主制度建设，特作如下通知：

一、深入学习宣传《村委会组织法》

要组织广大乡村干部，以党的十五大和十五届三中全会精神为指针，认真学习和领会《村委会组织法》的基本精神和立法原则，掌握《村委会组织法》的规定和要求，把《村委会组织法》的学习宣传作为贯彻党的

十五大和十五届三中全会精神的重要组成部分，充分认识进一步加强村级民主制度建设、全面推行村民自治的重大意义，提高乡村干部贯彻执行《村委会组织法》的自觉性，依法行政，依法办事。要利用广播、电视、报纸等新闻媒体以及黑板报、宣传栏、文艺演出等群众喜闻乐见的形式，向广大农民群众宣传讲解，使《村委会组织法》的学习宣传到村、到组、到户，做到家喻户晓，使农民群众不仅明白自己的民主权利，而且学会如何正确地行使自己的民主权利，把民主愿望和参政议政的积极性变为建设社会主义新农村的自觉行动。各种学习宣传活动要紧密结合农村工作的实际，围绕农民群众关心的问题，有针对性地进行，并注意全面、准确，讲求效果。各地要抓住当前的有利时机，在今冬明春，掀起一个学习贯彻《村委会组织法》的高潮，并将学习宣传活动与加强农村基层组织建设密切结合起来。

二、进一步建立健全村级民主制度

搞好村民自治，制度建设是根本。因此，建立健全有关村级民主的各项规章制度，是贯彻落实《村委会组织法》的一项重要工作，是全面推进村民自治活动的重要保证。村级民主制度建设的重点，一是民主选举制度，要按照公平、公正、公开的原则，选举出群众信得过的村委会领导班子。二是民主决策制度，要通过村民会议或村民代表会议，实行民主议事、集体决策，充分体现农民群众当家作主的原则。三是民主管理制度，要依靠和发动村民，制定符合本村实际的村规民约或村民自治章程，让村民和村干部做到自我约束、自我教育、自我管理。四是民主监督制度，通过村务公开、民主理财和民主评议村干部等形式，监督和约束村干部的行为和村委会的工作。当前，应把扩大基层民主，充分调动农民群众投身改革和发展的积极性作为制度建设的出发点和落脚点，抓紧把民主选举制度、民主议事制度和村务公开制度等村级民主制度建立并完善起来，使村民自治工作沿着健康的轨道发展。

三、认真总结经验，抓好典型示范

要在当地党委和政府的领导下，按照《村委会组织法》的要求，制定村民自治发展规划，积极完善保障农民直接行使民主权利的配套法律法规，依法深入开展村民自治活动。在实际工作中，要注意研究新的情况，解决新的问题，不断探索实行村民自治工作的规律；要尊重实践，尊重农民群众的首创精神，对村民自治活动中涌现出来的有利于农民群众当家作主的好做法、好经验，要及时进行总结和推广。对贯彻落实《村委会组织法》和村民自治活动中涌现出来的先进典型，要及时进行表彰和鼓励。树立一批村民自治活动的典型，充分发挥它们的示范和带动作用，以推动村民自治工作整体水平的提高。

四、切实加强对村民自治工作的领导和指导

扩大农村基层民主，实行村民自治，是党领导亿万农民建设有中国特色社会主义民主政治的伟大创造，也是党领导农民实现当家作主的重要途径。因此，各级党委和政府必须切实加强对村民自治和村委会工作的领导，列入重要议事日程，精心组织，分类指导。各部门要在党委和政府的统一领导下，紧密配合，形成合力，坚持有法必依、违法必究的原则，坚决制止和纠正有法不依、以言代法、压制民主的错误做法。宣传部门要把贯彻落实《村委会组织法》和村民自治工作，作为宣传工作的重点之一，充分发挥新闻舆论的监督作用；组织部门要在指导农村基层组织建设工作中督促教育基层党组织和党员干部增强贯彻执行《村委会组织法》的自觉性，支持和保障村委会依法行使自己的职权；司法行政部门要把《村委会组织法》的宣传贯彻工作列入“三五”普法规划，纳入基层依法治理工程；政府法制工作机构要按照当地人民政府的要求，协调、督促有关部门做好《村委会组织法》的配套法规建设；民政部门作为指导村委会建设和村民自治工作的职能部门，要做好《村委会组织法》的贯彻落实和实行村民自治的协调、督促工作，及时掌握各方面的情况，切实当好党委和政府的参谋和助手。

请各地将学习、宣传、贯彻《村委会组织法》的具体安排和意见报民政部。贯彻落实中遇到的重大问题和情况应及时请示、报告。

（1998年12月6日）

民政部办公厅关于贯彻执行《村委会组织法》若干问题的补充通知

各省、自治区、直辖市民政厅（局），各计划单列市民政局：

新修订的《中华人民共和国村民委员会组织法》（以下简称《村委会组织法》）已于1998年11月4日正式颁布实施。《村委会组织法》颁布实施以后，许多地方来信来电，反映在贯彻实施中遇到一些具体问题。为了统一思想，规范操作，更好地把这部涉及九亿农民切身利益的法律贯彻落实好，现将有关问题通知如下：

一、关于新旧法的衔接问题

《村委会组织法》第三十条明确规定："本法自公布之日起施行。《中华人民共和国村民委员会组织法（试行）》同时废止。"因此，从1998年11月4日起，各地必须严格执行新颁布的《村委会组织法》，不得以任何理由或借口拖延或拒绝执行。1998年6月26日，全国人大常委会办公厅向社会公布、征求意见的《中华人民共和国村民委员会组织法（修订草案）》，不具有法律效力，不能作为开展村民自治活动的法律依据。

二、关于各地的实施办法和选举办法问题

各省、自治区、直辖市依据《村委会组织法（试行）》制定的《村委会组织法》实施办法和村委会选举办法，凡条款中与新颁布的《村委会组织法》相抵触的，不应再作为开展村民自治活动的依据。各省、自治区、直辖市要根据新颁布的《村委会组织法》的要求和规定，并结合本地实际，抓紧制定或修订《村委会组织法》实施办法和村委会选举办法。

三、关于村委会换届选举中的具体问题

在新修订的《村委会组织法》颁布之前，村委会换届选举已经进行完毕的，选举结果有效；在1998年11月4日前，选举方案已经安排完毕，根据选举方案推选成立的村选举领导机构、选民资格认定、推选产生的村委会成员候选人、确定的选举日期等继续有效，但组织投票选举要按新颁布的《村委会组织法》的规定进行；尚未进行或将要进行村委会换届选举的，必须按新颁布的《村委会组织法》的规定执行。

四、关于《村委会组织法》的学习宣传和培训问题

各地要认真贯彻落实中组部、中宣部、民政部等五部门最近联合下发的《关于学习宣传和贯彻执行〈村委会组织法〉的通知》精神，通过举办讲习班、培训班、电视讲座等形式，抓好《村委会组织法》的学习宣传和培训工作。各地的学习宣传和培训工作要以全国人大法工委、国务院法制办和我部基层政权和社区建设司共同编写的《村民委员会组织法学习读本》为必备参考书。通过学习宣传和培训，推动《村委会组织法》的贯彻落实。

各地在贯彻实施《村委会组织法》中遇到的其他重大问题，请及时报部。

（1998年12月18日）

民政部关于努力保证农村妇女在村委会成员中有适当名额的意见

各省、自治区、直辖市民政厅（局）：

当前，农村各地正在认真贯彻党的十五届三中全会精神和《中华人民共和国村民委员会组织法》（以下简称《村委会组织法》），全面推进村民自治。总的来看，法律的实施情况是好的，村民自治工作的进展是顺利的。但近来一些地方，由于种种原因造成农村妇女在新一届村委会选举中当选比例下降，这一问题引起了中央领导同志的高度重视和有关部门的密切注意。为促进农村妇女的进步和发展，促进村民自治工作的健康发展，现就落实好《村委会组织法》关于"村民委员会成员中，妇女应当有适当的名额"的规定，提出如下意见：

一、进一步提高对农村妇女当选村委会成员重要性的认识

妇女是创造人类文明和推动社会发展的一支伟大力量。妇女的发展水平，妇女地位的提高，是社会发展的重要指标，也是衡量社会进步的尺度。在我国，妇女占农村人口的半数以上，她们日益成为村级事务管理的重要力量，成为农村两个文明建设的主力军。实践证明，妇女被选进村委会班子，不仅有利于妇女的发展和提高，也有利于村级事务管理，有利于做好农村各项工作。各级民政部门要充分认识农村妇女在两个文明建设中的巨大作用，自觉把妇女当选村委会成员、参与村级事务管理、提高妇女整体素质，作为全面推进村民自治工作的重要内容，切实抓紧抓好。

二、采取有效措施，确保《村委会组织法》关于"村民委员会成员中，妇女应当有适当的名额"的规定落到实处

今后凡进行村委会换届选举的地方，民政部门要与有关部门一道，大力宣传男女平等的思想观念，宣传妇女在村级事务管理中不可替代的作用。在推选村民选举委员会时，要引导村民会议或村民小组把符合条件的女村民吸收进去；在村民直接提名村委会成员候选人时，要引导村民提名符合条件的女村民，同时，积极鼓励农村妇女破除封建思想和世俗偏见，勇于挑重担，敢于接受竞争；在正式介绍候选人时，要引导村民选举委员会积极介绍女候选人的业绩，不得给予任何歧视和不公正待遇；在投票选举时，要组织、教育和引导广大村民尤其是农村妇女正确行使民主权利，把

村民拥护的思想好、作风正、有文化、有本领、真心实意为群众办事的妇女，选进村委会领导班子。条件具备的地方，可探索在选票上注明妇女应有名额的办法。对利用宗族、派性势力，给妇女参选、当选设置障碍的，要依法予以制止和处理。已经完成最新一届村委会选举的地方，要认真总结经验，凡村委会班子中没有女成员的，当届期内村委会成员出现缺额时，应首先补选女委员，或建议党委部门在村党支部内配备一名女干部。

三、加强对农村已当选女村委会成员的培训，提高妇女干部的自身素质，巩固选举结果

县乡民政部门在采取多种形式对新当选村委会成员进行培训时，要注意安排新当选的女村委会成员参加培训，使她们迅速掌握村务管理、村务决策等方面的方法和技能，以适应农村工作的需要。对任期内全心全意为村民服务，工作成绩显著的女干部，民政部门要会同有关部门及时给予表彰，为连选连任，提高妇女在农村社会生活中的地位创造条件。

四、积极吸引妇联组织参与指导农村村委会换届选举工作，认真听取意见和建议，不断改进工作

村委会换届选举工作，是推进农村基层民主政治的一件大事，也是事关农村改革、发展和稳定的大事。各级民政部门要在党委、政府的统一领导下，充分发挥职能作用，同时，也要积极协调、配合各有关方面，共同做好各项工作。考虑到农村妇女工作在整个村民自治工作中的特殊性、重要性，今后凡进行村委会换届选举的省份，民政部门在报请党委或政府批准村委会换届选举领导(指导)小组时，过去已吸收同级妇联组织参与的，要继续保持，没有吸收的，要增补，以共同推动村民自治工作的发展。

今年是修订后的《村委会组织法》贯彻实施的第一年。各地要在年底之前将本地贯彻实施的全面情况，书面报送省级党委、人大常委会、政府，并同时抄报我部。

(1998年7月30日)

民政部关于建立村民委员会选举情况统计报表制度的通知

各省、自治区、直辖市民政厅(局)，各计划单列市民政局，新疆生产建设兵团民政局：

自《中华人民共和国村民委员会组织法》颁布实施以来，各地新一届村民委员会选举工作已陆续展开。为了全面、系统地反映村委会选举状况，准确掌握各地的选举动态，我部制定的《村民委员会选举情况统计报表制度》，已经国家统计局批准(国统函〔2000〕91号)。现印发给你们，从即日起开始执行，有效期两年。

附件：

一、国家统计局关于同意制发村民委员会选举情况统计报表制度的函(略)

二、村民委员会选举情况统计报表制度

(2000年7月11日)

村民委员会选举情况统计报表制度

一、说　明

(一)为系统反映各地村委会换届选举状况，了解《中华人民共和国村民委员会组织法》及地方选举法规的贯彻执行情况，进一步规范村委会选举程序，研究解决换届选举中存在的问题，特制定村委会换届选举统计制度。

(二)村选统1表用于统计各省、自治区、直辖市村委会选举的一般情况；村选统2表—3表用于统计使用“村委会选举计算机信息系统”地区(湖南、福建、吉林、陕西等省)的选举程序及结果。

(三)村选统1表发至县级民政部门，由县级民政部门组织填报，由省民政厅汇总填报。村选统2表—3表，发至各村委会，由村民选举委员会负责填报，县级民政部门统一录入计算机后，报省级民政厅(局)。

(四)村选统1表应由各省、自治区、直辖市民政厅(局)在该行政区域村委会换届选举结束后2个月内，将本辖区内的计算机汇总软盘或打印报表送我部基层政权和社区建设司。

(五)本报表统计制度由民政部基层政权和社区建设司负责解释。

二、报表目录及表式

见后表。

三、指标解释

(一)村选统1表指标解释

1. 选民：指截止到本届选举日，本村18周岁以上，

表号	表名	报告期别	填报范围	报送单位	报送日期及方式
村选统1表	村委会选举情况汇总表	三年	各村民委员会	各省、自治区、直辖市民政厅(局)	村委会选举结束后,以报表或软盘形式
村选统2表	村委会选举过程统计表	三年	部分村民委员会	福建、吉林、湖南、陕西民政厅	村委会选举结束后,以电子邮件或软盘形式
村选统3表	村委会选举结果统计表	三年	部分村民委员会	福建、吉林、湖南、陕西民政厅	村委会选举结束后,以电子邮件或软盘形式

没有被依法剥夺政治权利的公民。

2. 村民选举委员会:指按照法律规定由村民会议或者各村民小组推选产生的负责本村选举工作的机构。

3. 本届登记选民:指按照村民选举委员会发布的公告,于有效日前在村民选举委员会依法登记,有资格参加投票的本村选民。

4. 直接投票选民:指在选举日亲自将自己的选票投入箱票的选民。

5. 流动票箱:指选举时专门用于病、残等行动不便的选民投票使用的、位置不固定的选票箱。

6. 委托投票:指选举期间外出,经村民选举委员会同意,以书面委托本村其他选民代为填写、投票的行为。

7. 村民代表:指按照法律规定,由本村每5户至15户村民推选产生,并代表他们就村中事务管理发表见解的村民。

8. 正式候选人:指村民委员会选举时,按照法定程序产生的供选举日选民选择以担任村委会职务的村民。其姓名被印制在选票上。

9. 秘密划票间:指选举日在选举中心会场、分会场或投票站设立的供每位选民单独填写选票的场所。

10. 预选:指正式选举前,为确定正式候选人而进行的选举。

11. 当场公布选举结果:指正式选举时,计票工作一结束,村民选举委员会就通过广播、讲话、公告等形式让选民知道选票统计情况。

12. 完成选举:指通过投票选举,村委会成员的职数全部选齐。

13. 一次选举成功:指选民只经过一次正式投票,就全部选齐了村委会成员职数。

14. 连任:指上一届村委会主任在本次换届选举中再次当选。

15. 兼任:指本次当选的村委会主任同时也是本村的党支部书记。

16. 村民小组长:指本村按居住情况划分的村民组织单位的领导人,村民小组长由本组村民推选产生。

17. 推选:指采用投票、举手、签名等形式同意某人担任某种职务的行为。

18. 村民会议:村民自治最高权力机构。它有两种形式:一种是由本村十八周岁以上村民组成;一种是由户代表组成。

19. 直接提名:指选民通过亲自填写选票、联名推荐等形式直接提出初步候选人的行为。

20. 罢免:指按照法定程序解除某人所担任职务的行为。

(二)村选统2表指标解释

1. 填报单位:指填写此表的××村村民选举委员会。

2. 村民会议:村民自治最高权力机构。它有两种形式:一种是由本村十八周岁以上村民组成;一种是由户代表组成。

3. 选民登记:指为了准确判断选民人数,在选举日前若干天由村民选举委员会主持的登记本次选举有选举权的村民的工作。

4. 选民证:指由村民选举委员会发给选民,证明其在本次选举中有选举资格的书面文件。

5. 选民名单:指由村民选举委员会依据选民登记情况,誊写在纸上的选民姓名列表。

6. 选举日:指正式选举的投票日。

7. 初步候选人:指正式候选人产生前,通过各种方式产生的最初候选人。

8. 村民联名:指在提出初步候选人的过程中,多名村民共同推荐同一个候选人的形式。

9. 确定正式候选人:指在初步候选人中选择确定正式候选人,供选举日村民投票选举的行为。

10. 预选:指正式选举前,为确定正式候选人而进行的选举。

11. 中心会场方式:指在选举日,全体村民或绝大多数村民集中到一起投票选举的方式。

12. 投票站方式:指在选举日不召开选举大会,全

村委会选举情况汇总表

填报单位：	表　　　号：村选统1表
	制表机关：民政部
	批准机关：国家统计局
地区编码：	批准文号：国统函[2000]91号
	有效期截止时间：2002—6—15

代码	指标名称	计量单位	数量
T1100	一、选民		
T1110	选民总数	人	
T1120	本届登记选民数	人	
T1121	其中：女性	人	
T1130	直接投票选民数	人	
T1131	其中：使用流动票箱的选民数	人	
T1140	委托投票选民数	人	
T1150	函投选民数	人	
T1200	二、选举程序		
T1210	村民会议推选村民选举委员会村数	个	
T1220	村民小组推选村民选举委员会村数	个	
T1230	村民直接提名产生初步候选人村数	个	
T1240	全体村民预选确定正式候选人村数	个	
T1250	村民代表预选确定正式候选人村数	个	
T1260	设立秘密划票间的村数	个	
T1270	当场公布选举结果的村数	个	
T1300	三、选举结果		
T1310	完成选举的村数	个	
T1311	其中：一次选举成功的村数	个	
T1320	村委会主任总数	人	
T1321	其中：女性	人	
T1322	中共党员	人	
T1323	兼任党支部书记	人	
T1324	连任	人	
T1330	村委会副主任及委员数	人	
T1331	其中：女性	人	
T1332	中共党员	人	
T1400	四、村民代表		
T1410	总数	人	
T1411	其中：女性	人	
T1412	中共党员	人	
T1500	五、村民小组长		
T1510	总数	人	
T1511	其中：女性	人	
T1512	中共党员	人	
T1600	六、上一届村委会罢免情况		
T1610	罢免村委会主任的村数	个	
T1620	罢免村委会副主任或成员的村数	个	

单位负责人：　　填表人：　　报出日期：＿＿＿＿年＿＿＿＿月＿＿＿＿日

注：1.本表由县级以上民政部门组织填报汇总；

2.本表逻辑检验公式：T1110≥ T1120，T1120≥T1121，T1120≥T1130，T1130≥T1131，T1120≥T1130 + TT1140 + T1150，T1310≥T1311，T1320≥T1321，T1320≥T1322，T1320≥T1323，T1320≥T1324，T1330≥T1331，T1330≥T1332，T1410≥1411，T1410≥T1412，T1510≥T1511，T1510≥T1512

村委会选举过程统计表

填报单位：

地区编码：

表　　　号：村 选 统 2 表
制表机关：民　政　部
批准机关：国家统计局
批准文号：国统函[2000]91号
有效期截止时间：2002—6—15

省(区、市)名：　　　县(市、区)名：　　　乡(镇)名：
村名：　　　选举日期：____年____月____日

1.村民选举委员会	1.1选委会(a)由村民会议推选；(b)由村民代表会议推选；(c)由村民小组推选；(d)其他方式产生	1.2选委会中共有____名党员	1.3选委会主任是村党支部书记吗？ (a)是　(b)否
	1.4选委会主任是原村委会主任吗？ (a)是　(b)否	1.5选委会中有____名原村委会成员	1.6选委会共有____名成员
2.选民登记与选民证	2.1选民名单于选举日前天____公布。	2.2是否有选民对选民名单提出异议？ (a)有　(b)没有	2.3选民证于选举日前____天发放。
3.提名初步候选人	3.1选民一人一票提名	3.2村民联名提名	3.3其它方式提名
4.确定正式候选人	4.1全体选民投票预选	4.2村民代表会议投票预选	4.3根据提名票多少确定
	4.4其他方式	4.5是否张榜公布正式候选人？ (a)是　(b)否	
5.投票方式	5.1中心会场投票	5.2投票站投票	5.3是否设立秘密划票间？ (a)设立　(b)没设立
	5.4是否强制选民使用秘密划票间？ (a)是　(b)否	5.5使用秘密划票间的选民约占投票选民总数____%	
6.委托投票和流动票箱	6.1是否允许委托投票？ (a)允许　(b)不允许	6.2每位选民最多可接受几张委托投票？ (a)1张 (b) 2张 (c)3张	6.3是否允许在流动票箱投票？ (a)允许　(b)不允许
7.选举结果	7.1是否公开统计选票？ (a)公开　(b)不公开	7.2是否当场公布选举结果？ (a)公布　(b)没有公布	7.3是否立即宣布另行选举日期？ (a)宣布　(b)没有宣布
	7.4老村委会是否顺利向新当选的村委会交接工作？ (a)顺利　(b)不顺利		

填表人：　　填表人身份：　　填表日期：____年____月____日

注：本表由村民选举委员会填写

村委会选举结果统计表

填报单位:

表　　　号:村 选 统 3 表
制 表 机 关:民　政　部
批 准 机 关:国 家 统 计 局

地区编码:

批 准 文 号:国统函[2000]91号
有效期截止时间:2002—6—15

省(区、市)名:＿＿＿＿＿县(市、区)名:＿＿＿＿＿乡(镇)名:＿＿＿＿＿

村名:＿＿＿＿＿　　选举日期:＿＿年＿＿月＿＿日

全村人口数:＿＿＿＿＿　全村选民数:＿＿＿＿＿

本次选举登记选民数:＿＿＿＿＿其中女性选民数:＿＿＿＿＿

本次换届共进行了几次正式选举:＿＿＿＿＿

第一次选举时印制选票数(从乡镇领回选票数):＿＿＿＿＿

发出选票数:＿＿＿＿＿收回选票数:＿＿＿＿＿

无效票数:＿＿＿＿＿弃权票数:＿＿＿＿＿

收回选票总数中委托投票数:＿＿＿＿＿流动票箱收回选票数:＿＿＿＿＿

村委会主任候选人情况:

姓名	选举前的身份或职务	性别	年龄	是否中共党员	教育程度	得票数	是否当选
1							
2							
3							

村委会副主任候选人情况:

姓名	选举前的身份或职务	性别	年龄	是否中共党员	教育程度	得票数	是否当选
1							
2							
3							

村委会委员候选人情况:

姓名	选举前的身份或职务	性别	年龄	是否中共党员	教育程度	得票数	是否当选
1							
2							
3							
4							
5							

填表人:＿＿＿＿＿填表人职务或身份:＿＿＿＿＿　　填表日期:＿＿年＿＿月＿＿日

注:1.正式候选人填写在前,另选人只填得票最多的1人;

2.本表由村民选举委员会填写。

体选民不集中到一起投票，而是分设投票站，选民在规定的投票时间内自由前往投票的方式。

13. 秘密划票间：指选举日在选举中心会场、分会场或投票站设立的供每位选民单独填写选票的场所。

14. 委托投票：指选举期间外出，经村民选举委员会同意，以书面形式委托本村其他选民代为填写、投票的行为。

15. 流动票箱：指选举时专门用于病、残等行动不便的选民投票使用的、位置不固定的选票箱。

16. 统计选票：指投票结束后，选举工作人员对票箱选票进行统计的行为。

17. 公布选举结果：指统计选票工作结束后，村民选举委员会通过广播、讲话、公告等形式向选民报告选举结果。

18. 另行选举：指为了补选村委会成员而进行的第二次选举。

19. 填表人身份：指填表人在村民选举委员会中担任的主任、副主任或成员职务。

(三)村选统3表指标解释

1. 全村人口数：指截止到选举日，属于本村的自然人口的总数。

2. 全村选民数：指截止到本次选举日，本村18周岁以上，没有被依法剥夺政治权利的公民总数。

3. 本次选举登记选民数：指按照村民选举委员会发布的公告，于有效日前在村民选举委员会依法登记，有资格参加投票的本村选民。

4. 正式选举：指村委会正式候选人确定后，从中选举产生村委会成员的选举活动。

5. 第一次选举：指在村委会正式候选人确定后选举产生村委会成员的第一次选举活动。这一指标主要同另行选举进行区别。

6. 印制选票数：指村民选举委员会主持印制的选票总数。

7. 领回选票数：有些地方的选票是由乡镇选举领导机构统一印制的。此项指标指从乡镇选举领导机构领回的选票总数。

8. 发出选票数：指在选举日，根据选民名单、选民证发放给选民的选票总数。

9. 收回选票数：指在选举日，从票箱回收的选票总数。

10. 无效票：指没有按照规定填写，造成作废的选票。

11. 弃权票：指回收的空白选票。

12. 委托投票：指选举期间外出，经村民选举委员会同意，以书面形式委托本村其他选民代为填写、投票的行为。

13. 流动票箱：指选举时专门用于病、残等行动不便的选民投票使用的、位置不固定的选票箱。

14. 选举前的身份或职务：指候选人在参加选举前在村中担任的职务，主要有：村党支部书记、村党支部副书记、村党支部成员、村委会主任、村委会副主任、村委会委员、村文书、村会计、村经联社主任、村办企业负责人、乡镇或县上任职、普通群众。

15. 教育程度：指候选人受教育的程度，主要有：小学、初中、高中、大专、大学、研究生、没上过学但识字、文盲。

16. 正式候选人：指村民委员会选举时，按照法定程序产生的、供选举日选民选择以担任村委会职务的村民。其姓名将被印制在选票上。

17. 另选人：指正式选举时，选民在选票上填写的非正式候选人。

18. 填表人职务或身份：指填表人在村民选举委员会中担任的主任、副主任或成员职务。

(2000年7月)

民政部关于转发全国人大内务司法委员会贯彻《村民委员会组织法》研讨会会议纪要的通知

各省、自治区、直辖市民政厅(局)，计划单列市民政局、新疆生产建设兵团民政局：

2000年11月6日至8日，全国人大内务司法委员会在北京主持召开了“贯彻村民委员会组织法研讨会”。与会同志围绕在村民自治中如何发挥村党支部领导核心作用等七个问题进行了认真讨论研究。现将会议纪要转发你们，请结合实际贯彻执行。

(2001年1月5日)

贯彻《村民委员会组织法》研讨会会议纪要

(全国人大内务司法委员会内务司法工作简报九届第22期)

2000年11月6日至8日，全国人大内务司法委员会在北京召开“贯彻村民委员会组织法研讨会”。会议的宗旨和主要议题是：从理论和实践的结合上，针对执法中出现的一些新情况、新问题进行研讨，力求正确理解和全面贯彻《中华人民共和国村民委员会组织法》(以下简称村委会组织法)，依法推进村民自治，促进农村基层民主政治建设健康发展。参加会议的有各省、自治区、直辖市人大内务司法对口机构负责人，组织和民政部门的实际工作者及专家学者。会议由侯宗宾主任委员和顾金池、李九龙、张丁华副主任委员主持。全国人大常委会秘书长何椿霖，副秘书长姜云宝、刘镇，内务司法委员会副主任委员陶驷驹、万绍芬、束怀德、刘珩及在京的委员出席了会议。研讨会期间，全国人大常委会副委员长曹志就如何贯彻村委会组织法发表了重要讲话，中央组织部副部长虞云耀、民政部副部长李宝库作了指导性发言，侯宗宾主任委员、顾金池副主任委员对研讨会进行了总结。

会上，大家围绕在村民自治中如何发挥村党支部领导核心作用、乡镇政府如何依法对村委会的工作进行指导、正确处理村民会议与村民代表会的关系以及人大如何监督村委会组织法的贯彻实施等7个问题认真进行了研讨。会议交流了各地贯彻村委会组织法的成功经验，澄清了执法中的某些模糊认识，达成了一些新的共识，初步探索出一些正确执法的新思路，为解决执法中遇到的难题找到了一些办法，这对于推动该法全面深入地贯彻实施，保证村民自治活动健康、有序地向前发展，将会产生积极的促进作用。

一、发挥村党支部领导核心作用，保障村民依法行使自治权利

会议认为，社会主义民主的本质是人民当家作主。村委会组织法的颁布实施，正是扩大基层民主，实行村民自治，建设有中国特色社会主义民主政治的重大举措。与会同志共同表示，要认真落实江泽民同志关于“共产党执政就是领导和支持人民掌握管理国家的权力，实行民主选举、民主决策、民主管理、民主监督，保证人民依法享有广泛的权利和自由，尊重和保障人权”和“建设社会主义民主政治，是逐步发展的历史过程，需要从我国的国情出发，在党的领导下有步骤、有秩序地推进”的重要指示，在建设农村社会主义民主政治这一历史进程中，必须坚持党的领导，发挥村党支部领导核心作用，切实保障村民依法行使自治权利，使村民自治始终沿着社会主义的方向健康发展。

(一)开展村民自治，必须坚持党的领导

会议认为，我国在农村实行村民自治，是在党的领导下的自治，是坚持社会主义方向的自治，和西方国家的地方自治是根本不同的，这是由我国的国家性质决定的。实践证明，坚持党的领导，积极稳妥地推进农村基层民主政治建设，是扩大基层民主，实行村民自治的重要保证。在村民自治中，既发挥村党支部领导核心作用，又切实保障村民依法行使自治权利，村民自治就会取得成效。偏离或者违背这个要求，就会产生各种摩擦。村委会组织法规定：“中国共产党在农村的基层组织，按照中国共产党章程进行工作，发挥领导核心作用；依照宪法和法律，支持和保障村民开展自治活动、直接行使民主权利”。1999年中央颁发的中国共产党农村基层组织工作条例，也明确规定了村党支部的职责。原来有些人认为，二者之间存在矛盾。经过深入研讨，认识到这是一种误解，是没有吃透法律和条例精神的表现。事实上，法律和条例都是广大农村坚持党的领导，开展村民自治的实践经验的总结。其目标都是为了加强农村基层党组织建设，加强农村基层民主政治建设，把农村各项工作搞好。对于在实际工作中出现的一些矛盾和偏差，有关部门应当高度重视，采取切实可行的措施，总结经验，消除误解，以利于更好地贯彻法律和条例。

会议认为，加强和改善党的领导，推进农村基层民主政治建设，必须正确处理村党支部和村委会的关系。当前，要特别注意防止和纠正两种错误倾向。其一，认为加强党的领导，发挥村党支部领导核心作用，就是村里的事情都要由党支部甚至支部书记一个人说了算；其二，认为加强村民自治，就可以摆脱党支部的领导，任凭村委会甚至村委会主任想怎么干就怎么干。

党在农村的基层组织是农村各项工作的领导核心，当然也是村民自治的领导核心，这是勿容置疑的。但在实践中，有些村党支部把领导核心理解为包揽一切，不注意发挥村委会的作用，使村民自治流于形式。这是与村委会组织法相违背的。在村民自治中，村党支部既要发挥领导核心作用，又要依照宪法和法律，支持和保障村民开展自治活动，直接行使民主权利。二者不可偏废。当然，村委会也要增强党的领导的观念，自觉地接受和依靠村党支部的领导。

总的原则是，在村民自治范围内的事项，既不能由村党支部包办，也不能任由村委会说了算，而是要按大多数村民的意见去办。这样做，不会妨碍党支部发挥领导核心作用和村委会发挥组织村民开展自治的作用，因为党支部和村委会都是为广大村民服务的，是为村民谋利益的。

会议认为，村党支部应当加强对村委会和村民自治工作的领导。村党支部的领导核心作用主要体现在

三个方面：

1. 政治上领导。在村民自治活动中，凡是涉及党的路线、方针、政策的问题，关系全体村民生产、生活的重大问题，应当经党支部集体讨论，提出意见，再由村委会提交村民会议或村民代表会讨论通过，避免工作失误。

2. 工作上指导。支持村委会和村民依法开展自治活动，经常过问村委会的工作，及时帮助解决工作中遇到的困难和问题。既保证村民实行自治的民主权利，又使之不脱离党的领导。

3. 思想上引导。要组织村委会成员学习党的方针、政策和国家有关法律、法规，增强法制和政策观念，经常了解他们的思想动态，及时帮助他们排解思想上的困惑和疑虑，保证村民自治始终沿着社会主义的方向健康发展。

会议认为，村党支部应当把支持和保障村民开展自治活动作为自己的一项重要工作。村委会组织法是党领导人民制定的，体现了党的意志和人民的愿望。作为党在农村的基层组织，村党支部应当贯彻党的意志，带领全体党员模范执行村委会组织法，支持和保障村民直接行使民主权利。具体表现在以下三个方面。

——村党支部要切实保障村民的民主选举权。首先，要认真做好村民选举委员会的推选工作，通过村民会议或村民小组推选，产生村民选举委员会成员。村党支部负责人可以通过法定程序，担任选举委员会负责人。其二，要引导村民把那些思想好、作风正、有文化、有本领、真心实意为群众办事的人选进村委会，尤其要选准选好村委会主任。要充分发挥共产党员的先锋模范作用，防止选举中出现不正当竞争和其他违法行为，保证选举工作依法健康进行。

——切实保障村民的民主决策权和民主管理权。党支部要重点抓好三件事：一是在党支部建立重大决策集体讨论决定制度和党员议事制度。凡涉及本村重大事项的决策，都要坚持走群众路线，在广泛听取村民意见的基础上，集体讨论，做出决议。要以村民是否满意作为检验决策正确与否的惟一标准。二是指导和督促建立村民会议和村民代表会制度。凡涉及村民切身利益的事项，都应提请村民会议或村民代表会讨论决定。三是要根据党的方针、政策和国家法律、法规，组织制定和完善村规民约和村民自治章程，使本村民主决策、民主管理规范化、程序化。

——切实保障村民的民主监督权。党支部要重点做好两项工作：一是领导村务公开和民主监督工作。要建立村务公开领导小组和民主理财小组，及时、全面、真实地公开村务，尤其是财务情况。认真组织民主评议村干部。村委会要定期向村民会议或村民代表会报告工作，接受村民的监督。

(二)开展村民自治，要改善党的领导

会议认为，在村民自治中如何改善党的领导，正确有效地开展工作，对村党支部而言是一项全新的课题。各地在实践中对此进行了积极的探索。

更新思想观念，改进工作方法。为保证村民依法行使民主权利，村党支部尤其是村党支部书记，必须更新思想观念，改进工作方法和领导方式，善于“抓大放小”，从过去包揽一切事务中解脱出来。

——要牢固树立依法办事的观念，坚决防止和纠正有法不依，以言代法，压制民主等错误行为。

——要按照党的方针、政策和国家法律、法规，讨论决定本村经济建设和社会发展中的重点问题。要善于通过民主程序，使党支部的意图变为群众的自觉行动。

——要加强对村委会成员尤其是村委会中的党员干部的教育和监督，主动支持和帮助村委会依法独立地开展工作，行使职权。党支部不可包办代替村委会的工作，但在他们的工作遇到阻力时，要积极支持和帮助。

——要妥善协调村委会与其他村级组织的关系，形成工作合力，共同为本村两个文明建设做贡献。

完善制度，明确分工。加强制度建设是搞好村民自治的根本。在这方面，不少地方已经作了很好的尝试。他们通过建章立制，明确了处理好党支部与村委会关系的基本原则，对在村民自治中发挥党支部领导核心作用及其方式、途径做出了明确规定。其主要做法如下：

——根据村委会组织法和中国共产党农村基层组织工作条例，建章立制，明确村党支部对村级其他组织的领导核心地位和相互关系，支持和保证它们依照国家法律及各自章程充分行使职权。通过完善制度，使村党支部和村委会分工明确，工作有章可循使农村基层干部知道该办什么，该怎么办，什么事能办，什么事不能办。

——规定村党支部和村委会联席会议制度和议事规则。根据“便捷、效能”的原则，研究确定会议的程序与内容。规定凡是涉及全村和群众切身利益的重大事项，首先由村党支部提出初步意见，然后由党支部书记主持召开村“两委”联席会议，集体研究形成方案后，再提交村民大会或村民代表会讨论决定。这一制度可以较好地保证党支部和村委会按照各自的职能，协调有序地开展工作。

通过“两推一选”，民主产生村党支部成员。选好党支部成员特别是支部书记，是加强村党支部建设的关键，也是顺利推进村民自治的组织保证。实行村民自治后,各地积极探索村党支部领导班子成员选举制度的改革。所谓“两推一选”,就是党支部成员包括支部书记,分别由党员和村民民主推荐,经组织考察后在党内进行选举。这样,选出的支委会成员,不仅党员赞成,村民也拥护,为发挥村党支部领导核心作用奠定坚实的群众基础。

严格财务管理和印章管理。农村财务管理是群众关心的热点,也是一些村党支部与村委会产生矛盾的焦点。为彻底解决这个问题,有的地方实行了财务支出“三笔会签”制度,即村提留款、集体企业上缴和村委会其他收入的支出,必须经过民主理财小组审核同意,财务支出单据必须由经手人、村委会主任、村党支部书记共同签字,并加盖民主理财小组专用章。大额支出必须由村民大会或授权村民代表会通过。这样做,可以有效地加强监督机制,避免发生少数人贪污侵占的事件。

印章管理混乱的现象在农村比较突出。有的村党支部以“监督”为名,掌管着村委会的印章;有的村党支部书记与村委会主任个人保管支部、村委会的印章,使用时随意性很大,存在不少漏洞和隐患。各地要建立村级印章管理制度,明确规定印章由专人保管,不允许由党支部书记、村委会主任个人保管。村党支部印章可由支部副书记或组织委员保管,村委会印章由村会计保管。需要使用印章时,应分别经党支部会议、村委会会议同意。未经研究同意,任何人不得擅自使用印章。

二、乡镇政府对村委会要依法履行指导、支持和帮助的职责,但不要干预村民依法自治

会议认为,正确处理乡镇政府与村委会之间的关系,是当前实施村委会组织法,保证村民自治不断向前发展的一个重要问题。根据村委会组织法,乡、民族乡、镇的人民政府对村委会的工作给予指导、支持和帮助,但是不得干预依法属于村民自治范围内的事项。村委会协助乡、民族乡、镇的人民政府开展工作。可见,村委会不是乡镇政府下属机构,而是农村群众性自治组织。因此,乡镇政府不能用行政手段任命、委派和撤换村委会成员。不能直接改变、撤销村委会做出的决定,不能向村委会下达行政命令,更不能直接干预依法属于村民自治范围内的事项。而应当主动对村委会进行指导、支持和帮助,通过宣传、培训等方式,引导村委会依法开展自治活动,帮助村委会解决遇到的困难,积极为村民自治铺路导航。这也是法律赋予乡镇政府的一项职责。当前乡镇政府指导村委会工作的内容主要有以下几个方面。

——指导和支持村委会正确理解和贯彻国家法律、法规和党的方针、政策。教育村民自觉履行公民和村民义务,积极完成征兵、交纳税款和统筹提留以及粮油订购、计划生育等任务。

——指导、帮助村民依法搞好村民自治。主要包括:搞好村委会民主选举,使村委会成员具有深厚的群众基础;开好村民会议,确保凡涉及村民利益的重要事项提请村民会议或村民代表会决定;制定好村民自治章程和村规民约,建立村民自我管理的约束机制;搞好村务公开,推进村级民主监督。

——指导村委会建立健全与村民自治有关的村务规章制度。当前应重点指导村委会建立健全依法选举村委会成员的民主选举制度;以村民会议或村民代表会为主要形式的民主决策制度;以村务公开、民主评议和村委会定期报告工作为主要内容的民主监督制度;以规范村委会成员工作和行为为内容的岗位责任制。实现村务活动照章办事,推进村民自治的规范化、制度化。

——指导和支持村委会发展集体经济,健全农业产销服务体系,搞好产前、产中、产后服务,管理好属于村民集体所有的土地和其他财产。根据乡镇区域经济发展计划,指导村委会制定村级经济发展和建设计划,并在资金、技术、人才、设备等方面给予支持。

——根据乡镇教育、科技、文化、卫生、体育等社会事业发展规划,指导和支持村委会制定村级公益事业和公共事业发展规划,办好文教卫等公共、公益事业。指导村委会抓好社会治安综合治理,加强社会主义精神文明建设。

——指导村委会处理好对内、对外的各种关系,正确处理村委会与村其他组织的关系以及村际关系,积极支持青年、妇女、民兵等群众组织开展工作。

乡镇政府只有在上述范围内对村委会工作进行指导,才能保证乡镇政府在村民自治中,既不失职,又不越权。

乡镇政府指导村委会工作的方式。根据一些地方的成功实践,乡镇政府支持和帮助村委会工作的方式主要有以下几个方面。

——制定目标责任制。乡镇政府要将对村委会工作进行指导的内容,纳入乡镇政府工作目标责任制进行考核。要设立专门指导组织,建立岗位责任制。要将指导村委会工作,推进村民自治列入乡镇政府的重要议事日程,定期研究,突出重点,分类指导。

——根据乡镇国民经济和社会发展计划,制定指导性的工作计划,供村委会在制定三年任期目标和年度工作计划时参考。

——典型示范和推广经验。如评选先进典型,介绍村民自治各种成功经验,建立村民自治示范村,以点带面,以示范的方式引导村委会工作。

——培训村委会成员。乡镇政府要采取多种形式对村委会成员进行法律和业务培训，提高村委会成员的政治素质、法律意识、政策水平和工作能力。

——检查监督和行政奖励。乡镇政府要定期检查监督村委会的工作，定期审计村级财务，对先进典型要给予奖励，以激励先进，鞭策后进。

——经济支持。乡镇政府对经济不发达的村，应当给予财政补贴，以帮助其办理公共事务。要协助引进人才、争取贷款、减免税收，提供市场信息，帮助开拓市场。

——建立村民自治章程、村规民约的备案审查制度，以保证其合法性，确保村民自治依法进行。

——协调解决村内矛盾或者外部纠纷。

村委会对乡镇政府的工作应当依法予以协助。村民自治是在法律范围内的自治，村委会必须履行国家法律规定的各项义务。村委会组织法规定，村委会协助乡、民族乡、镇的人民政府开展工作。村委会不能因为和乡镇政府没有行政隶属关系，就不接受乡镇政府的指导，不履行法定的义务，甚至与乡镇政府对着干。

村委会协助乡镇政府开展工作，这是村民自治的一项重要内容。每一个村委会都应当切实担负起这项责任，积极配合乡镇政府依法完成有关的各项工作。村委会也应当向广大村民宣传宪法、法律和国家政策，教育和推动村民履行法律规定的义务。

三、正确处理村民会议与村民代表会的关系，保障村民直接行使民主权利

会议认为，村民代表会是广大农民在贯彻村委会组织法(试行)的实践中创造的一种决策形式。这种方式有利于村委会与村民的沟通，便于议事，村委会组织法肯定了这种形式。但在执法过程中，有些地方用村民代表会替代村民会议，不召开村民会议，或者由村民代表会决定村内一切重大事项。这种做法是与立法宗旨不相符的。

会议指出，村委会组织法的基本精神是村民实行直接民主。根据该法规定，村民会议是村民实行民主自治的权力基础和基本形式，它选举产生村委会并监督其工作，决定涉及村民利益的重大事项。只有在人数较多或者居住分散，召开村民会议比较困难的村，才可以召开村民代表会，而且只能讨论决定村民会议授权的事项。可见村民代表会只是村民会议的一种辅助形式。因此，在法律实施中，凡是条件具备，能够直接召开村民会议的地方，都应当用村民会议的形式决定村内的重大事项。由于条件限制需要召开村民代表会的地方，也要积极完善村民代表会的运行机制，让村民充分行使民主权利。但是，必须强调的是，法律规定应由村民会议决定的重大事项，如村委会成员的选举和罢免等事项，不能列入向村民代表会授权的范围，不能由村民代表会决定，而应召开村民会议决定。

村委会组织法规定，村民代表会讨论决定的事项，必须有村民会议的授权。但村民会议如何向村民代表会授权，哪些事项可以授权，授权要经过哪些程序，村委会组织法没有具体规定。为解决这个问题，各省、自治区、直辖市人大常委会可以根据村民委员会组织法的授权，在不违背村委会组织法的立法宗旨，保证村民真正实现自治权利的前提下，结合本地区的实际情况，在村委会组织法的实施细则中加以规定。已经制定实施细则的，可以通过补充规定加以完善。

四、贯彻实施村委会组织法，必须充分发挥各级人大的监督保障职能

会议认为，根据村委会组织法的规定，地方各级人大和县级以上地方各级人大常委会在本行政区域内保证本法的实施，保障依法行使自治权利。为了完成党和人民赋予人大的这一历史使命，一方面，各省、市、自治区的人大常委会要结合本行政区域的实际情况，制定和完善实施村委会组织法的地方性法规。另一方面，各级人大要在党委的领导下，加大监督力度，通过行之有效的监督，支持帮助有关部门做好执法工作，保证村委会组织法的全面落实。

(一)加紧制定和完善实施村委会组织法的地方性法规

会议认为，村委会组织法为在全国农村开展村民自治确立了基本原则和主要规范。但是，由于我国是一个农业大国，幅员辽阔，地区之间的经济和社会发展也不平衡。针对法律实施中的一些具体问题，需要各地尽快根据本地区的发展水平、地理条件、民族结构等实际情况，在不与法律、行政法规相抵触的情况下，积极、审慎、创造性地制定与之相配套的地方性法规。

制定地方性法规，要从维护广大村民的根本利益出发，坚持权利和义务相统一的原则，把村民依法享有的民主权利和应尽的法律义务都尽可能予以明确规定。要坚持走群众路线，广泛征求社会各方面意见，尤其是要充分发扬民主，直接听取村民的意见，使制定的地方性法规真正体现广大村民的意见和要求。

各省、自治区、直辖市人大常委会在完善地方立法的同时，还应注重推动政府及其主管部门制定和完善推行村民自治的各项规章制度。

（二）加强各级人大及其常委会对《村委会组织法》实施情况的检查监督

会议强调，监督法律的贯彻实施是各级人大常委会的一项重要职能。人大必须加强对村委会组织法实施情况的检查监督。要不断改进和完善监督方式，促进执法部门依法行政，制止和纠正有法不依，执法不严，违法不究的现象。人大的执法监督包括两方面。一是启动执法机关内部的监督机制，即督促行政执法机关实行执法责任制，以自查、复查等形式，解决其内部存在的执法问题。二是启动人大自身的执法监督机制，即发挥人大集体行使权力的优势，对法律的实施情况进行检查、监督。执法监督要精心部署，综合运用听取工作汇报、个案调查和督促整改等措施。监督的重点内容是推行村级民主选举、民主决策、民主管理、民主监督的情况。为了增强监督工作的针对性，还可通过代表视察，专题调研，处理群众来信来访，办理代表批评、意见和建议等方式，督促政府有关部门认真贯彻实施村委会组织法，促进农村基层民主政治建设。

与会同志一致认为，本次研讨会坚持理论联系实际，以指导推动工作为宗旨，既是深入研讨村委会组织法的学习会，又是进一步推动村委会组织法贯彻实施的督导会。会议所取得的研讨成果，来自群众，源于实践，是集体智慧的结晶。因此，各地要相互交流、相互学习、相互促进、相互提高。村民自治是建设有中国特色社会主义民主政治的一个重要内容，也是一种全新的社会管理模式。这种管理模式和组织形式从产生到成熟，需要经历一个比较长的历史阶段。因此，依法开展村民自治是一项长期的工作任务。只要我们坚持党的领导，深入贯彻村委会组织法，不断发现和解决执法工作中出现的新情况和新问题，村民自治就一定会取得越来越丰硕的成果。

农业部、监察部《关于印发农村集体经济组织财务公开暂行规定》的通知

第一条 为了加强对农村集体财务活动的管理和民主监督，促进农村经济发展和农村社会稳定，根据国家有关法律、法规和政策，制定本暂行规定。

第二条 本暂行规定适用于按村或村民小组设置的社区性集体经济组织（以下称村集体经济组织）。

第三条 村集体经济组织实行账务公开制度。村集体经济组织应以便于群众理解和接受的形式，将其财务活动情况及其有关账目，定期如实地向全体村民公布，接受群众监督。

第四条 村集体经济组织应建立以群众代表为主组成的民主理财小组，对财务公开活动进行监督。民主理财小组应由村民大会或村民代表大会选举产生。

第五条 村集体经济组织财务公开的内容包括：

（一）财务计划：

1. 财务收支计划；
2. 固定资产购建计划；
3. 农业基本建设计划；
4. 兴办企业及资源开发投资计划；
5. 收益分配计划。

（二）各项收入：

1. 村提留、乡统筹费；
2. 发包及上交收入；
3. 集体统一经营收入；
4. 集资款；
5. 土地补偿费；
6. 救济扶贫款；
7. 上级部门拨款；
8. 其他收入。

（三）各项支出：

1. 生产性建设支出（包括购建生产性固定资产支出）；
2. 公益福利事业支出（包括购建公益性固定资产支出）；
3. 村组（社）干部工资及奖金；
4. 招待费支出；
5. 集体统一经营支出；
6. 救济扶贫专项支出；
7. 上交乡统筹费；
8. 其他支出。

（四）各项财产：

1. 现金及银行存款；
2. 产品物资；
3. 固定资产；
4. 对外投资；
5. 其他财产。

（五）债权债务：

1. 农户往来；
2. 内部单位往来；
3. 外部单位和个人往来；
4. 银行（信用社）贷款；
5. 其他债权债务。

(六)收益分配：

1. 收益总额；
2. 缴纳税金数额；
3. 提取公积金数额；
4. 提取公益金数额；
5. 提取福利费数额；
6. 投资分利数额；
7. 其他分配。

(七)农户承担的集资款、水费、电费、劳动积累工、义务工及以资代劳等情况。

第六条 村集体经济组织应在年初时公布财务计划，每月或每季度公布一次各项收入、支出情况，年末时公布各项财产、债权债务、收益分配、农户承担的集资款、水费、电费、劳动积累工和义务工及以资代劳等情况。

第七条 平时对于多数村民或民主理财小组要求公开的专项财务活动，村集体经济组织应及时单独进行公布；重要的财务活动，应及时逐项逐笔公布。

第八条 村集体经济组织财务公开，应主要以填写财务公开栏的形式张榜公布。财务公开栏应张贴在群众集中聚居地带、主要交通路口等群众方便阅览的地方。财务公开栏的样式由县级农村合作经济经营管理部门统一规定。

第九条 村集体经济组织公布的财务账目必须真实可靠。村集体经济组织在进行财务公开以前，应有民主理财小组参加，对全部财产、债权、债务和有关账目进行一次全面的核实。财务公开的内容要经乡(镇)农村合作经济经营管理部门审核认可，同时要有村集体经济组织负责人、民主理财小组负责人和主管会计签字。

第十条 村集体经济组织在财务账目张榜公布后，其主要负责人应安排专门时间，接待群众来访，解答群众提出的问题，听取群众的意见和建议。对群众在财务公开中反映的问题要及时解决；一时难以解决的，要做出解释。不得对提出和反映问题的群众进行压制或打击报复。

第十一条 村集体经济组织成员享有下列监督权：

(一)有权对所公布的财务账目提出质疑；

(二)有权委托民主理财小组查阅审核有关财务账目；

(三)有权要求有关当事人对有关财务问题进行解释或解答；

(四)有权逐级反映财务公开中存在的问题，提出意见和建议。

第十二条 村集体经济组织民主理财小组行使下列监督权：

(一)有权对财务公开情况进行检查和监督；

(二)有权代表群众查阅审核有关财务账目、反映有关财务问题；

(三)有权对财务公开中发现的问题提出处理建议；

(四)有权向上一级部门反映有关财务管理中的问题。

第十三条 乡(镇)政府承担下列指导和监督职责：

(一)指导和监督村集体经济组织依照本暂行规定，实行财务公开；

(二)指导和监督村集体经济组织建立健全财务公开制度；

(三)会同上级有关部门对财务公开中发现的问题进行查处。

第十四条 对违反本暂行规定的村集体经济组织，由乡(镇)政府责令其限期纠正；到期仍不纠正的，由乡(镇)政府依照有关规定给予有关责任人相应的处分。

第十五条 县乡两级应将执行本暂行规定纳入政府工作的目标管理，作为考核乡村干部的重要内容，定期检查和监督。

第十六条 本暂行规定适用于由村民委员会代行集体经济组织职能的村。

第十七条 本暂行规定自发布之日起实施。

公安部关于妥善处理村民委员会选举中发生的治安问题的通知

各省、自治区、直辖市公安厅(局)：

去年以来，一些地方在村民委员会换届选举过程中，连续发生扰乱现场秩序，阻挠选举工作正常进行的治安案件。有的基层公安机关在进行处置时，方法简单，使用警力和强制措施不当，有的还造成人员伤亡，在当地产生了不良影响。各级公安机关尤其是农村派出所要认真吸取教训，严格规范执法行为，杜绝此类问题的再度发生。为此，特通知如下：

一、提高认识，增强保护公民依法行使选举权利的自觉性

《中华人民共和国村民委员会组织法》明确规定，村民委员会采取直接选举的方式进行，国家依法保护村民的选举权和被选举权。这是我国民主法制建设进

程中的一件大事。但由于村民委员会直接选举在我国刚刚开始,选举组织工作经验不足,一些村民的民主、法律意识不强,还有不适应、不理解之处,影响民主选举工作顺利进行的治安事(案)件也时有发生。各级公安机关对此要有足够的认识,教育广大基层民警加强学习,增强法律意识,提高驾驭和处理这类事(案)件的能力。同时,各级公安机关要充分发挥职能作用,依法处理侵害公民民主权利的不法行为。

二、慎用和善用警力,妥善处理村民委员会选举过程中出现的治安问题

村民委员会选举过程中出现的治安问题不同于一般的治安案件,必须查明原因,区别不同情况采取相应的措施。对因一些基层干部漠视村民民主权利,违法、违规组织选举,或因工作方法简单、粗暴,侵害村民合法权益等而引发矛盾纠纷,只要未构成治安事(案)件的,一般不要出警;对选举现场出现混乱局面、影响选举工作正常进行的,经上级公安机关批准,可以派出必要警力到现场维护秩序,依法予以处置。对基层党政领导超越自身职权的出警指令,要拒绝执行,并报告上级公安机关。

三、讲究工作方法,慎用警械和强制措施,防止激化矛盾

公安机关在出警处置因村民委员会民主选举引发的治安事(案)件时,一定要讲究工作方法,坚持以教育、疏导为主,慎用警械和强制措施。处置现场一般不要采取强制性手段抓人、铐人、关押人,更不允许违反规定使用武器和警械。对极少数蓄意破坏民主选举的不法分子,需要采取强制的措施或进行治安处罚的,要在充分揭露其违法行为、取得绝大多数群众理解之后,把握有利时机依法执行。执行时,不得采取夜间偷袭等办法,以免被误解或利用,引发事端和冲突。

四、主动开展工作,配合党委、政府了解情况,化解矛盾

基层公安机关在村民委员会换届选举期间,要发挥基层工作的优势,主动深入到群众中去,了解掌握情况,收集治安信息。对那些宗族矛盾、治安纠纷突出,干群关系紧张的村组,要配合党委、政府提早化解矛盾,把选举中可能出现的治安问题解决在萌芽状态,确保民主选举工作的正常进行。

各地接此通知后,请即报告省、自治区、直辖市党委、政府,并及时传达到基层公安机关,认真贯彻落实。工作情况请及时报部。

(1999年6月28日)

民政部关于进一步推进乡镇政务公开工作的通知

各省、自治区、直辖市民政厅(局),各计划单列市民政局,新疆生产建设兵团民政局:

近年来,各级民政部门认真贯彻党的十五大和十五届三中全会精神,积极适应农村改革、发展和稳定的需要,解放思想,开拓进取,在普遍实行村务公开、全面推行村民自治的同时,指导乡镇政权机关不同程度地开展了政务公开工作,取得了初步成效。最近,中央纪委、监察部召开了“全国乡镇政务公开经验交流电视电话会议”,党中央、国务院领导同志出席会议,并发表了重要讲话。会议专题部署了乡镇政务公开工作,要求今年全国乡镇政府机关必须推行政务公开。这是在改革开放的新形势下,我们党加强乡镇政权建设、基层民主政治建设和党风廉政建设的又一重大举措,为了认真贯彻落实这次会议精神,进一步推进乡镇政务公开工作,特作如下通知:

一、进一步统一思想、提高认识,增强抓好乡镇政务公开工作的积极性和主动性

乡镇政权机关是国家政权机关的基层组织,是党和政府联系人民群众的桥梁和纽带,是党和政府在农村各项工作的落脚点。乡镇政府和县级政府部门所属的基层站(所)的工作直接与广大农民群众的利益密切相关。实践证明,推行乡镇政务公开是加强农村基层民主政治建设,保证农民群众在党的领导下行使民主权利,参与管理国家和社会事务的重要途径;是促进乡镇机关依法行政,实现依法治国基本方略,建设社会主义法治国家的重要环节;是乡镇干部改进工作作风,服务群众,提高工作效率,密切党群干群关系,促进经济和社会发展的重要保证;是强化对权力的监督制约,预防和治理腐败的重要措施。搞好乡镇政务公开,对于正确处理乡镇政府工作中的各种问题和当前农村的热点、难点问题,对于落实党的农村的各项方针、政策,对于促进农村改革、发展和稳定,都具有极其重要的意义。

民政部门是负责城乡基层政权建设工作的政府职能部门,对于推动乡镇政务公开工作,负有义不容辞的责任。各级民政部门要从全局和战略的高度,深

刻认识中央关于在乡镇机关全面推行政务公开制度的重要性和紧迫性。乡镇政务公开工作抓得早、工作基础比较好的地方，要克服骄傲自满和松劲情绪，以学习贯彻这次中纪委会议精神为契机，认真总结过去的实践经验，不断研究新情况，解决新问题，推进乡镇政务公开的巩固、深化和提高；这项工作抓得较晚，基础比较薄弱的地方，更要增强积极性和主动性，克服畏难情绪，认真贯彻中央的各项要求，抓住当前党政领导重视乡镇政务公开的有利时机，加大力度，切实把乡镇政务公开工作作为农村基层政权建设的重要内容抓紧抓好，抓出成效。

二、进一步规范内容，健全制度，增强乡镇政府政务公开的针对性和实效性

要根据中纪委会议的要求和各地的实际情况，进一步规范乡镇政务公开的内容。今后乡镇政府政务公开的主要内容：一是乡镇政府行政管理、经济管理活动中需要向群众公开的事项，包括乡镇政府及有关部门的年度工作目标及进展情况，乡镇年度财政预算及执行情况，上级政府或政府部门下拨的专项经费及使用情况，乡镇集体企业及其他经济实体承发包、租赁、拍卖等情况，乡镇工程项目招投标及社会公益事业建设情况等。二是乡镇政府和县级政府部门所属的基层站（所）应当公开与履行职务有关的事项，包括工作人员工作职责、办事依据、办事程序、办事纪律、办事期限、办事结果和监督办法，收费、罚款标准和收缴情况等。三是与村务公开相对应的事项，主要包括乡村税费的收缴、使用情况，计划生育情况，征用土地及土地补偿费、安置补助费的发放情况，各村宅基地审批情况，水电费价格及收缴情况，救灾救济款物发放、优待抚恤情况等。上述情况都要向群众、企业事业单位公开。此外，领导干部的廉洁自律情况，机关内部的财务收支情况，招待费、差旅费的开支使用情况等也要对本机关干部职工公开。

要指导乡镇政府依法建立健全推行政务公开的各项制度，以制管人，以章理事。如，乡镇政府机关内部制约监督制度、乡镇政府定期向人大报告工作接受监督的制度、群众代表议政制度、民主评议制度、监督检查制度、考核奖惩制度等等。各项制度建立以后，要认真贯彻执行，严格按制度办事，保证政务公开制度化、规范化和经常化。

要把推进乡镇政务公开与近年来民政部门推行的乡镇政府规范化建设结合起来，以确保公开的真实可信。公开的内容、程序和制度要随着乡镇经济和社会发展的变化逐步深化、完善。不仅要把办事程序、结果公开，方便群众办事，还要注意把办事结果的决定过程向群众公开，让群众知晓政府的决策是公正的，增强对结果的认同和信服；不仅要对群众公开，接受群众监督，还要对企业事业单位和人民团体公开，接受与政府部门有工作联系的单位、团体的监督。政务公开的方式和时间都要从各地实际和政务特点出发，因时因地制宜，方便群众，注重实效，防止形式主义。

三、以政务公开带动村务公开，使乡村两级公开相互促进，协调发展

近几年来，村务公开工作取得了可喜的成绩，为乡镇政务公开积累了经验。但这项工作开展得还很不平衡，有相当一部分农村的村务公开还存在这样或那样的问题，农民群众还不很满意。因此，在推进乡镇政务公开时，仍然不能放松或忽视村务公开工作，要处理好乡镇政务公开和村务公开的关系，抓好二者的衔接配套：一是公开内容的对应性，乡镇政务公开和村务公开相同的部分，要保持一致，相互对应，做到群众不论是从乡镇了解到的，还是在村中了解到的，都应上下一致，真实可信；二是公开目标的一致性，不论乡镇的政务公开，还是村庄的村务公开，都要将公共权力的运行置于群众和社会的监督之下，做到公事公办，实事实办，“还群众一个明白，给干部一个清白”；三是民主评议的集中性，各地在开展民主评议，听取群众意见时，既要征求对乡镇政务公开工作的意见，也要听取群众对村务公开的意见和建议，以便发现问题，找到解决办法；四是组织领导的整体性，各地要对乡镇政务公开和村务公开，一并部署，一并督促检查，做到统一领导，分层实施，实现以乡镇政务公开来带动和推动村务公开，以村务公开促进乡镇政务公开，形成上下联动、协调发展、整体推进的局面。

四、要将乡镇民政所（办公室）建设成乡镇政务公开的模范单位

乡镇民政所（室）是乡镇政府的组成部分，既肩负着参与指导村务公开的重要责任，又直接办理着许多与人民群众切身利益密切相关的事情。因此，在公开政务、依法行政、接受监督、服务群众方面，应当身体力行，率先垂范。各地乡镇民政组织要在当地党委、政府的统一领导下，把政务公开作为一项基本制度长期坚持下去。在做好把乡镇民政岗位责任人的姓名、具体的岗位职责、办事依据、办事程序、服务承诺、投诉渠道等等公之于众的基础上，当前和今后一个时期，要着重抓好以下事项的公开：一是公开救灾救济款物

发放,包括发放政策、收发数额、发放程序、发放结果等;二是公开优待抚恤金发放,包括享受定期抚恤金和定期生活补助的优抚对象身份确定的条件,向县级民政部门申报评残、批烈的条件与程序,每年发放抚恤、补助经费的情况,优待金统筹标准、统筹人数、统筹办法、优待标准、优待人数、发放时间、组织形式、办事时间和结果等;三是公开"五保"供养情况,包括"五保"对象的条件、人员名单、供养标准和实际享受的供养水平、乡镇办敬老院的经费、伙食、生产经营账目等;四是公开婚姻登记,包括婚姻登记的条件、要求、登记程序、管理制度和收费项目及其标准等。此外,一些地方的临时救济、定期补助、殡葬服务、收养、部分地方的最低生活保障金等有关民政业务,也是群众关注的事项,都要参照相关政策法规和有关岗位职责制定相应的公开内容。

五、加强领导、狠抓落实,推动乡镇政务公开的健康发展

乡镇政务公开是一项综合性很强的工作,要按照中纪委会议确定的"由党委统一领导,政府主抓,有关部门积极参与,有步骤、有秩序地推进"的要求进行。无论这项工作的具体办事机构是设在民政部门,还是设在别的部门,民政部门作为负责基层政权建设日常工作的职能部门,都要发挥组织协调作用,主要领导要亲自过问,分管领导要亲自抓,业务处(室)更要具体抓。要在以下五个方面为党委和政府当好参谋:一是搞好调查研究,弄清乡镇政务公开工作的现状和问题,为党委和政府制定乡镇政务公开方案和规划,解决政务公开工作中存在的实际问题,提供可靠的依据。二是要搞好协调,在党委政府的领导下,会同纪检、监察部门搞好协调工作,形成各涉农部门齐抓共管的局面。三是搞好典型培育、总结、推广工作,以点带面,分类指导,尤其是在如何搞好建章立制和实施公开程序、内容、形式等方面给予指导,对乡镇提出的问题要帮助解决。对于政务公开工作中涌现出的好经验、好做法,要及时宣传和推广。四是要搞好监督检查,正确引导,及时把握政务公开工作的发展方向。五是搞好乡镇政务公开的教育培训。各地在兴办乡村干部培训时,要加大乡镇政务公开的培训内容,使更多的乡村干部掌握开展政务公开的基本知识,消除顾虑,积极投身到政务公开中去。今后,各级民政部门在开展先进乡镇和村民自治模范单位的评比表彰活动中,都要将政务公开作为评选表彰的重要条件,以推动乡镇政务公开工作健康持久地开展下去。

(2000年8月10日)

财政部关于在全国乡镇财政所建立和推行政务公开制度的通知

(财预〔2000〕125号)

为贯彻落实党中央关于在全国城乡基层政权机关实行政务公开的指示精神,进一步扩大基层民主,密切党和政府同人民群众的联系,保证人民群众对乡镇财政政务的知情权,进一步加强财政系统党风廉政建设,财政部决定,在全国乡镇财政所全面建立和推行财政政务公开制度,特通知如下:

一、乡镇财政政务公开的重大意义、指导思想和基本原则

乡镇政权机关是国家政权机关的基层组织,是党和政府农村工作的落脚点,是党和政府联系人民群众的桥梁和纽带。乡镇财政所是乡镇政府的重要职能部门,能否依法行政,与保障公民权利密切相关。全面推行乡镇财政政务公开制度,有利于加强农村基层政权建设,有利于推动党在农村各项政策的落实,有利于乡镇财政干部队伍建设,提高乡镇财政部门依法行政的水平。

推行乡镇财政政务公开必须坚持以邓小平理论和党的基本路线为指导,按照党的十五大精神和江泽民同志"三个代表"重要思想的要求来进行。各级财政部门要坚决贯彻全国乡镇政务公开经验交流电视电话会议精神,认真执行李岚清副总理在1999年全国财政工作会议上提出的具体要求,围绕基层民主政治建设和依法行政,以公正、便民和廉政、勤政为基本要求,以监督制约行政权力的行使为着力点,进一步促进财政工作的公开、公正、规范和高效运行。

推行乡镇财政政务公开应当遵循以下原则:(一)依法公开的原则。乡镇财政政务公开应当依照《预算法》及其他法律法规执行。(二)真实公正的原则。公开的内容应当真实可信。办事的结果应当公平公开。围绕群众关心的热点问题,不回避矛盾,不推卸责任,实事求是,取信于民。(三)注重实效的原则。要从实际出发,突出本部门业务特点,简洁明了,讲求实效,防止形式主义。(四)方便群众,有利监督的原则。要积极探索并采取行之有效的形式,方便群众知情,方便群众办事,便于人民群众对乡镇财政工作的监督。

二、乡镇财政政务公开的内容

乡镇财政政务公开包括对群众、企业事业单位公开和对机关干部职工公开。

对群众、企事业单位公开的主要内容是：(一)乡镇财政管理活动中需要向群众公开的事项，包括：乡镇年度财政预算及执行情况；财政支农奖金的投放情况及使用效果；农业税、牧业税、农业特产税、农村教育费附加及其他税费的征管政策、任务、进度和减免情况；上级政府或部门下拨的专项经费及使用情况；乡镇集体企业及其他经济实体承发包、租赁、拍卖等情况；预算外资金和基金征收的政策依据、征收标准和票据领用情况；会计专业职称考试管理等。(二)与村务公开相对应的事项，包括：乡村农业税、牧业税、农业特产税、农村教育费附加及其他税费的收缴、使用情况；各村由乡代管资金的收支情况；征用土地及土地补偿费、安置补偿费的使用情况；财政扶贫资金的使用情况；救灾救济款物发放情况；优待抚恤资金的管理情况等。(三)明示办事程序及规则，包括：乡镇财政所工作职责、办事依据、办事条件、办事程序、办事纪律、办事期限等。

对本机关干部职工公开的主要内容是：机关内部的财务收支情况；招待费、会议费、电话费、差旅费、医疗费的开支使用情况；机关食堂开支情况；干部交流、考核、奖惩情况等。

当然，尤其要配合农村税费改革的宣传工作，加大财政政务公开的力度。试点地区要定期公布本乡镇税费改革的进展情况，利用多种政务公开形式，向农民做好宣传解释工作，使改革得到人民群众的拥护与支持。

三、乡镇财政政务公开的形式

各地财政部门要在借鉴试点地区有益经验的基础上，结合自身的环境特点和工作实际，本着实用、方便、节俭的原则，积极探索行之有效、群众喜闻乐见的乡镇财政政务公开形式，如会议、文件、广播、简报、明白卡、宣传栏、便民手册、电子触摸屏等。要做到挂牌办公、机关示意图上墙、办事程序上墙、办事依据和收费标准上墙、办事结果上墙。

公开的时间要与公开的内容相适应。乡镇财政部门的办事依据和收税、收费、执罚标准等，要长期公开。年度预算与执行、财务收支等要在履行必要的法律程序后定期公开。其他群众关心的重要事项，要随时公开。

四、监督检查措施

乡镇财政部门要自觉接受乡镇人民代表大会的监督，财政预决算要经人民代表大会审议通过后公开。

对于涉及群众切身利益的重要事项，每一次公开后，都要认真听取群众的意见。对群众提出的合理建议，要积极采纳。要建立财政政务公开档案制度。及时，全面、如实地登记每次公开的时间、内容、审核领导。

要做到"四有"。即有社会监督员、有举报箱、有举报电话、有意见工作簿，认真收集群众意见，鼓励干部群众积极参与和监督。

五、组织领导

乡镇财政所要按照所在县(市)和乡镇党委、政府的统一安排开展政务公开工作；地方各级财政部门要加强乡镇财政政务公开工作的具体指导。

所有建立财政机构的乡镇，要按照党中央、国务院的统一部署，确保今年内全面推行财政政务公开制度。已经起步的，要根据本通知的要求，进一步完善、提高和形成规范、制度，长期坚持下去。

城市街道财政机构要参照本通知的规定，做好街道财政政务公开工作。

各省、自治区、直辖市和计划单列市财政部门应根据本通知精神，结合实际，制定具体实施办法。

国土资源部关于贯彻落实全国乡镇政务公开经验交流电视电话会议精神的通知

(国土资发[2000]208号)

目前，中央纪委、监察部召开了全国乡镇政务公开经验交流电视电话会议。按照中央的要求，国土资源部已就全面推进依法行政做出系统部署，并把政务公开作为依法行政的重要内容来抓。为贯彻好这次会议精神，扎扎实实地推进国土资源管理政务公开，特别是县(市)、乡(镇)国土资源管理政务公开工作，特作如下通知：

一、提高认识，积极推进乡镇国土资源管理政务公开

推行政务公开是党中央的重大战略决策，是贯彻落实江总书记"三个代表"重要论述的具体体现。中央领导强调，政务公开的根本目的是为了接受监督。政府机关接受群众监督主要是两个方面，一是政府及其工作人员是不是勤政，一是政府及其工作人员是不是廉政。中央纪委四次全会明确要求，"今年，全国范围的乡(镇)政权机关都要推行政务公开，有条件的县、地(市)级等政权机关也可以实行政务公开。"国土资源管理工作联系着各行各业、千家万户。将国土资源管理工作纳入县(市)、乡(镇)政务公开的基本内容，

不仅对于改进基层政府的工作，而且对于促进国土资源管理依法行政，建立廉洁勤政务实高效的国土资源管理系统，都具有十分重要的现实意义。

二、采取措施，尽快建立县(市)、乡(镇)国土资源管理政务公开制度

目前，各地在基层国土资源管理实践中，已经摸索出政务公开方面许多行之有效的具体方式和做法。根据中央要求，结合国土资源管理工作的特点，部决定在实践的基础上大力推行以下政务公开制度：

(一)改进行政审批程序，建立市场配置资源性资产机制

国土资源使用权益的分配直接涉及人民群众的根本利益。国土资源部门具体履行着多种行政审批权，受到社会的广泛关注。县(市)、乡(镇)国土资源管理局、所在承办用地、采矿等项业务时，一方面要实行受理与办理公开的制度，采取窗口式办公，一个窗口进一个窗口出，把精干的人员放到“窗口”实行优质的服务，并公开工作流程与时限要求。在履行许可事项的审批时，要严格按法定程序办事，尽量采取会审制度，防止一个人或一个科室说了算；另一方面，通过探索建立有形市场等方式，大力推进和逐步建立市场配置资源性资产的机制。对经营性房地产必须采用招标、拍卖方式供应土地，其他经营性用地也要实行招标、拍卖。探索推进探矿权、采矿权的依法公开招标、拍卖。

(二)公开办事程序、办事标准和办事结果

县(市)、乡(镇)国土资源管理局、所，对与人民群众密切相关的土地登记、土地特别是宅基地使用审(报)批、探矿权与采矿权登记等，要创造条件张挂图表、采取滚动显示屏等方式来公开办事程序，办事标准和办事结果，力求让群众能一目了然。

(三)建立政务信息定期公开披露和可查询制度

对与人民群众利益相关的、人民群众可以参与管理、监督的政务信息，逐步实行定期披露。县(市)、乡(镇)国土资源管理局、所应采取措施公布乡(镇)土地利用总体规划、基本农田保护区调整批复、土地使用权招标拍卖结果、宅基地安排和批准情况、土地登记、探矿权、采矿权情况、资质评审结果等重大事项。

凡对涉及公民、法人具体财产权利的政务信息，实行可公开查询的制度。重点是土地登记发证信息、探矿权与采矿权信息、地价信息、土地、矿产税费信息、国土资源规划信息等。

(四)建立新型民主决策制度

涉及公民、法人利益的重要政策，出台前均要广泛听取群众意见，要逐步推行听证制度和专家咨询制度。防止局部和短期利益影响多数人民群众的根本利益。

(五)建立对行政权力的群众监督与责任追究制度

建立投诉受理制度，群众可以向上级管理部门投诉，受理单位应当在规定期限内给予答复。群众也可向同级和上级纪检监察部门投诉。依法保护当事人申请行政复议的权利。建立行政过错追究制度，对违犯法纪、滥用权力，或把关不严、执法不力等造成严重后果的行为，依照规定追究经办人、审核人直到批准人的责任。

三、加强监督管理，确保各项政务公开制度的落实

推行政务公开是行政管理工作的重大改革，是随着社会主义民主和法制的发展对政府管理方式的必然选择。国土资源管理系统全面推进政务公开、依法行政，是一项长期、艰巨的任务，是新时期实现国土资源管理方式根本性转变的有效途径。我们要以贯彻中央纪委会议精神为契机，大力推进和完善县(市)、乡(镇)包括国家、省(自治区、直辖市)、地(市)国土资源管理政务公开工作，狠抓制度建设，建立监督机制，保证各项政务公开措施的落实。部责成省级国土资源管理部门年内对本辖区的县(市)、乡(镇)国土资源管理政务公开工作进行检查和总结。一方面，要及时交流推广先进经验，研究解决群众反映大的热点问题；另一方面要在今年内将检查结果书面报部依法行政领导小组办公室(设在部政策法规司)。部将对检查结果进行抽查，并对抽查结果予以公布。

部决定将政务公开等依法行政措施的落实情况，作为考核地方各级国土资源行政管理部门领导工作的一项重要内容。对政务公开等依法行政的各项指标进行分解，制订考核指标体系，年终进行逐级考核。对成效突出，群众反映好的地方，要给予表彰和奖励；对拖延不做或敷衍了事的地方，特别是群众意见大的地方，要采取组织措施和行政手段予以处理。

各级国土资源管理部门要与纪检监察部门的纪律检查工作紧密配合，对热衷于暗箱操作，个人说了算，拒不实行政务公开的地方，在抽查、检查的基础上，追究领导人的党纪政纪责任。各级国土资源管理部门要认真学习、贯彻全国乡镇政务公开经验交流电视电话会议精神，结合部《关于全面推进依法行政的实施意见》和《2000年全面推进依法行政工作要点》的

实施，在稳步推进国土资源管理依法行政的同时，集中力量抓好县(市)、乡(镇)国土资源管理的政务公开工作，省级和地(市)级国土资源管理部门要积极创造条件，力争两年内在全系统全面建立政务公开制度，使国土资源管理工作上一个新的台阶。

农业部关于积极参与和推进乡镇政务公开工作的通知

(农办发[2000]12号)

为进一步落实中央纪委第四次全会提出的“今年，全国范围的乡(镇)政权机关都要推行政务公开”的要求，根据全国乡镇政务公开经验交流电视电话会议精神，现对各级农业部门积极参与和推进乡镇政务公开工作的有关问题通知如下：

一、提高认识，明确目标，在各级党委和政府的领导下开展乡镇政务公开工作

在乡镇政权机关实行政务公开，是落实党的十五大精神，在农村发展社会主义民主政治的具体体现，是加强基层政权建设的重要任务，与建立社会主义市场经济体制的要求相适应，符合我国农村的实际情况和广大人民群众的迫切要求。搞好乡镇政务工作，对于促进依法行政、依法办事、建立廉洁勤政务实高效的乡镇政权机关和加强农业部门设在乡镇的基层单位的建设都具有重要意义。同时，也是从源头上预防和治理腐败，加强农村党风廉政建设的重要措施。

各级农业部门要组织干部职工认真学习江泽民同志“三个代表”的重要思想，以“三个代表”重要思想为指导，充分认识和理解搞好乡镇政务公开与发展农村社会生产力、发展社会主义民主政治和实践党的群众路线，维护好人民群众根本利益的内在联系，特别是要结合农业、农村经济和农村社会发展出现的新情况、新问题、新特点的实际，充分认识实行乡镇政务公开的必要性和紧迫性。

根据中央纪委的要求，乡镇政务公开工作要在各级党委、政府的统一领导和部署下进行，有关职能部门在乡镇设立的基层单位要与乡镇政权机关同时实行政务公开。农业和农村工作在乡镇工作中占有突出的地位，农业部门在乡镇设立的各种类型的基层单位直接面向群众，为群众服务，与群众利益息息相关，工作成效和工作人员的形象事关党和政府的威信。各级农业部门要在当地党委和政府的统一部署下，切实履行好职责，一方面要主动配合有关部门搞好工作，另一方面也要搞好自身的政务公开工作。

二、农业部门在乡镇设立的基层单位都要实行政务公开

从今年起，农业部门在乡镇设立的基层单位都要实行政务公开。根据农业部门的职责和农村的实际情况，农业部门在乡镇设立的基层单位实行政务公开，要坚持以下原则：一是依照国家法律法规和党的政策需要向群众公开的都要进行公开。二是公开的内容要真实，办事的结果公平公正。三是注重实效，从实际出发，突出重点，防止形式主义。四是方便群众，有利于监督。五是与财务公开相衔接，借鉴村集体经济组织实行财务公开工作的经验，并且把两者结合起来。

农业部门在乡镇设立的基层单位实行政务公开的工作目标是：有利于农村工作，提高办事效率；强化群众监督，遏制消极腐败现象；严格依法管理，提高依法行政水平；落实民主决策、民主管理、民主监督制度，推动基层民主政治建设进一步加强。

农业部门在乡镇设立的基层单位实行政务公开的主要内容是：一是党和国家在农业和农村的政策特别是土地承包和涉及减轻农民负担的有关政策；二是农业部门涉及向群众收费服务的法规依据、收费项目、收费标准以及农业部门为群众服务的办事内容、办事程序、办事时限、办事纪律和办事结果；三是乡镇统筹费、村财乡管的村提留征收和使用情况；四是乡镇集体经济组织向乡镇政府上缴的收入和开支情况；五是乡镇集体资产管理运作的情况；六是基层单位内部与职工切身利益密切相关的事项，如领导干部廉洁自律、财务收支、经费使用、公车维修和职工福利事项等。

按照实行乡镇政务公开的要求，农业部门当前要做好以下四个方面的基础性工作：一是要汇集整理农村政策和农业法律、法规、规章，便于群众学习掌握；二是认真整理农业部门的办事依据、办事内容、办事程序、办事标准、办事时限、办事纪律等，便于群众了解和监督；三是理清近年来乡镇集体资产管理、乡镇统筹费征收和使用情况，便于适时向群众公开；四是加强对政务公开有关知识的学习和培训，打好工作的基础。

三、农业部门设在乡镇的各基层单位要明确责任，密切配合

各级政府农业和农村工作的职能部门特别是工作系统延伸到乡镇的行业或系统的管理部门，要根据本行业、本系统的工作特点，提出本行业、本系统在乡

镇设立的基层单位实行政务公开的工作要求,并对其进行组织、指导、监督和检查。农业部门设在乡镇的基层单位都要根据自己工作的特点、实际情况和乡镇政务公开工作的要求,建立实行乡镇政务公开的规章制度,对乡镇政务公开的内容、形式、标准、组织协调、监督检查等进行规范。要把参与和推进乡镇政务公开的工作实绩作为考核农业部门工作成效的重要内容。对工作成效显著的要要给予表彰,对工作不力的要进行批评,促其改进,提高工作水平。

四、加强管理,严格监督,切实解决在乡镇政务公开工作中遇到的问题

只有围绕农业、农民和农村的热点和难点问题进行政务公开,才能增强乡镇政务公开工作的针对性,取得实际效果。对实施乡镇政务公开过程中群众反映的问题,各级农业部门务必高度重视,切实加以解决。对在乡镇政务公开中涉及的农民关注的热点问题,如乡镇统筹费的收支情况,涉及农民负担的政策和标准、集体资产的管理和运行、土地承包政策执行情况等,要特别注意倾听群众的意见和反映,力所能及地解决群众提出的问题,接受群众的监督。对公开过程中群众的举报或反映的问题,涉及农业部门工作人员违纪的,要认真调查处理。对反映农业部门工作上的问题,要引起重视,坚决纠正。对群众的要求和愿望,只要是工作职责范围内可以解决的,要尽力予以解决,不能拖延。

各级农业部门的纪检监察组织要加大监督的力度,对不按中央要求实施政务公开,搞假公开,或群众意见大的农业基层单位,要认真核查情况,该追究领导责任的要追究领导责任,严重违纪的,要给予党纪政纪处分。

五、深入调查,加强指导,总结推广典型经验

当前,大多数乡镇实行政务公开还处于起步阶段。为保证这项工作顺利进行,取得成效,各级农业部门一方面要大胆探索,勇于探索,勇于实践,另一方面要善于从实践中总结经验,发现和推广先进典型。各级农业部门要加大调查研究的力度,深入实际,深入基层,认真细致地开展工作。要特别注重实行乡镇政务公开的实际效果,避免为公开而公开,力戒形式主义。要通过开展乡镇政务公开工作,使农业部门的干部进一步接受群众监督,为群众办实事,提高工作水平,为农业和农村经济的发展做出贡献。

国家税务总局关于在全国税务系统进一步实行文明办税“八公开”的意见

(国税发〔2000〕144号)

最近,中央纪委、监察部召开了“全国乡镇政务公开工作经验交流电视电话会议”,为了更好地实践江泽民同志关于“三个代表”的重要思想,贯彻落实会议精神,加强对税收执法权和行政管理权运行过程的监督,坚持依法治税,巩固文明办税成果,国家税务总局要求,在全国税务系统进一步实行文明办税“八公开”,现提出如下意见:

一、提高认识,统一思想,进一步实行文明办税“八公开”

按照党的十五大提出的“坚持公平、公正、公开的原则,直接涉及群众切身利益的部门要实行公开办事制度的要求,近年来各地税务部门根据国家税务总局的统一部署,在推行政务公开中,结合税务部门的工作特点和各地区的实际情况,以承诺制、公示制等形式,在基层征收单位普遍实行了文明办税“八公开”,从而较好地规范了税务干部的行政行为,加强了税收执法的监督,促进了行业风气的好转,树立了税务部门的良好形象,保证了税收任务的圆满完成,为国家经济持续、稳定、健康地发展做出了积极的贡献。同时也要看到,在文明办税“八公开”的实行过程中还存在着认识不够到位,发展不够平衡,操作不够规范和监督评价机制不够健全等问题。对此,各级税务部门和广大税务干部必须从思想上进一步提高认识,从工作上进一步加大力度。

税务部门作为国家经济执法部门,肩负着为国聚财的神圣使命,其工作的好坏,直接关系到江泽民同志关于“三个代表”的要求在全国税务系统的贯彻落实,直接关系到国家改革发展和稳定的大局。广大税务干部特别是领导干部要从全局和战略的高度,深刻认识实行文明办税“八公开”的重要意义。

实践证明,实行文明办税“八公开”增加了税收执法透明度,使税务部门的执法行为置于广大纳税人的监督之下,有利于增强广大税务干部依法治税的自觉性,促进勤政廉政建设;有利于增强纳税人的依法纳税意识和协税护税积极性;有利于办事公平、公开、公正,改善征纳双方关系,树立税务部门的良好形象。因此,在税务系统进一步实行文明办税“八公开”是贯彻党的“依法治国”基本方略的需要;是社会主义市场经

济条件下做好税收工作、全心全意为纳税人服务的必然要求；是落实江泽民总书记关于"三个代表"要求的具体体现；是加强税收执法权、行政管理权的制约、坚持依法治税、杜绝以税谋私等腐败行为的重要措施。各级税务机关要把进一步深入实行文明办税"八公开"摆上重要议事日程，从讲政治的高度认识其重要性，并把实行文明办税"八公开"作为"依法治税、从严治队"的重要内容，统一计划，统一指挥，切实把此项工作落到实处，抓出成效。

二、坚持标准，严格要求，充实和完善文明办税"八公开"

(一)公开纳税人的权利与义务

各级税务机关要结合实际，采取适当的形式，向纳税人公开《纳税人的权利与义务》，让纳税人全面掌握自己的权利，认真履行法律规定的义务，使征纳双方在法律的保护下，从事税收管理和生产经营活动。

1. 纳税人的权利：

(1)享受国家税法规定的减税免税优待。一般可分为两种情况：一种是根据国家经济政策，为支持和鼓励某些产业、产品和经营项目的发展，在税收法规规定的一定条件和范围内给予的扶持性减税、免税；另一种是纳税有特殊困难或遭受自然灾害，税务机关根据纳税人的申请给予的困难性减税、免税。

(2)申请延期申报和延期缴纳税款的权利。《征管法》规定纳税人不能按期办理纳税申报，或有特殊困难不能按期缴纳税款的，经税务机关核准，可以延期申报和延期缴纳税款。

(3)依法申请收回多缴的税款。纳税人超过应纳税额缴纳的税款，依法允许在3年内申请退款；逾期税务机关不予受理。

(4)认为税务机关具有行政行为不当，使纳税人的合法利益遭受损失的，纳税人有权要求税务机关赔偿。

(5)纳税人有权要求税务机关对自己的生产经营和财务状况及有关资料等保守秘密。

(6)纳税人按规定不负有代收、代扣、代缴义务的，有权依法拒绝税务机关要求其执行代收、代扣、代缴税款义务。

(7)纳税人对税务机关做出的具体行政行为有申请复议和向法院起诉及要求听证的权利。

(8)纳税人有权对税务机关及其工作人员的各种不法行为进行揭露、检举和控告；有权检举违反税收法律、行政法规的行为。

(9)国家法律、行政法规规定的其他权利。

2. 纳税人的义务：

(1)依照税法规定申请办理税务登记、变更或注销税务登记，并按照规定使用税务登记证件，不得转借、涂改、损毁、买卖或伪造税务登记证件。

(2)纳税人必须按规定设置账簿，个体工商户确实不能设置账簿的，需报经税务机关批准。

(3)纳税人必须按税法的规定办理纳税申报，报送纳税申报表、财务会计报表以及税务机关要求纳税人报送的其他资料。因特殊情况不能按期办理的，需报经税务机关批准。

(4)纳税人必须按照税法规定的纳税期限缴纳税款。因特殊情况不能按期缴纳的，经县以上税务局(分局)批准，可延期缴纳税款，但最长不得超过3个月。

(5)纳税人要按照税收法律与行政法规的规定保管和使用发票。

(6)纳税人欠缴税款需要出境的，应当在出境前向税务机关结清应纳税款或者提供担保。

(7)纳税人要接受税务机关的税务检查，如实反映情况，提供有关证明资料，不得拒绝、隐瞒。

(8)纳税人与税务机关发生纳税争议时，必须先依照法律、行政法规的规定缴纳税款及滞纳金，方可申请税务行政复议。

(9)国家法律、行政法规规定的其他义务。

(10)纳税人享有的权利和承担的义务，一般也适用于法律规定的代扣代缴、代收代缴义务人。

(二)公开税收政策法规

具有征管职能的税务机关，在办税服务厅要选择适当的形式公开税收政策法规，让纳税人随时了解最新出台的税收政策法规及工作信息。有条件上公共信息网的税务机关，应建立公告库或者开办税收热线电话，及时向社会发布税收政策法规信息。此外，建立"企业办税人员"例会制度或者刊发"税收政策公告"等，为纳税人全面掌握税收相关政策法规提供方便。

(三)公开管理服务工作规范

1. 具有税收征管职能的税务机关，要把与纳税人办税直接相联系的管理服务工作集中到"办税服务厅"。根据工作量设置适当的窗口，并有相应的标志和标识，如：纳税申报窗口；税务登记及认定窗口；发票审批、出售窗口等，让纳税人一目了然。具体管理服务的岗位职责由各省级税务机关统一确定。

2. 各级税务机关要选择触摸屏、电子显示屏、电话语音查询、图板或《办税指南》宣传品等适合本单位特点的形式，公开管理服务的具体内容和程序：

(1)公开国税局或地税局征管的税种。

(2)公开办税的具体程序和手续，主要有：税务登记；申报征收；发票管理；待批文书。

3. 负责个体税收征管工作的税务机关要公开所辖范围内个体经营者的定期定额，自觉接受个体经营者的监督。

4. 各级税务机关办税服务厅的具体管理服务工作，实行限时工作制，主要以新的税收征管规程为准。在不违背上述精神的前提下，本着准确、方便、快捷的原则，要统一制定具体管理服务工作时限。

5. 各级税务机关在办税服务厅的硬件设施上，要尽一切可能为纳税人提供方便。要建立局长带班、科长轮流值班制度，及时受理和协助解决纳税人提出的各种问题。税收管理服务人员工作期间着税装，挂胸牌，举止端庄大方，主动使用文明用语，做到“来有迎声，问有答声，去有送声”。午休时间或临近下班时，如仍有纳税人前来办事，要热情地受理和认真做好每一项工作。

(四)公开稽查工作规范

各级税务机关必须从严控制税务检查次数，对同一纳税人的专项检查每年最多不超过两次。

稽查人员实施税务检查工作，必须是两人以上，事前送达《税务稽查任务通知书》(特殊情况除外)向被查纳税人出示“税务检查证”。

稽查人员到被查纳税人单位实施检查工作，要主动介绍自己的单位、姓名，耐心听取纳税人的解释。

(五)公开税务违法违章处罚标准

各级税务机关根据各自实际，采用触摸屏、《税务违章处罚标准》文本、图板以及向税务违法违章当事人现场宣传等手段，公开税务违法违章处罚标准。具体公开项目：

1. 税务登记违法违章处罚标准；
2. 发票管理违法违章处罚标准；
3. 纳税申报违法违章处罚标准；
4. 税款缴纳违法违章处罚标准；
5. 偷、骗、抗、欠税处罚标准；

(六)公开税务干部廉洁自律有关规定

各级税务机关要以图或其他直观固定文字的形式，公开国家税务总局《关于税务人员廉洁自律若干规定》。同时要根据国家税务总局《关于税务人员廉洁自律若干规定》的精神，制定本部门税务干部违反规定的惩罚措施，从制度上保证税务干部廉洁从政。

(七)公开受理纳税人投诉部门和监督举报电话

各级税务机关要从实际工做出发，确定本单位受理纳税人投诉的处(科)室和监督举服电话，并向社会公布。要建立《纳税人投诉或举报登记簿》，发现情况及时向领导报告，采取措施组织落实。纳税人需要反馈意见的要认真给予答复。受理纳税人投诉或举报的当事人，其工作实行处理投诉或举报全程工作责任制，保证纳税人的投诉或举报认真落实。此外，具有税收征管职能的税务机关，在办税人员较为集中的场所设置意见簿和举报箱，公开接受社会监督。

(八)公开违反规定的责任追究

各级税务机关要根据文明办税“八公开”的规定，制定税务干部违反规定的责任追究办法，并向纳税人公布，从组织纪律上保证文明办税“八公开”的全面落实。同时，各级领导机关也要在行使税收执法权特别是行政管理权中，注意摸索和制定实行政务公开的措施和规定，以使机关工作决策和决策执行的全过程都置于群众的监督之下，保证机关廉洁、勤政、务实、高效，办事公平、公开、公正。

三、加强领导，强化监督，确保文明办税“八公开”取得实效

1. 加强领导，明确责任。推行文明办税“八公开”，是各级税务机关的重要职责，要切实加强组织领导，实行一把手负责制，并成立相应的组织，完善各项工作制度。采取专兼职相结合、工作明确分工，责任到人，按照领导干部岗位目标责任制、党风廉政建设责任制和谁主管、谁负责的原则，切实做到各部门各司其职，各负其责，齐抓共管，从组织制度上确保此项工作健康发展。

2. 加强教育，强化管理。各级税务机关要把实行文明办税“八公开”与推进依法治税、加强科学管理、促进党风廉政建设紧密结合，在实行文明办税“八公开”中，必须始终注意加强思想政治工作和宣传教育工作；加强干部职工的税务职业道德教育，牢固树立全心全意为人民服务的思想，真心实意地为纳税人办好事、办实事；加强专业知识、岗位技能培训，不断提高为纳税人服务的本领，以高质量、高效率的工作，展示税务干部的良好形象。

3. 加强监督，保证实效。搞好监督检查是落实文明办税“八公开”的重要一环。各级税务机关要下功夫抓好文明办税“八公开”的监督检查，严格责任追究，建立健全监督制约机制和奖惩制度。要根据实际情况不断总结和探索新的经验和做法，不断充实和改进文明办税“八公开”的内容，确保不搞形式主义，不走过场。各级税务机关要定期或不定期地开展检查，把经常性的检查与专项检查结合起来，及时揭露和解决存在的

问题。并要主动接受社会的监督，聘请社会各界人士成立文明办税“八公开”社会监督网络，采取明察暗访、定期例会、电话征求意见等方法，结合行风评议，收集社会各界人士对文明办税“八公开”执行情况的反映。

要把推行文明办税“八公开”作为岗位责任制和干部年度考核的一项重要内容，并将考核结果作为干部任免和奖励的依据。对在实行文明办税“八公开”中工作不力的领导干部，要进行批评教育，对拒不实行文明办税“八公开”或在执行中有弄虚作假、打击报复、侵犯纳税人权利等违纪行为的干部，要追究党纪政纪责任。

各省级局要根据本意见，结合实际总结经验，进一步完善具体实施办法，使文明办税“八公开”取得更好的成效。

国家工商行政管理局关于在全国工商行政管理系统深入推行政务公开制度的通知

（工商办字[2000]154号）

1990年以来，国家工商行政管理局先后总结交流了吉林省四平市、黑龙江省哈尔滨市道里区工商行政管理局实行“两公开一监督”和辽宁省沈阳市工商行政管理局推行“行政执法公示制”的经验，有力地推动了全系统政务公开工作的开展。各级工商行政管理机关高度重视，狠抓落实，全系统推行政务公开的工作进展顺利。到目前为止，全国基层工商行政管理所和县以上各级工商行政管理机关，已普遍实行了政务公开制度。政务公开制度在工商行政管理系统的推行，取得了明显成效。一是促进了依法行政，提高了执法水平；二是转变了工作作风，提高了办事效率，改善了工商形象，密切了政群关系；三是强化了对行政权力的监督制约，预防和治理了腐败现象，促进了廉政建设。但从总体上看，工商行政管理系统推行政务公开的工作尚处于起步阶段，还需要进一步完善、提高。为在全国乡镇政权机关全面推行政务公开制度，最近，中央纪委、监察部召开了全国乡镇政务公开经验交流电视电话会议，进行了全面部署。各级工商行政管理机关要认真贯彻落实这次电视电话会议精神，按照尉健行、王忠禹同志在电视电话会议上的重要讲话要求，进一步采取有力措施，加大工作力度，在巩固、完善、深化、提高上狠下工夫，把工商行政管理系统的政务公开工作提高到一个新的水平。现通知如下：

一、深刻认识推行政务公开的重要意义，进一步增强工作积极性和自觉性

党的十五大提出：“发展社会主义民主政治，是我们党始终不渝的奋斗目标。”“城乡基层政权机关和基层群众性自治组织，都要健全民主选举制度，实行政务和财务公开，让群众参与讨论和决定基层公共事务和公益事业，对干部实行民主监督。”实行政务公开，是深入贯彻落实党的十五大精神，切实加强社会主义民主政治建设，保证人民群众在党的领导下行使民主权利，参与管理国家和社会事务的重要途径，对于进一步密切党群政群关系、巩固党的执政地位、维护国家政权、促进改革开放和社会主义现代化建设顺利进行、保证国家长治久安，都有着十分重要的意义。工商行政管理机关是国家主管市场监督和行政执法的职能部门，经常同经营者和消费者打交道，是党和政府联系人民群众的“窗口”，执法形象的好坏，直接代表着党和政府的形象。在工商行政管理系统推行政务公开尤为必要，有利于促进公平、公正执法，提高执法水平；有利于加强队伍作风建设和廉政建设，树立良好的执法形象。各级工商行政管理机关要认真组织广大干部深入学习领会尉健行、王忠禹同志在全国乡镇政务公开经验交流电视电话会议上的重要讲话精神，进一步统一各级干部的思想，深化对实行政务公开重要性和必要性的认识。当前，尤其要重视用江泽民同志“三个代表”的重要思想武装各级干部的头脑，使广大干部深刻认识实行政务公开是在工商行政管理工作中实践“三个代表”思想的有效形式，只有全面实行政务公开，才能充分发挥工商行政管理职能作用，积极支持改革开放，更好地促进先进社会生产力的发展；才能为先进文化的发展营造良好的社会环境，更好地促进社会主义精神文明建设；才能切实维护广大经营者和人民群众的合法权益，更好地实践全心全意为人民服务的宗旨。要通过广泛、深入的学习宣传，进一步提高各级领导抓政务公开的自觉性，充分发挥广大干部落实政务公开的积极性，切实调动广大群众参与民主监督的主动性，形成抓政务公开的良好氛围，促进政务公开工作顺利开展。

二、结合实际，突出特点，进一步深化政务公开的内容，创新政务公开的形式

各级工商行政管理机关要在认真总结以往实行政务公开做法和经验的基础上，根据全国乡镇政务公开经验交流电视电话会议的要求，结合业务实际，突出部门特点，在政务公开的内容和形式上不断深化和

创新。在政务公开的内容上，要着眼于主要业务职责，紧紧抓住群众普遍关心和涉及群众切身利益的问题，全方位、有重点地推行政务公开，突出透明性，自觉接受群众监督，促进公正执法、严格执法、廉洁执法。要着力强化重点部位和关键环节的政务公开。一是重点加强企业登记、商标注册等“窗口”部位的政务公开，依法全面公开企业登记和商标注册的依据、条件、程序、时限和结果等；二是重点加强收费管理方面的政务公开，依法公开收费的项目、标准和依据等；三是重点加强执法办案工作的政务公开，依法公开办案的依据、权限、程序和管理相对人的权利、义务等。在依法做好向社会公开工作的同时，要加强机关内部的政务公开建设，健全内部制约机制，增强机关工作的透明度和群众民主参与程度，提高决策和机关管理工作的科学化、民主化水平。在政务公开的形式上，要以方便群众为目的，做到因地制宜、灵活多样、简便易行、可操作性强。各地在以往工作中创造的建立注册大厅、设立公示栏、印发便民手册、设置电子触摸屏、通过新闻媒体宣传、设立举报电话以及聘请义务监督员等实行政务公开的形式，实践证明是行之有效的，要进一步总结、提高，使之更加完善。同时，要注意在实践中不断探索创造新的形式，使政务公开的形式和内容更好地适应新形势、新任务的需要。

三、重视制度建设，进一步完善实行政务公开的内外监督制约机制

搞好政务公开，制度建设是基础和保障。各级工商行政管理机关要在认真巩固以往制度建设取得成果的基础上，进一步加大工作力度，加快建章立制步伐，努力完善政务公开的各项规章制度，保证政务公开内容的真实可信和全面落实。当前，要把制度建设的重点放在以下几个方面：一是在继续建立健全外部监督制度的同时，重点加强制约制度，尤其是职务权力分解制约制度和违反政务公开惩戒制度的建设，使行政权力的实施做到环环有制约，违反政务公开的行为及时受到制止和查处。二是强化管理，确保政务公开制度的严格执行，切实维护制度的严肃性。国家工商行政管理局将在总结、整理各地制度建设成果的基础上，抓紧制定出一套比较完整的实行政务公开的工作制度，印发全系统，促进政务公开工作的制度化、规范化。

四、把推进政务公开与加强科学管理有机结合起来，进一步提高依法行政水平

推进政务公开的根本目的，是把各级政权机关的施政行为置于广大群众的监督之下，进一步加强和改进政务工作，促进廉政勤政建设。因此，各级工商行政管理机关要把推行政务公开与改进监督管理紧密结合起来，通过实行政务公开，健全制度，规范管理，促进依法行政，提高执法水平；通过改进监督管理，规范行政行为，进一步深化和完善政务公开工作，使政务公开成为各级工商行政管理机关的一项基本工作制度，更好地为建设廉洁、勤政、务实、高效、全心全意为人民服务的工商行政管理机关服务。

五、加强领导，严格监督，确保政务公开工作深入开展，取得实效

顺利推行政务公开工作，加强领导是关键。县以上各级工商行政管理机关都要成立政务公开工作领导小组，由主要负责同志担任第一负责人，加强领导，精心组织，一级抓一级，层层抓落实。要把政务公开工作列入重要议事日程，认真研究部署，加强督促指导，切实做到推行政务公开与加强廉政建设相结合，与促进依法行政相结合，与搞好队伍建设相结合，与改进行政管理机制相结合，与开展普法教育相结合，在实践中不断深化、提高。设在乡镇的基层工商行政管理所，都要按照所在县（市）和乡镇党委、政府的统一安排开展政务公开工作，并自觉接受乡镇党委和政府对政务公开工作的统一领导、统一部署和统一检查。县（市）工商行政管理局对乡镇基层工商行政管理所的政务公开工作要提出要求，做出部署，加强督促和指导。强化监督检查，是推动工作的重要手段，也是加强管理的重要内容。各级工商行政管理机关尤其是领导班子成员，要严格按照管理年的要求，采取经常性检查与专项检查相结合等多种形式，加强对本机关和下级机关政务公开工作推进情况的监督检查，及时发现和解决存在的问题，推进政务公开工作深入开展，取得实效。要把政务公开作为党风廉政建设责任制和各级领导干部年度工作考核的一项重要内容，并将考核结果作为干部任免和奖惩的重要依据。对在推行政务公开制度中工作不力的领导干部，要进行批评教育；对拒不推行政务公开制度或在政务公开中弄虚作假、打击报复、侵犯群众民主权利的，要严肃追究党纪政纪责任。为强化对全系统推进政务公开工作情况的监督检查，国家工商行政管理局明年上半年将派工作组赴各地，对政务公开工作的巩固、充实、完善、提高情况进行检查，推动工商行政管理系统的政务公开工作提高到一个新的水平，进一步促进依法行政，加强廉政建设，更好地发挥工商行政管理机关在维护市场秩序、促进经济发展中的职能作用。

4

Yearbook of Democratic and Political Grass Roots Construction In China

2001中国农村基层民主政治建设年鉴

第四部分
重要言论

Chapter Four

Important Speeches

村民自治示范三年实践的经验

（1991年12月25日）

连　尹

一、关于全国贯彻《村委会组织法》的基本情况

《村委会组织法》自1988年6月1日开始试行，至今已三年多了。三年多来，在各级党委、人大和政府的正确领导以及民政部门的积极努力下，贯彻《村委会组织法》工作已经取得了很大进展。目前，各地贯彻《村委会组织法》试点工作已经基本结束，有21个省、自治区、直辖市正在面上铺开；三分之二以上的村委会依法进行了换届选举；15个省、自治区的人大常委会制定了《贯彻〈村委会组织法〉实施办法》。特别是近一年来，通过开展村民自治示范活动，一些地方摸索和创造出了许多新的经验，涌现出了一批村民自治典型。从全国的情况看，尽管工作进展还不平衡，思想认识尚未完全统一，但凡是依法实行村民自治的地方，都取得了比较明显的效果，显示出了村民自治在解决农村政治、经济、社会矛盾方面的重大作用，产生出日益广泛和深刻的社会影响。村民自治工作正在获得越来越多人们的理解和赞誉，显示出可喜的发展势头。全国的村委会建设工作正在进入一个依法建章立制，全面提高村民自治水平的新时期。我们相信，经过若干年的努力，国家十年规划和"八五"计划所确定的健全村民自治制度，活跃基层民主生活，提高公民参政议政意识和能力的任务一定能够实现。

三年多贯彻《村委会组织法》的实践证明，《村委会组织法》所确定的村民自治原则，符合我国农村实际，是完全正确的。只要我们充分相信广大农民群众，尊重广大农民群众的民主权利和首创精神，善于组织广大农民群众当家作主，中国农民完全有条件、有能力将自治组织建设好，将农民群众自己的事情办理好，这就是村民自治三年多实践得出的基本结论。

总结三年多村民自治组织的实践，我们有四点体会：

——加强领导和指导，是贯彻《村委会组织法》，实行村民自治的前提。经验证明，各级党委、人大、政府和职能部门加强领导和指导，不但是实现村民自治工作本身的需要，也是使村民自治坚持正确方向并健康发展的需要。由于我国曾是一个具有几千年封建专制统治的国家，公民的民主意识和法制观念还比较落后。对实行村民自治，无论干部还是群众，都比较陌生，也缺乏经验，从某种角度讲，实现村民自治是在缺少干部准备和经验准备的情况下进行的。因此，加强对村民自治工作的领导和指导，在村民自治的初始阶段，显得特别重要。从全国的情况看，凡是领导重视，切实加强领导，思想认识分歧就能统一，缺少经验，也可以创造。反之，就会扩大思想分歧，使村民自治工作陷于停滞。加强领导和指导，首先要提高各级干部，特别是县、乡两级领导干部的思想认识。村民自治实行的状况如何，虽然体现在村民身上，但起关键作用的是干部，这是各地在实践中得出的共同结论。如何提高思想认识呢？一些地方的有效方法就是深入学习法律和大胆实践，学习法律的有效措施是集中培训，实践的有效办法是抓点。通过学习和实践使思想认识统一到：(1)高度社会主义民主，是建设有中国特色社会主义的战略任务，基层民主，是社会主义民主的重要组成部分，实行村民自治，是推进基层民主政治建设的实际步骤；(2)由农民群众依法办理自己的事情，是党领导农民，正确处理与农民关系，组织、引导、教育、团结农民的根本方式；(3)实行村民自我管理、自我教育、自我服务，保障农民政治上的民主权利，是党加强农村工作的基本原则，也是促进农村经济发展，保持社会稳定，实施对农村基层管理的有效措施；(4)相信农民，依靠农民，由农民群众民主决策、管理、监督村务，是新时期党的群众路线的生动具体体现。

——制定措施是贯彻《村委会组织法》，实行村民自治的保证。《村委会组织法》是保障实现村民自治的法律，执行法律需要有措施作保证。一些地方提供的经验表明，研究制定村民自治的措施，需要解决三个问题：首先，要明确村民的自治权利。村民自治权利，主要体现在村务活动中，村民享有选举权、被选举权、决策权、管理权和监督权；其次，要抓住村民自治的核心和关键环节。这就是：民主选举、民主决策、民主管理和民主监督；最后，要形成系统严密的制度，用措施来保证。这就是：制定直接选举村委会干部的办法，保证民主选举；建立村民代表会议制度，保证民主决策；制定村民自治章程，保证民主管理。

——与农村工作紧密结合，是贯彻《村委会组织法》，实行村民自治的工作基础。在实行村民自治的过程中，既要考虑村民民主权利，同时也要注意促进农村各项工作。这既是实行村民自治的目的所在，也是推进村民自治工作深入发展的需要。从各地的经验看，主要是做好三个结合，即：村民自治要与农村的经济和社会发展密切结合，使民主促进发展，发展巩固民主；要与社会治安密切结合，发动广大村民建立有效的社会防范机制，保证农村的社会安定；要与完成

国家各项任务结合，保证国家的行政任务顺利完成。这些结合，实质上是使村民自治与国家行政管理，构成密不可分的水乳交融关系。只有这样，村民自治才会形成深刻的社会影响和巩固的社会基础，它自身才会有强大的生命力。

——坚持实践第一的观点，尊重群众的创造热情，是贯彻《村委会组织法》，实行村民自治的思想方法。在我国农村实行村民自治，是一件新生事物，在前无经验借鉴，又无具体办法的情况下，要求各级领导树立唯物主义思想，相信群众是历史的创造者，尊重农民群众在实践中的创造，善于发现工作过程中的好办法。总结三年村民自治的二条新经验(即实行村民代表会议制度，建立村民自治章程)，就是农民群众实践的创造。这两条经验，提出了村民自治的具体办法，使村民自治在生疏迷惘中找到了途径，其作用和意义不能低估。这两条办法，在《村委会组织法》中没有规定，但并不违法，而是对《村委会组织法》的某些方面的完善。村民代表会议是一些地方在贯彻《村委会组织法》过程中，由于村民会议难以召开，讨论决定问题难以进行的情况下，创造的民主政治制度，并已成为村民参与村务管理的组织形式，代行村民会议职权。这种制度，从法律上讲，它没有取代村民会议，而是受村民会议委托，代行村民会议部分职权；从实践上看，这种民主形式适合农村现状，解决了村民会议开不起来，难以讨论决策问题的难题。干部群众拥护，实践效果好；从《村委会组织法》本身讲，是对试行法实施办法的探索和完善。村民自治章程，这是山东省章丘县在贯彻《村委会组织法》和规范村级管理中逐渐形成的。在村建立村民自治章程，一是合乎章程的词意，按一些词典中对章程一词的通译，村民自治章程是村民自我管理的规章制度，是村务管理工作中共同遵守的规定；二是提出了村民自我管理的办法，实现了干部、村民双向监督，使村务管理有章可循；三是规范了村民自治法规、办法的执行程序，使村民自治法规和办法配套成龙，有利操作。这样，贯彻《村委会组织法》，就逐渐形成了全国有《村委会组织法》；省级制定出贯彻《村委会组织法》实施办法；县级制定出村民直接选举、实行村民代表会议制度、制定村民自治章程的意见；乡(镇)制定出乡(镇)政府指导村委会工作规则，村级制定出村民自治章程。当然，这种提法和办法可在实践中进一步验证。

二、关于村民自治示范活动

贯彻执行《村委会组织法》，依法加强村委会建设，是民政部门长期的任务。下一步工作的总要求是：以党的十三届八中全会精神为指针，以国家十年规划和“八五”计划确定的基层民主政治建设任务为目标，在贯彻《村委会组织法》的工作中，注重实践，树立榜样，以点带面，加强领导，逐渐推进。

主要任务是：(1)总结推广经验，扩大村民自治单位范围，提高村民自治的水平；(2)推进各省、自治区、直辖市制定贯彻《村委会组织法》的实施办法，建立和完善村民自治地方法规；(3)开展村民自治示范活动，树立村民自治样板；(4)研究《村委会组织法》在贯彻执行中的问题，为修改、完善此法做好准备。力争两年之后，结束此法的试行期，使村民自治步入更高层次的法制轨道。

工作目标是：力争到本世纪末，全国农村基层基本实现村民自治。要逐渐做到农民群众依法办理自己的事情；逐渐实现村委会干部由村民直接选举，村中的重大事情由村民民主决策，村务工作由村民民主管理；逐渐健全村民自治制度，活跃基层民主生活，提高村民参政议政意识和能力，努力将村委会建成执行法律、法规、政策，履行自治职能和有较强凝聚力的群众性自治组织。完成上述任务，实现上述目标，要遵循以下基本原则：

——实现村民自治要坚持正确的方向。必须在中国共产党领导下，在党的政策和国家法律、法规允许范围内，自觉接受乡(镇)政府的工作指导，积极协助乡(镇)政府开展工作，切不可违背这些基本原则和要求。

——提高村民自治水平，必须抓住村民民主选举、决策、管理、监督等关键环节。保障村民经济上的物质利益和政治上的民主权利，切不可侵犯农民的合法权益。

——实行村民自治是一个渐进过程，必须本着“成熟一个搞一个，成熟一批搞一批”的原则，要循序渐进，切不可操之过急。

——指导村民自治工作，必须坚持因地制宜，分类指导，本着实践第一的观点，尊重农民群众的发明创造，抓典型示范，切不可照搬照套，一刀切。

——村民自治的工作过程，必须坚持与农村工作相结合，促进农村的经济发展、社会安定、精神文明建设和国家任务顺利完成。切不可脱离农村实际，空泛谈论基层民主。

根据党的十三届八中全会精神，按照中共中央〔1990〕19号文件要求，结合全国贯彻《村委会组织法》实际，今后贯彻《村委会组织法》的重点工作是开展村民自治示范活动，其基本设想是：力争在1992年内，有计划、有目的地确定村民自治示范点。初步形成省级有村民自治示范县(市)，地(市)有村民自治示范乡

（镇），县（市）有村民自治示范村〔有条件的地方确定村民自治示范乡（镇）〕的布局。1993年，全国三分之一的省、自治区、直辖市每个地方初步建成1个村民自治示范县（市），三分之一的地（市）每个地方初步建成1个以上村民自治示范乡（镇），三分之一的县（市）每县（市）初步建成1个以上村民自治示范村；1995年年底前，每个省（市、区）建成1个以上村民自治示范县（市），每个地（市）建成1个以上村民自治示范乡（镇），每个县（市）建成1个以上村民自治示范村；本世纪末，实践每个地（市）有1个村民自治示范县（市），每个县（市）有1个以上村民自治示范乡（镇），每个乡（镇）都有1个以上村民自治示范村。

关于村民自治示范活动的具体要求，基层政权建设司已经起草了一个指导纲要，大家还要进行讨论。在这里，我主要强调以下几点：

第一，全面认识村民自治示范活动

村民自治示范活动是一些地方在贯彻《村委会组织法》过程中创造的。中共中央〔1990〕19号文件正式提出，民政部专门下发了《关于在全国农村开展村民自治示范活动的通知》。怎样认识村民自治示范活动呢？我们认为，村民自治示范单位是指树立的村民自治样板、典型。村民自治示范活动是围绕村民自治开展的工作，它既包括村委会的自身建设，要求依法实现村民自治，村务工作由村民自我管理、自我教育、自我服务；同时又包括上级领导机关和职能部门对村民自治工作的领导和指导，其内容主要是确定村民自治示范单位，帮助示范单位开展村民自治活动，总结推广示范单位的经验。村民自治示范乡（镇）和县（市）都要以村民自治示范村为基础。开展村民自治示范的目的是树立典型，要通过这项活动和具体生动的事实，说明什么是村民自治，怎样实行村民自治；摸索经验，研究实现村民自治的办法和措施；推动工作，要以点带面，推进《村委会组织法》的深入贯彻落实。

第二，村民自治示范活动的重点工作

村民自治示范活动从提出到现在，只有一年多时间，现在只能算是刚刚起步。一些示范单位只是被确定为示范单位，还不能说已达到了村民自治示范标准，要真正建成示范单位，还需要做大量工作。目前，要重点抓好以下工作：

1. 抓基础。村民自治示范活动的基础是村。不管是示范乡（镇），还是示范县（市），都要把村民自治示范工作的重点放在村的层次上，没有村民自治示范村的基础，就谈不上村民自治示范乡（镇）和示范县（市）。因为村是村民自治的基本单位，村民自治示范村建设是村民自治示范活动的基础工作。

2. 抓关键。一个村是否达到了示范标准，主要看其是否实现了村民当家作主，依法民主办理各项村务。这是村民自治的核心。村民依法办理各项村务，这话说起来简单，做到却不容易，需要下大功夫。一些地方的经验说明，实现村民自治，重点要抓三个关键环节，就是村委会干部由村民直接选举，实现民主选举；建立村民代表会议决定村务，实现民主决策；制定村民自治章程，实现民主管理。抓住了这三个环节，就抓住了村民自治的核心和关键。实现了上述三个方面的民主，就可以说基本达到了村民自治的要求。

3. 抓培训。村干部的民主意识，村民的民主自治意识，干部和群众的民主自治能力，是实现村民自治的重要条件。干部的民主意识，关系到如何组织村民自治，村民的民主自治意识，关系到村民能不能进行自治，干部和村民的民主自治能力，关系到村民自治的质量。干部和村民民主意识的增强，自治能力的提高，要靠训练，靠培养，靠实践。这里的关键是干部。只要干部全面理解了村民自治，学会了怎样实行自治，就能组织村民顺利实现村民自治。抓干部培训，基本教材是《村委会组织法》及民政部基层政权建设司编写的《村民自治讲习班试用教材》。基本内容是实现村民民主选举、民主决策、民主管理的办法。培训干部要分层次，省一级重点培训示范县（市）和示范乡（镇）的领导，地（市）、县（市）重点培训示范乡（镇）和示范村的主要领导。目前，要特别注意培训质量，要充分发挥民政部和省级民政厅（局）在培训工作中的作用，所用教员，应选择有理论、有实践、懂法律的"明白人"。

4. 抓点面结合。村民自治示范单位要发挥引路、带动、辐射的作用。抓村民自治示范点，不能忽视对面上工作的推动。否则，只有几个典型，或束之高阁，就毫无意义。当前，集中一定力量，集中一段时间，突出示范工作，是完全正确的。但同时也要注意面上的工作。有的地方开展了村民自治达标活动，激励非示范单位，取得了很好效果。这个办法值得重视，很有实际意义，应认真总结、推广。我们认为，开展村民自治达标活动，一是解决了村民自治的标准，可以衡量村民自治实现的广度和深度；二是为村民自治示范活动奠定了基础，使示范活动有了广泛根基；三是有利于提高村民自治水平，促进贯彻执行《村委会组织法》广泛、深入发展。这项工作如何开展，我们希望各地进一步实践，可根据自己的实际情况，统筹安排。

第三，加强对村民自治示范活动的领导和指导

村民自治示范是有组织、有领导的活动。领导村

民自治示范工作的是各级党委、人大和政府，县、乡两级尤为重要。指导村民自治示范工作，不能图表面的轰轰烈烈，应要求工作的实实在在，要讲标准，求质量。不能满足一般号召，要注意出实招，干实事，求实效。各级党委、人大和政府对村民自治示范工作的领导主要体现在：(1)摆上位置，提上日程，定期分析研究，纠正与法律规定相悖的错误作法；(2)发挥职能部门的助手作用，帮助解决实际困难；(3)及时提出意见，做出部署。民政部门在指导村民自治工作上负有主要职责。具体工作是：(1)调查研究，反映情况，提出建议；(2)注重实践，抓出典型，总结经验；(3)检查督促，发现问题，及时解决；(4)做好协调，与有关部门密切协作。

三、关于基层政权建设工作

基层政权建设工作，是民政工作的重要组成部分。建国40多年来，民政部门在承担此项工作上，做出了努力，取得了成绩。近几年，由于各级党委、政府的重视和民政部门的努力，使这项工作在困难的情况下，取得了新的进展，有的工作可以说有一定突破。但就基层政权建设工作的总体情况而言，仍然属于一项较为困难的工作，特别是省以下民政部门工作难度更大。下面就工作中反映出的问题讲几点意见。

第一，理顺工作关系问题

民政部门承担基层政权建设工作，大家普遍感到关系不顺。关系不顺的主要表现是：(1)工作职责不清楚。有些地方另设基层政权建设机构，没有将此项工作交给民政部门，民政部门也不清楚抓什么，抓到什么程度；(2)工作机构和人员编制不配套。没有专门从事此项工作的机构和人员；(3)工作手段不适应。没有经费来源和相应的权力。这里有认识问题，也有必须解决的实际问题。就思想认识来讲，要解决两个问题：一是各级政府要明确，基层政权建设工作是党中央、国务院赋予民政部门的职责，脱离民政部门而另设管理机构的作法是不妥的。民政部门不是讨论要不要承担此项工作，而是要将这项工作抓起来，并努力做好；二是要明确民政部门承担的不是全部基层政权建设工作，而只是其中的一部分。比如对乡镇政府的机构、编制、干部管理、选举等问题，就不是我们的职责，就不能设想在这些方面有所突破。就解决实际问题上，主要也是两个问题：一是机构与编制要解决。省一级要设立基层政权建设处，地(市)一级设立基层政权建设科，县一级可以建立基层政权建设工作领导小组，下设专门办公室，设在民政局，对内可称基层政权建设股；二是经费要解决。没有开支科目、无经费来源的状况应当改变。因此，理顺基层政权建设工作关系，当前主要是理顺工作职责，理顺从上到下工作机构，理顺经费来源渠道。这些工作要上下努力，民政部要积极与有关部门协商，各地也不要等靠，很多事情是全国统一解决难，但地方可以个别突破。

第二，工作职责问题

民政部门承担基层政权建设工作的职责，中共中央、国务院〔1986〕22号文件和国务院批准的民政部“三定方案”都已明确规定，但现在大家仍感到不明确。这是什么原因呢？一是自决的东西少。我们承担的工作，许多是属于调查研究、反映情况、提出建议，真正由自己决策的东西不多；二是协调工作多。我们开展的许多工作，都与有关部门联系紧密，需要相互协调；三是能开展起来的工作有限。有些工作还难以开展，抓起来不顺手，有很大难度。我们认为，当前研究的问题，不应该是重新研究整体的工作职责，而是从实际出发，确定各级民政部门的职责范围。根据各地工作情况，在基层政权建设方面，我们把省、地、县级民政部门的职责做了以下划分，是否准确，请大家讨论。

省级民政部门的主要职责是：

(1)调查研究，了解情况，提出加强和改进基层政权和基层群众自治组织建设的工作意见和建议；

(2)总结推广典型经验，指导乡镇政权、城市街道办事处和村(居)委会建设；

(3)拟定修改有关基层政权建设和基层群众自治组织的地方法规；

(4)指导乡镇、街道干部和村(居)委会干部培训工作；

(5)代表政府，组织先进乡镇、街道办事处、村(居)委会的评比表彰活动。

地(市)级民政部门的主要职责是：

(1)调查研究，了解情况，提出加强基层政权和基层群众自治组织建设的意见和建议；

(2)总结推广典型经验，指导村(居)委会建设；

(3)指导培训乡镇长和街道办事处主任，指导村(居)委会干部培训工作；

(4)代表政府，组织先进乡镇、街道办事处、村(居)委会的评比表彰活动。

县级民政部门的主要职责是：

(1)调查反映村(居)委会的情况，总结推广村(居)委会建设的经验，指导村(居)委会建设；

(2)指导培训乡镇政府、街道的一般干部和村(居)委会干部；

(3)代表政府，组织先进村(居)委会的评比表彰活动。

第三,工作重点问题

党的十三届八中全会通过的《关于进一步加强农业和农村工作的决定》中,对村委会建设,以及村民自治制度;对乡(镇)政府建设,以及向乡(镇)放权;对农村基层干部培养等,都指出了明确方向,提出了具体目标。这些都是基层政权建设工作的任务,一定要认真落实,今后一段时间,要认真抓好以下工作:

1. 加强村(居)委会建设。其重点是依法建设村委会,开展村民自治示范活动,推进整个村民自治工作。关于居委会建设,当前一是要继续搞好贯彻《居委会组织法》试点,进一步总结试点经验;二是要认真研究解决影响居委会建设的干部来源、生活补贴、办公用房和工作经费等实际问题,同时从整体上研究居委会在社区的地位和作用,重点抓好为居民服务,增强凝聚力。

2. 调查研究农村乡镇和城市街道状况,为乡镇立法和修订《城市街道办事处组织条例》做好准备。对乡镇调查研究,要从总体上分析现状,提出建议,并草拟《乡镇政府组织法》。要认真总结向乡镇放权的试点经验,积极与有关部门配合,在党委和政府的统一安排部署下,推动这一工作顺利进行。对街道的调查研究,要实实在在地调查街道的情况,并随着城市体制改革的深入,调查研究街道的体制以及职能和作用,草拟修订《城市街道办事处组织条例》。另外,崔乃夫部长今年5月份提出的城市基层组织建设要用"社区建设"来统帅的思路,希望大家研究、调查、论证,争取明年上半年拿出意见。

3. 开展评比表彰活动。关于评比表彰先进乡镇、街道和村(居)委会的活动,今年7月份民政部专门发了文件,决定每三年表彰一次先进乡(镇)、街道和村(居)委会。明年将表彰城市街道和居委会。1993年表彰农村乡(镇)和村委会。现在需要研究的是省以下单位如何将此项工作开展起来。我们建议:今后受全国表彰的单位要是省级表彰的单位,省级表彰的单位要是地、县表彰的,以此推动表彰工作广泛开展;同时要研究怎样搞好评比表彰,使其见到实效。我们决不能将评比表彰仅仅看成是一种形式,而要使其真正成为推动工作的有效手段。

4. 指导乡镇干部、街道干部和村(居)委会干部的培训工作。当前这项工作要主动与组织部门联合,共同搞好培训。民政部主要做好规划、指导和服务,与中组部联合制定基层干部培训规划,办好培训试点班。省级民政厅(局)主要是落实培训计划,指导地、县培训工作。地、县民政部门主要是具体抓好乡镇干部和村(居)委会干部培训。

第四,工作方式问题

基层政权建设工作与其他民政工作不同,有其特殊性,是一项整体性、相关性很强的工作。开展这项工作,既要考虑全面工作的部署,又要注意基层需要的重点工作突破,不能胡子眉毛一把抓;既要考虑长远的工作目标,又要注意工作的循序渐进,不能操之过急;既要考虑职责范围,又要注意与有关部门配合,不能孤军作战。因此,要学会独立负责地开展工作的方法,指导下面进行工作的方法,与有关部门配合的工作方法。这样,才能更好地发挥对上的参谋作用,对下的指导作用和对左右的协调作用。

总结几年来开展基层政权建设工作的实践,我们认为以下几点可以借鉴:

1. 多调查。基层政权建设工作与其他民政工作一样,负有行政管理的职能,但调查研究工作特别重要,从某种角度讲,兼有研究部门的某些职能。在基层政权建设工作上,我们虽不处于决策地位,但却是主要的参谋和助手,是负责基层政权建设日常工作的职能部门。参谋、助手的地位,决定了民政部门要为领导决策提供依据,进行论证,这些工作需要调查研究。因此,多调查、多研究、多反映情况,是民政部门进行基层政权建设工作的重要内容,也是一个十分有效的工作方式。

2. 多协作。基层政权建设具有很强的整体性和综合性,但其具体工作,又由多部门负责。因此,研究基层政权建设,需要从整体去构思,而开展具体工作,又要与有关部门相互配合。与有关部门协作配合,不会失去或削弱自己的地位,反而更能有效地发挥作用,有利于加强基层政权建设,有利于基层问题的解决。与有关部门协作的渠道很多,可以经常沟通情况,研究问题;也可以一起反映情况,提出建议;还可以联合召开会议,共同决策。实践证明,这些合作形式是有效的。

3. 多渠道。加强基层政权建设工作,总体上应根据党中央、国务院以及各级党委、政府的要求,按照行政机关的工作程序开展工作。但也要注意充分依靠社会力量,发挥社团组织的作用。这实质是开拓了工作领域,集结了社会力量,是对行政机关开展工作的有效补充,可以解决行政机关某些不宜办、不好办的事情,同样可以收到良好的效果。

4. 多宣传。基层政权建设工作同其他工作一样,需要舆论的配合。特别是对民政部门承担基层政权建设工作,目前社会上有许多人还不了解、不理解,在这种情况下，多做一些宣传工作，对提高民政部门的工作地位，扩大民政部门的影响，很有好处。另外，基层政权建设工作本身也需要加以宣传。有的工作是由自身去组织、去落实。但更多的工作是要通过我们的努力，唤起社会各界、各级党委、政府的重视。因此，多造舆论，多开展有影响的活动，多宣传基层政权建设工作，对我们来讲有利而无害。

（摘自作者在全国村民自治示范工作座谈会上的讲话）

学习章丘经验，加快农村改革和建设步伐，引导九亿农民奔小康

（1992年8月26日）

蔡　诚

一、要认真学习研究章丘依法治村、民主管理的经验

章丘的经验不仅对推动农村基层的民主与法制有重要意义，对促进农村经济发展、社会进步和加强以党支部为核心的村级组织建设都具有重要意义，很值得学习和推广。

（一）各级党组织高度重视基层民主与法制建设，这是做好这项工作的根本保证

山东省、市、县各级党委在充分研究认识新时期农村工做出现的新特点的基础上，坚定不移地把依法治村民主管理工作摆到农村基层建设的重要位置上。省委负责同志亲自抓试点，搞调查，推广经验；章丘县先后抽调一千多名干部开展调查研究，确定工作思路，在全县范围内提出村级组织规范化管理的试行规定。在实施过程中，每年都抽调大批干部包村包点，帮助基层落实依法治村的措施；村党支部在实施依法治村的实践中实行强有力的直接领导，党员、干部积极带头，由村委会具体组织实施。党的坚强领导，保证了依法治村、民主管理工作的顺利进行。

（二）依据国家宪法、法律、法规和规章，紧密结合本地的政治、经济和社会生活的实际，制定出全体村民共同遵守的行为守则

章丘县依法治村、民主管理工作，突出实现了两条原则：一条叫做“把法律从上面落实到下面”，就是依据国家的宪法、法律、法规和党章、党规，分别制定出村民自治守则和党员、党组织活动守则。比如依据《村民委员会组织法（试行）》等，制定了村委会工作守则；依据《宪法》、《土地管理法》、《经济合同法》等，制定了农村经济管理方面的守则；依据《刑法》、《民法通则》、《婚姻法》、《继承法》和《治安管理处罚条例》等，制定了维护农村社会治安和加强社会主义精神文明方面的守则等等，使农村各项工作做到有法可依，有章可循，把基层的政治、经济和社会生活纳入制度化的轨道，从而建立起正常有效的运行秩序。另一条原则是，从当地实际出发，解决本县农村最需要解决的突出问题，例如，集体财务管理、计划生育问题、土地管理问题、赡养老人问题等等。这样，依法治村工作就有针对性，就能行得通，落到实处，见到成效。

（三）在制定守则的过程中，坚持民主程序，充分相信群众，依靠群众，走群众路线

章丘的做法是，把制定出的每条守则发到村民小组和各家各户，让群众反复讨论，充分发表意见，再进行认真修改，最后由村民集体表决通过，把制定守则的过程变为尊重人民群众主人翁地位和民主权利，动员和教育全体村民依法办事的过程。由于村民参与了制定守则的全过程，守则充分反映了他们的利益和意志，因此，能够为广大村民所承认、拥护和自觉遵守。

（四）为了保障守则的有效执行，不断健全群众的监督制约机制

章丘县各村都成立了专门的民主监督小组，负责监督各项守则的执行情况。村里还建立了村民档案和考核奖惩制度，形成村民自我约束机制。对执行守则的情况，实行“九榜上墙”定期公布，公开监督等等。更重要的是，凡是要求群众做到的，干部及其家属首先做到，坚持正人先正己，在守则面前人人平等。有了这些群众性的监督制约机制，保证了村民守则的权威性和严肃性，真正成为村级组织和村民活动的行为准则。

近年来，全国各地在开展依法治村的过程中，经历了大体上同章丘相同的过程，还有不少省、市、区参观借鉴了章丘县的经验。实践证明，这些经验符合农村实际，看得见，摸得着，切实可行。章丘县依法治村民主管理工作的发展，已经在农村基层工作中起到了重要的作用：一是加强了以党支部为核心的村级组织建设，改进了党支部的领导方法，较好地发挥了村党支部的核心领导作用和其他村级组织的应有作用，从而保证了把党的路线、方针、政策落到实处；二是促进了农村改革的深化和经济的发展，对团结带领农民群众实现奔小康的战略目标，起到了积极推动的作用和

保证的作用;三是切实加强了农村的社会主义民主与法制建设,使村一级各项工作逐步走上了法制化规范化的轨道;四是落实了《村民委员会组织法(试行)》,推动了村民自治发展,体现了宪法赋予人民进行自我管理、自我教育、自我服务的主人翁地位;五是推进了社会治安综合治理,促进了农村社会稳定和精神文明建设。

今年初,邓小平同志在南方的重要谈话中,提出了今后相当长一个时期我国改革开放、发展经济和确保国家长治久安的战略思想和政策主张,强调要抓住有利时机,加快改革开放步伐,集中力量促使国民经济上一个新台阶,这不仅对当前和今后我国改革开放和社会主义现代化建设具有重大的现实意义和深远的历史意义,也是建设有中国特色社会主义新农村的根本指导思想。我们推行依法治村、民主管理的目的,就是要促进解放和发展农村生产力,保障农村经济的发展,保障社会主义制度在农村得到巩固,推进农村的两个文明建设。因此,章丘经验符合小平同志重要谈话精神,其基本路子是正确的。沿着这条路子走下去,并在实践中不断提高、完善和发展,就一定会加快农村改革和建设的步伐,促进农村由温饱向小康的跨越,建设好有中国特色的社会主义新农村。

二、从章丘经验看基层实行依法治理的历史必然性

章丘县和全国其他地方开展依法治理工作的实践证明,开展基层的依法治理活动,是社会主义社会政治、经济发展的必然产物,也是全面贯彻党的基本路线的必然产物。

首先,基层实行依法治理是社会主义社会发展的客观要求。在人类历史上,任何一种社会形态的更替,都是社会基本矛盾运动的结果,是生产力和生产关系、经济基础和上层建筑相互作用的结果。社会主义社会建立了以生产资料公有制为主体的经济制度,这种经济基础,必然要求建立和完善人民当家作主的社会主义政治制度。在我国,占人口百分之八十以上的广大农民怎样当家作主,怎样行使宪法赋予的管理政治、经济、社会事务和基层各项事业的权力呢?一方面,是要通过各级人民代表大会,反映自己的意愿和要求,行使管理国家的权力;另一方面是进行自我管理,实行村民自治。所谓村民自治,就是根据国家的《宪法》、法律和法规的规定,结合村民的意志和要求,制定出共同遵守的行为规范,也就是依法进行自治。因此,实行依法治村、民主管理,是社会主义制度本身的要求,是社会主义社会基本矛盾运动的必然结果。

其次,基层实行依法治理是农村经济体制改革和商品经济发展的内在要求。党的十三届八中全会通过的《中共中央关于进一步加强农业和农村工作的决定》明确要求:"加强立法工作,逐步把国家对农业和农村的宏观管理纳入法制轨道",并提出了加强农村民主和法制建设的各项任务。十多年来,以实行家庭联产承包责任制为主要内容的农村经济体制改革,使农民有了生产经营的自主权,开辟了农村商品经济蓬勃发展的道路。而发展商品经济,深化农村改革,离不开法制的保障。邓小平同志在南巡重要谈话中强调指出:"还是要靠法制,搞法制靠得住些"。法制是现代化大生产的产物,是社会进步和文明的标志。农村商品经济越发达,各项改革工作越深入,就必然越需要依靠法律手段调整各种经济关系。比如,党在领导农村改革和建设中形成的一系列切实有效的政策,需要用法律形式将其固定下来,逐步使之制度化、法律化;改革中出现的新的经济关系,需要运用法律加以确认;商品经济的正常秩序,需要运用法律进行维护和调节;国家对农村商品经济的宏观调控职能,需要运用法律加以保证;广大农民群众的物质利益和财产合法权益,需要依靠法制予以保障,使之不受侵犯。总之,在新形势下,加强法制建设,实行依法治理,是全国贯彻党的基本路线,加快农村经济发展和改革开放的客观需要。为了保障和促进农村生产力的进一步发展和农村改革开放的深入,使广大农村实现小康水平,必须实行依法治理,逐步把国家对农业和农村的宏观管理纳入法制轨道。

第三,基层实行依法治理是近年来不断加强基层党组织建设的必然结果,是贯彻《村民委员会组织法(试行)》,加强村级组织建设的重要成果。1988年《村民委员会组织法(试行)》的颁布实施,标志着我国村级自治组织的建设和亿万农民的民主生活开始走上了法制轨道。1990年在山东莱西召开的全国村级组织建设工作座谈会,明确了加强以党支部为核心的村级组织配套建设的指导思想和工作目标,有力地推动了全国农村的村级组织建设。在此基础上,如何推动村级组织的有效运转,发挥其整体功能,又成为需要我们进一步解决的一个新课题。章丘等地开展的依法治村、民主管理工作,正是适应了这一客观要求。通过依法治理,把农村的政治、经济、文化和村级组织建设与管理融为一体,纳入法制轨道,使村级组织的整体功能得到了加强,党支部团结、凝聚群众的核心作用得到了很好的发挥,不仅为以党支部为核心的村级组织找到了新的工作方式,为在新时期加强和改善党对农村基层工作的领导开辟了新的途径,而且把贯彻落实《村民委员会组织法(试行)》具体化了。

第四,基层实行依法治理是普法教育深入发展的

结果。经过第一个五年普法，广大干部、群众的法制观念有了一定程度的提高，产生了依法管理各项事业的要求。从章丘和全国的情况看，农村依法治理工作大体经历了四个发展阶段：最初普遍是从依法治“乱”开始，许多地方在普法教育的基础上，开展了以解决某些农村地区社会治安混乱为重点的依法治理活动。依法治“乱”的实践，使广大农村干部和群众，亲身感受到法律手段的作用，进一步增强了依法治理的信心，进而把治理范围由单项扩展到多项，使农村依法治理工作进入了第二阶段。在这一阶段，各地通过开展《婚姻法》、《土地管理法》、《经济合同法》等法律、法规的专题宣传教育和多种形式的治理活动，有针对性地解决了一些群众反映最强烈、基层领导感到棘手的热点、难点问题。在单项和多项治理的基础上，各地不断积累和总结经验，开始运用法律手段全面管理农村各项工作的探索，把农村依法治理推进到第三个阶段。在这一阶段，许多地方针对现阶段农村中的突出问题和带有普遍性的问题，例如土地的合理使用和开发问题、赡养老人问题等等，制订出了一系列具有实用性、可行性的制度和公约，作为规范全体干部、群众行为的规则，把乡村工作纳入法制轨道。这些做法较好地解决了如何把国家的法律、法规落实到基层的问题，收到了良好的效果。1988年《村民委员会组织法（试行）》的颁布施行，给农村依法治理工作提出了新的课题。针对这一情况，第二次全国部分城市市长学法用法座谈会提出了抓基层、打基础的依法治理方针，并介绍了山东省长清县石都庄村依法治村的经验，使农村的依法治理工作又开始了新的探索，进入了第四个阶段。章丘经验比较集中地反映了这一阶段基层依法治理工作的特点。他们实行“依法建制、依制治村、民主管理”的做法，深化和发展了基层的依法治理工作，使这项工作走向了更加成熟的阶段。

第五，基层实行依法治理是社会主义民主与法制建设发展的必然结果。党的十一届三中全会以来，我们党和国家高度重视民主与法制建设，强调要发扬社会主义民主，健全社会主义法制。民主与法制是相辅相成，不可分割的。民主是法制的前提和基础，法制是民主的体现和保障。民主越健全，越要靠法制。邓小平同志曾经指出：“为了保障人民民主，必须加强法制。必须使民主制度化、法律化，使这种制度和法律不因领导人的改变而改变，不因领导人的看法和注意力的改变而改变”。实践证明，只有把社会主义民主纳入制度化、法律化的轨道，才能为每个公民行使民主权利提供充分的条件，使其有明确的规范和可靠的法律保障。随着我国政治体制改革的深入，人民民主政治制度必将得到进一步健全。在农村，通过加强民主政治建设，贯彻《村民委员会组织法（试行）》，广大农民的民主意识和自治意识增强了，主人翁意识提高了，就在客观上必然要求运用法律手段保障其民主权利，建立起共同遵守的行为规则。实行依法治理，把法制化同民主化结合起来，是社会主义民主与法制按其逻辑发展的必然结果。

由于基层依法治理顺应了我国经济和社会发展和必然趋势，这项工作从一开始就具有很强的生命力，逐步在全国范围内推开，形成了十分喜人的局面。到目前为止，在全国56000个乡镇和100万个村级组织中，开展依法治理活动的达到38%和29%，其中13%的乡、镇和10%的村实行了全面建章立制，各项工作开始纳入法制的轨道。在城市，依法治厂、依法治街等活动，以及各个系统、各个行业的依法治理活动都在蓬蓬勃勃地开展。所有这些，都为推动全国范围内的依法治理工作的深入发展，乃至实现依法治国的战略目标，奠定了良好的基础。

三、推广章丘经验，把依法治理工作进一步引向深入

当前，全国各地正在认真学习和贯彻邓小平同志南巡重要谈话，一个深化改革、扩大开放、加快经济建设的大潮正在全国兴起。改革开放和经济建设步伐的加快，对法制宣传和依法治理工作提出了新的任务和要求。越是改革开放，越是发展经济，就越需要加强法制，增强干部、群众的法制观念，提高依法办事的能力。因此，我们在“二五”普法中，强调要以宪法为核心，以专业法为重点，坚持学用结合，把法制教育和依法治理紧密结合起来，以推动和促进依法治国的历史进程。我们正是从这样的战略高度来认识和学习推广章丘依法治村、民主管理的经验。

学习和推广章丘经验，要坚持以党的基本路线为指导，紧紧围绕加快农村经济发展这个中心，在党委和政府的领导下，有计划、有步骤地进行。当前，要着重抓好以下几点：

一是要以小平同志南巡重要谈话精神为指针，在当地党委和政府的统一领导下，认真学习章丘的基本经验和做法。各有关部门要密切配合，齐心协力，共同做好这项工作，使章丘经验在更大范围内产生效果，以促进农村改革开放和经济建设的发展。

二是要认真总结依法治理工作的经验，扎扎实实地抓好基层，抓好依法治村的工作，把功夫下在村一级基层上。经验表明，抓好基层的依法治理，容易操作，见效也快，只有做好基层的工作，才能为开展全国

范围内的依法治理工作打下坚实的基础。当前，面对全国各行业加快改革开放和经济建设的大好形势，基层依法治理工作要紧紧跟上，主动适应形势发展的需要。除了要深入开展各项工作外，还要抓好依法管理市场，依法管理流通领域等项工作，特别是对个体户市场、劳务市场、技术市场等市场的依法管理，在“二五”普法期间，要做出显著成效。

三是参照章丘的基本经验，认真抓好试点，大胆地试，大胆地闯，进一步创造和推广典型经验。现在，有些同志对依法治理有不同的看法，应当允许他们看，允许他们试，既不搞一刀切、强迫命令，又要积极引导，以便通过典型示范，引导大家走依法治理的路子。

四是抓好基层依法治理工作，始终要强调重质量、求实效。坚持从各个地区的实际出发，创造性地学习、运用章丘的经验，决不能生搬硬套，急于求成，贪大求快。要研究当地的实际情况，深入进行调查研究，根据当地的政治、经济和社会发展的特点，找出群众最关心、最迫切需要解决的问题，充分发动群众，在广泛讨论、反复征求意见的基础上，制定出符合本地实际需要的依法治理措施。

我们相信，在党中央、国务院和各地党委、政府的领导下，通过全国人民的共同努力，依法治理工作一定能够更好地开展起来，创造出更多的新鲜经验，章丘经验一定能在全国开花、结果，从而推动我国的社会主义民主与法制建设，把基层组织建设推上一个新的台阶，加快我国的改革开放和经济建设的步伐，把建设有中国特色社会主义的伟大事业不断推向前进。

（摘自作者在全国依法治村、民主管理经验交流会上的讲话）

在全国依法治村、民主管理经验交流会上的总结讲话

（1992年8月29日）

武连元

1990年，中央批转的《全国村级组织建设工作座谈会纪要》，明确提出了农村村级组织建设的指导思想、主要任务，规定了村党支部的地位、作用，着重部署了以党支部为核心的村级组织配套建设。贯彻这次会议精神，从组织上保证农村改革的深化和经济的发展，推行村民自治，起到了重要作用。但是，在新形势下以党支部为核心的村级组织如何有效地开展工作，如何运用法律和制度建立健全村级各项工作的运行机制，更好地调动亿万农民群众建设社会主义新农村的积极性，这个问题在实践中突出地提了出来。为解决这方面的问题，各地进行了积极的探索，创造了许多好的经验。会上介绍的几个单位的经验都很好，山东省章丘县结合普法活动和贯彻《村民委员会组织法（试行）》所创造的在党支部领导下依法建制、以制治村、民主管理的经验，尤其值得重视。

几天来，通过交流经验和实地考察，大家感到章丘县的经验确实很好。章丘经验的基本点，就是以党的基本路线为指导，以建设有中国特色的社会主义新农村为目标，在党的领导下，把村级经济管理、社会管理和组织建设融为一体，通过依法建制，以制治村，民主管理，建立、健全村级各项工作的运行机制，增强以党支部为核心的村级组织带领广大农民奔小康的能力，促进农村经济的发展和社会的全面进步。章丘的经验有普遍意义，值得在全国推广。他们勇于探索的精神也值得我们学习。这次会议上其它单位介绍的经验，也值得我们借鉴。希望大家认真学习和推广章丘等地的经验，同时也希望章丘等地的同志虚心学习外地的经验，取长补短，使之不断完善，并提高到一个新的水平，在建设有中国特色社会主义新农村的道路上，迈出更大的步伐。

蔡诚同志、多吉才让同志、郑科扬同志和高昌礼同志在会上的讲话，不仅对章丘经验的普遍意义作了深刻的阐述，而且从不同的角度对如何加强农村基层建设，如何推广章丘经验，讲了很好的意见。根据大家在讨论中提出的一些问题，我再讲几点意见：

一、深入贯彻落实小平同志重要谈话精神，进一步明确农村基层工作的指导思想

今年年初，邓小平同志就坚定不移地贯彻执行党的基本路线，坚持走有中国特色的社会主义道路，特别是抓住当前有利时机，加快改革开放步伐，集中精力把经济搞上去等一系列重大问题，发表了极为重要的意见。小平同志的重要谈话，科学地总结了十多年来我国改革开放和建设事业的经验，丰富和发展了科学社会主义理论，高瞻远瞩，博大精深，对各方面的工作都有重大而深远的指导意义，对于建设社会主义新农村，实现奔小康的战略目标，也具有极其重要的指导作用。这是我们搞好农村各项工作的纲领性文件和强大的思想武器。我们要全面、深刻地领会其精神实质，结合贯彻十三届八中全会的决定，在工作中认真落实。

贯彻落实邓小平同志的重要谈话精神，首先要坚

持以经济建设为中心，不能偏离这个中心。小平同志指出："要坚持党的十一届三中全会以来的路线方针政策，关键是坚持'一个中心，两个基本点'，不坚持社会主义，不改革开放，不发展经济，不改善人民生活，只能是死路一条。"当前，国际上的竞争十分激烈，其实质是经济实力和综合国力的竞争。东欧的演变，苏联的解体，原因固然很多，很重要的一点，就是这些国家的经济没有搞好，人民生活水平提高不快，甚至下降，使党在人民群众中丧失了威信。在风云变幻的国际形势下，我国能够经受住严峻考验，巍然屹立在世界东方，根本原因，就在于我们党有一条正确的政治路线，坚定而有效地实行改革开放，经济有了较大发展，人民生活水平有了较大提高，赢得了群众的信任和支持。能不能抓住有利时机，加快经济发展，进一步增强综合国力，改善人民生活，不仅是重大的经济问题，也是重大的政治问题。因此，农村的一切工作，包括以党支部为核心的村级组织建设工作、依法治村工作、村民自治工作等等，都要坚决地自觉地服从和服务于经济建设这个中心，紧紧围绕深化农村改革，发展农村经济、带领群众最终实现共同富裕这个中心任务来进行。这一点必须十分明确，不能有丝毫的含糊和动摇。

贯彻落实小平同志重要谈话精神，还必须坚持"两手抓"的方针。"两手抓"是小平同志有中国特色社会主义理论的一项重要内容，是党的基本路线的要求。小平同志在年初谈话中强调指出："广东二十年赶上亚洲'四小龙'，不仅经济要上去，社会秩序、社会风气也要搞好，两个文明建设都要超过他们，这才是有中国特色的社会主义。"这就明确告诉我们，建设有中国特色的社会主义，必须大力发展经济，带领群众逐步实现共同富裕；同时，也要始终不渝地把社会主义精神文明建设搞好，把民主和法制建设搞好。现在，不少地方都在制定小康目标，实施"小康工程"。什么是小康？去年召开的党的十三届八中全会对小康的基本含义作了科学概括，明确指出："在全面发展农村经济的基础上，使广大农民生活从温饱达到小康水平，逐步实现物质生活比较丰裕，精神生活比较充实，居住环境改善，健康水平提高，公益事业发展，社会治安良好。"从八中全会对小康目标的这个表述来看，小康水平首先是经济发展水平，但精神文明建设、民主法制建设也是重要组成部分。因此，在建设社会主义新农村的整个过程中，都要坚持"两手抓"，做到"两手硬"。这样才能实现建设有中国特色社会主义的宏伟目标。

二、继续贯彻党的十三届八中全会决定，坚持不懈地抓好以党支部为核心的村级组织建设

在座谈讨论中同志们一致认为，实行依法治村、民主管理、首先要加强以党支部为核心的村级组织建设，特别是要把村党支部建设成为坚强的领导核心。这是实行依法治村、民主管理的前提和保证。章丘经验和其它地方的经验都充分说明了这一点。党的十三届八中全会决定对九十年代农村的改革与发展作了全面部署，并肯定了"莱西会议"关于加强以党支部为核心的村级组织建设的要求。我们在学习推广章丘经验时，要继续按照八中全会决定的精神，把村级组织建设好。

应该肯定，这几年，各地在加强以党支部为核心的村级组织建设方面做了大量工作，增强了村级组织的整体功能，为搞好农村两个文明建设提供了组织保证。在村党支部建设方面，各地围绕发展农村商品经济，结合社会主义思想教育，重点抓了后进村党支部的整顿。经过整顿，后进村党支部的比例有了较大幅度的下降，有相当一部分跨入了先进行列。村民委员会、村经济组织、团支部、妇代会等村级组织建设也取得了明显成效。但是，对取得的成绩不能估计过高。必须看到，村级组织建设中还存在不少问题。主要是，有一部分村党支部领导班子缺乏带领群众发展农村商品经济的能力，有的涣散软弱，没有整顿或经过整顿变化不大的后进村党支部还占一定的比例。另外，村级组织的配套建设仅仅是开了个好头，要充分发挥其整体功能，还有大量工作要做。江泽民同志指出："党的基层组织不大抓不行了，不大力加强不行了。上级党委必须派专门力量下去，依靠当地的党员和群众，该整顿的整顿，该加强的加强，该重建的重建。"我们一定要按照中央的要求，坚持不懈地抓好以党支部为核心的村级组织建设，提高村级组织的战斗力和凝聚力。

抓好以党支部为核心的村级组织建设，当前首先要密切联系农村的建设和改革，继续抓好后进村党支部的整顿，特别是对那些至今仍处于瘫痪、半瘫痪状态的村党支部，要采取坚决措施，限期整顿好。河南省委在整顿后进村党支部工作中，通过调查研究，对问题突出的297个"老大难"村，派出专门工作队，集中力量进行重点整顿，效果很好。对问题突出、整顿后变化不大的村党支部，可借鉴河南的经验，进行重点整顿。在整顿后进村党支部的同时，也要采取措施，使先进支部更先进，使处于中间状态的支部登上新台阶。村

党支部的建设,关键是搞好领导班子建设。要开阔视野,拓宽选人渠道,选配好党支部的领导班子,特别是要选好支部书记,并加强对他们的培训,提高他们的政治、业务素质和领导水平。

江泽民同志最近在中央党校的讲话中指出:“现在历史条件变了,社会环境变了,党肩负的任务变了,因此,党的建设和党的领导方式也必须相应地加以改变和改进。”在农村党支部建设方面,我们有许多优良传统,改革开放以来,又创造和积累了一些新经验。凡是好的传统和被实践证明了的好经验、好做法、要继续发扬和运用。但是,随着形势的发展,农村基层工作遇到了许多新情况、新问题。农村党支部的建设以及党支部的领导方法和工作方法,都要适应新的形势和任务的需要不断改进。中央批转的“莱西会议”纪要中指出:“村党支部是全村各种组织和各项工作的领导核心。”村党支部的这种核心领导地位决不能动摇,同时也要看到,为适应新的情况,更好地发挥核心领导作用,党支部包揽村里各种行政事务和习惯于靠行政命令开展工作的做法,必须加以改变。要善于把党的方针政策和党支部的意图变成村级各种组织和全体村民的意愿和行动,注意发挥村委会、村经济组织和其他组织的作用,学会运用法律、法规和制度来实施领导。要教育党员和干部带头执行各项制度和规定,充分发挥共产党员在依法治村、民主管理和各项工作中的模范作用。村党支部建设和领导方法、工作方法的改进,总的原则是要有利于促进农村经济的发展和改革的深化,有利于发挥党支部的核心领导作用和党员的先锋模范作用,有利于密切党群关系和调动各方面积极性。希望大家在实际工作中继续探索,不断总结,努力把党支部建设成为带领群众建设有中国特色的社会主义新农村的坚强领导核心。

在抓好村党支部建设的同时,要认真抓好村委会建设。村委会要按照《村民委员会组织法(试行)》的规定,依法管好本村的事务,组织村民自我管理、自我教育、自我服务,积极完成乡镇政府布置的行政任务。涉及全体村民利益的重大问题,要经村民会议或村民代表会议讨论决定。努力把村委会建设成为履行自治职责,具有较强凝聚力的群众性自治组织。此外,还要注意加强团支部、妇代会等组织的建设。这些组织中问题较多需要整顿的,也要采取得力措施加以整顿。对于这些村级组织的调整和整顿,应注意按照有关法律和它们各自的章程办事。总之,要使村级各种组织都能在农村两个文明建设中充分发挥作用,并形成合力,为发展农村经济、搞好农村各项工作提供坚强有力的组织保证。

三、县委、县政府要切实加强领导,推动农村基层的各项工作登上新台阶

章丘县依法治村、民主管理的经验很好,村级组织建设工作也抓得很有成效,这是与山东省、济南市、章丘县三级党委和政府的领导分不开的。学习、推广章丘经验,一定要重视这一条经验。这里我想强调一下县委、县政府加强领导的问题。对农村基层工作,省、地(市)、县党委和政府都要加强领导,但县委、县政府负有更直接的责任。从章丘的情况看,县委、县政府对依法治村、民主管理不仅有明确的指导思想,有勇于探索、勇于改革的精神,而且深入基层调查研究,具体指导。如果没有县委、县政府坚强有力的领导,是不可能取得这样的成绩和经验的。要真正抓好以党支部为核心的村级组织建设,搞好依法治村、民主管理,建设有中国特色的社会主义新农村,关键是各级党委和政府,特别是县一级党委和政府要切实加强领导。

根据各地的经验,县委、县政府要领导好农村基层工作,首先要坚决贯彻党的基本路线,紧紧抓住经济建设这个中心,千方百计把经济搞上去。并坚持“两手抓”,做到“两只手都要硬”。第二,要解放思想,立志改革,勇于探索,大胆创新,不能因循守旧,安于现状。第三,要狠抓落实。当前,农村工作的指导思想、方针政策和工作目标都很明确,工作思路也很清楚,重要的是抓落实。第四,要加强自身的思想作风建设,切实转变领导作风和工作作风,把县委领导班子建设成为政治坚定,勇于改革,团结协调,廉洁务实,结构合理,精干高效的领导集体。要讲求实效,注意防止和克服官僚主义、形式主义,带头精简会议和文件,腾出更多的时间和精力到基层去,到群众中去,了解和掌握农村基层的真实情况,帮助解决实际问题,努力为基层创造良好的工作环境和条件。还要强调一点,各级党政领导都要增强法制观念,带头按法律法规办事,并教育基层干部遵纪守法,改变“以言代法”的错误作法,坚持在宪法和法律的范围内活动。

根据各地的经验和大家在讨论中提出的建议,在推广章丘经验过程中,要注意正确处理三个关系:一是要正确处理经济建设与依法治村、民主管理的关系。必须坚持以经济建设为中心,围绕发展农村经济逐步推行依法治村、民主管理,充分调动广大干部和群众的社会主义积极性,保证社会的稳定,促进经济的发展。二是要正确处理经济建设与村级组织建设的关系。以党支部为核心的村级组织建设,必须密切联系加快经济建设和实现奔小康的目标来进行。不少地方的群众有这样一个反映:“给钱给物,不如帮助建个

好支部。”这说明以党支部为核心的村级组织，在组织和带领群众发展经济中的重要作用。三是要正确认识和处理党的领导与民主政治建设的关系。发扬社会主义民主，搞好民主政治建设，同加强党的领导是一致的。邓小平同志指出：“我们过去对民主宣传不够，实行的不够，制度上有许多不完善，因此，继续努力发扬民主，是我们全党今后一个长时期的坚定不移的目标。但是我们在宣传民主的时候，一定要把社会主义民主同资产阶段民主、个人主义民主严格地区分开来，一定要把对人民的民主和对敌人的专政结合起来，把民主和集中、民主和法制、民主和纪律、民主和党的领导结合起来。”我们要按照这个要求，注意发扬民主，认真抓好基层的民主政治建设，在实际工作中积极探索加强民主政治建设的有效途径；同时又要切实加强党的领导，保证民主政治建设的健康发展。

关于这次会议精神的传达贯彻，我们不作统一规定，只提几点建议：第一，大家回去以后，先向党委和政府汇报。会议精神传达贯彻的要求和方式方法，请你们提出意见，请示党委和政府决定。各有关部门要在党委和政府的统一领导下，明确分工，各司其职；同时又要密切配合，形成齐抓共管的合力。第二，推广章丘的经验，态度要积极，步子要扎实，要通过试点取得经验后逐步推开，不要急于求成，更不能一哄而起。村级组织涣散软弱的，首先要整顿好党支部和村委会。第三，一定要从本地实际情况出发，因地制宜，不要照抄照搬。要特别注意讲求实效，防止形式主义。

我们相信，只要各级党委和政府特别是两千多个县市党委和政府切实加强领导，农村经济的发展和各项工作，就一定能登上新的台阶。

在全国依法治村、民主管理经验交流会上的讲话

（1992年8月29日）

郑科扬

当前，全国城乡正在深入学习贯彻邓小平同志年初重要谈话和中央政治局会议精神，我们的改革开放和现代化建设事业进入了一个更快更好地向前发展的新阶段。在这样的形势下，中央组织部、中央政策研究室、民政部、司法部共同召开会议，以邓小平同志重要谈话精神为指导，交流依法治村、民主管理的经验，这对于提高村级组织建设的工作水平，进一步把党的“一个中心、两个基本点”的基本路线和党在农村的基本政策落实到基层，加快农村改革和发展的步伐，团结带领广大农民群众实现奔小康的目标，必将起到重要作用。

邓小平同志视察南方的重要谈话向我们指出了一个十分重要的工作方法。他说：“农村改革中的好多东西，都是基层创造出来，我们把它拿来加工提高作为全国的指导。”这个方法，就是毛主席提倡的从群众中来到群众中去的方法，就是个别指导与一般号召相结合的方法，就是实事求是的方法。我们召开这次会议，交流推广章丘等地依法治村、民主管理的经验，就是运用这个方法。下面，我谈几点认识和意见，和同志们一起讨论。

一、依法治村、民主管理经验的产生是农村基层建设发展的必然

我们党历来十分重视农业和农村工作，十分重视农村基层建设。党的十一届三中全会以来，中央和地方党委、政府在领导农村深化改革、发展经济过程中，始终注意加强农村基层建设，及时研究新情况，总结新经验，解决新问题。

1990年7月，经中央批准由中组部、中研室、民政部、全国妇联、共青团中央联合召开的全国村级组织建设工作座谈会即莱西会议，就是在改革开放条件下，运用实践经验推动农村基层建设的一次重要会议。会后中央批转了《全国村级组织建设工作座谈会纪要》。那次会议，重点推广莱西等地的经验，主要明确了三个问题：

一是明确了新时期中国的农业问题、农村问题，归根结底是农民问题，是共产党领导和依靠农民群众搞建设、搞改革、奔小康，建设有中国特色社会主义新农村的问题。农业是经济发展、社会安定、国家自立的基础，农民和农村问题始终是中国革命和建设的根本问题。没有农村的稳定和全面进步，就不可能有整个社会的稳定和全面进步；没有农民的小康，就不可能有全国人民的小康；没有农业的现代化，就不可能有整个国民经济的现代化。把广大农民群众的社会主义积极性引导好、组织好、发挥好，不但对我国农村的改革和发展，而且对整个建设有中国特色社会主义事业的成功，都具有决定的意义。调动农民的积极性，解决农村的改革和发展问题，我们常讲，要靠政策，靠科学，靠投入，而党的政策的落实，科学技术的推广，投入效益的发挥，都需要靠强有力的组织来保证。十几年来，我国农村的巨大发展和深刻变化，同我们党重视加强基层组织建设是密不可分的。莱西等地在这方面提供了有益的经验。但是在一些地方，由于缺少健全有力的基层组织和有效的工作，已经影响到党的路线、方针、政策的落实

和农民群众社会主义积极性的发挥。鉴于这种情况，莱西会议适应农村发展经济、深化改革的要求，把加强村级组织建设问题，提到了突出的议事日程。

二是明确了加强村级组织建设，必须以党支部为核心配套进行。加强农村基层组织建设怎么抓？许多地方积累了丰富的经验，最根本的就是充分发挥党支部的领导核心作用。当时，在一些地方面临两方面的情况：一方面，相当一部分村级组织、首先是一部分党支部软弱涣散，有的甚至处于瘫痪、半瘫痪状态，有些村出现了无人管事、无钱办事、无章程理事的现象，致使农村建设和改革的一些任务不能很好完成，党群关系、干群关系也发生了一些问题；另一方面，农村各种组织如何配套、协调，也需要进一步理顺关系。莱西会议客观地分析了这些情况，总结推广了莱西等地加强农村基层组织建设的经验，强调村党支部是本村各种组织和各项工作的领导核心，农村基层组织建设必须重点抓好党支部建设，同时抓好村委会、村经济组织、团支部、妇代会等其他组织的配套建设。农村党支部的核心地位，是在我们党领导革命和建设的长期历史过程中形成的，在农民群众中有深厚的基础。实践证明，党支部建设不搞好，村级其他组织的建设就没有保证；党支部建设搞好了，不但其他组织的配套建设可以抓起来，带起来，基层的许多问题都容易得到解决。

三是明确了加强农村基层民主政治建设，必须认真贯彻《村民委员会组织法（试行）》，在党的领导下走村民自治的道路。这个问题，和前两个问题是紧密联系的。调动农民群众的社会主义积极性和加强党对农村基层工作的领导，这两者都要围绕经济建设这个中心，同时也都要依托于民主政治的建设。离开经济建设这个中心，群众的积极性和党的领导就无从谈起；没有民主政治的保证，群众的积极性不可能持久，党的领导也会失去群众基础。十一届三中全会以来，经济上实行改革，政治上发扬民主，始终是我们党的重要工作目标。从农村的实际情况看，农村民主政治建设的进程，同农村改革和经济发展的进程基本上是一致的，是一个相互协调、相互促进的过程。我国农村改革和经济的发展，农民民主参与意识的增强，为《村民委员会组织法（试行）》的制定和出台创造了条件。而深入贯彻《村民委员会组织法（试行）》，实行村民自治，又是推进农村改革和发展的需要。正是基于这样的认识，莱西会议强调在党的领导下，走发扬民主、依法治村的道路，更好地引导和组织农民实现奔小康的目标。

两年来，各地认真贯彻《中共中央关于批转〈全国村级组织建设工作座谈会纪要〉的通知》精神，特别是认真贯彻党的十三届八中全会精神，做了大量工作，取得了很大成绩。许多地方从本地实际情况出发，制定了村级组织建设的规划和措施，围绕农村深化改革、发展经济、结合社会主义思想教育加强了以党支部为核心的村级组织配套建设，整顿了后进村党支部和村委会，加强了村干部队伍建设。经过工作，农村基层组织建设有了明显的进步。但是，必须看到，邓小平同志年初重要谈话传达贯彻以来，全国出现了新的形势，农村出现了新的形势。如何使村级组织建设和这些组织的活动方式、工作方式，适应加快改革开放步伐、更快更好地发展经济的形势，就是一个需要根据新的实践做出新的回答的问题。

我们这次会议，着重介绍了章丘在党的领导下依法治村、民主管理的经验，还交流了其他一些地方的经验。他们的经验，体现了党的基本路线和“两手抓”方针的要求，是加强以党支部为核心的村级组织配套建设和基层民主政治建设发展的结果，也反映了深化农村改革和加快农村商品经济发展的客观需要。经济基础决定上层建筑。社会主义经济越发展，必然要求社会主义民主进一步发展，也必然要求社会主义法制更加健全，只有逐步把国家对农业和农村工作的宏观管理纳入法制轨道，实行依法治理，并且落实到基层和群众中去，才能更好地保障和促进农村生产力的进一步解放和发展。

从莱西会议到章丘会议，讨论的重点虽然有所不同，但是，两篇文章，实质是一个题目，研究的都是在党的基本路线指引下，加强以党支部为核心的村级组织配套建设，促进基层的民主和法制建设。充分发挥农民群众的积极性，加快奔小康的步伐，建设社会主义新农村。从这个意义上，可以说，章丘会议是莱西会议的继续和深化。开好这次会议，无疑将会有力地推动继续深入贯彻落实邓小平同志视察南方的重要谈话精神，进一步搞好农村基层建设，促进农村经济加快发展和社会的全面进步。

二、怎样认识章丘经验

章丘县委和县政府，在山东省委、省政府和济南市委、市政府的关心、指导下，把全面普法活动中逐步开展起来的依法治理的经验，运用于农村基层建设，全县实行了在党支部领导下村级各种组织、各项工作的规范化，依法建制，以法治村，民主管理。他们采取综合、系统、配套，标本兼治，整体解决的办法，针对农村改革与发展中出现的新情况和新问题，以国家宪法、法律、法规和党的政策为依据，以基层创造的新鲜经验为基础，依靠群众制订与农村发展相适应的一整套包括经济、政治、文化、社会秩序等各方面内容的工作管理制度，做到了村级组织和村民的行为有规范，办事有章法，增强了村级工作的活力，保证了经济发展和各项工作的顺利进行。这是探索加强和改善党对农村基层组织、基层工作的领导，推动农村两个文明建设的一个重要成果，创造了在新形势下充分发挥村党支部的领导核心作用，依靠法律和制度强化和改进村级组织建设的新经验。

章丘经验的普遍意义，是不是可以说主要回答了当前农村基层建设和基层工作中的三个重要问题。

第一，回答了如何进一步加强和改善党对农村基层的领导问题。加强党的领导，改善党的领导，是党的十一届三中全会以后，邓小平同志提出的一个重大问题。他多次强调，为了坚持党的领导，必须努力改善党的领导。党对农村工作的领导，是党的整个领导工作的一个极其重要的方面。党的十一届三中全会以来，以家庭联产承包责任制为主要内容的农村改革，极大地调动了广大农民的社会主义积极性，促进了农村经济的迅速发展。与此同时，在农村经济生活、政治生活和社会生活领域，也出现了一些新的问题。从村级工作的角度看，一方面，随着生产经营自主权的确立和经济活动范围的扩展，农民要求参与村务管理的意识不断增强，而一些村干部却仍然习惯于某些过时的工作方法，使农民群众的积极性受到挫伤；另一方面，在"三级所有、队为基础"的管理体制改变以后，许多村级组织和村干部面对千家万户的纷繁事务，不知怎样开展工作。章丘经验的一个可贵之处，就在于他们在加强以党支部为核心的村级组织自身建设的基础上，为探索村级组织新的活动方式、工作运行机制进行了有效的探索。他们指导基层党组织，发动和依靠群众，建立具体管理村务的民主制度和工作程序，领导和支持农民群众当家作主，实现党领导下的依法治村、民主管理，找到了新形势下领导农民和开展村级工作的新途径。尽管他们的经验还是初步的，但他们着眼于加强和改善党对农村基层的领导所遵循的依法建制、以制治村、民主管理的基本做法，具有普遍的意义。

第二，回答了怎样更好地把以经济建设为中心的思想落实到农村基层，变为群众行动的问题。社会主义社会的根本任务是解放和发展生产力。只有创造出比资本主义更高的劳动生产率，社会主义的优越性才能充分地体现出来。所以在整个社会主义时期，都必须坚持以经济建设为中心。邓小平同志年初谈话中强调牢牢把握党的基本路线一百年不动摇，最重要的是牢牢把握以经济建设为中心不动摇。一切工作都要围绕经济建设，服务于经济建设。在认识上和实践中真正摆正了这个关系，才能保证党的基本路线的贯彻执行，也才能保证各项具体工作的顺利进行。章丘经验之所以能够落地生根，开花结果，这是根本的一条。从章丘的实践看，依法治村、民主管理问题，一开始就是在经济发展过程中提出来的。各村规定的大部分条款，都是围绕稳定以家庭联产承包为主的责任制、不断完善统分结合的双层经营体制、积极发展社会化服务体系、逐步壮大集体经济实力制定的，是着力于促进农村改革、推动农村经济发展的。通过制定这些制度条款，把当地经济发展的任务目标具体化了，把党的农村政策具体化了，把千家万户发展经济的责任、权利和义务具体化了。这些制度和条款是群众和干部一起讨论通过后制定的，所以大家都能够自觉遵循。比如，他们按制度规定村民应承担的义务工、基建工，保证了必要的劳动积累，推动了治山、修路及农田水利基本建设。去年，全县农田基本建设的规模、效益以及其他公益事业的发展，都是10多年来最好的。他们通过规范承包关系和理财活动，增加了集体资金积累，推动了村办工副业的发展。1991年，全县村办工业总产值和利税，分别比1989年增长66.2%和79%，有三分之一的村工业产值年递增率达50%以上。通过落实各项服务规定，大多数村建立了场所、资金、人员、项目、制度比较健全的农业服务站，促进了农业科技的推广和生产经营效益的提高。由于紧紧抓住经济建设这个中心，各项工作在基层落实到了位，章丘的经济发展和各项事业都出现了生机勃勃的景象。

第三，回答了如何使农村基层民主政治建设具体化、制度化的问题。章丘在村级建设中，坚持以经济建设为中心，围绕经济建设加强党的建设，在发展经济过程中加强社会主义民主政治建设，并使彼此紧紧结合，相互促进。同时把社会主义的民主建设同社会主义的法制建设统一起来，做好法律、政策与农村实际结合的文章，把国家法律、党的政策落实到村、组，送进千家万户，从而形成了群众知法懂法，依法办事，自我教育，自我管理，自我约束，共同建设社会主义新农村的良好机制。党的十一届三中全会以来，党和国家大力加强民主和法制建设，已经制定了一系列法律、法规和政策，群众的民主意识和守法观念也不断增强。但是，如何把国家的法律原则与农村基层的复杂情况结合起来，把依法治理与村民自治统一起来，切实做到有法必依、执法必严、违法必究，仍然是农村建设面临的一个艰巨任务，也是当前实践中遇到的一个突出问题。章丘在这方面进行的大胆探索，提供了解决问题的有益借鉴。章丘的经验证明，只要我们在农村工作中认真实行群众路线，坚持群众的事情依靠群众来办，有领导有秩序地发展基层民主，群众的主人翁责任感增强了，他们真正感到自己是在当家作主，就能够形成建设社会主义新农村的巨大合力，农村的工作就能够做得更好。

从这次会议交流的情况看，章丘的基本经验，在其他一些地方的探索中也得到了验证，说明具有普遍意义，确实值得我们重视。

三、把章丘等地的经验学习好、推广好

90年代是我们国家推进社会主义现代化建设的关键年代。党的十三届八中全会号召全党，努力开创我国农业和农村工作的新局面。总的目标是：在全面发展农村经济的基础上，使广大农民的生活从温饱达到小康水平，逐步实现物质生活比较丰裕，精神生活比较充实，居住环境改善，健康水平提高，公益事业发展，社会治安良好。最近，邓小平同志视察南方的重要谈话，又向全党提出了新的任务和新的要求。实现这些目标和要求，需要我们进行多方面的努力，进一步加强以党支部为核心的村级组织建设，加强基层的民主和法制建设，就是一个重要的方面。从这个意义上说，学习、推广好章丘等地在党的领导下依法治村、民主管理的经验，对于我们做好九十年代的农业和农村工作具有直接的现实的重要意义。

第一，要按照党的基本路线的要求，围绕加快经济发展、带领农民奔小康学习章丘经验。更快更好地发展经济，实现小康目标，是我们加强农村基层组织建设和民主政治建设的根本目的，也是学习推广章丘等地经验的根本指导思想。农村工作千头万绪，发展是硬道理。经济发展了，才能稳定社会、稳定人心，农村的各项工作，包括民主政治建设，才有可靠的物质基础。因此，学习推广章丘等地的经验，必须遵循党的基本路线，始终坚持以经济建设为中心。当前要紧紧围绕带领农民奔小康的目标，把党的基本路线的各项要求，把党的八中全会精神，把党在农村的各项方针政策落到实处。今年以来，在邓小平同志重要谈话精神鼓舞下，农村改革开放和商品经济的发展出现了更好的势头。我们要抓住有利时机，加快改革开放的步伐，集中精力把经济建设搞上去，引导和组织农民努力实现由温饱到小康的跨越。农村的一切工作都要围绕这个目标来开展，并为实现这个目标服务，村级组织建设和民主法制建设也都应当这样做。

第二，要继续抓好以党支部为核心的村级组织建设，为依法治村、民主管理提供可靠的组织保证。加强党的领导，加强党的建设，是更快更好地发展社会主义经济的根本保证。也是推进社会民主政治建设的根本保证。章丘的经验和其他一些地方的经验都证明，党的建设的状况同民主法制建设的发展是紧密相连的。有一个坚强的、能够发挥核心领导作用的党支部，是村级民主和法制建设健康发展的最重要条件。党支部建设不搞好，软弱涣散，形不成核心，村民自治也搞不起来，即使搞了，也往往流于形式。只有把党支部建设好，领导坚强有力，村级民主和法制建设才能坚持正确的方向和逐步提到高级的程度。这几年，经过努力，包括经过农村社会主义思想教育，村党支部的建设普遍得到加强，但是工作发展不平衡，有些后进党支部的问题并未根本解决；有些老问题解决了，还会出现新问题。因此，加强农村村级组织建设的任务仍然很重。在学习推广章丘等地经验的过程中，要继续努力把农村党支部的建设抓好，把村委会等村级其他组织的配套建设抓好，把团组织建设好。村党支部也要学会在领导经济建设中学习经济建设，在领导民主政治建设中学习民主政治建设，认真研究农民群众的要求，支持村委会开展工作，探索在新形势下引导农民群众更多地参与经济发展和改革开放的事务，参与基层决策、管理和监督的新经验。

第三，要深入细致地做好农民的思想政治工作。党的十一届三中全会以来，邓小平同志反复强调，在现代化建设和改革开放整个过程中，必须大力发展社会主义民主和健全社会主义法制，多次指出制度建设更带有根本性、全局性。同时，小平同志也一再指出，必须把思想政治工作放在重要位置上，认真做好，否则党的领导既不可能改善，也不可能加强。实践证明，小平同志的这些思想是完全正确的。从农村情况看，加强社会主义民主和社会主义法制建设，是一项长期的艰巨任务，需要我们坚持不懈地做好工作。但是，民主建设也好，法制建设也好，不仅要受经济发展水平的制约，而且离不开人民群众的觉悟程度和文化素质的提高。与一定的经济发展水平相适应，并建立在人民群众的觉悟和素质基础上的民主和法制，才是靠得住的和行得通的。如果不注意培养村民的良好素质，没有坚实可靠的思想政治基础，再好的法规和制度也难以得到有效的实施。在实际工作中，我们一定要正确处理思想教育和民主与法制建设的关系，认真而细致地依法建章立制，同时大力加强农民群众的思想政治工作。要采用群众喜闻乐见的生动活泼的形式，坚持向农民进行爱国主义、集体主义和社会主义思想教育，进行邓小平同志建设有中国特色社会主义理论和党的基本路线教育，进行社会主义道德风尚教育，保证农村民主和法制建设的顺利进行。

第四，要从实际情况出发，实事求是，大胆探索，勇于创新。章丘的经验，是章丘的同志根据本地实际

情况，总结基层和群众的实践经验创造的。这次会上其他地方介绍的经验，也是根据自己的特点以改革的精神大胆探索出来的。他们的经验，也还要在实践中丰富、完善。我国农村地域辽阔，各地的经济、文化发展水平和基层组织的战斗力状况不同，情况千差万别。不重视学习外地经验，当然是不对的；不顾当地情况，照抄照搬外地经验，也是不可取的。按照实际情况决定工作方针，是我们党的一贯原则。在学习推广章丘等地经验的时候，要从本地实际情况出发，切忌一刀切。要脚踏实地，循序渐进，不要一哄而起。总之，思想要解放，工作要扎实。要坚持实事求是，一步一个脚印，来不得半点虚假，注意防止和克服形式主义。基层的组织建设和民主政治建设，都是广大群众直接关心的事，必须有广大群众的参与，得到广大群众的支持，在工作中一定要走群众路线，坚持从群众中来，到群众中去。希望各地认真学习借鉴章丘等地的经验，积极创造自己的经验，经过深入细致的工作，努力把农村基层的组织建设和民主政治建设提高到新水平，为加快农村经济发展和社会全面进步，实现小康目标，做出新的更大的贡献。

深入开展村民自治示范活动，推进社会主义基层民主政治建设

（1992年8月29日）

多吉才让

一、要充分认识村民自治的重大意义

邓小平同志指出：没有民主，就没有社会主义。社会主义民主政治的本质和核心，是人民当家作主，真正享有各项民主权利。在我国农村基层设立村民委员会，作为基层群众性自治组织，这既是发展基层直接民主、加强社会主义民主政治建设的迫切需要，也是我国农村改革和发展和必然产物。

实行村民自治，适应了农村经济体制和政治体制改革的客观需要。党的十一届三中全会以来，农村实行了以家庭联产承包责任制为主要内容的经济体制改革。这场改革解放和发展了农村生产力，极大地调动了广大农民的生产积极性，促进了农村经济的迅速发展；同时，也引起了农村其他方面体制的变革，特别是“三级所有、队为基础”的管理体制改变以后，怎样开展农村基层工作，组织引导农民发展经济，建设社会主义新农村，需要进行新的探索。在这种情况下，广西罗山、宜山等地农民群众创造了自己管理自己的组织形成——村民委员会。党中央、国务院及时总结了这些经验。1981年，将建立村委会的试点，连同政社分开、建立乡政府的试点工作同步展开。1982年，将在农村基层建立村委会正式写入了《宪法》，并于1987年11月，由全国人大常委会通过了《村委会组织法（试行）》，明确了村民委员会是基层群众性自治组织。由此可见，在我国农村建立村民委员会，实行村民自治，是我国农村经济、政治和社会生活发展的必然结果，是党和国家加强社会主义民主和法制建设，推进农村基层民主政治建设的一项重大措施。

当前，改革的不断深化要求政府转变职能，要求企业转变经营机制，“小政府、大社会”已成为社会发展的必然趋势。这就要求社会具有较强的自我调节能力，尤其需要提高基层群众自我管理、自我教育、自我服务、自我约束的能力。村民委员会履行自治职能，组织、引导农民做到自己的事情自己去办，自己的问题自己解决，符合国家政治体制改革的要求。从这个意义上讲，把村民委员会建设好，真正实行村民自治，不但对扫除封建残余影响，发展社会主义民主有深远的意义，而且对推进国家的政治、经济体制改革也具有重要意义。

实行村民自治，有利于激发农民投身改革和建设的积极性。人民群众是社会物质文明和精神文明的创造者。只有充分发挥人民群众的积极性、创造性，社会才能前进，历史才能发展。这是历史唯物主义的观点。现阶段的社会主义民主政治建设，要着眼于实效，着眼于调动基层和群众的积极性。在我国农村实行村民自治，不仅适应农村经济体制改革的要求，也符合广大农民的共同心愿。农村实行以家庭联产承包为主的责任制之后，生产经营方式变了。这种变化，使农民更加关注切身利益，关注村务管理，关注干部行为，反映出一种强烈的参与意识。实行村民自治，顺应了农民的意愿，使村民能够依法办理自己的事情，“大家的事大家议，大家的事大家管，大家订的制度大家遵守。”这不但增强了农民的民主意识和自治能力，使“自我管理、自我教育、自我服务”落到了实处。同时也调动和激发了广大农民群众投身改革和建设的积极性，促进了党的路线、方针、政策的落实，解决了农村工作的诸多“难点”，密切了干群关系，稳定了农村基层。

实行村民自治，有利于加强和改善党对农村工作的领导。

我们党在领导农村工作中，过去形成了一整套集中管理的制度和方法，广大干部对此也较熟悉。在改革开放和发展农村商品经济的新形势下，有些传统的工作方法，已经不适应新形势的要求，应该加以改变。

在这种新形势下，如何处理好党与农民的关系？如何实施对农村工作的领导？必须有新的思路和新的方法。这种新的思路就是如何调动和保护农民的积极性；这种新方法就是要坚定不移地贯彻党的群众路线，相信和依靠广大人民群众的实践和创造。实行村民自治，通过有效方式把农民组织起来，亲自参与管理自己的事情，农民群众自己当家作主，正是我们党科学地分析农村形势，在新时期领导农村和农民工作采取的一种新方式，是党的群众路线在农村工作中的一种新的发展。我们完全可以相信，通过村民自治，将党的路线、方针、政策以民主的方式变成广大农民的意志和自觉行动。《村委会组织法》确定的工作原则和民主程序。从某种角度讲，是领导方式和方法的重大变革。比如让农民参与重大事情的管理和决策，就加深了干部和群众之间的相互理解；群众依法办理自己的事情，就解决了过去干部“包不了、管不好、办不了”的一些问题。实践已充分说明，实行村民自治，不仅是党领导农民，正确处理与农民的关系，有效地组织、引导、教育、团结农民的根本方法，而且是党的一切从人民的利益出发，相信群众，依靠群众，从群众中来，到群众中去的群众路线，在新时期的生动、具体体现。

二、村民自治工作的实践经验

《村委会组织法》自1988年6月1日试行，迄今已经四年了。四年来，在各级党委、政府的正确领导下，贯彻《村委会组织法》的工作已经在各地全面铺开。已有19个省、自治区、直辖市人大常委会制定了《贯彻〈村委会组织法〉实施办法》，有五分之四以上的村委会依法进行了换届选举，其中，福建、北京、辽宁、吉林等省、市的村委会进行了第二届换届选举，全国大部分村委会正在建立村民自治制度，村委会的工作初步走上了法制轨道。1990年，民政部根据中发(1990)19号文件精神，部署了在全国范围内开展村民自治示范的活动。目前，已有25个省、自治区、直辖市确定了45个村民自治示范县(市、区)；一部分地(市)、县(市)确定了村民自治示范乡(镇)和村民自治示范村。这项活动在各地有计划地开展起来，已经取得了初步成效。

这四年，是逐步统一思想，探索村民自治办法、村民自治由点到面逐渐展开的四年。四年来，各地在贯彻《村委会组织法》，实行村民自治的实践中，创造了一些比较成功的经验。概括起来，主要有以下四个方面：

(一)贯彻《村委会组织法》，实行村民自治，要加强领导和指导

对实行村民自治，无论干部还是群众，都比较陌生。因此，加强对村民自治工作的领导和指导，在村民自治的初始阶段，尤为重要。实践表明，各级党委、政府和职能部门加强领导和指导，不但是村民自治工作本身的需要，也是使村民自治坚持正确方向并健康发展的需要，凡是领导重视、思想认识就容易统一，村民自治工作就能顺利推进。

加强领导和指导，首先要提高各级干部，特别是县、乡两级领导干部的思想认识。实行村民自治的状况如何，关键在于干部。而提高干部思想认识的有效办法，是集中培训，亲自实践，使各级领导干部在学习和实践中，充分认识实行村民自治的重要性和必要性，提高贯彻执行《村委会组织法》的自觉性，掌握实行村民自治的办法，积累村民自治的实践经验。这样，才能有效地加强领导和指导，把贯彻《村委会组织法》，实行村民自治的工作逐步推向前进。

(二)贯彻《村委会组织法》，实行村民自治，要建立村民自治制度

社会主义民主和法制是密不可分的。民主是法制的内容和基础，法制是民主的依据和保障。《村委会组织法》是保障实现村民自治的法律。要把《村委会组织法》确定的村民自治原则落到实处，就要建立村民自治制度，使村民自治制度化、程序化。各地的经验表明，研究制定村民自治制度，需要解决好两个问题：一是明确村民的自治权利。村民的自治权利，主要是体现在村务活动中，村民享有的民主权利，包括选举权、被选举权、决策权、管理权和监督权。要明确村民的民主权利，不仅包括政治民主，同时也包括经济民主。二是要抓村民自治的关键环节，建立健全严密的制度，用制度来保证村民自治，即：制定直接选举村委会干部的办法，保证民主选举；建立村民代表会议制度，保证民主决策；制定村民自治章程或村级工作管理规范，保证民主管理；建立村务公开制度，保证民主监督。

(三)贯彻《村委会组织法》，实行村民自治，要紧紧围绕农村经济建设这个中心来开展，与农村两个文明建设密切结合

在实行村民自治的过程中，既要尊重村民的民主权利，同时也要注意促进农村各项工作的发展。从各地的经验看，主要是在“三个结合”上下功夫：一是村民自治要与农村的经济和社会发展有机结合，使民主促进发展，发展巩固民主；二是村民自治要与社会治安综合治理有机结合。发动广大村民建立有效的社会防范机制，保证农村的社会安定；三是村民自治要与完成国家各项任务有机结合，保证国家各项任务的顺利完成。一些地方由村民民主制定的村民自治章程或

村级管理规范,融农村经济管理、社会行政事务管理和村级组织建设于一体,就是这些结合的集中体现。它有效地促进了农村各项工作的发展,从而为村民自治工作打下牢固的社会基础有了强大的生命力。

(四)贯彻《村委会组织法》,实行村民自治,要坚持实践第一的观点,尊重群众的创造

实行村民自治,是个新生事物。目前《村委会组织法》尚处于试行阶段,各项规定比较原则。在前无经验借鉴,又无现成办法的情况下,各地都在实践中学习,在实践中创造。因此相信和依靠群众,支持农民群众在实践中的探索,善于发现和总结新经验,不仅是完善《村委会组织法》的需要,也是贯彻《村委会组织法》,实行村民自治的要求。在贯彻《村委会组织法》的过程中,一些地方建立的村民代表会议制度,就是一个创造。这是对《村委会组织法》个别条款的完善,已成为村民发扬民主、参与村务管理和决策的行之有效的组织形式,并得到了普遍推广。

以上所述,是四年来村民自治实践的基本经验,也是对村民自治工作的实践验证。从各地情况看,凡是依法实行村民自治的地方,都取得了比较明显的效果,不同程度地显示出了村民自治在促进农村经济发展、维护社会稳定、密切干群关系等方面的积极作用,产生出日益广泛和深刻的社会影响,村民自治工作正在获得越来越多的人的理解和赞誉。实践证明:《村委组织法》所确定的村民自治原则,符合我国农村实际,是完全正确的。我们认为,只要充分相信广大农民群众,尊重广大农民群众的民主权利和首创精神,我国农民完全有能力建设好自治组织,办好自己的事情。

三、进一步深入开展村民自治示范活动

我国农村基层实行村民自治,经过四年的实践,已经具备了一定的思想基础、工作基础和经验基础。农村改革的成功,农村经济的发展,政治、社会的稳定,改革开放步伐的加快,为实行村民自治,推进基层民主政治建设,创造了良好条件。我们必须认识这个新形势,抓住这个机遇,努力开展村民自治示范活动,把贯彻《村委会组织法》、实行村民自治工作,推向一个新阶段。

如何开展村民自治示范活动,民政部已于去年年底进行了部署。这里,我再强调几点:

一是要切实重视、抓好村民自治示范活动。村民自治示范活动,是一些地方在贯彻《村委会组织法》实践中创造的;是按照中共中央(1990)19号文件关于"每个县都要选择几个或十几个村,开展村民自治示范活动,摸索经验,树立典型"的要求,在全国广泛开展起来的。开展村民自治示范活动的主要目的:一是摸索经验。实行村民自治,是一个渐进的过程,要有领导、有组织、有步骤地进行,干部和群众需要有一个认识、熟悉和适应的过程。村民自治示范活动,就是通过抓典型,摸索村民自治的办法和措施;二是树立典型。在我国农村基层实行村民自治,许多同志对什么是村民自治,怎样实行村民自治,并不十分清楚。开展村民自治示范活动,就是用看得见、摸得着的活生生事实,使干部和群众理解村民自治,学会怎样实行村民自治;三是推动工作。村民自治示范活动,是一种用典型经验,用榜样的力量,指导面上村民自治工作的方法。因此,开展村民自治示范活动,对于进一步统一思想认识,摸索村民自治的经验和办法;对于发挥典型的引路、带动和辐射作用,促进《村委会组织法》全面贯彻落实;对于推进村民自治进程,建设有中国特色的社会主义基层民主政治具有重要意义。

二是要坚持党的基本路线,为经济建设服务。建设有中国特色的民主政治,健全社会主义法制,切实保障人民群众当家作主的权利,是政治体制改革的目标。解放和发展生产力,把经济建设搞上去,创造比资本主义更高的劳动生产率,是社会主义的根本任务。政治上发展民主,有利于经济改革,促进经济发展。经济的发展,又为民主政治建设奠定坚实的基础。民主政治建设与经济发展是相互协调、互相促进的。小平同志年初南巡讲话强调牢牢把握党的基本路线一百年不动摇,号召我们进一步解放思想,实事求是,大胆试验,抓住有利时机,排除各种干扰,加快改革开放步伐,集中精力把经济建设搞上去。这是社会主义初级阶段的中心任务,任何工作都不能离开这个中心,都要为这个中心服务。贯彻《村委会组织法》,开展村民自治示范活动,必须坚持党的基本路线,服务于服从于经济建设这个中心。因此,开展村民自治示范活动,要在各级党组织的领导下,在党的政策和国家的法律、法规允许的范围内进行。要通过贯彻《村委会组织法》,使民主政治建设适应经济体制改革的要求,将农民群众的政治热情及时引导到贯彻执行党的路线、方针、政策上来;引导到坚持以家庭联产承包为主要内容的生产责任制,完善统分结合的双层经营体制,发展社会化服务体系,逐步壮大经济实力上来,使民主政治建设更好地为经济发展服务。这样,村民自治工作才能沿着正确方向健康发展。

三是要抓好建立、完善法规和制度的工作。村民自治制度的建设是村民自治示范活动的重要内容。村民自治的法规和制度,要根据其内容分层制定,省级要制定《贯彻〈村委会组织法〉实施办法》;县级要制定

《村民直接选举村委会干部办法》。制定村民代表会议和村民自治章程的指导意见；乡一级制定指导村委会工作的细则；村一级要建立村民代表会议制度和制定村民自治章程。在这里需要强调的是，法规和制度建立之后要加强督促检查。检查要注重实效，发现问题，及时纠正，使村民自治的各项制度在执行中不断完善，确保村民自治示范活动扎扎实实地开展。

四是要培训好推行村民自治的骨干。在我国农村实行村民自治，无论干部和村民都还缺乏经验。因此，加强对村民自治骨干的培训，这不但是统一思想认识的好办法，也是提高干部和村民民主意识和自治能力的重要措施。今后几年，各级民政部门要把培训村民自治骨干，作为推进村民自治工作的主要措施来抓。要注意学习新时期改革开放的方针政策，学习农村经营管理知识，学习各地村民自治的经验。提高村民自治骨干的政治素质和经营管理能力，掌握村民自治的办法。培训工作要分层次进行。省级重点培训村民自治示范县(市)和示范乡(镇)的领导；地、县一级重点培训示范乡(镇)的领导；乡一级重点培训示范村的领导。培训工作要结合实际。灵活多样，注重实效。

五是要加强指导工作。各级民政部门要在党委和政府的领导下。按照去年年底全国村民自治示范工作座谈会确定的布局，加强对示范活动的指导。

当前，这项工作存在的主要问题是：部分地方还没有把村民自治示范单位确定下来；有些示范单位，村民自治示范的质量不高，流于形式。为此，有必要再次强调，要全面落实村民自治示范规划，尽快确定村民自治示范单位，加强检查和督促工作。对已确定为村民自治示范的单位要加强指导，使其尽快达到村民自治示范标准。各级民政部门在指导村民自治示范活动中，要当好党委和政府的参谋；搞好调查研究，及时反映情况，提出建议，要与有关部门密切协作，分类指导，总结经验，树立典型，以点带面。

今年是“二五”普法工作的第二年。普法的重点是学习、宣传专业法。民政部对民政系统专业法的宣传教育工作已经作了部署。《村委会组织法》是民政系统专业普法的重要法规之一。我们应抓住这个时机，再一次掀起宣传、学习《村委会组织法》的高潮。民政部门除自身认真学习外，还要组织乡、村干部认真学习。

开展村民自治示范活动是一项非常重要的工作，意义非常深远。我们要认真贯彻小平同志南巡谈话精神，在改革开放的大潮中进一步找准位置，努力工作，发挥作用，为建设有中国特色的社会主义民主政治贡献力量。

(摘自作者在1992年全国依法治村民主管理经验交流会上的讲话)

村民自治中的民主监督问题

(1993年4月)

李学举

民主监督，是村民自治的重要内容。发挥村民的监督作用，保障村民的监督权力，是衡量村民自治工作的标准之一。

一、对村民自治中民主监督的理解

村民自治中的民主监督，是指村民对村委会工作和村委会成员行为的监督，是村民在村民自治中的主要权力，是村民自治本质的体现。其目的是实现村民当家作主，自我管理本村事务。村民的民主监督包括两部分，一是督促部分，是指对村民会议或村民代表会议决定的事项的实施情况，进行监督；二是处置部分，是指对村委会工作和村委会成员行为中出现的不符合村民利益和不适当的行为，实施纠正和制裁。这两部分是相互关联的，就其本质上讲，村民的民主监督，是村民的政治权力。因此，不承认或不尊重村民的监督权，就是等于不承认或不尊重村民的政治权力，就动摇了村民当家作主的地位，就不能说是完善的村民自治。

二、村民自治中民主监督的内容

村民自治中的民主监督是广泛的，贯穿于村民自治过程的始终。监督的主要对象是村委会组织和村委会成员行为。大体包括三方面内容：一为法律监督。主要是对村委会贯彻、执行党的政策和国家法律、法规方面情况的监督；二为工作监督，主要是对村委会开展工作方面情况的监督；三为行为监督，主要是对村委会成员办事、处事方面情况的监督。上述内容，也可概括为总体监督（就是对村委会全面工作进行监督）和个体监督(就是对村委会每个成员行为进行监督)。

三、村民自治中民主监督的形式

村民的民主监督形式是多样的，主要形式为三种，一种为事前监督。是指通过一定的组织形式、工作方式，公开村务工作，听取村民意见和建议，让村民参与村中重大事情的决策和管理。这种参与形式，就包含村民的监督成分。第二种为事中监督。是指在某些工作实施过程中进行的监督。另一种为事后监督。是指村委会工作和村委会成员行为，已造成损失和不良后果，或其行为不适当，村民都可以提出批评、质询，都有权向上级机关反映，乃至提出控告。

四、村民自治中村民民主监督的权力

村民自治中村民的监督权力，主要指村民的督促和处置权力。在督促方面，包括对依法选举村委会成员的监督；村中重大事情决策和管理的监督，工作实施情况的监督；村委会成员行为的监督；对违法违纪行为的反映和控告。在处置方面，包括对一些村干部错误决定的撤销和纠正；对造成重大经济损失和社会影响问题的责任追究，以及对当事人的制裁和处罚；对不称职的村委会成员罢免和撤职。

上述处置方面的内容，不同于党的纪检部门对违纪党员的处分，也不同于行政监察部门对行政机关违纪人员的处分，它是在村民自治中，在一定范围内体现的是群众监督和民主权利。

五、村民自治中民主监督的措施

要充分发挥村民在村民自治中的监督作用，保障村民的监督权力，应开辟监督渠道，制定相应措施，为村民监督提供条件。

1. 建立村民参与制度，通过一定组织形式让村民参与村务工作决策、管理。目前值得推广的经验，是建立、完善村民代表会议制度，规定其议事内容、议事程序、议事原则，实现村民的民主监督。

2. 建立办事公开制度，增加工作透明度。办事公开的内容包括：政务公开（主要指国家行政任务的落实）；村务公开；账目公开；处理决定问题公开。办事公开的主要形式包括：(1)定期召开村民代表会议。村委会汇报工作，讨论、决策村中重大事情，听取村民意见。(2)对群众关心的事情，定期公布。如有的地方建立的村务公开栏，将财务收支、农业承包费收取使用、“两工”落实、生产资料分配、计划生育和宅基地指标落实等，张贴上墙，就是村务公开的一种形式。(3)实行民主评议村委会工作制度，让村委会干部直接听取群众对自己功过的评说。

3. 建立保证村民政治权利的制度。保证村民充分行使监督权力，保证村民提出的批评、反映的问题、进行的控告，能及时得到解决和处理，不受打击、迫害。

六、村民自治中民主监督的作用

民主监督，是村民自治中不可忽视的重要内容，有效地进行民主监督，对加强村委会建设，保证村委会干部纯洁、勤奋和效能具有重要意义。

1. 民主监督，是使村委会工作决策科学化的保证。村委会接受村民监督，不是被动过程，是主动行为，民主监督在整个村委会工作中，即体现了决策民主，也是集中群众智慧，使决策更趋实际，更加科学，避免工作失误，发现问题，及时纠正、处理。

2. 民主监督，是使村委会干部纯洁、勤奋、效能的措施。村委会干部接受村民监督，不能理解为村民限制村干部行为，但干部的行为必须在群众的监督下，这样，才能规范干部行为，才能使干部不犯或少犯错误，即使犯了错误，也能得到及时纠正。这无疑是一种保护干部，使其当好人民公仆，提高干部素质，增强为民负责意识，加强干部队伍建设不可缺省的重要措施。

3. 民主监督，是调动村民积极性的动力。村民是村民自治的主体，搞好村委会工作，离不开村民的积极性。民主监督，体现的是尊重村民的主人翁地位，相信、依靠村民。它反映的是一种干部可以管理村民，村民同样可以管理干部的新型关系。这是为我们党多年所提倡的。实践也充分证明，只有这样，才能将村民凝聚在村委会周围，干部说话，才有人听；村中的事，才有人帮；干群关系，才能密切，村民才能真心实意为村委会建设献策献计。

进一步完善村民自治制度，把全国村民委员会建设工作推向新的阶段

（1995年11月20日）

多吉才让

一、全国农村村民委员会建设工作的成绩和经验

在农村基层建立村民委员会，是我们党总结历史经验，为了顺应农村改革的发展趋势，加强基层的社会主义民主和社会主义法制建设而做出的重要决策。1982年，《中华人民共和国宪法》对村民委员会的有关问题作了原则规定。1985年2月，全国农村完成了基层管理体制的改革，普遍建立了村民委员会。1987年11月，全国人大常委会通过并颁布了《村委会组织法》。从此，全国村民委会员的建设开始进入了法律化、制度化的发展阶段。

党中央、国务院对农村基层组织建设工作非常重视。1990年8月，中央有关部门在山东省莱西市召开了全国村级组织建设工作座谈会；1992年8月，中央有关部门又联合召开会议，推广了山东省章丘市依法建制、以制治村、民主管理的经验；1994年10月，中共中央又召开了全国农村基层组织建设工作会议。中央的这几次会议，明确了加强农村村级组织建设的一系列

问题，为全国村级组织建设工作指明了方向。几年来，经过各地艰苦努力，认真工作，全国农村村民委员会的建设有了很大进展，取得了显著成绩。

(一)村民委员会的法律制度体系初步确立

1987年11月，全国人大常委会通过并颁布了《村委会组织法》，为全国村民委员会的建设提供了法律依据。根据《村委会组织法》中关于省、自治区、直辖市的人大常委会制定实施办法的要求，截至目前，全国先后有21个省、自治区、直辖市的人大常委会制定并颁布了实施《村委会组织法》的地方性法规。福建、江苏、辽宁、贵州等省还颁布了村委会的选举办法或条例，对村委会的选举程序进行了具体规范，从而使村民的民主权利得到了保障。

为了使村民自治制度在本地得到更好的贯彻落实，不少市的人大常委会或地区行政公署，也制定和颁布了村委会的有关规章制度。大部分县制定了村委会的选举办法以及村民代表会议、村民自治章程、乡镇政府指导村民委员会工作规则等带有指导性的具体制度。多数乡镇政府和村民委员会，都制定了一些规章制度。这样，从中央到地方各级关于村委会建设的法律制度体系已经建立起来，我国农村的村民自治制度向着法律化、制度化的方向又前进了一步。

(二)村民自治示范活动普遍展开

村民自治示范活动是一些地方在贯彻落实《村委会组织法》过程中的创造。中央肯定了这一做法。民政部总结了一些地方开展村民自治示范活动的好的做法和经验，提出了“民主选举、民主决策、民主管理、民主监督”为主要内容的工作思路，并且制定了标准，明确了一系列问题，使这项活动在各地更加广泛地开展起来。目前，各个省、自治区、直辖市都确定了示范县，多数地区确定了示范县及乡镇，多数县确定了示范乡镇及示范村。据不完全统计，目前全国共确定村民自治示范县（市、区）63个，示范乡镇3917个，示范村82266个，形成了省有村民自治示范县(市、区)、地区有示范乡镇、县有示范村的格局。各示范单位严格按照标准，认真进行民主选举，坚持村民代表会议制度，订立村民自治章程，对村务实行民主决策、民主管理、民主监督，有力地促进了村内政治、经济和各项工作的发展，使村容村貌焕然一新，社会主义民主蔚成风气。示范单位建成后，各地进行了检查验收，多数省进行了命名表彰，并且充分发挥示范单位的带头、辐射作用，进一步促进了村民自治示范活动的深入开展。这次会议表彰的全国第一批村民自治模范县，都是各地开展村民自治示范活动中涌现出来的先进典型。他们不仅为本省树立了榜样，有的甚至在全国有一定影响，为全国的村民自治工作提供了经验，树立了榜样。全国村民自治示范活动的开展，使“民主选举、民主决策、民主管理、民主监督”为主要内容的村民自治制度更加深入人心，取得了指导村委会建设工作的经验，培养了一大批领导骨干，提高了村民的民主意识和法制观念，使我国农村基层民主政治建设出现了新的局面。

(三)村民委员会普遍进行了民主选举

自《村委会组织法》实施以来，全国各地村民委员会普遍进行了民主选举，其中福建、黑龙江、吉林、辽宁、北京、天津等省、自治区、直辖市先后进行了三次换届选举，河北、山西、内蒙古、山东、上海、江苏、浙江、江西、河南、四川、湖南、湖北、贵州、陕西、甘肃、青海、宁夏和新疆等省、自治区、直辖市进行了两次换届选举。今冬明春，全国有18个省、自治区、直辖市的农村将要进行第三次换届选举。

换届选举工作由省、自治区、直辖市人民政府统一部署，大致都经过培训骨干、宣传发动、选民登记、提名推荐候选人、投票选举、给当选人颁发当选证书等几个阶段。据统计，全国农村有6亿选民，每次选举，各地农村选民的参选率都在90%以上。在选举中，由村民联名推荐候选人，实行“海选”，通过预选确定正式候选人；引入竞争机制，候选人登台演讲治村方案，接受村民提问；设立秘密填票间，保护选举人合法权益等，被不少地方所采用。村委会的选举工作一届比一届规范，选举质量一届比一届提高，广大村民的民主权利得到切实保证。

通过民主选举，有力地促进了村委会的班子建设。据福建省的统计，1994年全省当选的14,415名村委会主任中，具有初中以上文化程度的占87.9%，比上届提高13.5%；党员占71.9%，比上届提高20.7%；平均年龄38.2岁，比上届下降1岁；全省村委会主任中有52.4%是经济能人；全省原有的472个涣散村有423个在换届选举中得到整治。福建省的情况，在全国有一定的代表性。从各地的情况看，凡是村委会选举工作搞得好的地方，村委会的干部素质基本上都能得到全面提高，农村经济全面发展，社会治安明显转变，国家的各项任务也能很好地完成。民主选举使干部增强了光荣感、责任感，使村民受到了民主与法制的锻炼，使村委会工作发生了很大的变化。

(四)村民代表会议制度在多数农村建立和完善起来

村民代表会议制度，是农民群众的创造，在贯彻落实《村委会组织法》的过程中得到了较大的普及。据不完全统计，目前，全国已有半数以上农村建立了村民代表会议制度，村民代表的数量已经超过一千万人。

村民代表会议，是实行村务民主决策的组织形式。凡是村民代表会议制度比较健全的地方，村民代表议决村中重大事务和涉及全体村民切身利益的大事，革除各种弊端，决定应兴应改项目，都有很强的权威性、公正性和科学性，这种组织形式，便于操作，保证了全体村民当家作主，对村委会的工作起了很大的促进作用。广大村民反映："过去村上的事情由几个干部说了算，现在村上的大事都交群众讨论决定，这才真正叫村民自治。"

（五）村规民约、村民自治章程和村务公开制度在不少村庄建立起来

在贯彻落实《村委会组织法》中，全国多数农村村委会制定了村规民约。1991年，山东省章丘市创造了依法建制、以制治村、民主管理的经验，农村制定了村民自治章程。1992年，民政部与中央有关部门及时总结推广了这一经验。目前，全国已有近三分之一的村制定了村民自治章程，村民称之为农村的"小宪法"。在制订村规民约和村民自治章程的同时，不少村还建立了村务公开制度，把凡属与村民利益直接有关的各类事项，诸如财务开支、宅基地审批、计划生育指标等，以村务公开栏或定期不定期召开村民代表会议的形式，及时向村民公布，接受广大村民的监督。村规民约、村民自治章程和村务公开制度的建立，有效地化解了农村的各种矛盾纠纷，纠正了各种不正之风，密切了干群关系，有效地增进了农村的安定团结，使农村出现了新的气象。

（六）软弱涣散村委会的整顿工作取得了较好效果

在加强村委会建设中，各级民政部门积极配合有关部门对村委会建设状况进行了认真的调查研究，向党委和政府提出了加强村委会建设的意见和建议；中央关于村级组织建设工作的几次会议召开以后，各地都认真进行了贯彻落实，提出了贯彻落实的意见，有的还制定了村委会建设工作的规划，并在党委和政府的统一领导和部署下，对软弱涣散的村委会进行了认真整顿，使一批软弱涣散的村委会改变了面貌，取得了较好效果。

几年来，通过大量实践，我国村民委员会的建设取得了一定的经验：

——相信群众，依靠群众，尊重群众的创造精神，是做好村民自治工作的根本。村民自治是9亿农民自己的事业，只有9亿农民积极地参与这一事业，在村民自治的实践中锻炼和提高自身的自治能力，村民自治才能扎扎实实地得到发展。实践证明，广大农民群众衷心拥护党在农村的村民自治政策，他们不但要求民主，而且会运用民主，他们有无限的创造力。目前农村中实行的村民代表会议制度，村民自治章程，有的地方实行的"海选"、竞选，都是广大群众在村民自治的实践中创造出来的。只有相信群众，村民自治才能不断得到发展。

——紧紧围绕经济建设这个中心，解决群众共同关心的问题，是做好村民自治工作的主要出发点。提高农业生产力，致富奔小康，实现共同富裕，是广大农民群众的共同愿望。发动群众，依靠群众，解决关系广大农民群众切身利益的大事，是增强村委会凝聚力的根本问题。村民自治只有与农村致富奔小康、解决农村的热点问题、改善农村干群关系、化解各类社会矛盾以及搞好社会治安等广大农民群众关心的问题结合起来，才能成为农村经济建设和社会发展的有力保障，才能配合党和政府的中心工作，才能受到人民群众的真心拥护。

——严格依法办事，是做好村民自治工作的保证。实行村民自治，必须严格依法办事。《村委会组织法》和各省制定的实施办法，以及各地制定的有关规定，是搞好村委会建设、实行村民自治的依据。几年来，正是由于建立和完善了村民自治的法律制度体系，才使村委会建设依法加强，有序进行。各地实践也证明，凡是村民自治工作开展得有声有色的地方，村委会的法规和制度都比较健全。

——民主选举、民主决策、民主管理、民主监督，是做好村民自治工作的主要内容。认真搞好民主选举、民主决策、民主管理、民主监督，才能搞好村委会的建设，这已经成为从上到下的共识。实行民主选举，才能把那些德才兼备、真正受到广大村民拥护的人才选举到村委会的领导岗位。实行民主决策，才能建立民主、科学的决策体制。实行民主管理，才能使村务办理真正做到有法可依、有章可循。实行民主监督，才能建立健全的监督程序和制度，杜绝村务办理中的舞弊行为。只要紧紧围绕这些基本内容推进村民自治，村委会建设就一定能够步入健康发展的轨道，才能真正达到村民"自我管理、自我教育、自我服务"的目的。

——广泛、深入地开展村民自治示范活动并认真抓好干部培训，是做好村民自治工作的基本措施。在缺乏经验的条件下如何做好村民自治工作？经验证明，开展村民自治示范活动和认真抓好干部培训，是行之有效的办法。通过示范树立了典型，积累了经验，

探索了路子，影响了周围，解决了诸多争议问题，使人们了解了村民自治，起到了典型引路的作用，收到了良好的效果。通过培训干部，提高了他们的政治素质和业务素质，从组织上保证了村民自治活动的顺利健康发展。村民自治工作要做好，没有示范引路，没有一大批素质较高、懂得村民自治工作的县乡村和民政部门的干部是不可能的。

——加强党委和政府的领导，是做好村民自治工作的关键。村委会的建设工作，是村级组织建设的重要组成部分。加强各级党委和政府的领导，是做好村委会建设工作的关键，也是各级党委和政府的一项重要职责。事实证明，哪里的领导(包括村党支部)对村民委员会建设工作认识高，思想重视，措施得力，工作抓得紧，哪里的村委会建设工作就搞得好；哪里的民政部门对村委会建设工作指导有力，哪里的村委会建设就成效显著。反之，工作就差一些，加强领导和指导依然是继续做好村委会建设、推进村民自治的关键。

我国村民委员会的建设取得了很大发展，但工作中仍然存在一些问题，主要是：个别地方领导对村民自治缺乏足够的重视，对村委会的建设工作领导不力。各个地方的发展很不平衡，有的地方没有认真制定村民自治的各项制度，有的很不健全，有的没有认真开展村民自治示范活动，工作质量不高。对村民自治工作宣传不够。全国还有一部分村委会处于软弱涣散状态。乡镇和村委会干部的素质与农村形势的发展不相适应。相当多的地县民政部门还没有专人负责此项工作，工作经费不落实，对开展村委会建设工作带来许多困难。这些问题，都需要在以后的工作中认真加以解决。

尽管我们的工作中还存在不少问题，但从总体上说，我国农村的村民委员会建设取得了显著的成绩，《村委会组织法》在全国农村基本上得到了贯彻落实。以民主选举、民主决策、民主管理、民主监督为主要内容的基层民主政治已经展现在人们的面前，农村的各项事务在广大村民的参与下出现了新的气象，具有中国特色的农村基层民主自治制度已经在中国的大地上初步建立起来，村民委员会在农村基层政治、经济、社会生活中越来越显示出它的重要地位和作用。这是各级党委政府和各级民政部门以及广大乡村干部艰苦工作，埋头苦干，共同努力的结果。在这里，我代表民政部向同志们表示衷心的感谢和崇高的敬意！

二、实行村民自治制度的重要意义和基本要求

当前，我国的改革开放和社会主义现代化建设进入了一个新的历史发展时期。党的十四届五中全会，制定了今后15年我国发展的宏伟目标，并且提出要加强社会主义民主和法制建设，积极推进政治体制改革，加强基层政权建设，发展基层民主。去年十月，党中央召开的全国农村基层组织建设工作会议，对农村基层组织建设进行了总体部署，决定大力加强以党组织为核心的农村基层组织建设，推进农村的改革、发展、稳定和全面进步，并且要求各地认真贯彻执行《村委会组织法》，健全村民委员会和村民小组，完善村民自治制度，更好地发挥基层群众性自治组织的自我管理、自我教育、自我服务的作用；广泛开展依法建制，以制治村、民主管理活动，调动农民群众当家作主的积极性；继续开展村民自治示范活动，促进村级各项工作的制度化和规范化。当前，各地正在积极贯彻落实十四届五中全会的精神和党中央的决定，大力加强村级组织建设，我们的村民委员会建设工作面临着极好的机遇。我们一定要乘当前的大好形势，统一认识，进一步搞好村民委员会的建设工作，为我国农村的改革、发展和稳定做出新的贡献。

(一)实行村民自治，是建设有中国特色的社会主义民主政治的一项重要内容

《中华人民共和国宪法》规定，我国的“一切权力属于人民”，“人民依照法律规定，通过各种渠道和形式，管理国家事务，管理经济和文化事业，管理社会事务。”江泽民总书记在党的十四大报告中进一步强调：“人民民主是社会主义的本质要求和内在属性。没有民主和法制就没有社会主义，就没有社会主义的现代化。”社会主义民主政治的本质和核心，是人民当家作主。人民是国家和社会的主人。党对国家生活的领导，最本质的内容，就是组织和支持人民当家作主，建设社会主义的新生活。在政治上发扬民主，建设高度民主的社会主义政治制度，是十一届三中全会以来我们党和国家的一条既定方针，是建设社会主义现代化国家的一个奋斗目标。村民自治，是宪法规定的我国农村基层的一项基本政治制度，是保证农民群众当家作主，实行社会主义民主的好形式。

我国是人民民主专政的社会主义国家。农村人口占全国总人口的百分之八十多。农业、农村和农民问题历来为我们党所高度重视。农业是经济发展、社会稳定、国家自立的基础，农民和农村问题始终是中国革命和社会主义现代化建设的根本问题。农业问题、农村问题、农民问题，说到底最根本的还是农民问题。解决新时期的农民问题，需要有一个基本的政治前提，就是占全国绝大多数人口的农民群众，能够通过

民主与法制的手段比较充分地行使当家作主的政治权利。只有这样，农村的经济建设和社会发展才能得到保证，国家的现代化建设才能有一个稳固的基础。村民自治，就是在党的领导下依法保障农民群众民主政治权利的行使，使农民群众依照法律运用自我教育、自我管理、自我服务的手段在农村基层当家作主。它是在新的历史时期，党和国家发展社会主义民主，建设社会主义民主政治的一项重要内容。农村基层的社会主义民主加强了，农民群众政治上当家作主了。具有中国特色的社会主义民主政治建设才能取得较快的进展，建设富强、民主文明的社会主义现代化国家的步伐才能大大加快。实践证明，9亿农民熟悉民主和法律知识，掌握民主和法制程序，将对我国社会主义民主政治建设产生重大的影响，正如彭真同志所指出的那样，把村民委员会搞好，等于办好8亿农民的民主训练班，使人人养成民主生活的习惯，这是发展社会主义民主的一项很重要的基础工作，是最广泛的民主，是国家政治体制的一项重大改革，对于扫除封建残余影响，发展社会主义民主具有重要的、深远的意义。

(二)实行村民自治，是国家政治体制改革的一项重要内容，是我国农村基层新的管理形式

党的十届三中全会以后，我国农村普遍实行了以家庭联产承包责任制为主要形式的农业生产责任制，极大地调动了广大农民的生产积极性，促进了农村经济的持续全面增长。农村经济体制的深刻变革，必须要求基层组织管理体制进行重大的变革和调整。另一方面，农村生产经营方式的根本变化，也带来了利益分配关系的改变，广大村民更加关注切身利益，关注村务管理，关注基层干部的行为方式，表现出十分强烈的民主参与意识。实行村民自治，就是党和国家适应农村政治、经济、社会发展的客观形势做出的重大决策，是我国农村基层组织管理体制和农村工作方式的重大变革，是国家政治体制改革的一项重要内容。实践证明，这一变革，为广大农民的政治和社会参与提供了可靠的组织保证，使他们的愿望和意见得到充分的表达，基层的各种利益关系得到妥善的调整和处理，农村干群关系得到显著改善，基层干部的工作作风得到了显著转变。它有利于调动农民群众的积极性，办好自己的各项事务；有利于监督基层干部，使干部不脱离群众；有利于培养群众的民主意识，推进基层的社会主义民主政治建设；有利于基层政府贯彻党的群众路线，密切与人民群众的关系；有利于摆脱具体事务，做好政府工作，提高工作效率；有利于改进工作作风，杜绝强迫命令；有利于加强和改善党的领导。村民自治适应了我国农村经济体制改革以后的新形势，它的重要意义和作用日益被人们所认识、所重视。

(三)实行村民自治，是解决农村的各类难点、热点问题，调解和处理农村各种社会矛盾的有效途径

当前，在农村基层社会生活中，存在着许多社会矛盾和诸多难点、热点问题。这些问题怎样解决，是人们普遍关切的一个问题。各地开展村民自治的实践证明，村民自治是化解农村基层各类社会矛盾的有效手段。在许多村民自治示范活动开展得好的村庄，由于建立健全了村民代表会议制度，制定了村民自治章程，建立了村务公开制度，相信群众，依靠群众，充分发扬民主，民主决策村务，民主管理村内工作，严格照章办事，村内的经济发展、财务管理、农业生产服务、计划生育工作、社会治安以及公益事业的建设等方面都发生了明显的变化，村内的一些难点问题都得到了较好的解决。村民自治，有效地解决了广大村民希望解决的与村民利益密切相关的一些重大问题，使农村出现了安定团结的稳定局面，正因为这样，村民自治制度才能够得到广大农民群众的认可，从而在我国农村牢牢地扎下根来。

我们一定要充分认识在我国农村实行村民自治的重要意义，理直气壮地发展村民自治，坚定不移地推进村民自治。诚然，社会主义民主政治建设包括村民自治建设的推进，需要有一定的经济条件和文化教育等条件，但是，具有中国特色的社会主义民主政治建设包括村民自治建设不是从天上掉下来的，也不是一下子就能实现了的，它只有在实践中才能得到不断发展，在推进社会主义现代化建设的过程中才能逐步得到实现。因此，我们要在前几年工作的基础上，再接再厉，继续努力，扎扎实实地把我国农村村民自治工作继续推向前进。

根据党的十四届五中全会和全国农村基层组织建设工作会议以及第十次全国民政会议精神，今后五年，我国农村村民委员会建设工作的基本要求是：以邓小平同志建设有中国特色的社会主义理论和党的基本路线为指导，认真贯彻落实《村委会组织法》。紧紧围绕民主选举、民主决策、民主管理、民主监督等基本环节，广泛、深入地开展村民自治示范活动，不断完善村民自治的法律、法规和各项制度，维护和保障农民群众当家作主的民主政治权利，扎扎实实地推进基层社会主义民主政治建设，巩固和发展农村稳定的社会政治环境，保证农村改革开放和两个文明建设的顺利进行，为把我国农村建设成为富裕、民主、文明的社

会主义现代化新农村而奋斗。

在推进村民自治建设的整个过程中，应当注意把握以下几点：

——服务大局，服务经济建设，维护稳定。"抓住机遇、深化改革、扩大开放、促进发展、保持稳定"，是全党、全国工作的大局。致富奔小康，是"九五"的奋斗目标，是广大农民群众的共同愿望。开展村民自治，一定要服从和服务于这个大局，紧紧围绕农村致富奔小康的目标，充分化解基层各种社会问题，真正使村委会在发展经济、维护稳定、服务群众、落实党和政府的各项工作、致富奔小康中充分发挥作用。

——健全法规，依法办事。建立村民自治制度，是一项法制性很强的工作，一定要建立健全法规制度，建立严密的法律程序，严格依法办事，保证村民自治有法可依，有章可循。

——示范引路，带动全盘，实行村民自治，是一场历史性的变革。我们仍然缺乏组织这场历史性变革的经验，示范引路依然十分重要。我们一定要广泛、深入、持久地开展村民自治示范活动，培养一大批高质量的村民自治工作典型，由此带动面上工作的平衡发展。

——加强党对村民自治工作的领导。村民自治说到底，就是通过建立农村基层的社会主义民主和社会主义法制，保证广大农民群众当家作主，把广大农民群众紧密地团结在党的周围，坚定不移地走社会主义道路，不断提高农业生产力，发展农村经济，促进农村社会的全面进步。党支部是村级组织的核心，在村民自治工作中，必须加强党的领导。只有在党的领导下，村民自治才能沿着正确的方向，健康发展。

三、奋斗五年，把全国村民委员会建设提高到一个新的阶段

最近召开的党的十四届五中全会，审议通过了《中共中央关于制定国民经济和社会发展"九五"计划和2010年远景目标的建议》，这是实现国家富强、民族振兴和社会长治久安，胜利跨入21世纪的宏伟纲领。全会指出要加强社会主义民主和法制建设，积极推进政治体制改革，加强基层政权建设，发展基层民主。去年召开的全国农村基层组织建设工作会议和第十次全国民政工作会议，对我国村民委员会建设的目标、任务、重点都提出了要求。当前和今后五年，我们的任务仍然是抓落实。根据十四届五中全会精神和这两次会议的要求，今后五年，全国村民委员会建设工作的具体目标是：

确立健全的村民自治法律、法规和制度体系，使农民的民主自治权利得到切实保障，村民委员会建设真正做到有法可依，有法必依。

规范村民委员会的直接选举制度，真正依照直接、平等、差额、无记名投票等项原则进行民主选举，保证村民依法选出充分代表民意并且坚决贯彻执行党的路线方针政策和国家的法律法规，热心为村民服务的村委会领导班子。

普及村民代表会议制度，强化村民代表会议的决策功能，实现重大村务由全体村民或村民代表民主决策，促进村务决策的科学化、民主化。

建立、健全村民自治章程或村规民约等项村务管理制度，实行村务公开，保障村民对村务的民主管理、民主监督。

建成一大批高质量的村民自治示范单位，逐步实现每个地区建成一个村民自治模范县、每个县建成一个村民自治模范乡镇、每个乡镇建成一个村民自治模范村的目标，充分发挥示范效用，带动全盘工作的发展。

目前工作比较先进的村民委员会再上新水平，一般状态的村委会迈上新台阶，软弱涣散的村委会得到认真整顿，民主选举、民主决策、民主管理、民主监督的制度基本普及到每个村庄，使全国村委会建设的整体水平得到比较大的提高。

为了实现上述目标，今后五年应主要做好以下工作：

(一)加强村民委员会的立法建制工作

在市场经济条件下进行农村基层民主政治建设，必须高度重视法制建设工作。自《村委会组织法》实施以来，许多地方先后制定了一系列配套的法律体系。但是，从总体看来，我国村委会的法制建设工作存在着较大的不平衡，已有的法律制度还不够完善，许多具体的程序性规定还有待于建立。各地一定要加强村民委员会的立法建制工作，争取通过五年努力，全面确立我国比较完备的村民自治法律体系。

村民委员会的立法建制工作，主要是分别不同的层面、根据各自的职责来进行。民政部将根据全国人大党委会的立法规划，继续和有关部门一道认真做好《村委会组织法》的修订工作，争取全国人大党委会早日通过，并不断完善村委会建设的有关行政规章。《村委会组织法》经过修订重新颁布以后，各省要总结经验，结合各地实际，修订和完善《村委会组织法》实施办法以及村委会选举、村民代表会议和村务规范化民主管理与监督的有关地方性法规。地区或地级市，要根据实际制定指导村民自治的有关规章。县一级要制

定出更为具体的有关村委会选举、村民代表会议、村民自治章程等指导性的规定和意见。乡一级要制定指导村委会工作的规则。在村庄内部,凡有条件的地方,都要制定全面、系统、具体、规范的村民自治章程。

需要指出,制定村民自治的配套法律、法规和制度,一定要在规范化、程序化方面下功夫,要逐级具体,使村民自治活动真正有章可循,便于操作。各项法律、法规和制度建立之后,要加强检查督促,使其真正能够落实。检查要注重实效,发现问题,及时纠正。通过立法建制工作,使村民委员会建设真正达到有法可依,有法必依。

(二)广泛深入地开展村民自治示范活动

要继续按照《全国农村村民自治示范活动指导纲要(试行)》的要求,认真进行总结,进一步研究部署,切实抓好村民自治示范活动。要在五年内基本实现每个地区建成一个村民自治模范县(市),每个县(市)建成一个村民自治模范乡(镇),每个乡(镇)建成一个村民自治模范村。这是一项十分艰巨的任务。各地一定要结合当地实际,制定出切实可行的村民自治示范活动规划,真正建成一大批高质量的村民自治模范单位。

在村民自治示范活动中,要坚持民主选举、民主决策、民主管理、民主监督等各项制度,坚持与农村整体工作相结合,促进农村经济发展,维护农村社会稳定,加强精神文明建设,解决群众普遍关心的问题,保证农村各项任务的完成。同时,不少示范单位在推进村民自治活动方面都有一定的创造,要注意及时总结这些创造性的经验,从理论和实践的结合上对他们的经验进行系统地阐述和说明,及时进行指导,使示范工作不断深入。

要按照民政部《关于全国农村村民自治示范单位命名管理工作的意见》,严格标准,认真进行检查验收做好命名表彰工作。要组织各种形式的交流活动,推广示范单位的经验,充分发挥示范单位的引导、带动和辐射作用,使之在面上开花,推动全盘工作。目前,有的地方村民自治模范单位建成得多一点,有的地方建成得少一点,有的地方甚至还没有建成一个村民自治模范单位,即使已经建成并受到命名表彰的单位和单位之间,也存在着不小的差距。我们希望各地注意学习以吉林省梨树县等为代表的全国村民自治模范县的经验,采取措施,改变目前存在的不平衡状态,使村民自治示范活动能够保证质量,注重实效,在各地扎实而广泛地开展起来。

(三)进一步健全和完善村民自治的各项制度

要把村民直接选举制度作为重点继续抓好。选举中,要充分发扬民主,真正依法办事,采取各种措施,切实保证村民的民主权利,严防走过场。要以省为单位对选举工作统一部署,统一届期,统一选举工作的各类文书。要规范村委会主任、副主任和委员候选人的提名程序,规范确定正式候选人的办法。要坚持差额选举,采用无记名投票的方式,为选民秘密填写选票提供基本的场所和条件。要及时公布选举结果,并向当选人颁发当选证书。要建立选举工作领导机构,培训选举工作人员,制定工作制度,及时掌握选举工作进度,做好选举统计和总结工作。要切实加强对选举工作的领导,对于选举中出现的宗族派性干扰、以不正当手段拉取选票、以不正确言论蛊惑选民,以及各种破坏选举的行为及不良倾向,要坚决予以制止和纠正,加强正确引导,杜绝各种违法违章现象发生。

要完善村民议事制度。除个别规模很小的村子外,全国绝大部分的村庄,都应当建立村民代表会议制度,以便在制度上切实保障广大村民参与村务决策。要合理划分村民代表的产生单位,使代表有固定的联系户数,以便听取群众对村内工作的意见和建议。要明确重大村务的民主决策程序,保证村务决策真正能够反映多数村民代表的意见和要求。要建立、健全村民代表会议的有关制度,使村民代表会议制度化、规范化。要定期召开村民代表会议,重大村务一定要由村民代表会议讨论通过。讨论中,要充分发扬民主,认真听取各种意见,坚持少数服从多数,坚持民主集中制的原则。凡是代表会议决定的事项,村委会一定要认真落实,使代表会议对村委会工作真正形成健全的监督制度。县、乡两级要注意检查督促,务必不要使村民代表会议流于形式。

要制定村民自治章程或村规民约,实行村务民主管理和民主监督,完善村务公开和村规民约制度。目前,全国不少农村尚未制定村民自治章程。因此,今后几年,要把普及村民自治章程或村规民约作为村民自治的重要工作来抓。凡有条件的地方,都应因地制宜,制定合乎本村实际的村民自治章程。同时要切实抓好检查落实工作,决不能把村民自治章程或村规民约变成摆设,束之高阁。

村务公开,也要形成制度。什么项目应该公开,什么时候公开,都需要建立明白的章法,让广大村民心中有数。

(四)切实抓好基层政权建设与乡村干部队伍的培训

实行村民自治,干部是决定的因素。这里所说的干部,既包括乡村基层干部,也包括从事基层政权建设工作的干部。要采取有效措施,加大培训力度,对他们进行认真培训,组织他们认真学习邓小平同志建设有中国特色的社会主义理论,特别是邓小平同志关于社会主义政治体制改革的理论,学习党中央关于发展社会主义民主、健全社会主义法制的一系列方针政策,学习有关的法律知识,用以指导村民自治的实践。各地要根据本地情况,制定规划,在五年内把乡村干部普遍培训一遍。省级负责举办培训示范班,培训承担基层政权建设工作任务的干部;地区负责培训乡镇干部;县负责培训村委会干部;乡负责培训村委会委员和村民小组组长。我们希望,各地都要在当地党委和政府的领导下,把各种形式的乡村干部培训活动扎扎实实地开展起来。

(五)进一步认真整顿软弱涣散村委会

这项工作要在党委和政府的统一领导下进行。要继续和组织部门合作,按照党委、政府的统一部署,分期分批地对软弱涣散村委会进行整顿。要在前一阶段整顿工作的基础上,抓紧进行工作。在整顿软弱涣散村委会中,有的地方结合换届选举,发动群众,民主选举领导班子,改变了软弱涣散村委会的面貌,各地应当注意总结推广这方面的经验。同时,要在整顿结束以后,在这些村里帮助建立村民代表会议、村民自治章程、村务公开等制度,发动和依靠群众,民主管理,以制治村,把村委会工作纳入法律化、制度化、规范化的轨道,以巩固和发展整顿的成果。

(六)加强对村委会建设工作的领导

村委会建设工作是各级党委和政府的一项重要工作。各级党委和政府特别是县级党委和政府要按照《中共中央关于加强农村基层组织建设的通知》(中发[1994]10号)的要求,切实加强对村委会建设工作的领导。当前最主要的是要列人重要议事日程,制定规划,制定指导村民自治的有关规章制度,抓好示范乡村的工作,认真进行检查督促,务使村委会建设工作落到实处。民政部门是具体负责村委会建设日常工作的部门,一定要统一思想,振奋精神,切实负起责任,发挥好党委和政府的参谋助手作用。各级党委和政府要督促民政部门做好日常工作,并认真解决人员编制和专项经费问题,为开展这项工作提供条件。一些地方建立基层政权建设领导小组,对基层政权建设工作起了很好的作用,值得各地学习和借鉴。

此外,还要加强对村委会建设的宣传工作,善于运用各种宣传媒体和现代信息手段介绍村民自治工作,使社会各界更多地了解村民自治,支持村民自治。同时,要进一步加强国际交流和合作,不断借鉴世界上的先进经验,丰富和发展村民自治,在国际社会中展现中国9亿农民民主自治的崭新风貌和中国政府为建立农村基层民主政治制度做出的努力。

这次会议还有一个内容,就是表彰全国城乡基层先进集体和先进个人。建国以来,全面表彰城乡基层先进集体和先进个人,这还是第一次。今年,民政部决定表彰全国先进乡镇、街道、村民委员会、居民委员会以及优秀村民委员会主任、居民委员会主任以后,各级政府和民政部门都很重视。这次表彰的先进集体和先进个人都是经过层层推荐,严格标准,好中选优,最后评选出来的,都是在改革开放和社会主义现代化建设中做出突出贡献的先进典型,都是基层工作中的优秀代表。在农村改革的大潮中,广大乡镇、村委会和基层干部,认真贯彻中央关于农业和农村工作的各项方针政策,坚持把农业放在首位,全面振兴农村经济,加强精神文明建设,使我国农村经济持续高速发展,9亿农民在致富奔小康的道路上取得了举世瞩目的成就。在城市基层,广大街道、居委会和基层干部,认真贯彻党的基本路线,因地制宜地大力发展集体经济,不断加强城市的建设和管理,千万百计地开展社区服务,协助人民政府做好各项工作,为我国城市的改革、发展和稳定做出了很大的贡献。我国城乡能有现在这样欣欣向荣、令人鼓舞的大好形势,都有你们的一份功劳。我代表民政部向你们并通过你们向工作在我国城乡基层的广大干部表示崇高的敬意!这次你们来到北京,欢聚一堂,是一次学习和交流的好机会。希望你们相互学习,取长补短,互相促进,百尺竿头,更进一步。希望你们戒骄戒躁,继续努力,认真学习和贯彻党的十四届五中全会精神,进一步认真贯彻落实全国农村基层组织建设工作会议精神,把远大理想同实干精神结合起来,把党和政府的正确政策同广大人民群众的积极性和创造性结合起来,认真加强基层组织建设,一心一意干四化,为我国社会主义现代化建设跨世纪的宏伟目标的实现做出新的更大的贡献!

最近召开的党的十四届五中全会,为我们指明了今后十五年我国发展的目标,给我们勾画了今后十五年中华民族发展的光辉前景。今后的十年,在我国社会主义现代化建设的征程上,是承前启后、继往开来的重要时期。基层政权和基层群众性自治组织是国家政权的基础,加强这一基础的建设,对于实现国家富强、民族振兴、社会长治久安，完成2000年和2010年的宏伟目标具有十分重要的作用。我们相信，在以江泽民同志为核心的党中央的领导下，在邓小平同志建设有中国特色的社会主义理论和党的基本路线的指引下，只要我们同心同德，奋发工作，全国的基层政权和基层群众性自治组织的建设工作一定能够出现一个崭新的局面，为胜利实现党的十四届五中全会确定的宏伟目标做出更大的贡献。

（摘自作者在全国村民自治示范工作经验交流暨城乡基层先进集体和先进个人表彰会议上所做的报告）

加快乡镇政府规范化建设

（1997年5月28日）

徐瑞新

一、北宿经验是加强乡镇政府建设的成功经验，具有普遍的借鉴意义

随着农村改革的深化和社会主义市场经济的发展，乡镇建设面临许多新课题。山东省邹城市北宿镇为适应农村改革和发展的客观需要，从1991年开始，积极探索加强乡镇建设的新途径，制定并完善了便于实际操作的乡镇各项工作规范，走出了一条新形势下全面加强乡镇自身建设的路子。概括起来说，北宿经验就是十六个字：依法建制、规范管理、转变职能、服务群众。具体说，依法建制，就是根据北宿镇工作实际，依据国家的法律、法规，制定本镇的各种工作制度；规范管理，就是确定落实各项工作制度的程序、手段和途径，通过制度的实施，使政府的各项工作有章可循；转变职能，就是北宿镇政府及其各部门、各单位根据规范管理的要求，从自身的职责出发，逐步实现从领导就是指挥到领导就是服务的转变；服务群众是北宿镇政府规范化建设的出发点和落脚点。

北宿经验具有鲜明的特点：一是上符合国家的法律、法规、政策，下符合镇情民意。北宿镇制定的各项规章制度以国家的法律、法规和有关政策为基本依据，紧密结合本地的政治、经济、社会生活实际和群众的要求，具有合法性、群众性、可操作性。二是通盘考虑，理顺关系，上下配套。北宿镇在规范镇政府工作时，较好地处理了镇党委、镇人大和镇政府的关系，不仅保证了镇党委的领导地位，而且保证了镇人大依法行使职权。镇政府的管理规范不仅在政府职能部门全面实施，而且辐射到了工厂、学校、农村，他们纷纷参照镇政府的管理规范制定符合自身实际的规章制度，从而使全镇工作走向规范化的轨道。三是围绕中心，服务群众。紧密围绕致富奔小康、发展农村经济这一中心，突出服务，让群众感到镇政府工作规范化建设与自己的生活和利益有密切的关系，通过规范化建设促进农村经济和社会的全面发展。四是群众参与，民主管理。在北宿镇的规章制度中，对于民主监督、民主议事、民主评议、民主理财等方面的程序、方式和要求都做出了比较明确的规定，每一项制度都是通过健全的民主程序而制定的，处处体现了民主管理的原则。

我们说北宿经验是个好经验，好就好在通过推行规范化建设，做到了根据工作需要建立制度，通过制度规范管理者的行为，通过管理者依法行政，照章办事推动工作，从而形成了乡镇政府工作决策程序科学合理、部门职责明确、工作人员高效服务的良好运行机制，这就抓住了一个带根本性、全局性、稳定性和长期性的问题，势必促进乡镇各项事业的蓬勃发展。总结北宿经验，学习北宿经验，对全国各地的乡镇政府建设规范化具有普遍的借鉴意义。

（一）有利于提高乡镇政府工作的管理水平

随着形势的发展和农村改革的深化，客观上要求乡镇政府转变政府职能，改进工作方法，提高办事效率，建立科学的管理运行机制。北宿镇政府通过实行政府工作规范化建设，找到了加强乡镇政府建设的新途径，从整体上提高了乡镇政府工作的管理水平。实践证明，通过建立各种工作规范，可以逐步理顺政府与各个机构的关系，使政府机关和各部门各司其职，各负其责，有效地解决推诿扯皮、效率低下、指挥不灵等问题，建立乡镇政府工作新的运行机制；通过建立规范，可以促进农村基层民主与法制建设，使政府工作纳入依法行政的轨道，避免乡镇领导干部工作中的随意性，保障政府工作的有序进行。因此，北宿经验，对于提高乡镇政府工作的质量，强化乡镇政府工作的管理，具有普遍的意义。

（二）有利于建立农业社会化服务体系

继续稳定以家庭联产承包为主的责任制，不断完善统分结合的双层经营体制，建立社会化服务体系，逐步壮大集体经济，这是关系到农村稳定与发展的一项基本政策。农村在发展社会化大生产的过程中，确实有许多事情是一家一户办不了或者办不好的。应当建立健全农业社会化服务体系，把分散的小规模生产连接起来，把家庭经营的积极性与集体统一经营的优

越性结合起来，进一步解放生产力。乡镇政府是建立农业社会化服务体系最直接的组织者、指挥者，而建立农业社会化服务体系，促进农村社会主义市场经济的发展，就必须根据农民群众的意愿，对服务组织、服务内容、服务方式做出明确的规定，让农民群众满意。北宿镇在建立农业社会化服务体系过程中，实行了服务卡制度、为农民办实事制度、协调会制度，对服务项目、服务时间、服务方式进行了具体规定。通过实施规范化建设，全镇建立健全了农业机械、农副产品流通、畜牧饲养、村户企业、林果生产等八大服务中心；在农业生产上实现了作物布局、粮种调剂、生产资料供应、技术指导、机耕机耙、机播、机灌、防病治虫等八个统一服务。上述服务有力地促进了全镇经济的发展。

(三)有利于促进农村社会主义精神文明建设

党的十四届六中全会《关于加强社会主义精神文明建设若干重要问题的决议》指出："要以提高农民素质、奔小康和建设社会主义新农村为目标，开展创建文明村镇活动。要以集镇为重点，以镇带村，制定规划，逐步推进。"这是新时期加强农村社会主义精神文明建设的要求，是党在农村工作的重要指导方针。农村社会主义精神文明建设，关键在落实。当前，农村乡镇迫切需要加强精神文明的制度建设，通过建立规章制度，将精神文明建设的要求具体化、制度化。只有这样，文明乡镇创建活动才能够扎实有效、生动活泼地开展起来，深入下去，进而"以镇带村"，使社会主义精神文明建设真正落实到乡村。北宿镇规范化建设实施过程中，把农村文化娱乐、婚丧嫁娶、赡养老人等纳入乡镇的工作规范，通过"十星"级文明户等评先树优活动的开展，推动农村社会主义新风尚的建立，大大促进了农村社会主义精神文明建设。

(四)有利于加强乡镇干部队伍建设

乡镇工作头绪繁多、涉及面广，必须调动广大乡镇干部的积极性，共同努力，才能将各项工作做好。应当说，广大乡镇干部经过培训和自身的学习，素质在不断提高，绝大多数乡镇干部联系群众，作风深入，工作努力，表现是好的。但目前，也有一部分乡镇干部的素质远不能适应新形势的要求，导致干群关系紧张。北宿镇实行政府工作规范化建设后，乡镇干部的作风得到转变，素质得到提高，廉政建设得到加强。实践证明：乡镇政府规范化建设搞好了，乡镇机关的每一个部门和干部就有了明确的职责和任务，有了明确的奖惩措施，有了明确的工作标准，乡镇干部的工作积极性就能够充分调动起来，促进干部转变作风、主动服务、廉洁勤政。

二、学习和推广北宿经验，把农村基层政权建设提高到一个新水平

我国农村的基层政权建设自1983年恢复乡镇政府体制以来，经历了十几年的历程。就全国乡镇政权建设而言，各地在恢复乡镇政府体制以后，通过贯彻中共中央、国务院1986年《关于加强农村基层政权建设工作的通知》及中央一系列指示精神和有关法律、法规，实行简政放权，撤区并乡，干部培训，机构改革，立法建制及推广村民自治等，使乡镇政府在推进农村政治、经济的发展和全面进步上做出了巨大贡献。但是，我们也要清醒地看到，目前乡镇政府建设与建立社会主义市场经济体制的要求相比，与社会主义民主与法制建设的要求相比，还有不小的差距。因此，在新形势下乡镇政府如何运用法律和制度建立健全乡镇各项工作的规范，如何使农村基层民主政治建设具体化、制度化，如何使乡村两级组织建设有机地结合起来，如何建立起廉洁高效、勤政为民的乡镇工作运行机制等一系列问题需要在实践中予以回答。为解决这些问题，全国各地进行了积极的探索，创造了一些好的经验。山东省北宿镇实行乡镇政府工作规范化建设的经验比较好地回答了上述问题。因此，我们认为，有必要认真学习和推广北宿经验。这不仅是加强乡镇政府建设，促进农村稳定和发展的一个重要措施，也是民政部门加强农村基层政权建设工作的一项重要任务。学习、推广北宿经验，要把握以下几点：

(一)要在地方各级党委和政府的领导下，有计划、有步骤地进行

党委和政府的高度重视，既是做好农村基层政权建设工作的前提，也是推广基层政权建设先进经验的关键。山东省委、省政府一直把重视农村基层政权建设工作摆在重要的位置，常抓不懈，善于发现典型，总结经验。从总结、推广莱芜经验、莱西经验、章丘经验到北宿经验，体现了山东省推进农村基层政权建设的力度。对于北宿的经验，省、市、县主要领导同志亲自抓试点，调查研究，完善各项制度。北宿经验之所以能在邹城市、济宁市以至山东省全面推广，从根本上说，正是山东省各级党政领导高度重视的结果。基层政权是国家政权的基础，是共和国大厦的基石。基层政权的巩固与否，事关国家稳定的大局。民政部门作为基层政权建设工作的职能部门，一定要当好党委和政府的参谋和助手，积极发挥作用，把基层政权建设工作当做一件大事来抓。这次会议以后，各地民政部门要向政府领导汇报北宿经验，向有关部门宣传好北宿经

验。要根据这次会议的精神，提出积极贯彻的意见，制定计划，抓好试点，积极行动，使北宿经验在本地区乡镇的土壤上开花结果。

(二)要因地制宜，注重实效，防止和克服形式主义

学习推广北宿经验，要始终强调重质量，求实效，坚持实事求是，从乡情镇情出发，从自身的条件和实际出发。北宿经验是北宿的干部群众根据本地的实际情况创造出来的。这次会议上，全国其他一些地方也交流了一些经验，这些经验的一个共同特点就是根据自身的实际，大胆实践，积极探索。不重视学习别人的经验，固步自封，必然落伍。但是，我国农村地域辽阔，情况千差万别，工作基础和条件也不同，如果不根据自身的情况，只是简单照搬照抄别人的经验，邯郸学步，也难以收到理想的效果。因此，在推广北宿经验的时候，一定要坚持深入调查研究，因地制宜，注重实效。要抓好试点，总结经验，循序渐进，逐步推广，避免急功近利，克服形式主义。

(三)要重视乡镇人民政府地方法规建设，更好地促进乡镇政府工作规范化、法制化

目前，山东、宁夏、浙江、西藏、江西、上海、陕西、河北等八个省、自治区、直辖市已颁布了本行政区域的乡(镇)人民政府工作条例，为乡镇政府的法制化建设奠定了基础。但是，我们应当看到，全国大部分省、自治区、直辖市还没有颁布本行政区域的乡(镇)人民政府工作条例，因而使乡镇政府的工作缺乏更加具体有效的法律依据，不利于乡镇政府的自身建设。另外，已经出台的乡(镇)人民政府工作条例由于制定的时间比较早，许多内容已经不适应当前农村工作的需要，需要尽快加以修订和完善。因此，各级民政部门要认真调查研究，凡是没有制定本行政区域乡(镇)人民政府工作条例的，要积极向省级人民政府和人大提出建议，尽早列人立法规划，抓紧法规草案的起草工作，争取早日出台。已经制定本行政区域乡(镇)人民政府工作条例的，要根据农村社会主义市场经济发展的情况和乡镇政权建设的实际要求，尽快充实、完善，同时，各级民政部门要主动指导乡镇学习北宿经验，积极制定符合本乡镇实际情况的乡镇政府工作的各种规章制度，以适应农村工作的需要，更好地推进乡镇政府工作规范化建设。

(四)要积极开展乡村干部的培训工作

在国家各项法律和政策不断健全的新形势下，干部尤其是公务员的培训工作显得十分迫切。当前基层工做出现的一些矛盾，其原因是多方面的，但基层干部的素质不能很好地适应新形势的要求是重要的原因之一。解决这类问题，比较有效的办法就是扎扎实实地开展各类培训活动，使基层干部学习新知识，掌握新方法。培训乡村干部是基层政权建设工作的一项重要任务，特别是省、地两级民政部门要把乡村干部培训作为工作重点，逐步解决稳定的培训场地，编写培训教材，开展生动活泼的各种培训活动。省一级民政部门要抓乡镇干部培训的示范班，地(市)、县民政部门要利用当地党校、学校的师资和条件积极开展培训工作。

我们相信，在各级党委和政府的领导和支持下，经过各级民政部门的共同努力，我国乡镇政府依法行政、规范管理的水平一定会得到全面提高，农村基层政权建设工作一定会取得新的成就！

(摘自作者在全国乡镇政府规范化建设现场经验交流会议上的讲话)

农村稳定　重在治本

——关于辉县市实行“村务六公开”的调查

李长春

探索保持农村政治社会稳定的治本之策，促进农村经济和社会的协调发展，是各级党委面临的一个紧迫而重要的课题。前不久，我带着这个问题，对辉县市实行村务公开、民主管理的情况进行了调查，先后与市、乡、村干部群众和村民代表进行了座谈，察看了板桥、大沙窝、高村等村的“村务公开栏”和一些规章制度，并走访了农户。总的感到，实行村务公开是民主政治建设的一项重要内容，不仅有利于农村的稳定，而且对加强农村基层组织建设、密切党群干群关系、促进经济发展都有重要作用，值得认真总结推广。

一

20世纪90年代初，辉县市曾是全省有名的上访大户。全市三分之一以上的乡镇都发生过规模较大的集体上访。问题在哪里？1993年，市委、市政府对43个不同类型的村进行了调查，听取了一千多名村组干部和群众的意见，了解到群众反映强烈的“热点”、“难点”问题，主要是财务管理混乱；计划生育指标分配和超生处罚缺乏一严二公；宅基地乱批滥占；电费收缴不公；乱集资、乱摊派严重；奖售物资及救济款物的发放

不尽合理。这些问题集中了群众上访案件的80%以上，是农村的主要不安定因素，必须探索从根本上解决这些问题的办法和途径。市委、市政府从一些地方实行村务公开的经验中得到启发。这个市的南村镇从1991年开始实行村务公开，全镇25个村连续5年无集体上访案件。吴村镇1992年实行村务公开，当年上访案件就大幅度下降，治安形势明显好转。峪河镇渔村从20世纪60年代起实行财务公开，为奔小康工作队买一口锅也要公开上墙，该村连续23年没有发生因经济问题引起的上访案件，党群、干群关系一直比较融洽。正反两方面的实践使市委、市政府认识到，要保持农村长治久安，重在治本。他们从制度建设入手，于1994年4月，做出了在全市实行村务公开、民主管理的决定。主要做法是：

规范内容。主要是对群众意见比较集中的财务管理、计划生育、宅基地审批、农民负担、电费收缴、奖售和救济款物发放等6个方面的情况实行公开，简称“村务六公开”。他们在实践中，不断充实、完善和细化公开内容，形成6大项54条。比如财务管理，主要公开集体各项收入、支出和企业承包情况，其中招待费专门作为一项公开内容。计划生育，不仅公开生育审批发放、违犯计划生育人员处罚、流动人口管理、“三费一款”征收使用等，而且把村干部及其子女执行计划生育情况单独列项。宅基地主要公开审批条件和标准、申请户名单、理由和原有宅基地面积以及审批结果。农民负担主要是公开当年定购任务、农业税、乡统筹、村提留以及人均负担占上年纯收入比例等。全面具体的公开内容，使群众对村务了解得清清楚楚，便于群众进行有效监督。

严格程序。他们不仅细化了公开的内容，而且对公开的时间、形式和办法都做了严格的规定。一般来说，各项内容公布之前，先由各主管村干部逐一列出清单，交理财小组或监督小组审核后由村民代表议事会审议，经议事会讨论通过予以公布。比如宅基地审批要求“三榜定案”：一榜公布申请户名单和有关情况，二榜公布村民代表议事会讨论和村两委研究的上报审批名单，三榜公布市、乡主管部门批准的结果及收费情况，公开的内容都要在公开栏上公布。公开栏装有永久性防雨设施，并有专人负责，一律设置在村、街十字路口等醒目处，公开时间以及时为原则，根据不同的内容确定不同的公开时间。财务管理每季度公布一次，计划生育孕检情况每单月公布一次。

完善制度。村务公开要经常化，首先必须制度化。他们重点抓了三个方面的制度建设。一是制定了六项村务的办事制度。比如，财务管理方面，包括民主理财、干部亲属回避、会计员凭证上岗、承包项目公开招标以及乡农经站跟踪审计制度等；减轻农民负担方面，包括预决算审批审核、集资管理、《农民负担监督卡》发放、专项审计、举报查处和执法检查制度；宅基地的审批方面，包括民主评议、群众监督、收费审核制度；计划生育方面，包括准生证报批发放、超生罚款审核公布和计生款返还账目审查制度；电费收缴方面，单独制订了群众代表参与抄电表制度。这样严格细致的制度保证了公开的全面和真实。二是制订了村民组织的办事制度，主要包括村民代表议事会制度、民主议事规则、理财小组和监督小组的工作制度等。三是建立了群众监督和群众自我管理、自我教育、自我约束制度，主要是民主议政日制度和村规民约。民主议政日制度确定年中和年末各两天为民主议政日。在这两天内，召开群众公开评议会，对各项村务、村干部和各村民组织进行公开评议。随着这些制度的建立和完善，使村务有规可依，有章可循，为农村的各项工作走向规范奠定了基础。

健全组织。为了充分发挥群众参政议政的作用，确保公开、公正和公平，他们建立了三个村民组织，即村民代表议事会、监督小组和理财小组。每15至20户民主产生一名代表，组成村民代表议事会，由党支部领导。村民代表议事会主要讨论审议村重大事务，领导监督小组和理财小组的工作。村民代表议事会的成立，使村务公开有了坚实的群众基础，村民的意愿、意见和呼声得到了充分反映，为沟通干部和群众的联系，解决存在的问题创造了条件和途径。理财小组和监督小组各5人左右，从村民代表中产生，对村民代表议事会负责。理财小组主要对财务收支情况进行审核，监督小组主要监督各项村务是否公开，各项规章制度中程序是否真正实行。这三个村民组织成员的误工时间，记入本人的义务积累工，以避免增加农民负担。

加强监督。为确保村务公开落到实处，取得实效，他们制定了严格的监督机制。一是上级组织的监督，市、乡村务公开领导小组及其办公室，定期不定期对各村村务公开情况进行检查考评。1994年的一次全市检查中，就通报表扬了10个乡镇，批评了5个乡镇。二是村民组织的监督。涉及“六公开”的村务，都要由村民代表议事会讨论审议，事关群众利益的重大事情，党支部和村委会都要征求村民代表议事会的意见。理财小组对财务实行监督，监督小组对各项规章制度的执行情况进行了经常性监督。三是群众的广泛监督。除了民主议政日召开群众公开评议会外，群众平时还可通过举报电话和市、乡设在各村的意见箱随时反映意见和建议。对群众的疑问和意见，有关干部和组织必须做出明确答复。

村务公开是一项涉及广大干部和群众切身利益，既复杂又具体的工作。为了保证这项工作的顺利进行，辉县市市乡两级都成立了领导小组及其办事机构。市委、市政府在广泛宣传发动的同时，以正面教育为主，认真做好基层干部和群众的思想工作。对乡镇干部着重引导他们从改革、发展、稳定的大局认识村务公开的意义，消除部分同志嫌麻烦、怕出乱子的思想顾虑。对村干部，着重进行全心全意为人民服务的宗旨教育，认识自己手中的权利是群众给的，是用来为人民服务的，实行村务公开是为了化解矛盾，把村里的工作搞得更好。为了防止引发新的矛盾和问题，他们特别注意做好问题较多的村的群众工作，引导和教育他们正确对待干部，正确对待过去的问题。由于领导得力，组织严密，制度健全，思想工作过细，半年时间"村务六公开"就在全市普遍推广，很快取得了成效。

二

辉县市实行村务公开、民主管理两年多时间，已经取得了比预想要好得多的效果。

——增强了干群间的相互理解和信任，密切了干群关系。过去村务不公开，透明度低，对许多问题群众有疑问，担心或怀疑干部立身不正，处事不公，优亲厚友，气不顺；有些干部则认为自己为群众操心受累反而不被理解，埋怨群众无事生非。这个市的板桥村，过去群众怀疑村干部有经济问题，连年上访告状，从乡告到市，从信访部门告到纪委、监察部门。这些部门经过调查都认为干部没有经济问题，但群众总不信服。我到这个村调查，同部分群众座谈，问他们为什么一直告状？一个名叫张金风的女同志说："我们觉得交给村里的钱不少，但不知道用到哪里去了，总是有怀疑。"她还告诉我，实行"村务六公开"，村中的事桩桩件件按时公布，干部的工作群众清清楚楚，有疑问还可以到理财小组问个究竟，找监督小组反映意见。现在群众用不着再告状了。我在辉县市调查期间，上上下下评价村务公开最多的一句话是村务公开给了群众一个明白，还了干部一个清白。全市曾有39个村党支部书记、28个村委会主任因对群众上访不理解而撂挑子，如今都卸下了包袱，愉快地回到了岗位，尽心尽力地为群众办实事。

——强化了对干部的监督和约束，促进了干部的廉洁自律。这些年，一些地方群众意见较大，干群关系紧张，一个重要原因是少数干部办事不公，甚至以权谋私。实行村务公开，群众能够对干部实行有效监督，从制度上保证了干部的清正廉洁。两年来，全市农村因财务问题造成上访比公开前下降61.2%，因乱批滥占宅基地造成的上访比公开前下降75.4%，因干部不交电费造成的上访比公开前下降80%。这个市的吴村镇28个行政村中就有15个行政村的群众因财务管理问题上访不断。实行财务公开两年来，全镇一起经济上访案件都未发生过。公款吃喝一度是群众反映强烈的问题，财务收支公开后，村干部精打细算，严格按照规定办事，上边干部下去也主动吃工作餐，招待费大大减少，不但提高了基层组织的威信，也改善了党和政府的形象。这次我在板桥村农民高有田家吃饭，一碗手擀面，两盘炒青菜，主人对我无话不谈，感到很亲切。

——消除了不安定因素，促进社会的稳定。村务公开化解了矛盾，凝聚了人心。两年来，全市信访、上访案件，分别比公开前下降了54.1%和52%。1994年被评为省、市信访工作先进单位。1995、1996年均无赴京、赴省集体上访。近三年，全市治安刑事案件连年下降20%，群众对社会治安状况的满意率达到80%以上。赵固乡过去是全市有名的不稳定乡，全乡30个村几乎村村有上访，庄庄有案件，通过推行"六公开"清理账目，建章立制，整顿组织，教育群众，化解了干群矛盾，很快实现了社会稳定。薄壁镇四街村、孟村、观流河村，过去因计划生育、财务管理和宅基地审批等长期不公开，群众积怨越来越深。村干部的庄稼被毁、树木被砍、草垛被烧、畜禽被毒死等报复村干部的案件时有发生。实行"六公开"两年多来，三个村未发生一起报复村干部的案件，群众气顺了，干部劲足了，兴水利，办企业，团结一致奔小康。村民们抚今追昔，深有感触地说，过去是穷捣，捣穷，越捣越穷，现在是忙富，富忙，越忙越富。再也不能干窝里斗那种傻事了。

——增强了群众的参政意识，促进了农村民主政治建设。每到村务公开日，群众纷纷聚集到公开栏前，逐项察看，提出异议的，村干部和农村组织予以解答。在群众的参与下，全市农村共清理财务不合理开支390万元，挽回集体经济损失834万元，纠正乱批滥划宅基地56处，收回错发计划生育指标116个。黄水乡小庄村有个百亩大苹果园，以往承包，干部说了算，年承包费只有一万元。到了收获季节，你批三篓，他拉五筐，最后算账集体还要倒贴几千元。1994年实行公开招标，承包费一下子上升到7.5万元。只有1000多口人的吴村镇官店村，过去每年的招待费少则几千元，多则上万元，实行"六公开"后，成立了理财小组，1995年招待费开支降到270元。这个市村村都制订了《村规民约》,群众称之为“小宪法”。由于村务公开,计划生育单月孕检,谁家的媳妇没有参加;宅基地划分,哪家虚报了子女年龄;评选文明户,谁家子女不孝敬老人,谁家的卫生搞不好,群众都一清二楚,不良行为失去了存在的条件,遵章守制渐成风气。群众编了几句顺口溜,“村务公开就是好,实行民主有渠道,村里大事全公开,看谁还能瞎胡搞。”

——提高了党组织的凝聚力,促进了基层组织建设。实行村务公开,增强了干部带领群众奔小康的压力,许多基层干部深有感触地说:“现在怕吃亏、怕吃苦当不了干部,没有本事和奉献精神当不了好干部”。洪洲乡茅草村,过去是出了名的贫困村。去年村干部目标任务上了村务公开栏,支部书记吃不好饭睡不好觉,自费三进北京,两下山东,请专家,学经验,团结支部一班人,带领村民利用村地优势,办起了花岗岩厂和沙场,嫁接优质枣树30万棵,平岗造地2000多亩,一举摘掉了贫困帽子。东庄支部书记王天文说起“六公开”,动情地对我说,这个办法真灵!过去群众对干部不信任,班子成员之间相互猜疑,好事也办不成。现在干部清白了,腰板也硬了,啥事都好办了。两年来,全市有79个二类支部和3个三类支部上升为一类支部,19个三类支部成为二类支部,一类支部达到95.69%;70名农村党支部书记被评为优秀支书,90个农村支部被评为先进党支部。党支部凝聚力和干部号召力的增强,使群众奔小康的劲头空前高涨。

三

1995年10月,中共中央政治局候补委员、书记处书记温家宝同志在我省考察期间,充分肯定了辉县市实行“六公开”的办法,认为它解决了联系群众和群众监督的问题,并指出以“六公开”为代表的制度建设,带有长远性和根本性。联系全省农村的实际,辉县市的经验确实具有很强的指导借鉴意义。

在调查期间,毛屯村党支部书记韩克俭的话使我很受启发。他说:“几年前俺村群众连续上访告状,干部觉得这是‘胡来’。现在我们逐渐认识到,实行市场经济,农民自主性大了,电台、电视整天播放,农民啥事都知道,村干部再像以前那样,啥事都捂着盖着,已经不行了。”这番朴实的话道出了一个大道理,这就是实行村务公开、民主管理,已经成为形势发展的客观要求。首先,实行家庭联产承包责任制后,农民有了生产经营自主权和一定的经济独立性,村级政务与农民利益息息相关。农民在出钱出物出力,承担社会义务时,理所当然地要求知道村里的事是怎么办的,钱是如何花的,要求参与管理,再像以前那样靠少数人拍脑袋决策已经不行了。其二,随着国家法制的逐步健全、法律知识的普及,以及各项方针政策的宣传贯彻,广大农民学法、懂法、运用法律武器保护自己利益的自觉性增强了,政策水平提高了,还靠过去那种强迫命令简单粗暴的工作作风和办法,群众是不答应的。其三,随着新闻媒体的日益普及,农民的视野开阔了,思想解放了,科学文化素质也提高了。他们闯市场、见世面,获得了大量信息,已经不是过去那种面朝黄土背朝天,日出而作、日落而息的农民了,他们的自主意识、民主意识增强了,过去那种封闭式的管理办法已经不行了。马克思主义认为,经济基础决定上层建筑,上层建筑只有适应经济发展的状况才能推动社会的发展。辉县市农村原来发生的问题和矛盾在我省其他地方也都程度不同地存在,它从一个侧面说明了我们的管理体制和工作方法、工作作风还不能完全适应变化了的新形势,缺乏民主监督机制和约束机制。辉县市实行村务公开短短两年多时间,就使农村诸多矛盾和问题,得到了较好的解决。说到底,就在于他们抓住了这个根本,适应了农村新形势发展的要求。我们说,村务公开带有长远性和根本性,其深刻意义就在这里。

从辉县市看全省,实行村务公开、民主管理,还为我们做好农村其他方面的工作提供了有效的途径。辉县市实行村务公开的初衷是为了解决农民集体上访的问题,但一经实施,所产生的效应则是多方面的。概括起来:

第一,它是密切党群干群关系,保持农村社会稳定的好途径。这一点,已被辉县市的实践所证明。

第二,它是依法治国、依法治省落实到农村基层的一个好途径。省六次党代会提出了加强法制建设、实行依法治省的战略任务。在农村就是要采取措施,大力推行依法治村。辉县市在实行“村务六公开”过程中,建立了一整套规范基层干部、约束村民行为的规章制度。这些规章制度进一步向群众延伸,就是村民严格按照自治章程、村规民约进行自我约束、自我教育、自我管理、自我服务;向上延伸,就是推动各个行政执法部门和“七所八站”文明执法,规范行政,这样,就使依法治省在农村找到了一个载体。

第三,它是不断加强农村基层组织建设的好途径。近些年来,我们用很大精力集中进行基层组织建设,取得一定的成效。但是集中整顿之后,如何抓好经常性工作,巩固集中建设的成果?辉县市通过“村务六公开”,使农村基层组织建设制度化、经常化。一定意义上可以说,村务公开、民主管理不仅是保持稳定的治本之策,也是加强基层组织建设的根本性措施。

第四，它还是促进村民自治落到实处的好途径。实行村民自治，就是要让群众参与决策，进行民主管理、民主监督。辉县市的实践证明，实行村务公开，让村民参与决定村中大事，行使民主管理、民主监督的权利，真正落实了村民自治，体现了群众当家做主。

长治久安，重在治本。辉县市实行村务公开、民主管理的经验，还为我省新野县、汝南县、鄢陵县等地的实践所证实。虽然这一办法还有待于进一步完善提高，但它的方向是正确的，路子是对头的。我们应当充分认识其重要意义，从改革、发展、稳定的大局出发，教育和引导干部结合实际积极稳妥地推行村务公开，民主管理，确保农村稳定，促进经济和社会的协调发展。

抓住大好机遇　推进村务公开

（1997年11月11日）

李宝库

一、关于把握好农村基层民主进一步发展的大好机遇问题

不久前召开的党的十五大，是一次承前启后、继往开来的历史性盛会。它将以高举邓小平理论伟大旗帜为标志载入史册。随着十五大精神的学习、宣传、贯彻，可以肯定地说，我们必将迎来社会主义改革开放和现代化建设的新高潮。最近一段时间，民政系统上下都在学习、领会十五大精神。部党组多次召开党组中心学习组会议、党组扩大会议，学习、领会十五大精神。前两天还专门召开会议，听取部分省、市民政厅（局）的学习汇报，召开部各司局学习经验交流会，听取各司局的学习情况汇报。采取这些措施的目的，都在于全面、准确、系统地领会十五大精神，并结合民政工作各项业务，提出贯彻落实的意见，在于用十五大精神指导各项民政工作，理清今后工作，尤其是明年工作的总体思路。大家在学习中都共同感到，十五大报告涉及民政工作论述有很多处，但最引人注目的还是关于基层政权建设、基层民主政治建设工作的论述。这些论述比较集中，分量也很重。十五大报告指出："发展社会主义民主政治，是我们党始终不渝的奋斗目标。没有民主就没有社会主义，就没有社会主义现代化。社会主义民主的本质就是人民当家作主。""共产党执政就是领导和支持人民掌握管理国家的权力，实行民主选举、民主决策、民主管理和民主监督，保证人民依法享有广泛的权利和自由，尊重和保障人权。""扩大基层民主，保证人民群众直接行使民主权利，依法管理自己的事情，创造自己的幸福生活，是社会主义民主最广泛的实践。城乡基层政权机关和基层群众性自治组织，都要健全民主选举制度，实行政务和财务公开，让群众参与讨论和决定基层公共事务和公益事业，对干部实行民主监督。"对于我们这些从事基层政权建设工作的同志来说，读了十五大报告中的这些论述，都感到非常亲切。可以说，十五大的科学论述，既充分肯定和科学总结了改革开放近20年来，我国基层民主政治建设的经验，进一步阐述了基层民主在整个国家民主政治建设中的地位和作用，也为跨世纪的基层民主政治建设指明了前进的方向。当然，十五大报告所讲的基层民主，既包括农村的基层民主，也包括城市的基层民主；既涵盖了城乡基层政权机关，也涵盖了城乡村、居民自治组织和企事业单位等等，范围非常广泛。如果把城乡基层民主政治建设作为一个整体，那么，在扩大基层民主，发展基层民主中，农村的基层民主处于什么地位，应该发挥什么作用？通过学习、领会十五大报告，我个人认为，是不是可以或应该做出这样一个判断：进一步发展农村基层民主的条件已经具备，机遇已经来临，农村基层民主应该也必须为扩大整个基层民主做出更大的贡献。做出这种判断的依据主要是：

第一，这是由中国的基本国情决定的。如果说社会主义初级阶段是当代中国的最大国情，那么社会主义初级阶段的国情是什么呢？一个非常重要的方面就是，我们仍然是一个发展中的农业大国，农业是整个国民经济的基础，农村人口在整个人口中占绝大多数。这是我们研究问题，做出各项决策，制订各种政策，都必须首先考虑的客观现实。我们通常说的，农民、农村问题，是中国革命和建设的根本问题，也是从这个意义上讲的。是不是可以这样说，如果没有农业的发展，就不可能有整个国民经济的巩固和发展；没有农村的稳定，就不可能有全国的稳定；没有农民的富裕和小康，就不可能有全国人民的共同富裕。同样也可以说没有农村基层民主的发展，就不可能有整个基层民主的大发展。我国的基本国情决定了农村基层民主政治建设的重要地位。

第二，这是由农村的实际情况决定的。过去几千年的封建社会传统习惯影响最深的，是我国广大农村。目前政治、经济、文化发展最不平衡的，也首属农村。这说明了在农村扩大基层民主、培育民主习惯的紧迫性、艰巨性，农村的基层民主建设还有更长的路要走。但是，从另一个方面看，在农村发展基层民主，

也有自身的优势，有在城市发展基层民主所不具备的优势。一方面，农村的基层民主与农民的切身利益联系更直接，只要引导得当，农民的认同感、参与的积极性很容易被培养和调动起来。另一方面，不同于城市居民居住集中，信息传播快，矛盾较集中，有些问题牵一发而动全身的情况。农村居住较分散，农村的民主进程不易引起大面积的社会动荡，发展基层民主的“成本”要小得多。十一届三中全会以来，农村政治、经济各项改革的实践已充分证明了这一点。

第三，从总体上说，农村基层民主政治建设，已经有了较为明确的思路，易于取得较大的成效。在贯彻《村委会组织法》，开展村民自治活动中，我们在村级确立了“民主选举、民主决策、民主管理、民主监督”的民主政治建设思路。在乡镇政权建设中，我们确立了“依法建制、规范管理、转变职能、服务群众”的思路等等。这些思路已被实践证明是正确的，为搞好今后的工作提供了良好的基础。10月29日，胡锦涛同志在全国农村基层组织治理整顿经验交流会上的讲话中，又进一步把发展农村基层民主，作为贯彻十五大精神的重要举措提了出来，要求继续深入、扎实、持久地抓好农村基层组织建设。今后的工作，主要是贯彻落实，通过贯彻落实，不断丰富、发展和完善这一思路。

我国新民主主义革命，是选择了农村，走了一条农村包围城市，武装夺取政权的正确道路，才取得了成功。我国的改革，也是首选农村，在农村推行了以家庭联产承包责任制为主的经营体制改革，我们今天的整个改革才有了良好的基础。农村的民主政治建设，是不是也能为整个社会的基层民主政治建设，乃至建设有中国特色社会主义政治的全局做出历史性的贡献呢？这个问题大家可以研究，可以探索，最终需要用事实来回答。但不管怎样，有一点是可以肯定的，那就是，随着十五大精神的学习、宣传和贯彻，必将为农村基层民主的进一步发展创造很好的条件。有十五大精神的指引，有多年来我们积累的工作基础，有亿万农民群众建设富裕、民主、文明社会主义新农村的积极性，进一步扩大农村基层民主，不仅是可能的，而且是现实的。农村基层民主的发展面临着很好的机遇，我们要善于抓住这个机遇，在实际工作中做到整体推进与重点突破相结合，使包括村务公开在内的农村基层民主政治建设再上一个新台阶。

二、关于对当前农村村务公开工作的评价问题

在学习、宣传、贯彻十五大精神，进一步发展农村基层民主中，村务公开工作占有突出的位置。对于我们民政系统的同志来讲，村务公开不是一个新话题。1987年《村委会组织法》颁布实施后，各地民政部门在开展村民自治示范活动中，一直是把村务公开作为开展村民自治示范活动的重要内容，进行部署、检查的。进入90年代后，村务公开以其化解干群矛盾、密切干群关系、强化民主监督、促进基层廉政建设和社会稳定的时代特点，引起了社会各界的广泛关注。党政领导的重视，农民群众的强烈要求，以及推进村务公开的实际效果，又促使村务公开从村民自治工作中突出出来。许多部门、许多地方都从实际出发，专题部署村务公开工作，加大了村务公开工作的推行力度。对照党的十五大精神，我认为，目前村务公开工作确实取得了不少成绩，必须充分肯定，同时又要看到还存在许多不足，需要加倍努力。近几年来，各地在组织开展村务公开工作中，采取了许多得力措施和办法，做了大量艰苦细致的工作，使村务公开工作取得了很好的成绩。有的地方成效十分显著，有的地方成效比较明显，有的地方在某些方面取得了比较明显的成效。从总体情况来看，目前村务公开工作呈现出三个基本特点：

一是党政领导很重视。近年来，党中央、国务院领导同志、中央、国务院在有关文件中对村务公开工作高度重视，对如何搞好村务公开工作做了一系列指示。与此同时，各地领导也很重视，他们投入的精力、花费的心血以及工作指导的力度都是多年来少有的。比如，河南的李长春书记，亲自来辉县市进行村务公开专题调查，撰写了《农村稳定，重在治本》的长篇调查报告，同时还多次批示，督促抓好村务公开的落实工作。河北的程维高书记，近两年每到农村，都要看一看村里的村务公开栏，过问村务公开的进展情况。辽宁省委书记、省长闻世震同志一直关心、支持省民政厅抓的凌海经验，并做出重要批示。其他如天津、山东、山西、福建、湖南等省市的党政主要负责同志也都很重视这项工作。1990年以来，民政部把村务公开列为村民自治示范的重要内容，进行过多次部署。今年又专门下发了《关于进一步建立健全村务公开制度，深化农村村民自治工作的通知》，对这项工作提出了新要求。4月份，多吉才让部长还亲自到河南省的信阳、南阳、许昌、驻马店等地，调查村务公开开展情况。目前，全国已有河北、河南、湖南、辽宁、山西、福建、天津等七省、市以省委、省政府或市委、市政府名义专题部署了村务公开工作。河北各地共制订了实施方案和实施细则184个，河南省有143个县(市)制订了实施方案。这次研讨会上，大家一致肯定，村务公开工作之所以能取得明显的成绩，一个根本原因，就是党政领导同志的高度重视，工作指导得力。

二是涌现出了一批典型，创造出了许多成功的经

验。像天津市的宝坻县,河北省的赵县,辽宁省的凌海市、新民市,河南省的辉县市、许昌县,山东省的五莲县,福建省的连江县,湖南省的临澧县,山西省的长子县、广西壮族自治区的武鸣县等等,都是各地的先进典型。在实际工作中,各地还创造了各具特色的经验,为今后进一步推动村务公开工作的开展奠定了良好的基础。在这方面,我觉得河南省的经验很有代表性。归纳他们的经验,主要有以下几条:一是思想认识高。省委、省政府两办文件下发后,各地普遍制订了推行村务公开工作的意见和实施方案,并通过各种形式进行宣传、培训,使干部群众尤其是基层干部群众提高了认识,熟悉了村务公开内容和操作程序。二是组织健全,制度完善。省里成立了村务公开、民主管理领导小组,各地(市)均建立了由一名副书记任组长的村务公开工作领导小组,抽调人员组成办公室。142个县(市、区)成立了由县委书记或副书记任组长的领导机构及其办事机构。有相当一部分乡镇也成立了相应的组织。绝大多数村也建立健全了村民代表会、民主理财组、村务监督组等组织机构,基本解决了省级"有人管事",地、市、县、乡级"有人抓事",村级"有人办事"的问题,与此同时,各地还重点抓了以村务公开制度、村级组织办事制度以及民主评议干部、村民自治章程为主要内容的制度建设,基本实现了村务公开的规范化。三是试点起步,分类指导。在推行村务公开工作中,河南各地基本上都是先行试点。待试点取得经验后,再全面发动,普遍推行。全面推开前,各地区别情况,实施分类指导。对条件较好的村,按照方案,迅速推开;对有不安定因素的村,通过治理后再公开;对村干部经济有问题的村,先清查后公开;对原有班子软、弱、涣、散的村,边整顿边落实公开,确保了村务公开的质量。四是明确内容,规范管理。多数地市以省里规定的村务公开八个方面为基本内容,结合当地实际进行细化分解。有的细化为八项四十五条,有的扩展为十二公开,有的地、市对村务公开的时间、内容、阵地、管理做到"五统一",使这些工作形成了较为统一的时间依据和参照标准。五是加强督查,狠抓落实。省村务公开、民主管理领导小组积极发挥作用,组织成员单位,包片检查,狠抓落实。全省各地、市、县均建立了监督组织,村务公开已成为农村工作中的重要组成部分。六是抓好结合,带动其他。通过抓村务公开,带动和促进了村民民主决策、民主管理和民主监督的发展,带动和促进了农村各项工作的发展。这次研讨会上,同志们还介绍了许多好的经验。如在开展村民自治的基础上实行村务公开的经验;有结合农村基层组织整顿过程中实行村务公开的经验;有从密切干群关系的角度抓村务公开的经验;有从抓廉政建设角度抓村务公开的经验;有从抓村级财务管理的角度抓村务公开的经验等等。在这些经验中,有些是共同的,有些则有本地特点。但无论是共同性的经验,还是特殊性的经验,从搞好农村村务公开工作的角度来讲,这些经验的取得都是非常宝贵的。

三是村务公开取得了初步成效,受到了人民群众的普遍欢迎。我相信与会的各位同志,尤其是几位县、市的代表,你们是村务公开的直接指挥者、参与者,都能举出村务公开在密切党群、干群关系、促进社会稳定、廉政建设和社会发展等各方面的许多例子,比我更有发言权,我就不多说了。

下面,我着重讲一讲正确估价村务公开工作的另一个方面的问题,即在看到取得已有成绩的同时,也不可满足于现状,要看到,村务公开工作中还存在不少的问题,要看到这项工作的艰巨性和紧迫性。同志们在研讨中,都讲到了存在的不足和差距,这些不足和差距,或者叫问题,有些是共同性的,有些是特殊性的。从全国来看,问题也好,不足和差距也好,我看主要有以下几点:

(一)组织领导层面的问题

1. 认识问题。主要存在于县、乡这个层面。有的县、乡领导认为村务公开是件难事,阻力大,吃力不讨好,不好开展。有的还怕开展这项工作会影响自己的切身利益,比如一些个人消费公款开支,不好在村报销,一些送礼吃请不正当开支,也不好体现在村财务账上。因而,或按兵不动,或行为缓慢,或敷衍了事,消极应付。

2. 工作措施问题。有的一般号召多、一般部署多,缺乏切实可行的措施。有的部署多,检查落实少。有的缺乏调查研究,制定的方案和实施细则没有针对性。有的舆论宣传不够,组织实施的同志不得要领。

3. 工作不平衡问题。有的地方抓村务公开时紧时松。有的地方,上面热热闹闹,下面冷冷清清,热在领导层。从现时情况看,村务公开工作做得较好的,大多是各类层次的村民自治模范单位或村民自治工作基础较好的地方。

(二)操作层面上的问题

1. 认识问题。有些村干部有"三不"思想,一是不敢公开,怕自己的问题暴露;二是不愿公开,担心公开后或得罪上级领导,得罪其他村干部,或以后搞不正之风不方便了;三是不会公开,没有掌握公开的要领。

2. 公开的阵地不规范。有的公开阵地偏僻,不方便群众阅览。有的公开阵地不固定,随意性很大。

3. 公开的内容不规范。有时公开大项多，细目少；有的公开什么，公开多少，随意性大，缺乏监督机制。

三、关于进一步深化村务公开工作的几点想法

一是要在求实效上下功夫。村务公开需要一定的形式来体现，需要一定的措施来保障。尤其是在刚刚部署工作或工作全面启动之初是这样。但如果我们的工作只做到这里，那是远远不够的。我们不能仅仅停留在发了多少个文件，开了多少个会议，印刷了多少宣传材料，建立了多少个村务公开栏上，如果这样的话，老百姓就认为村务公开是一阵风，是在摆花架子，很容易造成表面上轰轰烈烈，实际情况依然如故。检验村务公开是真搞，还是假搞，村务公开是否成功的最终标准，是老百姓高兴不高兴，满意不满意，答应不答应。当然，我们也不能寄希望于通过一次或几次村务公开活动，把农村所有的矛盾和问题都解决了，那是不现实的。但村务公开确实要在密切干群关系，加强基层民主政治建设，促进基层廉政建设等方面发挥作用。如果一个地方也讲自己搞了多少年村务公开，定了多少章法，但干群关系仍然十分紧张，那至少表明村务公开有水分。求实效，用实效的大小作为检验村务公开工作开展质量高低的做法，应是我们今后进一步深化村务公开要坚持的重要原则。

二是要在制度建设上进一步下功夫。村务公开，贵在坚持，贵在实效。而要使村务公开真正坚持下去，长久发挥作用，制度建设是保障。这是我们大家共同的体会。制度建设要管用，要系统配套，便于操作。现在农村一些地方，村内各项事务管理，缺乏基本的制度，群众行为没有遵循，村干部办事主观随意性大，有的甚至想怎么干就怎么干；有的地方制度名目繁杂，内容不配套，缺乏规范统一，难以操作；有的规章制度的制订只是少数村干部的参与，没有广大群众的参与，有关内容约束群众的多，而约束干部的少，群众有抵触情绪。在农村形成一套切实可行的“依法建制、以制治村、民主管理”的制度，是保障村务公开能够长期有效的重要措施。这个问题仍然需要同志们多实践、多总结、多下工夫。

三是要在检查指导上下功夫。对搞好村务公开工作来说，检查不仅是一种工作方法问题，更是一种工作作风问题。如果我们仅仅满足于一般性部署，一般性号召，而不重视检查指导，那么这项工作的开展就要大打折扣，或虎头蛇尾，或者热在领导层，冷在基层。农村基层的情况非常复杂，要经常地看一看你那一套方案是否可行，群众对村务公开工作有什么反应、意见和建议，有没有假公开、半公开、不公开的现象，原因在哪里；看一看基层干部群众是不是真的掌握了村务公开的基本作法，从而发现问题，解决问题，不断完善。

四是要在结合上下功夫。这是深化村务公开的又一重要问题。村务公开工作要善于与村民自治的其他工作结合起来，比如，民主选举搞好了，群众对当选的干部满意了、放心了，就会乐意参与村级事务的管理；村民代表会议建设好了，村务公开才能从目前大多数地方的事后结果公开，延伸到事前征求意见、事中决策的过程公开。村务公开要紧密结合增加集体经济实力、计划生育、减轻农民负担、社会治安综合治理、精神文明建设来进行。惟有如此，村务公开才会获得源源不断的生机和活力。

当然，进一步深化村务公开工作还有许多的工作要做。以上所讲的四点只是一些带有普遍性的问题，各地如何搞好当地的村务公开工作，还需要从当地的实践出发，结合实际情况，确定具体的思路。目前，村务公开各方面都很关注。党的纪检、组织部门在抓，农业部门在抓，民政部门也在抓，在这种情况下，民政部门要选准自己的位子，确立自己抓工作的思路。由党委、政府直接领导、民政部门负责协调的地方，民政部门不要有一种包打天下的思想，要善于组织、协调有关部门，齐抓共管，共同做好这项工作。由党委、政府直接领导，组织、纪检部门负责协调的地方，民政部门不要一看见别人在抓，自己就无所事事，不敢或不愿意去抓，而应该积极去履行自己的职责。要看到村务公开是一个各方面共同都抓才能做好的工作，不管是民政部门负责协调，还是参与的地方，民政部门抓村务公开都有自己的优势，我们要善于发挥这个优势。从目前来讲，农村实行村民自治，是《宪法》、法律规定的，是农村发展的大趋势。不管哪个部门抓，都离不开这个大背景。民政部门从自身职责出发，从抓村民自治入手，抓村务公开，更能发挥我们的长处，通过村务公开带动和促进村民自治整体水平的提高。鉴于此，经部里研究决定，明年上半年适当时机，我们将召开全国村务公开工作经验交流会，明确今后进一步开展村务公开工作的思路，命名表彰一批村民自治模范单位，以促进农村村民自治整体水平的提高和基层民主政治建设的进一步发展。希望各地积极实践，勇于探索，总结、创造更多、更好的开展村务公开工作的好经验。

（摘自作者在村务公开工作研讨会上的书面讲话）

全面推进“四个民主”

（1999年4月8日）

顾金池

一、要依法搞好直接民主选举

党的十五届三中全会决议指出：“扩大农村基层民主，实行村民自治，是党领导亿万农民建设有中国特色社会主义民主政治的伟大创造。”党中央要求农村基层组织，在村民自治活动中，要全面推进民主选举，全面推进民主决策，全面推进民主管理，全面推进民主监督，推动农村基层民主政治建设健康发展。因此，我们要想把村民自治活动开展好，就必须把贯彻实施《村民委员会组织法》，同落实党的十五届三中全会精神有机地结合起来。保障村民自治，是制定《村民委员会组织法》的基本宗旨。而民主选举、民主决策、民主管理、民主监督，则是实现村民自治的核心内容。由此可见，党中央十五届三中全会要求做到的“四个全面推进”，是加强农村基层民主法制建设的关键环节。各地的实践经验证明，村民委员会的工作千头万绪，只要抓住了这“四个民主”，村民自治就能够顺利实施，农民的主人翁地位就会牢固，村民的直接民主权利就有了可靠的保证。这“四个民主”是有机的统一，是不可分割的整体，不能只突出某一方面，也不能顾此失彼，要全面实施，等同抓好。

村民委员会实行直接选举，是农村基层民主政治建设的基本特征，也是实行村民自治的前提。全面推进村级民主选举，就是要严格按照法律和法规，组织村民按法定程序直接选举村民委员会，真正把群众拥护的，思想好、作风正、有文化、有本领、真心实意为群众办事的人选进村级领导班子。这方面的工作从总的情况来看是比较好的，直接选举率是逐步提高的，仅以福建省为例，1989年村民委员会的直接选举率只有32.8%，1997年已达到99.9%。但这项工作发展也不平衡，仍然有一些地方的村民委员会成员，不是依法直接选举产生的，有任命的，也有组织委派的。这些做法虽然发生在个别地方，但都要坚决加以纠正，需要补课的就补课，需要重选的就重选，执行法律不能打折扣，一定要把民主选举工作全部纳入法制化的轨道。

二、要让村民直接参与民主决策

村级民主决策是依法实行村民自治的核心，让村民直接参与民主决策，是保证村民行使民主权利的核心内容。只有坚持民主决策，农民当家作主的权利才能落到实处。村民能否直接参与民主决策，参与的程度如何，是检验《村民委员会组织法》贯彻落实好坏的重要标志。

全面推进村级民主决策，需要严格执行法定程序。村民会议是村民直接参与民主决策的主要法律形式，村民代表会议作为村民会议的一种补充，讨论决定由村民会议授权的事项。根据《村民委员会组织法》的规定，凡涉及村民利益的重大事项，村民委员会必须通过民主程序，提请村民会议充分讨论，按多数人的意见做出决定。同时要采取一定措施，保证决策的民主性、科学性，为村民开展民主管理打下坚实的基础。

实行民主决策，是村民委员会在办理公共事务和公益事业过程中最为重要的环节。全面推进村级民主决策，要侧重抓好三方面的工作：一要解决好认识问题，要深刻理解贯彻《村民委员会组织法》，搞好村民自治的重大政治意义。二要教育乡村干部转变旧观念，要改变过去靠行政手段为主的工作方法，变“要为民做主”，为“要让民做主”。该由村民会议讨论决定的事项，村民委员会不能包办代替。三要措施得力，通过学习宣传、具体指导、典型引路等多种方式方法，调动村民当家作主、参与民主决策的积极性和主动性。在召开村民会议之前，要让村民了解民主决策的内容，明白参与决策的程序，学会和掌握搞好民主决策的本领。各地都有自己不同的条件，要解放思想，勇于实践，大胆探索，努力增强村民参政议政意识，不断提高村民的民主决策水平，保证决策的科学性与合理性。目前，由于有的村民委员会规模较大，人数也较多，还有的村民委员会村民居住分散，因种种客观原因给召开村民会议造成一定困难，但只要能从当地实际出发，采取一些行之有效的办法，村民直接参加重要村务的民主决策，还是能够做到的。比如，在召开村民会议确实困难的地方，对需要决策的事项，可先在村民小组内进行广泛的讨论和酝酿，村民委员会把村民小组的意见进行科学地集中，形成初步意见后，再经村民会议表决通过，这样既解决了村民会议开会难和议事难的问题，又达到了实现民主决策的目的。

三、要使村民积极开展民主管理

村级民主管理是依法实行村民自治的重点，在农村实行民主管理，就是让广大农民群众充分发挥自己的聪明才智，利用科学的方法和民主的手段，依据党的方针政策和国家的法律法规，管理本居住区的公共事务和公益事业，有组织、有计划地开展各种经济活动和社会活动。广大农民只有通过民主管理,才能在村务活动中充分体现村民集体意志,提高科学管理水平,有效地防止个人专断。

村级民主管理主要通过实行村民自治章程和村规民约等方式进行。实行村民自治,制度建设是根本。重点要建立健全村民委员会的选举制度,以村民会议或村民代表会议为主要形式的民主议事制度,以村务公开、民主评议和村民委员会定期报告工作为主要内容的民主监督制度。通过村民自治章程和村规民约等制度建设,把村民的权利义务,村级各类组织之间的关系和工作程序,以及经济管理、社会治安、村风民俗、婚姻家庭、计划生育等方面的要求,规定得明明白白。村里制定和完善了有利于村民自治的有关制度,村民参与民主管理就有章可循,村务活动照章办事,村级民主管理就有了可靠的保障。同时,要切实加强村民的自我管理、自我教育和自我服务意识,不断完善和拓宽民主管理的办法和渠道,使村民的各种社会活动和经济活动置于有序、规范的管理之中。值得强调的是,制度不能流于形式,形同虚设,一些地方在村民自治活动中弄虚作假的做法,必须坚决予以摒弃。

全面推进村级民主管理,要抓住村务公开这个关键。村务公开是村级民主管理的实质性内容,做不到村务公开,就谈不上民主管理,实行民主管理就必须做到村务公开。村务公开是村民普遍关心的问题,也是改善干群关系,调动农民积极性和让农民当家作主的有效措施。村务公开中村民最关心的是财务公开,增加收入和支出的透明度,对促进乡统筹、村提留收缴与使用的公正合法,做到从集体经济所得收益、国家救灾救济款和村民集资的合理使用,都会起到一定的促进作用。在农村实行村务公开制度,是全面推进村级民主管理的重要步骤,也是贯彻执行《村民委员会组织法》的一项重要工作,一定要按照党中央的要求和法律的规定落实好,真正做到"给村民一个明白,还干部一个清白。"

四、要有的放矢地进行民主监督

村民委员会对村里重大事务的管理和决策,是否真正符合广大村民的利益,是否体现广大村民的意愿,村民有权进行民主监督,这是《村民委员会组织法》赋予广大村民的一项重要权利。广大村民把领导全村事务的权力交给了自己选举的村民委员会成员,为了防止村民委员会成员滥用权力,对他们实行民主监督是十分必要的,也是完全应该的。村民的监督权时刻提醒着村民委员会成员,促使他们只能利用手中的权力为全体村民服务,不能用手中的权力牟取私利。村民委员会成员要依法自觉地接受村民的监督,不能对监督有抵触情绪,只要全心全意为广大村民服务,就不应当害怕监督,民主监督也是对村民委员会成员的帮助和支持。村民对村民委员会依照党的政策和国家法律交给的各项任务,都要按时完成,认真履行法律赋予的义务。

村民对违法乱纪或者严重失职的村民委员会成员,有权检举或提出罢免意见。《村民委员会组织法》第十六条专门做出了村民对村民委员会成员有权罢免的规定:"本村五分之一以上有选举权的村民联名,可以要求罢免村民委员会成员。罢免要求应当提出罢免理由。被提出罢免的村民委员会成员有权提出申辩意见。村民委员会应当及时召开村民会议,投票表决罢免要求。罢免村民委员会成员须经有选举权的村民过半数通过。"在村民充分行使监督权的情况下,村民委员会成员确实不能继续胜任村民委员会工作时,村民就可以依照法定程序行使罢免权。从这个意义上来说,罢免权是监督权的最高表现形式。

全面推进村级民主监督需要有一定程序。《村民委员会组织法》对此只作了原则性的规定,这就需要各地从本地的实际情况出发,制定具体的实施办法。村务公开是村民委员会成员接受民主监督的好形式,只有把直接涉及村民切身利益、村民普遍关心的村里大事向村民公开,村民才能进行有效的民主监督。一些地方成立了经济监督委员会、财务监督委员会、计划生育监督委员会等监督组织,有的地方制定了切实可行的监督办法和监督程序,还有些地方组织村民对村民委员会工作进行了民主评议,这些都是通过实践摸索出来的成功经验,各地可以借鉴和推广。在条件成熟的地方,可以通过人大制定地方性法规,使监督的程序和形式进一步规范化,既保证民主监督不背离《村民委员会组织法》规定的原则,又具有简便易行的可操作性,保证村民的监督权落到实处。在实践中,保证村民行使监督权和罢免权,比组织村民进行选举更加困难,因此也就需要我们更加细致、更加慎重地进行宣传教育和组织发动工作。加强村级民主监督,就可以保证村民委员会成员依法行使职权,保证他们始终为全村大多数村民谋利益。

四个全面推进是广大村民实行自我管理、自我教育、自我服务的有机组成部分,其中民主选举是村民自治的关键,民主管理和民主决策是村民自治的核心内容,民主监督是村民自治的保证。在贯彻实施《村民委员会组织法》的过程中,要正确处理好这四个民主之间的关系,要全面推进,不能偏废某一个方面,才能保证村民自治的健康发展。

贯彻《村民委员会组织法》是一项艰巨、复杂的社会系统工程,其实质是在中国广大农村进行一场深刻的变革,对推进整个社会的进步起着决定性的作用,具有深刻的历史意义。这一改革将彻底改变长期以来那种领导个人说了算的领导体制,铲除延续了几千年,至今仍在农民思想中占据一定地位的"家有千口,主事一人"的封建残余思想,逐渐培养9亿农民真正成为国家和社会的主人。

在贯彻落实《村民委员会组织法》中要注意发挥各级人大的作用。要制定配套的地方性法规,在法律试行期间,已经制定了实施细则的,要按修订后的法律进行修改。没有制定实施细则的,要结合本省的实际情况抓紧制定。各级人大常委会要加强对《村民委员会组织法》贯彻实施情况的检查监督,深入调查研究,及时纠正村民自治活动中出现的问题。全国人大常委会拟在今年9月份,对《村民委员会组织法》进行执法检查,检查的重点是全面推进村级民主选举、民主决策、民主管理、民主监督,实行村务公开,以及减轻农民负担的情况。请民政部和有关省的民政部门积极配合,努力搞好执法监督工作。

(摘自作者在全国村民自治工作经验交流会议上的讲话)

在全国村民自治工作经验交流会议上的讲话

(1999年4月6日)

司马义·艾买提

一、要充分认识全面推进村民自治的重大意义

扩大农村基层民主,实行村民自治,是党领导亿万农民建设有中国特色社会主义民主政治的伟大创造,是农村经济体制改革的必然要求。党的十五届三中全会特别强调要加强农村基层民主法制建设,并且系统提出了全面推进村民自治的具体任务和指导原则。全国人大常委会新公布了《村委会组织法》。当前我们的任务,就是要按照十五届三中全会的精神和《村委会组织法》的要求,全面推进村民自治,把农村基层民主政治建设推向一个新的阶段。

全面推进村民自治,是建设有中国特色社会主义民主政治的需要。党的十五大报告指出:"共产党执政,就是领导和支持人民掌握和行使管理国家的权力,实行民主选举、民主决策、民主管理、民主监督,保证人民依法享有广泛的权利和自由,尊重和保障人权。"我国的基本国情决定了任何时候都不能照搬西方的政治制度模式,必须从中国的实际情况出发,把代表制民主与基层直接民主有机结合起来,从办得到的事情做起,调动基层和群众的积极性,走建设有中国特色的社会主义民主政治之路。实践证明,农村民主政治建设在我国整个民主政治建设中占有十分重要的位置。农村民主政治建设搞好了,农民群众真正当家作主了,具有中国特色社会主义的民主政治就有广泛而巩固的群众基础。村民自治是符合我国农村实际、发展基层直接民主的好形式,是切实保证农民群众当家作主的一项基本政治制度。全面推进村民自治,扩大农村基层民主,有利于体现社会主义制度的优越性,有利于在实践中提高农民群众的民主政治素质,有利于加快我国民主政治建设的进程。

全面推进村民自治,是深化农村经济体制改革的需要。贯彻落实党的十五大提出的战略部署,实现我国农村跨世纪发展的宏伟目标,必须保持农业和农村经济的持续稳定发展。经过多年的改革和建设,我国农业综合生产能力有了大幅度提高,全国农村总体上进入由温饱向小康迈进的阶段。群众生活显著改善的同时,思想观念也发生了深刻的变化。农村整个形势是好的。但也必须看到,农村改革和发展面临的任务仍然非常艰巨,矛盾和问题还不少。要解决农村改革和发展中面临的问题,就必须深化农村经济体制改革,稳定家庭承包经营政策,稳定土地承包关系,坚持以发展农村生产力为中心,不断提高农业社会化服务水平和农业综合生产能力,增加农民收入。要使农村经济体制改革深化、发展,就必须切实尊重农民的民主权利,充分调动农民当家作主的积极性,坚定不移地推进农村基层民主政治建设。多年的实践表明,农民的民主政治权利如果得不到保障,农民的经营自主权和经济利益也不可能得到长期而有效的保障。全面推进村民自治,切实保障农民当家作主的民主权利,有利于长期稳定农村土地承包关系,有利于减轻农民群众的负担,有利于健全农村社会化服务体系,有利于推进农村经济体制改革,从而有力地推动农村经济与社会的协调发展。

全面推进村民自治,是维护农村社会稳定的需要。我国13亿多人口,9亿在农村。农村的稳定是整个社会稳定的基础。没有农村的稳定,就没有全国的稳定。稳住农村这个大头,就有了把握全局的主动权。我们要站在全局的高度,把维护农村稳定放在突出位置。要维护农村的长治久安,就必须加强农村基层民

主法制建设，全面推进村民自治，切实保障农民群众的民主权利。我到一些农村去调查，农民群众和基层干部普遍认为，村民自治是解决农村社会矛盾的一个好办法。例如，过去一些村政务不公开，许多事干部说了算，常常决策失误，造成损失，实行村民自治后，通过政务公开，村里要办的事交村民代表议事会讨论，集思广益，把农民群众的积极性调动起来了，村干部的决策失误也减少了；过去有些村财务不公开，甚至有的村干部多吃多占，优亲厚友，实行村民自治后，通过财务公开，形成了有效的监督机制，给农民群众一个明白，给村干部一个清白，廉洁自律的村干部多了，以权谋私的村干部少了；过去一些农村的歪风邪气管不住，实行村民自治后，通过村干部和农民群众一起实行自我管理、自我教育、自我约束，使大量的矛盾化解在萌芽状态，大量的问题解决在基层。实践表明，全面推进村民自治，切实落实民主选举、民主决策、民主管理、民主监督，有利于密切党群、干群关系，有利于化解农村社会矛盾，有利于调动农民群众的积极性，从而有力地促进农村社会的稳定。

二、要切实加强对村民自治工作的领导

党和政府高度重视村民自治工作。江泽民总书记就村民自治工作多次做出过重要指示，党的十五届三中全会对推进村民自治做了全面部署，九届全国人大二次会议又对村民自治工作提出了新的要求。扩大农村基层民主，实行村民自治，是农村一项重要的基础性工作，是各级政府的一项重要的任务。因此，村民自治工作必须按照党中央确定的方针，在党和政府的统一领导下，有步骤、有秩序地进行，并且切实抓出成效。

各级政府要站在促进农村改革、发展、稳定，实现农村跨世纪发展宏伟目标的高度，充分认识全面推进村民自治的重大意义，切实加强对农村村民自治工作的领导。要把村民自治工作纳入重要议事日程，确定专人负责，及时听取汇报，定期进行研究，常抓不懈；要建立目标责任制，把村民自治工作作为考核当地政府领导和有关部门负责人工作实绩的重要内容。主要领导干部要经常到农村基层调查研究，亲自蹲点，解剖“麻雀”，了解情况，发现问题，及时解决。特别是要深入到工作基础差的地方，重点抓薄弱环节。乡镇政府要高度重视村民自治工作，周密部署，精心组织，认真履行自己的职责，切实发挥领导作用。各级领导干部，特别是农村基层干部一定要把思想认识统一到十五届三中全会精神上来，统一到《村委会组织法》上来，学会在新的形势下做好农村工作的新方法，学会用法律手段管理农村事务，加强民主管理，接受群众监督，转变工作方法和工作作风，关心群众疾苦，维护群众合法权益，切实尊重农民的民主权利，积极组织引导农民开展自我管理、自我教育、自我服务，促进农村的经济发展和安定团结。

要切实解决好村民自治工作中的实际困难。经过十多年的努力，村民自治工作取得了很大的成就，但与新形势的要求和农民群众的愿望还有不小距离。在实际工作中仍然存在一些困难，如工作发展不平衡、缺乏必要的手段，人员、经费没有保证等等。这些问题制约着村民自治工作的正常开展。要全面推进村民自治，就必须采取切实措施，努力解决这些实际问题和困难。实践表明，只要领导重视，村民自治工作中存在的实际困难是不难解决的，也是能够解决好的。在本届政府机构改革中，国务院已经再次明确由民政部门负责指导基层政权建设和村民自治工作，规定了指导此项工作的职能和任务，并配备了相应的人员编制。在将要进行的地方政府机构改革中，地方各级政府应根据党中央和国务院的要求，进一步强化基层政权建设工作职能，理顺关系，明确任务，设立必要的机构，配备精干的人员来负责此项工作。要帮助解决开展工作所必需的条件，保证必要的经费，推动村民自治工作健康发展。

三、民政部门要创造性地开展工作，有关部门要密切配合，共同推进村民自治工作

民政部门作为村民自治工作的职能部门，要按照党中央确定的方针，在各级政府的领导下，抓住当前推进村民自治的大好机遇，创造性地开展工作，发挥好职能作用。要切实贯彻落实党的十五届三中全会精神和《村委会组织法》，使广大农村基层干部和农民群众了解政策，熟悉法律，严格依法办事；要完善保障农民民主权利的配套政策、法规，加强制度建设，重点是推进民主选举、村民议事和村务公开制度，把农民群众的各项民主权利落到实处；要深入开展调查研究，善于总结经验，推广典型，抓紧制定发展规划；要精心组织，分类指导，积极稳妥地推进村民自治工作，决不能在这项工作中出现任何影响社会稳定的事情。要继续抓好乡村干部培训工作，加大培训力度，建立健全定期培训制度，不断提高乡村干部素质。

村民自治是一项综合性的工作，涉及农村工作的方方面面，单靠某一个部门的力量是不行的，也是不够的，必须在党委和政府的领导下，充分发挥各部门和各单位的力量，特别是与农村工作密切相关的部门和单位的力量。各有关部门都要从关心农民利益，尊重农民民主权利，促进农村改革、发展、稳定的大局出

发，切实履行各自的职责，对村民自治工作予以积极的支持和配合。

全面推进村民自治，是一项长期的、艰巨的、复杂的任务。在前进过程中还会出现许多新的问题和矛盾，还会遇到许多新的困难，还有许多未被认知的领域。因此，各级民政部门的同志要认真学习邓小平理论，学习有关法律和政策规定，深入基层，深入实际，研究新情况，解决新问题，总结新经验，不断探索村民自治发展的规律，掌握工作的主动权，本着对事业、对人民负责的态度，扎扎实实地做好各项工作。

（摘自作者在1999年全国村民自治工作经验交流会上的讲话）

认真贯彻党的十五届三中全会精神，全面推进村民自治，把农村基层民主政治建设提高到新水平

（1999年4月6日）

多吉才让

一、村民自治伟大实践的基本总结

村民自治，是在党的领导下亿万农民群众的伟大创造，是农村改革的重大成果。回顾村民自治的发展历程，总结村民自治的基本经验，对于进一步统一思想，坚定信心，全面推进农村基层民主政治建设，具有重要意义。

党的十一届三中全会之后，我国进入了改革开放的新时期。改革率先从农村突破，取得了举世瞩目的成就。家庭联产承包责任制的推行，使农民获得了生产经营自主权，也使农村的生产方式和分配方式发生了根本性的变化。在这种情况下，建立与农村经济体制改革相适应的基层管理体制，成为亿万农民的迫切要求。于是，在80年代初，广西罗城、宜山县的农民自发选举产生村民委员会，实行自我管理。这一新生事物的出现，立即得到党中央的充分肯定。1982年颁布的新《宪法》第111条，明确规定了村委会的性质和任务，确立了村委会是群众性自治组织的法律地位。从1983年到1985年，全国农村普遍建立了乡、镇政府和村委会，从而解决了我国农村基层管理体制的重大问题。村委会普遍建立之后，农民群众如何实行自我管理、自我教育、自我服务，需要法律的规范。1987年第六届全国人大常委会第二十三次会议审议通过的《村委会组织法（试行）》，为村民自治提供了法律保障。尽管这部法律是试行法，但由于其立法原则和基本精神具有前瞻性，顺应了时代的要求，符合农村改革的需要，因而受到广大农民的热烈欢迎，在实践中得到有效的贯彻实施。1990年的“莱西会议”，在总结以党支部为核心的村级组织配套建设经验的同时，对村民自治给予了充分肯定。1992年的“章丘会议”，总结了“依法建制，以制治村，民主管理”的经验，丰富了村民自治的内容。1994年中央召开的全国农村基层组织建设工作会议，明确提出完善村民选举、村民议事、村务公开、村规民约等项制度，使村民自治的内容进一步完善。我部在认真总结各地经验的基础上，将开展村民自治活动的基本内容提炼、概括为“四个民主”，即民主选举、民主决策、民主管理、民主监督。1995年我部总结了开展村民自治示范活动的经验，首次命名表彰了31个全国村民自治模范县（市、区），有力地推动了村民自治活动的开展。1997年10月召开的党的十五大明确指出：“共产党执政就是领导和支持人民群众掌握管理国家的权力，实行民主选举、民主决策、民主管理、民主监督，保证人民依法享有广泛的权利和自由，尊重和保障人权。”村民自治的基本内容——“四个民主” 首次写进了党的代表大会报告。1998年10月召开的党的十五届三中全会，对村民自治的伟大实践给予了历史的评价，并明确指出“扩大农村基层民主，实行村民自治，是党领导亿万农民建设有中国特色社会主义民主政治的伟大创造。”1998年11月4日，九届全国人大常委会第五次会议审议通过了修订后的《村委会组织法》，将“四个民主”用法律的条文固定下来，村民自治有了可靠的法律保障。村民自治发展到今天，已经成为党在农村工作中的一项基本政策，成为与包产到户、乡镇企业并列的农村改革20年来的三大成果之一。

村民自治在探索中前进，在前进中发展，取得了令人可喜的成绩。从探索试点到面上展开，从思想认识分歧较多到思想认识逐步统一，从具体操作办法不规范到逐步规范，村民自治不断走向成熟，深入人心，植根于广阔的农村大地，开创了农村基层民主政治建设的新局面。目前，村民自治已经得到各级党政领导的高度重视，引起了国内外的普遍关注。全国农村普遍进行了三至四届村委会换届选举工作，选举的民主化、规范化程度不断提高。农村60%以上的村委会建立了村民会议、村民代表会议和村务公开制度，制定了村民自治章程和村规民约。获得省级命名表彰的村民自治模范县（市、区）已近400个，村民自治正在向广度和深度发展。可以说，以普遍建立村委会为标志，我们党和政府找到了一条在新的历史条件下组织领导农

民、发展农村基层民主的新路子；以《村委会组织法(试行)》为标志，亿万农民在党的领导下走上了一条直接行使民主权利、依法自治的道路；以党的十五大、十五届三中全会和《村委会组织法》正式颁布为标志，村民自治开始了一个新的发展阶段，亿万农民民主建设的道路越走越宽广。实践证明，村民自治的推进，为农村经济和社会发展注入了生机和活力，促进了农村各项改革和建设事业的全面发展。

——村民自治推进了农村基层民主政治建设。通过开展村民自治，培养了广大农民群众的民主意识，增强了民主法制观念。村民自治的伟大实践，加快了农村基层民主建设的进程，构筑了以民主选举、民主决策、民主管理、民主监督为基本内容的农村基层民主制度的框架，开辟了一条在党的领导下建设农村社会主义民主政治的成功之路，有力地推动了农村政治体制改革与经济体制改革的相互配合、相互促进。

——村民自治促进了农村的社会稳定。通过开展村民自治，把选人、议事、监督的权力真正掌握在广大农村群众手中，依法管理自己的事情，创造自己的幸福生活，从根本上促进了农村党风廉政建设和社会风气的好转。“四个民主”的全面落实，探索了一条化解农村社会矛盾、解决农村社会问题的有效途径。尤其是村务公开的推进，把村务工作置于广大农民群众的监督之下，密切了党群、干群关系，和谐了人际关系，促进了农村社会的稳定。

——村民自治调动了广大农民群众的积极性。通过开展村民自治，实现了农民群众的自我管理、自我教育、自我服务，大大激发了农民群众的主动性、创造性和当家作主的责任感。如果说，包产到户充分保障了农民的物质利益，调动了农民生产的积极性，那么，村民自治则充分尊重了农民的民主权利，调动了农民当家作主的积极性和责任感，对进一步发展农村生产力，促进农村经济和社会发展，发挥了重要作用。

村民自治之所以取得良好的效果，之所以成为农村改革以来的重大成果之一，分析其成功的原因，总结其基本经验，主要有以下四点：

(一)加强领导，是搞好村民自治的关键

村民自治工作始终是在党和政府的坚强领导和有力推动下进行的。党中央、全国人大、国务院对村民自治工作高度重视。从1987年起，党的历次代表大会报告和政府工作报告，都对扩大基层民主、推进村民自治提出明确要求。江泽民总书记高度重视村民自治，多次深入农村调研和考察，就农村基层民主政治建设和村民自治工作，发表了许多重要论述，为村民自治工作指明了方向。去年9月，他在安徽农村考察时提出了“包产到户、乡镇企业和村民自治，都是在党的领导下我国亿万农民的伟大创造”的科学论断。地方各级党委政府也十分重视村民自治工作。许多地方把村民自治列入工作议事日程，纳入地方经济和社会发展计划。有的地方把村民自治列为“一把手”工程，党政领导亲自抓，并落实责任制，一级抓一级，使村民自治开展得有声有色。民政部门按照党中央、国务院的要求，在有关部门的积极配合下，充分发挥职能作用，研究政策，制定规划，发现典型，推广经验，有力地推动了村民自治的发展。实践证明，加强领导，是村民自治得以健康发展并保持正确方向的关键。

(二)建章立制、依法办事，是搞好村民自治的保证

社会主义民主和法制是不可分割的。村民自治是农民群众广泛参与的民主活动，必须在法律规定的范围内进行。1987年颁布的《村委会组织法(试行)》，为开展村民自治提供了法律保障。在村委会组织法试行期间，全国共有25个省、自治区、直辖市制定了贯彻《试行法》的实施办法和意见；福建、江苏、辽宁、贵州、湖南、宁夏、河北、内蒙古、河南等省、自治区，还制定了专门的村委会选举法规或行政规章；许多地方出台了规范民主决策、民主管理、民主监督的规章制度；60%以上的村委会制定了村民自治章程或村规民约。通过建章立制，初步形成了村民自治的法律制度体系。新颁布的《村委会组织法》更是一部规范村民自治、保障农民直接行使民主权利的基本法律。实践证明，凡是法律制度健全、严格依法办事的地方，村民自治就搞得好，农民的民主权利就有保障，社会秩序就稳定。

(三)全面落实“四个民主”，是搞好村民自治的基础

民主选举、民主决策、民主管理、民主监督，是村民自治的基本内容。只有实行民主选举，才能将群众拥护的思想好、作风正、能力强、真心实意为群众办事的人选进领导班子；只有建立健全村民会议和村民代表会议制度，实行民主决策，才能使农村党支部和村委会的各项决定符合群众的意愿和根本利益；只有完善村民自治章程和村规民约，实行民主管理，才能使广大农民认真履行自己的权利和义务；只有将村里的重大事项和农民群众普遍关心的问题，定期向村民真实地公开，实行民主监督，才能使村委会干部办事有章法，行为有约束，从而密切干群关系，促进反腐倡廉。实践证明，只有全面落实“四个民主”，村民自治才有坚实的群众基础，村民自治工作的整体水平才能得

到提高。

(四)尊重农民群众的首创精神,是搞好村民自治的前提

尊重实践、尊重人民群众的首创精神,是马克思主义的基本观点之一。村民自治是亿万农民当家作主的民主实践,只有亿万农民积极参与,在实践中锻炼和提高自治能力,村民自治才能扎扎实实地发展。离开了实践,村民自治就成了无源之水、无本之木。事实说明,村民自治的许多成功经验,都是农民群众在实践中创造的。比如,村委会这种群众性自治组织形式,是广西等地农民创造的;民主选举中的“海选”模式,是吉林等地农民创造的;村民自治示范活动是辽宁、福建等地农民创造的;村务公开是河南、天津等地农民创造的;村民代表会议是河北等地农民创造的;村民自治章程是山东等地农民创造的;还有秘密划票、竞争选举等,都是农民的创造。实践证明,只有充分尊重农民群众的首创精神,村民自治的内容才能越来越丰富,才能有效地推动村民自治工作。

我们在肯定成绩、总结经验的同时,也要看到存在的问题。一是村民自治工作开展不平衡,省与省、县与县之间差距较大;村民自治在整体推进上也存在不平衡问题。二是有些基层干部认识不到位,重视不够;有的群众观点、法律意识淡漠,习惯于行政命令,忽视农民民主权利,压制民主、破坏民主的现象也时有发生。三是村民自治的各项制度建设需要加强,有些地方的村一级规章制度、工作程序不够健全,比如在民主选举中,由于工作粗糙,程序缺乏规范,影响了选举的质量,引起农民来信来访增加。这些问题都说明,推进村民自治还需要做许多艰苦细致的工作,还需要采取更加有力的措施加以解决。

二、全面推进村民自治的总体要求

当前,我国正处于跨世纪发展的关键时期。党的十五大确立了高举邓小平理论伟大旗帜,把建设有中国特色社会主义事业全面推向21世纪的行动纲领。在推进政治体制改革和民主法制建设方面,突出强调扩大基层民主,依法治国。党的十五届三中全会,提出了从现在起到下个世纪前10年,建设有中国特色社会主义新农村的发展目标、指导方针和重大措施。新的形势给村民自治提出了新的要求,使这项工作面临着前所未有的大好机遇。我们要充分认识全面推进村民自治的重大意义,抓住机遇而不可丧失机遇,开拓进取而不可因循守旧,创造性地开展工作,把农村基层民主政治建设提高到新水平。

全面推进村民自治,是实施依法治国基本方略的基本工程。依法治国,就是广大人民群众在党的领导下,依照《宪法》和法律规定,通过各种途径和形式管理国家事务,管理经济文化事务,管理社会事务,保证国家各项工作都依法进行,逐步实现社会主义民主的制度化、法律化,使这种制度和法律不因领导人的改变而改变,不因领导人看法和注意力的改变而改变。13亿多人口,9亿在农村,是我国的基本国情。贯彻依法治国基本方略,绝不能忽视广阔的农村区域和众多的农村人口这一客观现实。只有农村民主法制建设加强了,广大农村干部群众的民主法制观念增强了,依法治国才具有坚实的基础。村民自治是党领导下的依法自治,是把依法治国的基本方略具体落实到农村基层的实际步骤。如果每一个村委会都能做到依法自治,那么依法治国的进程就会大大加快。正是从这个意义上,我们说,在我国农村全面推进村民自治,是实施依法治国基本方略的基础工程。

全面推进村民自治,是实现农村跨世纪发展目标的组成部分。党的十五届三中全会把“坚持中国共产党的领导,加强农村社会主义民主政治建设,进一步扩大基层民主,保证农民依法直接行使民主权利”,确定为农村跨世纪发展的政治目标。为此,加强农村基层民主政治建设,全面推进村民自治,无疑是十分重要的。只有全面推进村民自治,落实“四个民主”,亿万农民群众参与广泛的民主实践,依法直接行使民主权利,实现当家作主,才能使扩大基层民主的目标落到实处。实践证明,村民自治这种基层直接民主形式,符合社会主义初级阶段我国农村的实际,最大限度地保证了农民在政治、经济和社会生活中行使民主权利。加强以村民自治为主要内容的农村基层民主政治建设,是一条激励和引导亿万农民建设社会主义新农村,过上富裕民主文明生活的成功之路。因此,全面推进村民自治,不仅是加强农村基层民主政治建设的重要内容,也是实现农村跨世纪发展目标的组成部分。

全面推进村民自治,是推动农村改革、发展和稳定的必然要求。党的十一届三中全会以来,我国农村改革已经取得了巨大的成就。但随着形势的发展,深化农村改革的任务仍然很艰巨。继续推动农村改革、发展和稳定,归根到底,要在党的领导下,充分发挥亿万农民的创造性和积极性。农村改革20年的经验表明,调动农民的积极性,核心是保障农民的物质利益,尊重农民的民主权利。全面推进村民自治,实现农民当家作主的民主权利,就能保障农民的土地承包权、生产自主权和经营收益权。要把充满希望的广阔农村带入21世纪,顺利实现农村发展的各项目标,就必须

切实保障农民参与农村各项事务管理的民主权利，使农村各项事业真正得到农民的参与和支持。我们还必须看到，随着农村改革的深化，各种利益关系的调整，在农村基层还存在许多矛盾和问题，及时妥善地解决各种矛盾和问题，维护农村的稳定，是促进农村改革与发展的前提条件。因此，只有全面推进村民自治，切实做到尊重农民的民主权利，才能把党的主张和各项方针政策变成广大农民群众的自觉行动；才能有效解决农村各种矛盾和问题，密切干群关系，促进政通人和，维护农村社会稳定；才能充分调动广大农民群众的积极性和创造性，以前所未有的热情和主人翁的责任感投身到建设社会主义新农村的伟大事业中，推动农村的改革、发展和稳定。

党的十五届三中全会对加强农村基层民主政治建设，全面推进村民自治提出了明确的要求：一是在政治目标上，郑重提出加强农村社会主义民主政治建设，进一步扩大基层民主，保证农民依法行使民主权利，是农村跨世纪发展的重要政治目标。二是在工作部署上，明确提出全面推进民主选举、民主决策、民主管理、民主监督，是进一步扩大农村基层民主，全面推进村民自治的主要任务。三是在工作重点上，着重强调搞好村民自治。制度建设是根本，重点是建立健全民主选举制度、民主议事制度和民主监督制度。四是在政治保证上，突出强调扩大农村基层民主，要在党的统一领导下有步骤、有秩序地进行。党的十五届三中全会的上述要求，不仅明确了村民自治在农村跨世纪发展中新的目标和任务，而且指明了前进的方向。我们要以开拓进取的精神，更加努力地搞好村民自治工作，完成党的十五届三中全会提出的战略任务。

《村委会组织法》的正式颁发实施，为全面推进村民自治提供了坚实的法律保障。该法把10年村民自治的成功经验和做法加以总结、提炼，用法律的形式固定下来，实现了党的主张、人民的意愿和国家意志的统一。《村委会组织法》主要在加强党的领导和选人、议事、监督等方面进行了重点修订。一是在法律条款上增加了党的领导的内容，规定："中国共产党在农村基层的党组织，按照中国共产党章程进行工作，发挥领导核心作用；依照宪法和法律，支持和保障村民开展自治活动、直接行使民主权利。"二是在民主选举方面，对候选人提名、差额选举、无记名投票、公开计票、秘密写票以及破坏选举的处理等主要程序和环节上做出了明确具体的规定，便于执行，有很强的可操作性。三是在议事方面，明确规定了涉及全体村民利益的八项重要内容，必须提交村民会议讨论决定。特别是肯定了村民代表会议的合法性，规定了村委会可以召集村民代表开会，讨论决定村民会议授权的事项，这就使民主决策的程序更加完善。四是在监督方面，明确村民委员会实行村务公开制度，并对村务公开的内容、时间、重点、查询及违法处理等都做出了严格规定，完善了民主监督的程序。这一条款的增加，是对近年来村务公开民主监督工作取得重大成果的充分肯定，体现了时代精神，具有重要的现实意义。我们一定要以贯彻执行《村委会组织法》为契机，建立健全配套的法律法规体系，进一步提高村民自治工作的质量和水平。

根据党的十五届三中全会的精神和《村委会组织法》的规定，今后一个时期全面推进村民自治的总体要求是：以邓小平理论为指导，认真贯彻落实十五大、十五届三中全会精神和《村委会组织法》，建立健全配套的法律法规体系，全面推进村级民主选举、民主决策、民主管理和民主监督，保障农民当家作主的民主权利，推进农村经济发展和社会进步，建设富裕民主文明的社会主义新农村。

为实现上述总体要求，在推进村民自治的实际工作中，要着重把握好以下三个重要问题：

(一)坚持党的领导不动摇

党管农村工作是我们的一个传统，也是一个重大原则。全面推进村民自治，党的领导是关键。要正确理解和处理党的领导和村民自治的关系。村民自治如果离开党的领导，就会迷失方向，就会走上邪路。在开展村民自治活动中，党的农村基层组织要充分发挥领导核心作用，坚持正确方向，保证党的方针政策在农村的贯彻落实。农村党员和基层干部要带头执行和遵守村民自治的法律法规，要求群众做到的自己首先做好。同时，要支持村民开展自治活动，排除各种形式的干扰，保障村民直接行使民主权利。推进村民自治，必须坚持党的领导，必须依法办事，做到有领导、有秩序、有步骤地进行。

(二)坚持尊重农民的民主权利不动摇

扩大基层民主、尊重农民的民主权利，是调动农民积极性的根本措施，是党管农村工作的基本政策。全面推进村民自治，核心是落实"四个民主"。通过农民群众自主选人，实现民主选举；通过农民群众对重大村务的自主决策，实现民主决策；通过农民群众对日常村务的参与，实现民主管理；通过村务公开和农民群众对村干部的评议权，实现民主监督。

(三)坚持服务于经济建设不动摇

社会主义的根本任务是发展生产力。在整个社会主义初级阶段，必须始终把加快发展生产力作为农村工作的中心,一切政策都要有利于增强农村经济的活力。村民自治工作也必须毫无例外地服从、服务于农村经济建设这个中心,与发展农村经济结合起来,形成相辅相成、相互促进的关系,推动农村经济和社会事业的全面发展。

三、全面推进村民自治的主要措施

加强农村基层民主政治建设,全面推进村民自治,切实保障农民的民主权利,是一项长期而艰巨的任务。当前,我们要按照全面推进村民自治的总体要求,扎扎实实地做好以下几个方面的工作。

(一)抓好十五届三中全会和《村委会组织法》的学习、宣传和贯彻,进一步统一思想认识

首先,要抓好学习。党的十五届三中全会决定和《村委会组织法》,是全面推进村民自治的行动指南和法律保障。各级民政部门要组织民政干部和广大基层干部学习三中全会精神和《村委会组织法》,领会精神实质,把思想认识统一到党的十五届三中全会决定和《村委会组织法》精神上来。要认真学习邓小平同志关于民主法制建设的科学理论,学习江泽民总书记关于农村民主政治建设的重要论述。通过学习,进一步坚实搞好村民自治的信心,增强历史的责任感和现实的紧迫感,以更大的热情去做好工作。

其次,要抓好宣传。要十分重视十五届三中全会精神和《村委会组织法》的宣传工作。一要向各级干部宣传,引起他们重视,切实把村民自治提上议事日程,摆上农村工作的重要位置。二要向社会宣传,利用广播、电视、报纸等新闻媒介和黑板报、公开栏、文艺演出等群众喜闻乐见的形式广泛宣传,在社会上形成人人了解、支持村民自治的良好氛围。三要向广大农民群众宣传,使他们不仅知道自己的民主权利,而且学会依法行使民主权利,把当家作主和参政议政的积极性变为建设社会主义新农村的自觉行动。

第三,要抓好贯彻。抓贯彻,就是在学习、宣传的基础上抓好落实。各地要按照十五届三中全会的要求,结合自身的工作实际,研究制定具体贯彻的措施。要按照《村委会组织法》的规定,严格执法,依法办事。尤其是今年有换届选举任务的省份,要严格按照《村委会组织法》规定的程序,依法搞好民主选举。贯彻十五届三中全会精神和《村委会组织法》,必须把着眼点放在全面推进村民自治、切实落实"四个民主"上。通过深入贯彻,逐步做到民主选举程序化,民主决策科学化,民主管理规范化,民主监督制度化。

(二)加快配套法规和规章建设,加大执法力度

第一,要抓好配套法规的出台。贯彻执行《村委会组织法》的一项重要任务,就是要尽快完善地方法规。各地民政部门要积极主动,区分不同情况,推动立法工作,尽快出台实施办法和村委会选举办法。在《村委会组织法(试行)》期间,已经出台实施办法和选举办法的省份,要根据十五届三中全会精神和《村委会组织法》的规定,进一步补充、完善和修订。还没有制定实施办法和选举办法的省份,要抓紧调查研究,制定法规草案,加快立法进程。2000年前,各省都要力争制定出贯彻村委会组织法实施办法和村委会选举办法两个地方性法规。

第二,要抓好规章制度建设。当前,要突出抓好选人、议事、监督等三项制度的建立健全工作。一是要建立健全村委会的民主选举制度,让农民群众选举自己满意的人管理村务。选举村委会主任、副主任和委员,要坚持公平、公正、公开原则,由村民直接提名、直接选举产生。在村委会换届选举期间,要认真做好村民选举委员会产生、选举工作人员培训、选民登记、选民名单公布、选民教育、候选人确定、选举日投票等各项工作。选举时,要实行差额、无记名投票、秘密划票、公开计票的办法,选举结果应当当场公布,并颁发当选证书。要以省为单位对选举工作统一部署、统一届期、统一各类文书,逐步做到以县(市)为单位统一选举投票的时间。二是要建立健全以村民会议或村民代表会议为主要形式的民主议事制度,保证广大农民参与重大问题的决策。没有建立村民会议或村民代表会议的地方要尽快建立,已经建立的要着眼于巩固和提高。真正做到凡村里的大事,尤其是与农民切身利益密切相关的事情,都要提交村民会议或村民代表会议讨论决定,不能由少数人说了算,并形成定期召开村民会议或村民代表会议制度。要进一步规范会议议事程序、议事办法,探索村民代表会议人员组成和产生的好办法。三是要建立健全以村务公开、民主评议和村委会定期报告工作为主要内容的民主监督制度,保证广大农民参与管理,实行监督。民主监督的重点是建立村务公开制度。要做到农民群众普遍关心和涉及他们切身利益的问题,都定期如实公开,接受农民群众的监督。村务公开的重点是财务公开。公开的项目要具体,时间要及时,内容要真实。村务公开要注重实效,力戒形式主义。要把村务公开和村民议事结合起来,使村务公开贯穿于村务活动的全过程。在健全村务公开制度的同时,也要抓好民主评议村干部、村委会定期报告工作等制度建设,推动村级民主制度建设

的不断完善。在抓好三项制度建设的同时，地市县要指导村级组织依据党的方针政策和国家的法律法规，结合本地实际，民主制定村民自治章程或村规民约。已经制定的，要对照党的十五届三中全会精神和《村委会组织法》的规定加以修改、完善；尚未制定的要加快步伐，尽快制定。村民自治章程或村规民约必须符合国家的法律法规和政策，必须把村民的权利和义务，村级各类组织之间的关系和工作程序，以及经济管理、社会治安、村风民俗、婚姻家庭、计划生育等方面的要求，规定得明明白白，以便于自我管理、自我教育、自我服务。

第三，要加大执法力度。各级民政部门要发挥职能作用，对村民群众的来信来访，做认真的调查研究，配合有关部门妥善处理。对压制和破坏民主，侵犯农民民主权利的行为，要会同有关部门坚决依法予以查处，做到有法必依、执法必严、违法必究。要防止宗族势力和非法宗教活动干扰村民自治。要配合有关部门开展经常性的执法检查工作，充分发挥新闻媒介的舆论监督作用，切实纠正各种违法行为，推动农村基层民主政治建设健康发展。

(三)加强领导，正确引导，搞好调查研究

第一，要加强领导。全面推进村民自治，是全党全社会的共同责任。在新的形势下，建议各级党委和政府加强对村民自治工作的领导，多方面地搞好协调工作，切实解决好村民自治工作中存在的实际问题。在工作安排上，要把村民自治纳入农村工作总体部署之中，坚持领导抓，抓领导，一级抓一级，落实村民自治工作责任制。要在党委和政府统一领导下，有关部门密切配合，形成推进村民自治工作的整体合力。

第二，要正确引导。民政部门作为负责村民自治工作的职能部门，对全面推进村民自治有着义不容辞的职责。新一届国务院机构改革后，再次明确了民政部指导村民自治的职责。这是历史赋予民政部门的一项光荣而艰巨的任务，各级民政部门务必高度重视，把村民自治工作作为民政工作的一个重点来推进。对村民自治工作长期落后的地方，要分析原因，找出问题，积极引导，尽快打开工作局面。对处于中间状态的，也要加强具体指导，多做促进工作。对现有的村民自治模范单位要做好巩固和提高工作，帮助它们确立新目标，继续前进，在全国推进村民自治活动中更好地发挥示范、带动和辐射作用。

第三，加强调查研究。调查研究是今年民政工作的重要任务。在村民自治领域还有许多问题，需要我们深入探索。特别是随着农村改革的深化，随着村民自治的全面推进，必然会出现许多新情况、新问题，各级民政部门要继续解放思想，实事求是，转变工作作风，加强调查研究，解决实际问题。尤其是从事基层政权建设工作的同志，更要扑下身子，深入基层，研究新情况，解决新问题，总结新经验。要加强理论研究，探索和掌握村民自治自身发展的客观规律，提高工作的科学性、预见性和创造性。

(四)加强对乡村干部的培训工作，不断提高农村基层干部队伍素质

全面推进村民自治，加强农村基层民主政治建设，迫切要求乡村两级干部增强民主法制观念，提高民主管理能力。因此，加强对乡村干部的培训工作，提高乡村干部的基本素质就显得尤为重要。各级民政部门要与有关部门通力合作，把培训工作作为加强农村基层政权建设的一项重要任务来抓。一是抓好乡村选举工作骨干的培训。今后，凡村委会换届选举，不仅要事先对县级以上选举骨干进行培训，还要重点对乡级指导组成员、包村干部、村民选举委员会成员进行培训，使他们掌握法律法规和有关政策，熟悉选举程序和办法。二是抓好乡镇干部的培训，通过培训，使乡镇干部提高对村民自治工作的认识，转变工作方法，正确处理与村委会的关系，掌握指导开展村民自治的基本知识。通过培训，加强乡镇政府工作制度化建设，规范化管理，推动政务公开。三是抓好新当选村委会干部的培训。组织他们着重学习党的基本路线、基本理论、民主法制和科技文化等方面的知识，使他们懂得，在农村办任何事情，都要从实际出发，尊重农民意愿，办好事，办实事，也要量力而行，不搞强迫命令。学会综合运用法制的方法、民主的方法和说服教育的方法推动工作。

各级民政部门在乡村干部培训工作中，要做到经常化、制度化。要坚持实际、实用、实效的原则，从实际出发，分类指导。在培训对象上，要注意层次性；在培训内容上，要注重针对性；在培训形式上，要讲究灵活性。要重视乡村干部培训教材建设，编写出适合农村情况的培训教材和培训大纲。省一级要抓好示范和骨干培训，地(市)级要重点抓好乡镇干部的培训，县、乡镇要重点抓好村干部尤其是新当选村干部的培训，村委会要抓好村民小组长和村民代表的培训。通过培训，逐步提高农村基层干部群众的整体素质。

(摘自作者在1999年全国村民自治工作经验交流会议上的讲话)

在贯彻《村委会组织法》研讨会上的讲话

（2000年11月）

曹 志

一、一定要保证村民依法行使民主自治权利，同时要发挥好党支部的领导核心作用

社会主义民主的本质是人民当家作主，管理国家。中国共产党历来重视保障人民群众的民主权利。改革开放以来，党和国家更把建设社会主义民主政治，作为社会主义现代化建设的一项重要内容。江泽民同志在党的十五大报告中明确指出："共产党执政就是领导和支持人民掌握管理国家的权力，实行民主选举、民主决策、民主管理和民主监督，保证人民依法享有广泛的权利和自由，尊重和保障人权。"扩大农村基层民主，实行村民自治，这是党领导亿万农民在建设有中国特色社会主义民主政治进程中的伟大创举，经过这些年的试行和实践，这一制度得到不断的发展和完善，并且以国家法律的形式肯定下来。我们所有的党员对此都要有正确的认识，严格按照法律办事，支持和保证农民依法行使民主自治权利。

村民自治，是在党的领导下的自治，是坚持社会主义方向的自治。党在农村的基层组织是农村各种组织和各项工作的领导核心，当然也是村民自治的领导核心。这是国家法律和党的规章都明确规定了的。村民委员会组织法对村党支部在村民自治中应该如何发挥领导核心作用做了规定：党在农村的基层组织，按照党章进行工作，发挥领导核心作用；依照《宪法》和法律，支持和保障村民开展自治活动、直接行使民主权利。党的农村基层组织工作条例对村党支部的职责、权限也作了具体规定。这些年的实践证明，凡是农村基层党组织的领导核心作用发挥好的地方，当地的村民自治就能够健康发展。但是在法律具体实施过程中，由于宣传、教育、培训等工作尚不到位，致使一些基层党组织对如何在村民自治中发挥领导核心作用缺乏明确的认识，进而在实际工作中出现了一些问题和矛盾。有些地方的村党支部把领导核心理解为包揽一切，不注意发挥村委会的作用，使村民自治流于形式；也有些地方的村党支部认为既然实行了村民自治，党组织就难以发挥领导作用，使得党支部处于无所作为的状态。当然，也有一些村委会认为自己是村民选出来的，村里的事应该村委会说了算，对党支部的领导核心作用不够尊重。

产生这些问题的原因是多方面的，但根本的还是认识不到位，没有真正理解扩大基层民主，实行村民自治的实质和意义，也没有搞清楚基层党组织的地位和作用。因此，村委会要增强党的领导的观念，自觉地接受和依靠村党支部的领导。村党支部要善于对村里的重大事项做出正确的决策，做好思想政治工作，使村委会和村民自愿接受这些决策并付诸实施；同时，村党支部及所有党员要发挥模范带头作用，积极宣传党的方针政策，宣传国家法律法规，引导村民自治健康有序地发展。村党支部不能包揽一切，直接包办法律规定属于村民自治范围内的事情，也不能认为"事不关己"，无所作为。

各地在如何处理好农村基层党组织和村委会的关系，如何在村民自治中既发挥农村基层党组织的领导核心作用，又保证村民充分行使自治权利等方面，通过实践已经取得了许多好的经验。总结、宣传、推广这些经验，是当前贯彻实施村民委员会组织法的一项重要工作。

二、乡镇政府对村民自治要依法履行指导、支持和帮助的职责，但不要干预村民依法自治

如何处理乡镇政府与村委会之间的关系，是当前正确贯彻实施村民委员会组织法，保证村民自治不断向前发展的一个重要问题。我国宪法规定，村民委员会是基层群众性自治组织，它与基层政权的相互关系由法律规定。村民委员会组织法规定："乡、民族乡、镇的人民政府对村民委员会的工作给予指导、支持和帮助，但是不得干预依法属于村民自治范围内的事项。村民委员会协助乡、民族乡、镇的人民政府开展工作。"

按照法律规定，村民委员会不是国家基层政权组织，也不是政府的派出机构，而是农村的群众性自治组织，它与乡镇人民政府之间不构成上下级的行政隶属关系。作为基层行政机关的乡镇政府，不能用行政手段任命、委派和撤换村委会成员，不能直接改变、撤销村委会做出的决定，不能向村委会下达行政命令，更不能直接干预依法属于村民自治范围内的事项。乡镇政府对村委会不行使领导权，并不意味着对村委会的工作可以不管不问。相反，乡镇政府应当主动对村委会进行指导、支持和帮助，通过宣传、培训等方式引导村委会依法开展自治活动，帮助村委会解决遇到的困难，积极为村民自治铺路导航。这也是法律赋予乡镇政府的一项职责。

当前有些乡镇政府的领导干部对村民自治存在一定的模糊认识，致使乡镇政府与村委会的关系没有理顺。在一些地方，违法干预村民自治的情况时有发

生，乡镇政府直接向村委会下命令，下指标，直接任命或者撤换村委会组成人员，改变、撤销村委会做出的决定等等。解决这些问题，既要加强宣传教育，提高基层领导干部的认识，使之严格按法律规定办事。同时也要注意加强法律实施的监督工作。地方各级人大及其常委会负有依法保证村民委员会组织法在本行政区域内的实施、保障村民依法行使自治权利的职责。对同级政府违反《村民委员会组织法》，干预村民依法自治的行为，要予以监督纠正。必要的时候，我们的新闻媒体也可以对一些典型事例进行曝光。

在强调乡镇政府应当依法对村民委员会工作进行指导、支持和帮助的同时，也不能忽视村民委员会对乡镇政府工作的协助义务。村民自治应当是在法律规定范围内的民主自治，而且要履行国家法律规定的各项义务。村民委员会组织法规定村民委员会协助乡、民族乡、镇的人民政府开展工作。但现在有极个别地方的村委会认为乡镇政府无权撤换自己，无权干预自己，不接受乡镇政府的指导，不履行法定的义务，甚至出现与乡镇政府对着干的情况。这是不对的。村委会协助乡镇政府开展工作，这也是村民自治的一项重要内容。每一个村委会都应当切实担负起这项责任，积极配合乡镇政府依法完成有关的各项工作。同时，村委会还应当向广大村民宣传宪法、法律、法规和国家政策，教育和推动村民履行法律规定的义务，促进村民自治健康有序地发展。

三、要正确处理村民会议与村民代表会的关系

村民代表会是广大农民在村委会组织法10年试行实践中创造的一种民主形式，这种方式便于议事，有利于村委会与村民的沟通，正式颁布实施的村民委员会组织法肯定了这种形式。但是在法律实施过程中，有些地方出现用村民代表会替代村民会议，不开村民会议或者由村民代表会决定村内一切重大事项的现象。这种做法是与立法宗旨不相符的。

《村民委员会组织法》规定的村民代表会制度并不是一项强制性的规定。法律规定只是在人数较多或者居住分散，召开村民会议比较困难的村，可以召开村民代表会，而且明确规定村民代表会只能讨论决定村民会议授权的事项。村民委员会组织法的基本精神是村民实行直接民主。从本质上讲，村民会议是村民实行民主自治的权力基础和基本形式，它选举产生村委会并监督其工作，决定涉及村民利益的重大事项。而村民代表会只是村民会议的一种辅助手段。在法律实施中，凡是条件具备，能够直接开村民会议的地方，都应当用村民会议的形式决定村内的重大事项。需要召开村民代表会的地方，也要积极完善村民代表会的运行机制，运用这一形式让村民充分实现民主自治。但是，法律规定应由村民会议决定的重大事项，不能由村民代表会替代决定。

《村民委员会组织法》规定村民代表会讨论决定的事项，必须要有村民会议的授权，但村民会议如何向村民代表会授权，哪些事项可以授权，授权要经过哪些程序，村民委员会组织法没有做具体规定。解决这个问题，需要在实践中不断积累和总结经验。各省、自治区、直辖市人大常委会可以根据村民委员会组织法的授权，结合本地区的实际情况，在村民委员会组织法的实施细则中加以规定。已经制定实施细则的，可以通过补充规定或者单独规定加以完善。原则是不违背《村民委员会组织法》的立法宗旨，保证村民真正实现民主自治的权利。但应当注意，不能把村委会成员的选举和罢免等法律已有明确规定的事项，列入向村民代表会授权的范围。

我还想强调一点，就是要继续加强《村民委员会组织法》的宣传普及工作。刚才谈到的几个问题里都涉及认识问题，解决认识问题要靠大力加强宣传教育。两年来，我们在《村民委员会组织法》的宣传普及方面做了很多努力，取得了一定成绩，但这与推进我国基层民主建设，促进社会主义民主法制建设发展的要求相比，还是不够的。在宣传中，可以根据对象的不同，做一些有针对性的宣传工作，如村民、基层党组织的干部、乡镇政府的干部等，他们对村民委员会组织法的认识角度和接受角度是有所不同的。在宣传中应当根据他们各自的情况和特点，组织一些有针对性的答疑解惑的宣传，这样效果会好一些。

贯彻实施《村民委员会组织法》我们还缺乏经验，出现一些这样或那样的问题是正常的。我们要从理论和实践两个方面研究这些问题，探讨解决的办法。希望各地人大与其他有关部门形成合力，共同为《村民委员会组织法》的贯彻实施，为推动农村基层民主政治建设做出新的贡献。

亿万农民当家作主的伟大实践

李宝库

农业问题，农村问题，核心是个农民问题，是个怎样调动农民积极性的问题。在经济上保障他们的物质利益，在政治上尊重他们的民主权利，是调动农民积极性的关键所在。党的十五届三中全会做出的《中共

中央关于农业和农村工作若干重大问题的决定》指出，在长期稳定农村土地承包关系，保障农民物质利益的同时，要扩大基层民主，全面推进以村级民主选举、民主决策、民主管理和民主监督为主要内容的村民自治活动，让农民依法直接行使自己的民主权利。这是党领导亿万农民当家做主的伟大实践，对于更好地调动广大农民的积极性，深入贯彻党的十五大精神，建设富裕、民主、文明的社会主义新农村，具有重大战略意义。

村民自治是符合我国国情的科学抉择

村民自治，是广大农民群众直接行使民主权利，依法办理自己的事情，实行自我管理、自我教育、自我服务的一项基本社会政治制度。它的产生，不是主观臆断，而是我们党根据我国的国情和广大农民群众的实践，做出的科学抉择。

首先，村民自治是发展社会主义民主政治的基础工程。党的十五大报告指出："发展社会主义民主政治，是我们党始终不渝的奋斗目标。没有民主，就没有社会主义，就没有社会主义现代化。社会主义民主的本质是人民当家做主。"我国人民当家做主、行使民主权利的基本途径主要有两条：一是通过人民选出代表组成全国和地方各级人民代表大会，按照《宪法》赋予的职责，行使管理国家和社会事务的权利；二是在基层实行直接民主，凡是关系群众利益的事，由群众当家，依法办理。这种代表制民主和直接民主相结合，是我国社会主义民主政治的重要特征。我国13亿多人口，9亿在农村，这是我国的基本国情。广阔的农村区域，众多的农村人口，以及农业在国民经济中的基础地位，决定了农业、农村和农民问题是我们这个农业大国关系全局的重大问题。基于这个认识，我们党历来把农民问题作为革命和建设的首要问题，把农民作为我们党在农村的依靠力量，作为我国政权最广泛、最深厚的群众基础。我国新民主主义革命的胜利，是以党领导下的农民为主力军，通过农村包围城市的道路实现的。我国的改革开放，也是率先从农村突破，进而推向全国。同样，我国的社会主义民主政治建设，也不能忽视农村和农民这个巨大的现实，最重要的是培养现代民主政治的主体，即高素质的公民。公民民主素质的提高必须通过民主政治的实践。因此，广大农民群众只有在党的领导下，通过村民自治这个社会主义民主最广泛的实践，才能提高民主政治素质和参政议政能力。这样，也就为发展我国社会主义民主政治奠定了坚实的基础。

第二，村民自治是农村经济体制改革的必然要求。1978年党的十一届三中全会的召开，使我国进入一个新的历史发展时期。党和政府及时把工作重心转移到经济建设上来。为了解放和发展生产力，党在农村推行的一项重大改革措施是，建立以家庭联产承包为主要形式的生产经营责任制。所谓家庭联产承包责任制，就是把集体所有的土地，以家庭为单位长期包给农户使用，实行分户经营，自负盈亏。农产品的分配，要"保证国家的，留足集体的，剩下的都是自己的。"这一经济体制的推行，理顺了农村最基本的生产关系，使农户获得充分的经营自主权，从而极大地调动了农民的生产积极性。这一生产关系的重大变革，也使得原来干部靠上面任命、生产和分配以集体为单位的管理体制失去了依托。与此同时，广大农民在政治上以平等的公民身份参与社会生活，享受同等的政治权利。经济利益的驱动，政治环境的变化，使农民以前所未有的政治热情关注自己的切身利益，关注村中事务的管理，关注村干部的行为方式，迫切要求参政议政，用政治上的民主权利来保障经济上的自主权。就是在这种情况下，在20世纪80年代初，我国农村出现了许多群众自发形成的村民自治组织。村民委员会这一村民自治组织形式，最早出现在广西罗城县、宜山县一些乡村。这里的村，在社会治安秩序混乱的情况下，改革了生产大队的管理体制，通过召开全体社员大会，以无记名投票方式，直接选举产生了我国首批村民委员会。村民委员会产生后，组织群众发展农业生产，兴办公益事业，制订村规民约，迅速改变了那里社会治安秩序混乱的状况。这一新生事物的出现，立即受到当地党委、政府和党中央、国务院、全国人大常委会的高度重视和充分肯定，认为这是农民群众的伟大创造，是与农村经济体制改革相适应的农村新的组织管理形式。于是，在1982年公布的《宪法》第111条中明确规定："城市和农村按居民居住地设立的居民委员会或村民委员会是基层群众性自治组织。"同一年，中共中央要求各地有计划地进行村民委员会的试点工作。1983年10月，中共中央、国务院在有关文件中，又对如何建立村委会，村委会的性质、任务和组织原则等，做了更为具体的规定。1987年党的十三大报告进一步指出："现阶段的民主政治建设，必须着眼于实效，着眼于调动基层和群众的积极性"，"要充分发挥群众团体和基层群众性自治组织的作用，逐步做到群众的事情由群众自己依法去办。"根据上述原则制定并于1987年11月六届全国人大常委会23次会议正式通过《村民委员会组织法（试行）》，正式确定了村民自治的原则及其框架。村委会组织法的颁布实施，标志着我国亿万农民从此走上了依法自治的康庄大道。

从此，以建立村民委员会为标志的村民自治活动，在全国范围内热烈而有序地开展起来。村民自治活动的出现和正式推行，是马克思主义生产力决定生产关系，经济基础决定上层建筑的基本原理的生动体现。

第三，村民自治是解决农村社会问题、化解人民内部矛盾的有效途径。当代中国农村正处于经济转型时期，新旧体制交错，社会问题和矛盾层出不穷。在一些地方出现了如社会治安秩序混乱，家族、帮派势力抬头，赌博、封建迷信等社会丑恶现象死灰复燃，公益事业无人关心，公共事务无人管理，森林、水土资源破坏严重，党和政府布置的任务难以落实，以及邻里纠纷、家庭矛盾等等问题。在诸多矛盾中，干群矛盾尤为突出。这是因为，广大农民在农村经济体制改革和市场经济的大潮中，由生产的独立经营和商品的平等交换所带来的自主意识和民主观念大大增强，而一些基层干部却仍然采取老一套的思想方法和工作作风，有些人简单粗暴，办事不公，有些人以权谋私，甚至违法乱纪。这就使得干群矛盾日渐突出，干群关系趋于紧张，并且由此引发一系列社会问题。这些问题的解决，既需要加强制度建设，规范村干部的行为，制约村干部的权力，也需要加强法制教育和宣传，使村干部增强法制观念和依法办事能力，使广大农民知法守法，履行应尽义务，用法律保护自己的合法权益。村民自治既然在村干部的产生、村中大事的决定、村中事务的管理和村干部的监督方面都采取直接民主的方式，对于理顺群众情绪、解决群众纠纷、密切干群关系和调动农民积极性具有不可替代的作用，它的出现就是自然而然的了。

村民自治要落实"四个民主"

村民依法实行自治，是通过民主选举、民主决策、民主管理和民主监督来实现的，因此，开展村民自治活动要落实到"四个民主"上。按照十五届三中全会《决定》精神的要求，就是要在原来工作的基础上，加强领导，加大力度，提高质量，全面推进。

第一，全面推进村级民主选举。民主选举，就是按照《中华人民共和国宪法》、《村民委员会组织法》和各地的《村民委员会组织法实施办法》、《村民委员会选举办法》等法律法规，由村民直接选举或罢免村委会干部。村委会由主任、副主任和委员3至7人组成，每3年换届一次。民主选举是要选出一个群众拥护的村委会领导班子，它是民主决策、民主管理、民主监督的前提和基础，也是村民自治活动最重要的环节。民主选举要坚持公平、公正、公开的原则。公平就是有选举权和被选举权的村民人人平等，一视同仁；公正就是按政策办事，按规矩办事，公道正派；公开就是一切应该公开的东西都要向选民公开，增强透明度。民主选举要有一个标准，用以衡量村委员会成员是否合格。这个标准就是："思想好、作风正、有文化、有本领、真心实意为群众办事。"一句话，就是群众信赖、能够带领群众致富奔小康。按照上述法律法规、原则和标准，广大农民通过直接、差额、无记名投票等选举工作实践，目前在关键程序上已形成一系列好的经验和做法。一是提名初步候选人：为了保证选民真正掌握初步候选人的提名权，经过党的基层组织提名、村民小组提名、村委会换届领导小组提名、村民联名提名、村民自荐等多种提名方式的反复实践，逐步形成以村民提名为主的候选人提名方式。例如吉林省梨树县创造的"海选"，即不内定和指定候选人，由每一个选民根据选人标准自主确定候选人，便是村民提名方式的一种重要形式。这种形式，已在吉林省绝大部分村庄和其他省份部分村庄推行。二是确定正式候选人：这项工作以往多是有关方面内部研究确定，因此透明度不够，群众有意见。在近几年的选举中，许多地方由全体选民或村民代表参加预选，按初步候选人得票多少确定正式候选人，既保证了候选人的质量，群众也满意。三是公开竞选：做法是，在村选举领导小组的组织下，正式候选人尤其是两名村主任候选人，平等竞争，公开竞选，向村民发表竞选演说，报告本人有关情况，治村方案和对村民的承诺，回答选民当场提出的问题。这种做法，有利于候选人和选民之间的沟通，有利于选民在比较中选出最满意的人，因而很受群众欢迎。四是设立秘密划票间：在最近几年的民主选举中，投票场所比较普遍地设立了秘密划票间，目的是让选民充分自主地表达自己的意愿，防止他人干扰。投票时，选民单独进入划票间，他人不得旁观，只有选民自己知道投了谁的票。总之，村民委员会的民主选举在实践中不断完善，从而把决定数百万村委会干部去留的权力，交到广大农民群众手中。

第二，全面推进村级民主决策。民主决策，就是按照有关法律法规，在农村设立村民会议或者村民代表会议，研究决定村中大事和群众共同关心的问题，按多数人的意见做出决定。这些事项主要有：村提留款的收缴和使用，村干部享受误工补贴的人数和标准，从集体经济所得收益的使用，村办公益事业需要村民负担的事项，土地承包，宅基地使用和集体经济项目承包的方案等。村民会议由本村18周岁以上的村民组成召开。召开村民会议，必须由本村18周岁以上过半数村民或三分之二以上的户派代表参加。村民会议是本村村民参与最多、规模最大的会议，能够最直接、最全面地表达村民的利益和愿望，因而也是村民自治组织中最高级、最完整、最有权威的组织形式。我国现有的村委会是在原来生产大队的基础上设立的，规模较大，人口较多，一般在1000到3000人左右，多的达到8000至10000人；在一些山区农村，村委会由几个自然村组成，村民居住分散；再加上土地分散经营之后，很多村民农忙时下田干活，农闲时外出打工，有的长年在外经商办企业，这样，就给经常性地召开村民会议带来极大困难。正是在这种情况下，为了保证广大村民当家做主，及时决定村中大事，人们在实践中创造了一种村民会议的特殊形式——村民代表会议。村民代表会议一般在大村设立，每5到15户推选一名代表，任期与村委会成员相同。村民代表的作用有两个，一是与自己的村民联系，反映他们的意见和建议；二是会议做出决定后，向自己代表的村民传达，动员大家认真执行。村民代表会议的成员，有的由村民代表和各村民小组组长组成；有的由村民代表、村委会成员和村民小组组长组成；有的由村民代表、村党支部成员、村委会成员，以及团支部、民兵连、妇女组织、村经济组织主要负责人和本村的各级人大代表组成。村民会议和村民代表会议都是村民行使当家做主权利的民主决策机构，性质相同；从社会功能上看，二者具有互补作用；从权利产生关系上看，是权利委托与受委托之间的关系。由于村民代表会议有点类似全国人民代表大会的常务委员会，村民亲切地称之为“小人大”。

第三，全面推进村级民主管理。民主管理，就是发动和依靠村民，共同管理村内事务，维护村内秩序。民主管理主要体现在两个方面，一是通过村民会议或者村民代表会议，让村民就村内事务发表意见，直接参与管理；二是依据党的方针政策和国家法律法规，结合本地实际，制定村规民约或村民自治章程，让村民和村干部自我约束，自我教育，自我管理。村规民约是指生活在一定区域内的村民商量制订的大家共同遵守的行为规范。其内容主要是从社会公德、家庭美德、村风民俗、邻里关系、公共秩序和精神文明等方面提出要求，或就村中某一件事情做出规定，作为村民的基本行为准则。村规民约对于规范村民行为，提高村民素质，加强农村社会治安综合治理，推动农村精神文明建设，都具有良好的作用。村民自治章程是村民自我管理、自我教育、自我服务的综合性章程。村民自治章程内容十分广泛，基本上包括了村民自治和村务管理的各个方面。从各地情况看，主要是以下三个方面：一是村民组织。重点规定了村民代表会议的组成、职权和例会制度；规定了村委会的产生、职责、工作制度和下设机构；规定了村民小组划分和村民小组的职责；规定了村民的权利和义务；规定了村干部的行为规范。二是经济管理。重点规定了劳动积累、土地管理、承包费用的收取使用、生产服务、财务管理、村办企业管理办法等。三是社会秩序。重点规定了社会治安、村风民俗、邻里关系、婚姻家庭、计划生育管理办法。有些村民自治章程在上述内容的基础上还增加了社会福利和社会保障、农业科技教育、国防教育、法律知识教育、廉政工作等方面的内容。由于村民自治章程是目前我国村级自治组织中层次最高、结构最完善的规章，村民形象地称之为“小宪法”。

第四，全面推进村级民主监督。民主监督，就是村民通过一定形式监督村中重大事件，监督村委会工作和村干部行为。村务公开是民主监督的主要形式，贯穿于村民自治的整个过程之中。凡是村里的重大事项和群众普遍关心的问题，都应向村民公开。村务公开的重点是财务公开，这是群众最为关心的问题。从各地实践的情况看，村务公开的内容大体分为以下三个方面：一是政务公开。主要涉及党的方针政策、国家的法律法规和政策规定，以及村里制订的规章制度。二是事务公开。主要涉及村内日常事务的管理，如生产资料的分配、计划生育指标的分配、宅基地分配等等。三是财务公开。主要涉及村提留款的使用、村干部享受误工补贴费用、从村集体经济所得收益的使用情况、村办公益事业村民负担经费的使用，以及救灾款物的发放情况等等。村务公开方式，有的通过会议公开，有的通过广播电视公开，主要是设立村务公开栏，将村民关注事宜广而告之；还有一些村庄确定民主公开日，定期公开村务。除此之外，村委会和村干部要定期向村民会议或村民代表会议汇报工作，接受监督，听取意见。对大多数群众不赞成的事情，予以纠正；对经过民主评议不称职的村干部，按照规定程序进行调整。

村民自治重在制度建设

党的十五大报告指出：“发展社会主义民主，制度更带有根本性、全面性、稳定性和长期性。”因此，搞好村民自治，制度建设是根本。只有把那些在实践中行之有效的好经验、好作法，用制度的形式固定下来，才能使村民自治有章可循，做到制度化、经常化、科学化；才能使村干部和村民在执行制度的过程中，不断规范自己的行为，加深对村民自治的认识，提高自己的民主政治素质。

加强村民自治制度建设，应遵循以下原则：一是依法建制的原则。各项制度都必须符合党的方针政策和国家法律法规，做到建章有据。二是群众参与的原则。加强制度建设必须走群众路线，从群众中来，到群众中去。要充分听取农民群众的意见和建议，了解民情，反映民意，集中民智，把制定制度的过程变成群众自我教育、自我管理的过程。三是综合配套的原则。村民自治包括的民主选举、民主决策、民主管理和民主监督，是一个有着内在联系的系统工程，一环套一环。在制度建设中，要注意它们之间的配套衔接，既有工作、管理制度，又有监督、考核制度；既有奖励制度，又有处罚制度。四是实用实效的原则。制定制度要从实际出发符合村情民意，讲求实效，不搞形式主义。同时，在用语上也要考虑农村实际，力求通俗易懂，简洁明白。要把村民和村干部应该怎么做，不应怎么做，说得清清楚楚；村里支持什么，反对什么，违犯了怎么办，规定得明明白白，让大家看得懂，记得住，好执行。

村民自治制度的内容主要包括以下方面：一是以直接选举村民委员会为主要内容的民主选举制度；二是以村民会议或村民代表会议为主要形式的民主议事、民主决策制度；三是以村民自治章程和村规民约为重点的民主管理制度；四是以村务公开、民主理财、民主评议和村民委员会定期报告工作为主要内容的民主监督制度。在制定制度的过程中，要把扩大基层民主，保障农民直接行使民主权利，作为制度建设的出发点和落脚点；要把农民群众关心的热点、难点问题作为制度建设的重点。在当前，应当把民主选举制度、民主议事制度和村务公开制度作为村民自治制度建设的重点。

实践是检验真理的标准。看一个村子的制度建设得如何，不单是看定了多少制度，列了多少条文，更要看制度建设的实际效果。要看是否促进了本村经济发展；是否创造了安定团结的环境；是否化解了各种矛盾，调动了村民的积极性；是否促进了干部作风的转变，密切了干群关系；是否增强了村干部和村民的民主法制观念，提高了他们的依法办事能力、遵纪守法水平和社会文明程度。

制度建设贵在落实。村民自治的各项制度一经建立，就要坚决贯彻执行。乡、村干部要起带头作用。要维护制度的严肃性，坚持在制度面前人人平等，决不因人而异。只有这样，村民委员会才能树立起威信，村民的凝聚力才能增强，村民自治才能步入正轨。

村民自治必须在党的领导下依法进行

党的十五届三中全会的《决定》指出："扩大农村基层民主，要在党的统一领导下，有步骤、有秩序地进行，充分发挥乡（镇）、村基层党组织的领导核心作用。"扩大农村基层民主、实行村民自治，是我们党领导亿万农民建设有中国特色社会主义民主政治的一件根本性的大事，各省、地、县级党委，一定要高度重视，像当年抓农村联产承包责任制那样，认真研究，认真部署，精心组织，精心指导，使村民自治活动在各级党委的领导下，有步骤、有秩序地进行。

乡（镇）、村基层党组织，是党在农村的组织基础和工作基础，是农村各种组织和各项工作的领导核心。开展村民自治活动，之所以必须充分发挥乡（镇）、村基层党组织的领导核心作用，首先，是由党的性质、地位决定的。中国共产党是无产阶级的政党，是我国各族人民利益的忠实代表，是我国社会主义事业的领导核心，是执政党。在建设有中国特色社会主义的伟大事业中，党是领导一切的。这一点，是历史形成的，是全国人民公认的，是不可动摇的。第二，是由党在社会主义初级阶段的基本路线决定的。党在社会主义初级阶段的基本路线是，一个中心，两个基本点，即以经济建设为中心，坚持四项基本原则，坚持改革开放。而四项基本原则的最重要之点，就是党的领导和社会主义。因此，中国共产党的领导成为建设有中国特色社会主义的根本体现。除了中国共产党以外，没有一个政党能够起到这样的作用。我国要建成富裕、民主、文明的社会主义新农村，只有依靠各级党委和党的基层组织带领群众去实现。村民委员会则是党在新时期组织领导广大农民共同富裕的最好的组织形式。第三，是由农村的工作实际决定的。一个村子就是一个小社会。这里既有政治工作，也有经济工作；既有社会管理工作，也有大量群众工作，头绪多，事情杂，任务重，必须有一个坚强的组织来协调。而集中了农村优秀分子的党的基层组织，最有资格承担这个任务。

乡（镇）、村基层党组织的领导核心作用主要体现在以下方面：一是政治领导。要在政治上保证村民委员会必须在党的路线、方针、政策的指引下，在国家法律、法规规定的范围内开展工作。为此，乡（镇）、村党组织要认真贯彻执行党的路线、方针、政策和国家政策法令，从本地实际和群众愿望出发，组织带领党员和农民群众坚持社会主义方向，走共同富裕的道路。要支持村民委员会依法实行村民自治；对于假借发展农村基层民主，从事非法宗教、宗派和民族分裂活动的，要坚决打击，依法惩处，确保村民自治的健康发展。二是思想领导。要领导农村的社会主义精神文明建设，做好村民的思想政治工作，用社会主义思想占领农村阵地。要用马列主义、毛泽东思想和邓小平理论教育广大党员和群众，引导他们正确对待和处理国家、集体和个人三者之间的利益关系；要对农民进行社会主义理想、道德、科学文化和民主法制教育,培养他们逐步成为有理想、有道德、有文化、有纪律的社会主义新型农民。三是在重大问题、重要环节上的领导。比如,在民主选举中,整个村委会的选举要在乡(镇)、村党组织的领导下有组织地实施,以保证选举工作依法进行。在民主决策中,村党支部要对全村的经济发展和精神文明建设做出规划,提出意见,采取先党内后党外的方式,支持村委会依法独立负责地开展工作。在民主管理中,乡(镇)、村党组织要领导村委会搞好村自治章程和村规民约等制度建设,特别要搞好规范村干部行为、反腐倡廉方面的制度建设。在民主监督中,乡(镇)党委要支持乡(镇)政府,通过政务公开,推动村务公开;村党支部则要从党内加强党员村干部的监督、考核,带动整个村干部队伍素质的提高。

加强党的领导,就要改善党的领导。村党支部是党的基层组织,在全体党员大会上选举产生,向党员大会报告工作,接受上级党委的领导;村民委员会是基层群众性自治组织,由村民直接选举产生,对村民委员会负责并向其报告工作,接受乡镇政府的指导。由于村党支部和村委会是性质不同的两种组织,因此二者必须在组织上分开,不能混淆;在职责上分开,各司其职,各负其责。该由村党支部组织的工作,就以党支部名义,通过党员的先锋模范作用,带领群众去实施;该由村委会组织的工作,就以村委会的名义,运用村委会的职权,组织村民去完成。村党支部要提高领导艺术,改进工作作风,要善于把党的方针政策变为群众的自觉行动。要健全党的组织生活,坚持民主集中制原则,用党内民主带动农村基层民主的发展。在村民自治活动中,在与村委会的关系上,村党支部是在政治上、思想上和重大问题、重要环节上进行领导,而不是包办代替、取而代之。这样做,不仅会提高党支部的威信,体现党对村民自治的领导,也充分发挥了群众性自治组织的作用。与此同时,村委会也应主动接受村党支部的领导,凡是关系村民切身利益的大事,都要向党支部报告,以得到党支部的支持。村民委员会应当牢牢记住,村民自治是党领导下的自治,是法律规定范围内的自治,决不是无政府的自治。

从1987年《村委会组织法(试行)》正式颁布至今,村民自治活动已经走过10年里程。10年的实践证明,村民自治是党领导亿万农民建设有中国特色社会主义民主政治的伟大创造,为农村社会主义经济发展注入了新的活力;它植根于中国大地和亿万农民群众,深得民心,深受广大基层干部欢迎。但是,由于种种原因,就全国而言,它的发展还很不平衡,“四个民主”的实施还很不规范,一些地方还有不少阻力,要在全国90多万个村民委员会全面推开,还需要付出极大的努力。我们相信,在邓小平理论指引下。有以江泽民同志为核心的党中央的坚强领导和各级党委政府的高度重视,有十五大精神和十五届三中全会的强大推动力,有人大常委会修订通过的《村民委员会组织法》作法律保障,有10年实践的丰富经验,村民自治活动一定会蓬勃开展,达到新的水平,为发展我国社会主义民主政治,建设富裕、民主、文明的社会主义新农村,做出更大的贡献。

把村民自治这件让九亿农民当家作主的大事办好

(1999年7月11日)

姜春云

1998年11月4日，九届全国人大常委会第五次会议通过了《中华人民共和国村民委员会组织法》,江泽民主席当日签署了主席令，决定自公布之日起施行。这是贯彻落实党的十五大提出的依法治国方略的一个重要步骤。这部法律,认真总结了亿万农民在党领导下创造的实行村民自治制度的成功做法,充分体现了党的十五大和十五届三中全会精神,反映了广大农民获得经营自主权之后更好地行使当家作主权利的愿望,完全符合我国农村的实际。这部法律的公布实施,引起了强烈反响,赢得了亿万农民的衷心拥护。这部法律的贯彻实施,必将有力地促进我国农村以村民自治为主要内容的社会主义民主法制建设,有力地促进农村的改革、发展和稳定,加快建设有中国特色社会主义新农村的进程。

一、深刻认识实行村民自治的重大意义，提高加强基层民主政治建设的自觉性

江泽民同志在十五大报告中指出:“扩大基层民主,保证人民群众直接行使民主权利,依法管理自己的事情,创造自己的幸福生活,是社会主义民主最广泛的实践。”改革开放20年来,我国农村基层民主政治建设取得了令人瞩目的成就。家庭承包制的实行,使农民获得了经营自主权,由单纯的生产劳动者成为商品生产的主体，极大地调动了广大农民的积极性,迎来了农村生产力的一次大解放,使农民获得了丰厚的物质利益。随着农村改革的深化和市场经济的发展,农民的思想观念、价值取向发生了深刻变化。民主意识、参与经济和社会事务管理的意识不断增强,越来

越要求有知事、议事、决事的权利，渴望直接参与村里大事的决策和村务管理。许多地方顺应农民的要求，积极进行村民自治的试验。我们党及时总结推行了农民群众的成功经验。1987年11月，六届全国人大常委会制定了《村民委员会组织法（试行）》。10年来，经过各地不断探索，村民自治制度在实践中又有新的发展，获得了显著成效。事实表明，村民自治是继家庭承包制之后广大农民的又一伟大创造，是我国农村社会进步的又一壮举。这次全国人大常委会对《村民委员会组织法（试行）》的修订，是顺应农村经济和社会发展要求，对亿万农民伟大创造的进一步肯定。这充分体现了我们党尊重农民的首创精神，也是邓小平理论在农村民主政治建设中的具体运用。我们应当从社会主义民主法制建设的高度，深刻认识村民自治的重大现实和深远意义，认清从家庭承包到村民自治，既是农村生产关系的重大变革，也是几千年来我国农村社区管理的一大进步，真正把贯彻落实这部法律，作为让9亿农民当家作主的大事来抓，以取得实实在在的效果。

实行村民自治是实施依法治国方略的重大举措。依法治国，建设社会主义法治国家，是党的十五大提出的党领导人民治理国家的基本方略。我国是一个农业大国，农村人口占大多数，农村、农业和农民问题始终是社会主义革命和建设的首要问题，也是依法治国的首要问题。没有农村的民主与法制建设，就不可能实现建设社会主义法治国家的目标；没有农村的稳定，也就不会有全社会的稳定。发展社会主义民主首先从农村基层开始，这符合我国国情；加强法制建设，在农村基层显得尤为重要。实行村民自治，在党的领导下，村里的“官”，由村民自己来选，村里的事由村民自己来管，村里的财由村民自己来理，由此把农村的经济社会发展纳入民主法制的轨道。这样做，有利于提高广大农村干部和农民群众的民主意识和法制观念，加快农村民主法制建设步伐，使依法治国的方略在广大农村、在9亿农民中间得到落实。

实行村民自治是化解社会矛盾、密切干群关系的有效途径。目前，我国农村总的形势是很好的，经济发展，社会稳定，两个文明建设呈现出蓬勃生机。但是确实有些地方，基层矛盾较多，干群关系比较紧张。其原因，一方面是少数干部工作方法简单，作风粗暴，甚至以权谋私，违法乱纪，引起群众不满；另一方面是发扬民主不够，村务管理缺乏透明度和有效监督，群众有意见。实践证明，实行村民自治是解决这一矛盾、密切干群关系的一条有效途径。一些村民自治搞得好的地方，通过实行村务、财务两公开和民主议事、民主监督，村里干部的行为受到约束和规范，促进了作风转变和廉政建设。同时，为农民行使民主权利创造了条件。正如基层同志讲的，“还干部一个清白，给群众一个明白”，“拆掉了隔阂墙，搭起了连心桥”，干群关系得到明显改善。天津市郊区有一个村，曾经是有名的“老大难”，告状的多，打架的多，偷盗的多，放火的多，群众曾开着十几辆车到县里告状，干群关系很紧张。通过调整村领导班子和实行村务公开，民主议事，干部廉洁勤政，一心一意为群众办好事、实事，群众则关心支持干部工作，干群关系融洽，经济发展，风气好转，变“四多”为“四无”，一跃成为先进村。

实行村民自治是进一步解放和发展农村生产力的强大动力。调动农民积极性的核心，一是保障农民的物质利益，二是尊重农民的民主权利。新修订的《村民委员会组织法》，在这两方面都做了明确规定，特别强调，广大农民通过民主选举、民主决策、民主管理和民主监督，实行村民自治，做到自我管理、自我服务和自我教育。如果说，实行以家庭承包经营为基础、统分结合的双层经营体制，有效地调动了广大农民的生产积极性，那么，全面实施《村民委员会组织法》，完善村民自治制度，使9亿农民更好地行使当家作主的权利，则将极大地激了发农民的政治热情和参与意识。广大农民有了这两个积极性，农村生产力必然会得到进一步解放和发展。

实行村民自治是社会主义民主最基础最广泛的实践。扩大基层民主是我国政治体制改革的重要内容。我国《宪法》规定，人民是国家的主人，国家的一切权力属于人民。社会主义的本质是人民当家作主。实践证明，村民自治制度是社会主义民主在农村的有效实现形式。这种制度符合社会主义初级阶段我国农村的实际，适应农村生产力发展水平，能够最大限度地保证广大农民在政治、经济、社会生活中行使民主权利。同时，村民自治还是社会主义民主法制教育的大学校。广大农民在行使民主权利的实践中，能够不断增强主人翁意识，增强民主法制意识，更好地当家做主人。

实行村民自治是进一步加强和改善党对农村工作领导的必然要求。加强和改善党对农业和农村工作的领导，是实现农业现代化、建设社会主义新农村的根本保证。把农村基层组织建设好，是加强党对农村工作领导的基础性工作。实行村民自治，坚持民主选举、民主决策、民主管理、民主监督，能够把优秀的、能为群众服务的人选进村级领导班子，有利于解决“有人办事”的问题；能够集思广益，找出符合实际的发展路子，促进经济发展，加快农民致富奔小康的步伐，有利于解决“有钱办事”的问题；能够促进农村各项规章制度的建立健全，促进农村工作体制和机制的转换，有利于解决“有章理事”的问题。农村基层组织和民主法制建设搞好了，党在农村的执政基础必然会得到巩固和加强，党的路线方针政策就能得到更好的贯彻落实。

实践证明，加强以村民自治为主要内容的农村基层民主法制建设，是完善我国农村基层管理体制的有益探索，是一条激励和引导亿万农民建设社会主义新农村，过上富裕、民主、文明、幸福生活的成功之路。我们各级领导要充分认识实行村民自治的重大意义，认真抓好《村民委员会组织法》的贯彻落实，努力把我国农村的社会主义民主法制建设提高到一个新水平。

二、抓住村民自治的关键环节，建立有效的保障机制

实行村民自治，必须按照《宪法》的有关法制规定做好各方面的工作，而民主选举、民主决策、民主管理、民主监督则是村民自治的基本内容和关键环节。从各地实践看，抓好这“四个民主”，就能够确保村民自治的顺利实施，确保村民直接行使民主权利。“四个民主”是有机统一、不可分割的整体，必须统筹兼顾，全面实施，一起抓好。

民主选举。就是要按照《村民委员会组织法》的要求，以直接、平等、差额、无记名投票的方式和原则进行选举，真正把群众拥护的思想好、作风正、有文化、有本领、真心实意为群众办事的人选进村级领导班子。民主选举是搞好村民自治的前提和关键。有些同志对进行直接选举存在种种担心：担心村民素质不高，选出来的干部不能成为群众致富奔小康的“领头雁”；担心选出来的干部不听话、难领导；担心直选后乡镇政府与村委会的关系不好协调，工作难以开展。这些思想顾虑是不必要的。吉林省自1988年至今，村民委员会选举已进行了四次，选举的民主程度一次比一次高，选举的社会效果一次比一次好，选出的班子一次比一次强。他们的实践证明，只要真正按照《村民委员会组织法》的规定办理，通过直选，群众完全能够选好自己的当家人；群众选出来的干部能够认真贯彻上级的指示精神；只要切实转变政府职能，乡镇政府与村委会的关系也完全能够协调好，农村工作不但没有增加阻力，而且还增添了新的动力、活力。有些县乡的同志说，“没干的人担心多，干过的人信心足”。一些过去对选举心存疑虑的同志也满意地说：“民主既出公道，也出生产力。”

民主决策。就是村里的大事要广泛听取村民意见，由全体村民或村民代表会议讨论决定。凡涉及村民利益的重要事项，如村提留款的收缴和使用、村干部享受误工补贴的人数和标准、村集体经济收益的使用、村办公益事业需要农民负担的事项、土地承包、宅基地使用和集体经济项目承包的方案以及计划生育等，都应当走群众路线，经过民主讨论，按照多数人的意见做出决定。事实证明，这样做出的决策，既能减少失误，又具有广泛的群众基础，有利于动员全体村民把决策变为现实。

民主管理。就是要依据国家的法律法规和党的方针政策，结合当地实际，由村民讨论制定村民自治章程和村规民约，把村民和干部的权利与义务规定得明明白白。通过建立健全各种制度，把民主选举、村民会议和村民代表会议、财务审计和监督、民主评议、村委会工作报告、两个文明建设等，以制度的形式固定下来，规范全体干部和村民的行为，做到依法建制、以制治村、按制办事。

民主监督。就是要把直接涉及群众切身利益、群众普遍关心的热点问题和村里的大事向村民公开，接受群众监督。建立健全村务公开制度，公开的内容、时间、形式、程序，要力求规范，讲求实效。村务公开后，还要组织群众进行评议。并根据群众的要求做必要的说明，对不合乎实际、不正确的做法加以改正。

确保“四个民主”的落实，必须建立良好的机制。对此，一些地方进行了有益的探索。一是建立用人机制，就是公开、公平、公正的用人制度和机制。其内容主要包括由村民直接选举村民代表会议代表，村民直接选举村民委员会，有的还由村民代表直接选举村务公开监督组。制订与之配套的《村民代表选举细则》、《村民委员会选举细则》、《村务公开监督组产生办法》。二是建立议事机制，又称决策机制，主要是解决有章理事、有序办事。其内容包括议事议题的提出、议事的方式方法，决议、决定的实施办法。与之配套的制度有《村民代表会议议事规则》、《村级工作规则》。三是建立监督机制，又称公开机制，是村民参与对村级事务决策、执行、办理结果的监督评议制度，保障村民和代表对村务实行事前参与、事中介入、事后评议。与之配套的制度为《村务公开规则》。安徽省舒城县、湖北省汉川市的经验证明，有了这套机制，就能使村民自治工作有序、办事有据，做到“有章理事”，确保民主管理的持续、稳定、有效。

三、正确处理几个方面的关系，增强村民自治的活力和效力

实行村民自治是一个新生事物，涉及面广，政策性强，需要做好多方面的工作。从各地的实践看，需要

着力处理好以下四个方面的关系：

一要处理好扩大民主与加强法制的关系。民主与法制是对立的统一，二者互为条件，相互促进。没有民主的法制，不是真正的法制；没有法制的民主，也不是真正的民主。扩大基层民主与加强法制建设相辅相成。一方面，扩大民主要严格按照宪法和有关法律办事。村民自治所制定的章程、村规民约和各项制度，以及村民会议或村民代表会议讨论的事项，都必须符合法律的规定，不得与宪法、法律、法规相抵触。推行“四个民主”也要在法律的范围内进行。另一方面，加强农村法制建设必须扩大基层民主，充分调动和发挥村民参政议政的积极性。要尊重和保障村民的民主权利，村里的大事都要经过群众讨论，集中正确意见做出决定。这样，基层民主法制建设才能搞得扎实有效。

二要处理好农民行使民主权利与依法履行应尽义务的关系。农民作为中华人民共和国的公民，除了充分享有宪法和法律规定的公民权利之外，他们作为农业劳动者、集体经济组织成员和村民这一多元身份，享有承包经营权、经营自主权，享有国家和集体经济组织对农业和农民的扶持权，享有村民自治的权利。我们各级党政及各单位、各社会团体，都应当充分尊重农民的民主权利，想问题，办事情，都要以“农民答应不答应、满意不满意、高兴不高兴”为原则，按法定程序正确处理好国家、集体与农民之间的利益关系。同时，作为农民，除了有一般公民对国家、社会应承担的义务外，还有对集体经济组织应承担的义务，包括遵守集体经济组织的内部制度、村规民约，承担法律规定的各项税费和劳务，履行与集体经济组织或村民委员会签订的承包合同。实行村民自治，就是要做到在法律程序下实现自由和自律相统一。一方面，通过完善和实施村民自治的各项规定，保障农民直接行使民主权利；另一方面，又通过村民自治这种组织载体，加强法制宣传和教育，使广大农民知法守法，自觉履行应尽的义务。

三要处理好乡镇政府与村民委员会的关系。乡镇政府是国家的基层政权组织，属国家政权机关；村民委员会是村民自我管理、自我教育、自我服务的群众性自治组织。乡镇政府和村委会是指导和被指导关系，而不是传统意义上的领导和被领导的关系。乡镇政府应当用政策、法律手段指导村委会的工作，村民委员会则要在上级政府的指导下制定发展规划，做好各项工作，并保证村民会议和村民代表会议形成的决议和决定符合国家的法律、党的方针政策的规定。在实际工作中尤应注意规范乡镇政府行为。一是乡镇政府要依法办事，不能向村民乱集资、乱摊派。二是乡镇政府要因势利导，注意决策的科学性和可行性，决策前要与基层商量，广泛征求群众的意见。三是乡镇政府要切实转变职能，将过去以行政命令为主的工作方式转变为以指导和服务相结合为主的工作方式。村委会则要接受乡镇政府的指导，保证各项工作任务的完成。

四是处理好村党支部、村委会、村集体经济组织及其他组织之间的关系。要明确各自的权责，既保证村党支部的领导核心地位，又保证村委会依法独立行使职权，还要尊重村集体经济组织的经营管理权，同时要充分发挥村民代表会议的议事、决策和监督作用。村党支部是村级组织的领导核心，要依照宪法和法律，支持和保障村民直接行使民主权利，开展村民自治活动。要改善领导方式，支持、保证村委会和村民代表会议行使职权、履行职能，协调村委会同其他组织的关系。村民代表会议和村民会议是议决村务的权力机构，是村民和村民代表参政议政的重要形式，应当充分发挥其作用，最大限度地调动农民群众当家作主的积极性。村委会是村民自治的工作机构，负责村级事务的日常管理工作，组织实施村民会议或村民代表会议的决议和决定。村集体经济组织是从事生产经营活动的经济组织，是集体经济的法人代表。要不断发展壮大集体经济，发展个体私营经济，实现在“有人办事”、“有章理事”的前提下“有钱办事”，努力增强村民自治的凝聚力和向心力。村委会要在村党支部的领导下，尊重集体经济组织依法独立进行经济活动的自主权，维护集体和农民的合法权利和利益，开展两个文明建设，带领农民致富奔小康。

四、切实加强党的领导，确保村民自治的顺利健康发展

实施《村民委员会组织法》，推行村民自治，是农村政治体制的深刻变革，是9亿农民政治生活中的大事，任务极其艰巨，在实践中必然会遇到一些阻力和困难。要确保这一意义重大、深远的变革顺利健康发展，获得成功，必须加强党的领导，牢牢把握政治方向，按照法定的程序，积极稳妥、扎扎实实做好各项工作。

首要的是加强干部和群众的民主法制教育。由于历史的、传统的原因和受我们社会经济发展水平的局限，总的说我国农村基层干部和农民群众的民主意识和法制观念还比较淡薄，这种状况与实行村民自治、加强民主法制建设的要求是不相适应的，应当逐步加以改变。这就有一个如何加强教育引导，解放思想，更新观念，增强民主法制意识，学会发扬民主、依法办事的问题。当前，要大力抓好《村民委员会组织法》的宣

传学习，在农村干部群众中进行广泛深入的民主法制教育，密切结合实际，解决好影响实行村民自治的思想认识问题。对基层干部来说，应当注重摆正公仆与主人的关系，牢固树立为农民群众服务的思想，尊重群众的民主权利，遇事同群众商量，倾听群众意见，坚持依法办事，切忌主观专断，简单粗暴，强迫命令。对农民群众来说，则要增强主人翁意识、民主意识和法制观念，做到知法、懂法、守法，正确行使自己的民主权利，正确对待干部，履行应尽的义务。各级干部特别是县乡两级干部，要学习、领会、掌握好《村民委员会组织法》，切实转变思想作风和工作方式，以适应实行村民自治的要求。

要把贯彻实施《村民委员会组织法》同落实党的十五届三中全会决定有机结合起来。党的十五届三中全会通过的《中共中央关于农业和农村工作若干重大问题的决定》，是实现我国农业和农村工作跨世纪的发展目标、进一步深化农村改革的纲领性文件。《决定》对加强农村基层民主法制建设提出了新的要求，指出："为了更好地调动广大农民的积极性和主动性，促进农村各项改革和建设事业的全面发展，必须进一步扩大基层民主。"而且进一步明确了扩大农村基层民主的核心内容就是"四个全面推进"，即全面推进村民民主选举、全国推进村级民主管理、全面推进村级民主决策、全面推进村级民主监督。《村民委员会组织法》充分体现了党的十五届三中全会精神，是《决定》中关于加强农村民主法制建设的各项政策的法律化、具体化。对《决定》提出的各项要求，《村民委员会组织法》都做了相应的规定。实施村民委员会组织法要同贯彻党的十五届三中全会《决定》结合起来，以《决定》为指导，全面落实各项法律、政策规定，把村民自治的活动开展好。

要总结推广成功的经验，加强对村民自治工作的具体指导。贯彻《村民委员会组织法》，实行村民自治，要在各级党委统一领导下进行。具体到一个县市区，应当分批分期，有领导有计划地开展工作。事前要调查研究，摸清情况，培训干部，学好法律文件，解决好认识问题，并明确具体实施办法，做好充分准备。经过多年的实践，全国各地涌现出一批村民自治的先进典型。要充分发挥这些典型的示范带动作用，由点到面推广他们的经验、做法，以提高村民自治的整体水平。对已经实行村民自治但不够完善的村，要依据法律规定，参照先进经验，认真做好完善的工作。对尚未实行村民自治和问题较多的后进村，应当派得力干部进行帮助指导。特别要引导农民依法做好民主选举工作，注意排除宗派家族势力、非法宗教势力和品行不正的人的干扰破坏，确保选举真正表达民意，择优选人，防止个别欺压群众、为非作歹、有劣迹的人混入村级领导班子。有些地方在民主选举中，由村民和村民代表充分讨论应当选什么样的人进村民委员会，不应当选什么样的人，在认识比较一致的基础上再投票选举，有利于排除干扰，取得良好效果。对民主选出的干部，要加强培养教育，提高其政治、业务素质，做合格的人民勤务员。

要加强执法检查、监督工作，确保《村民委员会组织法》的全面贯彻实施。李鹏委员长指出，"制定法律的目的在于实施法律"，"监督法律的实施是人大及其常委会的一项重要职责。"《村民委员会组织法》第28条规定："地方各级人民代表大会和县级人民代表大会常务委员会在本行政区域内保证本法的实施，保障村民依法行使自治权利。"这既规定了各级人大的法律监督职能，又明确了各级人大在贯彻实施这部法律中的任务和责任。各级人大及其常委会要把贯彻实施《村民委员会组织法》作为一项重要的政治任务来抓，加大执法监督检查力度，主动做好职责范围内的各项工作。行政、司法机关要依照《村民委员会组织法》和有关法律的规定，积极支持村民自治和基层民主法制建设，对各种违法行为要及时依法查处，真正做到有法必依，执法必严，违法必究。

要注意从实际出发，讲求工作实效。我国农村地域广阔，各地各村的情况千差万别，实行村民自治应当从实际出发，有计划、有步骤地进行，既要抓紧，又要稳妥，不能要求过高过急，不能刮风，搞"一刀切"，要注意防止形式主义、弄虚作假、摆花架子。要充分发挥乡（镇）、村基层党组织的领导核心作用，认真听取农民群众意见，尊重他们的意愿和选择，讲求实际效果，多做扎实细致的工作，真正把这件关系到9亿农民当家作主的大事办好。

（本文摘自1999年3月3日《农民日报》）

在全国乡镇政务公开经验交流电视电话会议上的讲话

（2000年7月25日）

王忠禹

一、提高认识，把握时机，全面推行乡镇政务公开

党的十五大提出："城乡基层政权机关和基层群

众性自治组织，都要健全民主选举制度，实行政务和财务公开，让群众参与讨论和决定基层公共事务和公益事业，对干部实行民主监督。”几年来，全国各地按照十五大的要求，在城乡基层组织和群众自治组织中不同程度地开展政务公开，特别是农村村务公开和乡镇政务公开，取得了积极的成效，受到了广大群众的拥护，政务公开显示了蓬勃的生命力。

乡镇政权机关是国家政权机关的基层组织形式，是党和政府在农村各项工作的落脚点，是党和政府联系人民群众的桥梁和纽带。乡镇政府和政府各部门所属的基层站所的工作直接与广大群众的利益密切相关。实行政务公开，正确处理乡镇政府工作中的各种问题和当前农村的热点、难点问题，对于农村的改革、发展和稳定具有重要意义。近几年来，全国广大农村推行了村务公开、民主管理，取得了积极的效果。随着村务公开的深入发展，广大群众越来越关注乡镇政务问题，迫切要求乡镇机关实行政务公开，以保证和巩固村务公开的成果，进一步扩大基层民主。各地的实践经验表明，推行乡镇政务公开，有利于把乡镇政府的行政行为置于广大群众监督之下，推进政府依法行政；有利于强化民主监督，从源头上预防和治理腐败；有利于保证党在农村各项政策的落实，促进农村的改革、发展和稳定，巩固基层政权。因此，推行乡镇政务公开已是势在必行。按照党中央的要求，当前要把乡镇政务公开作为重点来抓，全面起步。今年，全国乡镇政府机关都必须推行政务公开，尚未实行的地方，要立即着手实行；已经实行的，要进一步巩固、完善、深化、提高。

乡镇推行政务公开的重点是群众最关心、反映最强烈的问题，影响本地区经济发展、社会稳定的问题，行政工作中容易滋生腐败的问题。要据此确定公开的重点事项和重点部门、重点岗位。乡镇政务公开不仅仅是乡镇本级政府机关的政务公开，还包括政府各部门所属的基层站所的事务公开。从各地情况看，当前乡镇政务公开的主要内容有：(一) 乡镇政府行政管理、经济管理活动中需要向群众公开的事项，包括：乡镇政府及有关部门的年度工作目标及进展情况；乡镇年度财政预算及执行情况；上级政府或政府部门下拨的专项经费及使用情况；乡镇集体企业及其他经济实体承发包、租赁、拍卖等情况；乡镇工程项目招投标及社会公益事业建设情况等。(二)与村务公开相对应的事项，包括：乡村税费的收缴、使用情况；各村由乡代管资金的收支情况；计划生育情况；征用土地及土地补偿费、安置补助费的发放使用情况；各村宅基地审批情况；水电费价格及收缴情况；救灾救济款物发放、优待抚恤情况等。(三)乡镇政府和县级政府部门所属的基层站所应当公开与履行职务有关的事项，包括工作职责、办事依据、办事程序、办事纪律、办事期限、监督办法和办事结果；收费、罚款标准和收缴情况等。上述情况都要向群众、企业事业单位公开。此外，领导干部的廉洁自律情况，机关内部的财务收支情况，招待费、差旅费的开支使用情况等也要对本机关干部职工公开。通过这些公开，解决乡镇行政工作中当前存在的热点、难点问题，密切基层政府同群众的联系，维护农村的稳定和农村经济的发展。

在乡镇政务公开中，要把财务公开作为重中之重。乡镇政府财务收支情况与群众利益密切相关，是群众最关注的问题，也是最容易滋生腐败的问题。当前，务必在财务公开方面抓出明显的成效，并以财务公开推动其他方面的公开。对乡镇财务管理情况要进行一次认真的检查，发现财务管理混乱的，要进行整顿，健全制度，规范管理，为财务公开创造前提条件。

二、坚持标准，严格要求，认真搞好政务公开

推行政务公开，必须坚持以邓小平理论和党的基本路线为指导，全面贯彻党的十五大提出的依法治国基本方略和加强民主政治建设的精神，建立健全依法行使权力的制约监督机制，坚持全心全意为人民服务的宗旨。要把推行政务公开与推进依法行政、加强科学管理、推进政府机构改革、加强廉政建设、推行村务公开等相关工作紧密结合起来，使政务公开更好地为建设廉洁、勤政、务实、高效的政府服务。

推行政务公开，必须坚持标准，严格要求，注重实效。根据已奠定的工作基础，力争经过一两年的努力，使乡镇政务公开工作达到以下目标：方便群众和企业事业单位办事，工作效率得到提高；强化对权力运行的制约监督，消极腐败现象得到有效遏制；严格依法管理、审批、收税(费)、处罚，依法行政水平得到提高；民主决策、民主管理、民主监督制度得到落实，基层民主政治建设进一步加强。要通过扎实的工作，使政务公开成为乡镇政府机关的一项基本制度。上述目标是对每一个单位实行政务公开的基本要求，要以此来检查和考核每一个单位推行政务公开的程度和实效。

推行政务公开，必须注重实效。政务公开内容要真实可信。应本着简便易行、便于群众知情和监督的原则，根据不同的内容，采取不同的公开形式。要以召开会议、建公开栏、印发明白卡等基本形式公开，使相关的群众和企业事业单位都知晓。对涉及群众切身利益的重要事项做出决定之前，要实行预公开，采取多

种形式听取群众的意见，以保证决策的正确性。为了保证对政务公开监督的经常化，要明确专人负责，定期、不定期地收集群众对乡镇政务公开的民主评议情况。

推行政务公开，必须加大监督的力度。在政务公开的过程中，要把政府机关的内部制约监督和外部制约监督结合起来，着重抓好以下几个方面的监督：一是要切实建立起强有力的政府机关内部制约监督机制，包括对权力进行分解和合理配置，使办事过程的各个环节相互制约；重大决策、重要项目安排和大额度资金使用必须集体讨论决定，管理权限内的干部任用要坚持走群众路线，贯彻民主集中制，对重点、热点岗位的工作人员实行轮岗；机关内部事务在机关内部实行公开，接受监督等。二是要接受乡镇人民代表大会的监督。乡镇政府要按照乡镇人大的安排，把政务公开的重要内容向人大报告，接受人大监督。特别是乡镇当年的经济和社会发展计划、财政预决算等需经人大审议通过后，再予以公开。三是要加强上级政府对下级政府推行政务公开情况的监督检查，特别是要加强县级政府和有关部门对乡镇政府和政府各部门所属的基层站所推行政务公开情况的监督检查。监督机关要加强对乡镇政务公开情况的监督检查，发现违纪行为，要及时严肃处理。四是要强化审计监督，县级政府审计机关要对乡镇政府财务收支情况依法进行审计监督，并把领导干部任期审计与重任审计结合起来。五是要发挥好舆论监督的作用。新闻舆论是实施监督的有力武器。要在坚持正确舆论导向的前提下，充分利用广播、电视等新闻媒介和舆论阵地，对政府工作和公务员行为进行监督。在宣传先进弘扬正气的同时，要敢于揭短露丑，对情节严重的要曝光亮相。通过强化监督，保证决策和决策执行的全过程都置于群众的监督之下，保证政府廉洁、勤政、务实、高效，办事公平、公开、公正。

推行政务公开，必须加强制度建设。要加强调查研究，探索政务公开的规律，建立健全政务公开的各项制度。重点是集体讨论决定制度、群众代表议政制度、民主评议制度、监督检查制度、考核奖惩制度等等。各项制度建立以后，要认真贯彻执行，严格按制度办事，保证政务公开制度化、规范化和经常化。

三、切实加强对政务公开工作的领导

第一，必须高度重视政务公开工作。发展社会主义民主政治，最根本的是保障广大人民群众享有民主选举、民主决策、民主管理、民主监督的权利，而这些权利的实现是以政务公开为基本前提的。我们的政府是人民的政府，政务活动理应向人民群众公开，接受人民群众监督。各级政府一定要从巩固党的执政地位、维护国家政权、保证国家长治久安的高度，从忠实履行全心全意为人民服务的根本宗旨、密切政府同人民群众联系的高度，从建立和完善社会主义市场经济体制、保障改革开放和现代化建设顺利进行的高度，来认识推行政务公开的重要性和紧迫性。各级政府一定要提高认识，统一思想，把政务公开工作摆到重要议事日程上来。当前，重点要把推行乡镇政务公开抓紧抓好，有条件的县、地(市)政府机关也要实行政务公开。

第二，必须切实加强领导，认真落实责任制。政务公开政策性强，难度大，加强领导是做好这一工作的关键。各级政府要在党委的统一领导下，精心组织，协调各方，形成合力，推进政务公开。要加强宣传教育，提高领导干部抓好这项工作的自觉性，调动群众参与监督的主动性，形成领导干部大力抓公开、群众积极参与公开的良好氛围。

政务公开的主体是政府，政府要把它作为本职工作，主动抓，积极抓，坚持不懈地抓下去。地方各级政府的主要领导要亲自抓，要明确牵头部门，政府办公厅(室)要多做一些组织协调工作。县级政府对乡镇机关推行政务公开具有至关重要的作用。县级政府要切实加强领导，统一部署，专人负责，具体指导，加强督察，狠抓落实。有关部门在职责范围内要做好配合工作。乡镇基层站所的上级政府部门，要认真调查研究，针对本部门业务工作的特点，制定有关规范，做出部署，督促下级部门、基层站所按照当地政府的统一安排开展政务公开工作，并对其加强指导。乡镇基层站所，不论其隶属关系如何，都必须纳入乡镇政务公开工作之中，在县和乡镇政府的统一组织协调下开展工作。要按照谁主管、谁负责的原则，认真落实政务公开工作责任制。要一级抓一级，层层抓好落实，确保这项工作顺利实施。

第三，必须加强督察，严格责任追究。政务公开制度能否落到实处，关键在于加强监督检查，严格责任追究。各级政府和有关部门要把对推行乡镇政务公开工作情况的监督检查放在重要位置。要定期或不定期地开展检查，把经常性的检查和专项检查结合起来，及时揭露和解决存在的问题。要把推行政务公开作为廉政建设责任制和干部年度工作考核的一项重要内容，并将考核结果作为干部任免和奖惩的重要依据。对在推行政务公开制度中工作不力的领导干部，要进行批评教育；对拒不推行政务公开制度或在政务公开中有弄虚作假、打击报复、侵犯群众民主权利等违纪行为的干部，要追究其党纪政纪责任。

（摘自作者在2000年全国乡镇政务公开经验交流电视电话会议上的讲话）

充分发挥村党支部的领导核心作用 推动村民自治健康有序地发展

（2000年11月8日）

虞云耀

一、实行村民自治，扩大农村基层民主，是党领导亿万农民建设有中国特色社会主义民主政治的伟大创造，是在农村贯彻依法治国方略的具体实践

发展社会主义民主政治，是我们党始终不渝的奋斗目标，其本质是人民当家作主。扩大基层民主，保证人民群众直接行使民主权利，依法管理自己的事情，创造自己的幸福生活，是社会主义民主最广泛的实践。党的十一届三中全会以来，我们党领导人民进行改革开放，首先从农村拉开了改革的序幕。实行家庭联产承包责任制，农民获得生产经营自主权，极大地调动了农民的积极性，广大农民渴望在经济上尽快富裕起来的愿望变成现实。另一方面，随着农村改革的深入和农村经济的发展，广大农民渴望在政治上得到相应的民主权利。正是在这种情况下，村民自治组织形式在我国农村应运而生。我们党作为执政党，始终代表先进社会生产力的发展要求、先进文化的前进方向和最广大人民的根本利益。对这一新生事物，党和国家给予高度重视和充分肯定，并在宪法中确立了村民委员会的法律地位，明确规定村民自治的基本原则和具体方法。随着村民委员会组织法的制定和正式颁布实施，村民自治在农村大地广泛兴起，农民群众民主意识不断增强，自治能力不断提高。实践证明，由农民直接选举自己的带头人，依法全面推进以民主选举、民主决策、民主管理和民主监督为主要内容的村民自治活动，是发展农村基层民主政治的需要，是农民群众当家作主的有效形式，符合中国国情，具有中国特色，对于加快社会主义民主政治建设步伐，推进社会主义现代化建设事业，对于加强和改善党对农村工作的领导，密切党和人民的血肉联系，具有重大而深远的意义。

二、坚持村党支部在村民自治中的领导核心作用，是农村基层民主政治建设必须遵循的基本原则

党的十五大报告指出："建设社会主义民主政治，是逐步发展的历史过程，需要从我国的国情出发，在党的领导下有步骤、有秩序地推进。"党的十五届三中全会通过的《中共中央关于农业和农村工作若干重大问题的决定》指出："扩大农村基层民主，要在党的统一领导下有步骤、有秩序地进行，充分发挥乡（镇）、村基层党组织的领导核心作用。"

大量事实说明，按照这个要求实行村民自治，扩大基层民主，积极稳妥地推进农村基层民主政治建设，成效就显著。偏离或者违背这个要求，就会出问题，容易产生各种摩擦和矛盾。党领导人民制定并带头执行《宪法》和法律，同时，党又在《宪法》和法律的范围内活动。这是我们党总结实践经验得出的重要结论。《中华人民共和国村民委员会组织法》规定："中国共产党在农村的基层组织，按照中国共产党章程进行工作，发挥领导核心作用；依照《宪法》和法律，支持和保障村民开展自治活动，直接行使民主权利。"1999年中央颁发的《中国共产党农村基层组织工作条例》，规定了村党支部的职责。有人认为，二者是有矛盾的。事实不是这样。法律和条例都是实践经验的总结，都是为了把农村各项工作搞好。加强农村基层党组织建设和加强农村基层民主政治建设，其目标是完全一致的。只要仔细阅读和正确理解，条文的具体规定和文字，也是完全衔接的。至于在实际工作把握中出现的一些矛盾，那是总结经验、逐步规范的问题。

之所以在村民自治中把坚持村党支部的领导核心作用，作为一条必须遵循的重要原则，我理解，主要是因为：第一，我国是农业大国，13亿多人口，9亿在农村。亿万农民实行自治，直接行使当家作主的权利，是一项前所未有的伟大事业，其规模之大，范围之广，涉及人数之多，堪称"世界之最"。这样一件关系全局，带根本性的大事，必须在党的领导下有步骤、有秩序地进行，离不开农村党支部的领导核心作用。第二，我国的民主政治，是有中国特色的民主政治，而不是西方式的民主；是以人民群众满意为标准的民主，而不是以西方国家的价值观和好恶为标准的民主。因此，必须把坚持党的领导、充分发扬民主、严格依法办事有机地结合起来、统一起来。不要社会主义法制的民主，不要党的领导的民主，不要纪律和秩序的民主，决不是社会主义的民主。第三，农村党支部的领导核心地位是历史形成的，是为广大农民群众所公认的，也是

经过改革开放20多年实践证明是其他任何组织都无法取代的。所以,在村民自治中充分发挥党支部的领导核心作用,既是推进农村基层民主政治建设的客观需要,也是加强党对农村工作领导的现实要求。只有坚持和加强党的领导,发挥好农村基层党组织的领导核心作用,才能保证村民自治沿着正确的方向健康发展,把亿万农民群众的政治热情转化为建设社会主义新农村的自觉行动。

三、村党支部在村民自治中发挥领导核心作用的基本经验

从各地的实践看,在推进村民自治中正确处理村党支部和村委会的关系,要防止两种倾向:一种是,强调党的领导,就认为村里的什么事都要由党支部甚至支部书记一个人说了算;另一种是,强调村民自治,就认为可以摆脱党支部的领导,想怎么干就怎么干。这两种倾向,都不利于推进农村基层民主政治建设,不利于加强和改善党的领导,都应该防止和纠正。充分发挥村党支部的领导核心作用,正确处理"两委"的关系,许多地方在实践中积累了好的经验。

(一)加强宣传教育,提高思想认识

针对一些基层干部民主意识比较薄弱,对推进村民自治不熟悉、不习惯、不理解,以及党支部与村委会关系不顺、工作不协调的问题,采取有效措施,加大对《中国共产党农村基层组织工作条例》和《村民委员会组织法》的学习宣传力度,通过举办培训班,组织宣讲团进村入户宣讲等多种形式,帮助党支部成员增强民主法制观念,支持村委会依法开展工作,帮助村民委员会成员树立党的领导观念,自觉维护和尊重村党支部的领导核心地位。教育引导村党支部和村委会围绕共同目标,拧成一股绳,同心协力,团结一致努力把经济搞上去,把村里的事情办好,为村民服务好。

(二)加强制度建设,逐步形成规范

搞好村民自治,制度建设是根本。依据《村民委员会组织法》的《中国共产党农村基层组织工作条例》,从各地实际出发,制定出可操作的制度和规定,使农村基层干部知道该办什么,该怎么办,什么事能办,什么事不能办,做到职责清楚、有章可循。比如,四川省专门下发了《中共四川省委办公厅关于在实施〈村民委员会组织法〉中充分发挥党支部领导核心作用的意见》,详细规定了村党支部和村委会的地位、作用及相互关系,明确规定处理好党支部与村委会关系的五项原则。中共山东省委、山东省人民政府制定了《关于进一步加强和改进以党支部为核心的村级组织建设的意见》,对在村民自治中充分发挥党支部的领导核心作用做出了具体规定。这些制度和规定明确了村党支部发挥领导核心作用的途径和方法;明确了村党支部和村委会各自的职能,做到各司其职,各负其责,互相配合;明确了村级经济和社会发展的重大问题由党支部决策,但党支部的决策必须听取全体村民的意见,需要由村委会、村民会议或集体经济组织决定的事情,必须由村委会、村民会议或集体经济组织依照法律和有关规定做出决策,党支部不得包办;明确了村委会要定期向村党支部报告工作,制定村党支部委员会和村委会联席会议制度和议事规则。执行这些制度和规定,并不断加以完善,较好地保证了村党支部和村委会按照各自的职能、职责范围协调有序地开展工作。

(三)用"两推一选"的办法选举产生村党支部成员

所谓"两推一选"就是,党支部成员包括支部书记,分别由党员和村民民主推荐,经组织考察后在党内进行选举。这样,选出的支委会成员,不仅党员赞成,村民也拥护。选好村党支部成员特别是支部书记,是加强村党支部领导班子建设的关键,也是顺利推进村民自治的组织保证。实践证明,村党支部书记威信高、作风正、能力强,村委会选举、村务公开、民主管理等一系列村民自治活动就能在党支部领导下顺利进行。反之,农村基层民主就很难开展起来。因此,各地积极探索村党支部领导班子成员选拔任用制度的改革。全国已有20多个省区市实行"两推一选"和"公示制"试点,四川省、重庆市推行面达95%以上。山东省在2.2万个村实行"两推一选"的办法,公开选拔村党支部成员31700多名,其中村党支部书记10100多名。这种做法扩大了党内民主,拓宽了选人渠道,使选出的村党支部书记和委员具有广泛的群众基础,得到党员和群众的共同信任,党员满意,群众也满意,有效地保证了村党支部领导核心作用的发挥。

(四)减少村干部职数,提倡交叉兼职

村干部职数多,加重农民负担,容易造成工作扯皮、效率不高,影响工作的正常开展。为了解决这一问题,许多地方采取村党支部书记和委员经过法定选举程序,兼任村民委员会主任、村民委员会委员;村民委员会主任和村民委员会委员是党员且具备条件的,按照党内选举的有关规定和程序,兼任村党支部副书记、党支部其他委员。山东省村党支部书记兼任村委会主任的达23%,"两委"委员交叉兼职的占69%。广东省顺德市191名村党支部书记,有157名兼村委会主

任。从已经实行"两委"成员交叉兼职的地方看，效果都比较好，减少了许多矛盾，既按各自职责办事，又"分工不分家"，互相密切配合。当然，凡是"一人兼"的，都要强调具备两方面素质，注意行使两种职责，更要注意发扬民主，听取不同意见，接受群众监督。

(五)更新思想观念，改进工作方式

从各地的实践看，发挥村党支部的领导核心作用，村党支部领导班子成员，特别是村党支部书记必须更新思想观念，牢固树立依法办事的观念，改进工作方法和领导方式，从过去包揽一切具体事务中解脱出来。首先要抓大事，认真贯彻党在农村的各项方针政策，对全村经济和社会发展的重要问题，必须经集体讨论研究决定。在涉及村民利益的问题，如集体经济所得收益的管理使用、村办学校和村建道路的兴建维修、土地承包、宅基地审批等问题上，村党支部提出意见或建议，通过村民自治的渠道，取得多数村民的认可和赞同，由村民会议讨论决定，从而把党组织的意图变成群众的自觉行动。坚决制止和纠正有法不依、以言代法、压制民主等错误做法。要组织村干部认真学习党的方针政策、上级有关文件和国家法律法规，引导他们树立政策观念和法制观念。党支部书记要以身作则，做好表率。要及时组织召开"两委"联席会议，交换意见，协调工作，帮助村委会解决工作中遇到的困难，指导村委会正确处理与乡镇政府和村级其他组织的关系。这样，党支部的工作有了正确的定位，领导核心作用才能真正落到实处。

(摘自作者在2000年全国人大内司委研讨会上的发言)

5

Yearbook of Democratic and
Political Grass Roots Construction In China

2001 中国农村基层民主政治建设年鉴

第五部分
专题与案例

Chapter Five
Special Subjects and Cases

—专 题—

《中华人民共和国村民委员会组织法（试行）》诞生记

白益华　王 然

引 子

这个时代。

年年月月日日都像清晨，充满希望蓬勃的生机。你随便揭开哪一页历史，都有这样的感觉，这样的记载。

1987年11月24日：我国历史上第一部为农民制定的法律——《中华人民共和国村民委员会组织法（试行）》诞生日。这个日子昭示天下：中国农民行使民主权利有了法律保障。

健全民主的标志之一，就是完善法制程序。关系到8亿农民的重要法律的诞生，正是中国加快社会主义民主进程的一大标志。

孕育这个日子产生的历史，就是整整一部关于这个时代中国推进社会主义民主的编年史。

这部编年史应该囊括的不仅仅是一个日子诞生的一部法律，而且还记载了中国8亿农民当家作主行使民主权利获得法律保障的产生过程。

这个过程的揭示，将使我们更深刻地领悟到这一法律产生的深远意义。

正如一位法学家指出的：只有人民真正了解了法律产生的背景，诞生的历史，才能倍加信任，珍惜、维护、运用法律。

第一章　时代情绪在中国

1

在占地球总人口五分之一的中国，经历"十年动乱"之苦的中华民族，深感健全社会主义民主与社会主义法制之重要，加强社会主义民主与社会主义法制建设，成为党的十一届三中全会以来的一条重要方针，成为10亿人民的共同愿望。

农村实行生产责任制以后，中国农民经济上自立了，政治上也迫切要求自主。而中国农村民主的生机勃发则是从占中国总人口五分之四的农民创造了村民委员会开始的。

历史在波涛起伏中闪身跨进80年代。随着农业生产承包责任制的普遍展开，农村旧有的体制和传统受到猛烈的冲击。

1980年，四川省广汉县出现了全国第一个乡政府——向阳乡人民政府。人民公社的体制被冲破了！

1981年，广西壮族自治区宜山县三岔公社出现了全国第一个村民委员会。生产大队的管理体制又被冲破了！

在我国，一切权力属于人民，人民是国家的主人，但人民自己如何行使民主权利的问题需要进一步地完善和解决。占全国总人口五分之四的农民自己如何行使民主权利的问题更需要完善和解决。

就在这种背景下，群众创造出村民委员会这种自己管理自己、管理本村的和与他们自己切身利益有关的各项事务的自治组织。

伟大的无产阶级革命导师列宁有句名言：社会主义是群众的活生生的创造。

群众创造的萌芽期往往如同"珍玉"。"和氏璧"的埋没是因为没有识"玉"的人。

村民委员会这种农村基层群众性自治组织的诞生，是基层民主的最好形式，是一块未经加工的"璞玉"。然而，中国的农民群众并不知道，即使手捧"和氏璧"的创造者们也没有想到，识"玉"的知音是全国人大常委会委员长彭真。

村民委员会刚刚出现，就得到彭真委员长的极大关注。他说，这是农民群众自己的创造。他要求全国人大常委会、民政部认真调查研究，总结推广。在他和有关方面的重视支持下，村民委员会在广西宜山、罗山一带成片出现了。

继广西之后，北京、河北、吉林、山东、江苏、安徽、福建、四川、甘肃等9个省市，在进行人民公社政社分开、建立乡政府试点的同时，也在试点乡建立了村民委员会。

2

1982年4月。阳光明媚的春天。给人们留下了难忘的记忆。

人们惊奇地发现：村民委员会庄严地列入了中华人民共和国宪法修改草案。彭真同志在五届人大第二十三次会议上作宪法修改草案的说明中指出：居民委员会、村民委员会是我国长期行之有效的重要组织形式，这次将它列入宪法修改草案，规定它是群众性自治组织。

可惜，在当时，村民委员会还没能登上新闻媒介的"大雅之堂"。换言之，农民如何行使民主权利的问题，并没被奉为社会敏感神经的新闻界所意识。

但是，这阻挡不住农村实现社会主义直接民主的进程。建立村民委员会的工作迅速扩展，全国绝大多数省、自治区、直辖市都铺开了建立村民委员会的试点工作。

1982年12月，共和国历史上的第四部《宪法》——新《宪法》颁布了！在五届人大第五次会议上，彭真同志以他那洪亮的声音欣喜地宣布：我国的村民委员会，现在列入了《宪法》！

新《宪法》对村民委员会的肯定，也是对农民群众伟大创造的肯定。

但还不仅仅如此。彭真同志进而指出：在基层社会生活中要加强群众自治组织的建设，以便发动群众自己管理自己的公共事务和公益事业。实现这些，将使我国社会主义民主得到进一步发展。

3

彭真同志刚刚结束了他的讲话，就踏上了杭州的土地。这是1982年底到1983年初，彭真同志带着如何建立村民委员会的思考，亲自去调查研究。

与此同时，全国人大常委会、中央政法委员会、民政部也进行了大量调查研究，总结了不少典型经验，推进了村民委员会的试点工作。除西藏自治区以外，建立村民委员会的试点已在全国各地普遍展开。

1983年6月，在六届人大一次会议上，彭真同志强调：要认真总结推广群众性自治组织的经验，充分发挥村民委员会的作用。

是年9月，中共中央、国务院发出《关于实行政社分开，建立乡政府的通知》。通知对建立村民委员会问题做了明确规定，同时，首次提出了村民委员会的立法要求。中国基层农村民主政治建设的历史转折点就在这时界定了。全国（大陆）29个省、自治区、直辖市建立村民委员会的工作进入了有领导、有计划、有步骤的轨道。

村民委员会的立法工作从此开始。

4

1986年9月5日，国务院常务会议。

议题：讨论《村民委员会组织条例》。

主持人：国务院副总理姚依林。

这是一次不同寻常的会议。关系到8亿农民的基本大法将在会上做出评判。

这是一次严肃的会议。既是对村民委员会立法工作的审视，也是对伴随农村经济体制改革而发育的基层政治体制改革的小结。

送交这次国务院常务会议上讨论的《村民委员会组织条例》，已经是第九稿了。

5

因此有必要把镜头拉回到1984年，记述《村民委员会组织条例》从产生到第九稿的编年史。

1984年是我国农村经济体制改革深入发展、农业生产取得丰收的一年，也是基层政治体制改革硕果累累的一年。

截止到9月底，全国有89%的县级单位完成了建乡建村工作，共建乡政府80140个，建立村民委员会659560个。

截止到12月底，全国（大陆）除西藏自治区外，其余省、自治区、直辖市全部完成了建立乡政府和建立村民委员会的任务。

农村人民公社政社合一的体制被乡、民族乡、镇人民政府所取代。

农村基层组织生产大队的体制被村民委员会所取代。

随着村民委员会的建立，许多地、县制订了村民委员会工作简则。

最先颁布村民委员会工作章法的省级单位是天津市。早在中共中央、国务院发出《关于实行政社分开，建立乡政府的通知》一个月后，即1983年10月，就发布了《天津市村民委员会工作简则（试行草案）》。

继而，北京、浙江、内蒙古、山西、黑龙江、宁夏等省、市、自治区也发布了村民委员会工作简则。

多数地方的村民委员会订立了工作制度，订立了村规民约。

与此同时，民政部加紧了对村民委员会立法工作的调查研究。

1984年8月，参照一些地方制订的《村民委员会工作简则》，《中华人民共和国村民委员会组织法》的最先一稿——《村民委员会组织条例》产生了！

民政部领导立即指示，将草稿发辽宁、吉林、黑龙江、天津、湖南、江苏等6省、市征求意见。民政部民政司随即派员到山东征求意见。

1985年，早春二月。全国建乡建村工作全部结束。经过体制改革，共建立了村民委员会94.8万个。

村民委员会工作渴求章法，农民民主自治权利呼唤法律保障。

民政部相应加快了村民委员会的立法步伐。

2月24日，民政部民政司根据征求的意见将条例作了修改，形成第二稿。立即发四川、山西等8省、市征求意见。民政部领导带队兵分三路深入各地听取意见。

7月，又修改出第三稿。民政部领导指示，立即发全国各省、自治区、直辖市、计划单列市及中央有关部门、大专院校、法学研究单位征求意见。

10月，汇总各方面意见修改出第四稿，发给当时正在京参加建市座谈会的14个省、市的同志讨论修改。

11月11日，又修改出第五稿，提请民政部部务会议讨论研究。结论是：斟酌后，送全国人大法工委、中央农村政策研究室、国务院法制局等部门征求意见，然后，提交部务会再讨论。

12月26日，根据中央三个部门的意见和民政部部务会议的意见，民政司修改出了第六稿，并起草了《关于〈村民委员会组织条例〉的说明》。

1986年。

1月18日，民政部第二次召开部务会讨论《村民委员会组织条例》。崔乃夫部长强调：村委会的性质必须按《宪法》规定写；村委会的任务要考虑现实情况；村委会的规模一般设在自然村；村委会的干部报酬要与中央文件规定一致。此次会议原则通过了条例草案，由民政司再作修改，经部领导签发，报中央政法委员会。

1月29日，崔乃夫部长签发、以民政部党组的名义，将《村民委员会组织条例》及其说明，一并报中央政法委员会。

4月8日，中央政法委员会召开了政法口党内联席办公会，原则通过了民政部起草的条例草案，要求民政部根据讨论提出的意见，进行修改之后，报送国务院审查。

上报的条例草案转到了国务院法制局。法制局对条例草案及说明进行了认真讨论，并再做修改，发到中央有关部门征求意见，之后，又和民政部交换了意见，至此，才摆在了国务院常务会议上。

6

无须去渲染国务院常务会议的讨论如何认真热烈，也不必去描绘争论的民主气氛，我们只想摘下几段发言记录：

李鹏：村民委员会下设的机构，有的可设委员会，有的可设委员，有的可设小组，可以多种形式，不要规定得过死。

田纪云：村委会下设的机构，根据村的实际情况决定，不要加重群众负担，对享受补贴的人也要加以限制。

陈慕华：村民委员会要协助乡政府做计划生育等项工作，否则，这些工作不好落实。

宋健：村委会要教育村民响应政府号召，完成国家分配的任务。村委会主任不要限制任期，连选可以连任。

田纪云：这个草案写得不错，个别地方再修改一下。

姚依林：条例草案总的很好，没有什么问题，民政部再修改一下，此次会议原则通过。

从抄录的这些发言中，我们不难看出共和国的总理们对民情是如何地了解，对民心是如何地体贴，对民众是如何地爱护，对关系8亿农民切身利益的大事又是如何地严谨周到！没有深入透彻地调查，没有对实际的了解，是难有这些真知灼见的。

这次常务会议形成了纪要，其三条意见是：

（一）村民委员会要根据村民居住的情况、人口多少、工作繁简及方便群众的原则设立，那些人口众多的大村，可以设一个或一个以上村民委员会，人口分散的小村可以不设，也可以几个村联合设一个。

（二）村民委员会下边的机构设置要力求精简，可由村民委员会干部兼任调解员或治安保卫员等职务。对享受补贴的人数要限制，要尽可能少，尽量减轻群众的负担。

（三）村民委员会的任务要有督促群众完成国家分配的各项任务，带领群众进行社会主义精神文明建设，开展计划生育等项内容。

7

1986年10月11日，国务院向全国人民代表大会常务委员会提请了经过再次修改的《村民委员会组织条例（草案）》的议案。

8

1987年1月12日，六届全国人大常委会第十九次会议在人民大会堂隆重召开。《村民委员会组织条例（草案）》被列入会议的第二项议程。

受国务院委托，民政部副部长邹恩同向会议作了说明。说明剪辑：

"《村民委员会组织条例（草案）》，是在坚持四项基本原则的前提下，本着逐步实现农村基层社会生活的直接民主的指导思想起草的。草案自始至终贯穿着这样一个精神，就是充分发扬民主，坚持群众路线，由群众进行自我教育、自我管理、自我建设、自我服务，办好自己的各项事务。"

邹恩同在40分钟的报告中，分别就村民委员会的性质和任务、规模与机构设置、组成人员和任期、工作作风和工作方法、工作经费和报酬以及与乡镇政府的关系等6个方面的问题作了说明。

9

各位委员在审议中，十分认真热烈。

意见一：草案规定的村民委员会的10项任务太重，与其作为基层群众性自治组织的性质不符。

意见二：应在开头加上为了切实加强农村基层社会主义民主政治建设一句话，突出制定村民委员会组织条例的主旨。

意见三：村民委员会与乡、镇政府究竟是指导还是领导关系，还需要认真研究，既要不违背《宪法》精神，又要符合农村实际。

意见四：条例应对村民委员会干部的素质做出规定。……

意见的充分与深刻，恰好表现出委员们强烈的民主意识。

10

六届人大常委会第十九次会议整整开了10天。

1月22日的闭幕式上，陈丕显副委员长宣布：这次提请常委会审议的《村民委员会组织条例（草案）》，拟交由全国人大法律委员会和全国人大常委会法制工作委员会在会后根据委员们初步审议的意见和各地、各有关部门的意见研究修改，再提请常委会审议。

这就是《村民委员会组织条例（草案）》第一次在全国人大常委会上审议的结果。

第二章　民主立法

11

1987年3月10日，六届全国人大常委会第二十次会议在人民大会堂开幕，这是六届人大五次会议前的最后一次常委会，主要审议五次会议的有关文件。

《村民委员会组织条例（草案）》继第十九次会议审议以后列人第二十次会议的第一项议程。

从第十九次会议到二十次会议的两个月间，《村民委员会组织条例（草案）》又经过了三次讨论修改。

第一次修改的是法律的起草单位——民政部。修改的主要内容：加上了立法的宗旨；进一步明确了村民委员会是村民自己组织起来，进行自我教育、自我管理、自我服务的基层群众性自治组织；对村委会的任务在条文上适当做了合并与增删等。

第二次研究修改的是法律的审查单位——全国人大常委会法制工作委员会。2月21日，人大常委会法制工作委员会在友谊宾馆召开座谈会，北京、辽宁、山东、江苏、河南、广西、云南7省、自治区、直辖市及部分县、市代表，全国人大、中组部、中央农村政策研究室、国务院法制局、民政部、农牧渔业部等中央有关部门的同志聚集一堂，对法工委新的修改稿再次进行讨论。为期3天的座谈，对村民委员会的任务、性质、规模及与乡镇政府的关系等主要问题的认识更加明确，意见趋于一致。

继后，全国人大法律委员会又召开全体会议，委员们对法工委的修改稿逐条逐句进行了审议。

3月7日，法律委员会再次召开全体会议讨论修改稿，主要变动是：

将原条例草案的15条修改增加为21条；

改动了村委会的任务，包括规定多民族居住的村，村委会应当教育村民加强民族团结，互相帮助，互相尊重；

规定省、自治区、直辖市的人民代表大会常务委员会可以根据村民委员会组织条例制定实施办法；

规定了条例实施时间；等等。

宋汝芬副主任委员对修改稿作了说明。会议决定：将修改稿提请第二十次常委会议审议通过。

12

彭真委员长主持第二十次会议开幕式。

人大法律工作委员会副主任委员雷洁琼做关于村民委员会组织条例草案审议结果的报告。

连续两日，委员们进行审议。大部分委员认为修改稿比较成熟，比较符合我国农村实际，希望这次会议能够通过。不同意见集中在对村民委员会的性质争论上。

3月14日，人大法律委员会根据委员们审议的意见，对条例草案又修改出一稿。

3月16日，第二十次会议举行联组会。这是人大充分发扬民主的一种形式。委员们在这里开诚布公，各抒己见。

彭真同志坐在其间，认真听取委员们的意见。

会上，彭冲副委员长郑重宣布：委员长会议经过慎重考虑，建议将《村民委员会组织条例（草案）》提请六届全国人大五次会议审议。

人大法律委员会副主任委员项淳一就委员长会议的这一建议作了说明。

彭真委员长即席发了言。发言笔录：

"《村民委员会组织条例》原来准备提请本次常委会审议通过，委员长会议商议结果，认为应该提请六届人大五次会议审议通过。因为这是个重要的基本法，是国家重要的基本法之一。

"旧中国留给我们的，没有什么民主传统。我们建国之后只有三十多年，我们缺乏民主的习惯。解放区的民主，是战时民主。一切为了前线打仗，集中多于民主。搞得最长的解放区，也不过是8年抗战、3年多解放战争，时间很短，民主习惯也不多。建国以来我们吃了大亏，‘文革’搞大民主，实际上没有民主。

“怎样加强民主建设？光靠批评是解决不了问题的。全国人大、各级人大自上而下，发展社会主义民主，健全社会主义法制，是一个方面。从下而上，从村民委员会、居民委员会发展群众自治是另一个方面。

“这个《村民委员会组织条例》就是从下边搞起，培养群众的民主习惯。这个法涉及8亿人民。制定和贯彻这个法，实际是全民的很实际的民主训练班，是发展社会主义民主的很重要的一项内容。所以这个法要提到人大会议审议通过。应该也必须这样做。原来我们考虑不够，委员长会议的临时动议，我赞成。如果大家同意，就把它提交到六届人大五次会议审议通过。

“《村民委员会组织条例》对在全国人民中间培养民主习惯会产生很大影响。上有全国人大，各级人大，加强民主与法制；下有群众自治，上下一夹，作用就大了。

“村民委员会不是基层政权的手脚，是基层群众性自治组织。我们还是第一次搞，尽管还不够完备，但几年之后，经验就会完备起来。”

彭真同志的话音突然停了。他想起国家的根本大法——《中华人民共和国宪法》，他感情深沉地说，“请读一下《宪法》第111条”。宣读《宪法》第111条的声音在会议室响起：“城市和农村按居民居住地区设立的居民委员会或者村民委员会是基层群众性自治组织。居民委员会、村民委员会的主任、副主任和委员由居民选举。居民委员会、村民委员会同基层政权的相互关系由法律规定。居民委员会、村民委员会设人民调解、治安保卫、公共卫生等委员会，办理本居住地区的公共事务和公益事业，调解民间纠纷，协助维护社会治安，并向人民政府反映群众的意见、要求和提出建议。”

彭真同志不无感慨地讲道：“及时向人民政府反映群众的要求、意见，提出建议。10亿人提出建议，是很大的民主，这样大的规模可以想像得到……”

13

六届全国人大常委会第二十次会议经过几天认真审议，完成本次会议的议程，于3月19日下午举行闭幕式。123位委员出席。

陈丕显副委员长主持。他宣布：关于《村民委员会组织条例（草案）》，全国人大法律委员会根据委员们提出的修改意见做了修改，在联组会议做了汇报，经委员长会议研究，联组会议同意，建议将这个法律草案提请六届全国人大五次会议审议。

表决结果，114票赞成，0票反对，9票未按表决器，通过了这个建议。

14

1987年3月25日，六届全国人大五次会议在人民大会堂隆重开幕。

《村民委员会组织条例（草案）》经过两次人大常委会议审议，列入了六届人大最后一次全体会议的第4项议程。

4月2日，在大会举行的第三次会议上，彭冲副委员长做了关于《村民委员会组织条例（草案）》的说明。

彭冲说，在农村设立村民委员会，由村民按照民主原则组织起来实行自治，是《宪法》规定的我们国家完善基层制度的一项重大改革，是发展社会主义民主的重要形式。把村民委员会搞好了，必将进一步调动农民的社会主义积极性，推进社会主义物质文明和精神文明。

彭冲提出：“鉴于《村民委员会组织条例》是很重要的基本法律，建议改为《中华人民共和国村民委员会组织法》。”

15

审议《中华人民共和国村民委员会组织法》，气氛再度达到高潮。

各族人民代表逐字逐句审议，庄严的神情仿佛在进行一次历史的选择。

湖北代表杨小运：“《村民委员会组织法》是为农村农民制定的法律，这对8亿农民来说是一件值得庆贺的大事。”

山东一代表：“目前通过《村委会组织法》的时机尚不成熟，建议暂缓通过。”

河南代表杨景三：“根据《宪法》制定的这个法，目的是进一步推进社会主义民主化进程，调动农民当家作主的积极性。要相信农民能自己管好自己。建议本次大会通过这个法。”

福建一代表：“村民委员会自治是发扬社会主义民主的好形式。但现在要依法执行，条件还不成熟。农村基层组织及其职责、作用，目前需要稳定，过于仓促的变动，不利于保持稳定。”

河北代表刘军：“这个法的通过和实施可以制止目前农村一些干部无法无天、独断专行的恶霸作风；克服农村政社分开后什么事都无人管的混乱状况；避免再发生建国以来农村出现过的瞎指挥等问题，使村民委员会真正起到自我管理的作用。”

贵州一代表：“建议把村民委员会的性质定为政府的一级基层政权组织。如果村民委员会成了群众性自治组织，乡镇政府的管理工作会很困难。”

广东代表梅益："乡、镇政府与村民委员会是指导还是领导关系，这个问题涉及我们多年来的工作方法要不要改革的问题。完成各项任务是靠过去的老一套，习惯用行政命令还是通过指导、帮助，靠提高群众的觉悟去做工作？后者的做法才能体现真正的民主自治，才符合《宪法》精神。靠行政命令，靠'脚'来做工作就会削弱民主自治。"

有代表提议："我国幅员辽阔，各地经济、地理条件差别很大，只有一个统一的条例还不够，各省、自治区、直辖市应该结合当地的实际，制定实施细则。"

有代表提议："此次大会原则通过，授权人大常委会根据《宪法》原则，参照大会审议的意见，进一步调查研究，总结经验，修改审议后颁布执行。"

……

民主气氛在这次审议中表现得相当充分。一个代表团中，常出现针锋相对的意见；在一向谨慎的舆论传播中，人大代表审议《村民委员会组织法》的各种意见登上显著位置。人民日报把"不少代表提出修改意见，有的代表认为目前通过尚不成熟"的事实作为了标题。

此时，农民呼唤民主的声音已呈现出一种焦渴的情绪："目前，农村的一个突出矛盾，是民主和土皇帝的矛盾。有土皇帝就没有民主，要发扬民主就必须消灭土皇帝。制定《村民委员会组织法》，有利于加强农村基层群众自治组织建设。认真实行村民自治，是消灭土皇帝，发展社会主义民主的好办法。"

从人大常委会收到类似内容的若干群众来信中，我们完全可以感受到在人民心中涌动的民主情绪。

16

在代表审议的同时，人大法律委员会、民政部、大会主席团对《村民委员会组织法》的修改完善做了不少工作。

4月4日下午，人大法律委员会召开会议，研究如何修改问题。在民政部领导的主持下，民政部民政司再做修改，并重新起草了说明。

4月5日下午，人大法律委员会宋汝芬、项淳一、顾昂然3位领导同志和民政部、国务院法制局的领导同志进一步研究修改方案。3点以后，彭真同志召集各代表团负责人会议，对村民委员会的性质、任务以及与乡政府的关系等问题发表了意见，陈丕显同志也讲了话。

17

4月6日上午。

彭真同志再次召集各代表团召集人、法律委员会、民政部领导同志在人民大会堂二楼圆厅开会，听取各代表团对《村民委员会组织法》的审议意见。

彭冲同志讲了修改意见。

广西、黑龙江、云南、陕西、山东等14个省、自治区代表团召集人发表了意见。

之后，彭真同志就制订《村民委员会组织法》问题作了重要讲话。

彭真同志讲话录音剪辑：

"民主自治问题考虑了不止5年，多少年了。'文革'后就提出政社要分离。怎么分？直到1982年制订《宪法》时，一直有个困难的问题，就是乡的规模大了，群众行使民主权利困难。搞村民自治，那时就提出来了，需要有个群众自己办理自己事务的组织。有些事，该他们自己办的，国家替他们办了。比如村里有些游手好闲的人，懒汉，自己管很好管，也由政府管了；校舍坏了，村里一招呼，你搞木头，他搞砖，很快就修好了，把这种事交给政府，收了钱，再去修，不知等到哪一年；南方有水塘，干了，没有水，村里办很方便，乡里办就很难。村民中间的事，多数人同意，自己办可以减少许多麻烦，也可以减少许多摊派。最主要的还不是这个。苏维埃时期、抗日战争时期、解放战争时期，我们与群众的关系怎么样？哪里有强迫命令？一点也不脱离群众。战争期间，不论在敌占区，还是两面政权，我们活动很自由，我们的伤病员可以受到群众的保护。那不是靠强迫命令。我们非常怀念那个时代。少奇、小平、我，60年代到莫斯科，和使馆同志照相，让领导同志坐中间。我把炊事员拉到少奇、小平同志中间坐。……

"现在，群众对我们乡干部的评论怎么样？我是听到很多难听的话。下命令多，为群众办事情少，与群众的关系疏远了，要恢复我们的优良传统，有事与群众商量，群众自觉自愿地办，而不是我们强迫群众办，这是关系到党的生死存亡的问题。……

"毛主席说，群众路线是我们的基本路线。如果不恢复我们的传统，会是什么样子？现在说服教育少了，强迫命令多了。每个党员入党时都讲为人民的利益牺牲一切。现在不说享受在后，至少要吃苦在前，平等待人吧！管你总理、委员长，总要平等待人吧！……

"十月革命后，有人问列宁，这事怎么办，那事怎么办？列宁说，你去问工人，问农民，看他们要求怎么办，什么事都要和群众商量，无非多商量几次。与群众的关系要成为鱼水关系、血肉关系。过去哪有什么宿舍、办公室，我们到村里，群众马上腾一间房子，腾一面炕给我们，马上做饭吃。我那时岁数不大，老太太讲：孩子，快吃饭吧！现在还能听到这个话吗？什么委员长、总理、书记、省长，不这样叫好像就是不尊重。合乎马列主义原则吗？……

“许多同志工作简单化，一句话，马上完成。不要以为党员、干部都同我们一样，许多新党员没有受过多少党的传统教育，只知道完成任务就是好样的，完不成要受批评，不懂得有事和群众商量。大家都讲监督，人大是监督了的，政府工作报告、预决算，我们是讨论了的。光有这个还不行。乡干部谁监督？监督得了吗？一天24小时也监督不过来。我们历来讲党员、干部受群众监督，革命胜利以后削弱了。有的党员人党后脱离群众，不解决这个问题，危险。等群众打扁担的时候还得解决。……

“《宪法》中对村民自治专门写了一条。《宪法》，光中央讨论了8次，每条都逐字逐句地研究，后来发动全民讨论，代表了全民的意志。人大通过时，3000多名代表只有3人弃权，这3个人也不是全都有意见，是对个别条款有意见。现在快5年了，还没看出《宪法》有多少不符合实际的。写村民自治这条的目的，是恢复干部群众的鱼水关系。现在需要恢复我们群众路线的传统。……

“我们知道乡干部是很辛苦的。刚才有人说，上面系统，中间笼统，下面总统，过去叫上面千条线，下面一根针。但是不能搞强迫命令。现在摊派多得不得了，群众说，不怕一次拿五十、七十，就怕今天三块明天两块。搞村民自治的意义就是让群众看得见、摸得着，谁是谁，大家都知道。

“在座的许多同志都是做过基层工作的，不是不理解乡干部的苦处，但不能强迫命令。群众对合理的东西是会接受的，对不合理的就要顶。写《宪法》第111条就是干这个用的。8亿农民和咱们一条心，那还不是安定团结？担心自治影响安定团结，不会的。担心自治会搞乱，不必。基本的东西要定下来，搞自治。不然人家讲，你人大搞了五十多个法，为什么对几千字的自治法就不积极？这个法通过以后，还要搞居民委员会组织法。我们大家都认真研究修改，在座的谁也跑不了。”

彭真同志足足讲了40分钟。话音一落，掌声沸腾。

18

推心置腹的话语，暖人心怀。

真正的民主是要让人民了解真实情况，激起参与监督的热情。

19

一个国家法制建设的本质是维护保障人民民主和自由的权利，使人对社会产生公平感、安全感、责任感。

为保障8亿农民行使民主权利而制定的《村民委员会组织法》当然具有这一本质。

民主立法融进民主精神，民主的法律将更为庄严与神圣！

20

仍是4月6日。

下午4点半，彭真同志主持召开了党内委员长会议，就村民委员会的性质、任务、工作作风和工作方法、村干部的教育与训练等问题做了重要讲话，再次对《村民委员会组织法》的修改进行了研究。

4月8日，彭冲同志主持召开各代表团召集人会议，研究《村民委员会组织法》审议问题。

21

4月11日下午3时，六届人大五次会议举行闭幕式。

大会以2661票赞成，2票反对，11票弃权，通过了关于《村民委员会组织法》的决议。这就是：

六届人大五次会议原则通过《中华人民共和国村民委员会组织法（草案）》，并授权全国人民代表大会常务委员会根据《宪法》原则，参照大会审议的意见，进一步调查研究，总结经验，审议修改后颁布试行。

第三章　想像、希望

22

《中华人民共和国村民委员会组织法（试行）》产生的过程揭示到这里，人们已经可以深切感受到8亿农民行使民主权利获得法律保障来得是多么地不易！共和国的领导人为此做出了多大的努力！

还可以领悟到法律的民主原则在这个过程中得到了多么充分的体现！

列宁认为，社会主义和民主是不可分割的。劳动人民是通过争得民主自由而执掌政权的。他们也只有在全面发扬民主的条件下才能巩固和行使这种权力。

保障这种权力的惟一途径是法制。因为法制的使命是使社会不受滥用职权的影响，保障公民的权利和自由以及他们的团结和集体的权利和自由。

民主和法制就是这样紧密地联系在一起。没有民主就不可能有法制。同时，不依靠法制，民主也不可能存在和发展。

权利、法律、法制，这不仅仅是深化我们的民主和加快社会进步的产物。还是改革的可靠工具和改革不可逆转的可靠保障。

今天的改革要求在立法和法制领域内不断采取步骤。法律自然应该包括提高效率，揭示各种社会主义民主制度的潜力等这样一些任务，即应当保障人民自治的广阔天地。

让人民参与我们生活的一切过程，这自然是我们所做的一切工作的核心，也是我们笔下所记录的一切材料的主旨。

23

令人忧虑的是，未必人人都知道、都理解这一点。

一位人大常委会委员在讨论关系8亿农民的根本大法时，就曾提出这样一个意味深长的问题，我们如此严肃认真地讨论问题，反复研究争论，人民群众知不知道为了什么？

确实需要人民理解，如果我们的民主进程得到正常发展，我们就能够避免改革中的许多困难。

更需要人民明白，从最广泛的意义来说，人的因素是现代化建设的主要潜力，而把这种潜力变成现实的途径则是民主化。

24

人民的法律人民定，这是社会主义立法的民主原则。

六届人大五次会议以后，根据大会的决议，全国人大常委会、人大常委会法工委、人大常委会办公厅的领导和有关同志，兵分几路，深入到不同地区，对村民委员会的有关问题进行调查，征求群众的意见。

4月20日，人大常委会副秘书长王厚德一行奔赴革命老区——江西省井冈山市，听取当地人大和部分乡村干部的意见。

5月，朱学范副委员长走访了河北省承德市的喇嘛市村和隆化县的韩麻营村，组织召开了两个座谈会。

8月30日，人大法律委员会副主任委员张友渔赴重庆调查。

从5月到10月，人大常委会办公厅研究室先后派出调查组分赴北京、黑龙江、四川、江苏等省的二十多个县、区，数十个乡镇以及村民委员会调查，同各级人大、政府、民政、乡村干部多次座谈，先后写出4个调查报告。

与此同时，国务院法制局、民政部在进一步深入调查研究的基础上，于7月联合向全国人大常委会写出报告，提出修改《村民委员会组织法》的意见。

8月27日，人大法工委综合各方面意见，修改出一稿。

9月7日，人大常委会办公厅将修改稿印送全国人大常委会委员和各省、自治区、直辖市人大常委会征求意见。

10月24日，全国人大法律委员会召开会议，认真研究了《村民委员会组织法》的有关修改意见。

25

历史永远在前进。向前跨一步，就是一个具有划时代意义的日子——1987年10月25日，中国共产党第十三次代表大会胜利召开。

作为这篇揭示《中华人民共和国村民委员会组织法（试行）》产生过程的纪实文章，有必要记下十三大报告中的两段话。

“社会主义民主政治的本质和核心，是人民当家作主，真正享有各项公民权利，享有管理国家和企事业的权利。现阶段社会主义民主政治的建设，必须着眼于实效，着眼于调动基层和群众的积极性，要从办得到的事情做起，致力于基本制度的完善。”

“凡是适宜于下面办的事情，都应由下面决定和执行，这是一个总的原则。……在党和政府同群众组织的关系上，要充分发挥群众团体和基层群众性自治组织的作用，逐步做到群众的事情由群众自己依法去办。”

十三大报告对社会主义民主政治和基层群众性自治组织的阐述，对《村民委员会组织法》的修改完善无疑起到了重要作用。

26

11月9日，全国人大法律委员会审议通过了《中华人民共和国村民委员会组织法》的修改稿，决定提请人大常委会第二十三次会议审议。

11月12日，人大常委会第二十三次会议召开。在会议的10项议程中，《中华人民共和国村民委员会组织法》被列入第2项议程。首项议程是学习讨论党的十三大会议文件。

11月17日上午，人大法律委员会副主任委员雷洁琼作修改意见的报告。之后，常委们分组审议。

11月21日上午，彭真、陈丕显同志邀请列席此次常委会的29个省、自治区、直辖市人大常委会的负责同志座谈，就如何把《村民委员会组织法》修改得更好的问题征求意见。

次日，人大法律委员会召集会议，对常委会委员们和列席会议的29个省、自治区、直辖市人大常委会负责人提出的修改意见和建议进行了逐条研究，根据

《宪法》规定和党的十三大报告精神，对《村民委员会组织法(试行)》修改稿又提出了一些修改建议。

荣毅仁副委员长、许涤新委员建议增加"教育村民合理利用自然资源，保护和改善生态环境"、"爱护公共财产"的内容。

罗琼委员建议增加"必要时，可以邀请本村的企事业单位和群众团体派代表参加村民会议"的内容。

还根据部分委员和甘肃、黑龙江等省的建议，增加了"省、自治区、直辖市的人民代表大会常务委员会根据本法和本地区实际情况，规定实施的步骤和办法"的规定。

11月23日下午，举行联组会议。全国人大法律委员会副主任委员项淳一对修改建议作了汇报。接着33位委员和列席会议的省、自治区、直辖市人大常委会负责人先后发言。彭真同志也发了言。

"实行群众自治，发扬基层直接民主，不是今天才提出来的。1982年《宪法》明确规定，居民委员会、村民委员会是基层群众性自治组织。对于这个问题，中国共产党党章和十三大报告都有阐述。

——10亿人民如何行使民主权利、当家作主？一个方面是通过各级人大行使国家权力；另一个重要方面是在基层实行群众自治，群众自己的事情由群众依法去办。这是国家政治体制的一项重大改革。

——办好村民委员会，实行村民自治，是一项艰巨的长期的任务，一下子铺开，都做到，不可能。我们要耐心地、深入地、扎扎实实地做工作。经过实验，逐步推广。成熟一个搞一个，成熟一批搞一批，不能互相攀比，不搞形式主义。"

听完彭真同志的发言，一位委员感慨万端：民主是一种公正的政体。我们应该珍惜它，捍卫它！

11月24日下午，人大常委会第二十三次会议闭幕式上，对《中华人民共和国村民委员会组织法(试行)》进行表决：

赞成：113票；

反对：1票；

弃权：6票。

《中华人民共和国村民委员会组织法（试行)》通过了！

27

1987年11月24日，中华人民共和国主席李先念签发命令，将《中华人民共和国村民委员会组织法(试行)》向全中国、全世界公布。

这部法律，仅有21条，1800多字。条文虽然不多，文字虽然不长，但它在共和国的立法史上却是罕见的：

它从1984年开始起草到1987年正式诞生，历时4年；

它经过3次人大常委会会议，1次全国人大代表大会审议，是一部在人大审议次数最多的法律；

它从草拟到通过，前后上下共修改三十多次(稿)；

向各地、各部门及有关单位征求意见多次；

委员长彭真先后发表7次重要讲话；

党中央、国务院、人大常委会的主要领导同志在各地视察工作时，也对村民委员会的情况进行了调查；

对它的审议，发表意见的热烈程度和民主气氛，在立法史上首开先例。

......

28

《中华人民共和国村民委员会组织法（试行)》的诞生，标志着我国农村基层的社会主义民主政治建设开始进入新的历史发展阶段。

这是8亿农民值得骄傲自豪的一段历史，是中国农村实现社会主义直接民主的里程碑！

我们需要了解这段历史，更需要珍爱这段历史。

29

民主现在激起了人民的想像，鼓舞了人民的希望。

想像与希望凝聚为力量。

人民群众是历史的创造者。历史不会违背人民的想像与希望。

30

1988年3月25日下午3时，2900多名人大代表跨上高高的人民大会堂台阶，走进雄伟的人民大会堂。有人形容他们是中华民族汇聚起来的精英，在历史的进程中，将参与书写迄今为止中国民主历史进程中最浓重的一笔。这既是托付，也是期望。

主席台上高悬着国徽，横贯南北的红色条幅上写着：中华人民共和国第七届全国人民代表大会第一次会议。

宣布会议开幕的是万里。

李鹏站在话筒前，开始了长达两个小时的《政府工作报告》。

李鹏报告录音剪辑：

"社会主义民主政治的建设首先要着眼于调动基层和群众的积极性，扩大基层民主，使基层民主生活制度化，保证工人、农民、知识分子和广大群众当家作主。为了促进农村基层民主和农村建设，各级政府都要认真贯彻执行《中华人民共和国村民委员会组织法》，以保障村民实行自治，由群众依法管理自己的事情。”

这是共和国总理提出的今后5年建设和改革的任务内容之一。

这一内容将是一项长期的艰巨的任务！

8亿农民应当牢牢记住：民主，不能只是占有它，树立它，而要继续不断地在行动中实现它，检验它。

村民自治——亿万农民的伟大实践

李学举

80年代初期，家庭联产承包责任制如春雷唤醒了亿万农民，激起了农民的生产热情。连续15年的农业丰收，乡镇企业的异军突起，亿万农民进入商品市场，农村变了，农民富了，一切都在变化……

如果说，家庭联产承包责任制打开了经济体制改革的大门，那么，与之相适应的村民自治，则是从建设有中国特色的社会主义民主政治上，吹响了农村基层民主的号角。

村民委员会从诞生到发展，已有10年的历史，村民自治也有了近5年的实践，这在历史的长河中，虽只是瞬间，但在中国民主建设的长卷中，谱写了重要篇章，留下了光辉一页。

一、村民直接选举村委会干部

——打开了村民自治的大门

要说中国农民的真正选举，当从解放区用大豆粒选举农会干部开始。解放后，随着民主建设的深入，直接民主范围的扩大，选举工作已日益活跃在中国的政治舞台。村民直接选举村委会干部，就是这个大舞台上最精彩的一幕。它使平静的村庄沸腾了，默默的村民激动了……在辽宁省的某村，为了一个村委会干部候选人，爷俩、夫妻俩争得面红耳赤，八旬老人由孙子搀扶，外出人员不惜丢掉上百元收入，纷纷赶来参加选举。参选率竟达99%，离极限数字，只差一个百分点。

是什么原因，激起了农民如此的热情？一位农民这样说：“上面谁当领导，咱不在乎，选村干部，可不能马虎，咱要好好掂量、掂量。”是啊，村干部的优劣，直接关系到全村人的利益，农民怎能不投入、不关心呢！

5年来，村委会干部选举工作已普遍进行了一次，大部分村委会已经或正在进行第二次换届选举。在这场实践中，农民经受了锻炼，受到了考验，他们在创造、在发展直接选举村委会干部的经验。

候选人产生办法突破了，采用了组织推荐、选民推荐、个人自荐多种形式。特别是自荐，打破了选举工作的沉闷空气，激起了选举工作的阵阵浪花。

介绍候选人的方式突破了，改变了由组织介绍的传统作法，参选人自我介绍，使候选人与选民直接见面、对话。

村委会主要干部产生方式突破了，改变了委员分工，变为村民直接选举产生村委会主任、副主任。

确认程序突破了，摒弃了上级批准这一手续，一切尊重选举结果，选举结果具有至高无上的权威。

……

这些实质性的突破，说明中国基层民主在扩大、在发展；说明人们的观念在转变、在更新。如果将历史推回15年，自荐当领导，公开宣传自己，恐要被人耻笑，甚至被视为精神不正常。时至今日，一些“勇敢分子”冲破了旧的观念束缚，公开亮相。动员群众投自己的票，得到的不是耻笑，而是阵阵掌声和热情支持，这是一个多么大的变化呵！

这样的选举，会不会挑起家族、派性之争？会不会将“好干部选掉，不三不四的人上来”？会不会造成国家任务完不成？这是一些人的疑虑。笔者不想自发感慨，请听一听河北省获鹿县干部和村民的声音。

白鹿泉乡党委副书记张永建说：“群众的眼光常比上级领导更亮，他们清楚谁能干，谁不能干。好干部不怕选，选也选不下去，‘不三不四’的人想上也上不来。”

薛庄村新上任村委会主任薛颜芳说：“乡亲们看得起咱，咱可不能让大伙失望。”

铜冶镇铜冶村刘妙云，曾任11年村党支部书记，在工作中，得罪过一些人。这次被选为村委会副主任后，深有体会地说：“老百姓最讲公道，我秉公办事可能得罪了一些人，但却得到了大多数人的拥护。反之，如我徇私情，可以赢得一部分人欢心，但却得罪了多数。这次选举结果，就证明了这一点。”

井陉县梁家村村委会主任梁洪才说：“做村主任，是我争取，群众选举的。我要向村民负责，要将我说过的话兑现。”目前，他已按计划，组织村民荒田植树120亩，修防渗渠1480米，修路1500米。群众反映说：“这小子真不赖，说话算数，说到做到。”

二、村民代表会议

——确定了民主决策的组织形式

决策，这个概念，多年来被领导决定所掩盖，似乎变成了领导决定工作的专用词。今日，已大不相同，决策的前面加上了“民主”二字，民主决策已成为民主政治建设的重要任务，恢复了其本来的位置。

回想贯彻《村委会组织法》初期，一些地方曾为村民会议无法组织，无法研究决定问题而苦恼。的确，一个村年满18周岁以上的村民，一般都在500人以上，这么多人组织在一起，还要讨论决定问题，谈何容易。

经验来自基层，来自人民群众的发明创造，辽宁省丹东市创造了联户代表形式，由几户或十几户选出代表，参与村务工作讨论。河北省一些县，第一次提出了建立村民代表会议，代行村民会议部分职责。山东省招远市在吸收各地经验的基础上，规范了村民代表会议的议事内容、议事程序、议事原则，由市人大常委会审议通过了《招远市村民代表会议议事办法》，成为全国首家由市人大讨论通过的规定。之后，一些省人大常委会制定的《贯彻〈村委会组织法〉实施办法》，将村民代表会议制度正式列入条款。目前，村民代表会议已成为村民自治的基本制度。

村民代表会议从摸索、诞生到发展、完善，只有几年时间。但我们看到的是村民参政意识的增强、自治能力的提高，看到的是这一制度对推进村民自治发展的作用，看到的是干部和村民的珍爱。干部已将其作为村民参与的组织形式，村民已将其作为“村中人代会”，看做村中最高权力机关。村民代表为被选为代表而荣耀，村民代表会议召开之时，往往成为村民关注的热点。各地召开村民代表会议的形式，也各具特色，有的将会议决定的事情公布于众；有的利用广播、闭路电视，播放会议实况；有的吸收村民旁听……办事公开程度，村民参与热情，前所未有。干部和村民齐声共赞，就连一些外国学者，考察之后也发出“OK！OK！不可思议，真没想到”的感叹。

村民代表会议，为什么能得到干部和村民的共同赞誉？为什么有这样强的生命力？让我们将镜头对准山东省招远市，听听这里的干部和村民的如是说，看看这里发生的一些事。

玲珑镇鲁格庄村，1989年村委会计划投资10万元，修建一座老年楼，集中赡养老人。在村民代表会议上，代表们以老人与家人分居不符合中国传统习惯，助长一部分年轻人不赡养老人坏风气，有钱要花在发展生产上，三条理由否决了村委会意见。决定将这笔钱，浆砌700米输水渠道，下700米输水管道，搞300亩果园滴灌，建了一个扬水站。这件事，对干部教育很大。他们说，集众人智慧做出的决策，合民心，符实际。一些大事，真得听听群众意见。

村民谈起村民代表会议，眉飞色舞。他们说，过去村中大小事情，都是干部说了算，是群众有求于干部，难免出现请客送礼、拉关系、走“后门”现象。像宅基地分配、计划生育指标落实、粮油征购任务安排、减免以及返销粮、救济物发放等。这些，常是个别干部以权谋私的地方。现在好了，群众说了算，限制了干部谋私，避免了腐败。这就叫“请客找不着人，送礼找不到门”。

蚕庄镇小诸流村，1988年连续发生了11起报复干部的事件。镇政府下了很大力量，始终也解决不了。1990年，村里建立了村民代表会议，代表会议的第一次会议，主要内容就是听取村民意见。结果村民代表提出30多条意见和建议，村干部该检讨的就检讨，该说明的就说明，结果村民满意了，对立情绪清除了。招远镇前柳行村，过去因宅基地分配问题，群众告，干部气。1990年，他们将镇给村的3户建房指标，提交村民代表会议讨论，代表们对申请建房的8户，逐户分析比较，最后分配给3户急需户，其他户也无怨言，认为分配合理。这个村的支部书记在总结这件事时，得出这样一条认识：“群众的事，干部命令去干，事事难办；实行民主，群众自己去办，事事好办。”

三、村民自治章程

——规范了民主管理制度

我国有一出戏，叫《徐九经升官记》，其中有一句流传甚广的名言，“当官不为民做主，不如回家卖红薯”，曾得到不少人赞扬。这里，我们不否定其为民伸冤，为民办事的积极意义。但仔细分析起来，并不适合社会主义民主政治的要求，那种“代民做主”的思想，应用由民做主代替。《村委会组织法》的基本精神，就是村民自我管理，依法办理自己的事情，那么，村民如何自我管理，曾一度是个谜团，引起许多人的深思和探索。

村民自我管理，原则好定，但它毕竟不是一句空泛的口号，需要切实的措施保证。山东省章丘市在探索新时期村级管理的实践中，提出了“依法建制，以制治村，民主管理”的思路，发动群众，制定了《村级规范化管理试行办法》，后经规范、完善、提高，形成了《村民自治章程》。从此，冲破了谜团，找到了民主管理办法，很快地在社会上形成共识，成为村民自我管理的基本制度。

现在，让我们具体剖析一下《村民自治章程》。

《村民自治章程》找到了法律规定与执行的结合点。凡在农村工作过的人都清楚，村中的事涉及方方面面，上至国家法律、党的政策和政府任务的落实，下到群众日常生产、生活，邻里纠纷，家庭关系……千头万绪,繁杂具体。面对这样一个繁杂的横断面,如何实现自我管理?章丘的作法,首先是解决依法建制问题。就是制定出一套上合国家法律,下合村情民意的具体规章制度。对村级经济管理、社会秩序管理、组织管理,确定内容,形成条款,一经村民讨论通过,就成为村民行为的规范,成为村干部开展工作,处理问题的依据,被群众称之为“村中小宪法”。

《村民自治章程》找到了“自我管理”的办法。没有规矩不成方圆,一个村如无统一规矩,将是一盘散沙。村民自我管理,不是想干什么,就干什么。村干部和村民的行为,必须遵循既定的规矩。这并不是要限制人身自由,而是以保证国家集体利益,保证大多数人利益为前提。《村民自治章程》的内容,正是如此,对村民该做什么,不该做什么,应怎样做,不应怎样做,违者如何处理,做了明确、具体规定,成为全体村民共同遵守的行为规范。因此,《村民自治章程》规定的内容,代表了群众利益,反映了群众愿望,受到了群众拥护,获得了广泛、扎实的群众基础。这正如群众说的那样:“一切按规定办,咱没意见。”

《村民自治章程》的制定、执行体现了大家的事大家议,大家的事大家管,大家订的制度大家执行。章丘在制定《村民自治章程》过程中,坚持从群众中来到群众中去,充分尊重和保障群众的民主权利。他们在制定章程过程中,建立了由干部和群众共同组成的起草小组拟出草案后,发给各户,征求意见。然后通过村民会议表决,当众画押,形成本本,发至各户。群众说:“自己举酸了胳膊定出的章程,咱一定遵守。”

写到这里,我想起了一位区政府领导说的话:“现在当头的难啊,你说‘东’,群众偏要往‘西’里想,事事都要问个明白。”是啊,农民已不是传统观念上的农民,农民自决的观念强了,不再希望听任他人的指挥棒乱转。他们要自主,要自立。他们要靠自己的能力,体现自己的价值。这大概就是农民自己定的制度,为什么能有效执行的原因,这也正是《村民自治章程》的生命力所在。

四、村民自治示范活动

——推动了村民自治工作进程

事物的发展,往往呈现出曲折发展的规律,一开始往往不被人认识,甚至责难。但一旦成熟,被人接受,就会以排山倒海之势,不可阻挡。回想当年,《村委会组织法》刚刚出台,曾出现了一场激烈的争论,赞成者、反对者、怀疑者,众说纷纭。还是中央领导同志高瞻远瞩,及时发出了“不要争论,要注重实践”的要求,才平息了这场争论,使村民自治工作在实践的道路上,一步步推向前进。

彭真同志在《村委会组织法》颁布伊始,曾说过这样一段话:“办好村民委员会,实行村民自治,是一项艰巨的、长远的任务,一下子铺开,做不到,不可能。我们要耐心地、深入地、扎扎实实地做工作,经过试验,逐步推广,成熟一个搞一个,成熟一批搞一批,不要互相攀比,不搞形式主义。”

彭真同志的话是正确的,村民自治工作进程,也正是按照这一轨道发展、推进。这里该大书一笔的是村民自治示范活动。这项活动,是沈阳市在贯彻《村委会组织法》过程中首先提出的。1990年,中共中央(1990)19号文件提出了“每个县都要选择一个或十几个村,开展村民自治示范活动”的要求。同年,民政部专门下发了文件,进行了部署。目前,村民自治示范活动,已成为推进村民自治的重大措施,在全国健康、蓬勃发展,大部分形成了省级有村民自治示范县;地级有村民自治示范乡(镇);县级有村民自治示范村的格局。村民自治示范活动,已在全国产生了广泛影响,起到了摸索经验,树立典型,推动工作的作用。村民自治示范点,已成为统一思想的生动的现实教材,成为培养村民自治骨干的学校。犹如星星之火,正在逐渐形成全国村民自治的燎原之势。

在我就要止笔,为本文划上句号的时候,我想用几句结论性的语言,回答来自社会各界提出的“怎样看中国的村民自治”的问题。

在中国农村实行的村民自治,已有了一定的理论基础、工作基础和经验基础。凡是依法实行村民自治的地方,都取得了明显效果。不同程度地显示出村民自治在促进农村经济发展、解决基层社会矛盾、密切干群关系等方面的积极作用,已产生日益广泛和深刻的社会影响。村民自治正在获得越来越多人的理解和赞誉。实践证明,《村委会组织法》确定的村民自治的原则,符合我国农村实际,是完全正确的。只要充分相信广大农民群众,尊重农民群众的民主权利和首创精神,我国农民完全有能力、有条件建设好自治组织,办好自己的事情。

这就是近5年村民自治实践得出的基本结论。

此文写于1993年5月

中国农村基层的民主之路

——村民自治五年实践侧记

李学举

村民自治的航船，朝着有中国特色的社会主义民主政治的目标，已行驶了5个春秋。5年了，人们在关注，人们在思考，人们在发问：中国农村的村民自治到底进展如何？是啊，我们有必要对5年的航程，进行回顾、总结，向世人作以回答。

一、艰难的起步

1987年11月24日是个极普通的日子，然而在这一天，全中国和全世界都听到了一个重要消息：国家主席李先念发布了第59号主席令，宣告《中华人民共和国村民委员会组织法（试行）》已由中华人民共和国第六届全国人民代表大会常务委员会第二十三次会议通过，自1988年6月1日起试行。

一石激起千层浪……

“中国能做到吗？”这是一些“洋人”发出的疑问。“农民能自治吗？”这是一些国人提出的问题。历史的积淀和现实的疑虑，终于引起了一场——

激烈的争论：

一时间，赞成者在阐述支持的理由，反对者在陈述否定的意见，怀疑者在观望，在沉默……

争论的焦点：中国农村基层要不要建立群众自治组织？中国农民能不能自治？乡镇政府与村委会为指导关系行不行？

反对者的主要论据：中国农村基层尚不具备自治条件，农民缺乏自治能力，《村委会组织法》是超前立法。主张在农村基层建立村公所，或村委会与村公所“二块牌子，一套人马”。

赞成者的主要理由：村民自治是国家政治体制的一项重大改革，是发展社会主义直接民主的重要决策，方向是对的。不能动摇，不能后退，主张坚持实践，总结经验，不断完善。

不同的反应，不同的意见，引起了中央的注意。1989年底，由全国人大、中央组织部、民政部、人事部联合组成调查组，分赴湖南、湖北、山东、江苏、吉林等地，就《村委会组织法》的有关问题，进行了调查研究。

调查组广泛征求了各级党委、人大、政府负责人的意见，听取了乡、村干部和农民群众的看法。结果仍是两种意见，但较为集中的建议是坚持村民自治，完善《村委会组织法》部分条文。彭冲副委员长亲自主持了汇报会，并指示要听——

民政部的意见：

民政部是负责贯彻《村委会组织法》的主管部门，深知此意见的分量。崔乃夫部长要求要抓住这个机遇，将报告写得有理有据。是啊，这份报告，不是简单的肯定或否定。然而，理在哪里？据在何方？需要去分析、去研究。

这里应提及1989年5月，民政部组织的168人，对17个省，47个县，130个乡镇，504个村的现状调查。可以说，这次调查，为写这份报告奠定了基础。

让我们重放一些历史镜头：

80年代，我国农村正处于新旧体制交替的摩擦期。农民获得经营自主权后，生产热情高涨，经济收入增加，但是村级组织却软弱涣散，农村基层干部无所适从，农村工做出现了一些暂时困难。……

村级组织涣散面达30%以上，个别地区高达70%；

干群关系不融洽，个别地方出现严重对立，殴打、谩骂村干部的现象不断发生；

农村工做出现难题，计划生育、粮食征购、收取提留等，成为乡、村干部的“三大难”；

当时有这样两个顺口溜：干部说农民“不批不斗不怕你，有吃有穿不求你，有了问题就找你，解决不好就骂你。”干部说自己“一怕两上缴（征购粮和提留款），二怕肚子高（计划外怀孕），三怕火来烧（火葬），四怕扛大锹（义务修水利）。”这两句顺口溜，反映了当时工作的难度和部分干部的心态。

在这种情况下，对村级管理工作，出现了两种思路。

一谓“回轨型”。抱怨现行政策软，手段弱，主张强化基层干部管理权威，强化行政管理手段，施用“管”、“治”的办法，加强农村工作。

另谓“发展型”。本着发展、适应、前进的思路，主张总结经验教训，研究新形势下的新问题，走民主管理之路。

历史，就是这样的奇怪，每推进一步都伴随阵痛，每发生一次新的变革，都会使社会心理一度失去平衡。两种思路，形成了对农村基层管理体制的不同方式。这就是对村民自治不同认识的思想基础。然而，我们也不能得出不赞成村民自治，就是反对基层民主的结论。这是发生在特定历史时期的一种对现实问题认识的思想反映。

历史在前进，社会在发展，思想、工作只能适应新形势,不能让形势去适应思想和工作。对农村的现实问题,要采取应急措施,更重要的是要用发展的观点,朝前看,往前走。历史和现实反复证明:解决农村问题,要靠党的政策,要靠农民群众,治根治本的办法只能是走民主管理之路。

基于这种认识,民政部对贯彻《村委会组织法》,实行村民自治,提出了明确意见:

第一,《村委会组织法》符合我国农村实际,只有通过实践,其意义和作用才能被人认识。

第二,在农村基层建立群众自治组织,方向对头,意义重大,把村委会改为村公所,或“两块牌子,一套人马”,决非长远之计,不宜提倡和推广。

第三,乡政府与村委会关系定为指导,是由村委会性质决定的,不能成为领导关系。至于农村中的问题,要通过继续深化政治、经济体制改革和完善各项政策解决,与乡和村的指导关系没有直接联系。

这之后,民政部领导又多次向中央有关领导汇报,多次听到了——

中南海的声音:

彭真同志的指示。

1990年2月,为制定《村委会组织法》倾注大量心血的彭真同志,不顾高龄多病在住所听取了崔乃夫部长汇报。当崔乃夫部长谈到实行村民自治有些思想阻力时,彭真站起问崔部长:“你的态度怎样?”崔部长说:“我非常坚决。”彭真同志高兴地说:“你坚决,我就放心了。”并语重心长地说:“在基层,有人管农民,但群众怎么管干部,怎么管乡政府,没有规定,民主不完备,要彻底解决这个问题。要强化民主管理,要搞法制监督。”

1991年5月,民政部部长崔乃夫同志向彭真同志汇报山东章丘民主管理的经验时,彭真同志高兴地说:“村委会怎么办事,怎么搞,今天听了个好消息。”“可以说,我们抓了一个根本问题,这是一条道路。中国这个国家为什么能搞好,根本是群众路线问题。通过群众,由群众通过自己讨论,集中起来,再坚持下去,自己当家作主。”“过去,马克思讲无产阶级脖子上的锁链。得到天下就丢掉了锁链,有了国家,有了政权,有了大大小小的权力。现在你管人,也还是勤务员,是人民公仆,要为人民做事情。现在,有些不是为老百姓办事,把老百姓丢了。所以有了政权以后,要坚持群众路线,为人民服务,为人民办事,这是我们的宗旨,是光荣革命传统,我们都应当这样做。”并动情地说:“村民自治,我说的话,我可没有管啊,你(指崔乃夫部长)可以打个头嘛,写点文章,提倡民主管理。”

宋平同志的要求。

1990年6月,在中南海的一个会议室,由中央组织部、中央政策研究室、民政部领导,向宋平同志汇报农村基层组织状况,在谈及村民自治有些争论时,宋平同志说:“此法已公布实施,现在不要空泛地争论,要注重实践,摸索经验。”

中共中央文件的精神。

1990年8月,中共中央批转由中央组织部、中央政策研究室、民政部、团中央和全国妇联在山东莱西联合召开会议,会后发出的《全国农村村级组织建设工作座谈会纪要》中,明确指出:

“村民委员会是在党的领导下,在国家法律规定的范围内由村民自我管理、自我教育、自我服务的群众性自治组织。加强村委会建设,要认真实施《村民委员会组织法》。这项工作要从实际情况出发,有领导、有计划、有步骤地进行,保证工作质量。”

“每个县都要选择几个或十几个村,开展村民自治示范活动,摸索经验,树立典型。”

“村民委员会是基层群众性自治组织,乡政府应当尊重其法律地位,支持其工作。”

老一辈革命家的教诲,中央的声音,在全国引起了反响,一场争论,逐渐平息。村民自治工作开始注重实践,摸索经验。

二、伟大的实践

村民自治,这个前辈大师经典著作中没有现成答案,现实社会实践没有既成模式的“谜”,需要亿万农民去实践,需要理论工作者去论证,需要选择突破口,同样需要榜样的力量。

实践出真知,基层创经验。在这场村民自治的伟大实践中,一些地方的经验,终于在实践的沃土上,破土而出,有如一枝枝——

红杏出墙:

开原的春雷。

1988年10月,正值对村民自治争论不休。辽宁省开原市的村委会换届选举工作开始了。这次选举,村民在关注,社会在关注。开原市委、政府力排众议,响亮地提出:坚决按《村委会组织法》要求,依法进行选举。

于是,一场别开生面的选举工作在开原大地展开。

“鼓励自荐”。选举工作有一条醒目规定:凡本村18周岁以上村民都可以自愿报名,参加村委会主任选举。短短的一句话，意味着候选人产生办法的突破。它使村庄沸腾了，使农民激动了，看到了平等，看到了公开，大家都在议论……于是，一些有志于村级工作的“能人”，勇敢地站出来，欲试村委会主任这一“官”职。据统计，全市384个村，有1154人报名参加选举。

“自己介绍自己”。这是介绍候选人方式的突破，这使选举工作形成了高潮。一时间，候选人在规划“施政纲领”，村民在等待他们的演说、答辩。演说、答辩开始了，候选人按抽签顺序，逐一登台，演说自己的治村方案，答辩村民提出的各类问题。

在此基础上，村民开始投票，然后根据票数，确定2~3名村委会主任候选人，通过无记名投票选举产生村委会主任后，再由其推荐副主任、委员候选人名单，交村民选举产生。

新型的选举，激发了村民参与的积极性，极大地调动了农民的政治热情，参选率高达95%。金沟子镇小湾屯村92岁的陆封激动地说：“我活了九十多岁，经历了几个朝代，这样的选举还是头一回。我虽然腿脚不便，但我一定自己去投票。”事后，当有人问村民对选举的看法时，几乎是一个声调：“好啊，太好了，村干部就应这样产生，你是金是铁，要放在群众面前炼炼。”

选举的成功，犹如春风扑面，带来了工作的勃勃生机。

请看下列一组数字：

1988年前，开原市村委会班子如果按好、中、差衡量，则分别为15%、67%和18%。事隔一年，再去衡量，好、中、差的比例已是60%、35%和5%。

村委会班子党员所占比例，由选举前的78%上升到80.5%，其中255名党支部书记当选为村委会主任。

农业生产、村户企业、多种经营产值，1989年分别比1987年增加1.26%、68.8%和65%。

村级工作普遍得到加强，社会治安明显好转；村办小学危房初步解决；村民吃水、走路、粮米加工等生活服务工作，件件有了着落；优抚、扶贫、五保供养、火化、计划生育和提留等问题，都得到了较好解决……

开原市的村干部和村民这样说：“选举产生的村干部，群众支持，责任心强。”

招远的贡献。

1989年，正当各地普遍遇到村民会议人员难召集，场地难解决，意见难集中等困难时，山东省招远市人大常委会审议通过了《招远市村民代表会议议事办法》，为村民参与村务工作找到了一个适合农村实际的组织形式。

下面，让我们展示一下这个代表会议制度的全部内容：

组织形式：村民代表会议是由村民按居住区域或村民小组选举产生的代表、村里各级人民代表和村委会成员组成。任期三年，可以连选连任，也可随时撤换、补选。

议事内容：(1)全年工农业生产计划及主要措施的制定；(2)各种形式的生产责任制的完善和经济合同的签订；(3)全年的收支预算和年度收支决算；(4)新上、扩、改工副业生产项目和农田水利基本建设项目，以及兴办各种公共福利事业；(5)提留款、集资款的收缴和义务工的安排使用；(6)机、电、水及其他集体物资的管理、使用和生产资料的分配；(7)人口出生计划落实；(8)村建设规划和村民宅基地安排；(9)粮油定购任务及农业税的分配、增减免的确定；(10)救济粮、款、物的发放办法；(11)其他关系村民利益的事项。

议事程序：村民代表会议由村委会召集并主持，每两个月召开一次。特殊情况或有三分之一以上代表提议，可以临时决定召开。村民代表会议主要程序是：村委会主任汇报上次例会决议执行情况；提出本次会议要讨论、决定的问题；讨论并做出有关问题的决定。

议事原则：一是依法议事；二是符合上级政策，在上下利益发生矛盾时，要局部利益服从整体利益；三是保证上级任务完成；四是少数服从多数。所做出的决定，要由过半数的村民代表同意，决定一旦形成，任何人无权改变。

制约措施：对村有些工作须上报乡镇审批的，没经村民代表会议讨论，乡镇政府或职能部门不能批准。

这些细目，绝不是单纯的文字表述，体现的是农民真正坐在了主人位置上；是集体所有制所有权与管理权的统一；开拓的是村民发扬民主，实施监督的渠道；解决的是村务重大工作民主决策的组织形式。它的价值远远超出了制度的本身，作用和影响已在村民自治中日益显示出来。

章丘的经验。

1990年，一个并无知名度的山东省章丘县，忽然取经者络绎不绝，各方领导频纷而至，新闻记者相继采访。1992年8月，中央组织部、中央政策研究室、民政部、司法部又联合在这里召开会议，推广这里的经验。这个经验就是：依法建制，以制治村，民主管理。后经总结、升华，形成了《村民自治章程》。

一个村级管理制度，为什么引起这样大的轰动？为什么引起社会各界这样的重视？这要从制度的实际效应谈起。

“俺找到了管理村务的办法”，这是村干部对这个

《章程》的认识。凡在农村工作过的人都清楚，村中的事涉及方方面面，上至党的政策、国家法规的执行和行政任务的落实，下到群众生产、生活以及邻里关系、民间纠纷的处理……千头万绪，繁杂具体。面对这样一个复杂的横断面，如何实施管理？章丘的经验是：制定出一套上合国家法律，下符村情民意的规章，对村级经济管理、组织管理、社会秩序管理都形成条款，对村民该做什么，不该做什么，应怎样做，不应怎样做，违者如何处理，做了明确、具体规定。一经村民讨论通过，就成为指导村民的行为规范，成为干部开展工作，处理问题的依据。

“俺举酸胳膊定的制度，一定遵守”，这是村民对这个《章程》的态度。《章程》的制定和执行，体现了大家的事大家议，大家的事大家管，大家定的制度大家执行。章丘在制定《章程》的过程中，建立了由干部和群众共同组成的起草小组，拟出草案后，发至各户，征求意见，然后通过村民会议逐条表决，并当众画押，印成本本，发给各户，成为全体村民共同遵守的行为规范。

“《章程》是俺们村的‘村法’”，这是村干部和村民对这个《章程》的总体评价。这个《章程》的明显特点是：合法性，《章程》的各项条款依据党的有关政策和国家的法律、法规；针对性，《章程》的各项条款，都是村务工作和村民日常生产、生活的实际问题；互约性，《章程》的各项条款，既约民，又约“官”，规定面前一律平等；权威性，《章程》的各项条款，由村民共同制定。因此，这个《章程》不同于一般的单项制度，是村中事务管理的综合性制度。不是一般的工作制度，是村民自治组织的制度。它体现了综合、平等、实用、权威，是村民自我管理的好办法。

报春的红杏，越墙展容；典型的经验，如种子撒向祖国各地。吉林省梨树县、福建省宁化县、山西省河曲县和临汾市、辽宁省鞍山市旧堡区、湖北省京山县、河南省汝南县……又一批村民自治的典型涌现出来。实践在继续，经验在升华，理论在深化，村民自治办法的“谜”，终于被实践揭开，实现了——

经验升华：

——村民自治权利：村民的选举权和被选举权、村中重大事情的决策权、村务工作的管理权、对村委会工作和村干部行为的监督权。

——村民自治的核心内容：民主选举村委会成员、民主决定村中重大事情、民主管理村务工作、民主监督村委会工作和村干部行为。

——村民自治的措施：制定村委会成员直接选举办法，保证民主选举；建立村民代表会议制度，保证民主决策；制定《村民自治章程》，保证民主管理；建立办事公开制度，保证民主监督。

实践是检验真理的惟一标准。随着贯彻《村委会组织法》由点到面不断展开，随着村民自治在促进农村经济发展、维护社会治安、密切干群关系等方面作用的显现，对村民自治的认识，由分歧很大，到分歧逐渐缩小，实践得出了——

基本结论：

《村委会组织法》确定的基本原则，符合我国农村实际，是完全正确的。只要我们充分相信、依靠农民群众，尊重农民群众的民主权利和首创精神，我国农民完全有条件、有能力建设好自治组织，办好自己的事情。村民自治必将在建设有中国特色的民主政治中，占据重要位置，发挥重要作用。

三、巨大的效应

每一次成功的历史抉择，都将拓展一片新的沃土。中国的村民自治，虽然只有5年时间，但它以旺盛的生命力，在中国的大地上延伸，在世界的范围内回响。它吸引了众多的人们，开始关注，开始研究，开始实践，正在国内外产生日益广泛的社会影响和巨大效应。

新闻记者的调查：

新华社有位叫包永辉的记者，听到过有关村民自治的议论，他也产生过疑团。然而这位记者的可贵之处，是没有人云亦云，空泛议论，而是迈开双脚，深入到河北省石家庄市，进行为期一个月的调查。他走村串户，访问干部，走访村民，火热的生活，生动的实例，他信服了。用他自己的话说“激动了，太激动了！”他就是怀着这样激动的心情，写出了三篇《石家庄市试行〈村委会组织法〉的调查报告》，有理有据回答了“村民自治会不会影响国家任务的完成？”“村民民主选举会不会带来混乱？”“乡政府与村委会指导关系，会不会削弱乡政府管理职能？”“农民有没有自治能力？”

几篇有分量的调查报告公开发表后，令人信服的回答在社会引起了震动，收到了良好的效果。今天，在总结村民自治工作时，我们不能忘记这位记者付出的心血，做出的贡献。

农民的热望：

河北省梁家村曾流传一首民谣：“山好水好空气好，只见哥哥不见嫂”，道出了梁家村的贫困。“不逮老鼠”的村干部，使梁家村的村民再也不能忍受了。他们呼吁,他们上访,要求更换村干部。这样,一年年过去了……1989年,这个村有位叫梁洪才的党员,一次到镇政府办事,偶尔在桌子上发现了一本《村委会组织法》小册子,他打开一看,顿时心花怒放。于是,他将小册子"偷"走了。回村后,他念给村民听,一些村民激动地说:"这是给咱农民学的法啊","解决咱村问题,这回有指望了"。第二天,他们拿着《村委会组织法》,找到镇里,来到县里,提出依法改选村干部的要求。

辽宁省某村,在1992年村委会换届选举中,因个别选举程序不符合要求,于是这个村的十几个村民震怒了,他们自费到县、省和北京上访。他们对《村委会组织法》几乎倒背如流,句句不离法,声声讲执法,使听的人震惊、感动。

这就是中国农民对《村委会组织法》的挚爱,对执行此法的认真程度。

干部的体会:

山东省章丘市有位连任了十几年的村党支部书记,他辛辛苦苦,任劳任怨,使这个村面貌变了,村民富了。可以说,他是位功臣。然而,全村21名党员,18名对他有意见,村民对他有看法。市纪委收到的上告信,80%是告他的。乡党委为了保他,竟不敢进行换届选举。他苦恼,他不服,他找人评功。是什么原因使他挨累受苦没讨好呢?在贯彻《村委会组织法》中,他醒悟了。原来,他习惯于一人说了算,对他来讲,不存在"民主"二字。群众看他坐小车,陪吃喝,怀疑他有问题,于是上告信不断。后来,他在村里设立了村民代表会议,转变了"一人当家"的作风,开始注意办事公开,听取群众意见,公布了几年的账目。这下,村民的怀疑解除了,对他的看法转变了,都说"这个村离不开他",结果他以全票当选为党支部书记。他说:"看来主观、专横不行,没有私心,办了好事也没人说好,还是民主的办法灵,民主的办法好。"

山西省河曲县是个边远山区,通过几年村民自治实践,县委、政府的领导体会颇深。县委书记宣明仁说:"开始实行村民自治,我们只是从国家定的法律,基层应当执行上认识的。现在看,村民自治不但解决了民主问题,而且解决了农村工作的一些难题。这条道,我们是认准了,走定了。"

正像有位同志说的那样,认识村民自治,要喊:"大道理万岁!实践万岁!"

"洋人"的评价:

在北京某饭店,曾发生了几名西方记者的争论。美国《新闻周刊》记者吉布尼,正在有声有色地介绍到吉林省梨树县采访村民自治的见闻。他讲村民选举的情况,讲农民民主的方式……其他几位西方记者,都讥讽他上当受骗了,认为中国农村基层不可能有民主。吉布尼反复重申,"是真的,确实是真的,是我亲眼所见的。"当其他几位记者要求去采访时,吉布尼又偷偷告诉我们的工作人员,不要急,我要成为介绍中国村民自治的第一位外国记者。

1992年7月,中国基层政权建设研究会邀请了7个国家的10名学者,考察了辽宁省沈阳市、鞍山市和福建省宁化县。村民自治的情况,使他们惊讶、感叹、激动。"OK! OK! 不可思议,真没想到",这是他们的共同评价。

孟加拉国总理秘书、地方政府研究所所长凯未尔·斯迪克说:"我发现中国村民自治确实开展得很好,已取得了实在的进展,它把希望和活力带给了农村。可以说,民主自治在中国农村是实实在在存在的事情,并不是什么神秘的故事。"他还说:"不应该用西方的民主观点看中国,中国有其特殊的历史条件和生活方式,如果生搬西方的东西,肯定不会成功。中国领导人非常明智,他们设计的符合中国情况的基层民主方式,是一个非常成功的例子。"

美国斯沃史摩尔学院助理教授魏苔玉说:"民主选举、民主决策、民主管理、民主监督,看来已成为从事村民自治工作者的共识。这说明中国政府已经拿出了实行村民自治的具体方法,是很有意义的。"

美国俄亥俄州立大学助理教授欧博文说:"中国农村开展村民自治,范围之广,程度之深,印象十分深刻。实行村民自治的地方,都有一个共同特点,办了许多实事。而且钱从哪来,由谁来决定用在什么地方,都有一定制度,说明村民自治确实发挥了作用。"

英国苏克赛斯大学社会科学院院长约翰·迪乐拉弗说:"实行村民自治是有风险的,如果村民对他的民主自治权利认真的话,这对下令的政府是一种压力和挑战,也是对执政党的一种压力和挑战。中国大力推行的村民自治,是认真的,是真实的,村民认真对待,政府官员也热情支持。"

印度社会科学研究所所长乔治·马修回国后,在《印度教徒报》上连载文章,详述中国村民自治制度,并在印度广播公司发表演说。文章写道:"尽管村民自治在中国只是一个开端,却是具有深远政治意义的,是非常可观的一大飞跃。""中国村民自治之所以引起我们注意,是因为他们已下决心尽量将权力交给农民,而又不忽视共产党的领导作用。这种具有中国特色的基层民主政治制度,将令整个世界震惊。""之所以中国人吃、穿比印度人强得多,乃是由于中国自毛泽东以来,一贯重视农村,一再将生产单位下放。而我国的领导人则只是在口头上重复甘地‘印度赖农村而存’的教诲,只在说教中重视农村。而至今年为止,印度仍然有许多人从未吃过一顿饱饭,靠吃老鼠度日子。”

四、漫长的道路

村民自治在中国农村大地上,已生长了5年。现在虽不能说根深叶茂,硕果累累,但确已蓓蕾挂枝。村民自治已在全国广大农村广泛、深入开展,村民自治示范活动呈现出勃勃生机,一百万个村委会已普遍依法进行了换届选举,已经或正在建立村民自治制度,初步走上了法制建设的轨道……

然而,昨天已经逝去,成绩已成陈迹。中国的村民自治,只是刚刚起步,今后的路,将更长、更远。“民主化和现代化一样,也要一步一步地前进”。这是邓小平同志的教诲。“办好村民委员会,实行村民自治,是一项长期的、艰巨的工作。不要把它看得那么容易,绝不是作一个决定,国家发一个号令,就能短期都搞好的”。这是彭真同志的判断。

是啊,村民自治的实践证明了:实行村民自治是一个渐进过程,要经过实践——认识——再实践——再认识……

这篇《侧记》至此,只能划“——”号,因为再实践——再认识,应在今后去续。但它的续篇,一定更丰富……

为了亿万农民的民主权利

——《村委会组织法》出台的前前后后

范　瑜

这是亿万农民期待已久的时刻。它将永远载入中国农村基层民主发展的史册。

1998年11月4日下午,九届全国人大常委会第五次会议对《中华人民共和国村民委员会组织法》(以下简称《村委会组织法》)进行表决:136票赞成,2票反对,2票弃权。《村委会组织法》终于审议通过了!

1998年11月4日,国家主席江泽民签发第9号主席令,向全中国、全世界公布了这部法律。从这一天起,《村委会组织法》将在全国农村正式施行。

从1988年《村委会组织法》开始试行,到1998年《村委会组织法》作为正式法律颁布,村民自治历经10年耕耘,喜结硕果。在《村委会组织法》试行的过程中,亿万农民当家作主经验的不断积累,村民自治制度的不断完善,为《村委会组织法》结束试行、正式颁布奠定了坚实的基础。

从党和国家的最高领导人到黎民百姓,从立法机关、政府机关到科研院所,数不清的人士为了亿万农民的民主权利,为了《村委会组织法》的修订、完善、出台,倾注了大量心血。历史不会忘记,人民不会忘记。

一

1987年11月24日,在时任全国人大常委会委员长彭真同志的大力支持下,六届全国人大常委会第二十三次会议审议通过了《村委会组织法(试行)》,并于1988年6月1日起试行。这是我国第一部为保障农民行使民主权利而制定的基本法律,是社会主义民主法制化、制度化的重要成果。它确立的村民自治的基本原则和框架,使农村群众从此获得了管理自身事务的各项民主权利。

遵循《村委会组织法(试行)》的基本精神,10年来,农村基层民主获得了较大发展。截止到1997年底,全国近60%的村庄初步确立了村民自治制度。“自己的事情自己办,自己的事情自己管,村委会的带头人自己选”。祖祖辈辈脸朝黄土背朝天的农民们,实实在在地尝到了当家作主的滋味,发自内心地拥护《村委会组织(试行)》的基本原则。

但是,随着民主实践的不断发展,也出现了许多亟待解决的问题,完善法律制度的呼声不断高涨。

——民主选举深得人心,可是选举的程序能不能更具体、明确,便于群众操作?

——在村民会议难以召集的情况下,采用什么决策形式才能防止少数人说了算?

——有没有更好的办法既约束村民又约束干部?

——村民如何才能有效地监督村干部,防止少数人以权谋私?

——侵犯农民民主权利的事件屡有发生,《村委会组织法(试行)》却没规定罚则,“违法必究”怎么能够成为现实?

农民群众具有无限的创造力。他们发明了许多好办法:民主提名、秘密划票、公开计票、当场公布选举结果、村民代表会议、村民自治章程、民主评议村干部、村务公开,等等。民主实践呼唤着法律的完善,发展民主需要法律的完善。农民们盼望着国家能用法律的形式把这些行之有效的好作法固定下来,以使他们的民主权利不受侵犯。

人大代表、政协委员也很关注农村基层民主政治建设,关心《村委会组织法》的完善问题。据不完全统计,从1992年起,每年都有许多代表和委员提出修订

《村委会组织法(试行)》的议案和建议。比如:1992年,辽宁团张智毅等30位代表在七届全国人大五次会议上;1994年,辽宁团李玉臻等32位代表在八届人大三次会议上;1995年,内蒙团卢振远、高连云、徐术明等代表在八届人大三次会议上;1997年,河南梅养正委员在八届政协五次会议上,都先后提出了修订《村委会组织法(试行)》的议案或提案。补充、完善《村委会组织法》,结束试行,日益成为共识。

二

1994年初,《村委会组织法(试行)》修订工作列入了民政部立法计划和八届全国人大常委会立法计划。民政部承担了《村委会组织法(修订草案)》的起草工作。

1994年4月,草案起草工作开始启动。民政部成立了时任民政部副部长阎明复同志为组长的《村委会组织法(修订草案)》起草领导小组,基层政权建设司和部法制办公室的7位同志组成起草办公室负责具体工作。作为具体指导村民自治工作的民政工作者,在7年的工作实践中,亲身体会了农民群众对民主的渴望,亲眼目睹了实行村民自治给农村社会带来的巨大变化。神圣的使命感和责任感激励着他们克服一切困难,做好修订草案的起草工作。

修订草案的起草工作是艰苦细致的。本着尊重实践,尊重群众的首创精神,完善村民自治制度,发展农村基层民主,促进农村两个文明建设的原则,民政部在全国各级民政部门的支持和协助下,就村民自治中的若干重大问题,开展了广泛、深入、细致的调查研究。从1994年4月到1995年7月,修订草案起草办公室先后组织了一次全国性综合调查,两次全国性专项调查,多次区域性调查,掌握了丰富的第一手材料,并多次召开专家学者、有关部门和农村基层干部群众参加的座谈会,倾听他们的看法。在吸收各方意见的基础上,修订草案八易其稿。

民政部领导高度重视修订草案的起草工作。1995年6月和7月,民政部部长多吉才让先后主持召开部务会议、部长办公会,逐字、逐句、逐条讨论修改了修订草案。并于1995年7月30日,向国务院报送了《关于提请审定〈中华人民共和国村民委员会组织法(修订草案)〉的报告》。

国务院法制局收到民政部的送审稿后,再次征求了农业部等17个中央部(委)和山西、河南等29个省、自治区、直辖市的意见。1998年2月13日,和民政部联合召开了专家、学者论证会,又一次听取专家们对村民自治中的一些重点、难点问题的意见。

1998年6月1日,国务院总理朱镕基主持召开国务院第四次常务会议,讨论并原则通过了《村委会组织法(修订草案)》(以下简称《修订草案》)。6月13日,朱镕基总理签发了向全国人大常委会报送的《国务院关于提请审议〈中华人民共和国村民委员会组织法(修订草案)〉的议案》。

至此,经历4年的艰苦努力,在总结10年村民自治经验、听取方方面面意见、反复调查研究、多次精心论证的基础上,《村委会组织法(修订草案)》终于走进了人民大会堂,列上了1998年6月22日召开的九届全国人大常委会第三次会议的议程。

三

历史在前进,民主在发展,社会在进步。

深刻认识和把握了中国农村经济政治和社会发展规律的党和国家领导人,对发展农村基层民主的高度重视,是促使《村委会组织法》尽快出台的决定性因素。以江泽民同志为核心的党中央非常重视农村基层民主政治建设。1997年9月,党的十五大报告指出:“扩大基层民主,保障人民群众直接行使民主权利,依法管理自己的事情,创造自己的幸福生活,是社会主义民主最广泛的实践;城乡基层政权机关和基层群众性自治组织,都要健全民主选举制度,实行政务和财务公开,让群众参与讨论和决定基层公共事务和公益事业,对干部实行民主监督。”1998年9月,江泽民同志在安徽考察工作时高度评价了村民自治的历史地位和作用,他说:“包产到户、乡镇企业和村民自治,都是在党的领导下我国亿万农民的伟大创造。”10月,党的十五届三中全会通过的《中共中央关于农业和农村工作若干重大问题的决定》,更加明确提出“要完善保障农民直接行使民主权利的法律法规”。这些重要指示精神提高了人们的认识,统一了人们的思想,为修订《村委会组织法(试行)》提供了强有力的支持。

李鹏委员长非常重视《村委会组织法(试行)》的修订工作。在百忙之中,亲自赴吉林、辽宁农村调研,和农民群众座谈,听取农村基层干部群众的意见。一再强调《村委会组织法》是关系9亿农民利益的大法,一定要修订好,切实保障农民的民主权利,并为吉林省梨树县写下了“村民自治好”的题词。

九届全国人大常委会十分重视《村委会组织法》修订工作。从1998年6月至10月,九届人大常委会先后3次审议了《村委会组织法(修订草案)》。1998年6月22日。九届人大常委会第三次会议初审《修订草案》。民政部部长多吉才让受国务院委托,到会作说明。6月24日,在常委会分组讨论会上,李鹏委员长建议向全民公布《修订草案》，得到了热烈响应。6月29日，全国各大报纸全文公布了《修订草案》，向全国人民征求意见。8月24日，九届人大常委会第四次会议二审《修订草案》。在全体会议上，全国人大法律委员会副主任委员周克玉汇报了《修订草案（修改稿）》有关情况。指出该稿广泛吸收了群众的许多意见和建议，对罢免等问题做了更严格的规定。

10月27日，九届人大常委会第五次会议三审《修订草案》。在27日下午的分组讨论会上，常委会组成人员认为修改稿改得很好，几个重大问题都写得比较清楚，建议尽快通过。

全国人大法律委员会、内务司法委员会和全国人大常委会法制工作委员会为修订、完善《村委会组织法》做了大量工作。7月13日，法律委、内司委、法工委召开专家学者、有关部门座谈会，征求意见。8月4至5日和17日，法律委逐条修改了修订草案。法律委、法工委并将修改稿印发给中央有关部门征求意见。9月11日，法律委和法工委召开农村工作领域知名专家座谈会，讨论村委会是否应具有管理集体经济的职能问题。根据与会绝大多数同志的意见，在提交人大常委会第五次会议的修改稿中，保留了村委会管理集体经济的职能。10月30日，法律委、法工委又根据第五次会议分组讨论的意见，再一次修改了《修订草案》。

在参与讨论、修改、完善《村委会组织法》的过程中，农民群众表现出了极大的热情，提出了许多非常中肯的意见。《村委会组织法（修订草案）》一经公布，社会各界反响十分强烈。从6月29日至7月31日征求意见期间，全国人大常委会法工委共收到农民群众、村委会、乡镇党委和政府、民政部门、县级人大常委会、社会各界反馈来信452件，其中农民来信最多，有127件。10年村民自治，亿万农民经受了最直接、最生动的民主训练，民主法制观念和参与意识有了很大提高。他们非常珍惜这次机会，纷纷来信，称修订《村委会组织法（试行）》是“及时雨”、“九亿农民的福音”，并主动为修订工作谏言献策。福建省东山县康关村村民林坤贤，写了3天3夜，对修订草案提出了8000多字的修改意见。广大农村基层干部群众衷心希望《村委会组织法》能早日修订通过，通过后能真正得到贯彻落实。

国内的新闻媒体也始终关注着《村委会组织法》修订工作的进展，进行了大量报道，并发挥媒体的优势，做了许多工作。《人民日报》、《光明日报》、《法制日报》等报纸追踪报道工作进展情况。中央电视台的《新闻联播》、《焦点访谈》、《社会经纬》、《中国报道》等众多栏目，都制作了与此有关的节目，广泛宣传《村委会组织法》。《中国社会报》、《中国民政》杂志、《乡镇论坛》杂志还专程派记者到基层调查了解乡村干部群众对《村委会组织法（修订草案）》的意见。

十年磨一剑，字字值千金。同10年前的试行法相比，修订后的《村委会组织法》充分尊重了亿万农民群众的首创精神，在坚持党的领导、群众自治、直接民主、由民做主四条原则的基础上，着重在选人、议事、监督等问题上作了修订。公布选民名单、由村民提名候选人、由村民推选产生村民选举委员会、秘密划票、查处纠正选举违法、村民代表会议、村务公开、村民自治章程等农村基层群众创造的成功经验都上升为国家的意志，充分体现了党的十五大和十五届三中全会扩大农村基层民主的精神，反映了民心，顺应了民意。《村委会组织法》是一部扩大农村基层民主、指导农村村民自治跨入新世纪的重要法律。坚决贯彻执行《村委会组织法》，我国农村的民主政治建设就一定能够迎来一个更加美好的明天。

《村民委员会组织法》形成过程

佟宝贵

一、《村民委员会组织法（试行）》形成过程

1998年11月4日，第九届全国人民代表大会常务委员会第五次会议审议通过了《中华人民共和国村民委员会组织法》（以下简称《村民委员会组织法》），这是我国9亿农民政治生活中的一件大事。《村民委员会组织法》的颁布，结束了《中华人民共和国村民委员会组织法（试行）》（以下简称《村民委员会组织法（试行）》）试行10年的历史，标志着我国社会主义民主和法制建设、农村基层民主政治建设步入了制度化、法制化的轨道，标志着我国的村民委员会建设发展到了一个新的阶段。

村民委员会组织法的产生不是偶然的。它是20世纪80年代我国农村政治经济体制改革发展的必然结果，是党和国家加强农村社会主义民主和法制建设、推进农村基层民主政治建设，采取的一项重大改革措施，是广大农民群众的迫切愿望和村民委员会建设经验的总结。

（一）村民委员会组织法的制定是我国农村政治、经济体制改革的客观需要

1978年党的十一届三中全会召开以后，农村的政治、经济形势发生了极其巨大的变化。其中重要的一

条,就是人民公社和生产大队在改革大潮的冲击下迅速解体,许多地方的生产大队处于瘫痪、半瘫痪的状态。这时,农村基层政权如何建设,村务如何管理等成为亟待解决的问题。农民群众创造了自己管理自己的组织形式——村民委员会,第一批率先在广西罗山、宜山一带出现。这一新生事物的出现,立即受到了中央的重视。从1981年开始,在全国逐步展开村民委员会的试点工作,到1985年,村民委员会在全国像雨后春笋般地建立起来。1982年12月新《宪法》正式确立了村民委员会的法律地位,明确规定村民委员会是我国农村基层群众性自治组织。因此,制定村民委员会组织法已纳入了我国立法的议事日程。

(二)村民委员会组织法的制定,是党和国家加强农村社会主义法制建设,推进农村基层民主政治建设的一项重大改革措施

1981年6月,党中央在建国以来若干历史问题的决议中,提出了"在基层政权和基层社会生活中逐步实现人民的直接民主"的方针。1983年10月,中央要求各地普遍建立村民委员会,制定村民委员会工作简则,在总结经验的基础上制定村民委员会组织法。1987年11月,在第六届全国人民代表大会常务委员会第二十三次会议审议通过《村民委员会组织法(试行)》时,彭真同志语重心长地指出:"把村民委员会办好,真正实行群众自治,是最广泛的民主,是国家政治体制的一项重大改革,对于扫除封建残余影响,发展社会主义民主有重要的、深远的意义。"这充分表明,党和政府早就重视我国基层的社会主义民主和法制建设。

(三)村民委员会组织法的制定是广大农民群众的迫切愿望和村民委员会建设经验的总结

村民委员会是广大农民群众在深化农村改革中的伟大创造。村民委员会建立以后,各地大胆探索,勇于实践,创造了许多好的做法和经验,促进了村民自治的开展。但是,多数地方村民委员会工作无章可循。广大农村干部和农民群众迫切希望党和国家在总结村民委员会建设经验的基础上,制定有关村民委员会建设方面的法律,使村民委员会工作步入制度化、法制化的轨道。鉴于村民委员会已在全国各地普遍建立起来,一些地方又创造了村民委员会工作的先进经验,还制定了村民委员会工作方面的地方性法规,尤其是党和国家非常重视村民委员会的建设工作,因而,制定村民委员会组织法的条件已基本成熟。

《村民委员会组织法(试行)》制定的过程,大致可分为两个阶段:一是起草、征求意见、修改,到国务院审议通过,作为议案提请全国人大常委会审议的阶段;二是全国人大及其常委会审议到通过颁布试行阶段,前后共经过了4年时间。

(一)从起草到国务院通过阶段

《村民委员会组织法(试行)》的起草是在1984年上半年开始的。当时民政部民政司对各地村民委员会建设做了大量的调查研究,参照一些地方制定的村民委员会工作规章,起草了《中华人民共和国村民委员会组织条例》(以下简称《村民委员会组织条例》),并到一些省、市及中央有关部门和法学研究单位征求意见,尔后,又做了修改并报送中央政法委员会审议。1986年4月8日,中央政法委员会召开会议,对民政部起草的《村民委员会组织条例》稿进行了讨论,提出了修改意见。根据政法委的意见,对《村民委员会组织条例》进行了修改,于4月12日上报国务院审议。国务院法制局对《村民委员会组织条例》稿进行了认真审查,又发至国务院有关部门征求意见。之后,国务院法制局和民政部一起对《村民委员会组织条例》稿又做了几次修改。1986年9月,国务院召开常务会议,对《村民委员会组织条例》草案进行了审议。10月11日,经国务院总理签发,以国务院议案形式上报六届全国人大常委会,提请全国人大常委会审议。

(二)全国人大及其常委会审议通过阶段

1987年1月12日,六届全国人大常委会第十九次会议将该提案列入了会议议程。委员们对条例草案进行了审议。多数委员认为,制订《村民委员会组织条例》非常重要,条例的内容基本是可行的。但是,还需要调查研究,进一步修改。会议建议再作研究修改,提请下次常委会审议。会议结束后,民政部和全国人大常委会法制工作委员会根据委员们所提的意见,在北京召开了征求意见座谈会对条例内容进行了认真研究和讨论,先后进行了三次修改,最后将修改稿提请六届全国人大常委会第二十次会议审议。

3月10日,六届全国人大常委会第二十次会议在北京开幕,雷洁琼副委员长作了关于《村民委员会组织条例》审议结果的报告。此次条例修改稿,将原来草案的十五条改为二十一条。委员们对条例再次进行了审议。大部分委员认为修改稿比较成熟,比较符合我国农村实际,希望此次会议通过。但也有些委员提出了不同意见。3月14日,全国人大法律委员会又修改出一稿,建议将《村民委员会组织条例》提请六届全国人大第五次代表会议审议。

1987年3月25日,六届全国人大第五次代表会议在北京开幕。建议将条例改为中华人民共和国村民委员会组织法,各代表团对这部法律进行了分组审议。

代表们各抒己见，争论激烈。彭真委员长在会议上作了重要讲话，对于统一大家的思想认识起了关键作用。4月11日下午，大会举行闭幕式。大会以2661票赞成，2票反对，11票弃权，原则通过了关于村民委员会组织法的议案，大会并授权全国人大常委会根据《宪法》规定的原则，参照大会审议的意见，进一步调查研究，总结经验，审议修改后颁布试行。

六届全国人大第五次代表会议以后，全国人大常委会、全国人大法工委、全国人大常委会办公厅的领导深入到一些地方调查，听取对村民委员会组织法草案的意见。国务院法制局和民政部也对组织法草案提出了修改意见。全国人大法工委综合各方面意见，修改出一稿。全国人大常委会办公厅印送全国人大常委会委员和各省（市、区）人大常委会征求意见。全国人大法律委员会先后召开两次会议，认真研究了村民委员会组织法的有关修改意见，通过了一份修改稿，决定将此稿提请全国人大常委会第二十三次会议审议。

1987年11月12日，在全国人大常委会第二十三次会议上，雷洁琼副委员长对村民委员会组织法修改意见作了说明。委员们分组对草案进行了审议。委员们认为，修改稿基本体现了六届全国人大第五次代表会议上代表们提出的意见，赞成此次会议通过试行。同时，委员们又提出一些修改意见和建议。22日，全国人大法律委员会对大家提出的意见和建议作了逐条研究，根据《宪法》规定和十三大的精神，对草案修改稿又作了修改，从而使这部法律更加完善。

24日下午，全国人大常委会第二十三次会议对村民委员会组织法进行了表决。结果以113票赞成，1票反对，6票弃权，通过了《中华人民共和国村民委员会组织法（试行）》。至此，《村民委员会组织法（试行）》正式诞生了。这部法律从1984年起草到1987年正式诞生，前后用了4年时间，全国人大常委会召开了三次常委会议，全国人大法工委专门召开了一次座谈会，全国人大召开了一次全体会议，这在我国立法史上是少有的。

经过了4年多时间的修改工作，在总结试行十多年实践经验的基础上，根据《宪法》的规定原则和党的十五届三中全会决议精神，“试行法”又修订为《村民委员会组织法》，经1998年10月27日至11月4日召开的九届全国人大第五次会议审议通过，自公布之日起实施，1988年6月1日起试行的《村民委员会组织法（试行）》同时废止。

二、《村民委员会组织法》形成过程

《村民委员会组织法（试行）》颁布实施后，经过十多年的实践，积累了许多有益的经验。从全国总的情况看，村民委员会的设置基本完成，村民委员会的组织制度日臻完善，民主选举村民委员会逐步展开，由村民会议决策村中重大事项普遍开展，民主管理和民主监督制度初步建立。村民委员会在发展农村经济中发挥了重要作用，较好地完成了国家下达的各项任务，村民自治在我国正沿着法制化的轨道健康向前发展。但是，在村民自治的实践中仍存在一些不尽如人意的地方，比如：村民委员会干部民主选举不落实；村民委员会干部队伍不稳定；村民会议召开难、议事难；有些干部群众对村民自治认识差距较大等。当然，在贯彻法律中出现的这些问题，原因是多方面的，有认识方面的，有执行方面的，也有法律本身的。十多年的实践证明，一部法律长期试行，不利于加强法律的权威性，容易产生执法中的灵活性。又加之《试行法》中，对村民委员会同农村基层党组织的关系、村民委员会的选举程序、对破坏村民委员会选举者的处罚、村民会议决策的事项、村民代表会议的召开和村民委员会实行村务公开等方面，均未做出明确规定，这也影响了法律的贯彻执行。我国农村基层民主政治的发展，需要根据《宪法》的规定，修订和完善《村民委员会组织法（试行）》，将这部“试行法”修订为正式法，把村民委员会这个农村基层群众性自治组织，以正式法律形式确定下来的时机已经成熟。

国务院法制办和民政部等参加了法律的修订工作，为了把《村民委员会组织法（试行）》修订好，经过认真调查研究，总结10年来村民委员会建设实践中的经验，在征求中央有关部门和一些地方意见的基础上，起草了《中华人民共和国村民委员会组织法（修订草案）》。修订草案遵照《宪法》的规定和党的十五大精神，坚持《试行法》确定的村民自治、基层群众直接行使民主权利的原则，针对实际存在的问题，主要在选人、议事、监督三个关键环节上，对《试行法》作了补充和完善。九届全国人大常委会第三次会议，对国务院提请审议的《村民委员会组织法（修订草案）》进行了初步审议。会后，根据全国人大常委会的决定将修订草案全文公布，在全国广泛征求意见。1998年7月上旬、8月初，李鹏委员长亲自到吉林、大连考察，听取当地村民对修订草案的意见。全国人大法律委员会、内务司法委员会、农业与农村委员会和全国人大常委会法制工作委员会，在1998年7月13日，联合召开了有关部门和专家学者座谈会征求意见。法律委员会、内务司法委员会、法制工作委员会还先后到十几个省深入农村进行立法调研。全国人大常委会先后收到了20多个中央有关部门提出的意见和建议，法制工作委员会还收到人民来信近600封，其中有近一半的来信来自农民和乡村干部。群众在来信中说,中央决定修改村民委员会组织法,深受农民欢迎。党和国家在农村实行民主选举、民主决策、民主管理、民主监督的民主政治制度,是发扬基层民主、巩固农村阵地、选贤任能、克服腐败的有效途径,是九亿农民的福音。修订草案公开征求意见,说明党和国家充分相信群众的觉悟和智慧,在立法工作中体现了人民的主人翁地位,使党和政府与群众更加贴近了。同时,群众在来信中恳切希望国家把村民委员会组织法修改得更加贴近农民、贴近实际,更加具有权威性。在认真听取和研究各方面意见的基础上,全国人大法律委员会于8月4日、5日召开会议,对修订草案进行了逐条审议。全国人大内务司法委员会、农业和农村委员会的负责同志也出席了会议。法律委员会提出《村民委员会组织法(修订草案)》初步修改稿,建议全国人大常委会进行第二次审议。

九届全国人大常委会在第四次会议上,对《村民委员会组织法(修订草案)》进行了再次审议。会后,法律委员会和法律工作委员会根据全国人大常委会审议中提出的意见,继续进行了专题调查,并召开专家座谈会,征求意见,对一些重大问题,同有关方面反复进行磋商。1998年10月13日、21日,法律委员会又先后召开会议，根据全国人大常委会委员的审议意见和有关方面提出的建议，以党的十五届三中全会《关于农业和农村工作若干重大问题的决定》的精神为指导,对修订草案进行了认真审议。全国人大内务司法委员会、农业与农村委员会的负责同志也参加了会议。

全国人大常委会经过两次会议审议修改,广泛征求意见，法律委员会认为法律修订草案已基本成熟,提出了《村民委员会组织法(修订草案)》修改稿,建议全国人大常委会会议第三次审议后通过。

九届全国人大常委会第五次会议,对《村民委员会组织法(修订草案)》进行了第三次审议。在此次会议审议中,增加了关于“中国共产党在农村的基层组织,按照中国共产党章程进行工作,发挥领导核心作用;依照《宪法》和法律,支持和保障村民开展自治活动、直接行使民主权利”的规定。还增加了选举村民委员会的“具体选举办法由省、自治区、直辖市的人民代表大会常务委员会规定”的内容。此外,将修订草案对村民委员会实行村务公开制度的内容作了修改,规定了村民委员会应当及时公布下列事项,其中涉及财务的事项至少每六个月公布一次，接受村民的监督：(一) 本法第十九条规定的由村民会议讨论决定的事项及其实施情况;(二) 国家计划生育政策的落实方案;(三)救灾救济款物的发放情况;(四)水电费的收缴以及涉及本村村民利益、村民普遍关心的其他事项。”除增加上述内容外,还删去了“村民委员会一般设在自然村；小的自然村可以联合设立村民委员会；大的自然村可以设立几个村民委员会”的规定。《中华人民共和国村民委员会组织法》由第九届全国人民代表大会常务委员会第五次会议于1998年11月4日修订通过,自1998年11月5日公布起实施。

三、增加的内容

1998年11月4日第九届全国人大常委会第五次会议通过的《村民委员会组织法》,是在全面总结1987年11月24日第六届全国人大常委会第二十三次会议通过的《村民委员会组织法(试行)》实践经验的基础上,在全民中公开进行了讨论,经过全国人大常委会三次审议后,才正式向全国颁布实施的。修订后的《村民委员会组织法》更符合中国的国情,更符合广大农村的实际,更符合9亿农民的心愿,使法律更加完善,更便于操作执行,也更科学和严谨。新颁布的《村民委员会组织法》比原“试行法”主要增加了六个方面的内容：

(一)增加了对村民自治性质的规定内容

在“试行法”关于“村民委员会是村民自我管理、自我教育、自我服务的基层群众性自治组织”规定之后,修订法增加了“实行民主选举、民主决策、民主管理、民主监督”的规定内容。这样规定,对村民自治的性质表述更全面和清楚了,便于村民掌握和执行。

(二)增加了在村民自治中发挥农村基层党组织领导核心作用的规定

在“试行法”中,没有明确规定村民委员会同农村基层党组织的关系。在《村民委员会组织法》的修订中，根据大多数村民和全国人大常委会委员的意见,增加了关于“中国共产党在农村的基层组织,按照中国共产党章程进行工作,发挥领导核心作用;依照《宪法》和法律,支持和保障村民开展自治活动、直接行使民主权利”的规定(第三条)。这样修改后,就可以使村民自治活动,在党的统一领导下有步骤、有秩序地进行,推动农村基层民主政治建设健康发展。

(三)增加了村民委员会选举程序方面的规定

《试行法》关于村民直接选举村民委员会成员的规定过于原则,既缺乏民主选举的法律规范,又容易发生不民主和干扰选举的问题。修订草案在总结各地实践经验的基础上,增加了对村民委员会民主选举程序方面的规定：

1. 规定了选举前公布选民名单的程序。《修订法》在第十二条第二款规定："有选举权和被选举权的村民名单，应当在选举日的二十日以前公布。"这样规定使村民有了充分酝酿和思考的时间，可以减少投票的盲目性。

2. 规定了由村民选举委员会主持选举的程序。《修订法》第十三条规定："村民委员会的选举，由村民选举委员会主持。村民选举委员会成员由村民会议或者各村民小组推选产生。"这样规定就明确了村民委员会的选举领导组织，规范了民主选举的领导工作，为搞好村民的直接选举提供了组织保障。

3. 规定了村民委员会候选人产生的程序。《修订法》第十四条第一款规定："选举村民委员会，由本村有选举权的村民直接提名候选人。候选人的名额应当多于应选名额。"这样规定产生村民委员会候选人的办法，虽然是原则了一些，但把"海选"的办法和"联名提名"的办法都包括在内了，可让各地因地制宜自己选择。

4. 规定了选举村民委员会投票当选的程序。《修订法》第十四条第二款规定："选举村民委员会，有选举权的村民的过半数投票，选举有效；候选人获得参加投票的村民的过半数的选票，始得当选。"增加这样的程序规定，规范了有选举权的村民的投票数，也规范了候选人当选须最低获得的选票数。

5. 规定了村民委员会选举方法的程序。《修订法》第十四条第三款规定："选举实行无记名投票、公开计票的方法，选举结果应当场公布。选举时，设立秘密写票处。"这样规定既有利于村民独立自主地履行自己的民主权利，又增加了选举工作的透明度，可以减少和防范违法行为的发生。

6. 规定了对具体选举办法授权的程序。《修订法》第十四条规定："具体选举办法由省、自治区、直辖市的人民代表大会常务委员会规定。"这样规定主要是考虑到各地情况不同，对正式候选人的确定办法和具体的差额数等具体选举程序，全国难以做出统一规定，具体选举办法授权后，就较好地解决了这一矛盾。

7. 规定了村民对破坏村民委员会选举进行举报的程序。《修订法》第十五条规定："以威胁、贿赂、伪造选票等不正当手段，妨碍村民行使选举权、被选举权，破坏村民委员会选举的，村民有权向乡、民族乡、镇的人民代表大会和人民政府或者县级人民代表大会常务委员会和人民政府及其有关主管部门举报，有关机关应当负责调查并依法处理。以威胁、贿赂、伪造选票等不正当手段当选的，其当选无效。"增加选举中举报的程序，可以加强对村民委员会选举工作的群众监督，使以不正当手段妨碍和破坏选举的，得到依法处理，保障选举工作的正常进行。

8. 规定了罢免村民委员会成员的程序。《修订法》第十六条规定："本村五分之一以上有选举权的村民联名，可以要求罢免村民委员会成员。罢免要求应当提出罢免理由。被提出罢免的村民委员会成员有权提出申辩意见。村民委员会应当及时召开村民会议，投票表决罢免要求。罢免村民委员会成员须经有选举权的村民过半数通过。"增加罢免程序，可以使村民委员会成员产生危机感，置于村民的监督之下，使不称职的村民委员会成员，及时得到调整，保障村民委员会的整体素质，认真履行好各自的职责。

（四）增加了完善民主决策的规定

《试行法》虽然已做出了"涉及全村村民利益的问题，村民委员会必须提请村民会议讨论决定"的规定，但是《试行法》没有具体规定村民会议讨论决定哪些事项。故此，《修订法》第十九条规定："涉及村民利益的下列事项，村民委员会必须提请村民会议讨论决定，方可办理：(1)乡统筹的收缴办法，村提留的收缴及使用；(2)本村享受误工补贴的人数及补贴标准；(3)从事集体经济所得收益的使用；(4)村办学校、村建道路等村公益事业的经费筹集方案；(5)村集体经济项目的立项、承包方案及村公益事业的建设承包方案；(6)村民的承包经营方案；(7)宅基地的使用方案；(8)村民会议认为应当由村民会议讨论决定的涉及村民利益的其他事项。"这样规定，就把民主决策的原则，由抽象内容变为具体内容，便于村民更好地掌握。

（五）增加了民主监督的规定

民主监督是民主决策内容得以执行的重要保障。为了完善村民自治制度，切实加强村民对村民委员会成员的民主监督，《修订法》对民主监督制度作了相应的补充，第二十二条规定："村民委员会实行村务公开制度。村民委员会应当及时公布下列事项，其中涉及财务的事项至少每6个月公布一次，接受村民的监督：(1)本法第十九条规定的由村民会议讨论决定的事项及其实施情况；(2)国家计划生育政策的落实方案；(3)救灾救济款的发放情况；(4)水电费的收缴以及涉及本村村民利益、村民普遍关心的其他事项。"此外还规定："村民委员会应当保证公布内容的真实性，并接受村民的查询。村民委员会不及时公布应当公布的事项或者公布的事项不真实的，村民有权向乡、民族乡、镇人民政府或者县级人民政府及其有关主管部门反映，有关政府机关应当负责调查核实,责令公布;经查证确有违法行为的,有关人员应当依法承担责任。"这里不仅规定了民主监督的具体内容,而且对村民在民主监督中发现的问题如何处理,也做出了原则规定。

(六)增加了保证《村民委员会组织法》实施的规定

《试行法》没有这方面的规定。《修订法》为了保证法律在全国有效地贯彻落实,第二十八条规定:"地方各级人民代表大会和县级以上地方各级人民代表大会常务委员会在本行政区域内保证本法的实施,保障村民依法行使自治权利。"有了这样的规定,就增强了对执法的监督工作,有利于促进法律的贯彻落实。

《修订法》除增加了以上六个方面的主要内容外,根据全国贯彻《村民委员会组织法(试行)》实际情况,删去了一些法律内容。关于村民委员会的设置范围,鉴于全国绝大部分村民委员会设在了行政村,所以修订法将《试行法》第七条第二款关于"村民委员会一般设在自然村;几个自然村可以联合设立村民委员会,大的自然村可以设立几个村民委员会"的规定删去。新颁布的《村民委员会组织法》作了这样的修订,有利于农村的稳定和村办集体经济的发展,也符合目前大多数村民委员会设置范围的现状。

关于《村委会组织法》贯彻实施的基本情况

——在九届全国人大常委会《村委会组织法》执法检查组第一次全体会议上的汇报

多吉才让

我国现有73.2万个村委会,553.4万个村民小组,300多万村委会干部。从1998年11月4日九届全国人大常委会第五次会议正式颁布实施《中华人民共和国村民委员会组织法》(以下简称《村委会组织法》)至今,已有两年零七个月了。《村委会组织法》的贯彻实施取得了阶段性成效。两年多的实践表明,《村委会组织法》是一部有利于加强和改善党对农村工作的领导,巩固农村基层基础工作的法律;是一部有利于落实依法治国基本方略,扩大农村基层民主,实行村民自治,保障农民当家作主的法律;是一部深受农民群众拥护,促进农村改革、发展和稳定的法律。

一、在贯彻实施《村委会组织法》的过程中所做的主要工作

两年多来,各地积极贯彻实施《村委会组织法》,在学习培训、配套法规建设、推动落实、加大执法力度等方面,做了大量工作。总的看,《村委会组织法》的贯彻实施是健康而富有成效的。

——《村委会组织法》的学习、宣传和培训工作效果明显。一是及时进行了部署。《村委会组织法》正式颁布后不久,我部即会同中组部、中宣部、司法部、国务院法制办公室联合下发了《关于学习宣传和贯彻执行〈中华人民共和国村民委员会组织法〉的通知》,并于1999年4月,在河南许昌召开了全国村民自治工作经验交流会议,再次进行全面部署。同年7月11日,我部在京举行了"学习宣传《村委会组织法》座谈会",全国人大常委会副委员长姜春云同志出席会议,并作重要指示,进一步推动了《村委会组织法》的学习贯彻。与此同时,地方各级党委、人大、政府及有关部门或召开座谈会、电视电话会,或下发文件予以部署,对宣传贯彻《村委会组织法》作了具体安排。二是广泛进行了宣传。各地利用多种形式,广泛宣传《村委会组织法》。河北、湖北两省分别印刷了400多万份和150多万份宣传材料,发到农村干部和农民手中。江西省、辽宁省把宣传《村委会组织法》纳入农村普法工作的重点,在各地开展了《村委会组织法》及实施办法的宣传月活动。为满足少数民族农(牧)民的要求,青海省和西藏自治区组织编译、编印了《村委会组织法》汉、藏对照本,发到广大农村(牧)民手里。许多地方出现了农民群众争购《村委会组织法》的情景。各地普遍反映,建国以来很少有一部法律能像这部法律那样,引起农民群众的强烈反响和热情关注。三是普遍进行了培训。我部组织摄制了李鹏委员长题写片名的大型普法教学片《四个民主一套车》,会同全国人大常委会法工委、国务院法制办公室编写了《村委会组织法学习读本》。1999年和2000年先后在京和外地举办了9期骨干培训班,培训干部达1700余名。绝大多数省、地、县级民政部门也都先后举办了培训班。农村干部群众反映说,就一部法律的贯彻实施进行如此及时的部署、广泛的学习、多层次的培训,这是多年来少有的现象,充分体现了党和政府对农民合法权益的尊重和保护。

——地方配套法规建设迈出新的步伐。一是各地都从保护农民民主权利,促进农村发展和稳定的大局出发,各部门密切配合,抽调精干力量,加快了立法进程。截止到目前,已有19个省、自治区、直辖市的人大常委会审议通过了本行政区域的实施《村委会组织

法》办法，已有22个省、自治区、直辖市的人大常委会相继颁布了新的村委会选举办法。河北省人大常委会还率先就村务公开工作进行立法，制定了河北省村务公开办法。与试行法相比，目前地方立法步伐普遍加快。二是开门立法蔚然成风。已出台地方法规的省份，除了反复调研，征求各部门意见外，还注意征求广大农民群众的意见。绝大多数省份都把修订草案在省级的报纸、杂志上公布，征求群众的意见，从而使地方法规更加符合农民群众的意愿。三是既坚持了《村委会组织法》的基本精神，又有所创新。各地结合实际，在选民资格、选举程序、村民会议向村民代表会议授权、村务公开的内容等问题上有所完善和具体化。

——村民自治的实践水平不断提高。各地根据党的十五届三中全会的要求和《村委会组织法》的精神，在原有工作的基础上，努力提高村民自治的水平，使全面推进村民自治有了良好的开端。一是村委会直接选举制度日趋完善，民主化程度有了新的提高。1999年，共有19个省、自治区、直辖市相继完成了新一届村委会的选举工作。2000年，有9个省、自治区完成了新一届村委会选举工作。2001年上半年，北京、吉林、辽宁等3省、市正在进行新一届村委会选举工作。从掌握的情况来看，大多数农村做到了由村民会议或村民小组推选村民选举委员会，由村民直接提名候选人，普遍设立了秘密写票处，当场公布选举结果，选举程序和过程基本体现了公开、公平、公正的原则。二是开始重视村民会议和村民代表会议这些经常性民主形式作用的发挥。许多农村重新依法选举了村民代表，并对村民会议议事规则、村民代表的产生、培训、职责作了详细规定。福建、江苏、辽宁、吉林、黑龙江、河北、陕西、河南、湖南、四川、山东等省份建立健全村民会议和村民代表会议的农村已达85%以上。三是村务公开注重实效，在原有村务公开栏的基础上，向着事前、事中、事后相结合，向着与乡镇政务公开相结合的方向发展。重视民主制度建设，坚持"四个民主"相互促进，不仅在思想上已经形成共识，而且已经付诸实践。

——《村委会组织法》执法力度加大。近年来，有关村民自治的来信来访量呈大幅度增长的态势，仅今年3月15日~4月15日一个月，来我部上访的各地群众就达89人(次)，约占整个民政来访量的46%。2000年，河北、山西两省各地在换届选举期间分别接待了42716人(次)和169740人(次)，分别处理群众来信3528封和4910封。为最大限度地保障群众的民主权利，各地及时发布文件，要求各地认真做好群众来信来访和执法检查工作。2000年，黑龙江全省各级民政部门共纠正选举中的违法、违规行为1760起，其中推翻选举结果，重新选举的达234起。在全国人大常委会领导同志的示范带动下，广东、辽宁、陕西、河北、湖北等省人大常委会，或组织执法检查，或组织执法调研，或听取政府关于贯彻实施《村委会组织法》的工作汇报，加大了执法检查力度。广东、上海、山西、安徽、江苏、湖南、福建、江西、重庆、贵州、青海、西藏、新疆、山东等省、自治区、直辖市人大常委会的主要领导同志，还亲自到农村调查了解情况，查找问题，总结经验，这些都有力地推动了《村委会组织法》的贯彻执行。

二、贯彻实施《村委会组织法》的主要成效

《村委会组织法》实施两年多的实践证明，党的十五大确定的扩大基层民主的战略决策，是完全正确的，党的十五届三中全会确定的扩大农村基层民主，全面推进村民自治的战略部署，是高瞻远瞩、得民心、顺民意的英明之举。两年多的实践也证明，体现党的主张、人民意愿、国家意志相统一的《村委会组织法》，一旦为农民群众所掌握，就会变成强大的物质力量和精神力量，推动着农村向着富裕、民主、文明的目标迈进。

——《村委会组织法》的贯彻实施，提高了村委会干部的素质，促进了村委会建设。在贯彻《村委会组织法》的过程中，农村数百万村委会干部基本实现了从组织任命，到由群众直接选举产生的平稳过渡。各地新当选的村委会干部普遍出现了"三高一低"的现象。"三高"即党员比例高、致富能手比例高、文化程度高；"一低"即年龄有所降低。如，河南省当选村委会干部中党员占59.2%，比上届提高2.2个百分点；初中以上占88.4%，比上届提高5.1个百分点；各种致富能手占63.1%，比上届提高了19.6个百分点；村委会新班子平均年龄42.5岁，比上届下降1.4岁。实行第一届全面直接选举的广东省，新当选的村委会干部中党员占78.7%；初中以上文化程度占85.3%，比原管理区体制上升3.2个百分点；平均年龄下降2.1岁。实践证明，只要加以正确的引导和充分的实践，由群众直接选举产生村委会干部，不仅选不乱，而且能选好。可以说，贯彻实施《村委会组织法》，使一大批素质较好的农民走上了村委会的工作岗位，从而使原来的好班子得到巩固，一般的得到加强，软弱涣散的得到调整。各地普遍反映，绝大多数民选的村委会干部责任感强，工作干劲大，群众威信高。

——《村委会组织法》的贯彻实施，调动了农民的积极性，促进了农村经济发展。广东省广宁县洲仔镇楠木村村委会主任陈维胜，1999年1月15日当选村委会主任后，忠实地履行了全心全意为村民服务的职

责。在任百天后不幸遇难，在他出殡时，全村数百男女老幼，冒着风雨、踏着泥泞、淌着泪水，来为他送行，情景十分感人。湖北省宜昌县小溪塔镇新一届民选的村委会主任上任后，积极组织群众调整农村产业结构，发展经济。该镇南村坪村委会主任张长春自2000年以来，带领村干部引导农民喂养肉鸡17万只，指导农户栽培食用菌2万多袋，帮助农户实行柑橘品种改良400多亩，为农民开辟了新的增收门路。贯彻实施《村委会组织法》不仅使村干部带领群众发展经济的劲头大增，也使普通村民群众参与村级事务决策、民主理财的积极性大增。2000年广东省东莞市欧邓村，经村民会议讨论决定由村集体和村民集资搞货物运输，当年就为集体增加收入200多万元。2000年5月以来，浙江省玉环县农村180多个村委会召开了“民主听政会”，村民共提出了1519条建议，解决了1016条，产生了很好的经济和社会效益。正如许多干部群众总结的那样：“民主出公道，民主出公心，民主也出经济效益。”

——《村委会组织法》的贯彻实施，密切了党群、干群关系，促进了农村各项工作的开展。大量事实证明，贯彻实施《村委会组织法》，使党的群众路线得以发扬光大，使村干部的工作作风和精神面貌有了很大的改进：作风粗暴、强迫命令的少了，关心群众疾苦的多了；以权谋私、优亲厚友的少了，廉洁奉公的多了；一言堂、家长制的少了，依靠群众民主决策的多了。农民群众普遍反映，贯彻实施《村委会组织法》，使他们“气顺了，劲大了，心同干部贴得更近了”。干群之间相互尊重，关系融洽，为党和政府有关方针政策在农村的顺利实施创造了条件。广东省高州市西岸村，过去计划生育工作管理混乱。1999年8月民主选举的村委会上任后，逐家逐户进行调查摸底，登记造册，把计划生育工作引入村民自治，使该村的计生工作一跃进入先进行列。河北省雄县葛各庄乱了多年，不交征购提留，多次上访告状。2000年通过“海选”产生了村委会，告状的没有了，征购提留也交上来了，村经济开始发展了。许多村干部深有体会地说：“这难那难，只要相信群众、依靠群众、发扬民主、走群众路线，就不难了。”

——《村委会组织法》的贯彻实施，强化了农民群众的民主法制观念，促进了农村社会稳定。据统计，近两年完成村委会换届选举的地方，农民群众的参选率绝大部分在90%以上，最低的也在85%以上。农民群众在村民自治的实践活动中，培养了民主习惯，提高了民主素质。在农村开始形成了学法、知法、懂法、守法和依法办事、依法自治的好风气。许多乡村干部说，现在不学习《村委会组织法》，不坚持民主，依法办事、示范服务，就很难与农民群众打交道。实践证明，村民自治关键在于，要在党的领导下依法办事。依法自治则安，违法操作就乱。贯彻实施《村委会组织法》使许多农村出现了新气象：关心集体，为发展经济献计献策的多了，不顾集体利益、损人利己的少了；劳动致富的多了，游手好闲的少了；反对陋习、传播新风的多了，搞封建迷信的少了；按章办事、遵纪守法的多了，违法乱纪的少了。农村人与人之间的关系向着平等、互助、友好、合作的良性互动方向转化，社会自身化解矛盾，调适冲突的机能大大增强。

从根本上说，《村委会组织法》的贯彻实施，坚定了农民群众跟党走建设有中国特色社会主义道路的信心和决心，巩固了党在农村的执政基础，弘扬了我国社会主义制度的优越性。许多农村干部群众动情地说：土地改革时期，我们党由于解决了农民的土地问题，因而赢得了农民的信赖；改革开放初期，我们党由于解决了农民的生产经营自主权问题，从而使农民坚定了跟党走社会主义道路的信心；世纪之交，我们党又解决了农民的基层民主政治权利问题，已经而且必将进一步赢得农民的衷心拥戴。

三、目前工作中亟待研究解决的主要问题

回顾过去两年多的实践，我们一方面感到，贯彻《村委会组织法》已经取得了阶段性成果，同时，也认为，一些地方的工作还不尽如人意，制约的因素还很多。从各地反映的情况来看，实际工作中，还有很多问题需要研究解决。

一是个别农村党支部、村委会的关系不协调，一定程度上影响了村民自治的发展。有的农村党支部认为加强党的领导，发挥党支部的领导核心作用，应该一切事务由党支部说了算，搞“一言堂”。有的党支部支持落选的村委会不向新当选村委会交接账目、公章等，使新当选的村委会班子无法履行职责。有的新当选的村委会干部错误地认为，自己是全村群众选出来的，党支部干部是十几个党员选出来的，凡事应由村委会说了算。有的当选村委会主任对民主决策的程序不了解，大事小事都自己说了算，出现了“民主选举出的村主任办事依然不民主的”现象。上述情况虽然是极少数现象，但如不及时解决，会影响村民自治的健康发展。

二是要进一步加强农村的民主制度建设。一些地方在贯彻《村委会组织法》的过程中，对村级民主制度的建设打了折扣。如，在民主选举过程中，有的不由村民会议或村民小组推选村民选举委员会，而是由村干部包办选举事务；有的随意更换村民提名的候选人名

单，有的不组织公开介绍候选人，而任由候选人自己私下活动；有的不公开计票、不当场公布选举结果。在村级事务决策和管理中，有的党支部和村委会不是积极组织群众依法制定村级事务决策和管理的程序及制度，依法治村，而是陷入“谁是村中一把手”的争论之中，有权有利的事争着管，没权没利的事相互推；有的农村从未召开过村民会议或村民代表会议，涉及村民利益的事情，还是少数村干部说了算。在村级事务监督中，许多农村还没有建立村干部任期审计制度，定期评议村干部的活动还不规范，村务公开尤其是财务公开中的虚假现象时有出现。这说明，村民自治制度建设需要进一步加强。

三是要进一步对村民进行深入的权利义务教育。贯彻实施《村委会组织法》从总体上促进了村民民主法制素质的提高，但也有部分村民仍然存在着不正确的认识和行为，需要引起我们的重视。如在选举过程中，有的村民不珍惜自己的民主权利，在选票上乱写乱画；有的村民在候选人一餐饭、一包烟或几块钱面前就出卖自己的选票；有的村民为了自己的私利，明知某人有严重违反计划生育政策或其他违法违纪的行为，但还提名或选举这种人为村委会干部。有的村民对村民自治一知半解，理解不正确，以为实行村民自治了，想怎么干就怎么干。有的对村民会议或村民代表会议通过的决定，以自己没有参加或不赞成为理由，拒不执行，从而在一定程度上影响了村中工作的正常运转。

四是要进一步引导乡镇组织主动适应农村基层民主政治建设的要求。从我们掌握了解的情况来看，有些地方的乡镇组织对村民自治工作不重视，不支持，在一定程度上影响了一些农村的村民自治，甚至长期拖延了村委会的换届选举。如河北省唐县王京镇东连乙村的部分村民，自2000年初开始就向我部反映该村村委会到期不选举一事，我部有关部门多次致函河北省民政厅，河北省民政厅也多次督促过，县乡政府一方面表示要选举，另一方面却不断拖延，导致村民情绪激化。今年4月5日，该县来我部反映情况的村民家中被人纵火。还有一些地方的乡镇组织对新当选的村委会干部不培训、不帮助，而一旦他们的工做出现失误，或完成得不好，就横加指责，或随意撤换，或停止他们的工作，从而迫使村委会干部没法干下去，不断辞职。曾被新闻媒体披露的山东省栖霞市“57名村官要辞职”一事，就是这方面的典型例子。还更有甚者，有的地方置《村委会组织法》于不顾，另搞一套。2000年，辽宁省黑山县各乡镇，打着“改革”的名义，让数百名民选的村委会干部“下岗”，又在社会上招聘了一批人来顶替原村委会干部的工作。这一事件虽已纠正，但在当地造成了不好的影响。

五是要严肃认真地解决、处置村民自治中的违法行为。从实践来看，村民自治活动中的违法主体包括组织和个人两种。一般来说，纠正组织和领导干部的违法行为，要比纠正普通村民的违法行为要难得多。一些组织和领导干部视《村委会组织法》为软法，屡犯不改，屡教不改，我行我素。基层民政部门为了维护法律的尊严，有关人员多次去劝说那些违法的组织和领导干部改正错误，但限于执法手段和人力，往往收效不很明显。农民群众为了获得应当享有的民主权利，花费了大量人力、物力和财力，踏上了漫长的上访、越级上访甚至进京上访之路。大量上访尤其是越级上访的增加，又给社会治安工作增加了负担。

四、关于今后工作的意见和建议

今后5-10年是为实现我国第三步战略目标打好基础的关键时期，保持社会政治的稳定比任何时候都显得重要。我们要以“三个代表”重要思想为指导，把《村委会组织法》深入持久地贯彻实施好，为全国的政治稳定和经济发展做出新贡献。为此，建议重点抓好以下几项工作。

一是要有针对性地继续做好《村委会组织法》基本精神的宣传教育工作。要重点做好对以下人员的宣传教育。首先是继续组织对广大村民的宣传教育工作，着重正确理解和认识村民自治的基本要求，村民的权利和义务，做到既享有权利，又切实履行应尽的义务；其次是继续组织对村委会干部和村民小组干部的宣传教育工作，着重增强在基层党组织的领导下依法自治的观念和接受乡镇政府指导、履行协助义务的观念，从而正确处理好村委会与党支部、与村民、与乡镇政府的关系。第三是继续组织对农村党支部和广大党员的宣传教育工作，着重增强、加强和改善党的领导，坚持群众路线的观念，从而做到尊重村委会的法律地位，不断改进领导方式和方法，积极支持农民群众当家作主。第四是继续组织对乡镇干部的宣传教育，着重增强乡镇干部依法行政的观念，使他们更加自觉地帮助、支持村民自治，为村民自治的发展创造好的外部条件。

二是要创新农村工作运行机制，积极推行“两推一选”党支部，充分发挥党支部在村民自治中的核心领导作用。要从“三个代表”重要思想的高度，积极推行党支部“两推一选”，使党支部成员当选人不仅得到党内大多数党员赞成，也要获得大多数普通村民的拥护。要鼓励党员积极参与村委会选举、村民小组组长选举和村民代表的选举，接受村民的检验，在村民自治活动中发挥模范带头作用。逐步做到凡在村委会选举中不被大多数群众认可的人，不宜再安排到党组织内担任职务；逐步做到大多数村民群众不拥护的人，党组织一般也不任用。要积极把村民选举中涌现出来的优秀分子培养入党，不断扩大党的队伍。在村级领导班子配备上，党支部书记经过选举可以兼任村委会主任，党支部委员经选举可以与村委会委员交叉任职，这样既可以减少村干部职数，减轻农民负担，又可以减少工作中的扯皮问题，使党支部、村委会和村民一道对村中各项重大决策发挥作用。

三是规范村“两委”职责，形成一套既发挥党支部领导核心作用，又体现村委会的自治功能，更凸显村民当家作主作用的决策程序，以还权于民，调动农民群众当家作主的积极性。村党支部和村委会的领导与被领导关系，村党支部在村中的核心领导地位不能动摇，但对党支部和村委会各自的权限范围应当做出合理界定，将《党章》和《中国共产党农村基层组织工作条例》规定的农村党支部的主要任务，与《村委会组织法》规定的农村村委会的职能衔接起来，并使之具体化，使党支部和村委会按各自职能，正确运作，充分体现党组织管方向性大事，村委会管具体事务的原则精神。关于这一问题，目前，民政部配合中央农村工作领导小组办公室、中组部、中央政策研究室正在全国农村进行专题调查研究，不久就会有规范性意见出台。

四是加大村务公开力度，强化民主监督。要在前几年已取得初步成效的基础上，推动村务公开向着事前、事中、事后全过程公开的方向发展。真正做到凡是与群众利益密切相关、容易引发矛盾和滋生腐败的热点、难点问题，只要不涉及国家机密都公开。同时还要搞好村务公开和乡镇政务公开的密切配合。

五是认真总结经验，做好村委会组织法的修改、完善工作。村委会组织法正式颁布实施后，全国农村基本完成了一次村委会换届选举工作。实践证明，村委会组织法规定的基本原则是完全正确的，但随着农村民主的日益推进，也暴露了现行村委会组织法有一些不完善不具体的地方。各地要求修改、完善法律的呼声也不断高涨。应围绕各地反映较多的问题，如村民资格问题、当选资格问题、竞选程序问题、制止贿选问题、罢免程序问题、妇女当选比例问题、村民会议向村民代表会议授权问题、纠正违法问题等等，进行调查研究，以便完善法律，保障村民自治的健康有序发展。

关于《中华人民共和国村民委员会组织法》贯彻实施情况的调查报告

全国人大内务司法委员会调查组

1999年10月7日至29日，全国人大内务司法委员会组织7个调查组，在副主任委员顾金池、束怀德、李九龙、刘珩、张丁华和委员杨英昌、陈俊亮、赵丛、赵地、黄玉章的带领下，分赴河北、山西、辽宁、山东、广西、四川、贵州、云南、陕西9省（区），对《中华人民共和国村民委员会组织法》（以下简称村委会组织法）的贯彻实施情况进行了调查。这次调查的重点内容是在村民自治中依法直接选举村委会、实行村务公开和发挥党支部领导核心作用等情况。在调查期间，各调查组共深入到21个地、市的31个县（市、区），42个乡镇，95个村，召开座谈会132次，走访农户137户，发放调查问卷3500份，收回3432份。通过这些工作，调查组对9省（区）贯彻实施村委会组织法的主要情况有了基本了解，现综合汇报如下：

一、依法推进村民自治，保证亿万农民直接行使民主权利

社会主义民主的本质是人民当家作主。没有民主就没有社会主义。在农村实行村民自治，使广大农民通过民主选举、民主决策、民主管理和民主监督，实现自我管理、自我教育、自我服务，这是我国社会主义民主政治的重要内容。调查结果表明，9省（区）各级党委、人大和政府都比较重视对村委会组织法的宣传、贯彻工作，依法进行村委会选举和村务公开，积极探索在村民自治中既能发挥党支部领导核心作用，又能体现村委会自治职能的方式与途径，取得明显成效。在9省（区）的大部分地区，民主选举、民主决策、民主管理、民主监督有了比较好的进展，促进了农村社会的稳定，推动了农村经济和各项事业的进一步发展。村委会组织法的贯彻实施再一次证明，村民自治是具有中国特色的农村基层民主政治制度，已充分显示出强大的生命力。

（一）依法进行村委会选举，奠定农村民主政治基石

民主选举是村民自治的基础和前提。9省（区）的绝大部分村都已实行村委会直接选举。在选举工作中，各省（区）都要求坚持民主、竞争、择优的原则，大部分地区都能严格按照法定程序进行选举，从选民登

记、产生候选人再正式选举,都能按法律规定的程序办,基本做到了公正、公平、公开,让村民充分行使民主权利。

在进行村委会换届选举前,集中时间、集中力量对村委会组织法进行大规模、有声势的宣传教育,是9省(区)的普遍做法。各地都利用广播、电视、报刊、宣传栏、宣传车等多种形式进行宣传。有的地方还组织了知识竞赛、文艺演出、秧歌会。有的地方设立了公开电话、热线咨询电话,解答村民提出的各种疑难问题。调查组在所到的绝大部分村都看到了村委会组织法等宣传材料。各地普遍举办了农村基层干部培训班,培训宣传、贯彻村委会组织法的骨干。通过宣传教育,使广大村民和农村基层干部加深了对村委会组织法的理解,提高了他们运用法律解决实际问题的能力,为贯彻实施好这部法律打下了群众基础。

在村委会选举过程中,绝大部分地区都能严格按照法定程序进行,保证直接选举制度的落实。9省(区)都根据村委会组织法的规定,结合本省(区)的实际情况,制定了具体的选举办法,用来指导和规范本行政区内的村委会选举工作。在工作实践中,各地创造了许多好的经验。如广西壮族自治区在村委会选举中注重抓了"五个环节":一是抓好选民登记,做到不重、不错、不漏;二是坚持做到村委会成员候选人都由村民直接提名;三是认真组织选举大会;四是保证当场宣布选举结果;五是认真处理群众来信来访,发现问题及时解决。河北省围场县总结出:"八步选举法",即将选举程序分作选举部署、选举发动、选举登记、组成村民代表会议、产生候选人、正式投票选举、建立组织机构、建立规章制度等八个步骤,保障了选举工作依法进行,受到民政部和中外专家学者的高度评价。辽宁省锦州市要求在选举中严把"六关",即选民登记、推选村民代表、推荐候选人、确定正式候选人、确定监票人和计票人、选举日投票和当场公布选举结果。从总体上看,9省(区)的村委会选举工作,除云南省因情况特殊外,基本上都是成功的。

云南省自1988年开始,在农村一直实行乡镇政府直接领导村公所(办事处),村公所(办事处)下设村委会的管理体制。《村委会组织法》颁布实施后,他们开始依法对管理体制进行调整,把原来的村公所(办事处)改成村委会,把原来的村委会改成村民小组。从今年5月份开始,省委、省政府在沧源、陆良、官渡3个县(区)进行了民主选举村委会的试点,已经取得成功。计划从今冬开始在全省推开,预计明年年底可以完成70%以上,于2001年全部完成改制工作。

广大村民对民主选举村委会的做法表示高度重视和坚决拥护。他们说,选举村委会成员是关系到村民直接行使民主权利和切身利益的大事,我们当然格外重视。广大村民十分珍惜手中神圣的一票,踊跃参选。去年12月,山东、四川等省在进行村委会换届选举时,村民参选率都达到90%以上,许多村参选率达到100%。贵州省一些在外打工的村民为了行使民主权利,自己出钱租车回村参加选举。不少地方出现了父子、夫妻、兄弟争相参选的热烈场面。实践是最好的老师,民主选举村委会,激发了亿万农民的民主意识和参与意识。村民们知法、学法、用法的热情空前高涨。他们不仅学习村委会组织法及其相关法律,还学习党和国家有关农村工作的一系列方针和政策,积极行使法律赋予的民主权利,维护自己的合法权益。

通过民主选举,村民们选出了自己信得过的带头人,新选出的村委会班子成员的平均年龄下降,政治、文化素质普遍提高。如山东省新产生的村委会干部中,平均年龄为40.1岁,比上届下降了1.5岁;高中以上文化程度的比上届提高了13个百分点;党员比例增加了25个百分点。村民们说,我们不满意的干部下去了,我们满意的干部上来了。从9省(区)问卷调查的结果看,村民对村委会选举结果表示满意的占91%,基本满意的占8.6%。

当村委会成员不能胜任担负的工作时,广大村民也能依法定程序对其进行罢免。如贵州省贵阳市乌当区东风镇乌当村村民联名提出要求罢免村委会主任,理由是:(1)村务不公开;(2)上任后不办事,无任期目标;(3)乱报垃圾填埋亩数,多领了8000多元钱;(4)上任没几天,招待费就花了一万多元。在有关部门的监督下,村民们依法定程序罢免了上任仅4个月的村委会主任。几天后,村民又依法选出了新的村委会主任,大家都很满意。

通过村委会选举,不少农村基层组织软弱涣散的状况有了明显改观,一些长期积累的矛盾得到化解,促进了农村的社会稳定,为推行党和国家的农村政策,促进农村经济和各项事业的发展提供了组织保障。

(二)村务公开和民主决策、民主管理、民主监督制度进一步规范化

各省(区)在做好村委会民主选举的同时,也注重了搞好村级民主决策、民主管理和民主监督,特别是实行村务公开。村务公开对于密切干群关系,稳定农村社会,防止和根治农村干部的腐败现象具有重要意义。各省(区)根据村委会组织法,结合本地实际,注重完善村务公开的内容、形式和程序。各地都以地方性

法规或党委、政府文件的形式，对村务公开作了具体的规定。例如河北省人大常委会颁布实施了《河北省村务公开条例》，要求村务公开要做到内容、形式、程序、时间、管理五个规范。山西省不仅制定了关于在全省推行村务公开的实践方案，而且省、地、市、县都建立了指导村务公开的专门机构。他们还注意对村务公开中暴露出来的违法行为进行查处，从去年5月份到年底，全省共查处这类案件611件次，占上访案件总数的93%。

村务公开的内容进一步规范化，形式进一步制度化，程序进一步科学化。各地普遍都将村民最关心的财务收支、宅基地划分、计划生育指标、乡村提留款的使用、土地承包方案、公益事业项目收支和村干部补贴标准等作为必须向村民公布的内容。各地普遍设立了村务公开栏。辽宁省北宁市中安镇的许多村把村务公开栏设在了商店门前、大道旁等群众易于观看的地方；四川省青神县统一在公开栏旁边设了意见箱。有些地方向村民发放了“村务公开手册”，手册上载明了村委会必须向村民公开的事项，村民可以随时就这些事项向村委会提出质询。还有一些地方向村民发放了“合理负担卡”，上面列出农民每年应交的各种费用和应尽的各种义务，超出卡片之外的收费，都属于乱收费，农民有权拒绝交纳。农民称这张小卡片为“明白卡”。科学的程序是使村务公开不流于形式的保证，许多省都对此做了规定。各地对村财务公开一般规定为六个程序，即村会计出示正式报销单据，村委会主任签字，民主理财小组审批，民主监督小组监督，乡经济管理总站备案，公布财务收支结果。山东省五莲县还推行了村务公开“咨询日”活动，即在村务公开后5日内，村委会全体成员集体接待村民来访，听取对村务公开的意见和建议。在村务公开的时间安排上各地不尽相同。有的村是每6个月公开一次；有的村是每季度公开一次；有的是每月公开一次。

通过村务公开促进了民主决策、民主管理、民主监督。村民会议议事制度是实行民主决策和民主管理的主要形式。9省(区)的大部分村都能通过村民会议、村民代表会议对村里的重大事项进行民主决策和民主管理。例如山西省在推行村务公开过程中，把党员议事会、村民代表议事会作为农村实行民主管理的主要形式，凡村里的重大问题，都要由党员议事会和村民代表议事会讨论。山东省日照市东港区实行了村务大事民主公决制度，即对涉及村民重大利益事项必须经全体村民公决，只有经80%以上户数的村民同意方可组织实施。1998年以来，全区共有3680项村务大事由村民公决，其中276项按村民意愿及时作了调整，有92项被否决。成立民主理财小组是9省(区)农村实行民主监督的普遍做法。做得好的村，村里的财务收支，都必须经民主理财小组的审核，民主理财小组不同意的开支都不能报销。

村务公开促进了农村社会稳定，推动了农村经济和各项事业的发展。各地普遍反映，实行村务公开后，农村党群关系、干群关系进一步融洽，形成了推动两个文明建设的合力。村干部们反映，村务公开后，各项工作能够得到广大村民的支持，许多过去难办的、甚至办不了的事，现在都能顺利解决了，制定工作方案的胆子也大了，许多难事、大事也敢想敢干了。山西省乡镇干部反映，由于推行村务公开，农村出现了三多三少现象：关心村务的人多了，埋怨干部的人少了；依法办事的人多了，上访告状的人少了；讲道理的人多了，无理取闹的人少了。村民会议议事制度使越来越多的村干部认识到自己只是村民的公仆，无论是在会前提出方案，还是会后组织实施，都是为村民服务。

(三)积极探索在村民自治中发挥党支部领导核心作用的方式与途径

《村委会组织法》明确规定，中国共产党的农村基层组织，应当在村民自治中发挥领导核心作用。为此，各地对在村民自治中如何既能发挥党支部领导核心作用，又能体现村委会自治职能的方式与途径，进行了积极的探索。

许多省在村民自治中，都对村党支部如何发挥领导核心作用作了具体的规定。如中共四川省委办公厅制定并下发的《关于在实施〈村民委员会组织法〉中充分发挥村党支部领导核心作用的意见》，明确了村党支部、村委会的地位、作用及相互关系。山东省莱西、平度两市制定了《关于农村党支部、村委会工作中有关问题的规定》和《关于村委会换届后农村党支部和村委会工作中有关问题的意见》等规范性文件，对“两委”职责分工、民主决策、财务支出和印章管理等做了具体规定。

在实际工作中，各地也都进行了一些有益的探索。河北、山西、山东、陕西等省的一些地方建立了村党支部与村委会的联席会议制度，在决定重要村务问题时，先召开联席会议讨论，然后提交村民代表会议或村民会议形成决议，由村委会组织实施。这样，就将党支部和村委会的有关决策内容融为一体，使两者的工作得以衔接。河北、四川、贵州、云南等省推行了两委“交叉任职”的模式，村委会主任是党员的，一般担任党支部副书记，以便于两委的协调运转。河北省唐山市推行了双向沟通和双向评议制度。双向沟通是指村党支部注意向村委会传达上级指示、工作信息；村委会注意向村党支部报告工作情况，提出工作设想。双向评议是指党支部组织党员、村民评议村委会及其成员的工作，同时委托村委会组织村民代表和村民，对党支部工作进行鉴评，以提高党支部的领导水平。辽宁省北宁市通过对村党支部和村委会的干部进行培训，提高他们对在村民自治中发挥党支部领导核心作用的认识，教育党支部成员正确理解领导核心的概念，改变过去那种由党支部包办一切的做法，坚持“主要领导不观看，把关定向不包办，带头执行作模范”，严格按党章和法律办事，党支部书记不再忙于事务，而是集中精力思考关系全村总体发展方向的重大问题。教育村委会干部正确认识和理解村民自治的概念，明确村民自治只能是在党的领导下的自治，使他们自觉地接受党支部的领导。

(四)地方各级人大加强了对《村委会组织法》贯彻实施情况的检查监督

地方各级人大负有保证《宪法》和法律在本行政区域内贯彻实施的责任。9省(区)人大常委会都已经或正在制定、修改《村委会组织法》在本省(区)贯彻实施的具体办法。辽宁、广西、四川、陕西等省(区)的人大常委会还组织了对该法的执行检查。河北省人大常委会责成有关部门查处和纠正了二十多起违法选派、任命、指定、撤换村委会成员的典型案例，维护了法律的严肃性和权威性。

二、当前工作中存在的问题

《村委会组织法》修订后颁布实施一年来，9省(区)各级人大、政府做了许多工作，并取得可喜成绩。但在实际工作中仍存在着不少问题，距离《村委会组织法》的要求还有很大差距，今后宣传贯彻该法的任务还很艰巨。

(一)普法宣传教育的广度和深度不够

《村委会组织法》颁布实施后，各地一般性的宣传较多，深入细致的宣传不够；集中宣传较多，持之以恒的宣传不够。有些地方还留有死角，不少农民群众特别是农村妇女还不知道这部法律。在收回的3432份调查问卷中，有113人没有学过村委会组织法，占3.3%，自学过的仅占14.7%，其余83%是集体学过。

由于宣传教育工作不到位，有些县乡领导干部对村委会组织法还存在一些模糊认识。如有的对实行村民自治的重要意义认识不足，认为村委会组织法过高地估计了农民群众的觉悟，有些“超前”；有的习惯于对村的行政管理，对执行《村委会组织法》存在畏难情绪，怕开展村民自治会引起“麻烦”，把农村搞乱；有的怕群众选出的村干部不听话，政府指挥不灵，失去权威；有的担心搞民主政治浪费时间，影响当地经济发展。还有的乡镇干部把宗教、家族、派别问题对村民自治的影响看得过重，又不去大胆引导，做好工作，在一定程度上也影响了村委会组织法的实施。

(二)村委会选举中的违法问题依然存在

主要表现在五个方面：一是各省(区)都有未按法定程序实行村委会直接选举的死角地带，有的比例还比较高。二是有的地方选举工作混乱，组织工作不严不细，甚至发生哄抢选票的现象。三是一些地方存在违法竞选的现象，有的搞暗地活动，请客送礼拉选票；有的承诺上任后不收提留统筹款、不搞计划生育等。四是个别地方封建家族势力抬头，影响了选举质量，选出的村委会班子办事不公道，群众意见大。五是有的乡镇在指导村委会选举中，不敢放手让村民直接选举产生候选人，而是搞“指选”、“派选”，由于候选人没有经过村民的充分酝酿，缺乏群众基础，出现全部或部分落选的情况。

(三)有些地方村务公开流于形式

主要表现为，一是对村务公开缺乏自觉性和主动性，一些地方的村务公开是来自上级领导的行政压力，而不是基层干部的自觉行为。一些地方对村务公开只注重安排部署，忽视督促检查，对公开的内容是否全面详细、数据是否真实，群众是否看得懂等问题没有注意到；有些村干部对村务公开态度消极，常常是例行公事，凑上几条，应付检查。二是有些地方村务公开的内容和形式还不够规范，有的写一张纸一贴了之，多数群众还没有看到就已无踪影。有的在公开财务情况时，只公布一个收支总数，缺乏细目，群众无法了解详情。还有的公开时间不固定，公开栏设在村委会院内，有的甚至设在村办公室内，不便于群众查看。三是有的地方公开的程序不健全，虽然设置了公开栏，但公布前缺乏审查，公布后不去了解群众的反映，更谈不上按群众意见及时改进工作。

(四)村民会议、村民代表会议制度不完善，影响民主决策

一是用村民代表会议代替村民会议，如制定村规民约、村民承包经营方案等本应当由村民会议讨论决定的事项，却由村民代表会议讨论决定；二是有的地方缺乏村民会议向村民代表会议授权的程序；三是村民代表会议召开的程序不规范，存在随意性和简单化，不能充分反映村民的意见；四是村民会议、村民代表会议召开不经常，有的村一年才召开一两次村民代

表会议，有的村一年也不召开一次村民会议。

(五)一些地方村党支部与村委会关系还没有理顺

有的党支部成员把村党支部的领导核心作用理解为党支部包办一切，不注意发挥村委会的作用，使村民会议、村民代表会议流于形式。有的村委会干部错误地认为自治就是村民想干什么就干什么，不尊重党支部领导。一些村党支部与村委会在工作中严重不协调，关系紧张，矛盾突出，影响了农村的社会稳定和经济发展。

(六)一些地方乡镇政府与村委会之间的关系没有理顺

有的乡镇领导还很不习惯乡镇政府和村委会的关系由过去的领导关系变成今天的指导关系，因而依然沿袭过去行政命令的做法，干预依法属于村民自治范围内的事情。如有的乡镇仍然是行政命令式地向村委会部署工作，下达“指标”；有的搞“村财乡管”，村里花钱需经乡镇批准；有的还违法撤换村民选举产生的村委会成员。另外，也有个别村委会不接受乡镇政府的指导，对乡镇政府的工作不予协助。

三、对今后工作的几点建议

(一)宣传普法工作要在广泛和深入上下功夫

《村委会组织法》是一部规范村民自治、保障9亿农民主人翁地位的重要法律。宣传贯彻好这部法律是加强农村基层民主政治建设，实现依法治国、建设社会主义法治国家的重要基础。各地在新法通过后做了大量的宣传工作，但成效不能估计过高，离广大农民群众真正知法、懂法、守法、用法的要求还有较大差距。今后还须做好深入细致的宣传教育工作，以提高广大农民群众的民主法制意识和依法办事的能力，使他们懂得既要依法保护自身的合法权益，又要依法履行应尽的义务。宣传教育应当广泛深入，运用村民喜闻乐见的形式，切实宣传到村、到户、到人，避免摆花架子，搞一阵风，努力做到家喻户晓，人人皆知。

(二)加强农村基层干部的培训工作

要以《村委会组织法》为重点加强对各级干部的培训，特别是对乡、村两级干部的培训，有条件的地方，还应对村民代表进行培训。要因地制宜，不断扩大培训面。通过培训，逐步提高各级干部和村民对开展村民自治重大意义的认识，增强法制观念和执法自觉性。

(三)认真做好村委会直接选举工作

要加强对今明两年村委会换届选举工作的组织领导，充分调动广大农民群众的积极性，严格按照村委会组织法规定的选举程序，保障村民依法行使自己的民主权利，把群众拥护的思想好、作风正、有文化、有本领、真心实意为群众办事的人选进村委会班子，以促进农村的社会稳定、经济发展。

(四)认真总结村民自治中发挥党支部领导核心作用的经验

要积极探索在村民自治中既能发挥党支部领导核心作用，又能体现村委会自治职能的方式与途径，把这项工作列入重要的议事日程，及时总结推广经验，力求尽快获得重大进展，以加强党在农村的领导，推进农村基层民主政治建设。

(五)对违反《村委会组织法》行为的处罚要有明确的法律依据

在《村委会组织法》中，对于妨害和破坏村委会选举行为的处罚，规定不明确，有关机关在调查处理时难以操作。建议有关部门认真研究，提出解决问题的办法或做出补充规定。

(六)各级人大要尽快制定和完善《村委会组织法》的配套法规制度，加大对贯彻实施这部法律的检查监督力度

对违反法律规定，侵犯村民民主权利的行为，要督促有关部门依法查处，维护法律的严肃性和权威性，使村委会组织法的各项规定真正落到实处。

中国农村的村务公开制度

余维良

20世纪的后10年，随着社会主义农村市场经济的培育和发展，随着农村政治体制改革的不断深入，以民主选举、民主决策、民主管理、民主监督为主要内容的中国农村的村民自治活动，在祖国的广袤大地上蓬勃发展。在农村基层民主建设的滚滚洪流中，诞生并形成了具有中国特色的农村村务公开制度，这是中国农村村务治理结构的重大改革。为此，本人就村务公开的概念、产生发展、内容做法、效果评估，问题对策等作粗浅的研究和探索，目的是使这一制度更加巩固和完善，进一步促进农村社会的稳定和农村两个文明建设的发展。

一、村务公开的定义及相关要素

(一)村务公开的定义

村务公开尽管说了多少年、做了多少年,但迄今为止,它无完整的界定和准确的定义,以至于人们在理论研究和实际工作中,理解不一,出现较大的分歧,影响村务公开制度的健康发展。我认为:

村——在这里不仅是地域概念,指一个村庄、一个屯的意思,更重要的是组织概念,指这个村、那个屯的村民委员会组织。

村务——广义指农村集体的事务;狭义指一个村、一个屯的涉及村民群众集体利益的事务。在这里专指本村民委员会组织办理涉及村民群众利益的集体事务。

公——与“私”相对,在这里指国家的或集体的。

公开——与“秘密”相对,指不加隐蔽。在这里专指村民委员会面对广大村民群众,要不加隐蔽地办理本村涉及国家的和村民集体利益的事务。

根据上述的界定,村务公开的定义是:在一个村民委员会的辖区内,村民委员会组织把处理本村涉及国家的或集体的公共事务的活动情况,通过一定的形式和程序告知全体村民,并由村民参与管理、实施监督的一种民主行为。

倘若上述定义能成立,那么村务公开具有以下显著的特征:

1. 参与性。这是村务公开的本质要求。我国是社会主义国家,社会主义国家的本质是人民群众当家作主。为体现这一精神,《宪法》、《中华人民共和国村民委员会组织法》(以下简称《村委会组织法》)规定,在农村实行村民自治,自治的主体是村民,村民是自治的主人。村民由过去的单纯被管理者,向现在的既是被管理者又是管理者的身份转变。村民成为村里的真正主人,他们强烈要求享有参与权,实行村务公开。而实行村务公开的过程,既是农村治理结构变革的过程,又是村干部与村民合作运用农村公共权力的方式不断完善的过程。在这个过程中,村民群众的参与能力与参与程度都得到了较好的发挥。没有村民群众的广泛参与,村务公开就失去了本来意义。换言之,没有村民哪来公开。从这个意义上讲,村务公开的本质要求是村民群众的广泛参与。

2. 公开性。这是村务公开的表现形式。村民是村里的主人,村民当家作主行使民主权利,通过什么形式体现呢?村务公开是最佳的表现形式。旧体制下,村务活动是村干部少数几个人的事情,村民根本不知情。新体制下,村民群众对村民委员会办理本村村务活动的具体情况要知晓、要知情。村民要知晓、要知情,通过什么手段表现呢?村民群众在村民自治活动的实践中,创造了以村务公开栏为主要形式的村务公开制度。通过公开栏等形式把村务活动情况暴露在光天化日之下,让村民知道,村民称之为“阳光工程”、“雨露工程”。可见,公开深得民心,公开是最好的表现形式。

3. 监督性。这是村务公开的目的。把村务活动情况公开了,让广大村民群众知道,其目的就是接受村民监督。村民群众通过村务公开活动,监督村民委员会的工作和村民委员会干部的行为,是村民自治中民主监督的一项重要内容。因此监督性是村民公开的一个显著特征。

(二)村务公开的相关要素

要了解和研究中国农村的村务公开制度,除明确定义外,还要深入了解和研究与村务公开活动密切相关的要素:

1. 公开的主体。主体是事务的主要部分。那么,谁是村务公开事物的主要部分呢?是村民委员会组织。村民委员会是村务公开的主体。这是因为:一方面村务活动要由村民委员会去组织、去执行、去办理,另一方面村民委员会要把组织、执行、办理情况向村民群众公开公布。村务公开活动搞得好不好,公开情况真实不真实,村民群众对公开满意不满意,关键在于村民委员会。加强村务公开制度建设,根本的是要加强村民委员会领导班子建设。有一个廉洁自律、为民服务的村民委员会领导班子,就为村务公开制度夯实了坚实的基础。

2. 公开的对象。村务公开,向谁公开呢?对象是谁呢?是本村的全体村民群众。虽然村民群众处在村务公开活动的次要位置,但他们是村里的主人,反过来可以制约村务活动、促进村务活动的开展。要加强村务公开制度建设,一个重要方面就是要提高广大村民的民主法律意识,调动村民群众参与村务公开活动的积极性,把村务公开活动变为村民群众的自觉行动。

3. 公开的范围。村务公开的范围,是村民委员会组织管辖的地域和村民。这是由村民委员会性质决定的。因为村民委员会是我国农村基层群众性自治组织,具有基层性、群众性、自治性三个显著特点。它不同于乡以上国家政权机关,也不同于全国总工会、共产主义青年团、全国妇女联合会等群众团体组织,还不同于少数民族聚居地区实行的民族区域自治。所以它公开的范围,只能局限在这个村民委员会管辖的地域和村民。

4. 公开的内容。根据《村委会组织法》和省级地方法规规定，村务公开的内容主要包括三方面：一是村财务，二是村自治事务，三是需村民完成的国家政务（详见本文第三个大问题）。

5. 公开的时间。公开的时间与公开的内容有直接关系，公开的内容决定公开的时间。大体上有两种情况：一种是有固定时间的公开，如《村委会组织法》规定本村财务至少每6个月公布1次，其他如水电费的缴纳、宅基地的审批、乡统筹村提留收缴使用方案、本村享受误工补贴的人数及补贴标准等也应有固定的时间公开公布。另一种是不固定时间的公开，需要了解可随时公开，如救灾救济款物的发放、村办集体经济项目的立项、承包方案及村公益事业的建设承包方案等。

6. 公开的形式。公开的形式，即用什么方法将内容公之于众。从全国来说，目前主要有五种方式：一是最普遍、被广泛采用的是公开栏；二是经济发达的地区利用闭路电视、有线广播进行公开；三是有些地方向村民发放“明白卡”，进行公开；四是经济较贫困地区用召开村民会议或村民代表会议形式向村民公开公布；五是还有的地方采用向村民下发通知的办法。把村民委员会办理村务活动的情况告知村民，村民称为“早知道”。

7. 公开的阵地。确定了公开的形式，随之应确定公开的阵地。如确定采用公开栏的形式进行村务公开，那么要建立永久性、防风避雨的公开栏为固定的公开阵地；如确定用闭路电视的形式进行公开，那起码每户应有一台电视机。公开的阵地要加强管理，并保持相对地稳定和固定。

8. 公开的程序。在村务公开中，全国各地公开的内容各异，但公开的程序基本趋向一致，即三步公开法：第一步，公开的主体村民委员会及相关组织，如村理财小组、村计生委等拿出明细表，交清底数和基数；第二步，村民委员会将明细表、底数和基数，提请村民会议或者村民代表会议讨论通过；第三步，村民委员会将村民会议或者村民代表会议讨论通过的内容，在固定阵地按时公开公布。

9. 公开的管理。村务公开工作要有专人管理，包括三方面的内容。一是对公开阵地的管理，尤其是公开栏要防止橱窗被打破，纸张被撕毁，笔迹被涂抹；二是要有专人负责听取村民对公开的反映、意见和要求，并反馈给村民委员会，发现问题、总结经验；三是要有专人负责村民的查询，对村民的查询村民委员会应件件有落实。

10. 公开的监督。这里的监督是指《村委会组织法》第二十二条第四款“村民委员会不及时公布应当公布的事项或者公布的事项不真实的，村民有权向乡、民族乡、镇人民政府或者县级人民政府及其有关主管部门反映，有关政府机关应当负责调查核实，责令公布；经查证确有违法行为的，有关人员应当依法承担责任”的规定。一是监督公开的内容是否真实，二是对不真实的公开，村民应该向县、乡人民政府举报。

二、村务公开制度的发展和产生的原因

（一）村务公开制度的发展

在中国农村实行村民自治近二十年的伟大实践中，一项既有重要的现实意义又有深远的历史意义的制度——村务公开制度被农民群众创造出来，并很快得到党和政府的支持和推行，使之不断巩固和完善，大体经历了以下四个发展阶段：

第一阶段，从1982年《宪法》确立农村实行村民自治制度到1987年《村委会组织法（试行）》颁布，为村务公开的自发产生时期。这一时期随着农村政治体制改革，废除政社合一的人民公社、生产大队体制，建立农村基层政权：乡镇人民政府和村民自治组织村民委员会。村民委员会领导班子由村民投票民主选举产生，民主的春风吹进了广大农村。由此，在联产承包搞得较早的个别村，村务公开开始萌生。江苏省大丰市白驹铁北新河村自实行家庭联产承包责任制后，就实行了财务管理、宅基地管理、计划生育指标管理的民主管理“三公开”[①]。河南省邓州市三里桥村党支部、村委会采取召开公开会、张榜公布、印发公开手册三管齐下的办法公开村务[②]。山东省临朐县冶北村，1986年村里工作无人管，社会治安混乱，群众连年上访，村集体经济成了空壳，新上任的“两委”（支委、村委）领导班子认为原因是干部有私心、办事不公开，于是他们推开村务公开，连续8年在春节期间，向村民发出公开信，公开两委的工作情况、农业生产情况、村办企业发表情况和新村规划、计划生育情况[③]。

这一时期村务公开的主要特点：一是公开的组织者是村党支部和村民委员会；二是只是极个别的少数实行公开；三是公开的名称各异，内容单一，程序不规范。但是，在这一时期，《村委会组织法（试行）》颁布，并规定“村民委员会办理本村的公共事务和公益事业

①米有录、王爱平主编《静悄悄的革命》第868页，中国社会出版社。

②河南省邓州市三里桥村党支部、村委会：《村务公开使我们尝到了甜头》。1997年4月。

③米有录、王爱平主编《静悄悄的革命》第866页，中国社会出版社。

所需的费用,收支账目应当按期公布,接受村民和本村经济组织的监督”。这是法律第一次对村务公开问题进行规范。它不仅为在农村实行村务公开提供法律依据,也为村务公开制度的发展提供了法律保障。

第二阶段,从1988年《村委会组织法》在全国试行,到1994年党中央召开农村基层组织建设工作座谈会,为村务公开规范时期。这一时期,随着各地贯彻实施《村委会组织法(试行)》的不断深入,24个省、自治区、直辖市出台了地方法规,大多数省地方法规规定村民委员会在办理本村公共事务和公益事业的经费要按时公开(见下表)。特别是陕西、山西、四川、西藏、江苏等省(区)还明确规定:村委会的财务实行公开。各项收支和物资的分配、提留集资的收缴、义务工的分配都应定期向村民公布,接受村民监督。

这一时期,由于中共中央、国务院及民政部加大了村级组织建设的力量,把村务公开规范化建设列入了加强村级组织建设的重要内容,更加有力地推动了村务公开的规范化。1990年12月13日,中共中央关于《批转〈全国村级组织建设工作座谈会纪要〉的通知》规定:“要增加村务公开的程序,接受村民对村民委员会工作的监督。”1990年9月26日民政部《关于在全国农村开展村民自治示范活动的通知》和1994年2月4日民政部《关于印发全国农村村民自治示范活动指导纲要(试行)的通知》,都要求各地把“实行村务公开”作为村民自治示范活动的内容和验收标准。特别是1994年10月,中共中央下发了《关于加强农村基层组织建设的通知》,要求各地广泛开展依法建制、以制治村、民主管理活动,第一次提出要抓好《村务公开制度》建设,“凡涉及全村群众利益的事情,特别是财务收支、宅基地审批、当年获准生育的妇女名单及各种罚款的处理等,都必须定期向村民张榜公布,接受群众监督”。1989年黑龙江省青冈县制定了村级组织经营土地、落实粮食定购任务、农业税减免、社会救济、农贷发放、“两金”“两费”收缴、义务工重轻的分配、村干部报酬及奖金、人事录用、计划生育指标摊派罚没款、合作基金站经济活动等12项办事公开制度①,河北省荣成市实行计划生育指标罚没款、宅基地发放、财务、生产资料发放、新上集体企业项目、村办企业招工、签订经济合同、干部目标查询等“八公开制度”②,河南省郑州市邙山区实行财务制度、计划生育指标、宅基地审批、农民负担和村办企业承包等“五公开”制度③;1990年山西省河曲县实行了“一栏一箱”(村务公开栏、

省级地方法规规定公开条款表

省(区、市)名称	法规通过时间 年 月 日	第几条规定	省(区、市)名称	法规通过时间 年 月 日	第几条规定
福建	1988.9.2	第17条	山西	1991.5.12	第24、25条
浙江	1988.11.28	第26条	四川	1991.5.28	第11条
甘肃	1989.7.20	第17条	吉林	1991.7.13	第21条
贵州	1989.7.26	第17条	河南	1992.8.25	条31条
湖北	1989.8.26	第8条	新疆	1991.8.31	未规定
湖南	1989.12.3	第26条	宁夏	1992.2.28	第27条
河北	1990.6.20	第19条	山东	1992.5.10	第16条
黑龙江	1990.8.24	第29条	内蒙古	1992.10.30	第17条
辽宁	1990.9.21	未规定	安徽	1992.12.19	第24条
青海	1990.11.3	未规定	西藏	1993.12.26	第16条
陕西	1990.12.28	第18条	江苏	1994.6.25	第15条
天津	1991.1.29	第25条	江西	1994.10.24	第27条

① 米有录、王爱平主编《静悄悄的革命》第824页、829页,中国社会出版社。

② 中国郑州市邙山区委、邙山区人民政府:《加强民主管理,实行政务五公开》。1997年4月。

③ 参见民政部政权司编《城乡基层政权建设简报》1992年第1期。

监督建议箱)公开制度。1991年山东省广饶县建立了村务经济发展计划和精神文明建设规划、计划生育指标及奖罚、宅基地审批、村提留款项、义务工、征兵、优抚救济、财务、生产资料分配和其他需要公开的事项等"十公开"制度[①];1993年河南省新野县实行了"两会两组两栏"(党员议事会、村民代表会、民主理财组、村民议事组,政务公开栏、财务公开栏)村务公开制度[②];1984年河南省许昌县实行"一章一会一组一栏一卡"(村民自治章程、村民代表会议、村务监督小组、公开栏、明白卡)村务公开制度[③];河南省辉县市实行了"一会一日、两个小组"(即代表会议、民主议政日、民主理财小组、村务公开监督小组)公开制度[④]。

这一时期的主要特点是:(1) 实行村务公开的村已从个别村扩展到1个县范围内的所有村,领导组织者已从党支部、村委会上升到县委、县政府及民政部门;(2)公开制度开始规范,逐步向正规化迈进,基本上做到了公开的内容、时间、程序、阵地、管理五规范;(3)公开工作已纳入村民自治示范活动中,并成为评选村民自治模范村、模范乡、模范县的主要内容和主要标准。村务公开随着村民自治示范活动的广泛开展而更加规范,深受农村基层广大干部和村民群众的欢迎,也引起了各级党委和政府甚至党中央领导的高度重视。

第三阶段,从1995年民政部召开全国村民自治工作经验交流暨表彰会,到1998年4月中共中央办公厅、国务院办公厅发出《关于在农村普遍实行村务公开和民主管理制度的通知》,为村务公开的迅速发展时期。这一时期,由于民政部命名表彰31个"全国村民自治模范县"、16个"全国最佳乡镇"、150个"中国乡镇之星"、2000个"全国模范村民委员会"和200名"全国优秀村民委员会主任",并受到姜春云、李贵鲜、王汉斌等党和国家领导人的接见,震动较大,各地掀起了开展村民自治示范活动的热潮。随着村民自治四个民主活动的不断发展,作为四个民主中的民主监督内容之一的村务公开,也迅速得到重视和发展。河北省委、省政府,于1996年1月在全省政治工作会议上做出决定:全省实施"鱼水工程"。在各地农村逐步开展以村务公开为重要内容的让农民"高兴、放心"活动,3月22日召开全省电视电话会议,进一步推广赵县村务公开经验。赵县是1995年在全县281年村全面实行村务"六公开",取得了显著成绩;1996年5月省委在赵县召开了"全省农村村务公开赵县现场会",全面推广赵县村务公开经验。截止到1996年底,河北全省50201个村,已有49966个村实行了不同形式、不同程序的村务公开,占全省村委会总数的99%。1997年2月27日,中共河南省委办公厅、省政府办公厅发出《关于在全省农村进一步推行村务公开、民主管理的意见》,就村务公开的意义、内容、要求、方法步骤、管理、监督和加强领导问题做出了明确规定。接着,全省便涌现了汝南、许昌、新野、辉县等村务公开先进县(市)。1997年6月9日,中共江苏省委办公厅、省政府办公厅印发《关于开展农村村务公开活动的意见的通知》,详细规定了村务公开的内容、程序、形式、时间、次数、责任、监督等问题。1997年9月8日,中共湖南省委办公厅、省政府办公厅发出《关于在全省农村普遍建立健全村务公开制度进一步推进村民自治工作的意见》,就村务公开的内容、运行机制、措施、领导等做出了明确的规定。1997年12月18日,中共辽宁省委、省政府发出《关于在全省农村开展整顿、规范村务工作的通知》,要求各地在整顿规范村务的基础上,实行村务公开、民主管理。

这一时期,在省级党委、政府发通知、做决定全面推行村务公开工作的同时,各地还着重加强村务公开的行政规章、制度和档案建设等工作。1997年12月18日,河南省农村村务公开民主管理工作领导小组制定了《河南省村务公开民主管理工作暂行办法》,共七章三十四条:第一章总则三条,第二章组织领导四条,第三章村务公开的内容、时间、程序十条,第四章村务公开的形式二条,第五章村务公开的管理与监督八条,第六章相关责任三条,第七章附则四条。湖南省双峰县委、县政府制定了《村务公开制度的实施办法》,共八章二十八条:第一章总则六条,第二章财务管理三条,第三章民主评议村干部三条,第四章计划生育三条,第五章农民负担情况二条,第六章宅基地审批三条,第七章评选星级农户三条,第八章附则五条。1997年10月29日,江西省崇仁县第十二届人民代表大会常务委员会第三十六次会议通过《江西省崇仁县村民委员会村务公开实施办法(试行)》,共十八条。规定了财务、自治事务、政务公开的内容、公开栏的制作,村务公开监督小组成员条件、产生办法、职责等。1997年3月19日,安徽省寿县农村基层组织建设工作领导小组

① 米有录、王爱平主编《静悄悄的革命》第833页,中国社会出版社。

② 中共新野县委、新野县人民政府:《村村建立"两会两组两栏",以民主管理促进农村稳定和发展》。1997年4月。

③ 中共许昌县委、许昌县人民政府:《开展村民自治,实行村务公开,推动农村两个文明建设快速发展》。1997年4月。

④ 中共辉县市委、辉县市人民政府:《认真实行村务公开办事制度,确保农村稳定,促进社会全面进步》。1997年4月。

办公室制定了《安徽省寿县村级两公开一监督实施办法》,共六章二十六条:第一章总则二条,第二章村务的公开与监督九条,第三章财务的公开与监督七条,第四章两个小组成员的基本条件、产生和调整办法三条,第五章县、乡、村工作职责三条,第六章附则二条。1997年10月27日,四川省眉山县民政局经眉山县人民政府同意,印发了《眉山县村务公开暂行规定》,规定了村务公开的20项内容和程序及检查监督。湖南省民政厅制定了《湖南省村务公开档案》,规定本卷宗必须经村、支两委会、村民代表会讨论,经村村务公开监督小组审核盖章和上墙公布后方予存档,并一式三份,分别交乡政府、村委会和村监督小组存档备查。河南省辉县市赵固乡制定了《村务公开档案》,分"村两委班子年度责任目标"、"计划生育"、"财务收支情况"、"宅基地审批情况"、"奖售物资分配救济款物发放情况"、"当年人均负担项目及金额"和"电费收缴情况"9种①。

这一时期,中央纪律检查委员会和监察部于1997年4月,在天津市宝坻县召开了"村务公开、民主管理工作座谈会"。推广宝坻县"推行村务公开、民主管理、促进农村党风政风好转"的经验。会议认为,在农村实行村务公开,已成为促进农村基层党风廉政建设的重要内容和有效途径。会议要求各地要加大力度,努力工作,积极稳妥地把村务公开、民主管理工作推广开来,引向深入,更好地为农村改革、发展和稳定服务。

这一时期的主要特点是:第一、开展村务公开的村,已从县的行政区域扩展到省的行政区域,领导组织者已从县委、县政府上升到省委、省政府、省纪律检查委员会及相关部门,省委主要领导,如当时任河南省委书记的李长春、当时任河北省委书记的程维高,都亲自调查和亲自抓村务公开工作;第二、各地加强了村务公开工作和行政规章、制度和档案管理等规范化、制度化建设,摸索总结出了推行村务公开工作的运行机制,极大地促进了村务公开工作的迅速发展;第三、村务公开已从村民自治四个民主的内容跳出,成为农村工作不可或缺的一项重要制度,它在消除农村基层矛盾,密切干群关系,促进农村社会稳定方面越来越发挥重要作用。

第四阶段,从1998年10月党的十五届三中全会和新修订的《村委会组织法》颁布实施,到2000年,为村务公开大力推进时期。这一时期,在全国各地深入贯彻党的十五大精神的基础上,党中央又召开了十五届三中全会,做出了《关于农业和农村工作若干重大问题的决定》。《决定》强调:要"全面推进村级民主监督。凡是村里的重大事项和群众普遍关心的问题,都应向村民公开。村务公开的重点是财务公开"。接着,九届全国人民代表大会常务委员会第五次会议又通过了新修订的《村委会组织法》,法律更加明确规定:"村民委员会实行村务公开制度"。规定了村务公开的内容、时间、查询和群众监督及法律责任问题。

这一时期,在农村实行村务公开,法律有规定,党中央有政策,形成了良好的政治环境和气候,大力推行村务公开已成为各级党委、政府的一项重要工作。各省、自治区、直辖市相继下发通知、召开会议,领导亲自讲话、亲自下基层调查研究,极大地促进了村务公开工作在全国推行。广西、内蒙古、青海、安徽、陕西、湖南、浙江、北京、甘肃、新疆、河北、河南等省、自治区、直辖市党委、政府要求在农村普遍实行村务公开,重点是财务公开。1998年底统计:河南省有92.5%的村、湖南省有73%的村、陕西省有93%的村、贵州省有95%的村、青海省有90%的村实行了村务公开制度。1999年上半年统计:山东省有98%的村、天津有75.7%的村、广西有82.5%的村、山西省有84%的村、四川省有82%的村实行了村务公开制度。这样,全国除偏僻的山村外,绝大多数的村民委员会都实行了村务公开制度。

这一时期,全国各地更加快了村务公开的法制建设的步伐,纷纷出台村务公开的法规、规章、办法、规定和制度:青海省委办公厅出台了《村务公开、民主管理工作实施办法》,共五章二十二条;陕西省委办公厅出台了《村务公开民主管理暂行办法》,共七章三十条;河北省委出台了《村级民主管理条例(试行)》,共六章四十条;河南省漯河市出台《村级民主建设实施纲要》,共七章四十条;山东省莱西市出台《村级管理十项制度规范》,共十二章六十条;新疆维吾尔自治区昌吉回族自治州出台《农牧区村务公开暂行办法》,共六章二十三条;湖南省娄底地区出台《村务公开和民主管理暂行办法》,共五章四十四条;福建省南靖县和溪铁出台《村务规范化管理工作规定》,共六条;山西省运城地区出台《村务公开民主监督工作规定》,共六大问题二十四条;江苏省锡山市编制《村务公开培训资料》,包括财务、计划生育、宅基地审批等内容;浙江省宁波市出台《全市农村统一实行村务财务公开日制度》;吉林省梅河口市制定了《村务公开工作方案》,规范了村务公开栏的展示内容;湖北省潜江市出台《村务公开民主管理操作细则》,详细规定了10项公开内

① 以上行政规章、实施办法、规定、制度、档案等参见民政部基层政权和社区建设司农村处编《1997年度农村基层民主政治建设资料汇编》第170页至217页。

容的时间、形式、程序和应注意的问题；安徽省泗县出台《全县农村推行“3331”公示制的意见》，“3331”为乡、村、组三级办事公开，政务、事务、财务公开，建立党员议事会、村民代表会、民主理财会，实行农民负担一卡到户①。

这一时期的主要特点：一是村务公开已在全国农村普遍实行，并形成了法律、规章、制度网络体系，保障了村务公开工作依法依规实施；二是在各级党委、政府领导下，有关部门密切配合，各司其职，形成了村务公开的良性配套运行机制，保证了村务公开工作有序健康发展并取得了显著的成效。

（二）村务公开产生的原因

唯物辩证法认为，世上任何事物的产生和发展都有其历史的、现时的、内在的、外在的原因，村务公开的产生也不例外，也有其历史的、现时的、内在的、外在的原因。

1. 村务公开产生的历史原因。回顾中国农村社会体制，大家知道20世纪50年代初、中期，翻身当家做主人的中国农民开始走合作化道路，全国农村兴起了先办初级社后办高级社的运动。为巩固农业合作社制度，1957年3月15日，中共中央发出《关于民主办社几个事项的通知》。《通知》要求：“农业合作社要按时公开财政收支。其中包括产品的分配、在银行的存款、国家的预购款、国家的贷款和它的用途、生产资料和用具的购置、干部的补贴、社员的预支、国家救济款的处理，等等，所有这一切财政收支，都同全体社员的切身利益密切相关，因此，都必须按时公布（有的随时公布、有的定期公布）让全体社员知道，由群众参与评议，而不能由少数干部独揽支配的大权，以便避免各种营私舞弊的行为，保证社干部的廉洁，消除社员对于财政问题的疑虑。”1958年全国实行公社化。公社的管理体制是“三级管理、队为基础”。中共中央为规范人民公社管理体制，于1961年6月出台了《农村人民公社条例》，即著名的公社六十条。《条例》十五条规定：“公社管理委员会的财务工作，必须严格遵守勤俭办社的原则，建立财务管理制度。财务必须公开，要按期向社员代表大会报告财务工作。”二十七条规定：“生产大队必须严格执行财务计划，严格遵守财务制度，防止贪污舞弊。一切开支都要遵守规定的批准手续，对于一切不合制度手续的开支，会计员和出纳员有权拒绝。一切收支账目要日清月结，按月向社员公布。”三十七条规定：“生产队必须建立和健全财务管理制度。一切财务必须公开，定期公布账目。”这样，《条例》明确规定公社、生产大队、生产队三级都必须严格建立财务制度，一切财务必须定期向社员公开公布。《条例》这样规定了，全国的公社、生产大队和生产队也是这么做的，每年年底分红时，三级首先要公开账目，有的召开社员大会公布，有的在高音喇叭上公布，有的将账目贴到墙上公布。因此，农村的财务公开、账目公开，从20世纪50年代初的农业互助组，经50年代中、后期的农业合作社，到1958年的人民公社，一直延续到1985年全国全部建立乡镇人民政府和建立群众自治组织村民委员会止，历时三十多年。农村财务公开已成为习惯，当时人民公社的社员、现在年长的村民对财务公开都不陌生。而现在农村自治体制的村民委员会和村民小组，是由原人民公社体制的生产大队、生产队演化建立的。因此，村民群众要求村民委员会实行村务公开，国家法律、党的政策规定村民委员会实行村务公开，是有其历史渊源的。

2. 村务公开产生的现时原因。1982年《宪法》和1987年《村委会组织法（试行）》都规定村民委员会是自治组织，实行自我管理、自我教育、自我服务，与乡镇基层人民政府是指导关系。但是，村民委员会怎样实行自治，乡镇人民政府怎样指导村民自治？各地都没有经验。加之，农村成功地实行了经济体制改革。在经济体制和政治体制变革时期的新形势下，由于农村村民参政议政渠道不畅通，财务、村务管理制度不规范，监督制约机制不健全，村干部的大吃大喝、损公肥私、贪污受贿、中饱私囊、挥霍群众血汗的农村党风不正、干部不廉的问题凸现出来。干群关系紧张，干群矛盾日趋激化，群众信访与日俱增。干群关系紧张是干部不廉、不公、不透明、不民主造成的；干群矛盾激化，矛盾的主要方面在干部；信访俱增说明群众强烈要求保护自己的权益。要解决关系紧张、矛盾激化、信访俱增，保持农村稳定和发展，必须解决干部廉、公、明、民主四大问题，而解决这些问题的最有效途径、最佳举措是实行村务公开、民主管理。河北省赵县1994年10月至1995年4月，半年时间群众信访量1000多件（次）。该县北王村，财务管理混乱，公款吃喝严重，派性宗族矛盾突出，社会秩序混乱，是有名的“老大难”村。干群关系紧张、群众上访告状不断，7年间换了6任支书，12次进驻工作组，都未解决问题。县委主要领导经过调查，悟出一个道理：凡与人民群众密切相关的问题，都应让人民群众知道；凡涉及人民群众的切身利益的事

① 以上办法、条例、纲要、规定、意见等参见民政部基层政权和社区建设司农村处编《1998年度农村基层民主政治建设资料汇编》第67页至345页。

情，都应实行公开。于是，县委决定，从1995年开始全县农村普遍实行村务公开①。河南省辉县市，1994年前是全省有名的信访大户，全市三分之一以上的乡镇发生过规模较大的集体上访或越级上访案件。市委、市政府先后采取“归口管理”、“领导包片”、“一票否决”等措施和办法，但未从根本上解决问题。对此，市主要领导亲自深入到“信访大村”进行为期两个月的调查，查明其原因是干部贪占、不公开、不透明造成的。而那些无信访案件的乡、村，都实行了村务“六公开”、“八公开”或“十公开”。正反两方面的经验教训使市委、市政府认识到实行村务公开的重要性和必要性，于是他们1994年4月做出了《关于在全市农村实行公开办理制度的决定》②。河南省邓州市三里桥村党支部、村委会一班人说：村民上访把我们“逼”上了公开路。1984年初，该村第1村民组4名村民上访反映本组3万余元的企业占地补偿款去向不清楚，组长和会计有贪占行为。对村民的反映，支部先是组织村里人清账，没发现问题，群众说：“支委、村委包庇，我们信不过！”后来，请乡政府派人查账，还没发现问题，群众仍不相信。最后，县纪检、信访、农经等部门组成联合清财组，从1983年一直查到1979年，结果还未发现问题。但清财组在群众大会上宣布了审计结论，公布了5年间的账目，全部亮了家底，解除了群众的怀疑，上访才告平息。对这件事情干部说：不能怪群众，因为是干部没亮家底，群众当然不清楚，群众上访告状逼出村务公开来；群众说：公开好，还干部一个清白，给村民一个明白③。类似这样的事例举不胜举。事实充分说明，广大群众有要求（上访告状），干部想捂也捂不住（关系紧张、矛盾激化），县、乡两级党委政府要稳定农村发展经济（化解矛盾、融洽关系），这就是村务公开产生并发展的真实的历史背景和现时的原因。

3. 村务公开产生的内在原因。村民上访告状是村务公开产生的导因，那么村民为什么上访告状呢？解开这个谜，才能找出村务公开产生的内在原因。第一、农村实行经济体制改革以后，农村的生产关系和分配关系发生了根本性的变革，农民群众成为独立的生产者和经营者，农村经济结构、经济成分出现多元化趋势。村民委员会与农村的关系已从过去的人民公社时期的“分配式”转向现在的“索要式”，最突出的是人们通常所说的“三要”（要钱、要粮、要命）。这“给”与“要”的变化，农民开始关心自己用血汗换来的钱（三提五统）上交给村干部后，这些钱花在哪儿了？用在哪儿了？农民群众要求有一个明白权，这是村务公开产生的内在原因的经济因素。第二、农村实行政治体制改革、实行村民自治后，特别是经过几届的村民委员会的民主选举，建立村民代表会议实行民主决策，制定村民自治章程和村规民约实行民主管理，村民群众的民主意识、法律意识、主人翁意识逐渐增强，成为村民自治的主体，村里的主人，要求对村务活动有一个参与权，这是村务公开产生的内在原因的政治法律因素。第三、农村经济、政治体制改革，农民经济上有了自主权，政治上有了民主权，他们从第一产业中分离出来，成为第二、三产业的主力军，形成了浩浩荡荡的民工潮、打工族；他们在市场经济大潮中学会了游泳，其精英还成为农民企业家；他们在信息时代中知晓国家的法律，懂得党的政策，已从“封闭的枷锁”中解放出来，不再是过去的“脸朝黄土背朝天”、“日出而作日落而息”的纯农民；他们整体文化素质提高了，市场经济的意识增强了，他们要求对本村事务有一个知情权，这是村务公开产生的内在原因的社会文化因素。

三、村务公开的内容和做法

(一)村务公开的内容

村务公开的内容，《村委会组织法》和省级地方法规都做了明确的规定，归结起来主要有三个方面：一是财务，二是自治事务，三是政务。

1. 财务。这是公开的重点。财务公开的主要内容有：

(1)财务收入情况。包括村办企业、集体土地、山林、水利工程等承包费、上缴利润和管理费；村里兴办公共事务和公益事业所需资金的筹集费用；乡统筹、村提留的上缴情况；各种罚没款、土地转让费、利息收入等；国家下拨的各类专项资金；捐赠收入、处理集体财产所得收入、借入资金和其他收入等。

(2)财务支出情况。包括村办企业、集体山林、土地、水利工程、电力设施等所需费用；兴办公共事务和公益事业经费的使用情况；烈军属和残疾、五保特困户的补助支出；村干部的补贴人数、标准、奖金发放情况；民办教师工资支出；村民委员会的办公、差旅、电话、报刊和公务活动的招待费等；借出资金和其他支出。

①中共河北省赵县县委：《实行村务公开，加强民主监督，推动农村民主政治建设》。1997年4月。

②中共辉县市委、辉县市人民政府：《认真实行村务公开办事制度，确保农村稳定，促进社会全面进步》。1997年4月。

③邓州市三里桥村党支部、村委会：《村务公开使我们尝到了甜头》。1997年4月。

(3)财产情况。包括村集体所有的固定资产、股金及其产品和物资等。

(4)债权债务情况。包括外村、外单位,村内外个人占用和欠村集体的各种资产和款项;本村占用和欠外村、外单位及村内外个人的资产和款项。

(5)合同兑现情况。包括各承包项目的标的、发包情况;承包项目实际兑现入账数额,各农户应承担费用的实际交纳数额等情况。

2. 自治事务。即村民委员会办理本村的涉及村民利益的除财务以外的村务。主要有:

(1)经济建设情况。包括属村集体的山林、土地、水利工程、电力设施等工程的承包、拍卖、转让、出租、国家征用及兑现情况;村集体经济项目(村办企业)的立项、承包方案。

(2)兴办公益福利事业情况。包括兴办村学校、文化站、图书馆、体育场、村建道路、饮水等村公共事务经费筹集方案;兴办敬老院、幼儿园、公墓和广播、电视、绿化美化村容村貌等公益事业建设的承包方案。

(3)农民负担情况。包括乡统筹和村提留的收缴使用方案;本村享受误工补贴的人数和补贴标准;根据各种涉农税法的规定,农民应承担的税金数额及收缴情况;农民负担的积累工、义务工以及以资代劳的数额及使用情况;本村雇用的护林员、治安员、水管员、电工等人员的补贴标准和数额及其他收费项目和数额。

(4)村干部的任期目标和完成情况。

(5)水、电费的价格、每户交纳的数目和管理情况。

3. 政务。即乡镇政府下达的国家各项任务及一些行政工作,村民委员会要组织村民群众完成。在一个村,除财务、自治事务外,涉及村民利益的政务,也应该向村民群众公开。通常需要向村民群众公开的政务有计划生育、宅基地审批、国家建设征用土地和救灾、救济款物的发放等工作。

(1)计划生育情况。包括本村年度人口计划及符合计划内一胎、二胎指标条件、生育的夫妇名单;每月或者单月、双月本村孕检应普查人数,实普查人数和应普查而没有普查户的夫妇名单;应采取节育措施和应采取而没有采取节育措施的户及夫妇名单;生育证的办理条件、发放办法、报批程序、收费标准、发放结果等;计划生育费的征收情况;本村年内登记结婚人员名单和对未婚同居人员的处罚结果等。

(2)宅基地申请审批情况。包括申请建房户的名单、申请理由、原有宅基地面积和申请的宅基地面积;村民委员会制定的本村建设规划和经村民委员会认可、村民代表会议通过的上级政府的建房户名单;政府批准的建房户名单、建房地点、面积及其收费情况。

(3)国家建设征用土地情况。包括国家建设征用土地的数量、地点;耕地补偿费总额,包括土地补偿费、地上建筑物、树木、水利设施等附着物的补偿费和青苗补偿费;劳动力的安置方案,包括招工转户(由农户转非农户)及劳动力安置补偿费等。根据土地法和国家政策,国家建设征用耕地补偿费,其中土地补偿费和属村集体的地上建筑物、树木、水利设施等补偿费应属村集体,由村民委员会领取或管理,怎样用这笔钱和如何分配,应由村民会议或者村民代表会议讨论决定。青苗补偿费应由承包人领取。

(4)救灾、救济款物发放情况。包括政府下发的救灾、救济款物的数额、品种、数量及对象的困难程度,提出初步接受救灾、救济款物的人员名单;张榜公布通过村民代表会议讨论接受救灾、救济款物人员名单及接受的数额、品名和数量。

(二)村务公开的做法

严格讲,村务公开应分为村民自治组织村民委员会实行村务公开和乡以上党委政府推行村务公开两种。因此,村务公开的做法也应分别进行叙述。

1. 村民委员会实行村务公开的做法。

村民委员会实行村务公开的做法,实际上是村民委员会实行村务公开要履行哪些程序,或经哪些手续就可以进行公开,而且这个公开就具有效力了。根据《村委会组织法》和省级地方法规的精神,一般应履行下列程序:

首先,村民会议或村民代表会议讨论决定公开的内容和项目。虽然法律、法规和各地行政规章都规定了村务公开的内容和项目,但是到一个村究竟公开哪些项目和内容,这要由村民会议或村民代表会议,结合本村的实际情况,根据大多数村民或村民代表讨论意见决定。因为村民会议或村民代表会议是自治组织决策的最高组织形式。现在,有些地方由村民委员会决定公开的项目和内容,是不符合法律、法规基本精神的,应该纠正过来。

其次,村民委员会负责拿出公开项目和内容的明细表、底数或方案。在实行村务公开的村,一般设有理财小组、计生小组和公开监督小组,村民委员会应根据村民会议或村民代表会议决定公开的项目和内容,责成专门小组拿出明细表或底数或方案,并进行审核。有些公开项目未设专门小组的应由村民委员会负责拿出明细表或底数或方案。

再次,村民代表会议或村民会议讨论通过。村民委员会应将审核的公开项目和内容的明细表或底数，提交村民代表会议(未设村民代表会议的村应召开村民会议)讨论审议。村民代表经审议认为公布公开的项目和内容真实可靠，予以通过。

最后，村务公开监督小组或村民委员会公开公布，听取意见。村务公开监督小组(未设的村由村民委员会负责)将村民代表会议审议通过的项目和内容，在本村公开阵地公开公布。同时，听取反馈意见和接受村民群众的查询。村务公开监督小组应认真听取村民群众对公开公布的项目和内容的意见，及时反馈给村民委员会。而且，还应负责接受村民群众对公开的项目和内容的质疑和查询，并真正做到对村民的查询有明白的交待。村民委员会要对村民的意见认真研究，完善和改进村民公开工作。

(2)乡以上党委政府推行村务公开的做法。乡以上各级党委和政府，特别是各级人民政府，为在本行政区域内所辖的村民委员会实行村务公开，促进农村社会稳定和经济发展，必须花大力气做好推行工作。

第一，提高认识，大力宣传，进行试点，典型引路。一个地区，村务公开工作推行得如何关键在领导的认识。领导认识了推行工作的重要性和具有的现实意义，行动就会自觉。全国村务公开搞得好的地方，如河南省、河北省，河北省的区县、天津市的宝坻县、河南省的许昌县等，都是省、市、县领导认识高。他们把推行村务公开工作当做新形势下讲政治、走群众路线、密切党群关系、发展农村基层民主、促进农村稳定和农村两个文明建设的最有效途径。在认识提高的基础上各级党委政府利用各种宣传形式，特别是新闻媒体大造村务公开的舆论，形成强大的宣传攻势，使村务公开工作深入人心。在此基础上，再进行试点，以典型引路。中纪委和监察部在天津宝坻县召开的村务公开现场会，民政部在河南许昌县召开的村务公开工作研讨会，河北省委在区县召开的村务公开现场会，都是在试点取得经验的基础上推广他们的成功经验。天津市宝坻县一方面抓先进、树典型，召开现场会、座谈会推广八门城、郝各庄5个乡镇和北王庄10个村的先进经验，起到了引导示范作用；另一方面帮后进，重点帮扶21个后进村，由后进变先进，村务公开工作很快在全县推开①。

第二，健全组织，严格程序，完善制度，稳步推进。在一个地区，建立健全村务公开工作的组织机构，是这项工作能否健康顺利发展的组织保障。河北、河南、湖南、江苏、辽宁、广西、内蒙古、青海、安徽、陕西、浙江、北京、甘肃、新疆等省、自治区、直辖市党委政府发文要求各地成立以党委、人大、政府主要领导人为组长、副组长的村务公开领导组，有关部门抽调专人组建村务公开办公室，从组织上保障村务公开工作的推行。河南省农村村务公开民主管理工作领导小组还专门规定了村务公开领导组成单位：省委办公厅、组织部、宣传部、政法委、政策研究室、省纪委、省人大内司委、省政府办公厅、民政厅、人事厅、农业厅、财政厅、审计厅、计生委、司法厅、土地管理局，电力管理局等单位的主要职责和负责联系、督查的地区(市)②。与此同时，各省、地、市、县还严格规范村务公开的程序，完善村务公开制度。比如河北省在推行工作中，要求全省各地要做到公开的内容、程序、时间、阵地、管理五规范③；河南省要求全省各地要完善制度，建立健全党支部、村委会工作制度，村务公开制度，财务管理制度，村民自治组织办事制度，村民自治章程制度等，使村里各项工作都能做到有章可循、按章办事，从而保证村务公开落到实处，达到稳步推进的目的，取得较好的效果④。

第三，加强领导，强化检查，评比表彰，深入发展。全国各地在推行村务公开民主管理工作中，党委、政府的一把手亲自抓，列入党委、政府的重要议事日程，明确责任，亲自深入基层搞调查研究。李长春任河南省委书记时，亲自到辉县市调查村务公开工作，并写出“农村稳定，重在治本——关于辉县市实行‘六公开’的调查”⑤；程维高任河北省委书记时，撰写“推行村务公开，扩大基层民主”文章⑥。同时，各级党委、政府还加大了监督检查力度。广西壮族自治区党委督察室，1998年9月组织工作组进行两次督查；各地、市也先后进行了2至3次督查，使那些工作标准不高、要求不严、动作迟缓、群众不满意的地区和单位受到震动⑦。河北省赵县自1996年以来，每年都要组织县级有关部门对全县各村的村务公开情况逐村进行督查，量化考

① 中共天津市宝坻县委：《推行村务公开，民主管理，促进农村党风政风好转》。1997年4月。

② 河南省农村村务公开民主管理工作领导小组通知。豫村务字(1998)第1号。

③ 见河北省民政厅厅长尹文儒：《推行村务“六公开”，深化农村第二步改革》。1997年1月6日。

④ 中共河南省委办公厅、省政府办公厅：《关于在全省农村进一步推行村务公开、民主管理的意见》。豫办(1997)6号、1997年2月27日。

⑤ 见1997年8月19日《河南日报》。

⑥ 见1998年3月3日《人民日报》。

⑦ 广西壮族自治区民政厅：《关于对全区推行村务公开民主管理工作进行督查的情况报告》。桂民庄字(1998)24号、1998年10月29日。

核，以乡镇排出名次，通报全县；而且还在每年年底召开总结表彰会，对前3名的乡镇和村，颁发锦旗予以表彰；对先进乡镇的书记、人大主席、纪委书记和先进村的支部书记颁发证书以示奖励；对督查中查出的问题进行公开处理，至1998年的两年间，全县处理假公开的村干部6名，其中4名给予党纪处分、2名通报批评①。湖北省钟祥市委市政府，1997年进行了三次较大规模的抽查，抽查186个乡、村，通报表扬38个单位，通报批评7个不公开或假公开的单位，并责令限期改正②。通过以上督促检查、评比表彰，有效地保证村务公开工作的经常化、规范化，从而向纵深发展。

3. 实行村务公开和推进村务公开要坚持四结合。

在中国农村，不论是村民委员会实行村务公开，还是乡以上党委政府推行村务公开，不能就公开而公开，必须在实行和推行时与农村工作紧密结合，才能收到事半功倍的效果。各地在实践中主要是在以下四个方面进行结合：

一是与整顿后进党支部、村委会相结合，解决村民群众关心的热点问题。乡以上党委、政府在推行村务公开工作时，要与整顿本地区的后进村工作相结合，取得双丰收。一般来说，后进原因是与村党支部、村委会班子不团结有直接关系。只有把班子整顿好，才为公开打下基础；不然实行公开也是一句空话。河北省沙河市普通店村，3948口人，8765亩耕地，32个村民小组，89名党员。1992年至1995年的3年间，到中央、省、市集体上访50多次、3600人（次）。粮食征购没人交、计划生育没人管，正常工作不能开展，有的干部行贿受贿，有的干部用公款吃喝，个别干部用公款到饭店嫖娼，村党支部、村委会处于瘫痪状态。市委先后4次派驻工作队，都未能解决问题。沙河市委在推行村务公开工作中，首先派出调查组，召开27次不同人员参加的座谈会、走访村民1500余人次，对该村上访的114个问题归结为三大热点问题：财务混乱，有贪占行为；土地使用混乱，乱占乱建现象严重；电费管理混乱，电价、电费底数不清。对县、市委派出强有力的工作组，边整顿支委、村委，边审计。查出两届班子13名干部的问题，8个给党纪政纪处分，4人移交司法机关处理，并向村民公开公布审计结果。群众说："真相大白，再让我们上访也不去了。"③《河北日报》头版报道后，省委书记程维高致信各市委书记，肯定沙河做法，向沙河学习。

二是与做好村干部的思想政治工作相结合，提高干部实行村务公开的自觉性。在推行村务公开工作中，村干部既是公开的执行者，又是公开的局内人，处于十分关键的重要位置。公开不公开、公开得真实不真实，关键在干部。所以他们在公开工作中普遍存在着思想顾虑：有的怕乱，怕公开引起新的矛盾，造成混乱；有的怕麻烦，担心影响其他工作；针对村干部上述思想顾虑，各地组织培训班学习党的方针政策和有关法律、法规，使其认识到村务公开的重要性和迫切性，帮助村干部提高思想认识，解除村干部的思想顾虑，自觉搞好本村的村务公开工作。河南省南召县1996年县乡两级先后举办培训班30多期，全县村支部书记和村文书普遍被轮训一遍，有力地推动了全县农村村务"六公开"的顺利实施④。

三是与加强村财务管理相结合，建立村财务管理制度。农村财务问题是村民群众关注的热点问题，它涉及每家每户的切身利益，是农村许多矛盾的导火索，是农村村民上访告状的主要问题，更是村务公开的重点内容。村民委员会在如实公开财务问题的同时，要制定财务管理制度。山东省茌平县王老乡党委、政府为从根本上解决财务混乱问题，防止或避免村干部贪占挪用，他们发动村民群众制定《财务报账制度》、《财务审计制度》、《财务记账制度》和《招待费用制度》等制度，堵塞了财务管理上的各种漏洞，从制度上保证农村干部的廉洁自律⑤。河南省汝南县在全县建立村财务管理制度，规定每年的1月15日和7月15日为清财日，由村民主理财小组对本村的财务进行检查审计，公布于众，实施几年来取得明显效果，深受村民群众欢迎⑥。

四是与村民群众参与相结合，增强村民主人翁意识。一切为了群众，一切依靠群众，从群众中来，到群众中去这是我们党的群众路线。村务公开的对象是广大村民群众，因此公开的结果群众满意不满意，这是衡量公开工作搞得好坏的标准。各地在公开工作中为达到群众满意，基本上都建立了村民代表会议制度或者村民议事会制度，充分发挥村民代表的作用。比如在公开的程序上就规定必须通过村民代表会议讨论通过，公开才有效，就为村民群众广泛参与村务公开

① 中共河北省赵县县委：《实行村务公开，加强民主监督，推动农村民主政治建设》。1997年4月。

② 米有录、王爱平主编《静悄悄的革命》第884至885页。中国社会出版社。

③ 河北省沙河市普通店村党支部：《推行村务公开，密切干群关系》。1997年4月

④ 中共河南省南召县委：《推行村务"六公开"，促进农村社会稳定和经济发展》。1997年4月。

⑤ 山东茌平县王老乡党委、政府：《强化村级财务"双代管"，坚持财务公开，促进廉政建设》。1997年4月。

⑥ 中共汝南县委、汝南县人民政府：《实行村务公开，民主管理，促进农村发展，社会稳定》。1997年4月。

活动从组织上、形式上、程序上创造了条件，保证村民群众参与渠道的畅通。河南省汝南县全县297个村，1997年一年召开村民代表会议1500次，讨论各类村务大事751件，否定和改变村民委员会提议23条。村民代表会议制度的建立和运行，不仅保证村务公开主渠道的畅通，也提高了村民主动参与的积极性，增强了村民的主人翁意识。

四、村务公开的效果与社会评价

(一)村务公开的效果

从全国范围来讲，村务公开工作是从1996年展开的。经过几年的实践，确实取得了人们事先未料到的好效果。有人称，它是密切党群关系的有效途径，基层民主政治建设的重要内容，党的群众路线的重要体现，保证农村基层干部廉政、党风好转的重大举措，农村管理结构的根本变革，推动农村经济快速发展，等等。这些说得没错，都对。但是，我认为看得见、摸得着，实实在在的效果主要有四条：

1. 化解干群矛盾，促进农村社会稳定。众所周知，由于种种原因，前几年农村出现了“定购任务难落实，上缴提留难兑现，计划生育难开展，宅基地矛盾难协调，征兵指标难到位，义务工任务难分解，干群关系难融洽”的“七难”现象。干部说：现在是官难当、事难办、群众难管；群众说：现在的干部张口就要、闭口就罚、嘴里吃着、袋里塞着，群众怀疑干部，干部怀疑村民的双向怀疑的怪现象。有的地方出现了干部争权夺利闹派性，内耗严重，处于瘫痪半瘫痪状态；有的地方计划生育“干部跑指标、群众比着生”，“一胎二胎少见、三胎四胎普遍、五胎六胎不稀罕”的无计划生育的混乱局面。致使干群关系紧张，干群矛盾激化，影响农村的稳定。实行村务公开，在干部和村民群众间架起了一座连心桥，增加了村务工作的透明度，干部清白、村民明白，使过去由于不公开、不透明、不民主造成的矛盾随之化解，群众对干部由过去的误解变成现在的理解，由过去的怀疑变成现在的信任，由过去的反对变成现在的拥护，干群关系融洽了，村民上访案件减少了，促进了农村的稳定。河北省怀来县西八里乡辛庄子村过去由于村务不公开，群众对班子不信任，连年告状，一直告到国务院。村务公开后，群众对村务工作心里清楚了，不但清除了误解，主动撤回上访告状信，还在公开栏旁给村干部贴上表扬信，出现了干群关系“鱼水”交融的生动场面[①]。河北省赵县1995年实行村务公开，1996年就跨入了信访“六无县”的先进行列[②]。河南省郑州市金水区，1995年8月实行村务公开，公开前的8个月到市上访11起26批1878人次，实行公开后的8个月到市上访的起数、批数、人数分别下降73%、89%、93%，1996年基本未发生越级上访案件[③]。河南省辉县市实行村务公开后的两年多时间，全市涉及村务公开的信访分别比公开前下降52%和54%，全市不稳定的村由公开前的78个下降到公开后的6个，98.9%的村实现了稳定[④]。这是实行村务公开的第一个显著社会效果。

2. 强化农村监督机制，促进村干部廉洁自律。农村干部，特别是村民委员会干部不属于国家公务员，有的还未加入中国共产党，对群众自治组织干部如何实施监督，建立有效的监督机制，这一直是农村自治组织建设中的一个重大课题。经过十多年的村民自治的实践，农村群众创造了村务公开、民主管理的监督机制，是约束、规范、监督村干部行为，促进干部廉洁自律的好方法。实行村务公开，把村民委员会办理村务的过程和村民委员会干部的行为公开，置于村民群众的监督之下；在公开面前，干部贪不得、懒不得、软不得、偏不得，不敢对下边说官话、对上边说假话，欺上瞒下；实行村务公开，干部办事是否公道，行为是否廉洁，干得好与坏，村民群众清清楚楚、明明白白，受到来自群众方面的监督和制约，提高了干部廉洁自律的自觉性，使干部的廉政、勤政意识明显增强，吃吃喝喝、乱贪乱占现象基本上得到了遏制。河北省赵县从1995年5月实行村务公开以来的两年时间，全县农村节约招待费达220万元[⑤]；河南省新野县自1994年实行村务公开以来，到1995年的两年时间村级招待费分别比上年减少85万元和105万元[⑥]；河南省辉县市1994年以来，仅公务活动招待费一项每年比公开前下降120万元；河南省南召县1996年全县村一级招待费由上年的118万元降为47.2

① 参见河北省民政厅厅长尹文儒：《推行村务“六公开”，深化农村第二步改革》。1997年1月6日。

② 中共赵县县委：《实行村务公开，加强民主监督，推动农村民主政治建设》。1997年4月。

③ 中共郑州市金水区委、区政府：《实施农村社会稳定工程促进农村两个文明建设》。1997年4月。

④ 中共辉县市委、市政府：《认真实行村务公开办事制度，确保农村稳定，促进社会全面进步》。1997年4月。

⑤ 中共赵县县委：《实行村务公开，加强民主监督，推动农村民主政治建设》。1997年4月。

⑥ 中共新野县委、县政府：《村村建立“两会两组两栏”，以民主管理促进农村稳定和发展》。1997年4月。③中共南召县委：《推行村务“六公开”，促进农村社会稳定和经济发展》。1997年4月

万元[①]；河北省卢龙县双望镇的45个村，实行公开后的3个月村招待费仅支出145元，不到去年同期的1%[②]；辽宁省绥申县377个村招待费1997年比1996年下降45%，减少137万元[③]；辽宁省灯塔市296个村1997年村招待费比去年同期下降42%，减少40万元。群众说："实行村务公开前，干部公道不公道，只有天知道；实行村务公开后，干部公道不公道，一看(公开栏)就知道。"这就是村民群众对村务公开、监督干部、促进干部廉洁自律的真实写照，是实行村务公开的第二个明显效果。

3. 培养村民民主意识，促进农村基层民主的发展。发展社会主义民主，是建设有中国特色社会主义的重要组成部分和重要目的，也是国家政治体制改革的重要内容和重要任务，而扩大农村基层民主，保障村民直接行使民主权利又是社会主义民主最广泛的实践。实行村务公开，适应村民当家作主的要求，符合村民的愿望，尊重了村民的权利，真正体现了村民主人翁的地位，从而得到了村民群众的最热烈的欢迎，最积极的支持和最广泛的参与，成为推进农村基层民主建设的最有效形式。实行村务公开，村民群众在公开中得到民主的锻炼，是培养村民群众民主习惯的好课堂。村务公开制度的建立和实施，激发了村民群众的民主意识。河南省许昌县1994年实行村务公开两年来，村民代表提建议2933条，被乡政府和村委会采纳2592条，占总数的88.6%[④]。河南省辉县市实行村务公开后，全市的村民代表共向村党支部、村委会提建议2232条，被采纳1602条[⑤]。村务公开的实行，民主渠道的畅通，村民主人翁意识的增强，是实行村务公开的第三个效果。

4. 提高村干部的威望，促进农村基层组织建设。"村看村、户看户，村民看的是村干部"。村干部的行为直接关系到党在群众中的形象。村务公开，亮了干部的"箱底"，兜了集体的"家底"，明了群众的"心底"，增强了干群之间的相互理解和相互信任，提高了村干部在村民群众中的威望，形成了村民群众信任和拥护村党支部、村委会的大好局面。河南省辉县市，1995、1996两年有39名村党支部书记和28名村委会主任，准备甩手不干，实行村务公开，他们落了个"清白"，又重新振作精神当了带领村民致富的领头雁；通过村务公开，该市调整有问题的村干部284人，因经济问题处理村干部26人；71个二、三类支部晋升一类支部，18个三类支部晋升为二类支部，农村一、二类支部占到总数的95.5%。河南省新野县通过村务公开几年来全县没有瘫痪的村班子，有191个村被县委定为放心班子，占全县村委总数的72%[⑥]。天津市宝坻县大口屯镇树尔窝村准备兴办工艺腊厂，因缺资金不能上马，党支部向村民亮了底，村民借款60万元，腊厂很快上马。支书说：如果不是村务公开群众是不会相信我们的，村民借钱给村里过去想都不敢想[⑦]。河南省许昌县高楼村党支部和村委会，实行村务公开两年多的时间里办起4个村办企业，年产值1000多万元，利润150多万元，村班子凝聚力、战斗力增强，当村主任焦松振家中连遭不幸时，村民纷纷捐款，焦松振说："村务公开把干部和群众的心贴近了。[⑧]"农村广大干部群众说，村务公开是加强农村基层组织建设的好办法，这是实行村务公开的第四个看得见的效果。

(二)对村务公开的社会评价

1. 广大村民群众的评价。实践的观点、群众的观点，是马克思主义的基本观点。村务公开的对象是广大村民群众，因此广大村民群众是评价村务公开的最有发言权的群体，村民群众做出的评价是最公正的声音、最基本的标准。村民群众怎样评价村务公开制度呢？河北省赵县人民称县委、县政府推行的村务"六公开"为"鱼水工程"；河北省藁城市群众把全市实行的村务"八公开"赞誉为"送温暖工程"；河南省辉县市村民把市委、市政府推行的"一会一日两个小组、村务六公开"形象地称为"阳光工程"；山西省长子县干部群众将县委、县政府在全县实行的"两会五公开"制度美名曰"形象工程"。"鱼水工程"、"送温暖工程"、"阳光工程"、"形象工程"，这是广大村民群众对我们党和政府在农村推行村务公开的最高评价、最美赞誉、最高奖赏，说明村务公开制度深得民心。1997年3月，陕西省召开全省推行村务公开现场会，会后10天内，长安

① 见河北省民政厅厅长尹文儒：《推行村务"六公开"，深化农村第二步改革》。1997年1月。

② 见辽宁省民政厅：《辽宁省整顿规范村务工作情况》。1998年8月11日。

③ 中共许昌县委、县政府：《开展村民自治，实行村务公开，推动农村两个文明建设快速发展》。

④ 中共辉县市委、市政府：《认真实行村务公开办事制度，确保农村稳定，促进社会全面进步》。1997年4月。

⑤ 中共新野县委、县政府：《村村建立"两会两组两栏"，以民主管理促进农村稳定和发展》。1997年4月。

⑥ 见中共宝坻县委：《推行村务公开，民主管理，促进农村党风政风好转》。1997年4月。

⑦ 见中共宝坻县委：《推行村务公开，民主管理，促进农村党风政风好转》。1997年4月。

⑧ 见许昌县委、政府：《开展村民自治，实行村务公开，推动农村两个文明建设快速发展》。1997年4月。

县有50多位农民分别给县委、政府写信，感谢党和政府办了件合民心顺民意的实事，并表示大力支持①。

2. 农村基层干部的评价。农村党支部和村民委员会是直接实行村务公开的农村基层组织，村务公开是由村干部来运作，而且公开的是他们在村务活动中的行为。因此，实际运作村务公开的这一层面的人员，就成为评价村务公开制度的又一方面最有发言权的群体。河北省黄骅市贾家堡村党支部一班人说：未实行村务公开前，群众总是抱怨村上的钱让我们吃了，村务公开后向群众公布上级来人招待标准、费用开支情况，群众赞誉我们清廉，我们心里真高兴②。河南省邓州市三里桥村党支部、村委会感到：村务公开，群众管住了干部，干部赢得了群众，我们尝到了公开的甜头③。天津市宝坻县大钟庄镇北王庄村党支部认为：实行村务公开好处很多，村民群众看清了村干部的人品，了解了"家底"，一方面使干部更加廉政、勤政，一方面营造了宽松的民主环境，就更能促进全村的经济快速发展④。北京市通县马驹桥镇南海村党支部体会到"村务公开是块宝，基层支部离不了"⑤。福建省连江县百胜村党总支、村委会认识到：在改革开放和建立社会主义市场经济的新形势下，走村务公开之路才能为农村党风廉政建设和经济发展创造必要的条件⑥。湖南省南县河口乡安福村支部书记说："近几年我们年年被县委、政府评为全县十佳明星村，靠的就是村务公开。村务公开荡春风、暖人心；结硕果、喜人心。⑦"辽宁省鞍山市千山区韩家峪村委会主任孙巨财说："我担任村干部二十多年，曾获省先进村委会主任称号。自当干部那天起，一心扑在工作上，黑天白日干，罪没少受，苦没少吃，事没少干，心没少费，我越干反对我的人越多。有人闯入我家砸玻璃，有人写恐吓信贴在我家门上，有人让我拿出多少钱否则要我的命。村内打架斗殴、盗窃赌博成风，封建迷信活动盛行，干群关系紧张。我思量，这是怎么了，原因在哪呢？这时，《村委会组织法》颁布了，我学会了用民主手段，实行村务公开，村里社会秩序大好转，连续8年没有发生一起刑事案件，村办集体经济大发展，人均收入大大提高，尊老爱幼、邻里和睦蔚然成风，我感谢村民自治，感谢村务公开。⑧"

3. 地方党政领导人的评价。地方党政领导人是本行政区域推行村务公开制度的决策人，他们决策的言行直接关系到本地区的村务公开制度的推行。他们是如何评价的呢？原河北省委书记程维高说："推行村务公开是我们总结'八五'、谋划'九五'的过程中，认真反思工作得失，经过长时间酝酿做出的重大举措。因此，我们在1996年初总结推广了赵县实行村务公开的经验，抓住农村集体财务、宅基地发放、计划生育、定购提留、电费电价、干部责任目标等农民群众普遍关心的热点、难点问题，在全省农村普遍推行了村务公开。实行村务公开，党群、干群关系更加密切，农村各项工作就能更好地开展，基层组织建设就能得到进一步加强，党组织就能更好地发挥领导核心作用。⑨"原河南省委书记李长春专门对辉县市实行村务"六公开"进行调查，他说："从辉县市看全省，实行村务公开、民主管理还为我们做好农村其他方面的工作提供了有效的途径。第一，它是密切党群干群关系，保持农村社会稳定的好途径。第二，它是把依法治国、依法治省落实到农村基层的一个好途径。第三，它是不断加强农村基层组织建设的好途径。第四，它是促进村民自治落到实处的好途径。我们应当充分认识其重要意义，从改革、发展、稳定的大局出发，教育和引导干部结合实际积极稳妥地推行村务公开、民主管理、确保农村稳定，促进经济和社会的协调发展。⑩"重庆市人大常委会主任王云龙，1998年5月11日在重庆市农村基层民主建设现场会上讲话指出：要坚持村务公开，保证村民拥有民主监督权。凡与村民利益息息相关的事情，如财务收支、宅基地审批、农民负担、集体经济项目承包经营状况等，都要定期公开。要把公开向县乡两级延伸，实行乡镇政务公开的县直部门政务公开，使三级公开相互配合、相互促进⑪。四川省副省长

① 米有录、王爱平主编：《静悄悄的革命》第907页。中国社会出版社。

② 黄骅市贾家堡村党支部：《推行村务工作规范管理，建立通渔村工作新秩序》。1997年4月。

③ 邓州市三里桥村党支部：《村务公开使我们尝到了甜头》。1997年4月。

④ 宝坻县北王庄村党支部：《致富不忘办事公开、民主理财》。1997年4月。

⑤ 北京通县南海村党支部：《我们是如何长期推行村务公开制度的》。1997年4月。

⑥ 连江县百胜村党总支：《从村务公开入手，走民主管理之路，推进农村社会经济全面发展》。1997年4月。

⑦ 米有录、王爱平主编：《静悄悄的革命》第869页。中国社会出版社。

⑧ 米有录、王爱平主编：《静悄悄的革命》第936页。中国社会出版社。

⑨ 见1998年3月3日《人民日报》。

⑩ 见1997年8月19日《河南日报》。

⑪ 见民政部政权司农村处编：《1998年度农村基层民主政治建设资料汇编》第384页至385页。

欧泽高，1998年3月到眉山、彭山两县的5个村调研村务公开制度，撰写专题调查报告，他说："所到之处耳闻目睹，实实在在地感到抓好村民自治、推行村务公开，给农村工作带来的活力。实行村务公开做到了'两个'密切(密切党群关系、密切干群关系)，实现了'两个'加强(加强干部依法办事自觉性、加强村民的民主意识和参与意识)，达到了'两个'促进(促进农村经济发展、促进农村社会稳定)。[①]" 中共陕西省纪委书记李焕政说：村务公开是从源头遏制腐败、加强基层政权建设的治本之策，是适应当前农村工作新形势的民主监督制度，是党的群众路线和人民群众主人翁地位在基层的具体体现[②]。

4. 党和国家领导人的评价。江泽民1998年9月25日在安徽省考察工作时强调：扩大农村基层民主，保证农民直接行使民主权利，是社会主义民主在农村最广泛的实践，也是充分发挥农民积极性、促进农村两个文明建设、确保农村长治久安的一件带有根本性的大事。要在农村基层实行民主选举、民主决策、民主管理和民主监督。当前，重点要抓好村级民主制度建设，依法健全三项制度：一是村民委员会的直接选举制度，让农民群众选举自己满意的人管理村务。二是村民议事制度，村里的大事、尤其是与家家户户切身利益密切相关的事情，都要经村民大会或村民选出的代表讨论，不能由少数人说了算。三是村务公开制度，凡是群众关心的问题，都要定期向村民公开，接受群众监督[③]。李鹏就修改村委会组织法在吉林省梨树县调研时谈话指出：村民委员会组织法是保证村民当家作主的重要法律。根据大家谈的情况，我觉得三个问题很重要：一是选举，二是村民代表会议，三是村务公开，村提留、乡统筹、宅基地、计划生育、出义务工，特别是村办企业等直接关系村民利益的事情，一定要坚持村务公开制度，让村民监督，让村民放心[④]。尉健行1997年在河北省赵县考察工作时，讲话说：村务公开是广大基层干部和群众民主监督实践的经验总结，也是农村基层党组织发挥群众的积极性、创造性，团结、带领群众发展农村经济奔向富裕的重要措施，它的意义和作用十分深远[⑤]。1998年1月20日他在中纪委第二次全体会议上的讲话再次指出：村务公开是发展农村基层民主，加强党风廉政建设的一项重要制度。要在全国农村普遍推行村务公开[⑥]。姜春云1997年12月在天津宝坻县考察工作时讲话指出：实践证明，实行村务公开、民主管理制度有诸多好处：一是调动了村民参与村务管理的积极性，真正使农民行使了当家作主的权利。二是加强了对干部的监督，有效地遏制了消极腐败现象的发生。三是老大难问题不再"难"了。四是密切了干群关系。五是有力地促进了农村经济发展的社会稳定，推动了两个文明建设[⑦]。陈俊生1997年1月13日在中央农村工作会议上的讲话指出：搞村务公开、民主管理好处很多。一是积极调动农民参与民主管理、参与农村物质文明、精神文明建设，发展生产的积极性。二是积极化解矛盾，密切党群关系、干群关系，促进农村社会稳定。三是加强对集体资产的管理，保证了集体财产的保值增值，促进了集体经济的发展。四是在一定程度上减少了对农村的摊派，减轻了农民负担。五是加强了民主监督，提高了干部廉政意识，减少了贪占拿现象，抑制了违法犯罪活动[⑧]。李贵鲜1997年1月5日在全国民政厅(局)长会议上讲话说：从一些地方的实践看，村民代表会议和村务公开制度的实施，密切了党群、干群关系，解决了农村许多热点问题，要认真总结推广。

五、村务公开存在的问题与对策

(一)村务公开存在的问题

村务公开制度在中国农村确实已经基本确立，村民委员会实行村务公开和乡以上党委政府执行村务公开确实取得了初步成效，受到各界的重视和欢迎，这是一方面；另一方面，也要看到，村务公开工作中还存在着不少问题，看到实行村务公开和推行村务公开的艰巨性、复杂性和长期性。下面，从村民委员会实行村务公开和乡以上党委政府推行村务公开两个层面探讨存在的问题：

1. 村民委员会层面实行村务公开存在的问题。村民委员会是实行村务公开的主体，村务公开是由村民

① 见民政部政权司农村汇编：《1998年度农村基层民主政治建设资料汇编》第434页至436页。

② 米有录、王爱平主编：《静悄悄的革命》第908页。

③ 见1998年10月5日《人民日报》。

④ 见1997年7月8日《人民日报》。

⑤ 见1997年12月2日《人民日报》。

⑥ 见1998年2月27日《人民日报》。

⑦ 见1997年12月31日《农民日报》。

⑧ 见民政部政权农村处编：《1998年度农村基层民主政治建设资料汇编》第5页。

委员会具体操作和运作的，所以问题也出在这方面。

(1)村干部认识上的问题。由于村务公开是村干部自己把自己在村务活动中的情况曝光，这不但需要勇气，更需要解决思想认识。在这方面村干部主要有“三不”思想：一是不敢公开，怕问题暴露出来，引火烧身；二是不愿公开，怕得罪领导又得罪同志；三是不会公开，不掌握公开要领。正是由于存在上述思想问题，所以有些村干部就借口工作忙、事情多、无时间搞公开而不公开；或借口这是个别问题、小问题、不碍大局而搞半公开；或借口不了解、不掌握情况而搞无说明、无解释、稀里糊涂的“粗公开”。

(2)公开内容和真实性问题。尽管国家的法律、法规和党的政策明确规定、三令五申要保证公布内容的真实性，但有些地方存在着公布的内容缺乏真实或不真实的问题，公布的内容可信度低。存在着“公布喜的不公布忧的”、“公布好的不公布坏的”、“公布明的不公布暗的”、“公布表面的不公布深层的”和“公布虚的不公布实的”等“五公布五不公布”的问题，使广大村民群众有被愚弄、欺骗的感觉，对公开持怀疑态度，其结果不但未达到公开的目的，反而还影响了村民广泛参与的积极性，造成新的矛盾出现，干群关系进一步紧张，破坏村里的安定团结和社会稳定，这是村务公开存在的最重要、最基本的问题。

(3)公开形式上的问题。如果说公开的内容不真实是村务公开实质性的问题，那么公开形式上的问题就是村务公开的表面性的问题。这主要有：一是追求形式，应付检查，上级通知检查，村里忙乎一阵，公布一次，应付一次，检查一过一切依旧；二是公开栏和“明白墙”有的地方贪阔求洋，不是注重公布内容的真实性，而是把精力放在如何把公开栏和“明白墙”打扮得好看；三是公开的内容字迹潦草失范，村民看不懂；四是公开栏和“明白墙”无人管理，公开的内容不到1天村民还未见到就被撕毁或风吹雨淋模糊不清；五是村民对公开的内容有怀疑提出查询无人接待；六是忽视公开后的信息反馈；七是公开的阵地不固定，今天在这个地方，下次公布又换一个地方，或者公开栏地处偏僻，村民阅览不便，等等。总之，就是不规范。

(4)处罚缺乏法律依据。《村委会组织法》第二十二条规定：“村民委员会不及时公布应当公布的事项或者公布的事项不真实的，村民有权向乡、民族乡、镇的人民政府或者县级人民政府及其有关主管部门反映，有关政府机关应当负责调查核实，责令公布；经查证确有违法行为的，有关人员应当依法承担责任。”这里的“依法承担责任”，一是依什么法，因为从目前我国颁布的法律来看，还未有这方面的法律，其他相关的法律也未有这方面的条款；二是承担什么责任，正因为法律未有专门条款，所以承担什么责任也未有明确。给实际操作造成很大的困难，“依法承担责任”也就成为一句空话。因此，一些地方的村民委员会不公开或不真实公开也没有处罚办法，这是村务公开工作中的瓶颈问题。

2. 乡以上党委政府层面推行村务公开工作存在的问题。从某种意义上说，我国农村实行的村务公开，实际上属于行政上的政府行为，即由乡以上党委政府推行。由此，推行中势必存在着这样或那样的问题。

(1)党政领导的认识问题。推行工作主要由各级党委政府尤其是县、乡两级党委政府承担，所以认识问题也就主要存在于县、乡两级领导这个层面。有的认为村务公开是件难事，来自各方面的阻力较大，弄不好出力不讨好，顾虑重重，畏首畏尾，不敢大胆开展。有个别的怕开展这项工作后，影响自身的利益，个人消费性开支和一些送礼请吃等不正当开支不便在村里报销，因而在行动上或按兵不动，等待观望；或行动缓慢，推一推动一动，不推不动；或敷衍了事，消极应付，口头上表态推行，实际上迟迟不动。

(2)推行的措施不力问题。乡以上党委政府推行村务公开，要拿出符合本地区实际情况的可行的措施，如成立领导机构、大力宣传、规范程序、加大检查力度等。但有的地方是号召多、实际措施少；有的地方是部署多、检查落实少；有的地方不调查研究、不针对问题制定方案和实施细则，使得下边无所遵循；有的地方不动员、不宣传、不教育村民群众，村民群众没有从思想上充分认识实行村务公开的意义；有的地方培训工作做得不够，组织实施村务公开工作的人，还不知如何实行公开，从哪儿入手，致使公开不规范，村民群众不满意。

(3)发展不平衡的问题。发展不平衡是推行工作带有普遍性的一个问题，在一个省的范围内发展不平衡，就是一个县一个乡也发展不平衡。有的地方搞得扎扎实实，成效显著，村民满意；有的地方还未开展，村民群众怨声载道。1997年一位名叫付占东的读者给《乡镇论坛》杂志社一封信，说：听广播、看报纸，全国许多地方实行村务公开，为什么我们县就不实行？多盼望我们这地方也实行公开呀①！

(二)村务公开的对策

中国农村的村务公开制度，如何在现有的基础上

① 米有录、王爱平主编《静悄悄的革命》第911至912页。中国社会出版社。

广泛深入开展下去，坚持下去，取得更令村民群众满意的效果，这是需要研究和探讨的问题。

第一，实行村务公开与实行村民自治紧密结合，相辅相成，相得益彰。在中国农村实行村民自治和实行村务公开，都是国家法律规定的重大制度，都是党中央的重要政策，二者有着紧密的内在联系。村务公开是村民自治的内容，村民自治是村务公开的前提；村民自治需要村务公开，村务公开是村民自治的保障。二者是不可分割的，应相互依存，相互促进。村民自治在实行民主选举、民主决策、民主管理和民主监督的过程中都要实行村务公开，让村民参与，让村民了解，以公开保障四个民主的实现；反过来，也要通过四个民主促进公开的实施。首先，要通过民主选举，把那些办事公道、作风正派、村民群众信得过的开拓进取、能带领村民致富的能人选进村民委员会领导班子，为村务公开的实施奠定组织保证。其次，要通过民主决策，发挥村民代表会议的作用，把村务的决策权还给村民，由过去的少数几个人决策变成大多数人的民主决策，减少决策的失误，开通民主决策的主渠道为村务公开提供科学决策的民主形式。再次，要通过民主管理，把村务公开的内容、程序、时间、阵地、管理等都写进村民自治章程和村规民约中，加强村务公开的制度化、规范化建设，用制度促进村务公开的真正实施、真实正规。最后，要通过民主监督，使村务公开工作得到监督，为村务公开提供监督机制。由此，形成以自治带公开、以公开促自治发展的良性运行轨迹。切忌单纯地就公开论公开，把村务公开从村民自治中分离出来，把村民自治与村务公开割裂开来，对立起来，各搞各的，单打一。

第二，改事后结果公开为事前决策、事中办理过程和事后结果的全程公开。实行全程民主，让村民全程参与，真正当家作主。现在，从全国各地实施村务公开的情况考察，基本上是村党支部和村民委员会将村务办理的结果向村民公开，公开的内容和情况完全是由农村基层组织提供的，即人们通常所说的事后结果公开。这种事后结果的公开，存在诸多弊端：一是村民处于被动地位，公开什么就是什么，村民只能被动接受；二是公开的情况是否真实村民无法验证，因此经常出现公开内容不真实的问题。若改变村民群众在公开中的被动局面，真正让村民全程参与，变事后结果公开为事前决策、事中办理过程和事后结果的全程公开，就必须充分发挥村民会议或村民代表会议的作用：在决定本村公开的内容和项目问题上，由村民会议讨论决定，村民会议决定公开什么内容和项目，村党支部和村民委员会就无条件执行；在村务活动的决策问题上，由村民代表会议讨论决定，村民委员会无条件按决定执行；在执行村民代表会议所作决定的过程中，要吸收村民代表参加，了解监督执行的全过程，并及时向村民会议或村民代表会议反馈执行中的情况；在公开的程序上要经过村民代表会议讨论，代表会通过了村民委员会才能公开公布。村民和村民代表主动参与了村务活动的全过程，了解全过程，这样不仅可以避免公开真实性问题的出现，也变被动为主动，体现主人翁精神。

第三，健全完善法律制度体系，保障村务公开依法实施。现在，《村委会组织法》和省级地方法规列有村务公开条款，但这一条款只是规定了村务公开的内容和处罚的原则，未规定相关的程序、时间、形式、管理、规范和罚则，操作起来随意性较大，尤其是对“依法承担责任”更难依法。鉴于此，建议国家政权机关和有关政府部门，考虑立法和出台行政规章。最佳方案是全国人大常委会制定《中华人民共和国农村村务公开法》，若立法有困难，国务院可根据《村委会组织法》精神出台《中华人民共和国农村村务公开实施条例》，以行政规章规范村务公开。省级政府颁布《村务公开实施细则》。市、县、乡三级制定本行政区域实施村务公开制度或办法。这样，从上到下形成村务公开的法律制度体系，才能保障村务公开依法实施，保持村级实行村委会公开和乡以上党委政府推行村务公开的连续性、稳定性和真实性，保证村务公开依法有序健康发展。

第四，强化监督，加大督查力度，保证公开的真实性。村务公开贵在真实，持之以恒。村务能不能公开、愿不愿公开、敢不敢公开，是真公开还是假公开，这首先是政治问题、党性问题，然后是群众路线问题，对村民群众的态度问题。对政治问题、党性问题、群众路线问题、群众态度问题除了要进行思想政治工作外，很重要的一个方面就是要强化监督检查。监督检查主要是来自三个方面：一是党委政府的纪检、监察部门的监督检查；二是村民自治组织的村民代表会议的监督检查；三是村民群众的直接监督检查。要发挥三方面的作用，不可偏废。首先，党委政府要经常派人下到基层调查，听一听村民群众对村务公开有什么反映、意见和要求；看一看是真公开还是假公开；找一找公开中的问题，做到及时发现及时解决。其次，村民代表会议要发挥监督的职能作用。为了强化村民代表会的监督职能，可在村民代表会内设立村务公开监督小组，专门负责村务公开的监督工作。再次，发挥村民群众直接监督的作用，对村务公开的疑点问题直接向县、乡两级人民政府和有关主管部门举报。只要强化了这三方面的监督作用,加强这三方面的监督力度,村务公开工作就能保证真实、持之以恒,不断完善健康发展。否则,仅仅满足一般号召部署,发文件下个通知,基层贯彻执行的怎么样不闻不问,或者强调一阵、应付一下,忽冷忽热,虎头蛇尾,那村务公开是坚持不下去的,即使一时应付,村民群众也不会满意。

第五,将村务公开向上延伸,乡实行政务公开,县直部门实行业务公开,县、乡、村三级配套公开,上下结合,其效果会更好。目前,村务公开中的内容和项目有许多是属于村民委员会办理乡镇政府和县直职能部门布置的国家行政任务,如计划生育、国家建设征用土地、宅基地的审批、三提五统、水电费的缴纳、救灾救济款物的发放,等等,都与乡镇政府和县直业务部门有着直接、紧密的关系。可是,现在村级公开,县、乡两级不公开(有些乡镇和县直部门正逐步公开),村民群众形象地说:头埋在沙子里,尾巴露在外面,这种鸵鸟政策未免太可笑。让下边实行民主搞公开,县、乡反而政务、业务不公开,这个理讲不通。因此,若村级公开能长久不衰,势必将公开向上延伸,县、乡、村都实行公开。这样,村务公开才能取得事半功倍的效果。

村民自治的意义阐释与理论化尝试

景跃进

在上述标题下,笔者想做的是三样工作:一是"整理",将已发表的有关村民自治意义的诸种观点加以编辑,将其展现在一个专题平台上[①]。二是"概括",在不同的表述之间寻找某种共同的脉络或论说基线,并给出笔者偏好的抽象符号。三是"评论",对一些笔者感兴趣的问题表达相关的看法。当然,上述三类的区分只具有逻辑的意义,实际行文将是某种程度的"混杂"。对资料的叙述是在"概括"的基础上进行的,而"概括"亦非纯然"客观",它受笔者"评论"的引导。

大体而言,对村民自治的宏观意义之描述可细分为官场话语与学术话语。粗略一点说,前者更多的是"局内人"的符号策略,后者基本上是"局外人"的义理发挥。不过,这种基于身份和角色的区分并非泾渭分明,事实上它们之间常有"角色反串",或扮演"双重角色"[②]。这也许能部分解释这一现象,即两者在村民自治意义的叙说内容乃至风格方面存在着基本的一致性。为了写作的方便,笔者将这种一致性概括为以下几个方面,它们分别是民主政治的"起点说"、"基础说"、"扩散说",政治文化"转型说",民主观念的"程序说"、"利益说",以及中国民主"特色说"。下面将按此顺序一一叙说。

起点说

中国民主政治的发展应从何处入手?对这一问题的思考是"起点说"的前提。顾名思义,"起点说"是将村民自治视为中国民主政治"万里长征"的一个开端。学界对此有较早论述的是徐勇教授。在《中国农村村民自治》一书中,他认为"村民自治是现阶段社会主义民主政治建设的起点和突破口之一"[③]。随着村民自治实践的发展,这一观点开始普及,相同的意思以不同的方式表述出来。例如,林尚立认为"基层群众自治在世纪末的全面活跃,为中国民主政治在新世纪的发展提供了重要的逻辑起点和现实基点。"[④]在王振海看来,"村民自治层次虽低,范围虽小,但意义却非常重大,它代表了社会主义民主的未来趋势和发展方向。"[⑤] 张厚安教授则作了如下的类比:"如果说1978年安徽凤阳小岗村的土地承包到户启动了整个农村的经济体制改革,那么可以说,村民自治特别是村委会民主选举则揭开了农村政治体制改革的序幕,这样的评价是丝毫不过分的。"[⑥] 随着村民自治从实践领域大规模渗透学界樊篱,类似的提法已相当"普及"[⑦]。当然,细考之下仍可以发现一定的差异。例如,村民自治究竟是中国农村民主政治建设的起点或突破口,还是整个中国政治体制改革的起点或突破口[⑧]?村民自治究竟是一

---

① 关心此一话题的读者可以参阅沈延生的《村政的兴衰与重建》,载于《战略与管理》1998年第6期;党国英的《村民自治是民主政治的起点吗?》,载于《战略与管理》1999年第1期;贺雪峰的评述文字《当前村民自治研究中需要澄清的若干问题》,载于《中国农村观察》2000年第2期;仝志辉的《村民自治的研究格局》,刊于《政治学研究》1999年第3期。

② 张小劲《中国农村的村民自治再思考》,参见《中国书评》(香港)1998年5月总第12期,页6–8。

③ 徐勇《中国农村村民自治》,华中师范大学出版社1997年,页8。

④ 林尚立《基层群众自治:中国民主政治建设的实践》,《政治学研究》1999年第4期,页47。

⑤ 王振海《论中国的农村基层群众性自治制度》,《上海社会科学院学术季刊》1998年第2期,页39。

⑥ 张厚安等《中国农村村级治理》(序),华中师范大学出版社2000年,页7。

⑦《中国村民自治:国家权力合法性基础的转换》,《中国农村村民委员会选举学术研讨会》会议论文,武汉2000年10月,页7。

⑧ 曾峻《1978–1998:发展中的中国政治》,《政治学研究》(1998年第4期);黄卫平《十五大以来中国政治体制改革理论动态》,《中国基层民主发展的最新突破》,社会科学文献出版社2000年版。

个“突破口”，还是一个“生长点”[①]？但总的来说，这种内部争论并不障蔽彼此之间的共识——充分肯定村民自治实践对于中国民主政治建设所具有的意义。

从逻辑上讲，“起点说”反映了宏观思考的某种特征，亦即将村民自治作为更大系统的一个组成要素来思考。一方面，它假定了一个理想的价值目标的存在——它的作用是精神感召和政治动员，激励人们为实现这一目标而努力奋斗；另一方面基于对中国国情的认识，又将这一理想目标的实现视为一个相当长的、分为若干阶段的历史过程。可以说，对“起点”的寻求或确认隐含着一种理性建构的“工程”意识，以及理性建构的渐进性质。前者要求民主建设“有领导”地进行，后者要求民主建设“有步骤”地进行。

在某种程度上，贯穿“起点说”的“红线”乃是中国人的政治稳定情结。可以说，20世纪90年代以来对政治稳定的强调并非政府单方面的意愿，也是民众的普遍共识。这一事实对人们思考中国民主政治的发展道路以及村民自治的意义具有深刻的影响。学者们以不同的叙述方式表达了这一共识。如徐勇认为，“对于正在从事大规模现代化建设的当代中国来说，政治稳定与政治民主同样重要，从某种意义上说，政治稳定往往被置于优先地位。政治民主必须在政治稳定的环境下进行。[②]”“对于长期缺乏民主习惯，又饱受‘文化大革命’所谓‘大民主’之苦的中国来说，民主化进程必须根据国情和社会发展总目标，选择合适的起点和突破口，有领导、有步骤、有秩序的进行。[③]”荣敬本则诉诸于近代社会失序的经验，强调“由于中国历史特点和现状，中国的民主改革不能照搬西方议会民主的道路，也不能仿效苏联和某些东欧国家的做法，而应该首先在农村中推行，逐步完成向民主的合作型体制的过渡。如果在基层组织中没有民主合作的基础，这种改革在上层就会演变成权力的争夺，而一旦上层发生权力真空，目前广大干部和群众担心的县霸、乡霸、村霸等就会横行乡里，各霸一方。中国历史上统一受到破坏后出现的地方割据和军阀混战的局面就会再现，这对中国人民会是一场真正的灾难。如果一旦出现这种局面，就只能像中国历史上一样，靠武力、靠强化官僚体制来解决。这样中国又会步人专制的官僚体制的恶性循环之中。[④]”

一方面，优先实现中国经济现代化是一个上下达成的基本共识，为此，最低限度的政治稳定是实现这一目标的须臾不可缺少的前提条件；另一方面，非民主政体维持政治稳定的能力又是相当脆弱的，在某些情形下保持政治稳定的成本也许是相当高昂的。因此为了长治久安，为了获得稳定的合法性基础，就必须实行民主政治。问题在于，通向民主政体的道路又可能充满动乱。这就形成了一个双重递进的连环悖论。对于中国人来说，面临的难题是怎样既能推进民主，又能避免动乱（或将政治风险降低到最小程度）？对于一个后发展现代化国家来说，这是一个民主政治的路径选择问题。在某种意义上，“起点说”乃是试图在自上而下的框架内，通过自下而上的渐进方式来化解这一难题。当然，在这一路径选择中，现实政治格局的制约以及操作可行性的考虑也是显而易见的。作为曾经负责村民自治推广工作的一位主要官员，王振耀认为“中国的民主化进程应该是一个循序渐进的过程，应该是一个从基层做起，基层快于上层的过程。这样似乎更为稳妥一些。并不是说上层的改革停下来，而是说上层的改革稍微靠后一点。基层走在前面，是起了两个培训班的作用：一个培训班是对人民，第二个培训班是对官员和整个社会。[⑤]”

到目前为止，对“起点说”较为充分的论述是在制度主义分析的视野下进行的。唐兴霖和马骏将“中国的民主政治建设从何处开始，选择村民自治是不是一个最佳的突破口”这一问题，转化为制度分析的语言：“村民自治是不是一个能使中国的民主制度变迁进人良性循环路径的初始制度条件”。基于下述两个理由，作者给出的回答是肯定的。首先，尽管存在诸种缺陷，村民自治基本上可视为中国现代史上第一次真正的民主实践。其次，村民自治的实践形成了一个范围非常广大的受益群体。由于“初始制度形式的选择决定了制度变迁以后可能选择的路径，制度的报酬递增则是制度进行自我强化的基础”，因此作者得出结论：“以村民自治为基础的中国农村基层民主制度将会形成一个规模及其庞大的农民受益群体，农村基层民主制度的报酬递增机会就会使得农村基层民主制度不

① 朱光磊、程同顺《在更大的背景下认识村民自治》，《中国述评》（香港）1998年五月号（总第12期）。

② 徐勇《民主化进程中的政府主动性》，《徐勇自选集》华中理工大学出版社1999年，页204。

③ 徐勇《中国农村村民自治》，华中师范大学出版社1997年，页8–9。

④ 蒋铁刚《民主的蝴蝶在飞：荣敬本教授访谈录》，《改革内参》1998年第3期，转引自刘智峰主编《中国政治体制改革问题报告》，中国电影出版社1999年，页320–321。

⑤ 王振耀《中国的村民自治与民主化发展道路》，《战略与管理》2000第2期，页104–105。

断得到强化，沿着既定的民主的路径演进。[①]"

基础说

与"起点说"紧密相关的是"基础论"。"基础论"将村民自治视为发展社会主义民主政治的基础工程。江泽民同志在1995年农村工作会议的讲话中曾强调必须加强农村基层组织建设，认为这是新时期党的建设这个伟大工程的重要"基础工程"[②]。也许这是基础说的一个蓝本，不过后来的论述重点从党组织转移到了村委会。在笔者看来，"基础"一词具有双重的意义，一方面指村民自治涉及的农民人数占中国人口的极大多数，另一方面指农村处于中国政治系统的基层。一如国家民政部负责人李宝库所指出的，"我国12亿多人口，9亿在农村，这是我国的基本国情。社会主义民主政治建设，也不能忽视农村和农民这样巨大的现实，最重要的是培养现代民主政治的主体，即高素质的公民。公民民主素质的提高必须通过民主政治的实践。因此，广大农民群众只有在党的领导下，通过村民自治这个社会主义民主最广泛的实践，才能提高民主政治素质和参政议政能力。这样，也就为发展我国社会主义民主政治奠定了坚实的基础。[③]"

贺雪峰则从学术的角度来论说村民自治的基础作用。他将村民自治的功能和意义区分为两个层次，第一个层次是村民自治制度本身的合理性问题，它有哪些现实的及潜在的功能？第二个层次是村民自治在政治系统中的地位，包括对国家政治体制改革、对民主政治的可能贡献。他强调，这两个层次之间存在着相互依赖与支撑的关系，其中第二层次的功能紧密依托于第一个层次："一方面，村民自治作为村民自我教育、自我管理、自我服务的一种办法，在解决村内事务时，无意中锻炼了农民的民主管理能力，提高了农民政治参与的积极性，使农民逐步熟悉和习惯于民主的操作规程，并可能生发出一种基于长期基层民主所训练出来的宽容与妥协精神，培育出农民理性独立的政治品格；另一方面，基层民主使农民可以有力监督和约束上级行政机关存在的诸如滥摊派和不廉洁行为，这种抵制和监督本身具有使农村民主由村级到乡镇再到县级扩展的希望；再一方面，让农民自己管理自己，将有助于从传统体制中生长出一个新生的社会部分，这个部分可能会融入市民社会，并成为国家与社会关系调整中的重要一环，成为社会推动国家民主、社会支持国家改革的基础性工程。[④]"

如果我们将目光放得更远一点，从长时段的角度来看待村民自治对于中国政治改革的作用，就会发现更深的内涵。近代以来中国政治发展的道路可谓曲折多难，个中原因何在？有学者认为一个重大原因是，改革者仅注重上层政治结构的制度创新，而很少关注下层社会。因此尽管表面上发生了翻天覆地的变化，但农村传统的社会结构依然根深蒂固，没有受到重大冲击。"追求中国现代化的无数志士仁人先是把变革的目标集中于中国传统的政治和法律制度，以后又致力于改革传统的思想和文化，但很少涉及如何改造以农业为本的广大的中国农村社会。他们不明白中国所需改革的不仅是上层的政治、法律、思想文化结构，更重要的是改革下层社会结构。……只有在中国广阔的农村进行长期的、深刻的政治经济和社会方式的大变动，以商品经济打破传统的小农经济，才能真正建立起从农村到城市，和从城市到农村的双向变革渠道，从而推动社会真正走向现代化，因此农村低层的重整，就成了决定中国变革最为艰巨而又最重要的关键。[⑤]"

值得欣慰的是，改革开放以来我国农村基层社会正在经历这种巨变。如果说家庭承包责任制释放了农民的经济积极性，那么村民自治则是从政治层面上重塑着农村的权力关系，其意义非同小可。一如王振耀所说，"基层民主是高层民主的基石，从多方面的经验看，没有发达的完善的基层民主，高层民主既不可能巩固，也不可能从基层得到源源不断的社会促进力。只有在基层让人民实行最广泛的民主自治，基层社区的自治功能比较强，那样，在推进高层民主时才不会与社会脱节。所以，在中国的民主政治建设中，基层民主具有重要的战略地位。[⑥]"林尚立也指出，"中国的民主成长应是一个渐进式的推进过程，在推进民主成长

① 唐兴霖、马骏《中国村民自治民主的制度分析》，《开放时代》1999年5、6月号（总第128期），页32；朱新山《村民自治发展的制度困境》，《开放时代》2000年1月号（总第133期）。

② 《新华月报》1995年第3号第54页。

③ 李宝库《亿万农民当家作主的伟大实践》，《中国社会报》1998年11月10日，转自《新华文摘》1999年第2期；王振耀《中国的村民自治与民主化发展道路》，《战略与管理》2000第2期，页103。

④ 贺雪峰《论村民自治对国家层面民主的贡献》，《理论与现代化》1999年第11期，封三；也可参见其《村民自治的功能及其合理性》一文，刊于《社会主义研究》1999年第6期，页60–64。

⑤ 高华《近代中国社会转型的历史教训》，《战略与管理》1995年第4期（总第11期），页9。

⑥ 王振耀《中国村民自治十年》，《中国国情国力》1998年第1期，页22。

的过程中，不仅需要高层的民主建设，而且需要基层的民主建设，其中基层的民主发展对中国民主成长更具战略意义，这是中国民主发展的现实基础所决定的。[①]”

“起点说”与“基础论”的共同之处在于，两者均肯定村民自治对于国家宏观政治的积极意义，肯定中国民主政治的渐进模式，肯定政治稳定的价值，肯定对村民（以及干部）进行公民教育和民主训练的重要性。在某种意义上，不妨将“基础论”视为“起点说”的一个变体，或不同的表述。

扩散说

如果说，“起点说”和“基础说”侧重于民主政治发展的时间—过程维度和“力学结构”，那么“扩散说”则试图回答将起点与终点联结起来的方式，亦即如何将微观层面的草根民主与国家层面的民主政治建设联系起来？基层民主对上层民主的影响或促进作用是通过何种方式或机制来实现的？这既是一个实践问题，也是一个非常复杂的理论问题。到目前为止，笔者尚未见到令人满意的解答。不过，对这一问题的两种不同的尝试性回答还是值得关注的。第一种不妨称之为“直线上推式”，即从村级民主（村民自治）向上扩及乡镇，再由乡镇民主发展到县级选举。由此类推，最后由基层发展起来的民主转化为全国范围内的民主。在第六届全国人大常委会第二十三次会议上所作的讲话中，彭真曾给出这样的比喻（暗示），他认为农民群众“把一个村的事情管好了，逐渐就会管一个乡的事情；把一个乡的事情管好了，逐渐就会管一个县的事情，逐步锻炼、提高议政能力。[②]”乔石也有类似的说法：“目前把直接选举的范围规定在县、乡两级是符合我国实际情况的。随着经济、文化的发展和人民生活水平的提高，我国的民主政治建设也会不断向前发展，选举制度也会进一步完善。[③]”同样的论述被学者以相似的方式表达出来[④]。

另一种观点相对复杂一些，荣敬本教授曾作过一个“蝴蝶效应”的比喻。他指出，“现代科学证明，物理系统、生物系统、经济社会系统的进化似乎有些共同的规律，即产生于秩序和混沌的边缘，社会主义本身的进化恐怕也离不开这个规律。政治体制本身也构成一个复杂的系统，它的改革也需要从小事情做起，从基层做起，就像一只小蝴蝶扇动一下翅膀，也会产生蝴蝶效应。所谓蝴蝶效应，形象地说就是北京的蝴蝶扇动一下翅膀，可能会引起美国纽约天气的变化，其中暗含的道理是说小东西的作用会慢慢放大。[⑤]”准确地说，蝴蝶效应揭示的是一种在特定条件下的“突变”方式，它不同于逐级推进的阶段模式。用专门术语来表示的话，蝴蝶效应试图说明的乃是一种“非线性”发展[⑥]。

上述两种不同的回答方式实际上涉及了一个重要的理论问题：农村基层出现的草根民主是否具有某种宏观效应？微观层面的政治过程能否在上层放大？非国家形态的民主能否对国家形态的民主产生影响？这些不同的术语和表述其实反映了同一个问题，即微观与宏观（或基层与上层）的政治过程是否能够以同一种方式来处置？如果它们是不同的，那么微观与宏观之间是否存在某种转化的可能之道？如果存在一种民主政治发展的逐级递进机制的话，它的具体表现方式是什么，怎样在实践中将其转化为可操作的策略？

在学者们的眼中，微观层次与宏观层次政治过程的区别是显见的。一般认为，村民自治是一种社会民主，它与国家政治不是一个系列的东西，因此不能简单地将描述宏观政治现象的术语直接套用于村民自治。但另一方面，由于改革前全能主义政体结构的特征依然程度不同地存在，中国的基层政治过程与国家层面的政治过程具有某种逻辑的同构性或类似的问题（诸如领导人的产生方式，议事机构的设立，行为规则的制订，当政者与选民的距离，领导人对民众的回应等等，在不同的层次都存在相应的特征）。故尔，尽管存在理论上的区别，但在实际生活中这两个层次之间的联系也是明显的。

就眼下而言，人们更多地强调两者之间的联系性。“对于中国政治发展来说，依经济和社会发展而形成的基层群众自治发展预示：中国民主的发展已在改革和经济、社会发展过程中形成一条具有良好现实基础的发展道路，即通过基层民主建设来推动民主政治

① 林尚立《基层群众自治：中国民主政治建设的实践》，《政治学研究》1999年第4期，页50。

② 彭真《通过群众自治实行基层直接民主》，《彭真文选》，人民出版社1991年，页608。

③ 《人民日报》1997年1月17日。

④ 徐勇《民主化进程中的路径选择》，《徐勇自选集》，华中理工大学出版社1999年，页217；蒋铁刚《民主的蝴蝶在飞：荣敬本教授访谈录》，《改革内参》，1998年第3期。

⑤ 蒋铁刚《民主的蝴蝶在飞：荣敬本教授访谈录》，《改革内参》，1998年第3期。

⑥ 米歇尔·沃尔德罗普《复杂：诞生于秩序与混沌边缘的科学》，生活·读书·新知三联书店1997年中文版。

整体发展的道路。"[①]许多人乐意将村民自治的实践视为具有燎原潜能的"星星之火"。在农村基层发展起来的新的政治游戏规则，被认为具有普遍意义。从逻辑上看，这种"扩张"包含横向与纵向两个方面。横向扩张包括村民自治对城市社区自治具有的影响，纵向扩张则是指将村民自治中提炼的程序与技术运用于乡镇、县乃至更高层次上去，通过民主选举的方式产生领导人。就中国民主政治建设而言，后一种扩展显然更具有政治意义。它意味着基层民主的实践突破了村庄的限制，而进入了政府（国家政权）领域。这种空间拓展和界限超越的潜在可能在现实生活中已经发生[②]。不过，也有学者指出"上向扩展"的艰难性。唐兴霖和马骏认为，在供给主导型的制度变迁中，权力中心以及该中心所依靠的利益集团的政治净收益是最为关键的变量，它决定着制度供给的实际状态。由于在乡县一级供给民主制度带来的政治净收益不高或为零（甚至可能是负值），因此"在村民自治的基础上进一步向更高层次推进中国的民主政治发展，……将会面临民主制度短缺的问题。[③]"

尽管存在不同的观点，在"扩散机制"的问题上，一个比较普遍的共识是基层民主对上层民主有一定的"示范"作用。徐勇认为，尽管社会基层民主和国家民主是两个不同的民主范畴，国家民主化进程更为复杂，但社会基层民主的发展可以为国家民主提供借鉴[④]。具体而言，这种示范作用通过民主政治的游戏规则而得以发挥。"村民自治最重要的价值就是在民主过程中，建立起一系列民主规则和程序，并通过运用民主规则和程序的民主实践形式，训练民众，使得民众得以运用民主方式争取和维护自己的权益，从而不断赋予民主以真实内容；在新一轮民主实践中，人们会设计更为理性和精巧的规则和程序，并运用这些规则和程序进一步充实民主的实体，民主化进程因此而得以不断向前推进。[⑤]"

金太军也认为，"村委会的民主选举对作为国家权力机关的人民代表大会的选举可产生直接的示范效应。[⑥]"

此外，草根民主对国家政治生活的示范作用还以"心理暗示"的方式表现出来："如果连'泥腿子'都知道要秘密写票、无记名投票，作为国家权力机构的人大会议的举手表决不是有些相形见绌了吗？如果村委会主任只有通过选举才能获得权力的合法性，那么，其他的村官以至更高层次的官员的合法性权威又该怎样建立呢？如果村里的公共事务都必须公开，与更多人的重要利益密切相关的国家政务是否应该更公开呢？[⑦]"或者用农民的话来说，"既然我们可以选出自己信任的村长（村委会主任），为什么我们不可以选出自己信任的乡长、甚至县长呢？[⑧]"随着社会经济的发展、生活水平的提高，需求结构的变化以及现代传媒的普及，这种示范和暗示效应具有不可忽视的潜在力量[⑨]。

考虑到中国政治的结构特色，人们在讨论村民自治的扩散效应时除了"国家民主"之外，还考察了村民自治对党内民主的影响。目前村民自治对党内民主生活的直接影响主要是横向的（村庄层次）。以选举方式产生的村委会由于体现了民意而奠定了自身的合法性基础，在这种情况下，尽管村民自治法律规定村党支部是领导核心，但事实上各地农村党支部的权威基础受到了程度不同的影响。在某种意义上，一些地区推行的"两票制"、"二推一选"以及"三荐二考"等做法，可以视为是对这种挑战的一种积极回应，以在新的基础上重新确立党支部在村庄的领导地位[⑩]。

值得注意的是，到目前为止，学界对于村民自治的扩散效应之论述可谓主观期望与客观分析相互交织，且前者的分量似乎要重于后者。也许这部分说明了为什么许多人持一种"车到山前必有路，船到桥头自会直"的心态。也有一些学者试图以辨证的方式来

① 林尚立《基层群众自治：中国民主政治建设的实践》，《政治学研究》1999年第4期，页52。

② 唐建光《直选乡长》，《南方周末》1999年1月15日；《步云乡是中国政治体制改革的"小岗村"吗》，《中国社会导刊》1999年第2期；礼露《步云的故事发表之后》，《华声月报》1999年3月号；李凡《乡长直选现场观察记》，《华声月报》1999年3月号；黄卫平主编《中国基层民主发展的最新突破》，社会科学文献出版社2000年。

③ 唐兴霖、马骏《中国村民自治民主的制度分析》，《开放时代》1999年5、6月号（总第128期），页34 -35。

④ 徐勇《民主化进程中的路径选择》，《徐勇自选集》，华中理工大学出版社1999年，页217。

⑤ 徐勇《中国民主之路：从形式到实体——对村民自治价值的再发掘》，《开放时代》2000年11月号，页60。

⑥ 金太军《走出对村民自治的认识误区》，《探索与争鸣》1999年第8期，页26–27。

⑦ 徐勇《草根民主的崛起：价值与限度》，《中国社会科学季刊》（香港）2000年夏季号（总第30期），页202。

⑧ 金太军《走出对村民自治的认识误区》，《探索与争鸣》1999年第8期，页27。

⑨ 王振耀《中国的村民自治与民主化发展道路》，《战略与管理》2000第2期，页104。

⑩《支书位子要以选票做底子》，《乡镇论坛》2000年第五期。

处置这一问题：一方面强调村民自治的潜在影响和对宏观政治过程的意义，另一方面又指出这种影响的局限所在。至于强调问题的哪一方面，则全然取决于特定个人在特定场景下所做出的判断。因此，我们既可以读到下面这样具有乐观色彩的文字，“村民自治从一开始就孕育着极大的内源动力，又经过差不多20年的发展，已开始冲破传统的樊篱，形成自身的逻辑轨道，其强有力的惯性运动将不以人们的主观预设为转移，显示出一种无法阻遏的不可逆特点，并自下而上地对现有国家权力结构产生不断加大的冲力，这种冲力与国家自上而下的控制力交互作用形成的一种合力（已程度不同地偏离了各自原有的方向），在很大程度上决定了中国政治发展的方向和政治民主化的进程[①]”与此同时，我们也可以发现对乐观立场的警醒：“知识精英只是单向度地看到了村民自治的民主价值，而没有深入探究这一草根民主的崛起背景和发展限度，考察民主成长所面临的种种结构性矛盾和相应的支撑条件，只是一味地设想民主由村，到乡，到县的路径，甚至陷入‘民主大跃进’的狂热，再次暴露出知识界的民主急性病和幼稚病。[②]”注意，上述的排列对置并非为了说明学者在这个问题上的对立立场，恰恰相反，这种看起来是“矛盾”的东西，完全有可能同时存在于我们每一个人的内心。在此，我们又面临着一个“悖论”：如果过于悲观，或忽视村民自治所具有的示范效应，探索渐进式民主的道路就被堵死了；如果过于乐观，将一点水花想像成为大海中的汹涌波浪，忽视了前进道路中可能遇到的诸多困难和问题，一旦遇到曲折就有可能丧失信心和耐心，从一个乐观主义者跃变为悲观主义者或激进主义者。古今中外，这方面的事例实在不少。如何在两者之间保持必要的平衡？这显然是今后民主理论研究中一个值得不断反思的问题。

政治文化转型说

村民自治实践对于中国民主政治的贡献还在于它所发挥的改造传统政治文化的功能。众所周知，“臣民文化”被认为是中国传统政治文化的一个基本特征。帝皇制度下，政治过程局限于官僚阶层，而与普通的百姓无关。间歇爆发的农民起义是打破常规政治的惟一力量，然而随着起义的被镇压或新皇帝的上台，官僚政治又复归于原有的轨道。近代以来，在西方的冲击下，中国社会的变迁方向基本上是循着“器物”—“制度”—“价值（文化）”的线路进行的。改良派与革命派都以不同的方式遇到了如何对待传统政治文化的问题。但无论是“新民说”、“国民性改造”、还是与传统文化“彻底决裂”、“破四旧、立四新”，都没有找到解决这个问题的有效方法。传统的“官僚政治”格局虽然被打破了，普通民众以不同的方式被裹挟到历史进程中去，但是这种政治和社会动员具有强烈的精英色彩。因此，“群众运动”与“运动群众”常常成为一个铜板的两个方面。

作为一名民政部的负责官员，王振耀在指导和推进村民自治的工作中，显然感受到了传统政治文化的现实力量，因此也更深切地了解改造中国传统政治文化的重要性和迫切性。他指出，“中国的政治文化是把民主变成精英手里的特权。‘清官政治’变成了精英特权，它确定的民主理论不是让更多的人民参与来形成民主的制度、架构，或者说，它不习惯于把人民的参与的重要性置于一两个好主意之上。所以事事靠政府、靠精英，这种文化在我们推进村民自治时是占统治地位。从儒教、孔孟之道形成时，主体思想就是这样，‘民’总是被治的，‘民’是水，是可以载舟的。把人民当作‘畜民’，把他们像牧羊一样地管理。这种思想渗透到了中国现代的改革中，渗透到了中国现代的政治文化。[③]”

因此，中国的民主政治若想有一个真正的发展就必须同时解决两个问题：第一个问题是近代历史遗留给我们的理论悖论：如何解决政治制度建设与相应的政治文化建设的关系？显然，没有传统政治文化的改造，再好的政治制度也会成为一堆中看不中用的摆设。然而，在基本政治制度维持不变的条件下，改造传统政治文化的工作又如何进行？第二个问题是现实生活中产生的，即在改造“臣民心理”，建设“公民文化”的过程中，怎样找到一种适当的机制，将起初阶段自上而下的“征召”转化为自下而上的、有后续能力的参与，从而完成由“被动应召”向“主动参与”的转换？

村民自治的实践正以自身的方式同时解答着这两个问题。在第一个问题上，它证明在基本政治框架没有发生基本变动的条件下，局部性的民主制度建设可以有效地进行[④]。而且在这一过程中，新型的政治文化得以孕育。正如有的学者指出的那样，“民主之花完

① 金太军《关于村民自治若干关系问题的深层思考》，《开放时代》2000年1月号（总第133期），页92。

② 徐勇《草根民主的崛起：价值与限度》，《中国社会科学季刊》（香港）2000年夏季号（总第30期），页203。

③ 王振耀《中国的村民自治与民主化发展道路》，《战略与管理》2000第2期，页105。

④ 黄卫平《十五大以来中国政治现代化的最新发展》，《中国基层民主发展的最新突破：深圳市大鹏镇镇长选举制度改革的政治解读》，社会科学出版社2000年。

全可以在长期被认为是'政治死水'的农村、在长期被认为政治冷漠和缺乏权利意识的农民中孕育、开放。村民自治的民主实践已经开始唤醒农民的政治意识。[①]"它凸显和印证了这样一个观念:民主的观念和行为方式只有在民主的实践中才能学会。而村民自治正是这样一个"必不可少的……外围性实验",它"可以在政治阻力较小的情况下去切实地探索和总结民主建设的经验,可以形成一种民主的文化氛围,大面积地进行关于民主的最基本的观念传播和技术训练。[②]"与此同理,作为同一过程的不同方面,传统的政治文化以及相伴随的行为模式和心理倾向只有在民主实践中,才能得到真正的改变。"广大农民群众在每届村委会选举过程中,通过选民登记、提名候选人、预选、参加投票等实践活动,既受到了一次又一次生动的民主法制教育,也受到了实实在在的民主训练,极大地提高了他们的民主意识和法制观念。[③]"

在第二个问题上,历史经验表明,解决这一难题的关键在于将政治参与与民众的切身利益紧密地联系起来。村民自治刚好提供了这样一种联结机制。虽然20世纪八九十年代村民自治的推行在开始阶段也具有自上而下的性质,但这一过程一旦启动,便蕴涵着极大的自主发展的潜力。由于村民自治所涉及的事务与每一个村民的切身利益有着天然的密切关系,因此村民对其采取"理性忽视(rational ignorance)"立场的概率要大大小于高层政治。

从发展的眼光来看,对基层社区政治活动的关注不但有利于提高公民的政治参与意识和参与能力,而且也有利于政治参与的"升华",即主动投入更大范围内的政治动员过程。托克维尔关于市民结社的艺术以及政治功能的论述同样可以移植到村民自治的论说中来。在这一过程中民主政治的新文化开始得到孕育,传统的臣民角色将逐渐为公民角色所替代。对此,徐勇强调,"通过村民自治确立的民主规则和程序及其相应的民主实践,将'潜在'的暴民训练成为理性的'公民',这将是对中国民主化的巨大贡献![④]"周罗庚、王仲田也认为,"村民自治和基层民主的广泛实践,也必将成为中国民主的大学校,为中国民主的全面推进造就基本的条件和坚实的基础,这就是:(1)占中国人口最大多数的9亿农民将成为具有民主意识和民主能力的成熟的选民和民主主体;(2) 一整套适合中国国情的成熟的民主技术、民主制度和民主经验;(3)一支训练有素的近10万人的指导选举和民主生活的人员队伍。[⑤]"

与此同时,"臣民文化"的消逝与传统"官文化"的变化是紧密联系在一起的。王振耀指出,"村民自治的开展,不但有广大农民的拥护支持和积极参与,还使各级干部受到了深刻的教育,知道了如何适应新形势,有效地加以指导。[⑥]"金太军认为,"村民自治的拓展还从更深的层次上促进了农村民主型政治文化的形成。一向被视为政治素质低下的'乡下人'、中国几万万农民在历时20年的村民自治实践中,民主意识、权利义务观念、法制观念以及参政议政能力大幅度提高,农村基层政治、社会生活中官僚主义、特权现象以及侵犯群众民主权利的倾向则受到遏制,基层干部由此增强了自己的公仆意识、服务意识和法制观念。[⑦]"

村民自治对于中国传统政治文化的转型意义还表现在政治斗争的文明化方面。在中国历史上,政治斗争的残酷性可谓触目惊心。无论是宫廷中的权力之争,还是政策分歧而引发的"路线"斗争,多半以"你死我活"的结局而收场。民主从根本上改变了人类政治的游戏规则,它的一个基本特征就是用"点头"来替代"砍头",用同意政治来替代暴力政治。权力(权威)的民意基础以及定期的自由选举极大地改变了传统政治的格局:前者终将使枪杆子里面出政权成为历史,后者可以使一次竞争失利转化为下次成功的契机。因此,政治竞争中的对手不再是你死我活的敌人,而是公平竞争的平等对手。"赢得起"与"输得起"成为候选人的一个必要的心理品质。与此同时,新的政治游戏呼唤着相应的政治文化。尽管我们无法断言,"宽容"、"公正"、"尊重"、"恪守" 游戏规则等民主政治的心理要素必然会在村民自治的实践中发展出来,但也不能否定这种可能性。

在一定意义上,上述观点与其说是对普遍存在的现实之反映,不如说是对一种可能性的描述。从实践经验来看,情形是复杂的。在对湖南某村所作的一个社会调查中,吴毅发现乡村社会中农民的政治参与及

① 王旭《探求新的民主化模式:乡村中国的基层民主》,《当代中国研究》1997年第1期,页164。

② 胡永佳《村民自治、农村民主与中国政治发展》,《政治学研究》2000年第2期,页36。

③ 詹成付、范瑜《对农村村委会选举十年实践的思考》,《社会主义研究》1998年第1期,页60。

④ 徐勇《中国民主之路:从形式到实体——对村民自治价值的再发掘》,《开放时代》2000年11月号,页60。

⑤ 王仲田《中国农村的村民自治和基层民主发展》,《荆门职业技术学院学报》1999年第1期,页23。

⑥《'加强村民自治法制建设'笔谈》,《政治学研究》1998年第2期,页35。

⑦ 金太军《关于村民自治若干关系问题的深层思考》,《开放时代》2000年1月号,页92。

社区公共意识出现了一种两极分化的趋势。一方面是掌握优势社会资源的村庄精英群体，他们与村庄公共权力的关系比较密切，成为影响村治的最直接的力量；另一方面是距离村庄公共权力较远，不掌握优势社会资源主要由普通村民构成的"无政治阶层"。这两个阶层之间的反差是明显的，村庄精英阶层在参与频率和公共理性的发展方面都具有较高的程度，而普通村民似乎处于一种矛盾的状态之中：一方面是政治参与的相对冷漠，另一方面又有扩大政治参与的渴望。吴毅认为，这种趋势的发展有可能出现新的"乡绅治村"的危险①。此外，许多学者也指出家族势力对村民自治的不良影响。村民自治引发的政治动员与以往的情况不同，动员的主体除了县乡(镇)村组织外，还有参与职位竞争的候选人——普通的村民。对于他们来说，可以动员的资源既是有限的又是现成的：家族、亲戚、朋友以及经济资源。如同家庭联产承包制一样，村民自治再次激活了传统的关系资源，人们利用它来争取选票，以赢得选举。对传统资源的这种利用确实导致了许多值得重视的问题(家族政治与金钱政治)。它从一个特定的角度揭示了政治文化变迁的复杂性：在新要素发育的同时，旧的要素也恢复了活力。如何解决上述两个问题，是21世纪中国乡村民主政治建设面临的一个挑战。

民主程序——利益说

村民自治实践也为国人重新认识民主观念提供了新的思考点。细心的读者或许已经发现，贯穿于上述三说中的民主概念已经与以前的理解或说法有所不同了。换言之，这种新的理解典型地表现在两个方面：一是从程序的角度去理解民主，二是从利益的角度去理解民主。前者不妨称之为民主的"程序说"，后者可称为民主的"利益说"。

如上所述，村民自治实践为我们提供了一套操作性极强的民主程序和技术，包括提名候选人的海选方式，差额选举，秘密写票，无记名投票，集体会议议事决断，干群双向约束的公约性章程和规范，村务公开等。这些程序和技术使我们有可能从新的角度去认识民主。对于国人走出传统民主观的误区，深化对民主的理解而言，它们有着不可替代的作用。自19世纪民主观念自西方传入中国以来，国人对民主概念的理解几经波折，但有一个共同点，即始终忽视程序的重要性。建国以后，这一问题依然存在，并具有新的表现形式。对此，王振耀有相当精彩的论述："我们这个社会从1949年以来，对民主形成的思维模式是：民主就是反政府，只有上街游行才能叫民主，如果不上街游行，不能叫民主，谈些鸡零狗碎的事儿是不行的。只想到运动性的东西，谁也不愿意谈程序性的东西。北大的大学生和农民相比谁的民主意识强呢？这也许是小学生都不应该提的问题。可是北大学生投票想不到秘密划票间，而农民已经建起来了。农民讨论选举的技术问题。我们的官员如果不懂民主的技术，不知道如何指导民主，要开始民主，只能是乱糟糟的。所以，基层民主是两个培训班，人民介入得越来越多，官员也通过指导民主知道了，民主不可怕，官员也知道程序。政治活动家也知道怎么组织选举，也知道如何运用这一套程序开展他的选举。②"从程序的角度去理解民主，一方面使抽象的民主价值体现于具体的操作技术之中，使《宪法》上规定的各项权利和人民当家作主的理念有了落实的中介。经由这一中介环节，崇高的理念不再停留于法律文本和宣传口号上，而具有转化成为现实的可能。另一方面，民主的程序观为我们思考如何在推进民主过程中避免(或减少)可能产生的失序状态提供了有益的启示。按程序进行民主活动并且按程序解决在这一活动过程中产生的纠纷与冲突意味着民主与秩序的共存。在现代民族国家的条件下，程序以及对程序的恪守对于民主制度的有效和持续运作是相当关键的。由此，也可以看出民主程序与法治之间的紧密关系。

在民主观念的更新方面，利益因素扮演的角色同样十分重要。在一个相当长的时期内，我们对民主的理解是基于一种道德方面的诉求，公民投票选举人民代表被视为一项"神圣"的权利，但是为什么许多人——不光是普通的百姓，甚至是政府官员和高等学府的知识分子——对这一神圣的权利如此不在意，有的甚至将投票视为一种负担呢？一个非常重要的原因是这种选举与选民的切身利益没有直接的干系③。因此，民主理念如欲真正具有活力，就不能只局限于信仰和宣传。一如王振耀所说，"民主绝不是一个空洞的口号或所谓理想，应和广大人民的利益结合起来，从改造身边的一些琐碎的事，从改造社会上的事开始，这样，民主才会有坚实的生命力。如果民主仅仅是建立在理想上，同广大人民的利益、生活问题没有相关，

① 吴毅《村治中的政治人》，《战略与管理》1998年第1期，页96-102。

② 王振耀《中国的村民自治与民主化发展道路》，《战略与管理》2000第2期，页105

③ 张明澍《中国"政治人"：中国公民政治素质调查报告》，中国社会科学出版社1994年，页147-150。

没有联系起来,这个民主不会牢固。[①]"王旭从学理上推论,认为"在缺乏民主的历史传统且市民社会力量相对薄弱的发展中国家,经济利益与民主实践之间的关联越紧,则民主政治作为一种新的价值观念和行为规范在民众中生根、成长的可能性就越大。[②]"徐勇则从中国民主实践史的角度强调,"中国的民主化进程必须充分考虑民众的迫切需要,离开这一点,民主便缺乏强大的生命力。近代以来,自由主义的知识精英虽然孜孜不倦追求民主,但屡屡失败,原因即在于此。[③]"

村民自治的实践之所以能够成功,以及之所以在理论上非常重要,一个基本原因就在于它将村委会选举与农民的切身利益联系了起来。利益这一政治变量将农民的政治参与热情极大地调动了起来(由此可以理解为什么许多村庄在选举日的前几天会发生夜半狗叫或夜半鸡鸣的现象)。徐勇认为,"在现阶段农村民主选举作为一种治理方式是必然选择。其原始动因便是实行家庭承包后农民正在成为利益主体,其自主性日益加强,他们需要通过民主选举维护和扩大其利益。[④]" 村民基于切身利益的需要,对公共事务的参与兴趣随着农村经济改革和社会发展而日益提高,因此政府推动村民自治的主动行为并非空穴来风,而是将这种民间诉求提升到政府工作的议事日程,并加以制度化和规范化[⑤]。反过来,由于选举是一种基于利益的行为,其制度化过程就有了现实的基础,并容易转化成为生活方式和习惯[⑥]。在利益与选举的互动中会产生一种路径依赖,使草根民主一旦启动后便无法倒退。用通俗的话来说,倒退的话,农民不答应。

民主的利益观可以说是道德诉求的一种补偿,并为自身奠定了坚实的基础。如果说一套切实可行的程序及技术有助于民主以有序的方式进行,那么利益机制则为民主的发展提供了持续不断的动力。在某种意义上,可以这样说,民主的"程序观"和"利益观"是村民自治实践为我们重新认识民主问题做出的最大贡献之一。

特色说

建设具有中国特色的民主政治是21世纪中国政治体制改革的基本目标之一。在肯定民主价值理念的大前提下,所谓具有中国特色的民主政治,大致包含了两个层面的内容:首先是制度设计方面的特色(制度特色);其次是民主转型过程的特色(过程特色)。在这两个方面,村民自治的成功经验——其所体现的民主精神和示范效应——为学者进行理论探索提供了丰富的资源。有学者认为,必须在中国社会发展的内在逻辑和现实条件中去把握村民自治的本质,而不能依据西方社会发展的历史经验来"裁剪"现实生活,也不能因为经典作家没有论述或找不到理论渊源而否定或责难村民自治的实践[⑦]。也有学者强调,村民自治这一民主形式植根于中国特有的经济社会结构之中,在它的进程中必然会形成与西方国家不同的经验范式。这里必须清除的一个误识是用所谓的纯粹民主形式来检验村民自治实践,因为"民主建设是有条件的,最高形式的民主不一定是当前最好的民主。民主是内生的过程,不是外力强加的,更不是简单移植的,只有适合国民特点、被大多数民众乐于接受、能够操作的民主才是最积极、最有效的民主形式。[⑧]"这一事实的理论意义在于,土生土长的民主经验不但可以对基于西方国家经验的民主理论进行证明或证伪,还可以建构新的民主理论范式。由此,中国知识界能够建立起与西方平等对话的机制[⑨]。

由于基层民主尚处于发展阶段,因此理论与实践均具有相当大的开放性,可以讨论的话题很多。鉴于篇幅之限,笔者将着重叙说下述四个方面的问题。首先,应如何看待民主化进程中的国家权力?国家政权与社会力量之间的关系是否必然表现为冲突或零和博弈?西方学者根据自身民主发展的经验,通常强调市民社会与国家的对立。在研究第三波民主化浪潮时,也倾向于关注大规模的民主运动和城市中市民社会的发展,并假定威权国家的民主转型与民主制度的

① 王振耀《中国的村民自治与民主化发展道路》,《战略与管理》2000第2期,页105。

② 王旭《探索新的民主化模式:乡村中国的基层民主》,《当代中国研究》1997年第1期(总第56期),页156。

③ 徐勇《民主化进程中的政府主动性》,《徐勇自选集》华中理工大学出版社1999年,页203。

④ 徐勇《利益与体制:民主选举背后的变数分析》,《徐勇自选集》,华中理工大学出版社1999年,页306。

⑤ 徐勇《民主化进程中的政府主动性》,《徐勇自选集》华中理工大学出版社1999年,页203。

⑥ 于建嵘《乡村选举:利益结构和习惯演进》,《华中师范大学学报》2000年第5期。

⑦ 吴淼、吴毅《村民自治:理论资源和运作绩效》,《社会主义研究》1999年第4期,页76-78。

⑧ 王振海《农村基层民主政治建设道路的现实选择》,《政治学研究》1997年第4期。

⑨ 徐勇《草根民主的崛起:价值与限度》,《中国社会科学季刊》(香港)2000年夏季号(总第30期),页202。

巩固必然要求削弱国家的权力。对此，王旭认为中国的村民自治提供了不同的经验，它表明国家赋予新的社会力量一定的权力并不必然削弱国家管理社会的能力。在援引迈克尔曼(Michael Mann)关于"专制性权力(despotic power)"与"基础性权力(infrastructural power)[①]"的区分后，王旭指出，威权政体的民主转型意味着削弱国家的专制性权力，但并不意味着要削弱国家的基础性权力。因此，"乡村中国成功的政治改革至少给我们提供了一个希望，即从长远来看，一种相对和平而有序的民主化转型过程是可能的；在这个转型过程中，国家的专制性权力将被最终消解，而国家的基础性权力则可以保持甚至加强。[②]"

如果说，王旭的论述还是从某种"外在"的视角来考察民主进程中国家与社会的关系，那么徐勇则基于个案研究而肯定政府在推进基层民主中发挥的主动性。在对四川某村民自治示范市(县)的考察中，他注意到了政府在促进这一过程中所扮演的积极角色，并将其概括为五大功能，即启动功能、动员功能、引导功能、推进功能和规范功能。据此，他对西方学者和媒体所塑造的政府形象——执政者在大众压力下让步的被动角色——提出了质疑，认为"在民主化进程中，不能简单地将国家力量和政府行为视为消极物，在一定条件下，它会起到不可替代的积极作用。特别是对于发达的国家组织系统在历史上长期延续下来的中国来说，民主化进程应该充分利用国家力量和政府行为。[③]"在最近发表的一篇论文中，徐勇认为中国民主化的基础与西方不同，这种区别集中体现在以下四个方面：首先，中国自古以来就是一个强大的国家，民间力量非常薄弱，更无西方意义上的"市民社会"；其次，由于政权的专制性，近代以来的中国不得不依靠暴力革命的手段来实现政权的更替；其三，获得政权的政党并没有通过民主程序及时地转换自身的权威基础；最后，革命后的政治资源更为集中并实际上为少数人所支配。因此，中国的"民主化进程事实上是自上而下'还权于民'的过程，执政党和政府主导着民主化过程，即集中指导下的民主。[④]"

其次是民主政治与财产所有制的关系。在这个问题上，西方学者的主流观点是强调民主政治与以私有制为基础的市场经济之间的密切联系。这种观点的逻辑表述为：市场经济是民主政治的必要条件。虽然并非所有实行市场经济的国家在政治上都实行民主政体，但所有民主政体的国家(按西方的标准)都毫无例外地实行市场经济。对此，徐勇表达了不同的观点。他认为中国的村民自治是在财产集体所有的背景下发生的，"是土地等财产的集体所有权和家庭经营相分离的结果。财产的集体所有是集体公共权力归属并来自于村民的基本依据，财产的家庭经营是村民希望通过公共权力维护和扩展自己利益的基本起点。正是这种个人与集体的互动交换孕育着民主。"由此，他进一步得出结论："从经济社会单位看，集体主义并不天然产生专制，个人主义并不天然产生民主。[⑤]"显然，这是一个值得深入研究的课题。我们是否可以这样来考虑问题：民主政治的社会基础是分化的利益，而这种利益格局的存在并非一定与完全的私有制相联系(这是西方的情形)。换言之，在公有制(集体所有制)的条件下，可以通过产权要素的分离同样达到利益分化的结果(当然有其特定的表现形态)。目前中国农村就是这样的一个例子：一方面是土地的集体所有制，另一方面是基于家庭责任制的利益分化(其中最为关键的是土地所有权与经营权的分离)。这种分化的利益结构同样可以产生民主政治的要求，或者为民主政治提供社会基础。

与此密切相关的一个问题是，民主与经济发展水平的关系。人们对村民自治产生的一个普遍疑惑是，为什么民主实践在落后的乡村以及文化程度较低的农民群体中"先行一步"？为什么不在城市和具有较高文化修养的都市人口中先搞呢？对此，朱光磊和程同顺指出，"虽然从长远的历史发展过程来看，经济文化越发达，民主发展程度就越高，民主的发展需要一定的文化知识水平、生活水平作为基础；但是在一些特定的历史时期和环境下，民主发展程度与经济文化发展水平之间并没有必然的联系，并不是经济文化发展水平越高，民主发展水平就一定越高。[⑥]"具体到村民自治的缘起，有学者认为它与两个事实密切相关：一

① Michael Mann《The Autonomous Power of the State: Its Origins, Mechanism and Results》, in his State, War and Capitalism, Basil Blackwell, 1988, p.7.

② 王旭《探索新的民主化模式：乡村中国的基础民主》，《当代中国研究》1997年第1期(总第56期)，页163-165。

③ 徐勇《民主化进程中的政府主动性：对四川达川市村民自治示范活动的调查与思考》，《徐勇自选集》华中理工学出版社1999年，页190-204。

④ 徐勇《中国民主之路：从形式到实体——对村民自治价值的再发掘》，《开放时代》2000年11月号，页58-59。

⑤ 徐勇《草根民主的崛起：价值与限度》，《中国社会科学季刊》(香港)2000年夏季号。

⑥ 朱光磊、程同顺《在更大的背景下认识村民自治》《中国述评》(香港)1998年五月号(总第12期)，页34-35。

是人民公社解体之后出现的"基层权威真空",一是家庭承包责任制带来的社会分化和利益主体意识①。

第三个问题是民主选举与政党政治之间的关系。现代民主政治是政党政治,这是一个众所皆知的政治学基本命题,其逻辑似不言自明:政治竞争以存在分化的对手为前提,竞争需要动员,需要确定利益代表的社会基础,需要有竞选班子,而这一切都以不同的方式驱使政治活动的"派别化",最终导致政党组织的产生。中国农村村民自治的经验为人们反思传统智慧提供了新的视角。崔之元提出了"非政党式竞争选举制度"的概念,认为"电视等大众传媒的普及,使信息传递大大加速,从而使选民深入了解具体问题(issues)的能力加强,而不必再靠候选人的政党身份(party identification)去推测候选人的政策取向。②"中国农村经济的发展以及县级电视台的普及,使得"中国政治改革采取'非政党式竞争选举制度'的时机已经成熟。下一步改革应进行县、市长的直接竞争性选举,这将是对村民委员会选举的扩展,并对更广规模的'非政党式竞争选举'打下实验的基础。③"虽有学者对这一判断提出质疑,认为民主选举从村委会扩展到政府层次的条件尚不成熟④,但对于"非政党式竞争选举制度"本身尚未见否定的观点。

第四个问题侧重于民主发展的过程方面。事实上,前面讨论的"起点说"、"基础说"和"扩散说",都以不同的方式强调了中国民主政治过程的特色。具体来说,中国民主政治过程的特色有两个重要的维度。首先,与西方民主政治首先孕育和发展于城市不同,中国民主政治发展的空间格局可能是从乡村到城市。辛秋水教授指出,中国政治体制改革必须照顾到国情,"一步跨入民主制是不可能的。但一味求稳,矛盾发展到一定程度是要爆炸的。出路只有一条:宏观稳定、微观启动。找准选择点,这个选择点最好是在农村;也要找准突破口,这个突破口现在看来,就是村民自治",并认为村民自治是第三次农村包围城市⑤。其次,民主政治在人口中的扩散程序不同于西方。西方的民主进程首先是在少数上层精英中确立游戏规则,然后通过选举权的普及来实现民主。中国基层的民主过程显然不能用"选民基础的扩大"来描述,因为从理论上说,公民的选举权早已在宪法上有了规定。中国的政治竞争首先是在政治体制的基层进行的,而且覆盖了广大的人口。与此相应,民主的游戏规则也首先在基层得到发育和成熟。在这一意义上,我们不妨将20世纪末期中国民主政治发展的特点概括为上层的包容与基层的竞争之共存。

尾 语

随着村民自治实践的深入及其合法性的最终确立,知识界的叙述重点正在发生悄然的变化。如果说以前各种论证(包括宣传)的一个主要目的是为了克服阻力、消解疑惑,在一个并不十分有利的环境中为新生事物鸣锣开道,那么现在人们的注意力已经越来越多地转向学理分析和逻辑推演,亦即在现有成就的基础上思考如何巩固和拓展村民自治实践所体现的民主原则和精神。在一定程度上,知识界对村民自治意义的肯定性叙述表明了这样一个事实,学者对中国民主发展道路的设想与国家领导人达成某种程度的共识。与政府合作推进基层民主,反映了90年代知识界的一个基本变化(对渐进改革的信念,与政府关系的调整,做学问方式的转变等)⑥。笔者以为,这种转变对中国政治学的发展将产生深远的影响。

从上述概叙中,不难发现,学术界对村民自治意义的理论思考是值得肯定的,它为今后的深入发展作了很好的铺垫。另一方面,相对于村民自治实践提出的理论挑战,学界提供的答案尚不能说令人满意,许多议题尚有待开发。村民自治实践的不平衡性以及中国基层民主实践的初始性,意味着村民自治在整个中国民主政治"工程"中的地位和作用需要时间的检验,我们无法根据眼前的现实去推导未来的一切。然而,(套用时髦的话语)正是这种不确定性为我们提供了制度创新和理论创新的机遇。因此,在宏观视野下做好村民自治这篇文章,不但对建设具有中国特色的社会主义民主具有重要影响,而且对民主政治理论的发展同样具有不可忽视的意义。

在某种意义上,这也是促使笔者选择此一写作题材的一个基本原因。萨托利曾经说过,对民主观念的理解以及对民主的信念将极大地影响民主政治的实

① 吴淼、吴毅《村民自治:理论资源和运作绩效》,《社会主义研究》1999年第4期,页76–78。

②③ 崔之元《'混合宪法'与对中国政治的三层分析》,《战略与管理》1998年第3期,页64。

④ 唐兴霖、马骏《中国村民自治民主的制度分析》,《开放时代》1999年5、6月号(总第128期),页34 –35;金太军《关于村民自治若干关系问题的深层思考》,《开放时代》2000年1月号,页91–92。

⑤ 辛秋水《村民自治:第三次农村包围城市》,《荆门职业技术学院学报》1999年5月第14卷第2期,页16。

⑥ 张厚安《中国农村村级治理》一书写的序言,华中师范大学出版社2000年,页3;蒋铁刚,《民主的蝴蝶在飞:荣敬本教授访谈录》,原载《改革内参》,1998年第3期,转引自刘智峰主编《中国政治体制改革问题报告》,中国电影出版社1999年,页321。

践[①]。笔者深以为然。因此在新世纪之初,对已有理论观点进行总结和反思是一件必要的事情。进一步说,村民自治的理论言说不仅是对实践的一种认识,而且是村民自治实践活动的一个有机组成部分。因此,怎样使我们的认识活动更有序一点,尽量避免低水平的重复便是一个重要的问题。笔者希望通过大家一起努力,建筑一个比较规范的平台,从知识增量的角度共同推进研究。

在文章结束之前,请允许笔者作三点技术说明:首先,尽管围绕村民自治意义的讨论已发表了不少文字,但系统性的专题论述并不多见。许多有价值的观点散布于更为一般性的论题之中,或作为文章的一个组成部分被处理。笔者在进行专题概括时,需要将有关内容从特定的叙述结构中"分离"出来,这就有可能使它们因脱离了原有的论述背景而难免"走味"。这是文章可能存在的第一个问题。其次,将相互连带的问题"切割"开来也是一项棘手的任务,因为问题的边界常常是模糊的,任何切割标准都程度不同地具有主观性。这在一定程度上会导致所引观点的"相变"。最后,既然要对这一问题的现有研究作一个回顾性的概括,自然应该考虑到资料覆盖的全面性。既令人高兴又使人"犯怵"的是,近年来有关村民自治的话题铺天盖地地出现于杂志、报纸、著作、web网等媒介中。笔者在着手准备和进行写作时,有时竟有茫然的感觉,而不得不对资料的搜寻范围做出某种限制。这固然增加了写作的可操作性,但也很可能会将一些重要的观点遗漏在外。此外,同一观点可能在不同的作者那里得到了相似的表述,出于引证方便的考虑,或出于疏忽,笔者不能一一顾及,望学界同仁指正。

村民自治与中国农村社会稳定

仝志辉　贺雪峰

在《中华人民共和国村民委员会组织法》正式颁布后,中国农村的村民自治运动进入了法制化和规范化发展的崭新阶段。村民自治蕴藏的促进农村经济社会发展和民主政治进步的作用正逐步显现出来。与此同时,与当前农村复杂的经济社会形势直接相关,局部地区的农村稳定形势不容乐观,一些地方村民自治工作的不完善也间接影响到农村社会稳定的保持。怎样理解村民自治与农村社会稳定的关系,成为村民自治健康发展所必须正视和回答的重大问题。本年度的村民自治主题报告我们就聚焦于此。

引　言

1978年农村经济体制改革以来,中国农村社会开始经历向现代社会的全面转型。在社会转型时期,由于结构分化和体制转轨等引发的农村社会的剧烈变化,引发了一系列社会不稳定因素。农村社会稳定直接关系农民保有基本的生产和生活秩序,是农村社会发展和农民人权保障的基础。农村社会稳定直接表现为农村自治组织和基层政权的较高合法性,是国家治理体系有效运行的基础。农村社会稳定事关农村社会内聚力的维持,是农村实现内源发展的前提。因此,保持农村社会稳定是我国社会转型期的重大问题。

要理解社会转型期的农村社会稳定问题,必须理解社会转型期社会稳定的特殊内涵。

首先,社会转型期社会稳定是发展中稳定。社会稳定作为经济社会结构转型的有序状态,必然是伴随着发展的稳定。社会稳定必须在发展中达成并最终有利于发展。只有促进发展的稳定才是社会转型期所需要的稳定。如果社会生活的稳定状态窒息了结构转型过程,发展就会丧失动力,从而陷入徘徊不前状态。这种稳定不能称做稳定,只能算作停滞,这种"稳定"状态的延续,只能导致社会的各种发展需求受挫,各种矛盾丛生,最终酿成大的社会不稳定局面。

其次,社会转型期社会稳定是动态稳定。社会转型期社会结构急剧分化的特征,使得社会稳定具有动态稳定的特征。社会的稳定状态和程度要随着人们社会活动和社会关系的变化,特别是随着各种社会矛盾和冲突的变化而不断变化。随着社会系统的变化,社会稳定要由一种定态转化为另一种定态。正是由于这种动态稳定,也才有了社会稳定的保持问题。

最后,社会转型期社会稳定是调控型稳定。社会稳定的动态性意味着社会稳定不是一种自然呈现的状态,它始终是人们自觉进行调控的结果。社会转型期大量社会矛盾的冲突的激生,更决定了其社会稳定是一种调控型稳定。社会转型期调控型稳定的一个突出表现是意识形态、道德、法律、政策等各种控制手段的运用。国家要通过各种手段,对各类社会过程进行有效督导,降低社会矛盾发生的频率和强度,促进社会稳定局面的形成。

① 萨托利《民主新论》,东方出版社1993年,页13–14;杨诚虎《竞争–反馈式民主简介》,《政治学研究》1998年第1期。

我们观察和判断农村社会稳定，就是要运用这样的社会稳定观。保持农村社会稳定，也就要力求促成发展中的、动态的和调控型的农村社会稳定局面。

一、转型期中国农村社会稳定形势分析

进入转型期以来，由于经济的高速发展和社会生活的持续开放，农村社会进入了良性发展的轨道。农村社会稳定形势总体是好的，处于动态的可调控范围内。但是，大量的不稳定因素的存在也不容忽视。更令人担忧的是，这些因素的存在有着许多深层次的原因。

（一）转型期农村社会的不稳定因素

1. 农村的相对贫困化日益加剧。80年代初，农村家庭承包制的推行，使农业生产获得连年丰收，解决了农民的温饱问题。进入80年代中期以后，一部分地区发展乡镇企业，农民收入继续增长，但大部分以农业生产为主，特别是以粮棉生产为主的地区，农民收入增长减缓甚至停滞。近年来，由于农产品市场价格下降，直接导致了以务农为主的中西部农民收入下降。当前，在全国范围内，因农产品价格持续低迷，乡镇企业发展较慢，城市吸纳农村剩余劳动力能力下降，农民收入增长缓慢。与城市相比，农村的相对贫困化正日益加剧，成为威胁农村社会稳定的一个主要因素。

农民负担的沉重也加剧了农村的相对贫困化趋势。据农业部对100个县的监测调查统计，2000年农民上缴的各种行政事业性收费、集资和摊派比上年上涨21%。除了国家税收和乡统筹、村提留、劳务以外，农民还须承担各种行政事业性收费、摊派、集资罚没等向农民收取的款项。这些负担有的合法，有的则是巧立名目，有的则完全非法，成为农民负担居高不下的主要原因。

2. 农村内在规范体系解体，社区内的控制能力下降。构成社会控制的重要手段是社会的观念规范体系。农村社会规范体系是习惯法、习俗、社会舆论和国家意识形态的融合。改革以后，平均主义等传统社会主义意识形态解体，但新的社区传统仍在孕育过程中。社区内在规范体系趋于解体，社会控制力减弱，直接威胁农村社会稳定。这方面的一个突出表现就是农村社会治安状况恶化。

由于乡村规范体系的约束能力降低，农村青年的边缘化倾向严重，有田不种、有工不做、有学不上的闲散农村青年成为农村犯罪的主体。这些人平时无所事事，有的拉帮结派，有的纠集成团伙，专门从事犯罪违法活动，广东江门市及其下辖台山市的犯罪农民中，16~35岁的农村青年犯罪人数占60%~70%，福建省沙田县近十年破获的刑事案件中，25岁以下的农村青年犯罪占到75%左右。浙江省磐安县在1984年至1997年的14年中，共抓获28岁以下的犯罪青少年1371名，占收捕案犯的63.5%。农村青年犯罪还出现了群体化的趋势。河北省滦平县1992~1997年的统计数字表明，该县以盗窃、抢劫、诈骗为主要类型的农民犯罪，大都表现为团伙作案，分别占各类犯罪的62.1%、83.2%和75.4%。黑龙江齐齐哈尔市从1994年至1997年，农民团伙犯罪平均每年递增8.2%，团伙成员递增6.7%。在一些地方，以农村青年为主要成员的团伙作案中，有的已带有明显的黑社会性质，成为农村社会稳定的“毒瘤”。

3. 群体性事件不断增加。当前威胁农村社会稳定的一个严重因素是群体性事件的逐年增加，一些地方的农民在政府机关和公共场所聚集，进行静坐、示威、上访等活动，群体围攻政府工作人员和执法人员。行为过激者砸烂政府办公场所，危害政府工作人员和执法人员人身安全，危害公共秩序。群体性事件常常表现为涉及一个村、一个乡甚至几个乡农民的联合行为。在这些行动中，所谓的“农民领袖”应运而生。他们是农民中的精英分子，一般通晓国家法律政策，有丰富的社会阅历和较高的文化水平。他们提出的口号主要是反对基层干部腐败和减轻农民负担，在农民中具有很强的民意代表性和社会动员力。1999年11月23日，四川省仪陇县传唤4名“农民领袖”，导致500多名村民同30多名基层干部和公安干警的直接对抗。1998年，湖南北部某县组织由民警、税务人员和乡干部组成的30多人的行动队，深夜到某村拘留“聚众抗交屠宰税”的毛某，数百名村民为救出这位“农民领袖”与行动队发生了武力冲突，15名行动队人员被打伤，另有10人被迫脱衣承认“错误”，最后有关部门只得将毛某放出，被包围近15个小时的行动队员才得以脱身。

（二）农村社会不稳定因素存在的深层次原因

1. 农民利益保护机制不健全。农业作为高风险、低收益的弱质产业，中国农民作为数量庞大但文化素质较低、自组织程度较差的社会阶层，迫切需要国家提供一种健全的保护机制。但是目前，国家在总体上仍在奉行一种工业优先的偏斜的经济发展战略，这样使得农业生产正常所需的资金、技术很大程度上为工业所挤占。农业的弱质产业性质决定了农业在市场、资源的竞争中往往处于不利地位，农民的收入不仅不可能高于其他产业经营者的收入水平，而且会低于社

会平均收入水平。国家保护农民利益的监督管理机构缺乏权威，农业行政管理部门在庞大的政府机关中地位并不突出，而且其在执行职能上，没有在法律上有效的监督规范权限，如经济处罚权、不合理项目撤消权等。与此同时，保护农民利益的法律很不完善。我国至今仍然没有一部《农民利益保护法》。在我国现有的涉农法律法规中，有关保护农民利益方面的规定，大多原则性、政策性强，而规范性、可操作性差，从而导致执法的随意性很大，有关的规定在实践中往往得不到不折不扣的执行。法律的不规范、不统一不仅加大了人们理解法律的难度，而且实际操作起来也有困难。对侵害农民利益的行为查处不及时，不严厉，助长了对农民利益的侵害。

2. "压力型体制"背景下干群矛盾日益突出。据荣敬本等人的研究，目前村级组织处在"压力型体制"之中。在这样的运行体制下，乡村两级组织对上负责得到充分体现，对下负责则明显不足。

由于当前信息搜集、反馈和社会利益表达的固有缺陷，使得上级在制定决策时，很大程度上不能符合基层的实际。农村干部只对上负责，目标惟上，更多时候只能是决策不切实际，强力贯彻下去，农村干部只能扮演抽取资源不思服务的"掠夺者"，寻机营私、吃喝挥霍的"享乐者"。

更有甚者，为确保明显超越农村承受能力的决策得到贯彻，一些地方启用"恶人"治村，直接激化社会矛盾。个别乡政府对一些粮款难收，干部难选，混乱难治的村，选用那些家族大，兄弟多，性情暴，心眼儿坏的"恶人"当村干部，实行所谓"以毒攻毒"。"恶人治村"虽有对恶人"纳降招安"，对他们加以约束，使之弃恶从善之意，但在实践中造成的只能是使基层工作混乱无序，削弱农村基层组织战斗力。这使得农村干群关系更加尖锐。

3. 乡镇政府职能设置不合理。在乡镇政权建设中，乡镇行政职能过重以及由此引发的机构臃肿，人员过多、支出膨胀，成为加重农民负担的直接根源，直接危及农村稳定。

当前的乡镇职能设置存在三点弊端：第一，乡镇党政机关把很多应由社会自我承担的管理职能纳入自身管理范围。经济发展的大部分职能，如农业、畜牧、林业、农机、合作基金、保险等，都可由农民自己组织的合作经济组织或专业协会来承担，而政府只应承担制定乡镇经济发展规划、政策协调，信息服务等职能。再如发展乡镇企业，目前多数是由乡镇政府出面投资，但囿于财力又向农民收取所谓乡镇企业发展基金或强迫集资，这一方面导致政企不分，不利于企业发展，另一方面迫使政府将风险转嫁到农民头上，加重农民负担。第二点弊端是乡镇变成了县级政府各种派出机构的"收容所"，事权增加，但财权不足。县级政府各部门将职能层层分解到乡，压任务，下指标，但相应的财政拨款却层层截留，而执行这些职能中的收费又层层上缴，导致乡镇事权和财政严重不对称，只得巧立名目，加重农民负担，才能确保这些机构的正常运转和任务的完成。第三，乡镇职能缺乏来自农民的监督。目前乡镇人大作用发挥很不理想。乡镇政府向乡镇人大报批的财政预算，不仅项目粗糙，缺乏透明度，而且很多非税收入没有列入，真实性、准确性大打折扣；对乡镇长的任命和罢免，乡人大只有形式上的权力，候选人提名和罢免动议只能来自上级党委。乡镇政权权力不受监督，而自身职能过宽，导致的财政困难使其运转艰难，那现实的逻辑就只能是向农民伸手。

二、在促进农村社会稳定中成长的村民自治

（一）村民自治的缘起与发展：应维护农村稳定之需

由于人民公社体制在相当程度上是对农村社会结构乡土性的复制，真正意义上的农村社会结构转型是在家庭承包制改革以后才逐步展开的。20世纪80年代初开始的农村改革，真正启动了农村社会转型的步伐。其一是农村血缘关系开始松动，业缘关系开始发展，在经济流动和交往中产生的利益关系取代伦理关系成为人们社会关系的基质。其二是农村的封闭性开始打破，出现了大规模的社会分化和社会流动。

农村社会转型的特有形式引起了农村的社会稳定问题。家庭承包制改革的核心是土地经营制度的改革。土地使用权下放给农户直接冲击了"三级所有，队为基础"的人民公社体制。但它不能自动产生新的农村治理的组织体系。由于原有治理体制失去了经济支撑，产生了一系列新的问题：谁来管理农村属于集体所有的土地和其他财产？谁来组织和协调村民发展生产、壮大集体经济？单个农户经营使得户与户之间的纠纷增多，谁来调解？农村计划生育、水利建设、生态保护由谁来让他管理？由于缺少有效的组织体系，农村出现了相当程度的混乱和失序状态。中共中央1982年1号文件在批转《全国农村工作会议纪要》的前言中指出："最近以来，由于多种原因，农村一部分社队基层组织涣散，甚至陷于瘫痪、半瘫痪，致使许多事情无人负责，不良现象在滋长蔓延。这种情况应当引起各级党委的高度重视，在总结和完善生产责任制的同

时，一定要把这个问题解决好。”为此，中央除了强调加强农村基层党组织的作用外，及时做出了政社分开、建立乡政府的决定。中共中央于1983年10月12日下发了《关于实行政社分开建立乡政府的通知》规定了乡政府的职权，同时，简单提及了村民委员会的建立，肯定了村民委员会是基层群众性自治组织。按照这一文件规定，虽然乡政府和村民委员会在形式上建立起来，但由于乡政府的引导方式和村民委员会的职能都需要在实践中寻求准确定位，故乡以下社会的治理方式仍是一个需要在实践中探索解决的问题。二是在实践的不断发展中，村民委员会开始产生并找到自己真正发挥作用的领域。解决农村社会稳定问题是村民委员会产生的直接原因和其发挥作用的主要着力点。

1980年底，广西壮族自治区河池地区的宜山、罗城两县农村由于社会管理的实际需要，农民自发组建了一种全新的组织——村民委员会。村民委员会的功能最初是维持社会治安和维护集体的水利设施。后来逐步推广到对农村基层社会、政治和经济生活中诸多事务进行村民自我管理，村民委员会的性质也逐步向群众自治组织转变。到1982年底，村民委员会在全国不少地区有了发展。这一时期出现的村民委员会及类似组织，是后来作为村民自治组织的村民委员会的萌芽和组织基础。

从最初的建立可以看出，村民委员会是人民公社体制解体后为解决因治理组织体系无力而导致的农村社会不稳定，而由村民自发组织的自治性的社会管理组织。它的重要功能就是由村民自我进行政治、经济和社会生活管理，为农村社会提供秩序，保持农村稳定。

1982年以后，村民委员会在农村社会的内在要求和法律规范和行政推动结合下逐步建立和发展。1982年12月第五届全国人大第五次会议通过新宪法，确认了村民委员会的法律地位，明确规定村民委员会是我国农村基层社会的群众自治组织，从而指出了农村社会管理和实行村民自治的基本方向。

1987年11月，《中华人民共和国村民委员会组织法(试行)》在六届全国人大常委会第二十三次会议上获得通过。随着《村委会组织法》的贯彻实施，中国农村村民自治进入了制度化运作阶段。1998年11月，《中华人民共和国村民委员会组织法》正式颁布实施，极大地推动了村民自治进程。中国共产党十五届三中全会决定，全面肯定了村民自治取得的成就，做出了全面推进农村基层民主政治建设的伟大战略决策。

在这一波澜壮阔的历史发展过程中，作为农村村民自治缘起的维护农村社会稳定不仅一直为各种法律和文件所强调，并在实践中得到回应，而且因村民自治的各项制度的逐步完善和配合，村民自治真正形成了一个健全的维护农村社会稳定的机制。

(二)新型的农村治理制度：竞争、参与和自主

1. 村民自治运用参与机制最大限度地动员农民群众的参与。在新的生产经营制度下，农民拥有了经济自主权，相应地就要求政治权利。村民自治在村一级提供了通过参与政治实现政治权利的渠道。村民自治实行的是四个方面的民主：一是以村委会选举为核心的民主选举；二是以村民会议和村民代表会议为核心的民主决策；三是以村民自治章程和村规民约等为核心的民主管理；四是以村务公开为核心的民主监督。在四个方面的民主制度设计中，都充分体现了扩大农民参与的精神，形成了一套健全的参与机制。

在村委会选举制度下，明确规定和保障普通农民的参与。选举实行普遍选举权原则，凡达到法定年龄、法律无限制规定的公民，即年满18周岁，未被依法剥夺政治权利的村民，均享有选举权和被选举权。选举实行平等选举权原则。所有选民在一次选举中只能投一张选票，一人一票，而且所有选票的效力完全平等，保证了农民的参与是一种平等参与。选举实行直接选举原则，即享有选举权利的选民，直接参与选举村民委员会的主任、副主任和委员，而不允许由一户代表和村民代表选举。选举实行秘密投票原则，即无记名投票。这些选举原则在各省、市制定的选举办法和各地的具体操作中得到了更为具体的实现，充分保障了农民对选择村级领导人的有效参与。

在村民会议和村民代表会议的制度设计中，农民群众可各自或通过自己的代表参与村中的公共事务和公益事业的决策。按18周岁以上村民占全村人口的60%左右计算，村民会议是村中村民参与最多、规模最大的会议，它是村民自治中村民参与最广泛、最直接的组织形式，是能够最全面、最直接地表达村民利益和要求的组织形式。而且，它的权威性最强，是村民自治中拥有最高决策权的权力组织。在村民会议授权的情况下，可由村民委员会召集村民代表开会，讨论决定有关事项。村民代表由村民选举产生，代表了村民的意志。普通村民则通过间接参与的形式参与了村务的决策。

村民自治章程和村规民约也是农民参与机制的重要形式。村规民约和村民自治章程的规定要经过农民的充分讨论，并下发村民征求意见，讨论修改，并经过村民大会或村民代表会议表决通过。村规民约和村

民自治章程的执行也充分发挥了农民的作用,每个村民都有维护和执行村规民约和村民自治章程规定的权利和义务。

在村务公开的全过程中,也全面体现了农民群众的参与。村务公开的内容一般要经村民代表会议通过,并接受村民的查询,对于群众提出的疑问。村委会要及时做出解释;对于群众提出的要求,要及时予以答复;对大多数群众不赞成的事项应当坚决予以纠正。村民自治还规定了村民民主评议村干部的制度和村委会报告工作制度。

2. 村民自治制度通过竞争机制选举村庄治理精英。在血缘关系为主要的农村社会中,依照家庭结构与之相联系的聚集形态的不同,村庄内在的发展动力和势能是不同的。这时候就非常需要通过现代的组织形式重新结构村庄,以使乡村社会的能量更加强有力地聚集起来。这其中,最重要的就是治理精英的遴选和使用的制度。

农村改革加速农村社会转型以来,沿用过去的荐举和指派治理精英的方式已不能满足需要。其一是村庄权力资源的多元化。构成村庄内人与人之间支配关系的资源除了来自农村内道德威望的积累、生产技能的优异,更多有了来自村外的市场机会的先占、社会关系的拓展、财富的超常规增加。这时候,村庄权势人物的相异性增加,人数增多,增加了冲突的可能性。其二是村庄管理内容的复杂化。在社会转型期的村庄,结构分化增加了村庄管理的内容,产业和产品结构、人们的交往方式等都有了显著的变化。村庄外向程度增大也在增加村庄管理内容和难度,外界因素对村民的影响加大,内外互动的强度加大,怎样应付来自村庄外界的挑战,改变村庄的发展思路和结构形式以适应变化,是以往村庄治理精英不曾过多考虑,而今日村庄治理精英必须面对的高难度课题。这时候,治理精英产生的机制就要保证能在多元化的众多精英中真正选出能人,从事复杂的村庄管理工作。无疑,这需要新的治理精英产生机制。

直接选举制度满足了农村社会的内在要求。它规定,凡是年满18周岁的本村公民都有被选举权,这大大扩大了选举精英的范围。而通过候选人介绍、竞选演说等环节,村民可以更加全面、深入地了解候选人情况,可以更加准确地选择精英。而通过无记名投票和秘密投票,减少了外界不良因素对精英选择过程的干扰。精英选举产生后,如不合格还可启动罢免程序。精英任期三年以后,必须重新启动选举,加快了精英的更新,使新精英有机会产生,也对在任精英形成约束。精英在任期间,还必须经常接受村民各种形式的监督。选举制度确立的精英的产生和使用过程因其内在竞争性而适应了转型期农村社会的内在要求,使得村庄能以自己真正的优秀人才调动资源去应付村庄的变化和发展。

由村民代表会议制度确定了更为广泛的村庄精英产生机制,而且精英发挥作用的机会和范围都大大拓展。在村级精英之外,有大量的局部精英,这些局部精英在村民小组、村民居住片、家族等小范围内可以发挥建设性作用,并能产生合力。这些局部精英的潜力发挥出来,在整个村庄范围和社会生活管理的各个层次就能全面利用村中的优势人才。

在村民自治制度下,村庄呈现出能人辈出的局面,各种能人在村务舞台上都找到了自己的位置。新当选村委会干部普遍出现了“三高一低”的现象,即党员占当选村委会干部总数的比例增加,致富能手占当选村委会干部总数的比例增加,初中以上文化水平的占当选村委会干部总数的比例增加,村委会新班子平均年龄下降。

3. 村民自治建立起村庄决定重要村务和村庄发展思路的自主机制。村民委员会是农村基层群众性自治组织,它依法管理的本村自治事务包括:办理本村的公共事务和公益事业,调解民间纠纷,支持和组织村民发展生产;依法管理本村的集体财产。以上这些事务由村委会管理,使得村庄的权力比起人民公社时期,大大扩展,基本上可以自己决定自己的事务,自己管理自己,建立了一套自我管理、自谋发展的自主机制。

这一机制是通过各项村民自治制度的运行和衔接而形成的。对于一项村级事务而言,首先是通过村民代表村委会或党支部事先收集农民群众的意见,形成初步的意向。村民一般是通过与干部的接触集体反映等形式表达他们的要求,而村民代表和村委会、党支部成员也有责任去搜集农民的反映。当初步意向经村委会、党支部讨论形成方案或有一定数量的村民代表联名提出后,就可由村民代表会议或村民会议审议。在审议过程中,完全由本村的会议组成人员进行讨论、表决,按少数服从多数形成决议后,交由村民委员会去执行,执行过程接受村民代表会议或专门成立的村务监督执行小组监督。这一过程的参与主体是本村干部群众。虽然乡镇干部可以提出议题交村民代表会议讨论,但决定权在本村,乡镇干部没有表决权。在各种重大村务的执行中,乡镇干部也不能主导。

对于村民自治形成的自主机制,《村委会组织法》给予了明确的法律保障。该法第四条规定:“乡、民族乡、镇的人民政府对村民委员会的工作给予指导、支持和帮助,但是不得干预依法属于村民自治范围内的事项。”第十一条规定:“任何组织或者个人不得指定、委派或者撤换村民委员会成员。”第二十八条规定:“地方各级人民代表大会和县级以上的地方各级人民代表大会常务委员会在本行政区域内保证本法的实施,保障村民依法行使自治权利。

三、村民自治为何能有效促进农村社会稳定

(一)村民自治的参与机制可有效容纳村民的参与要求,最大限度地减少非制度化参与

构成当前农村社会稳定主要隐患的是农民的非制度化参与或抗议性参与,诸如群体上访、暴力抗争等等,严重的甚至出现打砸乡镇政府、围攻执法人员、烧毁公共财物等等。普遍的非制度化参与,无疑会对国家整体的稳定构成严重威胁。

毋庸讳言,当前农村非制度化参与十分普遍,尤以群体性上访为普遍,暴力式参与包括打砸乡镇政府的事件也屡现报端。之所以会出这些对农村稳定构成重大隐患的问题,大多是一些事关农民切身利益的问题长期得不到解决,农民的愤怒越积越多,最后走上了暴力抗议之路。而之所以会出现一些关系到农民切身利益的问题长期不能解决,根本原因是农民缺乏制度化参与政治,以制度化参与来解决关涉自身利益的渠道。

村民自治制度在两个方面对解决当前在一些地方普遍出现的非制度化参与有帮助。第一,村民自治制度本身就是一种参与机制,构造了村民将村内事务由民主参与的办法予以解决的机制。对于村务而言,通过村民会议和村民代表会议的决策和监督,可以纠正村干部不良行为,对于不负责任的村干部,既可以在下次选举中将他选下去,又可以通过召开村民会议将他罢免掉。对于政务而言,上不合国家政策,下不合村情民意的乡镇达标升级和过度提取的要求,不仅村民可以通过村干部向上级反映农民的意见,而且村民自治制度所构造的村干部责任结构也使得他们敢于抵制乡镇不合理的要求,他们有足够理由以村民利益代言人的身份,拿着国家相关政策规定,对乡镇讲,你们的这些决定不合国家政策,村民不答应,我们也无能为力。

第二,正是通过村民自治的实施,村民会逐步习惯于以制度化的办法来提出自己的要求,维护自己的权益,扩大自己的影响。持续的民主参与,对于村民养成通过制度化参与来维护自己权益的习惯,增强对制度化参与的信心,都具有十分重要的意义。一旦农民认为且习惯于通过制度渠道来保护自己的权益之后,他们自然会放弃非制度化参与。

而正是以村民自治制度这一制度化参与本身的效能为前提,乡镇面对强大有力的村民愿望,断不至于对事关农民切身利益的事情不闻不问,对农民不满的事情无动于衷,而会尽可能将这些可能累积起来的矛盾一一化解,其结果,是构成对农村社会稳定隐患的问题,在还未积聚到爆发前,即已通过制度化的参与得以解决,制度化参与如一个减压阀,不断消减了乡村社会内部的矛盾,从而可以防止矛盾的激化。

事实上,村民制度化参与所构造的减压作用不止会达于乡镇,而且可能向更上一级延伸。在当前压力型政治体制下面,事实上不只是乡镇、县级政府,而且是地市级和省级政府也存在着向下面过度提取和达标升级(政绩)的冲动的。因此,有时只是在村里发生的事情,因为涉及所有的村,而具有向更上一级发生影响的可能。村民自治这一制度化参与机制正因为与村民切身利益联系了起来,而具有向上扩展并为当前处于转型期乡村社会的不稳定因素找到了一个减压的阀门。

(二)村民自治的参与机制增强了农村资源动员能力,避免了危害农民利益的不良决策

影响农村社会稳定的一个重要方面是村庄公共事业的状况,诸如水利设施建设、村庄道路维护等等。良好的水利设施和道路可以为村民的生产生活提供优良的秩序,从而减少农村出现不稳定的因素。

在当前的状况下,国家无力为村庄提供完善的公共设施,这些公共设施的提供往往要依赖于村庄本身的资源能力及其动员方式。在缺乏外来资源的情况下,有两种动员村庄资源的办法,一是由村干部根据自己的决定来强制村民集资、出工,从而提供较好的公共设施,这种办法有两个缺点,第一个缺点是村干部的决策往往会有个人私利方面的考虑,尤其可能存在以公谋私、贪污受贿的行为。第二个缺点是,即使村干部是公正廉洁的,他也往往缺乏将自己的决策贯彻下去的能力,他往往难以决策举办多少公共工程,如何举办等问题,特别是公共工程因为村民受益先后和多少的不同,而构成总有一些村民对村干部任何一种决策不满的状况,从而让一个好心而公正的村干部在举办公共工程时处于艰难境地。

二是由村民共同参与决策,在是否举办公共工程、如何举办公共工程、举办多少公共工程上,让村民有充分发表意见和达成一致的机会,村民就会根据自己可以从建设公共工程中所获好处与需付代价中作

出比较，从而决定是支持还是反对举办公共工程，举办何种公共工程和如何举办公共工程。这正是村民自治的办法。

村民参与决策大致有两种形式。一种是村民会议的形式。村民会议的好处是村民参与者多，形成的决议影响力大，约束力强，弱点是讨论难以深入；另一种形式是村民代表会议。村民代表会议因为可以集中村中有影响力的代表人物，他们的决定就容易在村庄产生权威，从而有助于将诸如集资出工的决定贯彻下去。

村民自治对于村庄公共工程建设和社区资源动员能力提高方面的优势正在于，它让村民有了充分参与与自己利益密切相关的村务的机会，有了权衡举办公共工程对于自己利害得失的机会，从而让村民在决定是否举办公共工程一类的事业时，由别人让我办转换为我自己要办，由我的利益受到损害转换为我的利益得到增加。这就让村民有了集中起来心平气和地讨论，为自己生产生活增进服务的可能。

以村民代表会议为核心的村务参与机制不仅构成了对村干部决策的有力监督，增加了村务决策的可靠性，而且可以平衡村务决策的受益范围，使村庄范围的决策可以照顾全体村民多方面的利益，从而减少村民对村务决策的不满意。构成村民对村务决策不满意的原因有二：一是村干部的胡乱决策，特别是借举办公共工程来谋取个人好处的情况，曾在一段时间成为一些农村众所周知的“秘密”。我们在调查中经常遇到村民将村干部晾在一边而自主决策村务的情况，显示出对村干部不良决策的不信任；二是村干部决策不公，在照顾一些村民利益的同时，损害了另一些村民的利益。由此加剧了村庄内地缘的、宗族的矛盾。通过村代表会议的形式决策，可以给少数派以充分表达意见的机会，可以通过对村干部的质询，防止村干部的谋私行为，可以通过发挥代表的参政积极性，提高决策的科学性和可靠性，最终可以让执行村务决策的村干部获得权力的合法性和行为的公正性，从而防止村干部决策不良造成的村民不满。

(三)村民自治的参与机制有利于重建社区内在规范体系，有效解决村庄内部纠纷

村民自治的参与机制由于充分动员了每个成年社区成员的力量，从而增强了社区整体的内聚力。通过大家充分参与形成的村规民约和村民自治章程，对每个社区成员都具有约束力，由于是大家充分讨论，广泛集中了村民的意见，也容易得到遵守，社区形成了大家共守的规范体系。在村民选举的公共参与中，通过议论人选、听评竞选演说，社区内形成了比过去更为集中的对社区发展道路、社区所需精英条件的共识，这也形成社区内在的一种规范，引导着村级领导人的施政目标与行为。在村民代表会议的民主决策和财务公开等民主监督环节，更是充分调动了民间的智慧，在诸多问题上形成本村特有的价值标准和做法。通过村民自治和广泛参与机制，一村能形成自己特有的村风，从而对失范一类的不稳定因素构成抑制。

(四)村民自治的竞争机制可有效约束村组干部不良行为，遏制精英劣化倾向

农民当前以上访、抗议为手段来维护的利益大都是受到中央政策保护的利益，而构成对农民受到政策保护的利益的危害的，很大一部分来自村组干部的不良行为，其中尤其是村组干部经济上的不良行为，诸如吃喝贪占、乱建工程等等。正是村组干部的不良行为，特别是他们的不良经济行为，构成了当前农民上访和抗议的主要内容。

村民自治正可以从源头上和过程中堵住村干部不良行为的黑洞，防止村干部吃喝贪占行为的发生。具体地，村民自治是通过竞争机制构造起了村组干部和村民代表对村民的责任机制，并有效遏制村庄精英的劣化倾向。村民自治的竞争机制是通过两个方式遏制精英劣化现象的。一是通过淘汰已劣化精英。对于已劣化的村庄治理精英，村民们是有着基本的共识的。新的有见识责任感的能人也是想取而代之的，但是没有健全的竞争机制就无法实现精英的更替。通过村委会和村民代表的竞争机制，村庄得以实现精英的新陈代谢，从而从根本上解决劣化精英与村民之间冲突的可能性。二是通过激励约束新精英，避免其劣化。村委会选举通过建立竞争机制，使真正德才兼备的能人走上村务领导岗位，众望所归的选票优势对其产生道义上的激励和更高的合法性，制度上的不间断的监督使其确保精英意识与责任感，从而避免走上劣化的道路。

在村委会这样一个不大的范围内，竞争性选举不仅选优汰劣，而且可以通过每三年一度的选举或行使罢免权利，构成对在任村组干部的压力。在村民自治的竞争机制下，村组干部有这样一种感受：“过去自己的命运掌握在乡政府手里，乡里让你干，你就可以干，说你中你就中，不中也中。现在是群众掌握自己的命运，要取得群众的信任就得扎扎实实为群众办实事。”村组干部的一言一行因此会注意获得村民的好感，诸如吃喝贪占这些广受村民责难也造成村集体重大损失的事情，往往不需要由村民去上访告状，就可以消

失在竞争性选举这一制度安排构造的责任结构之中。村民代表的选举也越来越有竞争性，由于当选村民代表可获得村民的尊敬，所以也强化了村民代表的责任意识。

有大量的事实证明，经过真正的村委会选举之后，村组干部不仅在素质结构和能力结构上有较大改善，而且在涉及农村敏感的事项，诸如吃喝贪占、乱建工程方面，都有极大的好转。

（五）村民自治的自主机制可有效对抗乡镇过度提取，减轻农民负担

农民负担过重是当前影响农村稳定的首要因素。构成农民负担过重的首要原因是上级的过度提取，尤其是乡镇的过度提取。构成乡镇向农民过度提取冲动的理由，关键是乡镇遏制不住的达标升级冲动，这种达标升级，一是乡镇本身的达标升级，一是要求村的达标升级。在转型期的中国农村，乡镇以达标升级来创造政绩本来是无可厚非的，问题是这种达标升级一旦脱离农民收入的实际、脱离农村社会需要的实际，就会对农村可持续发展造成严重破坏，而仅仅成为少数乡镇领导人向上升迁的筹码。

要扼制乡镇达标升级和过度提取的冲动，就不仅要在精简乡镇机构，转变乡镇职能上做文章，而且需要在改造乡村关系上大做文章。乡镇之所以可以超额提取，以至于中央有千种保护农民利益的政策，乡镇便有万种向农民提取的理由，乡镇有村干部为自己的提取劳神费力，而村干部却很少能代表农民抵制乡镇不合理的提取。在村级组织不能代表农民抵制乡镇不合理行为时，农民的积怨无处可发，以群体性事件为结果的不稳定因素因此屡屡发生。

在村民自治制度下，村干部首先要对村民负责，村民有要求村干部依照国家政策规定来保护自己利益的途径。通过村务决策和村务管理的自主机制，整个村庄可以结成一个对抗乡镇政府过度提取要求的整体。因为村民通过村民会议或村民代表会议形成的决策，受到法律保护，其正当性并不依乡政府的喜恶来定。这样一来，对于乡政府的不合理提取要求，村民可以通过村民会议或村民代表会议进行否决。村干部，这个过去协助乡镇过度提取经济资源的群体，由于有自主机制的支持，也可要求乡镇在下达指令性任务时，说明指令性任务的政策和法律依据，从而将乡镇过度提取和达标升级的冲动釜底抽薪，长期困扰国家的加重农民负担问题在此获得有力的抵制。

简单地说，村民自治制度，为村民提供了一个制度化地组织起来获取受中央政策和法律保护的利益的机制，这种机制可能构成国家与农民共同监督约束乡镇政府过度提取行为的局面。特别是在转型时期，国家没有对基层政权足够监督能力的背景下，构造与村民利益息息相关的制度结构——即村民自治制度，实在是最为经济有效的办法。有了健全的村民自治制度的保证，最近10年出现的国家屡次强调不能加重农民负担，事实上农民负担却一直在加重的怪现象，才有可能扭转。

四、全面推进村民自治，进一步发挥其维护农村社会稳定的强大作用

村民自治的推行抑制了农村社会的不稳定因素。但人们也很容易举出反例，认为恰恰是推行村民自治，引发了农村社会的不稳定。孰是孰非，那就让我们直接进入所谓“村民自治导致农村不稳定”的焦点问题和突出案例，看看不稳定的原因究竟何在。

（一）村民自治的不完善确实导致某些农村不稳定因素显化，但导致不稳定的罪魁祸首不是村民自治

有人说，村民自治强化了农村家族势力，导致了农村不稳定。

众所周知，家族矛盾是根深蒂固的村庄内不稳定因素。解放以来，虽然通过反封建、破四旧等政治运动瓦解家族势力，但家族势力依然在村民的日常生活中保留，并渗透进正式权力组织。据我们在江西的调查，在人民公社时期，家族势力依托党的基层组织和公社、大队、生产队三级组织继续扩展它的影响。由于当时正式权力组织的牢固性，在村庄中，主要干部很难得到更换，从而造成一族挤压另一族的态势长期得到保持。受挤压一族长期得不到机会排解不平，家族矛盾长期隐性积累。但在政治运动中受压家族也许能找到机会，于是，家族斗争披上了意识形态化的政治斗争的外衣继续得以展开。改革开放后农村社会控制体系的松弛，分田到户后生产协作的需要，遭遇城市化文明寻找精神寄托的追求，都使家族势力和家族文化得到一定程度上的复兴。历史上积存的家族矛盾现在可以公开表露，在农村市场化过程中，在争夺市场机会、寻求资源过程中又积累下新的矛盾，更由于不能严格实行村民自治，在干部选择、村务决策等方面仍由少数人说了算，给以强凌弱的负面的家族竞争逻辑继续提供了发挥作用的场所。于是，在村民自治的一些焦点性事件中，家族矛盾得以集中显现。在村委会选举中，确有少数村出现了强宗大族操纵选举的事件。一些强势宗族用恐吓、非法承诺等手段强令本族人只能选本族的人为村委会委员，一旦发现选举结果

达不到本宗族目的时,或撕毁选票,或抢走票箱,或大打出手,致使选举无法正常进行。

但是,反思这类事件,不能简单认定村民自治是终极原因,家族矛盾是农村社会中特有的社会矛盾形式,它与农村社会的组织形态、农村社会的封闭性有着千丝万缕的联系,也与村民自治各项措施的不完善紧密相连。其实,仅就村委会选举而言,在一些真正宣传发动彻底,执行程序严格的选举中,农民群众已摆脱了家族利益的狭隘的视界,真正按照有利于村庄经济发展也有利于自己的原则选出了真正德才兼备,能带领大家致富的接班人。

据肖唐镖等人在江西这一宗族重建较为普遍的省份中40个村的调查,宗族对选举过程确有影响,但这种影响是非组织的、非正式的。其作用的方式和途径,一方面表现为候选人及其坚定的支持者为争取成功而将房族、房分关系作为竞争的资源和手段;另一方面表现为选民投票时的宗族心理和宗族取向。不过,这样的作用方式更多地表现为零碎的自发的个人行为,而不是以宗族、房分组织形式来展开的竞争,并没有表现为宗族、房分之间的集体竞争行为。而且,在选举中,选民并不因其宗族取向而必然选择本族的"恶人"、"坏人"。他们的研究结论是:目前宗族并未构成选举依法运作的干扰或破坏力量,相反在一定程度上却有助于提高选举的竞争性和公正性。有意思的是,调查发现,在对宗族势力影响村委会选举问题的判断上,乡干部的判断最为严重,村干部次之,村民群众看得最轻。

派性也是村庄内的不稳定因素之一。有人以少数派性干扰选举的村庄为例,得出了村委员选举强化派性斗争的结论。

事实上,村庄派性斗争的形成与村庄内由来已久的矛盾,尤其是与土改以来历次政治运动中的矛盾息息相关。派性一旦在村中形成,就有可能在村庄利益分配的重要时刻显现。但是,派性作为纯粹因小群体利益而形成的非正式组织,其组织认同仅表现为一种低强度的行为意向。如果预期成本大于预期收益时,派性便会烟消云散。故一般情况下,派性竞争只表现在较低的范围内。

村委会选举只是派性表现的一个场合,而且,其是否在村委会选举中表现出来也具有很大的偶然性。即使表现出来,也是分为良性的派性竞争与恶性的派性竞争两种。良性的派性竞争只在选举中形成,是基于对不同候选人的能力、素质的不同看法形成的,它扩大了村民选举的范围,增强了村民选举的主动性,并有助于村民对公共权力运行的监督。而恶性的派性竞争则是村庄内以往派性斗争在选举中的"死灰复燃",它往往利用选举程序的不规范极力表现自己。恶性的派性竞争图的是以强凌弱,以少数人利益取代多数人利益,它才是我们要反对的。

历史上遗留下的派性和帮派力量在选举中有着一定的表现。山西省临猗县耽子乡南畅村地理位置偏远,信息闭塞,缺乏与外界沟通,经济发展落后,干部更换频繁,家族宗派作祟,村内长期不稳定,村中告状的接连不断。在这样一个不稳定因素聚集的村,由于村民自治工作走过场,致使村里的第三、四届村委会选举中,越选越乱。主要原因有三:一是由于未能很好地遵循村民自治的精神,南畅村干部历来由乡里指派;二是在选举中不能维护公开、公正、平等原则,有些人无视法律尊严,买上点心、方便面、香烟,四处拉选票;三是另有一些人,对选举中的不合理现象,不通过正式渠道反应,而是采取扯票箱、砸会场等极端形式,阻挠选举。在以上三点之外,更为深层的原因就是,因文革时期遗留的派性恩怨,再加上村中干部乡里频繁指定更换,形成了根深蒂固的帮派势力。一个小小的村庄中就有6股帮派势力。派性南畅是这一类村不稳定的根源,而村民自治并不是罪魁祸首。在这样的村,如果选举程序不能做到严格、规范,村务公开搞形式主义,那只能使不稳定因素找到新的、更直接的表现形式。我们要看到,正是由于当前部分选举中公平竞争渠道不畅,才导致派性竞争采取恶性竞争的方式,导致以谣言、诽谤、恐吓为形式的派性倾轧,侵害普通村民的政治权利。

其实,在村民自治过程中引发不稳定因素最多的,还是有些乡村干部不能完整、准确理解《村委会组织法》的立法精神,在实行推行村民自治中的违规操作。

据民政部信访办公室统计,从1999年开始,有关村民自治工作的来信来访量呈大幅度增长态势,其中集体上访量已跃居各类问题集体上访的第一位。省、地(市)级民政部门的情况也大体如此。在这些上访中,大多数是反映各级干部不认真贯彻村委会组织法,搞违规选举、干预各项自治事务。这已成为新的农村不稳定因系。解决之道只有不折不扣地落实农民的民主权利。

一些农村干部没有很好地领会《村委会组织法》,没有把认识统一到党的十五届三中全会决定上来。他们从心里就不赞成、不喜欢、不乐意让农民当选村委会委员,因为他们担心失去自己的权力;他们或者认为农民素质太低,根本就不懂民主;或者怕选乱了不好收场,影响安定;或者认为工作量太大,怕麻烦。由于有着这样的认识，他们在选举中，往往是简单从事，把一些重要的程序想当然地简化掉，甚至搞假选举，指定人选或代写选票，如自己不满意的候选人当选，就阻挠其上任，甚至以党委、政府名义将民选的村委会撤职。这些做法都违背了农民的意愿，理所当然地遭到了农民的反对。选举中的许多上访即源于此。

河北省任丘市议论堡乡东大坞村村民从1996年起，多年上访，最后上访到民政部和农业部。村民上访的直接起因中是京九铁路占地款使用混乱、不公开引起的。乡党委、政府虽然多次调换领导班子，但由于在财务公开这个关键问题上一直未能做好，故一直得不到群众认可。从1996年底到1998年初，村里事实上处于班子瘫痪的“无政府状态”。1998年4月14日，乡党委以文件形式下发了村班干部任命通知，任命了党支部书记和村委会代主任为主要领导的“村务工作临时管理小组”。问题未能查清之时，又行新的任命，这激起了农民的不满，又起上访高潮。在民政部、河北省民政厅和任丘市政府的过问下，乡里撤消了所谓“村务工作临时管理小组”，但又改头换面，以“村经济联社”名义重新任命了原小组成员。村民又开始新一轮上访。可见，促使东大坞村上访一直不能平息反而屡屡升温的恰恰是乡政府对村干部人选的违法干预行为。

可还是我们上面列举的那些例子，在认真推行村民自治后就大不一样。河北省任丘市议论堡乡东大坞村的上访问题在民政部、河北省民政厅和任丘市委、市政府的过问和指导下，由市工作组进村组织民主选举。1999年6月3日，遵照严格的选举程序，产生了东大坞有史以来第一个民主选举的村委会，当宣布选举结果时，村民们以经久不息的热烈掌声庆祝选举成功。民主选举结束了长达5年之久的轮番上访，一个不稳定村变得政通人和，开始齐心协力，共图发展。

即使是有着派性因素作祟的村庄选举，在认真按照法律程序组织选举以后也大不一样。山西省临猗县耽子乡南畅村在两次选举不顺利之后，县、乡两级认真总结经验，严格按照“山西省村民委员会选举办法”、“临猗县换届选举方案”等有关法定程序操作，充分尊重选民意愿，结果选举一次成功，选举的“老大难”村不再难。看来，不是选举酿成了派性，而是依法选举可以有效抑制派性。

生动的现实告诉我们，村民自治不仅不是酿成农村社会不稳定的罪魁祸首，相反，健全的村民自治正是消除社会不稳定，实现农村长治久安的治本之策。针对因村民自治不完善所带来的社会不稳定显化问题，我们的对策不能是因噎废食，减缓推进村民自治的步伐，甚至放弃村民自治，而应是大力推进和完善村民自治，更加充分地发挥村民自治促进农村社会稳定的强大作用。

(二)全面推进村民自治，进一步维护农村稳定

1. 做好选举工作，保障农民政治权利。民主选举是村民自治四个民主的基础，是健全竞争、参与、自主三个机制的关键。全面推进村民自治，首要的是要做好选举工作。

要进一步改变各级干部不敢选、怕选错人的错误认识，纠正抵制、操纵选举的错误做法，真正落实公平、公正、公开的选举原则，把公民的政治权利真正交给农民。

没有制定具体的选举办法的省份，要抓紧制定有关选举办法，以利于更好地指导选举。要认真研究选举工作中存在的具体问题，制定有针对性的配套法律制度。如对于城乡结合部和人口流动显著地区的选民资格认定问题，做出因地制宜的规定。在参与机制完善上，如选民资格的确定，要根据农村人口流动和城乡一体化发展的现实，因地制宜调整有关规定。

如对于贿选的认定，要根据维护公正、方便认定、尊重习惯、注重实际影响的原则，根据实践中贿选的各种方式，由各地制定有关贿选的认定和处罚措施，以更好地维护公正的竞选。如对于竞选方式，要鼓励书面竞选、竞选演说等形式的采用，要加强竞选承诺的严肃性，候选人当选后要由村民代表会议定期检查承诺落实情况；对于罢免程序，要根据便于操作尊重选民意愿，采用更为灵活的方式，保证罢免动议能提出、罢免过程合法和罢免后权力的顺利交接；在换届后的权力交接问题上，要制定有关法规，确保新当选村委会能正常行使权力；要实行村级财务定期审计和村干部离任审计制度。

2. 健全村级民主决策制度。在选举大面积铺开的情况下，适时地加强村级民主决策是村民自治下一步向纵深发展的关键。当前，一些地方民主决策制度建设薄弱，导致新当选村官不能更好地代表村民意愿，甚至蜕化变质。长此以往，农民的利益得不到尊重，就会丧失对民主选举的信心和兴趣，并最终丧失参与村民自治的热情，成为村民自治的旁观者。这是我们必须力求避免的。为此，必须不遗余力地加强村民会议和村民代表会议制度建设，将村务公开，民主管理等项内容有机地结合进村民会议和村民代表会议制度中去。

各省要积极探索完善村民会议和村民代表会议制度的有关做法。要键全村民会议向村民代表会议授权的具体形式；要规范村民代表的选举，真正将群众

满意的、能代表群众说话、办事的农村精英选进村民代表会议；必须建立村民代表会议定期开会制度，不能使之流于形式；要制定有关法律法规进一步明确村民会议和村民代表会议的职权范围，确保其决议的权威性。要确保几个关口：不经村民会议或村民代表会议讨论决定的重大事项，村委会和党支部不能擅自做主；不经村务公开监督小组或村民代表会议认可的公开项目和数据，不得公开；不经村民会议或村民代表同意的村内公共事务和公益事业，乡干部不能强令村委会兴建。要健全村民代表会议的开会程序，建立会前征询村民意见、会议表决和会议记录制度；要加强对村民代表的监督，对于不能积极履行职责、丧失代表素质的代表要及时撤换，并增补新代表。

要根据不断变化的农村实际，拓展村民会议和村民代表会议的功能。村民代表会议的人员组成，要更能反映社区内在的利益差别，要更加能发挥每个代表的作用；村民代表会议的开会程序和执行办法，要更有利于不同意见的争论，更有利于集中大家的智慧。在健全村级民主决策制度的过程中，一定要虚心听取农民群众的意见，接受农民群众的建议，以农民群众满意不满意、答应不答应、高兴不高兴作为工作的标准。

3. 加强村民自治纠错机制建设。村民自治工作的不完善和少数人的有意利用，有时会使村民自治的效果不能令人满意。这时，加强纠错机制建设就显得尤为重要。

要进一步加强各级人大对《村委会组织法》贯彻实施的执法检查和监督力度，进一步确保各级民政部门对村民自治的具体指导。要赋予民政部门更好的执法监督手段和权限。要发挥各级人大在执法监督中的重要作用。要调动社会舆轮和新闻媒体参与执行监督。

对确属基层干部违反村委会组织法、侵犯农民利益的行为，要坚决依法查处，该纠正的纠正，该追究当事人责任的要依法追究当事人的责任，决不姑息迁就。

对于妨碍和破坏村委会选举行为的处罚，要及早提出解决办法或做出补充规定。要具体设计罢免程序，确保农民有权利将不合格的当选干部及时罢免。对于明显违背《村委会组织法》的行为，不管哪一级政府、不管什么人，公民和有关部门都应能对其进行控告，并要求得到正确处理。要研究引进对《村委会组织法》的司法救助机制，各级法院要能受理各种针对违反《村委会组织法》的起诉。这方面，要大胆探索，并适时推出有关规定。

4. 加强与村民自治有关的配套改革。村民自治的健康发展需要各项有关制度配套改革，这样才能更好地发挥村民自治促进农村社会稳定的作用。

要加强乡级民主建设。进一步加强乡镇人大代表会议制度建设。借鉴村委会选举的成功经验，提高乡镇人大代表选举的民主性。加强乡镇人大代表会议的权威性，建立规范的乡镇公共财政预决算制度。切实做好乡镇政务公开，提高普通农民在政务公开中的参与程序，加强对乡镇重大决策的过程公开。要进行乡镇机构改革，真正实现乡镇政府的职能转换，精简乡镇政府人员，为村民自治创造良好的外部环境，使乡镇政府真正能有效指导同时又不干预村民自治。

在农村土地制度改革和计划生育政策执行中，注意和村民自治的有关法律规定相衔接，真正确保每一个在村庄中有长远切身利益的居民以合法形式参与到村民自治中来。

5. 加强对村民自治的理论研究。村民自治是一项涉及农村社会深层结构和农村基层现有治理制度的复杂的制度变迁。在其推进过程中，有大量的具体问题需要研究，大量的法规政策需要制定，这都离不开深入的理论研究。另外，中国农村的经济社会发展极不平衡，这也提出了对具体深入的理论研究的需要。

在当前的村民自治研究中，要重点做好以下方面的研究：一是对村民自治地位的研究。要进一步研究村民自治在整个社会主义民主政治建设中的基础性地位，研究村民自治在中国人权保障事业中的重要作用。二是对完善《村委会组织法》的具体法律法规的可行性研究，要针对实践中暴露出的问题进行有针对性的深入调研，辨析问题产生的背景和具体机制，要对实践中农民群众的各种具体创造保持敏感性，及时总结、分析，研究其适用性和推广价值。三是要对村民自治对村级治理的影响进行跟踪研究，具体理解村级治理对村民自治的客观的和具体的要求，对各种类型村庄的村级治理对村民自治的适用性做出解释；四是对转型中的农村社会性质进行深入研究，进一步回答村民自治的必要性，同时，分析村民自治制度设计所需的农村社会条件，以利于更好地理解村民自治在各地实施的不同效果，并有利于更好地指导村庄自治实践。

在开展村民自治研究中，要加强学者同实际工作者的合作，以加强研究的现实性，并从根本上保证研究的深度。要建立学者与实际工作者的对话渠道，以保持理论研究的鲜活感，并增深理论对实践的指导意义。要提倡深入的实地调查和规范的实证研究，进一步提高研究水平。

6. 创造良好的舆论环境。要为村民自治创造良好的舆论环境。对于村民自治好的典型,新闻舆论要大力宣扬,用榜样的力量示范和引导各地村民自治发展。对于村民自治中存在的问题,要客观分析原因,提出切实可行的建议。不能对村民自治一味说好,不切实际地夸大村民自治的作用,把村民自治说成解决农村一切问题的灵丹妙药,给村民自治背上不应有的沉重包袱。也不能对村民自治中的问题渲染夸大,求全责备,不能把因村民自治不完善引发的问题看成是村民自治整个制度设计的过错,也不能把农村长期积累的矛盾和问题拉到村民自治身上,让村民自治成为很多问题的替罪羊。这时候,更需要我们贯彻解放思想、实事求是的思想路线,既不缩手缩脚,因噎废食,又不盲目乐观,急躁冒进。

结　语

中国农村社会转型的大背景将村民自治历史地推到了维护农村社会稳定,促进农村社会发展的前台。它在维护农村社会稳定方面有着不可替代的重要作用,这已为十多年来亿万农民的民主实践所证明,并将在未来的发展中得到更为有力的证明。推进民主是保持农村稳定的根本道路。但是,也应该看到,村民自治作为村级的民主实践,它可以作用的范围有一定限度,对于很多因宏观体制问题引发的不稳定因素,它有抑制之功,而无根治之效。作为主要在农村政治社会管理领域推进的治理方式变革,它也不可能涉及农村生活的方方面面,而社会转型期的社会不稳定因素是从各个方面引起、在不同方面上聚集的,村民自治也只能在其可以发挥作用的领域尽自己的力量——虽然村民自治具有多方面的功能。这种状况告诉我们,那种把农村不稳定的根源归结到村民自治身上的说法是多么浅薄,是多么落后于伟大生动的实践进程!同时,那种将维护农村稳定的所有责任都系于村民自治一身的愿望,又是何等主观和片面,又是何等不利于村民自治的健康发展!在推进村民自治、维护农村稳定的问题上,我们要做清醒坚定的促进派,但也不要做盲目自大的纯理想主义者。我们要充分重视、发掘村民自治维护农村稳定独特的巨大的作用,又要深化其他领域的农村改革,共同锻造维护农村稳定的各种精良武器,让它们形成合力。我们相信,有了以村民自治为突破口的农村基层民主政治建设的稳步推进,中国农村现代化的光辉未来和中国农民富裕、民主的新明天一定会早日到来。

程序引导与村委会选举的规范化

——吉林省5县40个村第五届村委会换届选举的调查分析与思考

孙　龙　仝志辉

一、调查背景、目的与方法

以1998年《村民委员会组织法》正式颁布,标志中国农村村民委员会选举工作开始进入全面法制化、规范化发展阶段。吉林省是中国农村村委会选举“海选”模式的发源地。所谓“海选”,主要是指在提名候选人时,上级部门和领导不内定候选人,而由全体享有选举权的村民根据自己的意愿自由推荐,然后再依据提名票的多少确定正式候选人(王仲田,1995)。早在1986年,梨树县在部分乡镇的村委会选举已开始尝试“海选”的选举方式,1997年吉林省进行第四届村委会换届选举时,海选率已经达到86.8%(吉林省人大内务司法委员会等,2001)。2000年11月,吉林省人大常委会审议通过《吉林省村民委员会选举办法》,以法规的形式对村委会选举程序的诸多环节进行规范。在该法规的直接指导下,2001年11月份至2001年3月份,吉林省在全省范围开展了第五届村民委员会的换届选举。

为了了解选举程序在村委会选举过程中的实际运作情况,2001年7月,在美国卡特中心的资助下,民政部基层政权和社区建设司组织力量对吉林省5个县40个样本村的790名干部和村民进行了问卷调查。

在实施调查工作中,我们委托东北师范大学社会学系的教师进行了调查样本村的抽取,首先从全省60个县、市(县级市)中随机抽取5个市(县)作为调查的样本框,即德惠市、桦甸市、公主岭市、通化市县、东丰县,然后从每个样本框中(共计1279人村民委员会)分别抽取8个乡镇(共40个村)作为调查样本。

样本村的选取按多阶段随机抽样的原则进行。具体流程如下:

第一阶段,从该省9个地(市)级行政区中选取5个,依次为长春市、吉林市、四平市、辽源市、通化市;

第二阶段,从每个地(市)中选取一个县级行政区,依次为德惠市、桦甸市、公主岭市、东丰县、通化县;

第三阶段,从每个县级行政区中随机抽取2–3个乡镇,在全省范围内共成功抽取11个乡镇,其中德惠市、桦甸市、公主岭市、东丰县分别选取2个乡镇,通化县抽取3个乡镇;

第四阶段，从被抽中的乡镇分别选取若干个村委会作为样本村，其中德惠市、桦甸市、公主岭市、东丰县抽取的8个乡镇，每个乡镇随机抽取4个村作为样本村；在通化县的3个样本乡镇中，共抽取8个样本村。

在选取调查委员会时，我们通过教师推荐、考察学习成绩、面试等方式，选取了华北师范大学社会学专业98级(大三年级)的20名男同学。首先，委托东北师范大学社会学院对调查员进行业务培训，包括了解村民委员会选举基本知识；学习社会问卷调查知识；明晰吉林省村民委员会选举调查问卷等。其次，吉林省民政厅和卡特中心工作人员对调查员进行了有关村民委员会基本情况及这次调查的重要意义的讲解，使调查员明确了这次调查的主要内容、具体化的方式和工作要求。

对每个样本村的调查均包括三部分内容：(1)抽取5名左右的村干部进行结构式的问卷调查，由访谈员填写《村委会选举过程的调查问卷(1)》；(2)随机抽取15名左右的村民进行结构式的问卷调查，由访谈员填写《村委会选举过程调查问卷(2)》；(3)依据每个村第五届村委会选举档案，填写《村委会选举结果调查表》。调查从7月12日开始至18日结束，共进行了6天。调查员分5个地区，每个地区4人，直接深入到村民委员会和村民家中进行调查。共获得村干部问卷204份，村民问卷586份，《村委会选举结果调查表》40份，均为有效问卷。

二、调查样本的基本情况

(一)样本县的基本情况

表1:样本县的基本情况

	德惠	桦甸	公主岭	东丰	通化	吉林省
行政区域面积(平方公里)	3459	6466	4058	2522	3725	18.74万
年末总人口(万)	90.3	44.1	103.0	40.2	25.2	2657.6
村委会个数	308	179	414	229	160	10233
农民人均纯收入(元)	2385	2498	2319	2308	2582	2260
农民人均生活费支出(元)	1758	1026	2020	1672	1817	1347

数据来源：《吉林统计年鉴》(2000)，第3-8页，第436-443页，中国统计出版社，2000年。

依据上表数据可知，所选取的5个样本县在行政区域面积和总人口两个指标上均有比较强的代表性；而人民人均纯收入和农民人均生活费支出两项指标，本次所选取的本县在经济发展方面均属于吉林省中等以上水平。

从村民自治的发展和村民委员会选举的发展来看，5个样本县村委会选举活动开始得都比较早，其中桦甸市和东丰县相对突出。桦甸市第一届村委会选举始于1989年11月，当年即采取村民小组提名、选民10人以上联名提和村党支部提名三种方式产生候选人。东丰县第一次选举于1989年3月进行，全部由村党支部提名候选人，第二次选举于1992年8月进行，采用村民小组提名、选民10人以上联名提名和村党支部提名方式产生候选人。桦甸市和东丰县在1999年均被评为全国村民自治模范单位，其选举程序也都比较规范，代表了中国农村村委会选举的较高水平（刘喜堂，1999）

(二)各县干部样本和村民样本的具体构成

德惠市、桦甸市、公主岭市、东丰县、通化县分别回收有效问卷160、161、162、160、153份；其中干部问卷分别为61、43、41、30、29份。

表2:各县干部样本和村民样本的具体构成

	村干部问卷数	所占比例%	村民问卷数	所占比例%
通化	29	14.2	118	20.1
桦甸	43	21.1	118	20.1
德惠	61	29.9	99	16.9
公主岭	41	20.1	121	20.6
东丰	30	14.7	130	22.2
合计	204	100.0	586	100.0

三、选举的筹备与动员过程分析

(一)选举委员会的产生

村民选举委员会(以下简称“委员会”)是直接主持村委会选举的工作机构，选举会产生程序的权威性和结构的合理性是公开、公正地推行民主选举的重要前提。在选委会的产生方式上，《吉林省村民委员会选举办法》(以下简称《省选举办法》)规定，选举会由五人或者七八人组成，由上一届村民委员会主持召开村民代表会议或者村民会议投票选举产生。依据对40个村204名村干部的问卷调查，34.3%的被调查者回答“村民选举委员会由村民大会推选产生”；58.3%的被调查者回答“由村民代表大会推选产生”。详见如下表：

该题在问卷中是多项选择，但在实际的调查过程中，96.5%的被调查者只选择了一项。依据上表数据可以推断，超过一半的村庄的村选举委员会是由村民代表会议推选产生，而大约1/3的村庄的选举委员会是

表3:村民选举委员会的产生方式

	百分比
1.村民大会推选产生	34.3
2.村民代表大会推选产生	58.3
3.村民小组推选产生	2.0
4.村党支部确定	0.5
5.村委会、党支部共同确定	2.9
6.乡镇组织任命	1.5
7.其他	0.5
8.不知道	2.0

由村民大会推选产生。这表明,《选举办法》中关于村民选举委员会产生方式的规定在实际的选举程序中基本得到落实,而由村民大会或者村民代表大会产生的选举委员会,也势必因为其获得了充分的合法性基础而得到村民的广泛认同。

在问到"村民选举委员会的主任在村里的职务是什么"时,接受调查的204名村干部中,有65.7%的人回答是"党支部书记",16.2%的人回答为"村民委员会主任",14.7%的人回答"其他职务",回答"不知道"和没有填写的共占3.5%。选委会主任作为村选委会主持人,在村委会的选举中起着相当重要的作用。吉林省的选举办法没有明确规定选委会主任由谁担任,问卷调查表明,多数村庄选委会主任由村党支部书记担任。这说明,多数村党支部书记拥有较高威望,得到村民认同。

14.7%的被调查者回答选委会主任在村里担任其他职务,问卷上提供的信息则表明,在这些被调查者所在村中,选委会主任由小学校长担任。村小学校长文化程度比较高,在村里有比较高的声望。

(二)选民资格认定与选民登记

本次调查中,有39个样本同时提供了以下3个数据:(1)全村18周岁以上人口数;(2)全村选民数;(3)本次选举登记选民数。数据显示,有33个样本村的全村选民数等于该村18岁以上的人口数量,占有效样本的84.2%;而本次选举登记选民数等于该村全体选民数量的有29个村庄,占有效样本村总数的74.4%。据此可知,在村民委员会选举过程中,3/4以上的村庄主要依据年龄来认定选民资格。而在10个村庄(占有效样本村的26.4%)中,本次登记选民数量少于全村选民总数,主要原因在于,当前乡村社区人口流动比较频繁,部分外出打工或者经商的村民没有在选民登记期间申请登记。

在对村干部进行问卷调查时,78.9%的被调查者表示该村选民对于选民名单没有异议,只有13.7%的村干部承认选民对于公布的选民名单有异议,表明选民名单公布在大多数开展得相当规范,得到村民认可。其主要原因可能是,吉林省制定的《选举办法》关于选民资格的规定相对比较具体,如第十二条规定:"选民的年龄计算以选举日为截止日期,出生日期以居民身份证记载的日期为准,无身份证的以户口簿记载的日期为准。"这样便从一定程度上减少了选民资格认定方面的纠纷。

发放选民证是进一步明确选民资格,进而加强选举工作的规范性的重要措施。吉林省《选举办法》明确规定,"村民选举委员会应当向选民发放选民证"。在586份有效村民问卷中,81.7%的村民明确回答"曾经发放选民证",回答"没有"的占15.0%,回答不记得和没有回答的共占3.3%。由此可见,大多数村庄均依照选举办法规定履行了"发放选民证"这一必须的程序。然而,由于居住的分散性和村民外出务工经商的频繁性,部分村庄的村民没有领到选民证。这一结果提示我们,今后应探索更为灵活的选民证发放办法,以适应农民人口居住和流动的新情况。

(三)候选人提名与确定

候选人是从选民中产生的选举对象或选举目标的后备人选,是事实上开始享有被选举权的少数选民。确定候选人是选举的关键一环。选举结果在相当大的程度上取决于候选人的产生。而从中国农村村民委员会选举实践的发展来看,一个具有里程碑意义的突破便是体现在候选人提名这一环节。如前所说,20世纪90年代中期,受到海内外学者和媒介广泛关注的"海选"模式,其核心便是上级部门和领导不内定任何候选人,把候选人提名权完全交给村民,由全体享有选举权的村民根据自己的意愿自由推荐候选人,然后再依据提名票多少产生正式候选人。2000年通过的吉林省《选举办法》对此进行了确认,"村委会成员候选人由本村有选举权的村民直接提名产生。"

表4:村庄选民登记情况

项　　目	村庄数量	占有效样本比例
全体选民数等于该村18岁以上人口数	33	84.2%
全体选民数少于该村18岁以上人口数	6	15.8%
登记选民数等于全体选民数	29	74.4%
登记选民数少于全体选民数	10	15.6%

吉林省的村民委员会的候选人的产生大致可以分为初步候选人的提名和正式候选人的确定两个阶段。对40个村村干部和村民的问卷调查表明，在产生初步候选人时，村民的个人提名权得到了比较充分的体现。90.4%的被调查干部回答，村委会初步候选人主要依据村民个人提名产生。

个人提名与组织提名是村委会候选人提名的最主要方式。表4显示，在推举初步候选人的过程之中，全体村民个人提名是村委会候选人最主要的方式，另外，个人自荐和村民联名实际上大致体现了个人提名的意义。而乡镇组织提名、村党支部提名和村民小组提名等组织性的提名方式，基本上没有被采纳。

而对580余名村民的调查表明，51.1%的村民明确回答他们参加了村民委员会初步候选人的提名，而46%的被调查者回答他们没有参加村民委员会初步候选人的提名。

表5:初步候选人的产生方式(可以多选)

	频数	百分比
个人自荐	7	3.4
村民联名	9	4.4
村党支部提名	2	1.0
选举委员会提名	0	0
村民小组提名	1	0.5
村民代表在会提名	8	3.9
乡镇组织提名	3	1.5
全体村民个人提名	184	90.2
其他	3	1.5

表6:您是否参加村委会初步候选人的提名

	参加	没有参加	不记得	合计
人数	298	268	17	583
百分比	51.1	46.0	2.9	100

表7:村委会正式候选人的确定方式(可以多选)

单位:%

	村干部问卷	村民问卷
村民大会预选	51.0	48.0
村民代表大会确定	12.7	16.6
选举委员会确定	0.5	0.3
村党支部确定	0.5	1.2
初步提名票多少决定	40.7	50.7
乡镇组织审定	0.5	0.7
其他方式	0.5	0.5

表8:村主任的正式候选人有几个

	干部问卷 N = 201	村民问卷 N = 584
1人	3.5	8.0
2人	87.6	71.6
3人及以上	8.0	10.1
不记得	1.0	10.3
合计	100	100

村民中参加村委会初步候选人提名的比例大大低于村干部回答的比例，其原因大致有三：一是，村干部作为村庄中的精英，更加主动地参与了村委会候选人的提名工作；二是，村民对于村委会的具体提名程序不是很了解；三是，部分被访谈的村民正好没有参加初步候选人提名。

一般而言，村委会成员的初步候选人的得票数比较分散，从这些初步候选人中遴选正式候选人也是一个非常重要的程序。吉林省村民委员会选举办法并没有明确规定正式候选人的确定方式。从调查来看，吉林省村民委员会正式候选人的确定主要是依据村民大会预选，或者依据初步提名票的多少，或者依据村民代表大会预选。

调查数据显示，在正式候选人的确定方式上，村干部的回答和村民的回答有一定的差异。对村干部的调查显示，村委会正式候选人最重要的确定方式依次为村民大会预选、初步提名票的多少和村民代表大会确定；而对村民的问卷调查显示，村委会正式候选人最重要的确定方式依次为初步提名票的多少、村民大会预选和村民代表大会确定。这里的微小的差异可能是因为村干部认为“村民大会预选”更符合法律的精神，而村民对此的意识较村干部为弱。故而面对调查员，有的村干部倾向于回答“村民大会预选”。

确定正式候选人的另一个原则是差额原则。差额选举给选民以比较多的选择自由，有利于充分表达意愿。吉林省《选举办法》规定，“村民委员会成员的候选人的名额应当多于应选名额。主任、副主任的候选人应当比应选人数各多一人，委员的候选人应当比应选人数多二至三人。”本次调查问卷上没有涉及副主任和委员的选举是否遵循差额原则。而从对村干部和村民的调查显示，差额原则在村民委员会主任的选举中基本得到体现。

表8显示，只有3.5%的干部和8.0%的村民回答“村主任的正式候选人只有一个”，这说明，吉林省绝大多数村民委员会的换届选举体现了差额原则。

表9：候选人与选民的沟通方式（可以多选）

单位：%

	干部问卷 N=204	村民问卷 N=586
登门拜访	4.4	8.9
村民大会发表治村方案	48.5	37.4
村民代表大会发表演讲	73.0	49.3
选举大会讲话	12.3	11.6
选举委员会通过广播电视进行介绍	0	0.9
拥护候选人的村民进行介绍	1.5	0.3
没有任何介绍	4.9	12.5

（四）候选人与选民的沟通方式

目前的村委会多数是由人民公社时期的生产大队演化而来，其规模相对比较大，如本次调查抽取的样本村，规模最大的为3340人，最小的亦有387人，村民之间并没有共同的日常生活空间，也没有充分共享的信息。因此，村委会更多的是一个"半熟人社会"，而不是一个典型意义上的"熟人社会"（贺雪峰，2000）。在村民委员会选举过程开始之时，各位候选人与普通村民之间并不是十分了解，或者说，村民对部分候选人比较熟悉，而对另外一部分候选人不太熟悉。因此，选举之前候选人与选民之间的沟通具有非常重要的意义，甚至是决定选举结果的关键环节之一。

由表9可以知道，在村委会的选举过程中，候选人与村民的沟通过程具有以下几点特征：第一，沟通方式相对比较单调，其中在村民代表大会上发表演讲是吉林省村委会选举过程中选民与候选人最主要的沟通方式，在村民大会上发表治村方案和在选举大会上讲话成为二级的选择。另外有部分被调查者回答，候选人与选民之间不存在任何介绍方式。第二，在村委会范围内，候选人与村民的沟通主要是通过比较公开的方式进行，而登门拜访、拥护候选人的村民进行介绍等私人化的沟通方式并没有成为主要的沟通方式。第三，由上表还可以知道，候选人和村民代表等村庄中的精英的接触频率比与普通村民的接触频率要高一些。

这里出现的村干部与村民之间在事实认定上的差异可能也是由于双方政治认识的不同造成的。对"登门拜访"，有的村干部可能认为不合法，故有意缩小事实，而村民则不大可能有此顾虑。对"没有任何介绍"，有的村干部可能认为不符法律精神，故回答时倾向于不作这一选择。

四、投票规则与过程分析

（一）投票场所

选民投票是一项十分严肃的政治活动，中国和世界各国都规定投票必须在指定场所集中进行，固定的投票点是选民投票的基本场所。但与此同时，有部分国家和地区为了方便选民，设立一定数量的流动票箱作为固定投票点的补充。村民委员会的选举在一些地区曾经完成以流动票箱代替固定的投票点，流动票箱虽然可以方便村民，但是不利于秘密划票原则的落实。1998年《村民委员会组织法》颁布以后，省级村委会选举办法开始明确规定，村委会选举在固定的投票点投票。吉林省选举办法规定："投票在选举大会会场进行。村民小组离选举大会较远的，经村民代表会议决定，可以设立投票站。每一个投票站设发票人、登记人各一人，监票人两人。"

依据对村干部的问卷调查可以发现，当前吉林省的村民委员会选举的投票主要是在固定的投票点进行。

但是，依据村选举档案提供的资料，在40个样本村中，流动票箱作为一种投票方式仍然在8个村庄存在，占所有样本村的20%。在这8个村庄中，由流动票箱产生的选票占回收选票总数的比率，平均为15.8%，其中有1个村流动票占该村的总回收票数的42%。

而有10.6%的村民回答，在本次选举中他们是在流动票箱投票。

（二）委托投票

委托投票是指选民因种种原因不能亲自到投票站投票的，可以委托他信任的有选举权的朋友或者亲属代为投票。我国在人民代表选举过程中实行严格的委托投票制度。法律规定，选民如果在选举期间外出，可以委托其他选民投票，但是必须经过选举委员会同意，并必须有书面委托，而且每一选民接受的委托不

表10：选举日的投票地点　N=204

	回答人数	百分比
大会会场	133	65.2
投票站	98	48.0
流动票箱	27	13.2
不知道	1	0.5

表11：领取委托投票时是否要出示书面委托证明　N=204

	需要且有人验证	不需要	规定需要但无人查验	不知道
%	73.4	20.6	3.5	2.5

能超过3人。

吉林省村民委员会选举办法规定，“选民是文盲或者因残疾不能填写选票的，可以委托他信任的人代写选票。选民在选举期间，因外出或者其他特殊原因，不能参加投票的，经村选举委员会同意，可以在选举日以书面形式委托候选人以外的选民代为投票。每一个选民只能接受一人委托。”

依据村选举档案，40个样本村中有14个村回收的选票包含有委托投票，占样本村总数的35%。在回收有委托投票的14个村庄中，委托票总数占回收选票总数的比率，平均12.5%，其中有一个村为36%。

在对204名村干部的调查时，67.7%的村干部回答一个村民最多可以投一张委托投票，24.4%的村民回答可以投两张或者两张以上。

（三）领取选票

对村干部的调查表明，92.6%的村干部回答，领取选票时要出示选民证。可见依据选民证领票开始得到了越来越多的认同。

依据省选举办法，领取委托票时需要出示书面委托证明，调查显示，20.6%村干部回答，在领取委托投票时不需要出示书面证明，而有3.5%的村干部回答“规定需要但是无人验证”。

（四）划票方式

秘密划票是村委会选举的一项基本原则。86.6%的村干部回答，选举会场和投票站设立了秘密划票间。而有58.0%的村民回答他们主要是在大会会场秘密写票，有29.0%的村民回答他们是在投票站的秘密写票间划票，两者相加为87%。由此可见，村干部和村民的回答能够相互印证，这说明秘密划票的原则得到了比较高的认同。但是，值得注意的是，由于还有部分村庄的投票点没有设立秘密划票间，而流动票箱在一些村的选举中仍然起比较重要的作用，秘密划票的原则还没有得到完全落实。

在对村干部进行调查时，还问道“除了正式的候选人是否还可以另选他人。”回答是的占86.7%，回答否的占12.8%，回答不知道的占0.5%。这进一步说明，在选举中多数选民还是能体现自己的意志。

对村干部进行调查时还发现，绝大多数村是同时选举主任、副主任和委员。回答“同时选举主任、副主任和委员”的村民占被调查者的96.6%。

（五）投票次数

在问及“本届选举的应选名额是通过几次投票才得以产生”时，31.0%的村干部回答经过了一次投票，57.6%的村干部回答经过了两次，回答经过3次及以上者占7.4%，回答不知道的占3.9%。

这表明，多数村的选举未能一次选出全部应选名额，而是选了两次以上，这反映了本届选举竞争较为激烈。

表12：村民在投票日的投票方式　N＝586

	回答人数	百分比
大会会场秘密写票间	340	58.0
投票站秘密写票间	170	29.0
公开场合	42	7.2
代写员填写	3	0.5
流动票箱	62	10.6
委托别人投票	9	1.5

五、选举结果分析

由于本次调查没有收集与当选村委会成员和落选候选人有关的资料，本文不能就第五届换届选举出来的村委会委员的基本情况进行描述。本节主要对选举结果的公布程序、投票率、废票、主任得票率、副主任得票率等对吉林省第五届村委会换届选举的一些情况进行分析。

（一）选票的统计和公布

是否公开统计选票和是否当场公布选举结果，是衡量村委会选举民主化与规范化的重要指标。本次调查，在问到“选票是如何统计的”时候，58.6%的村干部和55.1%的村民回答是“在全体选民面前公开统计选票”，有39.9%的村干部和33.4%的村民回答是“在村民代表面前公开统计选票”。若将在全体村民和村民代表面前公开计票均算作公开计票，两者相加，村干部/村民代表和村民选择率分别达到98.5%和88.5%。这说明，吉林省第五届村委会选举基本上做到了公开计票。

比较值得注意的是，仍然有1%的村民回答是由选

表13：选票的统计方式

单位：%

计票方式	村干部回答（N＝204）	村民回答（N＝586）
在全体选民面前公开计票	58.6	55.1
在村民代表面前公开计票	39.9	33.4
合计（公开计票）	98.5	88.5

举委员会单独计票，回答不知道具体计票方式的村干部和村民分别为1.5%和6.3%。这说明，虽然绝大多数村在公开清点选票上做得较好，但仍然有少数村在选票的清点方面不公开，也就不规范。之所以如此，大都与某些地方在选举中图简便有关。

在"选举结果是否当场公布"一题中，有94.1%的村干部选择了"选举结束后立即公布"，有4.4%的村干部回答是"选举结束以后没有立即公布结果但是在选举日当日公布结果"，而回答"第二天或更晚才公布"的才0.5%。由此可以说明，吉林省第五届村委会选举绝大多数村都做到了当场公布选举结果。

(二)投票率

投票率是指实际参加投票的人数与选民总人数的比例。一般选举法都要对有效选举的投票率有所规定。《吉林省选举办法》规定，选举村民委员会，有选举权的村民过半数投票，选举有效。

依据各个村庄选举档案提供的资料，40个样本村中，有9个村庄的投票率为100%，投票率最低的村为73%，40个样本村的平均投票率为94.2%。投票率在80%及以下的村占4个，占全部样本村的10%；投票率在81%-90%之间的占5个；在91%-99%之间的有22个，占55%。

表14：不同村庄的投票率

投票率区间	村庄个数	百分比
71% -80%	4	10.0
81% -90%	5	12.5
91% -99%	22	55.0
100%	9	22.5
合计	40	100.0

对村民的问卷调查也印证了这个结论。在接受调查的586名村民中，95.1%的村民回答在这次换届选举中投票了，而有4.6%的被调查者回答没有投票，另外有0.3%的被调查者没有回答。

由上分析可以知道，各个村村民委员会换届选举的投票率是相当高的。其原因可能在于，第一，村民直接提名、秘密划票、无记名投票等原则在选举程序中基本上得到了比较切实的落实，使选民的政治效能感大大增强；第二，由于差额选举原则的推行，使选举的竞争性大大加强，各候选人及其拥护者为了竞选成功，采取了一些方式对有关村民进行了动员；第三，选举程序中明确规定了委托投票的规则，使一部分在选举日没有赶回来的选民可以委托相关人投票；第四，《选举办法》对有效选举的投票率有所规定，乡镇和村庄的选举工作机构为了保证选举率，也在宣传和动员工作方面进行了一定的努力。

(三)废票率

从样本村提供的选举档案来看，有8个村回收的选票中没有无效票，有10个村的废票率在1.0%以内，废票率在1.1%-5.0%之间的村为18个，废票率超过5.1%的村为4个。由此可见，大多数村的选民能够依据要求来填写选票。其原因主要有以下两个方面：第一，当前农村居民的识字率和受教育水平大大提高，而委托投票制度化以后，一部分选民通过委托文化水平比较高的选民投票，也减少了废票出现的机会；第二，由于选民政治效能感的增强，划票的随意性大大减少；第三，选民对选举程序的熟悉程度越来越高；第四，选举工作人员的讲解比较认真、到位。

(四)当选村主任、副主任的得票率

依据调查数据，我们计算出当选村主任的得票率。在39个有效数据中，得票率最低的为51%，有2个样本村的当选村主任得票率为99%，各样本村当选村主任的平均得票率为73.3%。见下表：

本次调查中，有23个样本村没有提供当选副主任的有关数据，可能是这些村没有设立村委会副主任这一职位。在提供了相关数据的17个样本村中，有3个村的数据有误，因此，本次调查只获得了14个村的当选

表15：当选村主任的得票率

得票率区间	村庄个数	百分比
51% -60%	10	25.0
61% -70%	7	17.5
71% -80%	4	10.0
81% -90%	9	22.5
91% -100%	9	22.5
缺省	1	2.5
合计	40	100.0

表16：当选副主任的得票率

得票率区间	村庄个数	百分比
51% -60%	2	14.3
61% -70%	5	35.7
71% -80%	3	21.4
81% -90%	2	14.3
91% -100%	2	14.3
合计	14	100.0

副主任得票率数据。在这14个村中，得票率在51%-60%之间的有2个，得票率在61%-70%的有5个，得票率在71%-80%的有3个，得票率在81%-90%的有2个，得票率在91%-100%的有2个。14个村当选副主任的平均得票率为74%，得票率最高的为100%，得票率最低的为52%。

(五)其他问题

在调查中还涉及如下两个方面内容，一是选举中选民是否获得补贴，二是村庄以往是否有罢免村委会成员的事例。这两个内容也与选举程序有比较强的关联性，从一定程度上影响选举的结果。

依据研究者的调查经验，在前几届选举中，有较高比例的村庄发放选举补贴，主要用来调动村民参与选举的积极性，从而保证达到一定的投票率。本次问卷调查就参加投票是否有补贴的问题分别访问了村干部和村民。

表17:参加投票是否有补贴

	村干部		村民	
	频数	百分比	频数	百分比
有补贴	14	6.9	9	1.5
没有补贴	171	83.8	552	94.2
不知道	16	7.8	0	0
没有回答	3	1.5	25	4.3
	204	100.0	586	100

本次调查数据显示，吉林省第五届村委会换届选举中，对参加选举者发放选举补贴的措施没有得到广泛推行。只有6.9%的村干部和1.5%的村民明确回答有选举补贴。原因大致可以从两个方面进行解释：其一，由于村民个人直接提名的推行和秘密划票、公开计票程序的落实，使选民的政治效能感大大提高，而选举竞争性的加强也使村民参与选举的积极性得到了提高，无须用选举补贴来进行激励，选举补贴是否发放与投票率高低没有直接关系；其二，该问题是相对比较敏感的一个问题，问卷中对村干部和村民的询问，并没有客观有效地测量出选举中实行选举补贴的真实比例。

吉林省村民委员会选举办法曾经就村委会成员的罢免问题进行规定。本次对村干部调查时间及"你村以前是否曾罢免村委会成员"。8.4%的被调查者回答曾经罢免，84.7%的被调查者回答没有，6.9%的回答不知道。由此可以知道，尽管部分村庄曾经启动罢免程序，对村委会成员的罢免并没有成为各个村的普遍行动。

六、选举的竞争性分析

(一)竞争性指数

自从中国农村村民委员会选举广泛推行村民直接提名候选人以后，对选举的竞争性进行研究成为实际工作部门、学术界和选举观察家普遍关注的一个课题。本文依据调查获得的数据，构造了一个竞争性指数Y。

Y的计算公式为：

$$Y=1-(X_1-X_2)/X$$

在上式中，Y为竞争性指数，其取值范围为0-1，取值越大说明该次选举的竞争性越激烈；

X_0为本次选举回收的有效票数；

X_1为当选村主任候选人得票数；

X_2得票最多的落选村主任候选人得票数。

X_0、X_1、X_2三个数据是每次选举之后公布选举结果都会包含的内容，因此用该公式计算竞争性操作性比较强，而人们则可以依据该数据对一个村庄的某次换届选举的竞争性进行比较客观的把握。

(二)吉林省第五次村委会换届选举的竞争性分析

根据竞争性指数的大小可以对一个村庄的选举竞争的激烈性程度进行判断。本文将村庄分为三种类型；第一种类型为高度竞争的村庄，其竞争性指数在0.667以上；第二种是中度竞争的村庄，其选举竞争性指数在0.333至0.667之间；第三种是低度竞争的村庄，竞争性指数在0.333以下。

在本次调查中，有28个村同时提供了本次选举回收的有效票数。当选村主任候选人得票数、得票最多的落选村主任候选人得票数。由下表数据可以知道，在吉林省村委会第五届换届选举中，高度竞争、中度竞争和低度竞争的村庄分别占有效样本村的42.9%、28.6%和25.0%。这说明本次换届选举的竞争性总的来说是比较高的。

(三)不同规模村庄存在不同的竞争性

表18: 28个有效样本村村委会换届选举的竞争性指数

	村庄个数	百分比
0.333 以下	7	25.0
0.333 - 0.667	9	32.1
0.667 以上	12	42.9
合计	28	100.0

表 19:村庄规模与选举竞争性的交互分类表

	选民在 1000 以下的村庄	选民在 1001 以上的村庄
低度竞争	7.1(1)	42.9(6)
中度竞争	35.7(5)	28.6(4)
高度竞争	57.1(8)	28.6(4)
合计	100.0(14)	100.0(14)
Gamma = -.594, $p<0.05$		

深入研究村委会选举竞争性的一个路径是探讨不同类型村庄竞争性的差异。本次调查只收集了村庄的人口数据,笔者在这里用来分析不同规模的村庄的选举竞争性的差异。

依照村庄选民总人数是否超过1000人,可以将村庄分为大村和小村。然后分析不同选民规模村庄的选举竞争性指数,可以得到表18的数据。

在上表中,Gamma是社会统计学中对两个定序变量的相关关系进行测量的一个系数,其取值范围在-1至+1之间,Gamma值的绝对值越大,说明两个变量的统计相关性越强,Gamma值前的符号表示相关关系的方向,正号说明两变量之间是正相关关系,负号表示变量之间为负相关关系。由上表数据可知,村庄规模与选举的竞争性存在比较高的负相关关系,即村庄中选民数量越多,该村选举的竞争性越弱。

从百分比分布来看,选民数在1000以下的村庄中,处于高度竞争状态的村庄数量达到57.1%,而选民数在1000以上的村庄中,处于高度竞争状态的村庄数量只有28.6%。

关于这个现象,笔者认为也大体可以从村庄社会关系的性质和精英动员两个维度进行初步的解释。依据群体成员之间的熟悉程度和信息共享程度,大致可以将有明确边界的社会群体区分为陌生人社会和熟人社会两种理想类型,群体规模越小,该群体越可能靠近熟人社会,而群体规模越大,成员之间的共享信息可能性越小,这样的群体更多地属于"半熟人社会",或陌生人社会。在规模比较小,人口比较少的村庄,选民关于各个候选人信息相对比较充分一些,在初步提名的基础上产生的各个候选人之间在个人道德声望、工作能力以及在村庄中的社会影响等方面的差距相对要小一些。因此,其相互之间的竞争力更加接近一些。而由于村庄比较小,竞争各方均能比较及时地了解对手与选民之间的沟通方式,并相应采取一些策略,使选举呈现比较强的竞争性。在人口比较多、规模比较大的村庄,往往是比较典型的半熟人社会,村民的直接提名票往往非常分散,由村民直接提名推选出来的几个候选人在道德声望、工作能力等方面的差异可能相当大,这些候选人之间靠竞争拉开选票差距的可能性大为减弱。

笔者之一曾就选举参与中的精英动员问题进行分析(全志辉,2001)。选举中的竞争实质上是不同候选人之间的不同治村政策之间的竞争,精英对普通选民的动员实际上是一个建构共同利益、增强普通村民对其治村政策的认同的过程。在规模比较小、人口比较少的村庄,其利益分化显著程度相对低一些,精英的动员方式和动员策略可能更加接近一些。而在规模比较大人口比较多的村庄,利益分化比较明晰,精英所建构的共同利益以及在这个基础上形成的治村方案可能迥然不同,其动员方式和动员策略可能有比较大的差异。

七、结论与思考

(一)主要结论

第一,从总体而言,选举程序的规范性程度达到了比较高的水平。依据对吉林省204份村干部调查问卷和586份村民调查问卷的统计分析,以及40个样本村庄中的选举档案的分析,我们可以把握地推断,该省第五届村委会换届选举的总体规范性程度达到了比较高的水平。这主要表现在,《吉林省村民委员会选举办法》的一些基本原则大致得到贯彻,"海选模式"进一步推广,村民个人对村委会初步候选人直接提名权基本上得到了体现,差额选举、秘密划票和公开计票的原则在相当程度上得到了落实。

第二,选举程序各个环节的规范性程度有一定差异。村委会换届选举的流程大致可以分为选前准备—竞选—投票—计票四个阶段。从调查来看,吉林省在选举前的选民登记和初步候选人提名以及公开计票三个环节上做得非常规范。相对而言,候选人的竞选行为和选民的投票行为的规范性程度尚不是很高。由于《村民委员会组织法》和《吉林省村民委员会选举办法》都没有对村委会选举中的竞选问题进行详细规定,候选人的竞选行为缺乏规范。在一些村中,流动票箱被作为重要的投票工具进行使用,秘密划票处没有设立,使秘密划票的原则没有得到完全落实;领取选票时,有些村或者投票站不用出示选民证或者书面委托投票证明。

第三,选民的参与率保持在比较高的水平,选举竞争性相当激烈。就总体而言,吉林省第五届村民委员会选举中选民的参与率保持在比较高的水平,各个村的平均投票率达到95%。其主要原因在于,直接提名、秘密划票、公开投票等原则的逐步落实,使选民政治参与的效应感大为增强。而依据笔者构造的村委会选举竞争性指数进行判断,吉林省多数村的选举竞争性是相当激烈的,超过40%的村庄竞争性为“高度竞争”。

第四,村民代表大会在选举过程中发挥了重要作用。从对吉林40个样本村的调查来看,村民代表大会在村委会选举中发挥了相当重要的作用。主要表现在,相当一部分的村庄的村民选举委员会是由村民代表大会推选的,在一些村庄中,候选人主要通过村民代表大会或者村民代表会议来宣传其治村方案,在投票选举之后,选票的统计和公布也主要由村民代表大会进行监督。村民自治制度的最初设计主要强调直接民主在村庄中的落实,而从村民委员会选举的发展实践来看,即使在选举村民委员会这样的最能体现直接民主原则的事件中,村民代表大会依然发挥了相当重要的功能。其基本原因可能在于,在推选选举工作机构、考察候选人、监督计票程序等环节上,以村民代表大会替代村民大会,其效能可能更高一些,成本更低一些。

(二)进一步规范村委会选举的思路

如果说,1998年《村民委员会组织法》的正式颁布,标志着中国农村村民委员会选举工作开始进入全面法制化、规范化发展阶段,那么我们认为,吉林省的村委会选举工作在法制化和规范化上处于比较高的水平。如前面一部分所分析,目前该省村委会选举在候选人提名和公开计票两个环节具有比较高的规范性。要进一步推动该项工作的发展,在选举委员会产生、选民资格认定,候选人产生、候选人的竞选行为、投票行为、计票程序、罢免程序等方面有诸多要完善之处,依据本次调查数据的分析,笔者认为,下一阶段进一步规范村委会选举的核心工作主要应侧重于规范候选人的竞选行为和选民的投票行为两个环节。鉴于吉林在村委会选举法制化、规范化方面的发展和较高水平,基于吉林经验提出的这一建议也就有着对全国较强的参考价值。

关于规范候选人的竞选行为。目前最重要的是:(1)要在正式的法规中明确规定,村委会候选人可以开展竞选。从调查资料来看,村委会候选人和选民之间正式的沟通方式比较单一,而实际部门和学术界的调查研究则表明,在选举实践中,多数候选人事实上还以非正式的方式开展了竞选活动。在正式的法规中明确认可竞选,可以将候选人这种非正式的竞选活动和竞选方式制度化,以便进行引导和规范。(2)与第一点相联系,应当逐步明确地对非法竞选行为进行界定。如,什么是贿选?送钱,送多少算贿选;送礼物,何种条件下送多少算贿选?等等。

关于规范选民的投票行为。前几部分对调查资料进行分析的时候,已经剖析了选民非规范的投票行为的几种主要类型,实际部门和理论界也对这个问题有比较充分的关注。笔者试图强调如下几点:(1)在领取选票时一定要要求选民出示选民证,领取委托投票时一定要出示书面证明。传统的乡村社会基本上是一个不大需要也不重视文字和正式文书的社会,费孝通曾就该问题进行过论述(费孝通,1998),这种习惯也从一定程度上影响了选举工作,调查数据即显示,部分村庄规定需要选民证但实际无人查验,这可能导致违反一人一票的规则;(2)限制委托投票的使用范围;(3)为保证秘密划票、无记名投票原则的落实,需要进一步限制流动票箱的使用,强调投票站要设立秘密划票间等。

(三)深化村委会选举状况调查的几点建议

在客观、科学的调查分析的基础上,对村委会选举中有关课题进行深入的研究和探讨,是促进该项工作进一步发展的重要条件。笔者认为,深化村委会选举状况的研究,还应当在如下几个方面进行改进:

第一,在问卷内容设计方面,可以把村民问卷和村干部问卷的内容合并起来,以便使村干部和村民的回答更具有可比性。对村干部和村民进行调查的时候,应当增加一些个人背景的变量。在对村庄进行调查时,适当增加有关的社会经济变量,如该村的产业结构、人均纯收入、姓氏分布等,以便将村庄的背景情况和其选举的情况进行比较分析。问卷的主体内容是以被调查者对选举场景的回答为主,同时适当增加部分主观变量,如政治参与的效能感,对选举的评价等。

第二,在抽样方面,更加严格的按照多阶段随机抽样的原则进行,切实保证样本村选取的代表性。到了村一级,则严格使用配额抽样的方式决定村民和广义的村干部(包括两委成员、村民小组长、村民代表等)的比例。这样,研究结论更具有推广性。

第三,在统计分析方面,则应该依据问卷的调查目的,适当考虑使用双变量分析或者多变量分析,以便揭示各个变量之间的作用机制,并将定量分析和定性分析有机结合起来,使对有关情况的描述更加深入。

—案 例—

"海选"故乡的选举历程

——对吉林省梨树县村委会四次选举的考察

余维良

梨树县位于吉林省西南部，松辽平原腹地。国土面积4209平方公里，耕地27.9万亩。总人口83.53万，其中农业人口63万。总户数24.3万，其中乡村户数16.2万。辖32个乡镇，336个村民委员会，2765个村民小组①。

全县交通便利，境内有京哈、四海（河口）、哈大、四浑铁路和公路通过。自然资源比较丰富，盛产玉米、水稻、大豆、小麦，享有"东北粮仓"之誉，为全国产粮大县之一。1996年粮食总产量177.56万吨，国民生产总值34.6亿元，农民人均年收入2028元②。

该县自1988年以来，深入贯彻实施《村委会组织法》，先后进行了四次村委会选举，创造了"海选"经验，深入开展了村民自治示范活动，取得了可喜的成绩。1995年10月23日，吉林省政府第36次常务会议研究决定，授予梨树县为"全省村民自治模范县"的光荣称号。同年11月22日，在民政部召开的"全国村民自治示范工作经验交流暨城乡基层先进集体和先进个人表彰会"上，梨树县被命名为"全国村民自治模范县"，名列榜首。

一、1983—1984年度建立村民委会员，1986年进行直接民主选举尝试，"海选"萌芽

具有划时代历史意义的党的十一届三中全会，1978年12月在北京召开，会议决定将党的中心工作转移到经济建设上来，中国大地将进行史无前例的经济体制和政治体制改革。接着，1982年《宪法》颁布，《宪法》规定：城市和农村按居民居住地区设立居民委员会或者村民委会员。根据《宪法》精神，1983年10月12日，中共中央、国务院发出《关于实行政社分开建立乡政府的通知》。要求各地在建乡的同时要相应地建立村民委员会。梨树县委、县政府根据中央的精神，于1983年11月，成立了以县委副书记、县长银海波为组长，县委副书记迟景权、政府副县长陈维国为副组长，组织部、宣传部、农工部、政法委、民政局、人事局主要负责人为成员的"梨树县人民公社体制改革领导小组。③"

1983年11月28日，梨树县人民公社体制改革领导小组发布了《梨树县人民公社体制改革方案》。《方案》规定："我县人民公社体制改革，不变动公社的现有规模和行政地区划，实行一社一乡、一个大队一个村、一个生产队一个合作社。原来的公社党委、公社管理委员会，改为乡党委、乡人民政府、乡经济管理委员会。原来的生产大队改为村，设村党支部、村民委员会。原来的生产队改为生产合作社，设党小组和村民小组。"又规定："村民委员会设主任1人（较大的村可设副主任1人），文书1人（兼会计），委员3至5人。村民委员会下设民事调解、治安保卫、文教卫生三个委员会。村民小组设组长1人。④"

1984年8月15日，梨树县人民政府下发了《关于政社分开建立乡政府工作的检查验收的通知》⑤，并组织力量进行检查验收。1984年10月，中共梨树县委、县人民政府向四平地委、行署作了书面的《关于政社分开建立乡政府工作的总结报告》⑥。到此，梨树县建乡建村工作胜利结束。全县共建立乡28个、镇5个，建立村民委员会346个，村民小组2814个。

建立乡政府和村民委员会后，虽然家庭联产承包责任制的实行，农民解决了温饱问题，收入逐年递增，生活逐年提高，但是随着农村经济体制改革的不断深入，也出现了一些令人困惑不解的问题，如计划生育、粮食征购、上缴提留等日趋突出，甚至有些村民公开对抗。报复村干部的事件也时有发生：有的干部家庄稼被毁、树木被砍、柴草被烧、禽畜被害，也有的给村干部家门上贴白对联、送花圈，干部感到"官难当、事难办"，颇受委曲。然而，村民群众却反映村干部以权谋私、吃喝贪占、霸道专横，信访案件逐年上升。与此同时，农村的封建迷信、赌博、宗派势力也有所抬头，个别不法分子横行乡里，危害社会，打架斗殴、民事纠纷越来越多，群众没有安全感，怨声载道。这些矛盾，阻碍了农村经济的发展和各项工作的落实。为从根本上解决这些问题，县委、县人大、县政府组织力量深入

① 1996年梨树县国民经济统计资料。

② 同上。

③ 梨树县民政局档案。

④ 同上。

⑤ 同上。

⑥ 同上。

到乡村进行了调查研究。发现实行大包干后，农村虽然进行了政权组织体制改革，可是仍沿袭人民公社时期的管理办法：一是村委会干部仍由乡里任命和指派，他们虽不是国家行政干部却扮演着国家行政干部的角色，但报酬由村民负担，只对上负责不对下负责；二是乡政府向村委会下达指令性工作任务，村委会干部的工作方法惯于用人民公社时期的行政命令手段，“命令加罚款”，陷于“老办法不能用、新办法不会用”的困境；三是集体经济薄弱，出现“空壳村”、“负债村”，村级组织凝聚力削弱。

通过调查研究，梨树县委、县政府一致认识到，随着商品经济的发展，劳动方式和分配方式转变，农民的思想观念不断更新，要求查村里的账，管村里的事，民主呼声越来越高，权利意识、参与意识、民主意识越来越强，这一家庭经营的分散性与村级管理仍沿袭人民公社时期的管理手段和工作方法的矛盾，对滞后的政治体制提出新的挑战。为寻求和解决新形势下农村的新思路、新方法和新矛盾，梨树县委、县政府根据中共中央、国务院《关于加强农村基层政权建设工作的通知》精神，进行了一次村民直接民主选举的尝试。

1986年12月15日至26日，由中共梨树县委整党办公室、县民政局、梨树乡党委、政府组成的以县民政局副局长薄守库为组长、县民政局基层政权建设股股长宋文为副组长的北老壕村委会整顿补课试点小组，历时12天，补北老壕村前期村级整党以及整顿村委会中缺少民主选举村委干部的课。

北老壕村，地处梨树乡东南部，距县城7.5公里，全村11个村民小组，630户，2476人。1986年整党时乡党委指派徐有为村员会主任、张国良为副主任、蔡清玉为文书（兼会计）、李山为治保主任、杨淑芹为妇联主任（兼文卫）、付金华为团支书（兼民兵连长）。对此，群众有怨气，村干部不服气。原因是村委会副主任张国良，1984年时为村委会主任，1985年因贪占计划生育款，乡党委决定其停职检查，1986年由主任降为副主任。为此，张国良耿耿于怀，闹不团结。

以薄守库作为组长的村委会整顿补课小组，在深入调查和宣传发动工作的基础上，先进行村委干部述职，村民评议，然后再进行选举。在村民评议村委会干部时，许多村民对张国良的贪占、不团结行为提出许多批评意见，认为此人不适合再当村委会干部；许多村中的老党员、老干部则提出，这次整顿乡党委不应再指派任命村委会干部了，应该让我们选，上边不定调，不划框。在此情况下，整顿补课小组决定：一是选村民代表，每10户左右选一名代表，全村选出村民代表46名；二是成立以村党支部领导、村民代表参加的村选举领导小组；三是召开村民代表会，将如何产生村委会干部问题提交村民代表会议讨论。代表们一致同意，放开手，整一把，并兴致勃勃地将代表意见带到各村民小组，征求村民意见，群众咋说咱咋办。村民群众同意不划框框、不定调子，由大家随便提名推荐。

1986年12月23日晚，北老壕村11个村民小组都在如火如荼地进行推荐村委会成员的工作。户代表用一张白纸慎重地填写自己所推荐的人。虽然推荐票大小不一、颜色各异，但是这是庄重的一票，神圣的一票，当家作主的一票。下面选两张推荐票：

162								
孙国清	刘德来	刘国祥	朱水海	张玉深	杨海桥	徐有	付金华	杨涉芹

174						
孙国清	张玉深	杨淑芹	杨海桥	刘德来	高桂林	朱永海

经过第一轮户代表的推荐，超过半数的有徐有等13人，作为村委会成员的候选人由村民代表征求本小组村民意见后，于1986年12月25日，在村民代表会上进行了第二轮无记名投票，票样为：

北老壕村民委员会候选人预选票

1986.12.25

符号													
姓名	徐有	蔡清玉	杨淑芹	李山	孙国清	付金华	刘德来	张国良	颜树贵	谢永成	王金生	刘云生	张玉深

说明：符号栏内，同意划0，不同意划×，弃权不划，如果对某候选人不同意而要另选他人，可在空格中填写同意的人名，并在符号格内划0。

此表按村民预选票数多少排列。

经村民代表会二轮投票预选（参加投票的村民代表46人），徐有得44票、蔡清玉得44票、杨淑芹得43票、李山得39票、孙国清得31票、谢永成得14票、王金生得16票、刘云生得15票、张玉深得17票①。

由于村委会成员职数为9人（主任1名、副主任1名、委员7名），经整顿试点领导小组和村选举领导小组研究，取得票多的前9名为村民委员会成员的正式候选人，他们是徐有、蔡清玉、杨淑芹、李山、孙国清、

① 北老壕村档案，目录号31，案卷号33。

付金华、刘德来、颜树贵、孙玉深。于1986年12月25日晚，在村民代表会上进行了第三轮有职务的无记名投票选举。

（162、174为村档案员整理档案时的编号，并非推荐票上的编号。见北考壕村档案，目录号331，卷宗号33。）

票样为：

北老壕村民委员会成员选票

1986.12.25

符号									
姓名	徐有	孙国清	蔡清玉	李山	杨淑芹	付金华	刘德来	颜树贵	张玉学
职务	主任	副主任	文书会计	治保委员	妇女文卫	青武委员	委员	委员	委员

监票人：宋振中　朱永海　张绍丰

1986年12月25日

选举结果报告单为：

北老壕村民委员会成员选票

1986.12.25

符号	46	46	46	46	46	46	45	45	45	1	1
姓名	徐有	孙国清	蔡清玉	李山	杨淑芹	付金华	刘德来	颜树贵	张玉学	张国良	王金成
职务	主任	副主任	文书会计	治保委员	妇女文卫	青武委员	委员	委员	委员		

监票人：宋振中　朱永海　张绍丰

1986年12月25日

选举结果，徐有连选连任村委会主任；在村中小有名气当过小队会计的青年村民孙国清脱颖而出，当选为村委会副主任；而上级任命已任职17年，经济上不廉洁，班子内闹不团结的原村委会副主任张国良落选了。“当群众的民主权利和义务得到充分发挥和行使时，一个群众信赖、充满生机的新班子应运而生了。12月26日这个村像过节那样热闹，村民像办喜事那样高兴，青壮年敲锣打鼓鸣放鞭炮，小学生手舞花环，庆贺自己选举的村委会班子的诞生，把新任的村干部推上了就职演说的讲演台。[①]”

连选连任的村委会主任徐有、新当选的副主任孙国清、村委会委员代表李山分别发表了就职演说；县委常委、副县长费允成，梨树乡党委书记李喜荣，北老壕村党支部书记苏成玉分别代表县委、县政府，乡党委、乡政府和村支部向新当选的村民委员会干部表示热烈的祝贺！费允成说：“在村委会干部的任用上，至今有的地方仍然是上级委任，而不是民主选任。这种委任制既不符合《宪法》规定，也不随着民意，同时也往往使干部脱离了群众的监督，带来了很多弊端。这次北老壕村用直接民主手段选举产生的村委会干部，较好地解决了上级委任村干部带来的弊端，……是一次大胆尝试、有益探索，不但为搞好本身建设创造了条件，也为加强全县村委会建设摸索了经验，蹚出了新路子。我们应该效仿北老壕村的做法，积极倡导，大力推广，推进村委会建设。[②]”

北老壕村这次民主选举，虽然它由户代表推选候选人，虽然它是在村民代表会上确定村委会成员的正式候选人，虽然它是等额选举村委会成员，虽然它还有这样或那样的不规范。但是它首先提出“不定调、不划框、由村民提名推荐候选人”的做法；它首先给户代表发一张白纸，把提名推荐权还给选民；它首先民主选举了村委会干部，确实是一次直接民主的尝试，是“海选”的萌芽。为梨树县今后的村委会选举蹚了路子，为“海选”在梨树县产生铺垫了基石，它的影响是不可估量的。

二、1988–1989年度全县首次依法直接选举，为“海选”产生夯实了基础

北老壕村委会新班子上任后，工作呈现出全新的气象，投资9万元修了村屯砂石路13华里，新修水田170多公顷，建了一座占地15公顷的养殖场，创造了水稻三早栽培技术，引进玉米掖单号品种，每公顷可增产2500公斤，显示出了民主选举产生的村委会新班子的生机和活力，在全县反响强烈，震动很大。于是，中共梨树县委办公室、梨树县人民政府办公室，1987年4月10日下发了《关于转发〈梨树乡北老壕村委会整顿补课试点工作情况的报告〉的通知》[③]。《通知》要求各乡镇要“把补好民主选举村委会干部这一课”列入当前农村工作的重点，加强领导，先行试点，逐步推广。

正当此时，《村委会组织法》颁布了。梨树县委、县人大、县政府为深入贯彻实施《村委会组织法》，组织大批干部就宣传贯彻这部法律进行了一次大规模的调查研究，帮助基层干部和广大村民更新观念，提高认识。与此同时，根据吉林省人民政府办公厅《关于贯

① 梨树县民政局档案，费允成在梨树乡北老壕村委会干部就职演说大会上的讲话。

② 梨树县民政局档案，费允成在梨树乡北老壕村委会干部就职演说大会上的讲话。

③ 梨树县民政局档案1987年卷。

彻实施村委会组织法的通知》精神，由吉林省民政厅、四平市民政局和梨树县民政局共同组成了《实施村委会组织法》试点工作组，于1988年4月4日至18日，在杏山乡进行试点，制定了《村党支部工作方法》、《村民委员会工作方法》、《治安保卫工作制度》、《调解委员会工作制度》和《村规民约》等。使村委会建设迈上了法制化、规范化的轨道。

通过调查和试点，梨树县委、县政府主要领导认识到，要实行村民自治，发挥村委会作用，振兴农村经济，关键要有一个好的群众信赖的村委会领导班子。于是1988年8月20日，梨树县人民政府批转县民政局《关于贯彻执行〈村委会组织法〉的实施方案的通知》①。《通知》要求各乡镇人民政府搞好村委会的直接民主选举。具体时间安排是：第一批从9月开始11月结束，有梨树乡等11个乡镇；第二批从12月至1989年1月结束，有喇嘛甸乡等10个乡镇；第三批从1989年2月至3月结束，有太平乡等11个乡镇。为此，县委、县政府于1988年8月28日至9月3日，在县委党校举办了有各乡镇长、民政助理员和各村委会主任，共418人参加的培训班。各乡镇也相继举办了培训班。据统计，全县共培训骨干5414人次，为村委会首次依法选举做了充分的思想和组织准备。

由于这是首次在一个县范围内大面积进行村委会换届，加之在摸索中前进，所以这次换届拖的时间较长。第一批的11个乡镇是于1988年9月开始的，第二批是1988年11月开始的。梨树乡霍家店村1988年12月进行了第一次由村民直接选举村委会干部，候选人实行大民主的办法由选民民主协商确定，以流动票箱的形式，无记名投票。直接选举村委会干部，村民真正行使了民主权利，在村中震动很大②。郭家店乡双马架村1988年依法实行村民直接选举，原村委会主任和一名委员落选，其原因是其工作未得到村民的信任和支持，群众不投他俩的票③。蔡家镇娘娘村，村主任张世英工作积极，敢抓敢管，抓计划生育得罪了一些人，在酝酿村委全候选人时，虽然被提名但比另一名副主任预选票数少，可是在村民无记名直接选举时，他还是当选了村委会主任④。1988年，杏山乡严格按照《村委会组织法》的规定，直接选举了村委会成员，健全了村委会组织，依法建立了村委会的工作制度和村规民约⑤。

在第一二批的21个乡镇208个村委会换届选举工作结束后，梨树县民政局于1989年6月23日向县政府作了《贯彻落实〈村委会组织法〉的情况和下步工作意见的报告》⑥。《报告》称：全县的第一二批的村委会换届选举，推广了北老壕村的选举经验，突出的特点是由村民直接民主选举村委会成员，重点抓了以下5个环节：

1. 各村都成立了由村党支部书记和村民代表组成的村选举工作领导小组，负责本村的选举工作；

2. 依照《选举法》的规定，各村都对年满18周岁的村民进行了选民登记，并公布了选民榜，确认了选民资格，使享有选举权的村民行使选举权和被选举权；

3. 候选人产生的方式，是以村民小组为单位，选民充分酝酿、反复协商的基础上提出名单，通过预选确定，最后由村选举领导小组公布正式候选人名单；

4. 各村都采取差额选举的办法，由选民直接、无记名投票选举村委会主任、副主任和委员；

5. 投票方式，采用选举大会设票箱定点集中投票和设流动票箱登记投票两种。

县委书记祝国治，在1989年12月19日县委、县政府召开的第三批进行村委会换届选举的动员会上强调指出：要搞好村委会的直接民主选举，注意抓好以下8个环节⑦：

1. 要建立村民委员会选举领导小组；
2. 普遍进行村民登记造册，张榜公布选民名单；
3. 坚持差额选举；
4. 候选人由村民预选确定；
5. 由村民选举监票、唱票、计票等选举工作人员；
6. 选票的计算，以得票数超过选民半数为当选；
7. 建立健全治安保卫、人民调解、公共卫生等专门工作委员会和推选村民小组长；
8. 新的村民委员会产生后，要召开就职演说大会，村委会主要干部向村民发表就职演说，总结经验，展望未来，制定三年任期目标和规则。

① 梨树县民政局档案1988年卷。
② 《梨树县村级组织建设资料汇编》，霍家店村委会主任韩兴富：《努力提高村民自治程度，推进村民自治示范村建设》。
③ 梨树县基层政权建设领导小组、梨树县民政局1992年编《梨树县村委会主任培训材料》，郭家店乡双马架村委会：《适应民主治村形势要求，努力加强村委会的自身建设》。
④ 梨树县民政局档案1989年卷《贯彻实施村委会组织情况》。
⑤ 《梨树县村级建设资料汇编》，杏山乡乡长王文举：《努力开展村民自治活动，推动农村工作全面发展》。
⑥ 梨树县民政局档案1989年卷。
⑦ 同上。

1988-1989年度，梨树县首次依法直接民主选举，全县有农户143947户，选民总数408896人，参加投票选举的选民380273人，参选率为93.1%；选出村委会成员2352人，其中主任336人、副主任513人、委员1503人；落选的村委成员281人，其中主任13人、副主任72人、委员196人。村委会成员平均年龄为45.3岁，大多数成员文化水平为初中；村委会成员中，党员1317人，占村委会成员总数的56%；团员729人，占31%；群众306人，占13%；妇女336人，占14%。

简短的结论：梨树县首次换届选举，在继承和推广北老壕村1986年村委会选举中上级“不定调、不划框、不提名”，候选人由村民推荐，正式候选人由预选确定经验的基础上，又较北老壕村1986年的选举有新的突破：一是真正实行了村民的直接选举，全县40多万选民就有38万多参加了投票，参选率达93.1%，突破了北老壕村1986年的“村民代表”选举的框子。二是实行了差额选举，突破了北老壕村1986年的第三轮选举村委会成员时采用“等额”选举的框子。三是选举程序的8个环节，较北老壕1986年的选举更加规范，标志着梨树全县范围内的首次换届就迈上了规范化、程序化、法制化的轨道，这在《村委会组织法》颁布实施不到一年的情况下，是难以做到的。

正因为本次换届选举，继承和推广了北老壕村的成功经验，又扬弃了北老壕村的不规范的做法，真正实行了由选民提名推荐候选人、预选确定正式候选人的直接、差额、无记名的选举，这无疑为“海选”的产生夯实基础，为“海选”的产生创造了条件。

三、1991—1992年度第二次换届，实行了“五公开”、“三不三直接”的选举办法，“海选”产生

梨树县第二次村委会换届选举，是在中共中央关于批转《全国村级组织建设工作座谈会纪要》的通知(中发[1990]19号文件)，民政部《关于在全国农村开展村民自治示范活动的通知》(民基发 [1990]24号文件)和吉林省颁布实施《村委会组织法办法》(1991年7月13日吉林省第七届人大常委会第二十三次会议通过)的情况下，于1991年12月18日至1992年2月25日进行的。这时，梨树县的村民自治示范活动已经深入扎实地开展起来，确定的村民自治示范单位——杏山、梨树、金山、郭家店四乡和霍家店村的村民自治活动取得可喜的成绩和成功的经验，四平市人民政府、吉林省民政厅先后在梨树县杏山乡召开了村民自治示范现场会，在全市和全省的范围内推广了梨树县开展村民自治示范活动的经验。

经验的根本，就是依法搞好村委会民主选举。因此，梨树县的第二次换届较第一次换届，不论在思想准备上、组织准备上，还是法律的准备上，都较第一次充分。选举分四个阶段进行：

第一个阶段，选举准备。一是县、乡、村三级都成立了选举领导小组，县成立了以县委常委、副县长为组长的，组织、宣传、共青团、妇联、武装、人大法制办、公安、民政、司法等部门参加的领导组。下设办公室，设在县民政局基层政权建设股，领导全县的换届工作。二是制定了选举工作方案，中共梨树县委办公室、梨树县人民政府办公室印发了《梨树县村民委员会换届选举工作方案》的通知[①]。三是广泛宣传、培训骨干，印发《村委会组织法》和宣传提纲4000多份，登门宣讲36800人(次)，培训骨干20198人。四是先行试点、典型引路，全县在杏山乡西八大村、郭家店乡双马架村进行了试点，总结了建立领导组、宣传教育、选民登记、推荐确定候选人、依法定程序进行投票选举和检查验收六个步骤的经验。五是召开现场动员会，推广了两个村的选举工作经验，县委书记祝国治同志在会上作了动员报告[②]。

第二阶段，民主选举。这次换届选举的特点是全县实行了“五公开”、“三不三直接”，抓住程序的关键环节进行。

“五公开”是：公开选民名单，公开村委会成员的名额职数和候选人的条件，公开候选人名单和候选人基本情况，公开选举程序和选举的具体规定，公开候选人得票情况和选举结果。

“三不三直接”是：不包办代替，由村民直接推荐选举领导组成员；不内定名单，由村民直接酝酿、协商、推荐和确定候选人；不划框定调，由村民直接投票选举。

抓住选举程序的关键环节是：

第一，抓住选民登记的关键环节。对于年满18周岁有选举权利的村民逐户登记，并在选举日前5天张榜公布选民名单，做到了不错登、不重登、不漏登，全县共登记选民410923人，保证了每一个有选举权利的选民都行使了民主权利。

第二，抓住提名、确定候选人的关键环节。这次选举，在“五公开”、“三不三直接”的前提下，提名、推荐村委会成员候选人的方式有四种：一是由村党支部提

① 梨树县民政局档案1991年卷。

② 同上。

出，二是由村民小组提出，三是由选民10人以上联名提出（这三种方式是吉林省地方法规规定的）[①]，四是发动全体选民预选提名（后来的“海选”提名）以得票多少确定候选人。至于一个村采用哪种方式提名候选人，由村民代表会议讨论决定。据统计，全县336个村，由村党支部提名的67个村，占村总数的20.1%；由村民小组提名的116个村，占34.5%；由选民10人以上联名提出的119个村，占35.4%；由全体选民预选（海选）的34个村，占10%。上述四种方式提出的候选人，经村民反复酝酿协商，村选举领导小组召开村民代表会议，进行预选（第二轮筛选），获得预选票多者依次定为正式候选人，选举日5天前向村民公布正式候选人名单。做到了尊重民意，按多数选民的意愿确定村委会成员的正式候选人。

第三，抓住投票选举的关键环节。全县的选举，普遍做到了以下六点：(1)无记名投票，直接选举村委会主任、副主任和委员；(2)在村民代表会上推举监票、唱票、计票等工作人员；(3)实行差额的村132个，占村总数的39.3%；实行等额选举的204个，占60.7%（吉林省地方法规规定）[②]；(4)采用了一次投票；(5)投票方式，以设中心会场集中投票为主，不具备条件的村设投票站或流动票箱，采取哪种方式由村民代表会议讨论决定；(6)不论哪种投票方式，都是当天集中票箱，当天唱票、计票，当天公布选举结果。

第四，抓住了村民小组长选举的关键环节。新的村委会产生后，按照同样办法立即选举了全县的2846个村民小组的小组长。村民说：“选县长我们不管，选组长不能含糊。”充分说明了村民对选组长的关心程序。这是本次选举的一大特色。

第三阶段，建章建制。

第四阶段，检查验收。

梨树县1991至1992年度的第二次换届，由于准备充分，采用了“五公开”、“三不三直接”，抓住选举程序的四个关键环节，极大地调动了选民的参选积极性和主人翁意识，他们珍惜和尊重自己的民主权利，慎重地挑选理想中的能人。喇嘛甸镇前进村上届村主任田胜文，平时工作认真负责，选举中有人想利用大户林家的优势选掉他，76岁的老人林景富写选票时连他儿子都信不过，让别人代笔写田胜文，直到投完票看到田胜文当选才放心地回了家[③]。十家堡镇八盘碾子村一个村民雇上吉普车到各屯拉选票，他哥哥马上赶来向大家说，可千万不要选他，选他大家就吃不上饭了[④]。胜利乡老村主任李景和当主任10年多，工作中得罪了不少村民，他认为这次换届一定落选，可选举结果一公布，他得票最多。曾因没给批房基地而和他吵了架的村民林春山说：“别看李主任没给我批房基地，可我还要选他，因为他办事没私心、公道。[⑤]”喇嘛甸镇六家子村妇女主任翟秀玲，抓计划生育工作15年，得罪了一些人，这次选举全村选民1621人，她得了1478票，村民说她执行党的政策认真，不偏亲向友，这样的干部咱怎能不选[⑥]。类似这样的例子，不胜枚举，双河乡平安村就是最典型的例子。

平安村地处梨树县城的东北部，交通便利，但经济基础较差，1991年设6个村民小组，1454口人，人均年收入937元，是较贫困的一个村，梨树县第二次换届时，被双河乡选为试点村，选派当时的副乡长倪德才（现为小城子镇副镇长）作为乡选举联络员指导选举工作。

双河乡党委和政府，为搞好本次换届选举工作，专门制定了《双河乡村民委员会换届选举工作方案》[⑦]。《方案》就选举的指导思想、方法步骤和时间安排等问题做了具体规定。特别是在提名村委会成员候选人问题上，《方案》强调一定要防止出现“领导定名单、村民划个圈”的倾向，并根据《吉林省实施〈中华人民共和国村民委员会组织法〉(试行)办法》的第十三条规定，提出村民委员会成员的候选人由村党支部、村民小组或者有选举权利的村民10人以上联名提出。在双河乡召开的村委会换届选举的动员会上，当时乡党委书记李发（现为梨树县广播局局长）强调：这次换届选举不定调子、不划框子，海阔天空地选[⑧]。

① 民政部政权司农村处编《中华人民共和国村民委员会有关法规及资料汇编》中《吉林省实施〈中华人民共和国村民委员会组织法〉(试行)办法》第13条。

② 民政部政权司农村处编《中华人民共和国村民委员会有关法规及资料汇编》中《吉林省实施〈中华人民共和国村民委员会组织法〉(试行)办法》第9条。

③ 梨树县民政局档案1991年卷，中共梨树县委、县政府《充分尊重村民意愿，依法搞好村委会选举》。

④ 同上。

⑤ 同上。

⑥ 同上。

⑦ 陈永喜（原村委副主任，选后为主任，现为乡计生办协会副秘书长）个人保留，课题组进行了复印。

⑧ 访宋仁清（当时的支部书记、领导组组长）陈忠（当时会计、现为支部书记）时，两人均回忆了李发的话。

按照双河乡的选举《方案》，平安村的选举工作于1991年12月26日开始，至1992年1月20日结束。1991年1月1日，是平安村按乡制定的《方案》提名候选人日，但是在宋仁清（当时的党支部书记、领导组组长）和倪德才主持的村民代表会上（每10户选1名代表，共选代表42名），陈忠（当时的村会计）问倪德才副乡长："李发书记在动员会上的讲话算不算数？"倪答："算！"陈忠说："算，我就报名竞选村委会主任。[①]"之后，陈永喜（当时的村委会副主任）、王希良（当时的民兵连长）两人也报名竞选村委会主任，加上原村委会主任陈森，出现了4人竞选村委会主任的情况。

1998年7月25日访谈宋仁清时，他回忆说："由于有李发书记的动员报告，面对4人竞选村委会主任的局面，在没有办法的情况下，我提出了没有候选人的预选的办法。"这个办法经和倪德才副乡长商量后，提交村民代表会议讨论，村民代表会议同意了这个意见，后报乡党委，经请示县委，同意了由选民提名候选人的办法。

于是，1991年1月3日，具有划时代意义，历史上首次没有候选人的预选开始了。以6个村民小组为6个选区，由联络员向选民发一张白纸选票，为了防止作弊，在白纸选票上除盖有支部公章外，还盖了支部书记个人手章，规定每一白纸选票只能提5人（4男1女），超过5人选票作废。每一选区设1个流动票箱。每一选民，包括本人的选票不得超过三张。这就是第一轮白纸选票。

第一轮投票，全村选民941个，实参加投票941人，每位选民都参加了投票，计票结果：王希良得545票、陈永喜得505票、王志文499票、陈忠430票、李翠琴（女）273票、宋德吉211票、刘忠五197票、王守祥187票、陈森175票、陈庆海163票，薛海军159票……共提名候选人81人[②]。

村选举领导组再次召开村民代表会，协商候选人人选，按第一轮提名得票票数多少排，确定了上述11位为村委会成员候选人。再次拿到全村选民中投票，决定正式候选人。

第二轮为推荐主任级、委员级选举，选票上只有职务，没有候选人，每一选民在选票上只能在第一轮提名确定的11名候选人中推荐主任级候选人3名，委员级候选人3名，然后根据推荐票多少确定主任级（包括副主任1名）正式候选人3名、委员级正式候选人3名。

经第二轮投票，按得票数多少，确定主任级正式候选人3名（主任1名、副主任1名、差额1名）：陈忠、陈永喜、王希良。差掉的主任级候选人（落选）为委员的正式候选人，再加上委员级按得票数多少确定的正式候选人3名，这样委员的正式候选人为4名。

1992年1月6日，进行第三轮投票选举，只选主任级，选票上只印3位主任级正式候选人的名字，每位选民只能在3人中选2人。然后根据得票数多少确定主任级当选名单（但不宣布谁为主任、谁为副主任）。选举结果：陈忠得790票、陈永喜得631票、王希良得212票。陈忠、陈永喜当选为主任级，王希良主任级落选，作为委员级正式候选人。这样委员级正式候选人4名为：王希良、李翠琴、薛海军。紧接着，又进行第四轮选举，只选委员级，选票上只印4名委员级正式候选人名字，每位选民只能在4人中选3人。选举结果：李翠琴得754票、王守祥得720票、王希良得696票、薛海军得285票。李翠琴、王守祥、王希良当选委员级（未作分工），薛海军落选。

参加第三轮、第四轮投票选举的选民为900人，参选率为85.6%。在第三轮、第四轮选举时，在屋子中间放一个票箱，由工作人员按选民登记册一一叫名，进来一人发一张选票，即在屋中间填选票，填完后即投入票箱，然后再按选民册叫另一选民。划票时屋中无人，实际上是秘密划票，唱票、计票、监票工作分三个

平安村推荐主任级、委员级选票

中共双河乡平安村支部委员会章

主任级			委员级		

宋仁清章

第二轮计票结果

姓　名	得主任级票数	名次	得委员级票数	名次
王希良	245	3	132	4
陈永喜	413	2	49	11
王志文	233	4	93	7
陈　忠	518	1	125	5
李翠琴	52	11	249	1
宋德吉	145	7	94	6
陈　森	233	4	57	10
陈忠玉	180	6	87	8
薛海军	129	8	166	2
陈永海	78	10	74	9
王守祥	113	9	160	3

① 1998年7月25日，访谈陈忠、陈永喜时两人说的话。

② 陈忠保留有选举结果报告等，课题组进行了复印。

小组在三个教室进行（每两个村民小组为一个计票组），每组唱票1人、计票1人、监票1人，村民代表都参加，是在公正、公开的情况下进行的。村民说："选主任像大海里捞针，选上真不易呀！"

选举结束后，村党支部书记、选举领导小组组长宋仁清宣布：陈忠、陈永喜当选主任级（谁为主任、谁为副主任研究后宣布）；李翠琴、王守祥、王希良当选为委员（未宣布分工）。平安村新一届村委会由5人（主任1人、副主任1人、委员3人）组成，原村委会主任陈森落选。选举工作人员填写了选举结果报告单：

选举结果报告单

姓　名	获得票数	是否当选	主持选举人签字
陈　忠	790	当选	宋仁清
陈永喜	631	当选	
王希良	696	当选	监票人签字
王守祥	720	当选	陈　俊
李翠琴	754	当选	陈　俊
薛海军	285	不当选	计票人签字
			刘殿生

1992年1月6日召开选举大会。

选民总数941人，实际参选数900人，村委会成员候选人6人，当选5人。

梨树县双河乡平安村

1992年1月7日

平安村第二届村委会选举候选人情况

姓名	性别	年龄	文化	政治面貌	选举前职务	选举后职务	现在（1998年）职务
陈永喜	男	35	大专	党员	村委副主任	村委主任	乡计生办协会副秘书长
陈　忠	男	44	初中	群众	村会计	村委副主任	村支部书记
王希良	男	37	初中	群众	民兵连长	村委委员	社员
王守祥	男	41	初中	群众	一社会计	村委委员	村会计
李翠琴	女	48	高中	党员	妇女主任	村委委员	社员
薛海军	男	20	初中	群众	社员	落选	社员

当选举结果报告单报到乡以后，乡党委书记李发表态：陈永喜原为村委会副主任，陈忠为会计，所以应让陈永喜当主任，陈忠当副主任。就这样，具有大专（梨树农业专科学校）学历，年轻（当时35岁），有朝气、懂技术的陈永喜，成为梨树县乃至全国第一位经全体村民提名预选（"海选"）、后经"筛选"、再正式投票，三轮选举产生的村民委员会主任。

这里需要说明的是，平安村的选举经验当时未引起重视，也未进行总结，待1992年11月11日，民政部下发了《关于接待美国记者考察的通知》（民基函[1992]373号），称："美国《新闻周刊》驻京记者费兰克·吉布尼先生将于1992年11月30日至12月5日，赴吉林省梨树县考察村民自治状况。①"之后，县委副书记费允成等一行前来平安村，研究如何向外国友人介绍经验，听取汇报，村委会主任陈永喜汇报说："我们这块儿选村委会，不划框框、不定调子，像大海捞针那么去捞，捞上谁算谁。"费说："那咱们就叫'海捞'吧！"村委会副主任陈忠说："'海捞'，这个名不好听，海捞像河里捞王八，不好听"。费也说："这个词不文雅。"稍待片刻，费说："不叫'海捞'，叫'海选'吧！"就这样，把平安村三轮选举村委会的经验定格为"海选"。当时在场的有县民政局局长邹联军、副局长张春江、政权科长张建文、县委办公室综合科科长徐谦等人②。

1992年11月30日至12月4日，美国《新闻周刊》记者费兰克·吉布尼先生在民政部政权司农村处处长王振耀陪同下前来梨树县考察，县里介绍了平安村"海选"的经验；1993年3月4日，民政部政权司司长李学举，听取了县委副书记费允成《关于迎接中央11家新闻单位梨树采访团的情况汇报》，对平安村的"海选"经验给予肯定；1993年5月4日至8日，中央11家新闻单位采访团赴梨树采访。从此，"海选"不胫而走，国内外的新闻媒体广泛宣传，民政部广泛推广。

梨树县1991至1992年度的第二次村委会换届选举，全县登记选民总数410923人，参加投票选举的选民387359人，参选率94.3%，较上届提高了1.2个百分点。选出村委会成员2270人，其中主任336人、副主任478人、委员1456人；落选的村委会成员486人，其中主任41人、副主任119人、委员285人。村委会成员平均年龄41.5岁，较上届下降3.8岁。村委会成员中党员1271人，占总数的56%；团员817人，占36%；群众182人，占8%；妇女336人，占14.8%；选出村民代表16196人，平均每村48人；村民小组长2846人。

简短的结论：考察梨树县第二届村委会换届选举，它的特点和功绩在于：第一，它统一了全县村委会选举的时间，便于集中指导，上届分三批用时一年多，这次全县统一进行，两个月全部完成。第二，它首创了"海选"经验，为中国农村的村委会选举做出了极大的贡献，也为世界的选举增添了新的模式。第三，平安村

① 梨树县民政局档案1992年卷。

② 1998年7月25日，课题组访谈陈永喜、陈忠、宋仁清等人的发言。

4人竞选村委会主任，三、四轮选举选民在秘密状态下填写选票的做法，为村委会引入竞争机制、开展竞争选举和设立秘密划票间作了有益的尝试。上述三点，不仅走在了全国的前列，也为梨树县下届换届选举更加规范化、法制化、国际化奠定了坚实的基础。

四、1994—1995年度第三次换届，全县实行了“海选”候选人的办法，“海选”模式逐步完善

梨树县第三次村委会换届选举，正值党的十四届四中全会和全国农村基层组织建设工作会议召开之际，中共梨树县委书记刘崇东参加了全国农村基层组织建设工作会议，并作为县级的惟一代表在会上作了“加强村委会建设，实行村民自治“的经验介绍。这一经验得到了中央领导同志和与会代表的充分肯定，引起了中央对这项工作的高度重视。会后，中共中央下发了《大力加强农村以党组织为核心的基层组织建设的通知》。《通知》强调：“要广泛开展依法建制、以制治村、民主管理活动，调动农民群众当家作主的积极性。继续开展村民自治示范活动。当前应着重抓好村民选举制度。村委会成员坚持由民主选举产生。选举要依法办事，加强引导，尊重村民的民主权利，坚决反对和纠正选举中的违法违章活动。”①

党中央的决策为梨树县第三次换届选举创造了良好的氛围，加之有前两届换届选举的成功经验，就使得第三次换届选举在组织领导上、选举的法律程序上、民主的程度上更加发展、完善和突破，由此，也使“海选”模式逐步完备。

梨树县为了做好这次换届选举工作，早在1993年就以梨树县人民政府的名义下发了《关于印发村委会选举的具体规定的通知》(梨政发[1993]19号)②。《具体规定》就选举的组织领导、职责、选民资格的确认、村委会成员候选人的提出、选举的程序、差额的数额、投票方式、如何确定当选、村民代表和村民小组长的产生、村委会成员的罢免和补选以及对破坏选举的制裁都做了详细规定。这是一份行政指导性文件，要求各乡镇、村贯彻执行，实际上为整个第三次换届选举做了法规和制度上的准备。

与此同时，梨树县的村民自治工作更扎实地向纵深发展，1994年3月21日，梨树县人民政府做出《关于第二批村民自治示范村命名的决定》③。这次共命名了197个村，加上1992年第一次命名的107个村，全县就有304个村达到了村民自治示范标准，占村总数的90%多，这也为第三次村委会换届奠定了组织基础。

接着，经县委、县政府批准，1994年9月4日至25日，由县人大常委会副主任符成林、副县长张宪启带队，县民政局长邹联军、政权科长张建文等参加了考察小组，赴河北、山西、陕西、河南4省考察学习的兄弟省市的村委会选举经验，为第三次村委会换届选举做了充分的技术准备。

在做了上述的充分准备后，1994年11月25日，中共梨树县委办公室、梨树县人民政府办公室出台了《关于印发〈梨树县村民委员会第三次换届选举工作的实施方案〉的通知》(梨办发[1994]19号)④。《实施方案》明确提出：“这次换届，要在总结前两次民主选举工作经验的基础上，在民主程度上有新的突破。一是确定候选人，实行“海选”的办法，把确定候选人的权力完全交给选民，上级部门或领导不定调子、不划框框。二是确定的候选人都要在正式选举前作竞选演讲。当选后的村委会成员作就职报告，向村民公开自己任期目标和措施，真正造成一种民主、竞争、择优的政治局面。三是村委会主任、副主任和委员都实行差额选举，真正给农村中群众信得过的‘能人’和‘强人’提供脱颖而出和施展才干的良机。四是实行秘密划票办法。在正式选举时，各投票站都要设立秘密划票室，让广大村民在无任何干扰的环境下行使自己的民主权利。五是村党支部书记作为一名有选举权和被选举权的村民，如果大多数村民同意，可以参加村主任的竞选，若被选上可兼任村主任。”可以说，这是全国第一个县级单位的党委、政府，将“海选”、竞选演讲、全部实行差额、全部实行秘密划票和村支书可以竞选村委会主任等几个在村委会选举中比较敏感和很难做到的问题，以党的政策和政府的指令性措施要求全县贯彻执行，这也为梨树县乃至全国进一步完善农村基层民主选举制度增添了新的内容和光彩。

不仅如此，还成立了县委书记刘崇东为组长，县长白惠东、县委副书记费允成、县人大副主任符成林、副县长张宪启为副组长，县政府办公室、县委组织部、宣传部、政法委、县民政局、公安局、司法局、财政局、计生委、县武装部、团委、妇联等部门主要领导人参加

① 民政部政权司农村处编《中华人民共和国村民委员会有关法规、文件及规定制度汇编》。

② 梨树县民政局档案1993年卷。

③ 梨树县民政局档案1994年卷。

④ 梨树县民政局档案1994年卷。

的第三届村委会换届选举领导小组。加强对换届选举工作的领导，并于1994年11月29日，在梨树乡霍家店村召开了“全县第三届村委会换届选举工作会议”，参加会议的有各乡镇党委书记、乡镇长、主管民政工作的乡镇领导、民政助理员和各村党支部书记，共464人。会议由县委副书记费允成主持，县委书记刘崇东作动员报告，县长白惠东对第三次换届选举作了部署和提出了具体要求，副县长张宪启传达了《换届选举实施方案》；县民政局副局长张春江作了《梨树县选举办法》的说明，北老壕村介绍了试点经验。这次会议，既是动员会，也是培训会，它不仅对全县的第三次选举工作做了部署和安排，更重要的是它保证了全县选举工作的顺利进行。

梨树县第三次村委会换届选举工作，于1994年11月29日正式开始，至1995年1月25日正式结束，历时一个月。这次选举，较前两次换届的发展和突破主要有以下几个方面：

第一，实行“海选”候选人。上届“海选”的村34个，占10%，这次全部实行“海选”。上级党政部门和任何领导不定调子、不划框子，把提名权完全交给选民，由全体享有选举权的村民根据自己的意愿推荐提名候选人。彻底否定了过去上级定名单、选民划圈圈的传统做法。这次全县各村共“海选”出村委会成员候选人25536人，平均每村76人。

第二，“筛选”确定正式候选人。“筛选”即在第一轮“海选”出村委会成员初步候选人的基础上，由全体享有选举权的村民第二轮无记名投票，按照差额选举的原则，以得票数多少确定村委会主任、副主任、委员的正式候选人。它把确定权完全交给了选民，使选民真正行使了当家作主的权利。全县第三次换届选举中，共“筛选”确定正式候选人2933人，每村8.73人。

第三，开展了竞选演讲。正式候选人产生后，都要在全体村民会议上发表竞选演讲，讲自己竞选的职务、有利条件和治村打算。选民可以向竞选人提问、演讲人之间也可以互问。竞选演讲不仅为候选人展示自己的德识才学提供了机会，也为选民鉴别、比较、挑选自己满意的人为村委会成员创造了条件。因此，它赢得了选民的欢迎。

第四，设立了秘密划票间。这次选举，每个村民小组都设有秘密划票间，由专人看护、维持秩序，选民依次单独进入秘密划票间填写选票，保证了选民在无任何干扰的情况下自由地行使自己的民主权利。

第五，做到了差额选举，上届选举实行差额的村只占39.3%，实行等额选举的村却占60.7%。这次选举村委会主任、副主任、委员都实行了差额选举。

第六，公开计票。计票工作统一在村中心会场，在村民代表监督下公开进行，当场宣布选举结果，当场颁发当选证书。

第七，发表就职演说。

第八，出现了支书兼主任。全县共有39名支书兼村委会主任，占村委会主任总数的11.6%。

梨树乡北老壕村是梨树县第三届换届的试点村，在选举中做到了“五个坚持”：一是坚持村民代表会议制度，实行民主决定换届选举中的重要事宜，全村选出村民代表47名。二是坚持搞好选民登记，共登记选民1723人。三是坚持民主确定候选人，第一轮采取了三种推举方式：(1)由所有享有选举权的村民投票“海选”，即给选民发一张白纸选票，由选民按职务和职数进行定向等额随意推举；(2) 选民10人以上联名提出候选人；(3)选民可以自荐。三种形式同时并存、同等对待，三种办法提名，全村共推举出候选人149人，其中主任25名、副主任29名、委员95名。第二轮将第一轮推举候选人印在预选票上，由选民在这个范围内进行“筛选”，最后确定主任正式候选人2名、副主任2名、委员6名。四是坚持竞争演讲和差额选举，竞选演讲那天，村民挤满了会场，就连一位下肢瘫痪的村民也摇着轮椅到会，村民说：“以前认为谁都能当干部，现在看来没两下子真不行！”五是坚持无记名的秘密划票，全村11个村民小组，设了11个秘密划票室，1689人参加了选举，参选率高达98%。

第一轮推举提名候选人结果

姓名	主任	副主任	委员	姓名	主任	副主任	委员	姓名	主任	副主任	委员
韩兴富	1620	159	33	迟德江			33	常玉文			4
李明昌	107	1337	375	王春宝		1	31	李道民			3
崔立坤	283	1185	436	李井全	1	1	29	孙宪生		3	2
崔文彦	27	1156	588	于跃新			8	郦双印			2
王凤兰	6	53	1883	蒲术兰		1	28	高玉成			2
孙贵生	2	28	1295	崔晓彦			27	高玉喜		2	
赵志生	2	93	1231	赵亚风			17	冯小艳			2
周海丰	6	8	626	赵术芳			13	孙贵友			1
孟召义	6	28	597	王风良	1	2	10	兰桂芝			1
李士昌		38	189	卜庆祥		4	10	王春生			1
杨中义	3		118	孙连成			9	王国辉			1
王占春			77	李文昌		3	8	王和平			1
周术先			50	单风侠			6	×社草			1
郑永真			40	孟庆才	6		5	×友			1
李继军			37	王井山			4				

注：“×”字不清，无法辨认。

梨树乡霍家店村第三次村委会换届，也经历了三轮选举：第一轮“海选”提名候选人，共提出主任候选人13名、副主任候选人18名、委员候选人46人，见上表。

第二轮“筛选”，在第一轮的基础上推举村委会主任、副主任、委员正式候选人。选票样式为：

第二轮推举正式候选人选票

职务	主任	副主任	委员
姓名			

注：第二轮正式候选人必须在第一轮候选人中推举，而且只推举主任1人、副主任2人、委员4人，多者为废票。

第三轮正式选举，选票模式

主任选票

符号		
姓名	韩兴富	崔立坤

副主任选票

符号			
姓名	崔立坤	李明昌	崔文彦

委员选票

符号					
姓名	王凤兰	孙贵生	周海丰	赵志生	崔文彦

说明：1. 同意在其姓名上方格内划0，不同意划×，弃权不划。
2. 主任2人，差掉1人。
3. 副主任3人，差掉1人。
4. 委员5人，差掉1人。

原村委会主任韩兴富，第一轮得票1620张，第二轮得票1830张，第三轮得票1960张（参加选举的选民2156人），第三次当选为村委会主任。

梨树县1994-1995年度第三次村委会换届选举，全县共登记选民总数416819人，参加投票选举的选民396395人，参选率95.1%（较第一届提高了12个百分点，较第二届提高了0.8个百分点）。选出村委会成员2083人（较第一届减少269人，较第二届减少187人），其中：主任336人、副主任185人、委员1562人。落选村委会成员521人（较第一届增加240人、较第二届增加35人），其中：主任51人、副主任133人、委员337人。村委会成员的平均年龄39.8岁（较第一届年轻5.5岁，较第二届年轻1.7岁），文化程度绝大部分为高中，上两届绝大部分为初中。村委会成员中党员1066人，占总数的51%（较上两届减少了5个百分点）；团员465人，占22%（较第一届减少了9个百分点，较第二届减少14个百分点）；群众552人，占27%（较第一届增加14个百分点，较第二届增加19个百分点）；妇女，338个，占16%。

简短的结论：综上所述，如果说1986年北老壕村的选举是“海选”的萌芽，1988至1989年度第一次换届为“海选”夯实了基础，1991至1992年度第二次换届产生了“海选”，那么1994至1995年度的第三次换届，它的最大功绩是在全县的范围内实行了“海选”和完善了“海选”模式。这个“海选”模式的主要内容包括：(1)选举开始先推选村民代表，建立村民代表会议制度，由村民代表会推荐村选举领导小组成员，民主决定选举中的重大事宜；(2)经三轮选举，即第一轮“海选”提名候选人、第二轮“筛选”确定正式候选人、第三轮投票选举村委会成员，把候选人提名权、确定权、选举权完全交给选民；(3)开展竞争选举和演讲，选民可以自荐和竞选，演讲中选民可以提问，好中择优；(4)实行差额，村委会主任、副主行、委员都实行差额，由选民无记名直接选举村委会主任、副主任和委员，体现直接、无记名、差额选举的基本原则；(5)设立秘密划票间，保证选民在无任何干扰的情况下，自由地行使民主权利；(6)计票在当天、公开、监督下进行，公开场合当天集中计票，村民代表参加监督，保证计票无误；(7)当场公布选举结果，颁发当选证书，发表就职演讲。总之，“海选”模式应该较“海选”候选人在外延上有所扩展，在内涵上更加丰富。不应将“海选”候选人称作“海选”模式，或者将两者等同起来。不然的话，将给选民发一张白纸，提名推举村委会成员候选人，而既不竞选、演讲，又不实行差额、不设秘密划票间，计票不公开又无监督的选举，也称作“海选”模式，那就有点言过其实了。

五、1998年第四次换届，实行“海选”村委会成员的办法，“海选”模式在实践中发展

梨树县委、县人大、县政府为使1998年第四次换届选举较前三届换届有新的发展和突破，较前三届民主化程度更高，早在1998年1月10日，梨树县人民政府就报请县人大常委会和吉林省民政厅批准，将全县村委会第四次换届选举时间由1月推迟到7月进行。3月20日，邀请部分乡镇的党委书记、乡镇长、民政助理员和部分村党支部书记、村委会主任、讨论修改《梨树县第四届村委会选举办法》和《梨树县第四届村委会选举工作方案》。5月27日至6月19日，由县委副书记费允

成带队，一行7人，赴福建、湖南两省考察学习村委会选举经验，为第四次换届选举做了充分的准备。

在此基础上，6月23日至7月3日，在梨树乡霍家店村进行了第四次换届选举试点；6月29日，中共梨树县委、县政府联合下发了《梨树县村民委员会第四次换届选举工作的通知》(梨发[1998]10号)①，成立了以县委书记、代县长赵连友为组长、县委副书记费允成、县人大副主任王林海、县政府副县长张宪启、县民政局长邹联军为副组长，有关部门为成员的梨树县第四次村委会换届选举工作领导小组；7月2日，县十四届人大常委会第四次会议做出了《关于批准〈梨树县村民委员会选举办法〉的决定》②。7月4日，召开了有各乡镇党委书记、乡镇长、民政助理、各村党支部书记和县派驻各乡镇的选举联络员，共500余人参加的全县村委会第四次换届选举大会，对全县的换届选举工作进行了周密的部署和精心的安排。

这次选举工作，是于1998年7月5日在全县铺开，8月初结束，历时一个多月，分准备、选举、建章建制和检查验收四个阶段进行。

这次选举较前三届的最大特点是，实现了“五统一”和“五坚持”。五统一是：统一时间、统一选举程序、统一选举文书样式、统一颁发当选证书、统一立卷归档。五坚持是：坚持先选村民代表，后选村委会成员，发挥村民代表的作用；坚持竞选演讲；坚持“海选”办法；坚持设立秘密划票室，实行直接、差额、无记名投票选举；坚持候选人条件、选举程序、选举办法和选举结果公开、透明，并在选举中，有了新的改革和突破，使“海选”模式又有了新的发展：

首先，在选举形式上改“召开选举大会”为“设立投票站”。过去的几届选举，尤其是第三届选举，以召开选举大会为主要形式，但该县第四届选举是以设立投票站选举为主。投票站以村民小组为单位设立，每投票站设四处；检验选民证领取选票处、秘密划票处、代笔处和投票处(票箱)。分别有三名工作人员负责，一名负责验选民证、核对选民名册、发选票、讲解选票的划法；一名负责秘密划票处，只许领得选票的选民一人进入和监督代笔处；一名负责监视票箱，防止意外情况发生。课题组观摩的杏山乡孤榆树村第六投票站、白山乡裴家村第一、十一投票站，工作人员严守岗位、严格执法，多次向选民讲解选票的划法，监督秘密划票和投票不受外界干扰，秩序井然，保障了选民投出庄严一票，投票时间从早晨6时开始，至中午12时止。过去召开选举大会选民参选至少要五六个小时，而今到投票站投票只需五六分钟。选民说：这一改革，既保障了我们行使民主权利，又不耽误生产，政府真是为老百姓着想。

其次，在选举方法上，改“海选候选人”为“海选村委会成员”。该县的第三届选举，普遍采用至少三轮选举的办法：第一轮“海选”候选人，第二轮“筛选”确定正式候选人，第三轮正式投票选举，如出现缺额还要进行第四轮再次选举，延续几天，误时误事，选民疲劳，农民说：“海选”好，就是太繁琐！鉴于此，1998年的第四次选举，改“海选候选人”为“海选村委会成员”，实行不设候选人的选举。即选民领取白纸选票，进入秘密划票间，在白纸选票上直接填写自己要选的村委会主任、副主任、委员的姓名，再将选票投入票箱。一轮选举一次投票，如被选人得票数超过选民半数即当选，如当选的村委会成员足额，选举即结束；如一次性投票没有人得票数超过选民半数和出现缺额，即根据被选人得票多少确定正式候选人(差额)，举行再次投票。再次投票为有候选人的投票。这种把“提名权、确定权、投票权”三权结合在一起，一次性选举的方法，既保留了“海选”的内涵，又减少了“海选”的次数，既是“海选”的改革，又是“海选”的发展，它颇受选民的欢迎。

再次，在竞选演讲上，改候选人演讲为选民报名演讲。

梨树县前三届选举基本上是先“海选”、再“筛选”，确定正式候选人后，正式候选人上台发表演讲，具有一定的局限性。这次选举，先演讲、后“海选”，凡志愿参加竞选村委会成员的选民均可报名，经村选举领导组登记认可后，即可参加竞选演讲，扩展了演讲人的范围。课题组观摩的金山乡平安堡村、杏山乡孤榆树村、白山乡裴家村、石家堡村、泉眼岭乡南泉村、十家堡镇九间房村都出现了至少有三四名，最多的6名演讲人竞争村委会主任一个职务的可喜局面。上台演讲的有原村委会主任、有村党支部书记或副书记、有农民企业家、有种植养殖专业户、也有村民小组长、村民代表和普通村民，还有不少妇女。演讲竞争激烈，治村打算掷地有声，承诺亢奋有力。孤榆树村村民说：“农民上台演讲、竞选，在我们这疙瘩还是头一遭。”

第四，在投票方式上，改单一方式为多种方式。前三届选举，基本上在选举大会会场或投票站划票、投

① 课题组保留有原件。

② 同上。

票,只是这一种方式。而这次选举,除继续采用上述方式外,还出现了信件"函投"和用"电话投票"的方式。信件"函投"在我国许多地方采用,电话投票还是第一次出现。该县沈洋镇翻身村7月17日为村选举日,7月15–16日,该镇秘书接连接到翻身村选民5人,从大连打来电话投票选举。在镇秘书出具证明的情况下,县选举办公室认定了翻身村5位选民电话投票选举有效。多种投票方式的出现,拓宽了投票方式的渠道,为外出打工经商的村民享受民主选举权利提供了保障。这也是我国社会主义选举制度优越性的体现。

第五,在计票办法上改单独计票为"下加"计票。过去三届选举,在计算候选人和被选人得票方法上,是以职务单独计票,即主任职务票、副主任职务票、委员职务票,三种职务票不发生关系,单独各计各的票,确定是否当选其职务。这次选举采用"下加"计票的办法,即在主任、副主任、委员三种职务栏中均得有票数的,在计算选票时,按照就低不就高的办法,向下加票计算。例如,同一人在主任、副主任职务栏中都有得票,但未当选主任,在计其副主任得票数时,可将其得主任的票数加到副主任票中计算;同样,一个人同在主任、副主任、委员中都得有选票,可将主任、副主任的得票加入到委员票中计算。可以下加、不得上加。委员的票不能加在副主任票中,副主任的票不能加入主任票中。这种"下加"计票办法的好处是可以使村委会高职务的候选人有机会当选村委会低职务的成员,实践证明,它既有利于人才脱颖而出,又有利于人尽其才。是一种较科学的计票办法。

上述五项改革的内容和办法,均写入县《选举办法》和《选举方案》中,而且为了保证这次选举在程序上、技术上、操作上的统一性,县选举办公室还制定了统一的选举票样和选举文书样式,发至各村,这样就保证了全县336村选举的同步性,保证了全县的选举工作按《方案》规定的时间顺利完成。课题组因时间关系主要观察了两个村(杏山乡的孤榆树村、白山乡的裴家村)的选举全过程,这两个村都是按照改革后的新方法进行了村委会换届选举,下面就以杏山乡榆树村为例,窥见一斑,看出全县各地选举的法制性、程序性、规范性和严密性。

孤榆树村位于县城南5公里处,四梨公路旁,11个村民小组,1800口人。第四届村委会换届选举从7月7日开始,7月26日结束,历时20天,选举过程和程序是:

1. 宣传。用7–8日两天宣传,家喻户晓。

2. 召开动员会。7日村党支部书记朱学,召开有支委、村委成员和村民小组长参加的动员会,传达县、乡《选举办法》、《选举方案》和上级会议精神。

3. 推举村民代表。8日,以村民小组每10户左右推举1名村民代表,全村共推举村民代表71名,组成孤榆树村第四届村民代表会议。

4. 选举村领导小组。9日,村民代表推选了以朱学为组长的4名村民代表组成第四届换届领导小组,并以四届一次村民代表会议名义发布公告。

5. 村选举领导小组发布1–5号公告:

1号公告,发布第四届村委会成员条件和职数(主任1人、委员4人);

2号公告,发布了7月15日为投票选举日;

3号公告,发布7月10日为选民登记日;

4号公告,发布7月12日为竞选报名日;

5号公告,发布7月14日为竞选演讲日;

6. 选民登记。10日进行了选民登记,村选举领导小组发布6号公告,张榜公布选民名单,全村共1356人。

7. 召开村民大会。11日召开第一次村民大会,动员村民踊跃参加选举,由原村委会主任作上届村财务收、支情况的审计报告。

8. 竞选报名。12日为竞选报名日,共有8名同志报名竞选,并填写了《竞选演讲登记表》,报村选举领导小组,其中:

报名竞选村委主任的4人:

张守琦,女、47岁、支部副书记、高中、中共党员。

王殿春,男、47岁、村民、初中、中共党员。

辛福君,男、48岁、村民、养牛专业户、初中、非党群众。

陈林,男、44岁、村民小组长、初中、中共党员。

报名竞选村委会委员的4人:

贾志国,男、44岁、村会计兼文书、初中、中共党员。

王世泉,男、34岁、团支书兼计生办主任、高中、中共党员。

孙繁清,男、治保主任。

张权,男、民兵连长。

9. 竞选演讲。报名竞选的8名同志,经村选举领导小组审查,符合竞选村委会成员条件,批准参加竞选演讲。发公告第7号。14日,召开第二次村民大会,竞选人进行演讲,但实际参加演讲的是:张守琦、王殿春、辛福君、陈林、贾志国、王世泉6人;孙繁清、张权未参加演讲,演讲大会在村小学广场举行,演讲人治村方案详细周密,井井有条,选民提问异常热烈,竞选氛围浓厚。

10. 推举选举工作人员。13日,村选举领导小组召开第二次村民代表会议,推举总监票、监票、唱票、计票等选举工作人员，并进行了业务培训，学习选票有效无效的辨认和选票计算办法等。发公告第8号。

11. 直接"海选"村委会成员。15日，为村投票选举日，全村11个村民小组，设11个投票站，每站设4处，有3名工作人员负责，投票从早晨6时开始，至12时结束。选民随来随领选票，进入秘密划票间（不识字有专门的代笔处）划票，然后把选票折叠投入票箱。整个投票站秩序井然。

选民打工经商外出的，可申请委托投票，办理委托手续，经村选举领导小组批准，发给"委托选民投票证"，但每一被委托选民，持"委托证"投票不得超过3张。

"海选"村委会成员选票样式为（票样全县统一）：

孤榆树村第四届村委会成员选举票

1998.7.15

职务	主任				
姓名					

说明：1. 主任应选1人，委员应选4人。分别将所选人姓名填在各职务栏内。

2. 每一职务选举不许超过应选人数，否则选举无效。

3. 不许选举同一人担任两种或两种以上职务，否则无效。

4. 选票应盖村委会公章，无公章无效。

下午1时，11个投票站的票箱在监护人的护送下，集中到中心会场（村委会会议室），有监护人看护票箱。

下午2时30分，朱学宣布孤榆树村十四届三次村民代表会议开会。应到代表71人，实到代表49人，符合法定人数。会议的主要议题是唱票、计票。

第一项议程：集中票箱；

第二项议程：检查票箱封条是否有拆动；

第三项议程：将选票掺合在一起，清点收回选票数，经清点，由总监票人宣布：本次选举登记选民1356人，实参加投票选民1336人，发选票1336张，收回选票1336张，符合法律规定，本次选举有效。

第四项议程：唱票、计票（分两组在会场公开进行）。唱票、计票分别有监票人监察，村民代表监督。计票结果：

主任票：辛福君　804票

王殿春　182票

陈　林　97票

马万才　50票（未参加竞选、演讲）

张守琦　41票

共有11人得主任票，其余名单从略

委员票：贾志国　587票+主任票6票=593票

张　权　466票+主任票4票=470票

（未参加演讲）

卜俊和　460票+主任票19票=479票

（未参加竞选、演讲）

孔繁清　377票+主任票1票=378票

（未参加演讲）

王世泉　351票+主任票25票=376票

张守琦（女）347票+主任票41票=388票

刘晓梅（女）310票（未参加竞选、演讲）

王殿春　71票+主任票182票=253票

陈　林　146票+主任票97票=243票

马万才　171票+主任票50票=221票

刘铁军　128票（未参加竞选、演讲）

共有41人得委员票，其余名单从略

第五项议程：宣布选举结果。一一念出被选人和得票数。

第六项议程：宣布当选。朱学宣布，根据县《选举办法》规定，辛福君得主任票804张，超过选民半数，符合法律规定，当选为孤榆树村第四届村委会主任（三次热烈鼓掌）。

第七项议程：宣布第二轮选举委员的正式候选人。朱学宣布：根据县《选举办法》规定，第二轮选举的正式候选人依第一轮得票多少和委员职数差额的原则，确定贾志国、张权、卜俊和、孔繁清、王世泉、张守琦6人为村委会委员正式候选人。第二轮选举明天（16日）进行。

第八项议程：当选主任辛福君讲话。

下午6时半散会。

12.第二轮选举。16日，仍设11个投票站，程序同第一轮相同。参加投票选民1336人，发选票1336张，收回选票1336张，其中有效票1291张、弃权票14张、废票31张。符合法律规定，本轮选举有效。

第二轮选举票样式：

孤榆树村第四届村委会委员选票

1998.7.16

职务								
姓名	贾志国	张权	卜俊和	孔繁清	王世泉	张守琦		
符号								

说明：1. 委员应选4人，同意的在姓名下栏内划"0"，不同意划"×"。

2. 如另选他人可在空格内写上姓名并在下边划"0"。

3. 选票应盖村委会公章，无公章无效。

计票结果：

贾志国　887票(参加竞选、演讲)

刘晓梅　839票(女、未报名竞选，未演讲，不是候选人)

张　权　832票(参加竞选、未演讲)

孔繁清　744(参加竞选、未演讲)

其他人得票略。

以上4人得票超过选民总数的半数，符合法律规定，当选为孤榆树村第四届村委会委员。

13. 宣布当选名单。朱学在村民代表会议上，宣布辛福君当选新一届村委会主任，贾志国、刘晓梅、张权、孔繁清4人当选为委员。颁发《当选证书》，发布公告第9号。

14. 选举村民小组长。18日，在新一届村委会成员主持下，各村民小组由本组选民直接选举村民小组长、副组长和一名妇女组员，组成新一届组委会。发公告第10号。

15. 建章建制(用5天时间)。

16. 检查验收(用6天时间)。村自查、乡检查、县抽查。

梨树县第四次村委会换届选举，使"海选"这一民主、公正、透明、规范的选举模式，有了新的发展，日臻完善，显示出强大的生命力和良好的社会效果：

一是，它受到了广大选民和基层干部的高度赞扬。孤榆树村村民，看到他们选举的辛福君当选村委会主任，高兴地说："这种选举办法选出了带头人，我们真高兴！"白山乡裴家村村民贾秀清(63岁)老汉说："'海选'不搞尿窝窝，乱圪啦(指不搞小动作)，愿选谁就选谁。"村民王立民(37岁)说："这种选举(指'海选')挺国标的(达到国际标准)。"白山乡石家堡村村民代表王洪善说："'海选'老百姓真满意，划票室挂窗帘，封闭式秘密划票，别人看不着，真体现民意。"梨树乡党委副书记唐守华深有感触地说："'海选'，走的是毛主席的群众路线。"党委书记陈敏则坚定地说："放心大胆地'海选'，没错！"

二是，它极大地调动了选民参选的积极性。梨树乡八里庙村第7村民小组村民陈风义(60岁)的儿子在选举时要代他投票，他说什么也不干，非要亲自到投票站投出庄严一票。类似陈风义这样的例子，在该村就有十三四人。十家堡镇九间房村14个村民小组，2802人，选民2116人，实参加投票选举的选民2116人，发选票2116张，参选率高达100%。该村专业户艾向仁，竞选村委会主任，得352票，落选。当中央电视台记者访问他时，说："我今年32岁，是做豆腐的普通村民群众，得352票，说明我有一定的群众基础，这次我参选，下一届我还要参加竞选。"梨树乡全乡登记选民18330人，参加投票选举的选民17930人，参选率96.9%，比上届提高了6个百分点，全县登记选民518960人，参加投票选举的508581人，参选率98%，比上届提高了2.9个百分点。

三是，它使村民的民主意识、法律意识显著增强。据不完全统计，在7月13日至25日的12天时间里，县选举办公室接待上访选民98人次，电话查询47人次，最早的凌晨3时就打电话咨询。梨树乡霍家店村一竞选人为了当选花1万元请200多选民吃饭，最终还是落选了。八里庙村两位村委会主任竞选人，第一轮选举都得512票，未超过半数，需进行第二轮选举，但有一位候选人为了当选，采用不正当的手段拉选票，最后他还是落选了。村民们说："我们是选当家人，不是选搞邪门歪道的人，要对自己投出的一票负责。"

四是，它保障了选举的公正性，有法必依，违法必究。梨树乡红旗村在第二轮选举时，发现有的投票站的票箱未封口，不符合选举的法律规定，当即决定重新选举。白山乡石家堡村第6投票站有一选民代投6张票，村民提出意见，村领导小组决定重新进行选举，又用了三个小时选举才告结束。杏山乡獾子洞村第二轮差额选举时，村支书和一村民小组长偏袒一女候选人，有串联、代选民划票、投票且数量较大的问题，乡党委发现后，责成村支书在村民代表会上作深刻检查，并给予了党纪处分；村民小组长受到批评教育，尔后，重新进行了选举。泉眼岭乡南泉村第一轮选举，两位副主任得票未过选民总数的半数，前一名比第二名多一百多票，村选举领导组宣布当选，乡领导发现后，宣布作废，重新进行了选举。

梨树县第四次村委会换届选举，共选出村委会成员2050名，其中：主任336名、副主任和委员1714名。落选主任115名、落选副主任和委员203名。在336名村委会主任中，妇女1人，党员296人、占88.1%，文化程度：小学13人、占3.9%，初中93人、占27.7%，高中222人、占66.1%，大专8人、占2.3%；年龄：30岁以下22人、占6.5%，31至40岁的205人、占61%，41至50岁的93人、占27.2%，50岁以上的16人、占4.8%。在1714名副主任和委员中，妇女332人、占19.4%，党员1388人、占81%，文化程度：小学69人、占4%，初中513人、占31%，高中1114人、占65%；年龄：30岁以下120人、占7%，31至40岁的1063人、占62%，41至50岁的497人、占29%，50岁以上的34人、占2%。选出村民小组长2864人，村民代表15120人，

简短的结论：梨树县前三次换届选举，由"海选"产生，发展到全县实行"海选"，又发展成为"海选"模

式,总结了一套农村基层选举程序和选举制度。然而,梨树县并没有满足这些成绩和经验,而是仍不断地探索和追求,改革和创新,在第四次换届选举中,实现了“五统一”、“五坚持”和“五改革”,特别是改“海选候选人”为“海选村委会成员”,直接选举村委,进行无候选人的选举,开了中外选举史的先河,这确实是具有历史意义的大胆尝试和创举。

综观梨树县村委会选举,在县委、县政府的领导下,在县人大的监督下,依据国家法律、法规和党的政策,不断更新观念,不断进行探索,尊重农民群众的创造精神,总结经验,开拓前进,一次比一次有突破和创新,一次比一次更加完善和完备,一次比一次程序化、规范化和法制化。可以说,梨树县的村委会换届选举,波澜壮阔、成绩斐然、蜚声中外,绘出了最新最美丽的画卷,是中国9亿农民民主选举实践的缩影和代表,为中国农村基层民主自治建设,做出了伟大的贡献。

大字村的创造:八步直选法

徐付群

1996年7月,河北省承德市围场满族蒙古族自治县龙头山乡大字村,作为全市选定的三个试点之一,先期进行了第四届村民委员会换届选举。该村在这次选举中总结创造的“八步直选法”得到了民政部领导和中外专家学者的高度评价。中国社会科学院的一位老专家如是断言:“围场的‘八步直选法’标志着中国农村民主选举已跨入规范化发展阶段,为中国的民主进程做出了贡献。”

何谓“八步直选法”?《中华人民共和国村民委员会组织法》规定,村民委员会主任、副主任和委员由村民直接选举产生。“八步直选法”实际上是对上述原则规定的具体化和规范化,它把村委会选举从制订方案,安排日程至新班子选出并建立规章制度的全过程,分解为依序进行、有机衔接的八个基本步骤,其中每一基本步骤又由若干小的、更具体的环节组成。本文结合大字村第四届村委会换届选举的一些实际情况,对“八步直选法”作一简要介绍,供各地借鉴参考。

第一步,选举部署

选举部署是选举工作的基础和前提,主要工作是制定实施方案、列日程、建立选举机构。

1996年7月1日,大字村制定出换届选举工作实施方案,确定该次选举的指导思想是由村民直接选出一个“政治坚定、开拓进取、公道正派、热心服务、有能力带领村民发展经济,共同致富奔小康的村民委员会班子”;选举中应坚持民主平等、竞选择优、公开公正三原则。方案还确定本次村委会换届选举工作于1996年7月1日开始至7月31日结束,分四个阶段进行,即宣传发动阶段、选举操作阶段、建章立制阶段和检查验收阶段。

在县、乡换届选举指导组的指导下,大字村经过村民代表会议讨论决定,成立了选举工作领导小组,负责领导、组织和主持选举工作。并向村民公布了领导小组成员名单。

第二步,选举发动

选举发动的目的是让选民了解选举的意义,掌握有关法律、法规和上级文件精神。其基本方式:一是运用广播、电视、标语、发放“明白纸”等形式,大张旗鼓地宣传,造声势,努力做到家喻户晓,深入人心;二是通过开动员会、进组入户宣讲、设咨询处等形式,具体讲解有关法规政策,解答村民提出的问题。

在“选举发动”这一步,大字村主要做了以下几件事:(一)向全体村民发放一封公开信,介绍换届选举的必要性及其意义,要求广大村民能积极参与密切配合;(二)拟定换届选举工作宣传提纲,明确了村民委员会直接选举的重要意义、村委会选举的基本原则和选举中要注意的问题;(三)以“问答”的形式印发资料,向村民解答选民资格、村委会成员候选人应具备的条件等有关知识。

第三步,选民登记

选民登记是确认有选举权的选民参加投票选举的必经手续,是确认选民资格的一项严肃工作。选民登记大致有以下几个环节。

(一)确认选民资格

《中华人民共和国村民委员会组织法》规定,年满18周岁的村民,不分民族、种族、性别、职业、家庭出身、宗教信仰、教育程度、财产状况、居住期限,都有选举权和被选举权;但是,依照法律被剥夺政治权利的人除外。这是确认选民资格的法律依据。大字村第四届村委会选举工作领导小组于1996年7月8日发布公告,通知经登记确认有选民资格的村民,7月23日参加投票选举。

(二)印制选民登记名册

大字村选民登记册,封面上印有选举工作领导小组成员和选民登记员名单。登记册正文以表格分栏填注选民的姓名、性别、出生年月日、户口所在地、所在村民小组、身份证号码等内容。

(三)进行选民资格审查

由选举工作领导小组审查确认选民资格的有效性。7月10日，选民登记和选民资格审查工作结束后，领导小组向选民发布了关于选民资格的审查报告。

(四)发布选民名单和颁发选民证

7月9日，选举工作领导小组以第三号公告公布了大字村经过登记确认的选民名单，并声明，如有错漏，应于7月20日之前向村选举工作领导小组提出。同时发放了选民证。选民证上方印有“龙头山乡大字村第四届村民委员会选举选民证”字样，正文包括姓名、性别、年龄、投票时间、投票地点、注意事项、发证日期共七项内容。7月9日，选举领导小组还统一印发了要求外出人员回村参加换届选举的通知。通知中注明，如因事不能返回，可回电告知委托投票人姓名，逾期不返又没提出委托人的，视为弃权。

第四步，组成村民代表会

村民代表会议制度是村民实行自我管理、自我教育、自我服务，行使自治权利的组织形式。根据《承德市村民代表会议规则》的规定，“村民委员会向村民代表会议负责并报告工作，村民代表会议做出的决定，由村民委员会组织实施”。大字村“八步直选法”的第四步是选举村民代表，组成村民代表会。

大字村13个村民小组，555户，2019口人。在确定村民代表数额时，以村民小组为单位，10户左右选一名村民代表，共确定51个代表数额。各村民小组分别召开选民大会，选出本组的村民代表。1996年7月13日，大字村第四届村民代表会议第一次会议召开，其议程如下：宣布开会；村选举工作领导组组长宣读村民代表会议的职责、议事程序、时间等；由××同志代表大字村第三届村民委员会向村民代表报告工作；村民代表对工作报告进行讨论；举手表决；出席大会的乡领导讲话；闭会。

第五步，产生候选人

村委会成员候选人的产生大致经过两个步骤，一是产生初步候选人，二是产生正式候选人。

大字村对村委会成员候选人应具备的条件作了如下规定：政治坚定，认真贯彻执行党的路线、方针、政策，坚持党的基本路线和全心全意为人民服务的宗旨；有一定的组织领导能力，懂经营会管理，能够带领群众共同致富；廉洁公道、遵纪守法，在群众中有较高的威信；有“为官一任，致富一村，保一方平安”的奉献意识。为确保把符合上述条件的人筛选出来，大字村采取多种方式并用的提名办法，即10人以上的选民联名提名、党组织群众团体提名、村民小组提名和村民自荐四种提名方式结合进行。

为使提名工作有序进行，大字村制定了两种专门用于提名、自荐的表格：“大字村村委会候选人提名表”分列了候选人姓名、候选职务、性别、出生年月、文化程度、政治面貌、主要表现、提名选民签字等内容，表格下方的文字对有关事项作了详细说明。“大字村村委会候选人自荐表”则分列了候选人姓名、自荐职务、性别、出生年月、文化程度、政治面貌、自荐理由、选民签名等内容。

经过提名和自荐，共产生村民委员会主任初步候选人2名，副主任初步候选人5名，委员初步候选人13名。1996年7月13日，选举工作领导小组以第四号公告公布了初步候选人名单，并声明如有错漏应于7月17日前提出。

确定正式村民委员会成员候选人，是村委会选举中较为关键的环节。大字村村民委员会由5人组成，按差额原则，拟正式确定主任候选人2人，副主任候选人2人，委员候选人4人。这8名正式候选人的确定，是通过召开预选大会的方式进行的。预选的主要步骤是：验收选民证发放选票；进入秘密划票间；投票；计票；宣布预选结果。

7月18日，大字村召开预选大会，以无记名投票方式预选产生村委会成员正式候选人。同日预选结束后，选举工作领导小组以第五号公告公布了第四届村民委员会正式候选人名单。

第六步，正式选举

作为整个换届选举过程的中心环节，正式选举是选民行使权力的主要形式。大字村的投票选举是通过召开选举大会的方式进行的。有些选民因老、弱、病、残等故不能到会，召开选举大会时专门为这部分人设流动票箱。正式选举主要由验收选民证、发放选票、进入秘密划票间填写选票、投票、计票、宣布选举结果等步骤组成。其工作标准流程与预选大会一样。

1996年7月23日，大字村第四届村委会换届选举大会正式召开。大会主要议程如下：第一项，开会；第二项，全体起立，奏国歌；第三项，公布正式候选人名单；第四项，候选人发表竞选演说，每人限5分钟，候选人排队依次发表治村演说，村民可向候选人提出村民最关心的问题由其解答；第五项，通过选举大会总监票员、监票员、计票员、唱票员名单；第六项，介绍选票，详细讲解选票的划法，何为有效票、何为无效票、何为弃权票；第七项，介绍领票、划票、投票的顺序，村民开始投票，然后集中票箱，计票；第八项，报告计票结果；第九项，宣布选举结果；第十项，请县民政局领导和乡政府领导为当选的村委会干部颁发当选证书；第十一项，新当选的村委会干部代表讲话；第十二项，乡政府领导讲话；第十三项，闭会。

同日，选举工作领导小组以第六号公告公布了第四届村民委员会主任、副主任和委员名单。

第七步，建立组织机构

这项工作主要包括两部分：一是组织成立村民调解委员会、村治安保卫委员会、文教卫生委员会、社会福利委员会、计划生育委员会等村委会下设机构。在大字村，农工商企业公司也作为村委会下设机构，与其他各委员会并列。另一部分内容便是产生村民小组长。村民组长通过召开村民小组会议选举产生，然后统一公布当选者名单。

第八步，建立规章制度

大字村制定了《村民代表会议制度细则》、《大字村村规民约》、《村民委员会会议制度》、《村财务管理制度》、《村民委员会廉洁从政守则》等一系列规章制度，以保障新选举产生的村委会班子规范、高效地运转。

以上是“八步直选法”的基本脉络。应该肯定，这套办法既符合法律法规的要求，又比较规范完整，有较强的可操作性，对各种类型的村都颇具借鉴推广的价值。实践也证明了这一点。在第四届村委会换届选举中，围场满族蒙古族自治县在全县范围内推广了大字村总结的“八步直选法”，取得了理想效果。我们相信，这朵凝结了大字村村民智慧的小花，将会在更广阔的范围内盛开。

巴中市：十步选村官

赵勇灵

四川省巴中市认真贯彻《村民委员会组织法》，在认真总结本地经验，吸取外地经验的基础上，指导辖区内2360个村进行了第五届村委会换届选举，选举中全面推行了“十步直选法”。

第一步：选举部署

建立选举机构，全市各镇、乡、村都建立换届选举工作领导小组，由民政部门牵头，负责组织指导选举工作，制定实施方案，确定选举工作日程，并张榜公布。

第二步：宣传发动

充分利用广播、电视、板报、标语、发放材料等多种形式向村民广泛宣传《村民委员会组织法》，宣布换届工作的目的、意义、方法、步骤和时间安排。通过宣传发动，使广大村民掌握换届的有关法律法规知识，提高村民参政议政的积极性，强化主人翁意识，为搞好换届工作奠定思想基础。

第三步：分级培训

为保证选举工作的顺利进行，以《村民委员会组织法》和“十步直选法”为内容，本着分级培训的原则，县对镇乡培训骨干，镇乡对各村负责选举的工作人员和选举的组织人员进行培训。

第四步：选民登记

从确认选民资格、印制选民登记表、进行资格审查到张榜公布选民名单、发放选民证，均按法律规定严格操作运行，做到选民姓名、出生时间与户口一致，居住地点、工作单位、有无行为能力和现实状况一致。不重登、不错登、不漏登。对出外打工人员，要求回村参加选举，因事不归的，回电告知委托人姓名。从而确保选民资格、人数的合法有效。

第五步：推选代表

以村民小组为单位，每10户左右推选一名代表，并规定了村民代表的产生途径，即由全村有选举权的村民推选。村民代表要有群众威信，能够秉公办事，具有参政、议政、管理、决策能力。代表产生以后，召开新一届村民代表会议，上一届村委会向村民代表报告工作，接受离任审计，村民代表进行讨论，并举手表决。

第六步：民主确定候选人

确定候选人分为两个步骤，先是确定初步候选人，然后是产生正式候选人。初步候选人的产生有四种途径：(1)10人以上选民联名提名；(2)党支部、群团组织提名；(3)村民小组或村民代表会议提名，但要本组和代表总数的三分之二以上人数通过方为有效；

(4)选民自荐提名,但要有10人以上的选民附议。初步候选人产生后,确定正式候选人。正式候选人的确定必须根据村委会成员职务按照差额选举产生的原则,即主任、副主任的正式候选人比应选人数多1至2人。确定正式候选人办法以得票超过参加投票选民半数从高往低而定。

第七步:演讲答辩

要通过各种方式对候选人及时进行宣传、介绍,候选人要利用宣传工具发表竞选演说,回答选民提出的问题。

第八步:正式选举

对村委会主任、副主任、委员的选举要由村民大会以无记名投票方式进行。设立秘密划票室。选民因故不能参加投票的,可以办理委托手续,委托其他选民代为投票,但每一选民接受的委托最多不得超过3人。对主任、副主任、委员的投票,可采取一次性或分次投票办法。但无论采取哪种办法,都不能从当选的委员中推选主任和副主任。投票结束后所有选票都要集中在主会场验票、唱票、计票和宣布选举结果,颁发当选证书。

第九步:建立组织

一是建立村委会下属工作机构,即村民调解委员会,治安保卫委员会,文教卫生委员会,社会福利委员会,计划生育委员会,经济联合社等。二是选举村民小组长。

第十步:建章立制

首先,对新当选的村委会成员进行分工,明确职责和范围;其次,制定、完善村委会各项规章制度,重点是工作制度、廉政制度、财务管理制度、村民代表会议制度、村委公开制度、村规民约、村发展规划和工作目标。

江西省第四届村委会选举工作若干具体问题的处理办法

刘湘穗

江西省的第三届村委会是1996年依据试行的《村委会组织法》民主选举产生的,到1999年全部届满,应当依法进行换届。截止到2000年3月底,全省20384个村委会已有20347个完成了换届选举,占任务数的99.8%,还有37个村因几次选举都未成功需待后重新组织选举。这次选举共登记选民21507166人,参加投票的20326125人,参选率为94.5%,共选出村委会成员84267人,其中主任20186人(198个村暂未选出主任),副主任、委员64081人。在选举产生新一届村委会班子的同时还推选产生了新一届村民代表773915人。整个选举比较顺利,也基本达到了预期的目的。当然,在选举过程中也遇到了不少新的情况和问题,大致是这样处理或解决的。

一、村级党组织的整顿

根据《村委会组织法》第三条“中国共产党在农村的基层组织,按照中国共产党章程进行工作,发挥核心领导作用”的规定,包括干部选举在内的村民自治,必须在村党支部的领导下进行。党支部要承担这一重任,自身首先必须坚强有力,否则难以发挥领导核心作用。通过调查发现,确有一部分村党支部成员尤其是村党支部书记,自身素质差,有的整个班子软弱涣散,极少数甚至严重违法乱纪,群众意见很大,难以承担领导换届选举的重任。为此,经省委同意,省委组织部部署了在选举前对村级党组织进行一次全面调查摸底,然后对难以承担领导换届选举重任的党支部进行整顿,更换、调整了一大批党支部成员,有的进行了改选,确实没有合适人选的由乡镇下派党员机关干部任支部书记,仅南昌市1200个村党支部就调整了100余名支部书记,从而增强了村党支部的凝聚力、战斗力,为村委会换届选举提供了有力的组织保证。从实际效果看,既保证了党对选举工作的领导,广大群众也为此而放心。

二、村级财务的全面清理

村级财务的收支是涉及全体村民切身利益、村民最为关注的问题,也是真实反映村干部是清正廉洁还是以权谋私最主要的问题。由于江西省前些年没有全面实行财务公开,一些地方虽然实行了公开,但有的程序不规范,内容不真实,群众还有意见。因此,三年的村级财务情况应当给村民一个清楚的交代。所以,在部署村委会换届选举工作时,就部署了在村委会正式选举前,一定要对第三届村委会三年任期内的村级财务由乡镇组织力量,主要是乡镇农经站,也有的是村务监督小组或重新推选有经验的村民代表进行一次全面清理查账,必要时由县有关部门协助清查,并将结果张榜公布。实践证明,这样做,还了没有问题的干部一个清白,对有问题的干部作了个实事求是的结论,给了村民群众一个明白,便于村民更好地识别老一届村委会干部，更好地挑选新一届村委会干部，受到广大村民的拥护。

三、选举工作机构的成立

在这次村委会换届选举中，省一级没有成立选举工作机构。为了统一调配有关方面的力量，统一部署、指导、监督村委会的选举工作，引导村民搞好选举，确保选举工作顺利进行，地、县、乡三级均成立了选举工作指导小组，指导小组一般由党委、人大、政府及其有关部门参加，正副组长由党委、人大、政府的分管领导担任，少数地方由党委书记担任组长。指导小组下设办公室，民政局长任办公室主任。村一级则按照《实施办法》的规定，全部成立了5人至7人组成的村民选举委员会，其主任、副主任和委员在乡镇选举工作指导小组的指导下，在村党支部或村委会的主持下，由村民会议或各村民小组推选产生。为便于协商并形成决议，该省还规定“也可以由村民代表会议推选产生”，不得由乡镇党政组织或个人指定。村党支部书记几乎全部都被推选为村民选举委员会主任，其他成员既有村民代表，也有老党员、老村干部的代表，但村民选举委员会成员和工作人员不得是村委会成员正式候选人，若被提名为正式候选人，即不得再担任村民选举委员会成员或者工作人员。为了节省时间，同时防止出现这种情况后又要临时召开会议推选空缺的村民选举委员会成员，所以在开始推选村民选举委员会成员时一般都推选几名候补成员，一旦出现这种情况马上可以递补。

四、选民资格的界定

界定并登记选民，是组织选民投票选举必不可少的前期准备工作。根据《村委会组织法》及其江西的《实施办法》的有关规定，凡年满18周岁的本村村民，不分民族、种族、性别、职业、家庭出身、宗教信仰、教育程度、财产状况、居住期限，都有选举权和被选举权，即具有选民资格。但是，依照法律被剥夺政治权利的人除外。衡量一个村民是否具有选民资格，在具体操作上主要看是否符合下列四个条件：(1)年龄条件。必须年满18周岁。计算时间以本村委会的选举日或选举月为准。确认出生日期，以身份证或户口簿为准；(2)属地条件。必须是居住在本村的村民；(3)政治条件。未被依法剥夺政治权利。确认是否被剥夺政治权利，以司法机关的法律文书为准。对还未判决的因各种严重犯罪被羁押，正在受侦查、起诉、审判的人，经人民检察院或人民法院决定，在被羁押期间停止行使选举权(必须出具公函认定)；(4)身体条件。即有控制自己行为、表达自己意志的能力。以上四条，在执行过程中，由于我国户籍制度的某些弊端，户口仍然成为一个有争议的问题，所以我们还规定：村民因各种原因被征占用了土地而转为非农业户口，此后没有承担本村村民应承担的义务的，则不具备本村选民资格；外地人员来村投资出于发展某项事业的考虑，要求获得选举权和被选举权的也不具备本村的选民资格而不予登记；外地人员在本村租房居住开店经商或从事其他职业的，不作为本村村民；因结婚、离婚、搬迁、复员、退伍、收养、港澳台侨回村定居和机关、企事业单位离退休、下岗、辞退等人员，不论其户口是否迁入，也不论其是农业户口或非农业户口，只要定居在本村、履行村民义务、具有选民资格的，一律予以登记。相反，同样原因离开本村的虽然户口尚未迁出，如果不再承担村民义务，也不予以登记。除此之外，还难以确定的，可以通过村民会议或村民代表会议讨论决定是否具备本村选民资格。

五、候选人的资格审查

按照江西省《实施办法》的规定，由村民选举委员会对村民通过“海选”产生的初步候选人经过资格审查后再确定为村委会成员正式候选人。大体做法是首先由县、乡选举工作指导小组提出村委会成员任职条件的指导性意见，然后由村民选举委员会根据《村委会组织法》及《实施办法》和县、乡的指导性意见，结合本村实际，提出村委会成员的任职条件，经村民会议或村民代表会议讨论通过后生效，资格审查就是看提名的初步候选人是否符合任职条件，其主要内容是：(1)是否具备本村的选民资格；(2)年龄和身体条件。主要看年龄是否符合任职要求，身体能否长年坚持工作；(3)政治条件。主要看能否遵纪守法，是否办事公道、廉洁奉公；(4)能力条件。主要看是否有管理村务、带领村民勤劳致富的本领。如果有一个条件不符合，就不能确定为正式候选人。进行资格审查的好处是能够把不符合任职条件的人审查掉，保证村委会成员有较高的素质，不仅有利于村民自治，也有利于国家任务的完成。但同时也可能给少数村党支部甚至县、乡某些人特别是掌权的领导同志安排亲信、排斥异己创造条件。极少数村，只要是县、乡领导的亲信和村民信任的人同时被提名为主要候选人，即使村民信任的人得票多，也会千方百计把村民信任的候选人审查掉，借口多半是没有按时完成乡、村统筹提留费或几年内甚至10多年内违犯过计划生育政策等，广丰、上饶、永新等县都出现过这种情况，有的至今仍在告状。从长远看，随着村民素质和民主化程度的不断提高，资格审查可以或者说应当取消，有利充分发扬民主，切实尊重民意。

六、特殊情况下的等额选举

《村委会组织法》和江西的《实施办法》规定，村委会成员的候选人名额应当多于应选名额，即实行差额选举，这是一个基本原则，毫无疑问应当坚持。但是，在这次选举中部分地方反映了这样一种情况，即根据“海选”提名票多少确定村委会成员，特别是主任候选人后，因第一名的候选人得票数遥遥领先，第二名、第三名的候选人自感无力竞争，也怕落选丢面子，故不愿参加竞选并写出自愿退出竞选的书面申请，而需依次递补票数更少的候选人就更不愿参加竞选，因而出现了仅剩一个候选人的情况。对此，江西的做法是，经村民选举委员会讨论同意并报乡镇指导小组备案，可以实行等额选举，这就是特殊情况下的等额选举，群众也没意见。但是这种做法必须调查核实，从严掌握。

七、计票办法的下加问题

通常情况下可以认定，被确定为村委会成员的正式候选人是全体村民较为信任、能力较强的群体，且高一职务的人又比低一职务的人能力更强，有更多的群众信任。为了保证能力较强的人能当上村委会干部，江西省的《实施办法》规定：“一次性投票选举村民委员会成员的委员候选人的得票数，应当将其获得主任、副主任和委员的票数相加，计算为所得票数；副主任候选人的得票数，应当将其获得主任、副主任的票数相加，计算为所得票数。”也就是说候选职务的得票数不够当选票时，可以将上一个或两个职务所得票数加到下一个职务，而下加的前提是下个职务要有得票数，哪怕是一票，但不能上加。江西不仅在正式选举时是这样做的，而且在“海选”后统计确定候选人的选票时也是这样做的。这种下加计票办法，有可能使候选人在高职位不能当选时而在低职位当选，有利于人尽其才，特别是一些人才奇缺的村更值得提倡的科学计票办法。

河南省新乡县罢免村民委员会成员的基本程序

为完善村民民主监督制度，保障村民依法有序地行使民主权利，河南省新乡县根据《中华人民共和国村民委员会组织法》和有关规定，制定了罢免村民委员会成员的基本程序：

一、罢免议案的提出

1. 本村1/5以上有选举权的村民联名，可以提出对村民委员会成员的罢免。但不得以不正当手段捏造事实，拉帮结派。有选举权的村民是指联名提出罢免议案时全村有选举权的村民总数。

2. 要求罢免村民委员会成员应逐个提出罢免议案。提出罢免议案应当有明确的理由，罢免理由应客观公正，实事求是，并形成文字材料，附上联名村民的签名。

3. 提出罢免议案一般应在每年民主评议村民委员会成员之后。村民委员会成员违法乱纪或严重失职的、多数村民反对意见强烈的可随时提出罢免。

二、罢免议案的受理

1. 罢免议案应分别送交村民委员会、村民代表会议和乡（镇）人民政府。受理罢免案，由乡（镇）人民政府签收。已受理的罢免案应当及时报县民政部门。

2. 接到罢免议案后，乡（镇）人民政府应会同该村村民代表会议组成人员成立调查组，负责核对本村有选举权的村民总数和联名人数，确认联名村民签名是否客观真实，并就罢免议案所涉及的问题开展调查取证。被提出罢免的村民委员会成员应予回避。

3. 调查取证工作应在接到罢免议案后30日内完成，并做出调查报告。

三、罢免议案的撤销

1. 经调查核实，联名人数未达到全村有选举权村民总数1/5以上的，撤销罢免议案。

2. 罢免会议召开之前，如果被要求罢免的村民委员会成员的申辩取得提出罢免议案的村民们的理解，不再要求召开村民会议进行罢免表决时，罢免议案也可以撤销。

四、罢免会议的确定和召开

1. 完成调查取证工作后10日内乡（镇）人民政府应协助召开村民代表会议。

2. 村民代表会议的主要内容是：

(1)听取调查组对要求罢免村民委员会成员的联名人数和罢免理由的调查情况通报。

(2)决定召开罢免会议的时间、地点。

(3)决定罢免会议主持人、监票人、计票人及其他工作人员。

3. 罢免村民委员会主任的，由其他村民委员会成员或乡镇人民政府派人主持会议。罢免村民委员会其他成员的，由村民委员会主任主持会议。

4. 罢免会议召开的时间、地点、内容应提前10日以公告形式告知全村村民。

5. 选民登记、委托投票、计票方法按《河南省村民委员会选举暂行办法》的相关规定执行。选民登记的截止时间为罢免会议召开之日，应提前5日公告自上次选举日以来的选民变动情况。

6. 罢免会议的议程

(1)清点本村参加会议人员是否达到全体有选举权的村民的半数，过半数方可举行罢免会议。如30日内连续两次召开罢免会议均因参加人数不过半数而无法进行投票表决的，罢免工作暂停。

(2)主持人报告会议的目的、内容及本村有选举权的村民总数等情况。

(3)由联名要求罢免村民委员会成员的村民代表宣读罢免理由。

(4)被要求罢免的村民委员会成员提出申辩意见。

(5)调查组报告调查取证情况。

(6)由本村有选举权的村民以无记名投票方式表决罢免议案。投票表决设秘密写票处，实行公开唱票、计票，当场公布计票结果。表决结果三天内进行公告。

五、罢免议案通过

罢免村民委员会成员须经有选举权的全体村民总数的过半数通过。罢免通过后，被罢免的村民委员会成员停止职务，办理交接手续。罢免没有通过的，被要求罢免的村民委员会成员继续行使职务，全体村民应积极支持其工作。如无违法违纪等特殊情况，6个月内不得再提出同一罢免议案。

六、附　则

1. 罢免通过后，村民委员会出现的职务空缺按选举程序进行补选；也可以由村民代表会议确定代行相关职务的人选。任期与本届村民委员会同届。

2. 对干扰、阻碍罢免会议进行的，由公安、司法机关依照有关法律予以处理。

3. 本规定如有与法律法规相抵触的，以法律法规为准。

4. 本规定自下发之日起执行，由县民政局负责解释。

云南省清水沟村对流动票箱与主会场关系的处理

根据州县党委的统一安排，2000年6月以来，我乡全面部署展开村改工作，针对该项工作环节多、工作量大、政策性强，村与村之间情况差异大等特点，为了提高参选率，完成好村改任务，在具体工作中我们既注重村改有关政策法规的学习，又注意结合各村实际，因地制宜做好选举工作。就我乡清水沟村来说，山高坡陡，人多地少，是弥渡县典型的高寒山区少数民族村，同时也是全县特贫困村和扶贫攻坚的重点。该村位于弥渡、巍山、大理三县(市)交界处，距红岩乡人民政府约32公里，是我乡惟一的山区村，现有农户445户，总人口1867人，全部为彝族，18周岁以上的人口1349人。设党总支部1个，党支部2个，有党员30名。耕地面积393亩，人均占有量为0.21亩，山林面积39810亩。近年来该村在下关打工的青壮年每年有800人左右，占全村劳动力的71.42%，其中，长期在外居住的有388人，这些人多集中在大理市金星村、福星村、黑龙桥一带。在村民委员会选举中，如何组织好外出打工人员参与民主选举以提高参选率，在投票中如何处理好主会场与流动票箱的关系，对于该村来说是村改工作成败的关键。我们基于这一特殊情况，从村改一开始，就将该村列为工作的重点，做到精心组织，周密部署，强化宣传，并将宣传发动工作跟踪做到下关，极大的激发了选民的参选热情，从而保证了在正式选举时，全村参选率达到97.7%，使村改工作获得圆满成功。

一、强化宣传，让选民事前心中有数选“村官”

村改第三阶段即民主选举村民委员会工作开始后，我乡清水沟村积极主动地抓实宣传发动和思想引导工作，广泛宣传村民委员会成员的参选条件，召开不同形式各种层次的干部群众大会，着力宣传村民委员会主任、副主任、委员的任职条件和结构，并将此条件在全村7个社张榜公布。在大张旗鼓地进行宣传的同时，还派出了工作能力强、业务熟练、熟悉政策的9名村民选举委员会成员，分为三个小组分头到金星村、福星村、黑龙桥三个片区，对外出打工人员进行广泛、深入、细致的集中宣传。选举委员会人员的真情实感，深深地打动了外出打工人员的心，通过多种形式、多种渠道的宣传发动，使他们的法制观念和民主政治意识得到极大的提高。主人翁的责任意识得到极大的增强，使外出打工人员懂得应如何发挥好自己的主人翁作用，保证了在预选提名之前和正式投票选举时提谁选谁做到心中有数，为选出德才兼备、年富力强、群众信任、组织放心的村干部打下了坚实的思想基础。

二、周密组织，让选民广泛参与发扬民主

在县乡村改领导组及办公室的指导帮助下，清水沟村采取召开18周岁以上过半数村民参加的村民会议的形式组织群众投票，“海选”提名确定正式候选人。在清水沟设立主会场，以东村选民为主在主会场投票，在所属的西村、龙顶寺两个村民小组设分会场分别集中投票，在下关设分会场用流动票箱投票。为保证与全村投票时间同步完成，7月1日早晨，该村在选举委员会成员中挑选了9名思想品质好、政治素质高的人员带着清水沟全体村民的重托，带着全体选民的心愿，背上流动票箱争分夺秒赶赴下关组织打工选民投票。

三、精心安排，让选民充分信任求真实

7月26日正式选举当日，清水沟村9名选举委员会成员、村民代表，按照交叉编组、相互搭配、相互监督的原则分成三个小组，又再次分赴大理市金星村、福星村、黑龙桥三个片区组织投票。各小组刚到目的地，顾不上休息，即时通知打工人员参加会议。会上，各小组分别向参会人员传达了县乡村改会议内容，对清水沟目前村改工作进展情况和正式候选人情况进行了全面介绍，讲解了有关政策，提出了应注意事项。为了保证选举工作的真实可靠，依法进行，各小组在参会选民中分别民主推选产生两名监票员负责监票工作。长期在外打工的村民，早已习惯了放任自流的生活，面对选举小组的真诚举动和公开、公平、公正选“村官”的实情实景，他们感动了，纷纷表示：一定不辜负全体村民的期望，一定要正确行使好自己的民主权利，为了清水沟美好的明天，投好自己庄严而神圣的一票。投票结束后，各选举小组在监票员的监护下，将票箱当场当众密封，一同乘车送达主会场。“彝家山寨选‘村官’，流动票箱进下关”的举动被传为佳话，成为了弥渡县村改工作中的新鲜事。

由于精心组织、周密部署、工作细致，清水沟村在下关三个片区的预选和正式选举投票工作做到了与主会场同步进行。据统计，预选和正式选举时，该村选民参选率分别达到了89.68%和97.7%，有效地保证了参选率，提高了成功率，使该村村民委员会选举工作获得圆满成功。

石家庄市规范村委会选举档案的有关规定

村委会换届选举工作结束后，档案管理怎样做？河北省石家庄市规范了这一制度。

一、存档范围

(一)县级存档资料

1. 上级和有关部门关于选举的文件、领导讲话。

2. 县、乡选举领导机构及组成人员名单；县、乡派到各乡、村的选举联络员和指导组人员名单。

3. 选举前期的调研报告。

4. 县选举工作实施方案、决定、会议资料等。

5. 选举工作的报告、请示、批复、重要问题的处理记载，选举经费的预决算。

6. 选举工作宣传提纲，宣传材料。

7. 县级选举工作培训资料。

8. 所辖乡(镇)选举工作方案等。

9. 上级和县、乡两级选举工作简报和情况通报。

10. 选举中的各种统计表。

11. 选举工作中的来信来访记录，原始材料。

12. 村委会选举结果报告单和当选的村委会成员情况统计资料。

13. 当选证书、选民证以及各种选票式样等。

14. 县、乡两级选举工作总结。

15. 县、乡两级检查验收选举工作的资料。

(二)乡级存档资料

1. 上级有关选举的文件。

2. 乡、村选举领导机构及组成人员名单；乡派驻村的选举指导组人员名单。

3. 选举前期对各村的调研报告。

4. 乡(镇)有关选举的实施方案、请示、报告、重要问题的处理记录和会议记录等。

5. 选举宣传提纲，宣传材料。

6. 对选举工作人员的培训资料。

7. 乡(镇)选举工作简报和情况通报。

8. 选举中的来信来访记录及原始材料。

9. 选举工作中的各种统计表。

10. 村委会选举结果报告单和当选人名单、村民小组长名单。

11. 村委会下属委员会成员名单。

12. 选举工作总结。

13. 对各村选举工作的检查验收资料。

(三)村级存档资料

1. 上级有关选举的文件、通知等。

2. 村民选举委员会推选产生的资料和名单。

3. 村选举工作实施方案、安排计划、选举办法及有

关文件，村民会议和村民代表会议有关选举的决定等。

4. 有关选举的所有公告。

5. 选民登记册。

6. 选举宣传提纲、宣传材料。

7. 培训选举工作骨干材料。

8. 村民代表、村民小组长产生的资料和名单。

9. 村委会选举工作人员的产生资料和名单。

10. 初步候选人的提名资料，选举正式候选人的选票及有关资料。

11. 预选选票、正式选举选票和投票委托书，选举报告单。

12. 村委会成员名单。

13. 村委会下属委员会成员的产生资料和名单。

14. 村民自治章程和村级各项规章制度；村民会议、村民代表会议确定村民自治章程等村级制度的记录。

15. 选举工作总结。

二、存档要求

村委会选举工作中形成的文件、材料、各种表格是选举工作的真实记录，按照《档案法》的规定，应及时收集整理，分类装订成册，专门保管。县级所建立的村委会选举档案，在民政部门保管3年后，移交同级档案馆长期保存，乡级所建立的村委会选举档案，保存3年，然后按档案管理的有关规定处理。村级所建立的村委会选举档案，要设有专人专柜保管，选民登记册、选票等保存3年，至下一届村委会选举结束，其他档案按照《石家庄市村级档案管理办法》的规定妥善保存。

"民主日"：村务公开的生动实践

王国华

近几年，农村干部办事效率低、财务不清或以权谋私等现象日益成为群众反映的热点、难点问题。部分农村实行公开栏制度，但是见栏不见人，公开的程度不够。莱西是全国村民自治模范市，在新的历史时期，村民民主意识不断增强，村干部都是由村民民主选举产生的，有着深厚的民主基础。这些情况，迫切要求一种新的形式，推进村务公开。莱西市委、市政府1996年在朴木镇进行了"民主日"活动试点，取得经验后，1997年在全市农村推开。

"民主日"里的六步走

村民"民主日"活动，是半年和年底各拿出一天时间进行活动，以村为单位，由村委会组织，召开村民大会和村民代表会议，广泛发扬民主，干部和村民共商本村建设大计。

"民主日"活动分六步进行：第一步，村委会干部做述职报告，总结半年或全年工作。第二步，村民分组审议工作总结、工作计划和公开内容，充分发表意见；第三步，在讨论的基础上，各组选出代表，在大会上，对不明白的问题向村干部公开提出质询或提出意见和建议，村干部当场予以解释和答复；第四步，对村民提出的意见和建议不能当场答复的，村两委召开会议进行研究，提出整改措施；第五步，由村民对村干部进行民主评议，民主评议票由市民政局统一设计，包村干部负责收集汇总，将评议结果书面报镇党委。对评议不合格的干部，由镇党委、政府主要负责同志找其谈话，指出问题，限期改正；第六步，活动结束后，各村在三日内将活动总结、村民提出的意见和建议以及答复情况、村中重大事项决策等情况书面报镇党委、政府，党委、政府汇总"民主日"活动情况，写出书面材料，填写"民主日"活动基本情况统计表，报市民政局。

为避免个别村不向群众交实底，市里统一规定了"民主日"活动中村务、财务公开的具体项目，包括：财务开支、现金结存、资产购置、村政规划、水电费收缴、生育指标安排等涉及村民利益的重大事项。能用图表表示的，由镇统一设计表格发到各村；涉及财务方面的有关数字，全部由镇经营站提供；对有些过去没有的项目，需要向群众公开的，要随时根据情况增减公开内容，做到灵活掌握，统一把关。各村的"民主日"活动，必须经检查验收，确认各项准备工作就绪后，方可举行。"民主日"这天，原则上要求全体村民都参加，大村要保证一户一名代表。参加活动的村民或户代表要求达到60%以上。

春风化雨润沃土

村民"民主日"活动，像春风化雨洒遍了莱西大地，广阔的田野上显现了勃勃生机。

广开言路，为村民创造了直接行使民主权利的机会。"民主日"这天，干部向村民大会报告工作，干群直接对话，村民对不明白的问题当场质询，有了意见尽管说，有了建议尽管提，言者无罪，闻者足戒。村民们的心声不仅能表达出来，而且得到干部的尊重。后沙湾村村民刘学山，看到村里的机井淤了，大街该修了，话憋在心里没处说，"民主日"活动中他充分发表了意见，村委会不仅采纳，还很快落实。他心悦诚服地说，这回我没话说了。

化解了矛盾，沟通了干部与群众联系的渠道。村民"民主日"活动，拆除了横亘在干部和群众中间的屏障，相互间交心通气感情融洽。东莱湾村村民怀疑本村花生加工厂有问题，"民主日"里，村委会将花生加工厂的财务状况向村民公开交底，村民知道了加工厂的盈余用在了本村校舍建设等公益事业上，消除了对村干部的误解。

焕发了精神，有效地集中了民智。村民"民主日"活动，有效地调动了广大村民的积极性，大家为全村发展献计献策。黄花观村水利设施差，高投入建水利设施，资金不足，"民主日"活动中，村民提出了省钱又符合实际的办法，挖池塘蓄水。村委会采纳了这个合理化建议，全村男女老少齐动员，仅用一周时间，就用义务工挖出了深8米、宽30米、长80米的大平塘，既节约了资金又改善了水利设施。去年底到今年初，莱西862个村相继进行了村民"民主日"活动，共收到村民提出的建议5689条，其中经济发展方面1872条，财务管理方面778条，村政事务方面2105条，村级服务方面406条，其他方面528条。这些意见和建议均被村委会采纳，有的已转化成良好的经济效益。

实施了民主监督，促进了农村廉政建设。在村民"民主日"活动中，村干部要面对面地向村民汇报工作，公开村务，接受村民质询和评议，这给村干部带来了压力和动力。店埠镇店埠村为维护干部形象，减轻农民负担，把价值30余万元的轿车卖掉，用这部分款购买了两台联合收割机，修建了一条大街。许多村纷纷效仿，全市目前已有十几个村委会卖掉了小轿车，把钱用在了兴办公益事业、发展集体经济上来。另外，由于民主日活动对农村干部的监督直接，村干部都能努力做到廉洁自律，办事公道，财务清楚，作风正派，工作努力。

安徽省和县农村"一事一议"的主要做法

村级实行"一事一议"制度，是农村税费改革后，确保减轻农民负担和兴办农村集体生产公益事业的主要举措，也是农村基层民主政治建设的重要内容。安徽省和县县委、县政府以高度的政治敏锐性和政治责任感，在村内集体生产公益事业建设方面积极探索一事一议的新办法，取得了可喜成效。目前，全县374个村中，已有270个村就一事一议事项召开了村民会议或村民代表会议，累计议定事项585件，议定筹资金额694.7万元，已完成筹资253.8万元，兴办集体生产公益事业317项，已竣工185项。

和县开展一事一议的主要做法是：

一、统一思想认识，加强政策指导

对村内集体生产公益事业建设筹资实行一事一议，由村民或村民代表会议民主讨论决定，是这次农村税费改革的重要内容之一。为了搞好这项改革，和县县委、县政府重点抓了三件事：一是深刻理解中央和省里的政策精神，加大学习宣传的力度。县领导在多次会议上强调开展一事一议的重要性，指出这项改革是保护和调动农民积极性、推进农村基层民主政治建设的重要举措，也是维护农民群众合法权益、切实减轻农民负担的重点与难点所在，要求乡镇、村务必须把一事一议摆上重要工作日程。同时，从县直机关抽调干部组成政策指导组，派往21个乡镇，组织乡村干部、党员和村民代表认真学习有关一事一议的政策和规定，统一基层干部和群众的思想。二是细化具体的政策规定。和县根据省里有关文件精神，在总结部分乡村一事一议经验的基础上，结合自身实际制定了《和县农村村内兴办集体生产公益事业一事一议筹资管理实施细则》，对一事一议的实施原则、筹资用途、实施程序和管理监督等做了具体的细化规定，共八章三十四条，使之具有更强的针对性和可操作性。三是成立具体指导监督机构。该县各乡镇都成立了一事一议资金管理监督小组，由乡镇政府分管领导任组长，农经、财政、水利、审计等部门参加，负责指导和监督各村一事一议工作的开展。

二、充分尊重民意，坚持实行民主议事和民主决策

开展一事一议，关键是调动农民群众的积极性，发挥主人翁精神，依法行使管理"国家事务"的民主权利。和县以推行一事一议为契机，积极引导村级组织把一事一议与村务公开结合起来，促进基层民主政治建设。他们重点抓了三个环节：一是"大家事，大家提"，实行民主议事。村里所办事项，一般先由村民委员会征求农户意见后提交村民代表会议讨论，也可由村民代表在会上直接提出。所议内容主要包括所办事项、项目预算、实施方案、筹资金额、资金使用及工程管理等相关问题。从我们了解的一些乡村议事实践看，一事一议事项一般要召开两次以上的村民代表会议。第一次会议主要是由村委会或村民代表提出议案，会后由村民代表征求村民意见；第二次会议是村民代表根据村民意见议定所办事项。二是"大家事，大家定"，实行民主表决。村民会议要有本村18周岁以上村民的过半数参加，或者有本村三分之二以上的农户代表参加，所做决定应当经到会人员的过半数表决通

过；三是“大家事，大家管”，实行民主监督。对村民代表会议通过的事项，村民委员会要及时将表决结果以公告形式予以公布，以后的工程决算和项目实施情况，均列入村务公开内容，接受群众监督。由于充分尊重民意，发扬民主，大大增强了一事一议的透明度和群众的满意度。

三、坚持从实际出发，严格执行筹资的上限控制

一事一议筹资实行上限控制，是切实减轻农民负担、坚决堵住“集资收费无底洞”的关键性措施。和县在执行这项规定时，坚持从实际出发，确定了四项原则：一是严格上限控制原则。每人每年最高不得超过15元，哪里出了问题就追究哪里第一责任人的责任；二是量力而行原则。对群众提出兴办的事项进行梳理，区别轻重缓急，确定当年所办项目，决不搞花架子和超出群众承受能力的工程；三是量事而行原则。对村民议定的项目，在上限控制限额内需要多少筹多少，不允许强行按上限筹资。该县城南乡太平村今年议定修建村路和维修机站，筹资1.8万元，人均仅10元，目前项目已竣工，村民对资金使用和工程质量都比较满意。对急办的集体生产公益事业，如确需借贷资金，必须严格控制在村级经济可以承受的范围之内，并经村民会议讨论决定，防止形成新的不良债务；四是量人而行原则。对不承包土地并从事工商业、渔业生产活动的农民，按1997年乡统筹费和新的“两税”附加的负担水平，向其收取一定数额的资金，纳入村一事一议资金管理。对丧失劳动能力，收入低的生活特困户，由本人申请，经村民会议过半数通过，可减免其筹资。

四、规范操作程序，切实加强管理

为了促进一事一议工作的规范化，县里统一规定了一事一议工作的运作程序，主要包括村民代表会议讨论决定项目及工程预算；村筹资申请须经乡镇农经管理部门审核，报乡镇政府审批，并报县农民负担监督管理部门备案；审批后的筹资工程建设实行议标或招标，工程完工后进行决算和审计。为了落实程序规定，县税改办统一印制了“一事一议材料汇总封面”，要求村组织把一事一议每个程序的原始材料汇总成册，防止弄虚作假和简单化操作。在规范程序的同时，为了把好事办好，使群众放心满意，和县还强调要重点抓好资金和工程管理。在资金管理方面，一事一议筹资要及时纳入乡镇财政专户，实行乡管村用，专款专用，资金使用情况张榜公布。在工程管理方面，规定3万元以内和超过3万元的工程，必须采用公开邀标或议标方式选择施工单位；项目竣工后，由乡镇监督部门、施工单位技术人员和村民代表一同验收。5万元以上的项目决算必须经社会专门机构审计。这些措施有效地促进了一事一议工作的规范化运作，受到群众的好评。

五、建立监督机制，确保一事一议工作的健康开展

该县建立了县、乡、村、群众多方位的监督机制，对一事一议的每一个环节实施监督审查。在议事表决阶段，实行乡派指导监督员列席村民代表会议，村民代表表决签字、表决结果报县乡审批备案和张榜公布等监督措施。在工程实施和验收阶段，实行招标议标，资金乡管村用、项目审计、项目决算账目张榜公布等监督办法。另外，县里还成立了由县五大班子负责人领队，有关部门参加的巡回督查组，不定期对一事一议开展情况进行重点督查。对督查中发现的不规范行为，严肃处理，及时纠正。该县西梁山镇张齐村开始简单地按每人15元收取集资款，这种以统代议的做法被发现后，县委、县政府立即责令该村退还集资款，并在全县通报批评，有效制止了“有事不议”或“以统代议”现象的发生，促进了一事一议工作的健康开展。

六、加大政府支持力度，引导一事一议筹资投向，促进集体生产公益事业良性发展

在引导一事一议筹资投向上，和县强调要抓好三个结合：即与农业综合开发相结合，与农村产业结构调整相结合，与农村精神文明建设相结合。今年全县利用一事一议筹资，已修建村防汛抗旱站64座；兴修村级道路53条，计42.2公里；维修村级广播站18个。为了破解一事一议筹资有限这个难题，县里广开渠道，筹集配套资金支持农村急需建设的生产公益事业。今年和县旱情严重，农民挖当家塘的要求极为迫切。县里按每土方补助2元的标准，拨出150万元水利建设资金，支持农民开挖5000方以上的当家塘140个，掀起了农民自愿兴修水利、防旱抗旱的热潮，为今年农业丰收发挥了巨大作用。

一事一议是农村税费改革中的新事物，是农村基层民主政治建设的重要内容，和县的这项改革已经取得了比较显著的成效。目前，他们正在实践中进一步总结完善一事一议的办法，探索如何更合理地用好一事一议筹资，搞好村内较大项目和跨村工程的建设；探索如何以一事一议为契机，全方位地推进基层民主政治建设。

山东省涛雒镇的村务大事公决制度

1996年以来，山东省日照市东港区涛雒镇逐步探索实施村务大事村民公决制度，充分调动了广大农民群众的积极性和创造性，推进了基层民主政治建设，成为新时期一项重要的农村民主管理制度。他们的主要做法是：

一、明确村务大事公决制度的内容和要求

村务大事公决是一种决策形式，推行这项制度是当前农村工作的客观需要，是对民主决策的深化和发展，是切实保障农民政治权利的重大探索和有效尝试，也是农村民主管理体制的重大变革。党的十五届三中全会明确指出要“全面推进村级民主决策”，“凡遇村级重大事务要按多数人的意见做出决定”。实践证明，推行大事公决制度与以前推行的村务议事会制度、村民代表会议制度、村民大会制度相比，它可通过一种简单方式让村民直接参政、议政，有效地解决了议事会“议而不决”、村民代表会议间接民主、村民大会难召集的弊端，成为民主决策的一种有效实现形式，既符合上级政策要求，又符合农村实际。但从一段时期的运行情况看，也还存在着内容不明确、程序简单化、甚至假公决或不公决的现象，因此必须进一步规范和完善，以确保这项制度的有效运行。

(一)明确推行村务大事公决制度的指导思想

以《宪法》及有关法律法规为依据，以党的十五大和十五届三中全会精神为指导，坚持民主和村民自治的基本原则，通过深化完善农村基层民主管理制度，保障群众民主权利的充分行使，调动农民群众的创造性和主动性，提高农村管理工作水平，保进农村经济发展和社会稳定。

(二)明确村务大事公决制度的含义

村务大事公决制度，是指由全体村民在村两委的领导下，根据有关法律法规和党的十五届三中全会有关精神，对涉及切身利益的重大村内事务共同参与决策，然后按照大多数村民的意见做出决定，再组织实施的工作方法，是民主决策、村民自治的有效载体。

(三)明确村务大事公决的内容、方式和原则

公决内容。凡涉及村民利益的所有重大村务事项都属公决内容，主要包括：村提留的收缴和使用，村干部享受误工补贴的人数和标准，村集体投资20000元以上的经济项目，村集体经济项目的承包方案、所得利益的使用，村办公益福利事业需要村民负担的事项，经济园林更新，渔虾池开挖，土地调整，村庄规划与改造，村规民约及有关规章制度，其它需要公决的事项。

公决方式。每户发一张大事征求意见卡，逐户征求群众意见，80%以上的户同意后实施。

公决原则。一是政策性原则。需要公决的村务大事必须符合政策、法律法规要求，不得公决违法事项，不得公决违背政策的事项，不得公决上级明确规定的事项，不得公决村务之外的事项。二是群众性原则。凡公决事项必须征求全体村民意见，必须由村民签名盖章，未经群众公决决定的大事不得实施。三是实事求是的原则。凡需群众公决的大事，村两委必须结合实际制定出切实可行的决策方案，然后交给群众决定，对群众否决的事项要按照大多数群众的意见重新制订方案，对群众提出的合理化建议要认真接纳。

二、完善村务大事公决运作程序

村务大事关系到每个村民的切身利益，为使决策更加科学，保证公决的严密性，在实施公决中，必须严格遵守以下运作程序。

(一)制定科学的大事公决方案

一是公决前，村两委要集体研究拟定公决内容，制定方案。二是召开党员代表会议和村民代表会议讨论公决内容方案。三是将公决内容方案报镇政府审查备案。

(二)深入宣传发动

村两委将经过党员代表会议、村民代表会议讨论并经镇政府审查通过的公决事项，采取广播、公开栏等宣传形式，宣传公决的内容、必要性及意义等，同时宣传上级的有关政策、规定，使广大村民进一步提高认识，统一思想。

(三)广泛征求群众意见

首先根据需公决的大事，制定征求意见卡，先说明事由、政策依据，需农民负担的项目，详细说明资金来源、使用情况等，然后画上表格，设置姓名、同意、不同意、建议等栏目。其次，由村两委干部和村民小组长把征求意见卡分送到各户，让村民表明意见，签字盖章，如村民外出，要通过函寄或电话联系。再次，对村民表决的意见卡要进行认真的汇总，统计同意和不同意的票数，达到80%以上的农户同意后，村两委才能组织实施。

(四)修改完善大事公决方案

在征求群众意见中，对村民提出的合理化建议，

村两委要认真采纳，并根据群众建议完善公决方案，然后再提交本村党员代表会议和村民代表会议讨论通过再实施。

三、完善监督保障机制

村务大事公决制度，是镇党委、政府经过认真研究，总结出来的，具有较强的实效性和针对性，各村要认真学习和领会，要结合实际严格把握，有序操作，科学运用，决不能图形式、做样子、走过场。

（一）建立组织领导保障

推行农村基层民主管理制度，组织领导是关键。各村各有关部门要高度重视，把认识提高到改进农村民主管理工作的高度来对待，切实加强对推行村务大事公决制度工作的领导，把其列入重要议事日程。为加强对这项工作的具体领导和指导，镇里成立以分管副书记为组长，分管副镇长为副组长，由纪检、组织、综治、民政、经管等部门负责人组成的领导小组，并设立办公室。各村也要成立领导小组，结合实际制定实施方案，今后凡遇村务大事必须采取征求意见卡的形式充分征求村民意见。各村在公决中要切实加强党的领导，要正确处理好党的领导核心作用与村务大事公决的关系，既不能过分强调民主，发生极端民主化或弱化党的领导的倾向，也不能包办代替，过多的干预村民民主权利的行使。村党支部要始终掌握着大方向，教育党员、村民骨干发挥好先锋模范作用和带头作用。

（二）健全法制保障

发展农村基层民主，必须贯彻依法治国方略，严格依法办事是村务大事公决制度能够顺利推行的关键。各村各有关单位要广泛宣传法律法规，加强法制教育，使广大群众进一步增强法制观念和依法办事能力，确保在守法知法的基础上行使民主权利。要教育村民克服宗族、派性观念，引导村民站在全局、长远的角度看问题，做到有权不越轨。各村还要建立健全村民会议、村民代表会议、村务公开、村民质询会议等民主管理制度，相互促进，提高农村基层民主政治建设的水平。

（三）强化监督保障

一是要建立村民代表监督制。各村在汇总征求意见卡的过程中，必须由3—5名村民代表监督，严禁弄虚作假。二是建立签字盖章制。征求意见卡上村民签字后必须盖上自己的印章。三是建立公决结果报告制。每项大事公决后，各村都要把结果向镇政府报告，由镇政府审查备案。四是建立大事责任查究制。经群众表决通过的大事，村两委要安排专人负责组织实施，在实施过程中要定期向村民代表汇报进展情况，并通过公开栏向村民公布，对在实施中不按村民集体表决意见办理而出现问题的，要追究负责人的责任。五是建立督查考核制。镇党委、政府督查办公室，制定考核办法，定期检查、指导各村村务大事公决制度推行情况，将落实情况列入各村“三评一考”、“创五好、奔小康”考核中，对不执行这项制度造成工作失误的要严肃追究村有关责任人责任。

附1.大草坡村产业结构调整入户落实征求意见书

附2.大草坡村原村委办公室翻新征求意见书

附1

大草坡村产业结构调整
入户落实征求意见书

为了更好地促进农村经济发展，真正使广大村民尽快富裕起来，根据镇委、镇府要求，结合我村实际，现拟作如下调整：总计调地138亩，地片：家前100亩，东岭38亩，准备发展效益较高的桑蚕、西瓜及果业生产。

随着中国加入WTO组织时间的临近，我国粮食生产将受到严重的冲击，广大村民要进一步认清形势，解放思想，转变观念，打破传统种植模式，面向市场，集中精力加快搞好农业产业化调整，大力发展高效特色农业。传统的种植模式，不但不会致富，而且还不能保本，而今年蚕茧价格有所上升，栽桑养蚕目前看比较稳定，蚕农收入比较可观，而且现在全省桑蚕倾斜日照，未来几年内发展桑蚕生产相对比较可行，有国家保护价敞开收购，蚕农将不会有后顾之忧。综合以上因素，经全村党员大会、村务议事会成员会议、村民代表会议研究决定，重点发展桑蚕生产，为鼓励村民发展，最大限度的让利于村民，凡种植桑蚕户，土地第一年不收取任何费用，村负责照明主线路，负责协调信用社贷款，从第二年起每年每亩收取壹佰元承包费，其他集体无任何费用。（乡镇特产税蚕农自己负担）。

现同计与你，是否有意种植，请您认真配合，慎重填写，以便于村委及时掌握，科学决策。（在相应栏内打“✓”号）

谢谢大家

附2

大草坡村原村委办公室翻新征求意见书

村民同志们：

经村两委多次研究，并经全村党员大会、村务大议事会、村民代表大会同意，决定对原村委办公室进行翻新。

我村办公室原建于1975年，经过25年的失修，已成危房，现早已不能使用，更无维修价值，根据部分党员、村务议事会成员和村民代表反映，要求进行翻新，改变现状，这次翻新共需费用4万元（包括大门改建等）。现开工需3万元，其余款可顶年底“三提五统”，以上款项不可向村民筹资。现村两委本着把对自己有利的事办好的原则，广泛征求意见，您若同意或不同意，在下边相对的栏内打“✓”号，

请您认真填上您的名字，加盖您的印章，谢谢合作！

大草坡村委会

一九九九年四月三日

安徽省凤阳县的农村党支部班子选举

人民日报记者 钱 江

进入新千年，中国农村改革的发源地之一安徽凤阳县继续在改革中前进。在实行全县村民委员会民主选举之后，凤阳县委采用“两推一选”方式，在1999年3月对全县392个村党支部进行换届选举。一年来的实践证明，通过发扬党内民主选举的村党支部，自身建设上大大加强，密切了与广大农民群众的关系，进一步发挥了领导核心作用。村民委员会和党支部的民主选举，使凤阳的干群关系比较融洽。过去的一年，凤阳经济稳步发展，财政收入比上年增长9.3%，同时也是近年来上访人数最少的一年。

“两推一选”的产生

近年来，围绕着农村基层民主建设，凤阳先后推行了村务公开、民主管理制度和村民委员会直接选举。这些基层建设的重要举措都得到了农民拥护，还使基层建设中一些深层次问题显露出来。

实行了村民委员会的民主选举后，村党支部如何站在农村基层民主政治的前列？这是一个重大的理论和实践问题。在凤阳农村，村委会选举后，农民们信赖、支持自己投票选出的村委会，一些农民和农民党员反映，村党支部的内部民主建设必须进一步加强，不然就难以担负起对村委会的领导责任。

针对一些村中出现的村党支部、村委会“两张皮”现象，中共凤阳县委决心通过加强党内民主的方法来解决。他们决心从实际出发，坚持党章和党的规定，积极探索，大胆实践。他们总结、制定的方案是，引导广大农民评议党支部工作，并在基层党支部建设中推行民主选举，通过“两推一选”的方式选举群众信得过的支部带头人：“民主推荐参评，群众推选测评，党内民主选举。”

具体办法是：制定并实施两次“群众参与”的程序，最后通过党内民主选举党支部，前后3个阶段：第一阶段举行“测评会议”，各村全体党员、村民组长和村民委员会代表参加，对原村党支部委员进行评议，参加投票推荐新支部的“初步候选人”。党员和群众的推荐票分别统计，“称职票”未过半数的原支部委员不再列入下届支委的初步候选人。

第二阶段举行“村民测评大会”，各村召集成年村民集会，到会率必须在80%以上，人手一份测评表，对所有初步候选人进行评议和投票，“称职票”达到半数以上，具有候选人资格。再经过党组织全面考察，确定候选人。

第三阶段正式选举，按照党章和《中国共产党基层组织选举工作暂行条例》，举行全体党员参加的支部大会，差额选举新的支部委员会。支委会产生后，通过无记名投票，选举书记和副书记。

在凤阳，人们将这种方式称为“两推一选”，着重指出由此产生的党支部领导班子获得了党员和党外群众的双重信任。

试点鼓舞了信心

凤阳县委先选两个村作试点。

周圩乡苗郢村是有名的后进村，原支部书记年过花甲，不愿干下去了。“两推一选”激发了农村党员和村民选好带头人的热情，去年3月初，全村453户人家，405户参加了民主测评和推荐。举行党员选举的那天，已经住在县城儿子家的76岁老党员赵士兵，不顾年迈乘公交车赶了17公里，又徒步2公里路回村，行使了自己的权利。结果，这个村去年底当选的村委会主任赵之庆获得了92.7%的群众“称职票”，还在支部大会上获得97%的选票。新当选的支委年龄从原来的53.8岁下降为44.3岁，怀着神圣的责任感，新支书赵之庆满怀热情地投入工作，获得村民一致称赞。

后进村能实行“两推一选”，条件好一些的怎么样？在另一试点，连续4年被评为安徽省“先进村党支部”的何铺村，“全省优秀村支部书记”郑克勋顺利当选。这充分说明，“两推一选”能够将群众和党员的意愿结合在一起，消除村党支部和村委会“两张皮”的现象。

试点的成功坚定了凤阳县委的决心，“两推一选”评议和党支部选举在全县范围举行。20年前诞生了农村“大包干”的凤阳大地上，涌起了选举新一届党支部带头人的热流。

实践检验的成果

凤阳县为此次村支部换届选举共印发评议表36万份，召开近千次座谈会。经过一个多月努力，共选出村党支部书记376名，新当选支委1290名，整个选举工作有条不紊。新当选的村支书平均年龄比上届下降4.6岁，他们大都是有生产、经营一技之长的中青年党员，是思想比较活跃的农村致富能手。

凤阳的农村党员经历了一场前所未有的党内民主生活洗礼，大部分优秀的村支书连选连任，然而广泛的评议和差额选举使他们更有危机感。一些责任心不强、未能起到表率作用的人落选了，党内外群众信得过的党员脱颖而出。凤阳曹店乡的士敏村，原先的村支部班子软弱涣散，管理失控，村级招待费3年花了9万元，失去了群众的信任。通过“两推一选”，原村支书落选，45岁的党员陈德发当选。士敏村人心一振。过去，这个村做什么事都难，陈德发当选两天后，全村人就交齐了车船使用税，拿了一个全乡第一名。陈德发当上支书，和村委会主任团结一心，清理村级财务，一年招待费不到3000元，向村民交了一笔明白账。“吃喝干部不见了”，士敏村退耕还林，承包经营，栽树修路，后进村走上了发展路。

门台镇申台村支书马绍纯，担任现职十多年了，这次几乎以全票连任。他认为，“两推一选”确实带来了压力。过去，支部书记通常是党内“等额选举”，现在，“两推一选”成为沟通党内外群众意向的重要渠道，当选的党支部对群众的支持格外关切和重视，必须不辜负全村党内外群众的信任才行。将近一年来，他致力于调整全村的蔬菜种植结构，改善农田基本建设，拓宽销售渠道，还自费到南京等大城市联系销路，结果使邻村的农民也受了益。

在凤阳采访，上述事例比比皆是。

凤阳县委组织部今年初作了专门的调查，认为“两推一选”选举明显增强农村党支部战斗力，拓宽了选贤任能渠道。村委会主任对通过“两推一选”上来的支书普遍服气，这就理顺了党群、干群关系，维护了农村的社会稳定。对“两推一选”的结果，党员、党委和群众三满意。

凤阳推行的“两推一选”和当年的“大包干”一样具有深刻的意义，为农村民主建设注入了新的内容，对农村基层干部的选用机制是一场改革和创新。凤阳的做法引起了滁州市委的重视，他们正在认真总结经验，并在全市农村党支部换届选举中全面推开。

四川省公推直选村党支部书记

四川省委组织部

从1998年开始，四川省在全省33139个村（占总村数的60.2%）中采取公开报名、公开答辩、公开竞争、公开选举的办法，由群众公推、党员直选村党支部书记和委员，从而扩大了党内民主，促进了农村基层的民主政治建设。

一、实行公推直选村党支部书记的动因

一是为了拓宽视野，更好地选拔农村优秀人才。通过三年农村基层组织整顿，四川省一大批软弱涣散村发生了根本性的变化。但同时，还有相当一部分村工作起色不大，其中很重要的原因，就是村干部尤其是党支部书记素质不高。有的事业心不强，工作被动应付；有的虽然任劳任怨，但思想观念陈旧，开拓精神不足；有的文化程度偏低，缺乏带领群众脱贫致富的本领。要改变这种状况，就必须改革选人方式，扩大选人渠道，让农村优秀人才脱颖而出。二是为了发扬社会主义民主，激发广大农民的政治热情。这些年来，在一些地方，由于农民的民主权利，特别是选举权没有得到很好落实，使他们的政治热情受到挫伤，对村里的事务漠不关心，甚至产生逆反心理和对立情绪，影响了党的农村政策的贯彻实施。实行公推直选村党支部书记，则是进一步落实农民民主权利的重要体现，有利于激发农民的政治热情，调动他们的积极性。三是为了提高村党支部书记的公认程度，充分发挥农村党支部的领导核心作用。随着《村民委员会组织法》的贯彻实施，村委会主任通过村民直接选举产生。村党支部书记同样是直接面对农民群众的基层干部，也必须得到群众公认。如果村党支部书记的产生方式不相应地变革，不扩大公开民主程度，党支部书记得不到群众公认，农村党支部在农村中的领导核心作用就难以发挥，党对农村工作的领导就难以落到实处。

二、公推直选村党支部书记的基本程序

四川省公推直选党支部书记的第一步是，宣传发动和公开报名。利用广播、电视、报纸和张贴公告等手段，广泛宣传公推直选的意义、目的、原则、程序和方法，以及报名的基本条件，动员符合条件的党员积极报名。据统计，公推直选地区共有近17万名党员报名参加竞选。第二步，资格审查。由上级党委有关职能部门的同志组成资格审查小组，对报名者进行资格审查。经过审查，共有16.5万人符合条件。第三步，民主推荐。通过资格审查的人选，分别向全体村民和全体党员，或村民代表和全体党员发表竞职演说，回答党员、群众提问，承诺任期目标，由党员、群众当场投票，当场计票，当场公布得票结果。然后，按得票多少为序依次取足党支部委员候选人的预备人选，报乡镇党委审批。第四步，直接选举。将乡镇党委批准后的候选人预备人选提交党员大会充分酝酿；再通过无记名投票进行预选，以得票多少为序，确定正式候选人；最后，将正式候选人提交党员大会差额直接选举出党支部书记和支部委员。第五步，报批。按照党章和《中国共产党基层组织选举工作暂行条例》的规定，将选举结果报乡镇党委审批。

三、公推直选村党支部书记工作中坚持的三项原则

为了保证公推直选村党支部书记工作健康顺利进行，四川省各级党委始终坚持以下三点。一是加强党的领导。省委对公推直选村党支部书记工作多次做出部署，省委组织部对试点单位的经验进行了及时总结和推广。实行公推直选的市（地、州）、县（市、区）和乡镇党委普遍成立了由主要负责同志任组长的公推直选领导小组，培训工作骨干38000多人，抽调18000多名县乡干部组成2500多个公推直选指导组，深入到各村指导和组织公推直选工作，发现问题及时纠正。二是按章依法办事。省委在鼓励各级党委和组织部门工作中大胆闯、大胆试的同时，特别强调要注意按章依法办事，做到既充分尊重群众、相信群众、依靠群众，走群众路线，又坚持维护《党章》赋予党员的选举权，使选举结果既反映了群众的意愿，又体现了党员的意志。三是积极稳妥地进行。省委要求各级党委在积极推行公推直选村党支部书记工作的同时，要坚持实事求是，不搞一刀切。对到期换届、条件成熟的实行公推直选，实行公推直选的一律先试点再推广，在同一个地区允许分批进行，让基层和群众在实践中去对比，去选择。对落选干部的问题，也都妥善作了解决。

四、公推直选村党支部书记工作取得明显效果

公推直选拓宽了选人视野，使一批年纪轻、懂经济、素质高的党员脱颖而出，担任了村党支部书记。据统计，公推直选后的村党支部书记平均年龄下降5.4岁，高中以上文化程度的上升20.2%；原任党支部书记中有48.2%的骨干被保留下来；新任党支部书记中，善经营、会管理的占58.5%；还发现了一大批农村优秀人才，储备了一批村级后备干部，为解决一些村党支部书记后继乏人的问题创造了条件。公推直选在三个方面产生了积极性的影响：一是调动了村党支部“一班子”，特别是支部书记的积极性。公推直选带来的压力和动力，使他们发生了从“要我干到我要干”的变化，工作主动性、创造性大大增强，工作由过去上促下，变成了下促上，由过去的扶着干、哄着干、催着干变成了现在的主动干、争着干、比着干。屏山县实行村党支部书记公推直选后，农业税入库比上年增长71.2%，治安刑事案件发案率下降42.9%。二是密切了党群干群关系。公推直选上来的村党支部书记群众观念明显增强，把对上负责与对下负责结合起来，主动地改进作风，为农民排忧解难，干群关系得到很大改善。群众的气顺了、心齐了，支持党支部工作的多了，关心村里公益事业的多了。三是切实保障了广大党员的民主权利。公推直选使党章赋予党员的选举权和被选举权得到充分尊重，从而使党员的政治热情高涨。在公推直选过程中，许多党员主动配合工作组做好宣传组织工作，公推直选后又积极向党支部和村委会提出合理化建议，带头支持党支部的工作，努力完成党组织交给的各项任务，较好地发挥了先锋模范作用。

五、公推直选村党支部书记的实践消除了人们的种种疑虑

第一，关于公推直选会不会影响农村改革、发展和稳定大局的问题。从各地的情况看，实行公推直选后，各项工作不但没有受到影响，反而出现了政通人和的可喜局面，有力地促进了当地的改革、发展和稳定。第二，关于公推直选会不会使党的领导受到削弱的问题。事实证明，公推直选有利于把党的主张转化为农民群众的自觉行动，有利于农村方方面面的优秀人才脱颖而出，有利于干部更好地接受群众监督，不但没有削弱党的领导，而且在更高的层次、更深刻的意义上坚持了党管干部原则，实现了组织意图。第三，关于公推直选会不会受宗族、宗教和地方恶势力影响

的问题。四川省公推直选村党支部中出现过宗族、宗教和地方恶势力等干扰的村，仅占公推直选村总数的0.7%。由于加强了领导，正确运用了法律的武器，以及广大群众的积极参与，对各种非法组织活动及时进行了制止和打击，保证了这项工作的顺利进行。第四，关于公推直选后的村党支部书记能否与上级保持一致，保证政令畅通的问题。调查结果表明，公推直选产生的绝大多数党支部书记不仅能对下负责，也能对上负责，发挥主动性和创造性，通过做深入细致的群众工作，出色地完成了工作任务。各地反映，实行公推直选党支部书记的村，与过去相比，政令更加畅通了。

海南省琼海市试行主任支书交叉任职

海南省琼海市民政局

我市第二届村民委员会换届选举的时，实行先由村民选举村委会主任，再由党员在坚持标准的前提下尽可能选举已任村委会主任的党员当党支部书记的做法，在全市范围内努力做到村党支部书记与村委会主任充分交叉任职，探索出一条农村基层组织建设的新路子。实践证明，实行党支部书记、村主任充分交叉任职，能较好地协调村委会与党支部之间的关系，减少矛盾，减少村干部职数，减轻农民负担，增强党支部成员的民主意识和依法实施村民自治的自觉性，提高“两委”的办事效率。

一、基本情况

我市第二届村委会换届选举工作于1998年11月底全面完成，全市共有选民21.85万元，参选的有20.7万人，参选率达95%以上。在全市203个村委会中，依法选举产生了村主任203名，其中，中共党员201名，无党派村民2名。在第二届村委会换届选举中，我市鼓励和要求村党支部书记参与村主任职位选举，全市203位村党支部书记中有198位参加村委会主任职位竞选（有5位支部书记因年老体弱多病没有参加竞选），其中167位村党支部书记经村民选举为村委会主任。占参选支部书记的84%。在村委会换届选举的同时，市委组织部下发了《中共琼海市委组织部关于切实做好当前村级组织建设的几点意见》，规定“原村党支部书记因年龄老化或能力有限、政绩平平而在民主选举中落选的可以提前劝退，由当选的村委会主任提任党支部书记；原党支部书记年富力强，作风正派，政绩明显，因群众一时不理解而未当选为村委会主任的，可以实行村党支部书记、村委会主任‘两肩挑’，由两人分别担任”。根据《意见》精神，我市村委会换届选举结束后，全市的村党支部全部进行改选，167位竞选当上村委会主任的党支部书记在村党支部改选中全部当选为村党支部书记，34名当选为村主任的普通党员中，有33名当选为村党支部书记。从而使全市203个村委会中，实行村党支部书记、村委会主任“一肩挑”的有200个，占总数的98.5%。由于大部分村委会都是党支部书记、村委会主任“一肩挑”，强化了村委会班子在村民中的权威地位，使基层班子的权威与民心向背密切联系在一起，使我市农村基层组织干部队伍在群众中享有很高的威信，促进了我市农村各项工作的发展。

二、实行“一肩挑”，必须强化民主监督机制

为了防止实行“一肩挑”以后，村干部权力过于集中，容易形成“家长制”，产生滥用职权、滋生腐败的现象，我市把加强村级组织制度建设，强化民主监督当作巩固和加强“一肩挑”成果，保证基层组织建设工作有效运转的重要手段来抓。一是在全市建立健全了村党支部、村委会的各项学习工作制度。二是建立健全村党支部领导下的依法治村、民主管理的各项村规民约、村民自治章程。使我市村党支部、村委会工作有章可循，村民自治有规可依，按章理事。此外，我市在完善各项规章制度的同时，充分强化了民主监督机制，促进基层组织建设有序发展：(1) 各乡镇成立由3—5人组成的农村合作经济办公室，加强对村委会财务的指导和监督。(2)每个村委会成立由5—7人组成的村务监督小组，负责对村政务、财务公开进行监督、监督小组由村民代表大会推选产生。(3)每个村委会制作一个群众监督箱和一个固定村务公开专栏，规定村委会每季度必须公开村财务、政务情况，群众关心的热点问题随时公布。(4)建立健全村民会议和村民代表会议议事制度，让村民直接参与民主管理，民主决策。我市石壁镇赤坡村委员会在实行“两委”一肩挑以后，坚持民主，强化监督，创造出了“一、二、三阳光工程”。即凡是关系到村民切身利益的问题，先由村党支部、村委会召开一次联席会议，研究提出初步方案，再提交村民会议或村民代表会议对方案先后进行二次审议，做出决定，然后由村委会将方案在实施前、实施中、实施后三次向全体村民公布，受到了全体村民的拥护，村党支部和村委会的感召力、凝聚力也大大增强，有力地促进了经济和各项事业的发展。

三、实行"一肩挑",必须切实做好落选离任村干部的安置工作

实行"一肩挑"以后,村干部的职数减少,造成落选离任的村干部增加。因此,做好离任村干部的安置工作,解决他们的后顾之忧,是一项非常重要的工作。我市第二届村委会换届选举中共有165名村干部因年龄偏大或业绩平平等原因落选。对这些落选离任村干部,在换届选举结束后,我市从以下几方面切实做好他们的慰问安置工作:一是做好思想政治工作。组织工作组对落选离任村干部,采取召开座谈会,上门慰问或单独谈话等方式,做好落选村干部的思想工作,鼓励他们放下包袱,使他们对民主选举有正确的理解。二是给予离任村干部一定的生活补贴。市里根据他们的工作年限,一次性给他们发放500至3000元不等的生活补贴;并分别给予25%、35%或50%的投保补贴;对于年老体弱、家里又缺少劳力的落选干部,市里还帮助落实了帮耕投劳工作。对有一技之长的落选村干部,则尽可能发挥他们的专长,安排他们到乡镇企业或村办企业中任职。与此同时,我市还进一步完善和规范现任村干部养老保险制度,把其当作稳定村干部队伍,调动其积极性,解决村干部后顾之忧的一项重要举措来抓。在第二届村委会换届选举后,市委下发了《关于修改村干部养老保险制度的通知》,改变了各乡镇村干部负担保险费过重的状况,规定村干部个人负担保险费的最高限额不得超过投保总额的25%,减轻了村干部参保的负担。同时对离任干部退保,新任干部的投保也做了具体规定。从而解决了现任和离任村干部的后顾之忧。

河北省邯郸县在村党支部班子选举中"两推一选"的做法

中共中央办公厅调研室政治组

在社会主义市场经济和农村基层民主政治建设深入发展的新形势下,农村党支部如何适应新任务的需要,按照"三个代表"的要求加强建设,更好地发挥领导核心作用,是当前农村党建工作面临的新课题。

近年来,河北省邯郸县委针对农村基层党组织建设和干群关系出现的新情况、新问题,借鉴农村基层民主政治建设的经验,发扬党内民主,扩大群众参与,建立了民主推荐选举农村党支部班子的新机制——"两推一选",有力地促进了农村党支部班子的建设,增强了党组织的凝聚力、战斗力。

一、"两推一选"的产生

所谓"两推一选",就是村党支部进行选举时,先由群众代表和党员无记名投票推荐初步候选人,再由乡镇党委根据推荐票数、按照组织程序确定正式候选人,然后由全体党员正式投票选举村党支部班子成员;新产生的党支部班子实行双向负责,对上与乡镇党委签订工作目标责任书,对下向全体党员和群众做出任职目标公开承诺。

"两推一选"是在加强农村党支部班子建设的实践中提出的。1998年初,邯郸县农村党支部换届前夕,县委领导带着如何按照党的十五大精神和农村党组织建设"五个好"的要求,把农村党支部建设成坚决贯彻执行党的路线方针政策、团结带领群众脱贫致富奔小康的坚强战斗堡垒的问题,深入基层,走村串户,调查研究。他们发现,有的村党支部班子在党员中高票当选,普通群众却不满意;有的乡镇调整村党支部班子,第一天宣布,第二天群众就上访告状;甚至个别"老典型"、"红旗村"的党支部班子或支部书记,群众告状的也不少。这些情况,引起了邯郸县委一班人的思考。群众对某些党支部班子和支部书记不认可,原因固然是多方面的,但是党支部选举时不征求群众意见,没有选出群众真正信任的带头人,是一个重要原因。特别是村委会的直接选举和村民民主意识的增强,对农村基层党组织选举方法、领导方式和工作作风提出了新的要求。县委决定,在村党支部换届选举中,要解放思想,改变过去封闭式的选举方法,在党支部正式选举前,先让群众参与推荐初步候选人,取得群众的支持。

"两推一选"是进一步发扬党内民主、保障党员权利的必然要求。邯郸县委领导在调研中还发现,在村党支部班子选举中,普遍存在发扬党内民主不够的问题。有的乡镇党委确定村党支部班子时,没有很好地征求党员意见,导致一些党员直接到县委组织部要求保障他们行使民主权利;有的村党支部选举时,在没有充分酝酿的情况下,就让党员举手表决。用这种"党委定人头、党员举拳头"的方法,选举产生的党支部班子和支部书记,缺乏群众基础,威信不高,工作很难开展。县委认识到,只有进一步发扬党内民主,切实保障党员的民主权利,让全体党员按照自己的意愿推荐和投票选举党支部班子,才能真正把那些政治素质好、领导能力强、办事公道、能带领群众致富的优秀党员选进班子,使党的农村基层组织始终保持先进性和纯洁性,进一步增强战斗力和凝聚力,更好地带领广大

群众建设社会主义新农村。

"两推一选"是改进农村党支部领导方法和管理方式的客观需要。邯郸县委在加强农村党支部班子建设的实践中，针对过去由上级党委调整任命的党支部班子，往往对上负责多对下负责少、对党员负责多对群众负责少的问题，提出用"两推一选"选举产生的村党支部班子，必须承担起"双责"，即把对上级党委负责与对群众负责统一起来，把完成上级任务与保护群众利益结合起来。要进一步改进领导方法，转变工作作风，实行民主管理，自觉接受上级党委和党员群众的监督。

1998年4月，邯郸县委负责同志亲自带队到北张庄镇，选择了3个不同类型的村进行"两推一选"试点。经过认真推荐和选举，达到了优秀的党支部成员以全票或高票继续当选、年轻有为的优秀党员被选进党支部班子、无所作为和年龄过大的支部成员落选的预期结果。随后，县委又在3个乡各选3个村，进一步扩大试点，取得了党委满意、党员放心、群众拥护的明显效果。截止到目前，采用"两推一选"选出的村党支部班子已达217个，占全县农村党支部的84.1%。

二、实行"两推一选"的主要做法

实行"两推一选"是农村党支部班子选举方式的一项改革，是一项严肃、认真、细致的工作，必须在上级党委的领导下，按照规范的程序进行，不能简单化，不能草率行事。邯郸县委在实行"两推一选"的过程中，突出抓了以下几个环节：

第一，群众参与投票推荐党支部班子初步候选人。先根据各村的不同情况，推选出一定数额、真正具有代表性的群众代表，再由党员和群众代表投票推荐初步候选人。这是发扬党内民主、扩大群众参与度的关键环节。为此，邯郸县委坚持做到"四公开"：一是公开条件。村支部班子各个岗位的任职条件，包括年龄、文化程度、政治素质、组织能力、致富本领等一律在推举前张榜公布。二是公开报名。不画线、不带框，凡符合条件的本村正式党员均可报名。为了防止被推荐人当选后"撂挑子"的现象，要求参选人必须亲自报名，自己不报名的就没有被推举资格。三是公开竞职。被推举人必须在党员和群众代表大会上公开发表竞职演讲，并回答党员和群众的提问。四是公开结果。党员充分行使民主权利投推荐票，群众代表充分表达村民意愿投信任票。党员和群众代表推荐结果分别统计，当场公布。

第二，全体党员投票选举党支部班子成员。这里分两步进行，一是乡镇党委在充分尊重群众意愿的基础上，按程序确定正式候选人。这是实行"两推一选"的重要一环。支部书记、委员候选人原则上按党员的推荐票和群众代表的信任票相加由高到低确定，一般支持率最高者确定为支部书记候选人，但党支部书记候选人还必须同时获得党员推荐票和群众代表信任票双过半的支持率。在此基础上，由乡镇党委按照组织程序进行严格考察，研究确定党支部班子成员正式候选人。二是党员按照党的规定选举产生党支部班子。这是正确实行"两推一选"的重要保证。根据党章和《中国共产党农村基层组织工作条例》以及党内选举的有关规定，召开全村党员大会，差额选举产生新一届村党支部委员会。村支委会按照程序选出支部书记并进行分工。然后，将结果报上级党委审批。

第三，新班子承担"双责"，实行对上负责与对下负责相统一。为了解决长期以来对村党支部班子存在的重选任、轻管理的问题，邯郸县委着重健全了三项制度：一是双向负责制度。要求新的党支部班子既要对上负责，由支部书记代表村支部班子与乡镇党委签订目标责任书，实行任期目标责任制；又要对下负责，召开党员和村民代表会或村民大会，将本届村支部班子任期工作目标、年度要为群众办的实事以及廉洁勤政措施等，向党员和群众做出公开承诺，让党员群众共同监督执行。二是村干部实绩考核制度。乡镇党委每半年对所辖村党支部班子进行一次实绩考核，对不能完成工作目标和不能兑现公开承诺的班子，列为不达标班子，限期整改。三是党员群众评议党支部成员制度。乡镇党委每半年组织党员、群众代表或全体村民对村支部班子成员进行一次民主评议，公布评议结果，并以此作为决定其任留的重要依据。两年来，全县有13名村党支部书记由于没有认真履行双向责任或不称职等原因，被调整或免职。

三、实施"两推一选"的初步效果

两年来的实践证明，"两推一选"是新形势下加强和改进农村基层党组织建设的好形式，是改善党群干群关系、促进农村经济发展和社会稳定的有益做法。从调查的情况看，已经取得了初步效果。

一是增强了基层党组织的凝聚力和战斗力。用"两推一选"选出的党支部班子，由于具有坚实的群众基础，在党员和群众中具有较高威信，使党组织的凝聚力和战斗力明显增强，领导核心地位进一步巩固。目前，邯郸县采用"两推一选"选举出的党支部班子，乡镇党委、党员和群众的满意率达到98%。党支部推荐参加村委会主任和成员竞选的人选，大多数能够顺利当选。过去一些党支部和村委会"明合暗不合、做事两张皮”的现象逐渐消除，“两委”工作关系逐步理顺，党支部、村委会干部团结一致，同心同德的局面初步形成。河沙镇南街村党支部实行“两推一选”后，村委会主任积极主动地配合党支部书记的工作，“两委”班子心往一处想，劲往一处使，团结协作，共谋大业。停工多日的村办铸造厂又开工了，多年收不上来的集贸市场承包费很快收上来了，长期被违章建筑堵塞的小南街疏通了。干部群众高兴地说，“两推一选”是个好办法，它把农村党支部班子的推荐选举权交给党员、群众，使好班子选强了，软班子选硬了，散班子选好了。

二是提高了党支部班子的整体素质。实行“两推一选”，有利于年轻有为的优秀党员脱颖而出，使一批政治素质高、工作能力强、办事公道的优秀党员被选进党支部班子，从而优化了党支部班子的年龄结构和知识结构。据统计，全县新选举出的农村党支部班子成员平均年龄38.5岁，比选举前下降了5.3岁；具有初、高中以上文化程度的占92.5%，比原来提高了36.2个百分点；新班子成员中懂经营、会管理、有威信、有魄力的人才占87%，比原来提高了34个百分点。村党支部班子和党员干部队伍的整体素质明显提高，真正担负起了带领群众致富奔小康的重任。同时，在选举过程中，还发现了不少优秀人才，储备了一批村级后备干部，为解决一些村党支部书记后继乏人的问题创造了条件。

三是密切了党群干群关系。实行“两推一选”后，党支部班子成员面对全体党员和广大群众的信任与监督，感到责任和压力大了，责任感、危机感明显增强。他们转变工作作风，深入群众，虚心听取意见，着重抓好影响农村发展和社会稳定的热点、难点问题，努力为群众办实事、做好事，帮助农民减负增收，密切了党群和干群关系，维护了社会稳定。北张庄镇王湾村是个全县有名的“老大难”村，历来派性严重，难以管理。通过“两推一选”选出了多数党员和群众信任、开拓进取、敢抓敢管的党支部班子，该村也成为由乱到治的典型。据统计，1999年全县集体上访、刑事案件和治安案件分别比实行“两推一选”前的1997年减少了20次、157起和175起。

四是促进了农村经济发展和社会进步。新当选的党支部班子把工作重点放在发展农村生产力、振兴农村经济上，把强村富民作为任期内的首要任务，深化农村改革，调整经济结构，实施以“党员结对联贫，富户帮穷户，专业户带一般户”为主要内容的共富工程，团结和带领广大群众发展集体经济，兴修水利工程，改善生产条件，促进了农村经济的发展。去年，全县农民人均纯收入达到2721元，比1997年增长了8.1%。同时，党支部班子进一步加强精神文明建设，大力发展教育，积极占领思想文化阵地，崇尚科学、反对迷信，兴办农村养老院等公益事业，治理生产环境，改善生活条件，使农村各项工作都出现了新的局面。

天津市北程林村选民资格案透视

李　民

选民资格案的来龙去脉

2000年5月中旬，天津北程林村原村民王庆昌、赵德山来京，向民政部信访办反映该村选民资格案的前前后后：

去年在北程林村村委会换届选举中，部分1990年农转非的原该村村民被拒绝在换届选举之外，而与此同时，该村1998年农转非的原该村村民却享有选民资格。

争端由此而生，王庆昌等人认为，同样是该村的农转非，为何不一视同仁呢？在王庆昌看来，关于这次换届选举的选民资格，“要么都有，要么都没有”。

当然，更让王庆昌等人愤愤不已的是，同样是1990年农转非的那一批，其中竟然还有20人以这批人代表的名义被批准了选民资格。王庆昌不服了：“代表嘛？啥都能代表，就选民权利不能代表。”

王庆昌拿给记者一份《天津市村民委员会选举办法》，指出其中第15条给记者看，上面的规定是：符合下列条件，本人要求登记，经村民选举委员会讨论决定，可以予以选民登记：户口已迁出本村或者转为非农业户口，仍在本村居住或者工作并且尽村民义务的。王庆昌等人认为自己符合的就是这一条。

在他们被拒绝在换届选举大门之外以后，曾跟北程林村换届选举委员会进行了交涉，没能解决这个问题。他们又找到东丽区民政局，东丽区民政局相关人员认为：王庆昌等人的户口已转为非农业，是否参加该村选举应由该村选举委员会决定。至于为何出现同样是农转非却在选民资格上区别对待，他认为，核心问题在于是否尽了村民义务。

而在王庆昌等人看来，他们1990年这批农转非人员在权利、义务方面与1998年的一批没有什么区别，该村选举委员会的做法是别有用心。

接下来，王庆昌等人将此事起诉到东丽区法院，法院几天后下达裁定书，不予受理，依据是《民事诉讼法》第164条：公民不服选举委员会对选民资格的申诉所做的处理决定，可以在选举日的5日以前向选区所在地基层人民法院起诉。而王庆昌等人的事后起诉，显然已时过境迁。

"确实,当时我们只是口头说了,没有提交书面的申诉和诉讼,当时没有想到这么多。"面对东丽区法院的裁定,王庆昌半是委屈,半是懊恼。

但王庆昌等人并未灰心,他们继续寻求其他渠道的支持,诸如民政部以及一些新闻媒体。

记者调查:选民资格案为何发生

记者刚刚进入北程林村,就感觉到了此事的敏感性。在一个小卖部里,记者用了一下公用电话,说话时牵涉到了相关内容,小卖部的女店主对记者说:"这事可闹好久了。"记者问她对这件事的看法,她心直口快地说:"选委会批准选民资格,关键是未能一视同仁。"

为什么没能一视同仁呢？记者到北程林村委会时,村领导班子正在开会,记者找到了当时参与操作的选委会成员、原村支部书记李凤义。

记者问:"1998年农转非那批人和1990年那批人是否仍然居住在本村？"

李凤义说:"基本上是这样。"

记者问:"两批农转非在参加村里的生产(包括农业、村办企业等)方面是否有区别？"

李凤义说:"参加本村生产的,两批人都有。"

记者又问:"两批农转非在上缴农业税费、集资修路修桥等村民负担上有无不同？"

李凤义说:"我们村村民不用交税费,也没有集过资,都是村集体承担。"

正说着的时候,现任村支部委员、原村主任王庆有走了进来,他告诉记者自己是农业户口,而李凤义是农转非。两个就相互之间的权利和义务情况比较了半天,最后的结论是相差不大,至于两批农转非之间,则更是没有什么区别。

那么为什么在选民资格上出现了双重标准呢？

王庆有、李凤义认为,当时换届选举的时候,选民资格这一块,他们是按照上次换届,也就是1997年的选民名单来的，那次选举就没有1990年农转非这批人。到2000年再换届登记选民名单的时候,于1998年已经又转了一批人,这个情况没有考虑到。

这两位前任村选委会成员轻描淡写的解释,似乎表明只是一时疏忽所致,但另外一些村民则推测其中另有隐情。一位不愿公开姓名的村民向记者透露,一个重要的原因在于,1990年的农转非早已不享受村集体收益的分配,一旦给了他们选举权,他们肯定会进一步要求经济利益。

事实上,不管当时此事的动机到底如何,王庆昌等人的奔走呼吁已经使现任的街村干部不胜烦恼。记者在当地采访时，北程林街道党委副书记张顺林、北程林村代理支书韩宝辉都表示,希望上级有关部门尽快给此事一个结论。他们还强调指出,在天津,这并不仅仅是北程林一个村的问题。

选民资格案反映的两个问题

根据民政部信访办接到的信访情况,类似北程林村的选民资格案确实不仅仅发生在北程林,也不仅仅发生在天津。这就使北程林村的选民资格案有了普遍的意义。

(一)在村委会选举中,村民的参选资格审定应该是参照其户籍还是所居住的社区

《村委会组织法》规定,本村村民是具有该村选民资格的必要条件,在这里,法律并没有对本村村民的具体涵义做出司法解释,而一般操作中多以户籍为界定。天津市人大制定的《村民委员会选举办法》则规定,除了户口在本村的村民外,居住或者工作在本区域内、并且尽村民义务的,也有可能取得该村的选民资格。天津的选举办法扩大的这批人,虽然户籍不在本村,但长年居住在本村,参与村里的各项公共事业,与村庄的利益和前途息息相关,这种情况下,他们参与本村的政治活动是必然要求。这些人最重要的特征是与本村村民共同生活在同一个农村社区里。

王庆昌等人农转非的情况与此有相符之处。

目前的趋势是,户籍制度倾向于松动,人口流动性越来越大,用户籍、兼用社区的方式界定村委会选举的选民资格,将显示其积极意义。而且,随着公民迁徙自由的逐步实现和选举制度的发展,以所居住社区以及居住期限界定区域(包括村委会)选举的选民资格,甚至有可能成为选举制度发展的方向。

(二)在村委会选举中,村民的参选权与其在村庄的经济权利是什么关系

村民选举权是一项政治权利,是《宪法》和《村委会组织法》赋予每个村民的基本权利。村民年满18周岁以后,只要法律没有剥夺他的政治权利,不管他是一个为社会做出了重大贡献的人,抑或是一个无所作为之人,都一样拥有此项权利。这是基本原则。因此一个村的选举委员会在审定本村选民资格时,也要严格按照《村委会组织法》以及各省(自治区、直辖市)人大制定的实施办法的规定来操作,而不能滥用村选委会对选民资格的"批准"权。

而经济权利一般是一种契约关系,利益来自于付出,比如说股金,比如说参加劳动等,就北程林村来说，王庆昌一批人农转非后是否还能够从集体经济中分一杯羹，取决于他们与村委会的契约。简单地说，北程林村选委会不能因为担心王庆昌等参与村集体分红而拒绝其选民资格，同样，批准其选民资格也并不意味着他们就能参与集体利益的分配。

北程林村选民资格案的发生表明了目前此类问题在操作上的难度，农村产权制度改革迫在眉睫，有了明晰的产权界定，经济利益和选举权才不会如影相随，问题也就变得更加清楚而易于解决。

“一票制”选举观摩记

张民巍

2000年9月24日，江苏省太仓市沙溪镇印北村的860多名村民要用他们手中的一张张选票，选择他们的“领头雁”。在热热闹闹的选举现场，只见红色的选票从领票处经选民的手流进了一个个票箱，他们手中轻飘飘的选票蕴涵着沉甸甸的分量，印北人在用一种简便的办法举行第七届村委会的换届选举。

一锤定音

印北村第七届村民委员会换届选举，不提名初步候选人，也不确定正式候选人，由具有选举权的所有村民在全体选民范围内根据自己的意愿确定自己所要选的人，进行直接选举，印北人把这种选举办法叫做“一票制”。当我们在选举现场亲眼目睹这个简捷的选举场面时，发现村民拿的选票上面只印着新一届村委会组成人员的职数、职务，而没有具体的候选人姓名。每一位参选村民都要在领取选票后，到秘密划票处亲笔填写上他们“意中人”的名字。

选举从中午1时30分开始，在下午2时40分就完成了整个投票工作。经过选举工作人员紧张地唱票、计票，到下午5点，统计结果已经揭晓，发出852张选票，收回851张，印北村民以98%的高参选率宣告了印北村第七届村民委员会换届选举的最后成功。以张任坤、李建芬、张锦良、俞月林等人的顺利当选给这次村委会选举画上圆满的句号。

选举结束后，我们采访了部分村民。村民们的心直口快让我们应接不暇。45岁的女村民孙雪艳快人快语：“这次一票直选让我们村民感到自主权更大了，没有以前的种种限制，信任谁就可以选谁，这样选出来的新班子我们很满意，像村主任张任坤，已连任好几届了，政治素质高，为人诚实，在村民中影响好，威信高，委员李建芬工作细致、负责，对妇女关心。委员张锦良、俞月林分别是以前的村会计和农业社长，为人和工作都不错。”上届村委委员、村五金厂厂长、本次选举落选的村民单祖康，当听到我们询问对一票直选的看法和他本人落选的想法时，竟也是有话直说：“说实话，我作为上届委员，本届落选，确实有些失落感，但这样一票直选的方式我还是赞赏的，村干部平时为人、作风、工作，老百姓都看在眼里，信任不信任，支持不支持，选举时能充分体现。这次虽未当选，但还是比较高兴，得了180票，说明还是有180个村民相信我、支持我，名额有限嘛。我有决心继续努力，争取下一届。”

据我们了解，就在印北村选举结束的同时，沙溪镇太星村的689名村民以96%的高参选率，选出了以许忠源等人为首的新一届村委会，群星村1179名村民投票选出了由顾成远、张伟等人组成的村委会。其他各村的选举工作也在紧锣密鼓地进行。

一种探索

据了解，“一票制”选举在太仓市沙溪镇铺开的同时，还在岳王镇、陆渡镇和城厢镇大规模推开。太仓的这种一票制选举，是在1997年第六届换届时“两个直接”的基础上演变而来的。当时的“两个直接”就是，有选举权的选民一人一票直接提名初步候选人，以得票多少确定正式候选人，然后由全体选民直接投票选举。但这种选举办法在实践中出现了这样一种情况，在候选人提名确定阶段，许多候选人的提名票、预选票已经过了半数，根据《村委会组织法》的规定，这些候选人实际上已经当选。在这种情况下，再要求村民来参加投票选举，不但显得多余，而且使投票失去意义。正如许多村民所说，“在以前换届选举时，有的候选人预选票已经过半数了，你叫我来选什么？这不是劳民伤财吗？”有鉴于此，太仓决定尝试一票制。

对于太仓一票制选举，很多人担心它与《村民委员会组织法》相违背。实际上，一票制并不与“组织法”冲突，“组织法”并没有关于预选确定候选人的规定，而是由村民直接提名候选人。太仓的一票制只不过是把提名候选人和选举合二为一，一次直接选举。真正让人产生疑义的倒是候选人不集中，在大家都是选举人又都是候选人的情况下，能不能顺利地选出村委会领导班子。

为提高选举的成功率，他们在计票时采取“下加”的办法，副主任可以将他获得的主任选票加到他的副主任选票中去，计算为所得的总票数；委员可以将他获得的主任、副主任、委员的票数累计相加，计算为所得的票数。在精心组织和安排下，今年7月下旬，太仓归庄镇的香塘、凡山、粱泾三个村进行了一票选举的试点，试点的结果是，“这样的做法我们老百姓是盼望的，选出的班子我们老百姓是拥护的。”

成功的背后

这种在很多地方难以实行的选举办法为什么能够在太仓市取得成功呢？其中一个最重要的原因是，太仓市作为江苏省村民自治示范市，在多年的民主实践中，村民自治的政治基础已经形成，老百姓的民主意识、参与意识、自治意识、主人翁意识已经很高。最为关键的是，太仓有着较为雄厚的经济基础，几乎每村都有自己的村办企业，村民有一定的固定收入。在这种情况下，老百姓更需要有能力发展村经济的村委会班子。而在太仓，当地这类“能人”在每个村经多年过滤、筛选，基本上已经形成了稳定的队伍。一票直选出来的人当中有许多人就是这类人。另外，当地宗族势力的影响较小，再加上各级从事村民自治工作的干部已经有了一套丰富的经验，从而使得一票选举能够直达目标。例如，在我们采访中得知，印北村这次当选的村主任张任坤，几年来在村中经常扶危济困，深得村民的信赖；委员李建芬几年来在村中为妇女、儿童操心，计生工作做到家家公平，不论谁家孩子有病，上门探望总是不断。因此，在印北，当选的村委会成员大都是原来威信较高的村干部，选举中新增的很少。正是这个特殊情况，才使得印北的选举没有出现通常人们所担心的问题。

一票直选，节省了人力物力，降低了选举成本，但这一选举办法从严格意义上讲，在今后的操作中还有许多需要探索的问题。其中最大的问题是，当每个有选举权的村民都是选举者又都是被选举者的时候，能否做到将选票集中到几个人身上？领导班子能否顺利产生？再加上选举好比是大海捞针，村民一旦接触面较窄，了解的人又不多，遇上同名同姓、大名小名不同的情况，怎样才能克服这些困难？这的确是要在今后的实践中不断探索和研究的问题。

“内蒙古第一村”选举风波

李　民

曾经年产值过亿元、号称“内蒙第一村”的赤峰市工农村，近年来经济低迷，危机重重，而村委会民主选举对这样一个危机四伏的村庄来说，无异于一场严峻的考验——

上访，集体上访，集体进京上访

工农村最激烈的一次上访开始于2000年12月17日。

根据赤峰市红山区的材料介绍，当晚工农村70多人聚集赤峰火车站，声言欲进京上访，市、区、乡领导及时赶到现场，分头做说服劝阻工作，村民渐渐离去。

12月18日晚，上访村民经过筹划，又有60多名村民分别行动，分头购票，分散上车，乡干部和市区公安干警上车说服劝阻村民，但无一村民说要进京上访，均以“走亲戚、进货、旅游”为由拒不下车。18日晚8点，红山区换届选举领导小组召集相关部门领导，召开紧急会议，分析上访村民进京可能提出的要求，果断决定派人进京处理此事，同时将情况向赤峰市信访局、市民政局作了汇报。当日晚10点，市信访局一名副局长、区政府一名副区长带领区信访办、民政局、城郊乡、公安局的有关领导组成工作组，乘汽车赶往北京处理此事。

12月19日上午8时，工作组赶在上访村民到达前到国家信访局和民政部汇报工作。中午，工作组接到国家信访局电话通知，说工农村村民上午10点到国信局上访，村民派出的5名代表与史接待员谈话后，表示愿意接受国信局的建议。但当他们向上访村民说明情况后，部分上访村民认为没有达到目的，要求国信局给予明确答复，否则要集体到天安门前下跪，得到这一消息后，工作组立即派人到天安门广场，要求广场巡察人员及时果断地处理可能发生的事件。这时，远在赤峰市，在城郊乡召开的工农村村民代表会上，区纪委、区民政局的同志向工农村的村民代表宣布了18日下午区换届领导小组会议所做的决定。30多名村民却对择机选举持不同意见，扬言派人增援上访。工作组领导将这一情况及时向全体赴京工作人员进行了通报，赴京工作人员到天安门广场和火车站观察，直至晚上9时没有发现上访村民到天安门广场，也没有离京。

12月20日上午，上访村民继续到国信局上访，国信局于处长接待后，请民政部政权司农村处、信访办领导到接待站答复上访村民，同时要求赤峰市信访局到京的副局长也到接待站。到达接待站后，他们认真听取了上访村民的陈述，做出了明确的答复。经过5个多小时反复交涉，上访村民同意回家。当晚，上访村民乘火车返回赤峰。

上访是因为村委会选举，从酷暑到严冬，工农村的选举屡选屡败，民政部主管官员现场督阵

工农村第一次推选换届选举委员会开始于去年8

月2日，当时村党支部书记兼村办企业负责人孙学政在组织会议时大量使用了村干部和企业人员，引起部分村民不满，争端由此而生。

8月19日，工农村推选村委会成员候选人，因事关流动票箱操作是否规范而引发争议。

8月21日，工农村再次推选村委会成员候选人，当时设置了4个投票站，一些村民提出有78张假票，这时一些警察出现在现场，村民情绪激动，现场区、乡干部被部分村民围困，对峙局面一直延续到次日早上5点钟，导致未能及时计票。

9月18日工农村再次选举，发出选票1860张，收回选票661张，投票未过半数，选举结果无效。

10月9日选举时，80多村民揭发有贿选现象，提出村民之间不准委托投票的要求。乡镇政府、有关部门和工农村"换选委"经过商议，确立"必须是一个户口本上的选民之间方可办理委托投票"的原则，选出工农村村委会成员候选人。

10月15日，工农村村民大会正式选举村委会成员，发出选票1860张，当场收回选票904张，再次因回收选票未能过半而无效。

12月7日村民大会，从早8点半到中午12点仅收回选票91张，选举又一次流产。

12月27日，鉴于工农村换届选举愈来愈无人响应的局面，城郊乡换届领导小组决定从头再来，重新推选工农村换届选举委员会。然而村民会议会场出现暴力并有人受伤，两名妇女骑坐在票箱上阻止投票，场面一度十分混乱。

2001年1月13日，村民会议再次推选村委会成员候选人，会议组织者为杜绝出现假票等现象，安排工作人员在票箱跟前核对选票和选民证，但因此速度放慢，村民不能迅速投票，集聚在票箱周围，引发五六十名群众相互拥挤、厮打，后得以制止，投票继续进行，选出村委会成员候选人。

1月18日正式选举，中央农村工作领导小组办公室王石奇局长、民政部政权司农村处詹成付处长赶到工农村村民会议现场。选举在一个操场上进行，当时气温零下十几度，但在上午8点半之前就来了几百名村民。会议开始时出现了一点小小的骚动，一些上访妇女要求北京来人彻底清查工农村的经济问题，经耐心劝说后，得到村民的认可。接下来整个投票场面井然有序，共发出选票1934张，收回选票1933张，到当天下午5点半，新的村委会成员产生了。这个结果，按照村民们通俗的说法，村委会老班子(于爱国1170票)依然得势，上访人(郎义廷690票)这一派被挫败。

上访者表面上争的是利益，实质直指村里的经济问题。"经济强人"到底有没有腐败问题？"黑金政治"浮出水面

工农村选举终于尘埃落定，上访为首人之一郎义廷反省自身落败的原因，他认为：

每一次选举失败原因是谁造成的？我们工农村原是亿元村，也是小康示范村，我们村里原有土地300多亩，孙学政掌握大权达24年之久，村干部、村委会成员全是孙学政和他几个干儿子、弟弟组成的，亲戚连亲戚。就工农村的几次选举而言，孙学政及其亲属党羽弄虚作假，置法律于不顾，雇人用巨资买票、拉票，在路口设下各种障碍阻挡村民进入选举会场，致使选举会场一片大乱。孙学政大舅哥及其侄女、侄子、哥哥以及几个干儿子推翻椅子、桌子，大喊大叫，在会场用100元至300元一张的价格公开买票。每个秘密写票处都有孙学政的亲信和原村委会人员看着、把着，老百姓要是写了原班子人就有土地钱、卖票钱，不写原班子就没有钱。钱对老百姓太重要了，要过年了，有的村民在极力地帮孙学政买票，好挣点钱过年。

村党支部书记孙学政等老村班子成员也分析了郎义廷等上访人的支持力量，他们认为：

上访为首人宣称，如果当选，三年内把工农村的土地全卖光，卖地款一个不剩地分给村民，不参与者坚决不给，参与者每日签名记工，上台后按每日20元付钱，许愿每户5至7万元，并用私自支取的土地补偿费、遮光费，按每人千元、百元发放，以收买人心，达到其不可告人的目的。对积极参与者，封某某当钢窗厂厂长、某某当车队队长、某某当村民小组组长，使得一些不明真相的人认为当官的机会来了，发财的日子到了。

到底孰是孰非，双方谁也没有拿出强有力的证据。郎义廷因为在竞选村主任中败北，是否贿选恐怕未必有人追究了，那么孙学政呢？据赤峰市红山区委巴副书记介绍，区里已经派出联合工作组进驻工农村，彻查工农村干群之间弥漫着的信任危机的根源，其间重中之重自然是，一直担任村集体经济负责人的"经济强人"孙学政到底有没有腐败问题。

工农村目前上访告一段落，复杂的选举也结束了。令人回味的是，从工农村，我们看到了许多"都市里的村庄"的影子。

湖南省益阳市处理两起群众上访事件的经过

湖南省益阳市民政局

进入2000年以来，湖南省益阳市资阳区香铺仑乡黄家仑村、赫山区樊家庙乡仙锋仑村部分村民，因村委会换届选举问题，200多人联名上访区、市、省有关部门。到市民政局上访人数最多时达30多人，有时一个星期连续上访2次。省民政厅专门来函责成调查处理。

针对两村村民上访的问题，益阳市民政局和区人大、政府及有关部门一道，认真调查研究，采取有力措施，严格依法办事。到2000年5月上旬，较为妥善地解决了两村村民上访的问题。目前两村干群关系融洽，社会秩序稳定，村上各项工作都能有序开展。

一、黄家仑村和仙锋仑村村委会选举中存在的问题

资阳区黄家仑村的村委会选举工作于1999年4月初启动。在第一次选举中，由于推选村民代表的程序不合法，村民意见很大，区换届选举领导小组决定依法推倒重来。在重新选举之前，部分村民指出村里没有进行财务清理，违反了省里的规定，要求先清账后选举，但另一部分村民要求先选举后清账，为此产生分歧。并从1999年8月开始，出现部分村民围绕财务与选举问题开始上访。1999年12月，在未进行财务清理的情况下，该村进行了正式投票，选举产生了两名村委会委员，村主任和另一名委员得票未过半数。2000年1月，该村拟进行村主任和一名委员的补选，但由于村民抵制，无法进行。此后村民继续上访，愈演愈烈，村里的工作陷入瘫痪。

赫山区仙锋仑村在第四次村委会换届选举中，实行等额选举，严重违反了《村委会组织法》的规定。新班子上任后，村民联名上访，一是要求纠正违法行为，二是反映新的班子成员有经济问题。今年初，区民政局要求乡政府依法纠正，重新选举，但乡政府有畏难情绪，迟迟不予纠正。村里由此形成干群对抗，严重影响了基层的稳定。

二、调查处理的具体做法

1. 实地认真调查。根据上访群众反映的问题，益阳县民政局先后8次前往乡、村实地进行调查。针对两村宗族势力较大，村情复杂，乡党委、乡政府多次组织协调无效的实际情况，与区人大、区政府办有关同志组成联合调查组，人村逐户了解情况；赫山区民政局还成立了由分管局长带队，基政股、信访办负责同志参加的调查组，先后4次人村进行调查。通过深入细致的调查，准确掌握了问题的症结所在。

2. 做好干部群众的思想工作。针对调查了解的情况，益阳县民政局及时组织乡党委、乡政府主要负责同志进行座谈，强调依法办事的重要性，要求乡党委、乡政府领导务必转变思想观念，正确对待群众上访，克服畏难情绪，严格依法办事。同时，分别在两个村组织召开了村组干部座谈会、村民代表会议、群众代表会议，宣讲有关法律法规和政策，使广大村民群众懂得，权利和义务是对等的，在要求维护自己权利的同时，必须履行相应的法定义务。通过反复宣传有关政策法律，干部群众沟通了思想，取得了谅解，补选顺利进行，选民投票率达99.5%。

3. 严格依法办事。2000年4月，益阳县民政局指导两个村的民主理财小组进行了村级财务清理，并在村务公开栏进行了公布。5月，黄家仑村进行了补选，仙锋仑村进行了重新选举。在补选和重新选举过程中，市、区两级民政部门的同志自始至终参加选举的各种会议，严格把关。仙锋仑村在确定正式候选人时，村民代表要求采用户代表选举的方式进行，但村民要求全体选民参加。经反复向村民代表宣讲有关法律规定，最后，村民代表一致同意正式候选人采用全体选民预选的方式产生。由于严格依法办事，不论新当选的干部还是落选的原村干部，都心服口服。黄家仑村选举结束后，群众自发敲锣打鼓给资阳区民政局送来了一面锦旗；仙锋仑村新的村委会班子产生后，群众的掌声经久不息。

辽宁省老边墙村罢免村主任的经过

辽宁省丹东市民政局

《中华人民共和国村民委员会组织法》正式颁布不久，辽宁省丹东市宽甸满族自治县虎山镇老边墙村就发生了一起村民依据新颁布的《村委会组织法》，要求罢免本村村委会主任的事件。这是该市第一例罢免事件。

一、"罢免动议"的提出

1999年3月份以来，虎山镇党委、人大连续接到老边墙村村民数十封上访信，反映该村村主任孙吉胜违反《村委会组织法》，擅自将本村金矿承包出去等问

题。5月19日，该村几名村民拿着由380多名村民联名的材料来到镇政府，要求罢免村委会主任孙吉胜，材料中提出了六条罢免理由：

1. 不经村委会研究，不召开村民会议，擅自发包兴旺金矿，从中个人要一个坑口；

2. 长时间侵占集体公款，欠二组山楂园承包费至今不还；

3. 生活作风问题；

4. 私自将封山区开封；

5. 把原村翻砂厂的原材料占为己有；

6. 将村公款十多万元外借，无法收回。

二、"罢免"的基本经过

接到村民的联名上访后，虎山镇党委专门成立了调查组进行核实。经调查，主要情况基本属实，从账面反映，1997年末，孙吉胜占公款9.4万元，现在仍欠1.4万元；1994年承包二组山楂园，租金1.5万元，现在仍欠0.6万元；兴旺金矿发包，既没有同其他村干部沟通，也没有召开村民会议或村民代表会议通过，违背了《村委会组织法》和《辽宁省农业集体经济承包合同条例》的有关规定。虎山镇党委和政府在情况基本清楚的基础上，专门找孙吉胜进行谈话，孙当时表示要辞去村委会主任职务。在村民代表会议上，孙又改变了态度，坚持不辞职，让村民表决。在这种情况下，10月13日，虎山镇镇长辛立军向宽甸县民政局请求指导，县民政局副局长迟胜人同志明确表示：罢免动议的启动，需要具备两个条件：一是需要有本村五分之一以上有选举权的村民联名；二是要提出罢免理由，当务之急是要尽快核实联名村民，看是否超过有选举权村民的五分之一。10月11日，经镇党委、政府组成的工作组对380多名联名村民进行逐户逐人的落实，有352人得到了确认，超过有选举权村民的五分之一。根据《村委会组织法》的规定，镇党委、政府决定召开村民会议进行表决。会议决定于10月16日上午在老边墙村小学召开全体村民会议，对罢免村主任孙吉胜的动议采取无记名投票的方式进行表决。同时又对会议程序做了具体研究和安排：

1. 指派党委副书记初连臣主持会议。

2. 提议由党委组织委员出任总监票人选。民政助理、武装部长、司法助理、各村村民组长、党小组长为监票人选，报村民大会通过。

3. 如有不到会的村民，实行流动投票，确保参选率。

4. 派出30—40名镇机关干部于15日深入到各村民组与村干部、村民组长共同逐户通知应到会的村民届时参加表决，交待因病或外出者可办理委托投票手续。

5. 设计制定了表决票和委托书。

6. 拟定了会议日程：

(1)由主持人宣布罢免表决会议开始；

(2)大会通过总监票计票人和监票、计票人名单；

(3)宣布罢免理由；

(4)请被罢免人申辩；

(5)宣布对罢免案提出的问题核实结果；

(6)中心会场设6个秘密投票室，分组投票；

(7)如有缺席，深入到户流动投票；

(8)集中中心会场开箱计票；

(9)公布表决结果。

10月16日，罢免表决大会在老边墙村小学召开，首先由镇党委副书记初连臣同志向到会的村民群众宣布352名村民联名要求罢免村委会主任所提出的理由；随后由孙吉胜做申辩；后由镇党委副书记初连臣宣布镇党委、政府调查结果；宣布总监票计票人和监票计票人名单及投票注意事项；最后开始投票表决。下午计票结果出来：共发出选票850张，收回850张，其中460票赞成罢免；376票反对罢免；9票弃权，最后大会宣布罢免村委会主任孙吉胜的表决结果有效。

湖南省吴家桥村村民会议向村民代表会议授权试点

罗先林

一个村人数较多或者居住分散，村民会议一时难以召集，怎么办？现在农民职业多元化，外出打工的多，而村里经常有一些软性、硬性任务都要立马作个结论，经常有涉及农民切身利益的大事需要拍板、需要决策，可村民会议一时难以召集，又该怎么办？我们认为可以通过村民会议向村民代表会议授权，由村民代表会议来议事、决策，代行一部分村民会议的职责。这样就可解决村民会议一时召集难的问题，同样也体现了村民当家作主的原则。并且《村委会组织法》也有规定："人数较多或者居住分散的村，可以推选村民代表，由村民委员会召集村民代表开会，讨论决定村民会议授权的事项。"那么，村民会议如何向村民代表会议授权呢？

村民会议是由本村18周岁以上的村民组成，村民代表会议是由村民代表和村委会成员组成。关于村民代表的数额，《村委会组织法》规定，村民代表由村民按每5户至15户推选1人，或者由各村民小组推选若干人。湖南省人民政府湘政发[1998]22号文件规定，村民代表总数以30-50人为宜，村民代表的具体数额的确定，既要便于开会议事决策，又要能广泛代表村民意愿。这样参加村民代表会议的人数要比参加村民会议的人数要少得多，会议规模也小得多，召开村民代表会议就比召开村民会议方便、容易多了。我们认为，村民会议向村民代表会议授权，可通过下述方式进行：

由村委会在适当时候组织召开村民会议，对涉及村民利益的事项是否授权由村民代表会议讨论决定，让全体村民来逐项进行投票表决，也就是进行"村民公决"。具体分三步进行：第一步，由村委会列出《村委会组织法》规定的必须提请村民会议讨论决定的事项，如：乡统筹的收缴方法，村提留的收缴及使用，本村享受误工补贴的人数及补贴标准，从村集体经济所得收益的使用，村办学校、村建道路等村公益事业的经费筹集方案，村集体经济项目的立项、承包方案及村公益事业的建设承包方案，村民的承包经营方案，宅基地的使用方案，村民会议认为应当由村民会议讨论决定的涉及村民利益的其他事项。然后把这些事项印制在一张选票上，对每一事项设有"同意授权"和"不同意授权"栏。第二步，由村委会召开村民会议，对到会村民每人发一张选票，要求村民对选票上的每一事项是否同意授权给村民代表会议讨论决定进行投票表决。村民对选票上的事项能否授权可以投赞成票，可以投反对票。投票结束后，经大会工作人员逐项计票，获得参加投票的村民的过半数的赞成票的事项，则明确为是授权的事项，赞成票没有过半数的事项则视为不在授权之列。第三步，村民会议通过上述方式向村民代表会议授权并确定授权事项后，村委会应及时予以张榜公布，并报乡、镇人民政府和县级人民政府民政部门备案。

2000年年初，湖南省华容县民政局在万庚镇吴家桥村采用上述授权方式进行了村民会议向村民代表会议授权的试点工作。吴家桥村有12个组，2800多人，以小组为单位共推选了村民代表42人，加上村委会干部5人，组成村民代表会议的人数是47人。通过由村委会召集村民会议，对涉及村民利益的事项是否授权给村民代表会议讨论决定进行投票表决扣，有60%的事项被同意授权。这一授权方式得到了村民的普遍认同，并且，通过授权后，由村民代表会议代行一部分村民会议的职责，以收到了很好的效果。

三月份，吴家桥村对抗旱机埠进行公有民营改制的新尝试。村里有12台抗旱机埠，担负着12个村民小组的抗旱任务，过去，抗旱机埠由于是集体的财产，闲时无人问津，机房千疮百孔，机械锈迹斑斑，抽水时，甚至难以开响。一个农户，每年的抗旱费都在80元以上，成了村里的一大包袱，群众意见纷纷。该村村委会一班人设想将村里的12台机埠由原来的集体经营全部改制为个体承包经营，但这一涉及村民利益的重大事情必须提请村民会议来讨论决定。当时，正值农闲时节，村民们外出打工的多，走亲访友的多，村民会议难以召集，村委会一班人认为这一事情在今年年初村民会议予以授权的范围之内，可以由村民代表会议来拍板，来决策。于是由村委会组织召集村民代表开会，讨论这一改制事项，结果参加村民代表会议的45人中有96%的人同意将抗旱机埠由集体经营改制为个体承包经营，改制得到了顺利实施。近一年来，12台机埠承包给个人经营后，为村里节约开支5万元；村民抽水时的单位电价也比原来下降了33.5%；服务质量较之承包前明显提高，村民对此十分满意。

吴家桥村的成功试点说明：(1) 通过召开村民会议由村民来投票表决向村民代表会议授权的事项，是一种行之有效的方式；(2) 村民会议授权给村民代表会议，村民代表会议向村民会议负责，授权的事项主要是村中日常遇到涉及村民利益的事情，如完成国家任务的各项措施，村建规划实施和宅基地的安排，新建、扩建重大生产项目、建设工程和公益设施，全村人口出生计划的落实，村里重大财务开支等。(3)由村民会议授权给村民代表会议来讨论决定村里的部分大事，也是村民参与村务管理的一个重要渠道。

384位村民状告村委会：还我柴洲

宋世智　何山　简竹

2001年6月15日，湖北省监利县白螺镇朱田王村像过节一般，到处洋溢着欢声笑语。因为这一天，是384位村民状告村委会低价出租柴洲一案胜诉后，法律判决书生效的日子，他们终于收回了属于全村人的柴洲。按照目前的行情，他们此举至少为村里挽回30万元的经济损失！

晴天霹雳

2001年2月1日（正月初九），当白螺镇朱田王村的村民们还沉浸在春节的气氛中时，一个消息似晴天霹雳在村里引起了轩然大波：村集体的1400亩柴洲的使用权已经由村委会于元月12日以28万元的价格承包出去了。

白螺镇地处湘鄂边陲,长江、湘江、洞庭湖“三江”在此地汇合,丰富的水资源让白螺的老百姓有了生活的依靠,生长在水中荒滩上的芦苇更是白螺的一大支柱产业。据了解,该镇临江的荒滩、沙州(当地人称柴洲)面积达12000余亩,种植面积遍及全镇16个村,年产值达400万元以上。每到秋冬季节,沿江柴洲一望无际,江风拂过,万亩芦苇随风摇曳,蔚为壮观。

前些年一钱不值的柴洲,现在却成了各村的摇钱树。由于柴洲遍生芦苇,而芦苇是极好的造纸原料,白螺附近又有数家大型造纸厂,白螺的芦苇就成了各造纸厂的抢手货,行情逐年看涨。朱田王村现有柴洲面积1400亩,每年都由村委会以招标的形式进行租赁经营,1996年承包价格为21.5万,1997年后由于国内市场原因和洪水影响,租赁价格有所下降,1998年为8万元,1999年为9万元。每年的承包款都抵交了村里的提留和用于公共基础设施建设,朱田王村的村民负担也因此比没有柴洲的村轻得多。

去冬今春,朱田王村的村民欣喜异常,因为芦苇价格由每吨280多元涨至400多元,芦苇价高了,2001年柴洲的承包价格肯定会提高,意味着村级收入将有所增加,每个人的负担将会更轻。

然而却有消息说村委会已经把这个“聚宝盆”低价承包出去了!这个消息是真是假?村民们很快便摸清了事实真相:柴洲早在2001年1月12日就由村委会以28万元的价格将4年(自2000年12月底至2004年12月底)的使用权承包给了现在湖南做生意的个体经营户朱思良(原为本村人),朱已交给了村委会承包款28万元,并签订了一份芦苇《承包合同书》,且村委会还同意每年返给朱2500元用于改善生产条件的费用。

睡狮猛醒

令人疑惑的是,在合同签订后仅仅几天,朱田王村原任村支书及村主任便相继辞去了职务,歇手不干了。直到3月初,村里还一直处于群龙无首、一盘散沙的状态。柴洲被低价承包的消息经证实后,如同一瓢冷水泼在了翻滚的油锅里,村民们愤怒了。他们一是气愤1400亩柴洲以如此低的价格承包出去,二是气愤这一事关全村村民利益的大事,村委会少数干部竟然一手遮天签下合同。若不是一个村民偶然得知消息,村民们至今还蒙在鼓里。

3月1日,相邻的荆红村的1000亩柴洲通过公开招标,3年的承包额达到51.8万元,每年高达17.3万元。荆红村的柴洲面积比朱田王村少,而承包金额每年多了近10万元!10万元对一个四年三水的小村来说可是一笔巨大的财富,全村603位村民每人可增加近200元的收入。低价将柴洲承包出去,就是从他们每个人手中拿走了近200元,朱田王村的村民聚在田间掐着指头算了算这笔账,胸中的怒火不由得像火山一样爆发了。

“合同有鬼,我们不能承认!”

“我们去上访,镇里不行到县里,县里不行到市里,再不行我们就闹到北京去!”

一时间,要求废除合同、重新招标,成为村民们生产生活中最主要的话题。村民们群情激奋,100多人不约而同地到镇里反映情况。

白螺镇党委、镇人大、镇政府等主要领导对此事非常重视,派出干部反复给村民做工作,讲述相应法律知识,支持农民维护自身权益的正当要求,并于3月7日在朱田王村选举产生了新的村委会。镇委书记张习谈委派镇人大主席吴伯垓、宣传委员段波平深入到村,挨家挨户走访群众,搜集意见,很快弄清了原委;合同有失公正,柴洲承包价格明显偏低。可合同是由村委会与朱思良签订的,盖有村委会的公章,而且经过了县公证处公证,镇里无权废止合同。为妥善处理这件事,在充分听取村民意见后,镇人大主席吴伯垓和镇委宣传委员段波平找到柴洲承包人朱思良,希望他能考虑村民利益,适当增加承包款,但由于差距太大,协商未果。

虽然如此,朱田王村的村民在整个过程中,始终保持了一种清醒理智的态度。吴伯垓、段波平上门到县人大、县法院咨询,反映了这一情况。并组织村民代表反复学习研究了《中华人民共和国村民委员会组织法》、《中华人民共和国土地管理法》等法律法规。

“只有法院才能解除合同,你们要废除合同,必须依法办事!”吴伯垓、段波平在村民代表会上提出了自己的主张和观点。

一语惊醒梦中人。曾任过村支书的何修勇和在村里颇有威望的张家炎眼前一亮:上访不是好办法,依法起诉才能解决问题,国家不是发布了《中华人民共和国村民委员会组织法》吗?里面或许可以找到法律依据。根据《村民委员会组织法》的有关规定,村集体经济项目的立项、承包方案及村公益事业的建设承包方案必须由村委会提请村民会议讨论决定,方可办理;村民会议必须有本村18周岁以上村民过半数参加,或者有本村三分之二以上的户代表参加,所做决定应当经到会人员的过半数通过。

在学习中村民们认为:村委会在未经全体村民同意的情况下,擅自低价将柴洲承包出去,违反了《村民委员会组织法》和《土地管理法》中规定的民主议定原则,损害了集体和村民利益,应属无效合同。

4月10日，在朱田王村小学的一间教室里，全村每户1名代表参加了村民大会。会议决定向监利县人民法院起诉，请求法院判决朱田王村委会与朱思良签订的合同无效，并选出了何炎林、何学银、何修勇、张家炎4位村民为诉讼代表。4月19日，吴伯垓、段波平带上有关材料，赴荆州聘请了湖北蓝宇律师事务所江明炎律师及其助手郑静做此次诉讼的委托代理人。

为保证诉讼主体合格，仅一天时间就有384位村民和128户户主纷纷在推举诉讼代表书上签下了自己的名字。4月20日，朱田王村384位村民以原告身份，以村委会的行为违反有关法规，损害了集体和村民利益为由，将民事起诉状送到了监利县人民法院。诉讼状中称：村委会在未经全体村民同意的情况下，擅自以低廉的价格与第三人朱思良签订合同，请求确认村委会与朱思良所签订的柴洲承包合同无效。让村民们感到无奈的是，诉状中的被告是一直支持他们的现任村主任何小新，把他推上被告席，也是不得已而为之。

庄严审判

由于此案涉及的人数众多，且在当地具有较大影响，监利县人民法院特地将法庭设在白螺镇政府的礼堂内。5月18日开庭审理那天，不仅朱田王村的大部分村民参加了旁听，附近村子里的不少村民也闻讯赶来了，镇委、镇人大还分别组织了部分村干部及人大代表前来旁听，能容纳近300人的礼堂座无虚席，过道上也站满了人，就连窗台前也挤满了脑袋。对于到场的党员干部和村民来说，这无疑是一堂难得的法制教育课。

被告朱田王村村委会辩称：村委会与朱思良订立合同前未召开会议，也未报镇政府批准，原告要求确认该合同无效，村委会没有意见，并同意返还朱思良所交承包金28万元。至于第三人在今年元月至5月的实际投入及损失，同意按责任分担。

朱思良辩称：一是原告诉讼主体资格不合格，起诉时未达到法定人数，请求驳回原告的诉讼请求；二是本案中合同的订立是双方真实意思表示，虽未按有关程序办理，但是基于当地的普遍做法，依法应确定该合同合法有效。

监利县人民法院按新的审判方式，让双方认真举证质证，但因双方证据不十分充足而当场宣布休庭，待双方继续搜集证据后再行开庭审理。

5月28日，法庭经过二次审理后认为：1.被告与朱思良签订柴洲承包合同时，该事因涉及朱田王村全体村民的利益，被告必须提请村民会议讨论决定，并报乡镇人民政府批准，方可办理。被告违反法律的强制性规定越权发包，擅自与朱思良签订承包合同，该合同无效。村委会应负过错责任。2.原告以128户代表签名的诉讼证据提起诉讼，占该村183户总户数的70%，在诉讼中原告又向法庭提交了384位村民签名的推举诉讼代表书，已超过该村603位村民的半数，故原告具备诉讼主体资格，朱思良该项诉讼主张不能成立。

下午，监利县人民法院在认清事实的基础上，依照《中华人民共和国合同法》第五十二条第五款、第五十八条，《最高人民法院关于审理农业承包合同纠纷案件若干问题的规定(试行)》第二十五条第一款的规定，当庭做出判决：(1)被告朱田王村委会与朱思良于2001年1月12日签订的《朱田王村柴洲芦苇承包合同书》无效；(2)由被告朱王田村委会返还第三人朱思良承包金28万元，于本判决生效之日起十日内履行；(3)驳回原告朱田王村384位村民的其他诉讼请求，本案受理费和其他诉讼费均由被告负担。

判决完毕，礼堂顿时成了欢乐的海洋。掌声雷鸣般地响起，不少村民高兴得流下了眼泪，甚至有村民不顾镇政府工作人员的劝阻，买来鞭炮就在院子里“噼噼啪啪”放了起来。

安徽省西坝口村的“微型人大”作用大

2000年3月的一个下午，对于安徽省五河县西坝口村村委会两名副主任来说，多少有点苦涩的味道。这天，村里的村务监督组不留情面地否决了他俩要求用公款各自配备一辆自行车的提议。村务监督组的回答是：这笔钱不该由村里拿。

拥有1400多人口的西坝口村是五河县较早实行村民自治、民主管理的村庄。现任村委会主任欧元达就是在全村“海选”中，从40多名候选人里脱颖而出的。打从1996年起，村里又相继选出了32名村民代表，以及由其中6位代表组成的村务监督组，建立起民主决策、民主管理、民主监督的村民代表会议制度。村民们形象地把它称做“微型人大”或“小人大”。

“微型人大”的代表虽然不从村集体领取一分钱报酬，但他们讨论村务，实施民主管理与监督却一点儿也不含糊。大伙认准了不能办的事，不该花的钱，就是板上钉钉，谁也甭想变通，打“擦边球”。1998年夏天，上面要求村里整改照明低压线路。施工单位狮子大开口，一伸手就要4万元费用。村委会碍于情面应承下来，没想到却在代表们这里卡了壳。村务监督组请来内行一算账，将这档事压了下来。这以后几经谈判，代表们就施工费、材料费一笔笔与对方掰手指头算，最终以7200元的价格做完了这项工程。这个村有80亩梨园，园内的梨树是70年代栽植的，目前正值挂果高峰。由于以往发包给人都是村干部说了算，80亩梨园承包者年上缴费用起初只有1500元，1988年才调整为4500元。村民们戏称这是"送到承包者嘴边的肉"。1995年夏天，一些村民从不服气到憋气，最终发展为成群结伙哄抢梨园，惊动了四面八方，好不容易才将事端平息。村民自治一经实施，代表们第一刀就砍向这份带有明显"关系人情味"的承包合同。要么停止承包，要么按市场行为交纳适当的承包费。最终承包者心悦诚服地将承包费上调为9000元，梨园从此也就平静了下来。谈及这件事的感受，村委会主任欧元达说："村民自治以后，我觉得一身轻。我们的村财务，包括村务一切都公开给群众，村里面大事也全部经过村民代表在一起共同商讨。需要我们办的事，群众愿意办的，我们就把这个事坚决办好办彻底，群众不愿办的事，我们绝对不办。违背了群众利益的事，我们就不干。"

屡禁不止的干部吃喝风让农民深恶痛绝。西坝口村也不例外。由于地处城郊结合部，交通便利，再加上不远处的沱湖素以盛产大闸蟹而著名。多年来，村里的招待费一直居高不下。到1993年时，村集体不仅没有分文积累，反而欠下了4万元的债务。令人惊喜的是，如今这一顽症也被"微型人大"彻底攻克了。对此，村务监督组组长林以忠的看法是："我们这个村在未实行村民自治前，招待费开销比较大。每年都在5000元上下，还有一年最高达9000元。通过村民自治以后呢，村干部就知道不能开销这么多钱，他们就克制了自己。他们也怕我们把不合理的发票打出来时难看，所以开支就压下来了。"村委会主任欧元达说："每月2号，村务监督组的几个成员来监督村财务发票，一张一张审批。每月一张财务公开单，把每月的开支多少，干了哪些事，公开给群众，群众明白了，我们也清白了，群众对我们村干部的怀疑，比如说贪呀、占呀，也就没有了。"

在西坝口村采访，记者发现"微型人大"的代表们文化素质虽然不高，但他们参政议政的水平却不低。村主任欧元达的一席话，道出了其中真谛。那就是村民自治不是聋子的耳朵——摆设，代表和村民们的决策、管理、监督权在这里得到了充分的尊重。欧元达说："我们村里每遇到一些重大事情，如农田水利、鱼塘承包、房屋建筑等，每干一样事情，都要处处民主，处处公开，经过民主来协商。代表同意的，村里才能实施。所以代表都乐意参与。"

西坝口村几年来务工经商的村民逐年增多，眼下少说也有300多人。他们大多是年轻夫妇，奔波操劳，照看孩子就成了他们最大的后顾之忧。村民代表们在田间地头议及此事，认为村里应该利用闲置房屋办所幼儿园，让这些务工经商户甩开膀子大干。动议提交村委会，赢得了满堂喝彩。没多久，全乡第一个幼儿园就诞生了，30多户人家的孩子再也不用"放野马"了。1997年2月，村里开挖出一口170亩水面的鱼塘。由于面积大，水质好，引来了不少户人家要求承包。鱼塘包给谁？村委会与代表们协商后，想出了一个借鉴城里经验，公开招标，现场拍板的好主意。村委会组织实施，村民代表监督，一场激烈的竞标很快在鱼塘边展开。最终，4户村民以年上缴1.5万元的承包费中标，比村委会原设定价高了5000元。

西坝口村的村民自治、民主管理虽然才走过5个春秋，但类似上述事例还很多。比如开挖村头大沟、修筑村内砂石路等等，无一不凝结着村民代表们的心血和汗水。沐浴着民主政治建设的春风，西坝口村在悄无声息中出现了可喜的变化：全村人均年收入由1993年的800元增加到2000元，村集体也有了一笔可观的积累；村民生活质量步步登高，昔日屡见不鲜的打架、赌博现象已难觅踪影；全村家家埋头奔小康，成了远近闻名的文明富裕村。村民欧开工说："村民自治以后，财务公开了，老百姓心中明白了。村里的大事都经过代表讨论研究，老百姓的感觉比过去好多了。"

告别西坝口村，但见无垠的淮北平原上，绿树环抱的村庄清新宜人，鸡犬声声，恰似一幅生机无限的田园风景画。身后的沱湖犹如一面银镜，波澜微兴，仿佛在向我们讲述着小村发生的故事，回味悠长……

浙江省玉环县的村级民主听证会

浙江省玉环县在全县12个乡镇各选择一个村进行了由党支部主持的村级民主听证会制度的试点，收到了很好的效果，受到了农村广大干部群众的欢迎。

一、适应农村新形势的需要，村级民主听证会制度应运而生

近年来，玉环县积极实施"两议三公开一监督"制度，全县推选出5087名村民代表，建立了292个村民议事会，234个财务监督小组，同时认真开展村级财务清理工作，回收村级应收欠款2711.9万元，查处了一批村干部的经济违法违纪行为，使村级民主政治建设有了较大程度的推进，村民参政议政的积极性逐步增强，

农村党群干群关系得到了较明显的改善。但由于少数村干部能力偏低，素质欠高，工作方法简单，法制观念淡薄，一些地方村务半公开、假公开等现象仍不同程度地存在，群众集体上访事件时有发生，少数村“两委会”关系难以协调。

上述现象的存在，制约了村级组织建设和民主政治建设的健康有序开展。为此，该县决定在农村实施由党支部主持的村级民主听证会制度，让广大党员、村民与村“两委会”进行民主对话，更好地行使民主决策、民主管理、民主监督的权利，进一步推进农村基层组织建设和民主政治建设。

二、村级民主听证会的主要做法

1. 乡村联动，周密准备。村级民主听证会在村党支部领导下进行，每年至少召开一次，一般安排在年初、年中或年末举行。在听证会前，乡镇联片领导和驻村干部及时帮助指导村“两委会”起草好村党支部、村委会工作报告及财务收支情况报告，做好听证会的准备工作。各村召开村“两委会”会议，总结工作，分析问题，研究下阶段计划，将村支部、村委会的工作报告和村财务收支情况报告交给党员和村民代表征求意见；在民主听证会5天前，将党务、村务在公开栏里公布，利用广播、宣传窗等多种形式对村民进行宣传，并以党员责任区或村民小组为单位分发书面提案表，要求10人联名，一事一议，在听证会前两天提交给“两委会”，由村“两委会”梳理后，形成回复意见。

2. 严格程序，双向“听证”。村级民主听证会按照双向“听证”的原则，既有普通党员、村民听取村“两委会”工作报告的内容，又有村干部听取普通党员、村民意见的内容。具体工作严格按以下程序操作：一是由会议工作人员清点到会人数。参加人数一般要求占本村18周岁以上村民的半数或三分之二以上的户代表。二是由村党支部书记作党支部工作报告，村委会主任作村委会工作报告和财务收支情况报告。三是党员、村民向村“两委会”提出质询，村“两委会”当场答复。对涉及党员、村民利益的热点、疑点、难点问题，村“两委会”与村民一起协商，提出解决办法。

3. 及时反馈，认真督察。听证会后，各村都召开“两委会”会议，认真梳理党员群众口头意见和书面提案，研究落实解决措施。涉及党务、村务重大事项的，及时提交党员大会、村民代表会议或村民会议讨论决定，并在一个月内予以反馈。听证会的会议记录和提案表、反馈意见情况等收集整理归档，并把有关情况上报乡镇党委、政府备案。乡镇党委、政府指定专人对上述档案进行逐项调查核实，对档案不实或村“两委会”解决不力、搞应付的，督促限期整改并向广大党员、群众通报。

三、初步成效

1. 有效激发了普通党员、群众参政议政热情。以往，在该县农村普通党员、群众中，有不少人对村“两委会”召集的会议不感兴趣，认为“都是干部台上讲，村民台下听，轮不到自己说话”，但村级民主听证会有乡镇干部、当地企事业单位及村民代表等现场监督，村“两委会”必须向党员和村民报告党务、村务、财务工作，接受党员和村民现场质询并当场解答，会前又允许党员、村民提案，因此，普通党员、群众参与热情高涨。据12个试点村反映，听证会到会率都在90%以上，会上普通党员、群众发言踊跃。会前收到的普通党员、村民联名提案也为数不少。

2. 促进了干部自身素质的提高。以往不少村干部认为“农村工作主要靠经验，不需要多少知识、能力”，但现在一开民主听证会，许多村民递交的提案、质询的问题都涉及一些政策、法律规定，有些还涉及现代科技知识，这就促使村“两委会”成员认真学习法律、科技有关知识。一些村干部经历了听证会的场面后感叹：再也当不得“太平官”了，否则，即使村民不哄，自己也无颜再呆在台上。同时，村民对村干部在廉洁自律方面要求很严。如该县一些村在召开村级民主听证会时，普通党员、群众对村级集体经济的管理，财务开支费用等，都要求村干部如实逐项回答，从而促使村干部加强自身的思想道德修养，防止处事不公、为政不廉现象的发生。

3. 推动了村级热点难点问题的及时解决。该县规定听证会前收到的村民提案、会上村民的建设意见，都必须建档上报乡镇备案并限期办理，办理情况要向村民通报，这就促使农村一些难点问题及时得到解决。如筠岗村村民在听证会上就村道脏乱差问题提出质询后，村“两委会”第二天就组织人员对乱占道、乱倒垃圾等进行了整治；村民提案要求开发村内宋代古寺济理寺风景区的旅游项目，村“两委会”在会后第三天就邀请县风景旅游管理局等部门前来实地考察。石井村村民就村内盗窃案频发、文化活动场所偏少、村民就业困难等问题在会上提出质询，村“两委会”第二天就着手编制护村巡逻计划，决定在新建的村综合大楼内专门设置文化活动室，同时尽可能安置村民到村综合贸易市场就业，群众较为满意。

4. 为农村优秀人才脱颖而出创造了条件。听证会为村民与村“两委会”直接沟通架起了桥梁，也为农村优秀人才脱颖而出提供了舞台。一些原先默默无闻的优秀青年通过上台质询、论证,较好地展露了自己的才华,得到了群众的认可。这也为壮大村级后备干部队伍开拓了渠道。

5. 增强了村党支部的领导核心地位。过去,玉环县在农村推行了村民代表大会制度,这样做有利于加强对村委会的监督,但对村党支部的监督就难以顾及。如果村党支部的工作得不到群众的理解和支持,就会影响党组织的威信,村党支部的领导核心地位就有可能动摇,也容易使一些村出现"两委会"不协调的现象。推行民主听证会后,把村党支部和村委会"捆"在一起,由党支部主持民主听证会,"两委会"分别作报告,共同接受党员和村民的质询、监督,这样就使党支部在群众中的威信和影响力大大提高,也使"两委会"的职责更加明确,促进了"两委会"的协调运作。

路到尽头是茫然

徐付群

福建省福州市平潭县南海乡南中村的黄兴发,早在六七十年代就担任过村团支部书记、队长、党支部书记等职务,是个老资格的"村官"了,1989年他又出任南中村村委会主任,一当就是10年。然而,他没有预料到自己会经历一段令人感慨的"罢官"、"复职"的曲折路。

莫名其妙被罢官

1997年,南中村迎来了三年一次的村委会换届选举,黄兴发仍是村民所瞩目的实力派人选。然而麻烦已经悄然来临。

选举之前,乡党委书记四次找到黄兴发做思想政治工作:"上边打电话来,指名道姓要你退下来,你要理解我的压力很大,你要同党委保持一致。你退下来,也算是支持我的工作。你年纪大了,不要再去竞选村主任了,何必跟人家结冤仇呢?"黄兴发没有答应,但候选人名单上却没有了他的名字。

不是候选人的黄兴发,在9月6日的正式选举中得票数却遥遥领先,大部分村民都在"另选他人"的空格内填写了黄兴发的名字,结果黄兴发以高票第三次当选为南中村村委会主任。

从此以后,更多的麻烦接踵而至。

10月,有人上告,说黄兴发有贪污行为。在未经查实的情况下,11月3日黄兴发参加县人大十二届五次会议期间,南海乡党委书记利用大会休息的时间,当众口头通知黄兴发,停止其村委会主任的职务。

1998年1月20日,南海乡以"扔下工作不干"为由,做出《关于南中村村委会主任调整的决定》,免除黄兴发村委会主任职务,由副主任代理村委会主任的职责。黄兴发就这样被罢了官。

花费一万元　落下心脏病

黄兴发认为自己不该这样不明不白被免职,并且他坚信乡领导的做法是不合法的。根据村委会组织法的规定,任何组织和个人无权任命和罢免村委会成员。他要讨回这个公道。

黄兴发上访的第一站是县法院,但是法院却不受理,因为虽说现在有行政复议法规,可像乡党委免除村委会主任这样的事并不在此管辖范围之内。接着他又去县政府,分管民政的副县长王长鹰肯定地答复,这样罢免不符合法律规定。

1998年2月18日,平潭县村委会换届选举指导小组向各乡镇党委政府发布《关于不能擅自任免村委会成员的通知》,通知强调指出:"凡由乡镇党委政府任免的村委会成员一律无效,须立即依法予以纠正。"

县选举指导小组的通知在南海乡如泥牛入海,没有产生一丝反响。

黄兴发执著地继续上访,给福州市的领导写信,给福建省民政厅的领导寄材料,市里、省里,一次次地奔波,他甚至去北京,到民政部申诉,要求纠正违法罢免行为。黄兴发告诉记者,在近两年的上访期间,他往外跑了不下50次,往各级各部门寄送材料不下80份,花费一万多元,由于奔波劳累,还落下了心脏病。

对于黄兴发反映的情况,各级领导都非常重示。市里的领导批过字,省民政厅的领导多次派员到平潭调查。1999年2月,民政厅发文要求平潭县政府督促南海乡予以纠正。同年4月16日,平潭县人民政府专门向南海乡人民政府发出《关于尽快恢复黄兴发同志村委会主任职务的通知》,要求南海乡在当月25日前将落实情况反馈给县政府,以便县政府将情况传报省民政厅。

5月5日,南海乡党委抄送县委、县民政局一份《关于撤销岚南委(1998)7号〈关于南中村村委会主任调整的决定〉的通知》。该通知是发给南中村村委会的,全文如下:

南中村委会:根据《村委会组织法》有关规定,经乡党委研究,撤销原中共南海乡委员会下发的岚南委(1998)7号《关于南中村村委会主任调整的决定》。

乡里对上总算是有了一个交代,然而发给南中村村委会的通知却没有发到村里。黄兴发自然也没有恢复职务。

1999年10月7日至9日，福建东南电视台连续对黄兴发被非法罢免一案进行曝光，然而有关人士依然无动于衷。

尴尬的“落实”

黄兴发继续向上反映，申诉材料寄到了民政部信访办。11月18日，民政部政权司、信访办以[国民政文](1999)51号联合发文给中共福州市委、福州市人大常委会、福州市民政局，该函指出：你市平潭县南海乡党委、政府对黄兴发同志的免职是违反《村委会组织法》的，必须依法予以纠正，要责成南海乡党委政府限定12月15日前落实解决，如拒不依法纠正，必须采取组织措施，对主要负责人应当追究法律责任。

民政部措辞严厉的专函引起福建方面的高度重视。12月13日，由省民政厅、福州市委组织部、福州市人大、福州市民政局联合组成的《村委会组织法》执法检查监督工作组到达平潭县。次日，工作组在县委、县政府、县人大领导陪同下来到南海乡落实黄兴发的问题，受到冷遇，工作组进退两难。在无可奈何的情况下，工作组决定直接赴南中村监督黄兴发问题的落实。

考虑到下村开展工作可能遇到的阻力，工作组事先研究了三个预案：一是召开村两委会议宣布纠正，二是召集村民代表会议宣布纠正，三是向村民直接宣布纠正。14日下午，工作组来到南中村，两委人员拒不露面，并且村支书曾告诉通讯员：“今天如果没有我来叫你通知开会，其他不管谁来让你通知开会，你都不能去通知。”因此，别说召开村两委会议，连村民代表会议也无法召开，只好实施第三套方案，由南海乡纪委书记向在场围观的部分村民宣读了南海乡党委1999年5月发布的关于撤销调整南中村村主任职务决定的通知。

复职的路还没到尽头

无论如何，在事隔半年多之后，乡里的“通知”总算下到了南中村。黄兴发被非法免职的问题似乎也应该随之解决了，然而事情并没有就此了结。

工作组来村里监督“落实”之后，黄兴发信誓旦旦地要重新履行自己的村委会主任职责。他请求乡党委支持他开展工作：牵头召开村两委会议，过一次民主生活会，以求团结，统一思想，开展工作；协助理顺村级财务、债务；协助村委会依法建立村民民主理财监督小组，办理财务审计移交和印鉴更换手续，以便加强村务管理和财务公开制度。而党委领导则让黄兴发自己想办法与现任村两委干部商量。

没有乡里的支持，黄兴发难以介入村务工作。村里开什么会根本不通知他，村委会办公室的钥匙不给他。自以为是村委会主任的黄兴发，完全成了局外人。他找到村支书交换意见。支书说：“党委的通知光说撤销以前的决定，并没有说恢复你的职务。何况，当初调整你村主任职务的时候，乡里的文件明确说让黄某某代理村主任的职务，现在虽说撤销决定了，却没说不让他继续主持工作，你恢复了，让他怎么办？”黄兴发也认为支书的话在理。

记者拨通了南海乡党委书记的电话。这位书记列举了黄兴发工作中的一些不是，认为调整黄兴发的职务虽然不合法，但是合理。记者问：“乡里是否应该做一些努力，帮助黄兴发尽快恢复正常工作？”书记回答：“还应该主要靠他自己与现任村干部联络感情，取得支持。乡里已经给他落实了，自己出来工作就可以了，应该能正常上班了。打个比方，房子给你盖上了，媳妇给你娶回来了，怎样睡觉还要人教给你吗？”

党委书记的话很生动，但并没有给出黄兴发问题的答案。

2000年春，黄兴发又一次来北京上访。记者见到他的名片上规规矩矩地印着“南海乡南中村村委会主任”的头衔，而实际上他至今还只是一个无法介入村务工作的“编外村委会主任”。明明是违法的事情，却不能得到最后的落实和纠正，他不知道其中的毛病在哪儿，他不知道为什么国家法律在这里会成为一张废纸，他不知道自己的复职路何处是尽头。如今，又一次换届在即，新的村委会就要选举产生了，他的复职路还要继续走下去吗？黄兴发茫然了。不过他仍表示要参加下届村委会主任竞选，继续捍卫《村委会组织法》的尊严。

这57名“村官”为何要辞职

崔士鑫

山东省栖霞市4个镇57名民选“村官”集体要求辞职。

辞职原因，据介绍，是由于村党支部和镇党委、政府片面强调党领导一切，采取支部包办代替村委会的做法。新“村官”当选一年多，村里的财务、公章不交接，财务支出由支书一人说了算。镇党委、政府不但不解决“村官”们反映的问题，反而对村委会成员随意“诫免”甚至停职。

如何处理"两委"关系，是实施村委会组织法的一个热点问题。为何会产生这一问题？怎样看待这一问题？如何解决这一问题？记者为此到栖霞进行了调查。

民选"村官"竟被"停职"

王振科，是西城镇北路沟村委会主任，也是在辞职名单上第一个签名的人，他的经历很有代表性。

1999年5月，王振科由村民直选为村委会主任。因为家里一直经营着一个小工厂，生意不错，王振科也想把他的聪明才智用于村里的建设，在村里办两个小工厂，乡亲们可以少拿点集资提留，还能改建一下村里的街道……

但他没有想到，上任后的大部分时间，却是用来到各级党委、政府、人大上访，要求得到《村委会组织法》赋予村委会的权力。最后，又被西城镇党委、政府一纸文件，宣布停职。

村主任为何变成了"上访户"

印章和财务，被农民们称为"印把子"和"钱把子"，是村委会履行职务的前提。但王振科上任后，却发现他与这两"把子"都沾不上边。

村委会的印章保存在村原任会计手中，王振科有事要盖章，会计拒绝，而会计怎样用村委会的章，王振科不清楚。王振科要了解村里的账目，会计不给他看，上访到市长那儿，会计才在两委联席会上公布了比较详细的账目。王振科听出账目有问题，要求会计复印相关账目以备细查，会计不予理会。

按规定，村里的财务单据，要书记、主任、经办人三方签字，村民主理财小组盖上监督章才可入账。但王振科当选后，却有长达一年半的时间，几乎没有让他签过字，连监督的机会都没有。

这些问题，王振科多次向西城镇党委和政府反映，但是没有人管。

去年12月1日，西城镇召开征收"三提五统"大会。会后，北路沟村党支部把这一依法本该交村民委员会大会讨论决定的事项，就在"两委"会上做了决定，而且村委会主任王振科没有参加。确定了征收的数额后，党支部开始广播征收。

王振科得知这一消息，针锋相对地在自己家中召开了村委、各村民小组长及部分村民的会议，也确定了一个征收数额，开始征收。

西城镇党委、政府对双方违法违规的做法都没有认真纠正，反而做了一件更违法的事。12月4日，镇党委、政府叫来王振科，由镇领导和栖霞市检察院、公安局领导出面，要求王振科停止征收。王振科答应了，并回家拆除了临时安装的喇叭，但部分村民仍把集资款交到王振科这里。于是，西城镇党委、政府联合下发文件，对王振科实行"诫免"，停职6个月。

更深层次的原因

王振科的遭遇并非孤例。

1999年上半年，栖霞市新一届村委会产生后，部分村的村干部就因两委职责不清产生矛盾。同年5月，在栖霞市委组织农村干部集中培训期间，一些村委会成员在一起议论村委会无权的问题，萌生了向上反映的念头。这是这起集体要求辞职事件的缘起，在出现王振科被违法停职的事件后，他们把这封信递交给了中央有关部门。

记者在采访中了解到，时隔一年之后，已有部分村委会基本上能够保持正常运转，特别是去年下半年各村支部改选后，两委关系的矛盾已不似以前尖锐，甚至一些原先签过名的人也表示不一定要上访。同时，对王振科的违法停职决定，在栖霞市委、市政府的高度重视下，西城镇党委、政府近日下文进行了纠正。然而，这一事件所暴露出来的深层次问题，值得深思。

调查中发现，尽管山东省、烟台市、栖霞市逐级都对如何落实村委会组织法，制定了一定的实施细则，但有的仍不够具体，有的没有落实。

比如"村官"反映最集中的印章问题，按有关规定，党支部、村委会的印章由书记和主任之外的第三人进行保管，然而如何使用却无章可循。当书记与主任出现矛盾时，印章的使用权实际上就得看保管者的意愿了，甚至形成保管者对印章的"垄断"。

又如对村里账目等的管理和监督，虽然有"三签一盖章"的规定，然而在西城镇，部分村主任因看不到账目而拒绝签字，单据无法入账，镇政府又没能认真解决，制度就变成了一纸空文。而且可以设想，连村委会主任都看不到详细的账目，村财务公开岂不成了摆设？

这些事，看似小事，却直接影响到《村委会组织法》能否真正得到落实。村民自治发展到今天，村级民主建设最关键的问题是各地，具体到一乡一镇一村，能否根据本地实际，制定出具体的，完全可以照做的规章制度，并能严格执行。

令人忧虑的是，在西城镇的大部分村里，最能体现村民自治特点的村民大会制度，一直被"闲置"不用，这是造成两委关系紧张，没有第三者协调，最后由镇党委和政府直接插手、行政干预的深层次原因。有的村连村民代表都没有选出来，有的随意指定村民代表，有的村虽有村民代表，却很少召开会议。

民政部基层政权和社区建设司农村处处长詹成付认为，在村民自治中，如果村民会议这种经常性民主建设不被重视，那么，不管是由支部说了算，还是由村委会说了算，都不是真正意义上的村民自治，也不是真正意义上的民主，最后还会落入少数人甚至一个人说了算的老套子。

必须抓住关键环节

在栖霞950多个村中，也不乏"两委"关系配合默契的事例。有的书记、主任原先有个人之间的恩怨，村主任经村民直选上任后，两个人反而为工作走到了一起。

丁毅法是杨础镇埠头村委会主任。在未实行村民直选以前，他曾当过村一般干部，最后因与现任书记发生摩擦而辞职，离任时他因气愤而"发誓"再也不登书记家的门，此后两人近十年没有说话。

1999年埠头村村民直选，丁毅法以明显优势被选为村委会主任。有人说：这回你可以扬眉吐气了！

选举的当天晚上，了解两人过去恩怨的杨础镇党委、政府五大班子的领导，在丁毅法家一直坐到后半夜一点多，做他的工作。经过激烈的思想斗争，丁毅法鼓足勇气，向离家不到200米的书记家走去。这么短的路程，他徘徊了不下30次！最后他还是进了书记家的门，向正准备辞职不干的老书记说：老百姓选了我，我们还是抛开个人恩怨，多为老百姓办点事儿吧。几句话，把隔在两人之间十年之久的"坚冰"融化了。如今，两个人不仅工作干在了一起，两家也常来常往，成为众人称道的佳话。

丁毅法的故事有一个很重要的细节，那就是杨础镇党委和政府耐心细致的思想政治工作。在《村委会组织法》实施过程中，不管是做细致的思想政治工作，还是具体的建章立制，乡镇领导都是关键。工作跟上了，原先的消极因素也能转化为积极因素；工作跟不上，对《村委会组织法》认识不深不透，就会导致矛盾激化，甚至干出违法的事情。令人高兴的是，57名村官集体辞职事件发生后，当地很快举办了两次乡镇党委书记专题培训会，并派出调查组进行深入调研，正准备从这一关键环节入手，切实保障《村委会组织法》在农村的全面、深入实施。

选"乡官"百姓先投票

徐付群

1999年4月，乡镇领导班子换届前夕，山西省临猗县卓里镇紧锣密鼓地进行了镇人大代表换届选举。与以往不同的是，全镇9000多名选民在投票选举镇人大代表的同时，还郑重地投下一张"民意调查票"，对行将届满的三位镇主要领导，即镇党委书记孙建国、镇长杨雅女、镇人大主席王振国，做出"信任"、"基本信任"或"不信任"的评价。民意调查的结果将决定着三位现任镇主要干部能否作为下届班子候选人参加选举。据当地官员介绍，此举在临猗、在山西都是史无前例的。一位研究选举问题的专家则指出，让老百姓对乡镇党委、政府、人大的"一把手"直接进行民主测评，这在全国也是绝无仅有的。

扩大基层民主的"试验"

临猗雄踞黄河中游秦、晋、豫三角区域，位于晋南盆地。值得临猗人骄傲的是，该县曾先后荣获过43块国家级奖牌，而"全国村民自治模范县"便是其中尤为耀眼的一块。

通过贯彻《村民委员会组织法》，临猗县已胜利完成第四届村委会换届选举。全县基本上坚持了由群众民主选举村委干部的制度，95%以上的村委会都建立健全了村民会议和村民代表会议制度，坚持实行村务公开，民主讨论制定了村规民约和村民自治章程，一个"民主选举、民主决策、民主管理、民主监督"的格局在临猗农村已基本形成。

在这样一个大背景下，怎样巩固和发展村民自治的成果，怎样在实行村民自治的基础上进一步扩大农村基层民主？成了临猗县委县政府思考的主要问题。

县委书记刘振龙介绍说："把村民自治的成果和经验，坚持下去，推广开来，使基层党的组织和政权组织的建设与农村的村民自治新形势相适应，形成上下配套、互相促进的民主政治新格局，是我们扩大农村基层民主的一条思路。"

他们想到了相邻的河曲县实行的"两票制"。在河曲，村党支部换届选举时先由全体有选举权的村民对党员投"信任票"，信任票得票率不足50%的，就没有资格作为候选人参加党内选举，只有赢得村民信任的党员才有资格在支部大会上由全体党员投票选为支部成员。"群众信任票"加"党内选举票"，这便是闻名全国的"两票制"。实行两票制，扩大了民主监督的范围，大大缓解了干群矛盾，改善了党群关系，遏制了村支书选拔上的不正之风。

能不能借鉴"两票制"，把它用到乡镇干部身上？虽然现实中尚没有现成的经验可以参照，但也应该解放思想，大胆尝试。党的十五届三中全会明确提出要扩大农村基层民主，因此这方面的尝试也是符合中央精神的。经过多次会议反复磋商,临猗县委、县政府决定选择一个乡(镇)做"试验",演练乡(镇)"两票制",让全体有选举权的村民对"乡官"们打分投票。

"试验"地点选在了卓里镇。

卓里"三巨头"遭遇"民意调查"

临猗县委制定的实施方案把"试验"的具体项目确定为:"在下届乡镇党代会和人代会召开之前,对镇主干实行民意调查"。这次"试验"将以扩大基层民主、强化民主监督为主导,以试行村民投信任票,代表投选举票的两票制为基本手段,首先组织广大村民评议全镇工作,对镇"主干"投民意调查票,尔后再依照党章和有关法规分别召开党代会、人代会,进行镇党委、人大和政府的换届选举,为以后全县此项工作的进一步开展积累经验。

引人注目的是实施方案中的民意调查结果处理原则:对民意调查中信任票及基本信任票超过85%的干部,县委通报表扬;对信任票、基本信任票达60%以上但不足70%的干部,不影响其作为下届镇党委、人大、政府换届时的正式候选人,但应由组织部门组织力量予以进一步调查了解,帮助其提高认识,明确方向,改进工作;信任票、基本信任票不足60%的干部,应查明原因,分别情况,由上级党委责成专人谈话、诫勉或亮出黄牌;信任票及基本信任票达不到50%的干部,不得作为下届党委、人大、政府换届的正式候选人,由组织上另行安排工作;民意调查结果在镇党代会、人代会期间应分别向两会进行通报;民意调查结果应装入被调查者本人档案,作为以后考核使用干部的重要依据。

县委的领导还对记者特别强调:"所谓对信任票及基本信任票达不到50%的干部由组织上另行安排工作,并非人们已习以为常的那种异地平级调动,而是实打实的降级使用。"

因而,看似轻松的"民意调查"实际上并不轻松。鉴于这一点,县委把试点放在卓里也是有所考虑的。卓里是个只有一万三千多人口的小乡镇,村组集中,便于组织、发动群众。更重要的在于,卓里经济发达,早在90年代初便被评为全国明星乡镇,同时这里村民自治工作扎实有效,群众有着较强的民主参与意识。县里的领导认为,卓里镇和卓里镇的干部们应该能承受得住"民意调查"所带来的震动。

卓里"三巨头"很坦然地接受了县里的安排,他们说:"咱一不贪,二不懒,专心为群众办事,心里挺踏实。"

年近不惑的镇党委书记孙建国,大学毕业后在县委、县政府办公室工作过12年,1996年来卓里任镇长,1998年出任书记至今。问及民意调查之事,他略显矜持而又不乏自信地说:"让群众去公决吧。"他认为卓里的百姓懂政策,有水平,投票的结果应该是客观公正的。

镇长杨雅女,年仅35岁,大学是学农的,做过乡妇联主任,当过几年县财委副主任,1998年7月经县五大班子着力推荐,出任卓里镇镇长。由于到卓里才刚刚9个月时间,普通百姓知道她的并没有多少,因此,这位女镇长对即将开始的民意调查持谨慎乐观态度,她说即使百姓大多数对她投信任票,也是沾了上任镇长的光,因为大家从镇领导的工作中尝到的甜头,并不都是近期才得到的,而是延续下来的一种信任感。

从部队转业回乡的镇人大主席王振国是一位魁梧的黑脸大汉。他出生于1954年,在三位镇"主干"中年龄最大,在卓里任职时间最长,因而对民意调查也更多了几分坦然与自信:"我在卓里工作6年多了,村村组组我都到过,先后分管过组织、宣传、妇联工作,兼管过乡镇企业。要问群众信不信任我,这我说不好,可我相信老百姓心里头的那杆秤。"

4月16日,卓里镇隆重召开"民意调查述职报告大会"。1000余名镇村组干部、党员、村民代表听取三位镇"主干"的述职报告,他们将负责把了解到的情况向村民们传达。县电视台向全县进行了现场实况转播,据当地媒体报道,8000名有选民资格的村民在各村通过电视直播收看大会实况。在全镇选民的众目睽睽之下,三位镇"主干"相继登台亮相,汇报自己任职以来的工作开展情况,取得了哪些成绩,尚有哪些不足,并着重谈了若下届还能当选将如何进一步把工作做好等等。

"述职报告"算是卓里"三巨头"交给全镇百姓的几份"答卷",而老百姓们又将为他们判多少分呢?"三巨头"里会不会有不及格的呢?虽然三人在记者面前都表现出乐观自信,但"考试"这事是不能完全凭自我感觉预测结果的。

估计谁手心里都暗捏着一把汗。

4月18日这一天

4月18日上午,投票在全镇8个村分17个选区同时进行。约10点左右,人们陆陆续续赶往设在村委会或小学的会场,有抱着孩子的,有拄着拐杖的,有骑着摩托的,有开着三轮的,一路说着笑着,热闹非凡。记者看到,有不少人是刚从自家承包的苹果园里匆匆忙忙赶来的。今年气候偏暖,果花繁盛而又集中,近几日果农们忙于为果树疏花,丝毫不敢懈怠。在武村,几位蹲在地上聊天的汉子对记者说："忙归忙，开会也肯定耽误干活，但今天的群众会又选人大代表，又给镇领导投民意调查票，很重要，是应该来的。"

记者重点观察了西屯村选区的投票过程。只见设在村委会大院内的会场秩序井然，600多名选民以小组为单位，很齐整地在自带的小板凳上就坐。村干部通过大喇叭向大家介绍人大代表选举票和民意调查票的内容及填票方法，然后大家举手通过了监票、计票等工作人员名单。投票开始后，选民们先是走向领票处，凭选民证领票。人们拿到的票有两张，一张是白色的代表选举票，另一张粉红色的便是民意调查票。民意调查票上，三位镇"主干"的名字依姓氏笔画排列，名字后有"信任"、"基本信任"和"不信任"三种选项。根据说明，填票者只需在所同意的选项空格内画个小圆圈即可。拿到票后人们接着来到专门的写票处填写，写好票走两三步便到了投票箱，郑重地把票分别投入两个票箱内。两种票是分别公开计票的。投票过程持续了一个多小时。

在投票现场，一位老农坦率地对记者说，三位镇领导他只认识一位，另外两个还从未见过面，但他仍然在"信任"一格的空格里画了圈。他说，虽然没见过人，但人家做的事咱可是见着了，这几年他们又铺路又建学校，没少办实事，说明班子好着哩，所以我投他们信任票。

投票结束后，各选区迅速统计出投票结果并统一汇总。当日下午3时，民意调查的总结果出来了，油印的《临猗县卓里镇主要领导民意调查结果汇总表》显示：全镇应参加选民人数9445人，实参加选民人数9240人；镇党委书记孙建国得信任票8318张，占90.02%，基本信任票530张，占5.74%，不信任票151张，占1.63%；镇长杨雅女得信任票8209张，占88.84%，基本信任票600张，占6.49%，不信任票162张，占1.75%；镇人大主席王振国得信任票8147张，占88.17%，基本信任票623张，占6.74%，不信任票196张，占2.12%。每人都有200张左右的弃权票和66张无效票。

人们注意到，如果按县委"实施方案"要求，将信任票与基本信任票合起来计算，则每人的信任票率均高达95%左右。县委副书记师自明对这样的结果也多少有些惊讶："近几年卓里工作做得不错，班子过得硬，所以三位镇主干能顺利通过信任投票本在预料之中，但我们没想到信任票率会如此之高。"师副书记说，这表明卓里人对镇领导班子的工作是满意的，对三位主要干部也是满意的。

薄薄的一票　沉沉的分量

卓里镇的三位"乡官"虽然在民意调查中得了高分，但他们并没有为此而陶醉。党委书记孙建国神情凝重地对记者说："原先考察乡镇干部，只在村主要干部范围内进行，这次却把我们放在全体选民中去让大家褒贬评判，这对我思想上是个不小的触动。这将督促我们今后开展工作更要高标准，严要求，更深入细致，方方面面多考虑老百姓的利益，让群众满意。看着你的人多了，有权利监督你、评判你的人多了，你就得好好干，就得踏踏实实办事，夹着尾巴做人。"亲身经历民意调查洗礼的"乡官"们真切感受到了薄薄的一张信任票里所含的沉甸甸的分量。

卓里对镇"主干"进行的民意调查，在大得多的范围内对"乡官"们有所震撼。东张镇党委副书记李红斌说："一些乡镇干部不愿意深入群众，以致干了好几年了群众还不知道他是谁。民意调查起码可以促进我们把工作做得更细，多接触群众，多联系群众。"卓里镇副镇长张波深有感触："看来，我们作为乡镇干部，必须努力提高自身素质，改善工作方法，同时也必须和村民处理好方方面面的关系，与群众打成一片，否则工作就不好干。"谈及卓里镇的民意调查，在闫家庄乡党委工作的王胜利情绪十分激动："权力若不受监督和限制必然导致腐败。某些地方党政机关的'一言堂'现象还是挺严重的。这次民意调查活动本质上是对乡镇干部实行民主监督，很有针对性，也有利于提高农民的参与意识，因此，这件事本身是非常有意义的。不过，搞这样的活动操作程序一定要规范，不要搞花架子，别把本来很有意义的事情搞成了哗众取宠。另外一定要善始善终，彻头彻尾，假如对没得够信任票的人只是平级调动，易地做官，那岂不是多此一举。"说到这里，王胜利意犹未尽："如果类似的活动再深入些就更好了。《三国演义》里有言'得天子心者为诸侯，得诸侯心者为大夫'。其实现在党政机关用人也没完全跳出这种眼睛向上的怪圈，假如让老百姓直接当家做主，就能把有真本事、敢负责的人选上来，同时也堵死了跑官、要官者的门路。"

前来观摩的专家学者认为，卓里农民投下的这张民意票，其意义是不可低估的。民政部乡村干部培训中心的余维良先生指出，卓里的民意投票有三个突破：其一，这次对党委、政府、人大的一把手进行民主测评，客观上要求把党章、地方人民政府组织法和人大代表选举法结合在一起，作为依据，同时协调运作，这在全国是个突破；其二，乡镇党委换届，选举书记，推荐候选人，那是党员代表大会的事和县委组织部的事，而这次却破天荒地让普通百姓有了投票表态的机会，这是很大的突破；其三，把乡镇权力机关的一把手纳入普通百姓民主测评的范围，这也是个突破。

中共中央党校牛伟宏副教授则强调说，卓里的民意调查在干部调整方面实现了重要突破。多年以来，干部犯了错误或政绩不佳，调整时碍于方方面面的通融、说情，顶多也就是平级调动，易地做官。敞开门让群众对干部测评，考虑对干部的处理时便有了最具说服力的依据，无论是降职还是降级，操作起来都容易得多。决定权在广大群众手里，过不了百姓这一关，根本找不着人说情，也没谁敢公然违背百姓的意愿给留这个情面。牛副教授认为，卓里的经验如果能普遍推广到党政机关，那对国家干部的监督管理将是一个极大的促进。

专家们也指出了这次活动一些需要完善的地方，比如在投票之前应该给乡镇干部比较充裕的时间去和百姓进行面对面的对话、交流，这既可多听听农民的心声，也可使百姓对乡镇干部有更多的了解。再比如，民意调查票的评议栏中只有“信任”、“基本信任”和“不信任”三个选项，这是不够的，应当再增设一个“不清楚”或“不了解”的选项，允许选民有弃权的选择，这也是对选民的尊重。

在卓里镇进行的这次扩大农村基层民主的试验已经降下了帷幕，无论人们如何评价它，中国基层民主建设的史册里都将记录下这样一笔：

1999年4月18日，山西省临猗县卓里镇全体选民对党委书记孙建国、镇长杨雅女、镇人大主席王振国进行民主测评，投票表决信任与否。该活动是中国有史以来的第一次。

公开答辩选“乡官”

1998年8月初的一天，中共山西省万荣县委副书记柴建良打电话给《乡镇论坛》编辑部，说他们准备通过公开答辩的方式选拔乡镇长，为了保证此次选拔工作公正无私，考题需要严格保密，因此他们特请求远在千里之外的杂志社帮他们出答辩题……

跑官、要官者的“围追堵截”使万荣县委别无选择，他们被迫杀出了一条新路

今年6月，山西省万荣县召开了“三会”(即党代会、人代会和政协会议)。在党代会上，新任县委书记王立本向全县人民宣告，在今后跨世纪的5年间，“本届县委将团结、带领40万人民群众，在实现整体脱贫之后步入小康之路”。这对长期处于贫困状态的万荣人来说无疑是一个巨大的鼓舞，会后人们无比兴奋地憧憬着即将来临的美好光景。

然而，有一部分人的兴奋点却不在此。

原来，县级选举结束后，县委决定选拔一批优秀的跨世纪人才担任乡镇长职务，这消息不胫而走，一时间成为人们谈论的热门话题。有些人则立即行动起来，开始频繁地跑到县委主要领导那里去讲理由，摆条件，托关系，递条子，称自己如何如何应该坐到乡镇长的“宝座”上去。有的人把电话打到省委有关领导那里，有的找到县委领导的亲戚，拐弯抹角地表明自己想当乡镇长的意图，希望县里能重点考虑，特殊照顾。当时社会上风传：“不跑不送降职使用，光跑不送原地不动，又跑又送提拔重用”。县里的主要领导，呆在家里有人来，走在路上有人截，办公室里又有电话找，被跑官要官者折腾得几无宁日，大有走投无路之势。后来县委书记王立本用四个“乱”字来概括当时那种跑官、要官者闻风而动、四面出击的情形：“一是乱跑。有些干部思想不安，‘思维超前’，闻‘风’而动，捷足先登，到处乱跑，简直达到‘围追堵截’的地步。二是乱找。有的干部为达到个人目的，千方百计拉关系，找门路，找熟人、同学、老师、亲戚和上级，给领导施加难以想象的压力。三是乱传。有些人为了达到自己的目的，到处散布谣言和小道消息，误导舆论，混淆视听。四是乱要。一些人不顾实际，不考虑自己的条件，狮子大开口，漫天要官，与领导讨价还价，个别人甚至采取种种手段要挟领导。”

日炽日盛的跑官要官风引起县委一班人的高度重视和深深的忧虑。他们认为，产生这种不正常现象，根源在于长期以来干部人事制度不科学、不完善，造成许多深层次的难点问题。并且他们意识到，如果这次干部调整搞不好，将会严重影响全县安定团结的大好局面，也会冷了全县干部群众的心。县委一班人经过反复研究，统一思想，于7月18日在全县干部大会上庄严承诺，这次选拔乡镇长，惟德是用，惟才是举，择优上岗。并明确表示，要大胆改革，积极探索，确立干部选拔任用的新思路。很快，县委制定了局级领导干部换届调整的实施方案，做出了在县直单位通过答辩公开选拔乡镇长的决定。

两个星期内接连三次开会答辩，16名乡镇长和47名副乡镇长人选在几十万双眼睛的注视之下相继脱颖而出

8月10日，“万荣县县直单位公开选拔乡镇长答辩

会”在县政府办公楼多功能厅内举行。靠近主席台的地方摆着一张桌子和话筒，那是答辩人的位置。台下就坐的是62人组成的评委，评委分为四个组，其中包括县五套班子的主要领导，已退休的县团级老干部，从地委宣传部、党校、讲师团聘请来的专家学者以及各乡镇的“红旗党支部”的书记。每位评委面前都放有一张评分表，他们将分别为出场答辩的人打出分数。按规定，四个组各去掉一个最高分和一个最低分，然后取平均值，即为答辩者的最后得分。评委的身后，坐有100多名旁听者，他们是来自县机关和各乡镇的干部，以及其他关心这次答辩的各界人士。县电视台的摄像记者架好设备，向全县进行答辩会的现场直播。每位答辩者都将成为全县人瞩目的焦点。

参加答辩的23名县直机关干部被集中在一间会议室内。根据要求，在答辩会进行期间，所有等待答辩的人都不准离开，因为有一部分答辩题是重叠的，封闭答辩人是为了避免泄露题目。这23名干部都是过五关斩六将，经过层层遴选之后才进入答辩阶段的。县委公布了这次选拔乡镇长报名者应具备的条件：有两年以上正科级工作经验，或者5年以上副科级工作经验；有大专以上学历；年龄在42岁以下；要有突出的政绩。符合这些条件的人，想报名还必须首先经过本单位用无记名投票形式进行的民意测验，如果民意测验结果不理想，那就无缘进入答辩圈。报名者是否符合条件，民意测验结果是否合格，都要经县委组织部严格审查。

答辩会开始后，答辩者依照抽签决定的顺序进入会场。主持人手里拿着23个信封，每个信封里装有三张纸条，各印有一道题目。按照规定，答辩者随机抽取一个信封，在18分钟内回答里面装的三个问题。题目由主持人宣读，答辩者当即回答。第6个出场的段建国事后回忆说：“当时我看到桌子上搁有纸和铅笔，大概是用来列提纲的。但是一想到下面坐着那么多评委，都在等着你回答呢，怕耽误他们的时间，于是稍加思索便开始回答了。”实际上所有的答辩者都没有更多的时间用于组织答案。应该说这种即问即答的形式本身便是对答辩者的素质、能力的一种考验，一种测试。

答辩者在台上回答问题时，评委们已在对答辩者答题的情况进行着衡量、判断，后一位答辩者回答完毕，前一位答辩者的成绩业已统计完毕并当场公布。所以，整个答辩会结束的同时，便意味着答辩成绩已当众揭晓。

答辩会使用的题目是由《乡镇论坛》编辑部的同志应邀编制设计的。

用一位答辩者的话说，题目本身并不难，内容都是大家熟知的，谁都能讲几句，但要真正答好却很不容易。如果平时不注意学习，如果缺乏分析处理实际问题的经验，如果对农村政策法律知识两眼一抹黑，如果欠缺应变能力和逻辑思维能力……只要有了这众多“如果”中的一条，那么你的答辩成绩就不会很理想。因此就有这种情况，前后两个答辩者回答同一个问题，有的得了高分，有的却得分很低。比如有一个问题是这样的：“某乡为加大计划生育工作的力度，提出‘宁叫家破人亡，不要亡国亡种’、‘上吊给绳，喝药给瓶’等口号，对此你有何看法？”对这一问题，有些人答得很好，说口号提得太偏激，而实际上只要按党的政策办事，把道理给群众讲清楚，思想工作做到家，讲究工作方法，群众会想通的；而有的人却旗帜鲜明地认为这口号提得好，并且强调还应当更严厉些，搞计划生育工作应该株连亲戚、邻居才能扎实有实效。前常务副县长杨泽川就此评论说：“像这样公开地一亮相，一比试，哪个优秀哪个平庸，谁应该提拔谁不应该提拔，不就一目了然了吗？”

通过8月11日的公开答辩，四名成绩排在最前面的同志被确定为乡镇长人选。由于这次公开答辩效果出乎预料地好，因此万荣县委决定下一步从现任乡镇副职中选择乡镇长的工作也用公开答辩的形式进行。对此，本刊编辑部继续给予密切配合，紧急抽调精干力量专门编制答辩题。8月16日，22位来自乡镇的干部参加了答辩会的公开角逐，其中答辩成绩排在前13名的答辩者被列为重点考察对象，结合民意测评和政绩的情况，最后确定了11名乡镇长人选。

万荣县公开答辩选“乡官”的做法得到运城地委的充分肯定。8月24日，全区公开选拔领导干部现场会在万荣召开，地委领导要求各县市都要认真学习和推广万荣县公开选拔领导干部的经验和办法。同一天，县委分两批举行了共有85人参加竞争的公开答辩会，从中确定了47名副乡镇长的人选。

“一石激起千层浪”。且不说对传统干部选拔机制的影响和冲击，单听听那街头巷尾的舆论，也足以让人感受到“公开答辩”引起的强烈震撼

县委举办公开答辩会选拔乡镇长，在社会上引起了强烈反响，人们首要的反应是——县委书记是清官。据评委之一、前县人大副主任解硕田介绍，他从晨练中心飞云公园到南街家属区，一路上听到干部群众许多舆论。一个文人说：“县委书记王立本立人立本，改革决心大，反腐力度强，真乃有胆有识之人。”有的

说:“这一来把领导的财路断了,王书记真是个清官。”有的说:“这一回跑官要官的,行贿进贡的,都是瞎子点灯白费(蜡)了。”还有的说:“原来听说谁是谁的人,干什么都已经定了,这回可由不得他了。”这街头巷尾的舆论,说明公开答辩选拔干部确实是顺应民意、凝聚民心的英明举措。

在第二次公开答辩中获得优异成绩的王夷飞,是抱着疑心和担心参与竞争的。他在县民政局工作过,也曾在县委秘书组干过,再后来下到乡镇。他曾有过好几次提拔的机会,均因不擅长“跑”、“要”而落空。今年7月18日县委宣布调整干部方案,并强调要体现公开、公道、公平的原则。但王夷飞心里犯嘀咕:“公道不公道,只有天知道!”直至后来通过答辩被确定为乡镇长人选,王夷飞才由疑心转为放心,感到责任重大,使命如山,并下定决心大干一番。或许像王夷飞一样,参加公开答辩的人中不少都曾抱着怀疑的态度,但是在事实面前,无论是失败者还是成功者,他们都应该心服口服了。

讲到公开答辩选拔干部的好处,每个人都有自己的认识和理解。答辩者冯彩玲说:“公开选拔不仅能够杜绝跑官要官现象,而且能使选择标准在一定程度上得到量化和硬化,增强了选拔干部的可比性。”担任评委的解硕田说:“公开选拔是杜绝干部选拔工作中不正之风的有力措施。由于公开答辩当场亮分,电视实况转播,参赛者谁行谁不行,不仅评委知道,干部知道,而且全县老百姓都知道了。这样大范围地增强干部选拔工作的透明度,谁也不能一人说了算,所以也就不会有人向谁要官买官了。”答辩者段建国认为:“公开选拔,端正了用人导向。公开答辩过后,那些平时不注重学习、不好好抓工作的人,思想上已起了很大变化,开始认识到如果没有政策理论水平,没有实际能力,关系再硬也没用。因此,这种办法有利于端正风气,促使干部加强政策理论修养,埋头苦干工作,多出政绩。”……

实际上,万荣县公开选拔“乡官”的更深刻意义在于,它构成了对传统干部选拔制度咄咄逼人的挑战。曾几何时,在“考察”、“选举”等一系列貌似公允的制度之下,掩盖着由少数几个领导“黑箱操作”拍板定案的事实。谁升迁、谁降职,谁进城、谁下乡,所有这些都由几个“关键人物”凭着自己的感觉、印象和偏好来决定,若问为啥会刮起“跑官”、“要官”之风,明明白白的原因就在于此。万荣的经验证明,根除“跑官要官”现象,非常有效的办法也已经明明白白地搁在那里,那就是——公开、公正。这四个字写起来简单,做起来也许不很容易,但它的力量却毫无疑问是无穷无尽的。

要当支书先过百姓这一关

——山西河曲村民“选”支书纪实

江 华 刘建林

在山西省河曲县,村民不仅可以直接选举村委会主任,而且有一份特殊的“选举权”——参与“选举”自己的村支书。这在中国现行的体制下显得新鲜、刺目,甚至“出格”。因为,有史以来,中国共产党的基层组织都是“由党员大会或代表大会选举产生”。然而,这段历史进入90年代后,如同黄河在河曲“拐了一个弯儿一般”。有数字统计,1991年来,河曲县老百姓推荐支书人选718人,支委人选1825人。“民主”一词在河曲老百姓身上又一次实现了它的本意。

火山村爆发告支书运动

山西省河曲县有一个小村名唤“火山”,因为它不偏不倚正好坐在一个死火山口上。

1990年,火山村的村支书丁计保前(晋西惯取4字名)和他领导下的村支部也实实在在地坐在了一个随时可能喷发的“活火山口”上。

那年春,村民对村支部的积怨终于像火山一样爆发了。

忍无可忍的村民们一把大锁锁住了村里开的小煤窑,派出20多个代表径走县城。丁计保前怎么也没想到,领头“造反”的是他的任村民兵连连长的亲侄子。

村民们只要一个理儿:村里的财务为啥不能公开?有人问,村里开了小煤窑,眼看着又黑又亮的煤块源源不断地外运,可咱老百姓的日子咋就不见好过呢?有人说,就算你村干部不贪不占,可总要俺当百姓的心里明白。

20多条汉子肩并肩默默伫立在县政府门前,破旧的衣衫,黑瘦的面孔,握紧的拳头,似浮雕般夺目。然而,更夺目的是他们打出的标语:“火山人民齐向前,坚决打倒计保前!”

告状队伍中有个年轻人戴着孝帽,他的父亲刚刚去世尚未下葬。他痛哭失声:“送老人可以往后拖几天,可要是再不告倒丁计保前,火山村就完了啊!”

县委被惊动了。第二天,乡里派出6人工作组前往火山村解决问题。

在简陋的村部大院里,工作组召集全体村民。带队的干部说:“你们对村支部和村支书有什么意见尽管提吧!”

连工作组都没有想到，平日里憨厚木讷不善言辞的村民们提起意见来竟是如此争先恐后，如此滔滔不绝。

平日里的“提意见会”只是几个村民的三言两语，那天，数百号人从下午一直说到次日凌晨3时。

百姓的话字字见血：“俺们就是对这个上面给的支书不满意！”“他就是不能替俺们办事！”“俺就是觉得村里的账有问题！”

工作组的同志懵住了，这支书可是村支部全体党员选举通过，乡党委批准任命的，怎么会是如此这般结局？

满腹疑虑的工作组带着村民的意见匆匆返回研究对策。

战斗的堡垒竟成堡垒中的战斗

火山村这一波未平，另一波更大的骚乱在上炭水村又起。

1990年7月，兼任村煤矿矿长的村支书王瑞明正在县里接受矿长资格培训。他做梦也没想到，半个月后拿着结业证书回到村里时，已被村民们“废黜”了。

那天傍晚，吃罢晚饭的村民们兴冲冲地赶往村里的大戏台，等着看电影。等来等去，他们看到的却是另外一场“电影”。

村委会主任王治才带着几个人来了。他们对大伙儿说，支书王瑞明把持着村里的财务不给大伙儿公开，又兼任矿长照顾不到村里的事务，不如另选一个矿长。接着，有人提议选举村里的赤脚医生王改留成任矿长。一呼百应，村民们举手“通过”了王改留成担任矿长职务的决定。

没法不呼应。在这个国家级贫困县的贫困村里，村民们最关心的是谁能让他们富起来，最痛恨的是谁抢走了本应属于他们的财富。

这些，村委会主任王治才最清楚。然而，王治才的心理村民们却不清楚——村里煤矿开张之初，王治才、王瑞明二人曾争当矿长。王治才认为开煤矿属村里的事务，矿长理应是他这个村委会主任；王瑞明则认为自己是村里的“一把手”，矿长非他这个村支书莫属。

后来，二人到了同在一个办公室却不说一句话的地步。再后来，便上演了这场村民们称之为“政变”的“电影”。

这场“电影”以上任36小时的“新矿长”王改留成主动辞职终场，原因是“安排不了生产”。

当乡里的工作组在上炭水村逐门逐户征求意见时，恍然大悟的村民们感觉受了一场愚弄。他们满腔热情想选出自己信任的人为自己当家作主，却搅进了村支部和村委会矛盾的漩涡。

“这还叫啥‘战斗的堡垒’？分明是‘堡垒中的战斗’！”村民们气愤已极：“村主任俺们能自己选，村支书为啥不能叫俺们自己‘选’？要是都是咱选的，心里都想着咱，还哪儿来那么多争斗？”

“村支书是为俺们办事的，俺们咋就没权‘选’？”在中国农村，上炭水村村民王根外当时的这一声疾呼无异于第一个“吃了螃蟹”。

群众一票+党员一票=村支书

初中文化的王根外曾经被称作“告状专业户”，今年52岁。

1990年，由他执笔写好了状子，带领三四十个村民到乡里告状。后来，又代表村民们只身前往县里告状。

“那时就觉得村里的支书一个人说了算，俺们富不富裕跟他的关系最大。俺村穷，他有责任。”

其实，王根外只是希望最终由他们自己选出一个“能为俺们办事的好支书”。上炭水村的村民们取得了空前的一致，他们支持王根外，强烈要求“选”支书。

“老百姓把我们逼上了梁山！”当时的旧县乡党委书记、现在的河曲县副县长韩春说：“可是我们党内从未有过这样的先例啊！”

“民意”的脚步踩上了一个“理论”禁区。乡干部们犯难了。

然而，村民们等不得干部们“理论”上探讨个明白，他们要求自己选支书的呼声一浪高过一浪。

“民意”固然是要分析的。但出乎很多人的预料，乡党委顺应了村民们的这一意愿，决定由上炭水村全村村民对村里的21名党员进行一次不计名投票：信任、不信任。

那天，对上炭水村村民来说是从未有过的神圣。在村委会大院里，他们手里掂量着沉甸甸的“选票”，心里则一个一个掂量着村里的21名党员。

此前，工作组向村民们公布了对现任村支部的调查报告：财务不公开，但支书王瑞明没有贪占问题；决策不够民主；班子不够团结。

投票结果是：原支书王瑞明以87%的信任票名列第一。

一个曾经被自己治下的子民“罢免”的支书转瞬又成为他们“最信任的人”。对此，韩春解释说：“老百姓不信任村干部主要是因为村务不公开。其实，他们理想中的村支书就是两条：不贪占，有能耐。所以，公开村务之后他们还是投了‘能人’王瑞明一票。”

投下了神圣的一票，老百姓更关心的是：这一票究竟有多大威力？

韩春说：“这一票非常重要，因为它不是普通的民意测验。民意测验只是一种参考，是软性的；而这一票是硬性的，凡信任票超不过半数的党员，没有资格作为村支书的候选人。”

也就是说，村民的这一票决定了支书候选人，第二票则由全体党员选举产生新支书。

这样，便诞生了一个公式：群众一票+党员一票=村支书。

两年后，河曲县委将这个公式总称为“两票制”，并在全县推广。

党内民主能扩大到党外吗

一石激起千层浪。“两票制”这个新概念一落地便带来了一股强烈的冲击波，党内一票选举制第一次受到了面对面的挑战。

“民主集中制”只是党内的民主，这种民主究竟要不要、能不能扩大到党外，特别是农民？一场争论在所难免。

有人说，加进了群众这一票，多年来在选拔任用干部上“党委定人头，党员举拳头”的封闭式党内选举的局限性打破了。有人说，有了党外这一票，干部由对上负责变成了对上对下两头负责，真正成为人民的公仆。有人说，农村干群矛盾这一老大难问题将因为多了这一票而“消炎止痛”。

“褒”大大多于“贬”。但是也有人提出，《党章》中没有规定选拔任命干部要有党外这一票，此举是否有背离《党章》之嫌？

县委书记王建华说：“这种争论是没有意义的。因为，村民的一票虽然分量非同一般，但只是推荐票，最终还是要由党员大会根据《党章》选举新的支部班子。”

中国社会科学院研究生院马列教研室主任唐源昌则从理论层面进行了分析：“中国共产党的宗旨是为人民服务，是人民群众利益的代表。党的利益不能与人民的利益分离，更不能对立。应该肯定地说，河曲县的做法是一个大的飞跃。”

有人疑虑，“两票制”在河曲全县或者更大范围内推广，是否少了一些理论依据？当时的忻州地委组织部长王应发说：“安徽凤阳最初的大包干就是农民创造的，从而引发了家庭联产承包责任制这一农村具有伟大历史意义的变革。群众是社会主义事业的实践者，许多成功的经验不都是他们创造出来的吗？”

县长丁雪峰认为：“商品经济的发展唤醒了村民的民主意识。‘两票制’就是顺应民意对农民强烈的民主要求的引导。”

有人担心，村民目前的素质是否能搞起这样的选举，如果被村里的大户、富户所操纵，乱了村子岂不更糟？

副县长韩春说：“关键的问题是投票这个环节。我们采用的是海湾战争中的‘战术’：先‘空袭’，再‘地面战’。即先宣传发动，再实际操作。”

逢村支部换届，各乡便成立换届工作领导小组，党委书记和党委委员包片蹲村。工作组下去的第一件事是开4个会：党支部会、学员大会、老干部座谈会和村民代表会，接着便是广播、标语、板报和传单。一切为了说明：“两票制”不是单纯换班子，更不是整干部，只是要负责地推选一班人，带富一个村。

投票时则由“村民自治”工作组现场监督，通常做法是在投票箱前圈定出“数米线”，村民一个一个过去，领选票、填写、投票。然后，由村民代表监票，当场公布选举结果。村情复杂的则入户投票。

据河曲县委介绍，实行“两票制”至今，村民投下的数万张推荐票中，没有出现过一张起哄票。

老百姓不拥护你，啥都没用

一票也好，两票也罢，老百姓看重的是“既得利益”。

河曲县委提供了一组数字：5年来，全县340个村的人均收入翻了三番，达到1400元；无刑事案件的村占95%；无民事案件的村占85%；群众来信来访直线下跌。

村民们无暇细析这其中的变化，只是在村支部换届时，郑重地投下自己的一张信任票。

今年7月，夏营村支书王来喜当了十几年村支书之后，再次被群众推举为村支书，他说：“俺是为群众办事的，群众满不满意最重要。所以，俺把群众的这一票看得特别重。”

“连任”的王来喜觉得腰杆硬了，工作起来胆子大了。他一口气让村里的旧貌换了新颜：更新了村水电站的全部设备；盖起了1000多平方米的学校；将900亩荒山变成了梯田，栽种果树2000亩；兴建年利税10万多元的两座青砖厂。

夏营村有一年下了一场罕见的暴雨，村民们撒着欢往家跑，王来喜则夺门而出直奔村头没有遮盖的电机。从此，他落下了病根：头皮奇痒无比，一抓就破，二三天就要用硫磺洗一次。

如今，44岁的王来喜头发已变得稀疏，但他的信条不改：“群众做不到的咱要先做到，要不人家为啥投咱一票？”

在上炭水村，同是王瑞明，同是村支书，得到87%的信任票的前后几分钟便迥然不同。投票结果一公布，王瑞明当即登台发表“演讲”：“我一定在三年内实现三个一的目标：人均1亩平地、1亩草地、1棵树！”

王瑞明没有食言。1994年底，他自己制订的目标不仅全部完成，上炭水村人均收入也从3年前的80多元猛增到近千元。

王瑞明的政绩村民们看得一清二楚。过去的“告状专业户”王根外“下岗”了，“再就业”为村民小组长的他一下子来了干劲，历年的秋季农田基本建设中，他的小组总是进度最快、质量最高。时任忻州地委书记的张秉法送他一个美称：“党支部的好帮手。”

唐家会村的村支书张喜贵获得了村民们94%的高票信任。70年代担任该村村委会主任的李水泉说：“过去村干部只要上级满意，日常工作应付上面的多，干的实事少，不重视老百姓的实际收益。因为老百姓再不满意也不影响他们当干部，现在，老百姓的一票就能否了你。”

张喜贵上任后的第一件事是用了6个月时间盖起了一幢村办公楼，450平方米的两层楼只花了20多万元，比预算省了近10万元。

“这是一分钱一分钱抠出来的，厚着脸皮一遍遍地求人家把1块砖从1.25元压到0.90元，1吨钢材从1830元压到1500元。为啥？得对得起群众的这份信任！”张喜贵说。

河曲全县，像唐家会村一样，公开办事也已成为制度。各村普遍建立公开办事栏、建议箱和举报箱，村政大事定期或不定期地向群众公布。

县委书记王建华说，这些制度有利于形成党内外的约束监督机制，“两票制”选出的干部还要辅以制度约束方能不断进步。

苍茫大地，谁主沉浮？

“两票制”震动了河曲县，王瑞明是感受到座下交椅晃动的第一人。任上炭水村党支书二十几年，王瑞明今日一语破天机：“老百姓不拥护你，啥都没用！”

罢免“乡官”纪实

谢佐奎

2001年3月29日至3月31日，云南省盐津县滩头乡召开第七届人大第三次会议。在这次大会上，38名代表一致通过对原滩头乡乡长陈芝明、副乡长孙富强的罢免案。人大代表为何要对两年前自己亲自投票选出的“领头雁”进行罢免呢？

一

滩头乡地处滇东北乌蒙山麓云、川两省三县七乡（镇）结合部，位于盐津正北，距县城40公里，全乡国土面积132.81平方公里，实有耕地面积29641亩，乡辖6个村委会，166个村民小组，5812户，27565人，人均纯收入605元，是一个典型的山区贫困乡。

1998年，人大代表们投票选出了带领自己脱贫致富的“领头雁”，本以为贫困就会从此和滩头百姓告别。没想到两年多过去了，滩头乡不仅河山依旧，而且乡政府又背了几十万元的新债。正如有的代表所说，如此“欠债—还债—欠新债”地恶性循环，不知滩头百姓哪天才有翻身之时！

要说滩头乡一点变化都没有那是不客观的。1998年内昆铁路复工给滩头乡经济的腾飞插上了翅膀。借此东风，有的干部群众开始想办法准备狠狠发一笔“铁路财”，一时间开煤矿的，贩运蔬菜的，还有开石场、歌舞厅的，将滩头乡闹得热气腾腾。但是，滩头人民万万没有想到，自己的“领头雁”们不是去抓住千载难逢的机会为滩头乡人民寻找一条致富的路子，而是打着自己的小算盘做着发财梦。更令滩头人民想不到的是，“领头雁”们竟将铁路搬迁户安家活命的一点点拆迁费也挪去构建他们的发财梦。但老天有眼，“领头雁”们的发财梦被一河洪水冲得无踪无影，等待他们的结果是：乡长陈芝明被一审法院判处有期徒刑1年零6个月，副乡长孙富强判处有期徒刑1年，缓刑1年零6个月，其他相关人员也相继被判处徒刑，或被开除公职。

二

3月29日上午10点钟，按人大会议议程，在举行罢免之前，代表们要对被罢免人的情况进行分组讨论。代表们认为：乡长陈芝明、副乡长孙富强辜负了大家对他们的希望。他们能从一个农民的儿子成为一个乡领导干部，有他们奋斗的成果，但是更主要的是党组织对他们的培养。今天他们掉进违法犯罪的深渊，这是他们咎由自取，他们已经丧失了一个共产党员全心全意为人民服务的宗旨意识，已经丧失了当乡长、副乡长的资格。

陈芝明，男，生于1962年4月20日，汉族，初中文化程度，原本是一个地地道道的农民，在任庙坝乡石笋村党总支书记时也曾为该村老百姓做过一些有益的工作，在庙坝乡第六届人大第三次会议上，他被选为该乡副乡长。1998年初他调入滩头乡工作，在滩头乡第七届人大一次会议上当选为乡长。这样的人生经历，对于一个文化程度不高的农民来说，也算是一件光宗耀祖的事了。但是，由于在市场经济的浪潮中，经不住金钱和物欲的诱惑，他于1999年初伙同骆华文（原滩头乡党委书记，已判处徒刑）、孙富强（原滩头乡副乡长）等4人合伙开办沙石场谋利。1999年4月至2000年3月，4人先后5次挪用滩头乡人民政府的铁路拆迁资金12万元经营沙石场，构成犯罪。

三

10点30分，代表们又进入会场。大会通过监票员、计票员、唱票员名单。大会执行主席宣读完投票注意事项后，由监票员当众将票清点后发出。应到会50人，因事因病请假12人，实到38人。紧张的时刻终于来到了，代表们开始走向票箱投票。几十双眼睛瞪得大大的，盯着票箱口，害怕罢免票会被人抓走似的。县委、人大、政府的领导也紧张地坐在票箱旁边。有人在开始小声议论："这次罢免能成功吗？陈芝明、孙富强他们可不是一般的人物！"有人说："如果这次罢免不成功，按法律规定他们还是乡长、副乡长。"

唱票开始了，几十双眼睛死死盯着黑板上记票员拿粉笔的手，静静地听着唱票员一句一顿地念名字，会场上鸦雀无声。当唱完最后一票时，黑板上醒目的显示：陈芝明罢免票38张，孙富强罢免票38张。罢免案全票通过。

大沙坎村"治安队"内幕

木　子

在河北省涿州市大沙坎村，村党支部成立了一个"治安队"，"管理本村一切事务"。然而，从"治安队"成立之日起，恐怖也开始降临大沙坎村——

"治安队"肆虐乡间

2000年1月15日上午，刘子洲正在家里搞装修，突然停了电。他正纳闷怎么回事，刚刚出去买馒头的孩子神色慌张地跑了进来，孩子急急地嚷道："外面有人掐电呢！"刘子洲一听就往外跑，跑出来以后，发现村"治安队"一帮人正扬长而去。刘子洲追上去叫道："干吗？你们站住！我欠电费吗？"这时候，"治安队"中一个叫屈乾才的人冲上来就是一拳，然后刘岭、屈凤强也相继冲上来殴打刘子洲。

情形紧急，刘子洲的弟媳任建梅跑过来，屈凤强上去一把揪住她的头发，踹向她的腹部，刘子洲的儿子赶了过来，也被"治安队员"们打得鼻血横流。这时刘子洲正被刘岭打倒在地，屈凤强拿出电工用的脚扣打向刘子洲的头部，刘子洲头一歪，打空了。

村民们听到动静，一些人跑了出来，"治安队"开始撤退。但他们在撤离的时候，其中一个人拿起粪叉，挑战似的叫嚣："有种的到大队（即村部——记者注）来打！"刘子洲和十六七岁的儿子非常气愤，就往"治安队"撤退的方向追。这时村喇叭里传来了急切的声音："屈凤刚（大沙坎村党支部书记）、刘宝玉（村支部委员）马上到大队来！"稍停片刻，又有旁人说话的声音从喇叭里传出："把他们放进来，我们再收拾他。"

说话间刘子洲已跑到大队，一脚在里一脚在外，正看见刘岭手持粪叉从屋里往外戳，传来窗玻璃破碎的哗啦声。刘子洲的儿子也捡起砖头向屋里扔，场面一片混乱。

不一会儿，110警察到了，受伤人员被送到医院，另外一些人被带到派出所接受调查。

关于刘子洲挨打的经过，记者在案发现场附近的村民家访谈时，得到了佐证。记者前往负责处理此事的清凉寺派出所了解情况时，平欣所长对记者说，他不便回答这个问题，因为采访要经过市公安局办公室或者市政法委批准。记者辗转找到市政法委一位副书记，被告知不接受采访。记者不明白，这样一个普通的治安案件，在这儿何以讳莫如深。

记者在村里走访了解到，"治安队"并非仅仅收拾了刘子洲一个人。在此之前，村民刘建勋等人也挨过他们的拳头，"治安队"成立后的第八天，他们在一个上午竟"修理"了两户人家。

一些村民在接受记者采访时显露出了对村"治安队"的恐惧心理，因为事实上"治安队"里面有些人早有前科。另外一些村民则表达了自己对治安队的蔑视。记者在村里的老党员姜德石家采访时，他家里聚集了很多村民，其中的一位小伙子说："'治安队'整个是一群狗！"大家一下子都笑了起来，笑得很开心。

但村民的说法很快传到了"治安队"的耳朵里，又遭到了反击。"治安队员"在村喇叭上声嘶力竭地骂道："你们说我们是狗，你们连狗都不如。"

治保主任揭出"治安队"内幕

记者采访了大沙坎村支部书记屈凤刚。

记者问："村民刘子洲并不欠电费，为何掐他家的电？即便欠电费，也是供电部门和用户的纠纷，你们成立'治安队'去掐人家的电合法吗？"

屈凤刚说："刘子洲欠村里的包地款不交。"

记者问："我刚刚从村会计处了解到，村里欠包地款的人很多，有的人从1994年开始就没交，刘子洲是从1998年开始欠的；有的人欠了村里3000多元，刘子洲只欠了1800多元。刘子洲既不是欠钱最多的，又不是欠钱时间最长的，掐电从刘子洲家开始，执法的依据是什么？”

屈凤刚说：“别人虽然也欠钱，但我们去催交时，他们的态度很好，刘子洲的态度不好。”

记者又问清凉寺办事处党委组织干事、包村干部李存：“欠包地款掐电，不以客观标准，而以欠包地款户的主观态度决定掐谁的电，而且用所谓‘治安队’去强制执行，你们办事处怎么看待这件事？”

李存回答：“我们也认为这种行为是违法施政，屈凤刚这样做，确实简单粗暴，是工作方式的问题。我们已对他进行了批评。”

记者又问：“造成这次流血事件的起因是因为掐电，作为包村干部，你说为什么掐电要从刘子洲家开始？”

李存回答：“屈凤刚跟刘子洲是儿女干亲家，屈凤刚掐电从刘家开始，是从工做出发。”

在这位办事处干部的眼里，屈凤刚俨然是大义灭亲、大公无私的村支书。但记者将这种解释告诉给村民时，村民们又笑了。一位村民喃喃自语：“领导怎么把话反过来说呢？”

据辞职不久的村主任张俊明分析，刘子洲挨打与他的兄弟曾竞选村支部成员有关。当时村党支部酝酿补选支部成员，刘子洲的兄弟参与了竞争，但这并不合村支书屈凤刚的本意，支书由此心生嫌隙。另外一个不愿透露姓名的村民则认为，村支部是杀鸡给猴看，以血腥警告那些不服他们的人。

至于血腥事件的内幕，村治保主任屈乾明向记者讲述了事件发生的前前后后：

元月14日，村支部决定掐几家电，要我带队去执行，当时掐电的名单都拟好了。我拿过来一看，像刘宝旺等欠了3000多块钱的，因为跟支部成员关系好，都不在掐电之列。我说不去，支书当时就嚷起来了，他说：“你不去，就给我从大队出去。”我跟他讲道理，他说就得你去。我没有办法，就提出两点，一是支部要派人去；二是既然要我带队，那么‘治安队’就得听我的，当时掐不掐电我说了算。支部最后同意了。我又告诫治安队员，不许无理取闹，不听我的就别跟我去。这样，我们首先来到刘子洲家，刘子洲说：“欠包地款要交，但当年关于承包地调号的事，屈凤刚答应补我损失，一直没兑现。我要跟屈凤刚面谈，我找他或者他找我都行。”这件事我们就回去跟支部汇报了，一夜无事。

15号早上，大队部召开碰头会，党支部宣布决定，不通知刘子洲本人，直接掐电，屈凤海带队，要我跟着，还有电工、“治安队员”共11人。当时我们走过去就把电掐了，然后往回走。这时后面嚷嚷了起来。“治安队”和刘子洲及弟媳就动起手来，我赶忙跑过去制止，但没能制止得了。接下来“治安队”往大队部跑，刘子洲的儿子就追。这实际上是有预谋的，支部开会避开我研究好了对策，决定先招惹刘子洲，然后往大队部跑，等刘追过来，就打烂大队部。最后打了你不算，还要造成你跑到大队部闹事的迹象。

“治安队”的崛起和村委会的衰落

记者走访了大沙坎村村民代表，据他们反映，村“治安队”的组建没有通过村民代表会议讨论，而是村支部自行决定的。记者到当地派出所了解，所长平欣肯定地说，该治安组织也没有经过当地公安机关批准和备案。而清凉寺办事处党委书记王金辉则向记者表明，对此他并不知情。

村治保主任屈乾明向记者叙述了他所知道的“治安队”“诞生”历程：

我们村原来有一个巡逻队，是根据上头的精神成立的，主要是执行维护村里的治安任务。去年村支书屈凤刚上台，就说村里经济困难，把巡逻队撤了。

没过几天，大队部出现了一批人，支部通知我说新成立了村“治安队”，人员已安排好了。我一看，来的这些人中有些是有前科的，不配干维持治安的工作，就向支部提出来，提了两次，没起作用。“治安队”是元月1日正式成立的，并开始“执行支部命令”。

记者问村支书屈凤刚，成立村“治安队”的目的是什么。屈凤刚回答：“我们主要是为了对付法轮功分子，另外村里面的一些任务，也让他们协助执行。”

而在一些村民看来，“治安队”成立之后，在某种程度上充当了村支部的“打手”角色。据原村主任张俊明介绍，其中有位叫李梁柱的，在一天夜里十一点半，带着外村的一个陌生人，跑到张俊明家大叫：“有种的你出来。”另外，当时任村主任的张俊明，家里还多次遭到某些“治安队”队员的挑衅。为此张俊明找到清凉寺办事处领导反映情况，但领导未置可否。有一天，村里开干部会，张俊明去晚了一点，村支书屈凤刚当众大骂：“你干什么去了？你不干就歇了吧！”在这种高压之下，这位民选的村主任只能黯然辞职。

自此，一切正如成立之初的宗旨：治安队“在村党支部的领导下，管理本村一切事务”。

谁来为我解烦愁

李顺安

1998年9月11日下午4时左右，经过第二轮投票选举，我一个平平常常又不是候选人的平民百姓，竟然以绝对优势被村民选为村主任。想起当时的情景，我记忆犹新，终身难忘。

我年轻，没当过"官"，不知道做"官"的学问，只想凭自己的一腔热血，为群众办实事、办好事，为群众说公道话，解决村中的热点、难点问题，清理财务，扭转我村经济混乱的局面，对上不虚，对下不亏，遇事和群众商量，听取群众的意见和呼声，甘做群众的孺子牛。还想凭自己的文化知识和十几年来科学种田的经验，引导群众调整、优化种植结构，带领群众脱贫致富，发展个体私营经济，让群众一年四季有活干，家家户户有钱花，早日成为像河南的南街村和天津的大邱庄那样的小康村。

然而令人遗憾的是，我上任一年来，事事与愿违，处处有麻烦，困难接踵而至，令我束手无策，几乎到了想辞职不干的地步。我曾经给群众许过诺言，利用村集体的经济收入，办几件切合实际又力所能及的事情，例如，整理坑洼不平的街道；维修泥泞不堪的胡同；兴建科技阅览室，用科技武装村民的头脑，以科技兴农、致富。然而，我无能为力，"三把火"终究没能烧起来。

我是一个优秀的高中毕业生，由于多种原因而失去深造的机会，在家当过两年教师，认识几个字，懂得科学技术的重要性。科学技术是农民致富的好帮手，报纸杂志是人们了解社会的窗口、发家致富的眼睛。在农村，科学种田、优化种植结构、引进和推广优良品种等等，都离不开科技信息和报纸杂志。因此，1999年，我想给群众订点报纸杂志，让群众学技术、用技术，同时也能懂得党的方针、路线和政策，做一个懂法、守法、护法的好公民。通过报纸杂志，还能让人开阔视野、沟通信息，陶冶情操。这样有价值的东西，村中花上几百元该不该？支出是否合理？可我这样的想法，竟遭到支书的拒绝。我作为一村之长，连几百元的支出都没有权力，今后怎样去给群众办事！

我对生我养我的家乡土地有着深厚的恋情，对憨厚、诚实、勤劳的父老乡亲有着特殊的感情，决心在这片土地上干一番事业。我在家种菜、种瓜、搞日光温室，从事农作物新品种的引进、示范和推广，在科学种田上有一定的技术和特长(后来这些成为竞选村主任的资本)。同时我和一些国家科研院所建立了联系。为了让我村能够赶上时代的发展，成为经济发展中的楷模，我想到一些科研院校拜访，请专家为我村的发展献计献策，探讨新技术、新产品、新良种能否在我村安家落户，那些农副产品的深加工、蔬菜贮藏等等的高效项目能否和我村联营，因为我们有的是资源和剩余劳动力。我们曾经在报刊信息中得知河北省巨鹿县一家红薯脯加工厂，人员只有30名，产品直接出口日本，年创利润30万美元；我还了解到我们省鹤壁市某村贮藏洋葱、尖椒、豆角，收购时几毛钱一斤，春节可卖到几元一斤，利润也很丰厚。我村村民居住分散，我想办一些科技宣传栏，让村民及时了解科技新动态，种啥优良作物最赚钱，用啥药治病虫害最好。我想做的事太多太多了。可是这么多的设想，一件也没有实施，以至于我村一年多来没有多大起色，没有明显的变化，工作上也显得平平庸庸。这一切的一切都是因为我无钱、无权，连几百元的外出取经路费都没有支配权，我难啊！

我忠心地拥护中国共产党，想成为一名中国共产党的党员，为党为人民干一番事业，我曾经写几次入党申请书，可听我村支部成员说我村党员人数多，往后不再吸收新党员。我是党外人士，不知道党章上是否规定，一个村或一个集体，党员必须控制在2%或者1%。在我村，违反计划生育超生、多生者能人党，和支部成员是亲戚、朋友的能人党，而我却不能靠近。为什么我崇敬的党对我这么"残酷无情"，不能接受我呢？

我村现有村委会成员5人，党支部成员5人，分管着村中的各项工作，但多数事项都是党支部"一篮子提"，大事小事，一切都由支部说了算，而我们村委会却没有一点主动权。《中华人民共和国村民委员会组织法》第五条和第十九条规定，村委会依照法律，管理属于村集体的经济、财产和土地，讨论决策关于村提留的收缴和使用，经济项目的承包、村办公益事业需要农民负担的事项等等。但是这些本来应由村委会召集村民讨论决策的事项，在我村却完全是村支部拍板定案。

我上任一年多来，村中集体砖厂的承包费两年应收9万元，加上1999年村提留4.7万元，总计13.7万元。这个数目我知道，但究竟实收多少，用在何处，我根本不清楚。我们这里的村民自治章程上有明文规定，县、乡两级政府也三令五申：村中的财务大额支出必须召开村民代表或村民会议，小额支出必须由支部和主任签字方可下账。而我——一个堂堂正正的村主任，却对这些情况知道得凤毛麟角。事实上，我村的财务收支从未给群众公开过，所谓的村务公开栏，只不过是走过场，避重就轻，应付差事而已。

目前，我县为了加快农业发展、支持农田建设、降低农产品成本，县电业局在全县范围内进行农电低压改造，我村也不例外，可经济拮据的我村村民眼看着好事而不能干。我想用村砖厂集体经济来扶持点，可我一问才知道，村中没钱，都用到何处了，答曰还债，还债，还是还债。岂有此理！

从1996年我村开始实行提留至今，每年4.5~6万元不等，4年应收20万元，村集体砖厂的承包费每年4.5万元，4年应收18万元，两项总计38万元之多，除去开支，应绰绰有余，可现在村中还有十几万元的外债，让人不可思议。1999年5月6日，国务院办公厅《关于彻底清理乡村两级不良债务的通知》已发布将近10个月，可我村的债务迟迟不向群众公开。欠在哪里？亏在何处？究竟有多少？对群众是个谜！对村委会干部也是个谜！

现在的我，已经到了忍无可忍、山穷水尽的地步，群众也义愤填膺，不稳定因素急剧上升。我的誓言，我的理想，一切都将付之东流……

我何时才能有职有权？我何时才能大展宏图？我何时才能清理好村中的债务，还村民一个明白……

我对不起对我寄予厚望的父老乡亲，也对不起我自己，我有志无力啊！

我该怎么办？我该怎么办？谁来为我解烦愁？

Yearbook of Democratic and
Political Grass Roots Construction In China

2001 中国农村基层民主政治建设年鉴

第六部分
来自村民自治模范县（市）的报告

Chapter Six
Reports From Model Counties Governed by Elected Officials

强力推进村民自治　促进农村稳定发展

——安徽省五河县村民自治报告

安徽省五河县位于皖东北淮河下游，辖20个乡镇，原有438个村，2000年10月合并为225个村。全县总面积1580平方公里，总人口69.4万人，是个拥有60万农民的农业县。90年代初，五河县人民政府针对新形势下农村中出现的新情况、新问题，在深入贯彻实施《村民委员会组织法》过程中，以村民自治为突破口，不断总结探索解决农村问题的新途径、新办法，让人民群众直接参与村务管理，真正行使当家作主的权利，从而较好地解决了农村稳定和发展中出现的诸多问题。经过多年坚持不懈的努力，按照抓点带面，分步实施，全面推进，规范操作的要求，全县20个乡镇，225个村全面开展了村民自治活动，其中16个乡镇，212个村达到了示范标准，被省政府命名为首批"全省村民自治示范县"。1999年4月被国家民政部命名为"全国村民自治模范县"。安徽省蚌埠市人民政府先后在五河县召开了村民自治工作现场会，总结推广了该县的做法和经验。

安徽省五河县村民自治工作取得如此成效，引起了中央领导和国际友人的关注：1998年9月23日，中共中央总书记江泽民、国务院副总理温家宝等中央领导亲临安徽省五河县视察基层民主政治建设工作，对安徽省五河县村民自治工作取得的成绩予以充分肯定，并将五河县屈台村村民自治经验（模式）比做"邯钢模式"。2001年5月江总书记来安徽考察，县委书记朱勇应邀到合肥向总书记汇报了村民自治工作。日本国驻上海总领事馆和美国共和研究会先后组团专程来五河考察，并给予较高评价。从1998年7月开始，新华社、人民日报社、中央电视台、光明日报社、法制日报社、农民日报社、中国社会报社以及安徽日报社、安徽电视台、香港凤凰卫视、香港《文汇报》等30余家新闻单位前来安徽省五河县采访报道，中央电视台先后8次报道了五河县村民自治的经验。

一

安徽省五河县村民自治工作起步于90年代初，但是真正把这项工作列入重要议程、强力推进并形成声势的还是从1996年开始。五河县人民政府的主要做法是：

抓认识，形成齐抓共管的合力

1996年以前，安徽省五河县一些地方的农民频繁越级到县、市、省上访直至赴京上访，少则几十人，多则数百人，甚至出现一个村八百多人自愿集资上访的情况，到省市政府门前"静坐"、"请愿"、"拦车"的情况也不鲜见，一度成为全省的上访大县。县领导为此耗费了很多精力和时间进行劝阻，化解矛盾，但"按下葫芦起了瓢"，效果一直不好。群众上访日趋增多且屡劝不止，作为当时一个十分突出而又棘手的问题，严峻地摆在县委、县政府的面前。为了有效地解决这一问题，1996年上半年，县六大班子领导带队分赴全县20个乡镇，开展了"进百村入万户"大型调研活动。通过调查分析认识到问题的症结在于：农村基层决策和管理方式已明显不适应形势发展需要，农民们没有相应的发言权，缺乏参与监督村务、财务的机会；少数村干部确实存在着素质不高，作风不正，办事缺乏透明度的情况，"公道不公道，心里不知道"，势必引发猜疑。猜多必疑，疑多必怨，怨多必访，访多必乱，从而导致干群关系紧张，矛盾尖锐，造成恶性循环。导致这些问题和矛盾的原因，既有村干部思想作风和工作方法问题，也有教育和提高农民素质的问题，但关键还是农村管理体制和制度改革滞后，基层民主组织机构职能错位。为有效地解决新形势下影响农村稳定与发展的各种矛盾和问题，最大限度地调动干部和群众的积极性，县委、县政府在广泛听取各方面意见，形成共识的基础上，做出了关于全面推行村民自治工作的决定。由于这项决定来自于基层的调研，来自于各级领导干部的共识，因此，得到了广大农民群众积极拥护和坚决支持，全县上下形成了主要领导带头抓，分管领导经常抓，部门领导共同抓的齐抓共管局面。

抓落实，实施四个步骤

村民自治是一项系统的社会工程，也是一项长期的政治任务。在具体操作中，安徽省五河县委、县政府按照有计划、有秩序、稳步推进的要求，重点实施了四个步骤：

一是舆论先行，形成氛围。县委针对有些基层干部对村务、财务怕公开、怕监督、怕失权，部分群众不关心公开、不敢监督的问题，充分发挥舆论先导作用，通过教育网络，利用广播、电视、板报、会议等多种形式及时反映动态，推广经验，通报问题。同时，对各乡镇党委书记、分管书记、组织部长、民政办主任以及县工作组成员进行集中培训，利用乡镇业余党校对村干部、党员和村民代表进行培训。各村还普遍成立村民学校，对村民进行教育、宣传，做到了会议有部署，广播有声音，电视有图像，村村有标语，在全县形成了良好的舆论氛围。

二是典型引路，循序推进。村民自治是推进农村民主政治建设的一项崭新工作，五河县人民政府始终坚持在实践中探索，在探索中推进。为此，县委、县政府在制定详细的总体规划和具体实施方案的基础上，决定在全县选择7个有代表性的不同类型的村进行了首批试点。在试点工作取得初步成效的基础上，县委、县政府认为全面推行的时机、条件已经成熟，再次进行了广泛动员，要求各级党组织动员全县人民用一年左右的时间，使95%以上的村全面开展村民自治活动，逐步达到示范标准。

在抓试点促全局的同时，五河县人民政府始终坚持用典型带动，用示范引导。按照硬件高标准，软件高质量，具有较强辐射和带动能力的要求，全县确定4个重点乡镇和5个重点村作为示范典型，同时组织人员对首批试点的屈台、河东等村的成功做法进行了认真总结、分析，并把屈台的经验概括为：在村党支部的坚强领导下，实行直接选举村民委员会和村民代表的民主选举；村民代表会议决定重大村务问题的民主政策；以村务公开栏等多种形式实行村务公开的民主监督；以群众直接参与制定村民自治章程实行民主管理，从而实现村民的自我教育、自我管理、自我服务，全面保障人民群众真正当家做主。他们把屈台等村的经验作为模式向全县推广，从而保证了全县村民自治工作有条不紊、扎实有效。

三是明确责任，强化指导。为了加强对该项工作的领导，县、乡镇普遍成立了领导小组，设立了专门办事机构，并纳人目标管理，作为年终评选先进乡镇的重要条件。同时，采取分片包干、分类指导的措施，加强督促检查。全县20个乡镇划分为5个联络指导片，县委5位正副书记每人负责一片4个乡镇，每个乡镇确定一名县级领导担任指导组长，2—4个县直局级单位负责人为指导组成员，全县参与督查、指导的副科以上干部近百人。各指导组责任明确，任务具体，进村入户帮助工作，发现问题及时解决，保证了整个工作的健康发展。

四是交流经验，相互促进。四年多来，县委先后14次召开现场观摩会议，交流经验，表扬先进，鞭策后进，抓两头，促中间。1997年10月以来，县委、县政府先后三次派出验收组对全县各乡镇自评申报的示范村进行全面验收，两次召开大会命名表彰了163个村民自治模范村。为了使村民自治工作形成大的气候，确立此项工作的重要地位，从1998年开始，县委、县政府在每年年初召开的先进单位、先进个人表彰大会上，专门设立优秀村务监督组长和优秀村民代表奖励，八十多名受此殊荣的农民被特邀到县城，披红戴花上台领奖，这在全县震动很大，影响深远。

二

在村民自治工作中，五河县人民政府始终注意发现、总结、推广基层和群众创造的新经验、好做法，逐步形成了符合五河实际，又具有五河特色的“四个一”模式，并在全县范围内强力推行，使之高标准、规范化。

搞好一次选举

民主选举是村民自治的基础和关键，也最受广大农民所关注。在具体操作中，五河县人民政府严格按照《村民委员会组织法》的要求，做到完完整整地还权于民，原原本本地体现民意，对村委会的选举一律实行“海选”，即从候选人产生到正式选举一律不定调、不划圈、不设框，充分尊重群众的意愿和选择。同时，也注意加强对群众的宣传、教育，引导群众珍惜手中权力，摒弃门户之见，选出自己信得过的领头人。1996年下半年，安徽省五河县面临换届的197个村委会全部实行了“海选”，群众的参选率都在90%以上。从1999年1月至4月，全县原438个村按照新颁布的《村委会组织法》的要求，认真组织实施了第四届村委会换届选举，从提名候选人到正式选举，全部由村民直接选举，至4月底，换届工作全部结束，36万选民参加了选举，参选率达90%以上，一次选举成功的村达95%以上，为下一步全面深入地推进村民自治工作打下了坚实的基础。

开好一个会议

村民代表会议是村民自治工作的重要载体，是村中的“小人大”。开好村民代表会议的前提是选好村民代表。为此各地以村民小组为单位，本着合理、就近的原则，按8—15户村民产生1名代表的要求，由村干部和村民组长组织群众推选具有一定政治觉悟和参政议政能力，遵纪守法，公道正派，有一定威信的人为代表，全县共选出村民代表12530人，他们代表全县13.8万户村民参政议政。村民代表会议每季度召开一次，特殊情况或有三分之一以上代表提议，可临时决定召开。提交村民代表会议讨论的重大事项须在会议前三天通知代表，讨论通过的重大事项特别是涉及村民切身利益的问题，还制作专门的议案书，并由代表签明对议案的态度，村民代表会议通过的各项决定及办理情况须在下一次村民代表会议上作专题报告。在村民代表会议议事过程中，要求议事内容必须符合党的政策和国家法律法规，必须兼顾国家、集体、个人三者利益，必须真正代表民意，并注意把议事、定事、做事有机结合起来。

定好一套制度

建立适合农村实际的村规民约，是实现村民自我教育、自我管理和自我服务的前提。村民代表产生后，在广泛发动群众的基础上，由村委会组织代表根据本村的实际，讨论制定《村民自治章程》，并打印成册分发到各户，作为村民的行为规范。同时，还制定了村民代表会议制度、村干部守则等9项制度，使村内的各项事务，特别是一些国家大法涉及不到、调整不了的很多具体问题及其处理办法有了答案，使村级各项管理工作有章可循，有据可查。

建好一组公开栏

为保证公开的质量和效果，安徽省五河县委、县政府明确提出了在公开的内容、时间、形式、阵地、管理上要规范，公开结果群众要满意的"五规范一满意"的工作要求。在公开的内容上，规定了村务公开的14个方面和财务公开的10个项目；在公开的形式上，以公开栏为主要形式，辅之以会议公开、广播公开、公开单公开等办法；在公开的时间上，规定村务公开一季度一次，涉及群众切身利益的重大事项随时公开，而且规定每季度末月的28日为全县统一公开日；村级财务每月公开一次，由村会计到乡镇经管站集中做账，然后由乡镇经管站按月到村公布；在公开的阵地上，每个村建立2个以上(3×1.3米)铝合金框架、镶玻璃、带防雨罩、样式统一的公开栏，全县共设公开栏836块，每个村还在公开栏一侧专门设意见箱，便于村民对公开内容提意见；在公开的监督上，每项村务公开之前，村务监督小组都要逐一审核公开内容，确认其真实性。为巩固公开成果，五河县人民政府还将村务公开进一步伸延，在县直和乡镇机关全面推行政务公开，形成以村务公开为基础，乡镇公开为纽带，政府部门公开为龙头，基层站所公开为补充的县、乡、村三级相互衔接、相互制约、相互促进的公开办事机制，形成浓厚的公开氛围，使村务公开不断深化、发展。

三

安徽省五河县全面推行村民自治工作以来，由于县委、县政府高度重视，组织得力，安排有序，强力推进，已取得了明显成效，主要表现在以下五个方面：

群众的民主参与意识明显增强，促进了社会稳定和经济发展

实行村民自治，让群众直接参与村务管理，真正坐到主人的位置上，消除了失落感，增强了自豪感和责任感，表现出强烈的参与意识。许多村召开村民代表大会时，参会率一般都达到95%以上，尽管他们没有任何报酬，但热情极高，会上踊跃发言，各抒己见。同时，广大村干部在经受几年的民主实践和培训过程中，思想认识发生了深刻变化，由过去的怕公开、怕监督、怕丢权、怕麻烦，转变为主动要求公开、主动接受监督、主动亮出家底、主动开展工作。这样，干部群众心往一处想，化解了许多矛盾，减少了抵触，增进了信任度，真正达到：群众放心，干部舒心，心齐气顺，共谋大事，从而促进了全县的稳定和发展。据统计，1996年安徽省五河县有140人次到省上访，5人进京上访，这以后逐年明显下降，三年大见成效，1999年，该县被省政府评为信访工作先进单位，2000年除被省政府评为先进单位外，还代表安徽省接受国家级信访工作先进单位的验收，已顺利达标。现在的状况是：5人以上越级上访的情况很少出现，和五河县周边7个县市相比，五河是信访工作做得最好的县。农村的社会稳定促进了经济的快速发展，2000年五河县在遭受较大自然灾害的情况下农业总产值仍达12.6亿元，比上一年增长1.5%；农民人均纯收入2200元，比上年净增107元；全县财政收入达1.56亿元，比上一年增长9.9%，比1996年增长近40%。

促进了基础公益事业发展

建校、铺路、电改等本是造福农民的好事、实事，但前些年有的地方由于村干部靠行政命令筹钱集资，工作缺乏透明度和有效的监督，群众怀疑干部贪占，意见很大，结果好事办不好，实事办不成。通过建立村民代表会议制度，将群众的事交给群众自己议自己办，办什么事，拿多少钱都由村民代表会议讨论决定，由群众自己说了算，定了干，其效果大不一样。新集镇王场村小学校舍已成危房，村低压线路年久失修，都因怕集资引发农民不满而没有解决。在村民代表会议上，代表们主动要求村"两委"牵头集资办学，整改低压线路，39名代表在形成决议后主动承担了筹措群众集资的任务，结果仅用十多天时间，38万元集资款全部到位。在建校中，村组干部和村民代表不仅出义务工，而且自动捐献脚手架等建筑工具，两个多月时间就建成20间宽敞的教学楼，比预算节省五万余元。低压线路整改后，电价由原来的每度1.30元降到0.76元。

据不完全统计，1996年下半年以来，全县的村民代表会议议事达5200余件，自愿集资办公益事业的资金达两千多万元，新建教学楼185幢，修复校舍900多间，铺砂石路9.5万米，建桥涵386座，有198个村进行了低压线路改造。

热点难点问题得到了有效解决

五河县委、县政府从1990年开始每年都集中一定时间抓平坟还田，特别是清明节前后进行突击平坟。然而由于群众认识不到位，往往是春季平坟秋后恢复，年复一年，循环往复，其结果是劳民伤财，群众更为不满。1998年2、3月间，按照县里的统一安排，各村专门召开村民代表大会集中讨论如何彻底搞好平坟还田问题。代表们形成共识后分头做工作，效果十分明显，群众的主动、自觉意识增强，全县掀起了大规模的平坟热潮，到5月底，全县境内约40多万座坟头全被夷为平地，新辟土地1.2万亩，其中90%以上已种上了庄稼，每年可创经济效益七百二十多万元。与此同时全县20个乡镇都兴建了骨灰寄存堂，从1998年4月1日至今，全县无一例土葬。此项工作在全省名列前茅，受到省有关部门的通报表彰。

适时调整村组规模，农民负担大为减轻

撤村并村是全县农民十分关注的突出问题之一，也是深化村民自村工作的有效措施。前几年五河县委、县政府在调研时发现，农民对村级规模小、自身负担重的问题反映十分强烈，特别是农村实行税费改革后，农民呼声更高。对此，县委、县政府从长计议，在充分尊重民意的基础上，进行撤村并村工作。2000年10月全县20个乡镇相继组织了并村工作，18.97万人参加了投票表决，赞成率达95.6%。经过近一个月的紧张运作，全县438个村合并为225个村，村干部由原来的3192人减至1125人，减少64.8%；村民小组由原来的3122个调整为1756人，减少43.8%。

通过并村，大大减少了经费支出，从根本上减轻了农民负担，据统计，和并村前相比，全县减少村干部补贴239.35万元；减少组干部误工补助73.76万元；减少办公经费117万元；减少基建投资经费85万元。全年总计减少开支515.11万元，全县平均每位农民直接减负达9元之多。

密切了党群干群关系

通过建立村民代表议事制度，还权于民，群众自己的事由自己决定、自己管理，增强了主人翁责任感，理顺了情绪，拉近了与干部的关系。同时，村干部通过建立约束机制，时时处处严格要求自己，为民办实事，重新确立了在群众中的形象。城关镇河东村村民黄金刚在接受电视台记者采访时十分动情地说"以前看到有的村干部那个邪劲，怎么看怎么不顺眼，有时真想一杠子把他们夯倒，现在看他们还真的能为我们办一些实事呢！这样我们还有什么可说的呢？"新集镇王场村12户村民为感谢村"两委"兴建教学楼和低压线路整改，每户自费包一场电影在新落成的教学楼前连续放映12个晚上，被传为佳话。双庙村党支部书记因忙于公务，家无劳力，4亩荒芜的玉米田被几位村民悄悄地在一天内锄得干干净净。如此种种，不胜枚举，这是促进全县稳定和发展的重要因素。

安徽省五河县村民自治工作能够在几年时间内取得如此成效，其原因是多方面的。首先，县委、县政府审时度势，把村民自治作为解决农村问题，促进农村稳定和经济发展的突破口，强力推进。从近五年的时间看，县委、县政府抓村民自治的力度丝毫不亚于抓计划生育，并且认为，抓村民自治也就是抓经济工作。因此，每年都要安排2–3次全面调研活动，还不定期地进行明察暗访，发现问题及时解决，使村民自治工作始终成为全县的重点工作之一。其次是组织、民政部门牵头，有关部门密切配合。从试点、全面推开、检查验收到再动员、再推进，县直有71个局级单位和厂站公司作为工作组成员直接参与此项工作，近百名副科以上干部参与检查、督促和指导，形成县、乡党委书记亲自抓，组织、民政部门具体抓，有关部门通力协作，上下联动，齐抓共管的工作格局，这是做好全县村民自治工作的重要保证。

同时五河县人民政府也感到，五河县的村民自治工作尽管取得了一定成绩，但仍存在一些问题和不足，与先进地区相比还有不少差距，离中央和省市领导的要求还有一定距离。五河县人民政府表示一定牢记江总书记视察五河时的重要嘱托，按照党的十五届三中全会决议精神，进一步加大工作力度，抓住机遇，乘势而上，在完善"民主选举、村民代表会议和村务公开"三项制度上做出不懈的努力，把安徽省五河县的村民自治工作不断推向前进，进一步促进全县的社会稳定和经济发展。

与时俱进　探索实践
开拓农村民主新天地

——山东省莱西市村民自治报告

山东省莱西市位于胶东半岛中部，居青岛、烟台、潍坊和威海四个对外开放城市之间，是一个土地肥沃、矿产丰富的农业市。改革开放以来，在党的领导下，62万莱西农民不断探索，勇于实践，耕耘出一片直接民主的沃土，支撑起一片直接民主的蓝天，成为全国村民自治的一面旗帜。

一、探索篇

党的十一届三中全会的召开，开辟了农村发展的新纪元。1981年冬天开始，莱西市就有23个村自发搞起了“包产到户”。到1982年秋，全市普遍推行了家庭承包经营责任制。包产到户是继解放初期的土地改革之后中国农村解放生产力的“第二次革命”，是农村生产关系的一场重大变革。它打破了人民公社那种三级所有、队为基础的旧体制，使农村的生产要素实现了重新组合，使最讲实惠的中国农民切身感受到了自己成了土地和命运的主宰，并以极大的积极性和创造性投入到建设自己幸福美好生活之中。

经济基础决定上层建筑，于是，与家庭承包责任制相适应的村委会这种群众性自治组织便应运而生。1984年，莱西市全面完成了改社建乡、改队建村工作，858个村庄全部建立起村委会。然而新的组织诞生并不等于职能到位。由于村级组织建设工作未能跟上，村级工作中逐步显露出一些新的矛盾和问题，出现了三个不适应：一是村级组织工作不适应。不少村干部不知道自己该干什么或不该干什么，有的甚至认为“包产到户、不用干部”了。村组织在一定程度上处于失控状态。二是管理方法不适应。大包干之后，农民在经营上、分配上有了自主权，与此同时，他们也就不能不在政治上提出自我管理村务的要求。然而由于农村干部工作方法和工作作风没有多大变化，还是行政命令，这就出现了“有房有地不靠你，有吃有喝不求你，不批不斗不怕你，有了问题就找你，处理不好就骂你”的现象，党群干群关系紧张，各项工作难以顺利开展。三是社会服务工作不适应。大包干后农民要致富、盼服务的呼声特别高，而必要的服务工作却没有及时跟上，加之有些村分光了集体积累，想为农民服务又缺少物质条件，村级组织没有了凝聚力。“有水不能浇，有机不能耕，人拉犁，镢榜地；拖拉机离职休养，小毛驴重返战场。”真实形象地道出了当时农民的心声。

面对实行家庭联产承包责任制以后村级组织出现的种种新情况和新问题，莱西市委、市政府在深入调查研究的基础上，于1985年提出了：“抓基层，打基础，强化村级，工作到户”的14个字指导思想，踏上了建设新时期村级组织之路。村委会作为村级组织的一个重要组成部分，也拉开了探索的序幕。

在村委会建设的探索中，莱西市注重以点带面，典型引路，尊重群众的首创精神，善于总结推广群众创造的好做法。1985年至1987年，莱西市民政局先后抓了3个乡镇、10个村委会的典型，建立了22个村级联系点，其中总结的小店东村村委会工作经验，被民政部转发。1986年，莱西市在全市开展了模范村委会评选活动，对村委会建设起到了重要的引导和推动作用。这一活动引起了山东省民政厅、国家民政部的高度重视。1987年，国家民政部对莱西进行考察后，将莱西确定为《村民委员会组织法》联系点，山东省民政厅将其确定为《村民委员会组织法》试点市。在试点过程中，西沙埠村创建了村务公开栏，建立“两公开一监督”制度，首开全国村务公开先河；牛溪埠村首创村民代表会制度，被称为“小人大”，并借鉴院上镇李家寨村用小学生“笔记本”做村民档案的经验建立了比较规范的村民档案制度；牛溪埠三教村首创了村民议事会，被村民称为“智囊团”。在总结农民首创经验的基础上，1989年莱西建立起12项村民自治制度，探索出“村务公开、民主管理、群众监督”的村民自治路子，总结出村级组织建设“三配套”经验，即：以党支部为核心，搞好村级组织配套建设，强化整体功能；以村民自治为基础，搞好民主政治配套建设，启动内部活力；以集体经济为依托，搞好服务体系配套建设，增强村级的凝聚力。这一探索，被1989年《中国保障报》称为“伟大的起步”。1990年8月5日—10日，中央组织部、民政部、共青团中央、中央政策研究室、全国妇联等5部委在莱西召开了全国村级组织建设工作座谈会，推广了莱西的村级组织建设“三配套”经验，莱西被民政部确定为全国第一个村民自治示范县。在1999年4月召开的全国村民自治经验交流会上，民政部部长多吉才让回顾村民自治历史时提出：“1990年的‘莱西会议’，在总结以党支部为核心的村级组织配套建设经验的同时，对村民自治给予充分肯定。”

二、完善篇

全国村级组织建设工作座谈会后，莱西市认真总结经验，认识到过去以“村务公开、民主管理、村民监督”为主要内容的工作中，思路有一定局限性：一是村民自治的内容上，过去虽然涉及的很多，但还不够丰富、全面，自治的方法还显得简单、单一，有待于向广度、深度拓展；二是在开展自治活动的层次上，虽然对村委会这一层次如何发挥作用研究得很多，但对村民小组和农户的层次如何发挥作用研究得偏少，自治活动没有到边到位，形不成多层次、全方位的自治格局；三是在工作措施上，过去虽然有不少好的做法，但针对农村的改革深化和经济市场化的需求，还不够规范、完善、有力。通过分析，确定了新的工作思路和目标，即：从开展示范活动入手，拓展自治内容、健全自治层次、完善自治措施，推动村民自治的法制化、制度化、规范化，力争在三年内建成村民自治示范市。

1991年11月，根据民政部《关于在全国农村开展村民自治示范活动的通知》的要求，莱西制定了《开展创建村民自治示范市活动1991—1993三年规划》，制定了村民自治示范村7项标准和示范乡镇6项标准，使村民自治示范工作有了具体的内容和明确的目标，为衡量村民自治工作水平提供了尺度。经过全市上下齐抓共管，1991年全市有303个村达到示范村标准，到1993年有771个村达到示范村标准，22个乡镇全部达到示范乡镇标准。1994年8月，经过山东省民政厅代民政部检查验收，莱西市达到全国村民自治示范市标准。

在开展村民自治示范活动中，莱西有三个比较大的突破，就是提出了村民自治的明确内容，即："民主选举、民主决策、民主管理、民主监督"；实现了村民自治制度化、法制化；完善了村委会管理体制。

在全国村级组织建设工作座谈会召开时，村民自治的基本内容并未明确。随着贯彻《村委会组织法》的不断深入，回答这个问题成为必要。莱西市民政局在山东省民政厅的指导下，通过实践，大胆提出村民自治的核心内容就是民主选举、民主决策、民主管理、民主监督。这一理论观点的形成，使村民自治工作有了明确的抓手，并被民政部引用推广。在党的十五大和十五届三中全会上，"四个民主"被作为村民自治的主要内容进一步明确。

"依法而制则安，背法而制则乱"。在当时各级村民自治的法律法规不健全甚至没有的情况下，莱西不等不靠，大胆探索，积极研究村民自治制度建设，用制度来保证村民自治工作的开展。在民主选举方面，莱西市政府在1995年的第五届村委会换届选举中印发了《莱西市村民委员会换届选举试行办法》，第一次依法对村民委员会成员候选人的确定、选举程序、违纪处理等进行明确规定，这在山东省是第一个，山东省民政厅向全省转发。实践证明，这一办法虽然有个别不完善的地方，但是它的制定，却使这次换届选举成为历次村委会换届选举中组织最为周密、工作最为规范、村民参与率最高、村委会成员素质最好的一次，受到了干部和村民的普遍欢迎。在民主决策方面，建立了村民代表会议、村民议事等制度，开辟决策形式，扩展决策内容，规范决策程序。在民主管理方面，组织各村依据有关法律、法规，进一步健全了以村民自治章程或村规民约为主要形式，以经济工作管理、社会秩序管理、村务民主管理、村政建设管理、村民思想教育等五个方面为主要内容的村民自治制度，使村民的自我管理和对村务的公共管理有章可依，村干部和村民同时成为统一的自我管理主体和管理对象，实现了双向管理制度化。在民主监督方面，拓宽渠道，强化手段，全市统一建立了村干部述职、村委会向村民会议和代表会议报告工作、年度和离任审计、村务公开、民主理财等制度，形成了村一级比较完善的监督约束机制。另外，莱西还在全国最早出台了《莱西市乡镇政府指导村民委员会工作通则》，在乡镇政府与村委会关系的制度化上迈出了创造性的一步。

开展村民自治，虽然村民是主体，村委会是核心，但村民小组和农户的作用同样十分重要。他们是村民自治体系的组成部分，三者不可偏废其一。根据新形势的要求，在村委会作用的发挥上，主要强化其组织、协调、服务功能，把发展经济，为群众提供社会化服务列入年度和届终考核、奖惩的硬指标。为把村民小组建设成为一个能够充分发挥作用的工作层次，开展自治的单元，联结村户的纽带，沟通上下的渠道，莱西对村民小组进行了合理调整和划分，使其更便于组织开展自治活动，同时赋予村民小组长一定的责、权、利，使其上对村委会负责，下对农户负责，更好地发挥纽带作用。在村民小组长选配上，本着民主推选的原则，提倡党小组长、村民小组长、村民代表三种角色集于一身。这样一来，改变了过去村民小组形同虚设的状况，使之成为活跃在村户之间的一个有力的层次。农户是开展自治的基础和依托。他们在全市推行了村民档案管理，实行了村干部和党员包户、村民代表联系户制度，开展了争创"三户一民"(双文明户、五好家庭、遵纪守法户和模范村民)活动，规范了村民的行为，激发了村民的上进心，使农户在村民自治的开展中发挥了重要的作用。

通过扎实开展村民自治示范活动，莱西的村民自治工作走上了法制化、制度化、规范化，逐步形成了横向上民主选举、民主决策、民主管理、民主监督"四个民主"，纵向上村委会、村民小组、农户"三个层次"的村民自治格局。1995年8月，莱西市被授予全省村民自治先进市称号。1995年11月8日，民政部在北京召开的全国村民自治示范工作经验交流暨城乡基层先进集体和先进个人表彰会议上，莱西书面交流了题为《大力开展村民自治示范市活动，全面加强村委会建设》的经验材料，并被授予首批全国村民自治模范市称号，莱西的村民自治又达到新的高度。

三、深化篇

随着村民自治的不断探索实践和村民干部经验的积累，莱西开始认识到，村民自治的本质是直接民主，这是和人大代表制度的根本不同点。实现直接民主是村民自治的根本目的。在过去的村民自治工作中，许多地方借鉴了人大代表制度，村民自治中包含了许多间接民主成分，如村民议事制度、村民代表制度等等。随着农村经济体制与经营方式的进一步变革，特别是社会主义市场经济体制的建立和发展，农民在经济上的自主权进一步强化，客观上对民主管理村务提出了更新更高的要求。同时，经过多年的村民自治锻炼，莱西农民民主观念、参与意识和主人翁的责任感以及民主的操作能力达到了一个新的水平，村民不再满足于村务公开所展现的"墙上民主"和村民代表会议为基本形式的代表制民主，而要求直接全过程地参与决策，管理村务，行使当家做主的权利。在这种情况下，莱西开始探索新形式，寻找新载体，向村民自治的本质冲刺。

(一)抓基础，深化民主选举

1998年11月，莱西进行了第六届村委会换届选举。在这次换届选举中，莱西坚持合法性、直接性和公开、公正、公平的原则，由过去10人联名提名候选人或村民代表会议推选正式候选人改为选民等额、无记名投票直接预选产生正式候选人；改过去选举会场当场发票、写票、投票为设立秘密写票处，选民逐人入室写票，极大调动了村民的政治热情，实现了真正意义上的直接选举。为保证直选工作顺利进行，莱西加强领导，精心组织，严格程序，依法选举，正确引导，尊重民意，选举结果好于以往任何一届，呈现出换届成功率高、选民参与率高、学历档次高、党员比例高、连选连任比例高、致富能手比例高等"六高"新特点。全市有854个村按期完成换届，占应换届村委会的99%；全市选民参与率达到92.8%；新一届村委会成员中，平均年龄40.1岁，比上届降低1.8岁，党员占65.6%，比上届提高3.2%，女村委会成员占7.1%，村主任连选连任的占53%，比上届增加11.2%，其他成员连选连任的占45.6%，比上届增加9.4%。岘沽村参加投票选民1213人，当选的村委会主任得1195票，得票率达98.5%。新当选的7名村委会成员均为党员且有一技之长，其中任过会计懂管理会经营的3人，种植专业户2人，运输专业户1人，个体企业户1人。对这一结果，村民报以长时间掌声。新一届村委会成员上任后，大胆开展工作，仅在1999年就先后办了修路、扩大葡萄初加工能力、动员村民为建小学捐款等实事，村集体经济收入达到200万元。

1999年3月，山东省人大副主任张瑞风同志带领省人大内务司法委员会执法检查组在检查莱西市贯彻《山东省村民委员会选举办法》情况时指出："莱西在这次选举中，提出'保法不保人'、'依法不依情'，不定框子、不划圈子就是很好的经验，值得提倡和推广。该市店埠镇在选民登记中实行'三关一查'也具有很普遍的指导意义。"

(二)抓载体，开展村民"民主日"活动

为实现民主决策、民主管理、民主监督的新突破，莱西市委、市政府通过广泛调查论证，于1996年在朴木镇进行了村民"民主日"活动的试点，1997年又在全市推行。

村民"民主日"活动是在市、镇两级党委、政府统一指导、监督下，由村委会组织的18周岁以上有选举权村民广泛参与的一年两次的民主活动。主要内容有村委会汇报工作、公开村务、听取村民意见和建议、议决重大村务、民主评议干部。村民"民言日"活动做到"四统一"、"三到位"。"四统一"：统一时间。全市每年分别在7月20日—25日和1月20日—25日各举行一次。统一要求。村民"民主日"活动以村为单位组织，18周岁以上有选举权的村民参加，参与率必须达到60%以上方可举行。活动前3天各村把全市统一规定的村务公开项目张榜公布，有关数字由乡镇经管站审核把关。活动的各项准备工作，由乡镇党委、政府检查验收。统一领导。活动前，市委、市政府下发文件、召开会议进行专题动员和部署。活动过程中，市级领导和市直有关部门负责人分头到蹲点村进行实地考察、指导和监督，市委组织部、民政局及乡镇党委、政府向各村派驻监督员。统一步骤。原则上可按6步进行：第一步，村干部向村民报告工作，并对村务公开的内容做出具体解释说明；第二步，村民在分组讨论、充分酝酿的基础上，发表意见和建议，或就有关问题提出质询；第三步，村干部当场答复村民提出的问题，不能当场答复的，做出限期答复和解决的承诺；第四步，组织村民围绕重大村务进行民主决策；第五步，村民以无记名投票的形式，按优秀、称职、不称职3个档次，民主评议村干部；第六步，参加活动的领导或督导员做总结讲话。

“三到位”:跟踪督察到位。活动后,由乡镇人大代表组成调查组,到各村调查村民提出的建议和村民“民主日”里议决事项的落实情况以及村干部承诺事项兑现情况。对言而无信者,批评教育,责令限期落实。跟踪解决问题到位。对村民反映的问题,由纪委调查核实,并按规定予以妥善处理。跟踪完善到位。“民主日”活动结束后,民政部门广泛征求意见,认真总结经验,对活动的内容、形式、方法、步骤不断进行改进、丰富和完善。

有了村民“民主日”活动,莱西的村民自治又翻开了崭新一页:

——拥有全国第二大蔬菜批发市场和拥有山东省第二大蔬菜批发市场的东庄头村,计划建个像样的村两委办公楼。1997年“民主日”活动期间,村民认为百年大计,教育为本,应当缓建办公楼,把钱用在改善办学条件上,村两委采纳了建议,投资120万元为村小学建了一座现代化的教学楼。鉴于原冷风库规模太小,该村村委会在1998年夏天的“民主日”里,把新建700吨冷风库的方案提交村民讨论。有村民提出:“从市场发展来看,700吨还不够,再加个‘千’,1500吨也行。”村委会进一步调查论证,最后建起一个3000吨的冷风库。“民主日”活动相对于村民代表会,给每个村民参与决策的机会,使村务决策更科学、更合理,更能代表村民的心愿,真正把实事办到了村民的心坎上,实现了村务的民主管理和村民的广泛参与。

——李权庄镇大河头村副书记耿守利盖房子拉砖,不小心撞坏了一棵小树,他主动按照村规民约规定,以最高限额上缴70元赔偿金,并补栽了3棵树。村民耿式建的牛没关严,啃坏了别人60棵白菜,他没等干部说,就主动按村规民约第四条第六款向村委会交了170元的赔偿金,并主动向被损户道歉。“民主日”活动里,干部群众面对面地按照制度进行民主管理,增强了村务管理的广泛性和规范性,提高了干部村民日常遵守村民自治制度的自觉性,实现了真正双向自我管理。

——岘沽村部分村民对村务公开栏中“建发酵站投入80万元”一项有疑问,就在“民主日”里提出来:为什么花了这么多钱?村委会干部讲:我们建的是高档发酵站,并把为什么建高档的,钱是怎样花的一一向村民解释清楚,村民明白了,干部清白了。发酵站建成后,村民送葡萄不用排队了,发酵站的效益上去了,村干部的威信更高了。“民主日”活动开展以来,全市先后有十几个村卖掉办公用的小轿车,将卖车款用于兴办公益事业和发展经济上,树立起干部的廉洁勤政形象。“民主日”活动变“见栏”为既“见栏”又“见面”,让村干部面对面向村民逐项解释公开栏公开的内容,让村民面对面民主评议干部,扩大了监督范围,增强了村务公开的直接性,实现了行之有效的民主监督。

实践表明,莱西的村民“民主日”活动是民主决策、民主管理、民主监督的有机统一,是扩大农村基层民主的好形式,是深化村民自治工作的有效载体。它改村务公开“见栏”为“见面”,变间接为直接,达到了村民的广泛参与和村务的民主管理,实现了村民自治。

1998年,日本记者村山宏在考察莱西的“民主日”活动后称:“以莱西为标志,中国刮起了一股融融的民主风。”

(三)抓根本,规范村民自治制度

江泽民同志指出:“制度建设更带有根本性、全局性、稳定性和长期性。”随着社会的发展和村民自治工作的不断深入,许多行之有效的新经验需要用制度固定下来,个别与新的法律法规相抵触的条文需要修改,许多新问题新矛盾需要新制度解决。对此,1998年莱西市委、市政府在过去12项制度基础上,按照“要精、要管用”的原则,制定了《莱西市村级管理十项制度规范》。这十项制度有三个特点:内容全面,涉及民主选举、民主决策、民主评议干部、村务公开、村规民约、廉洁勤政、财务管理、农民负担等方面,具有较强的实效性。重点突出,具有较强的针对性。如村务公开方面具体规范了公开的内容、时间、方式和相关的措施,使公开更规范,监督更有力。具体实用,具有较强的操作性。在《民主选举制度》中,针对村委会成员的罢免问题,具体明确了7种情况可以经过镇党委、政府调查确认后,由村党支部组织选民按法定程序进行罢免。对无故或不按法定程序罢免的,不仅罢免无效而且还要对有关责任人进行诫勉,限期改正。约束力强,具有较强的双向性,既约束干部,又约束村民,以约束干部为主。《财务管理制度》规定:“未经批准,招待费超过上年村集体经济总收入2%的部分,由党支部书记、村委会主任、村会计按5:3:2的比例个人支付,超支较大的,给予责任人诫勉,直至免职或依法罢免。”

制度建设贵在落实。围绕十项制度规范,莱西市委、市政府制定了《莱西市关于镇、办事处和市直有关部门落实〈莱西市村级管理十项制度规范〉责任的暂行规定》,开展了“制度建设年”活动,狠抓落实。在《莱西市关于镇、办事处和市直有关部门落实〈莱西市村级管理十项制度规范〉责任的暂行规定》中的《落实村务公开制度责任》中规定:“不按《规范》要求进行公开的村庄超过5%,对党委政府主要负责人进行函询;超过10%,对党政主要负责人进行诫免,对分管负责人予以待岗。""年内有5个以上镇各有超过5%的村庄没有全面落实本制度,对责任部门(民政局)主要负责人和分管负责人进行谈话;超过10%,对上述人员进行诫免,直至待岗。"

(四)抓配套,规范基层政权工作

1996年,莱西市委、市政府制发了《关于加强乡镇工作规范化建设的意见》、《乡镇政府工作暂行规定》、《镇级服务组织暂行规定》、《目标管理工作暂行规定》,对基层政权的行政管理、目标管理、目标体系、服务机制进行了具体规范,转变了政府职能,建立起与村级民主政治相适应的、以行政手段、法制手段、经济手段相结合的新的管理服务机制,提高了对村民自治的指导效力。在加强乡镇规范化建设的同时,莱西市还在乡镇和市级部门全面推行了政务公开制度,市委、市政府于1999年制发了《关于镇、街道办事处政务公开的暂行规定》、《关于市直部门政务公开的暂行规定》,对政务公开的内容、程序、时间等进行了规范。在镇级政务公开中,统一规定了13项公开内容,重点包括财务公开、党的农村政策和镇党委政府的重大决策公开、重大经济活动公开。在公开形式上,以政务公开栏为主,辅以办事卡片、明白纸、文件、通告、广播、会议等。在管理上,建立政府和社会监督网络和举报、投诉、监督机制,并于执法责任制、行风评议相结合进行考核奖罚。实行政务公开以来,增加了政府的透明度,方便了群众办事,进一步密切了政府与人民群众的关系。基层政权的配套建设,为村民自治的发展创造了良好的外部环境,青岛市委在莱西召开了乡镇规范化建设现场会,莱西作了市镇配套典型发言。

经过(1996年至1998年)3年的努力,莱西的村民自治工作在"四个民主"和制度建设等方面全面深化,开创出直接民主的新局面。1998年5月28-29日,全国人大常委会委员、原民政部部长崔乃夫同志和民政部基层政权司司长张明亮同志考察验收莱西的村民自治时指出:"莱西的村民自治再创了辉煌"。1999年4月6日-8日,全国村民自治工作经验交流现场会在河南许昌召开,莱西市委书记展文良同志在会上做了《开展村民"民主日"活动,把村民自治推向新阶段》典型发言,莱西市再次荣获全国村民自治模范市。

四、规范篇

党的十五届三中全会的召开,《中华人民共和国村民委员会组织法》的颁发,我国的村民自治工作进入了全面推进的新阶段。在这一新形势下,莱西市委、市政府充分认识到,今后的村民自治工作必须落脚于怎样认真落实党的十五届三中全会确定的任务上,怎样认真按照村委会组织法来开展工作上,进而推进村民自治全面发展。对此,莱西将工作重点从宏观突破转移到微观规范上,于1999年7月,在院里镇召开了全市村民自治工作现场会,提出了"硬件抓统一、软件抓规范,整体上水平"的工作思路,村民自治工作以崭新的姿态阔步跨入新千年。

"硬件抓统一",就是对硬件统一要求,提高档次,便于操作。重点统一村务公开、制度刊板、村级记录。对村务公开,要求公开栏建在村中醒目位置,每块不少于15平方米,设有防雨设施和防护栏,同时统一规定必须公开的10项内容和公开时间。对制度刊板,统一确定了《会议制度》、《村规民约》、《村务公开制度》等15项制度,并以镇为单位,统一格式,统一制作上墙。对村级工作记录,统一建立"四簿、一册、一档",即:村委会议记录簿、村民会议(村民"民主日")记录簿,民主理财记录簿、村级组织花名册和村民档案。

"软件抓规范",主要规范村民自治组织、会议制度、村规民约、村党支部与村委会的关系。对村级组织统一要求成立村民小组、村民代表会、民主理财小组,取消村民议事会和党员议事会。对会议制度,重点规范了村委会议制度、村民代表会议制度、村民会议制度,对会议的程序、人数、主持人等都做出严格具体的规定。对村规民约,依法明确了主要内容和产生的程序。

规范村党支部与村委会关系是规范软件中的一个重点,同时也是对全国有贡献的一个举措。1999年7月28日,莱西市委、市政府在山东省率先出台了《关于农村党支部和村委会工作中有关问题的规定》,对农村党支部与村委会工作关系、职责分工、重大村务民主决策程序、财务支出、印章管理等具体问题做出了明确的规定。莱西的这一做法,受到了民政部和山东省委的高度重视,《中国社会报》在编后话中写到:"莱西的这一实践和探索留给我们的思考空间是巨大的,它给农村地区带来的影响和对现阶段的村民自治工作的补充完善无疑具有一定的时代意义。或许,这又是莱西村民自治再次腾飞的前奏与足音。"

硬件统一、软件规范,使莱西的村民自治工作又整体提高到一个新的水平。1999年10月23日全国人大内务司法委员会副主任刘珩同志在视察莱西的村民自治时评价到:"莱西在村民自治工作中,市镇领导高度重视是空前的,群众积极参与是空前的,依法办事是空前的，党群关系密切也是空前的。农村民主建设，强化了农村政权建设，强化了农村基层党组织的领导核心作用。”

回顾莱西农村民主的发展历程，是一个随着农村经济体制改革的深化而不断探索、不断实践、不断完善、不断深入的过程。改革开放以来，莱西的农村经济体制改革基本上分为四个阶段。第一阶段从1978年到1984年，主要以集体经济经营体制改革为中心的农村微观经济组织再造阶段，把高度统一的经营体制转变为农户和小组分散经营的联产承包责任制。第二阶段从1985年到1992年，主要是改革农产品流通体制，逐步将国家对农产品的统购、派购改为合同定购和市场收购，发育农产品市场体系。第三阶段，从1992年至1998年，土地承包期延长、水利设施和“四荒”拍卖、土地流转等一系列新政策的出台，使农村改革进入了一个全面向社会主义市场经济体制转轨的新时期。第四阶段是从党的十五届三中全会的召开开始至今，农村进入在经济多样化的市场经济条件下完善统分结合的双层经营体制的时期。20年来，农村改革以市场为取向采取循序渐进的方式，突破了传统体制的束缚，逐步形成了具有中国特色的农业和农村经济新的基本构架。改革不仅改变了农村的经济结构和体制，推动了农业和农村经济的蓬勃发展，同时，也使农民的自主经营权、分配权逐渐扩大，最终成为市场的主体。伴随着农村经济体制的改革，农村民主改革也风风雨雨走过了20个春秋。从“村务公开、民主管理、群众监督”的村民自治路子，到横向上民主选举、民主决策、民主管理、民主监督“四个民主”，纵向上村委会、村民小组、农户“三个层次”的村民自治格局，从直接民主的突破，到村民自治微观工作的规范，实际上就是伴随着农民经营权和分配权逐渐扩大而农民的民主权利不断扩大的过程。在这个循序渐进的过程中，莱西的一届又一届市委、市政府抓住这一客观规律，像跑接力赛似的，始终把村民自治工作抓在手上，并使其从一个高峰推向又一个高峰，始终站在全国村民自治的前沿。

历史已经跨入了21世纪。新的世纪将是村民自治逐步占村级组织主要地位的世纪。一方面，随着市场经济的发展，农民的个体经济利益之间、个体利益与集体利益和国家利益之间的关系愈来愈需要通过民主的方式来解决，这就要求必须扩大基层民主，全面推进村民自治。只要在农村实行市场经济条件下的统分结合的双层经营体制，村民自治必然要成为村级管理的主体方式，这是社会发展的客观规律，且不以人的意志为转移。另一方面，江泽民同志的“三个代表”的重要思想，要求在村级必须进一步扩大民主。只有全面推进村民自治，才能充分调动村民的民主热情，有力地促进农村生产力和农村先进文化的发展。个体经营者只有在民主的基础上才能实现有机的利益结合，进而组织起来共同闯市场、奔小康。在村级实行村民自治，其本身就是代表最广大人民群众利益在农村的具体体现和实践。基于以上原因，在今后全面推进村民自治工作中，一定要把村民自治落脚于经济发展、精神文明建设上，不能把村民自治和两个文明建设割裂开来，只有这样，村民自治才能受到广大农民群众的欢迎和拥护，才能充满活力，才能让村民自治的阳光照到农村的每个角落，让直接民主的春风吹拂到每一个村民心里，一个富裕、民主、文明的社会主义新农村才能展现在世人的面前。

搞好村民自治
促进农村社会稳定和经济发展

——吉林省梨树县村民自治报告

吉林省梨树县位于吉林省西南部，地处东辽河平原，面积4209平方公里。全县26个乡（镇），336个村，2846个村民小组，总人口88万，其中农村人口64万，农村工作是梨树县委、县政府的基本工作。十几年农村改革的实践，使梨树县委、县政府深深地体会到：无论是农业生产、经济建设，还是社会稳定，归根到底都需要调动广大农民的积极性。如果说，家庭联产承包责任制的实行，解放了长期在旧体制下被压抑的生产力，那么，农村改革的深化、经济的发展和社会的全面进步，则需要进一步调动农民群众参与基层社会活动和政治活动的积极性，从而以一种新型的农村政治关系来适应农村新的经济关系和社会关系。实行村民自治，正是调动农民群众这种参与积极性和形成新型农村关系的最有效形式。因而，只有把实行村民自治作为基层建设的一项重要任务，摆上工作的重要位置常抓不懈，使农村基层组织与广大村民形成一个血肉联系的密切关系，并使这种联系制度化，才能够真正掌握农村工作的主动权，把农村工作做好。

自《中华人民共和国村民委员会组织法（试行）》（以下简称《村委会组织法》）颁布实施后，梨树县的村民自治工作在上级党委、人大、政府的领导下，在国家、省、市民政部门的具体指导，经过民政部门以及乡村干部坚持不懈的努力下，开展得扎扎实实，卓有成效。

一、梨树县村民自治工作的基本情况

(一)贯彻《村委会组织法》,建立村民委员会法律制度体系

1988年6月1日《村委会组织法》颁布实施后,梨树县委、县人大、县政府立即组织全县农村基层干部进行学习,并结合农村工作实际,认真宣传贯彻这部法律。1989年春,全县普遍实行了第一次村委会换届选举,改变了过去那种由乡镇政府指派或任命的做法。1990年以后,梨树县广泛开展了村民自治示范活动。该县先后制定了《村级规范化管理暂行规定》、《村民委员会选举办法》、《乡镇人民政府指导村民委员会规则》、《关于村民会议和村民代表会议若干问题的规定》等一系列带有指导性的制度,全县各村也结合本地实际分别制定了《村民自治章程》、《村规民约》、《村民委员会工作规则》、《村民代表会议议事规则》、《村财务民主管理办法》、《十公开一监督制度》等。这样,关于村民委员会建设的法律制度体系已形成,并在第二届、第三届换届选举后逐步得到完善。

(二)全面开展以"四个民主"为核心内容的村民自治活动

根据中央[1990]19号文件和民政部《关于在全国开展村民自治示范活动的通知》精神,梨树县制定了开展村民自治示范活动的四年规划。首先他们树立了杏山、梨树、金山、郭家店四个村民自治示范乡典型,并确定霍家店村为全县开展村民自治示范活动观摩中心。该县多次召开现场会,使全县各村学有榜样,赶有目标。在活动中,县委、县政府严格按照民政部制定的示范标准,认真进行民主选举,坚持村民代表会议制度,制定村民自治章程,对村务实行民主决策,有力地促进了农村基层民主政治、经济和社会事业的发展,使农村面貌焕然一新。现在,梨树县村民自治示范乡镇已发展到26个,示范村发展到312个。以"民主选举、民主决策、民主管理、民主监督"为主要内容的村民自治活动增强了干部、村民的民主意识和法制观念。梨树县农村基层民主政治建设出现了崭新的局面。

(三)完成五次村委会换届选举

按照《村委会组织法》的规定,梨树县分别在1989年、1992年、1995年、1998年、2001年成功地进行了五次村委会换届选举工作。在选举中,他们坚持"民主、平等、竞争、择优"的原则,切实保证广大村民行使自己的民主权利,摸索创造出日益科学化的选举程序和选举办法,使梨树县的民主选举搞得扎扎实实,有声有色。通过换届,选出了政治进步、勇于开拓、热心为村民服务、能够带领村民致富奔小康的村委会班子。村干部增强了光荣感和责任感,村民也受到了民主与法制的锻炼。干部群众齐心合力,农村经济迅速发展,社会治安明显好转,国家各项任务得以很好完成,农村的社会面貌发生了巨大的变化。

(四)逐步建立和完善村民代表会议制度,初步确立民主决策程序

村民对村务大事进行民主决策是村民自治的重要内容,村民代表会议是梨树县实行民主决策村务的普遍组织形式。梨树县委、县政府制定了《村民代表会议制度》,规定了村民代表会议的组织形式、议事程序、议事规则和保障措施,对村中的重大事务如财务收支、统筹提留的使用、计生指标和宅基地的发放等实行民主决策,粮食征购、上缴提留、计划生育等"老大难"问题得到了较好的解决。广大村民反映:"过去村上的事情由几个干部说了算,现在村里大事都交群众讨论决定,这才叫真正的村民自治。"

(五)普遍建立村规民约、村民自治章程和村务公开制度

民主管理村务是村民自治的根本,1992年梨树县委、县政府制定了《村级规范化管理暂行规定》。各村据此普遍制定了综合性的《村规民约》或《村民自治章程》,对村级经济、社会秩序和村级组织的管理原则和办法都做了具体规定。在制定《村规民约》或《村民自治章程》的同时,各村都建立了村务公开制度,把凡属与村民利益直接有关的各类事项,以村务公开栏或广播、板报、会议等形式,及时向村民公布,接受广大村民的监督。村规民约或村民自治章程和村务公开制度的建立,有效地化解了全县农村的各种矛盾纠纷,遏制了个别村干部以权谋私、大吃大喝等不正之风,密切了干群关系,增进了农村的安定团结,使农村出现了新气象。

二、深入贯彻《村委会组织法》,开展民主治村

(一)抓住根本,依法搞好民主选举

民主选举是村民参与最广泛、最直接的民主实践活动,是调动广大村民当家做主积极性的有效形式。在村委会民主选举中,梨树县坚持了"五公开"、"三不三直接"的办法。"五公开"即:公开选民名单,公开选举名额和候选人条件,公开候选人名单及其基本情况,公开选举程序和具体规定,公开候选人得票情况

和选举结果。"三不三直接"即:不包办代替,由村民直接推荐选举领导小组成员,规定其职权范围,具体领导本村选举工作;不内定名单,由村民直接酝酿、协商推荐或"海选"候选人;不划框定调,由村民按照法定程序直接进行投票选举。在第三次村委会换届选举中,工作质量和民主程序又有新的突破。其一是在推荐、确定候选人上,全部实行了"海选"的办法。即发给每个享有选举权的选民一张白纸,进行填写,以得票多的为候选人。其二是候选人在正式选举前都做了竞选演讲,当选的村委会成员都向村民宣讲了自己在任期内的工作目标和措施。其三是村委会主任、副主任、委员全部实行了差额选举。其四是为了充分体现选民意志,选举会场设立秘密写票间,实行秘密写票的方式。第四次村委会换届选举中实现了五个突破:一是在选举方式上进一步民主化、直接化,由前一届的直接"海选"候选人,变成直接"海选"村委会干部;二是在选举程序上增加了竞选登记和资格审查;三是在投票方式上每个投票站设立"四处",即验证领票处、秘密划票处、代笔处、投票处;四是增加了邮递投票办法;五是在计票中采取就低不就高的计票方法。

此外该县还进行了民主选举村民代表,组成应届村民代表会议。

村民代表产生办法是由村民按居住区域或村民小组每10户左右,民主选举产生1名村民代表,组成村民代表会议。村民代表每届任期3年。村民代表会议平时每季度召开一次,有五分之一以上的村民代表提议也可随时召开。凡涉及全体村民利益的问题,除必须召开村民会议研究外,都要由村民代表会议讨论决定。

(二)突出核心,实行民主治村

梨树县委、县政府把村民代表会议制度的建立和完善作为一项重要工作来抓。为了使村民代表会议规范化、程序化和制度化,该县制定了《村民代表会议制度》,并在全县各村都建立了村民代表会议,共有村民代表15421名,初步做到了重大村务由村民代表会议讨论决定,极大地调动了村民参与村务的积极性,使村民代表会议成为民主决策的主要形式。

民主管理村务,与村民的切身利益息息相关,村民最为关注和渴望参与。在进行村民自治工作中,梨树县委、县政府把制度建设作为一个重要内容来抓,制定了《梨树县村级规范化管理试行规定》,作为该县农民开展民主管理的指导性章程。各村普遍制定了《村民自治章程》,使民主管理有章可循,成为干部和村民共同遵守的行为规范,村民称之为"小宪法"。这种自我管理和自我约束的机制,使村民成为既是被管理者,也是管理者,主人的地位得到了真正体现。

民主选出的村干部能否代表村民的利益,民主制定的章程能否人人遵守,民主做出的决策能否得到执行,都离不开干部群众之间的双向民主监督。在这方面工作中,梨树县逐步建立起民主监督机制。他们重点抓了村务公开,对村民最关心,反映最敏感,与群众利益密切相关的内容,如村里的财务收支情况,各种上缴提留款的收缴和使用去向、集体企业项目、经济承包合同、计划生育指标和宅基地的发放、生产资料的分配等都通过"村务公开栏"或广播、板报等形式及时向村民公布。并多方开通监督渠道,积极为村民提供监督条件。监督机制的建立,使各项制度落到实处,促进了村民自治工作的顺利开展。同时,还建立了村干部和村民档案,公开进行民主评议,作为村干部奖惩和评选模范村民、优秀党员、入党入团、参军选干的主要依据。这个办法使干部群众同置于规约的管理之下,激发了干部、群众的上进心和自强心,使村级管理走上了正规化、制度化、法制化的轨道。

(三)抓好培训,提高整体素质

为了不断提高广大基层干部和村民的法制观念和民主自治能力,梨树县委、县政府不断对乡、村干部进行集中培训,系统学习《村委会组织法》及村民自治的有关内容,实地参观学习先进单位的经验。每次培训班,县委书记、县人大主任、县长都做专题讲课,并邀请民政部、省民政厅、市民政局领导到会讲课。各乡(镇)每年也集中时间培训村民小组长以上的干部。县委在对村党支部书记的培训中,也把村民自治作为一项重要内容,以加深他们对村民自治工作的认识和理解,更好地领导村委会开展村民自治活动。通过各种形式的培训,使各级干部掌握了《村委会组织法》的精神实质和村民自治的基本内容、基本要求和基本方法,增强了法制观念、政策观念和民主观念。对于村民,重点抓了自治意识的培养。首先让村民自治、直接民主、村民当家做主这三个基本原则深入人心。其次,让群众在自治实践中学习民主管理的方法,培养民主意识。做到明确自治的主体地位,明确自治的前提条件,明确自治的方法和手段。学会运用民主的方法管理自己的事务,学会运用法律的手段维护自己的权益,增强其正确行使民主权利的素质和能力,为基层民主政治建设奠定了坚实的群众基础。

三、村民自治,推动了农村各项事业全面发展

通过贯彻实施《村委会组织法》,坚持不懈地开展村民自治活动,为梨树县农村深化改革和经济建设带

来了新的生机和活力，推动了农村各项工作的开展。主要表现是：

（一）提高了村民和干部的民主意识和法制观念，村级组织的凝聚力和战斗力大大增强

通过村民自治，极大地调动了村民参政议政的积极性。1998年以来，全县各村召开村民代表会议3690次，提出议案62848条，被村委会和乡（镇）政府采纳了46507条，占提案总数的74%。由村民决策减少村委会工作失误32件，避免经济损失近70万元。现在村民中知法守法的多了，关心村务的多了，理解、支持村干部工作的多了，参加集体活动的多了。广大农村基层干部由于自己是村民选的，有坚实的群众基础，干起事来腰杆更硬了，在不断的实践中，学会了民主管理的方法，尊重村民的“主人”地位，遇事与群众商量，减少了工作失误，从而提高了在群众中的威信，大大增强了村级组织的凝聚力和战斗力。广大村民和干部民主意识和法制观念的增强，提高了农村社会的整体素质。

（二）加快了农村经济和公益事业的发展步伐

民主选举的村委会干部，增强了责任感和危机感，致力于带领村民发展经济。村里的重大经营项目实行公议、公决，村办集体企业的经营活动置于村民的监督之下，既提高了决策的民主化、科学化程度，又堵塞了管理上的各种漏洞，调动了广大村民的生产积极性，因而加快了农村经济和公益事业的发展步伐。1998年全县粮食总产量达到40亿斤，农民人均纯收入达到2580元。

（三）推动了廉政建设，密切了干群关系，解决了诸多难点问题

实行民主选举，村民心平气顺，调动了他们当家做主的积极性，更加支持村干部的工作。民主监督机制的建立，有效地制约了村干部的行为，促进了廉政建设。通过民主选举上来的村干部，增强了事业心和责任感，为群众办事的积极性增强了。干部和村民的关系更加融洽。通过民主治村，培养了干部群众互相负责的观念，使农村工作中的粮食征购、上缴提留、计划生育等“老大难”问题得到了较好的解决，各种难办的事好办了，干部好当了。

（四）促进了精神文明建设和社会治安综合治理

几年来，结合村民自治活动的深入进行，梨树县开展了争创“十星级文明户”活动，有力地促进了农村精神文明建设的发展，梨树县14万农户有12.5万户参评，八星级以上高星户占70%，有8.7万户。通过十星级活动的开展，梨树县农民群众爱党、爱国、爱集体的观念明显增强，思想觉悟得到了普遍提高，不断破除因循守旧、愚昧落后、小富即安等旧观念，逐步树立积极进取，崇尚文明，勤劳致富等新观念，强化了参与市场经济的思想基础。村风、民风也有了明显改观，社会新风尚得到弘扬。有力地遏制了封建腐朽思想和陈规陋习的蔓延。广大农民自觉树立正确的人生观和价值观，自觉追求文明的生产、生活方式，社会风气和社会治安进一步好转，一代新风正在逐步形成。

实行村民自治之后，村干部带领广大村民维护社会治安的积极性增强了，他们发动群众，民主建章建制，使农村综合治理工作走上了规范化、法制化的管理轨道。他们组织群众，开展护屯巡逻、邻户联防，有效预防了各类案件的发生。他们还开展了“四五”普法和维护治安的宣传，广大群众增强了法律观念和参与综合治理的意识。基层治保会配合公安机关，在查处案件，打击犯罪方面发挥了重要作用。村委会把民事纠纷解决在基层，有效地化解了群众之间的矛盾，使全县农村呈现出安定、团结、和谐的政治局面。

通过十多年的努力，梨树县的村民自治工作在法制化、规范化的道路上取得了很大的进步。实践使梨树县委、县政府体会到，充分尊重广大农民的民主权利和首创精神，对农村改革、发展和稳定具有十分重要的意义。党的十五届三中全会做出的《关于农业和农村工作若干重大问题的决定》和全国人大常委会通过的《中华人民共和国村民委员会组织法》，为搞好农村基层民主政治建设提出了明确要求，指明了方向。目前梨树县委、县政府正在努力工作，大胆实践，要把梨树县农村基层民主政治建设提高到一个新水平。

全面深化村民自治 促进农村经济社会发展

——江苏省太仓市村民自治报告

太仓市位于江苏省东南部，面积818.53平方公里，人口45万，辖12个镇，2个省级经济开发区。231个村民委员会。2000年全市实现国内生产总值156.3亿元，财政收入9.87亿元，农民人均收入达到5502元。

党的十一届三中全会以来，太仓市委、市政府在全面推进农村基层现代化建设的过程中，始终把加强村民自治活动作为促进农村两个文明建设和确保农村长治久安的一件根本性大事，坚定不移地贯彻落实“四个民主”，深入持久地开展村民自治活动。有力地

推动了全市农村社会的进步和经济的发展。1992年太仓市成为江苏省第一"村民自治模范县(市)",1995年、1998年连续两次被民政部评为"全国村民自治模范县(市)"。

一、坚持把村民自治工作摆到农村工作的重要位置,不断推进村民自治深入发展

太仓市是江苏省扩大农村基层民主,保障群众直接行使民主权利的先行县(市)。十多年来,市委、市政府始终把基层民主建设和开展村民自治活动摆到农村工作的重要位置,不断实践,不断创新,把村民自治工作不断引向深入。

(一)加强领导,形成合力

自1990年推行村民自治以来,太仓市委、市政府始终要求各级领导站在农村工作全局的高度,把村民自治工作作为农村工作的一项重要任务,列入议事日程,牢牢抓在手上。一是建立完善组织,使这项工作始终有人抓。太仓市先后成立了由党委、政府主要领导任组长,组织部、民政局等相关部门领导参加的"太仓市村民自治指导小组"、"太仓市农村基层民主建设领导小组",两个领导小组办公室都设在民政局,局长兼任办公室主任,还抽调了专职人员,负责日常工作。各镇也相应成立了"村民自治指导小组"。根据村民自治活动的发展需要和领导人员的变动,及时充实和调整组织机构。市、镇两级组织在实践中形成并一直着力坚持的党委政府领导、人大检查监督、民政部门主抓、其他部门齐抓共管的工作格局,为村民自治工作的深入开展提供了强有力的组织保证和工作条件。二是制定发展规划,使这项工作始终有目标。1990年,市委、市政府专门下发文件,对贯彻实施《村委会组织法》,推进村民自治做了具体部署;把村民自治工作先后列入了太仓市国民经济和社会发展规划的第八、第九及第十个五年计划纲要,又先后下发了《太仓市村民自治示范活动实施意见》、《关于开展村民自治示范活动的通知》等12份文件。同时,将村民自治工作纳入了市委、市政府对各乡镇和有关职能部门年度工作考核的内容,并与乡镇和部门领导签订了村民自治工作责任状,建立了检查监督机制,从而保证了村民自治活动在全市得到落实。三是发挥职能部门作用,使这项工作始终有力度。这些年来,市民政局和乡镇民政办公室坚持把推进村民自治工作作为民政工作的一项"重点工程",持之以恒地抓宣传、抓检查、抓协调、抓督促,积极主动地与组织、宣传、农工、司法等部门协调,明确各自职责,形成工作合力,在指导开展科学化村民自治工作中充分发挥了党委、政府的参谋和助手作用。

(二)深入宣传,营造氛围

一是结合《村委会组织法》颁布实施、村委会换届选举实践以及农村中开展的有关活动,有计划地掀起学习宣传热潮。1988年6月,面对农村干部群众普遍存在的"不能自治"、"不会自治"问题,市镇两级领导反复学习试行的《村委会组织法》,统一认识,并加大对农村的宣传力度。1998年新的《村委会组织法》颁布实施后,在全市范围内开展了《村委会组织法》学习宣传月活动。市领导发表电视讲话,电视台开设专题宣传讲座,各镇、村普遍张贴《村委会组织法》等宣传标语,出动宣传车宣传,有的还组织文艺宣传队演出。每一届村委会选举,都将选举法律法规和上级要求编印成册,下发各村、组织学习。二是以群众喜闻乐见的形式抓好经常性的学习宣传。太仓市委、市政府把村委会组织法的学习宣传纳入"二五"、"三五"、"四五"普法的重要内容,向广大农民群众进行经常性的宣传讲解。有的以有线广播、黑板报、墙报为宣传阵地进行宣传,有的组织村民开展村民自治知识竞赛等等。三是抓好镇、村干部培训。市、镇两级制定并认真落实了镇、村干部定期集中培训制度,市培训乡镇干部和村委会主任,乡镇培训村委会成员。自1990年以来,市、镇两级每年都分别举办培训班,通过坚持集中培训,不断提高了农村基层干部依法行政和民主管理能力。

(三)抓点带面,整体推进

根据中央(1990)19号文件关于"每个县都要选择几个或十几个村开展村民自治活动,摸索经验,树立典型"的要求,1990年底,太仓市委、市政府选择领导思想认识好、工作积极性高的镇、村作为村民自治先行示范镇、村。在试点过程中,先后总结推广了岳王镇政府《指导村民委员会工作规则》、太星村《村民自治章程》、王秀村《村民代表会议制度》、洙桥村《村民自治章程》、杨桥村《村务公开制度》等十多项制度,编印了《太仓市村民委员会制度建设汇编》。1992年,江苏省政府在太仓市召开了全省村民自治工作经验交流会。这些年来,太仓市先后召开了9次村民自治工作现场会和经验交流会,介绍和推广试点经验,坚持以点带面,推动全局。目前,全市已建立起既体现党组织意志又集中反映村民意愿的村级民主制度体系,各项制度在各村都以规范统一的形式上墙公开,并具体落实于行动,从而确保了全市村民自治活动整体推进,稳步发展。

(四)大胆探索,在创新中发展

1992年,太仓市被评为"江苏省村民自治模范市"。在成绩和荣誉面前如何实现新的飞跃,如何通过村民自治进一步凝聚全市群众,开拓太仓新局面?在工作实践中,太仓市委、市政府乘势而上,深入调查研究,实施重点突破,又取得了新的成绩。1995年被民政部评为"全国村民自治模范市"。党的十五届三中全会后,市委、市政府通过认真学习,对在新形势下做好村民自治工作的重大意义,有了更加深刻的认识。全市认真查找村民自治工作的薄弱环节,针对改革开放和发展社会主义市场经济新形势,农村经济和社会生活多个方面发生的一系列深刻变化对村民自治工作带来的新情况和新问题,提出了村民自治工作在适应中完善,在创新中发展的工作思路,制订并实施了切实可行的9条措施,如开展"民主决策日"活动,规定每年的1月10日和7月10日为全市各村统一的由村民广泛参与的"民主决策日"。每年的这两天,村委会干部向村民汇报工作,公开村务,直接接受村民查询,听取村民意见和建议,解决村民关心的热点、难点问题。市四套班子领导和乡镇干部全部到各联系村,参加"民主决策日"活动。"民主决策日"体现了村民作为民主主体行使权力的直接性、广泛性和形式多样性,并与民主决策、民主管理和民主监督结合起来,深受群众欢迎,促进了村民自治制度的进一步落实。

二、坚持以落实"四个民主"为核心,不断提高村民自治的质量和水平

十多年来,太仓市坚持"四个民主"的有机统一,全面实施,整体推进,村民自治的质量和水平不断得到提高。

(一)完善民主选举制度,保障村民民主权利

自1983年撤队建村至今,太仓市已进行了七届村委会选举。太仓市委、市政府坚持把依法搞好民主选举作为村民自治工作的重点来抓,选举程序一届比一届规范,民主程度一届比一届提高,选举成效一届比一届明显。1983年的第一届和1986年的第二届选举,候选人大都由党组织提名推荐。1988年的第三届和1991年的第四届选举,候选人由村民1人提议10人附议提名推荐。1994年的第五届选举,候选人由村民、村级企事业单位和群众团体组织提名推荐。村民直接提名率达到65%。1997年的第六届选举,全市采取"两个直接"的方法,即先由选民一人一票直接提名候选人,按得票多少确定正式候选人,再由选民直接投票选举,整个选举工作上了一个新台阶。2000年的第七届选举,全市采取了"一次直选"的选举办法,即不确定候选人,由选民一次性直接按照村委会主任、副主任、委员职数等额填写选票,投票选举村委会成员,有选举权和被选举权的选民充分行使选举权利。这届选举,全市共涉及231个村,除前年村域调整已提前换届的村外,这次"一次直选"的共有145个村,选民125329人,选民参选率达96%,选举结果除2个村因当选的村委会成员不足3人未能产生村委会外,其余143个村均一次选举成功。近一年来的工作实践,群众对"一次直选"选举产生的村干部,满意率达到94.2%。

(二)强化民主决策制度,确保村民当家作主

1990年初,太仓市委、市政府针对村民居住分散和经营相对独立而带来的召开村民会议难的问题,率先在全省建立了村民代表会议制度,深受村民欢迎。这些年来,太仓市委、市政府把建立健全村民代表会议制度作为深化村民自治的关键环节来抓。1992年,太仓市委、市政府在深入调研,总结经验的基础上,制定了《村民代表会议制度》,并指导各村把握了这样几个问题,一是民主推选一支既能代表民意又具有议事决策能力的村民代表队伍。二是明确村民代表会议行使村民会议赋予的职权,主要是:决策权、审议权、监督权、否决权等。三是规范了村民代表会议的议事程序和议事规则。1998年,为进一步提高村民代表会议的质量,太仓市委、市政府又重新制订了《村民代表会议制度》。在村民代表会议中设立了会议主席,其职责是:负责主持召开村民代表会议;组织村民代表评议村干部;检查督促村民代表会议决议、决定的落实情况;列席村委会会议。与此同时,建立了村民代表视察制度,组织村民代表,对村里各个领域各个层次的工作进行视察,使村民代表熟悉全村情况,更有成效地参与决策、管理和监督。这些年来,所有村每年都召开两次以上村民代表会议,每年都组织两次村民代表视察活动。绝大多数村民代表能积极有效地参与村务的决策。仅2000年,全市就有878名村民代表提出了800多条意见和建议,其中有721条被乡镇党委、政府和村党支部、村委会采纳实施,有力地推动了农村各项工作的顺利展开。

(三)规范民主管理制度,保证村民议事质量

一是制定《村委会工作制度》和《三年任期目标》等干部行为约束制度,使村委会干部依法办事、按章理事。近三届村委会选举结束后,每个村委会都在选举结束后10天内制定并完善了这些制度,同时,注重发挥村委会下设的人民调解、生产建设、社会保障、治安保卫、文教卫生五个工作委员会的作用,做到分工

明确，各负其责。二是制定村民自治章程。1993年全市所有的村都将原制定的《村规民约》发展到制订内容更广泛、规定更具体、可操作性更强、权威性更大的《村民自治章程》，章程依据法律法规和政策规定，结合本村实际情况，体现大多数群众的意愿，既有对群众的要求，又有对干部的约束。既规定了村民的权利义务，又明确了违反章程的惩治方法。这种双向约束机制，使干部管理有了依据，村民行为有了规范，使村民由过去单纯的被管理者，变为既是被管理者，更是管理者的角色。近几年来，我们加强了对修订完善村民自治章程的指导，使章程既具有合法性、可操作性，又符合时代要求。

(四)严肃民主监督制度，活跃基层民主生活

村务公开作为民主监督的一种主要形式，太仓市已经实行了10年。1991年，全市村村实行了村务公开和民主理财，建立了公开栏。10年来，太仓市把村务公开贯穿于村民自治活动的全过程。在民主选举中把选举工作机构、选举程序、村委会成员条件、选民和候选人名单，以及选举时间和结果等公开；在民主决策中把村民代表会议的议题、决议和决定公开；在民主管理中把村委会三年任期目标、各工作委员会年度计划、干部分工、财务收支等情况公开。1998年，中央两办《关于在农村普遍实行村务公开和民主管理制度的通知》下发后，太仓市进一步规范了村务公开的内容、时间、程序、形式和管理监督。在公开的内容上，规定了必须公开的“财务类”14项，“村务类”5项和“政务类”4项内容，并要求各村从实际出发，凡是涉及群众切身利益、群众想知道的，能够细化的都要具体、到位，实行全程公开。在公开的时间上，既规定了经常性工作定期公开的时间，又明确了阶段性工作即时公开的要求，在公开的程序上，既规定了公开内容的提出、审议的程序，又规定了公开后收集、处理群众意见的程序和办法。在公开的形式上，以公开栏为主，同时辅之以书面、广播等形式。在监督评比方面，市镇对村每年进行一次检查评比。据去年底检查，群众对村务公开满意率达到86.6%。近年来，各村又普遍建立并落实了村委会向村民代表会议报告工作制度和民主评议村干部制度。

三、坚持村民自治与农村各项工作相结合，不断促进农村经济社会发展

十多年来太仓市委、市政府坚持村民自治与农村各项工作的有机结合，既不断激发了广大农村基层干部群众全面深化村民自治的积极性和创造性，又不断促进了农村经济社会的发展，使太仓市农村经济、社会发生了深刻的变化，呈现出勃勃生机和活力。

(一)推进了农村基层民主法制建设

通过开展村民自治，使广大农村基层干部和群众在广泛的社会政治参与中经受了民主实践的锻炼，掌握了民主和法制程序，民主意识和法制观念大大提高。目前，太仓市农村依法民主管理的制度体系已经确立，村民直接投票选举和罢免村委会干部已走上程序化、法制化轨道，并推进到农村党支部选举中实行“两票制”，即先让村民对党支部委员候选人投“信任票”，信任票过半数以上者，才能成为正式候选人，由全体党员投“选举票”。村里重大事情必须经过村民会议或村民代表会议讨论决定已形成制度，村务、财务定期如实公开，已全部到位，并于1998年开始在全市实行了政务公开、局务公开、厂务公开、院务公开、校务公开等等。乡镇领导必须依法行政，用政策法律手段，用说服、教育、服务、示范的方法指导、支持和帮助村委会工作已形成共识。1999年，太仓市委、市政府从适应农村改革和发展的需要出发，在全市开展村调整合并工作中，各乡镇始终坚持依法办事，尊重民意的原则，调整合并后的村运行平稳，群众满意，村调整合并工作得到中央、省以及有关部门的充分肯定。欧盟代表团美国哈佛大学政权学博士雪茉雷格和美国驻中国世界导报记者李淑珊曾先后参观考察太仓市村委会选举、村民自治工作，都认为：太仓市村委会直接选举程序规范、村民自治民主程度高。《解放日报》以“太仓村民自治走向成熟，美国记者信服”为题作了报道。

(二)增强了村级组织的凝聚力

村委会通过民主选举，一大批思想好、作风正、懂经营、会管理、真心实意为农民群众服务的新型农民走进了村委会班子，由此优化和提高了村委会干部的结构和素质，增强了村委会的凝聚力和战斗力。全市第七届村委会选举，共选出村委会成员1048人，村委会班子呈现出年龄轻、文化程度高、基本素质好的特点。村主任平均年龄41岁，其中党员占96%，高中以上文化程度占48%，普遍受到群众的拥护。在近几年农村产业结构调整中，广大村干部深入到农户家中及田间地头，宣传结构调整的重要性，并积极提供信息、技术等多方面的服务。广大村民也把村里的事当做是自己的事一样，如璜泾镇的新联村，计划新建一座电灌站，需要投资36万元，18个先富起来的农民了解到集体资金不足，主动筹集了18万元，无息交村建造电灌站。岳王镇的岳星村，十多年来一直把村干部的工资、奖金、

办公费和招待费透明于群众，接受群众监督。公开以后，村民激动地说："村干部为我们费了多少心血，只拿这点工资奖金，我们没有理由不支持村干部把村里的事办好。"

(三)保持了农村社会稳定

广大农村基层干部在村民自治的伟大实践中找到了自己的位置，增强了服务观念和公仆意识，这从根本上促进了农村党风廉政建设和社会风气的好转，拉近了干群距离，密切了干群关系。农民群众的公德意识和遵纪守法的自觉性也普遍提高，赡养老人、邻里和睦、喜事新办、丧事从简等蔚然成风，农村打架斗殴、偷盗赌博、封建迷信等现象得到了有效遏制。全市231个村都成立了"义务联防队"，现有队员4586人，10年来共抓获了"入室偷盗"216起，阻止了外来迷信活动896起，识破外来"四假"销售967人，调解民间纠纷万余起，保证了农村社会安定。近年来，全市重大刑事案件和社会治安案件逐年下降，民事调解率达到100%，调解成功率达98%。

(四)社会经济、公益事业发展迅速

农村民主制度建设的加强，充分调动了广大村民的生产积极性，促进了太仓市村级经济的发展。去年，全市村办工业销售收入突破40亿元，利润总额达2.05亿元。归庄镇香塘村的"中国香塘集团"已成为国家级乡镇企业集团，浏河镇新塘村的"泰利集团"等一批村级企业集团迅速崛起。农村集体经济的发展，有力地推动了农村社会公益事业，加快了城乡一体化进程。据统计，近十年来全市每年在集体积累中用于社会公益事业的投资达5000万元，全市95%的村老年活动室、卫生医疗室等社会福利设施齐全，大部分的乡村道路已由水泥路、柏油路替代了过去的泥路和砂石路，全市村村饮用自来水，建成了电话村、有线电视村，一个富裕、民主、文明的社会主义新农村的雏形正在逐步形成。

村民自治　侨乡台山结硕果

——广东省台山市开展村民自治情况报告

台山是全国著名侨乡，位于广东省珠江三角洲的西南部，毗邻港澳，幅员辽阔，总面积3286平方公里，现辖28个镇，6个国营农林场，502个村(居)委会，全市市内人口101万，旅居海外及港澳台等91个国家和地区的台山籍乡亲130多万。因而素有"全国第一侨乡"之美誉。

1999年，为进一步贯彻落实党的十五大关于扩大基层民主，保证人民群众直接行使民主权利的精神，全面实施《中华人民共和国村民委员会组织法》，根据广东省委、省政府的统一部署，台山市开展了撤区设村，进行首届村委会的选举工作。两年多来，台山市坚持以"四个民主"(民主选举、民主决策、民主管理、民主监督)为核心，全面推进村民自治，有力地促进了全市基层民主政治建设和两个文明建设的发展，收到了良好的效果。2000年3月13日，日本驻广州总领事馆领事小野一彦先生、日本国山口县日中经济交流促进协会研究员长濑诚先生专程访问台山，了解台山市农村基层民主选举，开展村民自治的情况。他们深入到村委会与当地的村干部和村民座谈，详细询问村委会的民主选举和开展村民自治的情况，在认真观看了村委会的村民自治制度和村务、财务公开的情况后，十分赞赏，并高兴地在村委会牌匾下拍照留念。

一、主要成效

(一)民主选举，极大地激发了广大农民民主参政的热情，有力地促进了农村民主法制的建设，农民群众真正成为了农村的主人

民主选举，是我国人民民主权利最充分的体现，是广大村民迫切的愿望和要求，也是村民自治的基础和前提。这次撤区设村，是台山市农村基层管理体制的一次重大改革，它得到了全市几十万农民的热烈拥护。在村委会选举过程中，广大农民不仅自觉地学习民主，学习法律，提高了民主意识和法制观念，而且对村中事务的参政、议政热情也显现出前所未有的劲头，全市农村出现了多年不见的生动活泼的政治局面。广大农民踊跃参加投票，许多外出打工的村民宁可少拿工钱，也舍得花三四百块钱从二三百公里外的深圳、珠海"打的"赶回来投票。六月的南粤气温高达摄氏34度，但选举会场却人山人海，不少白发苍苍的七八十岁老人，硬要在自己子孙搀扶下，拄着拐杖，冒着酷暑来到选举会场，其目的是为了要选好自己的"当家人"，要亲手投下神圣的一票。据统计，全市农村选民476298人，参加投票选民460104人，参选率平均达96.9%，不少村参选率还高达99%。

(二)民主选举，为农村优秀人才的选拔创造了有利条件，村民的参政、议政和献计献策，为农村的发展注入了新的活力，有力地促进了农村两个文明建设的发展

过去，管理区干部是由上级任命的，谁当选，往往凭长官"意志"而定。村干部也往往只对上负责，不对下负责，群众意见不少。现在，实行民主选举，"官"由

民选,谁办事最公道、最肯为村民做好事、实事和能带领群众发家致富,村民自然最关心。在村委会选举过程中,台山市坚持严格按"一法、两办法"(指《村委会组织法》和广东《选举办法》、《实施办法》)的规定办事,坚持做到"三不、三直接"。"三不"是:不内定、不指选、不包办代替。"三直接"是:选举委员会成员由村民会议或村民小组会议直接选举产生,村委会成员候选人由选民一人一票直接提名,村委会成员由选民直接通过无记名投票方式选举产生。由于坚持"公开、公平、公正"的原则,真正做到让农民群众当家做主,这就为农村能真正选出一大批群众信赖的、德才兼备的、能带领群众发家致富的村委会班子成员创造了良好条件。从台山市首届村委会选举情况看,选举结果是理想的:全市471个村委会共选出村委会成员2438人,其中,原管理区干部当选1878人,占77%;村委会成员是中共党员的1814人,占74.4%;村委会主任是中共党员的419人,占89%;村委会成员有妇女528人,占21.7%,全市村委会班子平均年龄为42.8岁,比原管理区班子平均年龄下降3岁;高中以上文化程度比例占了43.58%,文化素质较过去班子有了较大提高;新选进村委会成员的新人486人,他们中绝大多数是属于农村中的各类经济能人;全市没有一个"烂仔"当选,选举至今,也没有一个群众到省、市投诉。与原管理区班子相比,新一届"村官"群众基础更好了,战斗力、凝聚力更强,它既保留了原管理区班子中的优秀分子,又把一大批德才兼备、农民拥戴的农村优秀分子选进了村委会班子,这就为农村两个文明建设的发展,提供了有力的组织保证。村委会选举后,随着一整套民主决策、民主议事制度的建立,广大农民群众享有了广泛的民主参政、议政的权利,他们积极为村经济发展献计献策,这就为农村发展注入了新的活力。

都斛镇园美村是革命老区。但长期以来,由于该村班子的战斗力不强,一直是都斛镇的"扶贫对象"和"后进村"。1999年该村进行首届村委会选举,群众要求"海选",被市批准了,选举结果:村委会成员5人,原管区干部当选只有2人,其余3人都是新人。5位班子成员中正式党员1人,预备党员1人。李富平,36岁,普通群众,是个体建筑老板、经济能人。由于他平时热心于公益事业,办事公道,又有经济头脑,村民把他选上了村主任。当时,一些干部群众担心地说:"园美经济基础差,党群、干群矛盾不少,村主任李富平年轻又缺乏从政经验,新班子能带领群众致富吗?"但是,李富平和村委会班子几位成员都是实事实干的人,他们用行动和事实去讲话。上任短短一个月,他们就为群众做了三件好事、实事:(1)早造禾苗孕穗期,该村板路、略尾一带高位水稻田严重缺水,禾苗孕穗受到影响,当时,本村三个抽水机都坏了,村主任李富平连夜到邻村借来了三个马达,日夜组织抽水灌溉,保证禾苗正常生长;(2)早稻收割在即,天气突变,连降暴雨,由于沿海公路的淤泥阻塞,该村高蓢一带低洼田受浸,他立即请来了一部钩机疏通了渠道,避免禾苗受浸的损失;(3)为方便群众早稻收割,他们发动群众把长达5公里的机耕路全面修好。他们心中装有群众,急群众之所急,想群众之所想,办事雷厉风行的作风,很快赢得了广大干部群众的信任和支持。村主任李富平同志是个见多识广的人,他深深懂得个人和班子力量是有限的,只有充分发挥村党支部领导核心作用,调动广大农民群众的积极性,才有可能短期内改变园美落后面貌。因此,他除了经常主动向党支部书记汇报村委会工作,争取村党支部支持外,还依法建立了村委会六项制度:(1)村"两委"联席会议制度;(2)村"两委"双向沟通制度;(3)村民代表议事制度;(4)村委会定期向村民代表会议报告工作制度;(5)村务、财务公开,民主管理、民主监督制度;(6)村民民主评议村委会干部制度。由于该村村"两委"能团结协作,村民乐于为改变村落后面貌献计献策,因此,村的面貌很快就发生了巨大变化:1998年该村集体经济仅4.7万元,1999年集体经济达9.3万元。2000年集体收入超过了13万元。村委会实现了"一年脱贫"目标,"后进村"变成了"先进村","扶贫村"成了该镇经济发展最快的村。目前,该村坑板垌千亩蔬菜基地"田成片、路相通、渠相连、树成林",是台山市调整农业结构示范样板基地。全村九成以上农民种植蔬菜,去年仅蔬菜一项收入达460多万元,人均收入3750元。此外,该村1250亩水稻田也成了台山市优质水稻种植示范田。目前,该村机耕和收割已全面实现了机械化。去年,村里建起了一座769平方米的两层综合楼(地下农贸市场。二楼村委会办公用),辖下三个自然村,村村实现了"三通"(通电、通话、通路),村里建起了花坛、垃圾池、无害化厕所和文化楼,成了台山闻名的文明村、先进村。村主任李富平与另一位村委会成员,已光荣地加入中国共产党。现在,村委会已有正式党员2人,预备党员2人,他们决心,在党的领导下,团结一致,为带领群众致富奔小康做出更大贡献。

深井填湾肚村,位于台山西南部边陲,濒临镇海湾,全村300多户,人口1231人,近年来,少数村民虽因养殖印鱼(又称鲳鱼)而富了起来,但村集体却穷得叮当响,1999年村委会选举时,村集体账户仅剩下0.91元,此外集体还有欠债32万元。民主选举,村民把年仅37岁的冯少云推上村委会主任的领导岗位,别看他年纪轻轻,但已走遍江南海北,是个见多识广的经济能人。1979年,刚刚改革开放,他就在小江圩办起了第一家"士多店",接着开过手扶机,搞过运输,到珠海、广州贩卖过鲜蚝和印鱼,后来,成了村中养殖印鱼专业户。他有威望又热心,村里谁发生冲突,他出面调解,谁有什么困难,他乐意帮忙,每年春节该村举行排球赛,他最热心组织,既出钱又出力。冯少云上任后想得最多的一件事是如何发展壮大集体经济,他针对湾肚村濒海、滩涂面积多,海水清澈无污染,最适宜大搞印鱼养殖的特点,就亲自跑到广州南海水产研究所,请回了专家教授给村民授课,举办培训班,发动村民大搞养印鱼致富,经他耐心宣传发动,全村有70多户群众养起了印鱼,面积达120亩,去年仅这一项全村收入就超过了240多万元。为壮大集体经济,他积极穿针引线,引来了一外地老板承包本村丢荒多年的600多亩滩涂养殖印鱼,单上交承包款,除偿还了2000年该村24万元债务外,集体还积累了80万元,村民公粮款和统筹款由村集体交了,今年春节,村民还第一次领到村的分红。村集体经济富了,村民腰包有了钱,冯少云想的第二件事就是发动群众向村"脏、乱、差"开战和解决村民"饮水难"问题,他率领班子成员和村民平整村场、巷道、挖暗渠、铺水泥、砌塘基,塘尾及村中的两个蚊蝇孳生地被填平了,村中建起了小公园、垃圾池和三间无害化厕所,并修复和扩宽了湾肚村通往小江圩的公路。村民最高兴的是不用摊派一分钱,由集体出资48万元,装上了自来水,解决了长期以来"饮水难"问题。2000年,该村获得了前所未有的荣誉:台山市精神文明村、市优秀党支部、江门市计划生育先进村。村民高兴地说:"民主选举使我们选了一个好的当家人,是党的村民自治政策给湾肚村带来这么多的荣誉!"

(三)村民自治有效地把农村工作推向法制化、规范化和制度化的正常轨道,对遏制腐败,密切党群、干群关系,维护社会稳定,促进农村发展,有着十分重大的意义和作用

民主决策是实行村民自治的核心,只有坚持民主决策,农民当家做主的权利才能落到实处。过去,村中的事村里干部说了算。而今,实行村民自治的台山农村,村里的最高权力机构是村民大会,村民代表会议是村民大会的常设机构和议事机构,而村委会则是执行机构,这种体制的变化和权力结构变化是村民真正当家做主,民主决策的组织保证。现在台山各村委会普遍建立了村"两委"联席会议,村民代表会议和村民大会三项制度,台山市明确规定:凡是村中重大事情,必须经村"两委"联席会议讨论决定,先征询村党支部大会意见,再提交村民代表会议或村民大会讨论通过后,最后由村委会负责执行实施。这就从制度上保证了民主决策的制度化、规范化和法制化。

民主管理是依法实行村民自治的重点。村委会选举完成后,台山市把抓好村委会依法建章立制作为依法治市、依法治村的重要措施来抓。全市各村普遍建立了《村民自治章程》和《村委会工作制度》、《财务管理制度》、《财务、村务公开制度》、《集体经济项目承包、工程投标管理制度》等一个章程九项制度,并要求《章程》和《制度》必须经村民大会或村民代表会议通过,一旦通过必须严格执行。为接受群众监督,各村都进行了制度上墙,不少村还把《章程》和《制度》印制成小册子发至各家各户,做到人手一册,这就使依法建制、以制治村的民主管理制度落实到基层,从根本上保证了民主管理落到实处。

民主监督是依法实行村民自治的重要保证。过去,在行政命令的管理体制下,村中的大事小事都是村干部说了算,特别是涉及群众切身利益的问题,尤其是村里的财务、工程发包、咸围承包、征地款发放等,村干部总是怕公开,怕与群众见面,这一问题严重影响党群、干群关系,挫伤了群众的积极性。为此,台山市委、市政府把抓好村务公开、民主监督作为廉政建设的一条重要措施来抓。目前,全市普遍建立了村务、财务公开,民主管理、民主监督制度。市、镇、村三级都分别成立了镇务、村务公开领导小组,由主要领导任组长,并指定专门人员负责此项工作。每月5日定为全市的村务、财务公开日。全市471个村委会普遍设立了《村务、财务公开栏》,每村从村民代表中选出5-7人组成村民主理财小组和监督小组,对村务、财务公开的内容进行审查监督,特别是对财务收支的票据严格审核把关。现在不少村的村务公开已由过去事后公开逐步转为办事标准,办事过程、办事结果的全过程公开,村委会还定期向村民小组长会议、村民代表报告工作,报告村务、财务执行情况,接受村民的咨询和查问。由于实行了村务公开、民主管理和民主监督,给了群众一个明白,还了干部一个清白,党群、干群关系大为改善。这对维护农村社会的稳定,促进农村发展,起了十分重要的作用。

二、几点基本做法和体会

(一)民主选举,是开展村民自治的基础和前提,党委、政府领导重视,工作措施到位,是保证民主选举取得成功的关键

村委会的民主选举,是一项政策性、法制性很强的工作，它涉及面广，工作量多、难度大。因此，台山市镇党委、政府高度重视，切实加强领导。台山市进行首届村委会选举工作时，市委书记黎力行同志多次亲自主持召开市委常委、市人大正、副主任和市人民政府正、副市长的联席会议，对选举工作进行了专题研究和部署。为保证村委会选举工作能严格依法、顺利进行，市、镇两级都成立了理顺工作指导小组及办公室，由主要领导亲自任组长。市、镇四套班子全体同志选举期间全部下乡，实行分片包干蹲点指导，并在工作中，坚持做到六个到位：(1)领导到位，(2)工作人员到位，(3)学习、培训和宣传发动工作到位，(4)选举前调查摸底和组织考察到位，(5)选前对村财务审计工作到位，(6)选举经费到位。由于加强了领导，做到精心组织，周密部署，保证了村委会选举工作顺利进行，全市选举期间，没有出现一宗严重违法现象，选举结果达到三个满意：一是群众满意；二是市、镇领导满意；三是上级领导满意，受到了省检查组的充分肯定。

（二）开展村民自治示范活动，是全面推进村民自治，提高村民自治水平的有效手段

村民自治是我国农村的一项基本政治制度，是我国社会主义制度在农村基层的重要体现。开展村民自治示范活动，指导和帮助村委会实现民主选举、民主决策、民主管理和民主监督，有利于依法实现村民的自我管理、自我教育和自我服务。为此，台山市委、市政府做出了《关于在全市开展创建村民自治示范镇和示范村活动的决定》，明确提出了开展创建示范活动的目的意义、目标任务、示范镇和示范村标准、工作原则、指导方针和要求，从而使台山市创建示范活动做到有组织、有领导、有计划、有步骤地进行。为保证创建示范活动能取得成效，台山市委、市政府在充分调查摸底基础上，经过分类排队和筛选，决定把其中基础较好的六个镇和百个村作为创建活动的试点单位，实行立册登记、跟踪指导。由于市镇党委、政府的重视，创建示范活动很快就取得了成效，为总结交流经验，去年9月，台山市在都斛镇及时地召开全市村民自治工作现场会，组织各镇村民自治工作领导小组组长、自治办主任、部分村的党支部书记和村委会主任，现场参观了都斛镇园美村村委会和斗山镇田稠村村委会开展创建活动的成果，并组织都斛、斗山、水步、三合四镇党委、政府作了创建活动的经验介绍，副市长邝巧云还在会议上作了专题总结和部署。由于他们在创建活动中坚持采取“以点带面，点面结合”的方法，注意充分发挥示范试点单位的引导、带动和辐射作用，因此，有力地促进了台山市创建活动的开展和村民自治整体水平的提高，全市农村出现了良好的发展势头：2000年全市农业总产值超过了41.5亿，比上年增长6%；乡镇企业总产值265.8亿元，增长8.3%；农民收入达到了历史最高水平，人均年纯收入4712元。全市农村还出现了学法、知法、守法、用法的良好氛围，村风、民风有了根本性的好转，社会治安稳定，全市有1680个自然村被各级政府命名为“文明村”，有134036户农户被评为“文明户”。

（三）推进村民自治，必须坚持党的领导，加强农村基层民主建设，必须努力建设一支高素质的基层干部队伍

党的十五届三中全会《决定》指出，扩大农村基层民主，要在党的统一领导下有步骤、有秩序地进行，充分发挥乡（镇）、村基层党组织的领导核心作用。因此，在开展村民自治活动中，市委、市政府明确提出：村党支部与村委会的关系是领导与被领导，党支部按照党的章程进行工作，发挥领导核心作用，同时，又要尊重村委会作为基层群众性自治组织的法律地位，支持和保障村委会依法行使权力，做到既不包办代替，也不放任自流；村委会要自觉接受村党支部的领导，在做出每项村务重大决策前，要先提交党支部讨论，形成一致意见后实施。为此，台山市471个村委会，普遍建立了村“两委”联席会议制度和村委会定期向村党支部报告工作的制度。据去年我们调查，全市471个村委会，村“两委”能团结协作有435个，占了92.3%；合作一般的34个，占7.2%；较差的2个，只占0.5%。

农村基层干部是团结带领广大农民群众脱贫致富奔小康的骨干力量，村委会干部是农村基层干部的重要组成部分，努力提高村委会干部队伍素质特别是村委会主任素质，是农村各项改革和建设事业顺利开展的重要保证，为此，台山市采取三条措施：一是加强了对村委会干部的学习和培训，不断提高他们的政策水平和业务能力；二是加大在村委会成员中培养和发展党员的力度，努力建设一支高素质的村委会干部队伍。全市471个村委会，非党员村委会成员原有624人，去年“七一”前，已有189人加入了中国共产党，今年“七一”又将有一大批“村官”入党；三是结合党支部的换届选举，把村委会成员中符合条件的党员选进村党支委，努力提高村“两委”成员交叉任职率，尽量减少“两张皮”现象。通过以上措施，有力地保证了台山市村民自治工作顺利开展。

开展村民自治，加强基层民主，推动农村经济社会稳定发展

——河南省许昌县村民自治情况报告

河南省许昌县位于中原腹地，辖16个乡(镇)，452个村委会，2990个村民小组，78万人，其中农村人口占95%。1994年以来，许昌县委、县政府从农村实际出发，以落实“四个民主”为核心，以推行村务公开为手段，以加强农村村级管理为目的，在许昌全县广泛深入地开展了村民自治活动，有效地调动了广大农民参政议政的积极性和主动性，保持了全县农村社会政治的稳定，促进了农村各项改革和建设事业的全面发展，1997年10月被许昌市命名为“村民自治模范县”，1998年12月被河南省命名为“全省村民自治模范县”，1999年4月又荣获全国“村民自治模范县”的殊荣，中央电视台、河南电视台、《法制日报》社、《河南日报》社、《中国社会报》社、《中国民政》杂志社等新闻媒体先后进行宣传报道，河南省、市、县70多个单位到许昌县观摩学习。国务委员司马义·艾买提、全国人大内政和司法委员会主任顾金池和民政部部长多吉才让等领导都对许昌县村民自治工作给予了充分肯定。

一、许昌县村民自治的发展进程及现状

许昌县的村民自治工作从1994年下半年到1995年初开始试点至今，经历了漫长的从启动到全面铺开的过程。党的十一届三中全会以来，一方面随着经济体制改革的深入发展，社会主义市场经济的逐步确立，农村的生产方式发生了很大的变化，农村的市场化和商品化得到了进一步发展，农民的利益主体得到加强。但是另一方面，农村的管理体制还基本沿用着计划经济时期的老模式，村干部由乡政府任命，而干部本身则习惯过去的听从行政命令的工作方式。于是，干部办事不公开，作风不民主的做法，以及个别干部假公济私、损公肥私的行为，与农民群众逐步增长的保护自身利益、管理自己事务的意识和要求发生了尖锐冲突，导致干群关系紧张，社会秩序不稳，影响了农村两个文明建设的发展。在这种情况下，许昌县委、县政府为解决新时期的社会矛盾，贯彻中央和省政府关于加强农村基层组织建设的方针，做了大量的调查研究，最后形成了共识。要想从根本上解决农村的问题，只有依靠农民群众，按照《村委会组织法》，搞好村民自治，实行村务公开，促进民主管理，切切实实地加强民主政治建设，形成村民自我管理、自我教育、自我服务的良好机制，建立民主选举、民主管理、民主决策、民主监督的完善制度，才是农村稳定发展的治本之策。基于这一认识，许昌县委、县政府提出了“开展村民自治，实行村务公开，扩大基层民主，推动依法治县”的指导思想，确立了“着眼农村整体工作，依法开展村民自治，强力推行村务公开，深化村级民主管理”的工作思路，并制定了实施方案，出台运作细则。在具体实施的过程中，既注意保持工作的连续性，又突出不同阶段的工作重点。从1994年试点开始，1995年狠抓了“一会、一章、二组”(村民代表会议、村民自治章程、村务监督执行组、民主理财执行组)的工作，初步确立了村民自治的制度框架。1996年强力推进村务公开制度的落实，1997年进一步发展完善，1998年重点抓好了第三届村委会换届选举工作，1999年实行了“三级联动”公开。2000年以来，许昌县在原有村务公开制度、村民代表会议制度、换届选举制度、年终村委会报告工作制度、议政制度等项制度的基础上，又实行了档案资料调阅制度。这一系列的制度建设，使许昌县的村民自治工作，逐步走上了规范化的道路。

二、许昌县开展村民自治的主要做法

(一)加强领导，摆上位置，切实把村民自治工作列入重要议事日程

实施村民自治是一项系统工程，是新形势下加强基层民主政治建设、促进农村改革发展稳定的创造性探索。为保证这项工作的顺利开展，许昌县、乡(镇)党委、政府高度重视。一是建立组织，制订方案。县委、县政府根据全县村民自治工作的最新发展和人员变动情况，于去年又下发了《关于进一步做好村民自治工作的通知》，成立了由县长任组长、县四大班子分管领导为副组长、有关部门参加的村民自治领导组，下设办公室，具体负责工作的开展、指导和检查。为进一步加大领导力度，许昌县还设立村民自治联席办公会议，由组织、宣传、公安、司法、民政、综治办等部门参加，定期研究解决村民自治工作中遇到的各种问题，并从县、乡有关部门抽调624名得力干部组成村民自治工作队，分赴各乡(镇)、村帮助开展工作。各乡(镇)也结合本地实际，制定出具体的实施方案或实施办法，并普遍成立了村民自治领导小组和办公室。各级领导组织的建立，为村民自治工作的开展提供了有力的组织保证。二是领导挂帅，齐抓共管。县委、县政府充分发挥各级领导组织的作用，切实做到“五抓”、“四结合”。“五抓”即：县委书记、县长、各乡(镇)正职亲自负责主抓；县乡主管民政工作的领导分类指导具体

抓；县乡民政部门当好参谋，深入抓；村民自治工作队积极配合，督导抓；有关部门明确责任，密切配合，自觉抓。“四结合”即：与当前农村各项中心工作相结合，与建设农村阵地相结合，与壮大村级集体经济相结合，与开展村级组织整顿相结合，最终形成了党委牵头，各方面通力配合，全方位齐抓共管的局面。三是目标管理，综合考核。为切实强化各级领导的责任，避免走过场，流于形式，县委、县政府主管领导与各乡（镇）长、主管副书记签订了《实施村民自治，强化基层基础工作》责任书，把村民自治纳入乡（镇）领导目标管理责任制，列入全县综合考核指标之一进行综合考评，保证各乡（镇）长和分管领导切实承担这一任务，负起领导责任。同时，各乡（镇）也把村民自治工作纳入各村年终目标考评，与各村党支部书记、村主任签订相应的目标管理责任书。坚持了一票否决制度，县委主要领导明确提出“谁不公开谁亮相，谁假公开换位置”，有效地强化了领导责任，真正做到了责任明确、落实到人，调动了各级领导干部的积极性和主动性，形成了整体推进村民自治工作的强大合力。四是“三级分包，三级联动”。为了确保村务公开民主管理落到实处，许昌县委、县政府采取的“三级分包，三级联动”办法，即县四大班子领导包乡镇，乡镇领导分片包村，村委成员包工作，县乡村三级干部所承担的工作任务完成好坏，从下到上互相牵连；对工作措施不力，社会秩序不稳定的，除本村第一责任人受到处理外，再追究乡（镇）领导的责任，整体工作落后的乡（镇）除第一责任人负总责外，再追究包乡（镇）的县级领导责任。工作成绩突出的层层受到表彰。这一行之有效的措施使许昌县形成了一级抓一级，级级抓落实的良好局面。五是分类指导，奖罚到位。在具体工作中许昌县委、县政府坚持分类指导，抓好“两头”，以点带面，并制订了一系列奖罚办法。县村务公开民主管理办公室经常深入基层调查研究，定期召开汇报会，通报工作进度。分阶段召开现场会，总结经验，解决工作中存在的问题，结合开展创优评先活动。在电视台举办乡镇长谈村务公开专题节目，向全县公布16个乡镇的名次。通过创优评先活动，全县有9个乡镇受到表彰，有2个后进乡镇受到了通报批评。

（二）广泛宣传，层层发动，大力营造开展村民自治工作良好的社会氛围

村民自治工作的主体是广大农民群众，群众的理解参与和支持是做好村民自治工作的前提和基础。为此，许昌县委、县政府始终把宣传发动群众作为搞好村民自治工作的关键问题来抓。县、乡充分利用宣传工具，进行全方位、多形式的宣传教育，在全县形成强大的宣传声势。一是县、乡举办电视、广播专题讲座。县委、县政府主要领导及村民自治领导组办公室主要负责人进行多次电视讲座，向全县广大干部群众详细阐述实施村民自治的意义，对工作中出现的问题如何对待、怎样解决等建设性的指导意见；各乡（镇）主要领导及有关部门负责人结合工作进展情况，利用有线广播进行多次专题讲座，全县收听、收看达70多万人次。同时，县电视台、县有线电视台、县广播电台积极播放有关村民自治新闻。二是各乡（镇）召开各种类型的干部会，如书记办公会、班子成员会、乡村干部会等，统一思想，形成共识，充分调动他们的工作积极性。三是充分利用黑板报、宣传栏、广播、标语、宣传车等形式大造舆论，广泛宣传发动，真正使村民自治的目的意义深入人心。将官池、桂村等乡（镇）还开办了“自治之声”广播栏目，利用群众喜闻乐见、生动活泼的形式进行宣传，受到群众的喜爱；小召乡举办村民自治专题节目近百次，榆林乡开办广播讲座26期，播放七十多次，这些都有效地宣传了村民自治的意义。另外，大部分乡（镇）政府和村委会所在地，以及交通要道处，都制作了固定标语。据统计，全县共办板报、宣传栏924期。书写标语口号11440条。出动宣传车129辆次，印发各类宣传材料3250份。举办广播专题讲座225期，播放716次。通过深入宣传发动，提高了干群的思想认识和参与积极性，为村民自治工作的顺利开展奠定了坚实基础。四是利用多种形式培训骨干队伍。实施村民自治制度是一项全新的工作，政策性、法制性和群众性强，干部缺乏这方面的工作经验，群众也没有这方面的感性认识，为激发村民自治的内在活力，使基层干部掌握开展村民自治的法律依据、核心内容、标准要求、方法步骤，县委、县政府高度重视对骨干队伍的培训工作。按照县委、县政府要求，由县负责对村民自治工作队员、乡（镇）干部和试点村的党支部书记、村主任的培训；由乡（镇）负责对包村干部、村“两委”干部和村民代表的培训。在这一分层培训原则下，先后举办村民自治培训班41次，培训干部2624人。同时，县委还在县党校开设了村民自治课，举办基层干部轮训班六期，1349名乡（镇）、村干部参加了学习。通过培训，提高了骨干队伍的素质，形成了一支推动村民自治工作顺利开展的中坚力量。

（三）突出重点，扎实工作，努力构造农村基层民主管理体系

实施村民自治的核心是落实“四个民主”。工作中，许昌县委、县政府紧紧围绕民主选举、民主决策、

民主管理、民主监督四项重点内容，健全制度，强化措施，狠抓落实，把村民自治工作落到了实处。

1. 抓好重点，实行民主选举。民主选举村委会是村民参与最广泛、最直接的民主实践活动，村干部是否由村民直接选举产生，是基层民主的首要问题，也是村民自治的基础。1994年以来，许昌县按照《中华人民共和国村民委员会组织法(试行)》和《河南省村民委员会选举暂行办法》要求，精心组织，严格程序，先后依法进行了第二届、第三届村委会换届选举工作。在村委会换届选举中，许昌县一改过去村委会成员靠内定、靠任命、选举工作透明度不高、群众参与不广泛、图形式、走过场的陈旧方法，充分信任群众，充分发动和依靠群众，始终坚持群众直接选举和差额选举的基本原则，在全县范围内依法由村民直接民主选举村委会干部。

针对一些乡(镇)干部、村支部怕乱选、村干部怕落选、村民怕麻烦的思想，许昌县采取多种形式宣传民主选举的目的、意义，宣传《中华人民共和国村民委员会组织法》和《河南省村民委员会选举暂行办法》，提高了干部、群众的思想认识，增强了村民的主人翁责任感和民主参与意识。为了保证选举公开公平，体现广大村民的意志，许昌县委、县政府切实做好"四个坚持"：一是坚持民主产生候选人。候选人一般由组织推荐、群众联名推荐和村民自荐，自下而上、自上而下反复酝酿，最后由村民代表会议确定；也有的由村民直接选举产生。这两种形式都坚持党委不划圈、不包办、不指选、不派选，把权力全部交给村民，充分体现选民的意愿；二是坚持差额选举和"两个过半数"。村委会主任候选人必须差额1人以上，委员候选人必须差额1/3以上。参加投票的选民必须超过选民的半数方可选举，候选人的赞成票超过总票数的半数方可当选；三是坚持无记名投票选举。各村普遍设立秘密划票间，选举实行单独划票；四是坚持公开选举，增强选举的透明度。从成立选举小组，登记选民，确定选举名额，酝酿候选人到正式选举，都始终坚持公开的原则，以公告形式将工作情况公布于众。正式选举时，候选人发表竞选演说，并当场发票，当场划票，当场投票，当场唱票，当场公布选举结果，保证选举合理公平，体现民意。由于领导重视，组织得力，在第二届和第三届村委会换届选举中，全县有选举权的村民分别是451514人和483550人，参加投票的分别为421491人和433940人，参选率分别达93%和95%。尤其是第三届换届选举中，由于村民的民主意识大大增强，452名上届村委会主任中，连选连任的294人。一大批群众自己推荐的年纪轻、有知识、懂经济、会管理、群众基础好的候选人当选为新一届村委会主任、副主任。新一届村委知识结构、年龄结构进一步优化，整体素质明显提高，增强了村级组织的凝聚力，为进一步搞好村民自治奠定了组织基础。

2. 建立村民代表会议制度，实行民主决策。村民代表会议是实行民主决策的组织形式，是全体村民行使当家做主权利的有效载体。为使村民代表会议规范化、程序化和制度化，县统一制定了"村民代表会议制度"，对议事内容、程序、原则都做了明确规定。选举村民代表，除规定代表必须由村民按照居住区域或村民小组每10户左右推选一名外，还按照村民代表的条件，把那些政治觉悟和群众威信高，作风正派，办事公道，有参政议政能力，乐于为群众办事的村民选为村民代表。全县452个村普遍建立了村民代表会议制度，共选出村民代表16554人。村民代表会议每季度至少召开一次，有重大村务时随时召开，基本做到了重要村务由村民代表会议讨论决定。建立这项制度以来，据不完全统计，全县村民代表会议共形成涉及农村经济发展、教育、农田水利、社会治安、计划生育、村风民俗等方面的决策5865项，村民代表提出各种建议6899条，被采纳4790条。村民们形象地说："北京有人民大会堂，俺村有人民小会堂。"为把民主决策落到实处，避免拍脑袋决策，管理随意性，监督无保障的现象发生，各乡(镇)还在各村普遍实行了"五不批"制度，即村办企业上、扩、改项目，不经村民代表大会讨论乡(镇)政府不批；计划生育指标的分配，不经村民代表大会讨论，乡(镇)计生办不批；宅基地的安排，不经村民代表会议讨论，乡(镇)土地管理所不批；救灾、救济粮、款、物的发放，不经村民代表会议讨论，乡(镇)民政所不批；凡涉及群众负担的建校、修路、办电、打井等公益事业，不经村民代表会议讨论，乡(镇)政府不批。上述措施的实施，既充分显示了村民代表们议村务大事的能力，又放权于村民代表会议，真正做到了重大村务由村民代表集体决策。

3. 制定村民自治章程，搞好民主管理。为了适应农村经济体制改革形势，许昌县在过去制定村规民约的基础上，发动群众民主讨论，村村都联系实际制定出上合国法、下合民意的村民自治章程。章程对村民的权利和义务、村级组织管理、经济管理、村务管理、社会治安和村风民俗、婚姻家庭、计划生育等方面都规定了具体要求和管理办法，使民主管理有章可依，有规可循，成为了干部群众共同遵守的行为规范，被村民们形象地比喻为村里的"小宪法"。干部和群众共同置于"小宪法"规范之下，大家既是管理者，又是被管理者。在制定章程过程中，许昌县根据各村的特点，因地制宜，让各村结合自己的实际拿出初稿，然后采取自上而下、自下而上的办法，让村民反复讨论修改，定稿后交村民代表会议通过，印刷成册，下发到户，使村民熟悉章程内容，能自觉对照章程规范，约束自己的行为。对违反章程的人或事，由村委会按章程规定予以处理，被处理人不服时，可以向村民代表会议申诉，从而提高了章程在村民自治中的权威性。

4. 健全监督制度，实行村务、政务公开。村务公开是实行基层民主的重要内容，更是解决农村热点难点问题的治本之策。从1997年起，许昌县在全县农村广泛实行村务公开。在公开内容上，县委、县政府经过充分调查，广泛征求意见，确定了财务收支情况、宅基地审批使用、计划生育指标的落实等12项重点公开项目，并以文件形式下发全县，统一内容，指导全局。在具体操作中，全县实行了“三个统一”。一是统一公开形式。许昌县总结建立了“一栏一会一卡”制度。“一栏”即公开栏。各村都在显眼位置设立长20米、宽2.5米以上标准、大版面、固定性的公开栏，把12项公开内容逐项予以公布。目前，全县共设置公开栏531个，先后公开涉及群众利益的内容41784次。“一会”即村民代表会。村内重大事务和所要公开的内容，经过村民代表会议审议通过后，再向群众公布。全县通过村民代表会议讨论后公开的内容达51682项。“一卡”即明白卡。各村结合具体情况，把有关粮食定购、统筹提留、农业税等项目及有关金额填写到卡上发至农户。今年全县共制发明白卡19万多张。二是统一公开时间。许昌县区别不同的公开内容，统一确定了公开时间。如在每季度第一个月的15日公布上一季度村级财务收支情况，年初公布村组干部上年度工作目标完成情况和本年度工作计划等。三是统一公开程序。对12项重点公开内容，逐项规定比较规范的公开程序。同时明确要求公开的内容通过村民代表会议讨论，村务监督执行组和民主理财组审议、签字后再予以公布，并建立公开档案以备查询。

为把村务公开制度落到实处，进一步增加村委会工作的透明度，许昌县在建立村民代表会议制度的基础上，还普遍建立了5—7人组成的村务监督执行组和3—5人组成的民主理财组，作为村民代表会议的派生机构，代表村民检查监督村委会和村干部的工作及有关制度的执行情况，以及村委会的财务收支和管理工作，并定期向村民代表会议报告工作。目前，全县452个村务监督执行组的2742名成员活跃在农村的各个领域，为村民所爱戴和信赖。此外，许昌县还采取五条措施，确保民主监督真正落到实处。一是指导各村建立村务公开制度。把群众关注的热点问题及时公开，接受群众监督。二是村委会报告工作制度。即村委会定期向村民代表会议报告工作。三是考核奖惩制度。将村委会各项工作目标量化之后，列入干部的考核内容，定期组织考核评比。四是民主评议干部制度。每年对村干部进行测评，按照优秀、称职、不称职的档次正确衡量干部，让村干部直接听取村民对自己功过的评论，使干部更加严格要求自己，为带领群众奔小康再立新功。五是二级档案资料调阅制度。即乡(镇)村民自治指导办公室调阅村组的各项档案资料，县村民自治的指导办公室调阅乡(镇)所调阅各村档案资料的情况记录和直接抽查各村的各项档案资料。时间：半年一次。

1999年下半年以来，许昌县又根据农村发展的需要在做好村务公开的基础上，向上拓展到乡(镇)的政务公开，向下延伸到组级的组务公开，更深层次地接受群众监督，让群众真正明白，让干部真正清白，更好地促进全县各项事业的协调发展。政务公开的内容：凡涉及乡(镇)党委、政府的重大决策，重大事件，群众关心的焦点、热点问题全部公开，概括起来主要有十项：一是党和国家有关农村的方针、政策和法律、法规；二是乡(镇)政府三年发展规划，年度工作目标及年内要办的几件大事；三是乡(镇)领导班子成员职务、分工及具体职责；四是乡(镇)政府的工作职责及各职能部门的工作职责、服务范围、办理程序、条件、时限和收费标准；五是阶段性重点工作的进展及完成情况；六是乡(镇)财政收支情况；七是各种涉及农民负担的收费项目、收费标准、收缴办法及所收资金的使用情况；八是乡(镇)企业及其他集体经济项目的立项、承包经营和管理运行情况和乡(镇)基建工程的承包方案；九是救灾救济等上级下拨款物的数额和分配使用情况；十是年度人口计划生育指标的分配，土地征用。政务公开的程序：首先由各职能部门按照规定时间将公开内容交乡镇政务公开领导组办公室汇总审查，然后提交乡(镇)党政班子联席会议讨论，再进行分布。对于群众比较关心的热点、难点问题，公开前还要经政务公开监督小组审核，认为属实后方可公开，政务公开后，要采取各种形式收集干部群众的反映，并对大家提出的意见和建议进行解释或答复，必要时再进行公开。公开的时间：乡(镇)政务公开的时间以及时为原则，乡(镇)政务公开日期为每季度第一个月的十五日以前公布上一季度情况，有些时限较长的重大项目，可以分段公开进展情况，临时发生的重大事项或中心工作，可以随时公开。在公开形式上，一是在显要的地方设置公开栏，长不少于20米，宽不少2.5米，将各项公开内容规范地书写在公开栏上，便于群众监督；二是印发公开简报，下发到党员和村民代表手中，方便群众直阅和掌握动态情况；三是通过召开各种不同类型的会议、广播宣传、印发公开信、明白卡等辅助形式公开。

组务公开的内容大体上有四项：一是计划生育情况；二是财务收支情况；三是优抚、五保、特困户救灾物资发放情况；四是农户宅基地使用情况。组务公开的时间、程序和村务公开一致。公开的形式有两种：一是有条件的组可以设置固定的公开栏；二是通过召开各种不同类型的会议、广播宣传等辅助形式公开。在档案管理方面：各种档案资料有专人管理，任何组织和个人不得随意更改和销毁。

在保证政务公开措施上，建立了以乡（镇）党委书记为组长的领导组和以纪检书记为组长的督导组，并认真落实群众监督。对群众举报的不严格执行制度的行为及时纠正，对情节严重的给予党纪、政纪处分。同时在每个村的公开栏内书写该村包村干部姓名和电话号码，对每个干部的服务范围和服务内容详细注明，群众有事时可根据事情性质与公开栏内的负责人直接联系，并且还在公开栏内设立监督电话，随时掌握每一位干部工作情况，并及时给予指导和督促。

三、许昌县开展村民自治取得的成效

（一）增强了干部的公仆意识和群众的民主意识

实行村民自治，大家的事大家议、大家办，极大地调动了广大群众参政、议政的积极性，增强了干部群众的民主意识，有效地改变了过去的干部拍板，村民照办，无人真干的局面，民主政治建设出现了良好的势头。一是村民参与村务、关注村务的积极性明显提高。各村凡是召开村民代表会议，审议关系全村村民利益的重大事情时，村民代表都能积极参加，踊跃发言。二是村民代表会议发挥了重要作用。许多村务大事，都由村民代表会议民主决策，有效地遏制了个别干部工作上的随意性，减少了决策失误。蒋李集镇岗城村委会两次提出集资修缮村室，可提交到村民代表会议上讨论时，两次被否决。35名村民代表一致认为修路和整修学校应放在优先位置，至于修缮村室可靠后些。代表们的意见被村委会采纳后，代表们高兴地说："如今我们真正成了主人。"陈曹乡杜门村的干部，通过村民自治的实践，深有体会地说："以往村干部是孤家寡人，遇事上难下难，左右为难，现在是群策群力，办事上喜下喜，左右欢喜，过去干部单枪匹马，现在众人拾柴火焰高。"

（二）密切了干群关系，促进了廉政建设

过去干群关系紧张，究其原因，主要是乡（镇）干部工作方法不当，村干部作风不民主，工作透明度差或少数干部以权谋私，办事不公。实行村民自治制度后，还权于民，群众自己的事情自己决定，政务、村务大事实行公开，给群众一个明白。有效地制约了以上弊病的产生，干部两袖清风，全心全意为大家办事，得到了群众的理解和支持，密切了干群关系，干群之间有了统一的认识和共同语言，心往一处想，劲往一处使，许多问题迎刃而解，使党在农村的各项方针政策真正得到贯彻落实。陈曹乡在今年第一季度政务公开时，财务收支部分是：收24.1万元，支101.4万元，在4月15日公开时，村干部发现了这一问题，随即向乡政务公开领导组发出询问：为什么在乡财政困难的情况下，收的没支的多？对这一问题，乡政务公开领导组及时给予了答复：多支的资金是乡政府为了发展经济，从别的地方借入的。把这一结果及时地反馈到公共栏内，真正达到了给群众一个明白，还干部一个清白。蒋李集镇赵河村原来是县里有名的落后村，在1998年村委会换届后，新一届村干部不辜负群众的神圣一票，劲往一处使，汗往一处流。赵河村通往外面的道路有一段是土路，多年来给群众的生产生活带来很多不便，全体村干部急群众之所急，在村里资金困难的情况下，出义务工修路，村民看到自己选的干部如此地和群众心贴心，也积极响应，短短一个星期的时间，就铺起了一条高质量的砖渣路，该村妇女主任说："村民选了我们当干部，能为他们干点实事心里踏实。"

（三）促进了农村社会的稳定

通过实行村民自治，建立和完善了各项规章制度，健全了依法治乡，依法治村的工作体系，使各项工作有章可循，有规可遵，有法可依。在乡（镇）党委、政府的指导下，各村建立了治安巡逻、民事调解、禁赌帮教组织，形成了强有力的防范网络。化解了各种不安定因素，农村的热点、难点问题得到了有效解决，初步形成了社会稳定的"小气候"。截止到目前，全县共解决热点、难点问题2700件。在今年的夏粮征购中各乡（镇）在很短的时间内，粮食全部上交完毕，并交齐了多年的拖欠部分。另外，各乡（镇）还结合三级联创，按照六好乡（镇），五好党支部的标准，对以前一些村党支部工作不力，不能很好地执行党的方针、政策的，统一进行整顿，使后进村党支部焕发了生机。自1998年村委会换届选举以来，全县没有发生一起因为干部工作方法不当造成群众越级上访和集体上访事件，共解决重大遗留问题660起，为群众办实事490件。

（四）促进了农村经济的快速发展

开展了政务、村务、组务三级公开，优化了环境，确保了全县社会大局的稳定，加速了经济发展。今年1—6月份，许昌县共完成国民生产总值34.09亿元，同比增长10.2%；社会消费品零售总额5.45亿元，同比增长9.7%，财政一般预算收入完成7781万元，同比增长17.5%；出口创汇2840万美元，同比增长51.7%，出口创汇额位居许昌市第一。

四、实行村民自治的几点启示

（一）扩大农村基层民主，实行村民自治，是新形势下解决各类疑难问题，促进农村政治稳定的治本之策

当今中国农村存在着诸多热点、难点、疑点问题。出现这些问题既有村干部风气不正，工作方法简单粗暴的问题，也有村务不公开，干群之间缺乏沟通的问题。比如征粮征款，计划生育，宅基地审批等，都与群众的利益相关，处理这些问题最有效的办法就是群众参与、办事公开。许昌县通过依靠广大群众，实行村务公开，搞好村民自治等一系列措施，真正让群众"自我教育，自我管理，自我服务"。结果，村务公开了，干部心里有底，群众心里有数，"给群众一个明白，还干部一个清白"，使干群之间有了共同的认识，从而化解了各种矛盾和不安全因素，使农村疑点不疑，难点不难。将官池镇湖徐村过去财务管理混乱，干群关系紧张，村民经常集体上访，是该县有名的后进村。自实施村务公开后，新的村委班子汲取以前的教训，公开群众所关心的问题，得到了大家的理解和支持。在干群的共同努力下，该村先后办起了鞋厂、面粉厂、养殖场，年产值800多万元，短短一年多时间就甩掉了贫穷落后的帽子。由此可见，实行村民自治并非是农村工作的一时举措，而是标本兼治，实现长治久安，促进农村两个文明建设的百年大计。

（二）扩大基层民主，实行村民自治，关键是让农民当家做主，让群众唱好主角

在农村实行民主政治，仅仅靠村村设立公开栏，户户持有明白卡还不够，更重要的是，要使农民群众从制度上、组织上享有监督权、决策权。只有让农民群众直接参与村里的政务、财务大事，自己决定自己的命运，才能把大事办实，好事办好，才能使民主具备广泛、深厚、坚实的基础。几年来，许昌县实行的村民代表议事制度，就是一个成功的范例。许昌县陈曹乡尚庄村有15间教室，早在1996年就被市教委定为危房，因搞集资建校怕增加农民负担引起上访，迟迟未能解决危房问题。建立"人民小会堂"后，村干部把这一村务大事交给村民代表讨论，全村上下很快形成共识，本村群众和在外工作人员4天捐资5万元，再加上村里自有资金，不到三个月一幢高质量的教学楼就交付使用，解决了4年没有解决的问题。上述事实说明，许昌县所以能出现政通人和的喜人景象，正是因为形成了充分传递民情、及时反映民意，广泛集中民智的决策机制，村民代表不仅有知情权、建议权，同时还有修改权和决策权，从而最大限度地调动了广大农民参政议政的积极性。

（三）扩大农村基层民主，实行村民自治，必须坚持党的领导

各级党组织的重视、支持和参与是搞好农村基层民主的重要保证。几年的实践证明，加快基层民主化的进程，真正让群众当家做主，必然会损害部分农村干部的既得利益，会打破一些农村干部长期以来形成的个人说了算的思维模式，工作中会遇到各种困难和阻力，各级党委和政府，只有坚持从农村改革、发展和稳定的大局出发，把农村基层民主和村民自治作为农村工作的一项重要任务和农村基层组织建设的一项重要内容，列入重要议事日程，认真抓好落实，才能使农村基层民主建设深入搞好，并使之生根开花，结出累累硕果。

总之，许昌县在开展村民自治，实行政务、村务、组务公开方面迈出了可喜的步子，取得了一定成绩，积累了一定的经验，打下了良好的基础。但是，许昌县委、县政府也清醒地认识到，整体工作与上级的要求还有一定的差距。今后将继续认真贯彻落实《村民委员会组织法》，不断研究新情况，解决新问题，努力把村民自治工作提高到一个新水平，推动全县农村两个文明建设再上一个新台阶。

依法推进村民自治　促进农村稳定发展

——山西省临猗县村民自治情况报告

山西省临猗县位于晋南西部，8镇5乡，373个村民委员会，550个自然村，总人口54万，其中农村人口49万，耕地150万亩，以粮、棉、果生产为主，是国家确定的商品粮、棉、果基地县。

临猗县的村民自治工作，从1991年首先在卓里镇西屯村抓点搞示范开始，这段工作还局限于小范围、不规范的探索阶段；1994年元月，第三届村民委员会

换届选举活动在全县全面铺开，这次换届选举虽然在程序上还不完全规范，但却在全县范围内实现了村民直接选举村委会干部的突破，结束了以往由上级指定任命村委会干部的历史。1996年底进行的第四届村委会换届选举，其主要特点是选举程序上进一步规范，从选民登记到候选人确定，从选举大会召开到颁发当选证书，都严格依法按规定的程序办事，特别是选举中坚持实行以证换票、秘密划票、当场选举、当场计票、当场宣布选举结果，较好地落实了公正、公平、公开三项原则。因选举操作不规范引发的村民上访告状事件在这一次基本得到遏制。1999年10月份，临猗县开始进行第五届村委换届选举，在这一次村委换届中，全县比较普遍的推行了“两票制”、“两放权”这一做法，不仅大大提高了选举质量，而且为建设以党支部为核心的强有力的村级组织打下了良好的基础。在坚持民主选举前提下，这几年临猗县委、县政府有重点、分阶段地在全县推行“两会三制”建设，即建立健全了村民会议和村民代表会议制度，开通民主决策的主渠道。建立健全了以“村民自治章程”、“村规民约”为主要内容的民主管理机制，建立健全了以“民主评议干部”、“岗位目标责任制” 等村级管理制度为主要内容的干部自我约束机制，建立健全了以村务公开为主要内容的民主监督机制，使临猗县农村初步形成了以“四个民主”为支撑的民主治村新格局。农村工作开始改变以往的被动局面，出现了政通人和、干群一心共奔小康的喜人局面。近年来，临猗县不仅先后两次被民政部授予为“全国村民自治模范县”，而且党建和农村小康建设也同样取得较好的成绩。回顾临猗县十年村民自治的历程，可以看出，经历了一个由点到面，由浅入深，由表及里，由一个方面的重点突破到全面推进的艰难过程。临猗县委、县政府的基本做法和体会是：

一、以示范活动为切入点，提高干群思想认识

提高认识，强化领导是推进村民自治工作的前提。对农村的基层民主政治建设，特别是对村民自治工作，中央的认识愈加统一，决心愈加坚定，措施愈加有力，农民群众也打心眼里衷心拥护，表现了极大的积极性。但是临猗县委、县政府的一些中间环节干部，特别是处于领导村民自治工作前沿的县、乡、村干部，却顾虑重重。而村民自治工作的开展和深化又绝对离不开县、乡、村干部的具体组织领导和推进。为什么临猗县委、县政府的一些县、乡村干部，特别是处于关键环节，负有直接领导责任的干部，对村民自治工作热不起来，行动不力？主要是认识上有差距。怕自治会搞乱农村影响稳定，怕自治会削弱党的领导，冲淡经济建设这一主题。1993年底和1994年初，当临猗县委、县政府决定放开手脚在全县范围内由村民直接投票选举村委干部时，临猗县委、县政府的一些干部也有不同看法，甚至各级领导班子中意见也不完全统一。从某种程度上讲，临猗县委、县政府也是硬着头皮、顶着压力、壮着胆子、担着责任下这决心的。为什么要担着风险干系这样做，临猗县委、县政府觉得，首先，这是中央的决策，法律的规定，群众的要求。其次，从临猗的实际情况看，确实需要走村民自治这条路。党的十一届三中全会以后，全县普遍实行联产承包责任制，农村经济得到很大发展。同时一些矛盾和问题也越来越明显地暴露了出来，主要表现在以下四个方面：一是村级组织凝聚力下降，有的村甚至连一个会都开不起来。二是干群矛盾尖锐，严重的甚至动了刀子。三是信访案件上升。特别是群众结队上访案件大幅度上升。其中多数是因为农村财务、土地、果园、企业承包经营等热点问题。四是集体钱难收，事难办。多数村成了空壳村，有的吃水、照明问题都解决不了，个别地方不仅集体提留收不上来，甚至国家农业税费也完不成。面对新形势下农村出现的新问题，临猗县委、县政府也曾采取各种措施加以整治，但总体上看费劲不小，收效不大。对此县委、县政府也深感困惑：为什么老百姓吃饱了肚子还要骂娘？为什么接二连三派工作队搞整顿，建班子，却总是按下葫芦浮起瓢，难以彻底解决问题？为什么我们也抓廉政、反腐败，干群关系却难以改善？为什么我们有些干部也想为群众办实事，也想使村子变面貌，群众却反映冷漠缺乏参与热情？解决农村治理难的出路究竟在哪里？通过学习、思考，特别是通过村民自治示范活动开展，使临猗县委、县政府逐步认识到：关键是要抓住主要矛盾，解决管理体制的问题。从国家讲，已经由计划经济转入市场经济。从农村讲，已经由大锅饭变为包产到户。从农民讲，已经由集体的附属变为实实在在的自主经营者。在这种情况下不理顺农村的生产关系，不启动内在活力，还死抱住过去传统的老办法不放，甚至还想强化它，这就不可能从被动应付的局面中解脱出来。正反两方面的典型也都充分说明了依法实行村民自治，才是新形势下稳定农村惟一的出路。那么如何尽快统一全县干群的思想认识，解除他们的思想顾虑，推进村民自治工作在临猗县的发展呢？临猗县委、县政府除了抓好县乡村一线关键环节干部的理论学习外，重点抓了村民自治示范活动，用典型来教育干群，推进工作。卓里镇西屯村，是一个只有960多口人的小村，长期以来班子散、村子乱、村民穷，村子里仅有的一眼井

坏了没钱修,没人管,群众不得不到外村担水喝,国家征购任务完不成,人均生活水平一直维持在150元左右。1991年,地、县、镇三级选择该村作为村民自治示范点,民主选举杨长锁为村委会主任。新的班子受命于危难之中,深感肩上责任重大。他们向村民发誓"三年村子不变样,自动下台"。在上级指导下,民主推选组建了村民代表会,发动群众制定"村民自治章程",在村委会门口建起公开墙,定期公开村务、财务。民选干部提着干粮袋,跑省跑地跑县,寻求上级支持。村民们勒紧腰带,求亲告友,变卖粮食家产,先后集资40多万元,打了七眼深井,修了一条巷道,改建了村学校,栽种苹果2002亩,人均纯收入达3280元,一跃成为远近闻名的先进村,多次被省、地、县评为"小康村"和"村民自治模范村"。相反,在临猗县也有一个村,村里水利等各方面条件都不错,但干部的观念和工作方法总是和生产责任制以后的现实不合拍,不相适应的管理体制和简单粗暴的工作方法使他们不断与群众发生碰撞,处于严重对峙状态。为了完成指令性的种植计划,党支部负责人竟然抬着棺材亲临现场,要与拒绝执行的农户拼个"你死我活"。任务是完成了,但这个村却从此陷入了无休无止上访告状的混乱状态。类似的典型事例使全县广大干部群众逐步认识到:在农村实行家庭生产责任制以后的今天,农村要改革、稳定、发展,就必须尊重并保护农民的生产经营自主权,就必须满足农民广泛参与本村社会事务管理的政治要求,一句话,要走村民自治之路。思路理顺之后,县委、县政府决定,在全县以贯彻《村委会组织法》为契机,逐步推行村民自治。为此,县上成立了由县委、人大、政府主要领导组成的领导组,乡、村两级则明确由一把手亲自抓,负总责,并从县直机关抽调120名副科级以上干部,组成工作组,分赴乡村检查指导村民自治工作。县五套班子成员和乡镇党政主要干部深入基层,包村、包乡,开展创建村民自治示范乡村活动。使示范乡村由卓里、临晋两乡镇扩展到7个乡镇135个村委会。县委、县政府定期研究,安排部署,有重点、分阶段地不断引申村民自治工作,为村民自治工作向纵深发展,创造良好的外部环境和内部机制,从而赢得了领导农村工作的主动权。

二、以民主选举为突破口,强化村级自治组织建设

民主选举是村民自治的基础和前提,群众对此极为关心,他们说:"这民主,那民主,不让我们选干部就是假民主;这自治,那自治,没有民选的班子就是假自治。"而另一方面,一部分乡村基层干部也总想千方百计守住这一道防线。显然,要在临猗县实现村民自治,推进农村基层民主建设,就必须首先在民主选举村委会干部上实现突破。在具体操作中,临猗县委、县政府重点把好三关。

(一)相信群众,严把村民直接民主选举关

临猗县委、县政府根据《村民委员会组织法》的基本精神和原则,结合本县实际,由县人大讨论制定了《临猗县村民委员会选举办法》,明确规定要保障两项权利:一是村民的一票选举权。全县村委会换届选举,一律采取村民直接选举办法,第三届有9个村,第四届有5个村经县人大常委会批准进行了户代表间接选举,第五届直选面则达100%。二是当选干部的合法政治权利。换届选举以后,日常调整村委会干部必须经村民会议、村民代表会议表决通过方可实施。从1994年起,临猗县先后三次在全县范围内大规模地进行了第三、四、五届村民委员会换届选举,35万选民参加了这一民主实践活动。从三届村委会换届选举情况来看,并没有出现象某些干部担心的那种混乱情况,民主选举不仅使村委会班子的年龄、文化程度、干部素质等整体结构得到优化,而且使一大批群众拥护的有能力的好干部脱颖而出,走上了村级领导岗位。从五届村委会选举结果来看,干部职数减少了19.3%,平均年龄下降了1.1岁,初高中文化程度的占到99%,连选连任的占64%,党员占67%。其中有30%左右的民选村委会主任由于工作政绩突出,近年来先后被提拔为农村党支部书记。换届选举以后,全县因各种原因调整干部197名,基本上做到了依法定程序办事,由村民讨论决定,从而刹住了乡镇党委、政府随意指定任命和撤换农村干部的风气。

(二)尊重民意,严把干部候选人推荐确定关

选举中候选人的推荐与确定是群众最为敏感的问题之一,也是选举成败的关键。为此,临猗县委、县政府不断根据情况的变化对此加以完善。在第三届换届选举中,临猗县委、县政府广泛推行了"三结合"、"四民主"、"一审计"的办法,即:党支部提名与群众推荐相结合,评议前任干部与提名新人选相结合,领导组研究与村民代表会表决相结合。对所提人选实行"民主考核、民主测评、民主测验、民主推荐",对原骨干和实权干部实行离任审计。第四届村委会换届中,临猗县委、县政府根据形势的发展和村民的要求,强化了村民民主决定候选人的权力,加大了平等竞争的力度,明确规定无论哪种方式提名推荐的候选人,一律要由村民会议、村民代表会议进行投票预选。候选人必须发表治村演讲,接受村民的评议挑选。对候选

人产生难度较大、问题较多的村则坚持由村民或户代表通过“海选”方式，直接投票确定正式候选人。全县373个村委会普遍推行了差额选举民主竞争和投票预选的做法，14个村实行了“海选”。在五届村委换届中，临猗县委、县政府则根据新的《村民委员会组织法》规定和临猗县实际，明确提出在村委会选举中要坚决做到“两放权”，即将候选人的提名确定权和选举投票权，一并完完整整交给广大村民。具体方式有二：一是先由村民提出初步候选人，然后召开村民会议或户代表会议进行投票预选，确定正式候选人；二是不提初步候选人，直接召开村民会议或户代表会议，一次性投票决定正式候选人，群众将此种方式称为“海选”。全县大约有60%以上的村实行了“海选”。其余村由村民会议或户代表会进行预选。从而使包括主任在内的差额选举面达到95%以上，形成了两强竞争，优中选优的趋势。

(三)依法行事，严把法定程序关

严格依法按规程办事，是保证民主选举活动健康有序进展的基本手段。为此，临猗县制定并完善了选举办法，出台了选举规程和选举流程图。从选民登记到候选人确定，从选举大会召开到颁发当选证书，都严格依照法律规定的程序办事，使整个选举工作始终沿着法律规定的轨道运行，始终置于广大群众的公开监督之下。确实做到尊重选民意志，尊重选票，尊重选举结果。选举中因操作不规范引发的群众上访告状事件基本得到遏制，从而保障了选民的民主权利，维护了选举的正常秩序，提高了选举的质量。1996年11月和1997年4月国务院新闻办及民政部先后组织吉林、河北等地专家、学者及美、日、英等国记者团到临猗县实地考察和采访了东张镇街东村和角杯乡西齐永村换届选举情况，对临猗县严格依法按规程进行选举和充分发扬民主、尊重民意表示肯定和赞赏，国内外十多家新闻媒体对两村选举情况进行了宣传报道。五届村委换届选举中，临猗县委、县政府根据农村实际情况不断强化细化这一方面工作，主要是推行了两严：即对委托代选进行严格限制，一般限定在本户之内，且每一选民接受委托不得超过两人。对流动票箱从严控制，不少村取消了流动票箱，从而较好地体现了选民的意志。有效地防止了选举中比较容易出现的各种强奸民意，违法违纪现象，保证了选举工作的健康平稳发展，五届选举的整个过程中，全县未发生一起群众因选举结队上访事件。

三、以建立“两会三制”为着力点，推进民主治村的全面到位

在贯彻执行“村组法”的实践中，临猗县委、县政府深深地体会到，以四个民主为支柱的村民自治活动，是一个有机结合的整体。如果只注重抓好民主选举，而忽视了后三个民主建设，就无法巩固和发展民主选举成果，也就不可能建立民主治村的新的运行机制，甚至会出现穿新鞋走老路，换汤不换药现象。因此，临猗县在依法实行大规模直接民主选举的基础上，在农村普遍推行了“两会三制”机制，使村民自治走上了较为良好的运行轨道。

所谓“两会”，就是普遍建立了村民大会和村民代表会议制度，推进决策民主化、审议监督制度化。全县共建立村民代表会345个，拥有代表10480名。县政府提请县人大常委会讨论制定了《山西省临猗县村民会议村民代表会议规定》，印发给全县，统一执行。这一规定进一步明确了两会的性质、职权、组织办法及议事程序，规定了应由两会行使的9项职权和12项议决事项。各村委会普遍坚持每半年至少向村民大会报告一次工作，让村民进行审议和监督；每季至少召开一次村民代表会议，汇报全村工作并提请研究决定重大事宜；凡涉及村民切身利益的重大事情和改革、建设的重大举措，及时召开村民大会或村民代表会进行议定；凡遇到难以处理的重大问题，如计生、企业投标等，及时提交村民代表会议进行裁定。使村民的民主决策从内容到形式都更加具体化，实现了两会的职责权限、名称性质、人员组成、会议召开、决策规划、决策程序六规范，使两会成为农村名符其实的“最高权力机构”。

所谓三制，一是普遍建立健全了民主管理机制，推进村务管理民主化。全县先后推广了卓里西屯村的村民自治章程和闫家庄村的村规民约，这些制度对村内各自治组织职责权限和活动办法，对村内经济事务和社会事务的日常管理做出了具体规范，使农村的民主管理逐步走上制度化的轨道。二是建立了自我约束机制，推进干部管理民主化。各村普遍健全了《财务管理制度》、《岗位目标责任制》、《村干部定期述职和报告工作制度》和《村民评议干部制度》，使之成为干部自我约束的“紧箍咒”，村民监督的“金箍棒”。三是普遍推行了村务公开制度。县委、政府联合下发了《关于在全县农村普遍建立健全村务公开制度，进一步推行村民自治工作的意见》，制定出台了《临猗县实行村务公开的具体规定》，并由点到面地进行总结完善，逐步摸索出一条临猗县农村村务公开的新办法。主要做到

四个规范：即，规范公开内容、坚持决策事项、计划生育、宅基地审批、水电费收交、两工投入、农业特产税上交、上交三提五统、村财务收支、承包合同、主要工程预决算公开。规范公开程序，在公布每一项内容时，严格按照公布之前，公布之中和公布后的有关规定程序进行。规范公开时间，根据村务公开项目的不同，分别规定了不同的公开时间。规范公开形式，在公开的办法上，临猗县委、县政府提倡三种形式：(1)公开栏揭示；(2)明白卡到户；(3)群众会公布。大多数村设立了村务、财务公布栏和村民意见箱，从而使农村村务公开工作逐步走上了规范化、制度化的轨道。在推行村务公开中，我们始终抓住财务公开这个群众最为关心的问题作为重点，要求各村组建民主理财小组，定期审查公布财务收支账目，并加大了政府主管部门的监管力度，取得了比较好的效果。临猗县委、县政府的做法先后在《人民日报》、《山西日报》等报刊上进行了宣传报道，运城市区还在临猗县召开了现场会。两会三制十公开制度的建立和运行使临猗县的村民自治工作做到了四个结合：即坚持定期民主选举与平时民主治村相结合；坚持实行村务公开和民主决策、民主管理相结合，坚持开展村民自治与加强乡镇规范化建设相结合，坚持加强对村干部的教育培养和对村民行为进行规范相结合。

四、以宏观指导为支撑点，确保村民自治的健康运行

在长达10年时间的村民自治实践中，临猗县委、县政府深深体会到，要认真贯彻落实村组法，推进村民自治，就必须加强党和政府的领导及指导，就必须正确处理好以下四个关系：

(一)正确处理加强党的领导与实行村民自治的关系

有些县、乡干部往往担心村民自治会削弱党的领导，把加强党的领导与实行村民自治割裂开来，对立起来。临猗县委、县政府针对这一情况，首先加大了对干部的培训力度，几年来利用党校培训县、乡、村关键环节干部一万多人次，并先后聘请中央党校、民政部专家到临猗讲课，使广大干部对村民自治有一个正确的认识，一手抓党建，一手抓村民自治日渐成为我们治理农村的基本方针，促进了村民自治工作的开展，取得了工作的主动权。在历次村委会换届选举和日常村民自治工作中，县上均成立由县委、政府主要负责人为组长，人大、组织、民政部门领导同志为副组长的领导组，具体负责这一方面工作。乡镇则由党政一把手总负责亲自抓，村一级则由党支部书记、政工副书记牵头，成立村民选举委员会，具体组织实施本村的选举活动，从而使村民自治工作自始至终置于各级党组织的领导之下，保证了工作的顺利进行。其次，我们根据县上小康建设的总体规划和村民自治的发展情况，不断引申农村基层民主建设，在抓好民主选举的前提下，三届以后重点抓了两会建设，四届以后重点推进村务公开，五届后重点研究解决如何理顺两委关系。为巩固和发展村民自治的成果，县委、县政府还在全县响亮地提出“村务、政务、厂务、校务、警务”五公开口号并付诸实施，把全县的乡镇和涉及部门政务公开大大向前推进了一步。全县还狠抓了乡镇政府规范化建设，使乡镇工作不断适应农村村民自治的新形势。1999年5月，临猗县委、县政府还在各级领导的支持下，选择卓里镇为试点，在乡镇换届前，先发动广大村民对乡镇党委、人大、政府主要干部投信任票，然后再由代表投选举票。从而使临猗县的村民自治工作与农村基层民主政治建设紧密结合，整体推进。“两票制”的试点引起了全国人大、民政部、中央党校、社科院、人民日报社等有关领导、专家学者和新闻舆论界的热切关注和充分肯定，民政部副部长李宝库给予较高评价。

(二)正确处理乡镇政府与村委会的关系

有些乡镇领导对《村民委员会组织法》确定的乡村指导关系很不理解，工作被动，甚至显得束手无策。为了理顺关系，形成合力我们及时总结推广了临晋、角杯等乡镇“规范化管理”和制定指导村委会工作试行办法的成功经验，批转全县执行。县委、政府不断加大对乡镇干部和村委干部的教育引导力度，一方面要求乡镇政府尊重村委会的法律地位，指导支持村委会依法搞好村民自治工作。另一方面，教育引导村委会干部和广大村民正确对待村民自治，正确行使自治权利，积极完成上级政府依法布置的各项行政任务，主动承担应尽的各项义务。全县还评选表彰了一批指导有力、方法得当和村民自治工作卓有成效的先进乡镇和模范村委会，树立典型，提供经验。从而使这种指导与被指导关系成为合乎法规，有利于工作的高度统一体。杜绝了上下两张皮的现象。从临猗县情况看，凡是村民自治搞得比较好的乡村，农村各项工作齐头并进，国家任务、集体提留的完成也都走在了全县前列。

(三)正确处理党支部与村委会的关系

首先，临猗县委、县政府明确，党支部在农村处于核心领导地位，对村民自治和村委工作实施政治领导。其次，临猗县委、县政府也注重教育党的农村基层

组织，要适应形势发展，不断转换脑筋，提高民主法制观念，不断改善和加强党支部对农村工作的领导，尊重村委会的法律地位，支持、保障村民依法进行自治。既不包办代替，也不袖手旁观。村委会要向党支部请示汇报村内重大工作，但两委研究确定的村中重大事务凡依法应交由两会讨论决定的，一律以“两会”最后决定为准，凡依法应向村民公开的事务必须及时向村民公开，接受村民的民主监督，从而使农村基层党组织在指导思想和工作具体办法上都能与时代发展合拍一致。

为了使两委建设同步提高，形成合力，临猗县委、县政府还在全县广大农村深入开展“支部评五好，党员评五强，村委评五能，农户评十星”活动。将党建与村民自治工作有机地融为一体，对支部、村委、党委、农户各自提出不同要求，使党建与村民自治互为推动，达到支部、村委、党员、农户上下纵横联动。五届村委换届前，临猗县委、县政府又先对农村党支部进行换届选举，在党支部换届时，普遍推行两票制，既先由村民和村民代表投信任票，再由党员投选举票，凡信任票不过半的，不能作为支部成员的正式候选人，从而夯实了支部的民意基础，提高了支部成员的民主法制意识，推进了支部建设和村民自治工作。村委会选举结束后，为了克服农村工作中两委两张皮现象，县委又抽调组织、民政等有关部门人员外出参观学习，深入调查研究，广泛征求意见，制定出台“农村党支部、村委会工作规范”，从而强化了以党支部为核心的村级组织建设，巩固发展了党领导下民主治村的新格局。

（四）正确处理村民自治与农村小康建设的关系

两个文明建设需要通过开展村民自治来实现，村民自治也需要以两个文明建设为出发点和落脚点才具有强大的生命力。因此，在推行村民自治工作中，县委、政府明确提出，坚持以经济建设为中心，坚持两个文明一齐抓，是民主选举村委会的首要任务，是衡量一个乡村村民自治成功与否的最基本的标准。各乡村在开展村民自治工作中，都把推进农村两个文明建设作为中心议题，把建设小康村作为奋斗目标，从而促进了临猗县的社会稳定和经济发展。具体表现是：

一是村级组织建设从整体上得到加强。通过民主选举，一批群众基础好，素质高的干部走上了村委会领导岗位，村内民调、治保等专门工作委员会得到健全，一些过去处于瘫痪和半瘫痪状态的村委会甩掉了落后帽子。全县三类村由过去的11%下降为5.8%，一类村比例由49.7%提高到61.5%。

二是村级组织凝聚力大大增强，农村公益事业迅猛发展。过去干部官封不民选，村务不公开，决策不民主，使干群矛盾加剧，村级组织缺乏号召力，如今民选干部普遍注意既对上负责，更为民服务，使干群心往一处想，劲往一处使。有力地调动了农民群众建设家园的积极性，极大地促进了农村公益事业的发展，据不完全统计，“九·五”期间，全县乡村共修柏油路710多公里，柏油路总里程1256公里，比“八·五”末增加了2.3倍，新铺设程控电话光缆及架线1610公里，新装农村程控电话3.5万余部，比“八·五”末增加8.75倍，有线电视覆盖全县330个村委会，入户率达95%。全县投资1.1亿元，使变电站容量比“八·五”末增加了22万KVA，供电总量达5.58亿千瓦时，比“八·五”末提高了71.2%。新打和改造机井68眼，建工程105处，使13万人摆脱了氟水的危害。完成了夹马口、杨范、元上、回龙电灌站干渠防渗和支渠防渗共360多公里，新打机井123眼，新增和改善水地面积达24万余亩，小城镇建设总计投资2300多万元，启动乡镇达95%以上，其中临晋、孙吉两镇分别被评为全国和全省先进单位。累计投资7041万多元，改善了农村中小学办学条件，推进了农村中小学“四化一健”体系的建设，为大专院校输送人才6320多名。在上述活动中，农民群众为此投人总计达2.6亿多元，这不仅改善了农民自身的生产生活条件，而且加快了全县基础设施建设步伐，为全县改革开放创造了良好的环境。

三是缓解了社会矛盾，农村治安状况明显好转，精神文明建设取得更大成效。与前几年相比，2000年全县刑事案件下降了25%，民事案件下降了36%，来信来访下降了31%。广大农民安居乐业，农村呈现出稳定祥和的大好局面。

四是农民奔小康步伐明显加快，临猗县经济实力不断加强。至“九·五”末，全县国内生产总值达19.4亿元，比“八·五”末增长85%，年均递增13%，工农业总产值达27.6亿元，比“八·五”末增长42%，年均递增7.2%，其中农业总产值达4.3亿元，年均递增17.1%，地方财政收入达1.0266亿元，比“八·五”末增长46.7%，年均递增7.5%，农民人均纯收入达2492元，年均递增15.6%。农业结构进一步得到优化，全县农村种植业已经形成50万亩高产田，50万亩间作田，50万亩苹果园的“三五格局”，北果、南枣、东菜、西菇、中石榴的新布局对推动农民致富已显示出勃勃生机，临猗也已由过去单纯的农业大县跻身于工农业并举的经济强县之例，率先实现了小康县目标，目前正意气风发地向宽裕型小康县目标迈进。

抓好基层民主制度建设
推动农村社会稳定发展

——福建省古田县村民自治情况报告

十多年来，古田县在贯彻落实《村委会组织法》、《福建省实施〈村委会组织法〉办法》中，紧紧围绕发展社会主义基层民主、强化村委会自治功能这一主题，开展了两轮村民自治示范活动。1990年至1994年，全县7乡8镇，267个村委会普遍展开第一轮村民自治示范活动，1992年古田县在全省率先开展以民主决策、民主管理、民主监督为内容的第二轮村民自治示范活动。至目前，第一轮达标村达233个，占87%；第二轮达标村192个，占72%。通过开展示范活动，使全县43万人民群众的民主政治意识得到提高，有效地促进了农村的社会管理沿着决策科学化、管理规范化、监督民主化的轨道健康运行。1991、1997年度两次被评为福建省村委会换届选举工作先进单位，1995、1998年两次被评为"全国村民自治模范县"。

古田县委、县政府始终坚持"全面启动，分类指导，先易后难，坚持标准，分期实现"的指导思想，全县上下共同求索，全民合力齐心努力，在六个着力点上用劲。

一、着力于强化组织领导

古田县各级党委、政府及责任部门把村民自治工作摆上重要议事日程。建立领导干部工作责任制，做到主要领导亲自抓，分管领导具体抓，确保各项工作落在实处，取得成效。

（一）建立领导组织机构

1990年成立县基层政权建设领导小组，由县委副书记任组长，人大副主任和分管副县长任副组长。1992年，随着村民自治工作的深入开展，该县又成立了深化村民自治工作领导小组，由县委书记任组长，分管副书记和人大副主任、副县长任副组长，下设办公室：抽调人大、组织、民政等部门干部5人组成，长期专门负责指导、协调、检查村民自治工作。做到"人员、办公地点、经费"三落实。并结合农村中心工作，县五套班子领导分别包村挂点，加强领导，为配合抓好村民自治工作，各乡（镇）、村也成立了领导小组，组建了工作班子，负责抓好日常事务。

（二）制定方案

由于开展村民自治示范活动没有现成经验可供借鉴，于是，古田县委、县政府从1990年起在上级有关部门关心支持下，多渠道收集资料，组织示范乡镇、村外出参观取经，并结合该县实际，制定古田县强化村民自治示范活动试点工作方案，对试点内容、范围、步骤及组织领导进行了认真部署，在试点的基础上，他们又及时召开座谈会，回顾总结经验，寻找薄弱环节，以县政府名义向全县发出了加强第二轮村民自治工作的通知，并制定了《古田县第二轮村民自治条件》。

（三）培养骨干

1992年初，县政府举办了有关乡镇领导参加的村民自治讲习班，各乡镇召开各种类型的会议，研究部署村民自治工作。工作中注重培养县、乡、村村民自治骨干，特别是乡镇、村换届后的新班子，他们都适时地召开座谈会，举办培训班等，认真学习《村委会组织法》。2000年村委会换届后，古田县委、县政府在县党校举办两期村民委员会主任培训班，把村民自治工作作为培训重点，明确村民自治的内容及其意义。各乡镇依托乡镇党校广泛培训村委成员及村民代表。十多年来，组织培训人员达15000人次，使乡镇、村干部及村民代表都能了解和掌握《村委会组织法》的基本精神、基本原则和村民自治工作内容，在农村民主政治建设中，发挥排头兵作用。

（四）严格检查验收

根据村民自治条件，县基层政权建设领导小组每年都组织检查验收，实行逐项考核。坚持标准，严格把关，不图形式，不走过场，确保自治活动沿着正确、健康轨道运行。

二、着力于抓好民主选举

民主选举是农村广大群众民主政治生活的头等大事，是开展村民自治活动的基本环节。因此，古田县委、县政府始终以民主选举为工作着重点，推进村民自治各项工作开展。古田县是在1984年开始组建村委会，先后进行了七次选举。《村委会组织法》颁布以来进行了五次选举。在民主选举进程中发生了两次飞跃：一是结束了乡镇党委任命村干部的历史。1988年以前二次选举尽管民主程度很低，但它实现了从任命到间接选举的跨越；二是《村委会组织法》颁布以来五次选举，实现了从间接走上直接选举的跨越。特别是2000年的选举，古田县根据省政府的部署，在以下几个方面进行大胆探索，使民主程度更高，程序更规范。(1)候选人的提名更加广泛，要求每个村民小组至少有一组以上的推荐表，同时还实行自荐，全县共推荐村委会主任候选人1050人，比上届增加398人。(2)确定正式候选人实行预选,改变了酝酿协商办法。全县有215个村召开村民代表大会进行预选。(3)村委会主任初步候选人进行竞选演说,并回答村民提出的问题,在选举中引入竞争机制,在公平合理的条件下进行竞选。(4)取消委托,做到一人一票。(5)设立选举观察员。选举观察员由正式村委会主任候选人指定,他们是代表正式候选人监督选举过程的人员。(6)设置投票站,方便选民投票。1999年选举,取消了选举大会,采取增设投票站的方式,方便选民投票。(7)实行秘密划票。每个投票站设若干秘密划票间,每次只能一人进入,写票时自由表达自己意愿,不许他人观看和干扰。这些新的举措,更广泛地调动村民参加选举的积极性,选举中出现许多令人激动的场面。杉洋村一位90岁老翁在儿子、孙子的搀扶下到投票站投入神圣的一票。1997年3月份,美国卡特中心代表团到古田县观察基层民主选举,他们以组织严密、程序规范、高度民主、依法选举,令美国客人赞叹不已。

三、着力于三大民主建设

在实现民主选举,充分提高民主政治意识的基础上,建章立制,完善民主决策、民主管理、民主监督制度,推进村民自治活动上水平。

(一)致力抓好民主决策工作

一是建立健全村民代表会议制度。全县共选出村民代表8347人,村民小组长3673人,全县272个村委会都建立了村民代表会议制度。二是定期召开村民代表大会,每年不少于4次。三是村中重大村务,如兴办公益事业、确定提留比例等,都由村民代表会议讨论决定。四是制定村民代表会议议事制度,明确村民代表的权利和义务,并设立村民代表议事室。五是做到召开村民代表会议,会前准备好议事内容,会中有记录,会后认真执行。避免过去村务由少数几个干部说了算的状况,群众称村民代表会议是"村级人代会",干部说村民代表是我们的"智囊团"。近年来,村民代表通过各种渠道参与村里重大事务的决策和管理,共给村委会提建议4100条,有80%的建议被村委会采纳。

(二)致力抓好民主管理工作

各村根据国家的法律、法规和政策,结合实际情况制订民主管理制度。西溪村制定了《村民自治章程》共五章六十二条。内容包括:村民组织、经济管理、村务管理等,由村民代表会议通过,印制成册,分发到户,成为村务管理的依据和村民言行的准则,群众把《章程》称为村里的"小宪法"。松吉乡松台村制定了《村级规范化管理制度》共六章三十二条,内容包括:土地承包与土地管理、村办集体企业承包管理、集体经济财务管理、村民义务工管理、社会秩序管理、加强民主管理等。这样,不论是村干部还是村民都按规范化管理的规定去办,减少了工作的随意性和人为的矛盾。到目前为止,全县有259个村制定了《村民自治章程》或《村级规范化管理制度》。

(三)致力抓好民主监督工作

在这方面,古田县委、县政府主要抓好四件事:一是各村建立了村务公开栏。二是普遍建立十公开制度。对关系村民利益的宅基地安排、耕地承包方案、企业承包、集体森林砍伐承包、基建工程承包、计划生育工作、农资指标分配、村财物收支、户口农转非、救灾款物发放等十件事情必须在公开栏或村民代表会议上公布,接受群众监督。三是建立评议村委会和村干部制度。村委会和村干部必须定期向村民代表会议报告工作,接受村民代表评议。评议采取村民代表与村干部面对面进行。四是建立村务监督小组。各村村务监督小组由住在本村的各级人大代表、支部纪检委员和老党员代表组成。村务监督小组有权查阅村委会会议记录和会计账簿及凭证,有权检查村民代表会议决议的执行情况,有权对不称职和不廉洁的干部提出罢免建议。村委会各项民主制度的建立,促进了村民自治工作的健康发展。

四、着力于示范普及结合

党的十一届三中全会后,古田县农村全面实现了家庭联产承包责任制,极大地调动了农民的生产积极性,生产力获得了极大的解放,农民收入明显增加,然而也出现了一些新情况和问题,农村工作有"三大难",即中心任务难完成,公益事业难办,计划生育难抓。问题的症结在哪里,他们经过反复调查研究认为,问题的核心是传统的管理体制与新的生产方式不适应,新形势呼唤新的民主政治形式与之相适应。于是,伴随着1988年《村委会组织法》贯彻实施,村民自治这一基层民主政治制度应运而生。1990年福建省民政厅提出关于村民自治示范活动的意见,他们就把深入开展村民自治活动列入农村工作的重要议事日程,由点到面,全面铺开。首先在凤埔乡西溪村进行了试点,并召开了村民自治示范活动现场会向全县推广,至1994年底全县创建村民自治示范村244个,达标233个。为了巩固第一轮村民自治工作成果,在省地民政部门的指导下,于1992年初在凤埔、松吉、湖滨、杉洋、鹤塘等5个乡镇11个第一轮达标村,开展了以民主决策、民主管理、民主监督为主要内容的第二轮村民自治示范活动,1994年全省第二轮村民自治示范活动工作会议在古田县召开后,他们以每年20%的数量在全县推开。地处偏僻的杉洋镇善德村,以前村干部工作不少做,但是干群关系还是紧张,村民气不顺,信不过。通过村民代表会议、民主监督制度建设,增加了透明度,使群众了解村干部,进一步明确自己的应尽义务,积极参与村中各项工作。目前,村内事务井然有序,中心任务完成顺利。一些村干部说得好:"我们给了群众一个明白,群众给了我们一个清白。""村民自治是开展农村工作、完成各项任务的好办法。"深刻的体会,明显的社会成效,进一步促进村民自治活动的推广普及。目前全县248个村开展了第二轮示范活动,达标192个。全县80%乡镇达到村民自治标准。

五、着力于典型辐射作用

村民自治是一个系统工程,要在不断探索实践中得以完善和健全。树典型表示范,在整个工作过程中尤显重要。

(一)发现培育典型

古田县委、县政府在实践中有意识地培养树立各种不同类型的典型。在某一侧面进行大胆探索。凤埔乡西溪村、湖滨乡西山村抓村民代表会议制度,从村民代表的数量、会议次数、议事内容、议事程序、议事原则等方面加以规范;松吉乡松台村着重抓村务规范化管理,制定了切合实际的村务规范化管理制度;松吉乡官江村抓民主监督制度,成立了民主理财小组和村务监督小组,加强村务公开与监督;湖滨乡新丰村和杉洋镇岭里村侧重抓村民小组建设,做到有班子、有牌子、有场所、有制度、有一定经济补贴;凤埔乡福全村主要抓社会化服务管理,健全社会化服务组织,为村民发展生产提供产前、产中、产后服务;鹤塘镇东际村设立村民代表评议村委会成员制度,每年年终召开一次村民代表会议,让村民代表评议干部,通过这些不同侧面的深化,为全县开展村民自治活动提供了较全面的模式。

(二)总结推广典型

充分发挥新闻媒介作用,加大宣传力度。几年来,古田县在《参考消息》、《福建日报》、《福建经济报》、《闽东日报》、《瞭望》杂志等以及省、地电视台多次报道村民自治内容。录制村民自治活动专题片,较全面地总结介绍了古田县开展村民自治活动各个阶段的情况。此外,通过召开现场会,推广典型经验,几年来,他们根据各个时期的情况,县乡共召开了现场会51场次,有力地推进村民自治活动的顺利展开。同时大量编发工作简报,宣传材料等。据统计编发各类材料5万份以上。仅1997年村委会换届选举中,他们就编发简报14期。

(三)开展评比表彰活动,褒扬先进、鞭策后进

开展村民自治活动,加强村委会建设,需要树立一批先进典型的样板。几年来古田县共推荐评选出全面优秀村主任1人,地级优秀村主任11人,县级优秀村主任27名,省级明星乡镇3个,省级明星村18个,地级明星村14个。这些先进典型,起到了很好的示范作用。

六、着力于持续深化提高

古田县委、县政府在开展村民自治十年实践中,深深地认识到只有不断深化,不断创新,才能赋予村民自治强壮的生命力。随着自治工作的开展,1997年,他们发现了一些乡镇有松劲苗头,认为古田县是全国村民自治模范县,村务公开面已达90%,已经差不多了,没有什么新内容。掌握这些动态后,他们深入调查研究,并针对村务公开存在着公开时间不统一,随意性大,公开形式不规范等问题,提出了村务公开必须做到"十规范",即规范组织、规范时间、规范内容、规范阵地、规范形式、规范程序、规范制度、规范簿册、规范档案。并以县政府文件形式下发各乡镇实行,收到较好的效果。而且随着村务公开,民主管理工作的不断深入,他们注意将这一形式逐步向乡镇延伸,抓好政务公开,努力探索乡镇规范化管理的新路子。目前,全县15个乡(镇)都实行了政务公开。

首先,抓好党的方针政策的公开。当前,农民迫切需要了解、掌握和运用党的方针、政策,以指导生产和维护自身的合法利益。为此,乡镇政府通过各种方式和渠道,积极履行上传下达的政治任务,采用宣传栏、有线电视、广播、座谈会、分发宣传材料等形式宣传党在农村的各项方针政策,宣传各种法律法规,以及基层民主政治建设的有关内容,使农民理解政策,掌握法律,维护自身的权利,真正使党的各项方针政策在农村"安家落户"。

其次,抓好乡镇工作和制度公开。为使农民及时了解乡镇的工作,他们建立并坚持县、乡镇人大代表,政协委员定期听取乡镇政府、乡镇直属部门工作报告,评议政府和部门工作,设立征求意见箱,抽调人员进村入户走访群众,把乡镇的工作打算、思路和目标及时传达给村民。同时制订了《乡镇领导岗位责任制》、《乡镇干部岗位责任制》、《乡镇干部的有关规定》、《乡镇政务公开的规定》等,张贴上墙,接受广大群众监督,并在乡镇各部门大力推广"两公开一监督"制度,公开

办事程序,办事结果以及收费项目和标准。增强了乡镇干部"自我教育、自我管理、自我约束、自我监督"的自觉性,转变了工作作风,得到农民的好评。

第三,抓好决策内容的公开。决策是否正确,事关乡镇工作的成效。古田县各乡镇制定了重大工作决策程序,明确了政府成员会,党委政府成员联席会,书记乡镇长办公会,政府成员扩大会的召开时间、组织程序、议事办法、表决形式等,在民主决策,规范运行的同时,及时地将决策内容公之于众,让干部群众心里明白。几年来,凡涉及本乡镇经济、社会发展和精神文明建设的决策、规划;重大建设项目和财政开支;涉及群众切身利益的重大问题和公益事业的兴办,以及上级机关规定应由党委、政府集体决定的重大问题都及时将结果予以公布,使广大农民做到心中有数,增强对乡镇工作的理解和支持。

贯彻落实"四个民主"
全面推进农村基层民主政治建设

——河北省赵县村民自治情况报告

赵县位于河北省石家庄市东南40公里,辖11个乡镇,281个村委会,总人口53万,总面积675平方公里,耕地78万亩,是国务院确定的重点商品粮基地县、优质小麦基地县,河北省惟一的芦笋生产基地县。举世文明的赵州桥和享誉全国的"赵州雪花梨"就在赵县。从1990年开始,赵县县委根据市场经济条件下农村新旧体制转换、多种利益主体的形成和农民民主意识普遍增强等种种特殊变化,开始探索建立村民代表会议制度,后又推行村务公开,开展村民民主自治日活动,依法推行村委会直选,将村民自治工作不断推向深入。几年的实践,不仅疏通了村民自治的渠道,改善了党群干群关系,有效解决了新形势下的人民内部矛盾,而且促进了农村经济和社会事业的健康发展。赵县探索村民自治的实践引起社会各界的高度重视。新华社、人民日报社、河北日报社及美国、英国、芬兰等国记者先后到赵县采访,客观公正地反映了赵县基层民主政治建设的进程。中央政治局常委尉健行、民政部原副部长阎明复等领导先后到赵县视察指导村民自治工作,并给予很高的评价。1998年,赵县被河省省委、省政府命名为"全省农村基层民主政治建设先进县",1999年初,又被民政部命名为"全国村民自治示范县"。他们的主要做法是:

一、严格依法办事,保证实现民主选举

《村委会组织法(试行)》颁布以来,赵县共进行了五次村委会换届选举,前三次是户代表选举——间接选举,从1997年开始在全县推行村委会直选,并逐步形成了一套行之有效的选举制度。

(一)加强领导,精心组织

筹备村委会选举工作期间,赵县成立了由县委书记任组长的换届选举领导小组,各乡镇成立了相应的指导委员会,各村选举产生了村民选举委员会(大部分村选举村党支部书记为组长)。全县形成了上下有组织、层层有领导的工作网络。每次全县换届选举工作开始前,县委都要召开常委会议分析农村的形势,研究换届选举工作,并制定全县《村委会换届选举实施方案》和《村委会和村民代表会议选举暂行办法》,指导全县的选举工作。同时,县委从县直有关部门抽调有农村工作经验的同志,进行专门培训,使其懂得选举程序、方法和步骤,在换届选举期间深入乡村进行督导,给群众讲政策、讲程序,解答群众提出的问题,对选举结果进行监督认定。

(二)广泛宣传,提高认识

在农村,由于一些群众文化水平低,民主思想观念差,对直选还没有完全适应,甚至一些村民不知如何行使自己的民主权利,很容易受少数人操纵,使选举出现宗族、帮派问题。对此,赵县县委进行了广泛的宣传发动。一是把选举程序、方法、步骤及有关政策录制成片,在县电视台连续播放,做到家喻户晓,人人皆知。二是把《河北省村委会选举办法》印发到全县11个乡镇281个村,把"村委会、村民代表会议换届选举办法"编成工作问答,发到每户。三是利用标语、板报等形式进行宣传。广泛的宣传教育,提高了乡村干部和广大群众对直选的认识,调动了村民参与直选的积极性,1997年第四届村委会换届选举时,全县33万选民参选率达到了92%,2000年第五届村委会换届选举时,选民参选率达93%。

(三)典型引路,以点带面

村委会直选,在农村是一件新生事物,尤其是1997年第四届村委会直选,既没有现成的模式又没有现成的经验,须摸着石头过河。为使选举工作从无形到有形,由抽象变直观,少走弯路,赵县经过调查研究确定了"先抓试点,树立典型,以点带面"的工作思路。首先,赵县县委经过综合分析,确定东王庄、郭村、北辛庄、傅家庄等四个有较大的代表性,又有较强的辐

射作用的村作为试点。其次，县委抽调精干力量深入到四个试点村，宣传政策，了解情况，发现问题现场解决，确保选举工作一炮打响，为全县选举工作开好头。同时，在试点村选举日，组织全县各乡镇、村民选举委员会负责人到四个试点村，现场观摩选举过程，使他们对选举工作有一个比较直观的认识，掌握选举的具体方法和步骤，提高选举工作实际操作能力。在选举试点的基础上，全县各村利用一个月的时间全部完成选举工作。

（四）严格程序，依法选举

赵县依据《村委会组织法》和《河北省村委会选举办法》，结合赵县实际情况，研究制定了"赵县村委会选举的方案、步骤"，使选举的各项程序规范化、具体化，便于操作。在具体实施中，重点把好四个关：一是把好选民登记关。对年满18周岁具有合法选民资格的村民依法准确登记，确保每个选民都能切实行使选举权和被选举权。二是把好候选人选举关。初步候选人选举前，公布候选人应具备的条件，组织群众酝酿，然后召开全体选民会议投票选举候选人，或由村民小组投票选举候选人。根据得票多少确定候选人，并在选举日的前5天按照得票多少顺序进行公布。对依法确定的村委会候选人任何组织或者个人不得调整或变更。三是设立秘密划票间。避免家族、帮派干扰，让选民能够完全按照自己的意愿行使自己的民主权利。四是把好正式选举关。选举前公布选举纪律，准确清点到会选民，确定是否符合法定人数。代写票人全部是乡镇工作人员。村委会主任、副主任和委员全部实行差额选举，正式候选人全部要做竞选演说。投票结束后要当场唱票、记票，公布选举结果，对当选人颁发证书。

二、充分集中群众智慧，保证实现民主决策

民主决策是村民自治的核心。为把群众当家做主的权利落到实处，赵县相继建立健全了村民代表会议制度，推行了村民民主自治日制度，变"要为民做主"为"要让民做主"，充分调动起村民当家做主、参与民主决策的积极性，使其学会和掌握民主参政的本领。减少了村务工作的失误，促进了农村经济发展。民主决策大体经历了两个阶段：

第一阶段，从1990年开始建立、实行村民代表会议制度，并在实践中不断发展完善，逐步形成了党支部把关、村民代表会议决策、村委会执行、村民代表监督的运行机制

为充分发挥村民代表会议民主决策的作用，该县首先制订村民代表的任职资格。(1)能带头宣传执行党的路线方针政策，遵纪守法，工作积极，作风正派；(2)有较强的参政议政能力，身体健康，思想进步，办事公道；(3)团结村民，联系群众，能及时反映社情民意；(4)热心村民代表会议工作，能带头执行村民代表会议各项决定和决议，具有监督和支持村委会工作的能力和水平。其次要保证村民代表的代表性和广泛性。根据村庄大小，按照便于议事的原则，每10—30户推荐一名代表，每村由30—60户组成的村民代表会议，投票产生主席一名，副主席1—2名。第三要开好村民代表会议。村民代表会议每季召开一次（遇有特殊情况，可随时召开），每次参加会议的人数必须超过代表总数的三分之二以上方能召开。每次召开会议前，必须提前两天通知代表，告知内容，让代表广泛征求群众意见，村民代表会议有记录，研究问题和研究结果必须存档，使村民代表会议制度逐步走上规范化。几年来，通过建立健全村民代表会议制度，有效地集中了全体村民的智慧，把少数干部工作的随意性变为民主决策和科学决策，从而最大限度地减少了决策的失误，为新时期的农村工作注入了勃勃生机。

第二阶段，随着群众民主意识的高涨，1997年开始，县委决定在全县全面推行村民民主自治日制度，这是在村民代表会议制度建设的基础上，村务决策主体由村民代表向全体村民延伸的一种有效形式，使广大村民直接行使民主决策权

全县统一规定每年1月10日、7月10日为村民民主自治日。村民民主自治日活动内容必须经过村民代表会议审议通过。村民民主自治日活动的内容，一是学习党的方针政策和国家的法律法规，讲授农业科技知识，发布致富信息；二是听取村委会、村民代表会议工作报告；三是讨论决定村政村务重大事项和涉及全体村民利益的重要事项；四是村民就村务公开内容或村民普遍关心的问题向村委会提出质询；五是罢免和补选村委会成员；六是撤消或者变更村民代表会议不适当的决定、决议；七是制定和修改《村民自治章程》、《村规民约》。每次村民民主自治日前，县委都要召开动员会，对自治日活动提出原则要求。各村要提前召开村民代表会议，根据本村情况研究确定活动议题并充分征求群众意见。活动日当天，县委要从各有关部门抽调人员组成11个督导组，逐乡逐村进行督查，切实保障村民民主自治活动日取得实实在在的成效。由于村民民主自治日活动切合农村工作实际，群众参与自治日活动的热情空前高涨。在今年1月10日的村民民主自治日活动中，黄市村预计300人参加的活动，结

果猛增到500多人,院子里站着的、窗户上趴着的,全是与会村民。据统计,全县共做出各类决定、决议322个,提出合理化建议426条。

三、健全规章制度,保证实现民主管理

民主管理是依法实行村民自治的重点。民主管理主要是通过建立《村民自治章程》和《村规民约》来实现的。1995年6月赵县县委、人大、县政府根据有关法律法规,结合赵县实际情况制定了《村民自治章程》,以后又不断进行补充和完善。自治章程对村民代表会议、村委会的职权以及他们和党支部的关系,农村村务公开和民主理财制度,村民自治行为等都做了具体的规定。群众称之为村里的"小宪法"。几年来通过民主制定和认真实施村民自治章程,广大干部的民主意识,群众观念,依法管理村务水平都得到了普遍的提高。广大群众更清楚自己作为一个公民拥有的权利,特别是参与管理村务的权利,也清楚了作为一个村民应尽的义务。谢庄乡浩家庄村在讨论制定自治章程中,多数村民建议把集体闲散地及闲散场所的发包问题写进章程,在经过村民代表会议讨论决定后,进行公开竞价承包,以总计71.6万元的标额(原承包额14600元)发包下去。经过村民代表审议,决定将这笔款用于村修街道硬化的扫尾工程,即是该村的"八街一路"全部硬化,另外还给学校安装了暖气。村民称赞说:"街道好教室暖,多亏村民自治这一款。"同时,村民参与管理村务为集体公共事业的发展创造了宽松的环境。王西章乡南寺庄村是个大村,1997年村民自治日通过集资修路的决定后,仅用了一天的时间,二十多万元资金全部集齐。村民代表会选出几位村民代表组成修路领导小组,花钱、买料,监工等工作都由小组成员集体决定并及时公开,实现了干部群众都满意。据调查,1996年,全县102个有小康建设任务的村,在修路、建校、办电等公益上,投入资金1016万元,但无论资金来源是什么方式,都实行民主管理。全县没有出现一例因小康建设筹集资金而上访告状的,民主管理在农村小康建设中发挥了巨大的作用。农村财务问题,历来是农民关注的焦点问题,也是各种矛盾的导火索。几年来,赵县县委一直把民主理财作为民主管理的一项重要内容来抓。民主理财小组由群众推选3—7名村民代表组成。现在,全县各村普遍实行财务收支逐月提交村民理财小组审查;每季由村委会向村民代表会议或村民自治日报告一次财务收支情况,然后上墙公开,使农村财务管理逐步走向民主化、制度化、规范化。

四、实行村务公开,保障民主监督

1995年赵县县委在组织县级干部下基层调研时发现凡是矛盾较多的村:一是村干部为政不廉,以权谋私;二是处事不公,优亲厚友;三是村务不透明,引起群众猜疑;四是财务混乱,缺乏监督;五是任职几年,政绩平平。与此形成鲜明对比的是,凡是将群众关注的、容易引起群众怀疑的热点问题,如计划生育、财务收支全部公开亮底的村,党风正,民风顺,经济发展快,群众富裕程度高。总结一句话,通过公开,干部清白,群众明白。通过有的放矢的监督,群众对干部由怀疑变信任,由疏远变亲密,推动了基层民主政治建设的深入开展。经过几年的探索和实践,赵县已实现了村务公开规范化、制度化。

(一)严格监督,规范标准

为保证村务公开的有序开展,赵县县委对村务公开的操作程序做了明确的规定。一是规范公开阵地。各村公开栏必须设置在主要街道显著位置,布局集中,有坚固美观的防雨罩,条件较好的村可安装上玻璃式公开栏。二是规范公开内容和形式。赵县县委们将村务公开的内容统一规定为包括农村财务、计划生育、电费电价、宅基地调整和发放、干部任期责任目标、定购提留等在内的十二项内容,并将内容和形式制成表格,印发各村,要求依样划入公开栏,每次公开按要求在表格内填写内容。三是规范公开时间。财务收支和电费电价每月公开一次,定购提留夏秋两季各公开一次,宅基地发放随时公开,其他内容每季公开一次,并规定每月的上旬(1-10日)为公开日。全县各村在规定的时间内统一公开。四是规范公开档案。县、乡、村逐级建立了村务公开档案,将每次公开的内容、地点、时间、承办人、村民代表会议通过的情况、群众提出的问题和有关人员对问题的答复处理等进行记录整理,装入专用档案袋,长期保存备查。

(二)群众参与,强化监督

按照县委统一要求,各村由村民代表会议选举5—7名村民代表组成村务公开监督小组(各村两委成员不得进入),对村务公开活动进行全程监督。各村在公开栏旁设意见箱,钥匙有监督小组掌握,每月开启一次。监督小组负责受理群众反映的情况和举报,能解决的解决,不能解决的及时向上级反映。各村还发挥村民代表会议作用,在村务公开前,将公开的内容由村民代表会议逐项审查把关;在公开10日内,还要专门召开村民代表会议,听取他们收到的群众的意见和反映。从1997年实行村民民主自治日后,自治日活动的一项主要内

容，就是由村委会主任汇报村务公开事项，并当面回答群众的质询。

(三)求真务实，常抓不懈

实行村务公开，如果搞假公开、表面公开，不仅不会密切干群关系，还会激发干群矛盾，导致群众对干部的更加不信任；如果时紧时松、忽冷忽热、抓抓停停，群众就会认为是搞形式主义，引起群众不满。为使村务公开在全县深入、持久地推进，县委先后制发了《关于在全县农村实行村务公开的决定》、《村务公开实施细则》、《进一步提高村务公开真实度、透明度和广泛性的意见》等一系列文件，用制度来约束干部的施政行为，保证村务公开经常化、制度化，使这项工作做到了一“真”、二“实”、三“久”。

(四)严格考核，兑现奖惩

1995年以来，赵县县委始终坚持每个公开日的10日后，组织有关部门逐村进行督查，量化考核，以乡镇为单位评定名次通报全县，并在县委办公楼前设立展示栏，年终将四个季度的考核情况累计排队，作为政绩记入档案。每年末召开一次表彰会，对先进者给予表彰，对落后者给予批评。6年来，全县共处理搞假公开的干部6名，辞退电工16名。

五、村民自治工作取得了实实在在的成效

几年来，通过在全县农村实行村民自治，使赵县农村各项工作发生了天翻地覆的变化。

(一)密切了党群干群关系，促进了社会稳定

民主选举，选出了群众的当家人，规范的村民代表会议制度和村民民主自治日，在干群之间架起了一座连心桥；村务公开还了干部一个清白，给了群众一个明白。过去，群众对干部的工作不支持、不理解，处处设置障碍。现在，干部是自己选出的，群众信任、支持；让村民当家做主，自己的事情自己办，用民主的方法解决了现实中的矛盾；村务公开又使干部的施政行为由“暗箱”操作变为“阳光行动”，群众不仅知其然，又知其所以然，干群关系融洽，群众对干部的工作积极配合，农村工作的“几大难”已不再难。过去，赵县征收“三提五统”需要一个多月的时间，现在大部分村只需15天就能完成。东王庄等村只要在喇叭一广播，当天就能完成任务。

(二)加强了基层班子建设

通过村务公开，将干部的施政行为置于群众的监督之下，促进了基层干部的廉洁自律。通过民主选举，使干部的“乌纱帽”掌握在群众手中，较好地解决了干部对上负责又要对下负责的问题，促进了基层干部勤政为民。仅2000年，全县基层班子共为群众办实事1240件。

(三)推进了农村基层民主政治建设

通过民主选举、村务公开，使群众的民主意识、参政议政水平明显提高，使基层干部的公仆意识、服务意识明显增强，并能自觉依靠群众来管理村务。通过建立村民代表会议制度、村民民主自治日制度，使村民的民主决策、民主管理成为可能，提高了村委会的“三自功能”，较好地推进了村民自治。

(四)促进了农村经济发展

民主选举、村务公开消除了人民群众多年来心中的积怨，沟通了干群思想，蕴藏在人民群众中的积极性和创造性得到了最大限度的发挥，干部群众团结一心建强县。赵县对农村产业结构进行了优化，初步形成了梨果、芦笋等经济结构带。2000年全县农民人均收入达到3120元，农村经济连续实现高速增长。

依法开展村民自治活动 加强基层民主政治建设

——大连市金州区村民自治工作综述

大连市金州区位于大连市北部，东临黄海，西濒渤海。全区陆境面积1169平方公里，辖12个乡镇，7个街道，185个村委会，45个社区居委会。总人口52.6万，其中农业人口31.6万，是一个以农村社区为主的城市郊区。自1988年6月1日《村委会组织法》颁布试行十多年来，金州区一直坚持依法开展村民自治活动，从增强民主法制意识、健全民主管理制度入手，逐步把村民自治工作引上制度化、规范化、法制化的轨道，有力地促进了农村各项事业的健康发展。1999年，该区被评为全国村民自治模范区。

一、基本历程

回顾金州区村民自治的历程，大体经过了四个发展阶段：

(一)宣传教育阶段

广泛宣传试行的《村委会组织法》，引导广大村民依法自治，为自己的利益而奋斗。其标志是：广大村民普遍知道有了一部关系自己切身利益的《村委会组织法》，由此萌发了参政议政的愿望，开始要求参与村务

管理;在农村工作的党政领导逐渐认识到推行村民自治是我们党和政府在新形势下对农村基层管理方式的一种根本变革,开始研究探索如何依法搞好村民自治。但是,仍有相当一部分干部群众对村民自治漠不关心,听之任之。

(二)理顺关系阶段

通过村民自我教育、自我管理、自我服务,促进农村事业发展的事实,在三个方面逐步转变了领导观念:乡镇政府与村委会的工作关系由领导与被领导转变为指导与协助关系;乡镇、村级领导观念由专制转变为自治;领导方法由行政命令转变为民主管理。其根本标志是:基本上变人制为法制,广大村民开始当家做主人,依法管理自己的事情,创造自己的幸福生活。但是,仍然有一部分人认为《村委会组织法》超前,不适应中国农村实际情况,对推行村民自治缺乏热心,甚至冷嘲热讽。

(三)典型示范阶段

广泛开展村民自治示范达标活动,初步把村民自治工作引上了规范化、制度化的管理轨道。金州区连续制定了两个村民自治发展规划,分别以"八句话"和"十有一能"为标准,经过量化分解,具体考核评比村民委员会工作。"八句话"是:领导班子坚强,工作制度健全,村务管理民主,组织关系协调,经济健康发展,公益事业兴旺,社会风尚优良,完成国家任务。"十有一能"是:有健全的组织机构,有坚强的领导班子,有完善的民主制度,有正常的工作秩序,有整洁的办公环境,有适用的村规民约,有一定的集体经济实力,有较强的服务意识,有和谐的工作关系,有良好的村风民风,能全面完成各项工作任务。通过实施规划和推行有关规章制度,有效地推进了村民自治工作的健康发展。其标志是:有一批镇、村被评为村民自治示范单位,在村民自治活动中起到了领头雁作用;有91%的村达标,提高了村民自治的整体水平。

(四)深入发展阶段

在开展村民自治活动的实践中找到了最佳载体——"四个民主"。通过依法选举、整顿村务、村务公开、民主评议村级干部和依法建制、以制治村等配套措施,使"四个民主"更加深入人心,成为村民自治的核心内容,有效地促进村民自治工作不断向深层次发展。其标志是:民主选举的办法越来越严密,村民民主意识空前高涨,平均参选率达到98%;民主决策的渠道越来越畅通,村中的大事普遍能够由村民代表会议讨论决定,少数人说了算的现象很少发生;民主管理的措施越来越规范,村民代表会议讨论制定的《村规民约》、《村民自治章程》等制度能印发到户,自觉遵守;民主监督的手段越来越务实,多数村坚持民主评议村干部,95%的村建立了村务公开栏,接受群众监督已成为村干部的自觉行为。

二、主要做法

金州区在推行村民自治工作中,坚持常抓不懈,采取了一系列有效措施,主要做法是:

(一)成立指导组织,加强党对村民自治工作的领导力度

金州区于1989年成立了基层政权建设领导小组,由区长担任组长,主管此项工作的区委副书记、人大副主任、副区长为副组长,区委办、政府办、组织部、农委、民政局、纪委、监察局、规划土地局、计划生育委员会等职能单位领导为成员,办公室设在民政局。民政局于1992年设立了基层政权科,设编2名同志专门负责日常工作。在1997年底整顿规范村务工作时,该区还专门行文明确了领导小组及其成员单位职责。各乡镇、街道比照区的做法,全部相应成立了村民自治工作指导小组。村级以党支部为核心,加强对村民自治工作的领导。三级组织按照各自的职责积极开展工作,逐步把贯彻实施《村委会组织法》,依法开展村民自治工作纳入了有组织、有领导、有秩序的管理轨道,保证了村民自治工作依法有序进行。

(二)加大宣传力度,不断增强干部群众的民主法制意识

《村委会组织法》试行初期,通过调查摸底发现,在干部群众中都存在不同程度的模糊认识。一部分干部认为,中国农民的民主意识淡薄,搞村民自治超前了;一部分村民认为,"庄稼佬,墙头草",到啥时候都是领导干部说了算,村民自治不过是一种花架子。面对这种"不热心"、"不关心"的消极情绪,他们从更新观念、提高认识入手,把广泛宣传、深入学习《村委会组织法》贯穿于村民自治的全过程。首先在石河镇先行试点,大张旗鼓地宣传学习《村委会组织法》,而后在全区铺开。各乡镇通过印发传单、张贴标语、出动宣传车、运用有线广播、板报乡报等多种形式,搞宣传,造舆论,使这部关系亿万农民切身利益的法律家喻户晓,人人皆知。此后,金州区每年都举办村支部书记和村委会主任、成员培训班,参训率均在95%以上。通过办班认真学习法律条文,领会民主自治精神,紧密围绕"四个民主",交流村民自治经验,增强了干部群众民主法制观念。新法颁布以后,金州区及时举办了《村

委会组织法》学习班，逐条逐句学习领会精神实质，下发了《村委会组织法》挂图，各村普遍张贴上墙。多数乡镇还把新法印发到家家户户，动员广大村民学法、知法、懂法、用法。通过多年来坚持宣传贯彻《村委会组织法》，干部群众的思想观念变化很大，增强了开展村民自治活动的自觉性，在全区上下形成了依法搞好村民自治的政治气候。

（三）坚持依法选举，加强了村委会班子建设

依法民主选举村委会干部是实行村民自治的前提和基础，是农民在参与民主政治建设中最关心的头等大事。自《村民委员会组织法》颁布试行以来，金州区的村委会选举经历了由组织确定候选人等额选举，由党支部、群众团体组织和十名以上村民联名推荐候选人差额选举，由村民直接推选村民选举委员会、直接选举候选人、直接差额选举村委会成员等三种形式五届选举，每届选举都能够依法有序地进行，并收到较好效果。其主要原因：一是坚持党的领导，加强了对换届选举工作的组织指导。二是制定实施方案、选举办法等规范性文件，指导民主选举工作有计划、分步骤地依法有序进行。三是注重抓好试点，总结推广经验。五次换届选举，全区分别在4个镇进行了5次试点，并总结了6个方面的经验，用于指导民主选举各阶段工作。特别是在1998年的第六届村委会选举试点中，金州区创造了“十步直选法”，受到美国卡特中心代表团称赞，在省、市现场会上介绍，被8家新闻单位报道。“十步直选法”的大体内容包括：成立三级选举组织；制定选举实施方案；层层进行培训发动；依法组成村民会议；村民直接推选候选人；村民直接投票选举村委会成员；成立村委会下属组织机构；推选村民组长、村民代表，组成村民代表会议；健全各项规章制度；组织检查验收。四是采取多种有效形式，宣传候选人条件。第七届村委会选举实行“三个直接”的选举办法，最关键的是让村民明确候选人条件。他们在区《选举方案》中具体规定了八条十四款村委会候选人条件，以《致全区村民一封信》等形式印发到家家户户，给村民推选候选人和组织把关提供了操作依据。在实际选举过程中，仅按“长期拖欠集体款项者视为不具备村委会成员条件”一款，全区就有二十余人被取消候选人资格。五是严格履行法律程序，维护村民的合法权益。每届村委会选举，金州区都依法制定《选举办法》和《选举工作程序》，用规范性文件指导基层选举工作。在第七届村委会选举候选人和正式选举时，取消了流动投票箱，只设中心会场和固定投票站，中心会场和分投票站都设有选民验证处、发票处和秘密划票间，中心会场和各投票站都布置得庄严肃穆，营造了一种高度民主的氛围。在历届选举中，该区都严厉打击干扰破坏选举现象，教育广大村民公平竞争，绝对保证选民按照自己的意志充分行使民主权利，投入自己神圣的一票。该区总结的《坚持党的领导，依法直接选举》的经验，被辽宁省民政厅、大连市民政局信息转发。

通过依法民主选举村委会干部，一批德才兼备的优秀人才被选配到村委会班子中来，村委会干部素质一届比一届更好。现在，全区村委会干部的平均年龄44.6岁，平均文化程度9.6年，村民满意率达90%。依法民主选举的村委会干部，没有辜负村民的信赖和期望，以扎实的工作态度和突出的工作业绩，为全区村级组织建设和农村改革发展做出了自己的贡献。

（四）健全规章制度，引导村民自治活动步入规范化轨道

全区依据《村委会组织法》和上级政策规定，结合本地区工作实际，通过村民代表会议等民主程序制定了一整套有关村民自治的规章制度。到目前为止，这套制度已囊括区、乡镇街、村和村民四个层次八个方面共三十余项。

一是关于规范区领导机关与乡镇政府、街道办事处之间的工作关系的制度。主要有《关于金州区五大机关党员领导干部参加指导下级领导班子民主生活会制度的意见》、《关于建立金州区领导干部联系后进村制度的通知》、《街道党委、办事处工作规则》、《乡镇党委、政府工作规则》。

二是关于规范乡镇党委、政府与村级组织之间工作关系的制度。主要有《乡镇领导干部包片制度》、《乡镇机关干部包村制度》、《乡镇政府指导村委会工作细则》、《村委会协助乡镇政府工作细则》。

三是关于规范民主选举村委会的制度。每届村委会换届选举前都以区政府名义出台《金州区村民委员会选举工作实施方案》、《金州区村民委员会选举办法》、《金州区村民委员会选举工作程序》，保证村民依法直接行使自己的民主权利。

四是关于规范村委会及其下属组织职责及行为的制度。建立了《村委会自身建设制度》、《村委会三年任期目标责任制》、《村委会干部守则》、《财务公开与审批制度》；制定了村委会下属经济科技、治安调解、文教卫生、计划生育、社会福利等五个委员会职责及《村民组长职责》等。这些制度100%的村都做到了装镜上墙或公开，使村委会干部“抬头见职责，俯首做公仆”。

五是关于规范民主决策的制定。制定了《金州区

村民代表会议章程》，明确规定重大村务由村民代表会议讨论决定，对村民会议、村民代表会议的召开时间、组织程序、议事规则、表决形式等都做了详细规定。能够坚持村民代表会议决策重大村务的村占90%。

六是关于规范村务管理的制度。制定印发了《关于整顿规范村务工作实施方案》、《金州区整顿规范村务工作领导小组及成员单位职责》、《金州区实行村务公开暂行办法》，进一步提高了村务管理工作规范化程度，促使95%的村在醒目处设立了村务公开栏，解除了村民心中的疑问，密切了干群关系。

七是关于规范村民自治活动的制度。制定了《金州区村民自治示范达标活动三年工作规划》，既不断增强了广大村民的民主自治意识，又保证了村民自治活动始终沿着正确的方向深入发展。

八是关于规范村民行为的制度。各村通过村民代表会议充分讨论酝酿，100%的村都制定了《村规民约》。为了进一步规范村民自治活动，区统一印制了《金州区规范村民自治制度选编》，发至各村；各村把《村规民约》、《村委会三年任期目标责任制》等规章制度一同归纳成《村民自治手册》或《村民须知》，印成小册子发到每家每户。这样，村委会的目标任务村民清楚，村民应该怎么做自己更清楚，有效地发挥了“三自”作用。

这些依法民主制定的各项规章制度，既有上管下的，又有下管上的，既有官管民的，也有民管官的，具有双重约束力，干部叫好，村民满意，都说这是村民的“小宪法”。真正做到了民主管理有据，村民守法有章，把村民自治活动乃至整个农村工作引上了规范化管理轨道。

(五)调动积极因素，促进村民自治活动不断向深层次发展

他们采取“抓两头带中间”的办法，变一般号召为典型引路，推动了民主管理工作层层落实。

一头是宣扬先进。他们在开展村民自治示范活动中，注重树立典型，总结经验，表彰先进，引导乡镇、村自觉落实各项民主管理制度。区先后6次召开经验交流及现场会，总结推广了《依法建制，以制治村》、《坚持村民代表会议制度，充分发挥村民代表作用》、《落实民主制度，规范村民自治，促进农村发展》等经验。广泛宣传了被民政部授予荣誉称号的全国先进村委会后石村、全国优秀村委会主任迟福声等先进典型事迹。1997年11月为纪念《村委会组织法》试行10周年，区委、区政府召开了“金州区村民自治工作总结”大会，表彰了5个村民自治示范镇、98个村民自治示范村、80名基层政权建设和村民自治工作先进个人。1998年5月，辽宁省民政厅、大连市民政局分别组织全省、全市主管领导和部分乡镇主管乡镇长在金州区三十里堡镇召开了村务整顿和村委会民主选举现场经验交流会。1999年4月，该区总结的《加强民主管理，深化村民自治，促进农村各项事业发展》的经验，被全国村民自治经验交流会印发。

一头是帮助后进。区委、区政府在落实中央关于农村基层组织“五个好”目标要求活动中，将全区22个村级可支配财力不足十万元的村列为后进村进行具体帮扶。区委常委会先后9次研究部署后进村转化工作，制定了区领导包扶后进村责任制。22名区级领导每人联系1个后进村，带领22个职能部门、13个金融单位共同对22个后进村进行帮带，并派出工作组常年驻村工作。各乡镇书记带头，党委成员分片包扶后进村。其主要做法是抓组织，建设一个好班子；抓中心，选准一条经济发展好路子；抓落实，健全一套好制度。到1998年底，经大连市验收全区后进村全部摘帽。

通过抓先进、帮后进，提高了全区村民自治整体水平。目前，经市民政局验收，金州区已有170个村达到市级示范标准，达标率占91%。

三、整体效应

金州区委、区政府在坚持依法建章立制，规范村民自治活动的同时，注重克服就自治抓自治，就民主抓民主的倾向，始终瞄准根本目的，紧密地把村民自治活动与农村中心工作、经济发展和社会稳定有机地结合起来，充分发挥村民自治的巨大作用，取得了一系列新的效应：

(一)农村干部树立了新形象

在实行村民自治初期，村里的大事小情支部书记一个人说了算，办事不公开，管理和决策不民主，村民意见大。很多村民认为村民自治是玩假的，村民委员会是虚设的，村委会主任是当摆设的。因此，村委会说话没人听，做事没人帮，很难完成党在农村的各项工作任务。实行《村民(代表)会议制度》，进行村务整顿之后，村里的大事按民主程序决策，村务工作桩桩件件按时公布，促进了干部的作风转变和廉洁自律，独断专行和贪污浪费的现象减少了，实行民主管理和一心一意为村民办实事、办好事的多了。实行民主监督、村务公开以来，干部的工作和行为群众清清楚楚，群众对干部的疑虑减少了，干群关系密切了，村级组织的凝聚力、战斗力增强了，农村各项工作任务都能圆满地完成。在185个村中，有60%的村达到市级“五好村”标准。村民自治的成果发挥了巨大的作用,促使乡镇政府按照“四个民主”规范政府行为,实行政务公开,有效地提高了办事效率,促进了廉洁从政,沟通了党和政府同人民群众的血肉联系,进一步树立了公仆形象。

(二)村民意识出现了新飞跃

过去,多数村民只知埋头生产,不愿抬头问路,只扫自家门前雪,不管他人瓦上霜。开展村民自治活动以来,村民的法律意识和参政议政意识普遍增强。涌现出四热现象:一是民主选举热。全区五届村委会选举,村民平均参选率达到98%,选举成功率达到99%,祖孙、父子、夫妻竞选,外出务工经商不惜路途遥远,积极回村参选等现象屡见不鲜。二是民主决策热,村民特别是村民代表参与重大村务决策的热情一年比一年高,村民代表素质不断增强,村民代表会议质量不断提高。北乐镇北乐村委会采纳村民代表意见,滚动建设大市场4处,年创纯利一千余万元。三是民主管理热。村民能够按各项制度规范干部和村民行为,实行自我教育,自我管理。得胜镇西沟村过去对丧葬中的封建迷信活动束手无策,经发动村民代表定出本村规矩,文明节俭办丧事蔚然成风。四是民主监督热。村民特别是村民代表都能依据民主程序监督村委会实行村务“八公开”,定期评议村干部。七顶山乡陆海村村干部每年享受多少报酬由村民代表会议民主评定。

(三)经济发展展现出新势头

开展村民自治活动以来,金州区农村经济发展步入了持续、快速、健康发展的轨道,综合经济指标不断增长,连续多年进入辽宁省经济综合实力十强区。1988年,全区农业总产值39192万元,外贸出口供货额38439万元,乡镇工业总产值为37786万元。到了1999年,全区农业总产值实现21.8亿元,外贸出口供货额达到55亿元。乡镇企业总产值达到527亿元,有66个村级可支配财力达到100万元以上。全区农村人均收入从1988年的1327元增长到1999年的4310元。

(四)各项事业得到了新发展

村民自治工作落实,极大地调动了广大干部和村民群众建设社会主义新农村的积极性,促进两个文明建设硕果累累。金州区的文教、卫生、生态管理、村民自治、计划生育、体育、科技等工作都被评为全国先进县区。

目前,全区农村社会稳定,人民群众安居乐业,各项事业蓬勃发展,到处是一派欣欣向荣、欢乐祥和的新气象。

四、存在问题

金州区村民自治工作虽然取得了很大成绩,呈现出健康发展的良好势头,但也存在着一些不容忽视的问题:

(一)民主选举制度尚不够健全

例如,村委会候选人条件没有严格统一的标准,村委会候选人资格没有规定是否要经过审查,对于干扰破坏选举村委会的行为没有权威性的罚则,这些问题都不同程度地影响着民主选举村委会的顺利进行和扩大基层政治民主的进程。

(二)少数乡镇干部对村民自治工作认识不高

有的认为农村实行家庭联产承包责任制后,村民有饭吃,不闹事,村级班子不出事,工作说得过去就行了,不用特别强调基层民主政治建设;有的认为村民自治工作虚,任务软,不如抓经济工作看得见,摸得着,抓好了有成绩,因此出现一手软,一手硬现象。实际工作中“说起来重要,抓起来次要”,没有真正把村民自治工作列入党委和政府的重要议事日程,工作上缺乏长远规划和具体指导。

(三)有的村委会自身建设尚不过硬,村集体经济发展缓慢

个别村干部自身要求不严,生活不够俭点,不注意廉洁自律,村民自治各项制度落实不力,特别是民主决策机制不够健全,仍然有少数人说了算现象,因而在群众中威信不高,致使村民对村委会的工作不理解,甚至形成对立情绪。

有的村集体经济发展缓慢。村委会手中无钱,办事艰难,个别村至今尚拖欠村干部报酬。由于村受集体经济实力的制约,使社会化服务在少数村出现了断层,影响了农户家庭经济的发展。

(四)村级组织关系不够协调

尤其是党支部与村委会的职责不清,有时一人一把号,各吹各的调,有时以党代政,党支部书记大权独揽,小权也不分散,村委会成了聋子的耳朵——摆设,很难发挥村民自治作用。

五、今后意见

村民自治工作对发展农村经济,发扬社会主义民主,保持社会长期稳定具有重大意义。党的十五大指出:“要进一步扩大社会主义民主和法制,城乡基层政权机关和基层群众性自治组织,都要健全民主选举制度,实行政务和财务公开,让群众参与讨论和决定基

层公共事务和公益事业，对干部实行民主监督。”要抓住机遇，乘势而上，下大气力把村民自治工作推向新的发展阶段。他们的想法和建议是：

1. 由全国人大统一制定出台关于村委会民主选举的法律规定。规范村委会选举办法和程序，制裁干扰破坏村委会选举的不法行为和不良倾向，保证村委会选举依法有序进行，进一步扩大基层政治民主。

2. 加强村民自治配套建设，保证“四个民主”同步发展。要克服畸轻畸重现象，在重视搞好民主选举的同时，还要下气力抓好民主决策、民主管理和民主监督，使之逐步趋向规范化、科学化。要建立健全村务公开制度，切实保障村民对村务的民主管理和民主监督，使村委会工作真正置于村民的监督管理之下。要普及村民代表会议制度，强化村民代表会议决策功能，实现重大村务由全体村民或村民代表民主决策，既充分体现广大村民的政治地位，又防止出现决策失误或少数人说了算现象。

3. 统一思想，提高认识，加大乡镇对村委会建设工作的指导力度。在发展社会主义市场经济的新形势下，加强农村基层组织建设，是党在农村工作的一项重要而紧迫的任务，也是农村改革、经济发展和社会进步的重要组织保证。村委会建设是农村基层组织建设重要组成部分，各乡镇党委政府要加大对村委会建设工作的指导力度，指导、支持和帮助村委会搞好自身建设，协助乡镇政府开展工作。要组织有关部门领导，对所属各村任期目标责任制的完成情况进行检查督导，保证村委会取信于民。各级民政部门要加强对村民自治工作的指导，充分发挥好参谋和助手作用。

4. 转变思想观念，发展村级集体经济，增强村委会的凝聚力、战斗力。要进一步树立适应社会主义市场经济的新思想、新思路，树立开拓创新意识，解放思想，更新观念：要破除固守田园、小富即安的传统观念；还要破除村民日子好就行，忽视发展集体经济的观念，把思想真正转移到适应社会主义市场经济这个根本点上来，为加速农村经济和各项事业的发展提供坚实的思想基础。根据金州区目前村级集体经济存在的问题，应采取以下措施：一是村委会要理直气壮地履行管理职能；二是因地制宜地制定出符合本村实际的发展经济思路和规划；三是继续实行党员、领导干部联系包扶后进村制度，实行对口帮，各乡镇要派得力干部，帮助村里发展经济；四是落实村委会任期目标责任制，实行考核制度，并将考核评比结果同村干部的报酬、奖金挂钩，激发村干部发展集体经济、带领村民致富的积极性和自觉性；五是从转变村级干部思想观念入手，搞好村干部的培训工作，制定培训规划，建立培训制度，分层次落实培训任务，提高村干部的经营、管理业务水平。

Yearbook of Democratic and
Political Grass Roots Construction In China

2001中国农村基层民主政治建设年鉴

第七部分
研究动态

Chapter Seven
Research Developments

—会 议—

“中国乡村制度：历史与现实”学术会议

1998年3月13—14日，由“国家与社会关系”课题组召开的“中国乡村制度：历史与现实”学术会议在北京举行，来自中国人民大学、北京大学、清华大学、中国政法大学、南开大学、华中师范大学、华东理工大学、上海东方出版中心和《中国社会科学季刊》、《中国书评》编辑部的学者参加了讨论。

本次会议是继“中国农村研究：交流与沟通”讨论会（北京1997年10月22—23日）成功举行之后，“中国农村研究”系列学术讨论会框架内的第二次会议。本次讨论会的目的是在已建立的中国农村研究的学术交流网络内、聚集学界同仁深入探讨相关议题，意图在观点交流和见解互证中促使中国农村问题的研究有所提升。

一

中国农民一向聚村而栖，因而村庄是中国农村社会的基本构成单位；中国国家亦一向以农村治理为要务，因而村庄又是国家与社会直接相对的交界处；按照新制度主义的解释，举凡一切人际交往的形式规则或行为规范，大都可视为“制度安排”，以此观之，从历史到现实的比较中考察中国“乡村制度”便具有了特殊的意义：可以透视国家与社会之间的关系，可以观察中国的长期发展和现实变迁，可以了解传统与现代的互动和转换，可以剖析外来冲击与因应变化之间的紧张，可以综合考察一般民众、基层精英与各级政府之间的关系。同时，20世纪80年代以来中国农村发生了剧烈的政治、经济、社会变迁，包括村民自治在内的后人民公社时期的一系列制度变革，无疑亦应从历史与现实的比较中加以考察。因此，本次会议便选择以中国农村的乡村制度为主题，分为“民国以来的中国乡村制度”、“人民公社制度”、“村民自治制度”这样三个在时间上前后接续、内容上相互连贯的议题，涉及中国乡村制度的多个方面。

在组织形式上，本次会议严格按照学术规范进行。在《中国社会科学季刊》和《中国书评》主编邓正来先生的主持下，会议采取了主题报告、集中评议与自由讨论连续进行的方法，即先由对相关主题已有研究的报告人就自己的研究成果做出集中表述，然后由事先安排好的评议人发表评论意见，其他与会者再共同进行自由发言，最后由报告人对已经表述的意见做出回应。三位主题报告人分别是来自北京大学的王铭铭博士（长篇论文《国家与社会关系史视野中的中国乡镇政府》，以下简称《乡镇政府》），来自上海华东理工大学的张乐天先生（专著）《告别理想：人民公社制度研究》以下简称《公社制度》）和来自武汉华中师范大学的徐勇博士（专著《中国农村村民自治》，以下简称《村民自治》）。他们的研究成果不仅是多年潜心钻研之作，而且自发表以来已经在学界引起了相当的重视。

对于中国乡村基层制度的研究者来说，一个不容回避的问题即是应如何认识乡村制度在中国几千年历史进程中的发展和变迁，特别是近代以来中国乡村制度中占据中心的乡政府的地位和作用。而这个问题也是同目前正在引起学界普遍重视和关注的村民自治研究联系在一起的，因而也是当前社会科学界亟待更深一步探究的重要课题之一。王铭铭博士在《乡镇政府》一文中首先梳理了学界已有的理论阐释框架，进而采取了“国家—社会”的视角，对中国乡村制度、特别是乡镇政府的发生、发展的历史作了富有创意的解释，提出中国乡村制度、特别是乡镇政府的历史变迁过程实为国家对乡村基层控制力不断延伸和加强的过程，并认为这一结论可用于进一步观察现代中国乡村制度变迁的重要参照。

正如作者在对《乡镇政府》一文所做介绍中所言，该文的出发点乃是注意到当前学术界在对村民自治进行富有价值的研究的同时，却忽略了自身研究展开时所显现的一些矛盾的模糊，缺乏对自己所提出的问题本身进行反思，对于相关的宏观历史场景的考察注意不够。作者确信，研究目前的中国村民自治须考虑国家与社会相互关系的理论视角，关注现代力量对传统中国社会的冲击以及由此引发的回应，这也恰是作者从这一视角审视和重新诠释中国漫长历史的原因所在。

对王铭铭博士论文所引申出来的、对于“国家——社会”研究进程的强调，与会者表示了充分的肯定。而主要争论集中于论文的具体论据和赖以展开理论概括的学理资源。例如有人提出反驳意见，认为从中国历史的发展来看，中央对地方的控制确有愈来愈严密的趋势，汉以前靠严刑峻法、循吏酷吏而非教化维持统治，但宋明之后随着统治空间的变化，特别是在统治力量进入南方以后，使之不能仅仅依靠严刑峻法来维持统治，此时出现的乡村自治实际上是中央对地方进行控制的策略方式的转变，是适应环境变化的产物。

西方价值与经验基础上的理论框架能否适用于中国研究，则引起了与会者的普遍关心，也是关系到《乡镇政府》一文是否具有学术研究合理性的关键问题。一般而言，理论模式的适应性首先取决于研究对象能否完全重合或者是部分重合，至少不应发生激烈的冲突。只有这样，即使是所使用的概念名称不同，但通过对概念、对应物进行甄别、比较，或可发现某些至关重要的共同基础；另外，有的与会者指出，鉴于现实情况的复杂易变性，完全把握现实是不易做到的，因而也并不存在一个具有完全适用性的宏观理论框架可以解释一切现实问题。框架选择的标准在于是否能够较合适地解释研究对象。

这也就是《乡镇政府》一文引起热烈讨论的主要原因。例如有学者认为，作者借用吉登斯的理论来分析中国时，带有明显的理论先行的色彩，忽视了中国社会特有的强大的传统力量的作用，同时也未能明确区分清末民初所具有的“乱世”特征与清代以前的“正常”情况之间所存在的一些差异，因此，实际上很难把对清末民主建设的观察和分析推演适用到清末以前。也有学者甚至对框架的使用本身提出了疑问，因为应用不同的理论框架、根据不同的视角可以揭示出不同的甚至相反的结果，则此一研究似乎具有悖于实际情况而追求技术操作之嫌。亦有人对于吉登斯所使用分析概念是否于中国历史实际契合问题提出了质疑，例如吉登斯在其理论中提出国家疆域和主权的概念，并将之视为区分国家发展不同阶段的重要标准，然而中西经验在此一点上并不完全一致：中国所称的疆域在传统上意味着“天下”，而现代意义上的疆域概念直到康梁之后才得以形成；另外，主权概念在19世纪以前的中国更多的是一个文化概念而非政治概念，因为此时的中国尚缺乏现代意义上的国家间交往。

二

相对于《乡镇政府》对中国乡村制度较为宏观的历史分析文本而言，张乐天先生的《公社制度》则提供了一个关于人民公社的经验个案研究。

《公社制度》按“外部冲击—村落传统”的模式，依托几个浙北农村的经验对人民公社的产生、发展和终结进行了实证研究。作者认为，1949年以前的浙北农村已经受到了外部世界的影响，同时这些农村也呈现出高度开放的特征，但这并未从根本上改变村落的传统生存方式。1949年的解放却为农村带来了巨大的变化，随后的土地改革对农业合作化有很深远的影响：主张社会主义的执政党为了防止土改后的倒退，如小农自由发展、再度的贫富分化等，必然进一步推进自己的目标，促进合作化。合作社又必然走向不可退出的制度性结构即人民公社，因为初级社、高级社在短时间内表现出了一定的优越性，但从长远看来不可能成为吸收小农的制度。而依靠外部强力而推动的“大公社”制度与村落传统相碰撞，难以契合，生产积极性的下降以及其他因素的综合作用导致了60年代初的大灾难。这一现实又促使中央改变政策，转而实行“小公社”（即“三级所有、队为基础”）。生产队是公社制度的基础，是传统农村与外界的结合点，因此“以村为队、村队模式”是理解公社的关节点，是使公社稳定存在的基础，农民的传统行为在一定程度上转变为对公社的稳定支持点。

作者认为“外部冲击—村落传统”模式能够较好地理解人民公社制度。传统的村落生存方式可以在一定范围内接受外来制度，而村落在多大程度与外部社会的契合则决定着这一组合的存在与延续的方式。在人民公社内部，“外部冲击—村落传统”的张力是始终存在的，且为公社制度本身所无法解决，只能用超经济的强制加以维持，以斗争方式如“四清”和“文革”所显示的那样加以控制。但这种维持控制方式愈来愈失效，公社内部的矛盾张力使其或早或晚走向终结。

值得强调的是，作者认为从现代化的观点考察公社的历史位置、进而观察后公社时期发展是极为重要的。公社制度的解体未使浙北农村回到解放以前，中国农村的发展毕竟超越了原先的循环体系。因此，只有认真理解公社的遗产对于后公社时期的影响，才能理解中国农村目前的发展。

在针对《公社制度》一书及其主报告所做的讨论中，与会者认为，在一个有限的时间跨度之内历时性地就某一特定区域的公社制度进行研究，这是一个值得肯定的研究，因而也在相当程度上填补了中国乡村制度研究领域的空白。同时，作者从经济学、统计学的角度对大量原始资源的刻意搜集和处理，使得这一研究更具特色和深度，因而有评论者指出，《公社制度》一书体系完整，内容详实，是无农村经验者从中了解公社制度、有农村经验者借以深入研究公社制度的一部好书。

但与会者也围绕着该书进行了争论，表述了一些不同的意见。首先，作者是从“外来冲击—村落传统”的模式展开分析的，但其中对何为“村落传统”并无明确界定和详细解说，而按照作者所言，这不仅是公社制度赖以产生的基础，也是公社必然解体的主要因由。但也有学者认为这一问题多少超出了此书能够涵盖的范围，历史学、社会学等其他基础性学科尚没有为此提供足够的理论资源。与此相关联的还有，公社制度到底留下了何种遗产、这些遗产对于后公社时期的发展有何种影响等等，也是尚待进一步研究的问题。

三

本次讨论会的最大关注仍然在于现实中国的乡村制度，即当前在某些地区所实行的村民自治制度。就此而言，前述《乡镇政府》和《公社制度》的讨论为这一问题的探讨提供了很好的背景和基础。

作为主报告人之一的徐勇博士，以其多年的研究所得写出了《中国农村村民自治》一书并交由本次会议集中评议。作者认为，制度的安排依照法律文件而行，村民自治则缘起于制度安排；因此《村民自治》首先从规范理论的角度对村民自治的制度安排进行阐释，然后又对有关制度规定进行了说明，包括《宪法》规定和《村民委员会组织法》规定等。作者还认为村民自治的运作虽由制度安排进入，但在实际过程中受实际因素的影响，可以归纳出16种变量；因此，为弥补理论分析与事实之间的差距，此书又对11个村民自治案例进行分析。作者认为对村民自治制度的成长路径存在不同的认识，主要有强调政府自上而下的推动和关注农民的自发创造这样两种代表性观点，但实际上这是一个双重作用的结果。

《村民自治》的论述主要是在后公社时期的历史时段内展开的。但与会者指出，在清末民初也存在着地方自治，姑且不论两者在具体操作与制度安排上的差别，但在理论分析时似乎应当考虑现时村民自治与地方自治是否与以前的历史发展存在某种延续。有学者认为19世纪末20世纪初中国需要解决的两大问题是，民族国家的建设和市场经济的建设，而现在这两个问题一仍其旧。基于此，有学者进一步认为今天的村民自治并不是要解决新问题，因而尽管村民自治是现国家在后公社时期对农村无序状态进行组织管理而推出的新的制度安排，但倘若仅仅局限于此进行研究则逻辑起点较浅，而应将其置于更广阔的历史背景之中加以考察；而在历史延续性的问题上，至少还应当考虑村民自治作为导入性的制度安排又与此前的人民公社制度在多大程度上相关联，又在多大程度上是一种飞跃？这又进一步突显了会议第二议题所讨论的公社到底给我们留下了些什么这一重大遗留问题。

徐勇博士在《村民自治》一书中承认目前的村民自治有很强的行政色彩，村委会亦一身而二任——国家意志的执行者和村民的代表。现在的农民作为一定程度独立的利益主体，不愿再接受外来支配，这将不可避免地造成一系列冲突，特别是与村委会的冲突。因此，有学者进而提出操作局面上村民自治的若干难题，如党政关系结构的问题在村民自治制度下，由于村委会与村党支部的组成方式不同却又并生并存而更加复杂化，国家/社会的关系问题由于村民自治的起点是国家控制方式的转换因而不仅无法从根本上加以解决，且又必然与村民自治的法定组织方式发生冲突，多重角色的不同的利益驱动及互动决定了村民自治从一开始便走上一条艰难的运行轨道，村民自治的民主权限超越了上级所给定的范围则外来干涉不可避免，如此则基层民主在上层权威结构不变的情况下究竟能推进到什么层次呢？

作为一种有意思的共识，本次会议对中国乡村制度不同历史发展阶段的讨论，均涉及了对国家/社会关系模式的讨论和援用。由此可见，国家/社会关系作为一种具有强烈价值关怀的研究视角，对于研究中国历史、现实及未来发展道路具有重要的意义。而在“高层政治”仍然敏感的目前，中国乡村制度所包含的较为明晰的国家/社会互动关系无疑会为研究者提供极好的实践场所。但进一步的探讨仍有待于学界同仁的共同努力。

（张小劲　高立鹏）

村治研究与实验研讨会

1998年7月22—23日，由华中师范大学农村问题研究中心主办的村治研究与实验研讨会在湖北省黄梅县举行，来自华中师范大学、中共中央党校、华中理工大学，安徽、湖北等省社会科学院，农业部，湖北、河南等省民政厅，江西省委政研室和四川省达川市政府等单位的政府官员、专家学者和学生共28人参加了会议。

村级治理，简称村治，是本世纪以来与中国现代化进程相携而行的话题。19世纪后期，现代文明的介入使中国的乡村政治社会发生了剧烈动荡，出现了“治理危机”。为了解决农村问题，在本世纪上半叶，米迪刚、梁漱溟、晏阳初等人相继投身到乡村治理的研究和实验中，表达了当时知识界强烈的社会关怀精神。此后，乡村治理的研究曾一度中断，直到80年代中期才得以恢复。进入90年代，随着现代化建设的深入，中国乡村政治社会正在经历着结构性的历史变迁。市场化进程首先在乡村田野取得重大进展，民主化的制度建构也首先在乡村社会出现，特别是以大众参与为主要特征的村民自治所昭示的中国农村基层民主进程，吸引着越来越多的学者置身于乡村基层的研究，“村治”重新成为一个富有激发性的话题。

但是，随着实践的发展和研究的深入，村治研究与实验中存在的问题也逐渐凸现，如村治的内涵和外延的界定，村治与村民自治及其关系，村治研究的学术资源，村治研究的方法问题，村治研究的学理意义和政策意义以及它们的关系，村治研究与村治实验的关系等等。与会者带着上述问题对华中师范大学农村问题研究中心村治实验基地——黄梅县小池镇水月庵村进行了“会诊”，探讨和总结了该实验的成绩和问题，并结合各自在村治研究中的体会做了广泛而深入的交流与沟通。

1．学术界，尤其是政治学界对村治研究的重视首先是从对村民自治的重视开始的。因为村民自治是农村经济体制改革之后，国家对农村基层政治与行政管理的一种新制度供给，也是基层农村走向民主化和法制化的制度需求，学界正是在对村民自治的研究过程中重新感悟到村治研究之于农村基层政治建设的理论与现实意义。自然，村民自治问题就成为本次会议的中心议题。

与会者首先讨论了村民自治与农村民主化的关系问题。尽管当前村民自治的发展仍处于初始阶段，但作为一项基层民主实验，它已经引起并且还将引起农村社会政治和经济生活方面的诸多变化。多数与会者对目前我国村民自治的走势评价颇高，他们认为：(1)村民自治作为一种有中国特色的基层民主形式，有利于充分调动和激发广大农民群众的政治热情，有利于在实践中培养和提高农民的民主素质。(2)村民自治有助于重构基层政权的合法性，从而也有助于缓和农村的干群关系，有利于社会稳定。(3)村民自治为农村社会经济发展注入了活力。因此，实行村民自治是农村民主化的合理选择，舍此别无他途。而另一些与会者则认为村民自治取得的成绩固然应该肯定，但是其中存在的问题也不能低估，如村民自治与国家行政管理相脱离，在运作中拒绝政府影响，甚至与行政管理相抗衡，部分地区的村级组织被宗族、宗派或宗教力量所把持或支配等，因而不能对村民自治持过分乐观的态度。同时，他们对村民自治与中国农村民主化进程的关系也持谨慎态度。他们认为：(1)如果离开了宏观的社会政治环境的支撑，基层民主的生命力将是十分脆弱的。(2)现实中村民自治所带来的可能更多的是国家对农村治理格局和治理方式的变化。(3)实践表明，在相当部分经济发展较好的村庄，经济发展与治理方式所呈现出来的因果链条是能人治理而非村民自治。

村民自治进程中农村与国家的关系问题是与会者必然要涉及的话题。一些与会者，尤其是来自基层行政系统的政府官员认为，尽管村民自治是国家法律制度安排的一种政治选择，但由于其尚处于初始阶段，当地党委政府的重视和推动是搞好村民自治工作的关键。这种情形，可能预示着中国民主化进程与西方民主化进程的不同之处，即国家在民主化启动过程中的主导性作用。但也有一些与会者认为正是在这样一种背景下，也容易出现国家地方权力结构过分介入村民自治，乃至于对村民自治包办代替的现象。

与会者还对一些地方的领导人对村民自治所持的消极应付态度进行了剖析。部分与会者认为村民自治作为国家制度安排下的一项民主实践活动，是深受农民欢迎的。但是在实际进行过程中，有的地方并未对此给予足够的重视，而是认为村民自治加大了基层管理的难度，影响了国家政令实施和各项任务的完成，因而对于积极推行村民自治有所保留。因此，必须通过调动中央和民众两个方面的积极性来促进地方政府对村民自治采取一种更为积极的态度。但也有部分与会者认为，不能笼统地将基层政府看做是村民自治的对立面，部分地区领导人对村民自治的观望，也有其合理的因素，例如，他们可能对于土地承包到户以后国家对乡村提取和贯彻能力的下降有着更为现实的忧虑。因此，在推进村民自治的进程中，也要对如何加强国家之于乡村社会的整合与提取能力有所考虑。在目前情况下，这应该是一个与村民自治有着同等重要性的问题。

中国农村村民自治兴起的明确标志是1987年《中华人民共和国村民委员会组织法(试行)》的颁布。《村组法(试行)》实施十年来，对规范和保障村民自治发挥了巨大作用。但是，《村组法(试行)》中存在的问题也逐步凸现，需要进一步修订完善。本次会议召开时正值《村组法(修订草案)》向社会公布，广泛征求意见之际，因此，对于《村组法(修订草案)》的关注是此次会议的又一个焦点。有学者提出，该法的名称可改为《村民自治法》，也有与会者认为可改为《村民会议和村民委员会组织法》；关于法的体例，有学者认为可改为章节式或章条式；与会者一致认为应增加村民代表会议这一符合当前农村实际的制度形式，认为村民代表会议是确保村民自治有效运作所不可缺少的基本制度性载体；关于执法主体和违法处罚，会议认为应明确某个政府部门为执法主体，同时在该法中补充罚则，或在其他部门法律中明确违反该法的法律处罚问题；与会者还一致认为应明确该法的具体应用问题由民政部负责解释。

村民自治是村级治理的重要形式，但不是惟一形式，中国农村自然社会环境的差异性决定了村治形式的多样性。本次会议还就村级治理的其他形式进行了探讨。有的与会者主张强化村委会的行政功能，或在村设立村公所，也有学者提出了设立“村政委员会”的构想，试图通过将村党支部书记公务员化来协调乡镇行政要求与村民自治可能产生的制度紧张。无论如何，与会者一致认为在中国农村村级治理中，实际存在许多不同的形式。决定村治形式的变量是多种多样的，其中主要有村经济制度和集体经济的力量，乡村关系以及宗教、宗族等文化传统。

2. 村治实验是本次会议关注的另一个问题。随着村治研究的深入，部分学者已经不满足于单纯的学理性研究，而是怀抱一种强烈的“政治参与”和“政治介入”精神，在有关党政部门的支持下，亲自进行有关村级治理的实验。这部分学者以安徽的辛秋水和湖北的张厚安等人为代表。力图为中国农村村治的发展提供某种参考或者文本，可能是这部分学者的追求。目前，这种村治实验已成为村治研究中值得关注的一个新的生长点。与会者在听取关于安徽文化扶贫与村民自治实验和湖北“水月实验”的情况介绍并实地调查走访水月实验村后，发表了各自的意见。

有的与会者认为，村治实验是村治调查和研究的延伸，是理论在实践中运用、检验和日趋完善的过程，这种社会关怀的精神和理论与实际相结合的学术道路是值得提倡的。(1)村治实验是学者深入实践，真正了解社会尤其是中国农村社会的有效途径，有助于克服学界中长期存在的理论与实际相脱离的习气。(2)从村治实验中提升出来的一些理论，将对村治研究和学科理论的本土化产生积极的作用。(3)村治实验的示范效应和辐射作用，将带动周边村庄甚至整个农村村级治理水平的提高，促进农村面貌的改善。(4)无论村治实验的成效如何，其经验和教训都是其他村庄治理可以借鉴的宝贵资源。有的与会者则对村治实验持怀疑态度。认为这种“理论务农”的精神虽然值得肯定，但是推广的难度太大，因为实验者受多种条件限制，他们在客观上所能掌握的影响村治的变量是极为有限的，所以，很难找出村治变迁与村治实验的因果关系。而且，他们对实验组成员撤出村庄后，村治实验的成果能否巩固也表示担忧。也有学者提出可以将村治实验当作一种更为积极和主动的田野调查看待，并认为这也许才是这种“学者问政式”研究的真正价值所在。

3. 对于村治研究的研究是本次会议讨论的又一个重要问题，同时也可能是本次会议最富启发性的论题。本次会议被冠以村治研究与实验研讨会之名，并非会议主办者为节约字数，对村民自治采取简约处理的缘故，而是力图以“村治”的概念和范式重新梳理目前以对乡村公共权力研究为核心内容的乡村政治社会问题的研究。与会者认为作为一种研究领域的村治概念，它的内核是公共权力在乡村的设置及其运作，而对村治的研究则至少应涉及以下四个层面的问题。(1)关于村治研究的一般性理论，核心概念的理解，共同领域的形成；(2)关于村治的学科性切入问题；(3)关于村治的具体场景研究；(4)关于村治对策的研究。

对于第一个层面的问题，与会者普遍认为，重释村治概念，并以此来梳理目前以乡村公共权力研究为中心的乡村研究的想法很好。它极有可能为知识界开启一个乡村研究的新视角。但是，此种努力在目前也存在相当的困难，例如，村治研究尚缺乏可以利用的现存的理论资源，而村治研究能否最终发展成为一种受学界所关注的领域，只能视这一努力的结果而定，而在目前还远未成为学术界所共同认同的话语。因此，处理这一难题的策略只能是首先将“村治”作为一个论题，一个开放的领域进行讨论，然后随着研究的深入和问题意识的集中，逐步建构村治研究的学理基础。不过，与会者认为，在目前的研究中，首先应该将“村治”的概念进行厘清，不应将村治简单地等同于村民自治，村民自治仅是村治的论题之一。实际上，当前学术界对村治话语的重提正是由村民自治不足以包容和解释中国农村乡村治理中的全貌而引发的。此外，今天我们所讨论的村治与本世纪上半叶出现的村治也不尽相同，前者是作为学界一个研究领域和一个研究视角提出来的，侧重于学理性建构，后者主要是指改造社会的一种实践性关怀。概念的厘清对于领域的统一具有关键性作用。

关于第二个层面的问题，从实际过程看，已经形成了对村治的多学科关注，这也给村治研究的学科定位带来分歧。有与会者认为，从治理(Governance)的角度看，村治研究应属于政治学研究的范围，因为治理(Governance)是指公共权力对公共事务的组织，管理和调控，这与政治学的研究领域是一致的。也有与会者认为村治研究涉及政治学、社会学、人类学、经济学甚至法学等多门学科，将它强行划归某个学科都难免以偏概全，它应该成为一项跨学科的综合研究，而且，村治研究若想成为共同性学术话语乃至一种研究的范式，也不应该受到现有的学科的限制，范式本身就是超越学科的。应该说，上述问题都是村治研究宏观理论建构中亟待解决的问题，只有打下深厚的理论基础，村治研究才不乏后劲和潜力。

关于第三个层面的问题是与会者最为关注的问题。因为目前最具生命力和研究前景的问题可能就是关于村治的具体场景的研究。与会者注意到,在既有的村治研究中,对于村治具体场景的研究是相当缺乏的,已有的研究大多以国外的进化路径或抽象的理念推理来直接得出有关村治的公共政策结论,缺乏对村治基础的本土关怀。但是,有价值的努力也已悄然出现,只不过这一类努力在目前还主要是由社会学、人类学和经济学者所做出的,因此,这一类努力往往显示出学科的边际性。即使有个别政治学者深入田野,其视阈和调查的深度也不及前者,而且也显示出某种先入为主的理念—实证—理念的循环论证。但是,与会者仍然意识到,目前关于村治具体处境的研究虽然存在着问题,它仍然是现阶段村治研究中最有可为的领域。只有深入实际,并从实际中提升学理,才可能使村治研究在第一个层面上有所突破,也才能够推动关于村治政策的研究。

关于第四个层面,与会者认为目前在这方面少有成熟的方案,造成这种现象的一个重要原因,就是目前的村治研究者还普遍缺少一种对于理论的本土关怀,而且他们的研究也尚未经受田野调查的洗礼。由于田野调查受到与会者的普遍关注,因此,有关田野调查的方法问题也被一再地提出。有关方法论讨论的一个核心内容是个案研究结论的普遍性问题。部分与会者认为个案研究可以以小见大,达到“验一滴血而知全身”的目的,得出广大农村基层治理的一些带规律性的认识。有的与会者则表达了“桔生淮北则为枳”的看法,认为中国农村情况之复杂,使任何从典型村庄得出的一般性结论都面临被证伪的危险。所以,个案研究的价值在于通过若干个案的研究,有助于人们对整个农村治理的认识。也有学者认为个案研究的价值在于验证理论假设,而不在于提升政策设计。不过,与会者又都认识到,在目前中国农村情况千差万别,异常复杂的情况下,任何一种规范性研究都有可能因为缺乏实证基础而被证伪,而单纯的个案研究也面临其学理提升的固有困窘。因此,与会者鼓励村治研究者在田野调查和规范研究之间建立沟通的任何尝试。大家认为,田野调查的学理前景正在于这种尝试的可能性前景。

(徐增阳)

中国大陆村级组织建设研讨会

在农村村级民主选举推行10年之际,“中国大陆村级组织建设研讨会”于1998年10月8-9日在香港中文大学举行。该会议由亚洲基金会和两岸交流远景基金会赞助,香港中文大学服务中心主办,38名来自大陆、台湾和美国的学者与负责村民委员会工作的干部参加了会议。

一、“海选”与“两票制”

不止一篇论文陈述了村民委员会与承包责任制一样是在农村自发产生,经政府认可,立法推动。近年来最引人注目的是强调取消固定候选人的“海选”制,与要求村党支部先接受全部村民信任表决的“两票制”。

吉林省梨树县县委副书记介绍了当地农民在1993年创造的“海选”模式及进展。选民可直接投票选举村委会候选人,然后再直接投票选举村委会成员和正副主任。1995年的村委会换届选举,梨树县全面推行了“海选”。在1998年的换届选举中,取消了选举候选人的预选,村民一次投票直接选举村委会,第一轮得票过半数则自动当选。为了简化选举过程,如果两轮投票仍然选不出村委会,在征得多数选民同意的前提下,第三轮投票采取简单多数法,不要求候选人得票过半。公开竞选、村民代表会议决定候选人条件、秘密划票为“海选”的原则。1998年全县有选举权的四十多万村民,投票率达98%。当选的336名村委会主任中,党员占51.2%,团员22.3%,平均受教育11年,平均年龄38岁,妇女只有1人,有18个村的村委会主任是由村委支书兼任。在这次选举中,上届村委会主任有三分之一人落选。

山西省河曲县创造了“两票制”,在村党支部换届时,先让全体村民对全体党员投信任票,选举支委或支部书记的初步候选人,再由党员正式投票选举支委和支部书记。信任投票虽不是正式的支部选举,也不是支部候选人的预选,但是信任投票结果公开,因而具有相当的约束力。河曲县组织部有文件要求乡党委根据党员得信任票的多少提名支部委员或支部书记的候选人,并规定未能获得半数信任票的党员不能作候选人。

两票制引起了与会者极大的兴趣。会上出现了不同意见,有认为两票制值得在全国推行,或者改其名、行其实。也有人认为两票制与村民自治相抵触,因为强化党支部的民意基础会矮化村委会。在党支部已渐渐淡出的村庄,没有必要多此一举。持否定意见的学者认为,民主选举的村民代表会应该拥有最高决策权,理论上党支部可以拥有否决权。如果承认党的领导权来自人民,就有必要让人民通过明确的民主程序对他们授权。这不仅是法理的要求，也有经济基础，因为村党支部书记的职务补贴来自村民上缴的村提留，不是来自上级党委。

不少有丰富农村实践经验的与会者指出，在近百万个乡村中，情况形形色色，有的党支部十分出色，有的不起作用、老化，所谓“七八个党员四颗牙”。或者书记秉公办事，村长以权谋私，或正好相反。在村一级实行真正的民主自治，若能在党支部、村民代表大会与村委会之间形成制衡，何尝不可？

二、落实村委会选举的助力与阻力

来自河北省民政厅的与会者认为，民主选举村委会起到稳定农村的作用。河北省邻近首都北京，在推行民主选举之前，发生过不少农民集体进京上访告状的事件。进行民主选举后，村务管理，特别是村财务管理增加了透明度，干部与群众的关系明显缓和，上访告状要求罢免村干部的事件大幅度减少。河南省前些年也发生过多起群众集体上访的事件，有些农民背着厚厚的法律大全到省民政厅上访，质问为什么不按照《村委会组织法》的规定民主选举村干部。据说河南省的高级领导已基本形成了共识：要稳定农村，就必须实行民主选举、民主决策、民主管理、民主监督。河南省宣传不仅要村务公开，还要扩大公开的内容和范围，凡是群众关心的事务都要公开——不仅要公开办事结果，还要公开决策过程。真能如此民主的村委会，尚属少数。

一位福建省的干部强调，要通过不断完善法律法规来提高村委会选举的民主程度和规范化程度。在1988年之前，福建省已经根据1982年《宪法》的规定在农村开展了村民委员会选举。1987年《村委会组织法》颁布后，曾进行过四次选举。省民政厅总结选举经验，向省人大提出修改本省有关村委会选举的法律规定。他认为福建的四次选举，办法一次比一次规范，也一次比一次民主。村委会选举前所未有，广大村民不熟识公平自由的选举程序，农村基层干部对于如何组织选举也不甚了了。因此，有关村委会选举的法律宣传，选举程序的培训，对于保证选举的公平自由至关重要。经过10年努力，福建省民政系统已经建立了一千多人的基层选举指导网络，每个县都至少有两三个人可以主持村委会选举培训班。两位近年前往福建做农村访问的学者也指出当地选举的种种有待改进之处。

不少与会者指出，由于村委会选举在相当大程度上是由政府主导的政治改革，要使《村委会组织法》得到落实，依赖县级、乡级领导干部贯彻推行，但他们（尤其乡镇干部）对民主选举村委会怀有顾虑，情绪反弹也最强烈。一名与会者说：“如果县委不亲自抓，乡镇就会搞‘保证选举’，即让他们心目中的候选人当选，保证他们的权力不至流失。”安徽某地乡镇干部反映新选出的村委会主任不称职，要求罢免。省人大下去调查，发现因为该主任不买乡镇干部的账，白吃、白喝、白拿全被停止，得罪了乡干部。不少与会者也认为，不能简单地指责乡镇干部反对民主选举、民主意识不强，有些乡镇干部并不否认他们做的许多事情违犯法律，曾有乡镇干部说：“如果严格用法治的标准衡量，可以判我们一百次刑。我们是奉上级命令行事，是奉命违法。”

乡镇干部对于民主选举村委会的消极态度，也有认识上的根源。不少乡镇干部认为农民没有能力自治，担心民主选举会引起或激化宗族矛盾，从而影响社会稳定、税费征收以及计划生育等。事实上，确有农民开始抗交公粮、拒付摊派款。但大部分与会者认为多数农民迫切要求民主选举，他们对选举的冷淡往往是因为选举不民主。一旦真的进行民主选举，特别是当自荐或村民推荐的候选人与乡政府或党支部提名的候选人竞争时，农民便会热情参与。村民是否热衷选举，也取决于村委会的职能究竟是单纯执行上级指令，还是为村民办事。在那些村干部不是决策者、只执行上级旨意的地方，村民往往认为“选谁都一样”。村干部的权力不受监督，今天选上去的好人明天就变坏。广东有的农民说：“不如就让那些已经被养肥的坐在位子上，另选一个“架子猪”上去，又要拼命刮削我们。”

经常被乡镇干部用来证明不能搞村委会民主选举的宗族问题，引起了与会者的热烈讨论。大家认为，宗族是中国社会的客观存在，应当加强对宗族的社会政治功能研究。至于宗族与村委会选举的关系，来自不同地区的与会者观察到三种现象：有的村宗族与村委会选举没有明显的关系，当选的村委会主任往往是村中的单门独户；宗族组织发达的地方，农民的组织程度高，乡镇政府难以操纵选举，因而村委会选举搞得比较民主；第三种观察认为宗族组织对于村委会民主选举有消极影响，大家族垄断村主任职位，小家族的人往往无力竞争而不积极参与选举。与会者认为，随着市场经济不断发展，农民的宗族意识会逐渐淡化，农民最关心的是自己的经济利益，不会把票投给没有能力带领大家致富的族长或房头。另一些与会者同意农民最关心经济利益，但不认为市场经济的发展一定会削弱宗族的影响，相反有可能刺激宗族组织的发展。

与会者对经济发展会怎样影响宗族组织、经济发展程度高低是否影响村委会选举等问题也有不同的看法。有人对同一省份的不同地区进行了比较研究，发现经济发达地区，村委会选举的参选率高，竞争也激烈；经济不发达的地区，想当村干部的人较少，竞争不激烈，投票率也低。也有人认为，不能简单地谈论经济发展程度和村委会选举，必须看村的经济到底是以集体经济为主还是以个体经济为主。负责本省村委会选举的三位干部认为，根据他们的了解，村委会选举是否民主，与经济发展程度没有关系。有些地方的村委会选举搞得不民主，甚至根本不搞选举，除了当地政府主要领导不重视以外，另一个重要原因是法律不健全。到目前为止，《村委会组织法》还是试行阶段，有的基层干部因此有了借口，既然是试行也就可以不执行。由于《村委会组织法》没有规定如何处罚违法行为，在其他法律中也找不到相关条文。一旦出现了违法现象或者根本不推行选举，很难追究法律责任。村委会选举搞不好的另一个重要原因，是领导干部强调以党支部为核心，认为民主选举村委会将削弱党的领导或他们自身的权威。

依照村级组织以党支部为核心这个原则，党支部书记是村的第一把手；而依照依法治国的原则，村委会主任是村的第一把手。于是造成两个相关后果：一是村民对于村委会选举不热心，因为选出来的村委会主任当不了家；二是民主选举的村委会主任可能会挑战支部书记的权威，或造成明争暗斗。

1990年的山东莱西会议强调村民自治，但必须在党支书领导之下，其后更以中央办公厅的名义向全国发文。有人质疑该次会议精神与中央办公厅文件的法律性，因为1998年9月颁布的《中华人民共和国村民委员会组织法(修订草案)》并没有规定村委会由村党支部领导。目前共产党的领导地位已由《宪法》规定，但党对农村的领导并不表示村委会要接受村党支部领导，况且莱西会议是在1989年学生运动之后的特殊政治气候下召开的。

关于村民代表的代表性也有两种意见：或认为村民自治是直接民主，而村民代表会是间接民主的机构；另一种意见认为村民自治的关键是直接选举，只要村民代表由村民直接选举，那么村民代表会就可以作为村民大会的常设机构行使村民大会的权力，并不会截留村民的民主权利。有人证实，修订后的《村委会组织法》将包含关于村民代表会的条文。一些与会者认为应该制订一部《村民自治法》，详细规定各个村级组织的关系和各自的产生办法，明确它们的权限。来自北京的与会者证实，这一意见早已反映到高层。多数代表认为，当务之急是先把《村委会组织法》确定为正式的法律，村民自治是个宏伟的政治工程，在立法上要求一步到位并不现实。“村民代表大会”先由农民自创然后纳入《村委会组织法》，但毕竟不是正式的组织，许多地方全村人开会，其实只是家中男性成员出席，便称为村民代表大会，其实践与作用有待研究。

三、其他相关议题

在短短两天的会议中，许多甚有意义的议题仅被点到而未能展开深入讨论，例如《村委会组织法修正草案》明确村委会一般设在自然村，小的自然村可以联合设立村民委员会，而现实中绝大部分村委会设在所谓“行政村”即原来的大队一级，在广大的山区，村与村相隔数里，村民彼此不熟悉，自然村内的事务包括协调生产、邻里互助、社会服务、公益活动，由行政村(大队)来统筹显然无效率甚至不切实际。自然村内守望相助的社区功能作用是数千年中国农村的社会资源，现在集体最大的资产土地的统筹也应由最低一级集体掌握所有权，这样较易操作也较切合农民利益。目前，因村委会设在行政村而非自然村所引起的问题应如何解决尚没有答案。

与此相关的问题是村委会的职能。许多调查显示，村委会有三分之二的工作是为政府服务，即所谓“要钱、要粮、要命”或“刮宫流产、催粮派款”，为完成上级任务，村委会设在自然村一级的成本要比设在行政村高；而为村民办事、协调本村事务则设在自然村更为合理。有的与会者认为，凡是完成政府规定任务，应该把村委会工作所须费用列入该项工作的政府开支预算，由上级拨专款支付。

村级民主选举只保证了一个月内的村民自治，长年的村民自治还必须确立民主监督机制。由数十名党员选出的党支部凌驾于全体村民选出的村委会之上，或者村支部、部委会、村经济合作社只是“三块牌子一道门，找来找去一个人”，并不能保障村民自治。

有少数与会者基于自己在农村调查的经验，强烈地认为现阶段的村民自治是知识分子一厢情愿加政府的堂皇措施，农民并没有民主选举的自发要求；相反地，“贤人”与“强人”是村民的现实需求。目前，搞得好的农村几乎都是因为有强人带领。另一位与会者反驳道，他刚刚在两千多人的调查中发现，80%以上的村民希望选举。

到底有多少农村展开了直接选举？答案莫衷一是：按民政部公布的数字是80%；按一位学者最近在村民自治开展较好的七个省的调查数据则约24%。有的省份如云南、广东进展甚慢，全国的比例看来大大低于24%，可见推行村民选举的难度。

十分明显，参与村民自治组织工作的政府公务员对选举持更为乐观的态度。有的研究人员提出，官员是否用"听汇报"、"看报表"的方式了解情况，以致被投其所好的基层干部误导。学者则有各自不同的偏向或主张。与会者中有两位来自湖北与安徽的学者兼社会活动家，分别提出"理论务农"与"文化扶贫"的口号，长期在农村用参与、观察、促进的方式投身到实践中，其中一位和农民共同创立"组阁"式的选举方式，他们都深受自己工作的成效鼓舞。

综合而言，与会者皆承认，村委会选举已经对中国大陆的政治发展产生了实质影响：(1) 村委会的民主选举对人大的选举产生了示范效应，许多技术上的细节实际是民主程序的保障，例如秘密投票、不由上级政府指派候选人及候选人竞选办法等；(2) 村委会的民主选举促进了共产党党内民主的发展。村委会的选举不仅诱发了两票制的诞生，还促使越来越多的农村党员要求按照党章民主选举支部书记；(3) 村委会选举的成功使得乡镇长直选列上了政治改革日程，一些地方的领导人表示要率先在乡镇长直选方面取得突破；(4) 民主选举村委会的实践创造了不少民主选举和民主管理模式，突破了不能搞竞选的政治禁忌，创造了一套得到北京领导人认可的中国式的民主政治语言；(5) 民主选举村委会冲击了农村基层干部的"民主"观念，也提高了农民的民主意识。似乎如当初倡导者所料，真正发挥了民主训练班的作用。

可以预见，借助各级人大的支持，民政部门将更有力量推动各级政府，将基层民主建设列入行政一把手的日程。百姓参政、财务公开、民众监督等等观念可望在这片土地上慢慢扩散。有人戏称这是中国政治发展史上另一项"农村包围城市"的战略。

四、后　记

研讨会结束后不到一个月，1998年11月4日，九届人大常务委员会第五次会议通过了修订后的《中华人民共和国村民委员会组织法》。次日，江泽民签署第九号主席令，宣布该法即日生效，《人民日报》全文登载。新的《村委会组织法》有三点特别值得重视：第一，补充了修订草案中未提及的农村基层党组织的作用："中国共产党在农村的基层组织，按照中国共产党章程进行工作，发挥领导核心作用；依照《宪法》和法律，支持和保障村民开展自治活动、直接行使民主权利"(第三条)。比1990年山东莱西会议上提出的村党支部"领导村委会"有所进步。在以往的村委会选举中，党支部常常垄断提名权，支部书记也往往是选举领导小组的当然组长。新的《村委会组织法》则规定村委会候选人由村民直接提名(第十四条)，并规定村民选举委员会成员由村民会议或村民小组推选产生（第十三条)；第二，试行的《村委会组织法》只是笼统地规定村委会主任、副主任、委员由村民直接选举产生，新的《村委会组织法》则对选举程序做了较细致的规定，明确了秘密投票等原则(第十一至十五条)；第三，新的《村委会组织法》规定各级人民代表大会及其常委会负责保证该法的实施(第二十八条)，为民政部门推行村民自治提供了更具权威性的组织资源。

(李连江　熊景明)

"两票制"推选镇长学术研讨会

1999年1月至4月，深圳市龙岗区大鹏镇在国内首次用"两票制"的方式民主推选产生了新一届镇长。"两票制"选举镇长，是指在镇长选举过程中，把过去由党委考察推荐镇长预备人选的工作，改为由党委确定镇长的基本条件，然后发动有选举权的公民民主推荐镇长人选，党委根据民主推荐情况，经资格审查后，组织获较多人推荐的镇长人选公开竞选演说，之后进行民意测评，选出得票最多的人，由此完成第一票即"民意票"；党委根据群众提名推荐和民意测评情况，把得票最多的人确定为镇长预备人选，以镇党委名义推荐给镇人大主席团，交由镇人民代表大会全体会议依法投票选举，这就是第二票即"选举票"。大鹏镇的这一改革创新引起了党政部门、学术机构和新闻媒体的广泛关注。为了探讨这一改革在中国政治发展过程中的意义和影响，2000年4月28日至29日，中央编译局马克思主义研究所、社会科学文献出版社、中共深圳市委宣传部理论处、深圳大学管理学院、中共大鹏镇委在深圳市联合举办了"两票制"推选镇长学术研讨会，来自全国各地的知名学者、政府官员共50多人参加了会议。与会专家学者围绕主题就我国基层民主发展的以下问题进行了热烈而深入探讨。

一、关于"两票制"选举镇长的意义

"两票制"推选镇长在中国政治发展过程中的意义是这次研讨会的中心议题。与会者一致认为，大鹏镇民主选举镇长的改革试点是在党的十五大精神的指引下，在中国共产党基层组织的具体领导下，发展社会主义民主的方向性、建设性的探索，是中国基层民主制度建设的重大突破，标志着我国扩大基层民主的政治体制改革步伐，已经开始由群众自治组织向基

层政权机关发展。在这一基本共识的基础上，与会者从不同的视角进行了分析。有的代表认为，大鹏镇的改革实际上是在选举程序上改革了镇长候选人的产生过程，为民意的表达建立了一种公开、透明的机制，使候选人的提名和产生建立在程序公开、过程透明、票数清晰的基础上，被量化的民意在程序上起了决定性作用，大大提高了党委推荐和人大选举经过的民意基础，主持选举的执政党将民意票最高者确定为候选人的程序制度化，使得民主化程度大大提高。因此，如果我国乡镇级政府的选举朝这个模式的方向发展，其意义将是“革命性的”。有的代表认为，“两票制”的改革探索实现了政治运行的几个转变：群众的“带头人”由过去的“委任制”变为“选任制”；群众的意愿从过去只供党委“参考”变为有决定作用的“参与”；群众政治参与的方式由过去的“间接参与”为“直接参与”，从而实现了基层民主政治建设中由间接民主向直接民主的转变。有的学者从国家、社会、自我发展在政治民主化整体发展过程中的地位和作用的不同，将政治民主化的历史进程描述为参与政治和选举政治，并指出，改革开放以来，特别是依法治国方略的确立，意味着参与政治开始向以公民意识、利益取向和价值多元为基础的选举政治渐进过渡，大鹏镇的改革正是这种过渡形式的表现，是中国参与政治发生的“重大的质的变化”。有的代表则从政治文化的角度进行分析，认为大鹏镇改革在一定程度上反映了中国公民权利认知结构上的进步，反映出中国公民政治心理正走向成熟，中国的政治文化正在丰富多样化。有的代表从政治权威合法性的角度认为，大鹏镇民主选举镇长可以理解为将党的领导的合法性建立在社会公共选择的基础之上，并通过量化的民意体现出来，是政治权威合法性体现方式转换的一个新的方向。

有的代表指出，解读大鹏镇改革意义的一个重要视角度应该是直选后的镇政府是否能够有力促进所在地区福祉增长。值得一提的是，“两票制”改革的当事人，在选举中胜出的现任镇长李伟文在会上谈到选举后的工作体会时指出，自己作为从“票箱”中走出来的干部，面对众多选民的目光，感到有一种强大的工作压力，丝毫不敢有半点放松。因而认为自己的工作、行为，时时在广大人民群众的监督之下，这客观要求自己把群众“拥不拥护、答不答应、赞成不赞成”作为今后思考安排工作的标准。

有些代表指出，“两票制”是在现行体制的框架内进行的，其意义主要体现在程序和技术层面，只是一种“技术创新”，而不是“体制创新”，其形式上的意义大于实质上的意义，但它对原有体制提出了挑战和冲击，这种技术创新也必然带动体制创新，促进政治体制的整体发展。

二、关于大鹏镇“两票制”的特点

与会代表一致认为，大鹏镇“两票制”尝试的最大特点是，在不改变现行《组织法》和《选举法》的条件下，在现有的政治体制框架内进行的，它比较有效地将新的民意基础与传统体制衔接起来，保证传统体制逐渐向新的民主政体平稳过渡，既发展了社会主义民主，又维护了社会的政治秩序，阻力较小，成本较低，在中国政治改革的推进过程中具有较强的现实可操作性。有的代表把大鹏镇的“两票制”与全国其他地方乡镇长选举制度改革的探索进行了比较。通过比较分析发现，四川隧宁步云乡的直选模式引进了竞选机制，社会动员的强度大，实行了秘密划票等措施，坚持了彻底的票决制，实际上是对乡长的直选。但根据现行《宪法》规定，选举乡长是乡人大的职权，所以步云乡的改革与传统体制的差别较大，有违宪的嫌疑。四川南部县的公推公选模式，虽然群众参与面广，但它选举的不是一把手而是副乡级，层次较低，不是严格意义上的票决制，类似公开招聘的一种新方法；山西临猗县对现任党政领导一把手进行信任投票，只有否决机制，没有举荐机制。而大鹏镇的“两票制”实际上具有直选的性质，改革的力度比较大，始终坚持了票决制，更突出是它与现行体制的衔接比较好，没有多大非议。

有的代表认为，“两票制”的局限性主要表现在它毕竟还不是真正意义上的直接选举。有的代表则指出，大鹏镇的优点正在于其局限性：它是在现有体制框架内进行的，遵循党内提名人大选举的现有规定，这是目前情况下的最佳选择。因为中国的政治体制改革必然是渐进式的，大鹏镇“两票制”的改革属于增量改革。增量因素与存量在性质上是不同的，增量改革要取得成功，必须使增量因素首先能被纳入原有体系中，继而在现有体系中扎根和成长，最终导致原有体系的整体发展变迁。如果增量因素一开始就与原有体制存在尖锐的冲突，它就不可能被现有体系包容，改革也就不能成功。还有的代表指出，“大鹏镇”的成功尝试是在特殊条件下进行的，因为大鹏镇是一个小镇，条件不复杂，社会状况和谐，没有宗族、宗教势力，经济发展势头好，领导威信高，领导班子团结，群众的意愿、党的意志和人大的意见高度一致，有深孚众望的候选人，用原有的方式和“两票制”任何一种方式都能选得上。因此，这种“实验室”里的探索是否具有普遍性是应该注意的。

三、关于“两票制”的进一步完善和乡镇民主发展的前景

在研讨会期间，许多与会代表就“两票制”探索存在的一些问题进行了分析。主要是：(1)某些重要的选举程序和规则还比较粗糙，如对投票的结果具有决定性意义的第二轮“代表性民意票”的投票者如何产生还不规范，有较多的随意性。(2)某些重要的选举可能性被这次选举试点地区的特殊因素而掩盖了。这次“两票制”的选举试点是在社会条件比较好、原镇领导班子成员的素质和威信比较高，没有复杂的宗教和宗族势力背景的大鹏镇进行。原镇长李伟文在两轮民意票中都以绝对数获胜，从而避免了如果有两个以上的民意推荐候选人得票相当，给党委如何最终决定正式候选人带来的尴尬，特别是如果发生第一轮和第二轮得票最高者不是同一人时，主持选举的党委将按何种程序和规则决定正式的镇长候选人，还有待于进一步明确。(3)在一定意义上讲，“两票制”是一种直接民主形式，而人民代表大会制度是一种间接民主形式。加强和完善人民代表大会制度是我国政治体制改革和民主法治建设的一条重要原则，而在“两票制”选举模式中，人大的选举似乎成为一种形式上、程序上的确认，这与提高人大的法定权威的原则是有冲突的。如果最后人大的选举结果与民意有一定出入，也就是直接民主与间接民主之间出现了矛盾，如何解决？更进一步地讲，如果出现了党的意志、群众的意愿和人大代表的意见不一致的情况下，如何处理？这在现行体制下是一个挑战。(4)票决制与党管干部原则、民主集中制原则等重要政治原则如何进行衔接和统一。(5)大鹏镇镇长选举过程中，占人口相当比例的外来常住人口没有参与投票，也就是他们的选举权和被选举权没有得到正常的行使，影响了民意表达的民主化程度。因此，如何在一个经济高度开放，公民享有自由迁徙权利的现代社会，保障和方便每个公民合法政治权利的行使？(6)大鹏镇“两票制”选举只解决了镇长如何产生的问题，在镇长产生之后，如何将大鹏镇的逻辑贯彻到底，使之在选后真正按照选民的意愿行政，接受选民监督，保持民意基础。

有些代表结合大鹏镇的案例，就我国发展基层民主的一些更为宏观的、普遍性的问题进行分析和探讨。(1)发展基层民主的动力问题。大鹏镇的改革属于一种规划性的政治变迁，行政色彩较浓，可以说是政治气候的产物。如果说发展基层民主的动力尚未生成，如果发展乡镇基层民主的根基不牢，这种探索能否随政治气候的变化而随风而去？(2)民主的动员问题。有的代表把发展村民自治和发展基层政权的民主建设所处的社会形态进行了分析，认为自然村是“熟人社会”，行政村是“半熟人社会”，村民自治在“熟人社会”，在“半熟人社会”的运行就存在一定的困难。乡镇是一个公众社会，是个“陌生人社会”，在这样的环境下，西方的竞争性选举是通过政治组织进行动员的，对中国而言，在“陌生人社会”里，如何动员民众、候选人如何被选民认识和接受？(3)在实行基层民主选举中，如何防止宗族、宗教势力的干扰？如何有效防止贿选的发生？在突破权力垄断的同时，如何防止权力的过度分散？

在分析上述问题的同时，与会代表们一致认为，任何民主都是一个过程，不能达到完美无缺的状态，西方国家也没有说自己的民主发展已经完成。“两票制”改革探索中存在一些问题是正常的，应该在问题的不断解决中逐步完善。许多与会代表还就此提出一些对策，例如，党管干部和民主集中制作为重要政治原则必须要始终坚持，但内容要赋予新的、符合时代要求的内涵，使之不断充实和发展，这些原则的具体实现方式要根据新的形式接着变革和发展。再如，乡镇长的选举要配套进行问题。有的代表指出，没有权力的制约机制，民主的价值会大打折扣。在村民自治中，民主选举、民主决策、民主管理和民主监督“四论驱动”形成的合力保证了基层民主的成效，对于基层政权的民主建设来说，只有民主选举是不够的，必须进行相关的配套改革，比如改革乡镇的人民代表大会制度，完善乡镇人大代表的选举程序，强化乡镇人大的监督功能，改革和完善乡镇党委的职能和领导方式，在县和乡之间进行明确的分权，使民选乡长对上级负责和对选民负责相统一等等。

关于“两票制”以及发展乡镇民主的前景，与会者提出了许多不同的看法。大多数代表认为，随着经济组织和经济行为的市场化，利益的多元化，在村民自治已经有了相当程度发展的今天，发展乡镇民主合乎逻辑，具有相当的必要性和迫切性，因此，“两票制”完全可以在许多地方进行推广和完善，甚至可以引入乡镇党委系统，同时应该因地制宜，鼓励其他发展乡镇民主的探索。如有的代表还提出采取全国人大常委授权的方式，在全国开展乡镇直选的试点。有的代表认为，中国民主政治的发展应以“体制内的民主形式”为主。在这一思路之下，主张发展乡级民主应在现有体制框架内，以完善乡镇人民代表大会制度为主要形式，有人则认为，在当前这个社会转型的关键时期，遏制腐败蔓延重于发展政治民主，提高政府能力重于扩大政治参与，发展党内民主重于发展社会民主。有的

代表认为,中国的制度变迁实际上是一种供给主导型的制度变迁。这种制度变迁的特点之一是,权力中心在政治力量对比和资源配置权力上均处于优势地位,它是决定制度供给的方向、速度、形式和战略安排的主导力量,它对于供给何种形式的制度以及何时供给该制度都有着最后的决策权,成本—收益的比较也将弱化政治权力中心推广上述改革创新的意愿。有的代表则指出,中国制度创新的供给主体不仅包括中央政府,还包括地方政府及其官员、人民群众,大鹏镇的示范效应中央应该是鼓励的,因为在农村发展基层政权民主建设,推进社会主义民主的同时又能保持社会秩序,中央政府还可以用发动村民民主的方式遏制基层官员的牟利行为,可以在民主的实践中训练民众的民主素质。

四、关于发展乡镇基层民主与坚持和完善党的领导

与会代表一致认为,在民主选举制度创新中坚持党的领导是极端重要的,并强调政治稳定是进行民主选举政治探索的前提。西方国家的政党轮流坐庄的多党制不适合中国国情,发展基层民主必须在党的领导下有组织有计划地进行,必须有利于坚持和完善党的领导。许多代表认为,在中国民主政治发展的过程中,如何在坚持党的领导的现实政治前提下使民众拥有最大限度的表达意志的形式和条件一直是我们苦苦探索的问题。大鹏镇的尝试,既体现了党的政治、组织领导,又使民众充分表达了意志,使两者有机地结合起来,"两票制"的改革创新不仅表明了中国共产党积极稳妥地推进政权民主建设的坚定信心,也使党的执政地位由于建立在一种新的、不断扩大的民意表达基础之上而变得更加牢固。

有的代表则认为,要按照江泽民同志的要求,紧密结合国内外形势的变化,紧密结合我国社会生产力的最新发展和经济体制的深刻变革的实际,紧密结合人民群众对物质文化生活提出的新的发展要求,紧密结合我们当前干部队伍发生的重大变化,将大鹏镇"两票制"的探索放到党的三个"代表"的高度进行分析。他认为,中国共产党之所以能获得中国人民的拥护、信赖和支持,正如江泽民同志所指出,是因为我们党代表了中国先进社会生产力的发展要求,代表了中国先进文化的前进方向,代表了中国人民的根本利益。但这三个"代表"的实现方式、表现方式在革命战争时期和社会主义建设和改革开放时期是不同的,也是不断发展变化的。民主选举乡镇长,实际上将党的领导的合法性通过社会公共选择(民意)的方式体现出来,实际上是党"如何更好代表中国人民的根本利益"方式转换的一次探索,也是党执政方式和领导方式进行转变的一次积极尝试。这种尝试不论是在设计上还是在操作上都是以扩大执政党的民意基础来巩固和改善党的领导,而并非削弱党的领导。

有的代表分析指出,"两票制"是党领导下的选举制度的改革与完善。这一过程中,党的领导主要体现在以下四个方面:(1)党具有选举改革试点的确定权和推广权。(2)候选人资格条件的制定权和审查权。通过对候选人资格条件的制定和对多个较能反映民意的候选人资格条件的审查,确保候选人能够代表党的意志、具备执政能力和充分反映民意。(3)候选人的推荐权。通过法定程序将民众推荐票最高的候选人向同级人大做出推荐。(4)以监督者的角色对选举过程进行公平、公正地监督。这些作用有助于保证改革沿着正确的方向前进。

也有些代表认为,民主选举的一大特点就是选举结果的不确定性。改革开放以来,随着社会结构的分化和利益的多元化,社会精英也有了分化的趋势。因此,无论从逻辑上还是从发展趋势上,在乡、县一级推广上述的改革尝试将使执政党领导地位面临一定的挑战。党应对这种挑战的方式,不是停止发展民主,而应按照江泽民同志关于当好三个"代表"的要求,通过惩治腐败,从严治党以及制定和执行正确的路线方针和政策,促进社会生产力不断发展,促进国家经济实力不断增强,不断创造和推进有中国特色的社会主义文化,以全心全意为人民服务为宗旨,不断实现好、发展好和维护好人民的利益,从而永远得到广大人民群众的拥护和支持。

在研讨会上,与会代表还就发展乡镇民主的动力与阻力、民主与选民的素质、民主与利益、民主与经济发展水平的相关性等问题进行了探讨,提出了不同的见解。

(汪永成　张定淮)

全国基层民主政治建设理论研讨会

2000年6月27日至29日,民政部政策研究中心、深圳市社会科学院、深圳市民政局、广东省邓小平理论研究中心、深圳市龙岗区和大鹏镇六家单位联合召开了"全国基层民主政治建设理论研讨会",本刊记者就"中国基层民主政治建设"、大鹏镇乡镇长"两票制"选举改革等有关问题采访了几位专家学者。

推进基层民主政治建设要从中国国情出发

汝 信(中国社会科学院原副院长) 推进我国基层民主政治建设,必须从中国处于社会主义初级阶段的实际国情出发,受历史传统、文化素质、经济基础及现行政治体制的制约,基层民主需要有一个渐进的过程,而且是一个相当长的历史过程。解放以后我们实行人民民主,人民当家做主,摸索、积累了一些成功经验,但跟中国几千年的传统相比,民主政治建设的时间还比较短。

我们虽然建立了人民民主制度,人民当家作主,但要真正实现人民当家作主,行使主人的权利,就不是那么容易了。现在中国还有很多地方经济非常落后,很多人还是文盲,缺乏文化素养、政治意识、民主意识,甚至没有参与政治的意识,这些东西都需要一定时间的培养,需要有一个过程。在这个过程中,我们只能从国情出发,走有中国特色的民主政治建设之路,不能照搬国外的某一种民主模式,那样做是注定要失败的。

基层是政治体制改革的最好切入点

汝 信 现在党的十五大提出要继续推进政治体制改革,我认为从基层入手是最好的办法,是最好的切入点。从上而下改革难度很大,我们国家的人大、政协等基本制度,不仅不能改变,而且要继续完善。社会需要稳定,离开稳定,中国十几亿人连吃饭都成问题,更不用说其他的问题了。所以自下而上地推进政治体制改革,有利于中国的稳定和发展。

民主还要养成一种习惯,习惯了就成了一种传统,如少数服从多数,即使少数人不满意也只能服从多数。养成一个民主习惯,一是要有法律保障,二是要形成社会习惯。基层民主搞好了,下一步推广到其他领域,就顺利得多。

王惠岩(吉林大学教授) 随着社会主义经济体制改革和发展,政治体制改革已经提到议事日程上来,但是如何来进行政治体制改革?我认为,通过对村民自治的研究,可以探索社会主义民主政治发展的途径,这也是我们将来政治体制改革的突破口。

村民自治,其本身作用、意义不在于村民自己管理自己的一些方式,而在于实行了“四大民主”,它培养了9亿农民的民主意识。农民民主意识提高了,直接选举出的代表就真正具有代表的素质,而具有这样素质的代表,就会认真行使人民代表的职权和对政府的监督权,就能把社会主义民主政治发展往上推动。从这个角度来看,探讨乡镇长“两票制”选举改革的问题,实质上是研究探讨社会主义民主政治发展途径问题。如果有几个地方的经验进行交流,则能找出带有共性、特性的经验,使之在面上更好地推动民主政治的发展。发展民主是商品经济要求,是市场经济的要求。大鹏镇基层民主政治之所以能发展,除了领导干部和群众觉悟比较高,有探索、创造精神,更重要的是有经济基础,说明我们的政治体制改革、民主政治发展必须要适应市场经济的要求。我认为,这是大鹏镇镇长选举改革的主要意义所在。

“两票制”选举改革的现实意义

汝 信 深圳是个经济特区,这些年发展很快,人民生活水平普遍提高,进入了小康,文化素质有了提高,政治上的参与意识也慢慢地发展起来了。大鹏镇的“两票制”选举,在扩大基层民主方面进行了一些探索,这个方向是对的,其价值也在此。对这种大胆的探索、创新,应该肯定和支持。

刘德厚(武汉大学教授) 社会主义经济的发展必须要落实在社会主义治国方面,如果不是落实到这个方面,经济发展就没有了中国特色。邓小平讲:贫穷不是社会主义;反过来说,富裕不一定是社会主义,只有变贫穷为富裕,并且在此基础上推动政治民主和社会文明进步,这才是中国特色的社会主义给人类做出的贡献。大鹏镇不仅经济发展,而且在政治制度进行创新探索,在实践有特色的社会主义方面具有很重要的现实意义。

赵宝煦(北京大学教授) 大鹏镇“两票制”选举是一次建设性、方向性探索。随着经济体制改革深入,政治体制改革也要跟上。扩大基层民主是政治体制改革的一个重要方面,非常值得探索。江泽民同志说:创新是民族的灵魂。社会发展必须要有突破,但这个突破不是突变,一定要很稳妥,循序渐进。

“两票制”选举要走向规范化、制度化

赵宝煦 基层民主,望文生义,就是基层政权跟人民群众的关系问题。邓小平同志说,没有民主就没有社会主义,就没有社会主义的现代化。民主是什么,是一种制度,这个制度比较公平、公正、公开,而且是平等的,是可以保障社会稳定、长治久安的一种制度,当然我不是说这种制度是完美无缺的,目前,到现在为止,这个民主制度不管是中国还是西方,都在不断地进行完善以克服弊端。

作为一种制度的民主,必须要有一定的法律程序。十五大提出扩大基层民主,建设社会主义法治国家。我认为,建设社会主义法治国家,关键在于要让人

民群众行使民主权利，要有渠道让老百姓把意见提出来，这个渠道，要让他觉得很随便，很自然，不是一个让他望而生畏的渠道，这个渠道必须由法律来制定。

汝　信　关于扩大基层民主程序问题，我们过去老是停留在一种抽象的形式上，而没能够真正保障人民的民主权利，这需要有一整套法律做保证。如果将来形成一套机制，成为一种制度，对社会主义民主建设会起到很大作用。大鹏镇的做法是对基层干部任命的一个改革。领导干部首先要通过人民群众这一关。如果人民不满意，就不会选你，这是一道关，不可逾越。有些品质不好，搞邪门歪道的人，过去可以通过一些办法上去，现在就困难得多。如果老百姓对你非常不满意，下一任就不推选你，起到了监督的作用。

刘德厚　大鹏镇的做法，应该从制度上加以完善。“两票制”是一个形象的说法，一个通俗的说法。“两票制”似乎不能完全表达民主选举制度创新的意思，而仅仅停留在候选人的提名投票，候选人再进行最后投票，这种提法好像一个具体工作的过程。制度的创新可以搞一个过渡的形式，这个过渡形式在大鹏镇的干部选举改革上则可称做“半直选制”。“半”就是过渡的形式，在制度化过程中要逐渐找到一些法律根据，使之逐步规范化、法制化。否则，它就带有暂时性、人治的色彩。

协调好乡镇选举改革与现行《宪法》的关系

龚育之（全国政协常委、中央党校原副校长）　我们国家现行《宪法》规定，基层政权在乡镇一级，乡镇长由人民代表大会选举。现在，可不可以由一个乡镇的选民直接选乡镇长？基层干部与群众关系最为密切，共同的利益也集中在一起，选一个什么样的干部，关系到他们的切身利益。所以直接选举，更能表达群众的意愿，更能直接监督。如果群众不满意，可以直接要求另选他人。许多干部也认为这样可以直接面对群众，接受选举的考验，对干部的成长是有好处的。然而，这么做与现行《宪法》规定不符。

我认为，《宪法》本质是要求民主的，民主的具体形式可以根据发展的实践而变化，不一定非得某个形式不可。如果《宪法》没有做出具体的规定，就不存在与《宪法》冲突的问题；如果在现实中是群众要求进行一种试验，《宪法》还没有允许，无非有这么几个办法：一是修改《宪法》；二是不需要修改《宪法》，而由与制定《宪法》同样权力机关，给一种试验的可能性。如人民代表大会通过一个法律，这个法律说，《宪法》这一条在什么什么条件下，可以进行一种与现行《宪法》不同的试验。如果经验成熟了，大家都很赞成，那就通过人民代表大会的决定来修改《宪法》，这是可以的。如果不够成熟，大家还不很同意，试一下总有好处。《宪法》是可以修改的，修改要有一个过程，要有一些试点。第三种办法就是变通。就是现在大鹏镇的这种做法，采取本乡全体公民对谁当选乡长合适做一次投票，等于一种民意测验，让老百姓表示一种意见，而这个意见不是开个会听听而已，是用乡里全体公民投票的方式来运作，这个决定不算选举的结果，只是提名候选人过程中的一种方法。乡人大主席团根据乡里公民直接提名的候选人情况，依照《宪法》、《组织法》规定，在乡人民代表大会上提出正式候选人进行表决，这个选举程序，仍与《宪法》相一致，只不过是比《宪法》多了一个程序。它虽然不是直接的法律上的选举，但具有类似法律的权威性。经过一次模拟的选举，或者说作为一种决定候选人的选举，使之程序合法化。

作为一个试验，就要看其效果，什么条件成熟，什么条件不够成熟，要给人一个观察的机会，给人一个总结经验的机会。如果试验的效果比较好，涉及的问题的确解决的不错，经验具有说服力，大家都赞成，那么就可以提出建议修改《宪法》，或者不用修改《宪法》，而由人民代表大会正式决定予以实施。经过一段时间的实施，如果真正是成熟了，效果比较好，最后，还要通过修改《宪法》来实施。

“两票制”选举存在的问题与对策

汝　信　实行“两票制”这种方法，还会带出一系列问题，如：老百姓可以推荐候选人，这就有一个竞选的问题，而实际上我们还没有一个竞争的机制，只是候选人选出来以后发表个演说，大家听一下而已。另外，如果形成机制后，不可避免地就会出现有一些社会团体，社会集团，一批人要支持某个候选人参加竞选，那么我们这样的体制下到底允许不允许？到底怎么运行？西方政党就是这样形成的。我们国家的体制，不允许搞“多党制”。

现在还是在党委的领导下进行选举，长时间下去，会不会出现拉选票、贿选等现象。深圳选的这个点是最好的点，工作一直做得比较好，比较稳定，干部在这里威信较高，投票选举相对顺利些，如果换一个地方就未必是这样的结果。这些问题还没有很好地去考虑，只能说这种“两票制”做法是一种方向，是一种探索。

我感到扩大基层民主，能够使更多的老百姓有当家做主的权利，究竟采取什么形式最好，各个地方都要根据自己的情况进行多方面的探索，也可以创出一些其他的办法。

刘德厚　要真正巩固这样一个创造，需要进行一些综合性的研究：

一是基层政权的民主化与村民的自治化关系要处理好，基层政权的民主化有了社会基础，村民的自治化才有政权保证。二是村民自治与社会环境的关系要处理好。一个村长选出来首先受到他上级的制约，一个好村长找到上级要为村民办点实事，遇好的上级就办成了；如果遇到不好的，就需要拿钱去打点。所以说，一个好的干部不见得就不与社会上的阴暗面同流合污，这是社会环境问题。对此，我们也要进行一些研究。三是巩固这个成果，还要进行全程跟踪分析，用5—6年，甚至10年的时间，观察"两票制"运行到底是一个什么样的轨迹。这个研究是艰苦的，长期的，有了一定的经验，有了一定的理论，有了一定的实践内容，才可以把它加以总结。如果确确实实在实际生活中能够有助于人民民主积极性的提高，能够克服我们现行制度中所不能克服的弊端，那么何乐而不为呢？

（钟利平）

贯彻《村民委员会组织法》研讨会

2000年11月6日至8日，全国人大内务司法委员会在北京召开"贯彻《村民委员会组织法》研讨会"。参加会议的有各省、自治区、直辖市人大内务司法对口机构负责人，组织和民政部门的实际工作者及专家学者。与会者围绕在村民自治中如何发挥村党支部领导核心作用、乡镇政府如何依法对村委会的工作进行指导、正确处理村民会议与村民代表会的关系以及人大如何监督《村委会组织法》的贯彻实施等7个问题认真进行了研讨。现就有关问题综述如下：

一、关于村民自治与村党支部领导核心作用发挥

会议认为开展村民自治，首先必须坚持党的领导。我国的村民自治制度，不同与西方国家的地方自治。在村民自治中，既发挥村党支部领导核心作用，又切实保障村民依法行使自治权利，村民自治就会取得成效。偏离或者违背这个要求，就会产生各种摩擦。《村委会组织法》和中国共产党农村基层工作条例，都是广大农村坚持党的领导，开展村民自治的实践经验的总结。其目标都是为了加强农村基层党组织建设，加强农村基层民主政治建设，把农村各项工作搞好。对于在实际工作中出现的一些矛盾和偏差，有关部门应当高度重视，采取确实可行的措施，总结经验，消除误解，以利于更好地贯彻法律和条例。

会议认为，必须正确处理村党支部和村委会的关系。当前，要特别注意防止和纠正两种错误倾向。其一，认为加强党的领导，发挥村党支部领导核心作用，就是村里的事情都要由党支部甚至支部书记一个人说了算；其二，认为加强村民自治，就可以摆脱党支部的领导，任凭村委会甚至村委会主任想怎么干就怎么干。

党在农村的基层组织是农村各项工作的领导核心，当然也是村民自治的领导核心，这是勿容置疑的。但在实践中，有些村党支部把领导核心理解为包揽一切，不注意发挥村委会的作用，使村民自治流于形式。这是与《村委会组织法》相违背的。在村民自治中，村党支部既要发挥领导核心作用，又要依照《宪法》和法律，支持和保障村民开展自治活动，直接行使民主权利。二者不可偏废。当然，村委会也要增强党的领导的观念，自觉地接受和依靠村党支部的领导。

总的原则是，在村民自治范围内的事项，既不能由村党支部包办，也不能任由村委会说了算，而是要按大多数村民的意见去办。这样做，不会妨碍党支部发挥领导核心作用和村委会发挥组织村民开展自治的作用，因为党支部和村委会都是为广大村民服务的，是为村民谋利益的。

会议认为，村党支部应当加强对村委会和村民自治工作的领导。村党支部的领导核心作用主要体现在三个方面：(1)政治上领导。在村民自治活动中，凡是涉及党的路线、方针、政策的问题，应当经党支部集体讨论，提出意见，再由村委会提交村民会议或村民代表会讨论通过，避免工作失误。(2)工作上指导。支持村委会和村民依法开展自治活动，经常过问村委会的工作，及时帮助解决工作中遇到的困难和问题。既保证村民自治的民主权利，又使之不脱离党的领导。(3)思想上引导。要组织村委会成员学习党的方针、政策和国家有关法律、法规，增强法制和政策观念，经常了解他们的思想动态，及时帮助他们排解思想上的困惑和疑虑，保证村民自治始终沿着社会主义的方向健康发展。

会议认为，村党支部应当把支持和保障村民开展自治活动作为自己的一项重要工作。《村委会组织法》是党领导人民制定的，体现了党的意志和人民的愿望。作为党在农村的基层组织，村党支部应当贯彻党的意志，带领全体党员模范执行《村委会组织法》，支

个方面。

——村党支部要切实保障村民的民主选举权。首先，要认真做好村民选举委员会的推选工作，通过村民会议或村民小组推选，产生村民选举委员会成员。村党支部负责人可以通过法定程序，担任选举委员会负责人。其二，要引导村民把那些思想好、作风正、有文化、有本领、真心实意为群众办事的人选进村委会，尤其要选准选好村委会主任。要充分发挥共产党员的先锋模范作用，防止选举中出现不正当竞争和其他违法行为，保证选举工作依法健康进行。

——切实保障村民的民主决策权和民主管理权。党支部要重点抓好三件事：一是在党支部建立重大决策集体讨论决定制度和党员议事制度。凡涉及本村重大事项的决策，都要坚持走群众路线，在广泛听取村民意见的基础上，集体讨论，做出决议。要以村民是否满意作为检验决策正确与否的惟一标准。二是指导和督促建立村民会议和村民代表会制度。凡涉及村民切身利益的事项，都应提请村民会议或村民代表会讨论决定。三是要根据党的方针、政策和国家法律、法规，组织制定和完善村规民约和村民自治章程，使本村民主决策、民主管理规范化、程序化。

——切实保障村民的民主监督权。党支部要重点做好两项工作：一是领导村务公开和民主监督工作。要建立村务公开领导小组和民主理财小组，及时、全面、真实地公开村务，尤其是财务情况。认真组织民主评议村干部。村委会要定期向村民会议或村民代表会报告工作，接受村民的监督。

会议认为，开展村民自治，还必须改善党的领导。在村民自治中如何改善党的领导，通过改善党的领导达到加强党的领导的目的，对村党支部而言是一个全新的课题。会议总结了各地实践的经验，认为除了需要更新思想观念，改进工作方法外，还需要完善制度，明确分工。

——根据《村委会组织法》和《中国共产党农村基层组织工作条例》，建章立制，明确村党支部对村级其他组织的领导核心地位和相互关系，支持和保证它们依照国家法律及各自章程充分行使职权。通过完善制度，使村党支部和村委会分工明确，工作有章可循。使农村基层干部知道该办什么，该怎么办，什么事能办，什么事不能办。

——规定村党支部和村委会联席会议制度和议事规则。根据"便捷、效能"的原则，研究确定会议的程序与内容。规定凡是涉及全村和群众切身利益的重大事项，首先由村党支部提出初步意见，然后由党支部书记主持召开村"两委"联席会议，集体研究形成方案后，再提交村民大会或村民代表会讨论决定。这一制度可以较好地保证党支部和村委会按照各自的职能，协调有序地开展工作。

——严格财务管理和印章管理。对于这个易引起村党支部与村委会产生矛盾的焦点问题，有与会者提出"三笔会签"制度，即村提留、集体企业上缴和村委会其他收入的支出，必须经过民主理财小组审核同意，财务支出单据必须由经手人、村委会主任、村党支部书记共同签字，并加盖民主理财小组专用章。大额支出必须由村民大会或授权村民代表会通过。这样做，可以有效地加强监督机制，避免发生少数人贪污侵占的事件。还有人提出，各地要建立村级印章管理制度，明确规定印章由专人保管，不允许由党支部书记、村委会主任个人保管。村党支部印章可由支部副书记或组织委员保管，村委会印章由村会计保管。需要使用印章时，应分别经党支部会议、村委会会议同意。未经研究同意，任何人不得擅自使用印章。

会议认为，通过"两推一选"，民主产生村党支部成员是改善党的领导重要的方法。选好党支部成员特别是支部书记，是加强村党支部建设的关键，也是顺利推进村民自治的组织保证。实行村民自治后，各地积极探索村党支部领导班子成员选举制度的改革。所谓"两推一选"，就是党支部成员包括支部书记，分别由党员和村民民主推荐，经组织考察后在党内进行选举。这样，选出的支委会成员，不仅党员赞成，村民也拥护，为发挥村党支部领导核心作用奠定了坚实的群众基础。

二、关于乡镇政府与村民委员会的关系

会议认为，正确处理乡镇政府与村委会之间的关系，是当前实施《村委会组织法》，保证村民自治不断向前发展的一个重要问题。从内容上看，当前乡镇政府指导村委会的工作主要应包括以下几个方面。一是指导和支持村委会正确理解和贯彻国家法律、法规和党的方针、政策，教育村民自觉履行公民和村民义务，积极完成征兵、交纳税款和统筹提留以及粮油订购、计划生育等任务。二是指导、帮助村民依法搞好村民自治。主要包括：搞好村委会民主选举，使村委会成员具有深厚的群众基础；开好村民会议，确保凡涉及村民利益的重要事项提请村民会议或村民代表会决定；制定好村民自治章程和村规民约，建立村民自我管理的约束机制；搞好村务公开，推进村级民主监督。三是指导村委会建立健全与村民自治有关的村务规章制度。当前应重点指导村委会建立健全

依法选举村委会成员的民主选举制度；以村民会议或村民代表会为主要形式的民主决策制度；以村务公开、民主评议和村委会定期报告工作为主要内容的民主监督制度；以规范村委会成员工作和行为为内容的岗位责任制。实现村务活动照章办事，推进村民自治的规范化、制度化。四是指导和支持村委会发展集体经济，健全农业产销服务体系，搞好产前、产中、产后服务，管理好属于村民集体所有的土地和其他财产。根据乡镇区域经济发展计划，指导村委会制定村级经济发展和建设计划，并在资金、技术、人才、设备等方面给予支持。五是根据乡镇教育、科技、文化、卫生、体育等社会事业发展规划，指导和支持村委会制定村级公益事业和公共事业发展规划，办好文教卫等公共、公益事业。指导村委会抓好综合治理，加强社会主义精神文明建设。六是指导村委会处理好对内、对外的各种关系，正确处理村委会与村其他组织的关系以及村际关系，积极支持青年、妇女、民兵等群众组织开展工作。

从支持和帮助的工作方式上看，乡镇政府主要应做如下工作：一是制定目标责任制。乡镇政府要将对村委会工作进行指导的内容，纳入乡镇政府工作目标责任制进行考核。要设立专门指导组织，建立岗位责任制。要将指导村委会工作，推进村民自治列入乡镇政府的重要议事日程，定期研究，突出重点，分类指导。二是根据乡镇国民经济和社会发展计划，制定指导性的工作计划，供村委会在制定三年任期目标和年度工作计划时参考。三是典型示范和推广经验。如评选先进典型，介绍村民自治各种成功经验，建立村民自治示范村，以点带面，以示范的方式引导村委会工作。四是培训村委会成员。乡镇政府要采取多种形式对村委会成员进行法律和业务培训，提高村委会成员的政治素质、法律意识、政策水平和工作能力。五是检查监督和行政奖励。乡镇政府要定期检查监督村委会的工作，定期审计村级财务，对先进典型要给予奖励，以激励先进，鞭策后进。六是经济支持。乡镇政府对经济不发达的村，应当给予财政补贴，以帮助其办理公共事务。要协助引进人才、争取贷款、减免税收，提供市场信息，帮助开拓市场。七是建立村民自治章程、村规民约的备案审查制度，以保证其合法性，确保村民自治依法进行。八是协调解决村内矛盾或者外部纠纷。

会议认为，村委会对乡镇政府的工作也应当依法予以协助。村委会不能因为是村民自治组织，就不接受乡镇政府的指导，不履行法定的义务，甚至与乡镇政府对着干。村委会协助乡镇政府开展工作，这是村民自治的一项重要内容。每一个村委会都应当切实担负起这项责任，积极配合乡镇政府依法完成有关的各项工作。村委会也应当向广大村民宣传《宪法》、法律和国家政策，教育和推动村民履行法律规定的义务。

三、关于村民会议与村民代表会的关系

会议认为，村民代表会是广大农民在贯彻《村委会组织法(试行)》的实践中创造的一种决策形式。这种方式有利于村委会与村民的沟通，便于议事，《村委会组织法》肯定了这种形式。但在执法过程中，有些地方用村民代表会替代村民会议，不召开村民会议，或者由村民代表会决定村内一切重大事项。这种做法是与立法宗旨不相符的。

会议指出，《村委会组织法》的基本精神是村民实行直接民主。根据该法规定，村民会议是村民实行民主自治的权力基础和基本形式，它选举产生村委会并监督其工作，决定涉及村民利益的重大事项。只有在人数较多或者居住分散，召开村民会议比较困难的村，才可以召开村民代表会，而且只能讨论决定村民会议授权的事项。可见村民代表会只是村民会议的一种辅助形式。因此，在法律实施中，凡是条件具备，能够直接召开村民会议的地方，都应当用村民会议的形式决定村内的重大事项。由于条件限制需要召开村民代表会的地方，也要积极完善村民代表会的运行机制，让村民充分行使民主权利。但是，必须强调的是，法律规定应由村民会议决定的重大事项，如村委会成员的选举和罢免等事项，不能列入向村民代表会授权的范围，不能由村民代表会决定，而应召开村民会议决定。

关于村民会议如何向村民代表会的授权由于《村委会组织法》没有具体规定。与会者建议，各省、自治区、直辖市人大常委会，在不违背《村委会组织法》的立法宗旨，保证村民真正实现自治权利的前提下，结合本地区的实际情况，在《村委会组织法》的实施细则中加以规定。已经制定实施细则的，可以通过补充规定加以完善。

四、关于各级人大在贯彻实施《村委会组织法》中的监督保障职能

会议认为，各级人大在贯彻实施《村委会组织法》中的监督保障作用，应从两个方面体现出来：一是实施《村委会组织法》地方性法律法规的制定和完善。会议认为，制定地方性法规，要从维护广大村民的根本利益出发，坚持权利和义务相统一的原则，把村民依法享有的民主权利和应尽的法律义务都尽可能予以

明确规定。要坚持走群众路线，广泛征求社会各方面意见，尤其是要充分发扬民主，直接听取村民的意见，使制定的地方性法规真正体现广大村民的意见和要求。另外，各省、自治区、直辖市人大常委会在完善地方立法的同时，还应注重推动政府及其主管部门制定和完善推行村民自治的各项规章制度。二是对《村委会组织法》实施情况的检查监督。会议强调，监督法律的贯彻实施是各级人大常委会的一项重要职能。人大必须加强对《村委会组织法》实施情况的检查监督。要不断改进和完善监督方式，促进执法部门依法行政，制止和纠正有法不依，执法不严，违法不究的现象。人大的执法监督包括两方面。一是启动执法机关内部的监督机制，即督促行政执法机关实行执法责任制，以自查、复查等形式，解决其内部存在的执法问题。二是启动人大自身的执法监督机制，即发挥人大集体行使权力的优势，对法律的实施情况进行检查、监督。执法监督要精心部署，综合运用听取工作汇报、个案调查和督促整改等措施。监督的重点内容是推行村级民主选举、民主决策、民主管理、民主监督的情况。为了增强监督工作的针对性，还可通过代表视察，专题调研，处理群众来信来访，办理代表批评、意见和建议等方式，督促政府有关部门认真贯彻实施《村委会组织法》，促进农村基层民主政治建设。

（全国人大常委会内务司法委员会内务室）

中国乡镇选举研究学术讨论会

1999年12月25日至29日，由全国人大常委会办公厅联络局、全国人大民族委员会、中国社会科学院政治学研究所联合组成的“地方人大代表选举研究课题组”（课题组人员名单附后）在北京市首体公寓召开了“中国乡镇选举研究学术讨论会”。

参加学术讨论会的人员，既有负责乡镇人大换届选举的实际工作者，也有从事研究的专家学者。

会议对乡镇人大选举中出现的制度改革趋势进行了总体评估，现综述于下。

一、乡镇人大代表选举的制度优化方向

与会者就近些年来各地乡镇人民代表选举中采取的一些规范性措施展开了讨论，并就现在乡镇人大代表选举面临的形势及存在的问题作了分析。

刘竹泉（北京市人大常委会） 指出，在乡镇人大换届选举中，民主在发展，首先是法律法规不断健全，《选举法》与各地的选举实施细则都能根据实践的需要，不断修改与完善；其次是选举工作不断改进，每次换届选举都要求有所进步，包括选举机构的设立、限制政党与人民团体提名候选人的比例、不搞变相的“组织提名”、预选、正式候选人与选民见面等，都有了相应的规定；再次是选民的观念发生了变化，“选出人民满意的代表”已经深入人心；四是选举组织者的观念亦开始发生变化，如二次选举在过去很难被接受，往往被视为选举工做出了问题，所以选举组织者都努力争取一次选举成功，但现在已强调二次选举是正常的，不能因此置疑选举组织工作；再如“组织提名”的候选人落选，过去亦会指责选举组织者工作没有做好，现在则被视为正常现象，对非候选人当选也不再有人大惊小怪。但还应该认识到，直接选举强烈呼唤改革，不进行改革，选民与代表的积极性会受到挫伤，使得选举工作难以为继。《选举法》尽管经过多次修改，但还深深打着计划经济的烙印，如何适应市场经济条件下的新形势，是必须研究和解决的问题。

傅新元（山东省人大常委会） 指出：当前中国的选举制度总体是好的，基本符合中国实际，问题出在具体操作上，如何把民主与党的意图结合起来，是更好地体现民意，还是用另一种方法体现组织意图，是值得研究的问题。选民厌选的根本原因是政治体制改革滞后，出现选民登记变为登记选民、我要参选成为要我参选等被动现象，是因为上层与基层对选举乃至民主的认识不同，使选举的优势没有真正发挥出来。

景跃进（中国人民大学） 亦指出：现在的县、乡人大代表选举，是动员式的选举，而不是自下而上的参与式选举，一方面是《选举法》越完善执行过程难度越大，另一方面是由于缺少代表政治的机制，使选举失去了基本保障。在面临“完成任务”与“打破旧传统”两难境地的选举中，制度化的选择只能是自下而上的过程。

方兴和（山东省人大常委会） 分析了县、乡两级人大选举不同步的弊端：一是直接选举密度大，选民参加选举过于频繁，厌选情绪越来越大；二是由于换届选举的连动关系，使县级人大常委会和乡镇人代会不得不参与干部的频繁变动，造成基层干部队伍不稳定，并容易导致干部的短期行为；干部调动后往往要辞去代表职务，亦不利于县、乡人大的自身建设；三是造成人力、物力、财力的极大浪费，以山东省为例，一次直接选举，需要抽调人员几万人，培训骨干110万人，动员6000万选民，各级财政补贴几千万元。他建议乡镇人大的任期由3年改为5年。

陈　忠（重庆市人大常委会） 则介绍了1999年乡镇人大选举时就此问题进行问卷调查的情况，全市

下辖的40个乡镇中，有25个区县的25669人参加了问卷调查，同意将乡镇人大任期由3年改为5年的有22640人，占88.2%；同意将乡镇人大任期由3年改为2年的有3027人，占11.8%。根据问卷调查结果，建议将县、乡两级人大的任期都改为4年。

范良春（福建省人大常委会） 列举了现行县、乡人大代表选举制度中的11项制度缺陷：(1)《选举法》规定的选区划分标准中，农村人口4倍于城镇人口，造成了公民选举权利的不平等，尤其不适应于经济发达地区。(2)没有解决地域代表制与职业代表制的区别，《选举法》“两个大体相等”的规定很模糊，不但难以表现选举人的意志，还因分配代表的随意性造成代表素质差等问题。(3)县、乡两级人大选举不同步进行，除山东、重庆人大的同志提出的问题外，还易于出现简化选举程序的现象，如将提名推荐候选人与确定候选人的程序合一，大量使用流动票箱以及减少人代会会议时间等。(4)《选举法》中有关选民登记的有些规定已严重滞后，对流动人口的选民登记缺乏统一规定，应该探索将被动式选举改成主动式选举的新路。(5)候选人提名机制不健全，被提名人机会不均等，有的地方“组织”提名候选人多，选民不提名候选人；有的地方全部由选民提名；对各政党、各人民团体单独或者联合提名候选人，“人民团体”缺乏明确定义，政党与人民团体的级别亦无明确说明，亦是需要解决的问题。(6)确定候选人的机制应进一步健全，《选举法》规定的经酝酿、协商后，根据较多数选民的意见确定正式候选人，“较多数选民”的含义模糊；酝酿、协商不下来怎么办，法律没有规定，福建省采用的是小预选和全体选民参加预选的办法。(7)代表候选人的介绍，“组织提名”的候选人由选举委员会介绍，选民10人联名的候选人则只能在选民小组减少，造成了候选人的机会不均等。(8)对投票程序应增加一些规定：一是限制使用流动票箱，二是规定秘密划票，三是限制乃至彻底取消委托投票，四是实行公开计票，五是规定候选人派人监督写票、投票和计票过程。(9)监督与罢免代表的机制不健全，乡镇人大代表的资格审查也存在不少问题。(10)选举经费由于没有规定拨款途径，不清楚由哪一级财政拨款。(11)对破坏选举的法律规定太原则，难以判别罪与非罪，亦缺乏执法主体和司法程序的规定。

对将县、乡两级人大选举再改为同步进行，也有人提出了相反的意见。蔡定剑（全国人大常委会秘书处）认为，对乡镇人民代表大会的任期，不能就事论事，应当从理论和更广阔的背景看问题，任期制就是能使人民定期监督他们选出的代表，任期太长不利于选民监督。选民厌选的问题，显然不仅仅是改变任期就能解决的。

针对乡镇人大选举中出现的问题，绵阳市人大常委会人事代表工作委员会还提出了制定《乡镇人民代表大会选举法》的建议。

综合与会者的意见，乡镇人大代表的直接选举中，制度改革可以在两个方面展开。

第一个方面是在不修改选举法的前提下，为保证选举的公平、公正与公开，可以采取以下规范性措施：

第一，在选举中实行严格的回避制度，特别是拟提名为代表候选人的乡镇干部和村、组干部，不应成为各级选举机构的成员。就乡镇而言，由乡镇党委书记担任选举委员会主任（这是各地普遍实行的办法）显然有违回避原则，因为乡镇党委书记往往是乡镇人大代表的候选人。为表示基层党委对选举工作的重视，可以采用一种替代办法，由乡镇党委副书记或其他党委成员担任选举委员会主任（在大多数地方，都不难找出不作为代表候选人的党委副书记或党委委员）。同样，乡镇人大的负责人，也并不一定要成为选举委员会的主任、副主任或成员。在选举法中，并没有选举委员会人员构成的规定，只是在少数省级单位的选举实施细则中，确定由乡镇人大主席团、政党和人民团体的负责人组成选举委员会。也就是说，由乡镇领导干部组成选举委员会的成员，并没有充分的法律依据。各地之所以通用乡镇领导干部组成选举委员会的做法，并进而要求选区领导小组成员与选民小组长由村、组干部出任，强调的是对选举的“组织领导”，但忽视了回避问题并容易使选举机构的公开性受到质疑。选举本身，在中国还是政府行为的一种，各级选举机构中当然不可能没有干部，但是按照回避原则，不包括被提名为候选人的干部，是完全可以做到的，并且不会导致选举的失控（尤其是乡镇人大选举，在上一层还是县、区的领导小组）。对各地的选举组织者而言，对回避问题显然还没有足够的认识，所以并未采取相应的措施，但是在未来的选举中已不能不考虑这一问题。

第二，在乡镇人大代表名额分配中，下达中共党员、妇女、少数民族代表比例的做法不会改变，但是下达工人、农民、干部、知识分子等不同“身份”代表比例的做法，在多数乡镇已不实行，并将被彻底取消。限制乡镇领导干部在乡镇人大代表中比例，应成为进一步关注的问题，将其限定在15%之内的做法，需要得到更多省份的认可并采取相应的措施（如在选举实施细则中做出明确规定）。

第三，乡镇人大代表选举的选民登记，面临流动人口不断增加的局面，已出现的两种新方法应该继续坚持下去：一是不少地方已对外出选民进行专项统计，二是有的地方已简化了外来人口的选民登记手续。在现有的人大选举制度框架下，变强制性的“选民登记”为自愿性的“登记选民”还有很大阻力，但是不对外出选民实行“代登记”和“委托投票”，显然并不难做到。

第四，在提名代表候选人中，已对乡镇领导干部在人大代表中的比例做出限制并以选民10人联名为主要候选人提名的地方，应使选民十人联名提名候选人的做法更为规范；其他地方则应对各政党和各人民团体联合或者单独提名推荐候选人（即“组织提名”）做出适当的限制，并要杜绝变相的“组织提名”。应该特别注意的是，在乡镇国家机关领导人员选举中，已有候选人全部由代表甚至选民直接提名的试点，在人大代表选举中，代表候选人亦可以全部由选民10人联名提出，甚至采用“海选”的方式提名候选人；这样的试点，可能会在未来的选举中出现。

第五，规范投票行为，将成为改善乡镇人大代表选举状况的重要举措。在现有法律规定下，需要采取的措施应该为：(1)减少使用流动票箱，并对流动票箱投票的票数进行专门统计；(2)限制委托投票，并认真统计委托投票的票数；(3)设立秘密划票间，并鼓励选民使用秘密划票方法；(4)实行公开计票，将计票过程置于选民监督之下。

第六，建立乡镇人大选举经费的预算和开支管理制度，确定拨款途径，为根本解决乡镇人大选举经费问题提供制度保障。在这方面，还没有进行过试点，但在每次选举后，算一下“经济账”，显然是必要的。

第二个方面是对选举法、地方组织法等进行修改后，才可能进行的制度化变革，大致包括以下内容：

第一，县、乡两级人大的换届选举，由不同步恢复为同步进行。为减少直接选举的频率，可供选择的方案有三个：一是将每届县级人民代表大会的任期由五年改为三年，与现规定的乡镇人民代表大会任期相同；二是将每届县级人民代表大会的任期由五年改为四年，将乡镇人民代表大会的任期由三年改为四年，使县、乡两级人民代表大会的任期相同；三是将每届乡镇人民代表大会的任期由三年改为五年，与现规定的县级人民代表大会任期相同。在三个方案中，第二个方案是最可取的。无论选择哪一种方案，都需要对选举法、地方组织法及相关法律进行修改。由于县、乡党委与政府、人大的任期相同，所以在修改法律的同时，《中国共产党章程》亦要进行相应的修改。

第二，按现行法律规定，县级直属单位必须参加所在乡镇的人大代表选举。在乡镇人大选举中，县级直属单位的介入已暴露出三大问题：一是县级直属单位大量挤占乡镇人大代表名额或增加所在乡镇人大代表名额；二是县级直属单位人员普遍对乡镇人大选举不太关心，缺乏参与感；三是乡镇干部和群众对县级直属单位参加乡镇人大代表选举有不满情绪。面对这些问题，从实际出发，应该考虑县级直属单位与乡镇人大选举脱钩，在法律上明确规定县级直属单位人员可以不参加乡镇人大选举。这样做并不是剥夺县级直属单位选民的民主权利，而是使其权利的应用范围更趋合理，并且不再减损乡镇选民的利益。

第三，在乡镇一级人民代表大会代表选举中，选区划分已具有向单一地域制过渡的可能。目前一些乡镇实行的“农业人口选区”和“非农业人口选区”的分类，由于“农业人口选区”是按居民所在的村、组划分，只要将“非农业人口选区”亦按居民的居住区域划分而不是按单位或机关划分，就可以实现单一标准的选区划分。实行单一地域制选区，不但可以解决各选区人口和选民数差距过大的矛盾，还可以保证村、镇选区具有平等的地位，但是要实行这种制度，必须对选举法的相关规定进行修改。

第四，在确定人大代表候选人时，尤其是提名代表候选人较多的地方，采用预选办法确定正式代表候选人已是不可逆转的趋势，所以不但应该为预选设定相应的程序，还应使预选成为法律认定的程序。需要说明的是，对参加预选的人员可以有两种安排，一种是由全选区的所有选民参加，另一种是只允许少数人（主要是基层组织的干部）参加，前一种显然是更为合理的制度安排。

第五，正式代表候选人与选民见面，已在不少地方成为乡镇人大代表选举中的一个固定程序，但是至今即没有严密的程序设计，也没有相应的法律规定。需要注意的是，在乡镇国家机关领导人员选举改革的不断推动下，正式代表候选人已不仅仅是与选民见面，还应该有竞职或竞选的制度安排。

第六，对直接选举中的投票行为，需要从法律上重新认定以下问题：(1)是否允许使用流动票箱？(2)是否允许选民委托投票？(3)在投票中是否实行秘密划票？(4)是否实行公开计票？对这些问题的正确回答，无疑将使人大代表的选举更为规范。

二、间接选举的制度创新应放在首位

乡镇人大主席团提名人大主席、副主席、乡镇长、副乡镇长候选人，即“组织提名”，是现行乡镇国家机关领导人员选举中候选人产生的主要方式，代表10人以上联名提名候选人的形式虽然存在，但提出的候选人绝大多数成为“差额差掉的对象”，使整个选举从一开始就深深打上了“组织包办、忽视民意”的印记。在1998—1999年的乡镇人大换届选举中，国家机关领导人员的选举有了重大的突破，出现了以下四种不同的尝试：

王　涛（四川省绵阳市人大常委会）　在会议上介绍了绵阳市的“乡镇人大代表直接提名镇长、副镇长候选人”试点的情况。绵阳市下辖9个县、市、区，264个乡镇，选择了11个乡镇作试点，在乡镇人民代表大会上实行单一制候选人提名方式，镇长、副镇长候选人只能由代表10人以上联名提出，人大主席团不再提名候选人，并明确规定提名候选人的截止时间；候选人需在代表大会上进行演讲和答辩；在代表投票时，采用了秘密划票和公开计票。在试点的11个乡镇中，只有一个镇用这种方法选举产生了镇长和副镇长，其他10个镇只作了镇长选举的试点，副镇长选举仍按老办法进行。

牛伟宏（中共中央党校）　讲述了山西省临猗县卓里镇的“两票选任制”试点的情况。“两票选任制”，即在乡镇人大代表选举的同时，对现任镇党委书记、人大主席、镇长进行全体选民参加的信任投票（第一票），在投票前党委书记、人大主席、镇长都要作述职演说。经过民意调查考核候选人优劣后，再由政党向人大主席团提出党委书记、人大主席、镇长候选人人选，经正式选举（第二票）产生新的人大主席和镇长。

马胜康（四川省遂宁市市中区党委）　介绍了四川省遂宁市市中区保石镇和横山镇进行“公选”试点的情况，即镇长候选人的人选通过考试加民意测评的方式产生。考试采取公开报名方式，分为笔试和面试。笔试试卷和出题和判卷都在外地秘密进行，以保证公正。笔试成绩前六名参加面试，在乡镇人大代表、村干部和乡镇机关干部参加的面试会上，候选人需按主考人提出的问题进行答辩。答辩之后，与会者投票选出两名候选人，经区党委讨论决定后，由镇人大主席团在人民代表大会上正式提出。

杨成勇（广东省人大常委会）、罗育灿（广东省深圳市龙岗区大鹏镇人大）　介绍了广东省深圳市龙岗区大鹏镇“三票制”试点的情况。大鹏镇在候选人产生过程中，先使用“海选”的办法，由全镇选民提名镇长候选人（第一票），并在五分之一选民参加的预选会上确定候选人人选（第二票），由镇人大主席团在人民代表大会上提出并进行正式选举（第三票）。

乡镇国家机关领导人员选举的这四种试点，都是对间接选举制度有所改革，可以分为两种类型，第一种类型是代表直接提名镇长、副镇长候选人的试点（界牌镇），只在乡镇人民代表大会内部进行改革，在选举中充分发挥代表的作用，不需要选民介入；第二种类型是两票选任制、公选和三票制的试点（卓里镇、保石镇、横山镇、大鹏镇），采用部分选民或者全部选民介入乡镇国家机关领导人员选举的办法，在乡镇人民代表大会外部进行改革。两种类型的最大区别在于，前者还是纯粹的间接选举，后者已因选民的直接介入，不再是纯粹的间接选举。应该说，这两种类型的试点，都没有突破现行法律的规定，因为即便有选民的介入，产生的也只是候选人。

对间接选举制度的改革，与会者大多持肯定态度。

邱传杰（四川省人大常委会）　认为：绵阳市界牌镇的试点是在选举法规定的范围内进行的，符合在间接选举中充分体现代表意愿的精神，改变了“领导定框框，代表划圈圈”的传统做法。

范良春（福建省人大常委会）　认为卓里镇的试点主要由民政部门来抓，是民政部门越权，人大部门失职，并存在两个问题，一是在选举前新到任的乡镇干部（这是很普遍的现象）是否参加选民的信任投票，如果参加，将很难达到信任票过半数的标准，因为选民并不了解这些干部；二是如果参加民意测评的干部信任票没有过半数，而在代表大会上又有代表联合提名其为候选人，其合法性如何解释。相比之下，界牌镇的做法比较好，应该予以推广，但应注意一个问题，即代表提名候选人时，是否实行提名领衔人的办法；现在的做法有两种，一是在候选人的推荐表上填写“一致通过，代表签名”，二是在推荐表上不填写推荐理由，出现空格，说明在制度设计上确实有问题。保石镇与横山镇的试点，引入了竞争机制，制度设计基本合理，与党委公开选拔干部的制度吻合，但是仅靠考试是否能够保证候选人的素质，还是值得探讨的问题。

郑宇硕（香港城市大学）　观摩大鹏镇镇长选举，他认为该镇镇长的选举符合法律规定，应该进行公开宣传。这样的试点，突出的特点是党选择的干部人选得到了老百姓的认同，有利于加强群众对领导干部的监督，对党风、党建有新的改变。

郭巍青（中山大学）　则指出：应该对中国选举的两个方面有所理解，一是自上而下的选拔过程，二是自下而上的选举过程。前者是党管干部，后者是依法选举干部。传统的自上而下选拔过程，在新的经济形势和政治环境下面临许多问题，如对干部人选是否看得准、民意如何表达等。大鹏镇的试点很难定位，有些报道认为大鹏镇是试图用选举过程取代选拔过程，我认为大鹏镇是在完善党管干部的过程中强化人民的支持，并不是用选举过程取代选拔过程，而恰恰是强化了选拔过程。尽管如此，大鹏镇的试点还是对发展民主有重要意义。需要注意的是，大鹏镇在镇长候选人人选问题上没有出现悬念，表明组织意图与人民意志相一致，但如果出现组织意图与人民意志相矛盾，将如何处理，大鹏镇并没有提供可资借鉴的经验。

如何在今后进一步开展间接选举的改革，与会者亦提出了建议，如关信基(香港中文大学)指出：在选举中进行试点是可以的，但是不宜盲目推广，推广应是一个自然的过程。郑宁硕亦指出，在最初进行改革试点时，选择条件较好的地方是可以理解的，但是在下一步试点中，应该考虑条件一般甚至条件较差的地方，这样方可取得更全面的经验。此外，在公选的考试中，是否可以考虑采取收取一定的费用，既要求报名者承担一定的经济责任，亦可以节省试点工作的成本。

与会者普遍认为，四川省绵阳市安县界牌镇对纯粹的间接选举进行的改革，不仅适用于乡镇人民代表大会，亦适用于县级及县级以上的人民代表大会。在这样的改革中，应该注意以下几个问题：(1)对所有选举对象一视同仁，采取同样的制度，无论是乡镇人大主席、副主席，还是乡镇长、副乡镇长，都要设定相同的选举程序。(2)真正把候选人的提名权交给代表，而不是在代表10人联名的名义下搞“组织提名”，使代表联名提名候选人徒有虚名。另外，亦可以考虑候选人自荐的方式，并设定相应的程序。(3)细化候选人资格审查的规定，不但要确定候选人的必备条件，还要规定由谁来进行资格审查(资格审查机构的构成及其合法性)，并对候选人不同意资格审查结果的申诉及回应途径做出说明。(4)确定候选人的竞职或竞选程序，保证候选人之间进行公平竞争，并对违反竞职或竞选规则的行为及其处理办法做出说明。(5)设定预选程序，在必要时进行预选。(6)对所有应选职务，无论是正职还是副职，一律实行差额选举，进行等额选举的，应宣布选举结果无效。(7)将秘密划票和公开计票列为投票过程中必不可缺的环节，凡不实行秘密划票和公开计票的，应宣布选举无效。在另行选举时，亦实行秘密划票和公开计票。(8)当场宣布选举结果，任何个人或组织都不得强行改变或者不承认选举结果。(9)经选举产生的国家机关领导人员，不得轻易调动，如要调动，需经代表投票表决通过，并按程序进行补选。(10)代表有权弹劾和罢免当选国家机关领导人员，并制定相应的弹劾与罢免程序。

卓里镇、保石镇、横山镇、大鹏镇的改革试点，由于选民介入或部分介入了乡镇国家机关领导人员的选举过程，不得不面临两个相互关联的问题。

第一个问题是选民介入的范围，是只允许部分选民介入，还是全体选民都应该介入？

作为间接选举的补充形式，在乡镇国家机关领导人员选举前征求选民对候选人的意见，无论是民意调查式的，还是候选人竞争式的，都不应该局限在部分选民内(尽管这部分选民往往以当地各级干部和党员为主)，而应该扩大到全体选民。以少量选民“代表”全体选民决定候选人人选，由于缺乏选民的“委托”和“授权”，不但不具有合理性，亦不能替代人大代表对候选人的提名权。全体选民参与下的候选人提名或选择，等于选民收回了对人大代表的“委托”和“授权”，在提名候选人中直接行使权力。用这样的候选人提名方式替代人大代表提名，不但是可行的，也是合理的，但是不得不解决下一个问题。

第二个问题是如何处理选民与人大代表的关系，人大代表是否可以否定经过选民确认的候选人，并提出新的候选人？或者更进一步，在候选人提名方式改变之后，人大代表的决定权是否必须服从选民的选择？

在讨论这个问题之前，需要澄清一个问题：经过选民选择的候选人，应该由“组织”名义提出，还是应该以“代表”名义提出。在卓里镇、保石镇、横山镇和大鹏镇的试点中，无一例外地将经过全体选民或部分选民选择的候选人定位为“组织”提名的候选人人选，代表一般亦不再提出新的候选人人选。也就是说，在选民与代表之间，不但加入了“组织”，还使其凌驾于两者之上(就选民而言，提名候选人是由“组织”一手安排的，提名结果需由“组织”审批；就代表而言，“组织”的提名因“代表”了选民的意愿，使代表不但不能否决提名，亦难以提出新的提名，造成了代表提名权被替代的事实)。应该说，这样的做法，尽管就“组织”而言有了解民意并代表民意的良好动机，但并不具有合理性，因为“组织”同样没有得到选民的“委托”和“授权”，而选民已在直接选举后，给予代表“委托”和“授权”，即便是经过选民认定的“组织”提名，同样不能替代代表的提名。合理的定位只能是将经过选民选择的候选人视为代表提名候选人的外延，只有在这样的条件下代表才可以不再提出新的候选人人选，并且按照现行的法律规定，“组织”依然享有提名候选人的权利。也就是说，“组织”既不能“自动”代表选民，更不能因此而限制代表的权利，如果认可在国家机关领导人员选举中选民具有选择候选人的权利，经选民选择的候选人，也只能由代表提出，而不是由“组织”提出。

认可选民在国家机关领导人员选举中有提名或选择候选人的权利，等于选民收回了对人大代表的“委托”和“授权”，尽管这种“收回”只是局部的，仅仅限定在候选人提名权中，但对代表而言，只能服从选民的选择，不允许再提出新的候选人；如果选民提出的候选人人数与应选职数相等，无论是等额选举还是差额选举（增加“组织提名”的候选人），代表亦只能保证选民提出的候选人当选，否则选民可以提出对代表的不信任，并且罢免和重新选举代表；如果选民提出的候选人人数超过应选职数，在差额选举中，代表可以有自己的选择，但选择的对象必须是选民提出的候选人，而不是“组织提名”的候选人。也就是说，选民的介入增加了对代表的限制，而这种限制必须以尊重并服从选民的权利为前提，如果代表做不到这一点，其代表资格将受到质疑；如果“组织”阻挠代表服从选民的意愿，进行“组织”操纵的选举，则将成为严重的违法行为。

在当前中国的政治环境下，进行选民介入国家机关领导人员选举候选人提名过程的试点无疑是有益的，因为这样的试点对原有的选举制度具有极大的穿透力，但无论设计多么完善的程序，都只是一种过渡性的制度选择。对于这一点，要有清醒的认识。

还应该看到，即便是过渡性的制度选择，亦需要认真的程序设计，因为这不仅是必要的民主试验，亦是未来选举的重要制度铺垫，没有成功的经验，亦难以较大规模地展开下一步的试验。卓里镇、保石镇、横山镇和大鹏镇的试点，表明在程序设计中必须解决以下问题：

第一，对所有选举对象同样需要一视同仁，采取同样的制度，无论是乡镇人大主席、副主席，还是乡镇长、副乡镇长，都要设定相同的候选人提名和确定程序。

第二，候选人的提名可以采用“海选”、考试、自荐甚至“组织提名”等不同方式，但是在确定交给人民代表大会的候选人人选时，应由全体选民参加，并设计相应的候选人竞职（竞选）和预选投票制度。

第三，对选民与代表之间的关系必须给予明确定义，尤其要说明代表在选举中的作用，并理顺“组织”与选民、代表的关系。

第四，在正式选举中，同样需要实行秘密划票与公开计票，进行规范的间接选举。

对间接选举的改革，显然应该放在制度革新的首位，因为这样的改革，不需更动现有的法律构架，并且能为乡镇国家机关领导人员的直接选举积累丰富的经验。如果在下一次乡镇人大选举时能在更大范围内进行完善间接选举的改革试点，将是又一个巨大的进步。

三、选民直选乡镇机关领导人员面临的难题

1998年年底，四川省遂宁市市中区步云乡进行了选民直选乡长的试点。张锦明（四川省遂宁市市中区党委）在会上详细介绍了步云乡选民直接选举乡长的情况：步云乡有选举权和被选举权的公民报名竞选乡长职务，经过预选程序，确定两名候选人，与政党提名的候选人一起参加竞选，进行了13场竞选答辩。在选民正式投票时，除了注意秘密划票和公开计票外，还严格禁止选民委托投票，并且杜绝了流动票箱的使用。由选民直接选举产生的乡长，在乡人民代表大会上由代表就选举过程是否合法进行表决后，即宣誓就职并颁发当选证书。

张锦明还就一些需要进一步探讨的问题作了说明：(1)由政党推荐的乡长候选人直接进入竞选过程的做法未体现公平原则，在选举之后已经认识到这是制度设计的失误。(2)在选民直接选举乡长中如何体现党的领导，我们认为应该体现为由各级党组织负责选举工作，并明确提出乡长的任职条件，创立竞争机制，保证选举过程公平、公正与公开。(3)选民直接选举乡长是否违法，我们认为不违法，首先是选举过程仍与乡人民代表大会衔接，选举过程的合法性得到了人大代表的确认；其次是符合《宪法》精神，保证了绝大多数人民的权利，而法律条文应该为实践开路，而不应成为基层民主实践的障碍。(4)选民直接选举乡镇长是否可以全面铺开，我们认为不应该全面铺开，只在条件成熟的地方作少量试点，并在一段时间内允许多种选举方式并存。

针对步云乡选民直接选举乡长的试点，与会者围绕四个问题展开了讨论。

（一）对民主的理解

白　钢（中国社会科学院政治学研究所）　特别指出：直接选举不能等同于直接民主，直接民主不需要选举代表，而是由选民不间断地行使权力。

张明澍（中国社会科学院政治学研究所）　指出，选举是“舶来品”，在西方是配套的，在中国并不配套，所以不仅要研究技术层面的改进问题，还要回到一个根本性的问题：在中国应有什么样的选举制度，中国的民主应向何处发展？

陈斯喜（全国人大法工委）　同意张明澍的看法，

指出中国需要民主的人最多不会超过2亿，许多农民不一定考虑民主，只要没有人压迫他们就满足了；在这样环境下，推动民主只能是一个渐进和互动过程，并要肯定和支持每一步所取得的进步。

刘军宁　亦指出：步云乡的经验说明，中国农民不但有选举要求，还有能力驾驭民主。中国民主发展的障碍不是农民，而是在上面的领导者。乡长直选暴露了现行体制的问题，一个乡的选举须由全国性的法律决定，地方不能决定自己的选举，民主仍是由上面给予的。终究有一天，给予者的身份将受到质疑。中国的选举，大多为引导式的，引导越多，给民众的选择余地越小，要害问题是不相信群众的判断力，对民主抱怀疑态度。

陈寒枫（全国人大常委会）　则认为：在选举中进行改革试点，应该注意党内民主与国家民主的关系问题。中国当前有两种民主，一是国家形态民主，二是非国家形态民主，主要是党内民主，并且是党的民主领导国家民主。首先须要完善的是党内民主，然后才有人大制度的完善。在宣传方面应该注意，要把党的选拔干部程序与在人代会上的政府选举程序分开。选民甚至人大代表出现厌选情绪，重要原因是党内民主不发展。近年来，鼓励党委书记兼任人大常委会主任，实际上是一种倒退，不利于民主的发展。要完善选举制度，需要党对民主有所认识，对选举有所认识。

（二）选民直接选举乡镇长的条件是否成熟

佟宝贵（全国人大常委会）　认为，直接选举与间接选举的应用，不是个人的意愿，是中国民主发展的客观要求所决定的。直接选举与间接选举的目的是一致的，都是为了选出能够代表人民利益的最佳人选，所以不能把直接选举与间接选举割裂开来，盲目进行扩大直接选举范围的试点。选举不能要求人人参加，直接选举与间接选举的经验互相借鉴，民主才能向健康方向发展。范良春亦认为，由选民直接选举乡镇长，由于党内民主还没有发展到一定程度，经济亦欠发达，农民仍占大多数，难以产生多元的利益团体，所以条件还不成熟。

郑宇硕　则提出了不同看法，他认为与印度相比，中国在许多方面的条件比印度好，但印度有许多地方是很民主的。中国已经有了十余年村民选举村民委员会的经验，不能说不具备选民直接选举乡镇长的条件。

蔡定剑（全国人大常委会）　亦指出，选民直接选举乡镇长不在于条件是否成熟，而在于观念。中国宪政史的一个特点是一些政治思想家一直认为宪政的障碍是民智未开，我们今天显然不能再用民智未开和经济落后来解释中国选民的民主素质低下。

（三）选民直接选举乡镇长是否违宪、违法

刘军宁　认为，步云乡的选民直接选举乡长，并不存在违宪问题，因为直到现在中国并没有解释违宪的机构。

步云乡选民直接选举乡长是否违法，一些与会者认为，选举制度的完善，只能在选举法与地方组织法的范围内完善，超出这个范围，就是违法的。

杨成勇　认为：在乡镇人大选举中，出现多种形式的改革尝试很不容易，不要轻易说这些试点违法，应当从动机与效果两方面对其进行评判，首先是动机是否正确，是否推进或扩大基层民主；其次是效果是否达到群众公认和党委满意；只要动机与效果是好的，就不应戴上违法的帽子。从稳定的角度讲，现在政治体制改革大大滞后于社会发展，只有通过改革才可以消除不稳定的因素，解决基层干群关系紧张等问题。我们应该为改革与创制保留空间，并进一步推动法律的完善。

景跃进　认为，选举中出现的一些新做法，很难从理论上界定合法与不合法。如何在实践中做到既推进改革，又要保证合法，一是从现有的法律框架下找空间，二是从技术层次上突破，并关注选举背后的东西，注意增加了什么新内容，步云乡的选举，扩大民意并引进了竞争，应该给予肯定。

（四）步云乡选民直选乡长的制度分析

不少与会者对步云乡选民直接选举乡长的做法给予了肯定，但对一些制度方面的问题提出了不同看法。

雷兢璇　指出：从选举结果看，还是党委提名的乡长候选人当选，尤其是由党委提名的候选人直接进入竞选过程，使整个选举过程换汤不换药。在制度安排上，由选民直接选举产生的乡长应该向选民负责，但是剥夺了人大代表的选举权，代表是否同意？是否因此而削弱人大组织的权力？现在选举中最大的问题，并不是选举的制度安排不好，选举法应该说是好的，问题在于没有完全按照选举法办。尤其是在间接选举中，计划性太强，组织意图也很明显。关键问题是如何减弱计划性和组织意图，使代表的作用真正发挥出来。

关信基　认为，不能因为党委提名的候选人当选就说步云乡的试点是换汤不换药，在中国目前没有一个组织能与共产党相比，在这种情况下，党提出的候选人当选甚至现任者连任，都有极大的可能，关键点是不要让制度创新夭折。选民直接选举地方行政领

导，并不一定导致人大权力的削弱，人大的功能可以变化为专心监督政府。对"计划性"亦应该有正确理解，"计划性"应包括两层含义，一是组织者对选举结果的计划，即在选举中保证实现组织意图，这样的选举没有意义；二是组织者对选举过程的计划，这种计划性显然是必要的。

李正仪(香港政策研究所) 认为：选举是一个过程，但选举后的工作更重要，特别是当选者如何兑现竞选中向选民所作的承诺，是值得继续关注的问题。

选民直接选举乡镇国家机关领导人员，显然不是过渡性的权益之计，而是长远的制度安排，需要缜密的制度设计。步云乡取得的经验表明，在这种新型的直接选举中，还需要就以下三个方面做出特别安排：

选举的对象，既可以进行全额选举，将原来由乡镇人民代表大会代表选举的所有国家机关领导人员，包括人大主席、副主席、乡镇长、副乡镇长，全部交由选民直接选举产生；亦可以只进行正职(人大主席、乡镇长)选举，并授权当选者聘任本系统的副职。这两种方法选择哪一种都可以，但是为保证制度的一致性，显然不能只由选民直接选举一个正职并将其他职务放到人民代表大会上仍由代表选举。就选举形式而言，直接选举与间接选举不能混在一起，只能二取其一，这显然是设计选民直接选举国家机关领导人员的重要前提。

候选人的产生，可供选择的方案已有多种：第一种方式是"海选"，由选民自由提名候选人；第二种方式是登记竞选，竞争者在规定时间内报名登记；第三种方式是公选，竞争者自愿报名参加考试或考核，考试、考核合格者即具有候选人资格；第四种方式是"组阁"竞选，由竞选正职的人组成相应的竞选班子，同时竞争正职与副职；第五种方式是"组织提名"，由各政党和各人民团体单独或联合提出候选人。需要注意的是，登记竞选和"组阁"竞选都应该得到选民的认可，为取得候选人的合法地位，需要事先得到一定数量的选民支持，所以在登记前应有一个征集选民签名提名的步骤。此外，对候选人的资格审查，不但要确定候选人的必备条件，还要规定由谁来进行资格审查(资格审查机构的构成及其合法性)，并对候选人不同意资格审查结果的申诉及回应途径做出说明。

竞选的程序安排应该体现公平、公正和公开，需要解决的问题有四个：一是由谁来制定竞选的游戏规则，是由竞争者自己制定规则，还是由选举组织者确定规则；二是对竞选是否带有限制性条件；三是竞选者是否可以使用当地的宣传工具，如何保证竞选者有效使用宣传工具；四是由谁来监督竞选过程，选民与竞争者是否可以派人监督竞选过程。

在选民直接选举乡镇机关领导人员之后，必须重新定位乡镇人大代表的地位与作用，这将是选民直选乡镇机关领导人员所面临的最大难题。

尽管步云乡在选民直选乡长之后采取了乡镇人民代表大会确认选举结果的做法，但这不过是应付法律规定的举措。应该说，在选民直接选举产生乡镇机关领导人员时，选民已经完全从代表手中收回了"委托"和"授权"，显然不再需要来自代表乃至代表大会的任何形式的确认，并因此避免了在确认过程中可能出现的代表否认选举结果的后果。也就是说，选民直接选举乡镇机关领导人员后，乡镇人大代表将不再具有选举机关领导人员的权利。同样，由选民直接选举的乡镇机关领导人员，应直接向选民负责，接受选民的监督，其罢免与去职，亦应由选民决定，而不是由代表决定。

选举和监督乡镇国家机关领导人员是乡镇人大代表的最重要权利，如果去掉了代表的这两项权利，对乡镇人民代表大会的未来性质和作用必须做出新的安排。可供选择的方案可能不少，但至少以下两个方案是要优先考虑的：一是将乡镇人民代表大会变成纯粹的议事机构，二是撤销乡镇人民代表大会。这一问题，应该及早进行研究，并为其设计相应的制度。我们不能不承认的一个事实是，在没有对乡镇人民代表大会进行重新定位之前，较大规模的选民直接选举乡镇国家领导机关人员是很难展开的。

无论是对直接选举的改革，还是对间接选举的改革，都将是一个渐进过程，而不应该成为一个急进过程。既应该允许条件成熟的地方进行不同的改革试点，给予必要的创制空间；亦要避免一哄而上，扰乱正常的制度发展。在改革的同时，还要特别强调法律、法规的跟进，对已取得的改革成果给予法律认定。只有这样，改革才能不断深入，而不至于半途而废。

四、选举统计中存在的问题

与会者对当前人大选举中的数据统计情况进行了分析，提出了一些需要解决的问题。

钟庭耀(香港大学) 指出：选举统计很重要，对了解选举行为很有意义。需要注意的是每次选举的统计应该有一定的连续性，不要变化太大，否则无法进行数据比较，并且容易导致误操作。现行人大选举中的数据统计，一是要注意流动人口的统计，流动人口的数据对分析选举制度很重要；二是参选率中有水分，原因之一是包含了委托投票，在统计中对委托投票应区分正式授权和无正式授权两种情况；三是在统计中只注意了当选者的背景资料，落选者的情况也应该进行认真统计和分析；四是对预选没有统计，无论是选举代表还是选举国家机关领导人员，只要经过预选，都需要有相应的数字统计；五是对选举经费没有统计，使组织者无法知道选举的成本。钟庭耀还认为，除了注意官方统计外，还应注意民意调查，通过民意调查来验证官方统计的准确性。

陈寒枫　指出：参选率不能成为政治需要，选举不能被政治化，不要刻意追求高参选率，应该实事求是，把选举组织人员解放出来；在选举中不能强行下达妇女、党员、干部等比例，只要有比例，就会造成选举统计中的水分。

范良春　认为在选举统计中列入民意调查与选举经费比较困难，民意调查没有适用标准，并会增加选举的工作量；在选举经费中，有不少是无形的，如使用各单位的交通工具和通信设备，调用各单位工作人员，一般由各单位内部消化，无法做出精确的统计。需要注意的是在选举统计中区分农业人口与非农业人口，并将二次选举的情况统计出来。

陈　忠（重庆市人大常委会）　指出：选举统计报表的格式不统一、提法不统一是普遍存在的问题，应该由全国人大制定统一的报表，规范选举中的数据统计。

与会者还对全国人大常委会联络局拟订的选举统计报表新方案的具体项目提出了一些意见。

五、选举违法的确认与处理

与会者还围绕选举违法展开了讨论，提出了一些实践中难以处理的问题和现行法律中存在的问题。

范结旺（安徽省人大常委会）　指出：在法律上不但没有规定选民和代表如何维护自己的合法权利，亦没有规定选举违法如何处理。李世斌（天津市人大常委会）亦指出，近年来有关选举违法的上访不断增加，对违法事件的调查，由于各级领导“护短”，很难进行，多数地方的领导希望大事化小，由此反映出法律并没有成为保护选民和代表合法权利的有力武器。

李元生（江西省人大常委会）　指出，在实际工作中，对选举违法与犯罪很难把握，有些做法，如候选人送烟、请客，算不算违法或犯罪，如算得话，选举是否有效，都是值得讨论的问题。此外，选举中出现违法行为，应该由谁来调查和认定，也没有统一的规定。

陈忠　指出，选举中的贿赂现象最为普遍，一是直接或间接用现金贿赂，二是赠送实物礼品，三是许诺，四是让别人代为贿赂。对贿赂的界定，至今还很模糊，所以较难处理。

范良春　认为，在选举过程中出现的违法行为，罪与非罪的界定应有标准，尤其是对所谓“情节严重”需要量化的尺度；选举违法的行政处分和刑事处分，目前亦没有相应的程序规定。

孙庭兆（江苏省人大常委会）　认为，对选举违法的处理存在不平等现象，对选民和人大代表的违法行为，处理时心不慈手不软，对一些党组织的违法行为则视而不见。党组织的选举违法行为主要有三种情况，一是限制选民或代表的提名权利；二是选举结果如与组织意图不符，不宣布选举结果，并随即展开调查，对选举结果不尊重；三是未按组织意图选举产生的国家机关领导人员，不通过人民代表大会即一张调令将其调走。由此带来的问题不仅是如何界定选举违法与犯罪的标准，还需要明确组织的违法行为应由谁来处理。选民之所以有厌选情绪，与选举违法的处理不当显然有密切关系。傅新元同意孙庭兆的看法，并指出代表联名当选的国家机关领导人员，往往要遭到组织部门的追究，造成了很不好的后果。

与会者还对人大代表的界别等问题进行了讨论。

会议期间，与会人员实地观摩了北京市海淀区、房山区三个乡镇的人大代表选举的投票过程，并就两区乡镇人大代表选举情况进行了座谈。

与会者一致认为，人大选举制度的改革需要关注，更需要支持。选举工作部门与研究机构的密切合作，对推动选举制度改革将会产生不可忽视的作用。有的放矢的研讨会，特别是专题研讨会，不但有助于开拓思路，还将直接作用于选举实践，对选举加以正确的引导与指导。这样的会议，今后还可以扩大规模，不但吸收全国各省人大的人员参加，还应有党的组织部门的人员参加，与会学者也可以多一些，不但有政治学界的研究人员，还应包括法学、社会学等学界的研究人员。

（史卫民）

中国农村村民委员会选举学术研讨会

2000年10月14日—16日，中国农村村民委员会选举学术研讨会在武汉召开。会议的议题主要集中在三个方面：一是村委会选举的学理分析；二是村委会选举实践中的问题、对策与政策探讨；三是关于农村问题研究的方法论。

一、村委会选举的学理分析

村委会选举是村民自治的前提和基础。因此，在一段时期内，关于村民自治的研究主要集中在对村委会选举的研究上。但是,这些研究主要是关于选举过程的描述和解读,并在此基础上做出或对或错的价值判断,其论证政策合理性的色彩较浓。从此次与会者提交的论文和发言来看,对村委会选举的研究已由对选举过程本身的解读深入到关注影响选举的各种因素、选举对乡村社会的影响以及对国家层面民主的影响等诸多方面。

(一)经济因素和村委会选举

经济基础决定上层建筑。与会者们在对各地村委会选举进行观察之后,一致认为,经济因素是影响选举的重要变量。但是,由于与会者学科背景和切入现场的角度存在差异,因此得出的结论也不尽相同。有人认为,经济发展程度与村委会选举中的村民参与成正比,也就是说,经济发展程度越高,村民参与村委会选举的热情也就越高,选举的竞争性越强。有人则认为,事实并非如此,在一些经济发展程度比较低,甚至贫困地区,农民对村委会选举的参与热情也很高。由此,一些与会者认为,选举中的村民参与和竞争强度与经济发展程度并无正相关关系,倒是与村庄经济结构有着紧密的关联。一般来说,村庄集体经济越发达,村民的参与热情越高。如果一个村庄的经济是依靠外出打工等来实现增长,由于这种经济增长对全体村民并不会带来直接的利益,农民并不会关注选举。有的与会者进一步指出,问题的核心在于村委会能否掌握经济资源,也就是说,掌握的经济资源越多,村民参与热情越高,选举的竞争性越强。即使是在经济比较发达的村庄,如果村委会并不能控制和支配集体经济资源,农民的参与热情也会受到遏制。

(二)宗族因素和村委会选举

宗族是中国乡村中的一种传统社会组织。宗族文化也是中国传统文化的组成部分。在建国后的一段时期,在国家的强力干预下,宗族势力和宗族活动曾经一度销声匿迹。改革开放后,随着国家力量在乡村社会的逐步退出,宗族势力和宗族活动也逐渐恢复和发展,在有的地方表现还比较突出。在村委会选举新规则进入乡村社会后,宗族是如何回应的呢? 与会者对宗族力量在村委会选举和村民自治中的作用持不同的看法。多数与会者认为,宗族势力是村民自治和选举的破坏性力量,从而在政策选择上应对村委会选举中的宗族力量及其活动加以限制。也有人认为,在当前农民组织化程度不高,自我保护和动员的意识和能力都比较低下的情况下,宗族组织的存在和发展是有其合理性的。其对选举的影响并不都是负面的,相反宗族是村委会选举的动员力量,而且农民在参与以宗族为角色的选举博弈中有利于其竞争、妥协、宽容等民主品格的形成。因此,从一定意义上讲,宗族是推进乡村民主化进程可以借用的重要传统资源。

(三)村委会选举与乡村权力结构

目前,村庄社会正式权力结构仍是二元的,在乡政村治格局下,村庄一元自治权力结构并没有生成。这种二元权力就是以村党支部为代表的行政权力和以村委会为代表的自治权力,国家正式权力通过村党支部维持了自己在村庄社会的存在。目前,学术界对选举给村庄权力结构带来的影响,都持一种比较乐观的看法:村委会选举改变了现在的村庄权力结构。有些人认为,随着村民自治的推进,最终会出现自治权对行政权的覆盖。与会者中有人对此观点提出质疑,认为选举并没有改变目前的村庄权力结构,仍然是以村党支部代表的行政权为主导的二元权力结构。而且,在有些地方这种形式上的二元权力结构还出现了一元化的趋势,如有些地方倡导和鼓励村党支部书记竞选村主任,来解决村庄内部二元权力的冲突。当然,也有人对这种趋势加以肯定,认为这是党执政方式的积极变化,即通过竞选的方式来执掌政权。

(四)村民自治的价值和功能定位

村民自治和村委会选举之所以成为学术研究的一个热点,除了自身蕴含的民主理念和实践价值外,还在于人们希望这种"草根民主"能够推动国家层面的民主,从而找到一条自下而上的中国民主化途径。因此,本次会议就村民自治和村委会选举对于国家层面民主的可能影响作了深入的讨论。对此,与会者存在比较大的分歧。有人认为,历史发展的轨迹往往超出人们的预想,村委会选举可能会对国家政治民主产生重大影响,村民自治及村委会选举的意义超过了"草根民主"本身。就村委会选举而言,其背后深刻的内涵在于实现了村委会授权来源的改变,使村委会干部由"眼睛朝上"变为"眼睛向下",并使村委会的权力有序更迭。这种变化对党内民主和国家层面的民主形成了有力的冲击,正在产生强烈的示范效应。安徽省凤阳县在全县范围内推行村民举荐村支书,四川省遂宁步云乡的乡长直选和深圳大鹏镇的"两票制"选举镇长就是很好的说明。有人则通过对宏观民主与微观民主的区分认为,不能对作为微观民主的村民自治有过多期望。还有人认为,村民自治根本与民主无关,不过是一种民主化的村级治理方式,是国家在新的形势下以较低成本治理农村的工具。对上述争论,有的与会者提出,当前不该赋予村民自治以沉重的政治任务,而应该从村民自治本身来考虑其功能。

二、村委会选举实践中的问题、对策与政策探讨

改革开放以来，我国农村经济社会发展很快，但也出现了许多新情况、新问题。尽管《村组法》及其相应的法规较之以前有了很大的改进，但是没有也不可能完成适应农村正在发生的变化，由此使村委会选举中出现了一些法律没有明确界定，但又无法回避的问题。

(一)村民资格的确定

在实际操作中，各地大多是以户籍作为认定村民资格的依据。但是，这种以户籍来判断村民资格的做法，在实践中遇到了以下三个方面的问题。

1. 户籍管理中的种种新情况。如：户在人不在的"空挂户"等人户分离现象；离退休回村人员等非农户口问题的大量存在，这都使以户口为标准认定村民资格十分棘手。

2. 流动人口的政治权益如何保障。一方面，大量农村流动人口由于与户籍所在村缺乏紧密的经济联系或者选举成本太高，没有或没能参加选举。另一方面，在经常居住地农村流动人口也无法参与到社区公共政治生活中去。这样，事实上每年有上亿流动农民被排斥在选举及其他政治、社会活动之外。

3. 如何克服村庄的封闭性。以户籍为依据来确定村民资格，势必限制了一部分希望为村民服务、又能得到村民认可的人进入村落，农民只能在本村很有限的范围内选择自己的领导人，这不利于改变农村的封闭性。此外，村庄对外来人口经济上的利用和政治上的拒人，也不利于外来人口融入村庄社会。与会者在深入讨论的基础上认为，(1)以户口作为认定村民资格的大方向不能变。这是由我国在农村实行集体经济制度所决定的。(2)通过制度创新改变外出村民不能有效地行使民主权利，处于政治民主、社会活动边缘的状态。(3)充分发挥家庭在村民自治和外出村民之间的"传动轴"功能。(4)将村民资格的争议交给村委会自己去处理，充分发挥村民自治的功能。

(二)违法处罚

从违法认定来看，除了《村组法》第十五条中规定的威胁、贿赂和伪造选票等违法问题外，在实践中还存在以下多种不正当行为：有的村民由于对选举不满而阻拦其他村民进会场；计票过程中以有违法行为为借口阻止计票；在选票上做标记；选举之前请客摆酒；选举之前串联等等。这些行为是否违法在法律中都没有规定，这就给违法认定带来很大难度。

从纠正违法来看，也存在以下几个问题：(1)违法的处理机关不明确。纠正违法的主体多，但不明确，容易造成推诿扯皮。(2)民政部门在纠正违法中的权威性不够，尤其是对指导机关违法的处理难度很大。(3)没有具体处理办法。对村委会选举的违法行为如何处罚，《村组法》中没有明确，《刑法》、《治安管理处罚条例》等相关法律法规中均没有规定。

随着选举深入，违法现象越来越多。违反国家法律，必须受到相应惩罚，只有这样才能维护法律的尊严。《村组法》关系村民的切身利益，但该法对违法问题的处罚没有给予具体规定。这势必影响该法的神圣地位，造成一些人错误地认为即使违反了法律，也不会受到相应的处罚。这也正是当前村委会选举中不合法现象较多的重要原因。

(三)妇女当选比例

村委会直选极大地激发了广大妇女参政的热情，很多妇女积极参与村委会选举。《村组法》也就村委会选举中的妇女参与作了专门的规定：村委会成员中妇女应当有适当的名额。从各地的情况看，直选后，多数省(区、市)的村委会中的妇女干部比往届有不同程度的增长，但是仍然存在两个方面的问题：一方面是妇女当选比例仍然比较低。在一些地方新当选的村委会干部中，妇女干部的比例只有14%左右。另一方面是不能保证每个村都有妇女当选村委会成员。这给村庄开展妇女工作，特别是计划生育工作带来了很多不便。这一问题已经引起了妇联等有关部门的高度重视。

与会者认为，在村委会直选的情况下，妇女当选比例问题不好从法律法规上做硬性规定，但是可以通过加强宣传引导来提高妇女的参政意识和在村庄政治生活中的地位。此外，在选举技巧上可以采取按职位选举的办法，将选举村委会委员明确为选举村治保主任、村会计和村妇女主任等具体职位，这样比较有利于妇女当选。

(四)罢免

关于村委会成员的罢免问题，《村组法》(试行)中仅规定了"村民会议有权撤换和补选村民委员会成员"，对于罢免的依据、罢免程序的启动及动作都没有做出明确的规定。在《村组法》中，这些问题在一定程度上得到了解决，但是在实践中仍然存在许多问题。

1. 由谁提出罢免要求。按照《村组法》的规定，罢免村委会成员的权力属于全体村民。有的与会者针对当前的一些地方村委会干部工作不积极，不完成国家任务的情况，提出了乡镇是否可以提出罢免要求的问题。

2. 罢免中的比例问题。(1)《村组法》要求：本村五分之一以上有选举权的村民联名，可以要求罢免村委会成员。有全体村民的过半数同意，方可罢免。以哪个时候的五分之一为准，是当选时，还是罢免时？如果以罢免时的五分之一为准，则要重新搞选民登记。(2)半数通过难度较大，特别是对外出人口比较多的村来说。

3. 罢免理由。《村组法》中规定罢免应当提出罢免理由，但对罢免理由没有具体的规定。

4. 由谁来组织罢免。《村组法》规定：罢免村委会成员由村委会组织。与会者中有人提出，如果村委会在接到村民提出的罢免要求后，不组织罢免怎么办？村委会中的成员不称职，村民提出罢免，但村委会不开会，这就涉及乡镇能不能主持召开会议的问题。

总之，与会者认为，村委会选举与村民的切身利益直接相关，村民对此寄予厚望，法律性、政策性特别强。对村委会选举中存在的问题，如果不加重视，势必会引起甚至激化农村社会矛盾，造成村民对法律、对党和政府的不信任，不利于培养广大农民的公民意识和增加其法制观念。因此，如何进一步完善相关法律法规建设是一个亟待解决的问题。

三、农村问题研究的方法论

农村问题研究的方法论是本次会议的一个重要议题，同时也是本次会议最具争议和启发性的论题。与会者对这论题的探讨主要围绕以下两个问题展开。

(一)个案研究的价值与限度

从提交会议的论文来看，与会者的研究中大多采用了个案研究的方法。但对个案研究的价值，与会者的看法存在较大分歧。尽管多数与会者认为，个案调查是当前农村问题研究的共同基础，在当前中国农村问题纷繁复杂的情况下，进入村庄是理解村庄也是理解中国乡村社会的根本途径。分歧的焦点集中在个案研究结论的普遍性上。

有的与会者指出，分歧的产生主要是因为个案所要解决的问题不同。一些个案试图通过报告，对当前国家的农村政策提出建议，这不可避免地要涉及个案本身的典型性和政策建议的普遍性问题。另一些个案则不大关注自身的典型性，而试图从个案中寻找理论创新的灵感，借助村委会选举这样的“事件”来理解村庄性质，因此并不存在普遍性问题。这种观点认为，在当前对村庄本身多样性不甚了解，对村庄内部结构缺乏认识的情况下，个案调查对于学术研究更具价值，个案的代表性并不重要，重要的是个案的调查能够为学者提供学术思考的灵感，认识到当前村庄性质的某一个方面。当对村庄性质有了一个大致的判断之后，个案式的政策研究也才会有自己的位置与针对性。但是，也有与会者对此提出疑问，个案研究如果仅仅是理解村庄社会性质，那么研究的价值何在？

关于个案研究结论的普遍性。有的与会者认为，个案研究可以以小见大，通过解剖“麻雀”，从而得出中国农村社会的一些带有规律性的认识。有人则认为，个案研究并不能得出普遍性的理论，因为中国农村的情况复杂多样，仅仅通过个案无法理解整个乡村社会，其价值在于寻求中国乡村社会的区域性和类型意义。还有一种观点认为，个案研究的价值并不在于得出普遍性结论，而在于证实已有的结论，其价值在于验证理论预设。

为了深入理解个案研究的价值与限度，与会者还对个案分析与统计分析的适用性作了一个比较。有人在研究经济发展程序与村民参与程度的相关性时，使用大规模抽样和回归分析方法，由此得出一些关于经济发展与村民参与关系的结论。也有人认为，当前决定村民参与的因素是多维的，经济发展程度并非是最为重要一维，在当前对影响村民参与的主要因素缺乏系统清理和清晰认识的情况下，运用大规模抽样，可能陷入误区。因此有人提议，需要在抽样调查与个案研究之间建立更为密切的联系。

与会者都认为，个案研究是必要的，是学理提升和理论创新的基础和前提，但是对于农村问题研究来说，如何进行学理提升和理论创新是今后研究所要着重解决的迫切问题。

(二)农村问题研究的本土化与国际化

全球化背景下，如何保持中国学术研究的自主性，处理好本土化与国际化的关系，从而获得与西方主流学术界对话的地位，成为当前国内学术界不得不面对和做出回答的问题。

与会者普遍意识到，在西方的学术话语霸权和理论优势下，进入西方学术的传统与语境，关注西方学术的问题，学习西方学术的规范，这是学术研究本土化的必经阶段。问题是在这个过程中，中国学术的自主性和中国本身的问题意识如何得以保持？有人认为，国内农村问题研究领域丧失学术自主性的情况较为严重。目前在这一领域，国内学术界主流关注的问题事实上是国外学术界的边缘问题，而真正的关涉中国农民和中国现代化的一些大问题，国内学术界却失去了关注的热情。因此，提出乡村研究应有中国主位和乡村主位意识，中国主位是中国现代化主位，现代化应成为国内乡村研究者的共识。乡村主位是指学术研究的问题意识应来自农村本身，而非西方，要关注真问题而非假问题。有人则认为，当前学术对话十分重要，不能搞成“义和团”。又有人提出，有了中国主位和农村主位意识，多读西方的书，都可以说是在研究真问题，因为这是为我所用的读书，而缺乏中国主位和农村主位意识，西方的书读得再多也是研究假问题。提出中国主位和农村主位，不是盲目排外，而是防止农村研究的殖民化。也有人认为，中国学术应为繁荣世界文化做贡献，增加对人类共识的理解，努力用中国经验去修正西方主流理论，与西方对话，农村问题研究也不例外。还有人认为，本土化和国际化并不矛盾，它们事实上是两个不同层次的概念。中国学术界所要解决的是如何在遵循国际学术规范的前提下，探索和解决本土问题。

（徐增阳　王光忠　郑柏琼）

转型期乡村社会性质研究学术研讨会

农村发展是中国现代化的瓶颈。如何理解农村，是当前社会科学研究具有重大理论和现实意义的课题。以阅读和理解转型期中国乡村社会为主题，中国社会科学杂志社和荆门职业技术学院农村发展研究所联合主办的“转型期乡村社会性质研究”学术研讨会于2001年7月14日–16日在湖北荆门召开，来自全国的60多位专家学者围绕以下几个方面的问题展开了广泛而热烈的讨论①。现将会议内容综述如下。

一、研究转型期乡村社会性质的意义

针对学术界更多从国家与农民关系的视角和制度的视角来研究农村社会的现状，本次讨论会强调立足于乡村社会本身，研究理解乡村社会性质。会议主办者将此确定为“转型期乡村社会性质研究”。会议就这一研究的内涵、意义和研究对象进行了讨论。

问题的提出

乡村社会性质研究是一种问题导向而非学科导向的研究。这一研究需要多学科的参加，本次会议也具有多学科的背景，其中政治学、社会学、法学、历史学以及经济学界的一些著名学者参加了讨论。与会者认为，乡村社会性质研究是一项系统工作，需要打破现有学科界限，加强学科之间的协调。农村研究的深入还需要与实践部门有更为密切的接触，将实践中的真问题引人到学术研究中来，切忌建立空对空的理论模型。

从当前学术界对乡村社会研究的进入来看，不同学科具有不同的问题，例如政治学者更为关注村民自治和乡村关系的研究，法学学者关注送法下乡和乡村秩序的获得，历史学者关注农村传统的组织形态及其在现实中的功能状况，经济学者关注土地制度及农民负担等。虽然不同学科关注的问题不尽相同，但在这些具体问题的背后，有一个问题是共同的：他们都关注国家政策在农村社会的遭遇，这就与关注农村社会本身是什么只有一步之遥了，也就是说，转型期的乡村社会性质研究的必要性就凸显了出来。

乡村社会性质研究的内涵

仝志辉（中央党校博士研究生）　认为，研究乡村社会性质，就是理解乡村社会自身的运行逻辑。当前的乡村社会正处于激烈变迁之中，把握变动中的乡村社会的自身逻辑，是把握农村发展和中国现代化的主动权的基础性工作。

与会者倾向于如下认识：转型期乡村社会性质研究的实质是从农村内部研究农村，将农村当做研究的出发点和归宿，真正理解和把握中国农村的现状与特点，从而为农村发展提供有用的理论基础和学术支撑。

研究的意义

一些学者认为，从实践层面上讲，自改革开放以来，因为经济发展水平和所处区位的不同，不再存在一个统一的中国农村，东部地区农村面对的问题已与中西部地区迥然不同；北方农村传统总体的衰落与南方农村某些地区传统的复兴，也形成鲜明对比；这些不同构成了当前国家政策在农村的不同遭遇，在某种意义上，已不再存在一个统一的国家政策效果。转型期乡村社会内在性质的研究，将为认识上述纷繁复杂的现象提供一种分析工具，提供关于乡村社会知识的学术平台，从而为更适合农村实际的国家政策提出建设性意见。

从研究层面来讲，其意义有二：

1. 乡村社会性质理论是一切有关农村研究的基础理论。对事物性质的认识是把握一切事物的前提性认识。费孝通先生《乡土中国》对30年代中国农村性质的研究是我们认识传统中国农村的利器就是证明。前已述及，近年中国农村研究状况表明，要把这种研究再推进一步，对乡村社会性质的理性认识是关键。有了这种基础性认识，许多理论上的难题可望得到解决。

---

① 除去三天会议讨论的内容，本文还包括了一些未能与会学者的论文以及会议结束后，曹锦清、张静、景跃进、贺雪峰、仝志辉、吴重庆、董磊明、罗兴佐、孙龙、陈涛、王习明、汪冰等十余名学者在荆门进行两天后续讨论的内容。

2. 乡村社会性质研究开辟了新的理论空间。从研究角度来看,已有的农村研究的问题意识多来自农村外部,从农村内部发现和提出问题的不多,或者还未形成一种明确的学术视角。乡村社会性质研究明确提出自己的学术立场是立足于农村内部来提出问题、研究问题,这种新的学术视角为自己创造了新的学术空间,为理论创新带来了极大的可能性。

二、转型期乡村社会性质的现实状况

多数与会者认为,当前学术界对乡村社会研究的整体水平还没有达到费孝通先生《乡土中国》中的学术深度,更没有产生如《乡土中国》一样的影响力。相对来讲,李银河的《生育与村落文化》,折晓叶的《社区的实践》,王晓毅的《血缘与地缘》,曹锦清等人的《当代浙北乡村的社会文化变迁》,张乐天的《告别理想》,王铭铭的《村落视野中的文化与权力》,周晓虹的《传统与变迁》等著作,以及公开发表的一些关于转型期乡村社会性质研究的论文,从不同侧面反映和揭示了乡村社会性质的一些方面,为形成一个相对独立的乡村社会性质研究领域提供了必要的学术积累。与会者集中讨论了转型期乡村社会性质研究的两个方面的问题。

现实状况

1. 关于农村的异质化状况。

张乐天(复旦大学教授) 强调了农村的异质化状况。其隐含的方法论因素为:农村分化应成为研究乡村社会性质的变量。这实际上也提出了中国乡村社会是否具有统一性质的问题。不妨认为,他是从寻求乡村社会性质的难度来提出问题的。

2. 关于农村自组织资源的问题。

张 鸣(中国人民大学教授) 认为,中国传统农村社会是具有非常强大的组织能力的,改革开放以来,虽然农民的自组织能力得到了有限度的恢复,但还不够。他认为,目前改善农村状况,弥补农村危机的不二法门,就是使农村的组织资源再生,培养农民的自组织能力。

吴重庆(广州社科院研究员) 通过考察村委会选举与乡村社会自组织资源之间的关系,认为目前村委会选举和村民自治中一系列不良现象如村民投票不积极、选举成本高、民主监督不力等等,在很大程度上都是因为在乡村自组织资源流失后,村民自组织能力过低所致,而自组织能力差的原因又在于缺乏以本土资源作依托的乡村社会的民间联系纽带。他因此提出,在乡村社会自组织资源严重流失的情况下,对宗族等传统网络的再利用,起码是提高村民自组织能力,达成村民自治的策略性选择。

朱苏力(北京大学教授) 认为,农民自组织能力的衰落是市场经济冲击的必然后果,问题的关键不在于如何恢复传统。村民自治的本土资源并不一定非得从传统制度如家族制度或人民公社制度中去寻找,而可以是一个创造的过程。市场经济条件下新的本土资源也可以形成,如华西村吴仁宝的例子。市场经济本身正在形成新的更大范围的自组织资源。

3. 关于农村宗族。

郭正林(中山大学副教授) 试图通过分析宗族的集体主义性质及其社会功能,来透视转型期乡村社会的特征及其变化。

肖唐镖(江西省委政策研究室) 运用江西调查资料,对当前宗族在农村权力分配与运行中的影响进行了分析,讨论了宗族与村干部的关系。

卞利(安徽大学教授) 通过对一个宗族聚居村庄社会变迁的调查,说明宗族文化在当前乡村社会所处位置的局限。他认为在村庄无人能带领村民致富的情况下,村庄内部即宗族已产生不出能影响村治的权威,宗族文化只能借助村外有头面的村人来延续。

王习明(荆门职业技术学院讲师) 以荆门沙洋县的调查为例,讨论了自然村规模与村庄性质之间的关系。他认为,自然村的规模由地形、气候和人口密度等因素决定,而自然村的规模和是否单一宗族,又影响到村庄的自组织程度和村民宗族意识的强弱。

4. 关于村庄权力结构。

罗兴佐(井冈山师范学院副教授) 认为,在考察村庄治理和村庄性质时,不能忽视对那些从村庄走出去在行政事业单位工作的人的作用的考察。他把国家力量称为村庄治理中的"第一种力量",将源于村庄内的力量称为"第二种力量",而将那些从村庄走出去工作,但始终关注村庄发展的力量称为村庄治理的"第三种力量"。仝志辉从村委会选举中精英动员的视角讨论了村庄内的权力分层及其运作逻辑。他认为精英动员提供了解析乡村社会性质的一个重要的被解释项,这种解析有助于深入到乡村社会的内部,联系村庄历史和区域变化差异进行深入研究。

金太军(南京师范大学教授) 等人提出了对村庄场域权力结构的三重分析,认为村庄中不仅存在国家权力的代表,而且存在有政治的村庄精英和无政治的普通村民,这种三层分析有助于深化对乡村社会本身的理解。

孙 龙(北京大学博士研究生) 提出了体制—内生的分析框架,在此基础上,他对村庄权力结构做了类型化的研究。

5. 关于村庄秩序。

贺雪峰(荆门职业技术学院副教授) 认为,村庄的秩序状况是村治状况的首要表征,村庄秩序的内生获得不仅与村庄之外的客观经济形势和治理制度安排有密切关系,而且与村庄的内在结构状况密切相关,村庄社会关联构成了村庄秩序的基础,虽然在理论上我们相信制度的有效性是与特定社会基础相关联的,具体研究却往往容易忽视制度安排的社会基础,习惯于抽象讨论制度本身的好坏与效果。他通过对低度社会关联村庄的民主化村级治理的讨论,发现民主化村级治理在理论上可能陷于瘫痪状态和赢利经纪的交替循环。

董磊明(江苏省委党校讲师) 则借用村庄社会关联分析了集体企业改制后的苏南农村村级治理,认为如果苏南农村不能形成现代型的社会关联的基础和以此为原则而形成的自组织,苏南农村就可能出现无序和危机。

关于农村治理的政策建议

徐 勇(华中师范大学教授) 从当前村民自治和税费改革这两个政策举措在实践中遇到的困难入手,认为必须关注政策背后深层次的治理结构问题。他提出“县政、乡派、村治”的农村治理结构主张,即将县政权建设成为国家在农村的基层政权,县以下的乡成为县的派出机构,村委会的工作则主要是搞好村民自治。

秦 晖(清华大学教授) 认为未来的乡村组织模式应当是:在自然村(不是行政村)改变如今的涣散状态,发展村民自治,不强求标准民主程序,熟人共同体的传统组织形式(如宗族等)只要农民接受,外人不必强行改变。取消“行政村”,把乡划小一些,乡级机构应是民主国家的末梢,不是自治组织;实行公务员制而不是选举制;农民在这一级的民主权利主要是自由结社等公民权利,通过农会等组织保有与政府谈判的能力。而民主选举应当是县及县以上各级政权的产生基础。简言之,自然村自治,行政村取消,乡上农会对应公务员,县级搞选举政权,以实现传统与现代化,农民民主权利与国家行政能力的结合。

彭宗超(清华大学博士后) 从实践和理论方面分析了乡镇政权实际运行中出现的主要问题,认为解决这些问题的根本出路在于建立乡镇自治式民主和在乡镇自治式民主框架中首先重视推行乡镇长直接选举制。

沈旭辉(清华大学访问学者) 则集中讨论了乡镇长直接选举可能引发的直选乡镇长与村委会之间的“纵向政权断层”和与乡人大之间的“横向政府断层”。他认为,在产生这些断层的可能性未被杜绝前,不宜立刻在全国范围内推广乡镇长直接选举。

三、转型期乡村社会性质研究的规范

乡村社会性质研究的规范是本次会议讨论的一个焦点问题。

张 静(北京大学副教授) 认为,规范的表面形式是学术引文应健全,实质内容则是与已有研究的对话,以推进研究的进步,避免重复劳动。因而,农村研究必须与主流社会科学以及西方理论对话,这些理论不应被理解成仅仅是西方的思想,它们同样是人类思想财富的组成部分。只有从中国经验中发现了对发展社会科学有用的材料,并为社会科学研究提供了知识积累,这样的研究才有意义。

景跃进(中国人民大学副教授) 以会议有关论文为例,指出在农村研究的方法和概念上,都应讲清楚与以前的研究的关系,如其中哪些是自己的,哪些是前人已经研究过了的,哪些是前人研究的继续,等等。要有学术史的检讨,不能一上来就讲自己的。

孙立平(清华大学教授) 认为,不愿花费时间去做资料检索工作,不仅会做很多无用功,而且是对前人研究的不尊重。如果认为国内的农村研究成果不多,国外的资料也应该检索。秦晖则认为,学术规范的底线是不抄袭,至于高限,几乎是无限的。前人之前还有前人,对前人研究的叙述本身就足够写成一部学术史了,这就有些要求过高了。

金太军(南京师范大学教授)认为,在学术规范下面,实际上隐含学术的不平等。具体来说,第一,检索西方关于中国农村研究的文献,无疑有助于深化农村研究,但若过于强调对西方文献的检索,可能会迷失研究的方向。第二,已经做过的研究是否就一定要检索,要看个人的研究重点和他自己的选择。在当前学术界对中国农村的整体研究水平较低的情况下,检索文献不如到农村调查收益多。特别是在当前学术界整体上对农村调查较少,对农村实际把握不很到位的情况下,既有的文献检索不仅可能让人们丧失对现实的敏感性,甚至可能会偏离我们所要研究问题的主旨。

吴 毅(华中师范大学副教授) 认为,学术规范与当前农村研究整体水平较低和学术共同体尚未形成有密切关系。当前国内的农村研究,除经济学的土地制度等方面的研究沟通稍好以外,不仅存在学科界限,而且存在地域差异,彼此的沟通都很不够,加之大部分人对农村的研究只是他们理解的更为宏大目标的一个部分或边缘，因此，农村研究领域还没有形成学术共同体。学术共同体的形成和学术规范的建立是同一问题的不同侧面。当前整个中国社会科学规范缺失的问题，表面上看是所谓学术制度的合理与否，深层次看则是社会科学学术共同体的健全与否。对于具体的转型期乡村社会性质研究，没有一个具有自主研究领域、以本土学术问题为中心、内部充分交流的学术共同体，学术规范的创立也只能是空谈。当前，涉足转型期乡村社会性质的研究人员还太少，多学科的知识背景还没有展现为多样化的研究方法和有深度的研究积累，这时讲求所谓对前人研究的尊重往往容易蜕化为形式上的包装。如果我们真正重视转型期乡村社会研究学术规范的形成，那就应该将着力点放在怎样形成一个健康的专注这方面的学术共同体上。仝志辉提出，在建立学术共同体方面，能否在以下几点形成共识。第一，创新是学术规范的最高目的，在当前积累较少的情况下，对研究成果的评价标准更应放在是否发现了新的问题，提出了新的视角，得出了有价值的概念和结论，在有创新的基础上再要求形式。第二，要倡导对中国农村现代化的社会关怀。研究转型期乡村社会性质的首要目的是要为中国农村的现代化和整个中国的现代化提供理论资源。没有这份社会关怀，在现有的学科分工体制下，这一研究很难成为众多学者的主业。第三，要吸引多学科的学者加入。转型期乡村社会性质涉及农村政治、经济、社会、文化等诸多方面，是一种从根本上理解农村现状的努力，需要多学科研究者的充分沟通和合作研究。舍此则很难有大的成果。第四，要注意深入的区域农村调查。造成当前研究水平不高的一个重要原因是相关学者缺乏对乡村社会深入、长期的研究，对农村鲜活生动的现象缺乏敏感，拿既有的理论范式来套复杂的转型期现实。第五，要鼓励形成不同的学术范式并展开对话。当前研究的努力方向应是形成系统的研究范式，它由一系列的概念、命题相互支撑，具有对各方面农村现实问题的整体解释力。这样的研究范式多了，对话才有基础，那时，讲究学术积累的学术规范也才最终有意义。

四、转型期乡村社会性质的研究方法

与会者在乡村社会性质的研究方法上，进行了热烈的讨论。

多样的方法

1. 问题来自实践，而不是来自西方理论。

马宝成（国家行政学院讲师） 认为，农村研究不仅要突破学科界限，而且研究的问题应是来自实践的困惑，这样才可以将农村研究落到实处。

2. “从内向外看”和“从下向上看”的视角。

曹锦清（华东理工大学教授） 认为，当前学术界更多运用西方理论来理解中国现实，往往因理论失去所指而对现实助益甚微。在农村研究领域，应强化“从内向外看”、“从下向上看”的视角，要首先阅读好中国农村这部大书。

3. 注重对事件和过程的研究。

孙立平 认为，把握变动中的乡村社会，犹如把握流动的空气与阳光一样，必须在过程和事件中认清乡村社会性质的真实，他提出创建“实践社会学”的构想，认为实践社会学就是面向运作中的实践状态的社会现象的社会学，它不同于以前那种静态的和从结构方面对社会现象的关注，而试图从动态和实践中对社会现象加以关注，以这种眼光来看待社会现象，过程本身就可以成为社会现象独立的解释变量或解释源泉。

吴 毅 认为，以焦点性事件研究为特征的乡村研究存有不可克服的缺点，必须从村民的日常生活中理解事件及村庄政治生活，他认为以对诸如村委会选举等瞬时性仪式化事件的观察来代替对乡村生活的长时间观察，究竟能够在多大程度上反映乡村政治生活的特征，实在是一件值得追问的事情。

4. 应保持研究和调查的敏感性。

朱苏力 以自己的发现为例，特别强调应保持研究和调查的敏感性，不要随便将一个新鲜的事实当做特例，用一个假设打发了事。一定要善于将特例一般化，提出理论命题，从而为农村研究提供知识积累。

争论的问题

1. 阅读农村与阅读理论的关系。转型期乡村社会性质研究基础性强，研究对象空前复杂，如何达成对转型期农村的理解，有一个阅读农村和阅读理论并重的问题。研究中国农村必须注重对中国农村的实地阅读，这在与会学者中达成了相当的共识。

贺雪峰 认为，当前乡村社会不仅承继了悠久的传统，而且经历着剧烈的转型过程，且区域差异极大，其与中国现代化的关系又极为密切。这就要求我们进行深入的田野调查，而要做到这一点并不容易。目前重要的是在阅读农村中发现理论，而不是在既有理论的问题中寻求突破。

但在讨论如何做到阅读农村与阅读理论相结合时，引发了有关研究者应采用何种主位意识的争论。

陆益龙（中国人民大学博士后） 认为，在农村研究中，还应确定农民主位意识，或曰农民立场，即站在农民这一现代化中弱势群体的立场来看待中国现代化中的诸种问题。

曹锦清　认为，方法从来不是中性的，而立场至关重要，农村研究应该站在农民和现代化的双重立场上才比较可靠。学术研究的价值无涉是伪问题，没有价值关怀，没有对农民的同情，能否理解农民及能否做好农村研究都是大有疑问的。

张　静　认为，农民立场的说法是一种道德或"政治正确"的价值立场，虽然很重要，但毕竟不同于知识的专业立场。知识产品是公共的，也是跨越国界和阶层的，做研究必须有超越的视野，否则会影响学术研究的客观性。她还强调指出，学术研究是一种十分个人化的活动，无法用道德判断去要求和强制其他人做什么、如何做。研究应有更多事实判断，避免陷入情绪化的价值立场中。

李　林（中国社会科学杂志社研究员）　认为，站在不同角度来研究乡村社会性质，其结果会有相当的不同。如果站在农民立场上，就会强调农民自己的主观能动性和自主发展。而如果站在现代化的立场看问题，一些暂时牺牲农民利益甚至强制农民的行为或许就是合理的。

有学者提出，农民主位的提法并不准确，其实，从研究对象和目的上讲，更应叫做农村主位，中国主位。农村主位的实质是从当前中国农村发展的需要来形成研究课题，农村研究的首要目的，不是要回答来自西方的学术疑问，而是要解决中国现代化实践中的问题。

2. 基础理论研究与政策基础研究的关系。这方面的讨论涉及转型期乡村社会性质研究的理论取向。

孙立平　从对社会科学本土化的评论入手，认为社会科学不存在本土化的问题，不可能存在中国社会科学和美国社会科学之间的不同，而只存在一个统一的社会科学，但社会科学研究应该本土化，在不同国度的社会科学研究中，确有如何使研究本土化的问题。他希望转型期乡村社会性质研究要有中国风格，能切实理解中国的问题。

吴重庆　认为，所谓社会科学的本土化，是指学者以对中国问题的关注为核心，来从事自己的科学研究，正是因为中国农村的特殊性，中国的农村问题具有建立本土化理论体系的需要与可能。研究中国经验的目的，首先应该是为中国的现代化服务，在这一立场下面，不反对与西方的学术对话，但反对与西方学者抽象的对话，尤其是那种丧失问题意识而希望为所谓人类文明作贡献的学术对话。

韩　旭（中国社会科学院助理研究员）　认为，社会科学研究一定要提供可证伪的线索，不能搞成虽自圆其说但却是封闭的体系。

进一步讨论认为，学术研究可以在不同的层面展开。

贺雪峰　提出，可以将中国的社会科学研究分为三个层面，即基础理论研究，政策基础研究，政策研究。基础理论研究就是通过对中国乡村经验的研究来发现和补充西方学术研究中的不足，为作为整体的社会科学提供积累，在这个意义上，基础理论的中国农村研究不存在本土化的问题。但基础理论研究不应该成为中国学者关切的中心问题，中国学者当前最需要做的是为中国现代化政策提供一个切合实际的可靠的学术平台。中国现代化是独特的，因此，关于中国现代化政策基础的学术平台也应该是本土化的，其问题来源、理论重点及学术灵感，都是与中国农村现代化及中国整体现代化的实践密切相关的，这样，与西方学术的对话，仅仅构成服务于中国现代化实践的政策基础研究的一个部分，本土化的中国社会科学研究平台，急需中国学者来搭建。只有在为政策提供学术基础的研究领域多有建树，中国的学术界才真正可以为中国的现代化建设提供学术研究上的贡献而不是那种基于普通人常识所提出的对策建议。这种学术平台的搭建，也为不同学科、不同视角的中国研究者提供了学术对话和学术竞争的场域。

3. 大理论与中观理论的关系。与会学者还对乡村社会性质研究的理论形态进行了讨论。联系历史来认识现实应是与会学者的共识，但对历史究竟是用来为认识现实提供灵感和启示，还是提供答案，则存在着很大争议。从会议讨论情况来看，当前乡村社会研究领域，事实上存在两种相当不同的话语体系，一是以大理论为特征的话语，其特点是，将在农村调查中发现的问题迅即归并到历史经验之中，历史经验不只是提供进一步思考的启示，而且提供了现实答案的思路，所有中国现实的问题，都和古今中外的历史经验或圣哲思考相关，现实中并不存在可以独立解释的问题。大理论的特点是以历史与现实之间的相似性来讨论现实的问题。与大理论相对立的是一些青年学者倡导的中观理论的话语。在大理论的思考维度中，农村研究只是为了论证整体的农村以外的社会结构的注脚，看不到基于农村社会自身结构和处境的运行逻辑的分析。而中观理论则强调基于农村自身运行逻辑的理解，要深入农村内部理解农村，把农村特有的运行过程构建为研究对象，用农民的行动和农村的自身结构来解释农村本身。中观理论的研究终结在对农村现象的解释上,而大理论分析农村则是为了更大范围的社会理解。与大理论的哲学式思考和历史资源借用相反,中观理论更强调实证的具体问题的情境分析。中观理论的问题更多是在实践层面发现的,并坚持在特定的社会政治结构中进行分析。中观理论建构的推动力是对问题本身的理解,它强调渐进的对具体问题、概念的耐心累积,而不是持整体性一劳永逸理解所有问题的扩张心态。

会议进一步讨论认为,大理论与中观理论的两分,深刻反映了当前中国乡村社会研究多学科背景的现状,这对农村研究是一件好事。大理论的叙事方式反映了以文史哲为代表的人文科学的叙事方式,而中观理论则是以社会学、政治学等为代表的社会科学的叙事方式,不同的叙事方式之间并无高下之分,但社会科学和人文科学都应明确各自在研究农村问题上存有的局限与不足,强化学科对话,相互借鉴对方的优势。相对来说,当前中国乡村研究领域,大理论的研究方式还占主导地位。中观层次的研究相当不足,如何建立一系列开放的可证伪的中观层次的命题,是当前深化中国乡村社会研究十分紧迫的任务。

(冯小双)

村民自治与中国农村社会发展国际学术研讨会

2001年9月2日-5日,由民政部和美国卡特中心共同举办的“村民自治与中国农村社会发展国际学术研讨会”在北京怡生园国际会议中心举行,一百多位中外专家学者出席了会议。其中境外专家近三十位,国内学者六十多位,来自地方政府、民政部门的实际工作者十五位,另有相关国际组织的专家和列席代表近二十多人。境外专家来自美国、英国、澳大利亚、挪威、韩国、日本、新加坡、瑞典、以色列等国家和香港、台湾地区,国内学者来自中国农村问题研究中心、中国社会科学院、北京大学、清华大学、浙江大学、中央编译局等三十个高等院校和科研机构。美国前总统卡特出席了会议并发表了重要演讲。民政部副部长李学举主持开幕式,多吉才让部长介绍了中国村民自治的基本情况,基层政权和社区建设司张明亮司长介绍了中国村民自治的发展历程和现状,Mark Selden介绍了海外学者对中国村民自治的研究情况,中国农村问题研究中心徐勇主任介绍了中国学者对村民自治的研究状况。

研讨会分成18个讨论小组、9个大的专题:(1)村民自治的社会效应;(2)村委会选举;(3)两委关系;(4)乡村关系;(5)经济发展与村民自治;(6)村级权力结构;(7)村级民主政治建设;(8)民主决策;(9)村民自治与中国民主政治建设。会议谈论的三个焦点问题是:民主选举、两委关系和乡村关系。这次研讨会实现了中外学者的交流、理论与实践的对话、研究理论与研究方法的碰撞,在相互学习和借鉴的友好气氛中进行探讨,与会人员都充满着对村民自治与中国农村社会发展的深切关怀,这是一次成功的、富有成效的会议。

一、村委会选举:背景、过程与现状

这次研讨会所提交的76篇论文几乎都与选举有关,直接研究村委会选举的就有21篇。讨论分成5个方面,即文化与背景、历史与比较、理论与实践、过程与问题、技术与程序。

1. 文化与背景。有学者指出,县、乡政府在推进村委会选举中承担了近乎“全能”的角色,既是“立法者”,又是“执法者”,还是“监督者”,发挥着重要作用。要进一步推动村民自治,不仅要有政府“自上而下”的推进,还需要民间力量“自下而上”的促进。又有学者指出,虽然在村委会选举中,选民的选择行为已经趋于理性化,越来越多的选民能积极参与选举,并敢于在选举中争取和维护自身的民主权利。但村民的政治文化是分层的、多元的,既有公民文化、顺民文化,也有臣民文化、暴民文化。因此,村委会选举和村民自治的发展需要长期的努力。

2. 历史与比较。这一部分讨论包括县乡人大代表选举与村委会选举的比较;村委会和居委会的比较;美国、中国内地与港台地区的选举比较;乡规民约的历史比较四个方面的内容。主要有以下观点:(1)现行县乡人大代表选举情况的统计报表注重对选举结果的统计,而现阶段村委会选举情况的统计报表则注重对选举过程的统计,若能对两种报表进行修改和完善,便可相互取长补短,使选举的统计更为规范,也更能全面地反映选举情况。(2)农村和城镇的社区情况不同、人文景观不同,也将影响到公民权利和义务的性质与运用,农村的民主与雅典类似、城市的民主还没有完全成型,但不管怎样,作为基层群众性自治组织的村委会和城市社区居委会将成为培养公民的基地。(3)中国素有乡村自治的传统,尽管传统的乡村自治以模糊的形式部分保存,与今天的村民自治有很大不同,但乡规民约是中国人在过去的乡村自治中的重要经验之一,对今天的村民自治中的乡规民约具有一定的关联性。虽然从形式到内容都发生了根本性变化,但在防患于未然、对各种违规乱纪行为进行处罚

等观念却是相同的。从这一点讲,传统的乡规民约对现代的乡规民约具有启发作用。(4)20世纪80年代开始的村委会竞争性选举的实践及其演变历程证明了中国基层民主的现实性,民主的发展有赖于环境,有赖于政治、经济、文化等方面的协调发展,很难就时间地点做出精确的预测。并且,地方选举会孕育更高层次的选举这一假设需要论证,这个假设能否得到证实取决于一定的民主发展理论,既不是历史上的先例,也不是托克维尔的必然性。

3. 理论与实践。(1)在村民直选中,乡镇政府的违法行为因其"乡村官场"的引力和公共权力的滥用而在一定范围和一定程度上比较明显地存在,也产生了严重的后果。然而乡镇并非村民直选的天生反对者,应分析违法行为得以产生的主客观因素,消除其违法行为赖以存在的基础。(2)村民直选中普遍采用了"八步直选法",村民学会了选举的操作技巧,提高了民主素质;"治村演说规则"规范了选举行为,防止不正当竞争,避免了演说中的说大话、乱许愿、攻击他人等问题出现,提高了选举质量。但必须解决好"贿赂的界定"、对"破坏选举"的处理、委托投票和流动票箱等几个具体的问题。(3)"组合竞选制"是经过了12年实践的一种选举机制,与"海选"是另类,其制度理念是具有广泛的民主性、竞争性、内在制衡机制和与乡村社会性质的相容性。但仍然有一些具体问题需要解决。(4)民主选举的进一步发展面临着许多挑战,不少学者探讨了选举实施过程中所遇到的地方性问题,如地方政府的抵制、法律上的不明确、培训不足、选举腐败与暴力等,这些都是影响选举顺利进行的重要因素。(5)自由公正的选举能改善干群关系,民主选的干部更愿意保护村民,当村民发现乡镇政府的决定有悖于中央政策时,他们比以往更多地求助于村干部,这得益于自由公正的选举。村民的一致行为连同定期举行的选举,促使民选干部越来越注意选民的意见和要求。

4. 过程与问题。(1)村委会选举中的选民政治冷漠,其影响因素有:村民的成本收益分析,较弱的政治功效感和政治义务感,关系网络、组织网络和精英人物的影响力较弱等,选民政治冷漠虽然可以避免农村社会秩序的动荡,但不能对精英人物进行强有力的监督,影响到村民自治的效果。因此,选民应有一种冷静的、有节制的、制度化的参与。(2)选举中的漏洞,表现在村选举委员会的产生、选民资格的认定、候选人条件的确立、选票的发放与登记、正式候选人的确定、选票的设计、投票的程序、竞选演说的规则、对有争议问题的解决等方面。根本的问题是选举的规则与程序存在着缺陷、脱离实际,没有相应的监督落实机制,从而使该落实的无法落实,对违规操作的又无法处理,影响选举质量。(3)村民自治经过十多年的发展,选举中的民主性明显得到提高,选民的法制意识加强、参与提名更加广泛、遵循公平公开公正的原则、对选民的来信来访进行了较好的处理。但由于法律规定比较原则、具体落实较难操作,历史遗留问题没解决好,宣传力度不够,宗族帮派的干扰等因素影响选举,这是今后要思考和解决的问题。

5. 技术与程序。(1)选民资格的法律关怀,各省、市、自治区直辖市对于选民登记问题作了具体的规定,既有相同之处、也有差异,如选民年龄的确定,选举行为能力的确定,对外来人口、暂住人口的权利和义务认定等,具体情况有待于各地实践和国家法律的进一步认可。(2)投票技术的探讨,如何使用选举中的划票符号,针对通行的定位挑选法,实际工作者提出"定位异选法",其目的是确保主任、副主任差额候选人当选,选民易于接受,便于操作,保密性强。不同的理念就会有不同技术的采用和规则的设定,如果说"定位异选法"假设人才是有限的,是预先的人才当选是其目的,那么"海选"则是假设人才是充裕的,确保最优秀的人当选是其目的。(3)提名预选,这是村委会选举的中心环节和重要程序,提名预选确定的候选人关系到投票选举的成功和村委会的威信,为此,有人提出一人一票预选制,当然其特异情况的存在是显然的,既需要在实践中不断完善,更需要立法机关进行规范。

二、村级治理:方法、规则与策略

《村委会组织法》正式颁布实施以来,全国有21个省、自治区、直辖市制定了新的《村委会组织法》实施办法,23个省、自治区、直辖市制定了新的《村委会组织法》选举办法,半数以上的省、自治区、直辖市专门制定了关于村务公开的法规和规章。讨论主要集中在村级民主决策和村级民主政治建设两个方面:

(一)村级民主决策

村级民主决策的主体、原则、内容和程序在《村民委员会组织法》中都有规定,完善村级民主决策机制是村民自治的根本,是广大村民行使民主权利的前提,关键是明确主体、规范程序。建立健全村民会议和村民代表大会,在技术上要规范村民代表的产生程序,规范村民代表的组成人员、召开会议的程序、时间限制、议事内容、议事规则,应提高其参与地位和决策影响力。目前已经有85%的村建立了村民会议或村民代表会议制度,通过村民的广泛参与,按照大多数村民的意见决策村级重大事务，已经成为一种习惯。

有些学者认为：村级民主决策包括社区领导人的作风民主化，村级事务决策方式的民主化，村级公共事务决策参与的民主化，一方面村民作为决策主体要参与村及重大事务的决策，另一方面，村委会应在吸纳村民意见的基础上，依据民主自治的原则处理日常事务。但由于目前村民的决策参与没有达到法律和制度规定的要求，而村干部的决策时间与民主决策的制度原则也有一定的距离，还基本上处于"干部治理"或"精英治理"的阶段。

为此，有的学者通过村和公司治理结构的比较，分析《村委会组织法》中关于村级治理结构上所存在的不足及其难以发挥作用的深层次原因，提出自治村的治理结构的制度设计，试图划清村级组织之间权利和义务的边界，构建一种有效的村务管理、监督和干部激励机制，以保护村民的权益，实现社会的稳定和经济的发展。

(二)村级民主政治建设

有学者提出：民主化村级治理具有其存在的社会基础，社会关联度与村级治理的效能具有正相关性，通过社区记忆的创造与培育可以增强社会关联度，进而提高村级治理的效能。

有的学者从村庄公共物品的供给状况讨论村级治理的绩效，研究表明，供应公共物品时，村干部追求民营、高效、省事的策略，由于本地区的经济发展水平、政治及社会结构、存在与社区的社会机构等因素影响他们选择的策略，不少村干部绕过正规的行政机关和强制性的策略，通过自愿捐款、筹集资金与社区组织合作办理公共事业。提出以社区为基础的社会机构和网络的充分发育，有利于公共物品的供给和村庄的治理。

三、村民自治的社会效应

与会专家认为，《村委会组织法》初步实现了村民自治的法律框架构架，为自治组织的民主化管理、为广大村民的规范化参与提供了法律保障和正式渠道，是适合中国农村实际的制度创新，对中国农村社会的发展已经产生并将继续产生重大影响。讨论集中在以下几方面：

1. 选举实现了以省为单位的统一部署、统一届期、统一选举程序、统一选举统计报表。选举基本体现了公平、公开、公正的原则，基本实行直接选举，参选率在90%以上，村委会换届选举实现了委任制到选举制、从等额选举到差额选举、从间接选举到直接选举的质的飞跃，选举的民主化、规范化程度日益提高，经常性的民主自治活动日益普及，村民自治正沿着制度化、法制化的方向不断推进。

2. 直接公开的选民选举导入了一种自上而下的民主权利，促使农村权利关系从一元权力结构向二元权力结构的转型。在现行的宏观政治框架内，建立其权力资源配置多元化和权力来源渠道二元化基础上的农村党政关系，通过"两票制"和"二选联动机制"，把村民选举的制度机制引入村庄两委会建设，有助于完善当前农村的领导和村民自治的发展。

3. 村民自治实现了提高决策水平、降低领导成本、避免决策失误造成重大损失，实现了帮助村民解决实际问题、提高村民思想觉悟，相互交流、相互教育的"双赢"效应。既使决策科学化，又融洽了干群关系。

4. 村民自治实现了"乡政"、"村治"在结构、机制和功能上的良性对接，这是经济体制改革的必然结果，是国家与社会互动关系的体现。村民自治提高了村民的组织化参与程度，村集体可以借此来发展农业生产，村民可以借此来维护自己的合法权益。

5. 国家建设是现代化的重要内容，赢利型经济体制阻止了国家政权向乡村社会的进入，人民公社体制虽然进入了乡村社会，但却毁坏了"权力的文化网络"，村民自治是国家重建的一种方式，奠定了国家对乡村社会有效治理和整合的合法性基础。

四、拓展村民自治的影响因素

(一)经济因素

在村民自治的外部行政环境中，非常重要的就是税费体制改革，实施税费体制改革不仅可以减轻农民负担，而且能够减轻村委会的行政压力，能够促进政府和村委会为村民提供更好的公共服务，改善治理方式。税费体制改革从财政关系上界定政府与村委会的权限关系，"权随责走、费随事转、责权利配套"，通过政府与自治组织关系的改善就有可能进一步改善国家与农民的关系。

(二)两委关系

两委关系是村民自治过程中要处理的一个重要方面，由于两者的权力来源不同，在村级治理中的矛盾比较突出，出现了二者争权夺利的现象。对此，有的学者建议划清两委会各自的职能、目标、权限，建立"掌舵"与"划桨"分开的机制，通过扩大党内民主和民众广泛参与的途径克服两委会的关系失衡；实际工作者针对工作中遇到的难以把握、难以操作、难以分开、难以处理等问题，提出"一肩挑"的设想，认为这有利于消除矛盾、提高效率、减轻负担、有机统一，通过扩大村民制度参与和监督的渠道来限制“一肩挑”的权力，既防止一元化的回归、又防止公共权力的滥用；还有的学者提出，协调两委会关系应由村民评价、向村民负责，村党支部选举与村民的评价“直通车”，村党支部通过村民会议或村民代表会议实现决策和监督职能，通过参与制定村民自治章程和村规民约的制定实现对民主管理的领导。还有人针对两委会在人权、物权、财权、事权上的矛盾，提出建立健全相关的法律法规，加强培训、提高两委会成员素质，打破党员身份终身制、真正体现先锋模范作用，建立村级民主议事、决策、管理和监督制度，发挥整体优势。

（三）乡村关系

乡村关系问题是国家与社会关系的一个缩影，它是改革开放以来，国家在对农村治理方式改变过程中出现的问题。由于思想认识、传统体制、利益机制、法律制度等多方面的原因，乡镇政府仍然将法律规定的“指导关系”变成实际工作中的“领导关系”，产生了村民自治权与基层政府权力的冲突，在村委会的民主选举、民主决策、民主管理和民主监督过程中都不同程度地存在着失职、越权、操纵等情况。对此，有的学者提出要依法厘定二者的关系，一方面通过参与式改革乡镇政府的组织形式、结构形式和治理形式，另一方面通过培训提高村委会的自治能力和政治水平；有的学者提出乡镇政府要转变职能，村委会要改变半行政性质，通过法制建设和制度创新实现乡镇政府的依法行政和村委会组织的依法自治。

五、要进一步研究的问题

民政部基层政权和社区建设司张明亮司长强调，村民自治的实践及其理论研究要注重理论创新、制度创新和科技创新，村民自治每前进一步都体现理论与实践的结合，要求地方政府减少行政干预、相信人民群众，在实践中完善选举制度、议事制度和监督制度，四个民主一套车，整体推进村民自治。詹成付副司长在闭幕式上指出，实际工作中有许多问题需要解决，学术界应提供智力支持。在应用性研究方面，有下列问题需要研究：选民的资格界定、选举中的竞争规则、民主决策的程序、村民代表的议事规则、村务公开、村民自治中的授权、贿选问题、村民自治中的司法解释等20个问题；在基础性研究方面有下列问题需要研究：两委会关系、乡镇政府与自治组织的关系、村民的权利和义务、社会分层的影响、集体经济的产权研究、户籍制度研究、对社区工作者的培训、村民自治中的妇女参与研究、村民自治的区域差异研究、对村民自治的观察评估研究、村民自治的推动机制研究等十多个方面。总之，发展社会主义民主政治是我党始终不渝的奋斗目标，是我国坚定不移的战略选择，拓展、完善村民自治，必将对中国农村的发展、社会的稳定产生重大影响。

（王敬尧）

村民自治进程中的乡村关系学术研讨会

20世纪80年代村民自治实施以来，乡（镇）村之间的关系定位和矛盾调处一直是学术界和实际部门关注和争论的问题。随着村民自治的不断发展，乡村关系的矛盾更加突出。在此背景下，2001年12月22日至24日，由教育部人文社会科学重点研究基地华中师范大学中国农村问题研究中心主办的“村民自治进程中的乡村关系学术研讨会”在武汉召开。来自民政部、部分省市民政厅（局）、乡村基层的干部及全国各地的学者共七十余人参加了此次会议。与会者的论文和调研报告共计一百余万字。为期三天的会议分为5个专题：乡村关系的考察报告、乡村关系的宏观分析、乡村工作实践报告、乡村民主与法制建设、乡村研究方法。

一、乡村关系的基本性质

有的与会者认为，按照《中华人民共和国村委会组织法》（以下简称《村组法》的制度安排，乡镇作为新的国家基层政权，依法行政；村民委员会作为村民自治组织，依法自治，乡（镇）村之间在法律上不再是行政上的上下级和直接的“领导关系”，而是“指导关系”。有的认为，村民自治总体推进比较良好，乡村关系正从“领导关系”向“指导关系”转变，二者正在逐步进入良性的磨合期。但也有不少与会者认为，目前仍是行政主控型的乡村关系，村民自治正在发育，但仍不充分。他们还指出，乡村关系本质上是国家与农民的关系。不过也有人认为，目前的乡村关系反映的仍是中国传统的上下级政府之间关系。还有的与会者认为，乡村关系同时存在三种性质，即指导与被指导、领导与被领导、管理与被管理的性质，所不同的只是，在不同的地方或不同的时期内某种或某两种性质的关系表现得更明显些。另外，也有人认为乡村关系具有准行政性、准契约性。其中准行政性是指行政性控制的弱化，表现出非行政化的倾向，但内容目前仍还是行政化的，只是行政力度减弱了。

二、乡村关系的历史变迁

关于乡村关系的历史变迁，与会者们提出了多种看法：(1)部分与会者认为，乡村关系古已有之，乡村关系反映出来的问题是国家对农村社会的治理问题，是国家职能在农村社会的体现，核心是社会管理和资源汲取，是随着历史的演变而变迁的。(2)另一部分学者则提出了与第一种观点相反的意见：虽然现代的乡村关系与传统的乡村关系也有某些形式上的相似之处，但二者实质上是不同的。因为，在封建时代皇权不下县，乡村社会中最普遍的是乡绅对农民关系，与近现代社会乡村关系中的政权对农民的关系实质上是不同的。(3)还有部分与会者则认为前面两种观点都是不具说服力的，认为严格意义上的乡村关系的变迁仅能从推行村民自治时开始算起，其理由是，改革前的“乡村”关系实质上是上级政权组织与下级政权组织之间的关系，而非乡镇政权与自治组织之间的关系。

关于引起乡村关系的变迁原因，与会者普遍认为有以下几点：(1)国家职能的变化导致了政府职能的变化，而这也就相应地引起了乡村关系的变化。(2)农民经济利益的变化带来了他们在经济中的地位变化，村内利益的调整需要有自己的组织，从而也促使了乡与村的关系变化。(3)市场经济发展促进了政治的民主化发展，农民的自主性不断提高，从而促使了乡村关系的变迁。(4)乡财政、村财务的巨大压力是民主的一个生成逻辑，财政压力促使乡镇允许并支持村民选出有能力的村干部来管理村务和协助乡镇推行财务，从而在客观上促进了乡村治理的民主化和乡村关系的现代化。但也有学者对此提出了质疑，认为财政压力只会导致乡镇政府想方设法控制村，以便于自己的意图能得到有效的贯彻。(5)另外，有的学者特别强调，乡村关系变迁的判断应是具体操作中的实质性变化，而不是制度文本的变更。针对此观点有的学者也提出，乡村视角下的制度变迁的根源是中央的制度变迁，所以不应忽视中央的制度变更，哪怕只是书面上的。

三、乡村关系的模型抽象

关于目前的乡村关系究竟是个什么样的模式，不少与会者对此进行了模型抽象。比较典型的观点有如下一些：(1)三重模型说。此观点认为，乡镇与村庄之间关系的模型应抽象为三重关系：乡镇党委与村党支部的领导与被领导关系；乡镇政府与村委会在村民自治事务范围内的“指导”与被指导关系；乡镇政府与村级组织在行政事务上的管理和被管理关系。(2)两重模型说。这是在三重模型说的基础上发展出来的一种观点，它认为，政府系统和党的系统实际上是合二为一的，在乡村关系中，只有命令服从关系与指导关系的对立。(3)四重模型说。该观点认为，根据乡对村的控制程度来看，总的看来乡村关系是四重类型并存：强乡强村型、弱乡强村型、强乡弱村型和弱乡弱村型，但各地的模式不是整齐划一的，而是其中的一种或几种。与此相似的观点还将乡村关系抽象为乡镇型、自治型、自由型和村政型四重模型。(4)车轮模型说。该观点认为，乡镇政府与村就如自行车的双轮，前后轮互相独立，但方向和步调一致，乡与村之间的纽带就是车轴。(5)选择性控制模型说。该观点指出，政府对社会(村)的控制是有选择性的，即使是在同一个乡镇内，对穷、脏、乱、差的村往往是放任的或爱管不管的，而对富裕的村，因其对乡的财政意义重大，所以千方百计地进行控制，当然，有的村实力太强，乡想控制而力不从心。不过，大多数学者均认为，现实中的我国的乡(镇)村关系具有多样性、变动性和非均衡性的特点。

四、影响乡村关系的因素

与会者们认为，影响乡村关系的因素主要如下：(1)经济因素的影响。部分与会者认为，经济发展水平与民主之间是正相关关系。目前乡村关系没有形成良性互动，其原因很大程度上就是因为乡村经济欠发达。乡村经济不景气，不仅仅使得干部的积极性受到抑制，而且从根本上决定了村对乡政府的依赖性。但也有学者指出，不能仅看经济因素，更不能因经济不发达而压制民主。(2)传统的乡村治理模式的影响。一些与会者认为，传统的乡村治理模式，一律都是上下级的行政控制模式，人民公社制度是其极端体现。目前传统的治理模式对乡村社会的结构、人们的观念等的影响仍存在。而有的学者则认为农民的意识正在逐步走向民主化、现代化，村民自治甚至乡镇长直选也已有了民意基础。(3)法律制度不健全因素的影响。不少与会者认为，《村组法》对乡与村的关系的规定过于原则，难以操作，再加上“领导”与“指导”难以区别，乡镇政府往往在不应该干涉村级事务时越权干涉，而在村需要指导和帮助时却不给予指导和帮助。而有的与会者则强调，法律的执行关键还在于地方是否积极落实，现在有的法律在基层往往被人精心(故意)误读了。(4)乡村干部素质的影响。一些与会者进一步指出，目前一些乡村干部素质仍跟不上现代化民主建设的步伐，如有的乡村干部甚至认为“指导其实也是一种领导形式”，对乡村关系造成了不少消极的影响。但另外一些与会者也指出，乡村干部，尤其是村干部素质较低是因为没有得到培训的缘故，不能老是埋怨他们而不培训他们。(5)宏观体制因素的影响。在压力型体制下，再加上目前乡镇规模普遍偏大，受乡村的地理特征和社会特征的影响，乡必然会采取一些非规范化的手段来控制社会(村)，以确保在村民自治背景下仍能有效地推行自己的政务。(6)国家机构和人员膨胀因素的影响。与会者普遍认为，机构和人员的膨胀是迫使乡超额从农村汲取财政资源的重要原因之一，以至于乡财政、村财务双双陷入困境。(7)还有的学者通过对从广东等地的电子化村务管理的分析认为，利用现代技术使信息公开化对乡村关系有着十分积极的影响。不过也有部分与会者指出，技术的现代化并不能解决民主治理问题，因为它仍解决不了民主监督和民主管理的问题，再者这一途径在当前仍不具有普遍性。另外，也有学者认为，派性等因素也对乡村关系有影响，如宗族势力等通过不正当竞争影响村务，从而也影响了乡村关系。不过也有的与会者认为，在目前的状况下埋怨是没用的，关键在于如何利用这些因素。

五、乡村视角下的民主治理

关于乡村视角下的治理，与会代表们普遍关注的问题主要有：目前乡村的治理状况、乡村的民主治理途径和模式。

第一，对目前乡村的治理状况基本判断是，乡政府的职能没有实现根本的转变，以至于乡对村（社会）的控制存在错位的现象，某些领域干预过多而某些领域却出现了管理的真空。常见的问题是，行政化管理、行政主导的趋向偏严重，乡镇通过党的力量来控制村的现象较普遍。另一个基本的判断是，在乡村治理中，党、政、村三者的关系不顺成了治理中的一个普遍事实和问题。有的与会者通过另一个侧面剖析了此问题：乡政府对村采用行政系统常用的目标责任制的手段来控制村。另外，有的学者还指出了管理简单化等问题。

第二，关于乡村的民主治理的途径和模式：(1)有的学者提出将目前的县乡村结构调整为“县政、乡派、村治”，节约治理成本。与此类似，有人提出将县乡结构调整为“县政、镇(乡)派、村治”。(2)针对第一类观点，有的学者指出，中国的派出机构历来是不成功的，最终都会沿着完全行政化的方向发展并成为一级事实上的完整的组织，而且，这也不会真正解决乡村关系中存在的矛盾，只是把矛盾上交给县了。所以他们认为，应着眼于政府职能转变和乡镇机构的调整，不过必须要注意控制规模。(3)有的与会者提出了通过乡镇长直选进行乡村民主治理的设想。认为，随着既是动力又是压力的民意基础的扩张，乡镇长直选成了题中应有之意。但也有学者认为这有违背《宪法》的嫌疑。还有的与会者指出，至少就现在而言乡镇长直选仍缺乏社会基础，况且，如果不转变政府职能的话，就算推行乡镇长直选仍无法解决民主决策和乡村财政财务危机等问题。(4)有的与会者认为，在乡镇权力重组过程中，最关键的是加强乡镇人大建设，提升乡镇人大对乡镇行政的民主监督、制衡权能。(5)有的学者认为应从发展经济着手，因为村级民主是以利益为先导的，良好的经济状况有助于村民选举的改善。但有人指出，发展经济是必需的，但要否定先“经济”后“民主”的观念。(6)部分学者也提出，要修改、完善相关的法律法规，发动基层法治运动——依法治村。(7)也有部分与会者提出，如果认为民主能解决一切问题就是一种民主迷信。

六、财政压力下的乡村关系

乡村的财政和财务问题及其影响是本次会议中与会者们讨论的焦点之一。主要涉及乡村财政和财务的状况、原因和后果及解决途径等问题。

第一，对乡村财政和财务的状况，部分与会者指出，村基本上都成了空壳村，负债严重。就连地税的征收制度进入乡的视野之后也发生了扭曲，征收的依据不仅仅是实际的税源，实际的差额则转嫁于农民头上。还有的与会者认为，财政和财务问题造成的农民负担，不断地将乡村关系推向最恶化最危险的边缘。另外还有部分与会者甚至认为，目前农村已经形成了基层政府与广大农民之间的征收与反征收的全面的对抗的局面。

第二，与会者普遍认为导致此类现象的原因主要有：(1)乡村经济普遍不景气。(2)农民为公共产品支付的费用过多，如支付乡村中学教师的工资和水利设施建设等。(3)国家对乡村的资源汲取过多。(4)中央与地方分税不合理。不少调查显示，在分税的过程中，税源广、易收的税种都被中央掌握着，而税源少、征收成本高的税种则分给了地方，增加了乡镇财政的压力。(5)中央对农村投入少、转移支付不到位。(6)行政模式和思想的错位。有的学者认为，目前我国基层政府行政模式和思想的错位是产生乡财政和村财务危机的根本原因，不改变基本思想，就会不断把农民负担推到最恶化的边缘。(7)乡村集体财产产权不明晰。有的学者认为，在目前的状况下，只要有乡村集体财产产权不明晰的地方，基层组织的成员就会最大限度的把它对自己有利的部分转为私有财产。(8)另外，农村互助基金会管理不善、行政机构和人员冗杂等也是重要原因。

第三，针对这些问题，与会者们提出了多种解决途径，主要的有如下一些：(1)通过积极发展农村经济提升基层组织摆脱财政财务困境的能力。(2)与第一种观点针锋相对的另一种观点是，有的学者认为，在目前中国的农村，重要任务不是要使农民有多么富，而是要稳定农民，稳定农村社会。所以要实行消极行政，减轻农民负担，因为农民问题的核心是地方政府逼民致富。(3)进行中央和地方的税种分摊机制的改革，适当将一部分税源广、易收的税种分给地方。(4)增加对农村投入，保证对地方的转移支付到位。在与农业密切相关的农业水利设施建设、农产品价格保护、农业结构调整、农技知识普及等方面，国家的相关政策对应要有适当的倾斜。(5)另外，还有人提出了改革农村税费征收办法，由专门的部门负责农村税费的征收，提出了改革户籍制度打破城乡二元结构、转移农村剩余劳动力等主张。但也有与会者指出，由专门的部门面向单个的千家万户负责农村税费的征收，其成本太高，而全面打破城乡二元结构则还要考虑城市的承受能力。

七、乡村社会研究的方法与方向

关于乡村社会的研究方法也是本次研讨会讨论的重点内容之一。主要有以下一些观点或侧重点：(1)关于怎样评估和运用研究范式的问题。一些学者认为，乡村研究不能拘泥于某个或某些范式，因为中国的农村具有多样性，即有“黄河边的中国”也有“黄浦江边的中国”。但另一部分学者则认为，应当有一定的范式，因为必须要有一个逻辑分析框架，否则就得不出有价值的结论。(2)关于如何看待西方社会科学研究方法的问题。一些学者认为，中国的乡村研究必须纳入到全球化的视野中去，并力图积极与国际接轨。但也有不少学者认为，中国的乡村研究不能强调与西方对话，以免受其话语霸权的束缚，还是要注意本土化，从中国的实际出发来解释和解决问题。还有的学者则认为，固守中国传统方法闭门造车是不对的，反过来说也不能照搬西方的方法，而应在借鉴东西方文化和实证调查研究的基础上创造新的范式。(3)关于怎样进入田野调查场地的问题。不少学者都认为，不应该带理论预设进入乡村调查。学者在调查过程中应只是观察者，作为乡村的外在力量要做的工作就是把握最详尽的东西，从农民的角度研究各种变量。有的学者还认为，去调查不要一定找自己想看到的东西，否则总是有可能找到证据证明自己的结论正确。但也有的指出，没有目的而进入调查现场是很盲目的，也很难发现深层次的问题。(4)关于抽象统计方法问题。与会者普遍认为，通过抽象统计的方法解释问题，相对来说普适性较强。但抽象统计往往要涉及分类，如何对异质性非常强的乡村社会的变量进行分类又成了一大难题。另外还涉及抽样等难题。如，要说明某两个地方的差异，首先必须说明这些差异不是因为抽样的误差带来的差异。(5)关于科学规范问题。有的学者提出，应当在方法上注重科学规范，一定要尊重他人的研究成果，承认人人平等，反对方法论上的霸权主义，肯定研究方法的多元性，因为，单就方法论而言，每种方法都有其优缺点，关键在如何扬长避短。(6)还有的学者提出应从神经中枢——国家宏观体制方面来研究农村等方法。但不少的与会者却也认为，从解剖基层入手是推进社会主义民主的现实选择，也是民主化的必由之路。

与会者们普遍认为，乡村社会研究总的方向应是“三个面向、理论务农”，即面向社会、面向基层、面向农村，立足于农村改革实践，服务于农村改革实践。具体地说，与会者们认为，未来的一段时间内，乡村社会研究的重点将应是如下一些方面：(1) 继续关注选举中的所有问题，逐个的进行分类整理、研究。(2)加强重大村级事务民主决策和管理的研究。(3)加强村民自治司法制度的研究，如探索建立基层法院，由其执行解决乡村社会中的一些矛盾，改变当前老百姓在权利遭到侵犯时只能走上访这条路的局面。(4)加强对村民自治实施过程的观察，研究如何培育这个观察制度，如何建立高素质的观察队伍。(5)继续进行乡村关系的研究，探寻乡村互动关系建构的途径。(6)对财政体制在乡村中运动进行研究，聚焦农村财政体制改革和税费改革。这也将是华中师大中国农村问题研究中心2002年将要举行的学术研讨会的基本调子。(7)定点调查，逐步实验，进行观察研究。(8)对现有的经验材料进行梳理，逐步推进农村问题研究的理论概括和理论分析。(9)乡村社会研究方法论的研究。总之，当前乡村研究注意实证性、对策性、理论性及规范化，在大力开展本土研究的同时也要吸收和借鉴国外的研究成果和研究方法。

（谭同学）

—机　构—

中共中央党校国情国策研究中心

中央党校国情国策研究中心，是经中央党校校委批准成立的、由中央党校科研部领导的综合性理论和政策研究机构。中心主任周维煌,副主任王仲田、赵长茂、胡尔溯。共有专兼职研究人员二十多人。主要研究人员有:社会主义思想史教授周维煌,政治学与行政学教授王仲田,经济学教授赵长茂,世界历史学教授牛伟宏,社会学与比较政治学副教授、博士刘启云,政治学讲师钱镇,政治学博士仝志辉,政治学硕士杨东广等。

该研究中心下设若干课题组,主要有:"中国农村村民自治制度研究课题组"、"国策要论分析课题组"、"国情数据信息统计分析课题组"、"中国经济发展与体制改革课题组"、"中国文化发展研究课题组"等。从1994年以来,该中心主要集中力量从事中国村民自治制度的研究,与国家民政部基层政权建设司、中国乡村干部培训中心、中国基层政权建设研究会、《乡镇论坛》杂志等单位合作,参与了大量村民自治方面的调研、学术研讨、法律政策研究、干部培训等活动,发表了大量各种类型的研究成果,形成了较突出的学术优势,在国内外产生了较大影响。

1. 关于课题调研方面。1994年至1995年,主要与民政部基层政权建设司、中国基层政权建设研究会等单位合作,承担"中国村民自治制度研究课题",先后参加了山西、陕西、四川、吉林等省15个县三十多个乡镇和村有关村民自治示范活动的调查,在此基础上参与起草了《中国农村村民委员会选举制度研究》、《中国农村村民代表会议制度研究》、《中国农村村民委员会法律制度研究》三个专题研究报告。1996年至1998年,参与民政部承担的联合国开发计划署关于"中国乡村干部培训项目",参加了全国二十多个省、区、市一百多个县乡村干部培训需求调查,参与编写了"中国民政系统基层政权建设干部培训系列教材"。1998年至2000年,参加了山西省临猗县、河南省许昌县村民自治10年经验的总结调查,在此基础上参与编写了《中国村民自治前沿》一书。此外,组织了陕西省榆林市靖边县、内蒙古通辽市奈曼旗等地村民自治的专题调研,编写了《乡村政治——中国村民自治的调查与思考》等调研报告。目前,临猗、许昌、靖边、奈曼四县(旗)已成为中心的调研基地。这些调研活动及其调研成果,在完善村民自治的法律政策和推进村民自治示范活动的健康发展方面,发挥了重要作用。

2. 在学术交流方面。多次参加民政部、中国社会科学院、北京大学、中国人民大学、华中师范大学、中国基层政权建设研究会、《乡镇论坛》等单位举行的有关村民自治方面的理论研讨会。1996年8月,参加了台湾中流文教基金会举行的"两岸农村基层建设研究会",1996年11月,随联合国开发计划署"中国乡村干部培训项目"专家组到美国哈佛大学、杜克大学、世界银行经济学院等地进行学术交流。此外,多次参加香港中文大学举行的"中国村民自治学术研讨会"和"中国内地村级组织建设学术讨论会"。

3. 在政策研究方面。多次参与民政部基层政权建设司有关村民委员会选举制度和规程、村民代表会等方面的政策研究。1998年《村民委员会组织法》正式颁布之前,参与了该法律有关条文修改意见的讨论和部分起草工作。特别是有关村民代表会议的修改建议在《中央党校内参》和《中国社会报》发表后,引起了全国人大常委会领导的重视,有关同志也被全国人大内务司法委员会邀请,参加了《村民委员会组织法》修改专家咨询会。

4. 在理论政策宣传和其他有关工作方面。多次在中央电视台的《中国报道》、《经济半小时》等节目中,以专家身份接受访谈,积极宣传村民自治的法律政策和实践经验。协助《中国社会报》、《乡镇论坛》等报纸杂志,组织编辑采写有关村民自治的稿件。

中国社会科学院政治学研究所

中国社会科学院政治学研究所成立于1985年,是中国政治学界的一个重要的研究中心和学术交流中心。主要研究领域:政治学理论、政治制度、公共管理和公共政策。主要学科研究方向:马克思主义政治学、政治哲学、中国历代政治思想史、西方政治思想史、中国政治制度、外国政治制度、比较政府制度、中外政党政治、国际政治、公共行政学、政策科学等方面的理论和实际问题研究。当前重点研究项目:马克思主义政治学理论研究、中国基层民主政治建设研究、政党政治研究、政治体制改革研究、村民自治研究、地方人大选举制度研究、城市行政管理研究、社区建设研究、公共政策研究、西方议会研究、美国对华政策研究、外国地方政府研究。

近年来,该所遵循"两为"方向和"双百方针",继承中国政治学的优良学术传统,着眼于社会实践的需要,努力发挥自己的功能和优势,取得了丰硕的研究成果。先后承担国家社会科学基金项目10项,中国社会科学院重点项目6项,中国社会科学院青年基金项目20项,政治学研究所重点项目10余项。完成的专著有一百多部,论文和文章五百多篇,译著三十多部,调查报告22篇,工具书5部,论文集十多部。代表作有:《中国特色的社会主义研究——政治制度论》、《中国政治制度史》、《选举与中国政治丛书》、《外国选举规则选辑》、《市场逻辑与国家观念》、《转轨政治学：理论、方法与问题》、《欧盟成员国中央与地方关系比较研究》、《独具特色的制度：中国人民解放军的干部管理》、《全方位思想政治工作法探析》等。其中有两部著作和两篇论文获省部级奖励。另外，在行政区划、编制法、领导干部分类、廉政建设、人事制度改革、党的建设、中介组织、对台政策、政治体制改革和政府职能转变等领域，也有不少科研成果和政策建议。

村民自治研究是该所近年来拓展的重要研究领域。他们同民政部和各省民政厅合作，密切联系实际，开展研究工作，取得了一批研究成果；达成并履行了或正在执行同美国国际共和研究所和丹麦奥胡斯大学在这方面的合作项目；有关研究人员协助近十个省同上述机构进行了多年的卓有成效的合作。

中国社会科学院政治学研究所现辖政治学理论、政治制度、行政管理学三个研究室。现有研究员6人，副研究员7人，助理研究员9人，实习研究员2人，科研辅助人员7人。研究所主办《政治学研究》杂志，负责中国政治学会的日常工作，代管中国社会科学院公共政策研究中心和中国政策科学研究会。现任所长是王一程研究员，副所长是房宁研究员、刘欣钊研究员。所长助理是董礼胜研究员。

地址：中国社会科学院政治学研究所。通讯地址：北京市东城区沙滩北街15号。邮政编码：100720。网址：http://www.cass.net.cn

中国农村村民自治信息网

2000年3月20日正式开通的“中国农村村民自治信息网”是国内第一家由政府主办的、非盈利性村民自治专业网站。该网站由主管全国村民自治业务的民政部基层政权和社区建设司负责管理和维护，由民政部信息中心负责硬件环境，由北京国创万维信息技术有限公司提供技术支持。

本网站的宗旨是：整理、发布村民自治资料，传播、交流村民自治知识，研究、讨论村民自治问题。网站兼顾学术性和实践性，努力为村民自治的实际工作者和理论工作者创造一个方便、快捷、权威的相互交流平台。

目前，网站共分高层言论、法规政策、新闻报道、理论研讨、统计分析、乡级民主、乡镇论坛、资料库、图片库及其他等十多个栏目。

高层言论主要收录我国党和国家领导人关于村民自治及农村基层民主政治建议的谈话、论点等。

法规政策主要包括地方法规、中央法规和其他三类，收录全国人大及国务院有关职能部门发布的与村民自治有关的法律、法规和政策，各省、自治区、直辖市发布的与村民自治有关的法律、法规和政策以及涉及我国民主政治建设有关的其他法律法规等。

新闻报道主要收录中外新闻媒体公开报道的与村民自治有关的各类消息。

理论研讨包括村民自治研究、学人著述、研讨会、文献目录等内容。其中村民自治研究是由网站自主编辑、不定期刊出的一份村民自治研究专业刊物，每期收录10篇学术论文，现已编出11期；学人著述是为研究村民自治的专家学者开辟的研究专栏，以收录个人著述为主；研讨会收录涉及村民自治的各类研讨会议信息，包括提交会议的论文、会议综述等；文献目录主要发布由网站整理的当年村民自治研究学术论文索引及书目，以国内为主。

统计分析主要收录与村民有关的各类统计资料表格以及数据分析报告，以村委会选举资料为主。

乡级民主主要收录与乡镇民主政治建设有关的各类信息、研究资料、研究成果等。

乡镇论坛栏目专为《乡镇论坛》杂志而设，该杂志是一份以村民自治为主的政论类刊物，发行量超过八十多万份，在农村影响很大。

资料库主要以收集、整理村民自治研究资料为主，按年度划分，将民政部基层政权和社区建设司掌握的村治资料整理后公布，供研究者参考、利用。

图片库收录与村民自治有关的各类图片，涵盖选举、议事等各种类型，按地点及事件区分。

其他栏收录与村民自治有关，但上述栏目不易涵盖的内容，比如小说、杂文等。

另外，网站还辟有村民自治最新消息、村治论坛、村治咨询等实践性较强的栏目。

网站开通近两年来，获得了较快的发展。收录内容越来越丰富，目前网站收录资料已超过六百多万字，且以每周十多万字的速度增加。网站在村民自治研究领域的影响也越来越大，累计页面点击量已接近百万次。

在未来的发展方向上，中国农村村民自治信息网将在提高质量、完善服务、努力增加网站与网友间交互性上下功夫，努力使网站成为规模最大、资料最全的村民自治专业研究基地。

中国农村村民自治信息网网址：

http://www.chinarural.org

http://www.chinavillage.org

民政部《乡镇论坛》杂志社

《乡镇论坛》创刊于1989年，是全国惟一的一份以报道村民自治、农村基层民主政治制度建设为主要内容的杂志，经过十余年的发展，如今已经成为中国农村最大的综合性期刊。该刊连续两届被新闻出版署评为全国百种重点期刊；1999年荣获“首届国家期刊奖提名奖”。

该刊奉行“实际实在、实话实说”的编辑宗旨，瞄准当代农村的热点难点问题，倾诉百姓心中苦辣酸甜。《乡镇论坛》以“乡村组织”为支柱性栏目，报道的核心和重点是20世纪80年代以来中央在农村大力推进的基层民主政治改革，及时传达中央的有关基层民主建设方面的方针政策，总结推介基层政府在推动村民自治中创造的成功经验，报道民主选举以及维护村委会干部合法权利和广大村民民主权益方面的典型案例，积极为亿万农民的民主建设事业摇旗呐喊，鸣锣开道。闻名全国的吉林省梨树县“海选模式”、山西河津市的“两票制”、河北围场自治县的“八步直选法”等成功经验，都是由该刊首次宣传并作了深度报道和专题讨论。该刊与民政部基层政权和社区建设司合作，开设“村治咨询”专栏，以相当篇幅答复全国各地读者关于民主选举和民主管理村务过程中的各种实际问题，答复权威、准确、及时，深受农村干部和农民朋友的欢迎。

《乡镇论坛》杂志社在大力宣传报道村民自治进程的同时，积极参与了中国农村民主建设的立法工作和学术研讨活动。1998年修订《村民委员会组织法》之际，《乡镇论坛》组织了大型读者调研活动，征求读者对修订的《村委会组织法》的草案的意见，连续在杂志上刊登，并编辑多期专门简报，报送全国人民代表大会，得到有关方面的高度赞赏；《村民委员会组织法》修订并正式颁布实施后，《乡镇论坛》又组织了大型读刊学法竞赛活动，有力地推动了这部重要法律的普及推广工作，全国人大常委会副委员长姜春云同志特地在人民大会堂听取参赛代表的汇报；2000年，《乡镇论坛》与民政部政权司和民政部培训中心联合制作完成了大型《村民委员会组织法》普法教学片《四个民主一套车》；该刊与民政部基层政权和社区建设司合作，连续编辑内部资料《中国农村基层民主政治建设资料汇编》1998、1999及2000卷，为研究农村基层民主建设的专家学者提供了一套很有价值的资料；《乡镇论坛》杂志还经常派编辑人员参加国内外的学术会议，选派人员到各地参加村民委员会干部的学习培训活动。

除以村民自治为核心报道内容，《乡镇论坛》杂志还以相当篇幅涉及中国农村的乡村干部的工作方法、农村的经济建设、农村的法制建设、乡村文化状况等各方面的内容。杂志还设“环球瞭望”栏目，专门介绍国外农村的发展状况，为读者打开一扇了解世界的窗口。《乡镇论坛》就是这样一个又有侧重又内容全面的农村期刊。她已经成为工作在各省(市)、县基层政权岗位上的干部、各乡镇党委书记、乡镇长、村组干部和广大农民的亲密朋友。该刊总编辑米有录，在纪念该刊创办10周年之际，满怀深情地提炼总结出《乡镇论坛》的刊魂：“农之忧乃我之愁，农之喜乃我之乐，农之富乃我之荣。”

创刊十几年来，《乡镇论坛》举办了一系列社会公益活动，如1990年发起并组织了“中国乡镇百颗星”评选活动；1993年初举办了“农村十大新闻人物”评选；1993年底举办了“万村扶贫赠刊”活动；1996年7月独家出资主办了声势浩大的“百名博士百村行”活动；1997年7月组织“京港学子赴老区科技扶贫考察团”，为老区带去了近千项科技成果；1998年8月本刊为灾区中小学生购买10万元秋季课本；1999年初举办了“长虹杯《村委会组织法》知识大奖赛”。这些活动带来了巨大的社会效益，也给杂志带来了良好的社会声誉。

主编：米有录

社长：王爱平

地址：北京市西城区二龙路甲33号

邮编：100032

电话：(010)66079885

电邮：village@vip.163.com

华中师范大学农村问题研究中心

华中师范大学中国农村问题研究中心(Research Center of Chinese Rural Problems)，是专门从事农村和农民问题研究的综合性学术研究机构。原为“农村基层政权研究中心”，成立于1990年，1995年更名为“农村问题研究中心”，1999年5月重新组建为独立设置的“中国农村问题研究中心”。

该中心坚持“面向社会、面向基层、面向农村”的学术宗旨，致力于研究现代化进程中的中国乡村社会发展问题。研究领域涵盖政治、经济、教育和社会等学科，主要涉及农村基层政权和基层组织、村民自治、乡村公共管理与法制建设，农村经济可持续发展与制度创新、农村经济空间结构与区域发展，农村教育投资、教育改革、农村社区教育与农民培训、农村社会保障及社区建设等诸多方面。目前，中心有三个研究方向，分别为⑴农村基层政权、村民自治及法制建设；⑵农村经济可持续发展与体制创新；⑶农村教育与社会发展。下设四个子机构：农村政治研究室、农村经济研究室、农村教育与社会发展研究室、荆门职业技术学校农村发展研究所。

中心现有固定的专职研究人员15人，校内外兼职人员17人。目前承担的主要研究课题有：国家与社会互动中的村民自治、湖北省城市化进程中乡村管理体制研究、湖北省农村村级治理、中国农村村级治理模式研究、湖北民族自治地方农村宗教政治文化与村民自治研究等。

中心主任徐勇教授，1978年考入华中师范大学，先后获得法学学士、硕士、博士学位。现为华中师范大学教授、博士生导师，国家级有突出贡献的中青年专家，教育部人文社会科学跨世纪优秀人才。主要从事中国农村政治研究，任中国农村问题研究中心主任。承担国家级、省部级科研项目多项。研究成果四获湖北省社会科学优秀成果奖(1985、1987、1989、1995)。专著《非均衡的中国政治——城市与乡村比较》及系列论文获得霍英东教育基金会高等院校青年教师奖（研究类二等奖)，《中国农村政治稳定与发展》(主笔)获得中共中央宣传部“五个一工程”一本好书奖(1996年)，博士论文《中国农村村民自治：制度与运作》1999年被国务院学位委员会评为全国优秀博士论文。近三年在《政治学研究》、《战略与管理》、《二十一世纪》(香港)等刊物上发表学术论文三十多篇，多篇文章被《新华文摘》全文转载。

地址：湖北武汉华中师范大学农村问题研究中心，430079

电话：86-27-87662189

传真：86-27-87662189

电子信箱：rccrp@ccnu.edu.cn

安徽农村扶贫与村民自治实验中心

“中心”是安徽省对文化扶贫与村民自治进行研究实验和推广机构。现有工作人员3名，中心主任是辛秋水研究员。“中心”在安徽省岳西县、阜南县、颖上县、临泉县、凤阳县和明光市共有21个研究实验基地。出版定期刊物《文化扶贫与村民自治》(双月刊)。

文化扶贫的思路是由安徽省社会科学院研究员辛秋水最早提出的，1987年11月30日，辛秋水研究员向中共安徽省委负责同志正式提交了一份文化扶贫实施方案，并于1988年4月带着这个实验方案到地处大别山腹地的贫困地区岳西县莲云乡蹲点一年组织实验。文化扶贫的内涵可以概括为：“三个基地，一个保障。”三个基地是指一个文化阅览室、一个阅报栏群、一个实用技术培训中心。一个保障是指实行村民委员会民主选举。其任务是向广大农民群众输送、传播时代信息和文明，传授各种农村实用技术，帮助农民群众开发智力脱贫致富。并在这个过程中提高人的素质，实现人的现代化。由于文化扶贫的成效显著，中共安徽省委经过调查研究，做出了将莲云乡的文化扶贫经验向全省六个地、市重点推广的重要决定。安徽省文化扶贫与村自治研究实验的成功，同时引起了社会的广泛关注。省内外理论界和新闻界纷纷作了报道和评论。

荆门职业技术学院农村发展研究所

该所成立于1998年5月，为华中师范大学中国农村问题研究中心的二级研究机构和荆门研究与实验基地。现有专职研究人员4人，其中教授1人，讲师两人，助教1人。主要从事荆门市域农村调查和乡村治理研究，现正全力形成荆门市域范围的研究规模与研究特色。在中国农村非均衡的背景下，希望以“区域性农村调查与转型研究”为主题，通过细致而全面的区域性调查，搞清楚区域性农村实际情况，进而为全国性的农村研究提供素材和灵感。

作为华中师范大学农村问题研究中心的二级研究机构，该所也试图以具有荆门地方特色的农村调查来促成全国若干地区的区域性农村调查与研究，并因此而与全国各地区的调查与研究形成网络，相互支持和借鉴。

目前，该所与荆门职业技术学院学报编辑部联合在《荆门职业技术学院学报》(社科版)开辟“村治研究”专栏，发表了一系列探索农村治理的论文，在社会上产生了广泛的影响。

该所负责人贺雪峰先生从事乡村建设研究多年。1995年以来，致力于乡村民主与村民自治研究。近年来，分别在《政治学研究》、《中国社会科学季刊》、《管理世界》、《中国农村观察》、《调研世界》、《中国研究》等三十余种报刊发表四十余篇学术论文，出版《村级组织制度安排与创新》(1999年4月版)一书。1999年主持了两项较大规模的农村调查，一项为“遭遇选举的乡村社会”，已观察49个村的村委会选举，积累了大量观察资料，撰写了六十余万字的观察报告，近期将成书并出版。另一项为“村支书视野中的村治”，已完成第一轮四十余名村支书的访谈，整理有八十余万字的文字资料，第二轮访谈和第三轮个案村调查正在准备中。

通讯地址：湖北荆门职业技术学院农村发展研究所(448000)

联系电话：0724-2355845(办)

—项 目—

中国乡村干部培训中心项目

中国乡村干部培训中心项目，是我国政府同联合国开发计划署、芬兰政府真诚合作的结晶。1996年5月，中国政府与联合国开发计划署签署项目文件，资助民政部执行本项目，期限为1996年至2000年底。1998年10月，芬兰政府提供了额外援助，扩大了项目受援金额，拓展了项目内容，执行期限延长至2001年12月。

中国乡村干部培训中心项目的总体目标，是推进村民自治培训工作，促进中国农村基层民主的发展。具体目标包括开发高标准的培训教材，制作多种形式的辅助培训资料、开展多层次的示范培训活动、学习借鉴国外培训经验等。项目执行的五年间，各项活动进展顺利，成效显著。取得的主要成果有：

——开发了我国村民自治领域第一套高标准、规范化的培训教材。在全面了解不同培训对象的具体需求后，本项目开发了三种培训教材。一是面向民政系统从事农村基层政权建设的公务员，于1998年出版了《农村基层政权建设与村民自治理论教程》、《农村基层政权建设法制教程》、《村民委员会选举教程》、《村民代表会议制度教程》、《乡村干部培训工作教程》、《农村基层政权建设表彰工作教程》、《行政指导规范教程》、《乡村调查与统计教程》、《村民委员会管理工作教程》9本教材。二是以乡镇干部为对象，于2001年出版了《村民自治工作指导》、《农村政策和法律》、《乡级民主建设》、《乡镇管理与工作方法》4本教材。三是面向村委会干部和普通村民，于2001年出版了《村民委员会建设》、《村民自治规程》、《村民的权利和义务》、《村委会干部工作实务》、《村民自治案例选评》5本教材。这三种教材，分别面向民政干部、乡镇干部、村委会成员三类不同受众，切合实际、通俗易懂、内容全面，实际应用后，深得好评。

——制作了一批内容丰富、生动形象的辅助培训资料。项目制作了一系列生动易学的教学片供培训使用，如《跟我学村委会组织法》、《让村民做主》、《四个民主一套车》等。其中，《四个民主一套车》是村民自治领域内第一部大型普法教学片，由李鹏委员长题写片名，先后荣获2000年教育部、新闻出版署颁发的“全国优秀音像制品奖”、2001年中宣部颁发的“五个一工程奖”。为普及村民自治知识，项目向全国部分乡村干部群众赠送了《村民自治歌》、《风风雨雨选村官》等通俗易懂的读物，《村委会组织法》单行本和号召村民群众尤其是妇女行使民主权利的宣传画。为丰富村民自治培训资料体系，项目收集、整理了大量国内外资料，完成了《中国农村基层治理百年资料汇编》，制作了《国外基层管理、选举、培训资料汇编》和《世界选举制度精选》等光盘。丰富、生动的辅助培训资料，对于社会各界了解、学习、研究村民自治发挥了良好作用。

——在全国各地举办了多层次的示范培训班。5年间，项目在北京、河北、福建、云南、湖南、辽宁、江苏、吉林等地举办了17期，有两千多人次参加的示范培训班。培训对象包括县以上民政干部、乡镇干部、村党支部书记和村委会成员等，并对女村委会成员进行了专项培训，以提高农村妇女对村民自治的认识和在村委会选举中的竞争能力。示范培训活动的开展，为修改完善培训教材，尝试新的培训方法，培养基层师资力量，提高培训对象的素质做出了贡献。

5年的实践证明，中国乡村干部培训中心项目开创了中国农村基层民主领域多边国际合作的成功先例，对于继续拓展相关国际合作，不断提升村民自治培训的质量，推动农村基层民主化进程将产生积极而持久的影响。

规范村委会选举程序项目

“规范村委会选举程序项目”是民政部与美国卡特中心共同开展的一项旨在提高我国农村村委会选举质量的有益合作。民政部与美国卡特中心在村委会选举领域的合作始自1998年，当年3月，双方在北京签署了一份谅解备忘录，拟在建立村委会选举信息系统、培训选举官员、互访以及宣传农村选举情况等方面开展合作。后经多次协商，双方于2000年初签署了《民政部与美国卡特中心合作协议》，决定正式启动“规范村委会选举程序项目”。

规范村委会选举程序项目从2000年4月1日启动，2003年4月1日结束，为期三年。项目预算1480万元人民币，其中美国卡特中心投入1000万元人民币，占总预算的67%，民政部投入480万元人民币，占总预算的33%。考虑到卡特中心的财政状况，项目特别规定，实际投入金额取决于卡特中心募集资金的能力。

该项目的总体目标是：提高民政部掌握各地村委会选举信息的能力；促进中国农村村委会选举程序的规范化；研讨村委会选举程序、传播村委会选举知识。项目执行期内将主要开展如下工作：(1)在福建、吉林全省和陕西省的部分县级单位建立村委会选举信息系统，提高民政部门掌握这些地方村委会选举动态的能力；(2) 印制并分发选民教育资料，促进选民对村委会选举法律、法规及选举程序的理解；(3)组织专家、学者和实际工作者研讨、规范村委会选举程序；(4)培训选举官员，提高他们对规范的村委会选举程序的理解；(5) 组织观摩村委会选举及海外的选举活动，交流分享选举经验；(6)通过各种可能的途径传播村委会选举知识和信息。

已经完成的项目活动主要包括：

1. 初步建立了村委会选举计算机信息系统。项目开发了我国第一套专门用于收集村委会选举数据的软件——村委会选举信息系统(VCE)，为福建、吉林两省共162个地、县级单位配备了相应的硬件和软件，收集了福建省2000年和吉林省2001年的村委会选举数据。从随后开展的调查回访活动来看，系统基本达到了预期目的。

2. 研讨规范了一套较为完善的村委会选举程序。项目聘请三位专家，历时5个月，对民政部原基层政权建设司编撰的《村委会选举规程》进行了全面修订，并在北京召开一次小型研讨会，形成了新版《村委会选举规程》。该书已由中国社会出版社出版。

3. 开展了一系列村委会选举培训活动。项目分别于2000年底和2001年初在北京举办了两次全国村民自治业务骨干培训班，支持宁夏回族自治区举办了一次村委会选举专题培训班。接受培训的受益人数达到四百多人。

4. 印制、分发选民教育资料。为了加深普通选民对村委会选举的认识和理解，项目设计并印制了多种与选举有关的选民教育招贴图，其中《村委会组织法宣传挂图》和《村委会选举投票程序图》已印制二万多份，免费赠送吉林、宁夏等地农村。

5. 组织、支持学术界的研究、交流活动。项目于2001年9月在举办"村民自治与中国农村社会发展"国际学术研讨会，有多位海内外专家学者和实际工作者参加了此次盛会。《村民自治论丛》第一辑也已编辑完成，由中国社会出版社正式出版。

6. 创办中国农村村民自治信息网。利用现代信息技术为村民自治的研究者提供了一个方便、快捷的交流平台，促进资源共享，是该项目关注的一个重点。为此，项目于启动之初就正式推出中国农村村民自治信息网。目前，该网站收集的村民自治资料已达六百多万字，成为学术界和实际工作者不可多得的参考工具。

7. 交流、分享选举经验。项目启动后，卡特中心已先后两次组团观摩村委会选举，民政部也于2000年11月组团观摩了美国亚特兰大市的地方选举。

"规范村委会选举程序"项目的成功实施，提升了民政部监控各地村委会选举进程的力度，宣传、普及了村委会选举知识，推动了村民自治的学术研究，对于进一步提高村委会选举质量具有非常重要的意义。

欧盟—中国村务管理培训项目

"欧盟——中国村务管理培训项目"，是中国政府与欧洲联盟委员会共同建立的政府间双边合作项目。该项目于1996年初由双方立项并开始洽谈，1998年2月16日经时任我国对外经济贸易部部长吴仪和欧洲联盟副主席里昂·布里坦(Sir Leon Brittan)正式签署。项目执行期为2002年初至2006年底的5年时间。

"欧盟——中国村务管理培训项目"，是民政部门迄今为止最大的国际合作项目，涉及双方投资1472.5万欧元（其中欧方1066.8万欧元，中方405.7万欧元）。该项目将对村民自治领域的部分政府官员、村民代表和村委会成员进行以村委会选举程序、村务管理、乡村经济发展和管理为重点的培训。该项目的具体目标是：1. 通过培训增强各级民政部门执行和普及《村委会组织法》的能力，促进有效的民主管理，加深对法律程序的理解，改善对相关数据的采集分析方法以便对实际工作进行有效的监督和评估；2. 通过先进的教育方法提高乡镇、县市相关政府官员及村民、村干部在选举、村务管理和经济发展领域的能力；3. 通过资助民政部乡村干部培训中心和部分地方培训中心设施的建设，增强其对相关人员的培训能力；4. 通过培训和交流促进相关人员对国际社会，特别是欧亚地区的基层选举和村务管理方面的了解；5. 通过给予特别资助，使贫困地区和少数民族地区的相关人员能有更多的机会参与此类培训。

"欧盟——中国村务管理培训项目"将在民政部指导下，由"中国乡村干部培训中心"与欧方委托的人员合作执行。项目将主要使用民政部已经开发的相关教材，并试图开发一些辅助性的音像资料。在项目的5年执行期内，将有五千余名相关人员在京接受培训，数万名相关人员在省、市、县级培训中心接受培训。专家预计，这一培训项目的顺利实施，将大大增强民政系统组织和实施培训工作的能力，也将对普及《村委会组织法》和村务管理方面的知识，推动我国农村村民自治工作的深入开展产生积极的影响。

1993—2000年国家社科基金资助的农村民主政治研究项目

项目名称	负责人	工作单位	立项时间	成果形式	完成时间
不发达地区农村干群关系问题研究	舒艾香	中共湖北省委党校	2000年	研究报告、论文	2002年4月
村民自治和农村基层党的领导体制深化研究	王国琳	中共武汉市委党校	2000年	专著、论文	2001年12月
村民自治条件下的乡镇管理模式转换研究(以西北地区为例)	魏文章	中共陕西省委党校行政管理与政治学教研室	2000年	研究报告	2001年12月
村民自治推进下的乡镇政权民主建设研究	顾杰	中共湖北省委党校	2000年	专著、研究报告	2002年12月
法治建设中村民自治权与基层政权关系问题研究	张广修	中共洛阳市委党校法学教研室	2000年	论文、研究报告	2001年9月
市场经济取向下中国西部地区乡村政府行为研究	刘玉兰	四川省社会科学院政治学所	2000年	研究报告	2001年9月
西部大开发与西北民族地区党的基层组织建设	周学军	中共甘肃省委党校党的建设教研室	2000年	专著、研究报告	2002年9月
北京市农村基层民主政权建设问题研究	袁达毅	中共北京市委党校	1999年	专著	2001年5月
边疆少数民族信教地区基层党的建设的特殊性问题研究	欧黎明	中共云南省委党校党建教研部	1999年	研究报告、专著	2000年6月
改革开放以来党领导农村民主政治建设的经验研究	雷国珍	中国湖南省委党校	1999年	专著	2000年8月
关于农村党支部与村民自治建设现状及对策研究	许宗衡	中共深圳市委党校	1999年	专著研究报告	2000年12月
关于伊斯兰教对新疆南疆农村基层组织影响的特点和对策研究	丁建农	中共新疆维吾尔自治区党校党建部	1999年	研究报告、专著	2000年10月
依法治国和村民自治背景下的村级党组织领导问题研究	姚锐敏	华中师范大学管理学院	1999年	专著、论文	2001年6月
宗教势力对河北农村基层组织的影响、渗透的对策研究	张连月	中共河北省委党校	1999年	专著、研究报告	1999年12月
当前农村党群、干群关系问题研究	吴警旭	中共河南省委党校《学习论坛》编辑部	1998年	研究报告	1999年10月
当前我国农村的宗族势力与村级自治问题研究(以江西为例)	肖唐镖	中共江西省委政策研究室	1998年	专著、研究报告	2000年5月
关于社区内公民参与行政决策的思考与建议:发展公民与基层政权机构的互动关系	许文惠	中国人民大学行政管理学系	1998年	研究报告	1999年3月

续表

项目名称	负责人	工作单位	立项时间	成果形式	完成时间
农村社区法治建设中的村规民约问题研究	张广修	中共洛阳市委党校法学教研室	1998年	论文、研究报告	1999年4月
乡村民主之旅——农村基层直接民主的发展及其法制化	刘丹	湖南行政学院	1998年	研究报告	1999年10月
三峡库区移民与农村基层党组织建设研究	徐波	中共四川省委第二党校	1997年	研究报告	1998年12月
苏南农村基层行政决策机制研究	钱玉英	苏州大学	1997年	专著、论文	1999年4月
乡村行政研究	彭向刚	吉林大学行政学院	1997年	专著、论文	1999年12月
乡镇人大代表基层民主政治建设——湖北省乡镇人大建设的调查与思考	汤庭芬	湖北省社会科学院	1997年	研究报告、专著	1999年12月
云南乡村政治发展研究	李敬	云南民族学院政法系	1997年	专著、研究报告	1999年12月
农村基层党组织的建设研究	刘开寿	中共四川省委第二党校	1996年	专著、研究报告	1997年12月
农村现代化与上海地区农村党支部设置的新变化	张明楚	中共上海市委党校	1996年	研究报告	1997年6月
贫困地区农村基层党组织建设与脱贫致富研究	赖绍沧	中共广西区委党校	1996年	专著	1997年10月
苏南农村基本现代化过程中的基层政权建设	钱振明	苏州大学政治与公共管理学院	1996年	专著、论文	1998年4月
西藏农牧区基层党组织建设的理论与实践	齐明	中共西藏区委组织部	1996年	研究报告论文	1997年8月
新时期民族自治地区的基层民主建设问题	曾宪义	中南民族学院	1996年	专著	1998年12月
中国乡(镇)的行政管理研究	方彦	江西行政学院	1996年	专著、研究报告	1997年12月
新时期农村基层党组织先进典型研究	曾国雄	中共福建省委党校	1995年	研究报告	1997年9月
社会主义市场经济条件下的河南及中国中部农村政治	汪恩键	郑州大学政治系	1994年	专著、论文	1997年6月
西北民族地区乡镇政权建设研究	刘建兰	西北师范大学政治系	1994年	专著、研究报告	1996年11月
云南边疆民族地区基层党建工作的现状、问题及对策研究	陈斌	云南师范大学中文系	1994年	专著研究报告	1996年8月
乡镇人大建设的理论与实践	徐秀义	中国人民公安大学法律系	1993年	专著	1995年12月

Yearbook of Democratic and Political Grass Roots Construction In China

2001中国农村基层民主政治建设年鉴

第八部分
统计资料

Chapter Eight

Statistics and Data

1980－2000年全国总人口

单位:万人

年　　份	总人口	城　　镇	乡　　村
1980年	98705	19140	79565
1981年	100072	20171	79901
1982年	101654	21480	80174
1983年	103008	22274	80734
1984年	104357	24017	80340
1985年	105851	25094	80757
1986年	107507	26366	81141
1987年	109300	27674	81626
1988年	111026	28661	82365
1989年	112704	29540	83164
1990年	114333	30191	84142
1991年	115823	30543	85280
1992年	117171	32372	84799
1993年	118517	33351	85166
1994年	119850	34301	85549
1995年	121121	35174	85947
1996年	122389	35950	86439
1997年	123626	36989	86637
1998年	124810	37942	86868
1999年	125909	38892	87017
2000年	126333	45594	80739

1990 年基层政权与群众自治组织机构人员数

单位:个、人

地 区	县辖区数	镇数	乡数合计	其中:民族乡	街道办事处数	居民委员会		村民委员会	
						个数	干部数	个数	干部数
合 计	3438	12084	44397	1980	5269	98814	431163	1001272	4094494
北京市	4	77	208	5	117	4040	34134	4481	16671
天津市		35	186	2	128	2643	17653	3824	17935
河北省	58	663	2704	90	199	4260	14041	50493	238367
山西省	1	497	1413		138	2636	11501	34105	143409
内蒙古自治区	3	258	1301	133	161	3470	9353	13716	52177
辽宁省		451	827	162	511	9988	44216	15887	91825
吉林省		287	641	28	217	6294	21919	10277	51328
黑龙江省		388	821	68	991	9676	31347	14616	62558
上海市		46	190		132	3340	21865	3020	15532
江苏省	58	582	1464	1	244	4892	22146	35443	181172
浙江省	354	745	2436	53	98	3822	16416	42893	183711
安徽省	473	447	2927	3	234	2492	8458	31364	145300
福建省	3	282	688	18	77	1444	6520	14988	82639
江西省	10	280	1559	2	90	2359	8587	21485	107369
山东省	15	857	1566	6	197	3241	14155	89046	369226
河南省		387	1745	12	250	3366	12526	47715	267954
湖北省	75	849	1123	8	293	3573	17578	32703	172263
湖南省	411	628	2804	82	171	3507	14954	47601	227398
广东省		1297	338	5	240	5093	20502	117202	326993
广西壮族自治区		359	1014	58	41	1154	4673	76073	236720
海南省	3	204	100	56	17	298	1298	11150	33546
四川省	1144	899	7774	405	247	7501	34784	76998	385639
贵州省	536	394	3509	454	63	2097	12302	25902	114774
云南省		357	1211	195	35	1000	3718	106631	285212
西藏自治区	71	31	897	8	8	69	350	7451	13402
陕西省	186	388	2221	3	85	2173	7311	32400	134737
甘肃省	9	183	1361	99	125	2023	8838	17490	64639
青海省		35	403	34	28	329	1261	4084	18539
宁夏回族自治区		49	246	8	30	465	2665	2491	11538
新疆维吾尔自治区	24	129	720	42	102	1569	6101	9743	41921

1991 年基层政权与群众自治组织机构人员数

单位:个、人

地 区	县辖区数	镇数	乡数合计		街道办事处数	居民委员会		村民委员会	
				其中:民族乡		个数	干部数	个数	干部数
合 计	3096	12455	42654	1403	5186	100347	440696	1018593	4243883
北京市	3	77	209	5	111	4247	24709	4480	17245
天津市		37	184	2	117	2673	16162	3824	17513
河北省	37	676	2659	74	206	4459	15806	50557	239615
山西省	1	497	1413		138	2775	10863	32348	147685
内蒙古自治区	2	258	1302	21	161	3687	11975	13791	55682
辽宁省		448	805	145	491	10078	44545	15866	77157
吉林省		288	638	28	221	6401	24133	10258	52857
黑龙江省		403	806	69	986	9697	33981	14466	65999
上海市		46	188		116	3433	22277	3020	15498
江苏省	48	636	1410	1	247	5127	23397	35890	182015
浙江省	354	770	2405	52	98	3945	18396	43420	183000
安徽省	463	475	2908	4	173	2509	9524	31469	150286
福建省	6	333	634	16	79	1494	6605	14677	72375
江西省	10	291	1547	2	87	2451	10190	21537	111107
山东省	7	878	1531	6	195	3401	15237	89131	382008
河南省		389	1743	18	240	3365	12434	47745	269700
湖北省	75	849	1121	8	307	3709	18513	32595	177078
湖南省	403	639	2789	92	171	3694	16127	47536	221594
广东省		1296	339	6	242	5204	22745	130302	421740
广西壮族自治区		365	1003	58	50	1169	5583	77933	234134
海南省		204	101	43	19	297	1187	16396	47392
四川省	1149	930	7727	118	254	6998	34049	77395	400921
贵州省	248	496	2120	314	67	2148	12303	25895	109924
云南省		357	1211	195	35	1063	3807	105131	299055
西藏自治区	71	31	897	8	8	69	350	7451	14626
陕西省	186	388	2221	4	89	2211	8391	32343	140437
甘肃省	9	184	1368	38	120	2018	9117	17658	69674
青海省		35	403	34	28	347	1475	4097	13013
宁夏回族自治区		49	247		27	489	2485	2527	11762
新疆维吾尔自治区	24	130	725	42	103	1189	4330	8855	42791

1992年基层政权与群众自治组织机构人员数

单位:个、人

地 区	县辖区数	镇数	乡数合计	其中:民族乡	街道办事处数	居民委员会		村民委员会	
						个数	干部数	个数	干部数
合 计	1231	14539	33827	1348	5233	104136	465497	1004349	4308878
北京市	4	77	209	5	111	4241	26933	4229	15830
天津市		38	183	2	130	2697	15982	3831	17299
河北省	37	704	2597	72	209	4625	16004	50503	234025
山西省	1	497	1413		142	2860	12006	32430	145579
内蒙古自治区	2	258	1302	17	165	3731	13087	13867	57675
辽宁省		478	775	153	477	10305	47644	15727	79870
吉林省		395	530	32	228	6501	26477	10271	61687
黑龙江省	1	403	807	72	974	9674	34485	14547	67958
上海市		46	188		120	3504	22259	3018	15805
江苏省	48	721	1304	1	232	5281	24619	35870	183689
浙江省		895	948	34	95	4064	18464	43354	185453
安徽省		805	962	5	177	2585	10991	31249	157537
福建省	7	493	473	14	93	1571	6216	14606	79105
江西省	10	329	1504	2	95	2497	10254	21480	115219
山东省	7	918	1485	6	198	3472	15542	89142	380123
河南省		402	1736	18	231	3551	14212	47780	268320
湖北省	78	852	1117	8	297	3830	19391	32716	181421
湖南省	395	663	2773	93	173	4070	18835	47470	222128
广东省		1321	307	5	257	5521	24076	126482	420680
广西壮族自治区		391	979	67	64	1193	4566	75540	235382
海南省	3	204	101	49	20	555	2380	15198	45025
四川省	348	1807	4274	118	243	7003	34474	75974	396474
贵州省	1	648	819	253	63	2166	12065	25894	112336
云南省		357	1211	196	35	1452	5030	100391	291775
西藏自治区	71	31	897	8	8	69	350	7451	14626
陕西省	186	397	2203	4	107	2825	11159	32348	139121
甘肃省	8	187	1364	39	129	2201	9061	17664	110986
青海省		35	398	34	28	307	1432	4098	18176
宁夏回族自治区		57	241		28	490	2525	2548	11874
新疆维吾尔自治区	24	130	727	41	104	1295	4978	8671	43700

1993 年基层政权与群众自治组织机构人员数

地　区	县辖区数（个）	镇数（个）	乡数（个）	其中：民族乡数	街道办事处数（个）	居民委员会		村民委员会	
						个数（个）	委员人数（人）	个数（个）	委员人数（人）
合　计	1143	15769	32445	1351	5470	107173	478933	1012756	4559867
北京市	4	81	192	5	125	4429	30213	4476	17338
天津市		43	178	2	132	2746	15164	3834	18034
河北省	37	771	2467	66	222	4656	16371	50311	229552
山西省	1	502	1408		142	2868	12177	32507	143734
内蒙古自治区	2	262	1312	18	167	3760	13402	13884	58379
辽宁省	1	487	778	154	495	10440	47681	15842	78550
其中：大连市	1	73	50	10	78	1615	8175	1502	7553
吉林省		419	502	27	236	6544	26386	10474	51605
黑龙江省		411	799	82	1004	9643	36190	14556	79652
上海市		106	121		114	3515	22390	2998	13823
江苏省	48	821	1193	1	239	5488	26430	35844	193221
浙江省	2	916	923	35	96	4152	18602	43451	182266
其中：宁波市	1	113	37		14	649	2522	5113	17756
安徽省		816	956	5	183	2574	12337	30932	154687
福建省	7	542	433	17	95	1647	6933	15234	76394
其中：厦门市		19			12	239	867	300	1741
江西省	9	444	1386	2	95	2515	9964	21430	108665
山东省	7	1011	1359	6	198	3591	15497	88746	365594
其中：青岛市		107	49		65	1213	5811	6062	24547
河南省		432	1709	18	237	3512	13742	47866	263163
湖北省	78	857	1097	8	214	3921	19127	32674	179481
湖南省	393	748	2689	107	172	4282	19461	47291	215796
广东省		1462	140	6	289	5747	25203	126874	405035
其中：深圳市		19			24	299	1058	202	1215
广西壮族自治区		518	859	60	86	1238	4916	74321	225282
海南省		202	100	49	22	566	2234	15039	44235
四川省	261	2064	3783	108	272	7362	33275	75971	380031
其中：重庆市		374	145		68	1957	9273	8517	39473
贵州省		661	803	253	65	2171	11430	25826	110934
云南省		362	1207	198	34	1528	5285	105701	335338
西藏自治区	75	31	897	5	8	81	447	7541	16030
陕西省	186	400	2195	4	113	2934	11126	32327	133998
甘肃省	8	213	1576	39	179	3170	14362	21334	85781
青海省		36	414	34	31	331	1294	4097	18204
宁夏回族自治区		58	242		30	496	2575	2557	11639
新疆维吾尔自治区	24	129	727	42	175	1266	4719	8818	363426

1994 年基层政权与群众自治组织机构人员数

地 区	县辖区数（个）	镇数（个）	乡数（个）		街道办事处数（个）	居民委员会		村民委员会	
				其中：民族乡数		个数（个）	委员人数（人）	个数（个）	委员人数（人）
合 计	1068	16702	31463	1322	5372	110112	480446	1006541	4584925
北京市	4	92	174	5	116	4820	26453	4464	17960
天津市		47	173	2	133	2754	14946	3832	15032
河北省	29	829	2372	58	219	5290	17743	49638	239121
山西省	1	506	1403		146	2987	12620	32339	143169
内蒙古自治区	2	268	1302	18	171	3815	13449	13898	59642
辽宁省		516	744	115	501	10617	50665	15858	80676
其中：沈阳市		55	85	11	113	2630	16072	1934	10958
其中：大连市		76	48	10	79	1684	7756	1486	7478
吉林省		446	475	27	236	6582	26772	10281	51050
其中：长春市		73	77	4	59	1461	5427	1683	9003
黑龙江省		413	795	69	1003	10085	34606	14576	69608
其中：哈尔滨市		43	74	3	133	2073	7540	1542	7366
上海市		154	70		106	3584	20386	2991	14060
江苏省	40	903	1105	1	238	5679	26506	35831	176285
其中：南京市		136	118		84	2100	9382	3432	17538
浙江省		948	891	35	98	4265	19002	43333	177257
其中：宁波市		116	33		15	674	2947	5097	17124
安徽省		827	949	7	198	2668	12336	30646	155493
福建省	3	555	419	17	95	1704	8443	14699	66936
其中：厦门市		19			12	250	1223	300	1520
江西省	9	513	1318	2	95	2572	10231	20531	105210
山东省	22	1156	1220	5	192	3819	16441	88591	358498
其中：青岛市		111	45		69	1289	6522	6062	26582
河南省		526	1618	18	245	3706	15075	47831	260146
湖北省	77	864	1092	9	218	3998	18718	32636	170217
其中：武汉市		68	37		81	1872	8804	2045	10916
湖南省	385	769	2658	121	177	4403	19580	47523	216442
广东省		1526	64	6	313	5981	26916	127640	453804
其中：广州市		75			101	1465	10042	1274	7390
其中：深圳市		19			24	314	1191	203	1220
广西壮族自治区		589	775	60	57	1247	4851	73111	223919
海南省		202	102	45	22	560	2292	16195	45475
四川省	213	2145	3948	109	266	7593	34823	75696	413860
其中：成都市		163	132		82	1204	5387	4311	25188
其中：重庆市		374	145		68	1967	9792	8540	40908
贵州省		675	788	253	71	2180	11417	25865	110886
云南省		363	1206	197	33	1826	6302	104172	328804
西藏自治区	70	31	897	8	8	69	447	8824	18659
陕西省	185	400	2193	4	119	2971	11363	32050	139680
其中：西安市		46	137		48	1583	6560	3151	17091
甘肃省	8	193	1361	39	130	2164	9095	17922	72431
青海省		35	404	49	28	322	1396	4088	18427
宁夏回族自治区		64	236		30	502	2612	2564	11067
新疆维吾尔自治区	20	147	711	43	108	1349	4960	8916	371111

1995 年基层政权与群众自治组织机构人员数

地　区	县辖区数（个）	镇数（个）	乡数（个）	其中：民族乡数	街道办事处数（个）	居民委员会		村民委员会	
						个数（个）	委员人数（人）	个数（个）	委员人数（人）
合　计	730	17532	29502	1330	5596	111860	479973	931716	4004868
北京市	3	100	166	5	116	4584	24691	4355	15166
天津市		70	150	2	133	2776	15008	3830	15828
河北省	20	887	2206	58	221	5388	17987	49551	217337
山西省	1	517	1392		147	3067	11880	32273	143623
内蒙古自治区	2	279	1296	20	180	3988	14547	13894	61895
辽宁省		572	662	98	507	10641	48984	15995	76027
其中：沈阳市		55	85	11	113	2652	15458	1935	9804
其中：大连市		78	46	10	82	1663	7965	1505	7421
吉林省		443	471	27	249	6672	26605	10228	48578
其中：长春市		70	76	4	67	1465	5430	1688	8974
黑龙江省	3	420	787	65	1071	10174	33745	14371	69245
其中：哈尔滨		46	71	3	134	2015	7071	1546	8423
上海市		183	36		105	3590	20068	2980	13389
江苏省	54	944	1040	1	243	5896	26885	35706	174638
其中：南京市		67	58		44	1064	4519	1725	8232
浙江省		962	875	35	103	4417	19977	43136	169869
其中：宁波市		119	30		15	713	3017	5023	17491
安徽省		849	1000	8	194	2725	12011	30798	157871
福建省	10	578	391	15	94	1722	8581	14509	69366
其中：厦门市		19			12	264	1803	296	1517
江西省	9	582	1251	2	97	2620	10080	20525	106137
山东省	10	1246	1085	6	228	4307	17030	87590	355390
其中：青岛市		114	20		79	1350	6698	6054	26121
河南省		578	1560	21	242	3750	15423	47873	250502
湖北省	76	865	1038	11	236	4110	19168	32547	171365
其中：武汉市		65	35		85	1894	8847	2055	10982
湖南省	45	899	1406	106	196	4684	20220	46804	218575
广东省		1531	61	6	337	6208	28182	118530	422422
其中：广州市		76			105	1516	10043	1277	7764
其中：深圳市		19			24	334	1246	206	1235
广西壮族自治区		627	738	60	77	1233	4546	28243	109800
海南省		202	104	48	22	299	1329	3238	13371
四川省	193	2252	4064	109	256	7774	36011	75756	382877
其中：成都市		174	135		82	1236	5527	4611	22369
其中：重庆市		375	144		68	2018	9819	8347	40931
贵州省		675	786	253	70	2198	10597	25870	113150
云南省		365	1204	199	35	1627	5693	99821	316931
西藏自治区	69	34	890	8	8	68	447	7577	18659
陕西省	178	415	2151	4	127	2907	11385	32336	141408
其中：西安市		46	137		48	1513	6493	3152	16922
甘肃省	8	194	1361	39	128	2188	9274	17929	75249
青海省	29	37	411	82	28	353	1572	4077	18538
宁夏回族自治区		67	231		29	512	2627	2555	11312
新疆维吾尔自治区	20	159	689	42	117	1382	5420	8819	46350

1996年基层政权与群众自治组织机构人员数

地区	县辖区数（个）	镇数（个）	乡数（个）	其中：民族乡数	街道办事处数（个）	居民委员会		村民委员会	
						个数（个）	委员人数（人）	个数（个）	委员人数（人）
合计	544	18171	27056	1383	5565	113690	492784	928312	3974978
北京市	3	100	166	5	117	5010	27135	4357	14678
天津市		75	145	2	132	2741	14970	3833	14823
河北省	4	849	1121	54	223	4937	17166	50940	213762
山西省	1	521	1388		153	3063	12435	32270	142235
内蒙古自治区	2	294	1275	19	185	4042	15062	13840	61975
辽宁省		597	634	97	506	10988	52374	15896	75322
其中：大连市		82	41	10	80	1750	8552	1503	7485
吉林省		444	465	33	255	6952	27238	10065	48266
黑龙江省		443	772	74	971	10330	36430	14524	69599
上海市		207	9		102	3361	19127	2953	12375
江苏省	31	998	985	1	256	6097	26784	35809	172705
浙江省		981	860	35	105	4580	19905	43199	174160
其中：宁波市		119	30		16	754	3067	5009	16757
安徽省		861	985	8	200	2842	13205	30739	156710
福建省		585	387	17	103	1826	9163	14777	70772
其中：厦门市		19			14	281	1973	297	1582
江西省	9	603	1212	3	97	2615	9796	20342	97434
山东省	7	1342	984	6	223	4067	17015	88472	348124
其中：青岛市		115	19		72	1368	6168	6045	21161
河南省		696	1441	20	246	3852	16240	47800	250303
湖北省		823	567	8	252	4170	19373	32486	170612
湖南省	87	938	1376	111	200	4808	20272	46973	210798
广东省		1528	60	6	346	6474	27997	124786	437438
其中：深圳市		19			24	346	1487	211	1178
广西壮族自治区		668	693	62	67	1195	4883	14735	73699
海南省	3	202	105	12	20	327	1861	2560	12556
四川省	177	2290	3983	107	259	7982	35115	75777	412663
其中：重庆市		377	142		68	2062	9478	8312	36809
贵州省		676	788	254	70	2229	11067	25803	113963
云南省		378	1191	195	37	1655	5728	102115	317907
西藏自治区	69	34	890	8	8	68	459	7577	18659
陕西省	114	508	1861	4	119	2926	11502	32335	135101
甘肃省	8	198	1357	40	128	2249	9720	17944	76029
青海省	17	98	444	160	29	395	1746	3972	19293
宁夏回族自治区		69	230		28	512	2616	2569	10737
新疆维吾尔自治区	12	165	682	42	128	1451	6400	8864	42280

1997 年基层政权与群众自治组织机构人员数

地 区	县辖区数(个)	镇数(个)	乡数(个)	其中:民族乡数	街道办事处数(个)	居民委员会 居委会个数	家委会	委员人数(人)	居民小组个数	村民委员会 村委会个数(个)	委员人数(人)	村民小组个数	村民自治示范单位情况 县(市)数(个)	乡镇数(个)	村数(个)
合 计	398	18925	25966	1545	5678	117915	11989	498209	1083411	905804	3788041	5358062	334	7942	164350
北京市	3	111	137	5	116	5529	1963	19729	92376	4348	14949	24581	2	80	1070
天津市		93	126	2	133	2344	13	12771	41194	3838	10520	15656	3	42	977
河北省	3	850	1120	54	252	4787	903	15445	34220	49947	201254	236328	37	649	16652
山西省	1	532	1379		160	3257	425	11207	14991	32439	138661	108943	33	456	6280
内蒙古自治区	3	301	1268	19	186	4214	75	15963	28451	13806	58083	55182	27	485	4317
辽宁省		606	622	95	512	11208	543	56395	157045	16008	76662	86781	9	398	6344
其中:大连市		84	39	10	79	1809	19	8952	21493	1478	7910	9939	2	36	733
吉林省		446	463	33	255	7018	297	27410	36061	10162	50799	62081	10	296	3201
黑龙江省		466	745	58	991	10537	1429	38046	84388	14938	66342	138431	18	433	5949
上海市		209	9		102	3377	12	17600	111915	2914	12296	27863	3	60	1520
江苏省	12	1015	968	1	271	6372	156	28974	65681	37093	178831	333340	20	583	13153
浙江省		998	846	35	105	4750	47	19552	50233	43163	172309	302189	6	40	2171
其中:宁波市		121	28		16	826	8	3210	7660	5010	16454	34640	2	5	1340
安徽省		887	961	8	200	3239	434	14441	22798	30746	149886	320555	4	263	3946
福建省		608	376	17	104	1941	92	9371	22234	14807	63162	151682	14	279	7124
其中:厦门市		19			13	302		1598	4108	296	1420	2650	1	1	122
江西省	9	653	1165	3	94	2663	384	10840	15373	20427	95223	186795	7	145	1572
山东省	7	1367	944	6	235	4626	894	19310	57421	87421	346587	453546	15	525	25573
其中:青岛市		116	14		76	1376	398	6477	17862	6053	24410	28388	1	42	2152
河南省		752	1385	20	250	3950	178	16787	26578	48009	257012	385404	9	552	13524
湖北省		840	552	8	252	4287	548	18052	40301	32393	162781	266992	7	263	9325
湖南省	33	979	1327	93	204	4970	335	21052	38388	46894	207411	458550	11	296	6356
广东省		1554	35	6	354	6347	40	28264	36269	102903	324789	206699	2	26	374
其中:深圳市		19			26	351		1571	1147	2121	1178	1121	1	9	135
广西壮族自治区	28	688	673	62	75	1228	54	4901	8721	14506	75668	233399	16	151	1414
海南省	3	203	105	36	19	319		2064	740	2529	13005	12230	2	45	483
重庆市	73	645	778	162	80	2707	81	13241	18424	20674	100196	177865		120	3380
四川省	104	1674	3298	106	189	6047	674	24615	33162	57731	287329	489415	3	408	13750
贵州省		676	788	254	70	2191	238	11132	13116	25742	112017	204096	4	80	2747
云南省		392	1177	208	37	1611	96	5540	3959	99053	305041	78657	4	67	370
西藏自治区	76	34	897	5	9	81		406	86	7577	21330	1966	34	273	2901
陕西省		869	1158	3	108	3179	1179	12392	7141	32332	133944	190383	5	255	3320
甘肃省	8	200	1355	40	120	2388	445	10380	9775	17967	76752	99838	5	328	3600
青海省	23	39	394	164	28	314	67	1375	2204	4008	20715	10237	3	47	465
宁夏回族自治区		69	231		30	516	12	2494	2079	2573	10810	12733	2	82	628
新疆维吾尔自治区	12	169	684	42	137	1918	375	8460	8087	8856	43667	25645	19	215	1864
其中:新疆兵团			1		5	75		125		23	68				4

1998 年基层政权与群众自治组织机构人员数

地　区	县辖区数(个)	镇数(个)	乡数(个)	其中:民族乡数	街道办事处数(个)	居民委员会				村民委员会			村民自治示范单位情况		
						居委会个数	家委会	委员人数(人)	居民小组个数	村委会个数(个)	委员人数(人)	村民小组个数	县(市)数(个)	乡镇数(个)	村数(个)
合　计	339	19216	25712	1517	5732	119042	12087	508363	1172278	832987	3586166	5370915	488	10754	207898
北京市	1	105	120	5	134	5649	1996	23622	87567	4032	13664	30685	2	97	1693
天津市		97	118	2	122	2016	26	10912	43974	3838	12733	19885	4	61	1130
河北省	3	871	1101	54	233	4756	949	15799	43784	50020	200790	262111	48	986	20158
山西省	1	532	1378		159	3293	151	12006	15727	32414	137618	141853	33	498	7337
内蒙古自治区	2	316	1250	20	189	4246	76	16621	30277	13770	58055	58183	28	539	4420
辽宁省		639	577	99	513	11051	553	55003	164191	15906	72704	91250	16	431	7271
其中:大连市		83	39	10	81	1792	20	8636	23076	1456	6978	9915	2	54	1157
吉林省		448	450	31	259	7277	433	26479	54553	10067	48823	66194	16	325	4054
黑龙江省		468	743	59	997	10769	1159	34455	85069	16871	69383	68027	11	417	6229
上海市		208	8		99	3519	11	19900	118158	2902	21064	28206	3	85	1952
江苏省	11	1018	962	1	278	6629	279	30221	72438	35432	173245	333835	27	875	17634
浙江省		1006	823	35	108	4925	46	20366	55872	43070	167010	307348	1	71	2431
其中:宁波市		122	27		16	864	7	3367	9202	4983	16628	34568	1	28	1325
安徽省		888	964	8	209	3331	424	14605	23190	30125	146494	340764	7	374	5159
福建省		612	378	17	108	1984	21	9756	21660	15421	62532	162113	15	494	8234
其中:厦门市		19			13	318	1	1856	4153	296	1417	2650	1	1	171
江西省	9	676	1145	3	99	2731	642	10101	16173	20322	96399	188790	28	279	3098
山东省	7	1393	910	6	240	4448	720	18227	61263	87286	341849	448278	25	702	29483
其中:青岛市		116	14		76	1001	187	4801	21665	6033	24148	28327	1	45	2289
河南省		782	1349	20	269	4143	225	16970	32258	48150	238465	396356	23	759	18288
湖北省		847	543	9	253	4364	376	18468	40990	32293	162115	251827	8	360	12279
湖南省	28	1001	1350	99	203	5043	374	21031	44720	47550	212181	479597	17	404	8922
广东省		1551	35	6	346	6169	65	34691	34594	43479	202357	196360	14	145	2100
其中:深圳市		19			26	371	1	1719	1081	214	1300	1149		9	136
广西壮族自治区		703	660	62	83	1203	50	5098	9346	14738	76793	240875	23	230	2327
海南省	3	203	105	3	18	323	1	1960	842	2597	12416	16999	4	74	527
重庆市	79	648	829	161	88	2652	86	13885	18885	20554	91169	177321	42	100	4632
四川省	104	1694	3310	103	195	6258	845	25693	34383	55719	258217	423538	4	664	16553
贵州省		680	783	254	71	2260	237	10935	15157	25739	109839	204570	14	321	6372
云南省		406	1155	194	36	1366	100	4552	5136	88174	297766	82547	5	45	590
西藏自治区	68	34	891	8	8	69		338	1866	7359	22069	4708	32	374	3250
陕西省		898	1122	3	113	3219	1282	12677	14972	31810	133818	189900	7	292	3395
甘肃省	8	213	1343	40	117	2424	445	9672	9776	18113	78767	101111	8	426	4673
青海省		39	403	164	28	454	128	1483	2252	4123	23623	13623	3	76	642
宁夏回族自治区		66	231		30	535	13	2576	3462	2570	11046	15555	6	61	771
新疆维吾尔自治区	15	174	676	51	127	1846	374	10261	9743	8543	36162	28506	14	189	2256
其中:新疆兵团					5	75		150							

1999 年基层政权与群众自治组织机构人员数

地 区	村(居)民自治组织							村民自治示范单位		
	(一)居民委员会数	家委会	居民小组数	居民委员会委员人数(人)	(二)村民委员会数	村民小组数	村民委员会委员人数(人)	(一)村民自治示范县(市)数	(二)村民自治示范县(镇)数	(三)村民自治示范村数
合 计	114815	12520	1246882	501450	801483	5556701	3513352	555	13709	239994
北京市	5745	2539	83147	31244	4040	24807	12071	3	85	1325
天津市	2154	21	51611	10443	3837	26333	13323	4	66	1073
河北省	4545	1026	44186	15320	49944	308331	204567	53	1094	24718
山西省	3378	159	13978	12577	32310	123892	125489	30	508	6641
内蒙古自治区	4163	72	28615	16886	13631	66054	62043	29	575	5213
辽宁省	8518	343	170845	40281	16066	93027	81717	21	449	7439
其中:大连市	941	8	18663	4325	1460	10215	6865	3	57	1135
吉林省	6198	571	57860	29923	10155	64384	47949	29	513	4623
黑龙江省	10160	1058	96080	33243	17089	71070	70076	22	450	6211
上海市	3692	11	128383	19419	2795	27878	9645	3	65	1509
江苏省	6503	305	72004	33078	34036	332572	154461	37	1443	18834
浙江省	4988	43	60132	20454	41825	392869	148297	5	182	5393
其中:宁波市	883	4	11388	3400	4981	35760	14816	2	28	1892
安徽省	3360	420	25926	17528	29851	305516	128336	12	564	10678
福建省	2100	46	22868	11070	15128	162374	66159	20	432	9098
其中:厦门市	327	1	4649	1749	296	2968	1471	1	12	196
江西省	2720	467	18234	10271	20326	188153	98783	23	360	3816
山东省	4416	758	67906	18966	87569	434868	462880	27	684	30580
其中:青岛市	981	185	22098	4608	6044	33586	18938	1	42	2289
河南省	4176	213	35820	18548	48188	399005	235278	18	769	19706
湖北省	4425	391	43393	19087	32187	258751	142618	20	983	11886
湖南省	5093	408	45273	24413	47516	479795	200191	18	493	11068
广东省	5851	40	49124	27623	22005	227868	99779	19	228	1576
其中:深圳市	424		4454	2087	216	1089	1126	1	9	77
广西壮族自治区	1235	84	8679	5682	14549	247814	77731	26	289	2877
海南省	323	1	1319	1855	2597	20805	12705	4	42	406
重庆市	2540	99	17990	11529	20582	162146	85926	1	177	5915
四川省	6231	837	36426	22538	54420	425143	253110	14	1025	20855
贵州省	2268	259	15635	10763	25747	203360	112321	14	530	10659
云南省	1278	106	5889	4512	84398	150069	281404	6	47	519
西藏自治区	96		348	485	5100	7918	22774	59	558	4269
陕西省	3224	1277	16261	11886	31409	184553	140175	9	309	3316
甘肃省	2438	443	11294	9238	18002	102661	90753	12	442	5577
青海省	470	133	1036	1501	4123	14442	19069	4	43	719
宁夏回族自治区	546	9	2688	2515	2541	17623	10841	3	136	1153
新疆维吾尔自治区	1981	381	13932	8572	9517	33520	42881	10	168	2342
其中:新疆兵团	75		75	155	24	91	105	1		20

2000年基层政权与群众自治组织机构人员数

地区	村(居)民自治组织									村民自治示范单位		
	(一)居民委员会数	其中:家委会	居民小组数	居民委员会委员人数	其中:女性	(二)村民委员会数	村民小组数	村民委员会委员人数	其中:女性	(一)村民自治示范县(市)数	(二)村民自治示范县(镇)数	(三)村民自治示范村数
合 计	108424	11382	1272096	483705	286105	731659	5534193	3150432	493438	587	14067	265730
北京市	4438	1861	85037	37566	27049	4039	27708	12838	4006	4	77	1354
天津市	1646	10	44586	7960	7046	3834	28317	12723	1989	4	70	1126
河北省	4591	1060	42042	14408	9925	49433	299801	188900	22320	52	1172	24524
山西省	3041	173	17561	10815	6540	32253	129475	125317	11370	29	456	6126
内蒙古自治区	3682	69	27471	14720	10613	13498	64769	59183	9655	34	598	5753
辽宁省	7126	409	177565	31522	22333	15924	90136	70265	15604	19	440	7151
其中:大连市	790	13	24156	3750	3479	1430	10336	6761	1175	3	57	928
吉林省	5794	341	51780	22864	15321	10054	62596	46092	8589	14	424	4295
黑龙江省	9909	1078	98060	33099	21028	17285	77747	66903	9970	36	445	6814
上海市	3300	7	137805	18544	14554	2771	27746	9410	2075	5	60	1407
江苏省	6663	254	81911	34046	18365	32573	328016	190996	50042	39	834	19219
浙江省	4909	42	66540	20107	12496	42037	323077	149458	19882	18	325	11322
其中:宁波市	737		14610	3432	2320	4792	35322	15736	2498	3	59	2443
安徽省	3293	377	26778	18219	8669	29735	322301	125163	23393	21	728	11697
福建省	2132	36	23775	9630	4927	14834	166355	59904	3521	22	493	9986
其中:厦门市	302	1	4290	1502	648	298	2982	1236	309	1	1	193
江西省	2805	446	15801	11429	6401	20518	194398	89344	15896	16	540	4717
山东省	4249	896	67605	17565	8918	87504	413533	318086	31744	27	723	31380
其中:青岛市	861	276	22988	4486	3265	6031	32879	21794	1754	1	41	2519
河南省	4159	214	35672	17780	9326	48206	401369	232506	43211	23	939	23341
湖北省	3619	346	42316	16281	8213	32001	255409	139728	27301	21	569	14251
湖南省	5160	431	45753	24093	11276	47525	475112	194268	37218	24	636	13328
广东省	6018	41	49031	29109	14473	21942	234208	97594	18369	23	339	2799
其中:深圳市	438		4731	2129	812	217	1097	1126	217	2	18	102
广西壮族自治区	1250	61	9042	6010	3099	14750	259026	74372	8873	31	397	3923
海南省	339	1	1341	1884	664	2568	24929	14024	1869	4	44	509
重庆市	2525	139	18152	12007	6609	20569	176314	92625	15852	4	372	7402
四川省	6279	814	36737	23815	10350	54996	428738	265035	47389	19	1412	25611
贵州省	2268	255	15988	11039	6189	25696	203582	112977	14184	9	657	12627
云南省	1125	114	6338	4730	1842	14968	154818	82127	10552	6	79	664
西藏自治区	124		756	1642	106	6354	10515	21328	2203	54	76	795
陕西省	2597	820	15334	8334	4214	31355	184299	126356	14916	4	321	3518
甘肃省	2415	467	11752	10545	8470	18034	102482	94993	11853	13	526	6327
青海省	445	122	1306	1548	1135	4129	16719	20944	2113		23	453
宁夏回族自治区	446	71	1956	1960	1493	2718	15701	11409	2372	3	159	1102
新疆维吾尔自治区	2077	427	16035	10434	4461	9556	34997	45564	5207	9	133	2209
其中:新疆兵团	75		75	178	47	24	91	117	14	1	1	20

浙江省2000年村委会选举情况汇总表

表号：村选统1表　　　　日期：2001. 2. 5

代码	指标名称	计量单位	数量	代码	指标名称	计量单位	数量
T1100	一、选民			T1320	村委会主任总数	人	40297
T1110	选民总数	人	25160889	T1321	其中：女性	人	622
T1120	本届登记选民数	人	24770515	T1322	中共党员	人	27039
T1121	其中：女性	人	10868560	T1323	兼任党支部书记	人	3294
T1130	直接投票选民数	人	21162207	T1324	连任	人	15667
T1131	其中：使用流动票箱的选民数	人	13912161	T1330	村委会副主任及委员数	人	107928
T1140	委托投票选民数	人	1454829	T1331	其中：女性	人	16993
T1150	函投选民数	人	49472	T1332	中共党员	人	50985
T1200	二、选举程序			T1400	四、村民代表		
T1210	村民会议推选村民选举委员会村数	个	10583	T1410	总数	人	935391
T1220	村民小组推选村民选举委员会村数	个	25471	T1411	其中：女性	人	131201
T1230	村民直接提名产生初步候选人村数	个	27448	T1412	中共党员	人	303882
T1240	全体村民预选确定正式候选人村数	个	13814	T1500	五、村民小组长		
T1250	村民代表预选确定正式候选人村数	个	19785	T1510	总数	人	303224
T1260	设立秘密划票间的村数	个	25921	T1511	其中：女性	人	30848
T1270	当场公布选举结果的村数	个	38916	T1512	中共党员	人	93415
T1300	三、选举结果			T1600	六、上届村委会罢免情况		
T1310	完成选举的村数	个	41243	T1610	罢免村委会主任的村数	个	119
T1311	其中：一次选举成功的村数	个	34547	T1620	罢免村委会副主任或成员的村数	个	198

广东省1999年理顺工作情况统计表(一)

县(市区)	管区总数(个)	完成选举数(个)	完成比例%	村民小组总数(个)	选民总数(个)	参选率%	一次选举成功村数
韶关	1279	1277	99.8	13417	1246467	97.8	981
河源	1399	1339	95.7	13470	1642514	96	887
梅州	2078	2062	99.2	32919	2514209	97.3	1685
惠州	1027	1011	98.4	8870	111127	95	743
汕头	760	727	95.7	4595	1032662	97.5	565
汕尾	710	674	95	3734	997338	96	472
东莞	594	500	84.2	2710	699694	94	295
中山	400	400	100	3083	639399	98.3	373
江门	1462	1444	98.8	44432	1836780	95	913
佛山	705	701	99.4	1889	1247259	98	495
阳江	696	681	97.8	13770	1195000	95	610
湛江	1612	1592	98.8	1377	2894524	95.9	1223
茂名	1650	1645	99.7	27416	3075969	94.5	1400
肇庆	1498	1496	99.9	18547	1804904	96.3	1303
清远	1478	1455	98.4	18129	1989400	95	1351
潮州	886	867	97.9	4962	1248000	98	736
揭阳	1479	1456	98.5	16000	2651733	95.6	1156
云浮	854	844	98.8	11396	1290635	96.2	756
合计	20567	20171	98.1	240716	28117614	96.1	15944

县(市区)	新选入村委会干部			新一届村委会成员				
	平均年龄	初中以上文化	党员数	总数	其中主任	副主任	委员	原管区干部当选数
韶关	37.5	931	491	8564	1272	2860	4432	573
河源	39.3			21217	1248	1057	18912	17044
梅州				9157	2040	1184	5933	7853
惠州				4721	1010	961	2750	3643
汕头	39.7	628	428	3272	726	613	1933	2507
汕尾				3105	669	705	1731	2206
东莞	35	602	499	2368	498	482	1388	1713
中山	38.7	309	88	1567	400	269	898	1180
江门				7500	1444	1439	4617	5878
佛山				3540	701	819	2020	2824
阳江				3206	681	678	1847	2695
湛江	38.9	1291	773	7523	1576	1904	4043	6125
茂名	40	2022	1378	8094	1622	1574	4898	6158
肇庆	27	1108	721	7545	1496	1439	4610	6276
清远	39	1362	1135	6359	1448	1070	3841	4981
潮州				6878	1050	2270	3558	556
揭阳				6290	1449	1000	3841	4741
云浮	41.2	786	430	4163	8411	778	2644	3362
合计				122739	27741	21102	73896	80315

续广东省1999年理顺工作情况统计表(一)

项目 / 数量 / 县(市区)	新一届村委会成员						
	村委主任与书记交叉任职数	村委会与党支部交叉任职数	平均年龄	初中以上文化人数	党员数	女委员数	经济能人种养专业户人数
韶关			39.1	4945	3678	1018	629
河源	697		40.8	15679	17503	1050	602
梅州	1168		43.4	8834	7900	1921	721
惠州	662	2720	42.1	4443	3718	932	561
汕头	135		43.4	2853	2760	225	693
汕尾	411		43.4	2499	2207	360	146
东莞	52		42	2224	1861	412	127
中山	86	613	43.2	1356	1268	319	102
江门	740	4196	44	4641	5873	1491	163
佛山	439		42.9	3067	2925	603	200
阳江	142	1219	43	3049	2664	665	266
湛江	912		43.3	6942	5942	1207	1123
茂名	843		41.8	7347	6204	1596	1433
肇庆	1037		42	6272	5706	1474	973
清远	879		40	6272	5706	1474	973
潮州	1998		43.5	3860	3654	554	260
揭阳	400	2466	42.4	5506	4479	692	453
云浮	437		43.2	3817	3190	848	1168
合计	11038		42.4	93606	87238	16841	10593

广东省1999年理顺工作情况统计表(二)

项目 数量 县(市区)	理顺办工作人员			派驻工作人数	各级举办骨干培训班人次	各级培训骨干人次	来信来访次数	建章立制村数
	总人数	其中 民政部门	其中 其他部门					
韶关	125	38	87	4458	1384	36659	422	1377
河源	63	29	34	825	346	17812	607	285
梅州	77	33	44	8943	4532	123164	2748	2060
惠州	61	25	36	3074	294	23289	370	683
汕头	506	94	412	2140	397	16587	264	561
汕尾	186	64	122	2227	319	1883	546	98
东莞	19	10	9	1000	124	32000	256	410
中山	14	7	7	13	32	530	20	400
江门	930	123	807	3791	1194	71029	460	1437
佛山	336	20	316	2762	1697	153982	188	464
阳江	174	16	158	1556	773	44704	841	681
湛江	101	39	62	1679	1632	48273	633	951
茂名	913	38	875	6296	1889	76502	3015	1231
肇庆	1047	113	934	4294	2034	71517	33	1352
清远	100	44	56	3080	1375	46382		291
潮州	44	14	30	1093	247	14885	169	861
揭阳	91	45	46	1687	1582	29589	303	0
云浮	743	130	613	4374	1038	73547	246	844
合计	5530	882	4648	53292	20889	882334	11121	13986

项目 数量 县(市区)	原管理区干部(人) 总数	平均年龄	初中以上文化人数	党员数	女委员数
韶关	6392	41.3	3683	4858	1195
河源	24458	43.5	19823	18134	1061
梅州	10391	45.1	9470	8980	1691
惠州	5283	43.4	4824	4528	949
汕头	3751	46	2451	2469	545
汕尾	4124	43.9	2478	2992	570
东莞	2604	45	2187	2247	500
中山	1980	44.5	1544	1742	415
江门	8098	46	6068	7167	1682
佛山	3465	44	2969	3080	618
阳江	3968	46	3518	3419	722
湛江	9450	45.2	7962	7757	1770
茂名	9263	44.8	7392	7353	1596
肇庆	7904	45	6170	6146	1485
清远	6840	42	5672	5454	1367
潮州	5121	46	4557	4742	653
揭阳	8022	44.4	6362	6353	985
云浮	4516	44.5	3990	3705	827
合计	125630	44.5	101120	101126	18631

河南省1999年村民委员会换届选举情况统计表

单位 \ 项目 \ 数量	上届村委会							
	村干部人数	村民直接参加选举的村数	推荐候选人数	当选村干部数				
				总数	村主任	妇女干部	连选连任村干部	新当选村干部
合计	233840	38441	337735	226263	44849	36329	163565	62698
郑州市	11353	1936	23986	10552	2195	1896	6395	4157
开封市	11830	2251	13412	11830	2211	1428	8188	3642
洛阳市	10660	1712	11496	10660	2856	2018	7355	3305
平顶山	17201	1465	859	16926	2600	2415	9807	7119
新乡市	14652	3370	28400	16452	3270	3482	11512	3140
安阳市	15861	581	9046	7917	1638	1148	4215	3702
焦作市	11027	2321	10444	11027	2321	521	6962	4065
鹤壁市	3883	862	5792	3683	859	689	2894	789
濮阳市	11084	2659	16546	11084	2704	1978	6741	4343
三门陕	6102	1284	10315	6102	1284	923	4524	1578
许昌市	11821	1980	25261	11821	2328	2074	9693	2128
深沙市	6084	188	6507	6084	1245			

单位 \ 项目 \ 数量	上届村委会										
	政治面貌			文化结构			年龄结构				懂经营会管理人数
	党员	团员	群众	大专以上	高中	小学	50岁以上	30-49岁	29岁以下	平均年龄	
合计	129013	33583	71244	2077	177229	54534	43666	154690	35484	43.9	98312
郑州市	5088	864	4575	295	8564	1661	1956	7643	953	45.1	5109
开封市	6775	765	4290	59	10281	1040	1642	8895	1293	42.1	4962
洛阳市	4974	1303	4383	74	8930	1596	1428	7241	1991	47.5	3184
平顶山	9761	3105	4060	22	14085	2819	5804	11029	93	42.3	7096
新乡市	9976	2083	2593	85	11467	3100	1538	9121	3993	38	10250
安阳市	8597	2401	4863	53	11163	4645	46004	9286	1971	41	4416
焦作市	6433	1250	3344	92	9847	1088	466	8703	1858	46.2	4609
鹤壁市	1457	282	1944	6	2673	1004	817	2265	801	42.7	991
濮阳市	5088	1385	4611	17	8668	2399	2279	6839	1966	40.8	5238
三门陕	3285	367	2450	29	5014	1059	873	4489	740	45	1096
许昌市	7912	1469	2440	21	10329	1371	2736	7214	1871	46	11658

续河南省 1999 年村民委员会换届选举情况统计表

项目 数量 单位	换届后村委会											
	村干部人数	村民直接参加选举的村数	推荐候选人数	推选村主任候选人数	当选村干部数					政治面貌		
					总数	村主任	妇女干部	连选连任村干部	新当选村干部	党员	团员	群众
合计	213901	146400	46271	905220	12710	42919	36618	41314	71396	26016	31546	56339
郑州市	10078	2285	30447	6505	10078	2290	1994	6932	3146	5843	953	3282
开封市	10055	2251	17679	4592	9998	2206	1314	7329	2669	6197	1164	2694
洛阳市	13366	2936	22226	5862	13366	2748	2469	8596	4770	6755	911	5700
平顶山	14079	2496	10492	1092	14079	2495	2405	9182	4897	8651	1712	3716
新乡市	13552	3303	28900	6606	13550	2911	3460	8029	5523	9160	2692	1700
安阳市	11535	3141	25264	6529	11251	2997	1206	4988	6263	5307	1595	4309
焦作市	7709	1820	11135	3426	7709	1713	292	6553	1156	3944	1102	2663
鹤壁市	3246	856	5866	1817	3246	838	282	1986	1260	1464	339	1443
濮阳市	10955	2879	31371	7126	10955	2829	1918	5564	5391	4425	2096	4434
三门峡	6135	1328	12204	2900	6135	1322	1051	4051	2084	3382	386	2367
许昌市	10512	2306	41935	8006	10512	2301	2046	7315	3197	7182	7396	1934

项目 数量 单位	换届村委会							
	文化结构			年龄结构				懂经营会管理人数
	大专以上	高中	小学	50 岁以上	30－49 岁	29 岁以下	平均年龄	
合　计	33221	89188	21391	26760	148208	88933	42.5	134304
郑州市	465	9221	314	1057	6710	1411	40.9	6749
开封市	92	9308	590	1224	7632	1199	39.8	5718
洛阳市	93	10682	2591	1232	10874	1260	41.2	13098
平顶山	60	12384	1635	2638	9514	1927	42.1	8347
新乡市	170	10940	2442	1466	8070	4016	37	11292
安阳市	127	9523	1601	1866	7308	2077	41.1	5542
焦作市	86	7275	348	218	4478	3013	42	4086
鹤壁市	22	2430	436	461	1982	803	40.7	632
濮阳市	53	9324	1578	1588	7528	1839	37.6	6470
三门峡	63	5374	698	655	4996	484	40.4	1801
许昌市	207	9605	700	2133	6529	1850	44	10427

宁波市第五届村委会换届选举有关数据统计表

单位 \ 项目数量	选出村委会成员数					村主任兼职状况		
	主任	副主任	委员	合计	其中妇女代表	专职主任数	主任兼书记数	主任兼社长
慈溪市	749	3	1519	2271	550	670	79	79
余姚市	805	9	1787	2601	600	757	24	24
奉化市	566	4	1378	1948	239	489	57	20
宁海县	809	136	1777	2722	105	767	30	1
象山县	723	87	1413	2223	181	665	50	8
鄞县	639	0	1340	1979	255	445	66	128
海曙区	16	0	36	52	8	16	0	0
江东区	28	0	74	102	22	28	0	0
江北区	110	1	222	333	89	101	9	6
镇海区	151	0	305	456	106	133	18	0
北仑区	260	0	535	795	209	199	21	47
大榭街道	21	0	42	63	15	21	0	0
合计	4877	240	10428	15545	2379	4291	354	313

单位 \ 项目数量	村委会班子变化状况					
	原主任连任数	新任主任数	原副主任数	新任副主任数	原委员连任数	新任委员数
慈溪市	260	489	2	1	640	879
余姚市	293	512	2	7	849	945
奉化市	218	348	1	3	466	905
宁海县	249	560	26	106	338	1392
象山县	278	445	20	67	455	958
鄞县	321	318	0	0	756	584
海曙区	9	7	0	0	24	12
江东区	14	14	0	0	43	31
江北区	65	45	1	0	128	94
镇海区	75	76	0	0	191	114
北仑区	118	142	0	0	255	280
大榭街道	10	11	0	0	17	35
合计	1910	2967	52	184	4162	6229

续宁波市第五届村委会换届选举有关数据统计表

项目/数量/单位	建章立制情况				信访情况	
	制订自治章程	制订村规民约	村干部任期目标	村务公开规范	信访期数	已查处期数
慈溪市	673	749	749	749	14	14
余姚市	808	808	808	808	19	19
奉化市	517	534	545	549	44	44
宁海县	264	563	827	818	150	150
象山县	84	649	723	684	12	12
鄞县	646	646	646	646	17	17
海曙区	16	16	16	16	5	5
江东区	29	29	29	29	2	2
江北区	110	110	110	110	7	7
镇海区	151	151	151	151	2	2
北仑区	259	262	262	262	22	22
大榭街道		4				
合计	3557	4521	4866	4822	294	294

项目/数量/单位	上访情况		经费支出情况(万元)			
	10以上期数	已查处期数	县(市)区拨款	乡镇拨款	村级拨款	合计
慈溪市	0	0	8	32.3	222.4	262.7
余姚市	0	0	30	47.2	257.9523	335.1523
奉化市	13	13	6	17.6	140.7	164.3
宁海县	3	3	10	57.5	271	338.5
象山县	0	0	18.5	39	26	83.5
鄞县	0	0	4	42.7	287.2	333.9
海曙区	0	0	3	5	10	18
江东区	0	0	3	4	6.1	13.1
江北区	0	0	4.15	4.2	20.7	29.05
镇海区	1	1	4.5	4	38	46.5
北仑区	2	2	7	16.8	177.8	201.6
大榭街道			0	4	19.35	23.35
合计	19	19	98.15	274.3	1477.2023	1849.6523

续宁波市第五届村委会换届选举有关数据统计表

单位 \ 项目 数量	村民小组		村民代表		
	村民小组总数	村民小组长	设村民代表村	不设村民代表村	村民代表总数
慈溪市	8338	8338	749	0	31778
余姚市	5595	5595	801	10	25116
奉化市	4199	4199	559	17	16899
宁海县	4080	4080	777	50	13095
象山县	3542	3542	667	56	18192
鄞县	4050	4050	640	19	22714
海曙区	130	130	16	0	580
江东区	226	226	29	0	1161
江北区	226	226	29	0	1161
镇海区	1047	1047	151	0	5030
北仑区	2037	2037	257	5	9024
大榭街道	146	146	21	0	613
合计	33616	33616	4696	157	145363

单位 \ 项目 数量	投票方式					投票次数		
	召开选举大会	设投票站村	设流动票箱村	两者结合村	秘密写票处村	一次性选举村	二次选举村	三次选举村
慈溪市	3	14	299	433	450	663	86	0
余姚市	19	808	724	724	123	669	134	5
奉化市	74	298	255	293	491	433	85	58
宁海县	14	542	654	46	602	691	117	19
象山县	43	10	0	8	17	658	64	1
鄞县	19	516	0	119	646	527	119	0
海曙区	1	14	0	16	16	9	7	0
江东区	1	27	0	1	29	22	7	0
江北区	1	27	0	1	29	22	7	0
镇海区	3	1	147	0	151	112	38	1
北仑区	7	18	0	237	262	262	0	0
大榭街道	3	3	21	21	1	15	6	0
合计	188	2278	2100	1899	2817	4083	670	84

续宁波市第五届村委会换届选举有关数据统计表

单位＼项目 数量	正式候选人产生方法			村委会成员年龄状况					
	直接提名产生	预选产生	海选产生	30以下	31至40	41至50	51至60	60岁以上	平均年龄数
慈溪市	0	750	0	186	732	878	441	34	42.8
余姚市	0	614	194	94	757	1146	579	31	44
奉化市	10	572	50	52	488	851	471	75	45.28
宁海县	18	37	772	223	1107	1146	374	66	42.41
象山县	48	270	413	80	561	1045	485	102	41.6
鄞县	0	645	1	101	617	847	386	28	45.3
海曙区	16	16	0	3	15	22	10	2	45.4
江东区	5	24	0	5	28	46	23	0	43.55
江北区	0	110	0	11	80	144	92	6	46
镇海区	0	93	10	16	74	200	147	19	46.8
北仑区	124	138	0	28	168	357	221	21	43.6
大榭街道	2	17	0	4	16	28	13	2	43.5
合计	223	3286	1440	803	4643	6710	3242	386	44.19

单位＼项目 数量	村委会成员文化程度				政治面貌		
	高小以下	初中	高中	大专	党员	团员	非党
慈溪市	587	1105	494	85	1716	43	512
余姚市	742	1283	541	35	1672	34	895
奉化市	843	830	241	34	1148	41	751
宁海县	1124	1374	400	18	950	6	1960
象山县	868	1029	243	40	1137	48	1120
鄞县	556	987	325	112	1376	45	558
海曙区	8	15	8	21	47	0	5
江东区	41	38	11	12	89	1	12
江北区	109	156	61	7	247	2	84
镇海区	199	178	38	41	354	3	99
北仑区	265	390	96	44	539	4	252
大榭街道	14	36	11	2	28	1	24
合计	5356	7421	2469	451	9303	228	6272

续宁波市第五届村委会换届选举有关数据统计表

项目 数量 单位	村委会规模								
	最小的村名称	50户以下	51至100户	101至200户	201至300户	301至400户	401至500户	501至800户	801户以上	最大的村名称
慈溪市	西横28户	2	13	89	148	159	132	163	43	联丰1108
余姚市	半岭13户	15	61	240	200	128	74	85	8	永丰1200
奉化市	箬溪39户	26	111	167	125	66	38	39	18	桐渔1631
宁海县	大头岭46户	47	216	300	142	62	26	25	9	桥头胡1545
象山县		56	148	224	149	80	49	17	9	
鄞县	新河20户	6	41	95	149	126	74	120	35	甲村1300
海曙区	甬丰154户	0	0	4	3	4	3	1	1	新星802
江东区	戎家77户	0	2	7	8	4	4	4	0	七里垫813
江北区	东山77户	0	4	21	25	25	16	19	0	孔家
镇海区	十字路46户	1	0	27	48	40	24	10	0	团桥900
北仑区	花船66户	0	9	53	64	53	30	33	20	新阳1431
大榭街道	新升57户	0	2	3	2	2	5	5	1	太平943
合计		153	607	1230	1063	749	475	521	144	

项目 数量 单位	培训情况		试点情况	
	培训骨干期数	培训骨干人数	试点乡镇数	试点村个数
慈溪市	108	15000	1	42
余姚市	2169	46329	1	38
奉化市	70	3830	1	21
宁海县	19	11347	1	103
象山县	69	8780	1	43
鄞县	74	8445	1	29
海曙区	26	970	0	1
江东区	6	544	0	2
江北区	27	2418	1	12
镇海区	130	2817	0	6
北仑区	32	3136	1	50
大榭街道	5	170	0	1
合计	2735	103786	8	348

续宁波市第五届村委会换届选举有关数据统计表

单位 \ 项目数量	参选结果					
	村委会总数	已换届村数	完成率%	选民总数	参选选民数	参选率%
慈溪市	811	808	99.63	532914	526692	98.83
余姚市	770	749	97.27	661406	644209	97.4
奉化市	590	576	97.62	317452	295213	93
宁海县	832	827	99.4	367976	342991	93.2
象山县	732	723	98.77	312297	299146	95.79
鄞县	659	646	98	488980	471875	96.5
海曙区	16	16	100	10764	10638	98.83
江东区	29	29	100	17774	17401	98
江北区	110	110	100	80701	75955	94.12
镇海区	151	151	100	89202	87104	97.65
北仑区	262	262	100	200169	194117	96.98
大榭街道	21	21	100	17209	16947	98.47
合计	4983	4918	98.69	3096844	2982288	96.3

单位 \ 项目数量	参选结果						
	一次成功村数	补选成功村数	小计	缺主任村数	缺副主任村数	缺委员村数	小计
慈溪市	668	140	808	3	0	18	21
余姚市	663	86	749	0	0	8	8
奉化市	445	123	568	10	1	26	37
宁海县	564	263	827	18	23	40	81
象山县	654	69	723	0	0	15	15
鄞县	527	119	646	7	0	13	20
海曙区	9	7	16	0	0	0	0
江东区	22	7	29	1	0	3	4
江北区	84	26	110	0	0	1	1
镇海区	151	0	151	0	0	0	0
北仑区	216	43	259	2	0	1	3
大榭街道	15	6	21	0	0	0	0
合计	4018	889	4907	41	24	125	190

青海省第四次村(牧)、居委会换届选举情况统计表

地区＼数量＼项目	村(牧)居委会						
	总数	实选数	%	选民数	本届选民数	参加投票的选民数	参选率%
合计	4447	4415	99.2	2910653	2708868	2396536	88.4
村(牧)委会	4121	4095	99.3	2116767	1962264	1732059	88.2
居委会	326	320	98.1	793886	746604	664477	89

地区＼数量＼项目	村(牧)、居委会主任、副主任、委员情况						
	总数	性别		政治面貌		民族	
		女	%	党员	%	少数民族	%
合计	19913	3716	18.6	12340	61.9	11279	56.6
村(牧)委会	18809	2752	14.6	11997	63.7	11003	58.5
居委会	1104	964	87	343	31	276	25

地区＼数量＼项目	文化结构							
	小学	%	初中	%	高中	%	大中专	%
合计	9029	45.3	7986	40.1	2854	14.3	44	0.2
村(牧)委会	8958	47.6	7291	38.8	2542	13.5	18	0.1
居委会	71	6.4	695	62.9	312	28.2	26	2.4

地区＼数量＼项目	年龄结构							
	30岁	%	31－40岁	%	41－50岁	%	51岁以上	%
合计	2123	10.6	7697	38.6	7170	36	2923	14.6
村(牧)委会	1845	9.8	7294	38.8	6904	36.7	2766	14.7
居委会	278	25.2	403	36.5	266	24.1	157	14.2

山东省烟台市村民代表会议建设情况统计表

项目 数量 单位	建立村代会情况			村民代表组成人员情况						
	村总数	应建村数	已建村数	代表总数	性别		政治面貌		文化程度	
					男	女	党员	团员	初中以下	初中
芝罘区	65	65	63	2057	1412	645	794	116	491	1064
福山区	292	289	281	5385	4457	928	2951	218	1447	2722
牟平区	608	585	584	16273	13684	2589	8637	1438	6511	7015
莱山区	120	119	117	3211	2698	513	1550	123	707	1683
龙口市	633	624	610	20572	17315	3257	7009	669	7026	9923
蓬莱市	611	590	580	17263	13922	3341	8357	2809	6436	6983
莱阳市	784	782	775	19941	16527	3414	10218	2037	4820	10014
莱州市	1010	989	989	20851	17535	3316	8544	495	6040	11776
招远市	724	722	720	18007	16078	1929	8520	787	5501	8332
栖霞市	953	915	912	19990	15772	4218	6831	1199	5924	8204
海阳市	732	717	672	9601	8236	1365	6023	624	1934	4969
长岛县	40	36	36	850	511	339	621	97	147	385
合计	6572	6433	6339	154001	128147	25854	70055	10612	46984	73070

项目 数量 单位	村民代表组成人员情况								
	文化程度		年龄结构			在村两委任职人数	在各级人大代表数	设公开栏村数	村均代表数
	高中	大专以上	35岁以下	36至55岁	56岁以上				
芝罘区	425	77	455	1363	239	327	171	65	32.7
福山区	1127	89	1023	3525	837	1489	269	333	19.2
牟平区	2532	215	4931	8773	2569	3153	749	632	27.9
莱山区	754	67	405	2530	276	585	275	122	27.4
龙口市	3445	178	3405	13249	3918	3355	696	674	33.7
蓬莱市	3696	148	4299	9917	3047	2958	597	512	39.8
莱阳市	4678	429	5526	11603	2812	3952	852	786	25.7
莱州市	2934	101	2431	14971	3449	5917	1164	1012	21.1
招远市	3967	207	2906	11247	3854	3672	860	821	25
栖霞市	5847	15	5436	8235	6319	4615	1368	933	21.9
海阳市	2532	166	2272	6272	1057	3225	599	797	14.3
长岛县	307	11	156	507	187	214	185	40	23.6
合计	32244	1703	33245	92192	28564	33462	7785	6727	24.3

说明:1、“应建村数”指50户以上的村数;

2、“在两委任职人数”指村民代表中两委成员人数。

陕西省村委会干部情况统计表

项目 数量 地市名称	村民委员会主任情况							
	总数	兼党支部书记数	政治面貌		文化结构			
			党员	%	小学	初中	高中	大专以上
合计								
西安市	3053	329	1819	59.5	164	1545	1330	8
宝鸡市	1984	18	1123	56.6	208	1098	648	25
咸阳市								
渭南市	3804	138	1633	42.9	161	1714	1201	8
铜川市	529	41	278	52.5	11	260	255	4
汉中市	3381	39	1840	54.4	444	1869	1063	5
延安市	3397	11	1331	39	768	749	873	7
榆林地区	5737	13	2984	52	776	3693	1207	12
安康地区								
商洛地区	2756	33	1310	47.6	338	1288	1057	7
杨陵区	64		33	52	2	38	21	3

项目 数量 地市名称	村民委员会主任情况					
	年龄结构				性别	
	30岁以下	31－40岁	41－50岁	50岁以上	女	%
合计						
西安市	176	1181	1371	325	74	2.4
宝鸡市	131	857	758	238	5	0.3
咸阳市						
渭南市	104	1334	1405	241	10	0.3
铜川市	37	306	154	32	9	1.7
汉中市	251	1386	1284	460	26	0.8
延安市	445	1689	1033	230	12	0.3
榆林地区	497	2430	2020	790	31	0.5
安康地区						
商洛地区	280	1129	986	361	12	0.4
杨陵区		22	32	10		

续陕西省村委会干部情况统计表

地市名称 \ 项目 \ 数量	村民委员会副主任情况、委员情况						
	总数	政治面貌		文化结构			
		党员	%	小学	初中	高中	大专以上
合计							
西安市	12586	4824	48	593	5786	3734	6
宝鸡市	8683	2594	29.3	672	4340	3810	43
咸阳市							
渭南市	10793	4573	42.4	818	6292	3670	13
铜川市	1849	881	52.9	44	788	828	3
汉中市	10612	3812	36	1755	6252	2600	5
延安市	8912	2549	29	2129	4390	1997	9
榆林地区	14621	5307	36.3	3116	8616	2822	27
安康地区							
商洛地区	8536	3027	34.7	1802	4279	2590	31
杨陵区	166	58	35	9	102	53	2

地市名称 \ 项目 \ 数量	村民委员会副主任情况、委员情况					
	年龄结构				性别	
	30岁以下	31-40岁	41-50岁	50岁以上	女	%
合计						
西安市	521	3722	6539	1804	2013	20
宝鸡市	797	2888	3683	1315	932	10.5
咸阳市						
渭南市	675	4645	4415	1058	2345	21.7
铜川市	187	1104	463	95	246	20.5
汉中市	1357	3458	4424	1373	1837	17
延安市	1860	3865	2645	542	609	7
榆林地区	1836	5609	5545	1631	759	51
安康地区						
商洛地区	971	3484	2927	1154	824	9.5
杨陵区	6	64	55	41	13	8

上海市1999年村委会换届选举情况统计表(一)

区县名称	选民情况					
	选民总数	选民登记表	登记率%	参加投票选举数		选率%
				总数	其中委托选举	
宝山区	169353	169353	100	164369	8465	97.1
闵行区	205775	203760	99	196556	16770	96.4
嘉定区	172787	171485	99.24	168504	7134	98.26
浦东新区	200062	193468	96.7	172514	1026	89.2
松江区	281921	272973	96.83	251113	13640	91.99
金山区	291129	271336	93.2	255941	22179	94.3
南汇县	413305	413305	100	407932	9348	96.7
奉贤县	308877	300454	97.3	280205	15243	93.3
青浦区	276069	271376	98.3	252830	18077	93.17
崇明县	422195	418005	99	415871	42421	98.5
闸北区	7146	7146	100	6955	1051	97.32
徐汇区	294	294	100	293	34	99.6
长宁区	1397	1397	100	1279	301	91.6
普陀区	12163	12042	99	12031	358	99.9
总计	2762473	2706394	98	2586393	156047	95.56

区县名称	初步候选人提名				正式候选人确定			
	总数	其中			总数	其中		
		主任	副主任	委员		主任	副主任	委员
宝山区	4384	909	1354	2121	1407	312	410	685
闵行区	2970	856	528	1586	1478	353	357	768
嘉定区	3825	936	1199	1690	1980	405	608	967
浦东新区	12711	4067		8644	1138	392		746
松江区	7246	1807	2764	2675	1560	442	622	496
金山区	213	60	12	141	860	259	89	512
南汇县	39862	10918	10309	18635	1578	345	479	754
奉贤县	3984	1091	1150	1743	1568	548	431	589
青浦区	25400	6319	8358	10733	2003	633	685	685
崇明县	7626	2337	186	5103	2192	863	41	1288
闸北区	2090	410	836	844	98	14	32	52
徐汇区	5	2		3	5	2		3
长宁区	36	6	9	21	23	6	6	11
普陀区	116	26	47	43	92	24	34	34
总计	110468	29744	26744	53982	15982	4598	3794	7590

续上海市1999年村委会换届选举情况统计表(一)

区县名称	选举结果当选				原村干部落选情况			
	总数	其中			总数	其中		
		主任	副主任	委员		主任	副主任	委员
宝山区	728	159	247	322	187	37	49	101
闵行区	656	159	131	366	108	28	18	62
嘉定区	1000	238	295	467	142	38	53	51
浦东新区	940	236	20	684	181	60		121
松江区	877	219	393	265	129	21	53	55
金山区	792	216	67	509	198	52	28	118
南汇县	1182	332	264	586	243	46	55	142
奉贤县	1001	291	286	424	59	13	25	21
青浦区	1044	308	362	374	308	91	90	127
崇明县	1560	443	52	1065	339	100	55	184
闸北区	32	6	12	14	21	3	8	10
徐汇区	3	1		2	1	1		
长宁区	12	2	2	8	2	1		1
普陀区	53	12	20	21	19	2	6	11
总计	9880	2622	2151	5107	1937	493	440	1004

区县名称	竞争演讲情况		村民代表		村民小组长		选举情况	
	参加竞争演讲人数	当选人数	总数	其中妇女人数	总数	其中妇女人数	一次成功村	二次成功村
宝山区	739	202	6177	2734	1646	490	155	9
闵行区	13	13	6926	2758	1739	320	165	11
嘉定区	22	17	8121	2508	2203	384	233	10
浦东新区	175	115	9790	5749	1875	681	192	55
松江区			9853	2490	2446	265	202	21
金山区	26	23	9876	2951	2717	280	182	41
南汇县			12835	6018	3318	941	98	237
奉贤县	3	3	12506	4749	3045	832	280	11
青浦区	9	5	10042	2137	2624	199	225	88
崇明县	81	33	17590	6567	5484	1082	430	24
闸北区	28	15	335	88	82	16	6	1
徐汇区			27	8	5		1	
长宁区			120	37	14		3	
普陀区	4	4	544	184	131	35	12	
总计	1100	430	104742	38978	27329	5525	2184	508

上海市1999年村委会基本情况统计表(二)

区县名称	村委会总数	村民小组总数	按管辖范围分				
			300户以下	301－500户	501－800户	800－1000户	1000户上
安山区	164	1672	31	72	55	6	
闵行区	178	1698	18	68	80	10	2
嘉定区	243	2246	54	135	44	8	2
浦东新区	247	1987	19	108	90	26	4
松江区	223	2634	61	87	61	12	2
金山区	224	2748	26	114	71	12	1
南汇县	335	3574	16	82	177	46	14
奉贤县	291	3154	29	146	109	6	1
青浦区	317	2689	129	154	30	4	
崇明县	450	5484	57	198	173	21	1
闸北区	7	82		2		2	3
徐汇区	1	5	1				
长宁区	8	38	1	1	6		
普陀区	12	123	3	2	5	1	1
合计	2700	28134	445	1169	901	154	31

区县名称	主任						
	总数	其中		性别		政治面貌	
		连任数	兼党支部数	女	%	中共党员	%
安山区	159		43	9	5.7	142	89.3
闵行区	152	74	29	22	14.5	142	93.4
嘉定区	238	131	150	14	5.88	233	97.9
浦东新区	240	134	12	22	9.17	220	91.7
松江区	219	165	129	19	8.68	215	98.2
金山区	216	153	133	9	4.17	212	98.4
南汇县	332	217	76	18	5	282	85
奉贤县	291	179	172	20	6.87	278	95.5
青浦区	308	165	163	27	8.8	292	94.8
崇明县	443	203	129	48	11	400	90.3
闸北区	6	3	1			4	67
徐汇区	1	1				1	100
长宁区	8	6	5	1	12.5	8	100
普陀区	12	7	4	1	12	11	92
合计	2625	1438	1046	210	8	2440	93

续上海市1999年村委会基本情况统计表(二)

区县名称	主任							
	文化程度				年龄结构			
	大专以上	高中/中专	初中	小学	30岁以下	31-40岁	41-50岁	50岁以上
安山区	11	55	92	1		37	107	15
闵行区	19	82	50	1	2	49	86	15
嘉定区	31	94	112	1	7	54	153	24
浦东新区	48	91	100	1	2	60	142	36
松江区	14	124	77	4	5	96	109	9
金山区	6	76	127	7	10	70	117	19
南汇县	2	136	166	28	18	116	159	39
奉贤县	9	132	143	7	10	83	181	17
青浦区	11	133	146	18	11	105	173	19
崇明县	7	142	274	20	4	68	291	80
闸北区		3	3				4	2
徐汇区		1						1
长宁区	7	1					5	3
普陀区	3	7	1	1		6	1	5
合计	168	1077	1291	89	69	744	1528	284

区县名称	副主任、委员					
	总数	其中连任数	性别		政治面貌	
			女	%	中共党员	共青团员
安山区	569		158	27.8	392	
闵行区	471	282	140	29.7	304	
嘉定区	762	521	224	29.4	605	6
浦东新区	701	373	265	37.8	500	14
松江区	647	511	172	26.6	529	18
金山区	576	484	200	34.7	490	
南汇县	850	566	272	32	620	26
奉贤县	710	561	259	36.5	574	22
青浦区	736	437	228	31	580	10
崇明县	1106	705	391	35	778	
闸北区	26	17	3	11.5	22	
徐汇区	2	1			2	
长宁区	8	4	2	25	7	
普陀区	41	25	9	22	31	
合计	7205	4487	2323	32.2	5434	96

续上海市1999年村委会基本情况统计表(二)

区县名称	副主任、委员							
	文化程度				年龄结构			
	大专以上	高中/中专	初中	小学	30岁以下	31-40岁	41-50岁	50岁以上
安山区	10	145	379	34	33	142	304	90
闵行区	33	160	256	22	33	134	257	47
嘉定区	13	235	489	25	30	175	407	150
浦东新区	55	231	384	31	93	129	346	133
松江区	7	260	355	25	78	249	290	30
金山区	6	199	351	20	42	213	268	53
南汇县	7	348	427	68	77	298	408	67
奉贤县	5	251	415	39	48	256	359	47
青浦区	8	213	423	92	62	265	343	66
崇明县	8	352	681	65	35	220	599	252
闸北区	2	8	16			5	15	6
徐汇区	1	1				1	1	
长宁区		6	2			4	4	
普陀区	1	21	18	1	4	6	27	4
合计	156	2430	4196	422	535	2097	3628	945

湖北省第四届村委会换届选举工作进展情况统计表

单位	村总数	已召开选举大会村数		选举成功村数		选举未成功村数	
		春节前	春节后	春节前	春节后	选出 1－2 人	未选出 2 人
武汉市	2076	2068	1	2068	1		
黄石市	968	940		918	22		
襄樊市	2912	2901	11	2859	34	19	
荆州市	2937	2613	324	2610	326	1	
宜昌市	3134	2971	150	2957	163	1	
十堰市	2960	2697	262	2661	273	21	4
孝感市	3519	3361	158	3342	173		4
荆门市	1529	1529		1529			
鄂州市	315	315		315			
黄冈市	4250	2577	1382	2553	1385	9	12
咸宁市	1690	943	604	919	576	5	47
恩施州	3054	3054		3026	13	15	
仙桃市	654	601	53	600	52		2
潜江市	327	327		327			
天门市	782	781		781			
随洲市	949	949		925	24		
神农架	98	98		98			
合计	32154	28725	2945	28488	3042	71	69
百分比		89.33	9.16	88.6	9.46		
合计	32154	31670		31530		140	
百分比		98.49		98.06			

续湖北省第四届村委会换届选举工作进展情况统计表

单位	正在进行选举村数		未开展选举村数	信访处理情况		
	重选另选村	首次进行村		来信来访村数	调查处理村数	依法纠正村数
武汉市			7			
黄石市			28（阳新）			
襄樊市						
荆州市						
宜昌市		13				
十堰市	16		1			
孝感市	2					
荆门市		120（蕲春83 黄梅27）				
鄂州市			171（黄梅122、蕲春32）			
黄冈市	8	141（通山125）	2			
咸宁市	47					
恩施州	15					
仙桃市	1					
潜江市						
天门市			1			
随洲市						
神农架						
合计	89	274	210			
百分比						
合计		484				
百分比		1.94				

内蒙古自治区第四届嘎查村民委员会选举情况汇总表(一)

代码	指标名称	计量单位	数量	代码	指标名称	计量单位	数量
T1100	一.选民			T1320	村委会主任总数	人	13208
T1110	选民总数	人	9321982	T1321	其中:女性	人	160
T1120	本届登记选民数	人	8820186	T1322	中共党员	人	9482
T1121	其中:女性	人	3749122	T1323	兼任党支部书记	人	767
T1130	直接投票选民数	人	7998957	T1324	连任	人	7533
T1131	其中:使用流动票箱的选民数	人	3627284	T1330	村委会副主任及委员	人	46288
T1140	委托投票选民数	人	387980	T1331	其中:女性	人	10916
T1150	函投选民数	人	2968	T1322	中共党员	人	19155
T1200	二.选举程序			T1400	四.村民代表		
T1210	村民会议推选村民选举委员会村数	个	10002	T1410	总数	人	192177
T1220	村民小组推选村民选举委员会村数	个	3413	T1411	其中:女性	人	40987
T1230	村民直接提名产生初步候选人村数	个	3527	T1412	中共党员	人	14203
T1240	全村村民预选确定正式候选人村数	个	11979	T1500	五.村民小组长		
T1250	村民代表预选确定正式候选人村数	个	1002	T1510	总数	人	66171
T1260	设立秘密划票间的村数	个	12505	T1511	其中:女性	人	2464
T1270	当场公布选举结果的村数	个	10092	T1512	中共党员	人	24798
T1300	三.选举结果			T1600	六.上一届村委会罢免情况		
T1310	完成选举的村数	个	13415	T1610	罢免村委会主任的村数	个	577
T1311	其中:一次选举成功的村数	个	10616	T1620	罢免村委会副主任或成员的村数	个	783

单位负责人:孟瑞　　填表人:马雪峰　　报出日期:2001年1月18日

注:1.此表由县级以上民政部门组织填报汇总:

2.本表逻辑检验公式:T1110≧T1120,T1120≧T1121,T1120≧T1130,T1130≧T1131,T1120≧T1130+T1140+T1150,T1310≧T1311,T1320≧T1321,T1320≧T1322,T1320≧T1323,T1320≧T1324,T1330≧T1331,T1330≧T1332,T1410≧T1411,T1410≧T1412,T1510≧T1511,T1510≧T1512

内蒙古自治区第四届嘎查村民委员会换届选举情况统计表(二)

项目 数量 单位	苏木乡镇数	嘎查村基本情况				选民总数	参加投票选民数	
		嘎查村委会数	独贵龙村民小组数	嘎查村民总户数	嘎查村民总人口数		总数	其中委托投票数
合计	1524	13506	66587	2824633	14568440	9321982	8396937	387980
呼市	96	1096	5111	278000	1074000	681659	617872	27022
包头	77	730	3098	188380	717915	446127	422463	5815
乌海	3	26	117	6959	76410	13243	11982	103
赤峰	272	2606	16506	87252	3470698	2435246	2084758	138140
通辽	194	2712	11724	564389	2291787	1441363	1306145	68550
呼盟	124	947	3433	197234	1096010	494623	423039	17198
兴安盟	86	923	3892	241519	1076110	670047	611349	17986
锡盟	158	903	3445	163448	606333	404641	368480	25531
乌盟	213	1443	7597	523551	2010318	1333083	1231961	34396
伊盟	130	1061	6270	282600	922400	663500	609300	35179
巴盟	127	831	4867	274362	1165099	695820	664299	16646
阿盟	44	228	527	16939	61360	42630	35289	1414

项目 数量 单位	嘎查村委会干部职数			通过预选确定正式候选人嘎查村数	正式候选人人数			设选举中心会场嘎查村数	设投票站嘎查村数
	主任	副主任	委员		主任	副主任	委员		
合计	13452	10005	38824	13452	26470	17799	56636	13096	8181
呼市	1096	898	2309	1096	2192	1796	3463	1055	772
包头	726	449	1676	726	1442	857	2451	721	408
乌海	26	26	96	26	36	35	100	26	1
赤峰	2556	1758	6116	2556	5096	3243	9196	2549	1800
通辽	2712	1092	9679	2712	5422	1990	14339	2711	774
呼盟	947	583	2545	947	1894	1192	3648	947	476
兴安盟	923	993	2984	923	1835	1789	4024	923	656
锡盟	903	948	3385	903	1690	1303	3983	868	618
乌盟	1443	951	4126	1443	2569	1596	5683	1441	1747
伊盟	1061	1461	3125	1061	2166	2446	5887	834	662
巴盟	831	774	2014	831	1662	1406	2885	829	223
阿盟	228	72	769	228	466	146	977	192	44

续内蒙古自治区第四届嘎查村民委员会换届选举情况统计表(二)

单位 \ 项目 数量	设流动票箱嘎查村数	设秘密写票处嘎查村数	当选结果			原嘎查村干部连任		
			主任	副主任	委员	主任	副主任	委员
合计	10130	13137	13208	9358	36929	7533	4848	22556
呼市	841	1096	1068	842	2239	695	305	1280
包头	672	721	715	415	1606	395	180	693
乌海	22	26	26	26	87	18	18	50
赤峰	1559	2549	2512	1648	5804	1217	1044	3692
通辽	1751	2711	2659	1022	9308	1458	422	5898
呼盟	366	947	937	554	2392	445	260	1326
兴安盟	707	923	862	851	2584	448	430	1680
锡盟	840	868	891	783	3109	574	377	1809
乌盟	1789	1441	1427	924	3957	909	478	2467
伊盟	793	834	1061	1460	3130	688	733	1922
巴盟	684	829	829	769	1965	551	573	1335
阿盟	106	192	221	64	748	135	28	404

单位 \ 项目 数量	非候选人当选			已进行换届选举的嘎查村数	一次选举成功嘎查村数	另行选举成功的嘎查村数	重新选举成功嘎查村数
	主任	副主任	委员				
合计	288	223	889	13415	10816	2155	383
呼市	10	12	16	1084	945	116	23
包头	11	8	14	721	612	104	5
乌海	2	2	6	26	20	7	1
赤峰	65	32	98	2551	1843	642	52
通辽	60	32	249	2711	1939	655	117
呼盟	25	10	72	944	700	224	20
兴安盟	17	33	77	923	661	190	31
锡盟	24	41	74	895	774	79	42
乌盟	28	34	162	1443	1363	69	11
伊盟	2	5	51	1061	1007	13	41
巴盟	34	12	38	829	773	31	25
阿盟	10	2	32	227	179	25	15

内蒙古自治区第四届嘎查村民委员会换届选举情况统计表(三)

项目 / 数量 / 单位	换届选举后嘎查村委员会干部情况					
	嘎查村民委员会主任情况					
	总数	兼党支部书记数	性别		政治面貌	
			女	%	党员	%
呼市	1068	52	7	0.6	534	50
包头	715	25	7	1	463	65
乌海	26	1			11	42
赤峰	2512	97	28	1.1	1699	67.6
通辽	2659	165	8	0.3	2114	80
呼盟	937	21	11	1.2	574	61.3
兴安盟	862	59	4	4.6	620	71.9
锡盟	891	10	46	5.16	607	68.1
乌盟	1427	207	32	2.2	1232	86.3
伊盟	1061	70	6	0.56	801	75.5
巴盟	829	5	4	0.48	682	82.3
阿盟	221	55	7	3.16	145	65.6
合计	13208	767	160	1.2	9482	71.8

项目 / 数量 / 单位	换届选举后嘎查村委员会干部情况							
	嘎查村民委员会主任情况							
	文化结构				年龄结构			
	小学	初中	高中	大专以上	30 岁以下	31 - 40 岁	41 - 50 岁	50 岁以上
呼市	75	676	296	21	56	298	527	187
包头	52	475	183	5	31	223	361	100
乌海	6	16	4			5	16	5
赤峰	177	1325	956	54	161	915	1177	259
通辽	290	1345	968	56	188	1248	1104	119
呼盟	64	560	298	15	128	418	333	58
兴安盟	56	482	310	14	69	405	332	56
锡盟	102	504	261	124	113	465	270	43
乌盟	64	785	534	44	48	612	691	76
伊盟	67	514	461	19	129	398	433	101
巴盟	37	377	410	5	40	303	403	83
阿盟	38	104	73	6	28	109	68	16
合计	1028	7163	4754	263	991	5399	5715	1103

续内蒙古自治区第四届嘎查村民委员会换届选举情况统计表(三)

单位 \ 项目 数量	换届选举后嘎查村委员会干部情况								
	嘎查村民委员会副主任、委员情况								
	总数	性别		政治面貌		文化结构			
		女	%	党员	%	小学	初中	高中	大专以上
呼市	3081	832	27	1273	42	203	1751	1100	27
包头	2022	393	19	854	42	201	1318	502	1
乌海	113	26	24	35	82	18	63	32	
赤峰	7452	2041	32	4452	60	433	3808	3098	113
通辽	10330	2437	23.3	505	4.9	1026	4907	4295	102
呼盟	2946	742	25	1237	42	184	1945	789	28
兴安盟	3435	751	21.9	1610	46.9	160	2066	1126	83
锡盟	3892	772	203	1675	44	697	2166	997	32
乌盟	4881	864	18	3102	64	325	2995	1518	43
伊盟	4590	1121	24.4	2220	48.3	616	2565	1362	47
巴盟	2734	779	28.5	1788	63.4	141	1350	1230	13
阿盟	812	158	20	404	49.8	200	429	172	11
合计	46288	10916	23.6	19155	41.4	4204	25363	16221	500

单位 \ 项目 数量	换届选举后嘎查村委员会干部情况					
	嘎查村民委员会副主任、委员情况				嘎查村民代表	
	年龄结构					
	30岁以下	31-40岁	41-50岁	50以上	总数	妇女
呼市	268	1152	1250	411	16640	2950
包头	198	799	768	257	13134	1334
乌海	10	45	50	8	920	213
赤峰	1110	3155	2737	450	56571	8569
通辽	2408	4414	3175	333	42255	5271
呼盟	855	1342	633	116	16051	1761
兴安盟	791	1776	775	93	19908	2397
锡盟	990	1906	860	136	10698	2657
乌盟	407	2158	2029	287	68689	6746
伊盟	811	2041	1429	309	26356	5455
巴盟	415	1299	902	118	19314	3388
阿盟	180	382	183	67	1641	246
合计	8443	20469	14791	2585	292177	40987

续内蒙古自治区第四届嘎查村民委员会换届选举情况统计表(三)

单位 \ 数量 \ 项目	换届选举后嘎查村委员会干部情况		换届选举前嘎查村干部情况		
	嘎查村民小组长				
	总数	妇女	党员数	初中以上文化程度人数	平均年龄
呼市	5111	132	1962	2548	43
包头	2808	16	1403	2015	42.9
乌海	109	5	26	21	45
赤峰	16403	599	6745	8263	40.8
通辽	13346	509	6903	7196	43
呼盟	3433	14	1734	3112	41.1
兴安盟	3843	49	2795	3899	39
锡盟	3135	386	1934	2284	38.4
乌盟	6239	447	5103	5182	44
伊盟	6270	168	2333	3656	43.8
巴盟	4867	78	2656	3072	40.6
阿盟	607	61	549	216	39
合计	66171	2464	34143	41464	43.4

Yearbook of Democratic and
Political Grass Roots Construction In China

2001 中国农村基层民主政治建设年鉴

第九部分
1980—2000 年中国农村基层民主政治建设大事记
Chapter Nine Chronology

1980年1月26日，中共中央批转民政部党组1月15日上报的《关于全国县级直接选举试点情况的报告》。

1980年2月7日，民政部部长程子华受国务院委托，在第五届全国人大常委会第十三次会议上作《关于全国进行县级直接选举试点工作情况和今年选举工作布置的汇报》。

1980年2月12日，第五届全国人民代表大会常务委员会第十三次会议审议通过了《关于县级直接选举工作问题的决定》。

1980年4月18日，全国人大常委会办公厅发出《关于设立全国县级直接选举工作办公室的通知》。民政部部长程子华担任办公室主任，民政部副部长史怀璧担任办公室副主任。

1980年12月，广西壮族自治区的宜山、罗城两县建立了全国第一批村民委员会。

1981年3月，民政部部长、全国县级直接选举工作办公室主任程子华在第五届人大常委会第十七次会议上做《关于全国县级直接选举工作情况的报告》。

1981年6月27日，中国共产党十一届中央委员会第六次全体会议在京召开。会议一致通过了《关于建国以来若干历史问题的决议》。决议要求：在基层政权和基层社会生活中逐步实现人民的直接民主，特别要着重努力发展各城乡企业中劳动群众对于企业事务的民主管理。

1981年9月3日，第五届全国人大常委会第二十次会议审议通过了《关于全国县级直接选举工作的总结报告的决议》。决议规定：直接选举产生的县级人大代表的任期全国统一由1981年算起。

1981年9月5日，中共中央批转了民政部党组《关于全国县级直接选举工作中的几个问题的请示报告》。

1982年4月，四川省广汉县在全国率先撤销人民公社，建立乡党委、乡政府、乡农工商联合公司；撤销生产大队，改建村民委员会。

1982年4月22日，《宪法》修改委员会副主任委员彭真在第五届全国人民代表大会常委会第二十三次会议上作《关于中华人民共和国宪法修改草案的说明》。指出："居民委员会、村民委员会是我国长期行之有效的重要组织形式。实践证明，搞得好的地方，它在调解民间纠纷、维护社会秩序、办好公共事务和公益事业、搞好卫生等方面都起了很大作用。这次将它列入《宪法》修改草案，规定它为群众性自治组织。它和基层政权的关系，由法律具体规定。"

1982年8月28日，中共中央转发《全国政法工作会议纪要》，指出要在农村有计划地开展建立村民（或乡民）委员会的试点工作，并发动群众制订《乡规民约》。

1982年10月，民政部党组向彭真、陈丕显报送《关于建乡试点工作情况的报告》。

1982年11月5日，中共中央在北京召开全国农业书记会议，会议研究了农村人民公社体制改革问题。

1982年11月26日，彭真在第五届全国人民代表大会第五次会议上作《关于中华人民共和国宪法修改草案的报告》，指出：改变农村人民公社的政社合一的体制，设立乡政权。

1982年12月4日，中华人民共和国第五届全国人民代表大会第五次会议通过《中华人民共和国宪法》。《宪法》第九十五条规定，乡、民族乡、镇设立人民代表大会和人民政府；第九十七条规定，乡、民族乡、镇的人民代表大会代表由选民直接选举；第一百零一条规定，乡镇人民代表大会分别选举并且有权罢免本级人民政府的乡长和副乡长、镇长和副镇长；第一百一十条规定，农村按居民居住地区设立的村民委员会是基层群众性自治组织。村民委员会的主任、副主任和委员由居民选举。村民委员会同基层政权的相互关系由法律规定。村民委员会设人民调解、治安保卫、公共卫生等委员会，办理本居住地区的公共事务和公益事业，调解民间纠纷，协助维护社会治安，并且向人民政府反映群众的意见、要求和建议。

1982年12月10日，第五届全国人民代表大会第五次会议对《中华人民共和国全国人民代表大会和地方各级人民代表大会选举法》和《中华人民共和国地方各级人民代表大会和地方各级人民政府组织法》做第一次修正。

1983年1月16日，彭真在浙江省杭州市调研时，就乡政权和居民委员会、村民委员会的设置、作用问题发表讲话。

1983年2月26日，彭真在出席中央政法委员会扩大会议时发表讲话，指出：居民委员会、村民委员会的性质和任务，是《宪法》第一百一十一条规定了的。各级都要按照《宪法》的规定，采取措施，充分发挥居民委员会和村民委员会的作用。

1983年4月21日，《人民日报》发表《进一步做好民政工作》的社论。

1983年6月19日，新华社消息，青海省在农牧区体制改革试点中，建立了6个民族乡。这是政社分设后建立的第一批民族乡。

1983年6月21日，彭真当选全国人大常委会委员长后出席六届人大第一次会议，发表讲话指出：在广大农村，要按照《宪法》的规定，有准备有步骤地实行政社分开，召开乡人民代表大会，选举乡政府。

1983年10月12日，中共中央、国务院发出《关于实行政社分开建立乡政府的通知》。

1983年10月25日，新华社报道，据不完全统计，全国已有1028个公社实行政社分开，建立了12786个乡政府（约占全国公社总数的1/6）。全国有176个县（市、区）在全县范围内全部建立了乡政府。

1983年12月29日，国务院发出《关于建立民族乡问题的通知》。

1984年5月10日，内蒙古自治区第六届人民代表大会常务委员会第六次会议审议通过《内蒙古自治区嘎查村民委员会工作简则(试行)》。

1984年9月12日，民政部转发河北省民政厅《关于认真做好基层政权建设日常工作的通知》。

1984年10月13日，国务院发出《关于农民进入集镇落户问题的通知》。

1985年1月28日，民政部发出《关于贯彻胡耀邦同志指示，对农村基层政权建设工作进行全面调查研究的通知》。

1985年2月24日，宁夏回族自治区人民政府颁布《宁夏回族自治区乡、镇人民政府工作暂行条例》。

1985年3月28日，山东省人民政府颁布《山东省乡、镇人民政府工作简则(试行)》。

1985年4月3日，人大常委会副委员长陈丕显在六届全国人大第三次会议上报告指出：全国县、乡直接选举工作已于1984年12月底基本结束，依法应换届的2795个县级单位，全部进行了选举。除西藏自治区的少数乡镇以外，其他各省、自治区、直辖市都完成了乡级选举。根据《宪法》关于政、社分开的规定，这次县、乡选举同政社分开工作结合进行，共建了乡政府8430多个，镇政府460多个。

1985年6月5日，据《人民日报》报道：全国农村人民公社政社分开、建立乡政府工作已全部结束。

1985年8月23日，据新华社消息，西藏全区乡的基层选举和县一级选举已全部结束。

1985年9月2日，民政部党组向中央政法委报送《关于加强农村基层政权建设工作的报告》。

1986年1月18日，民政部召开部务会，原则通过了民政司起草的《村民委员会组织条例(草案)》。

1986年4月8日，民政部向国务院报送了《村民委员会组织条例》(草案)》及说明报告。

1986年4月12日，民政部将起草的《村民委员会组织条例》(草案)上报国务院审议。

1986年6月13日，民政部部长崔乃夫就基层政权建设工作给邹恩同副部长、民政司有关负责人写信指出：民政部主管这项工作，除调查研究，提出建议以外，还可抓以下三项工作：(1)培训乡镇长；(2)评选先进乡或文明乡；(3)村民委员会和居民委员会建设。

1986年9月5日，姚依林副总理主持召开国务院常务会议，审议并原则通过了民政部起草的《村民委员会组织条例(条例)》。

1986年9月26日，中共中央、国务院发出《关于加强农村基层政权工作的通知》。

1986年10月11日，国务院以议案形式将《村民委员会组织条例》(草案)上报全国人大常委会，提请审议。

1986年12月2日，第六届全国人民代表大会第十八次会议对《中华人民共和国全国人民代表大会和地方各级人民代表大会选举法》和《中华人民共和国地方各级人民代表大会和地方各级人民政府组织法》作第二次修正。对基层政权的组织形式和选举办法做了修改。

1987年1月9日，吉林省委召开会议，部署贯彻落实《中共中央、国务院关于加强农村基层政权建设工作通知》，在全省八个市、地、州开展乡镇政权建设试点工作。

1987年3月16日，彭真委员长出席第六届全国人大常委会第二十次会议联组会并讲话。他指出：《村民委员会组织条例》关系8亿农民，是一个重要的基本方法。

1987年4月2日，全国人大常委会副委员长彭冲在全国人大六届五次全体会议上作关于《村民委员会组织条例》(草案)的说明。

1987年4月11日，第六届全国人民代表大会第五次会议原则通过《中华人民共和国村民委员会组织法(草案)》，并授权全国人民代表大会常务委员会根据《宪法》规定的原则，参照大会审议中代表提出的意见，进一步调查研究，总结经验，审议修改后颁布试行。

1987年4月13日，浙江省人民政府颁发《浙江省乡、镇人民政府暂行工作条例》。

1987年4月15日，中共中央组织部、民政部联合发出《关于认真做好乡镇干部培训工作的通知》。

1987年7月15日，江泽民在上海做题为"要把农村基层政权建设成为有活力、有权威、有效能的政权"的讲话。

1987年8月29日，西藏自治区人民政府颁布《西藏自治区乡、民族乡、镇人民政府暂行工作条例》。

1987年8月29日，西藏自治区人民政府颁布《西藏自治区村民委员会工作简则(试行)》。

1987年11月18日，全国人大法律委员会副主任委员雷洁琼在六届全国人大常委会第二十三次会议上说，法律委员会已对《村民委员会组织法(草案)》进行了修改，建议全国人大常委会审议通过这个修改稿。

1987年11月23日，彭真在六届人大常委会第二十三次会议上讲话，就村民委员会问题作补充说明。指出：实行基层群众自治，发展基层直接民主，既是《宪法》的规定，也是党的主张。

1987年11月24日，第六届全国人民代表大会常务委员会第二十三次会议通过了《中华人民共和国村民委员会组织法(试行)》共21条1900字。

1987年11月26日，《人民日报》发表评论员文章《充分发挥村民委员会的作用》，指出：《中华人民共和国村民委员会组织法(试行)》的颁布实施，是加强农村社会主义民主和社会主义法制建设的一项重大措施，是保障8亿农民民主权利的重要法律，是国家重要的基本大法之一。

1987年11月27日，《人民日报》发表评论员文章《从发展基层民主作起》。文章说：建设社会主义民主政治，一个重要内容就是扩大基层民主。发展基层民主的一个主要途径是改革选举制度，实行差额选举，让基层群众有选择自己的直接领导者的权利。

1987年12月26日，江西省第六届人民代表大会常务委员会第二十七次会议审议通过《江西省乡镇人民政府工作暂行条例》。

1988年2月16日，民政部副部长邹恩同到北京市通县张家湾乡张辛庄村看望乡村干部。建议北京市，特别是各县人民政府，都要抽出专人搞好贯彻《村委会组织法》的试点工作。

1988年2月26日，民政部发出《关于贯彻执行〈中华人民共和国村民委员会组织法（试行)〉的通知》。

1988年6月1日，《中华人民共和国村民委员会组织法(试行)》正式实施。

1988年9月2日，福建省第七届人民代表大会常务委员会第四次会议通过《福建省实施〈中华人民共和国村民委员会组织法(试行)〉办法》。

1988年11月28日，浙江省第七届人民代表大会常务委员会第六次会议审议通过《浙江省实施〈中华人民共和国村民委员会组织法(试行)〉办法》。

1989年1月，《乡镇论坛》创刊。

1989年1月28日，上海市第九届人民代表大会常务委员会第六次会议审议通过了《上海市乡人民政府工作暂行条例》。

1989年2月14日，广西壮族自治区党委常委会决定，建立农村改革和基层政权建设领导小组。

1989年3月4日，陕西省第七届人民代表大会常务委员会第五次会议审议通过《陕西省乡镇人民政府工作条例》。

1989年5月19日，安徽省委省政府决定，成立安徽省基层政权建设工作领导小组。

1989年7月12日，经民政部批准并注册登记，中国基层政权建设研究会在北京正式成立。

1989年7月20日，甘肃省第七届人民代表大会常务委员会第九次会议审议通过《甘肃省实施〈中华人民共和国村民委员会组织法〉办法》。

1989年7月26日，贵州省第七届人民代表大会常务委员会第八次会议审议通过《贵州省实施〈中华人民共和国村民委员会组织法(试行)〉办法》。

1989年8月18日，甘肃省成立省基层政权建设工作协调领导小组。

1989年8月26日，湖北省第七届人民代表大会常务委员会第九次会议审议通过《湖北省实施〈中华人民共和国村民委员会组织法(试行)〉办法》。

1989年9月上旬，江泽民同志在视察陕西时指出：搞好扶贫工作，一定要加强党的农村基层组织和基层政权的建设。有了坚强有力的党的基层组织和基层政权，就会带领人民群众艰苦奋斗，加快脱贫致富的步伐。否则，给了钱都花不好。

1989年10月24日，民政部部长崔乃夫在全国民政厅局长座谈会上讲话指出：在农村，要继续深入贯彻《村民委员会组织法》，把村委会工作纳人依法管理的轨道。重点是治理瘫痪半瘫痪的村级组织。

1989年12月3日，湖南省第七届人民代表大会常务委员会第十二次会议审议通过《湖南省实施〈中华人民共和国村民委员会组织法(试行)〉办法》。

1989年12月29日，江泽民同志在党建理论研究班上讲话指出：我们在强调加强党的领导的同时，也要认真改善党的领导方式和活动方式。政治体制改革要坚定地继续进行下去。但是应当明确，这种改革不是要削弱、更不是要取消党的领导，而是要加强和改善党的领导。首先，必须处理好党政职能分开和发挥党的领导作用的关系，在党的统一领导下，根据各级党组织和政权机关、企事业行政组织的不同职能，进一步明确各自的职权和责任。其次，要在坚持党的自上而下的统一领导前提下，体现不同层次、不同领域党组织的具体职能，充分发挥基层党组织的政治核心作用与战斗堡垒作用。

1990年1月5日，宋平同志在党建理论研究班上讲话指出：要重视基层党组织建设和基层政权建设，采取措施改变落后支部和落后村的面貌。

1990年2月5日，彭真同志与王汉斌、崔乃夫谈话时，就乡政权建设问题发表意见。

1990年3月26日，李鹏同志在同七届人大三次会议甘肃省代表谈话时指出：基层政权建设也很重要。要适当发展些集体企业，有了经济实力，乡镇政权和村民委员会的建设就加强了，不然就解决不了什么问题，在人民群众中没有威信。

1990年4月27日，彭真同志在听取民政部关于京郊经济比较发达乡镇机构设置情况汇报时，就基层政权建设谈了意见。指出：一是要明确基层政权的职能和任务，哪些该管，哪些不该管。二是基层政权要坚持群众路线。三是要搞好基层政权建设的调查研究。

1990年6月20日，河北省第七届人民代表大会常务委员会第十四次会议审议通过《河北省村民委员会组织条例》。

1990年6月22日，宋平同志在农村工作座谈会上讲话指出：健全村级组织是加强农村基层组织建设的重点。

1990年7月9日，宋平同志在中央党建领导小组会议上讲话指出：村民自治问题，是《村民委员会组织法》定了的。定了，就要按组织法去办、去做、去实践。

1990年7月13日，四川省委、省人民政府转发了省民政厅《关于检查〈中华人民共和国村民委员会组织法（试行）〉实施情况和加强今后工作的意见》。

1990年7月17日，李鹏同志与参加民政部举办的乡镇长培训班的82名学员进行了座谈，并听取了11名乡镇长的汇报。

1990年7月20日，国务院总理李鹏同全国乡镇长培训班学员座谈时要求乡镇干部在廉政建设方面以身作则，自觉抵制和克服不正之风，密切联系群众，全心全意为人民服务。

1990年8月5日，"全国村级组织建设工作座谈会"在山东省莱西县召开。

1990年8月8日，中共中央政治局常委宋平同志在"全国村级组织建设工作座谈会"发表讲话。指出：《村民委员会组织法》已开始实施，要根据《村民委员会组织法》的要求，在党组织领导下，逐步健全村民委员会，推进农村基层的民主政治建设。

1990年8月10日，民政部长崔乃夫在"全国村级组织建设工作座谈会"召开期间，就村委会组织法的贯彻发表讲话。

1990年8月10，民政部副部长连尹在"全国村级组织建设工作座谈会"上发表讲话。

1990年8月13日，新疆维吾尔自治区区委、区人民政府转发了自治区民政厅《关于加强自治区农村基层政权建设的意见》。

1990年8月24日，黑龙江省第七届人民代表大会常务委员会第十六次会议审议通过《黑龙江省实施〈中华人民共和国村民委员会组织法（试行）〉办法》。

1990年9月7至9日，湖南省人大常委会、省人民政府召开了"全省实施村委会组织法工作经验交流会"。

1990年9月21日，辽宁省第七届人民代表大会常务委员会第十八次会议审议通过《辽宁省实施〈中华人民共和国村民委员会组织法（试行）〉办法》。

1990年9月26日，民政部发布《关于在全国农村开展村民自治示范活动的通知》。

1990年10月11至12日，四川省委、省政府召开"全省村级组织建设工作座谈会"。

1990年10月20至23日，新疆维吾尔自治区召开"全区农村（牧区）基层组织建设工作会议"。

1990年11月2日，宁夏回族自治区第六届人大常委会第十五次会议审议通过《宁夏回族自治区乡镇人民政府工作条例》。

1990年11月3日，青海省第七届人民代表大会常务委员会第十七次会议审议通过《青海省实施〈中华人民共和国村民委员会组织法（试行）〉办法》。

1990年11月5日，经自治区人民政府批准，内蒙古自治区成立基层政权建设领导小组。

1990年11月7日，宋平同志在接见"乡镇百颗星"代表时指出：乡镇是我国政权的最基层，是党和政府联系人民群众的桥梁和纽带，党和国家的方针政策和许多工作都要靠基层去落实。乡镇党委和政府要把抓好村级组织建设作为自己的一项重要任务，特别是要帮助选配好村党支部领导班子。对于软弱涣散的落后支部，要派人去重点帮一帮。

1990年12月，全国村级组织建设工作座谈会在山东省莱西市召开。

1990年12月3至5日，山西省民政厅在古交市召开村民自治示范现场会，各地市、县民政局负责同志参加了会议。

1990年12月13日，中共中央发出《关于批转〈全国村级组织建设工作座谈会纪要〉的通知》。

1990 年 12 月 26 日，福建省第七届人民代表大会常务委员会第十九次会议审议通过《福建省村民委员会选举办法》。

1990 年 12 月 28 日，陕西省第七届人民代表大会常务委员会第十八次会议审议通过《陕西省实施〈中华人民共和国村民委员会组织法(试行)〉办法》。

1991 年 1 月 29 日，天津市第十一届人民代表大会常务委员会第二十三次会议审议通过《天津市实施〈中华人民共和国村民委员会组织法(试行)〉办法》。

1991 年 3 月 19 日，福建省人民政府发出《批转省民政厅关于1991年度村委会换届选举工作的通知》。

1991 年 3 月 25 日，李鹏同志在七届人大四次会议上做《关于国民经济和社会发展十年规划和第八个五年计划纲要的报告》时指出：要进一步加强政权建设，改革行政管理体制，理顺各级政府职能部门之间的关系。进一步活跃基层民主生活，健全企业民主管理制度和居民、村民自治制度，提高公民参政议政意识和能力，发挥人民群众建设社会主义的积极性。

1991 年 4 月 1 至 20 日，美国莎塞克斯大学发展研究院客座教授达拉姆先生赴山东省莱西市、河北省石家庄市及天津市，就农村基层政权组织状况进行了考察。

1991 年 4 月 2 日，彭冲同志在七届人大四次会议上做《全国人民代表大会常务委员会工作报告》时指出：选民、代表联名提出候选人和差额选举的法律规定，是我国民主选举制度的重要内容，它对于发扬社会主义民主，搞好基层政权建设，起着重要的作用。

1991 年 4 月 9 至 10 日，新疆维吾尔自治区基层政权建设工作领导小组召开向乡镇放权工作座谈会。

1991 年 4 月 20 日，内蒙古自治区第七届人民代表大会第二十次会议审议通过《内蒙古自治区苏木、乡、民族乡、镇人民政府工作条例》。

1991 年 4 月 26 至 30 日，中国基层政权建设研究会乡村工作委员会在湖北武汉召开“全国乡镇南北对话会”。来自全国23个省(市、区)的60多位代表出席了会议。

1991 年 5 月 12 日，山西省第七届人民代表大会常务委员会第二十二次会议审议通过《山西省实施〈中华人民共和国村民委员会组织法(试行)〉办法》。

1991 年 5 月 28 日，四川省第七届人民代表大会常务委员会第二十三次会议审议通过《四川省实施〈中华人民共和国村民委员会组织法(试行)〉办法》。

1991 年 6 月 1 日，山西省民政厅、省人大在太原联合召开纪念《村民委员会组织法》试行三周年暨贯彻《山西省村民委员会组织法实施办法》座谈会。

1991 年 6 月 7 日，山东省章丘县埠西村召开第三届第三次村民代表会议，79名村民代表一致通过了《埠西村村民自治章程》。这是我国第一部村民自治章程。

1991 年 6 月 23 日，民政部基层政权司司长李学举在《中国社会报》发表《村民自治三年实践的思考》一文。

1991 年 6 月 26 日，民政部部长崔乃夫在山东招远县考察村民代表会议制度时指出：实行村民代表会议制度，是一创举，意义非常深远。

1991 年 7 月 10 日，广西壮族自治区召开全区向乡镇放权试点县(市)工作会议。

1991 年 7 月 13 日，吉林省第七届人民代表大会常务委员会第二十三次会议审议通过《吉林省实施〈中华人民共和国村民委员会组织法(试行)〉办法》。

1991 年 7 月 20 至 22 日，中国基层政权建设研究会在内蒙古呼和浩特市召开年会暨理论研讨会。

1991 年 8 月 31 日，新疆维吾尔自治区第七届人民代表大会常务委员会第二十二次会议审议通过《新疆维吾尔自治区实施〈中华人民共和国村民委员会组织法(试行)〉办法》。

1991 年 12 月 16 至 18 日，“五个自治区基层政权建设工作研讨会”在广西壮族自治区首府南宁市召开。西藏、广西、内蒙、新疆、宁夏五个自治区民政厅分管厅长及基层政权建设处处长，云南、贵州、湖南省民政厅基层政权建设工作负责人共17人出席了会议。广西壮族自治区党委副书记刘明祖到会并讲话。

1991 年 12 月 24 日，《人民日报》发表评论员文章《开创村委会建设新局面》。

1991 年 12 月 25 至 27 日，民政部基层政权建设司召开“全国村民自治示范工作座谈会”。

1992 年 2 月 28 日，宁夏回族自治区第六届人民代表大会常务委员会第二十三次会议审议通过《宁夏回族自治区实施〈中华人民共和国村民委员会组织法(试行)〉办法》。

1992 年 3 月 31 日至 4 月 1 日，吉林省政府在梨树县召开为期两天的“全省村民自治示范工作现场会”。

1992 年 4 月 21 至 24 日，中国基层政权建设研究会乡村工作委员会在福建省福州市洪山乡召开年会。

1992 年 5 月 10 日，山东省第七届人民代表大会常务委员会第二十八次会议审议通过《山东省实施〈中华人民共和国村民委员会组织法(试行)〉办法》。

1992年5月21日，云南省第七届人民代表大会常务委员会第二十四次会议审议通过《云南省民族乡工作条例》。

1992年6月30日，中共中央组织部、人事部、财政部、民政部联合发出《关于妥善解决离任村干部生活困难问题的通知》。

1992年7月15至31日，应中国基层政权建设研究会的邀请，来自美国、英国、日本、印度、菲律宾、孟加拉和印度尼西亚七国的10名专家学者考察了福建省和辽宁省的村民自治情况。

1992年7月22日，内蒙古自治区民政厅召开"全区村民自治示范试点工作现场会"。自治区副主席伊均华出席会议并讲话。

1992年8月17日，宁夏回族自治区民政厅发出通知，对全区村民委员会换届选举工作做了部署。

1992年8月25日，河南省第七届人民代表大会常务委员会第二十二次会议审议通过《河南省实施〈中华人民共和国村民委员会组织法(试行)〉办法》。

1992年8月26至29日，中共中央组织部、中共中央政策研究室、民政部、司法部联合在山东省章丘县召开"全国依法治村民主管理经验交流会"。司法部部长蔡诚、中组部副部长武连元、中央政策研究室副主任郑科扬、民政部副部长多吉才让分别在会上做了发言。

1992年10月8至14日，民政部基层政权建设司在福建省厦门市举办第二期"全国村民自治示范观摩讲习班"。

1992年10月23至29日，民政部基层政权建设司在山西省临汾市举办第三期"村民自治示范观摩讲习班"。

1992年10月27日，江苏省第七届人民代表大会常务委员会第三十次会议审议通过《江苏省人民代表大会常务委员会关于村民委员会选举工作的若干规定》。

1992年10月30日，内蒙古自治区第五届人民代表大会常务委员会第二十九次会议审议通过《内蒙古自治区实施〈中华人民共和国村民委员会组织法(试行)〉办法》。

1992年12月14日，新疆维吾尔自治区民政厅召开"自治区村民自治示范经验交流会"。自治区党委副书记、自治区基层政权建设领导小组组长粟寿山到会并讲话。

1992年12月19日，安徽省第七届人民代表大会常务委员会第三十四次会议审议通过《安徽省实施〈中华人民共和国村民委员会组织法(试行)〉办法》。

1993年3月15日，李鹏总理在第八届全国人民代表大会第一次会议上作《政府工作报告》时指出：民主是社会主义本质特征。要积极推进符合中国国情的民主政治建设，保障广大人民群众当家作主的权利。

1993年4月6日，河南省召开"基层政权建设经验交流暨先进单位、个人表彰大会"。

1993年6月1日，民政部部长多吉才让就村委会组织法贯彻实施情况发表谈话。

1993年6月7日，四川省民政厅在彭山县召开"全省村民自治示范工作现场会"。

1993年7月2日，河北省民政厅公布《河北省村民委员会选举试行办法》。

1993年8月9至13日，全国五自治区第三届基层政权建设理论研讨会在西藏自治区拉萨市召开。

1993年8月16至19日，民政部基层政权建设司和中国基层政权建设研究会在北京香山饭店召开"中国农村村民委员会换届选举国际学术研讨会"。

1993年9月21至22日，应中国基层政权建设研究会的邀请，英国华威大学法学院院长阿兰·诺勒博士赴河南省驻马店地区考察当地村民自治情况。

1993年9月24日，福建省第八届人民代表大会常务委员会第五次会议审议通过《关于修改福建省实施〈中华人民共和国村民委员会组织法(试行)〉办法的决定》。

1993年10月18日，江泽民同志在"中央农村工作会议上"讲话指出：在发展社会主义市场经济的新形势下，加强农村基层组织建设，是党在农村工作的一项重要而紧迫的任务，也是农村改革、经济发展和社会进步的重要政治组织保证。

1993年11月2日，湖北省人民政府在京山县召开了"基层群众自治组织建设工作会议"，副省长苏晓云就加强基层自治工作发表讲话。

1993年11月26日，河南省民政厅发出关于制发《村民委员会干部当选证书》的通知。

1993年12月26日，西藏自治区第六届人民代表大会常务委员会第七次会议审议通过《西藏自治区实施〈中华人民共和国村民委员会组织法(试行)〉办法》。

1993年12月26日，福建省第七届人民代表大会常务委员会第十九次会议审议通过《关于修改〈福建省村民委员会选举办法〉的决定》。

1994年2月4日，民政部发出《关于印发〈全国农村村民自治示范活动指导纲要(试行)〉的通知》，对村民自治示范活动的目标、任务、标准、指导原则、指导方针和措施做了全面部署。

1994 年 3 月 23 日，江泽民同志在中央农村工作会议上讲话指出：农村基层组织要抓好以下工作。一是党支部建设。重点是选配好支部书记，一定要把那些思想作风好，勇于开拓进取，能够带领群众致富的人选上来。同时，要加强对党员的教育，使其发挥先锋模范作用。二是村委会建设。重点是建立健全民主管理制度，实行村务公开、财务公开。凡涉及群众切身利益的大事，都要由群众讨论决定，并由群众监督实施，使村务管理逐步走向制度化、规范化。三是村级集体经济组织建设。要稳定完善以家庭联产承包为主的责任制和统分结合的双层经营体制，建立健全社会化服务体系，逐步壮大集体经济实力。

1994 年 3 月 26 日，天津市人民政府办公厅转发市民政局《关于我市居民委员会和村民委员会换届选举工作的安排意见》。

1994 年 4 月 21 日，民政部发出《关于民政部门承担城乡基层干部培训工作的通知》。

1994 年 5 月 3 日，福建省人民政府批转了省民政厅《关于1994年度村（居）委会换届选举工作的通知》，对该省新一轮村委会换届选举做出部署。

1994 年 5 月 15 至 30 日，美国国际共和研究所亚洲-中东部主任孙璐瑜(Lorraine Spiess)一行四人赴福建省龙岩地区和厦门市郊区考察了当地村委会选举情况。考察团对福建省的村委会选举工作给予了高度评价。

1994 年 6 月，广西壮族自治区根据中共中央[1993]79号文件关于“减少管理层次，乡镇不再设置派出机构村公所”的决定，撤销村公所改设村委会工作全面铺开。

1994 年 6 月 22 至 29 日，应民政部邀请，加拿大驻华大使弗瑞德·比尔德(Fred·Bild)一行四人赴山东省烟台、青岛等地考察基层政权和基层组织建设情况。

1994 年 6 月 25 日，江苏省第八届人民代表大会常务委员会八次会议审议通过《江苏省实施〈中华人民共和国村民委员会组织法(试行)〉办法》。

1994 年 6 月 30 日，河南省人民政府办公厅转发省民政厅《关于做好全省村民委员会换届选举工作的报告》。

1994 年 8 月 12 至 19 日，印度加尔各答大学教授达卡先生(Prabhat·Datta)和香港中文大学教授李南雄先生赴河北省承德市、石家庄市等地考察了村民委员会建设情况。

1994 年 8 月 13 日，《美国新闻与世界报道》记者李淑珊(Susan V·Lawrence)赴江苏省太仓市观摩了当地的村委会选举。

1994 年 8 月 14 至 19 日，美国哈佛大学政府系教授戴慕珍(Jean·Oi)女士赴深圳宝安区及湖南农村考察村民代表会议制度建设情况。

1994 年 8 月 20 至 22 日，民政部基层政权建设司、中国基层政权建设研究会在河南省郑州市召开“中国农村村民代表会议国际学术研讨会”。

1994 年 8 月 23 日，中国基层政权建设研究会在郑州召开会员代表会议，民政部副部长阎明复到会并讲话。

1994 年 9 月 8 至 11 日，全国五自治区第四届基层政权建设理论研讨会在宁夏回族自治区银川市召开。

1994 年 9 月 29 日，国务院总理李鹏在国务院第二次全国民族团结进步表彰大会上讲话指出：基层政权是直接同广大人民群众打交道的，加强基层政权建设意义重大。要通过思想教育、组织整顿、强化职能等措施，加强民族地区基层政权建设，使之真正成为带领群众发展生产、脱贫致富的机构，成为维护民族团结和国家统一的坚强阵地。

1994 年 10 月 20 日，民政部《城乡基层政权建设工作简报》刊登了《中华人民共和国村民委员会组织法》(修订二稿)，征求意见。

1994 年 10 月 24 日，江西省第八届人民代表大会常务委员会第十一次会议审议通过《江西省实施〈中华人民共和国村民委员会组织法〉办法》。

1994 年 11 月 10 日，中共河南省委、省人民政府发出《关于加强基层政权和村(居)民委员会建设的意见》。

1994 年 11 月 13 日，吉林省政府在梨树县召开“全省村委会第三次换届选举工作会议”。

1994 年 11 月 25 日，《人民日报》刊登《中共中央关于加强农村基层组织建设的通知》。通知指出：要认真贯彻执行《村民委员会组织法(试行)》，健全村民委员会和村民小组，完善村民自治制度，更好地发挥基层群众自治组织自我管理、自我教育、自我服务的作用。

1994 年 11 月 25 日，辽宁省第八届人民代表大会常务委员会第十一次会议审议通过了《辽宁省村民委员会选举条例》。

1994 年 12 月 1 至 4 日，加拿大电视网络有限公司北京记者处人员赴河北赵县北王庄村、辽宁省沈阳市东陵区五三乡浑河堡村采访村委会换届选举情况。

1994年12月，全国人大内务司法委员会和民政部组成联合调查组，对广西、福建、云南三省(区)的《村委会组织法》贯彻实施情况进行了调查。

1994年12月11至15日，美国亚洲基金会中国项目官员Allen·Choate赴西安市，与陕西省民政厅官员座谈，了解当地的村民自治情况。

1994年12月13日，民政部印发《关于全国农村村民自治示范单位命名管理工作的意见》，对村民自治示范单位的命名管理工作进行了规范。

1994年12月26日，民政部基层政权建设司与全国人大内务司法委员会、国务院法制办一起就修订《中华人民共和国村民委员会组织法(试行)》的有关问题在河北省滦南县召开座谈会。

1994年12月30日，辽宁省人民政府办公厅发出《关于做好村民委员会换届选举工作的通知》。

1995年1月7日，民政部基层政权建设司副司长王振耀就当前村民自治形势，接受《中国社会报》记者采访。

1995年1月9至13日，民政部基层政权和社区建设司副司长王振耀赴荷兰莱顿学院出席“中国农村集体与自治组织国际研讨会”。

1995年2月15日，北京市人民政府办公厅转发市民政局《关于村民委员会换届选举的请示》。

1995年2月22日，浙江省委办公厅、省政府办公厅转发省委组织部、省民政厅《关于认真做好村级组织换届选举工作的意见》。

1995年2月24日，民政部、外交部在京联合举办了“村民自治对外新闻发布会”。民政部基层政权建设司副司长王振耀向与会外国记者介绍了《中华人民共和国村民委员会组织法(试行)》实施以来开展村民自治、加强农村基层民主政治建设的情况，以及到本世纪末村民自治要达到的目标，并回答了外国记者的提问。

1995年2月27日，民政部发出《关于进一步加强村民委员会建设工作的通知》。

1995年2月28日，第八届全国人民代表大会第十二次会议对《中华人民共和国全国人民代表大会和地方各级人民代表大会选举法》和《中华人民共和国地方各级人民代表大会和地方各级人民政府组织法》作第三次修正。

1995年3月5日，李鹏在八届人大三次会议上作《政府工作报告》时指出：加强基层民主建设，完善企业职工民主管理制度，发挥城市居民委员会和村民委员会的作用，健全村民议事制度、村务公开制度和村规民约制度，调动广大人民群众的积极性。

1995年3月29至4月2日，台湾东吴大学副教授杨开煌和台湾大学副教授石之瑜考察了北京市的村民自治情况。

1995年3月31至4月2日，民政部基层政权和社区建设司副司长王振耀赴美国哥伦比亚大学出席“中国农村社会发展高级学术论坛会”。

1995年4月9至12日，英国广播公司、日本共同社、法国解放报等西文新闻媒体考察了辽宁省的村委会选举工作。

1995年4月10日，青海省下达《关于进一步加强村(牧)民委员会建设的意见》。

1995年4月15日，甘肃省人民政府办公厅印发《甘肃省村民委员会第二次换届选举工作实施办法》。

1995年5月15日，中共海南省委办公厅、省政府办公厅转发省民政厅《关于加强我省村民委员会建设的请示》。

1995年6月9日，四川省人民政府办公厅发出《关于做好我省村委会和居委会换届选举工作的通知》。

1995年6月23日，民政部副部长阎明复到吉林省梨树县考察村民自治，并发表讲话。

1995年7月15至19日，民政部在北京召开“中国农村村民委员会法律制度建设国际学术研讨会”。

1995年7月30日，民政部向国务院提交《关于提请审定〈中华人民共和国村民委员会组织法(修订草案)〉的报告》。

1995年8月2日，贵州省第八届人民代表大会常务委员会第16次会议审议通过《贵州省村民委员会选举办法》。

1995年8月16至24日，美国国际共和研究所亚洲及中东部主任孙璐瑜(Lorraine·Spiess)赴甘肃省考察村民委员会建设情况，并参加该省“村委会换届选举培训班”。

1995年8月21日，甘肃省民政厅在兰州召开第二次村民委员会换届选举工作会议。

1995年9月18日，广西壮族自治区召开“全区撤销村公所改设村委会工作会议”。

1995年9月22日，宁夏回族自治区人民政府办公厅转发自治区民政厅《关于我区村民委员会换届选举工作的意见》。

1995年10月4日，青海省人民政府办公厅发出《关于村(牧)委会、居委会第三次换届选举工作的实施意见》。

1995年10月23日，安徽省人民政府批转省民政厅《关于全省村民委员会统一换届的意见》。

1995年10月23日,江西省人民政府办公厅转发省民政厅《关于全省村民委员会换届选举工作的意见》。

1995年10月24日,新疆维吾尔自治区人民政府办公厅发出《关于做好全区第三届村(居)民委员会换届选举工作的通知》。

1995年10月26日至29日,瑞典国际开发署代表团一行四人赴甘肃省考察村委会选举情况。

1995年11月,中国乡镇发展协会成立。中国乡镇发展协会是中国基层政权建设促进会乡村工作委员会的基础上成立的一个全国性社会团体。主要致力于乡镇的发展。

1995年11月6日,山东省人民政府发出《关于搞好全省第五届村民委员会换届选举工作的通知》。

1995年11月14日,江西省人民政府在南昌市召开全省第三届村委会统一换届选举工作会议。

1995年11月21日,"全国村民自治示范经验交流暨城乡基层先进集体和先进个人表彰会"在北京京西宾馆召开。民政部部长多吉才让作了题为《进一步完善村民自治制度,把全国村民委员会建设工作推向新的阶段》的工作报告。

1995年11月30日至12月7日,丹麦驻华使馆政务参赞梅爱冰及美国、加拿大驻京新闻记者、专家、学者、作家等六人,在民政部基层政权建设司王振耀副司长等人陪同下,考察了四川省的村委会换届选举工作。

1995年12月4日,江苏省人民政府办公厅转发了省民政厅《关于做好全省第四届村民委员会换届选举工作的意见》。

1995年12月6日,经云南省人大常委会批准,省民政厅发出《关于村委会换届选举的意见》。

1995年12月8至12日,英国、美国等驻京新闻记者考察了甘肃省的村委会选举工作。

1996年1月10日,上海市民政局发出《关于做好本市村民委员会换届选举工作的通知》。

1996年1月25日,湖南省人民政府批转省民政厅《全省第三次村民委员会换届选举工作实施方案》。

1996年1月26至2月1日,澳大利亚南澳洲阿莱德大学亚洲研究中心高级讲师陈兆华女士赴湖南省湘潭县考察了当地村委会选举情况。

1996年2月8号,民政部发出《关于做好村民委员会换届选举工作的通知》。通知对村委会换届选举的重要意义、指导思想及工作目标做了部署。通知强调指出:要以省为单位对选举工作统一部署、统一届期,统一选举报表。

1996年2月15日,由中国基层政权建设促进会主办的《乡镇论坛》杂志,正式改由中华人民共和国民政部主办。

1996年2月29日,山西省人民政府办公厅转发省民政厅《关于村民委员会第四届换届选举工作的意见》。

1996年3月1日,湖北省人民政府办公厅发出《关于做好1996年村(居)民委员会换届选举工作的通知》。

1996年3月18日,上海市民政局举办村民自治示范村村主任培训班。

1996年3月28日至4月9日,联合国开发计划署派出以孙璐瑜(Lorraine·Spiess)为团长的专家团,考察了江西、湖南、贵州三省的村委会建设、乡村干部培训情况。

1996年4月19日至5月8日,欧盟派出专家组赴江苏、吉林、青海考察了当地的村委会建设及乡村干部培训工作,为与民政部开展乡村干部培训活动做准备。

1996年5月9日,西藏自治区民政厅发出《关于进一步在农牧区开展村民自治示范活动的通知》。

1996年5月9至12日,美国《洛杉矶时报》记者唐佩石赴浙江省采访了当地的村委会选举情况。

1996年5月18至28日,美国国际共和研究所波尔·格罗夫一行四人赴山西省参加了民政局(处)长培训班,并考察了当地村委会建设工作。

1996年5月20至22日,山西省民政厅举办了第四届村委会换届选举工作骨干培训班,来自各地、市、县民政局局长、政权科长120余人参加了培训班。

1996年6月4日,江泽民同志在河南考察农业和农村工作时指出:要加强农村基层组织建设,壮大集体经济实力。农村基层组织建设是党的建设和政权建设的一大基础工程。基层组织软弱涣散,不仅经济搞不上去,而且将削弱和动摇党在农民群众中的根基,影响党和国家的大局。

1996年6月10日,青海省民政厅向全省印发《青海省村(牧)、居民委员会第三次换届选举工作检查验收标准及办法》。

1996年6月12日,福建省民政厅发出《关于做好1997年度村(居)委会换届选举准备工作的通知》。

1996年6月13日,河北省民政厅发出《关于在全省深入开展以村委会直接选举和村务公开为重点的村民自治示范活动的通知》。

1996年6月18至19日,湖北省政府在仙桃市召开了"全省村民委员会换届选举暨村民自治规范工作会议”。

1996年6月24日，河北省民政厅在秦皇岛市举办了“全省村委会换届选举试点县培训班”。

1996年6月24日，陕西省人民政府办公厅批转了省民政厅《关于村委会第三次换届选举工作的实施意见》。

1996年7月，《乡镇论坛》杂志组织“百名博士百村行”活动。活动结束后，姜春云接见了参加活动的部分代表。

1996年7月5日，山西省民政厅在太原市组织召开“全省基层政权建设工作座谈会”。

1996年7月8日，河南省政协法工委、省民政厅在许昌县召开了“贯彻村委会组织法、实施村民自治座谈会”。

1996年7月10日，辽宁省民政厅向全省发出《关于对全省开展村民自治示范活动和居委会达标升级活动检查的通知》。

1996年8月8至17日，“全国村委会换届选举经验交流会暨乡村干部培训经验交流会”在河北省围场满族蒙古族自治县召开。联合国开发计划署、美国福特基金会、美国国际共和研究所的代表出席了会议。

1996年9月2日，湖北省民政厅发出《关于对村民委员会换届选举工作进行检查验收的通知》。

1996年9月3日，江西省民政厅召开“全省第三届换届选举工作汇报会”。

1996年9月10日，民政部基层政权建设司就村民小组设置问题复函江苏省徐州市于地律师事务所。复函指出：村民小组是村民委员会下设的群众自治组织，村民小组的设置、撤销、范围调整，由村民委员会提出，经村民会议讨论同意后，报乡级人民政府批准，并报县级民政局备案。

1996年9月17日，内蒙古自治区民政厅发出《关于做好全区第三届嘎查村民委员会换届选举工作的通知》。

1996年9月17日，陕西省民政厅向全省印发《陕西省村民委员会选举条例(试行)》。

1996年9月23日，李鹏在中央扶贫开发工作会议上讲话指出：村级集体经济与农民的切身利益直接相关，要建立健全民主监督制度，财务账目要定期公布，使群众对集体经济放心。

1996年9月28日，河北省人民政府成立村民委员会换届选举工作领导小组。

1996年10月7日，辽宁省民政厅在大连市召开“加强村民委员会建设、促进农村经济发展经验交流会”。

1996年10月8至9日，江苏省政协和省民政厅组成视察组，到扬中市视察村委会组织法实施情况。

1996年10月14日，河北省人民政府发出《关于做好第四届村民委员会换届选举工作的通知》。

1996年10月25日，胡锦涛在全国农村基层组织建设工作座谈会上讲话指出：所谓好制度，就是要从农村的实际出发，建立健全一套符合民主集中制原则，保证基层组织各项工作有效运行的基本制度。至少要有党支部、村委会工作制度，村级集体经济管理制度，重要村务公开制度，村干部廉洁自律制度，村民会议、村民代表决定重大问题和评议村干部制度等。要实行依法建制，以制治村，民主管理，使村级各项工作逐步走上制度化、规范化的轨道。

1996年11月，民政部基层政权建设司派出由各省政权处长和部分专家学者组成的村委会选举观摩团，对湖北、山西、陕西三省的村委会换届选举情况进行了实地观摩考察。

1996年11月12日，广西壮族自治区基层政权建设办公厅印发《村民自治示范检查验收办法》。

1996年11月15日至12月10日，民政部基层政权建设司在北京、天津、山西等25个省(市、区)、93个地区、103个县、206个乡镇、202个村开展了大规模的乡村干部培训需求调查活动。这是民政部组建以来，同类调查中规模最大的一次。

1996年11月22日，河北省人民政府以第169号令形式公布《河北省村民委员会选举暂行办法》。

1996年11月28日，湖南省第八届人民代表大会常务委员会第二十五次会议审议通过《湖南省村民委员会选举办法》。

1996年11月28日至12月1日，辽宁省民政厅在兴城市举办了“全省第二届村民自治示范村村主任培训班”。

1996年11月28日，黑龙江省民政厅召开“全省城乡基层先进集体、先进个人、村民自治模范县和基层政权建设工作先进集体表彰大会”。

1996年11月29日，福建省第八届人民代表大会常务委员会第二十七次会议审议通过《关于修改〈福建省村民委员会选举办法〉第二十五条第一、二、三款的决定》。

1996年11月29日至12月1日，陕西省村委会选举骨干培训班在华阴市举办。

1996年12月1日，中共北京市农村工作委员会下发《关于加强村级干部管理监督制度建设的若干规定(试行)的通知》。

1996 年 12 月 5 日，黑龙江省民政厅发出了“关于做好全省第四届村委会换届选举活动工作的通知》。随《通知》下发了《黑龙江省村民委员会换届选举工作办法(试行)》三十条。

1996 年 12 月 11 日，内蒙古自治区人民政府做出决定，对在全区嘎查、村(居)民自治工作中做出优异成绩的437个单位予以表彰。

1996 年 12 月 25 日，上海市民政局在浦东新区唐镇召开“全市村民自治示范工作经验交流会议”。

1996 年 12 月 27 日，河北省第八届人民代表大会常务委员会第二十四次会议审议通过《河北省乡镇人民政府工作暂行条例》。

1997 年 1 月 2 日，民政部发出通知，要求贯彻全国农村基层组织建设工作座谈会精神，全面加强村民委员会建设。

1997 年 1 月 12 至 14 日，河北省民政厅召开第四届村委会换届选举工作会议。

1997 年 1 月 13 日，江泽民同志在中央农村工作会议上讲话指出：加强农村基层组织建设，主要是做到有人管事，有钱办事，有章理事。

1997 年 1 月 23 日，湖南省民政厅成立“湖南省乡镇发展协会”。

1997 年 1 月 29 日，山东省民政厅下发《关于搞好村民委员会组织整顿和建设的通知》。

1997 年 2 月 2 日，民政部办公厅发出《关于对触犯刑法的村民委员会干部按〈中华人民共和国村民委员会组织法(试行)〉依法撤换的通知》。

1997 年 2 月 17 日，福建省人民政府批转了省民政厅《关于1997年度村(居)委员会换届选举工作的意见》。

1997 年 2 月 18 日，天津市人民政府办公厅转发了市民政局《关于居委会和村委会换届选举工作的安排意见》。

1997 年 2 月 27 日，河南省委办公厅、省政府办公厅联合下发《关于在全省农村进一步推行村务公开、民主管理工作的意见》。

1997 年 3 月 1 日，李鹏在八届人大五次会议上作政府报告时指出：发展社会主义民主，健全社会主义法制，依法治国，是建设有中国特色的社会主义的重要内容，也是巩固和发展团结稳定的社会政治局面的重要保证。要继续完善和发展基层民主制度，保障城镇居民自治和农村村民自治的各项民主权利，充分发挥人民群众当家作主、管理自己事务的积极性。

1997 年 3 月 4 日，天津市民政局发出《关于全市村民委员会换届选举的实施意见》。

1997 年 3 月 7 至 13 日，应国务院新闻办公室的邀请，以罗伯特(帕斯特(Robert A. Pastor)为团长的美国卡特中心代表团赴福建省古田县、河北省承德市观摩村委会选举、村民代表会议制度等情况，并同民政部官员就双方合作事宜进行了商谈。

1997 年 3 月 10 日，辽宁省基层政权建设领导小组办公室印发《关于辽宁省基层政权建设工作目标考核创优升位方案的通知》。

1997 年 3 月 14 日，乔石在八届人大五次会议闭幕式上讲话指出：加强社会主义民主法制建设，关键在于坚决依照《宪法》和法律的规定办事，就是要依法治国。《宪法》规定，我国的一切权力属于人民。我们必须十分注意尊重和保障人民的政治权利，充分调动人民群众的积极性和主动性，努力为人民群众依法参与民主选举、民主管理、民主监督和民主决策创造条件。

1997 年 3 月 19 日，外交部、民政部邀请西欧19国驻华使节实地观摩了河北省固安县柳泉乡韩一村的村委会选举。

1997 年 3 月 20 日，广东省民政厅向省委、省人大报送了《关于理顺农村管理区与村民委员会关系，加强农村基层组织建设的请示》。

1997 年 4 月中旬，美国有线电视新闻网(CNN)驻京分社记者赴福建省采访了村委会换届选举情况。

1997 年 4 月 2 至 6 日，部分外国驻京记者采访、考察了山西省的村委会选举情况。

1997 年 4 月 21 日，内蒙古自治区人民政府批转自治区民政厅《关于全区1997年嘎查村民委员会、居民委员会换届选举工作安排意见的通知》。随通知下发了《内蒙古自治区(嘎查)村民委员会选举暂行办法》。

1997 年 4 月 22 日，青海省民政厅、监察厅联合发出《关于加强村委会干部撤换执法监察问题的通知》。

1997 年 4 月 29 至 30 日，中纪委、监察部在天津市宝坻县召开“村务公开、民主管理工作座谈会”。

1997 年 5 月 10 日，河北省政府召开“全省村务公开赵县现场会”。省政府秘书长栗战书在讲话中第一次提出村务公开要做到程序规范、时间规范、阵地规范、管理规范。

1997 年 5 月 13 日，中共河北省委、省人民政府发出《关于深化村务公开加强民主管理的意见》。

1997 年 5 月 13 日，中共河北省委、省人民政府办公厅发出《关于进一步加强村级财务管理工作的若干意见》。

1997年5月13日，中共河北省委、省人民政府办公厅发出《关于进一步加强村级集体资产管理工作的意见》。

1997年5月28至29日，民政部在山东省邹城市召开"全国乡镇政府规范化建设现场经验交流会议"，全面部署乡镇政府规范化工作。民政部部长多吉才让到会并讲话。

1997年6月9日，中共江苏省委办公厅、省人民政府办公厅印发《关于开展农村村务公开活动的意见》。

1997年6月12日，江西省民政厅制订并下发《村民委员会分类考核办法》。

1997年6月19至21日，广西壮族自治区民政厅在武鸣县召开全区村民自治示范经济交流现场会议。

1997年6月20日，河南省委、省政府联合发文，成立河南省村务公开领导小组，省委副书记范钦臣任组长。

1997年7月2日，针对浙江省宁波市民政局提出的村委会干部担任职务期间触犯刑法后如何罢免的问题，民政部专门复函进行了答复。

1997年7月25日，河南省委书记李长春发表关于辉县市实行村务六公开的长篇调查报告《农村稳定，重在治本》。

1997年8月5日，民政部发出《关于进一步建立健全村务公开制度，深化农村村民自治工作的通知》。

1997年8月26日，民政部基层政权建设司司长张明亮就必须依法调整村干部答《中国社会报》记者问。

1997年9月4日，吉林省民政厅发出《关于进一步建立健全村务公开制度深化农村村民自治工作的通知》。

1997年9月8日，湖南省委办公厅、省政府办公厅联合下发《关于在全省农村普遍建立健全村务公开制度，进一步推进村民自治工作的意见》。

1997年9月12日，江泽民同志在中国共产党第十五次全国代表大会上作报告时指出：扩大基层民主，保证人民群众直接行使民主权利，依法管理自己的事情，创造自己的幸福生活，是社会主义民主最广泛的实践。城乡基层政权机关和基层群众性自治组织，都要健全民主选举制度，实行政务和财务公开，让群众参与讨论和决定基层公共事务和公益事业，对干部实行民主监督。坚持和完善以职工代表大会为基本形式的企业民主管理制度，组织职工参与改革和管理，维护职工合法权益。坚决纠正压制民主、强迫命令等错误行为。

1997年10月14日，吉林省人民政府办公厅发出《关于全省村民委员会第四次换届选举工作的通知》。

1997年10月30日，辽宁省人民政府办公厅发出《关于做好全省村民委员会换届选举工作的通知》。

1997年11月4日，北京市民政局制订《北京市村民代表会议规则》，下发全市执行。

1997年11月8至10日，民政部基层政权建设司在河南省辉县市召开部分省村务公开工作研讨会。

1997年11月28日，山东省委、山东省人民政府发出《关于进一步加强农村制度建设的意见》。

1997年12月3日，宁夏回族自治区第七届人民代表大会常务委员会第二十八次会议审议通过《宁夏回族自治区村民委员会选举办法》。

1997年12月16日，吉林省民政厅下发《关于全省村民委员会第四次换届选举工作检查验收标准的通知》。

1997年12月18日，河南省村务公开民主管理工作领导小组发布《村务公开民主管理工作暂行办法》。

1997年12月18日，中共辽宁省委、省人民政府发出《关于在全省农村开展整顿规范村务工作的通知》。

1998年1月6日，民政部发出《关于做好1998年村(居)委会换届选举工作的通知》。通知要求进一步规范村(居)委会选举的实际步骤和程序，加强监督检查。

1998年1月6日，河北省村委会选举领导小组办公室、省民政厅联合下发了《关于认真搞好村委会干部培训的通知》。

1998年1月9日，江泽民同志在中央农村工作会议上讲话指出：各级领导机关都要努力为基层服务，帮助基层解决实际问题，而不要增加基层的负担。要扩大基层民主，健全村级民主选举制度，实行村务和财务公开，加强对干部的民主监督。

1998年1月20日，尉健行同志在中纪委第二次全体会议上作报告时指出：要扩大基层民主，加强对基层领导干部的民主监督。村务公开是发展农村基层民主，加强党风廉政建设的一项重要制度。要在全国农村普遍推行村务公开、民主管理的制度。

1998年2月5日，北京市政府办公厅转发市民政局《关于1998年村民委员会换届选举工作的意见》。

1998年2月16日，北京市民政局制订《北京市村民委员会换届选举若干规定》。

1998年2月27日，中共河北省委发布《河北省推进农村基层民主政治建设纲要》。

1998年2月27日，中共河北省委发布《河北省村级民主管理条例(试行)》。

1998年3月6至7日,山东省民政厅在五莲县召开"全省村务公开民主监督现场经验交流会议"。

1998年3月9日,江泽民在参加九届人大一次会议香港代表团会议时讲话指出:人民代表大会制度是我国的根本政治制度。人民代表代表人民参与管理国家事务,管理经济和文化事业,管理社会事务。人民群众在基层还要直接参与管理经济文化和社会事务。这种代表制民主和直接民主相结合,是我国社会主义民主政治的重要特征,也是一个重要创造。

1998年3月12日,浙江省民政厅发出《关于进一步建立健全村务公开制度的通知》。

1998年3月13日,江泽民同志在参加九届全国人大一次会议河南代表团和河北代表团全体会议时指出:保护和调动农民的积极性,不仅要落实农村政策,保障农民的经济利益,还要扩大基层民主,保障农民的民主权利。要积极推进农村民主制度建设,完善村级民主选举制度、村民议事制度和村务公开制度,让农民群众依法管理自己的事情,创造自己的幸福生活。

1998年3月14日,民政部与美国卡特中心在北京签署《谅解备忘录》,双方拟在规范村委会选举程序及推动选举统计的信息化方面开展合作。

1998年3月22日,河南省人民政府发布第40号令,颁布《河南省村民委员会选举暂行办法》。

1998年3月23日,黑龙江省民政厅印发《推行村务公开工作方案》。

1998年3月24日,福建省民政厅发出《关于开展乡镇政府规范化建设试点工作的意见》。

1998年3月25日,中共青海省委办公厅、人民政府办公厅发出《关于全省农村牧区进一步推行村务公开、民主管理的意见》。

1998年3月27日,中共甘肃省委办公厅、省人民政府办公厅转发省纪委、省委组织部、省民政厅、省农业厅《关于在全省农村普遍实行村务公开和民主管理制度的试行意见》。

1998年3月30日,河南省政府办公厅转发省民政厅《关于做好第三届村民委员会换届选举工作的报告》。

1998年3月31日,四川省民政厅发出《关于进一步推行村务公开民主管理工作深化村民自治活动的通知》。

1998年4月2日,湖南省民政厅发出《关于建立健全村民自治制度,进一步深化村民自治工作的通知》。

1998年4月2日,中共广西壮族自治区党委办公厅、自治区人民政府办公厅发出《关于在全区农村进一步推行村务公开的通知》。

1998年4月9日,河南省人民政府办公厅转发省民政厅《关于做好全省第三届村民委员会换届选举工作的报告》。

1998年4月14日,陕西省推行村务公开工作领导小组办公室创办《村务公开》情况简报。

1998年4月16日,江泽民同志在重庆走访农家时,问南沱镇连丰移民新村村委会主任陈双亿是不是由村民直接选举的,当得到肯定的答复后,他指出:农村基层民主制度建设,是社会主义民主在农村最广泛的实践,也是巩固农村基层政权,密切干群关系,促进农村社会进步的重要举措。我们现在实行的是直接选举与间接选举相结合。实践证明,这是完全符合我国国情的。

1998年4月18日,中共中央办公厅、国务院办公厅发出《关于在农村普遍实行村务公开和民主管理制度的通知》。

1998年5月5日,中共新疆维吾尔自治区党委办公厅、自治区人民政府办公厅转发自治区党委组织部、自治区农村工作办公室、监察厅、农业厅、民政厅《关于在农村牧区全面推行村务公开和民主管理制度的实施意见》。

1998年5月6日,中共重庆市委印发了《重庆市农村基层民主政治建设纲要》(1998-2000年)。

1998年5月11日,河南省民政厅发出《关于加强基层政权建设统计工作的通知》。

1998年5月20日,贵州省人民政府办公厅转发省民政厅《关于认真做好全省第四届村(居)民委员会换届选举工作的意见》。

1998年5月29日,中共北京市委办公厅、市人民政府办公厅发出《关于在农村普遍实行村务公开和民主管理制度的通知》。

1998年6月8日,海南省人民政府办公厅转发省民政厅《关于做好全省村民委员会换届选举工作的意见》。

1998年6月13日,国务院提请九届全国人大常务委员会审议《中华人民共和国村民委员会组织法(修订草案)》。

1998年6月18日,青海省委、省人民政府发布《青海省村务公开、民主管理工作实施办法》。

1998年6月25日,国务院新闻办公室在北京梅地亚中心举行记者招待会,邀请民政部部长多吉才让就村委会选举及村委会组织法的修订情况回答了中外记者提问。

1998年6月26日，全国人大常委会办公厅全文公布《中华人民共和国村民委员会组织法（修订草案）》，征求社会意见。这在我国立法史上还是第一次。

1998年6月27日，胡锦涛在出席“全国农村基层组织建设经验交流会议暨表彰会议”上讲话指出：扩大农村基层民主，实行民主选举、民主决策、民主管理和民主监督，保证农民群众行使民主权利，是我国社会主义民主在农村最广泛的实践，是落实党的十五大提出的依法治国方略的重要基础工作，也是加强农村基层组织建设、密切干群关系，调动广大农民群众积极性的有效措施。

1998年7月1日，四川省人民政府办公厅发出《关于做好村（居）民委员会换届选举工作的通知》。

1998年7月7日，李鹏在吉林省梨树县霍家店村调研时指出：《村民委员会组织法》是保证村民当家作主的重要法律。

1998年7月13至18日，辽宁省民政厅举办了“全省村委会主任培训班”，来自各地新当选的村委会主任和部分民政干部近百人参加了培训学习。

1998年7月16日，中共安徽省委办公厅、省人民政府办公厅发出《关于在农村普遍实行村务公开和民主管理制度有关事项的通知》。

1998年8月4日，江苏省人民政府办公厅转发省民政厅《关于做好全省第五届村民委员会换届选举工作的意见》。

1998年8月6至8日，安徽省委组织部、省民政厅在五河县召开“全省村务公开民主管理工作会议”。

1998年8月14日，上海市人民政府办公厅转发市民政局《关于做好本市村民委员会换届选举工作的意见》。

1998年8月19日，广东省成立理顺农村基层管理体制工作指导小组，省委副书记高祀仁同志任组长。

1998年9月1至4日，广东省民政厅副厅长赖道明率领全省21个地级民政局长赴福建省古田县考察村委会选举工作。

1998年9月2日，中共广东省委、广东省人民政府发出《关于理顺我省农村基层管理体制的通知》，标志着该省撤销管理区、改设村委会工作正式开始。

1998年9月9日，中共青海省委成立“村务公开民主管理工作领导小组”，省委副书记姚湘成任组长。

1998年9月11日，重庆市人民政府批转市民政局《关于我市村民和居民委员会换届选举工作的请示》。

1998年9月12日，中共陕西省委办公厅、省人民政府办公厅发出《关于在全省农村普遍实行村务公开和民主管理制度的通知》。

1998年9月15日，甘肃省民政厅发布《甘肃省村民代表会议议事暂行规则》。

1998年9月15日，甘肃省民政厅发布《甘肃省村民委员会选举暂行办法》。

1998年9月25日，江泽民同志在安徽考察工作时指出：经济体制改革需要同政治体制改革相互配合、相互促进。扩大农村基层民主，保证农民直接行使民主权利，是社会主义民主在农村最广泛的实践，也是充分发挥农民积极性、促进农村两个文明建设、确保农村长治久安的一件带根本性的大事。要在农村基层实行民主选举、民主决策、民主管理和民主监督。

1998年9月25日，宁夏回族自治区人民政府办公厅转发省民政厅《1998年度村委会换届选举工作的意见》。

1998年9月28日，重庆市人民政府发布第35号令，颁布《重庆市村民委员会选举试行办法》。

1998年9月30日，安徽省人民政府批转省民政厅《关于做好全省第四届村民委员会统一换届选举工作的意见》。

1998年10月5日，中共浙江省委办公厅、省人民政府办公厅转发省委组织部、省民政厅《关于在我省农村普遍实行村务公开和民主管理制度的实施意见》。

1998年10月10日，中共内蒙古自治区党委办公厅、自治区人民政府办公厅发出《关于在农村牧区普遍实行嘎查村务公开和民主管理制度的意见》。

1998年10月12日，甘肃省民政厅发布《第三次村民委员会换届选举工作指导方案》。

1998年10月14日，中国共产党第十五届中央委员会第三次全体会议审议通过《中共中央关于农业和农村工作若干重大问题的决定》。指出：在政治上，坚持中国共产党的领导，加强农村社会主义民主政治建设，进一步扩大基层民主，保证农民直接行使民主权利。全面推进村民自治，完善乡镇人民代表大会制度。

1998年10月23日，湖南省村务公开工作领导小组办公室、省政府农村工作领导小组、省民政厅、省监察厅发出《关于认真搞好全省第三届村民委员会任期财务清理的通知》。

1998年10月31日，中共湖南省委办公厅、省人民政府办公厅发出《关于进一步推行村务公开突出做好村级财务公开工作的紧急通知》。

1998年11月2日，湖南省人民政府批转省民政厅《第四次村民委员会换届选举工作实施方案》。

1998年11月4日，第九届全国人大常委会第五次以136票赞成、2票反对、2票弃权的表决结果，审议通过《中华人民共和国村民委员会组织法》。

1998年11月16日，西藏自治区民政厅发出《关于做好我区村(居)民委员会换届选举工作的安排意见》。

1998年11月21日，山东省第九届人大常委会第五次会议审议通过《山东省村民委员会选举办法》。

1998年11月23日，李鹏在接受德国《商报》记者采访时指出：国外非常关注中国的村民自治组织选举。最近，我们通过审议，正式颁布了村民委员会组织法，在选举程序方面做了很多新的规定。因为只有通过程序的固定化才能够保证选举的公正、民主。

1998年11月23至28日，民政部基层政权和社区建设司在北京举办首期“全国村委会组织法讲习班”。

1998年11月25日，上海市民政局发出《关于进一步深化村民自治工作，加强农村基层民主法制建设的通知》。

1998年11月27日，广东省第九届人民代表大会常务委员会第六次会议审议通过《广东省实施〈中华人民共和国村民委员会组织法〉办法》和《广东省村民委员会选举办法》。

1998年12月1日，甘肃省第九届人民代表大会常务委员会第七次会议审议通过《甘肃省村民委员会选举办法》。

1998年12月1日，新疆维吾尔自治区人民政府办公厅转发自治区民政厅《关于做好自治区第四届村(居)民委员会换届选举工作的意见》。

1998年12月4日，青海省人民政府办公厅转发省民政厅《村(牧)委会、居委会第四次换届选举工作的实施意见》。

1998年12月8日，中组部、中宣部、民政部、司法部、国务院法制办公室发出《关于学习宣传和贯彻执行村委会组织法的通知》。

1998年12月9日，全国人大内务司法委员会召开“宣传贯彻村委会组织法工作”座谈会。

1998年12月16日，中共广西壮族自治区党委办公厅、自治区人民政府办公厅转发自治区民政厅《关于做好我区第二届村民委员会换届选举工作的意见》。

1998年12月17日，民政部办公厅发出通知，要求各地开展乡镇职能任务、机构设置及人员编制情况的调查。

1998年12月18日，民政部办公厅发出《关于贯彻执行村委会组织法若干问题的补充通知》，就新旧法律的衔接问题、地方制订的村委会选举办法和实施办法等问题作了说明。

1998年12月18日，中共浙江省委组织部、省民政厅联合发出《关于统一全省行政村党支部、村委会换届选举时间的实施意见》。

1998年12月21日，重庆市村居民委员会换届选举工作指导小组发出《关于认真处理好村居委会选举中有关问题的紧急通知》。

1998年12月25日至29日，民政部基层政权和社区建设司在北京举办第二期“全国村委会组织法讲习班”。

1998年12月29日，原民政部基层政权建设司司长白益华在《中国社会报》发表《我所经历的村民自治制度改革》一文。

1999年1月11日，贵州省村(居)民委员会换届选举指导小组办公室发出《关于村(居)委会换届选举工作有关问题的通知》。

1999年1月12日，河南省民政厅发出《关于配合做好精简乡镇不在编人员和减少村级享受补贴人员工作的通知》。

1999年1月15日，《南方周末》发表《直选乡长》一文，报道了四川省遂宁市市中区步云乡直选乡长的经过。

1999年1月22日，湖北省第九届人民代表大会常务委员会第七次会议审议通过《湖北省村民委员会选举办法》。

1999年1月22日，安徽省第九届人民代表大会常务委员会第八次会议审议通过《安徽省村民委员会选举办法》。

1999年1月27日，安徽省第九届人民代表大会常务委员会第八次会议审议通过《安徽省实施〈中华人民共和国村民委员会组织法〉办法》和《安徽省村民委员会选举办法》。

1999年2月9日，广东省召开“全省理顺农村基层管理体制工作第二次电视电话会议”。

1999年2月11日，李鹏在福建考察工作时指出：我国民主的特色是从基层民主做起的，在农村是通过村民委员会、在工厂是通过职工代表大会、在城市是通过居民委员会实现民主，这三大民主构成了中国基层民主的主要内容。我们要大力加强基层民主建设，让广大人民群众参与民主管理,又在参与的过程中提高民主意识。

1999年2月23日,中共广东省纪委、省监察厅发出《关于共产党员、国家工作人员在选举工作中违法违纪纪律处分的暂行规定》。

1999年3月3日,安徽省召开“全省第四届村委会换届选举工作电视电话会议”。

1999年3月5日,朱镕基同志在九届全国人大二次会议上作报告时指出:抓紧制定并实施农村“费改税”方案,保障农民的合法权益,从根本上解决农民负担过重的问题。扩大农村基层民主,推进村民自治,实行村务公开。改进农村基层干部作风,教育农民依法履行应尽的义务……人民代表大会制度是我国的根本政治制度,各级政府都必须自觉接受同级人民代表大会及其常委会的监督;共产党领导的多党合作和政治协商制度将在我国长期存在和发展,各级政府要主动加强与人民政协的联系,认真听取民主党派、工商联、无党派民主人士和人民团体的意见。充分发扬民主,不断完善迅速反映社情民意的机制,使人民的意愿在政府工作中真正得到体现。进一步健全民主决策制度,重大决策特别是涉及广大人民群众利益的政策措施,要谨慎从事,采取适当的形式广泛听取各方面的意见。大力推进基层民主建设,切实发挥企业职工代表大会、城镇居民委员会和农村村民委员会的作用。实行政务公开,加强民主管理和社会监督,充分发挥人民对政府的监督作用。

1999年3月8日,李鹏在参加九届全国人大二次会议河北省代表团会议时强调指出:要进一步扩大基层民主。去年通过了修订后的村民委员会组织法,为村民实行自治制度,加强农村基层民主建设提供了法律保障。我们的国家是人民当家做主的国家,扩大农村基层民主,很重要的问题是依法搞好民主选举,选出一个好的村民委员会。广泛发扬民主,充分发挥村党支部的领导核心作用,让村民委员会真正成为人民当家做主的基层群众性自治组织。对于老百姓关心的村提留、乡统筹、宅基地、计划生育、招待费等事项,都要向村民公开,接受村民监督,使群众满意。正如一位基层干部说的,给群众一个明白,才能还干部一个清白。发扬社会主义基层民主,还要在企业内部建立健全职工代表大会制度,让职工代表对企业进行民主监督、民主管理。改革措施出台都要经过群众讨论,取得群众的理解和支持。越是在企业改革力度大的时候,越要加强党的领导,加强民主监督。在城市,要进一步贯彻实施居民委员会组织法,发挥居民委员会的作用,在进一步加强基层民主的基础上,搞好社区管理,做好社区服务,为居民创造一个良好的工作和生活环境。

1999年3月17日,湖北省人民政府发出《关于做好全省村民委员会第四次换届选举工作的通知》。

1999年4月2日,青海省第九届人民代表大会常务委员会第七次会议审议通过《青海省村(牧)民委员会选举办法》。

1999年4月5日至8日,民政部在河南省许昌市召开“全国村民自治工作经验会议”。多吉才让部长做了题为《认真贯彻党的十五届三中全会精神,全面推进村民自治,把农村基层民主政治建设提高到新水平》的主题报告。国务委员司马义·艾买提、全国人大内务司法委员会副主任委员顾金池出席会议并讲话。

1999年4月5日,浙江省民政厅发出《关于村民委员会换届选举工作的若干意见》。

1999年4月6日,民政部发出《关于命名表彰全国村民自治模范县(市、区、旗)的决定》,命名表彰了95个村民自治模范县、市、区、旗。

1999年4月8日,陕西省推行村务公开工作领导小组发出《关于进一步做好1997年村务、政务公开工作的安排意见》。

1999年5月5日,陕西省召开“全省村务公开民主管理工作现场会议”。

1999年5月17日,中共广西壮族自治区党委办公厅、自治区人民政府办公厅发出《关于在全区推行乡镇政务公开的通知》。

1999年5月18日,广东省召开“全省村民自治工作会议”。

1999年5月19日,山西省召开“全省村民自治工作座谈会”。

1999年5月20日,辽宁省委组织部、省民政厅在鞍山市联合召开“全省乡镇政务公开工作经验交流会议”。

1999年5月20日,广东省召开“全省村民自治工作会议”,省人大常委会副主任马凯作了题为《正确认识村委会的法律地位》的讲话。

1999年5月21日,广东省第九届人民代表大会常务委员会第十次会议审议通过《广东省农村集体经济审计条例》。

1999年5月27日,中共重庆市委办公厅、市人民政府办公厅发出《关于全面推进村民自治,切实加强农村基层民主政治建设的意见》。

1999年5月27日,中共重庆市委办公厅、市人民政府办公厅发出《关于全面推进村民自治,切实加强农村基层民主政治建设的意见》。

1999 年 5 月 27 日，河北省第九届人民代表大会常务委员会第九次会议审议通过《河北省村务公开条例》。这是国内第一部有关村务公开的地方法规。

1999 年 5 月 29 至 30 日，重庆市召开“农村基层组织建设暨村民自治工作会议”，市委副书记李学举作了题为《深入贯彻十五届三中全会精神，进一步提高农村基层组织建设水平》的报告，对全面推行村民自治作了详细阐述。

1999 年 5 月 31 日，新疆维吾尔自治区第九届人民代表大会常务委员会第九次会议审议通过《新疆维吾尔自治区村民委员会选举办法》。

1999 年 6 月，中共中央办公厅、国务院办公厅发布《关于县级以下党政领导干部任期经济责任审计暂行规定》。

1999 年 6 月 1 日，广东省理顺农村基层管理体制工作指导小组办公室发出《关于做好村民自治建章立制工作的通知》。

1999 年 6 月 1 日，上海市第十一届人民代表大会常务委员会第十次会议审议通过《上海市村民委员会选举办法》。

1999 年 6 月 3 日，广东省理顺农村基层管理体制工作指导小组办公室发出《关于进一步做好理顺工作中群众来信来访工作的紧急通知》。

1999 年 6 月 8 日，广东省民政厅发出《关于在全省农村进一步做好村务公开和民主管理工作的通知》。

1999 年 6 月 18 日，湖北省召开“全省村委会第四次换届选举暨全面推进村民自治工作会议”。

1999 年 6 月 21 日，广东省理顺农村基层管理体制工作指导小组办公室发出《关于在村委会选举中严格执行计划生育“一票否决”政策的通知》。

1999 年 6 月 21 日，广东省理顺农村基层管理体制工作指导小组办公室发出《关于认真查处村委会选举中违法事件的通知》。

1999 年 6 月 21 日，中共江苏省委办公厅、省人民政府办公厅发出《关于贯彻实施村民委员会组织法，全面推进村民自治的意见》。

1999 年 6 月 21 至 23 日，中共中央组织部在安徽省召开“全国村务公开民主管理经验交流会议”。

1999 年 6 月 25 日，陕西省人民政府发出《关于做好村民委员会第四次换届选举工作的通知》。

1999 年 6 月 25 日，最高人民法院发布公告，就村民小组组长利用职务便利非法占有公共财物行为的定性问题做出解释。公告称：对村民小组组长利用职务上的便利，将村民小组集体财产非法占为已有，数额较大的行为，应当依照刑法第二百七十一条第一款的规定，以职务侵占罪定罪处罚。民政部办公厅于1999年7月12日转发了这份文件。

1999 年 6 月 25 至 30 日，安徽省人大常务会分四个组，对该省村委会组织法贯彻实施情况进行执法检查。

1999 年 6 月 28 日，公安部发出《关于妥善处理村民委员会选举中发生的治安问题的通知》。通知要求，在妥善处理村民委员会选举过程中出现的治安问题时要慎用警力。

1999 年 6 月 30 日，江西省第九届人民代表大会常务委员会第九次会议审议通过《江西省实施〈中华人民共和国村民委员会组织法〉办法》。

1999 年 7 月 5 日，宁夏回族自治区召开“全区村民自治工作经验交流会议”。

1999 年 7 月 11 日，民政部基层政权和社区建设司、乡镇论坛杂志社在人民大会堂举办“村委会组织法学法普法座谈会”，全国人大副委员会长姜春云、民政部多吉才让部长出席座谈会并讲话。

1999 年 7 月 19 日，西藏自治区民政厅转发《山南地区1999年村（居）民委员会换届选举实施方案》。

1999 年 7 月 20 日，《人民日报》发表民政部部长多吉才让的署名文章《依法全面推进村民自治》。

1999 年 7 月 30 日，民政部发出《关于努力保证农村妇女在村委会成员中有适当名额的意见》。

1999 年 8 月 4 日，广东省召开“全省理顺农村基层管理体制第三次电视电话会议”。

1999 年 8 月 17 日，广东省理顺农村基层管理体制工作指导小组办公室印发《广东省村民自治示范活动方案》。

1999 年 8 月 26 日，江苏省第九届人民代表大会常务委员会第十八次会议审议通过《江苏省村民委员会选举办法》。

1999 年 8 月 30 日，江西省召开“全省第四届村委会选举工作会议”。

1999 年 9 月 8 日，陕西省第九届人民代表大会常务委员会第十一次会议审议通过《陕西省实施〈中华人民共和国村民委员会组织法〉办法》。

1999 年 9 月 8 日，陕西省第九届人民代表大会常务委员会第十一次会议审议通过《陕西省村民委员会选举办法》。

1999 年 9 月 10 日，中共江西省委组织部、省委村建办发出《关于在村民委员会选举工作中充分发挥党组织领导核心作用的意见》。

1999 年 9 月 20 日，天津市第十三届人民代表大会常务委员会第十一次会议审议通过《天津市村民委员会选举办法》。

1999年9月23日，中共四川省委办公厅、省人民政府办公厅发出《关于在全省农村普遍实行乡镇政务公开制度的通知》。

1999年9月24日，河北省第九届人民代表大会常务委员会第十一次会议审议通过《河北省实施〈中华人民共和国村民委员会组织法〉办法》。

1999年9月24日，河北省第九届人民代表大会常务委员会第十一次会议审议通过《河北省村民委员会选举办法》。

1999年9月26日，山西省第九届人民代表大会常务委员会第十二次会议审议通过《山西省实施〈中华人民共和国村民委员会组织法〉办法》。

1999年9月26日，美国时代华纳集团董事会成员及其随行人员68人观摩考察了湖北省仙桃市胡场镇刘场村的村委会选举。

1999年10月7至29日，全国人大内务司法委员会对辽宁、云南、广西、河北、山东、四川、陕西、山西、贵州九个省(区)，贯彻实施村委会组织法情况，进行了执法调研。

1999年10月12日，西藏自治区召开"全区村民自治工作经验交流暨表彰会议"。

1999年10月13日，中共四川省委办公厅发出《关于在实施村委会组织法中充分发挥村党支部领导核心作用的意见》。

1999年10月20日，黑龙江省第九届人民代表大会常务委员会第十二次会议审议通过《黑龙江省村民委员会选举办法》。

1999年10月22日，浙江省第九届人民代表大会常务委员会第十六次会议审议通过《浙江省实施〈中华人民共和国村民委员会组织法〉办法》。

1999年10月22日，浙江省第九届人民代表大会常务委员会第十六次会议审议通过《浙江省村民委员会选举办法》。

1999年10月22日，辽宁省委组织部发布《关于公开选拔村党支部书记的意见》。

1999年10月26日，辽宁省委组织部发布《辽宁省村级干部管理的若干规定(试行)》。

1999年10月28日，甘肃省人民政府办公厅转发省民政厅《关于在全省农村全面推进村民自治工作的意见》。

1999年10月29日，西藏自治区人民政府发布第23号令，公布《西藏自治区村务公开民主管理实施办法》。

1999年11月，由民政部基层政权和社区建设司、民政部乡村干部培训中心、乡镇论坛杂志社共同摄制的大型普法教学片《四个民主一套车》由中国文联出版社正式出版。

1999年11月7日，中共广东省委办公厅、省人民政府办公厅发出《关于在全省乡镇推行政务公开的意见》。

1999年11月10日，江西省民政厅发出《关于村委会换届选举中若干问题的处理意见》。

1999年11月16日，山西省召开"全省农村基层民主法制建设工作座谈会"。

1999年11月17日，中共内蒙古自治区党委组织部、自治区民政厅制定并公布《内蒙古自治区嘎查村务公开和民主管理工作的暂行规定》。

1999年11月17日，中共内蒙古自治区党委组织部、自治区民政厅发出《关于实行苏木乡镇政务公开制度的意见(试行)》。

1999年11月18日，湖北省民政厅发出《关于抓紧做好全省村民委员会第四次换届选举工作的通知》。

1999年11月19日，中共山东省委、省人民政府发出《关于进一步加强和改进以党支部为核心的村级组织建设的意见》。

1999年11月19日，青海省召开"全省乡镇政务公开规范管理工作现场会"。

1999年11月23日，内蒙古自治区人民政府批转自治区民政厅《关于做好全区第四届嘎查村(居)委会换届选举工作意见的通知》。

1999年11月28日，湖南省第九届人民代表大会常务委员会第十二次会议审议通过《湖南省实施〈中华人民共和国村民委员会组织法〉办法》。

1999年11月28日，贵州省第九届人民代表大会常务委员会第十二次会议对《贵州省实施〈中华人民共和国村民委员会组织法〉办法》进行修正。

1999年11月28日，贵州省第九届人民代表大会常务委员会第十二次会议审议对《贵州省村民委员会选举办法》进行修正。

1999年12月2日，中共河北省委、省人民政府发出《关于认真做好全省第五届村民委员会换届选举工作的通知》。

1999年12月3日，联合国开发计划署派遣一摄制组，专赴河北省迁西县金厂峪村，采访了该村村委会主任韩卫军同志。

1999年12月17日，中共上海市委组织部、市委农村工作委员会、市民政局发出《关于做好本市村民委员会换届选举工作有关问题的通知》。

1999年12月28日,云南省第九届人民代表大会常务委员会第十三次会议审议通过《云南省实施〈中华人民共和国村民委员会组织法〉办法》。

1999年12月28日,云南省第九届人民代表大会常务委员会第十三次会议审议通过《云南省村民委员会选举办法》。

1999年12月29日,河北省召开“全省第五届村委会换届选举工作会议”。

2000年1月6日,中央农村工作会议在京召开,会议要求加强村级组织建设,依法推进村民自治,搞好农村社会治安综合治理。

2000年1月7日,美国卡特中心代表团一行11人,赴河北省保定市北太平庄村实地观摩了村委会选举。

2000年1月9日,美国卡特中心代表团一行11人,赴迁西县三村和大官庄村实地观摩了村委会选举。

2000年1月26日,广东省召开“理顺农村基层管理体制工作总结会议”。

2000年2月18日,中共湖南省委发出《关于做好2000年农村基层组织建设工作的意见》。

2000年2月18日,福建省人民代表大会常务委员会办公厅发出通知,拟对全省17个县(市、区)的102个村开展村民自治、村财管理的百村调查。

2000年3月2日,民政部基层政权和社区建设司发出《关于认真研究解决贯彻村委会组织法工作中有关问题的通知》。

2000年3月10日,由民政部基层政权和社区建设司主办的中国农村村民自治信息网正式开通,网址为:http://www.chinarural.org或者http://www.chinavillage.org。这是国内第一家关于农村民主政治建设的政府网站。

2000年3月10日,胡锦涛参加九届人大三次会议安徽代表团时讲话指出:农村基层党组织是党在农村全部工作和战斗力的基础。农村基层干部是贯彻执行党在农村各项方针政策的骨干,是团结带领广大农民脱贫致富奔小康、建设有中国特色社会主义新农村的带头人。推进农村基层组织建设,必须首先抓好基层干部队伍建设。要加大农村基层干部选拔任用制度改革的力度,按照政治素质好、清正廉洁、有办事能力、党员和群众拥护的基本条件,真正把人选准、选好。要加强培训,帮助农村基层干部提高带领群众调整经济结构、发展农村经济的自觉性和本领,帮助他们提高政策水平,增强法制观念,转变工作作风,尤其要帮助他们提高正确认识和处理新时期农村人民内部矛盾的水平和能力。要逐步建立健全对基层干部的监督激励机制,积极探索农村基层干部规范化管理的有效途径和办法。

2000年3月13日,李鹏在参加九届全国人大三次会议山东、河北代表团时讲话指出:村民委员会实行民主选举是基层民主建设的一种好形式,选举一定要公正,村务要公开,要发挥基层党组织的领导核心作用,依法推进村民自治。在城市,随着经济、社会的发展和改革的不断深入,社区将会发挥越来越大的作用。今年全国人大常委会要对城市居民委员会组织法进行执法检查,以充分发挥这级组织在改革、发展、稳定中的作用。

2000年3月15日,朱镕基总理在九届三次会议中回答丹麦记者关于中国村委会选举的提问时,指出:至于直接选举向上能扩大到哪一级、多么快,我当然希望越快越好,但那要取决于经济、文化、社会发展的条件。

2000年3月23日,湖南省司法厅、省民政厅、省依法治省领导小组办公室联合下发《关于加强农村民主法制建设的意见》。

2000年3月26日,《人民日报》发表记者钱江采写的报道《两推一选带来三满意》,介绍了安徽省凤阳县民主选举农村党支部领导的情况。

2000年3月30日,辽宁省第九届人民代表大会常务委员会第十五次会议审议通过《辽宁省实施〈中华人民共和国村民委员会组织法〉办法》。

2000年4月4日,民政部基层政权和社区建设司司长张明亮到《人民日报·强国论坛》,就村委会组织法贯彻实施情况回答了记者和网友提问。

2000年4月5日,民政部基层政权和社区建设司农村处处长詹成付到《人民日报·强国论坛》,就“村民自治与村级直选”回答网友提问。

2000年4月7日,内蒙古自治区第九届人民代表大会常务委员会第十五次会议审议通过《内蒙古自治区实施〈中华人民共和国村民委员会组织法〉办法》。

2000年4月20日,山东省曲阜市书院镇丰家村村委会主任丰建伟做客《人民日报·强国论坛》,就“我如何当村官”与网友进行交流。

2000年4月25日,江西省民政厅发出《关于进一步加强村民代表会议制度建设有关问题的通知》。

2000年4月29日,第九届全国人民代表大会常务委员会第十五次会议审议通过《关于中华人民共和国刑法第九十三条第二款的解释》。解释说:村民委员会等村基层组织人员协助人民政府从事下列行政管理工作,属于《刑法》第九十三条第二款规定的“其他依照法律从事公务的人员”:(一)救灾、抢险、防汛、优抚、扶贫、移民、救济款物的管理;(二)社会捐助公益事业款物的管理;(三) 国有土地的经营和管理;(四)土地征用补偿费用的管理;(五)代征、代缴税款;(六)有关计划生育、户籍、征兵工作;(七)协助人民政府从事的其他行政管理工作。村民委员会等村基层组织人员从事前款规定的公务,利用职务上的便利,非法占有公共财物、挪用公款、索取他人财物或者非法收受他人财物,构成犯罪的,适用刑法第三百八十二条和第三百八十三条贪污罪、第三百八十四条挪用公款罪、第三百八十五条和第三百八十六条受贿罪的规定。

2000年5月21日,中共湖南省委办公厅、省人民政府办公厅发出《关于在全省进一步推行政务公开的实施意见》。

2000年6月6至7日,民政部基层政权和社区建设司与福建省民政厅在福州市共同举办了全国首期“村委会选举信息系统培训班”,为拟建立的“村委会选举信息系统”提供技术培训。

2000年7月6至7日,民政部基层政权和社区建设司在北京举办“规范村委会选举程序研讨会”。来自北京、福建、河北、湖北、安徽、广东、黑龙江、江西八省(市)民政厅(局)负责村委会选举工作的官员及美国卡特中心代表参加了研讨。

2000年7月10日,湖南省人民政府发出《关于加强农村基层民主政治建设的通知》。

2000年7月11日,经国家统计局批准,民政部发出《关于建立村民委员会选举情况统计报表制度的通知》。这是国内关于村委会选举情况的第一套报表统计制度。

2000年7月11日,重庆市召开“深化村务公开推行政务公开工作会议”。

2000年7月25日,中纪委召开“全国乡镇政务公开经验交流电视电话会议”,中央政治局常委尉健行到会并讲话。

2000年7月27日,安徽省民政厅发出《关于扎实深入推进农村基层民主政治建设的通知》。

2000年7月28日,辽宁省第九届人民代表大会常务委员会第十七次会议审议通过《辽宁省村民委员会选举办法》。

2000年7月28日,福建省第九届人民代表大会常务委员会第二十次会议审议通过《福建省实施〈中华人民共和国村民委员会组织法〉办法》。

2000年7月28日,福建省第九届人民代表大会常务委员会第二十次审议通过《关于修改〈福建省村民委员会选举办法〉的决定》。

2000年7月29日,湖南省第九届人民代表大会常务委员会第十七次会议审议通过《关于修改〈湖南省村民委员会选举办法〉的决定》。

2000年7月31日至8月5日,由查尔斯·考斯特罗(Charles E·Costello)率领的美国卡特中心代表团一行8人赴福建省德化县和仙游县观摩了当地的村委会选举。

2000年8月10日,民政部发出《关于进一步推进乡镇政务公开工作的通知》。通知要求:(1)进一步统一思想,提高认识,增强抓好乡镇政务公开工作积极性;(2)进一步规范内容,健全制度,增强乡镇政府政务公开的针对性和实效性;(3) 以政务公开带动村务公开,使乡村两级公开相互促进,协调发展;(4)要将乡镇民政所(办公室)建设成乡镇政务公开的模范单位;(5)加强领导,狠抓落实,推动乡镇政务的健康发展。

2000年8月16至17日,福建省在福州市召开“全省村委会换届选举工作会议”,全面部署新一轮村委会换届选举工作。

2000年8月31日,中共青海省委组织部、省民政厅发出《关于进一步加强乡镇政务公开工作的通知》。

2000年9月14至17日,民政部乡村干部培训中心在云南省思茅市举办“云南省村委会选举骨干培训班”。

2000年9月22日,上海市第十一届人民代表大会常务委员会二十二次会议审议通过了《上海市实施〈中华人民共和国村民委员会组织法〉办法》。

2000年9月22日,北京市第十一届人民代表大会常务委员会第二十一次会议审议通过《北京市村民委员会选举办法》。

2000年10月14至16日,由华中师范大学农村问题研究中心主办的“中国农村村民委员会选举学术研讨会”在武汉举行

2000年11月6至8日,全国人大内务司法委员会在北京召开“贯彻村民委员会组织法研讨会”。

2000年11月29日,广东省召开“全省依法治镇工作经验交流会议”。

2000年12月11至14日,民政部在陕西省西安市召开“联合国开发计划署(UNDP)援助乡村干部培训、社区建设和最低生活保障项目三方审评会”。期间,联合国开发计划署官员赴眉县实地考察了乡村干部培训的效果。

2000年12月12日,民政部发出通知,拟对福建、

吉林、湖南、陕西四省的新一轮村民委员会换届选举开展问卷调查。

2000年12月19日，辽宁省人民政府办公厅发出《关于做好第七届村民委员会选举工作的通知》。

2000年12月23至26日，民政部基层政权和社区建设司在北京举办“首期全国村民自治业务骨干培训班”，来自全国各省（市、区）民政系统的113名学员参加了培训。

Yearbook of Democratic and
Political Grass Roots Construction In China

2001 中国农村基层民主政治建设年鉴

第十部分
文献索引

Chapter Ten
Bibliographic Index

中文文献

一、著　作

1922—1928年

《地方自治通论》，陈愿远著。上海泰东图书局1922年出版。

《中华民国现行地方自治法令》，商务印书馆编译所编。商务印书馆1922年出版。

《县自治法新解释》，朱采真著。上海世界书局1923年出版。

《市、乡自治详解》，世界书局编。世界书局1924年出版。

《翟城村》，米迪刚、尹仲材著。中华报社1925年出版。

《地方自治讲义》，周成编。上海泰东图书局1925年出版。

《地方自治》，孙祖基著。上海青年协会书局1926年出版。

《地方自治讨论大纲》，孙祖基著。上海青年协会书局1926年出版。

《中国乡村的新建设》，朱敬一著。上海中华基督教文社1927年出版。

《新村制》，蔡炳章编。上海广益书局1928年出版。

《最新区街村自治法》，胡行之编。上海新学会社1928年出版。

《村治与农村教育》，江恒源著。上海中华职业教育社1928年出版。

《山西自治行政实察记》，吴庚鑫著。上海广益书局1928年出版。

尹仲材：《村制学讲义》，上海大中书局1928年版。

1929 年

《地方自治实行法浅说》，陈戴耘编。上海中华书局1929年出版。

《地方自治法规》，戴渭清编。上海民智书局1929年出版。

《乡村社会调查大纲》，冯锐著。北平中华平民教育促进会总会1929年版。

《农村自治浅说》，中国国民党福建省党务指导委员会宣传部1929年编印。

《地方自治村制法规》，吴城湖编。中央村制研究社1929年出版。

《地方自治行政法规汇编》，吴城湖编。上海中央行政研究所1929年出版。

《地方自治学与村制学之纪元》，尹仲材编。上海大中书局1929年出版。

《山西地方自治纲要》，周成编。上海泰东图书局1929年出版。

1930 年

《地方自治概要》，陈安仁编。上海泰东图书局1930年出版。

《地方自治法令汇编》，广东省政府民政厅编辑处1930年编印。

《村治之理论与实施》，村治月刊社编：北平村治月刊社1930年出版。

《中国农村经济的崩溃》，丁达著。联合书店1930年出版。

《乡村民众教育概论》，傅葆琛著。江苏省立教育学院1930年出版。

《地方自治问题》，何炳贤编。上海北新书店1930年出版。

《现行地方自治制度大意》，刘世长著。江西书局1930年出版。

《民众教育新论》，江苏省立教育学院研究实验部1930年编印。

《国民政府公布区乡镇制地方自治全书》，缪认言编：上海公民书局1930年出版，2册。

《乡县区镇自治大纲法规全书》，山西省村治研究会编。太原唯一书店1930年出版。

《现行地方自治施行法释义》，王均安编。上海世界书局1930年出版。

《地方自治概要》，吴拯编。上海三民图书公司1930年出版。

《农村政策》，杨开道。上海世界书局1930年出版。

《农村自治》，杨开道。上海世界书局1930年出版。

《农村组织》，杨开道。上海世界书局1930年出版。

《训政时期地方自治论》，张宏业。中华自治学社1930年出版。

1931 年

《国民革命与农村问题》(上、下卷)，村治月刊社编。村治月刊社1931—1932年出版。

《地方自治》，中国国民党中央宣传部1931年编印。

《地方自治法规汇编》，上海法学编译社1931年编印。

《乡村平民教育的理论与实际》，傅葆琛。江苏省立教育学院1931年出版。

《地方自治》，来世澄编。中央陆军军官学校政治训练处1931年出版。

《乡约制度》，李炳卫。北平民社1931年出版。

《地方自治概论》，林众可著。上海商务印书馆1931年出版。
《乡村自治》，杨天竞著。北平大东书局1931年出版。
《地方自治》，张长编。上海民众教育研究社1931年出版。
《自治须知》，郑元鼎著。福州华宝公司1931年出版。
《民众教育问答》，周德之著。江苏省立教育学院1931年出版。
《天津市推行自治概况》，自治事务监理处编。天津新华印刷局1931年出版。

1932 年
《中国地方自治》，陈天海著。镜台书屋1932年出版。
《地方自治问答》，中国国民党广西省党务整理委员会宣传部1932年编印。
《民众教育研究与批评》，傅葆琛著。江苏省立教育学院1932年出版。
《实地筹备自治汇编》(80集)，龚杰编。北平市筹备管治委员会第一科1932年出版。
《乡村教育新论》，古楳著。民智书局1932年出版。
《现行地方自治法规汇编》，湖南省民政厅编。长沙松雪印刷所1932年出版。
《现行自治法令解释汇集》，金鸣盛编。杭州集益合作书局1932年出版。
《中国民族自救运动之最后觉悟》，梁漱溟著。村治月刊社1932年出版。
《地方自治法规》，瞿世镇编。上海三民图书公司1932年出版。
《定县农民教育》，汤茂如编。中华平民教育促进会1932年出版。
《现行地方自治法规汇编》，浙江省民政厅1932年编印。

1933 年
《新村市》，东方杂志社编。上海世界书局1933年出版。
《地方自治法规汇编》，郭卫编。上海会文堂新记书局1933年出版。
《中国的农村问题—农村合作、村治运动》，侯哲葊等著。上海太平洋书店1933年出版。
《现行地方自治法规摘要》，湖南省民政厅编。长沙松雪印刷所1933年出版。
《定县社会概况调查》，李景汉著。中华平民教育促进会1933年出版，中国人民大学出版社1986年重印。
《村学乡学须知》，梁漱溟编。山东乡村建设研究院1933年出版。
《地方自治的精神》，林众可著。上海华通书局1933年出版。
《新村市》，潘公展编。上海商务印书馆1933年出版。
《现行地方自治法规释义》，王均安编。上海世界书局1933年出版。
《长副须知(区乡镇)》，文公直著。上海时还书局1933年出版，(自治丛书之一)。
《公益卫生财政公安(区乡镇)》，文公直著。上海时还书局1933年出版，(自治丛书之二)。
《合作制度(区乡镇)》，文公直著。上海时还书局1933年出版，(自治丛书之三)。
《行政浅说(区乡镇)》，文公直著。上海时还书局1933年出版，(自治丛书之四)。
《自治法规 区自治施行法释义(区乡镇)》，文公直著。上海时还书局1933年出版，(自治丛书之五)。
《自治组织 财政警卫 农村教育 (区乡镇)》，文公直著。上海时还书局1933年出版，(自治丛书之六)。
《东北县治纪要》，熊知白编。北平立达书局1933年出版。
《地方自治之理论与实施》，徐德麟编。上海会文堂新记书局1933年出版。
《农村领袖》，杨开道著。上海世界书局1933年出版。
《中华职业教育社之农村事业》，姚惠泉著。中华职业教育社1933年出版。
《中国新乡村教育》，章通群著。新亚书店1933年出版。
《地方自治之理论与实际》，赵如珩著。上海华通书局1933年出版。

1934 年
《地方自治法规汇编》，陈独清编。汕头大东书局1934年出版。
《一个寒假中的乡村改造运动》，方怀毅著。上海儿童书局1934年出版。
《农村社会学大纲》，冯和法著。黎明书局1934年出版。
《中国农村经济论》，冯和法著。黎明书局1934年出版。
《乡村民众教育》，郭人全编著。黎明书局1934年出版。
《地方自治理论与实施》，黄康伟编。南京拔提书局1934年出版。
《江宁县政概况》，江宁自治实验县政府编。大陆印书馆1934年出版。
《农村复兴与乡教运动》，金轮海著。上海商务印书馆1934年出版。
《中国今日之农村运动》(中山文化教育馆调查研究报告)，孔雪雄编。南京中山文化教育馆1934年出版。
《自治政策》，李冠礼著。广州民智书局1934年出版。
《乡村建设论文集》(第一辑)，梁漱溟著。山东乡村建设研究院1934年出版。

《江宁县淳化镇乡村社会之研究》，乔启明著。南京金陵大学农学院1934年出版。

《中国乡村问题之分析与解决方案》，茹春浦编。北平震东印书馆1934年出版。

《现行地方自治法令解释汇编》，苏松芬编。上海商务印书馆1934年出版。

《地方自治之演进及实际问题》，滕硕著。共和书局1934年出版。

《中国农村复兴的研究》，王任重著。东成印书局1934年出版。

《新村建设》，杨开道著。上海世界书局1934年出版。

《试验六年期满之徐公桥》，姚惠泉、陆叔昂著。上海中华职业教育社1934年出版。

《由乡村建设以复兴民族之实施要点》，中国社会教育社理事会事务所1934年编印。

《农村复兴之理论与实际》，章鹏若著。上海商务印书馆1934年出版。

《乡村建设实验》（第一集、第二集），章元善、许仕廉编。上海中华书局1934—1935年出版。

《怎样实施地方自治》，赵如珩编。上海华通书局1934年出版。

《民众教育通论》，庄泽宣著。上海中华书局1934年出版。

1935 年

《现代中国之农村建设实验运动及其前途》，陈一著。南京中国建设协会1935年出版。

《地方自治方案汇编》，中央民众运动指导委员会1935年编印。

《中国农村复兴问题》，董成勋编。上海世界书局1935年出版。

《农村建设实施记》，方悴农编。上海大华书局1935年出版。

《中国农村经济资料》，冯和法编。黎明书局1935年出版。

《中国农村经济资料续编》，冯和法编。黎明书局1935年出版。

《民众教育》，高践四著。商务印书馆1935年出版。

《农村改进的理论与实际》，江恒源编。上海生活书店1935年出版。

《乌江乡村建设研究》，蒋杰著。金陵大学农学院农村新报社1935年出版。

《中国农村建设之途径》，兰名诂著。上海世界书局1935年出版。

《地方自治述要》，冷隽著。南京正中书局1935年出版。

《中国乡村建设批判》，千家驹、李紫翔主编。新知书店1935年出版。

《万家埠》，万家埠实验区编。江西农村半月刊1935年出版。

《中国保甲制度》，闻钧天著。上海商务印书馆1935年出版。

《全国乡村建设运动概况》（第一辑 上、下册），许莹涟、李竟西编。山东乡村建设研究院1935年出版。

《公民：地方自治》，赵祥麟著。南京正中书局1935年出版。

《新生活与乡村建设》，邹树文著。南京正中书局1935年出版。

1936 年

《地方自治与民众组织》，高赞非著。山东乡村建设研究院第一分院1936年出版。

《中国地方自治之实际与理论》，黎文辉著。上海商务印书馆1936年出版。

《乡村建设大意》，梁漱溟著。山东邹平乡村书店1936年出版。

《中国的乡村建设》，千家驹著。上海大众文化社1936年出版。

《中国农村经济论文集》，千家驹编。中华书局1936年出版。

《中国各市自治概论》，尚其煦著。中国地方自治学会1936年出版。

《农村经济及合作》，王世颖著。黎明书局1936年出版。

《农村问题论文集》，王枕心编。江西农村改进社1936年出版。

《邹村的村学乡学》，萧克木编。邹平乡村书店1936年出版。

《青岛邹平、定县乡村建设考察记》，袁植群著。成都开明书店1936年出版。

《定县农村工业调查》，张世文编。河北县政建设研究院1936年出版，四川民族出版社1991年重印。

1937 年

《地方自治》，丁庆生等编。上海大东书局1937年出版。

《中国地方自治问题》，董修甲编著。上海商务印书馆1937年出版，两册。

《农村建造》，金轮海编。上海商务印书馆1937年出版。

《定县的教育文录》，瞿菊农编。北平民间社1937年出版。

《地方自治实行法问答百条》，瞿世镇编。上海三民图书公司1937年出版。

《乡村建设理论》(一名《中国民族之前途》),梁漱溟著。邹平乡村书店1937年出版。

《乡村建设理论提纲》(初编),梁漱溟编。山东邹平乡村书店1937年出版。

《地方自治读本》,刘孤帆著。上海宪政常识丛书社1937年出版。

《农村改进实施法》,陆叔昂编。上海中华书局1937年出版。

《中国今后乡村建设应有之途径》,乔启明著。南京金陵大学农学院1937年出版。

《民众教育之理论与实践》,邰爽秋著。上海教育馆1937年出版。

《中国县政改造》,史文忠著。南京县市行政讲习所1937年出版。

《非常时期之地方自治》,唐孝刚著。上海中华书局1937年出版。

《第四种国家的出路》,吴景超著。商务印书馆1937年出版。

《中国乡约制度》,杨开道著。山东省乡村服务人员训练处1937年出版。

《农村改进概说》,姚惠泉、沈光烈编。上海中华职业教育社1937年出版。

《非常时期地方自治》,郑肇著。上海汗血书店1937年出版。

1938 年

《乡村建设实验》(第3集),江问渔,梁漱溟编。上海中华书局1938年出版。

《农村组织讲话》,陶陶然著。汉口生活书店1938年出版。

《农民抗战与农村建设》,晏阳初著。长沙中华平民教育促进会1938年出版。

1939 年

《中国县政概论》,程方著。商务印书馆1939年出版。

《县政资料汇编》,焦如桥编。重庆中央政治学校1939年出版。

《地方自治之理论与实际》,李宗黄著。重庆行政院县政计划委员会1939年出版。

《地方自治与保甲制度》,阮毅成执笔。重庆独立出版社1939年出版。

《乡村建设与乡村教育》,庄泽宣著。上海中华书局1939年出版。

1940 年

《地方自治概论》,曹乃敦著。漳州地方自治书报出版社1940年出版。

《洛阳实验区事业实验记》,陈大白著。洛阳实验区1940年出版。

《专业新农村的意义与云南蚕业新村的设计》,葛敬中著。香港中国经济建设学会1940年出版。

《地方自治纲要》,黄哲真著。昆明中华书局1940年出版。

《地方自治之理论》,李鸿音编著。成都四川省训练团1940年出版。

《地方自治》,梁骧编。四川省政府教育厅1940年出版。

《农村建设概要》,四川省训练团1940年编印。

《地方自治》,邱昌渭著。广西省政府编译委员会1940年出版。

《地方自治》,沈松林编。浙江省教育厅师资进修通讯研究部1940年出版。

《推行地方自治必读》,中国国民党浙江省党部1940年编印。

《地方自治的理论与实际》,王翼雄编。福建省地方行政干部训练团1940年出版。

《县各级组织及地方自治参考资料汇编》,西北出版社编。西北出版社1940年出版。

《中国地方自治小史》,周必璋编著。四川省政府1940年出版。

1941 年

《地方自治参考资料》,福建省地方行政干部训练团1941年编印。

《县政建设与基层建设》,黄旭初著。桂林建设书店1941年出版。

《乡政建设》,焦如桥编著。重庆中央政治学校研究部1941年出版。

《地方自治》,雷殷著。重庆中国国民党中央执行委员会、内政部1941年出版。

《答乡村建设批判》,梁漱溟著。重庆中国文化服务社1941年出版。

《地方自治之研究》,刘骞编著。重庆青年书店1941年出版。

《乡村建设》,刘振东著。重庆中央政治学院研究部1941年出版。

《新县制下的农村建设刍议》,毛庆祥著。重庆文化书店1941年出版。

《农村改进的实施》,沈光烈编著。昆明中华书局1941年出版。

1942 年

《地方自治与新县制》，陈柏心著。上海商务印书馆1942年出版。

《地方自治简述》，陈念中著。重庆商务印书馆1942年出版。

《地方自治概要》，中国国民党湖南执委会1942年编印。

《地方自治浅说》，广东省政府秘书处编译室1942年编印。

《乡镇自治》，胡次威著。四川省训练团1942年出版。

《战时乡村建设论》，农山著。上饶战地图书出版社1942年出版。

《乡镇建设小丛书》，彭健华主编。新赣南出版社1942年出版，3册。

《现行乡镇法规汇编》，文华出版社1942年编印。

《乡镇社区实地研究法》，张少微著。贵阳交通书局1942年出版。

《农村组织现状及其改进》，章柏雨编。重庆农产促进委员会1942年出版。

1943 年

《县政建设实施概论》，陈柏心著。桂林文化供应社1943年出版。

《中国地方制度改革问题》，江天民著。广东曲江论衡出版社1943年出版。

《新农村体制建设论之批评》，农本主义研究会编。上海农民教育部1943年版。

《新农村体制建设之原理》，唐瑛著。上海中国农民教育协会1943年出版。

《地方自治之理论与实际》，行政院县政计划委员会编。正中书局1943年出版。

《基督教与中国乡村建设运动》，余牧人著。上海广学会1943年出版。

《地方自治》，周厚强编。长沙湘芬书局1943年出版。

1944 年

《乡政制度与乡政问题》，黄同仇著。安徽立煌两间书屋1944年出版。

《战时的乡村社区政治》，蒋旨昂著。重庆商务印书馆1944年出版。

《有关地方自治法规辑要》，柯琴辑著。重庆商务印书馆1944年出版。

《县各级组织纲要》，行政院县政计划委员会编。正中书局1944年出版。

《总理对地方自治遗教辑要》，杨琴著。上海商务印书馆1944年出版。

《乡村社会学纲要》，章润之著。中正书局1944年版。

1945 年

《乡村建设与教育》，瞿菊农著。中国文化服务社1945年出版。

《地方自治工作人员手册》，李宗黄著。重庆青年出版社1945年出版。

《中国乡村建设运动概观》，饶涤生著。正报社1945年出版。

《地方自治四权行使实习手册》，任觉五、简伯邨合编。重庆青年出版社1945年出版。

1946 年

《乡村建设运动》，陈序经著。上海大东书局1946年出版。

《宪政与地方自治》，李宗黄编。上海正中书局1946年出版。

《地方自治法规》，萨师炯编。上海大东书局1946年出版。

《总理对地方自治遗教》，行政院县政计划委员会编。上海正中书局1946年出版。

1947 年

《地方自治》，行政院新闻局1947年编印。

《地方自治概要》，胡次威著。上海昌明书店1947年出版。

《乡镇自治提要》，胡次威著。上海大东书局1947年出版。

《地方自治实施方案法规汇编》(上、下册)，胡次威编。上海大东书局1947年出版。

《县自治法论》，胡次威编著。上海正中书局1947年出版。

《县自治法规选辑》，江苏省训练团编。镇江江南印书馆1947年出版。

《中国农村社会经济学》，乔启明著。商务印书馆1947年出版。

《党员怎样协助推进地方自治》，徐幼川编。重庆正中书局1947年出版。

《中国地方政府》，张富康著。新昌印书馆1947年出版。

1948 年

《地方自治》，洪钧编。上海中华书局1948年出版。

《乡土重建的一个实验》，施星火著。青树出版社1948

年出版。

《农村社会》,杨开道编。上海中华书局1948年出版。

1950 年–1988 年

《台湾的地方自治》,金体乾著。台北正中书局1950年出版。

《中国近代经济史统计资料选辑》,严中平著。科学出版社1955年出版。

《梁漱溟政治思想批判》,李达著。湖北人民出版社1956年出版。

《梁漱溟的四十年》,李紫翔著。上海新知识出版社1956年出版。

《怎样做村里邻长》,高雄市青年进修出版社1957年出版。

《高雄市实施地方自治纪念专刊》,台湾农林新闻社编辑委员会编。台湾农林新闻社1957年出版。

《中国近代农业史资料》(第一~三缉),章有义著。三联书店1957年出版。

《地方自治论文集》,张炳楠等编。台北华冈出版部1974年出版。

《地方自治与新县制》,阮毅成著。台北联经出版事业公司1978年出版。

《晏阳初传》,吴相湘著。台湾时报文化出版企业有限公司1981年出版。

《地方自治与政府》,黄翔飞著。台北五南图书出版公司1982年出版。

《地方自治新论》,管欧著。台北五南图书出版公司1983年出版。

《中国农村论文选》(上、下册),薛暮桥、冯和法编。人民出版社1983年出版。

《地方自治与公职选举》,江继五编著。台北大中国图书公司1984年出版。

《解放前的中国农村》(第一~三辑),陈翰笙著。中国展望出版社1985年出版。

《钱俊瑞选集》,钱俊瑞著。山西人民出版社1986年出版。

《乡村组织体制改革》,刘振伟等主编。中国林业出版社1987年出版。

《当代中国的乡村建设》,袁镜身、冯华、张修志编。中国社会科学出版社1987年出版。

《中国近代农业经济史概论》,郑庆平、岳琛著。中国人民大学出版社1987年出版。

《乡村社会变迁》,[美] 罗吉斯、埃弗里特·M著。浙江人民出版社1988年出版。

1989 年

《乡村》,梁漱溟乡村建设理论研究会编。山东大学出版社1989年出版。

《乡镇政权与村民自治》,黄湘平、马立强编著。湖南人民出版社1989年出版。

《实践与思考—全国农村基层政权建设理论研讨会文选》,中国基层政权建设研究会编。辽宁大学出版社1989年出版。

1990 年

《晏阳初与定县平民教育》,李济东、李志惠编。河北教育出版社1990年出版。

《平民教育家晏阳初》,四川省政协、巴中县政协编:四川大学出版社1990年出版。

《晏阳初教育思想研究》(第一~二辑),武冈师范编。湖南教育出版社1988-1990年出版。

《中华民国教育史》,熊明安著。重庆出版社1990年出版。

《乡村管理的历史与现实》,杨爱民著。中国文史出版社1990年出版。

1991 年

《乡村民主——中国农村自治组织形式研究》,包心鉴等主编。中国广播电视出版社1991年出版。

《乡镇政治制度建设》,陈学慎、杨爱民著。海洋出版社1991年出版。

《广西村级组织建设》,梁明春等主编。广西教育出版社1991年出版。

《梁漱溟与山东农村建设》,山东省政协文史资料委员会、邹平县政协文史资料委员会编。山东人民出版社1991年出版。

《教育与社会发展——晏阳初思想国际学术研究会论文集》,宋恩荣编。湖南教育出版社1991年出版。

《当代中国村落家族文化——对中国社会现代化的一项探索》,王沪宁著。上海人民出版社1991年出版。

《伟大的人民教育家陶行知》,袁振国、张癸著。江苏教育出版社1991年出版。

1992 年

《实践与思考——中国基层政权建设研究会1991年年会论文集》,中国基层政权建设研究会编。中国社会出版社1992年出版。

《梁漱溟传》,[美] 艾恺著；郑大华等译。湖南出版社1992年出版。

《中国当代农民文化——百村调查纪实》,成汉昌、刘一皋著。中原农民出版社1992年出版。

《改革中的农村与农民》，陆学艺著。中共中央党校出版社1992年出版。

《梁漱溟评传》，马勇著。安徽人民出版社1992年出版。

《晏阳初全集》（第一~三卷），宋恩荣编。湖南教育出版社1989-1992年出版。

《农村党的建设与基层政权建设》，孙学光、郑邦兴编。武汉大学出版社1992年出版。

《张培刚经济论文选》，谭慧编。湖南出版社1992年出版。

《非均衡的中国政治—城市与乡村比较》，徐勇著。中国广播电视出版社1992年出版。

《中国农村基层政权》，张厚安著。四川人民出版社1992年出版。

《中国乡镇政权建设》，张厚安著。四川人民出版社1992年出版。

《村民自治理论与实践》，张建军，惠铭纹主编。中国人民公安大学出版社1992年出版。

《中国农村基层建制的历史演变》，张翼之著。四川人民出版社1992年出版。

《农村社区整合与发展》，中国社会科学院农村发展所编。山西经济出版社1992年出版。

1993 年

《中国农村社会经济变迁(1949-1989)》，陈吉元、陈家骥、杨勋编。山西经济出版社1993年出版。

《近代中国地方自治研究》，丁旭光著。广州出版社1993年出版。

《中国近现代农民土地问题研究》，郭德宏著。青岛出版社1993年出版。

《陶行知教育论著选》，人民教育出版社1993年出版。

《黄炎培教育论著选》，田正平、李笑贤著。人民教育出版社1993年出版。

《县以下层次区划模式》，张厚安著。四川人民出版社1993年出版。

《梁漱溟与现代新儒学》，郑大华著。台湾文津出版社1993年出版。

《中国农村村民委员会换届选举制度》，中国基层政权建设研究会编。中国社会出版社1993年出版。

《梁漱溟全集》（第一~八卷），中国文化书院学术委员会编。山东人民出版社1989-1993年出版。

1994 年

《文化、权力与国家——1900-1942年的华北农村》，[美]杜赞奇著。江苏人民出版社1994年出版。

《近代江南农村》，段本洛、单强著。江苏人民出版社1994年出版。

《中国乡镇政权建设与社会发展》，雷振扬、唐鸣著。中国地质大学出版社1994年出版。

《中国农村基层社会组织体系研究》，李守经、邱馨主编。中国农业出版社1994年出版。

《中国乡镇政权的现状与改革》，李学举、王振耀、汤晋苏编著。中国社会出版社1994年出版。

《中国城乡基层政权建设工作研究》，李学举著。中国社会出版社1994年出版。

《中国现代化进程中的农民问题》，刘锋著。陕西人民出版社1994年出版。

《梁漱溟教育思想研究》，马勇著。辽宁教育出版社1994年出版。

《晏阳初教育思想研究》，宋恩荣、熊贤君著。辽宁教育出版社1994年出版。

《一项为和平与发展奠基工程——平民教育之父晏阳初评介》，詹一之、李国音著。四川教育出版社1994年出版。

《梁漱溟与胡适》，郑大华著。中华书局1994年出版。

《中国农村村民代表会议制度》，中国基层政权建设研究会中国农村村民自治制度研究课题组编。中国社会出版社1994年出版。

《二十世纪三四十年代河南冀东保甲制度研究》，朱德新著。中国社会科学出版社1994年出版。

1995 年

《中国基层政权的改革与探索》（上、下册），白益华编。中国社会出版社1995年出版。

《当代浙北乡村的社会文化变迁》，曹锦清、张乐天、陈中亚著。上海远东出版社1995年出版。

《近代冀鲁豫乡村》，从翰香主编。中国社会科学出版社1995年出版。

《当代中国基层政权建设》，李秀琴、王金华著。中国社会出版社1995年出版。

《中华人民共和国村民委员会有关法规、文件及规章制度选编》，民政部基层政权建设司编。中国社会出版社1995年出版。

《中国乡村社区组织建设》，秦志华著。人民出版社1995年出版。

《新集体主义—乡村社会的再组织》，王颖著。经济管理出版社1995年出版。

《中国农村政治稳定与发展》，张厚安、徐勇著。武汉出版社1995年出版。

《新视野与大思路—中国山区乡镇政权建设研究》，张立荣著。武汉大学出版社1995年出版。

1996年

《梁漱溟哲学思想研究》,郭齐勇、龚建平著。湖北人民出版社1996年出版。

《中国村落的制度变迁与权力分配——陕西省商州市王村调查》,胡必亮著。山西经济出版社1996年出版。

《全国村民自治示范工作经验交流暨城乡基层先进集体和个人表彰会议文件汇编》,民政部基层政权建设司编。中国社会出版社1996年出版。

《中华人民共和国村民委员会选举工作范例》,民政部基层政权建设司编。中国社会出版社1996年出版。

《梁漱溟社会改造构想研究》,善峰著。山东大学出版社1996年出版。

《乡镇政权与村委会建设》,王振耀等主编。中国社会出版社1996年出版。

《20世纪30年代冀东农村社会调查与研究》,魏宏运主编。天津人民出版社1996年出版。

《晏阳初纪念文集》,晏阳初纪念文集编委会编。重庆出版社1996年出版。

《农村政治稳定与发展》,张厚安著。武汉出版社1996年出版。

《中国农村村民委员会法律制度》,中国基层政权建设研究会编。中国社会出版社1996年出版。

《梁漱溟乡村建设研究》,朱汉国著。山西教育出版社1996年出版。

1997年

《乡土社会的秩序、公正与权威》,王铭铭、王斯福主编。中国政法大学出版社1997年出版。

《中国农村村民自治》,徐勇著。华中师范大学出版社1997年出版。

《苏南村级组织研究》,张明主编。苏州大学出版社1997年出版。

《村庄的再造——一个超级村庄的社会变迁》,折晓叶著。中国社会科学出版社1997年出版。

1998年

《村治概论》,崔延平主编。湖北人民出版社1998年出版。

《农村基层政权建设与村民自治理论教程》,王仲田撰稿。教育科学出版社1998年出版。

《告别理想——人民公社制度研究》,张乐天著。东方出版中心1998年出版。

1999年

《静悄悄的革命——中国村民自治的历程》,米有录、王爱平主编。中国社会出版社1999年出版。

《中国村民自治》,辛秋水主编。合肥黄山书社1999年出版。

《乡村政治》,王仲田、詹成付主编。江西人民出版社1999年出版。

《村民自治百问》,王柏、郭胜昔编著。山西经济出版社1999年出版。

2000年

《当代中国农村政治发展研究》,程国顺编。天津人民出版社2000年出版。

《中国基层民主发展的最新突破——深圳市大鹏镇镇长选举制度改革的政治解读》,黄卫平主编。社会科学文献出版社2000年出版。

《中国农村村民自治制度研究》,王振耀等主编。中国农业出版社2000年出版。

《中国农村村级治理》,徐勇著。华中师范大学出版社2000年出版。

《基层政权——乡村制度诸问题》,张静著。浙江人民出版社2000年出版。

《民国乡村建设运动》,郑大华著。社会科学文献出版社2000年出版。

二、资料、档案

1906年-1928年

《地方自治》,留东湖南西路同乡会1906年提出。

《湖北省自治法草案》,湖北旅京同乡会1921年提出。

《湖南省地方自治根本法草案》,湖南省自治促进会1921年编印。

《解答村政问题辑要》,山西省公署村政处1924年版。

《定县试验区工作成绩报告》,中华平民教育促进会总会1927年编印。

《昆山徐公桥乡村改进事业试验报告》,上海中华职业教育社1928年编印。

《山西村政汇编》(8册,附三种须知),山西村政处1928年编印。

《浙江省乡村制及施行程序》,慈县政府1928年编印。

1929年

《北平特别市筹备街村自治浅说》(第1编),北平特别市筹备自治办事处1929年编印。

《北平特别市筹备自治暂行各种章则文告汇刊》,北平特别市筹备自治办事处1929年编印。

《地方自治训练所讲演集》,湖南全省地方自治筹备处1929年编印。

《中华平民教育促进会总会华北实验区工作实况（中华平民教育促进会总会华北试验区第一次报告）》,北平中华平民教育促进会总会1929年印。

《徐公桥（昆山徐公桥乡村改进事业试验第二次报告）》,上海中华职业教育社1929年印。

《定县牛村的平民教育》,河北定县中华平民教育促进会1929年印。

1930 年

《衡山县地方自治调查实录》,民国湖南自治筹备处衡山县调查委员会1930年编印,4册(有图)。

《江苏省农村改进会议汇编》,江苏省农矿厅1930年编印。

《住在农村从事社会调查所得的印象》,北平燕京大学社会学系1930年印。

《民众教育实验报告》,江苏省立教育学院研究实验部1930年编印。

《湘潭县自治汇刊》,湘潭县自治调查委员会1930年编印。

1931 年

《北平市筹备自治暂行条例汇编》,北平市筹备自治委员会1931年编印。

《绥远县地方自治讲义》,绥远社会教育所1931年印。

《现行地方自治法规汇编》,闽侯县政府1931年印。

《五百一十五个农村家庭之研究》,北平燕京大学社会学系1931年印。

《三周岁之徐公桥（昆山徐公桥乡村改进事业试验第三次报告)》,上海中华职业教育社1931年印。

《山东乡村建设研究院一览》,山东乡村建设研究院1931年编印。

《社会调查及邹平社会》,山东省乡村建设研究院1931年编印。

《一个新农村(中华农村促进社第一次报告)》,中华农村促进社1931年印。

《县地方自治法规》(国民政府公布),1931年。

《一个市镇调查的尝试(宛平清河镇)》,北平燕京大学社会学系1931年印。

1932 年

《广东筹办地方自治实况》,广东省政府民政厅1932年编印。

《定县平民教育视察记》,张家口察哈尔教育厅编译处1932年印。

《农村改良会》,屯沟会农村改良会1932年编印。

1933 年

《地方自治法案》,内政部1933年编印。

《定县的社会调查工作》,中华平民教育促进会1933年编印。

《改进中国农村计划草案》,行政院农村复兴委员会1933年编印。

《江宁自治实验县政府法规汇编》,江宁自治实验县县政府1933年编印。

《江西省政府国内农村改进事业考察团报告书》,江西省政府特派国内农村改进事业考察团1933年编印。

《李村乡区建设纪要(中华民国二十二年七月)》,青岛市李村乡建设办事处1933年编印。

《青岛市现行自治规章汇编》,青岛市政府地方自治筹办委员会1933年编印。

《清河社会试验》,燕京大学社会学系1933年编印。

《县政改革方案》,内政部1933年编印。

《蔷薇园新村计划大纲》,上海中国新村建设社1933年印。

《镇平县自治概况》,镇平县十区自治办公处1933年编印。

1934 年

《北平市自治之过程及将来》,北平市政府1934年编印。

《地方自治资料》,浙江省地方自治专修学校1934年编印。

《定县地方自治概况调查报告书》,河北县政建设研究院1934年编印。

《定县实验工作提要》,中华平民教育促进会1934年编印。

《湖北农村建设协进会会报》,湖北农村建设协进会总务股1934年编印。

《兰溪实验县政府行政整理时期工作总报告》,兰溪实验县县政府1934编印。

李景汉:《定县经济调查——部分报告书》,河北省县政建设研究院1934年印。

《李村乡区建设纪要(中华民国二十三年)》,青岛市李村乡建设办事处1934年编印。

《北行观感》,浙江省立民众教育实验学校1934年印。

《山东乡村建设研究院概览》，山东乡村建设研究院1934年编印。

《县自治法草案、县自治法施行法草案、市自治法草案、市自治法施行法草案》，立法院法制自治委员会1934年编印。

《定县实验区考察记（中华平民教育促进会河北省县政建设研究院介绍与批评）》，北平众志学社1934年印。

《河北省二十六县五十一村农村概况调查》，北平大学农学院1934年印。

《一年来复兴农村政策之实施状况》，行政院农村复兴委员会1934年编印。

《云南省自治筹备委员会第一年工作报告》，云南省自治筹备委员会1934年编印。

《中华民国二十三年邹平乡村自卫实验报告》，山东乡村建设研究院1934年编印。

1935 年

《安徽农村建设概况（1935年）》，安徽省政府建设厅1935年编印。

《调查乡村建设纪要》，国民政府军事委员会委员长行营湖北地方政务研究会调查团1935年编印。

《定县的实验》，中华平民教育促进会1935年编印。

《定县农村教育建设》，河北省县政建设研究院、中华平民教育促进会1935年编印。

《定县平民教育测验统计报告》，中华平民教育促进会教育心理研究委员会1935年编印。

《新农村与西北》，作者1935年自刊（北师大图书馆藏）。

《江宁自治实验县二十二年户口调查报告》，江宁自治实验县政府1935年编印。

《地方自治法令便览》，中山县政府自治科1935年印。

《乡农教育》，山东乡村建设研究院出版股1935年印。

《万家埠实验区工作概况》，江西农村改进社1935年编印。

《黎川农村建设实验》，北平燕京大学政治学系1935年印。

《县政建设实验区资料汇要》，内政部总务司1935年编印。

《山东邹平之乡村建设事业（中国地方自治学会调查报告之二）》，南京中国地方自治学会1935年印。

《江宁自治实验县地方自治调查摘要》，南京中国地方自治学会1935年印。

1936 年

《华北农村建设协进会工作大纲（1936-1937）》，华北农村建设协进会1936年编印。

《定县农村合作社章则汇编》（第1辑），中华平民教育促进会1936年编印。

《李村乡区建设概况》，青岛市李村乡建设办事处1936年编印。

《农村建设实验区工作报告》，北平大学农学院农业经济学系1936年编印。

《山东乡村建设研究院及邹平实验区概况》，山东乡村建设研究院1936年编印。

《邹平农村金融工作实验报告》，山东乡村建设研究院邹平实验县农村金融流通处1936年编印。

《绥远省政府乡村建设委员会训练处概览》，绥远省政府乡村建设委员会训练处1936年编印。

《乡村建设问答》，山东县政建设实验区长官公署1936年编印。

《镇平乡村实验事业调查》，河南镇平县地方建设促进委员会1936年编印。

《考察日本及国内青岛、广西乡村建设日记》，1936年印（上海图书馆藏）。

《邹平乡村自卫实验报告》，山东乡村建设研究院1936年编印。

1937 年

《长安小溪口农村改进会概览》，长安小溪口农村改进会1937年编印。

《湖南的实验县衡山》，中华平民教育促进会1937年编印。

《农会推进乡村建设之实验》，金陵大学农学院农业经济系1937年编印。

《绥远的乡村建设》，绥远省政府乡村建设委员会1937年编印。

1938 年-1998 年

《广西省县乡村自治法规汇编》，广西省政府民政厅1938年编印。

《清河村镇社区》，北京燕京大学社会学系1938年印。

《县各级组织及地方自治参考材料》，重庆中央训练团1939年编印，2册。

《冉村实验区鸟瞰》，北平燕京大学教育学会1941年印。

《乡政实验》（第1辑），赣县江西省地方行政干部训练团1941年印。

《地方自治实施方案江西实施要领》，江西省民政厅

1942年编印。
《乡村建设》,中央电讯社出版所1944年编印。
《乡村建设实施委员会实验县县政会议录(中华民国三十三年九月)》,乡村建设实施委员会专员室1944年编印。
《乡镇以下民意法规汇编》,荣县县政府1945年编印。
《地方自治法规选辑》,内政部民政司1946年编印。
《中国生产促进会、农村改进委员会实验区工作计划》,中国生产促进会1946年编印。
《省市县自治通则草案四种》,内政部1947年编印。
《县市自治法各项草案》,福建省行政会议秘书处1947年编印。
《中国农村复兴计划书》,中华农学会1948年印。
《乡保法令选编》,福建省政府民政厅1949年编印。
《台湾省实施地方自治纪要》,台湾省政府民政厅1951年编印。
《梨树县村民自治故事汇编》,梨树县基层政权建设领导小组1993年4月编印。
《梨树县村民委员会选举办法》,梨树县政府1998年7月编印。

三、论 文

1909 年–1926 年

《论地方自治应有施行之秩序》,《民呼日报》1909年6月9日。
《论地方自治与专制立宪之别》,《东方杂志》1909年第11期。
《何谓自治》,《东方杂志》1920年第17卷第20号。
《地方自治实行法》,孙中山著。《建设》1920年第2卷第2期。
《新村的理想与实际》,《东方杂志》1920年第17卷第14号。
《农村改造发端》,张闻天著。《少年世界》1920年第1卷第3期。
《地方自治与乡村运动》,《东方杂志》1922年第19卷第6号。
《自治的统一与统一的自治》,《东方杂志》1922年第19卷第11号。
《促进三省平民自治》,《滨江时报》1924年第7期。
《地方自治之模型》,《滨江时报》1924年第7期。
《江苏省江宁县淳化镇农业调查之报告》,毕伯雄著。《农林新报》1925年第37期。
《浙江省自治法》,《东方杂志》1926年第23卷第2号。
《浙江省自治法施行法》,《东方杂志》1926年第23卷第2号。

1929 年

《村民自由的认识》,范甲胸著。《村治月刊》1929年第1卷第8期。
《河南村治学院推广农业计划》,冯梯霞著。《村治月刊》1929年第1卷第12期。
《河北省村治法案》,《村治月刊》1929年第1卷第3期。
《河南村治学院组织大纲》,《村治月刊》1929年第1卷第10期。
《周年之工作》,湖南自治筹备处编。《村治月刊》1929年第1卷第8期。
《江宁农民之统计》,《世界月刊》1929年第1卷第2期。
《北方自治考察记》,李静著。《村治月刊》1929年第1卷创刊号。
《民主势力与乡村自治》,梁汉三著。《村治月刊》1929年第1卷第8期。
《河南村治学院旨趣书》,梁漱溟著。《村治月刊》1929年第1卷第9期。
《乡村自治问题》(上),吕振羽著。《村治月刊》1929年第1卷第6期。
《乡村自治问题》(下),吕振羽著。《村治月刊》1929年第1卷第7期。
《村治之研究及其出路》,梦涛著。《村治月刊》1929年第1卷第12期。
《地方自治法之解剖》,梦涛著。《村治月刊》1929年第1卷第10期。
《地方自治实行法之解剖》(续),梦涛著。《村治月刊》1929年第1卷第11期。
《参观山西村治归来后之感想》,米迪刚著。《村治月刊》1929年第1卷第9期。
《村治之理论与实质》,茹春浦著。《村治月刊》1929年第1卷创刊号。
《进一步认识村治制度》,茹春浦著。《村治月刊》1929年第1卷第3期。
《山西村治之实地调查》,茹春浦著。《村治月刊》1929年第1卷第7期。
《实行村治的初步计划》,茹春浦著。《村治月刊》1929年第1卷第4期。
《自治区域与自治单位》,茹春浦著。《村治月刊》1929年第1卷第5期。
《村治与民众运动有什么关系》,若愚著。《村治月刊》1929年第1卷第8期。
《建设村本政治》,王鸿著。《村治月刊》1929年第1卷创刊号。

《村治之危机与生机》,王惺吾著。《村治月刊》1929年第1卷第12期。

《民运与村治》,王惺吾著。《村治月刊》1929年第1卷创刊号。

《民运与村治》(续),王惺吾著。《村治月刊》1929年第1卷第2期。

《乡镇自治施行法》,《东方杂志》1929年第26卷18号。

《村治与三民主义》,谢民生著。《村治月刊》1929年第1卷创刊号。

《参观山西及翟城村两处村治之感想》,颜兰亭著。《村治月刊》1929年第1卷第9期。

《建设村本政治与村治前途的障碍》,颜兰亭著。《村治月刊》1929年第1卷第4期。

《村治之理论与实际及民族复兴之因果》,杨天竞著。《村治月刊》1929年第1卷创刊号。

《村治的总动员令和集中地点》,尹仲材著。《村治月刊》1929年第1卷创刊号。

《村治学与中国伦理学》,尹仲材著。《村治月刊》1929年第1卷第12期。

《十八年各地村治访问录》,尹仲材著。《村治月刊》1929年第1卷第10期。

《江宁县农业的调查》,张心一著。《统计月报》1929年第1卷第4期。

1930 年

《村治运动的正路》,李朴生著。《村治》1930年第1卷第6期。

《山东乡村建设研究院设立旨趣及办法概要》,梁漱溟著。《村治》1930年第1卷第11—12期。

《乡村运动与军阀》,梁漱溟著。《农村月刊》1930年第13期。

1931 年

《翟县模范村村治之成绩》,李景汉著。《农业经济学会刊》1931年第2卷第4期。

《敢告今之言地方自治者》,梁漱溟著。《村治》1931年第2卷第1期。

《敢告今之言地方自治者》(续),梁漱溟著。《村治》1931年第2卷第2期。

《敢告今之言地方自治者》(续),梁漱溟著。《村治》1931年第2卷第3期。

《白德菲教授与梁漱溟先生的关于中国农村社会的谈话》,周叔昭著。《社会问题》1931年第1卷第4期。

1932 年

《吕氏乡约的考证》,《村治》1932年第3卷第1期。

《国难中的广西乡村建设》,天间著。《民彝旬刊》1932年第1卷第5期。

《我们的乡村运动与现政权》,王静如著。《村治》1932年第3卷第1期。

1933 年

《中国地方自治之沿革》,陈灿著。《建国月刊》1933年第8卷第1期。

《邹平山东乡村建设研究院参观记》,陈礼江著。《申报月刊》1933年第2卷第5号。

《地方自治法规》,《建国月刊》1933年第8卷第1期。

《地方自治法规》,《建国月刊》1933年第8卷第2期。

《地方自治指导纲领》,《中央党务月刊》1933年第58期。

《地方自治与土地问题》,董汝舟著。《建国月刊》1933年第8卷第1期。

《定县农村中见到的平教会事业》,衡哲著。《独立评论》1933年第51期。

《民族复兴之问题与途径及乡村建设之要点》,梁漱溟著。《教育与民众》1933年第5卷第1期。

《乡村建设理论提纲》,梁漱溟著。《乡村建设》1933年第2卷第22—23期。

《乡村建设是什么》,梁漱溟著。《安徽省政府公报》1933年第443期。

《乡村运动不离政治改造》,梁漱溟著。《工业周刊》1933年第152期。

《乡村建设初步》,穆宗元著。《乡村建设》1933年第3卷第13期。

《内政部公布关于地方自治之条例章则》,《建国月刊》1933年第8卷第3期。

《地方自治改革案》,师慎著。《建国月刊》1933年第8卷第2期。

《邹平实验县概况》,王伯平著。《复兴月刊》1933年第2卷第4期、5期。

《乡村建设与乡村教育之改造》,《东方杂志》1933年第30卷第22号。

《第二次全国内政会议关于地方自治之议案》,祝世康著。《建国月刊》1933年第8卷第2期。

1934 年

《改进地方自治原则》,《立法专刊》1934年第10辑。

《在定县参加"第二届全国乡村工作讨论会"以后》,黄丽泉著。《新农村》1934年第17期。

《经济恐慌下的河北定县农村》,康诚勋著。《新中华》1934年第2卷第16期。

《由普遍的地方自治说到山西建设期中之农村自治》,李秉著。《新农村》(太原)1934年第8期。

《定县农村经济现状》,李景汉著。《民间半月刊》1934年第1卷第1期。

《对于编制“由乡村建设以复兴民族案”之意见》,梁漱溟著。《中华教育界》1934年第22卷第1期。

《乡村建设几个当前的问题》,梁漱溟著。《民间半月刊》1934年第1卷第11期。

《乡村建设与社会建设》,梁漱溟著。《教育与民众》1934年第6卷第1期。

《研究“乡村建设”的途径》,梁漱溟著。《乡村建设》1934年第4卷第15期。

《参观定县平民教育会》,宁任卿著。《新农村》1934年第12期。

《中国农村建设之路何在》,千家驹著。《申报月刊》1934年第3卷第10期。

《乡村运动的总动员与政治关系》,茹春浦著。《前途杂志》1934年第2卷第2期。

《中国的农村运动》,泰勒著。《西京日报》1934年10月6日、7日。

《根据定县社会实况想到复兴农村的救急政策》,王九茎著。《前途》1934年第2卷第9期。

《“定县主义”论》,巫宝三著。《独立评论》1934年第96号。

《中国乡村建设中心论质疑》,许仕廉著。《申报月刊》1934年第3卷第1期。

《农村运动的使命及其实现的方法与步骤》,晏阳初著。《民间半月刊》1934年第1卷第11期。

《定县之谜》,忧患生著。《独立评论》1934年第97号。

《河北定县八村土地的调查》,张析桂著。《北平晨报》1934年10月17日。

《河北定县八村土地问题的研究》,张析桂著。《北平晨报》1934年10月17日。

《山西村政的检讨》,祝君达著。《新农村》1934年第9期。

1935 年

《中国目前各地农村运动的检讨》,陈柏心著。《半月评论》1935年第1卷第2期。

《华北乡村建设运动的检讨》,陈晖著。《复兴月刊》1935年第4卷第4期。

《中国农村运动之演进》,程振华著。《正中》1935年第2卷第1期。

《中国乡村建设之基本条件》,董汝舟著。《建国月刊》1935年第12卷第2期。

《周作人先生在定县》,堵述初著。《艺风月刊》1935年第3卷第1期。

《我国农村运动的进展与将来》,范荣好著。《漠锋月刊》1935年第9期。

《广西永淳的乡村建设与农民》,《东方杂志》1935年第32卷第2号。

《乌江乡村建设工作之观感》,何挺毅著。《励进》1935年第11期。

《中国农村建设之各方面的观察》,黄耕野著。《正中》1935年第1卷第10期。

《中国农村运动之批判的研究》,简斋著。《现代评坛》1935年第1卷第6期。

《中国农村运动之理论与实际》,李紫翔著。《新中华》1935年第3卷第18期。

《中国农村建设之途径》,兰名诂著。《农村经济》1935年第2卷第3期。

《定县民众负担之分析》,李景汉著。《民间》1935年第1卷第18期。

《中国农村运动之理论与实际》,李紫翔著。《新中华》1935年第3卷第18期。

《乡村建设旨趣》,梁漱溟著。《大公报》1935年1月6日。

《邹平工作概谈》,梁漱溟著。《教育研究》1935年第57期。

《改进农村运动中危机的拾零》,卢野著。《农村》季刊1935年第3卷第1期。

《论中国农村建设之本质》,《东方杂志》1935年第32卷第7号。

《山东乡村建设研究院之今昔》,木铎著。《鲁论》1935年第1卷第1期。

《农村复兴运动之鸟瞰》,《东方杂志》1935年第32卷第1号。

《农村组织与农村改造》,《东方杂志》1935年第32卷1号。

《武进的农村改进实验区》,邵士平著。《中国农村》1935年第1卷第7期。

《中国农村运动的检讨》,生力著。《行健月刊》1935年第6卷第3期。

《一年来的乡村建设运动》,替丁著。《众志月刊》1935年第3卷第1期。

《农民问题研究》,王子明著。《农村》季刊1935年第3卷第2期。

《由农村组织说到农村复兴》,吴达民著。《农村》季刊1935年第3卷第1期。

《参观邹平实验县后的感想》，伍先民著。《前途杂志》1935年第3卷第4.5期。

《农村复兴运动声中之农村自治问题》，徐承煦著。《前途杂志》1935年第3卷第4--5期。

《江苏江宁县二八六农家生活费用调查》，言心哲著。《中央日报》1935年5月13、27日，6月10日。

《江宁县实验概况及其批判》，诸君著。《汗血月刊》1935年第5卷第5号。

《甘青宁三省农业调查及复兴西北农村方案》，张鹤年著。《正风》1935年第1卷第17—19期。

《山东邹平县四一八农家调查》，张玉山著。《中央日报》1935年7月8日。

《从整个民族经济上观察现在的乡村建设》，张志敏著。《中国农村》1935年第1卷第7期。

《评梁漱溟先生的乡村建设理论之方法问题——客观主义与保守主义》，张志敏著。《中国农村》1935年第1卷第9期。

《农村改进运动的理论之商榷》，赵非著。《农村》季刊1935年第3卷第2期。

《邹平乡村建设的近况及其动向》，《东方杂志》1935年第32卷1号。

1936 年

《滨江省试行地方自治制度》，《国际协报》1936年第6期。

《中国农村运动的回顾及展望》，范郁文著。《农村周刊》1936年第120—1期。

《现阶段农村建设运动的透视》，方悴农著。《浙江建设》1936年第10卷第2期。

《目前中国农村建设运动之检讨》，更耶著。《中兴周刊》1936年第6卷第24期。

《对于乡村改良工作的态度》，光一著。《中国农村》1936年第2卷第9期。

《嘉陵江三峡乡村建设实验区成立经过》，黄子裳著。《工作月刊》1936年第1卷第1期。

《共学处在邹平十一乡的实验》，鞠子政、雍慕农著。《山东乡建》1936年第6卷第6期。

《乡村运动与政府农政之分际问题》，黎康民著。《山东乡建》1936年第6卷第7—8期。

《定县土地调查》，李景汉著。《社会科学》1936年第1卷第2期。

《农村建设运动应有的转变》，李紫翔著。《中国农村》1936年第2卷第4期。

《乡村建设运动的评价》，李紫翔著。见《中国农村经济论文集》（千家驹编，上海中华书局1936年版）一书。

《我国乡村运动》，梁漱溟著。《社友通讯》1936年第4卷第10期。

《中国农村建设运动之目标》，刘煦南著。《经济丛刊》1936年第6期。

《四川嘉陵江三峡的乡村运动》，卢作孚著。《工作月刊》1936年第1卷第1期。

《邹平青年训练略述》，马子实著。《山东民教》1936年第7卷第6期。

《建立乡村运动联合战线的任务与纲领》，平心著。《中国农村》1936年第2卷第10期。

《定县的实验运动能解决中国农村问题吗？》，千家驹著。见《中国农村经济论文集》（千家驹编，上海中华书局1936年版）一书。

《中国的歧路》，千家驹著。见《中国农村经济论文集》（千家驹编，上海中华书局1936年版）一书。

《中国农村的出路在哪里》，千家驹著。《中国农村》1936年第2卷第1期。

《乡村运动大联合的理论与实践》，孙晓村著。《中国农村》1936年第2卷第10期。

《为什么要批评乡村改良工作》，孙冶方著。《中国农村》1936年第2卷第5期。

《从虚伪的民主制说到权能区分的民主制》，王枕心著。《农村》季刊1936年第4卷第1期

《农村复兴运动速写》，汪锡鹏著。《中国农村》1936年第2卷第3期。

《全国乡村工作讨论会的印象》，西超著。《中国农村》1936年第2卷第1期。

《乡村建设运动之检讨》，《东方杂志》1936年第33卷第13号。

《歧途中的乡村改良主义运动》，杨明志著。《中国农村》1936年第2卷第7期。

《近时我国地方自治之演变与今后改进之途径》，杨幼炯著。《时事月报》1936年第14卷第6期。

《乡村建设到哪里去》，亦农著。《山东乡建》1936年第6卷第7期。

《邹平农家妇女访问的尝试》，张立山著。《山东乡建》1936年第6卷第7—8期。

《所谓乡村建设》，周庆声著。《中国农村》1936年第2卷第7期。

《邹平农村经济概况》，《山东乡建》1936年第6卷第5期。

1937 年

《民权政治和乡村建设》，《中国农村》1937年第3卷第4

期。

《乡村建设运动的史略与模式》，陈序经著。《经济周刊》1937年第213期。

《推行中国乡村建设运动应有的知识》，董汝舟著。《经世》1937年第1卷第8期。

《目前有效的农村建设途径》，兰名诂著。《建国月刊》1937年第16卷第3期。

《对于目前乡村工作的观察及意见》，黎康民著。《中国农村》1937年第3卷第6期。

《国难声中的乡村改良运动》，李紫翔著。《中国农村》1937年第3卷第1期。

《定县农村经济概况》，鲁绍柳著。《文化建设》1937年第3卷第4期。

《中国乡村建设运动鸟瞰》，苗俊长著。《乡村改造》1937年第6卷第1期。

《我所见的邹平》，千家驹著。《中国农村》1937年第3卷第3期。

《中国乡村建设问题的过去与将来》，乔启明著。《现代读物》1937年第2卷第26期。

《"政教合一"实验记》，秋江著。《中国农村》1937年第3卷第3期。

《中国乡村建设运动之前瞻》，宋达材著。《湖北民教》1937年第1卷第7—8期。

《邹平的成年教育》，宋乐颜著。《山东乡建》1937年第6卷第6期。

《乡村工作人员应走的道路》，孙冶方著。《中国农村》1937年第3卷第3期。

《陶辛圩的乡村改良工作》，陶然著。《中国农村》1937年第3卷第3期。

《现阶段中国农村改进运动之任务》，王枕心著。《中国农村》1937年第3卷第2期。

《乡村工作者和参政运动》，雨林著。《中国农村》1937年第3卷第7期。

《现阶段的中国乡村运动》，张秀鸾著。《教育民众》1937年第8卷第7期。

《从梁漱溟的辞职谈到乡村》，张宗麟著。《中国农村》1937年第3卷第4期。

《现阶段的中国乡村建设运动》，植璐著。《时代动向》1937年第1卷第8期。

1939 年-1949 年

《保定、定县、石家庄农村视察报告》，方绩佩等著。《农学月刊》1939年第2卷第1期。

《农民的伟大与落后》，徐特立著。《中国农村》1939年第5卷第7期。

《生长中的新农村雏形》，宋转坤著。《中国农村》1940年第6卷第5期。

《现阶段乡村建设的几个重要问题》，徐寅初著。《中国农村》1940年第7卷第1期。

《三评梁漱溟乡村建设理论》，李紫翔著。《中国农村》1941年第7卷第4期。

《乡市选举的胜利（社论）》，《解放日报》1941年9月13日。

《乡选开始（社论）》，《解放日报》1942年4月3日。

《完成乡选（社论）》，《解放日报》1942年10月11日。

《论中国近代农村改良运动》，唐临风著。《中国农民》1943年第2卷第5期。

《"人选对了！"——从第三行政组看新市乡选举》，海棱著。《解放日报》1945年9月2日。

《何为无拘无束的选举——从解放区的选举论新民主主义的原则》，李普著。《群众》1945年第10卷第17期。

《乡村建设派》，罗加正著。《再生》1945年第5期。

《人民的选举-记华池县温台区三乡的试选》，《解放日报》1945年8月31日。

《大家讨论—延县川口五乡李家渠选举大会速写》，张铁夫著。《解放日报》1945年9月3日。

《中国乡村教育运动》，瞿菊农著。《乡建院刊》1947年第1卷第7、8期。

《梁漱溟的社会思想和经济思想》，蔡尚思著。《时与文》1948年第3卷第4期。

《评晏阳初"开发民办建设乡村"》，费孝通著。《观察》1948年第5卷第1期。

《晏阳初与中国农村建设运动》，《观察》1948年第5卷第1期。

《农村建设理论的研究》，杨锡圭著。《农村月刊》1948年第2卷第3期。

《晏阳初的"开发民力建设乡村"论之批判》，哲夫著。《新时代》1948年第12期。

1953 年-1988 年

《抗日战争时期革命根据地的民主选举》，魏宏连著。《历史教学》1953年8月号。

《1905年以前中国的地方自治思潮》，郑永福著。《史学月刊》，1983年第2期。

《广东的乡里制度》，陈谦著。《岭南文史》1985年第2期。

《村级组织建设的几个问题》，刘振伟著。《理论月刊》1987年第11期。

《三十年代乡村建设运动的初步考察》，鲁振祥著。《政治学研究》1987年第4期。

《论政府与农民关系的改革》,陈言新著。《湖北社会科学》1988年第1期。

《地方自治法治化问题》，董翔飞著。《中央日报》(台湾)1988年8月9日。

《贯彻地方自治精神(社论)》,《自立早报》(台湾)1988年6月7日。

《地方自治法制化之症结与解决》,马起华著。《台湾时报》1988年10月28日。

《台湾地方自治重新起步》，沈匡时著。《台湾时报》1988年12月12日。

《关于实行村民自治的若干问题探讨》,许崇德、叶峰著。《法律学习与研究》1988年第2期。

《论农村基层组织建设》,丁国华著。《中国农村经济》1989年第10期。

《建国四十年基层政权建设回顾》,李学举著。《乡镇论坛》1989年第10期。

《论中国农村组织系统的演变和重构》,唐寿春著。《中青年经济论坛》1989年第4期。

《土地制度创新与村级组织制度重建》,王安国著。《管理世界》1989年第6期。

《论社会主义初级阶段的村民自治》,周瑜泰著。《学术论坛》1989年第1期。

1990 年

《村民委员会建设情况的调查与对策》,陈世云著。《中国民政》1990年第2期。

《论农村行政机制的过渡性调整》,王华著。《浙江社会科学》1990年第2期。

《中国农村社区主权阶层的历史透视》,吴柏均著。《农村经济与社会》1990年第6期。

《城市与乡村二元政治结构分析》,徐勇著。《华中师范大学学报》1990年第1期。

1991 年

《中国乡村政治发展的动力和机制分析》，仇开明著。《社会科学战线》1991年第2期。

《农村基层政权建设的现状与对策》,邸乘光著。《社会学研究》1991年第3期。

《对进一步完善我国基层政权选举的若干问题探讨》,何峻著。《政治与法律》1991年第6期。

《对开展村民自治示范活动的思考》,黄百炼著。《社会主义研究》1991年第6期。

《实行村民自治的两点思考》，连尹著。《中国民政》1991年第1期。

《对村民代表会议制度的研究》，李学举著。《乡镇论坛》1991年第9期。

《实践的思考——关于对村民自治的认识》，青萌著。《乡镇论坛》1991年第8期。

《实践的思考——关于村民自治的核心内容》，青萌著。《乡镇论坛》1991年第9期。

《实践的思考——关于村民自治的办法》,青萌著。《乡镇论坛》1991年第10期。

《为了推动全面的村民自治》，青萌著。《乡镇论坛》1991年第11期。

《村民自治组织系统的组成及相互关系》，齐航建著。《乡镇论坛》1991年第10期。

《现阶段实行村民自治过程中的问题及解决途径》,唐崇佑著。《社会主义研究》1991年第1期。

《农村社会的分化与整合：权力与经济》，王晓毅著。《社会学与社会调查》1991年第1期。

《村民自治的内容和办法》,魏琪著。《中国民政》1991年第11期。

《建设社会主义民主政治的初级学校：雀仁乡选举建立村民委员会的调查与思考》,杨乃初等著。《新疆社会经济》1991年第1期。

《民主科学的结晶，村民自治的章程一从章丘经验看农村深化改革的新的启动点》,张厚安著。《社会主义研究》1991年第5期。

《中国农村村级选举的现状及展望》,朱晋、徐清宇著。《南通社会科学》1991年第6期。

《村民和基层干部对村民自治的反映》,左国才、刘文继著。《乡镇论坛》1991年第10期。

1992 年

《评梁漱溟的乡村建设理论》,龚喜春著。《湖北师范学院学报:哲社版》1992年第1期。

《关于试办“农民协会”的若干问题》,李修义著。《中国农村经济》1992年第6期。

《当前农村社会力量的变化与我党的农村政治策略》，王树林著。《党校论坛》1992年第11期。

《农村发展的组织依托》,王思斌著。《北京大学学报》1992年第4期。

《探索中发展，实践中完善一中国村民自治回顾与展望》,王振耀、汤晋苏著。《中国社会报》1992年5月1日3版。

《梁漱溟生命化儒学对其乡村建设思想的影响》,夏士清著。《深圳大学学报》1992年第2期。

《论社区合作组织与村民自治的关系》,徐建新著。《农村合作经济经营管理》1992年第8期。

《论现阶段农村管理体制中乡政与村治的冲突与调适》,徐勇著。《求索》1992年第2期。
《实施村民自治加强民主政治建设》,杨景明著。《内蒙古日报》1992年6月12日4版。
《现时农村社区中的势力人物》,张新梅著《社会学与社会调查》1992年第3期。
《警惕——宗族势力对村民自治的干扰》,周辉义著。《中国社会报》1992年1月31日3版。
《社会控制对村民自治的约束和导向》,周辉义著。《中国民政》1992年第3期。

1993 年
《中国城乡发展的道路》,费孝通著。《社会》1993年第7期。
《福建省村民委员会选举办法:一九九〇年二月二十六日福建省第七届人民代表大会常务委员会第十九次会议通过》,《福建日报》1993年10月14日5版。
《中国农村社会分化与整合》,吉小安、王晓毅著。《管理世界》1993年第5期。
《论毛泽东求学至上山前乡村自治思想发展的历史链条》,李吉著。《大庆社会科学》1993年第12期。
《毛泽东早期乡村自治思想的发展》,李吉著。《中南民族学院学报:哲社版》1993年第5期。
《亿万中国农民的伟大实践:关于村民自治的思考》,李学举著。《农民日报》1993年4月25日3版。
《论中国农民分化的多元化特征》,卢福营著。《社会主义研究》1993年第5期。
《清末地方自治运动论纲》,马晓泉著。《史学月刊》1993年第5期。
《中国重建村民自治》,乔治·马修著。《乡镇论坛》1993年第1期。
《中国农村基层的民主之路》(上),田园著。《乡镇论坛》1993年第6期。
《中国农村基层的民主之路》(下),田园著。《乡镇论坛》1993年第7期。
《农村基层政权建设面临的问题及深层改革》,项继权著。《社会主义研究》1993年第2期。
《中国古代乡村行政与自治二元权力体系分析》,徐勇著。《中国史研究》1993年第4期。
《完善村民委员会的民主选举制度,推进农村政治稳定发展:湖北省于水市村民委员会换届选举调查》,张厚安、蒙桂兰著。《社会主义研究》1993年第4期。
《乡村渴望自治净化和进化:村民自治示范活动中的问题及对策思考》,张治洲著。《民主法制建设》1993年第5期。

1994 年
《村民自治的趋向与建设》,高德春著。《社会主义研究》1994年第5期。
《中国式的社会变革—从农村到城市》,李世家著。《探索》1994年第3期。
《论社会自治》,李元书著。《学习与探索》1994年第5期。
《中国农民阶层分化中的几个问题》,林后春著。《江汉论坛》1994年第12期。
《村民自治—中国农村的民主之路》,刘国栋著。《农村天地》1994年第10期。
《梁漱溟乡村建设模式述论》,刘一民著。《成都大学学报》1994年第3期。
《关于现阶段中国农民分层问题的思考》,卢福营著。《争鸣》1994年第1期。
《中国乡村政治制度的变迁及其对社会变革的影响》,任军著。《天津社会科学》1994年第1期。
《全国村民自治基本发展趋势及进一步政策选择》,王振耀著。《科技与发展》1994年第4期。
《地区发展非均衡性的政治影响分析》,徐勇著。《学习与探索》1994年第4期。
《中国农民传统政治文化的双重性格分析》,徐勇著。《天津社会科学》1994年第4期。
《重评梁漱溟的乡村建设理论与实践》,余科杰著。《信阳师范学院学报》1994年第2期。
《换届选举后的喜与忧》,张魁中著。《乡镇论坛》1994年第1期。
《农村社区中的社会分化与整合》,张乐天著。《战略与管理》1994年第4期。
《论我国村民自治的发展特征》,邹和平著。《理论与改革》1994年第6期。

1995 年
《从"士绅"到"地方精英"》,李猛著。《中国书评》(香港)1995年第5期。
《村落摄取的权力结构透析》,唐忠新著。《天津社会科学》1995年第5期。
《中国农村基层民主在改革中发育成长——国外学者和传媒关注村民自治》,吴贵民著。《中国社会报》1995年7月13日
《我在乡下搞竞选》,辛秋水著。《中国农民》1995年第1期。
《梁漱溟"乡村建设"理论基础之剖析》,余科杰著。《史

学月刊》1995年第2期。

《山东乡村建设运动述评》，余科杰著。《山东师大学报:社科版》1995年第5期。

《梁漱溟乡村建设性质新论》，朱汉国著。《史学月刊》1995年第6期。

1996 年

《底层问题报告——“七品官”面临的难点与对策》，邓三龙著。《中国改革报》1996年6月1日。

《对我国农民自治制度的几点认识》，冯辉著。《政治学研究》1996年第3期。

《农村基层地方恶势力的兴起》，何清涟著。《二十一世纪》(香港)1996年第3期。

《我国基层的民主政治建设：记河南省新密市米村乡方山村的村民自治制度》，金鹏著。《经济社会体制比较》1996年第5期。

《梁漱溟乡村建设理论的主要特征》，刘江船著。南昌《江西师范大学学报:哲社版》，1996年第2期。

《对农村基层政治关系中两个问题的探讨》，唐鸣著。《社会主义研究》1996年第4期。

《农村政治稳定的总体评估与发展趋势》，徐勇著。《文史哲》1996年第1期。

《现代化中的乡土重建—毛泽东、梁漱溟、费孝通的思想及比较》，徐勇著。《天津社会科学》1996年第5期。

《由能人到法治：中国农村基层治理模式转换—以若干个案为例兼析能人政治现象》，徐勇著。《华中师范大学学报》1996年第4期。

《邓小平的村民自治思想浅探》，杨光秋、熊吕茂著。《学习导报》1996年第6期。

《论村民自治》，洋龙著。《社会主义研究》1996年第4期。

《乡政村治—中国特色的农村政治模式》，张厚安著。《政策》1996年第8期。

《中国农村村民自治现状评估和问题探讨》，张厚安著。《乡镇论坛》1996年第6期。

《农村基层政权研究的若干问题》，张静著。《中国书评》(香港)1996年5月号。

《乡村民主和中国政治进程》，郑永牟著。《二十一世纪》(香港)1996年6月号。

《一份可资借鉴的遗产：论梁漱溟乡村建设的现实意义》，朱汉国著。《北京师范大学学报:社科版》1996年第6期。

1997 年

《论中国农村村民自治制度的内容及效果》，白益华著。《政治学研究》1997年第1期。

《转型时期的农民政治参与》，曹泳鑫著。《开放时代》1997年第4期。

《我国村级管理改革基本思路的刍议》，戴晓春著。《调研世界》1997年第3期。

《中国村民自治制度的建设实践》，冯辉著。《法学杂志》1997年第1期。

《浅论梁漱溟的乡村建设方略》，高国舫著。《浙江社会科学》1997年第2期。

《村级组织的制度安排与制度创新》，贺雪峰著。《广西社会科学》1997年第6期。

《村级组织功能弱化的制度原因探析》，贺雪峰著。《中国研究》(日)1997年第7期。

《我国村级组织的功能和社会主义现代化》，贺雪峰著。《理论与现代化》1997年第6期。

《浅谈30—40年代国共两党不同的村级管理制度》，孔凡岭著。《齐鲁学刊》1997年第5期。

《计划生育村民自治的实践与思考》，黎明文著。《人口与经济》1997年第5期。

《村民自治是农村发展的强大动力——村民自治九年实践述评与展望》，李金台著。《河南社会科学》1997年1期。

《村民自治是创建文明村镇的重要途径》，李希文、姜明法著。《奋进》1997年第9期。

《论梁漱溟乡村建设理论的现代意义》，《咸宁师专学报》1997年第4期。

《地方自治，晚清新式绅商的公民意识与政治参与》，马小泉著。《天津社会科学》1997年第4期。

《村民自治是社会主义直接民主的实践形式》，彭向刚著。《行政与法》1997年第3期。

《农村村民自治制度与农民民主意识的培育》，任尔昕、黄明著。《发展》1997年第10期。

《在现代化进程中推进城市基层管理体制改革》，唐鸣著。《社会主义研究》1997年第2期。

《推进村民自治，实现农村稳定——山西、陕西、四川三省村民自治调查》，《社会科学研究》1997年第5期。

《卢作孚的乡村建设理论与实践述论》，王安平著。《社会科学研究》1997年第5期。

《试析中国村民自治的缘起与发展》，王富有著。《河南社会科学》1997年第6期。

《乡村中国的基层民主——国家与社会的权力互动》，王旭著。《二十一世纪》(香港)1997年4月号。

《基层民主政治建设道路的现实选择：山东省加强村民自治建设的探索与启示》，王振海、张魁中著。

《中国社会报》1997年4月22日3版。
《我国农村村民自治制度逐步完善》,《中国社会报》1997年11月29日1版。
《农村政治参与的现状分析：对两种类型村庄的社会调查》,谢岳著。《社会主义研究》1997年第6期。
《村民自治与我国政治体制改革》,辛秋水著。《福建论坛:经济社会版》1997年第7期。
《站在中国大地上,托起明天的太阳:村民自治与我国政治体制改革》,辛秋水著。《合肥教院学报:哲社版》1997年第1期。
《论中国农村村民自治的创造性和独特性》，徐勇，魏启智著。《求索》1997年第4期。
《代理人与当家人-村干部的双重角色》,徐勇著。《二十一世纪》(香港)1997年第8期。
《浸润在家族传统文化中的村民自治—湖南秀村调查》,徐勇著。《社会科学》1997年第10期。
《论乡政管理与村民自治的有机衔接》,徐勇著。《华中师范大学学报》(哲社版)1997年第1期。
《论中国农村“乡政村治”治理格局的稳定和完善》,徐勇著。《社会科学研究》1997年第5期。
《民主化进程中的政府主动性—对四川达川市村民自治示范活动的调查与思考》，徐勇著。《战略与管理》1997年第3期。
《政务与村务的合理划分和有效处理》,徐勇著。《中国民政》1997年第5期。
《村民自治研究价值新探》，杨光秋著。《中国社会工作》1997年第1期。
《固本强基的事业—十四大以来村民自治示范工作述评》,余细香著。《中国社会报》1997年9月2日1版。
《村委会准政权化设想初探》，曾军著。《社会主义研究》1997年第5期。
《从让民做主到由民做主》，张爱军著。《社会主义研究》1997年第2期。
《超级村庄的基本特征与“中间”形态》,折晓叶等著。《社会学研究》1997年第6期。
《村级管理方式研究》,中共湖北省委组织部、湖北省社会经济调查队课题组编。《中国农村经济》1997年第8期。
《梁漱溟乡村建设思潮述评》,朱义禄著。《史林》1997年第4期。

1998 年

《关于切实加强基层民主政权建设的几点建议》，白钢,詹成付著。《求是内部文稿》1998年第15期。
《〈村民自治组织法〉(试行)的几个问题》,白钢著。《中国国情国力》1998年第7期。
《村民自治存在的问题》，白钢著。《中国国情国力》1998年第4期。
《关于改进村民自治立法问题的研究报告》，白钢著。《中国社会科学季刊》1998年第3期。
《中国村民自治法制建设评议》,白钢著。《中国社会科学》1998年第3期。
《直接选举与直接民主不能划等号》,白牧著。《中国国情国力》1998年第10期。
《宗族制度下的“乡村自治”》,蔡高峰著。《台州师专学报》1998年第5期。
《农村制度建设：发展社会主义民主的基础工程》,陈建国著。《求是》1998年第12期。
《两个贿选者》,陈建军著。《南方周末》1998年4月3日。
《关于加强农村政权建设的思考》,陈前金著。《地方政府管理》1998年第4期。
《当前农村基层民主政治建设实践中存在的问题与建议》，程瑞山等著。《理论学习与研究》1998年第3期。
《村民自治—中国农民的民主政治》,戴浩著。《北京青年报》1998年10月22日12版。
《中国乡村权势阶层崛起》，党国印著。《中国国情国力》1998年第5期。
《地方自治与直隶“四局”》,《历史研究》1998年第12期。
《切实加强基层民主政治建设》，董礼胜、詹成付著。《求是》1998年第3期。
《村民委员会难自治》,杜渺著。《社会》1998年第11期。
《村委会选举违法问题研究》，范瑜著。《改革内参》1998年第20期。
《确认村民代表会议制度》,范瑜著。《人民日报》1998年8月4日。
《村委会选举:十年回顾与展望》,范瑜著。《乡镇论坛》1998年第3期。
《乡村民主之路——对乡村基层民主建设的几点思考》,傅治平著。《地方政府管理》1998年第9期。
《改革开放以来的农村基层民主建设》,高健生著。《当代世界与社会主义》1998年第4期。
《基层民主是民主政治的重要内容》,高健生著。《中国政治》1998年第2期。
《论扩大基层民主》,高健生著。《党建研究》1998年第3期。
《我国县乡两级政治体制改革的曙光》,高新军著。《经济社会体制比较》1998年第6期。
《梁漱溟与乡村建设运动》,郭祥增、卢伟著。《教育与职业》1998年第7期。
《村级治理中的人缘关系》，贺雪峰著。《襄阳师专学报》1998年第4期。
《村级组织制度安排：现实与理想的差距及其原因》，贺雪峰著。《社会科学研究》1998年第4期。
《村民参与与社区资源动员能力》，贺雪峰著。《社会科学》1998年第9期。
《村委会选举为何会出现倒退》，贺雪峰著。《中国农村观察》1998年第4期。
《村政委员会—村级组织制度创新的过渡性思考》，贺雪峰著。《西南师范大学学报》1998年第6期。
《当前农村治理模式的形成与面临的挑战》，贺雪峰著。《福建论坛》1998年第9期。
《论村级组织的功能与结构》，贺雪峰著。《贵州师范大学学报》1998年第4期。
《论村民自治制度安排的分区域特征》，贺雪峰著。《荆门职业技术学院学报》1998年第4期。
《论理想村级组织的制度基础》，贺雪峰著。《政治学研究》1998年第3期。
《论现行村级组织制度创新的策略选择》，贺雪峰著。《中州学刊》1998年第3期。
《"海选"：一场悄悄的政治改革》，黄艾禾著。《中国青年》1998年第8期。
《论稳步推进民主政治建设的现实依据》，黄百练著。《社会科学研究》1998年第6期。
《引导农民依法参政》，江美塘著。《探索与争鸣》1998年第5期。
《将村民自治工作推向新阶段》，姜保山著。《中国社会报》1998年11月21日3版。
《从政治体制改革到政治体制突破》，蒋铁刚著。《改革内参》1998年第14期。
《国家与社会关系视野下的村民自治》，景跃进著。《中国书评》(香港)1998年夏季卷。
《农民政治价值观念变迁与权威分化：政治控制取向》，孔繁斌著。《南京社会科学》1998年第7期。
《县(区)人大代表直接选举的调查及其分析》，李和中著。《政治学研究》1998年第4期。
《云南乡村政治发展研究》，李敬著。《云南民族学院学报》1998年第2期。
《村务公开与要民自治》，李俊著。《理论月刊》1998年第11期。
《农村基层的民主制度建设》，李森著。《发展论坛》1998年第2期。
《对村民自治问题的三点思考》，李晓榕著。《理论导报》1998年第5期。
《试论现阶段我国公民的政治参与》，李雪卿著。《南京师大学报》1998年第3期。
《漫谈中国基层政治的发展》，林尚立等著。《探索与争鸣》1998年第3期。
《农村基层政权建设：问题与对策》，刘然等著。《湖北大学学报》1998年第3期。
《进一步完善村民自治制度》，刘思扬著。《人民日报》1998年6月25日。
《推行村民自治实行村务公开 加快乡村建设》，刘文友、郭义华著。《农村经济》1998年第9期。
《村民自治与我国农村民主的独特性》，刘喜堂著。《中国农村经济》1998年第12期。
《论卢作孚乡村建设之路》，刘重来著。《西南师范大学学报》(哲学社会科学版)1998年第4期。
《村民自治的经济分析：两个不同经济类型的村民自治运作比较》，卢福营著。《中国农村经济》1998年第12期。
《个体经济发达背景下的能人型村治》，卢福营著。《华中师范大学学报》1998年第2期。
《两个不同经济类型村庄的权力结构比较》，卢福营著。《荆门职业技术学院学报》1998年第4期。
《推进农村基层民主建设的辩证思考》，卢万福著。《群众》1998年第11期。
《村民自治—对家庭联产承包责任制的政治回应》，罗峰，王刚著。《探索与争鸣》1998年第7期。
《村庄合并与村组织建设》，马春笋著。《中国行政管理》1998年第3期。
《乡村组织化和乡村民主——浙江萧山市尖山下村观察》，毛丹著。《中国社会科学季刊》(香港)1998年春季卷。
《弹指十年，撼天动地》，米有录著。《乡镇论坛》1998年第6期。
《农村基层民主政治建设的创造性实践》，《支部建设》1998年第12期。
《村民自治中几重关系的分析》，彭向刚、王郅强著《行政与法》1998年第2期。
《直接选举制的历史发展模式比较》，彭宗超著。《经济社会体制比较》1998年第6期。
《众说纷纭话直选》，沙国武等著。《求是内部文稿》1998年第17期。
《村政的兴衰与重建》，沈延生著。《战略与管理》1998年第6期；1999年第1期。
《农村基层民主政治建设对农村干部和群众意味着什么》，时运生著。《河北日报》1998年7月28日。
《目击村民"选村长"》，寿蓓蓓著。《北京青年周刊》

1998年第17期。

《菜园村·议政会》,孙保罗著。《南方周末》1998年5月1日。

《梁漱溟"乡村建设"述论》,孙继文著。《河南大学学报》(社会科学版)1998年第2期。

《"加强村民自治法制建设"笔谈》,田小红著。《政治学研究》1998年第2期。

《〈县乡两级政治体制改革〉序言》,托尼·塞奇著。《经济社会体制比较》1998年第4期。

《美国观摩团眼中的中国基层民主选举》,王京著。《瞭望》1998年第14期。

《强行政推动下的村干部行政化—湖北省杨村村治过程分析》,王巨光著。《社会主义研究》1998年第1期。

《国家与社会关系史视野中的中国乡镇政府》,王铭铭著。《中国社会科学季刊》(香港)1998年秋季卷。

《农村基层的权力结构及其运行机制》,王雅林著。《中国社会科学》1998年第5期。

《论中国的农村基层群众性自治制度》,王振海著。《上海社会科学院学术季刊》1998年第2期。

《村民自治——中国政治体制改革的坚实基础》,王振耀著。《瞭望》1998年第49期。

《农村小城镇建设中的公共选择问题——上海市松江县小昆山案例分析》,王志波著。《中国社会科学季刊》(香港)1998年春季卷。

《中国农村民主选举制度日益完善》,王紫千著。《中国社会报》1998年6月25日。

《直隶地方自治中的县财政》,魏光奇著。《近代史研究》1998年第1期。

《我国将普及村民自治制度》,《中国改革报》1998年12月11日1版。

《我国六成农村确立村民自治制度》,《人民日报》1998年11月6日1版。

《当代中国农村基层组织调查研究》,吴从环著。《中国农村观察》1998年第4期。

《村民自治的成长:国家进入与社区内生——对全国村民自治示范第一村及所在县的个案分析》,吴毅著。《政治学研究》1998年第3期。

《村治中的政治人— 一个村庄的公共参与和公共意识分析》,吴毅著。《战略与管理》1998年第1期。

《关于村民自治的调查与思考》,吴治平著。《内部文稿》1998年第23期。

《中国基层民主建设的突破口在农村:访著名学者荣敬本教授》,夏建忠著。《中国改革报》1998年8月19日。

《乡村社区组织深化的特征和趋向—若干村的概要分析》,项继权著。《中国民政》1998年第3期。

《中国村民的公共参与—南街、向高、方家泉三村的调查》,项继权著。《中国农村观察》1998年第2期。

《清末地方自治的种瓜与得豆——〈晚清经济政策与改革措施〉管窥》,晓丹著。《华中师范大学学报哲社版》1998年第2期。

《十年自治的重大成果 九亿农民的非凡创造》,晓群著。《乡镇论坛》1998年第7期。

《农村基层民主制度建设20年》,谢义亚著。《党建研究》1998年第11期。

《村民自治—保障农民当家作主的权利》,新宇著。《解放军报》1998年11月11日5版。

《村民自治—国家与社会关系的重构和互动》,徐勇著。《中国书评》(香港)1998年第5期。

《股份合作制崛起中的村治模式转换—以广东省万丰村为个案》,徐勇著。《华中师范大学学报》1998年第2期。

《论村民自治背景下党组织与自治组织的协调》,徐勇著。《学习与探索》1998年第1期。

《民主化进程中的路径选择—河南辉县市由村务公开到政务公开的经验与思考》,徐勇著。《社会科学》1998年第10期。

《依法协调村级组织关系》,徐勇著。《中国社会报》1998年7月21日。

《以村民自治推进村级公共财物的有效治理》,徐勇著。《天津社会科学》1998年第4期。

《东王庄村选举》,许海涛著。《中国青年报》1998年4月14日。

《论中国改革进程中农民的政治参与和政治稳定》,杨松年著。《社会主义研究》1998年第5期。

《加强行政区划与地方自治研究》,于伟著。《发展》1998年第9期。

《村民自治与我国法治化》,岳晟著。《发展》1998年第9期。

《对农村村委会选举十年实践的思考》,詹成付、范瑜著。《社会主义研究》1998年第1期。

《"俺们要选村长":农村村委会选举的调查与启示》,詹成付、孙大林著。《市场经济导报》1998年第11期。

《我国村委会选举10年实践的启示》,詹成付著。《瞭望》1998年第46期。

《中国民主建设之路——来自村委会选举的启示》,詹成付著。《中国改革报》1998年8月19日。

《中国农村大步迈向民主》,詹成付著。《时代潮》1998

年第10期。

《走出对村民自治思想认识的误区》，詹成付著。《中国社会报》1998年11月21日。

《农村村委会选举的调查与启示》，詹成付等著。《市场经济导报》1998年第11期。

《十年实践告诉了我们什么》，詹成付著。《乡镇论坛》1998年第6期。

《村民自治的实践与理论思考》，张春生著。《江淮论坛》1998年第5期。

《农村基层民主政治建设的重要举措》，张德邻著。《党建研究》1998年第9期。

《村民自治的性质不能改变》，张厚安著。《中国社会报》1998年7月31日。

《梨树县村委会换届选举观察》，张静著。《二十一世纪》(香港)1998年12月号。

《制约村民自治的原因及对策探析》，张书怀著。《中国农村观察》1998年第4期。

《进一步加强农村基层民主法制建设》，张双全著。《经济论坛》1998年第23期。

《社会转型时期的国家行政与乡村自治》，张旭光著。《中共浙江省委党校学报》1998年第1期。

《老百姓的事情让老百姓自己当家作主》，郑梦熊著。《经济社会体制比较》1998年第2期。

《湖南"自治运动"中毛泽东的地方自治思想》，郑永福、吕美颐著。《中州学刊》1998年第6期。

《村民，离当家做主还有多远：写在我国即将全面推进村委会民主选举制度之际》，智时著。《理论与实践》1998年第21期。

《中国地方精英支配模式导论》，周锡瑞(J·Esherick)、兰京(M·Rankin)著。《中国社会科学季刊》(香港)1998年夏季卷。

《农民"海选"跨世纪村官》，朱波等著。《北京青年报》1998年5月1日。

《中国社会科学季刊》编辑部：《背景资料：深圳市龙岗区大鹏镇推选镇长全程实录》，《中国社会科学季刊》(香港)1999年夏季号。

《家族、网络家族和家族网络在村庄行政权力分配中的作用》，朱秋霞著。《中国社会科学季刊》(香港)1998年夏季卷。

1999 年

《中国乡村贿选忧思录》，阿祥著。《时代主人》1999年第1期。

《中国村民自治的现状透视及对策思考》，曹绪飞著。《内蒙古社会科学》1999年第4期。

《邓小平的民主发展观与中国农村的村民自治》，柴宇平著。《福建师范大学学报（哲学社会科学版）》1999年第3期。

《村民自治中存在的问题及对策》，陈大明、韩爱华著。《学习论坛》1999年第5期。

《法治与民主的时代课题——中国农村基层民主法制建设理论研讨会综述》，陈金钊著。《山东法学》1999年第4期。

《村民权利虚化—特征、原因及对策分析：对村民自治的一项考察》。《中国农村观察》1999年第3期。

《村民自治与农村基层法制建设》，陈苏五著。《淮阴师范学院学报》1999年第2期。

《村民自治—我国民主政治的基础工程》，陈玉杰著。《人民日报》1999年3月23日9版。

《建立和完善农村基层民主制度刍议》，成都市委党校课题组著，梁光晨执笔。《中共成都市委党校学报》1999年第6期。

《财务管理：村民自治中的难点》，程同顺著。《调研世界》1999年第3期。

《"村民自治"是民主政治的起点吗？》，党国印著。《战略与管理》1999年第1期。

《关于当前中国的社区发展》，邓伟志著。《江苏社会科学》1999年第6期。

《依法全面推进村民自治》，多吉才让著。《人民日报》1999年7月20日9版。

《"草根"民主走向制度化—看农村村民自治选举》，樊平著。《中国改革》1999年第1期。

《竞选村主任》，范桂林著。《南方周末》1999年2月5日。

《1998年农村村民自治工作述评》，范瑜、刘喜堂、王金华著。《荆门职业技术学院学报》1999年第2期。

《支书参选村主任的震撼：山东省聊城市村民委员会换届选举纪实》，冯雷著。《农民日报》1999年12月11日1版。

《社会主义民主的广泛实践：福建省农村基层民主选举的调查与思考》，福建社科院课题组著、赖杨恩执笔。《福建论坛》1999年第7期。

《乡村民主建设的拓展与创新》，傅治平著。《湖南日报》1999年3月18日。

《基层民主建设对当代中国民主建设的启迪》，高健生著。《马克思主义研究》1999年第3期。

《当前农村基层的热点与焦点一选举之后莫松劲》，高军著。《中国社会报》1999年9月2日3版。

《村民直选存在的问题与对策》，高玫著。《广东民政》1999年第12期。

《中国现代化进程中的村民自治》，顾保国著。《学术论坛》1999年第1期。

《切实保障村民自治健康有序发展》，顾金池著。《中国社会报》1999年8月12日3版。

《村民自治—促进农村稳定发展》，郭丛斌著。《中国社会报》1999年5月6日3版。

《走村民自治之路》，郭建华著。《人口与计划生育》1999年第4期。

《当前我国农民的非制度化政治参与》，何军著。《云南行政学院学报》1999年第3期。

《析村民自治实践进程中的政府行为》，何有贵著。《学术界》1999年第5期。

《村治研究的分层与深化——对当前中国村治研究的评述》，贺雪峰、肖唐镖著。《中国社会科学季刊》(香港)1999年春季号。

《村级治理—要解决的问题和可借用的资源》，贺雪峰著。《中国农村观察》1999年第3期。

《村级组织的制度状况与一般评估》，贺雪峰著。《地方政府管理》1999年第2期。

《村级组织制度评估》，贺雪峰著。《中国国情国力》1999年第4期。

《村民自治的功能及其合理性》，贺雪峰著。《社会主义研究》1999年第6期。

《村务决策中的村民参与》，贺雪峰著。《调研世界》1999年第7期。

《村治研究的意义与方法》，贺雪峰著。《青海师范大学学报》1999年第2期。

《国家与农村社会互动的路径选择》，贺雪峰著。《浙江社会科学》1999年第4期。

《经济越发达村民自治状况就越好吗？》，贺雪峰著。《中国国情国力》1999年第11期。

《论村民自治对国家层面民主的贡献》，贺雪峰著。《理论与现代化》1999年第11期。

《论乡村社会的秩序均衡》，贺雪峰著。《云南社会科学》1999年第3期。

《论转型时期的乡土秩序》，贺雪峰著。《荆门职业技术学院学报》1999年第4期。

《论转型时期国家在保持乡土秩序中的作用》，贺雪峰著。《中州学刊》1999年第5期。

《论作为村治资源的村组干部间人际关系》，贺雪峰著。《华中师范大学学报》1999年第2期。

《农村基层民主选举任重而道远》，贺雪峰著。《调研世界》1999年第9期。

《农业型县市村两委换届选举的形势与对策》，贺雪峰著。《调研世界》1999年第10期。

《制度引入与利益主导：余村村委会换届选举的观察与思考》，贺雪峰著。《管理世界》1999年第5期。

《刍议选举制度建设的基本经验》，胡晓涛著。《人大研究》1999年第7期。

《实行村民自治必须遵循的基本原则》，黄名鑫著。《时代主人》1999年第2期。

《乡镇政权建设五大问题与解决之道》，黄伟民著。《团结》1999年第3期。

《中国政治体制改革的最新突破》，黄卫平著。《中国社会科学季刊》(香港)1999年夏季号。

《村民自治制度建设的理论设计》，吉林省"九五"规划课题组著。《长春市委党校学报》1999年第5期。

《民主的蝴蝶在飞》，蒋铁刚著。《体制改革》1999年第1期。

《论农村基层民主政治建设》，蒋万榜著。《学术界》1999年第3期。

《关于村民自治的若干认识误区辨析》，金太军著。《江苏社会科学》1999年第6期。

《走出对村民自治的认识误区》，金太军著。《探索与争鸣》1999年第8期。

《国家与社会边界的重塑》，景跃进著。《江苏社会科学》1999年第6期。

《海选是怎样产生的》，景跃进著。《开放时代》1999年5月号。

《试析我国村民自治的现实基础及发展》，兰允礼著。《理论与改革》1999年第1期。

《村民自治—亿万农民当家作主的伟大实践》，李宝库著。《中国民政》1999年第2期。

《村民自治-中国政治体制改革的突破口》，李德正著。《调研世界》1999年第6期。

《当前农村基层的热点与焦点—是什么影响了村委会选举的质量》，李建国著。北京《中国社会报》1999年9月2日3版。

《乡村政治发展与"乡村政治学"构建》，李敬著。《学术探索》1999年第2期。

《论农村基层民主建设的反腐防腐作用》，李雅君、姜永林著。《蒲峪学刊》1999年第1期。

《基层民主建设与村民自治》，林建生著。《江南论坛》1999年第9期。

《基层群众自治：中国民主政治建设的实践》，林尚立著。《政治学研究》1999年第4期。

《中国农村社会结构的分化与村民自治制度的秩序整合》，林少敏、郑晓真著。《中共福建省委党校学报》1999年第10期。

《中国乡土礼治秩序在当代的走势——兼论村民自治的现代性及其秩序整合功能》，林少敏著。《福建论坛(经济社会版)》1999年第11期。

《村民自治—我国基层民主制度建设的伟大创造》,刘彩虹著。《理论与改革》1999年第2期。

《农村基层民主发展的机制与条件》,刘丹著。《求索》1999年第3期。

《村民自治的干扰来自何方》,刘伟著。《瞭望新闻周刊》1999年第48期。

《农村工业化:村民自治面临的挑战》,卢福营著。《社会科学》1999年第3期。

《集体工业发达背景下的村治》,卢福营著。《浙江师范大学学报》1999年第1期。

《农村经济变迁对村民自治的影响》,卢福营著。《中国农村观察》1999年第2期。

《农民流动:嵌入村民自治的新变量——浙江省奉化市庄家村调查》,卢福营著。《华中师范大学学报》(哲学社会科学版)1999年第2期。

《关于计划生育村民自治的法律思考》,吕慎亮著。《人口与经济》1999年第2期。

《论村民自治》,罗贤让著。《求实》1999年第7期。

《关于村民自治制度建设的一些思考》,罗晓东著。《理论与实践》1999年第1期。

《村务公开与村民自治的制度化:河南省许昌县村民自治调查报告》,马德普著。《荆门职业技术学院学报》1999年第1期。

《政治文化视野中的农村基层民主建设》,孟伟著。《特区理论与实践》1999年第8期。

《乡级民主建设的新突破》,牛伟宏著。《改革内参》1999年第16期。

《村民自治:我国民主政治建设的特殊路径》,彭穗宁著。《理论与改革》1999年第6期。

《村民自治中的乡村关系》,彭向刚著。《行政与法》1999年第2期。

《村民自治再定位》,乔耀章著。《江苏社会科学》1999年第6期。

《村民自治涌浪潮:〈村委会组织法〉试行十载回眸》,秦红霞著。《时代主人》1999年第3期。

《村委会“民主选举难”缘由何在》,全国锋著。《领导科学》1999年第2期。

《陕西省村民委员会选举办法(草案修改稿)》,《陕西日报》1999年6月11日8版。

《上海市村民委员会选举办法》,《解放日报》1999年6月6日2版。

《推进农村民主政治建设的实践与思考》,申维辰著。《晋阳学刊》1999年第2期。

《农民负担与村委选举》,时昌文著。《新华文摘》1999年第4期。

《村民自治对我国民主政治建设的启示》,谈正好著。《人大研究》1999年第10期。

《扩大农村基层民主 实行村民自治——改革开放以来我国农民的第三个伟大创造》,谭训鸣、姜新春著。《江西农业经济》1999年第2期。

《直选乡长》,唐建光著。《南方周末》1999年1月15日。

《农村基层民主与中国民主政治建设》,唐贤兴著。《中州学刊》1999年第2期。

《中国村民自治民主的制度分析》,唐兴、马骏著。《开放时代》1999年第3期。

《中国农村政治民主发展的前景及困难》,唐兴霖著。《政治学研究》1999年第1期。

《天津市村民委员会选举办法》,《天津日报》1999年10月7日2版。

《美国学者谈中国村民选举》,汪映萍著。《国外理论动态》1999年第6期。

《村民自治权的完善和保障》,王德志著。《当代法学》1999年第4期。

《村民自治:障碍与对策》,王辉著。《中国行政管理》1999年第11期。

《城市化过程中的农村民主政治生活考察——临海市杜西村案例研究》,王小军、萧楼著。《战略与管理》1999年第6期。

《阎锡山早期编村制度评析》,王宇雄、张益民著。《晋阳学刊》1999年第6期。

《吉林省梨树县“海选”观察与思考》,王振海著。《荆门职业技术学院学报》1999年第2期。

《中国农村的村民自治》,王仲田著。《台声》1999年第3期。

《中国农村的村民自治和基层民主发展》,王仲田著。《荆门职业技术学院学报》1999年第1期。

《半个世纪的农村制度变迁》,温铁军著。《战略与管理》1999年第6期。

《村民自治从这里发端》,文萍著。《瞭望新闻周刊》1999年第41期。

《村民自治:有中国特色的社会主义基层民主》,吴大英、杨小苗著。《江苏社会科学》1999年第6期。

《主权在民与村民自治》,吴桂珍著。《中共成都市委党校学报》1999年第5期。

《村民自治—对完善党内民主的几点启示》,吴家骥、李景琳著。《理论前沿》1999年第6期。

《民主化:中国乡村社会转型的必然要求》,吴理财著。《社会》1999年第6期。

《民主化与中国乡村社会转型》,吴理财著。《天津社会科学》1999年第4期。

《村民自治:理论资源和运作绩效——对沈延生〈村政的兴衰与重建〉及党国印〈"村民自治"是民主政治的起点吗?〉两文的评议》,吴淼、吴毅著。《社会主义研究》1999年第4期。

《积极稳妥地推进社会主义民主政治建设:深圳市大鹏镇两票选举镇长民主实践的成功及启示》,吴少荣著。《广东行政学院学报》1999年第3期。

《新规则是如何演绎的——一个村庄村委会换届选举的解读》,吴毅著。《中国社会科学季刊》(香港)1999年冬季号。

《制度引入与精英主导——民主选举规则在村落场域的演绎》,吴毅著。《华中师范大学学报》1999年第2期。

《从村民自治看我国民主建设的特点》,武风华著。《学习论坛》1999年第8期。

《农民协会组织的功能与作用》,项继权著。《华中师范大学学报》1999年第5期。

《乡村关系的调适与嬗变——河南南街、山东向高、甘肃方家泉三村的考察分析》,项继权著。《华中师范大学学报》1999年第2期。

《乡村集体化和民主化——若干村的实证分析》,项继权著。《中国农村观察》1999年第2期。

《治村之道——若干村政管理的实态调查》,项继权著。《荆门职业技术学院学报》1999年第2期。

《论宗族活动对村政的影响》,项生华著。《社会科学战线》1999年第4期。

《中国公民权利认知的结构性进步》,萧俊著。《中国社会科学季刊》(香港)1999年夏季号。

《村民自治在中国的缘起和发展》,肖立辉著。《理论与改革》1999年第4期。

《对村委会选举进行比较研究的指标分析》,肖立辉著。《荆门职业技术学院学报》1999年第4期。

《村民自治:第三次农村包围城市》,辛秋水著。《荆门职业技术学院学报》1999年第2期。

《中国乡村民主化的第一步》,辛秋水著。《炎黄春秋》1999年第11期。

《"海选"在这里取得成功:随州市安居镇王家沙湾村换届选举纪实》,熊龙发、金辅君、张崇炳著。《民政研究》1999年第8期。

《历史的跨越与激荡——1998年以来村委会选举评述》,徐勇著。《农民日报》1999年8月31日。

《利益与体制:民主选举背后的变数分析——以湖北省水月庵村村治实验为例》,徐勇著。《华中师范大学学报》1999年第2期。

《权力重组:能人权威的崛起与转换——广东省万丰村先行一步的放权改革及启示》,徐勇著。《政治学研究》1999年第1期。

《中国农村和农民问题研究的百年回顾》,徐勇著。《华中师范大学学报》1999年第6期。

《乡镇政权建设存在问题的调查与思考》,徐中奇著。《云南行政学院学报》1999年第4期。

《村民自治制度下的农村社区势力》,颜三汉著。《理论前沿》1999年第20期。

《如何加强党对村民自治的领导》,杨东广著。《理论学刊》1999年第4期。

《对建立"以村为主、村民自治"计划生育工作机制的几点思考》,杨立舫著。《人口与计划生育》1999年第3期。

《从参与政治到选举政治》,杨龙芳著。《中国社会科学季刊》(香港)1999年夏季号。

《试析村民自治中的民主选举》,杨婉玲著。《华夏星火》1999年第10期。

《乡镇和村:当代中国农村民主建设中的博弈》,杨雪冬著。《天津社会科学》1999年第4期。

《二十年代的河南地方自治》,杨兆平著。《中州今古》1999年第4期。

《浅谈村民代表委员会在村民自治中的地位和作用》,杨志勇著。《地方人大建设》1999年第10期。

《稳定农村的治本之策——山东省荣成市推进农村基层民主政治建设的思考》,姚忠业、王汝壮著。《中国党政干部论坛》1999年第6期。

《实行村民自治,健全村务公开制度》,易泉生著。《政治与法律》1999年第4期。

《探索村民自治之路》,于爱善著。《中国人口报》1999年7月12日3版。

《村民自治——中国特色的民主实践》,于洪生著。《发展论坛》1999年第10期。

《村民自治促发展——九届人大代表谈基层民主法制建设》,余细香著。《中国社会报》1999年3月18日1版。

《九亿农民的伟大创造:我国农村实行村民自治综述》,翟启运著。《人民日报》1999年3月30日4版。

《当前农村基层的热点与焦点:村民自治需要一个什么样的外部环境》,詹成付著。《中国社会报》1999年9月2日3版。

《当前村民自治存在的问题及对策》,张宝海著。《经济社会体制比较》1999年第4期。

《中国共产党在基层民主政治中的地位和作用》,张定淮著。《中国社会科学季刊》(香港)1999年夏季号。

《村委会民主选举问题探析》,张汉昌著。《福建论坛》

1999年第12期。

《规范农村基层管理——湖北水月庵村"村治"实验启示》,张厚安著。《中国农村观察》1999年第4期。

《衔接好村民自治与乡镇行政管理》,张明锁著。《中国行政管理》1999年第4期。

《中国农村基层民主建设的思考》,张善信等著。《社会主义研究》1999年第6期。

《村民自治与制度创新》,张旭光著。《中共浙江省委党校学报》1999年第4期。

《新视角下的村民自治》,张旭光著。《青海社会科学》1999年第5期。

《政治体制改革与村民自治》,张永桃著。《江苏社会科学》1999年第6期。

《对山西省"村民自治"工作的几点建议》,张正明著。《晋阳学刊》1999年第2期。

《村民自治要处理好五大关系》,章荣君著。《社会》1999年第6期。

《加强农村基层民主政治建设应健全十种机制》,赵海波、焦明元著。《新长征》1999年第9期。

《浅谈村委会直选制民主实践的几个问题》,赵石荣著。《中共浙江省委党校学报》1999年第4期。

《健全村民自治制度推进基层民主建设——全国"基层民主建设理论研讨会"综述》,征汉文著。《政治学研究》1999年第3期。

《当前农村基层的热点与焦点——这样对待选举能行吗》,郑士洋、周军著。《中国社会报》1999年9月2日3版。

《谈村民自治推进中的六个关系》,钟利平著。《中国民政》1999年第5期。

《试论第三次农村"包围"城市——对我国农村基层民主政治建设的思考》,周多礼著。《安庆师范学院学报》(社会科学版)1999年第2期。

《中国农村的基层民主发展与农民的民主权利保障——村民自治的历史、现实与未来》,周罗庚、王仲田著。《学术季刊》1999年第1期。

《宗族文化与村民自治：苍南县钱库镇村级民主选举调查》,朱康对、黄卫堂、任晓著。《温州论坛》1999年第6期。

《村委会建设:农村权力结构的民主化趋势》,朱启木著。《观察与思考》1999年第7期。

《村民自治发展困境的制度分析》,朱新山著。《社会科学》1999年第10期。

《筑室必先治其基：进一步推进村民自治的调查与思考》,朱月奎著。《广东民政》1999年第10期。

《从村民自治到基层政权建设》,邹树彬著。《中国社会科学季刊》(香港)1999年夏季号。

2000 年

《改革候选人产生方式的成功案例》,白钢著。《马克思主义与现实》2000年第3期。

《改革选举制度扩大农村基层民主——兼评深圳市龙岗区大鹏镇镇长选举制度改革经验》,白益华著。《马克思主义与现实》2000年第3期。

《论村民自治成长与乡村政治发展》,陈德顺、蒋一虹著。《学术探索》2000年第2期。

《贫困山区背景下的村民自治建设：对湖北省五峰县村民自治的调查与思考》,陈庭忠、刘华著。《荆门职业技术学院学报》2000年第15期。

《乡镇市级政府之综合分析》,陈阳德著。《中国地方自治》(台湾)2000年第53卷第1期。

《"乡政村治"的新课题:良性对接》,范毅、蒋祖顺著。《常德师范学院学报》2000年第1期

《十一届三中全会以来我国政治体制改革的历史回顾》，房宁著。《首都师范大学学报》2000年第1期。

《目前影响村民自治质量的几个因素探析》，顾航宇、叶耀培著。《社会科学》2000年第1期。

《中国乡村自治的历史考察》,郭宝平著。《唯实》2000年第1期。

《村民自治的实践探索及其重大意义》,韩永廷著。《探索》2000年第2期。

《村民自治章程对转变乡村治理方式作用的个案分析》,禾子、皮晓辉著。《当代世界与社会主义》2000年第3期。

《乡村选举实证研究的四个问题及其分析》，何包钢著。《浙江社会科学》2000年第1期。

《"村民自治"不是"村长自治":关于加强村级民主法制建设的几点思考》,何云江著。《法治》2000年第5期。

《民主如何进入乡村社会》,贺雪峰、仝志辉著。《社会科学研究》2000年第2期

《当前村民自治研究中需要澄清的若干问题》,贺雪峰著。《中国农村观察》2000年第2期

《村民自治与农村稳定：锡山、昆山两市村民自治调查》,胡大成著。《江苏公安专科学校学报》2000年第14卷第1期。

《村民自治、农村民主与中国政治发展》，胡永佳者。《政治学研究》2000年第2期。

《为新世纪党的执政地位而奋斗——从大鹏镇的镇长选举制度改革所想到的》,黄卫平著。《马克思主义

与现实》2000年第3期。

《实行村民自治制度必须正确处理的几个关系》,黄应德著。《中共宁波市委党校学报》2000年第1期。

《中国农村村民自治发展路径:制度创新》,黄永炎著。《探索》2000年第3期。

《县市政府组织再造法制之设计,中国地方自治》纪俊臣著。(香港)2000年第53卷第4期。

《健全台湾地方自治法制之可行方案,中国地方自治》纪俊臣等著。2000年第53卷第3期。

《乡村民主是社会主义民主政治建设的基础工程》,季丽新、唐文丽著。《理论前沿》2000年第16期。

《高楼万丈平地起:中国村民自治的理论前提和动作前景》,季丽新、张育才著。《当代世界与社会主义》2000年第1期。

《改革村级体制,实行村民自治:云南玉溪、陆良的做法及启示》,蒋昆生著。《民政论坛》2000年第1期。

《村民自治研究的兴起与拓展》,金太军、董磊明著。《社会科学研究》2000年第3期。

《"乡政村治"格局下的村民自治——乡镇政府与村委会之间的制约关系分析》,金太军著。《社会主义研究》2000年第4期。

《村民自治进程中政治领导与公共权威的协调》,金太军著。《湖湘论坛》2000年第1期。

《乡村选举研究三题》,郎友兴著。《浙江社会科学》2000年第1期。

《中国农村村民选举与自治的民间性》,郎友兴著。《东方》2000年第1期。

《何时才能真自治》,李建召著。《乡镇论坛》2000年第3期。

《基层民主建设的新的增长点》,李景鹏著。《马克思主义与现实》2000年第3期。

《现代化进程中中国农民的政治参与》,李祥永著。《聊城师范学院学报》2000年第4期。

《村委会民主选举中的无序问题分析——以浙江省金华市吴村为个案》,李小平、卢福营著。《荆门职业技术学院学报》2000年第2期。

《论全面推行村民自治》,李学举著。《求是》2000年第7期。

《关于村务公开问题的思考》,梁建文著。《农村财务会计》2000年第4期。

《关于发展村民自治问题的探讨》,梁志毅著。《桂海论丛》2000年第3期

《中国政治发展的动力资源》,林尚立著。《探索与争鸣》2000年第2期。

《村委会直选的调查与思考》,刘池水著。《支部生活》2000年第12期。

《村民自治的绩效评估》,刘金海著。《社会主义研究》2000年第2期。

《继续关注村委会换届选举的几个问题》,刘相穗著。《农村发展论丛》2000年第3期。

《乡村中国的行政建设与中介领域的权力变迁——20世纪中国乡村政治发展的探索》,刘晔著。《中国社会科学季刊》(香港)2000年春季号。

《邓小平村民自治思想浅论》,刘煜著。《泰安教育学院学报》2000年第2期。

《村社区公共权力的监督——兼以浙江省的两个村为例分析》,卢福营著。《社会主义研究》2000年第4期。

《村民自治:中国农民政治参与与基层政治稳定》,马宝成、谢蕾著。《特区理论与实践》2000年第8期。

《传统社会文化背景下的均势型村治——一个个案的调查分析》,梅志罡著。《中国农村观察》2000年第2期。

《城市化进程中的村治变迁:社区自主性成长——以武汉市徐东村为个案》,宁玲玲著。《华中师范大学学报》2000年第3期。

《关于县乡两级政治体制改革的比较研究——从村到乡镇民主制度建设的发展》,荣敬本、赖海榕著。《经济社会体制比较》2000年第4期。

《当今农民的民主选举心态描述:山东省村委会换届选举情况问卷调查述评》,山东省社科院等著。《民政论坛》2000年第2期。

《直选:乡村民主政治的基核》,宋月红著。《中国民政》2000年第3期。

《论党组织在村民自治中的地位与作用》,苏建华著。《发展论坛》2000年2期。

《萌芽的草根民主:苏中地区村民自治状况的调查》,苏中地区村民自治状况调查课题组著,董磊明执笔。《唯实》2000年第1期。

《村民自治与中国民主政治发展》,滕世华著。《荆门职业技术学院学报》2000年第15卷第1期。

《村民自治是具有中国特色的基层民主政治制度》,佟宝贵著。《社会主义研究》2000年第3期。

《真正让农民当家作主》,佟宝贵著。《乡镇论坛》2000年第3期。

《"两票制"镇长选举制度改革学术研讨会综述》,汪永成、张定淮著。《社会主义研究》2000年第4期。

《历史性的跃进——无锡市农村制度创新和民主合作的调查》,王安岭著。《经济社会体制比较》2000年第4期。

《"三轮两票"选举镇长的普遍意义》,王长江著。《马克思主义与现实》2000年第3期。

《现代化进程中农村党支部与村委会关系探究——中山市个案分析》,王春生著。《社会主义研究》2000年第4期。

《还权于民,当家作主:临朐县制定村民自治章程、完善村务管理纪实》,王大成著。《中国社会报》2000年5月19日。

《村级治理及其模式:以董家堰村为个案研究》,王国勇著。《贵州民族学院学报》2000年第1期。

《村民自治:制度上需解决与澄清的问题》,王金华著。《中国社会报》2000年6月9日。

《政治制度创新视角中的农民创举》,王俊拴著。《陕西师范大学学报》2000年第1期。

《乡村民主:中国政治体制改革的起点和突破口》,王世国著。《当代世界与社会主义》2000年第2期。

《村民自治:生长点还是突破口》,王寿林著。《理论前沿》2000年第2期。

《村民自治与村民委员会——兼论依法治国战略在农村的贯彻实施》,高中建著。《中州学刊》2000年第1期。

《中国村民自治》,王伟著。《洛阳师专学报》2000年第19卷第1期。

《苏南地区村民委员会的自治及其与乡镇政府的关系:锡山、昆山两市农村调查》,王孝勇、金精镇著。《南京师大学报》2000年第2期。

《中国的村民自治与民主化发展道路》,王振耀著。《战略与管理》2000年第2期。

《试论当代中国的民主大战略——从"国家与社会"关系的理论看中国农村基层民主》,魏宪朝著。《理论与改革》2000年第4期。

《论村民自治对我国政治发展之影响》,魏星河著。《求实》2000年第6期。

《权力的位移——村民自治制度10年实践考察》,吴从环著。《中国农村观察》2000年第1期。

《村民委员会的价值定位初探》,吴国舫、李卫国、严永和著。《社会主义研究》2000年第1期。

《村治研究论纲——对村治作为一种研究范式的尝试性揭示》,吴毅、贺雪峰著。《华中师范大学学报》2000年第3期。

《村民自治后存在着"十四个怎么办"》,辛秋水著。《安徽决策咨询》2000年第1期。

《民主:社会主义的旗帜》,徐久刚著。《晋阳学刊》2000年第3期。

《草根民主的崛起:价值与限度》,徐勇著。《中国社会科学季刊》(香港)2000年夏季号。

《大鹏一小步,中国一大步》,徐勇著。《马克思主义与现实》2000年第3期。

《村民自治规范化问题探析》,许夕华、杨剑锋、许明亮著。《学海》2000年第2期。

《农村基层群众自治工作中几个亟待解决的问题》,杨秀信著。《民政研究》2000年第6期。

《利益的分化与保护:现代化与市场化进程中的中原农村》,杨雪冬著。《中国社会科学季刊》(香港)2000年春季号。

《目前影响村民自治质量的几个因素探析》,叶耀培著。《社会科学》2000年第1期。

《村民公决:一种鲜活的基层民主形式》,于洪生著。《国家行政学院学报》2000年第4期。

《中国农村的民间组织与治理——以福建省漳浦县长桥镇东升村为例》(上),俞可平著。《中国社会科学季刊》(香港)2000年夏季号。

《中国农村的民间组织与治理——以福建省漳浦县长桥镇东升村为例》(下),俞可平著。《中国社会科学季刊》(香港)2000年秋季号。

《增量民主:"三轮两票"制镇长选举的政治学意义》,俞可平著。《马克思主义与现实》2000年第3期。

《中国共产党与中国人权进步》,袁金辉著。《思想战线》2000年第4期。

《新〈村委会组织法〉贯彻实施一周年回眸》,詹成付著。《荆门职业技术学院学报》2000年第2期。

《村委会换届直选面临问题及对策》,张德森著。《民政论坛》2000年第1期。

《从大鹏镇选举制度创新看中国的政治现代化进程》,张定淮、黄卫平著。《江汉论坛》2000年第4期。

《关于"两票制"镇长选举制度改革学术研讨会综述》,张定淮、汪永成著。《马克思主义与现实》2000年第4期。

《村规民约的历史演变》,张广修著。《洛阳工学院学报》2000年第2期。

《关于村民自治的思考》,张军著。《中国农村观察》2000年第1期。

《村民自治:农村社会全面进步的基石》,张俊领、刘锋著。《社会主义研究》2000年第4期。

《村民自治:中国特色的社会主义农村基层民主制度》,张啸尘、孙琼欢著。《云南社会科学》2000年第1期。

《选举模式与制度选择:中国农村村民自治选举评估》,赵寿星著。《中国社会科学院研究生院学报》2000年第3期。

《具有方向性、建设性的重要探索》,赵宝煦著。《马克思主义与现实》2000年第3期。

《在推进村民自治中如何加强党的领导的调查与思考》,中共绍兴市委组织部课题组编。《绍兴文理学院学报》2000年第2期。

《我国村民自治的主要特征》,邹和平著。《探索》2000年第3期。

《村民选举中制约性因素分析》,左振哲、王郅强著。《长白学刊》2000年第2期。

附:未发表论文

1987年-1999年

《新县制之研究》,张俊显。台北三民主义研究所博士硕士论文资助出版委员会1987年印。

《中国农村村民委员会法律制度的研究报告》,王振耀、汤晋苏著。1997年11月会议论文。

《基层政权建设十年》,王振耀著。1997年11月会议论文。

《村民代表会议制度的结构、功能和权威基础》,王仲田著。1997年11月学术研讨会论文。

《形象资本与村干部的地位维持策略》,夏春林著。北京大学硕士论文1998年。

《制度网络中的村级精英》,杨诚虎著。北京大学硕士论文1998年。

《华南传统乡村社会地方领袖的产生办法——研究项目申报计划书》,李秀国、单世联著。1999年。

《权力的组织网络与法律治理化》,强世功著。北京大学法律系中国乡村社会的法律研讨会交流论文,1999年。

《大鹏镇两票推选镇长试点工作总结》,深圳市龙岗区大鹏镇著。《中共大鹏镇委文件》1999年4月29日。

《民主推荐选举镇长,推进基层民主建设——大鹏镇"两票"推荐、选举镇长的实践》,深圳市龙岗区大鹏镇著。《中共大鹏镇委文件》1999年4月29日。

《通过合同的治理》,赵晓力著。北京大学法律系中国乡村社会的法律研讨会交流论文,1999年1月。

2000年

《村民选举与民主理论》,[澳大利亚]何包钢著。中国农村村民委员会选举学术研讨会(华中师范大学中国农村问题研究中心主办)交流论文,2000年10月。

《选举与权力—中国村庄的决策主导者》,[美]戴慕珍著。中国农村村民委员会选举学术研讨会(华中师范大学中国农村问题研究中心主办)交流论文,2000年10月。

《村落中的非均衡博弈》,董磊明著。中国农村村民委员会选举学术研讨会(华中师范大学中国农村问题研究中心主办)交流论文,2000年10月。

《"恶人治村"的实质是赢利经济》,樊平著。中国农村村民委员会选举学术研讨会(华中师范大学中国农村问题研究中心主办)交流论文,2000年10月。

《村委会选举制度与实践》,范瑜著。中国农村村民委员会选举学术研讨会(华中师范大学中国农村问题研究中心主办)交流论文,2000年10月。

《选举、治理与乡村社会的危机》,贺雪峰著。中国农村村民委员会选举学术研讨会(华中师范大学中国农村问题研究中心主办)交流论文,2000年10月。

《村民委员会选举中村民的自主式参与》,胡荣著。中国农村村民委员会选举学术研讨会(华中师范大学中国农村问题研究中心主办)交流论文,2000年10月。

《浅析村民在选举中表现出来的不良心态及其负面影响》,黄安良著。中国农村村民委员会选举学术研讨会(华中师范大学中国农村问题研究中心主办)交流论文,2000年10月。

《村民上访与村委会选举》,李秋学著。中国农村村民委员会选举学术研讨会(华中师范大学中国农村问题研究中心主办)交流论文,2000年10月。

《村委会选举—过程的解读与反思》,刘金海著。中国农村村民委员会选举学术研讨会(华中师范大学中国农村问题研究中心主办)交流论文,2000年10月。

《深圳市村委会选举制度的思考》,刘娅著。中国农村村民委员会选举学术研讨会(华中师范大学中国农村问题研究中心主办)交流论文,2000年10月。

《村落场域诸种力量的博弈与村治格局的变迁》,卢福营著。中国农村村民委员会选举学术研讨会(华中师范大学中国农村问题研究中心主办)交流论文,2000年10月。

《中国村民自治—国家权力合法性基础的转换》,马宝成著。中国农村村民委员会选举学术研讨会(华中师范大学中国农村问题研究中心主办)交流论文,2000年10月。

《政府、村、村民在村委会换届选举中的作用》,唐大富著。中国农村村民委员会选举学术研讨会(华中师范大学中国农村问题研究中心主办)交流论文,2000年10月。

《沉默村庄中的精英系与选举操纵》,仝志辉著。中国农村村民委员会选举学术研讨会（华中师范大学中国农村问题研究中心主办）交流论文，2000年10月。

《农村选举与城市选举的比较制度分析》，王敬尧著。中国农村村民委员会选举学术研讨会（华中师范大学中国农村问题研究中心主办）交流论文，2000年10月。

《一百封村委会选举上访信分析》，王晓旭著。中国农村村民委员会选举学术研讨会（华中师范大学中国农村问题研究中心主办）交流论文，2000年10月。

《村治转型：一“填充一累积”模式的建构》，吴淼著。中国农村村民委员会选举学术研讨会（华中师范大学中国农村问题研究中心主办）交流论文，2000年10月。

《孙村的路：国家一社会关系格局中的民间权威》，吴重庆著。中国农村村民委员会选举学术研讨会（华中师范大学中国农村问题研究中心主办）交流论文，2000年10月。

《精英主导与社区民主》，阎静著。中国农村村民委员会选举学术研讨会（华中师范大学中国农村问题研究中心主办）交流论文，2000年10月。

附：相关中文刊物

村治
村治月刊
大公报
乡村建设副刊
东方杂志1926-1927
教育与民众
教育与职业
民间，半月刊
农村季刊
山东乡建
乡村改造
乡村建设旬刊、半月刊
乡村运动
中国农村

英文文献

一、著 作

1962 年

Chu, Tung-Tsu: Local government in China under the Ching, Stanford University Press, 1962.

1970 年

Kotov, Konstantin Flegontovich: Autonomy of local nationalities in the Chinese People's Republic. New York: CCCM Information Corporation, 1970.

1978 年

Parish, William L. and Whyte, Martin King: Village and family in contemporary China. The University of Chicago Press, 1978.

1980 年

Shue, Vivienne. Peasant China in Transition: The dynamics of development toward Socialism, 1949-1956. University of California Press, 1980.

1981 年

Fincher, John H: Chinese democracy: The self-government movement in local, provincial and national politics, 1905-1914. London: Croom Helm; Canberra: Australian National University Press, 1981.

1984 年

Madsen, Richard: Morality and power in a Chinese village. University of California Press Ltd., 1984.

1988 年

Burns, John: Political participation in rural China. University of California Press, 1988.

Duara, Prasenjit: Culture, power, and the state: Rural north China, 1900-1942. Stanford University Press, 1988.

Shue, Vivienne: The reach of the state: sketches of the Chinese body politic: a comparative-historical approach to the modernization of local government in China. Stanford University Press, 1988.

1989 年

Oi, Jean: State and Peasant in Contemporary China: The Political Economy of Village Government. Berkeley: University of California Press, 1989.

1991 年

Fredman, Edward etc.: Chinese Village, Socialist State. Yale University Press, 1991.

1992 年

Kelliher, Daniel: Peasant power in China: the era of rural reform, 1979-1989. New Haven: Yale University Press, 1992.

1993 年

Huang, Shu-Min: The spiral road: change in a Chinese village through the eyes of a Communist Party leader. Westview Press, 1993.

1996 年

Yang, Dali L. Calamity and Reform in China: State, rural society, and institutional change since the Great Leap famine. Stanford University Press, 1996.

1998 年

Thurston, Anne F. Muddling toward Democracy: Political Change in Grassroots China. Washington, DC: United States Institute of Peace, 1998.

1999 年

Oi, Jean C.: Rural China takes off: institutional foundations of economic reform. Berkeley: University of California Press, 1999.

2000 年

Shi, Tianjian: Rural democracy in China. World Scientific Publishing Co., 2000.

Wibowo, Ignatius: The current state of the Chinese Communist Party in the countryside. World Scientific Publishing Co., 2000.

二、论 文

1965 年

Skinner, G. William: Marketing and social structure in rural China (2 parts). Journal of Asian Studies, 1964-65, Vol.24, no.3.

1975 年

Kuhn, Philip A.: Local self-government under the republic: problems of control, autonomy and mobilization. In: Frederic Wakeman and Carolyn Grant eds., The Conflict and Control in Late Imperial China. (University of California Press, 1975).

1978 年

Burns, John: The election of production team cadres in rural China, 1958-74. The China Quarterly, 1978, no.74.

1986 年

Oi, Jean C.: Peasant households between plan and market: cadre control over agricultural inputs. Modern China, 1986, no.12.

1988 年

Blecher, M.: The reorganisation of the countryside. In: R.Benewick and P. Wingrove eds., Reforming the Revolution: China in the 1990s. (Basingstoke, 1988).

1989 年

Unger, Jonathan: State and peasant in post-revolution China. Journal of Peasant Studies, 1989, no. 17.

1990 年

White, Tyrene: Political Reform and Rural Government. In: Deborah Davis and Ezra Vogel, eds., Chinese Society on the Eve of Tiananmen. (Cambridge, MA: Harvard University Press, 1990).

1991 年

Jacobs, J.B.: Elections in China. The Australian Journal of Chinese Affairs, 1991, no.25.

1992 年

Fox, Jonathan: Democratic rural development: leadership accountability in regional peasant organizations. Develop. & Change, 1992.

White, Tyrene: Reforming the Countryside. Current History, 1992, vol. 91, no. 566.

1994 年

Bai, Gang. Villager's Autonomy: Political Participation of Chinese Peasants. Journal of International Cooperation Studies, July 1994, vol. 3, no. 2.

Lawrence, S.V.: Democracy, Chinese style. The Australian Journal of Chinese Affairs, 1994, no.32.

O'Brien, Kevin J.: Implementing political reform in China's villages. The Australian Journal of Chinese Affairs, 1994, no. 32.

Rozelle, Scott and Boisvert, R. N.: Quantifying Chinese village leaders' multiple objectives. Journal of Comparative Economics, 1994, Vol. 18, no. 1.

Siddiqui, K.: The Emergence of Local Self-Government in Rural China. Journal of Social Studies, 1994, no. 64.

1995 年

Chen, Kathy: Chinese villages get taste of democracy. Wall Street Journal 1995-5-17.

Dearlove, John: Village Politics. In: Robert Benewick and Paul Wingrove, eds., China in the 1990s. (Vancouver: UBC Press, 1995).

Jacobson, Linda: China's rural democracy brings in new chiefs. Guardian 1995-4-1

Kaye, Lincoln.: Flourishing Grassroots: Village Democracy Blooms. Far Eastern Economic Review, 1995-1-19.

Mulson, S.: China dabbles in democracy to run Villages Reform Party. The Washington Post, 1995-1-26.

O'Brien, Kevin J. And Li, Lianjiang: The politics of lodging complaints in rural China. The China Quarterly, 1995, no. 143.

Oi, Jean C.: The role of the local state in China's transitional economy. China Quarterly, 1995, no. 144.

Pei, Minxin: 'Creeping democratization' in China. Journal of Democracy, 1995, Vol. 6, no. 4.

Thurston, A. F.: Village elections in Lishu Coutry: an eye witness account.China Focus 1995-5-1.

1996 年

Yuan, I: Center and Periphery: Cultural Identity and Localism of the Southern Chinese Peasantry. Issues & studies, 1996, 32, no. 6.

Shih, Chih-yu: Comment on "rural self-administration and base-level elections". In: Chong-pin Lin ed., PRC tomorrow. (Kaohsiung: National Sun Yat-sen University, 1996).

Epstein, Amy: Village Elections in China: Experimenting with Democracy. In: China's Economic Future: Challenges to U.S. Policy. (Study Papers. Washington DC: Joint Economic Committee, U.S. Congress, 1996).

Li, Lianjiang and O'Brien, Kevin J.: Villagers and popular resistance in contemporary China. Modern China, 1996, Vol. 22, no. 1.

Lin Shangli: Rural self-adminisration and base-level elections, in: Chong- pin Lin ed., PRC Tomorrow. (Kaohsiung: National Sun Yat-sen University, 1996).

Manion, Melanie: The electoral connection in the Chinese countryside. American Political Science Review, 1996, vol.90, no.4.

Oi, Jean C.: Economic development, stability and democratic village self-governance. In: Maurice Brosseau, Suzanne Pepper and Shu -ki Tsang eds., China Review 1996. (Hong Kong: Chinese University Press, 1996).

Rowen, Henry S.: The Short March: China's Road to Democracy. National Interest, 1996, no. 45.

Shih, Chih-yu: Public citizens, private voters: the meaning of elections for Chinese peasants. in: Chong-pin Lin ed., PRC Tomorrow. (Kaohsiung: National Sun Yat-sen University, 1996).

1997 年

Elklit, Jorgen: The Chinese village committee electoral system. China Information, 1997, Vol. 11,

No. 4.

Jennings, M.Kent: Political participation in the Chinese countryside.American Political Science Review, 1997, vol.91, no.2.

Johnson, G.E. and Y. F. Woon: Rural development patterns in post-reform China-The Pearl River Delta Region in the 1990s.Development and Change, 1997, vol.28.

Kelliher, Daniel: The Chinese debate over village self-government. China Journal, 1997, no. 37.

Liu, X. Drew: A harbinger of democracy: grassroots elections in rural China. China Strategic Review, 1997, Vol. 2, no.3.

Lü, Xiaobo: The politics of peasant burden in reform China.The Journal of Peasant Studies, 1997, Vol. 25, no. 1.

Qu, Tao: Grassroots democracy-not all it seems. China Perspectives, 1997, no.13.

Sly, Liz: In Small Way, Democracy Comes to China Village Elections May Signal Shift --or Not. Chicago Tribune, 1997-4-18.

Wang, Xu.: Mutual Empowerment of State and Peasantry: Grassroots Democracy in Rural China. World Development, 1997, vol. 25, no. 9.

1998 年

Albright, Joseph; Kunstel, Marcia: Villagers spurn Communist in Chinese election Results embarrassing for party experimenting with democracy. The Atlanta Journal Constitution, 1998-11-22.

Chan, Sylvia: Research Notes on Villagers' Committee Elections-Chinese-style Democracy. Journal of Contemporary China, 1998, vol. 7, no. 19.

Chan, Sylvia: Village Self-Government and Civil Society. In: Joseph Y.S. Cheng, ed., China Review 1998. (Hong Kong: Chinese University Press, 1998).

KWAN, DANIEL: Party rejects village poll win by dissident. South China Morning Post, 1998-11-02

Howell, Jude: Prospects for village self-governance in China.The Journal of Peasant Studies, 1998, Vol. 25, no. 3.

Redmond, Ron: Village elections can lead to major changes in China. Seattle Post-Intelligencer, 1998-12-14.

Rozelle, Scott and Li, Guo: Village leaders and land-rights formation in China. American Economic Review 1998, Vol.88, no.3.

Tillou, Susan Lynne: As goes village democracy, so goes China? . Christian Science Monitor, 1998-11-30.

The Associated Press: Village elections in china area sham, rights group says. Sun-Sentinel Ft. Lauderdale, 1998-11-02

Wang, Zhenyao: Village committees: the basis for China's democratization. In: Edward B. Vermeer, Frank N. Pike and Wei Lien Cheng eds., Cooperative and collective in China's rural development: between state and private interests (Armonk, NY: M. E. Sharpe, 1998).

White, Tyrene: Village Elections: Democracy from the Bottom Up? Current History, 1998, vol. 97, no. 620.

1999 年

Chen, Weixing: Village Elections in China-Cooperation between the State and the Peasantry. Journal of Chinese Political Science, 1999, vol.5, no. 2.

Olojede, Dele: China's Small Steps-Voting limited to rural areas. Newsday, 1999-03-17.

Goldman, Merle: In Rural China, A Brief Swell of Electoral Waters. Washington Post, 1999-2-21.

Li, Lianjiang and O'Brien, Kevin J.: The struggle over village elections. In: Merle Goldman and Roderick MacFarquhar eds., The paradox of China's post-Mao reforms. (Cambridge, MA: Harvard University Press, 1999).

Li, Lianjiang: The two-ballot system in Shanxi: subjection village party secretaries to a popular Vote. The China Journal, 1999, no. 42.

Laris, Michael and Pomfret, John: Democracy tested in secret election. The News & Observer Raleigh. 1999-01-30.

O'Brien, Kevin J. And Li, Lianjiang: Selective policy implementation in rural China. Comparative Politics, 1999, Vol. 31, no. 2.

Pastor, Robert A: China's lagging reform The best assurance of stability is free elections-with right foundations.Christian Science Monitor, 1999-4-7.

Rural direct election has legal basis. China Daily,

1999-04-09.

Shi, Tianjian: Village Committee Elections in China: Institutionalist Tactics for Democracy. World Politics, 1999, vol. 51, no. 3.

Shi, Tianjian: Economic Development and Village Elections in Rural China. Journal of Contemporary China, 1999, vol. 8., no. 22.

Shih, Chih-yu: Giving Meaning to Elections in Chinese Minority Areas. Issues and Studies, 1999, vol. 35, no. 6.

Wang, Xiaotao: The Politics of Village Elections: The Case of North Village. Issues and Studies, 1999, vol. 36, no. 6.

2000 年

Chi, Yingying: China's Rural Challenge. Harvard International Review, 2000, vol. 22, no.2.

Grove, Paul C. The Roles of Foreign Non-governmental Organizations in the Development and Promotion of Village Elections in China.American Asian Review, 2000, vol. 18, no. 3.

Chen, Jiang: Grass-roots democracy gets a push. China Daily, 2000-01-10.

Diamond, L. and Myers, R. H.: Introduction: elections and democracy in greater China.The China Quarterly, 2000, Vol. 162, Issue 1.

Lawrence, Susan V.: Village Democracy. Far Eastern Economic Review, 2000, vol. 163, no. 4.

O'Brien, K. J. and Li, L.: Accommodating "democracy" in a one-party state: introducing village elections in China.The China Quarterly, 2000, Vol. 162, Issue 1.

Oi., J. C. and Rozelle, S.: Elections and power: the locus of decision-making in Chinese villages.The China Quarterly, 2000, Vol.162, Issue 1.

Pastor, Robert A. and Tan, Qingshan: The Meaning of China's Village Elections. The China Quarterly, 2000, no. 162.

Pastor, R. A. and Tan, Q.: The meaning of China's village elections. The China Quarterly, 2000, Vol. 162, Issue 1.

Robinson, James A.: China's Local Elections Contrast with Taiwan's. American Asian Review, 2000, vol. 18, no. 3.

三、非正式出版文献

Niou, Emerson and Shi, Tianjian: An introduction and evaluation of the electoral system used in Chinese village elections. unpublished paper, Duke University.

1963 年

Reiss, Annette: The decision-making process of the Chinese Communist Party: with a view toward the degree of local autonomy, 1963.

1965 年

Hsu, Dau-lin: Chinese local administration under the National government: democracy and self-government vs. traditional centralism. 1965.

1976 年

White, L. T.: Local autonomy in China during cultural-revolution——theoretical uses of a typical case.American Political Science Association. 1976.

1978 年

Parish, William L., and Martinking Whyte: Village and family in contemporary China. The Uninversity of Chicago Press, 1978. (Parish and Whyte)

1981 年

Shue, Vivienne: Peasant localism and the Chinese state a center-periphery approach to the evolution of Chinese socialism. , 1981.

1986 年

White, Gordon: Local government and basic-level democracy in China: towards reform? . transcript of a research trip March-April 1986. Brighton, England: Institute of Development Studies, University of Sussex, 1986.

1988 年

Zweig, D.: Urbanizing Rural China: Bureaucratic Authority and Local Autonomy, Conference on the "Structure of authority and bureaucratic behavior in China"-- 1988 Jun. Tucson.

1991 年

Rozelle, Scott: The economics of village leaders in Reform China. Ph. D. Dissertation, Cornell University, 1991.

1994 年

International Republican Institute: People's Republic of China: Election Observation Report. May 15–31, 1994.

The report on the villagers representative assemblies in China. Beijing Research Group on The System of Village Self-Government, December 1994.

1995 年

Mellbin, Franz-Michael: Rural Village Elections in Sichuan Province. Beijing: Royal Danish Embassy, 1995.

1996 年

China Rural Villagers Self -Government Research Group, Chinese Research Society of Basic-Level Governance: Village Elections: Democracy in Rural China, Commentaries. 1996.

Yang, Dali L. Calamity and Reform in China: State, Rural socity, and institutional change since the great leap famine. Stanford university press, 1996.

1997 年

Bai, Gang: Report on Improving the Legislation of Villagers' Self-Governance. Research Working Paper, no. 971103. Beijing: Center for Public Policy, Chinese Academy of Social Sciences, 1997.

Carter Center: Carter Center Delegation to Observe Village Elections in China, March 4–16, 1997. Atlanta: Carter Center of Emory University, 1997.

Choate, Allen C.: Local governance in China: an assessment of villagers committees. Working Paper No.1.San Francisco: The Asia Foundation, 1997.

International Republican Institute: Election Observation Report: Fujian, People's Republic of China. May 1997.

International Republican Institute: Village Committee Elections in the People's Republic of China. January 1997.

Mi, Youlu: Villager participation in autonomy and its evaluation. paper presented at Conference on Local Self-Government in Mainland China, Hong Kong and Taiwan. Duke University, 1997.

Oi, Jean C. and Rozelle, Scott: Democracy and markets: the link between participatory decision-making and development in China's rural reforms. paper presented at the annual meeting of the Association for Asian Studies.Chicago, 13--16 March 1997.

Xu, Yong: Use Village Self-Governance to Promote the Administration of Village Level Public Finances.paper delivered to the Conference to Mark the Tenth Anniversary of the Organic Law on Village Self Governance. Beijing: 1997.

1998 年

Carter Center: Carter Center Delegation Report: Report of the Fifth Mission on Chinese Elections, 20 June–3 July 1998. Atlanta: Carter Center of Emory University, 1998.

Carter Center: Carter Center Delegation Report: Village Elections in China and Agreement on Cooperation with the Ministry of Civil Affairs People's Republic. Atlanta: Carter Center of Emory University, 1998.

International Republican Institute: Election Observation Report: Sichuan, People's Republic of China, November 1998.

Albright, Joseph and Kunstel, Marcia: Chinese villagers strike out at local communist in "model" election, With photos placed in the International folder on the Cox Server.Cox News Service 1998–11–20.

1999 年

Carter Center: Observations on the Township People's Congress Elections, January 5–15, 1999. Atlanta: Carter Center of Emory University, 1999.

Jacobson, Linda: Blazing New Trails: Villagers' Committee Elections in PR China., "UPI Working Paper No. 19 (1999). Helsinki: Finnish Institute of International Affairs.

Kunstel, Marcia and Albright, Joseph: International observers find "irregularities" in China local voting, (Cox News Service 1999-01-14).

2000年

Carter Center: Observation of Chinese Village Elections in Hebei Province, January 4-13, 2000. Atlanta: Carter Center of Emory University, 2000.

McQuiston, Kerry: Village Elections in China: What Do We Know About Them? . University of West Florida, 2000.

日文文献

一、著　作

長野朗:《支那の社會組織》,東亞經濟調查局1926年版。

岡本武彥譯:《支那地方自治問題》, 生活社1939年版。

清水泰次:《近世支那の村落制度》, 創元社1939年版。

仁井田陞:《中国の農村家族》,東京大学出版会1954年版。

旗田魏:《中国村落と共同体理論》,岩波書店1973年版。

松本善海:《中国村落制度の史的研究》, 岩波書店1977年版。

石田浩:《中國農村社會經濟構造の研究》, 东京:晃洋書房1986年版。

小林弘二編:《旧中国農村再考——変革の起点な問ラ》,アヅア経済研究所1986年版。

小林弘二編:《中国農村変革再考——传統農村と変革》,アヅア経済研究所1987年版。

中生勝美:《中国村落の権力構造と社会変化》,アヅア政経学会研究双書1990年版。

石田浩:《中国農村の歴史と経済——農村変革の記録》,関西大学出版会1991年版。

小林弘二編:《中国農村変革再考——传統農村と変革》,アヅア経済研究所1987年版。

中村則弘:《中国社会主義解体の人間的基礎:人民公社の崩壊と営利階級の形成》, 东京　国際書院1994年版。

二、论　文

石田浩, 中田睦子:《中国の郷村財政と農村建設-郷村財政の実態と意義》,《中国研究月報》1988年第5期。

小林弘二:《人民公社の解体と農村の再編成(一)、(二)》,《アヅア経済》1990年9月号,10月号。

杜進:《中国の農村改革と農業問題》,《アヅア経済》1991年1月号。

佐藤宏:《中国の経済改革と農民意識》,《一橋論叢》,1992年第4期。

后 记

《中国农村基层民主政治建设年鉴》是一个新生事物。为做好编辑出版工作,我们做了多方面的努力。从1997年开始,我们先后编辑了四本内部发行的《中国农村基层民主政治建设资料汇编》,以此来积累资料,积累编辑经验。2001年2月,民政部基层政权和社区建设司在北京召开编委会,决定以年鉴的形式正式出版介绍我国农村基层民主政治建设年度进展状况的书籍。摆在读者面前的这本《2001中国农村基层民主政治建设年鉴》,就是这一努力的成果之一,它的上限起于1978年,下限止于2000年。

农村基层民主政治建设所包涵的内容十分丰富,既有政党、国家机构和群众团体的基层组织的民主政治建设,也有企业、事业单位的基层组织的民主政治建设,还有农村群众性自治组织的民主政治建设。《2001中国农村基层民主政治建设年鉴》主要反映的是农村村民自治发展状况,而对农村党内民主的发展、群众团体的民主建设,以及县乡人大直接选举的进展状况反映得不多,这不能不说是一个遗憾。好在我们已经清醒地认识到了这个问题。考虑到该书的文字数量已经十分庞大,这个遗憾只能在以后陆续出版的其他年度的年鉴里加以弥补。

《2001中国农村基层民主政治建设年鉴》凝聚了许多同志的辛勤汗水和工作成果。特别应当指出的是,刘喜堂同志在调离民政部基层政权和社区建设司农村处之前,一直负责着年鉴材料的收集、编辑工作,到民政部办公厅工作之后,也始终关注着它的进展,为年鉴的出版做了大量卓有成效的工作。新华社提供了党和国家领导人考察农村,关心民主的珍贵照片。中央农村工作领导小组办公室王石奇同志、中央办公厅臧杰斌同志、中宣部宣传局刘晓航同志、中纪委办公厅王增泉同志、全国人大内司委佟宝贵同志、中国社会科学院政治学研究所董礼胜同志、民政部档案馆曹国英同志等,对年鉴的编辑工作提出许多宝贵的意见和建议。中国社会出版社编辑张佳同志、徐付群同志、邹力新同志、向飞同志不辞辛苦,为本书的编辑出版做出了贡献。美国国际共和协会(The International Republican Institute)为本书的出版从资金上给予了大力的赞助,在此,我们向所有关注、支持、帮助该书出版的单位和个人表示衷心的谢意。

本书由民政部基层政权和社区建设司、中国社会出版社联合编辑。由于编辑人员有限、学识水平有限,讹误之处,敬请指正。

编　者

2001年5月

图书在版编目（CIP）数据

2001中国农村基层民主政治建设年鉴/《中国农村基层民主政治建设年鉴》编委会.
—北京:中国社会出版社,2002.8
ISBN 7-80146-609-8

Ⅰ.2… Ⅱ.2… Ⅲ.农村—社会主义民主—建设—中国—2001—年鉴
Ⅳ.D638-54

中国版本图书馆CIP数据核字（2002）第058702号

书　　名：2001中国农村基层民主政治建设年鉴
编 著 者：《中国农村基层民主政治建设年鉴》编委会
责任编辑：张　佳　邹力新　徐付群　向　飞

出版发行：中国社会出版社　邮政编码：100032
通联方法：北京市西城区二龙路甲33号新龙大厦
　　　　　电话：66051698　电传：66051713
经　　销：各地新华书店

印刷装订：中国电影出版社印刷厂
开　　本：880×1230mm　1/16
印　　张：41.625　彩插：16页
字　　数：1400千字
版　　次：2002年8月第一版
印　　次：2002年8月第一次印刷
印　　数：1—1000册

书　　号：ISBN 7-80146-609-8/D·29
定　　价：220.00元

（凡中国社会版图书有缺漏页、残破等质量问题，本社负责调换）